멘토르Mentor는
그리스신화에 나오는 오디세우스의 친구입니다.

오디세우스는 트로이 전쟁에 출정하면서 아들 텔레마쿠스를
친구인 멘토르에게 맡깁니다.

이후 멘토르는 엄격한 스승이며 지혜로운 조언자,
때로는 아버지로서 필요한 충고와 지도를 하여
텔레마쿠스를 강인하고 현명한 왕으로 성장시켰습니다.

오늘날 멘토 또는 멘토르는 충실하고 현명한 조언자
또는 스승이라는 의미로 쓰이고 있습니다.

멘토르출판사는 독자 여러분의 인생에 좋은 길잡이가 되는
책을 만들고자 늘 노력하겠습니다.

내 업무반으로 줄이는

엑셀
2010

업무 반 시리즈 02

내 업무 반으로 줄이는 엑셀 2010

초판 1쇄 발행 | 2010년 11월 20일
초판 6쇄 발행 | 2015년 4월 20일

지은이 | 최준선
펴낸이 | 정연금
펴낸곳 | 멘토르출판사

책임 편집 | 김미숙
기획 | 강지예 · 조원선 · 이동근
편집 진행 | 김상수
본문디자인 | 디자인 결
표지디자인 | 오필민 디자인
마케팅 | 나길훈
제작 및 경영지원 | 김용희

독자 AS 센터 | 네이버 카페(엑셀..하루에 하나씩)
              http://cafe.naver.com/excelmaster.cafe

등록 | 2004년 12월 30일 제302-2004-00081호
주소 | 서울시 광진구 능동로 331 2층
전화 | 02-706-0911
팩스 | 02-706-0913

ISBN | 978-89-6305-066-9 (13000)
Homepage | http://www.mentorbook.co.kr

내 업무 반으로 줄이는 엑셀 2010

최준선 지음

02
업무 반 시리즈

한빛미디어

엑셀, 애증(愛憎)의 대상

애증(愛憎)이란 사랑과 미움을 아우르는 말로, 엑셀과 사용자 간의 관계를 설명할 때 이보다 더 좋은 설명은 없을 것 같습니다. 엑셀 프로그램이 대중에게 사랑 받는 이유는 편리한 사용 방법과 다양한 기능을 갖추고 있기 때문인데, 역설적으로 이런 장점 때문에 그 만큼의 미움도 함께 받고 있다고 생각합니다.

엑셀은 현재 스프레드시트 시장에서 누구도 넘볼 수 없는 진입장벽을 만들어 가고 있습니다. 그만큼 뛰어난 기능으로 무장하고 있기 때문에 이 프로그램을 제대로 활용하기 위해서는 조금 많은 선행 학습 시간을 필요로 하게 됩니다.

하지만 우리가 몸 담고 있는 현실은 이러한 선행 학습 시간을 주지도, 기다려 주지도 않습니다.

그렇기 때문에 여러분들이 알아야 할 것은 엑셀의 모든 기능을 완벽하게 배워야만 업무를 할 수 있는 건 아니라는 점입니다. 이 책은 엑셀의 모든 기능을 설명하고 있지는 않습니다.

이 책은 다음 2가지 목적에 맞추어 집필되었습니다.

- 엑셀 프로그램에 대한 기초를 다질 수 있는 지식을 충분히 담자!
- 많은 학습이 부담스런 사용자를 위해 엑셀 기능 중에서 주요 기능을 실무 수준까지 학습할 수 있도록 구성하자!

좀 더 구체적으로 설명하면 엑셀의 여러 기능 중에서 일반적으로 가장 많이 사용되는 기능을 중심으로 실무에서 꼭 알아두어야 하는 만큼을 예제 중심으로 학습할 수 있도록 구성했습니다. 또한 실무에서 많이 궁금해 하는 내용을 '자주 묻는 질문'으로 정리했으며, 업무 시간을 단축시킬 수 있는 유용한 팁을 '내 업무 반으로 줄이는 파워 팁'으로 구성했습니다.

물론 이렇게 구성이 되어 있다 하더라도 분명 부족한 부분이 있을 것입니다. 그 부분은 제가 운영하고 있는 '엑셀..하루에 하나씩' 카페(http://cafe.naver.com/excelmaster)를 이용하면 부족한 부분을 보완해 나갈 수 있습니다.

저도 초보였던 시절이 있었고, 볼 책이 없어 부족한 영어 실력으로 원서를 보던 시절이 있었습니다. 이런 문제를 이제 공부를 시작하는 여러분들이 겪지 않도록 최대한 충실하게 구성하고자 노력했습니다.

이 책이 완성되기까지 많은 분들이 노고를 아끼지 않았습니다. 그 분들 한 명 한 명에게 모두 감사의 인사를 전하며, 이 책을 선택해 주신 분들께도 고마움의 인사와 엑셀과 친숙해질 수 있는 좋은 시간이 될 수 있기를 기원합니다.

2010. 10.
최 준 선

내 업무 반으로 줄이는 시리즈(업무 반 시리즈)는 대한민국 NO.1 엑셀 마스터가, 대한민국 직장인의 퇴근시간을 사수하기 위해 기획된 프로젝트입니다.

1

하나, 기능 설명

누구나 다 알고 있는 기본 기능, 어떻게 이해했느냐에 따라 적재적소에 잘 활용할 수 있는 능력이 결정됩니다. 장황하지 않지만 깊이가 있고, 예제 화면을 통해 눈이 먼저 움직이도록 구성하였습니다. 외우거나 기억하려 노력하지 않아도 기능들을 자연스럽게 이해할 수 있습니다.

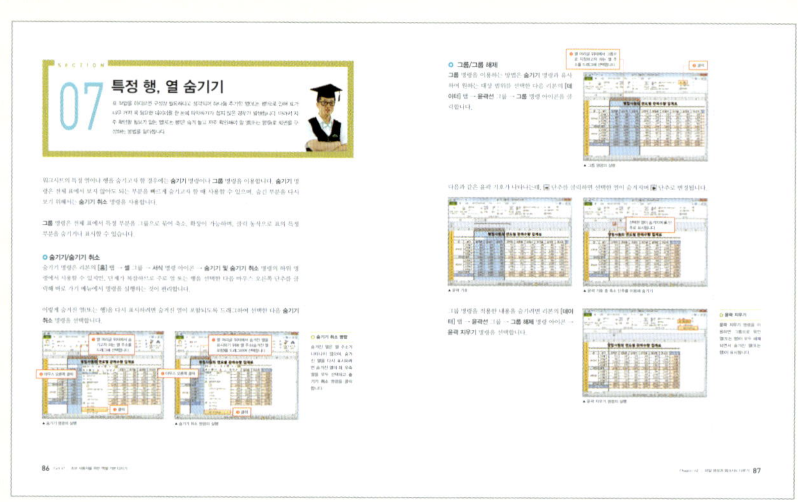

2

둘, 수준 높은 예제

회사에서 꼭 필요한 기본 실무 문서, 이 책을 통해 미리 만들어 본 후 실제 업무에서 늘 엑셀 활용 1인자가 되어 보세요.

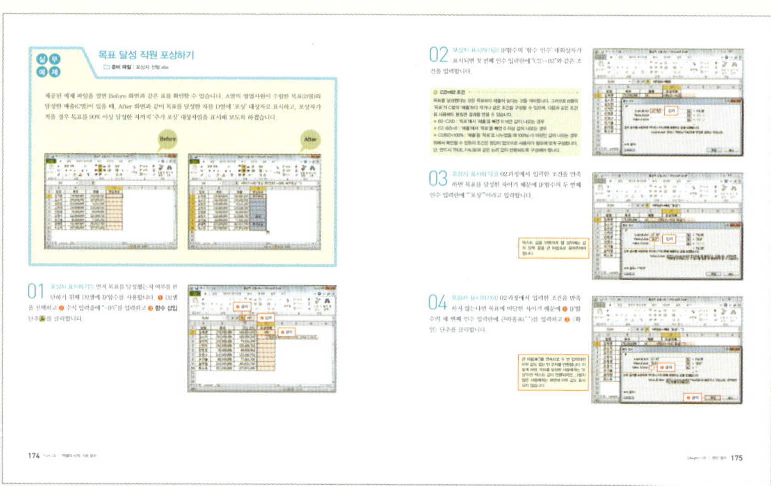

셋, 자주 묻는 질문

엑셀 고수인 저자가 카페를 통해 6년 동안 약 8만 8천여 명의 회원들로부터 받은 질문을 정리하여 시원하게 그 해결책을 알려줍니다. 엑셀 초보자들이라면 누구나 궁금해하던 질문, 누구에게, 어떻게 물어봐야 할지 몰라 속앓이만 하고 있었던 것들을 시원하게 해결함으로써 업무가 반으로 줄어드는 신기한 체험을 하게 됩니다.

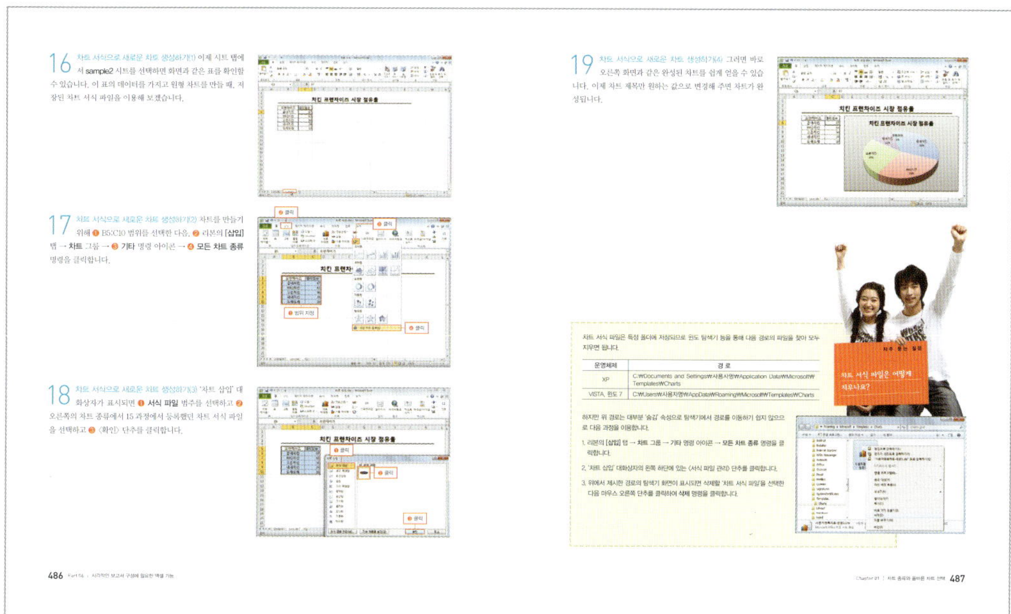

• 위 모델들은 저자가 속해있는 카페 회원들을 의미하는 가상 이미지들로 (주)토픽포토에이전시를 통해 구입한 것입니다.

넷, 내 업무 반으로 줄이는 파워 팁

어느덧 회사에서 엑셀을 제일 잘하게 되어 너도나도 "이것 좀 부탁
해"하며 들이밀 때, 업무가 늘어난다고 고민하지 마세요.
'내 업무 반으로 줄이는 파워 팁'이 여러분의 엑셀 지존 자리를 지
켜줄 것입니다.

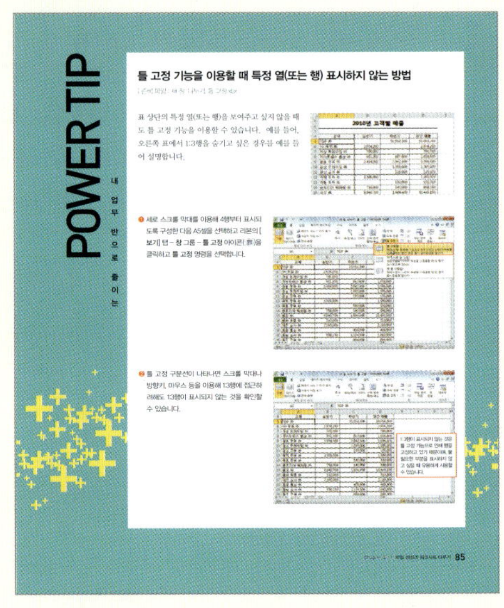

다섯, 모든 메뉴를 한 눈에

엑셀 2003을 사용해 오던 사용자들은 엑셀 2007부터 달라진 인터페이스에 많은 불편함을 느끼셨을 것입니다. 엑셀 2003에서 사용
하던 메뉴가 도대체 어디 붙어 있는지, 또 그 메뉴를 이 책에서는 어디에서 설명하고 있는지 알고 싶을 때 찾아보세요. 낯선 인터페이
스에 빠르게 적응할 수 있는 것은 물론, 활용하고 싶은 메뉴의 사용법으로 빠르게 이동할 수 있습니다.

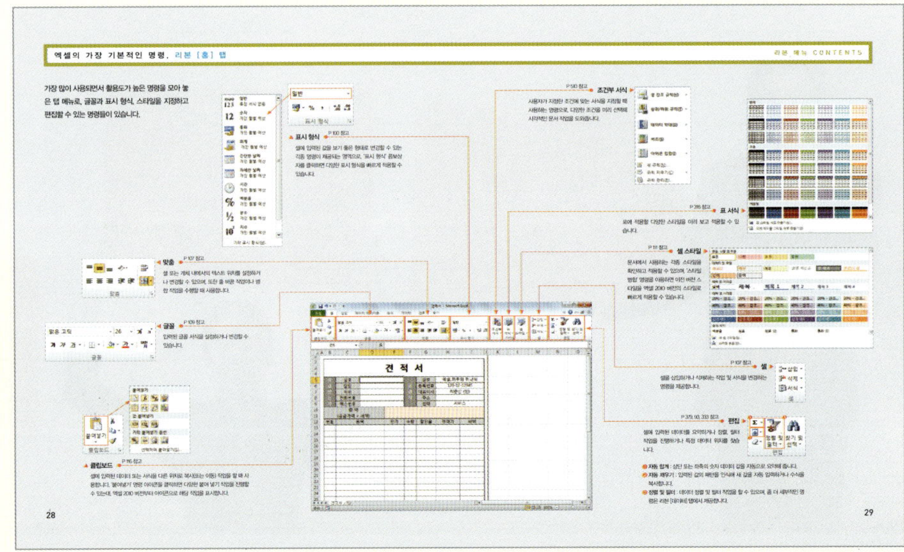

홈페이지 자료실에는 각 Chapter의 Section별로 다뤄지는 실무 예제의 예제 파일이 올려져 있습니다. 다음의 내용을 참고해서 먼저 예제 파일들을 컴퓨터에 저장한 후 해당 파일을 이용하여 문제를 실습해 나가기 바랍니다.

 ## 예 제 파 일

1. 멘토르 출판사 홈페이지에 다음 주소로 접속합니다.

   http://www.mentorbook.co.kr

2. 왼쪽 프레임의 [자료실]을 클릭한 후 [일반서 관련]을 클릭합니다.

3. '내 업무 반으로 줄이는 엑셀 2010' 도서를 찾은 후 〈다운로드〉 단추를 클릭합니다.

4. 내 컴퓨터의 하드 디스크로 저장합니다.

쿠 폰 사 용 방 법

이 책의 뒤쪽에는 온라인 학습 사이트 Bestbiz(www.bestbiz.co.kr)를 통해 저자의 동영상 강의를 50% 할인된 금액에 수강할 수 있는 쿠폰이 있습니다. 이 책만으로도 엑셀이 어렵다고 느껴지실 때, 계획적으로 공부하는 것이 힘겹다고 생각되실 때 이용해 보세요.

- **수강 시작일** : 매달 1일(한 달 과정)
- **수강 신청일** : 매월 1일~20일
- **과 정 명** : 내 업무 반으로 줄이는 엑셀 2010
- **사 용 기 간** : 2010년 11월 1일 ~ 2015년 10월 30일
- **문 의 처** : CyberMBA Bestbiz 담당자 (02-2179-5265)

이 책은 크게 **기능 설명, 실무 예제, 자주 묻는 질문, 파워 팁**으로 구성되어 있습니다. 이 책의 구성을 이해하면 엑셀 2010 의 기능을 좀 더 쉽게 이해하는데 도움이 될 수 있습니다.

기능 설명

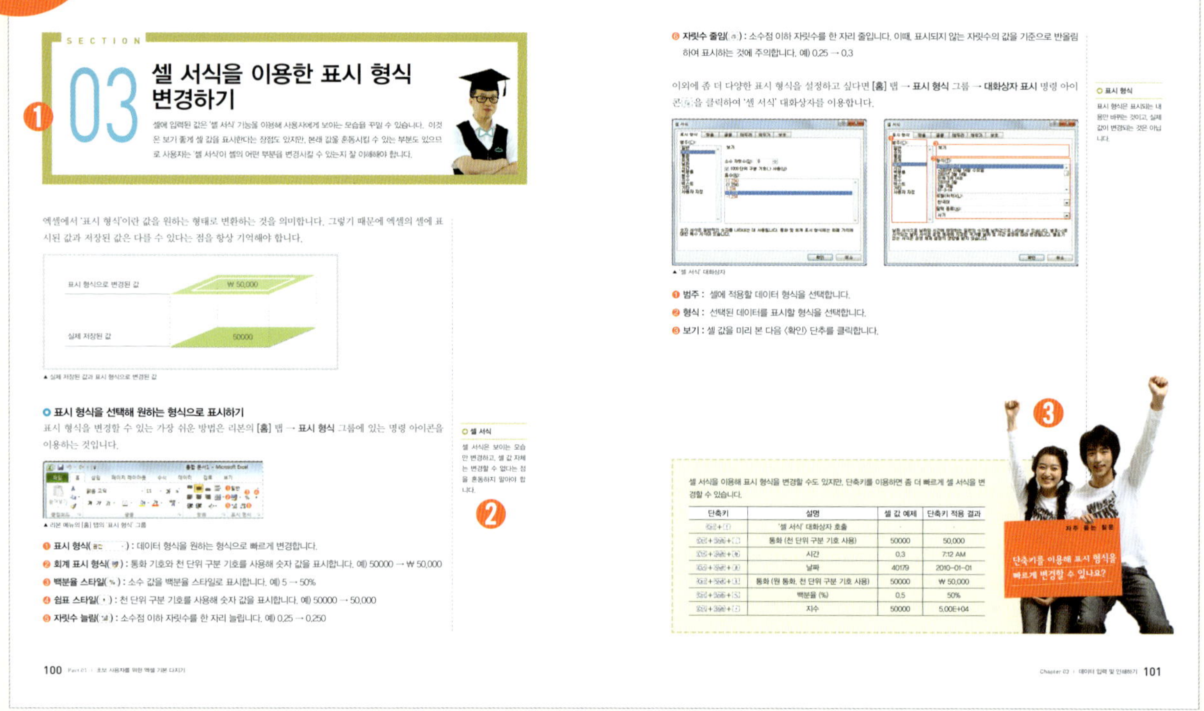

❶ SECTION 도우미 : 이 섹션에서 반드시 알아야 할 사항을 전반적으로 정리하여 개념 파악의 지침서가 될 수 있 도록 정리해 주었습니다.

❷ 팁 : 개념에 대한 참고 사항, 주의할 점, 기능을 수행하기 위한 다른 방법들을 수록하여 폭 넓은 개념을 이해할 수 있도록 내용을 보완해 줍니다.

❸ 자주 묻는 질문 : 실제 업무를 수행하면서 가장 궁금해 하는 것들을 질문과 대답 형식으로 정리하여 궁금증을 해 결해 주고자 하였습니다.

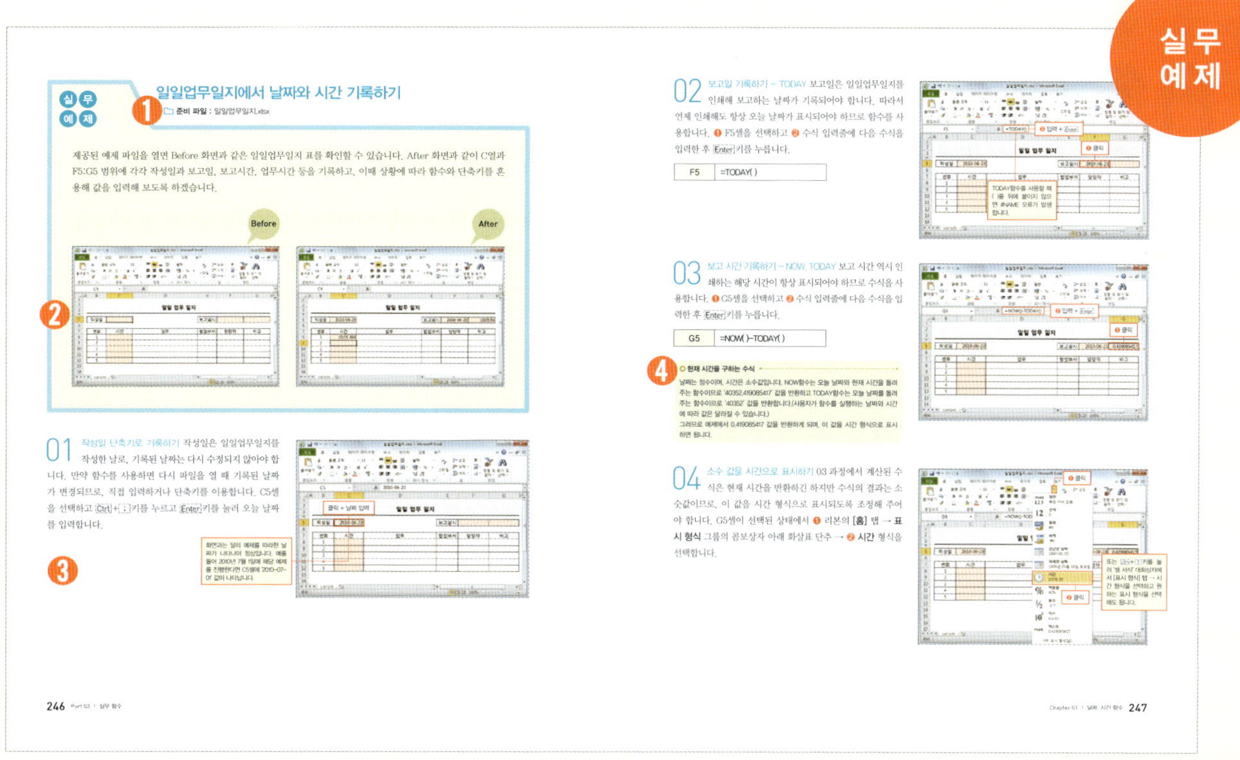

❶ 준비 파일 : 실무 예제에서 사용할 예제 파일을 제시해 줍니다.

❷ Before, After : 문제 해결 전의 화면과 엑셀로 문제를 해결한 후의 화면을 제시해 줌으로써 문제의 이해도를 높여줍니다.

❸ 따라하기 : 문제를 해결하는 과정을 수행하기 위한 간략한 제목과 함께 따라하기 형식으로 풀이해 줍니다.

❹ Tip : 문제 해결을 위한 유용한 팁과 알아두면 좋은 다양한 기능을 제시해 줌으로써 문제 해결의 깊이를 더해줍니다.

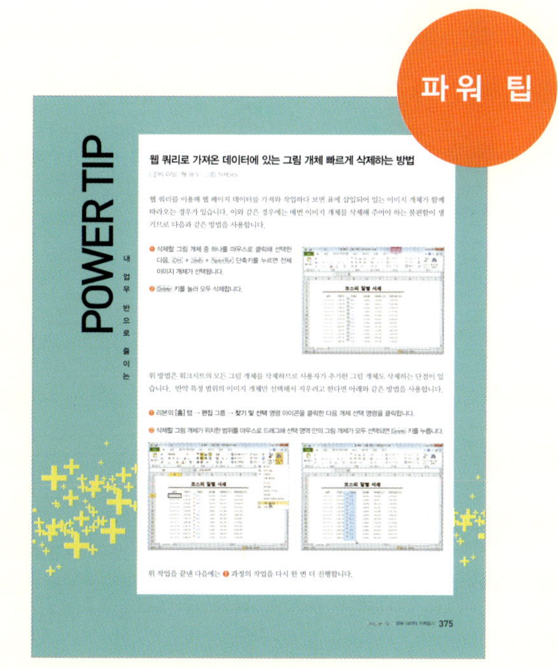

Power Tip : 사용자가 실무에서 유용하게 사용할 수 있는 기능을 모아 좀 더 실력을 향상시킬 수 있도록 해주며, 엑셀 2010의 기능을 좀 더 다양한 방법으로 활용할 수 있는 비법을 전수해 줍니다.

CONTENTS

PART
01

초보 사용자를
위한 엑셀
기본 다지기

PART
02

엑셀의 시작,
기초 함수

CONTENTS

PART
03

실무 함수

PART
04
효과적인 작업을
위한 데이터 관리
기술

CONTENTS

PART
05
엑셀을 엑셀답게
사용하기 위한
데이터 요약,
분석

PART
06
시각적인 보고서
구성에 필요한
엑셀 기능

CONTENTS

PART
07

협업을 위한
엑셀 활용 방법

PART **08**

매크로를 활용한
업무 자동화

엑셀 2007의 '오피스 단추'가 대체된 탭으로, 새로운 파일 관련 통합 인터페이스인 '백스테이지 뷰'를 확인할 수 있습니다. 이 곳에서는 엑셀 파일에 대한 각종 정보를 확인하고, 관리와 프로그램 옵션을 설정할 수 있습니다.

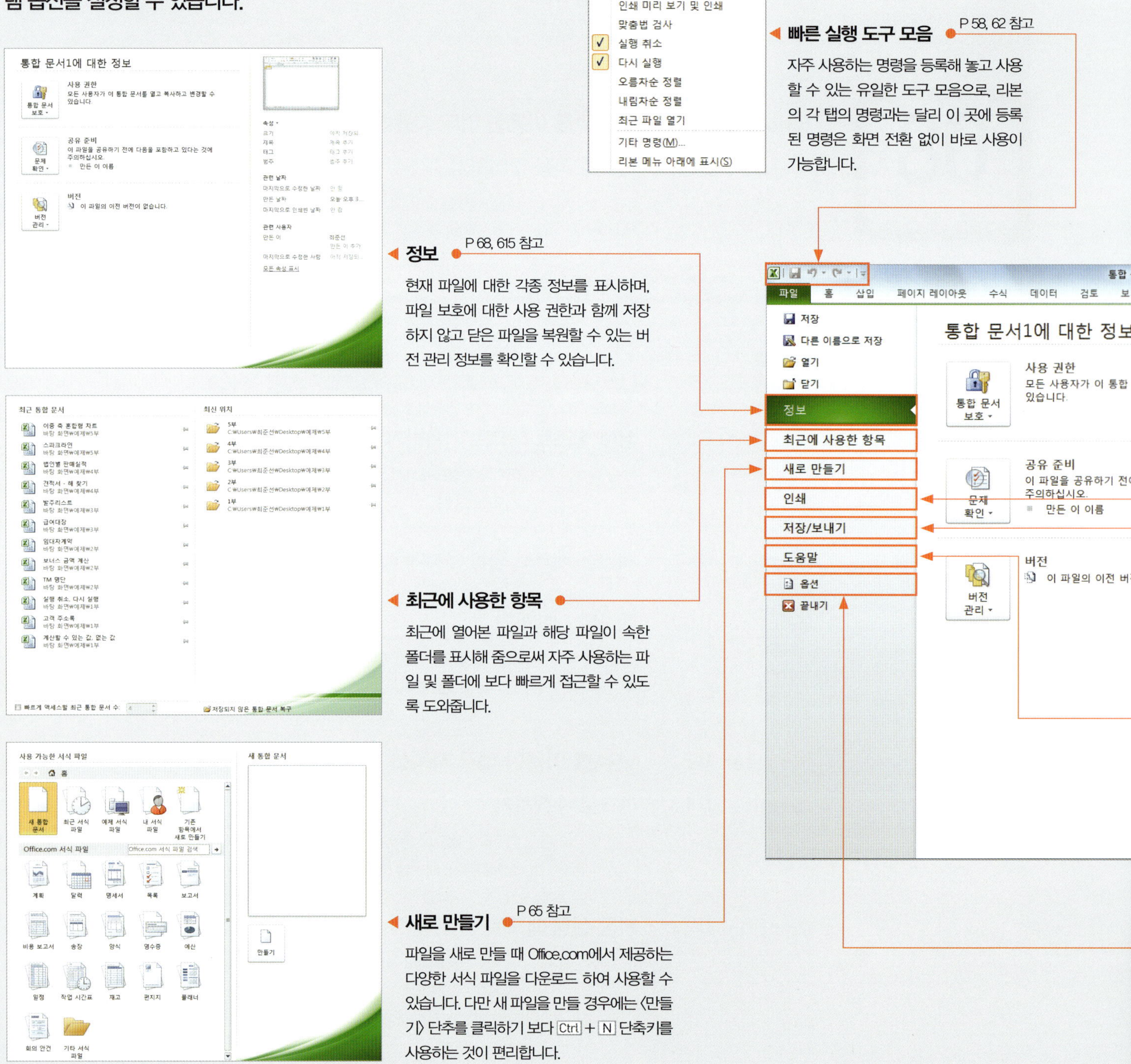

◀ 빠른 실행 도구 모음 ● P 58, 62 참고

자주 사용하는 명령을 등록해 놓고 사용할 수 있는 유일한 도구 모음으로, 리본의 각 탭의 명령과는 달리 이 곳에 등록된 명령은 화면 전환 없이 바로 사용이 가능합니다.

◀ 정보 P 68, 615 참고

현재 파일에 대한 각종 정보를 표시하며, 파일 보호에 대한 사용 권한과 함께 저장하지 않고 닫은 파일을 복원할 수 있는 버전 관리 정보를 확인할 수 있습니다.

◀ 최근에 사용한 항목 ●

최근에 열어본 파일과 해당 파일이 속한 폴더를 표시해 줌으로써 자주 사용하는 파일 및 폴더에 보다 빠르게 접근할 수 있도록 도와줍니다.

◀ 새로 만들기 ● P 65 참고

파일을 새로 만들 때 Office.com에서 제공하는 다양한 서식 파일을 다운로드 하여 사용할 수 있습니다. 다만 새 파일을 만들 경우에는 〈만들기〉 단추를 클릭하기 보다 Ctrl + N 단축키를 사용하는 것이 편리합니다.

P 127 참고

▶ 인쇄 ▶

이전 버전까지는 페이지 설정 및 인쇄 명령이 여러 곳에 흩어져 있어 한 번에 작업하기가 어려웠다면, 엑셀 2010 버전부터는 [파일] 탭에 모두 통합되어 보다 편리하게 인쇄 작업을 진행할 수 있습니다.

P 65 참고

▶ 저장/보내기 ▶

작업이 완료된 파일을 하드 디스크, 웹, Sharepoint 서비스에 저장하거나 다른 사람에게 다양한 방법으로 보낼 수 있는 각종 명령을 사용할 수 있습니다.

▶ 도움말 ▶

엑셀 사용에 도움을 주는 각종 도움말이나 업데이트 관련 정보를 확인할 수 있습니다.

P 68, 71, 142 참고

▶ 옵션 ▶

엑셀 프로그램에 대한 설정 값을 확인할 수 있으며, 필요하다면 사용자 요구에 맞게 옵션을 변경할 수 있습니다. 다만 옵션 값을 변경할 경우에는 해당 설정이 정확하게 어떤 의미를 갖는지 이해할 필요가 있습니다.

가장 많이 사용되면서 활용도가 높은 명령을 모아 놓은 탭 메뉴로, 글꼴과 표시 형식, 스타일을 지정하고 편집할 수 있는 명령들이 있습니다.

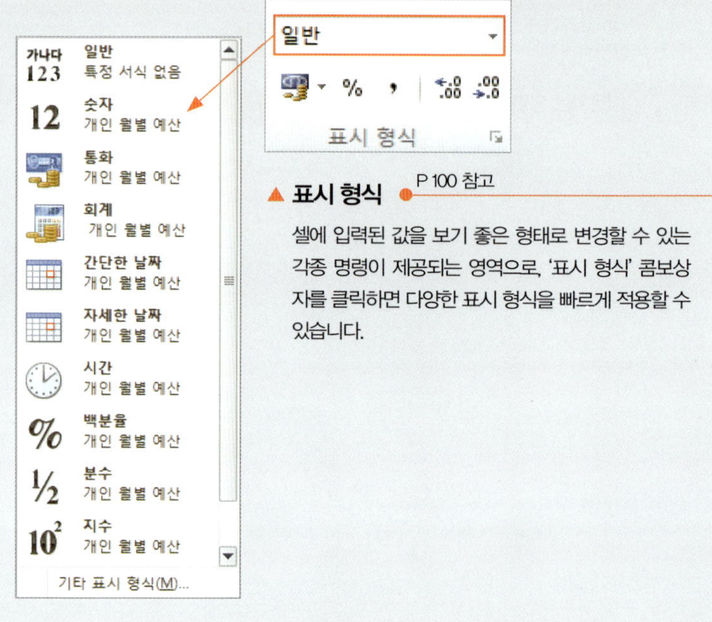

▲ 표시 형식 P 100 참고

셀에 입력된 값을 보기 좋은 형태로 변경할 수 있는 각종 명령이 제공되는 영역으로, '표시 형식' 콤보상자를 클릭하면 다양한 표시 형식을 빠르게 적용할 수 있습니다.

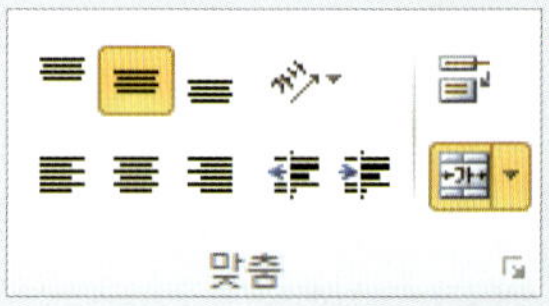

맞춤 P 107 참고

셀 또는 개체 내에서의 텍스트 위치를 설정하거나 변경할 수 있으며, 또한 줄 바꿈, 병합 작업 등을 수행할 때 사용합니다.

글꼴 P 109 참고

입력된 글꼴 서식을 설정하거나 변경할 수 있습니다.

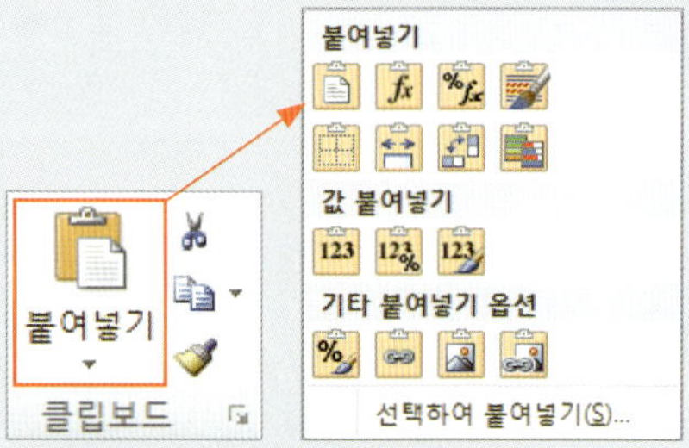

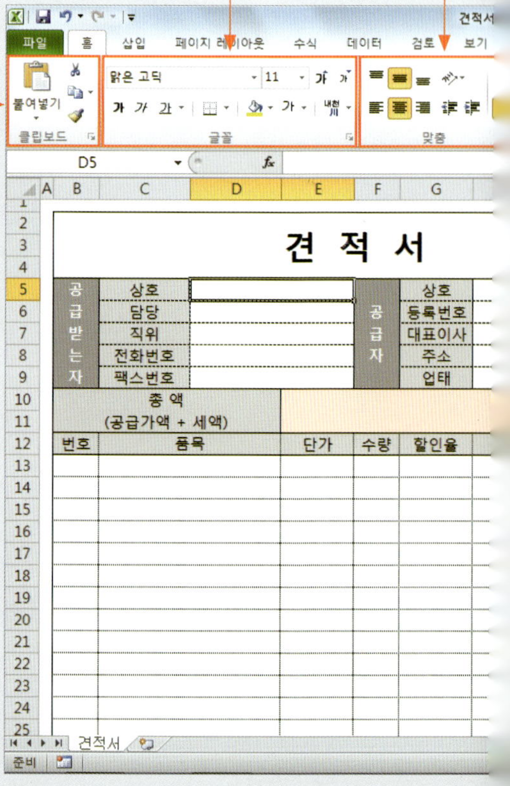

▲ 클립보드 P 116 참고

셀에 입력된 데이터 또는 서식을 다른 위치로 복사(또는 이동) 작업을 할 때 사용합니다. '붙여넣기' 명령 아이콘을 클릭하면 다양한 붙여 넣기 작업을 진행할 수 있는데, 엑셀 2010 버전부터 아이콘으로 해당 작업을 표시합니다.

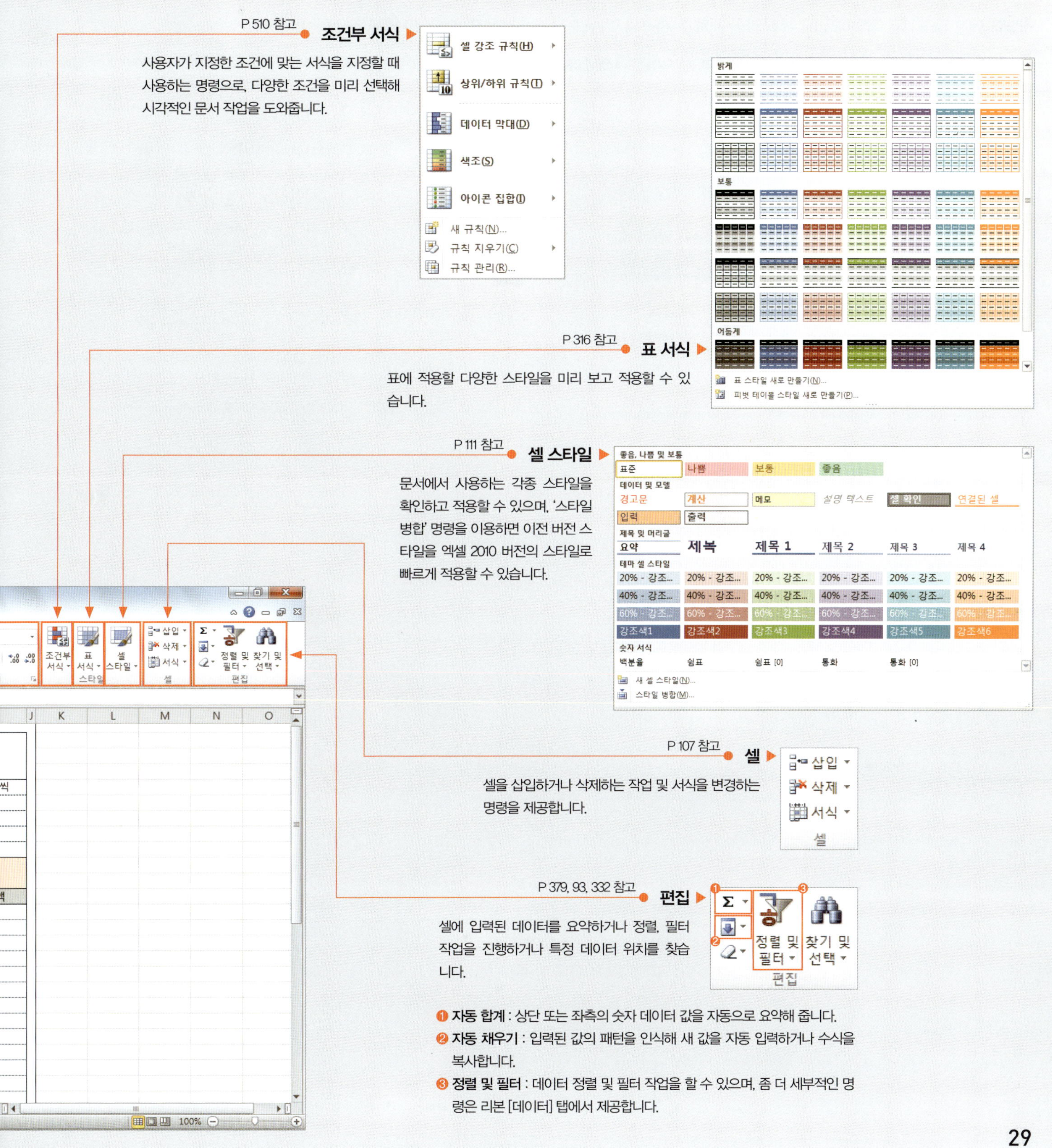

P 510 참고

조건부 서식 ▶

사용자가 지정한 조건에 맞는 서식을 지정할 때 사용하는 명령으로, 다양한 조건을 미리 선택해 시각적인 문서 작업을 도와줍니다.

P 316 참고

표 서식 ▶

표에 적용할 다양한 스타일을 미리 보고 적용할 수 있습니다.

P 111 참고

셀 스타일 ▶

문서에서 사용하는 각종 스타일을 확인하고 적용할 수 있으며, '스타일 병합' 명령을 이용하면 이전 버전 스타일을 엑셀 2010 버전의 스타일로 빠르게 적용할 수 있습니다.

P 107 참고

셀 ▶

셀을 삽입하거나 삭제하는 작업 및 서식을 변경하는 명령을 제공합니다.

P 379, 93, 332 참고

편집 ▶

셀에 입력된 데이터를 요약하거나 정렬, 필터 작업을 진행하거나 특정 데이터 위치를 찾습니다.

❶ **자동 합계** : 상단 또는 좌측의 숫자 데이터 값을 자동으로 요약해 줍니다.

❷ **자동 채우기** : 입력된 값의 패턴을 인식해 새 값을 자동 입력하거나 수식을 복사합니다.

❸ **정렬 및 필터** : 데이터 정렬 및 필터 작업을 할 수 있으며, 좀 더 세부적인 명령은 리본 [데이터] 탭에서 제공합니다.

29

엑셀에서는 워크시트 작업에 필요한 다양한 개체를 제공해 주는데, [삽입] 탭은 엑셀에서 사용할
수 있는 다양한 개체를 확인하고 필요한 개체를 워크시트에 추가할 때 사용합니다.

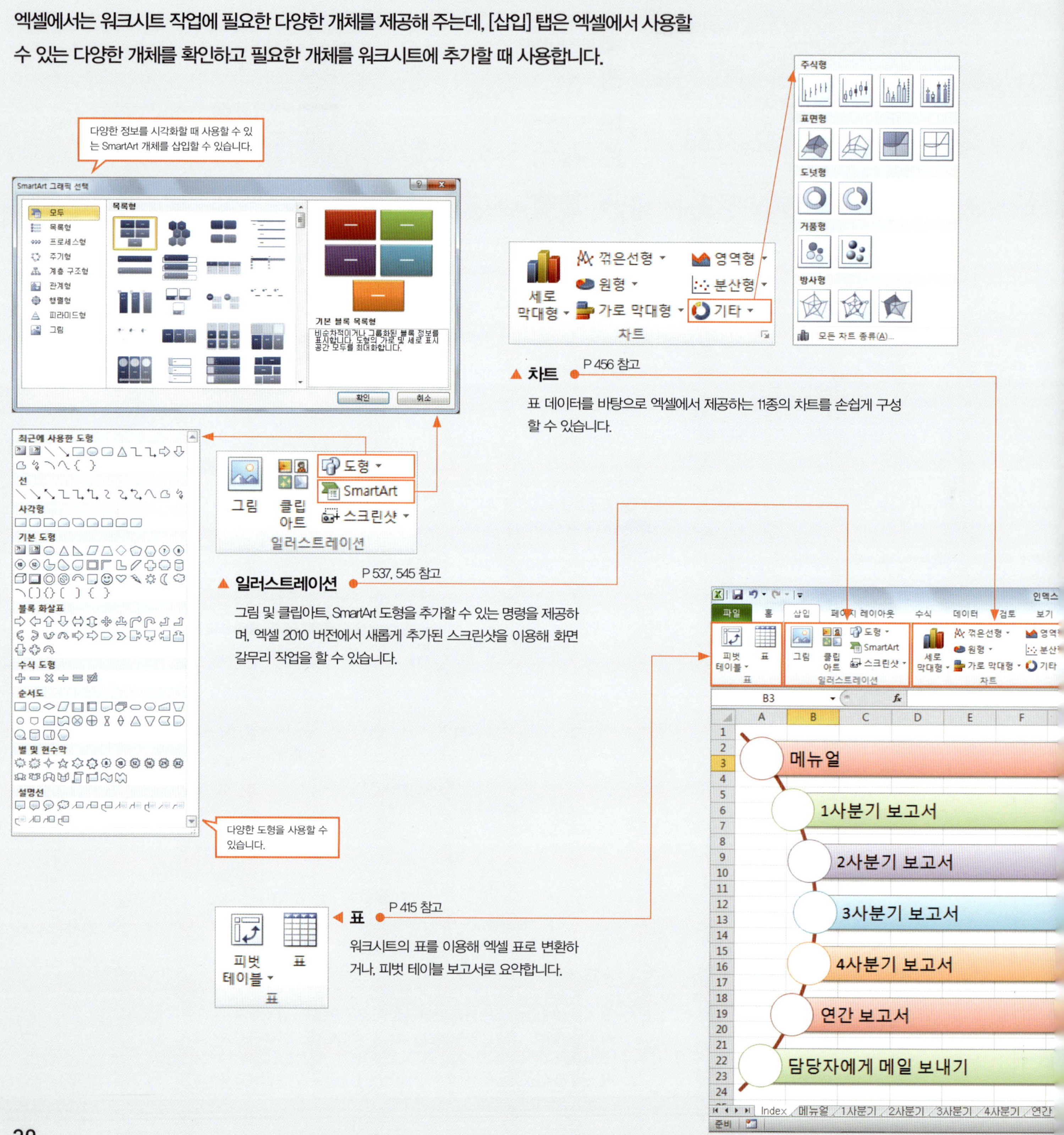

▲ 차트 P 456 참고

표 데이터를 바탕으로 엑셀에서 제공하는 11종의 차트를 손쉽게 구성
할 수 있습니다.

▲ 일러스트레이션 P 537, 545 참고

그림 및 클립아트, SmartArt 도형을 추가할 수 있는 명령을 제공하
며, 엑셀 2010 버전에서 새롭게 추가된 스크린샷을 이용해 화면
갈무리 작업을 할 수 있습니다.

▲ 표 P 415 참고

워크시트의 표를 이용해 엑셀 표로 변환하
거나, 피벗 테이블 보고서로 요약합니다.

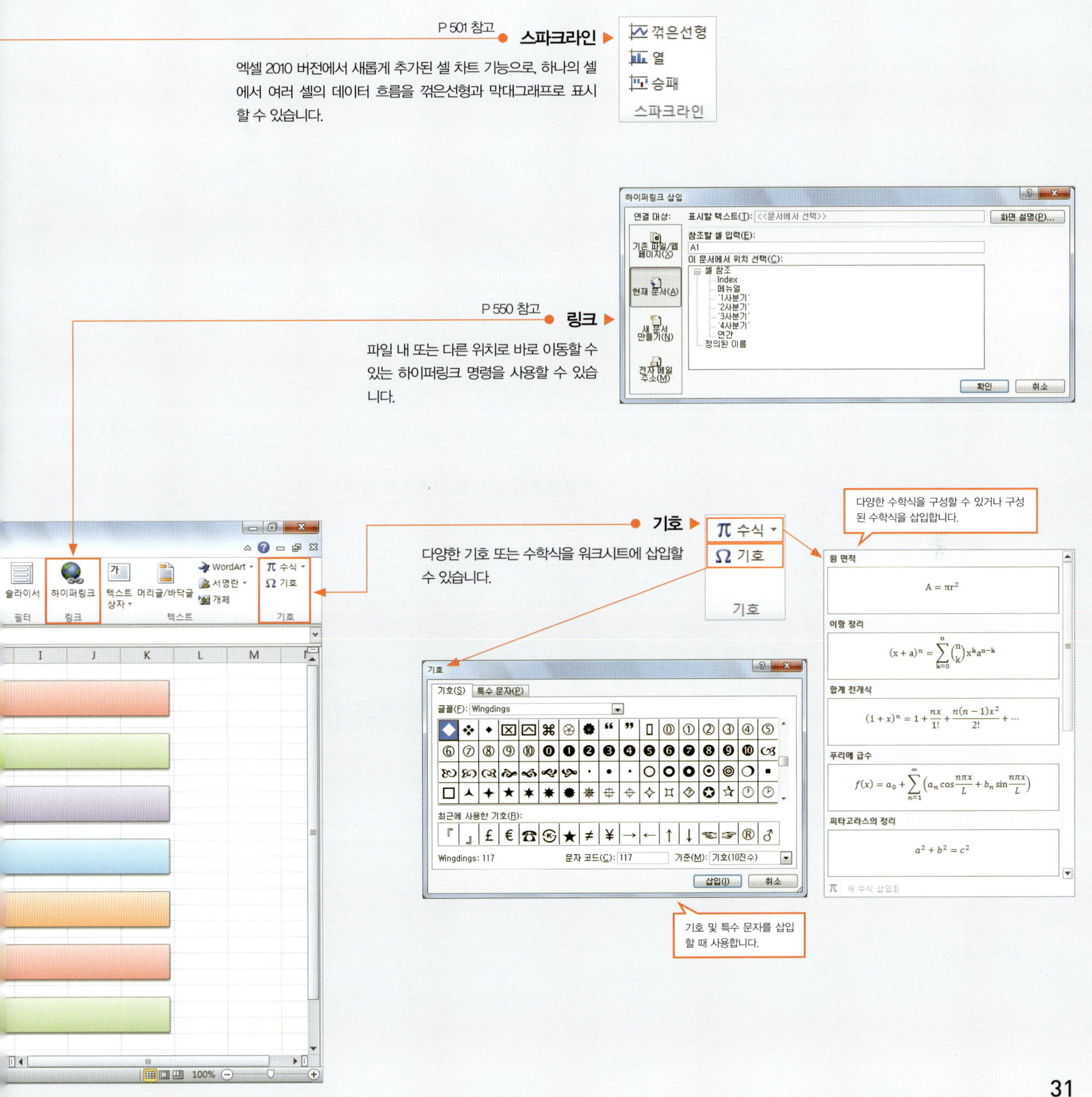

P 501 참고
스파크라인
꺾은선형
열
승패
스파크라인

엑셀 2010 버전에서 새롭게 추가된 셀 차트 기능으로, 하나의 셀
에서 여러 셀의 데이터 흐름을 꺾은선형과 막대그래프로 표시
할 수 있습니다.

하이퍼링크 삽입
연결 대상:
표시할 텍스트(T): <<문서에서 선택>>
화면 설명(P)...
기존 파일/웹
페이지(X)
참조할 셀 입력(E):
A1
이 문서에서 위치 선택(C):
셀 참조
Index
메뉴얼
'1사분기'
'2사분기'
'3사분기'
'4사분기'
연간
정의된 이름
현재 문서(A)
새 문서
만들기(N)
전자 메일
주소(M)
확인
취소

P 550 참고
링크

파일 내 또는 다른 위치로 바로 이동할 수
있는 하이퍼링크 명령을 사용할 수 있습
니다.

슬라이서
필터
하이퍼링크
링크
가
텍스트
상자
머리글/바닥글
WordArt
서명란
개체
텍스트
π 수식
Ω 기호
기호

기호

다양한 기호 또는 수학식을 워크시트에 삽입할
수 있습니다.

π 수식
Ω 기호
기호

다양한 수학식을 구성할 수 있거나 구성
된 수학식을 삽입합니다.

원 면적
$$A = \pi r^2$$

이항 정리
$$(x + a)^n = \sum_{k=0}^{n} \binom{n}{k} x^k a^{n-k}$$

합계 전개식
$$(1 + x)^n = 1 + \frac{nx}{1!} + \frac{n(n-1)x^2}{2!} + \cdots$$

푸리에 급수
$$f(x) = a_0 + \sum_{n=1}^{\infty} \left(a_n \cos\frac{n\pi x}{L} + b_n \sin\frac{n\pi x}{L} \right)$$

피타고라스의 정리
$$a^2 + b^2 = c^2$$

π 새 수식 삽입(I)

기호
기호(S)   특수 문자(P)
글꼴(F): Wingdings

최근에 사용한 기호(R):

Wingdings: 117
문자 코드(C): 117
기준(M): 기호(10진수)
삽입(I)   취소

기호 및 특수 문자를 삽입
할 때 사용합니다.

인쇄 작업과 연관된 페이지 관련 설정을 진행할 수 있는 각종 명령들이 제공되는 탭으로, 인쇄 작업을 보다 효과적으로 진행할 수 있도록 도와줍니다.

◀ **용지 방향**   P 131 참고

인쇄 용지를 '세로 방향' 또는 '가로 방향'으로 설정합니다.

P 131 참고   **크기** ▶

인쇄 용지의 크기(=사이즈)를 'A4, B4' 등 자주 사용하는 용지로 설정합니다.

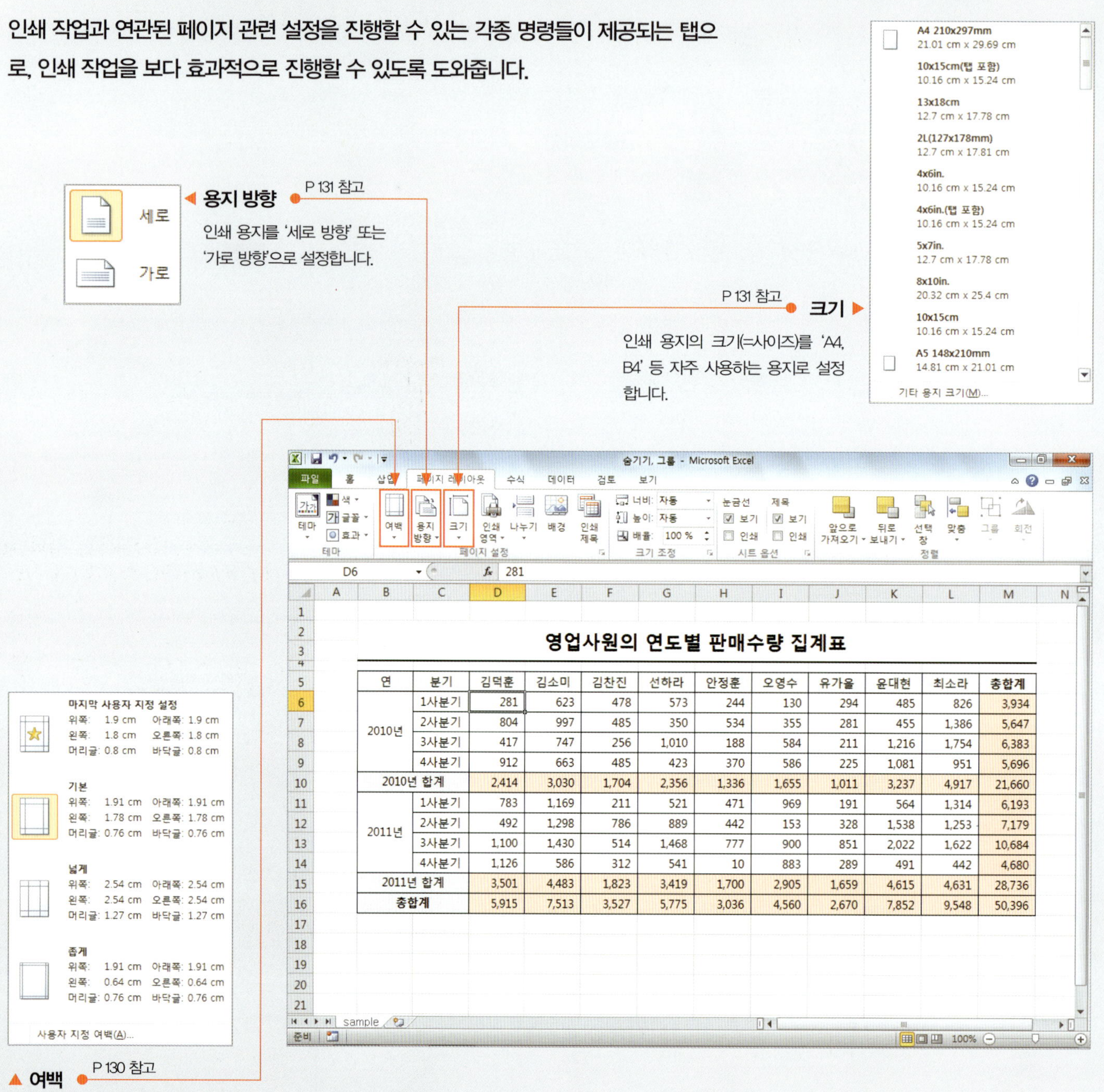

숨기기, 그룹 - Microsoft Excel

파일 　홈　 삽입　 페이지 레이아웃　 수식　 데이터　 검토　 보기

테마 / 색 / 글꼴 / 효과 | 여백 / 용지 방향 / 크기 / 인쇄 영역 / 나누기 / 배경 / 인쇄 제목 | 너비: 자동 / 높이: 자동 / 배율: 100 % | 눈금선 보기 인쇄 / 제목 보기 인쇄 | 앞으로 가져오기 / 뒤로 보내기 / 선택 창 / 맞춤 / 그룹 / 회전

D6 　　 fx 　 281

영업사원의 연도별 판매수량 집계표

연	분기	김덕훈	김소미	김찬진	선하라	안정훈	오영수	유가을	윤대현	최소라	총합계
2010년	1사분기	281	623	478	573	244	130	294	485	826	3,934
	2사분기	804	997	485	350	534	355	281	455	1,386	5,647
	3사분기	417	747	256	1,010	188	584	211	1,216	1,754	6,383
	4사분기	912	663	485	423	370	586	225	1,081	951	5,696
2010년 합계		2,414	3,030	1,704	2,356	1,336	1,655	1,011	3,237	4,917	21,660
2011년	1사분기	783	1,169	211	521	471	969	191	564	1,314	6,193
	2사분기	492	1,298	786	889	442	153	328	1,538	1,253	7,179
	3사분기	1,100	1,430	514	1,468	777	900	851	2,022	1,622	10,684
	4사분기	1,126	586	312	541	10	883	289	491	442	4,680
2011년 합계		3,501	4,483	1,823	3,419	1,700	2,905	1,659	4,615	4,631	28,736
총합계		5,915	7,513	3,527	5,775	3,036	4,560	2,670	7,852	9,548	50,396

sample 　 준비 　 100%

▲ **여백**   P 130 참고

인쇄 용지의 여백을 '기본', '넓게', '좁게'로 설정하거나 사용자가 직접 원하는 여백으로 조정합니다.

엑셀에서 제공되는 함수와 수식 작성을 위한 명령이 제공되는 탭으로, 함수 라이브러리를 이용한 함수 사용 및 이름 정의, 작성된 수식을 분석하는 명령 등을 사용할 수 있습니다.

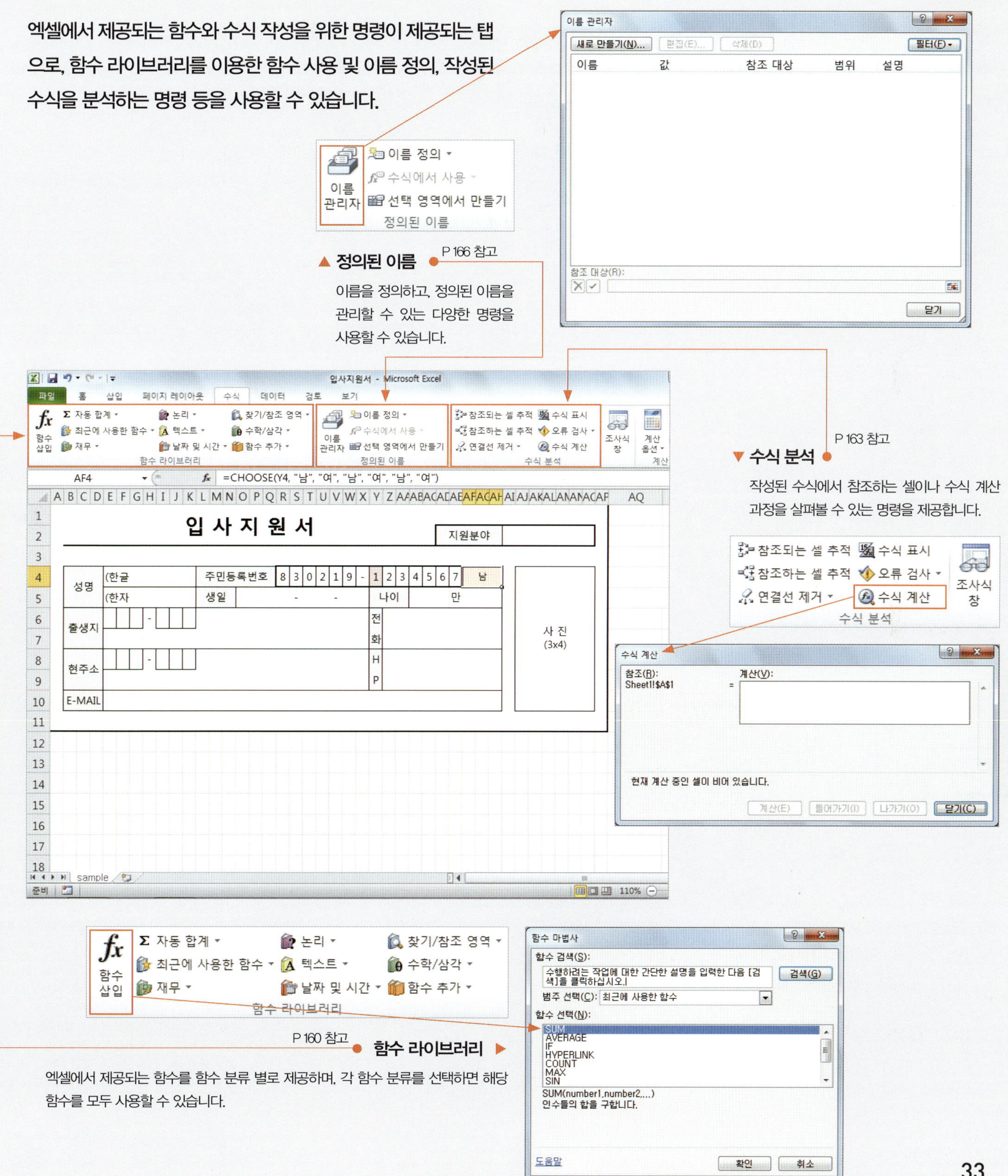

▲ 정의된 이름   P 166 참고

이름을 정의하고, 정의된 이름을 관리할 수 있는 다양한 명령을 사용할 수 있습니다.

P 163 참고

▼ 수식 분석

작성된 수식에서 참조하는 셀이나 수식 계산 과정을 살펴볼 수 있는 명령을 제공합니다.

P 160 참고   **함수 라이브러리 ▶**

엑셀에서 제공되는 함수를 함수 분류 별로 제공하며, 각 함수 분류를 선택하면 해당 함수를 모두 사용할 수 있습니다.

엑셀에서 데이터를 관리하기 위해 제공되는 명령이 구성되어 있는 탭으로, 외부에서 데이터를 가져오거나 데이터를 필요에 맞게 정렬 또는 추출하는 작업, 기타 중복된 데이터 삭제, 데이터를 필요에 따라 요약하는 대부분의 명령들을 사용할 수 있습니다.

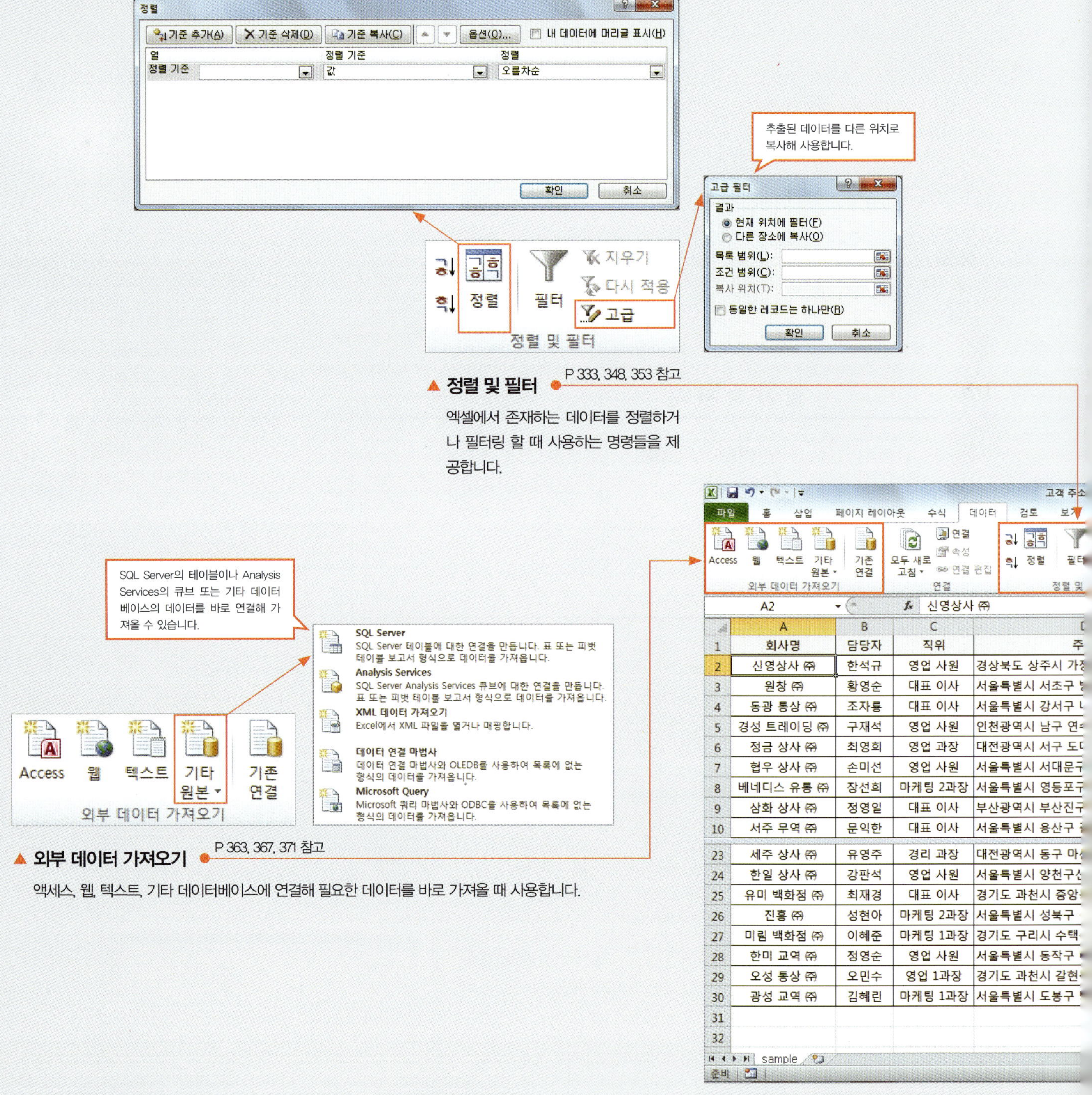

▲ **정렬 및 필터**　P 333, 348, 353 참고

엑셀에서 존재하는 데이터를 정렬하거나 필터링 할 때 사용하는 명령들을 제공합니다.

▲ **외부 데이터 가져오기**　P 363, 367, 371 참고

액세스, 웹, 텍스트, 기타 데이터베이스에 연결해 필요한 데이터를 바로 가져올 때 사용합니다.

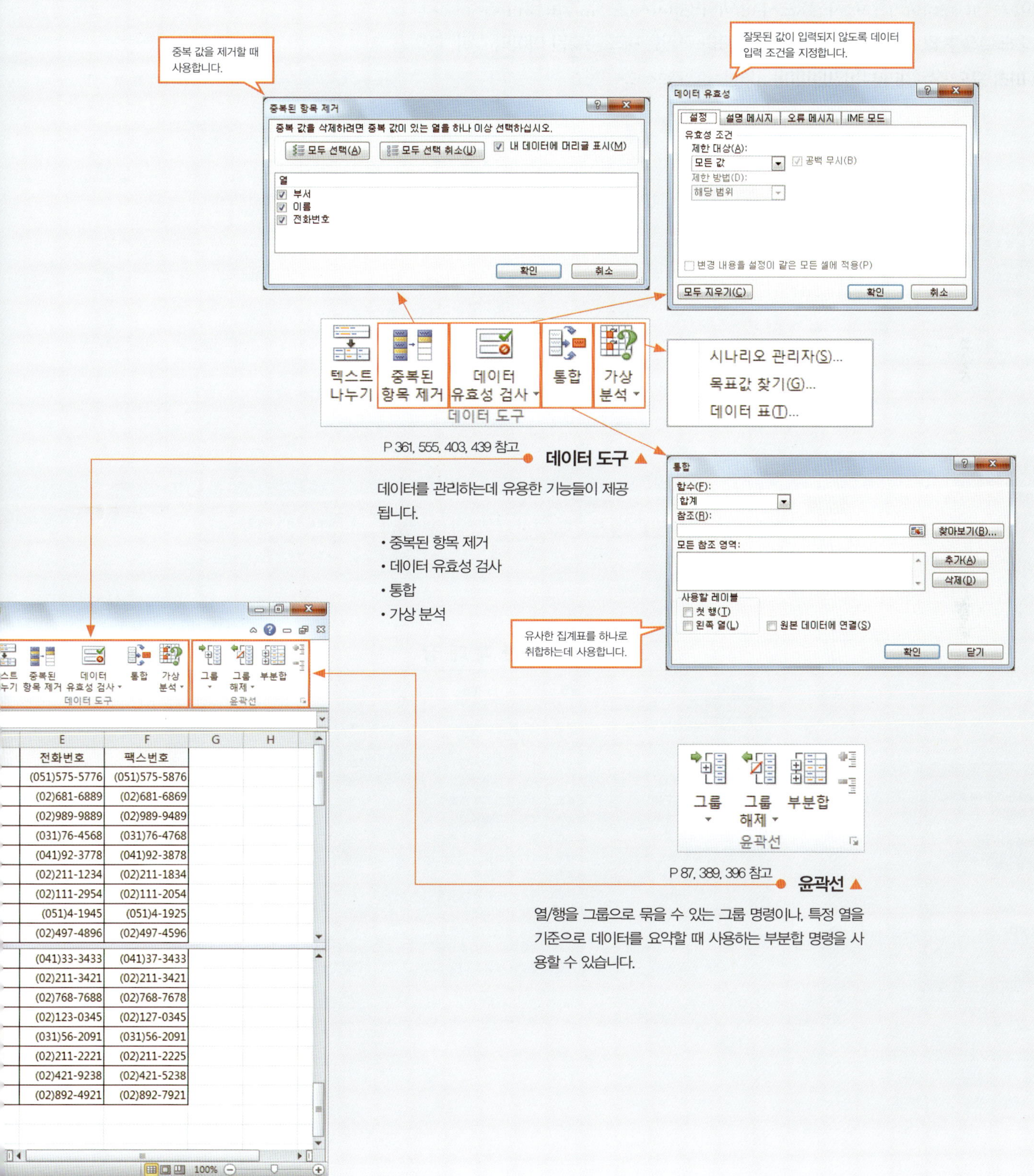

P 361, 555, 403, 439 참고

● **데이터 도구** ▲

데이터를 관리하는데 유용한 기능들이 제공됩니다.

- 중복된 항목 제거
- 데이터 유효성 검사
- 통합
- 가상 분석

P 87, 389, 396 참고

● **윤곽선** ▲

열/행을 그룹으로 묶을 수 있는 그룹 명령이나, 특정 열을 기준으로 데이터를 요약할 때 사용하는 부분합 명령을 사용할 수 있습니다.

파일 작업이 끝난 다음, 잘못된 부분은 없는지 다시 확인하고자 할 때 가장 많이
이용하는 탭으로 맞춤법, 번역, 한자 변환 등의 명령과 간단한 메모, 워크시트와
파일 구조 보호 등의 작업을 할 수 있습니다.

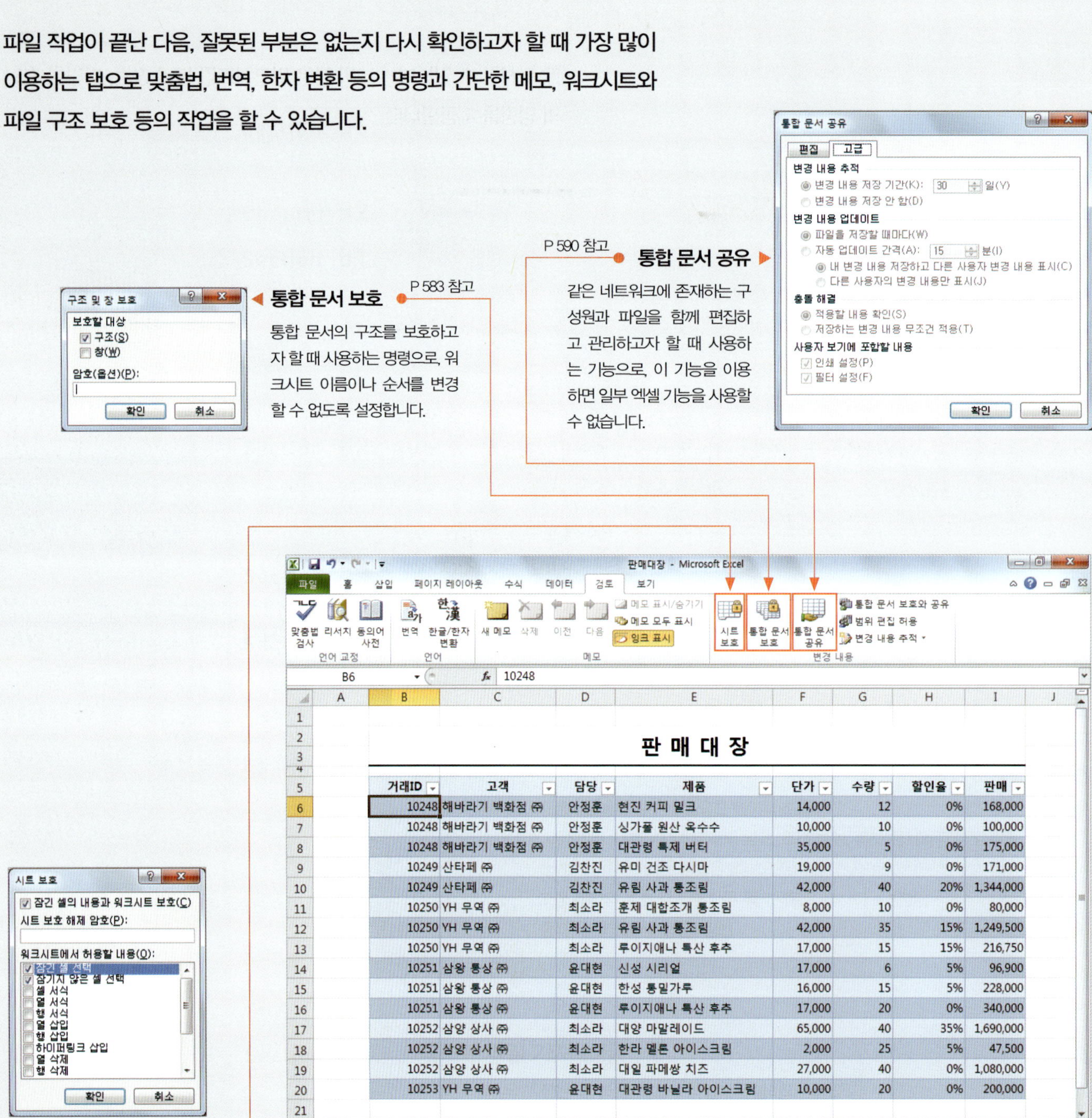

◀ 통합 문서 보호 P 583 참고

통합 문서의 구조를 보호하고
자 할 때 사용하는 명령으로, 워
크시트 이름이나 순서를 변경
할 수 없도록 설정합니다.

P 590 참고 **통합 문서 공유 ▶**

같은 네트워크에 존재하는 구
성원과 파일을 함께 편집하
고 관리하고자 할 때 사용하
는 기능으로, 이 기능을 이용
하면 일부 엑셀 기능을 사용할
수 없습니다.

P 159, 575 참고

▲ 시트 보호 ●

워크시트를 보호하는 작업을 진행할
수 있으며, 이 작업을 통해 셀에 입
력된 데이터를 보호할 수 있습니다.

워크시트의 내용은 사용자 목적에 맞게 여러 가지 방법의 보기 형태로 표시할 수 있는데, [보기] 탭은 워크시트를 볼 수 있는 다양한 형태의 명령을 제공합니다.

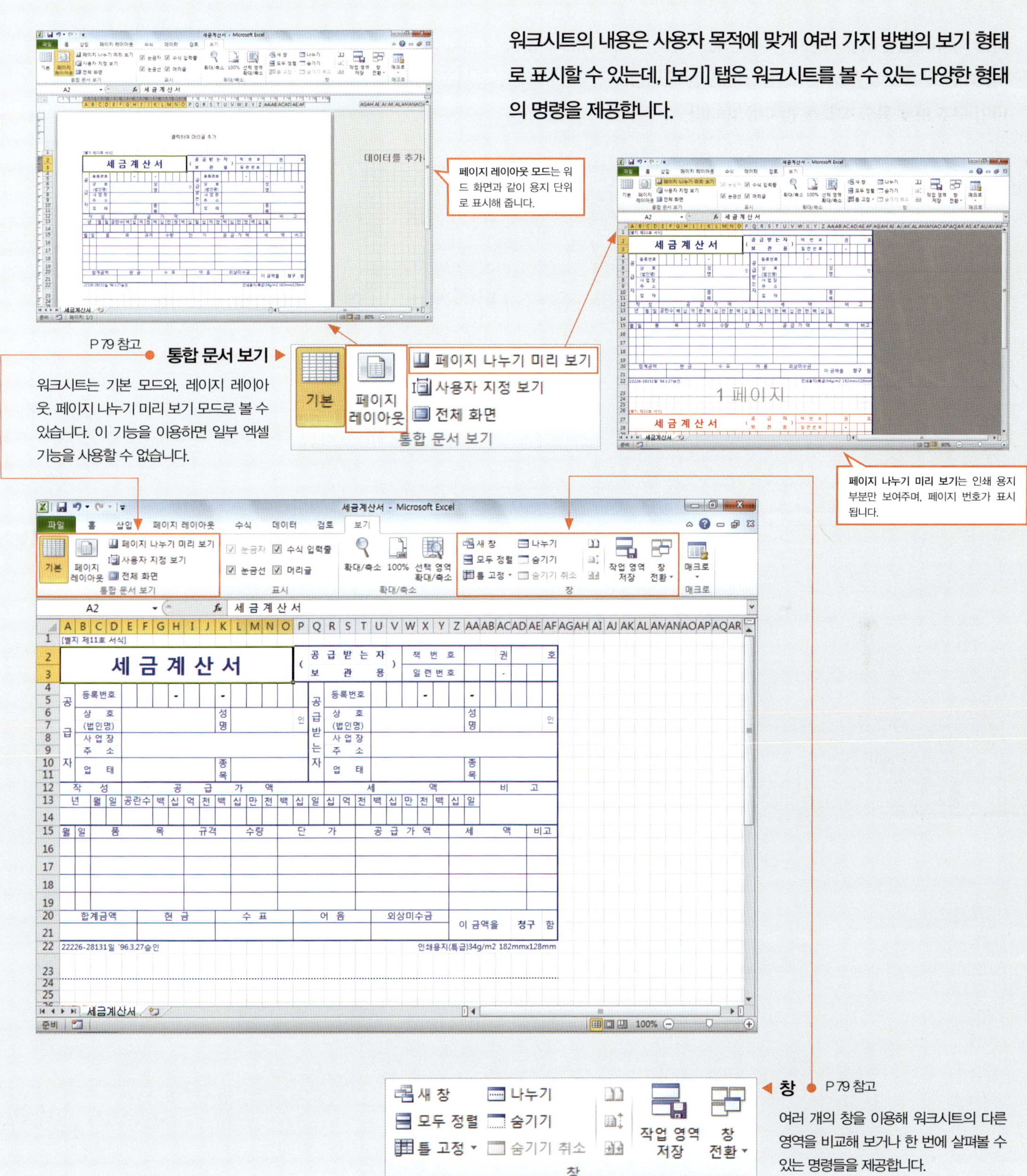

업무 자동화를 위한 매크로 기록 및 실행, 관리를 위한 명령이 제
공되는 탭으로, 처음부터 제공되지 않고 'Excel 옵션' 대화상자에
서 사용 여부를 체크해야 사용할 수 있습니다.

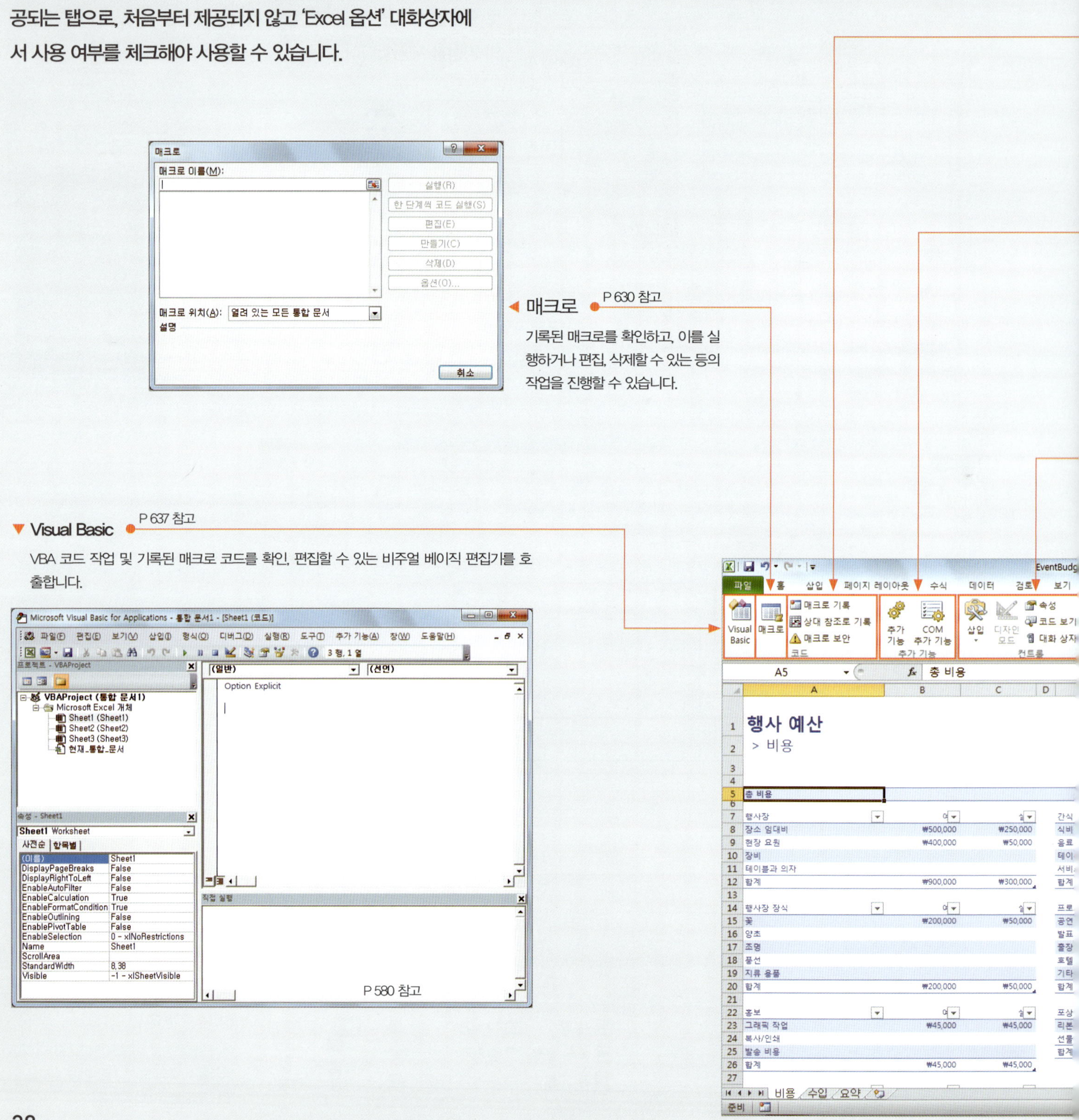

P 617, 623, 630 참고

코드

비주얼 베이직 편집기부터 매크로 기록기까지 매크로 작성에 필요한 도구가 제공되며, 완성된 매크로를 실행하고 관리하는 '매크로 관리' 대화상자도 호출할 수 있습니다.

P 446 참고

추가 기능

엑셀 프로그램에서 제공되는 유용한 추가 기능을 엑셀 기능으로 포함하여 사용할 수 있습니다.

P 631 참고

컨트롤

매크로를 보다 효과적으로 사용할 수 있는 양식 컨트롤과 ActiveX 컨트롤을 추가해 사용할 수 있습니다.

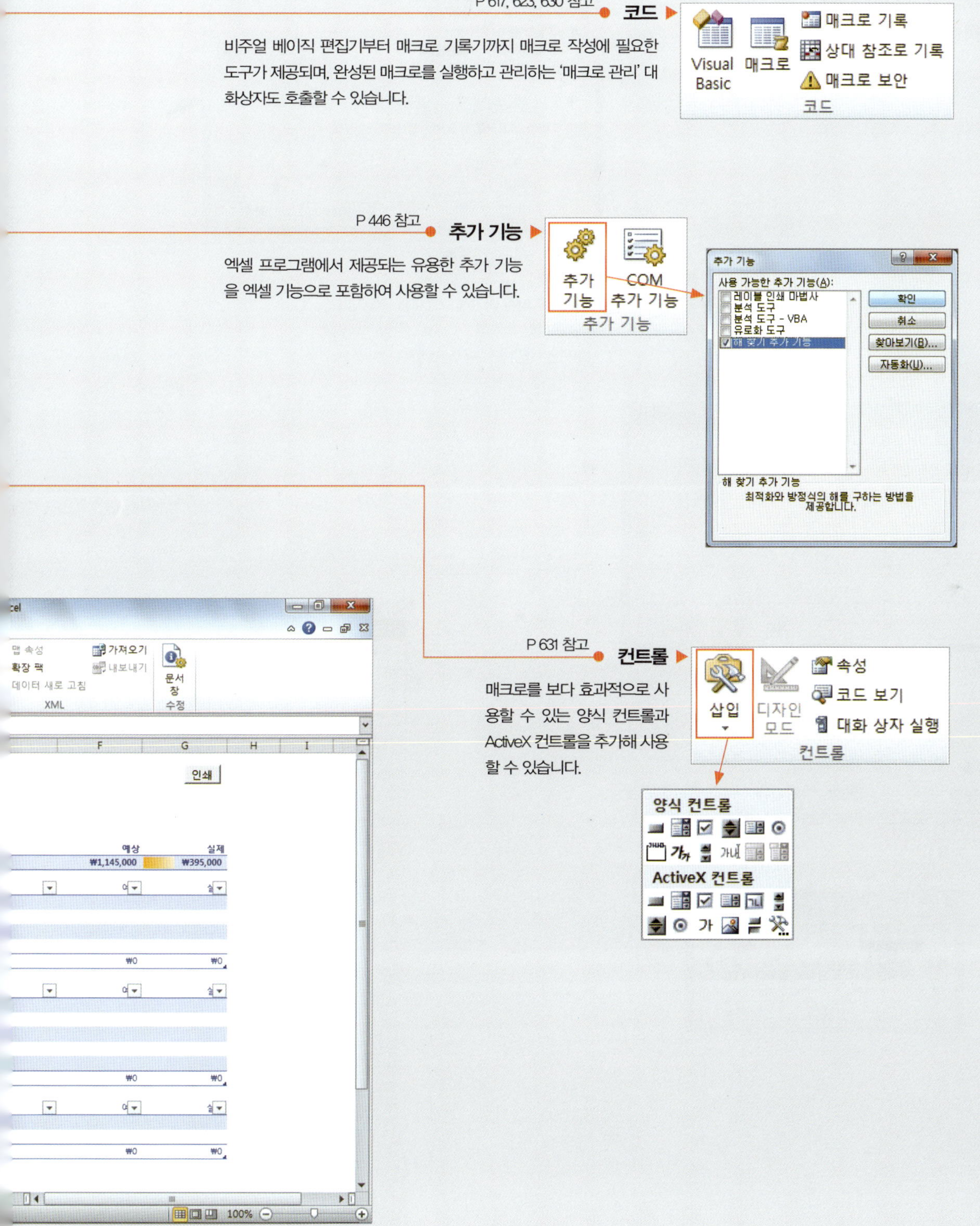

데이터 관리의 핵심인 표를 관리할 때 사용할 수 있는 명령이 추가로 제공되는 탭이며, 엑셀 표 내부의 셀을 선택해야 리본에 표시됩니다.

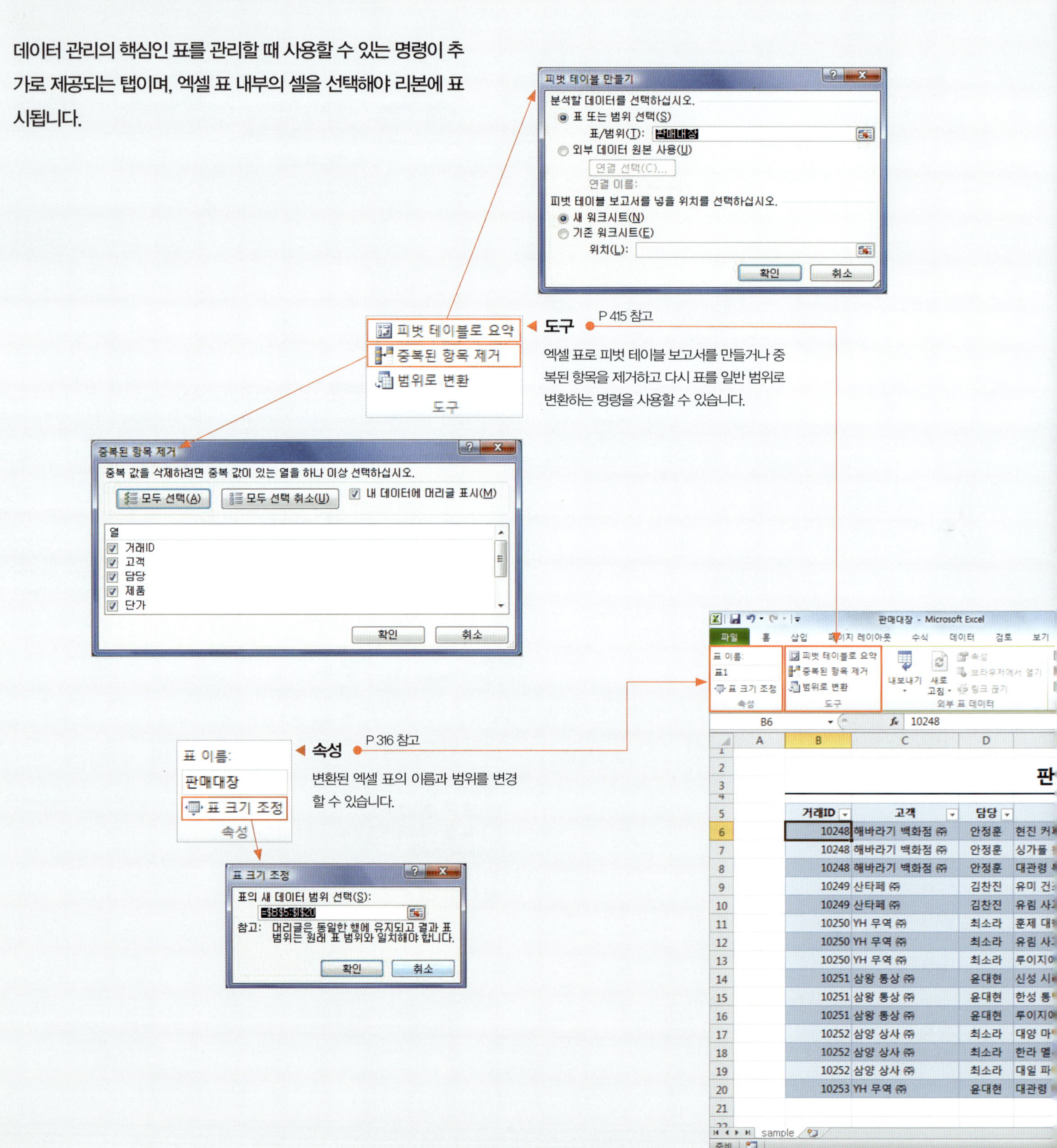

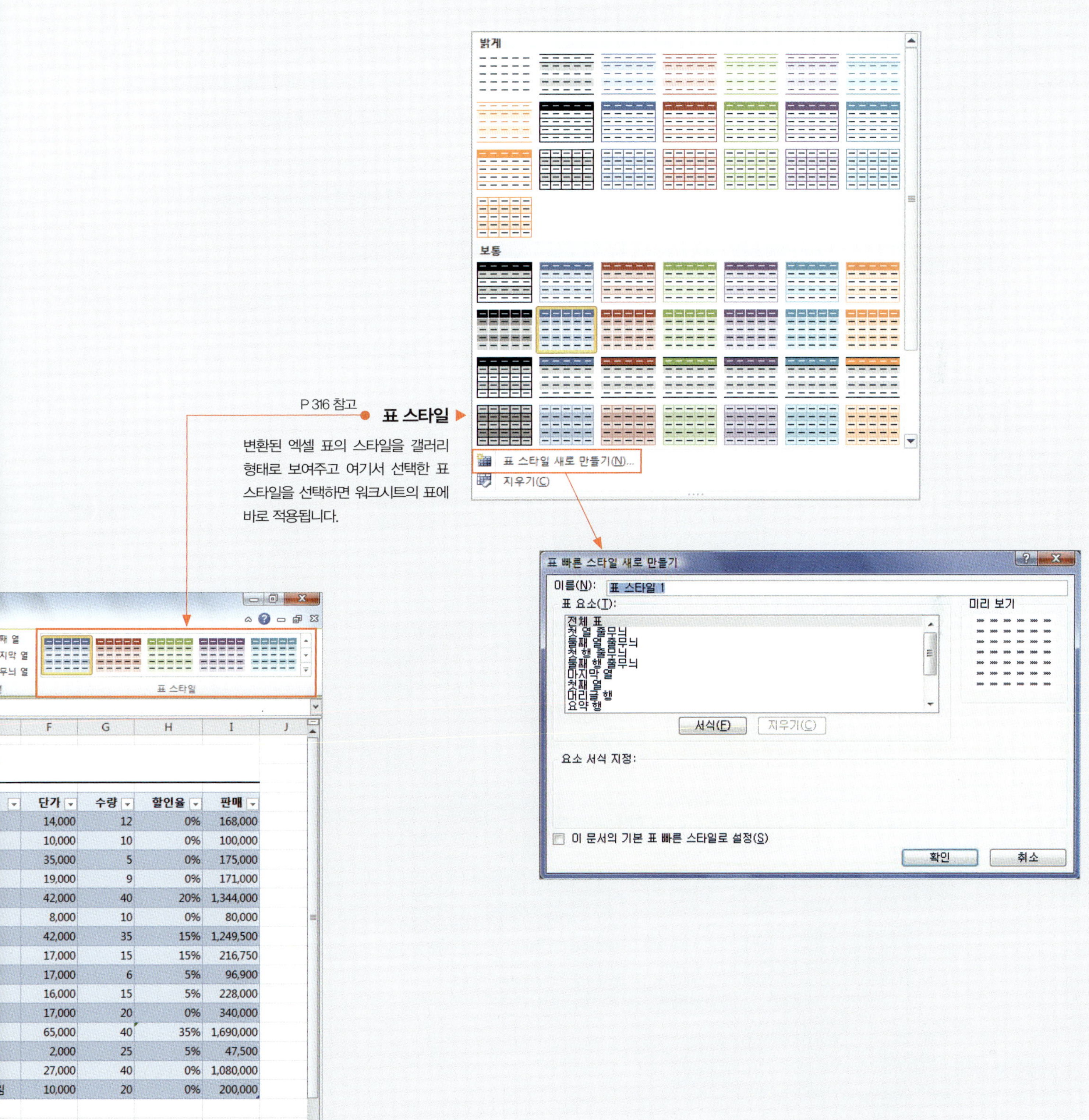

P 316 참고

표 스타일 ▶

변환된 엑셀 표의 스타일을 갤러리 형태로 보여주고 여기서 선택한 표 스타일을 선택하면 워크시트의 표에 바로 적용됩니다.

대량의 데이터를 가장 빠르게 요약할 수 있는 피벗 테이블 보고서를 사용할 때 표시되는 탭으로, [옵션] 탭과 [디자인] 탭이 제공됩니다. [옵션] 탭은 피벗 테이블 보고서의 설정을 변경하는 작업을 하는 명령들이 제공되며, [디자인] 탭은 피벗 테이블 보고서를 깔끔하게 꾸밀 수 있는 명령들이 제공됩니다.

◀ 필드 설정 P 424 참고

피벗 테이블 보고서에서 선택된 필드에 대한 옵션을 확인하고 사용자의 요구에 맞게 수정할 수 있습니다.

▲ 데이터 원본 변경 P 415 참고

피벗 테이블 보고서의 원본 표 범위를 확인하고 변경합니다.

▲ 옵션 P 420 참고

피벗 테이블 보고서의 다양한 옵션을 확인하고 변경할 수 있습니다.

▲ 슬라이서 삽입 P 436 참고

엑셀 2010 버전의 새로운 기능인 슬라이서 창을 추가할 때 사용합니다.

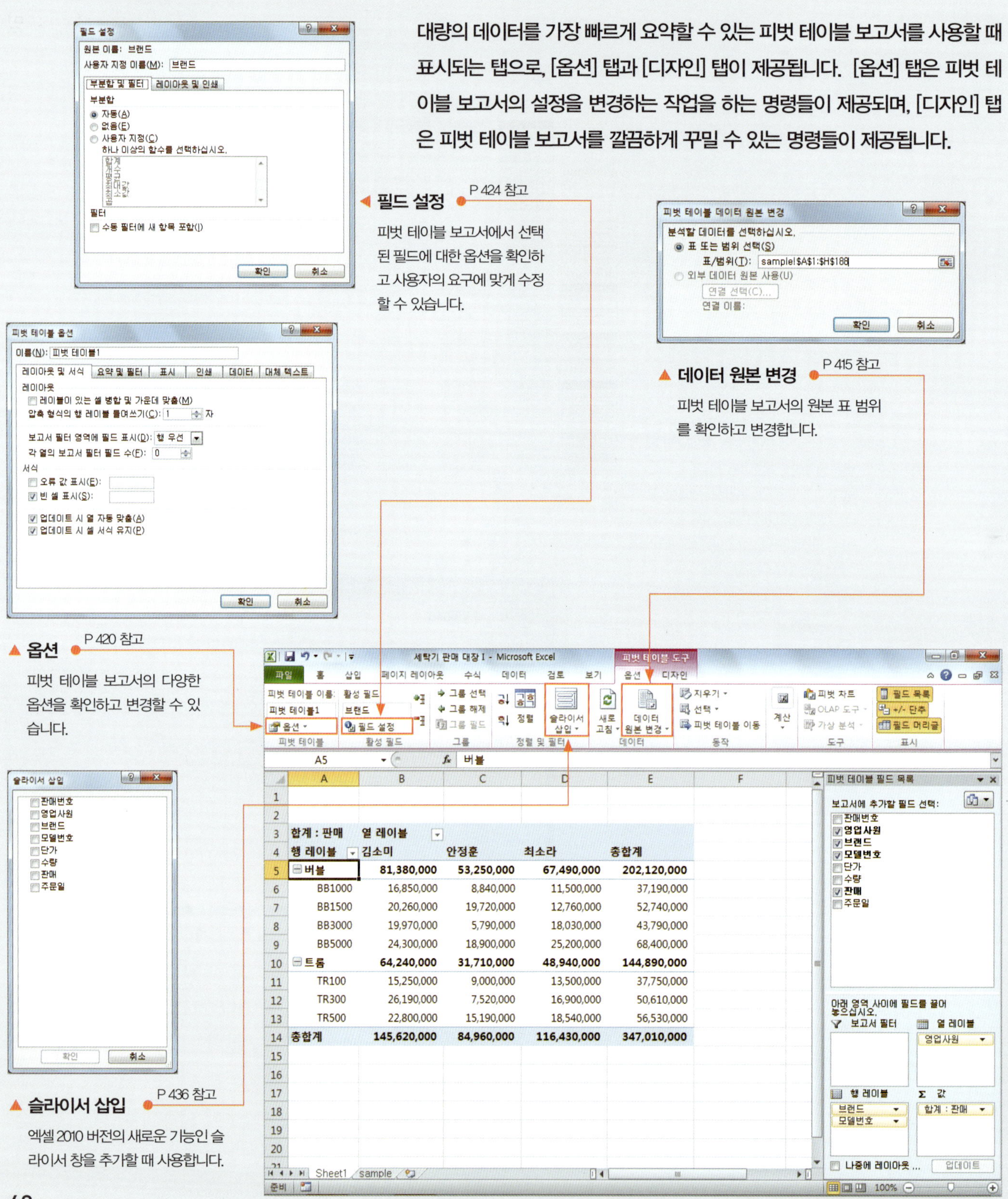

행 레이블	김소미	안정훈	최소라	총합계
버블	81,380,000	53,250,000	67,490,000	202,120,000
BB1000	16,850,000	8,840,000	11,500,000	37,190,000
BB1500	20,260,000	19,720,000	12,760,000	52,740,000
BB3000	19,970,000	5,790,000	18,030,000	43,790,000
BB5000	24,300,000	18,900,000	25,200,000	68,400,000
트롬	64,240,000	31,710,000	48,940,000	144,890,000
TR100	15,250,000	9,000,000	13,500,000	37,750,000
TR300	26,190,000	7,520,000	16,900,000	50,610,000
TR500	22,800,000	15,190,000	18,540,000	56,530,000
총합계	145,620,000	84,960,000	116,430,000	347,010,000

엑셀 2010 버전에서 새롭게 제공된 슬라이서 기능을 이용할 때 표시되는 탭으로, [옵션] 탭에서 슬라이서 창의 설정을 변경할 수 있습니다.

P 436 참고

슬라이서 설정

슬라이서 창의 설명을 변경할 수 있는 곳으로, 슬라이서 창에 표시되는 이름이나 항목 표시 방법을 설정할 수 있습니다.

P 436 참고

슬라이서 스타일

슬라이서 창의 설정을 변경할 수 있는 곳으로, 피벗 테이블 스타일과 동일하게 설정해 일체감을 높일 수 있습니다.

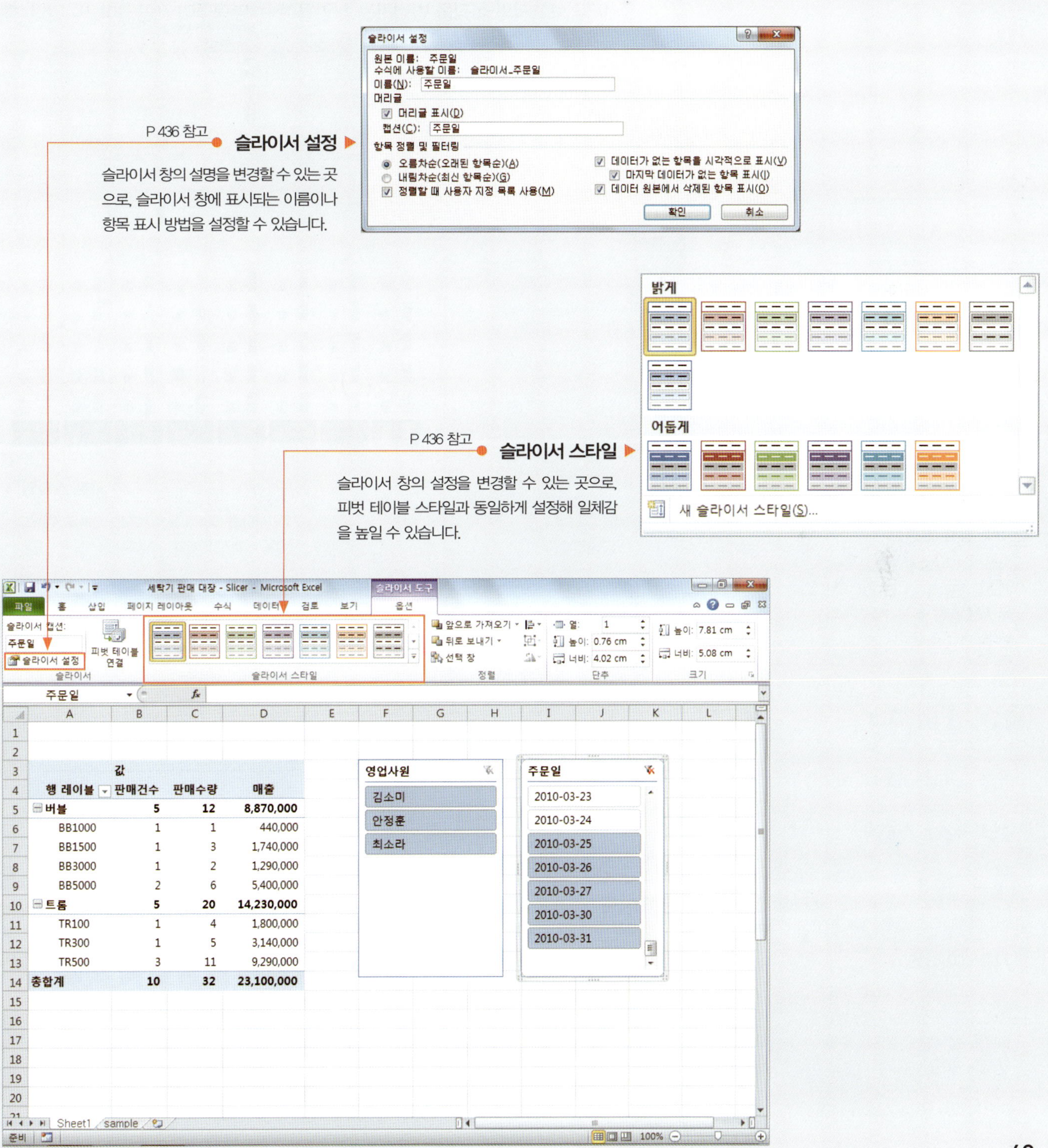

차트를 조작하는데 필요한 다양한 명령을 제공하는 확장 탭
으로 [디자인], [레이아웃], [서식] 탭이 제공됩니다.

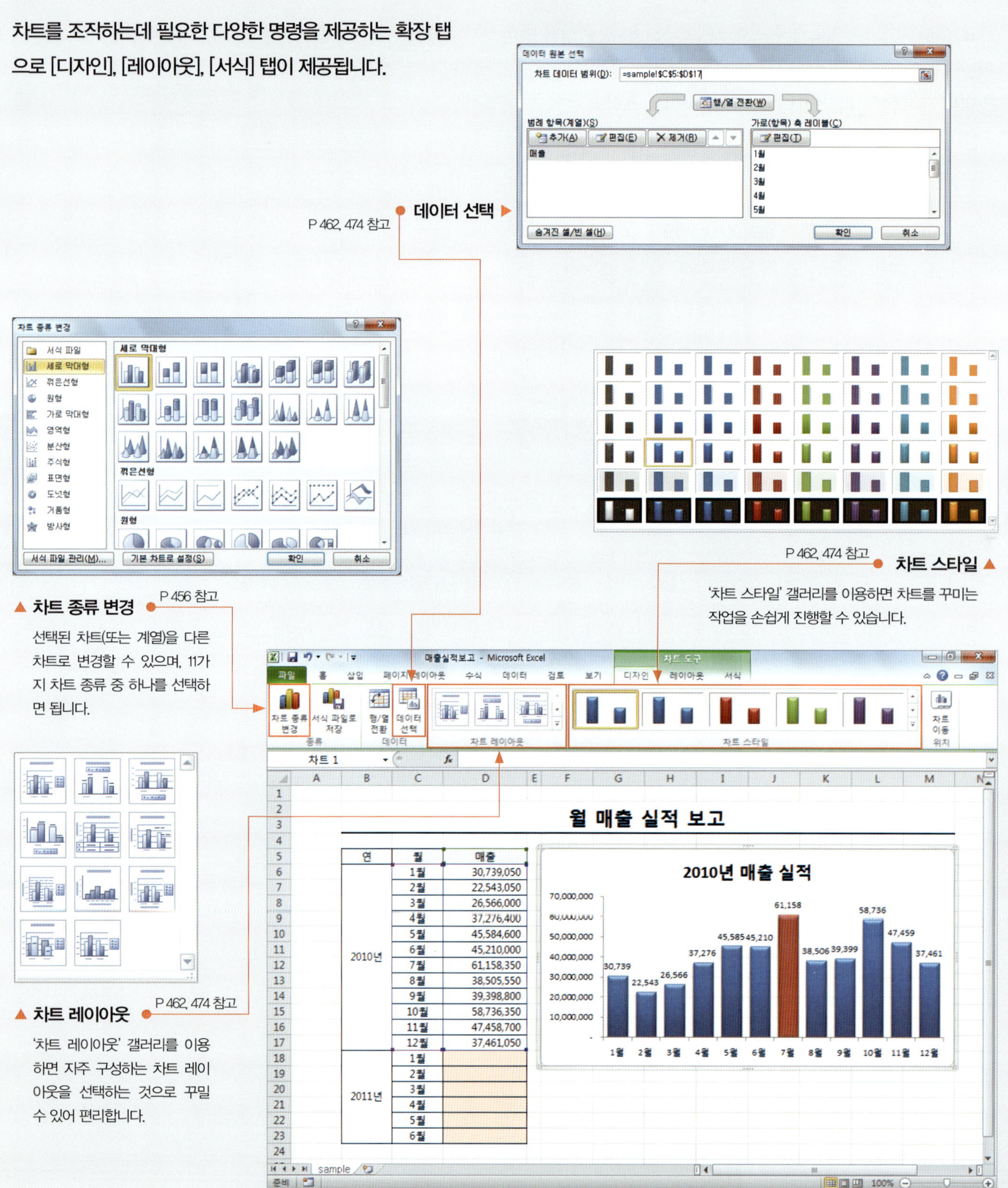

차트 스타일 ▲

'차트 스타일' 갤러리를 이용하면 차트를 꾸미는
작업을 손쉽게 진행할 수 있습니다.

▲ **차트 종류 변경**   P 456 참고

선택된 차트(또는 계열)을 다른
차트로 변경할 수 있으며, 11가
지 차트 종류 중 하나를 선택하
면 됩니다.

▲ **차트 레이아웃**   P 462, 474 참고

'차트 레이아웃' 갤러리를 이용
하면 자주 구성하는 차트 레이
아웃을 선택하는 것으로 꾸밀
수 있어 편리합니다.

차트 데이터 표:

연	월	매출
2010년	1월	30,739,050
	2월	22,543,050
	3월	26,566,000
	4월	37,276,400
	5월	45,584,600
	6월	45,210,000
	7월	61,158,350
	8월	38,505,550
	9월	39,398,800
	10월	58,736,350
	11월	47,458,700
	12월	37,461,050
2011년	1월	
	2월	
	3월	
	4월	
	5월	
	6월	

엑셀 2010 버전에서 새롭게 추가된 스파크라인을 사용하면 '스파크라인 도구' 탭을 사용할 수 있습니다. [스파크라인 도구] 탭은 [디자인] 탭 하나로 구성되며, 스파크라인의 각종 설정을 변경할 수 있습니다.

테마 색

표준 색

다른 색(M)...

두께(W)

가로 축 옵션
- ✓ 일반 축 종류(G)
- 날짜 축 종류(D)...
- ✓ 축 표시(S)
- 오른쪽에서 왼쪽으로 데이터 표시(P)

세로 축 최소값 옵션
- 각 스파크라인에 대해 자동(A)
- ✓ 모든 스파크라인에 대해 동일하게(F)
- 사용자 지정 값(C)...

세로 축 최대값 옵션
- 각 스파크라인에 대해 자동(E)
- ✓ 모든 스파크라인에 대해 동일하게(M)
- 사용자 지정 값(V)...

▲ **스타일**   P 501 참고

스타일 갤러리에서 원하는 스타일을 선택하면, 스파크라인을 보기 좋은 형태로 빠르게 구성할 수 있습니다.

P 501 참고   **스파크라인 색** ▲

스타일 갤러리에서 원하는 스타일이 존재하지 않으면 하위와 같은 색상표에서 원하는 색과 테두리 선 두께를 지정할 수 있습니다.

P 501 참고   **축** ▲

스파크라인의 X축, Y축과 관련한 옵션을 확인하고 설정할 수 있습니다.

- 음수 점(N)
- 표식(M)
- 높은 점(H)
- 낮은 점(L)
- 첫 점(F)
- 마지막 점(P)

P 501 참고   **표식 색** ▲

표식의 색을 사용자가 원하는 방식으로 직접 설정할 수 있습니다.

영업 사원 별 상반기 실적 분석

담당	실적	실적비교	목표달성	1월	2월	3월	4월	5월	6월	월 목표
김덕훈	2,360			410	104	550	430	372	494	380
김소미	4,087			887	291	614	686	490	1,119	600
김찬진	1,960			244	206	239	246	393	632	300
선하라	2,333			232	646	216	518	213	508	310
안정훈	1,691			377	150	188	451	274	251	250
오영수	1,607			226	261	612	227	232	49	220
유가을	1,094			294	98	93	280	222	107	210
윤대현	3,042			266	474	309	566	681	746	480
최소라	4,779			769	699	672	965	736	938	740

초보 사용자를 위한
엑셀 기본 다지기

Part 01에서는 엑셀 파일 열기/닫기, 표 만들기, 서식 지정하기, 인쇄하기 등과 같은 기본 사용 방법을 소개합니다. 엑셀에 대한 기초를 쌓기 위한 부분으로 독자 여러분 입장에서 소홀하게 생각할 수 있지만, 이 부분이 기초가 되어 앞으로 배우는 엑셀 기능에 밑거름이 되므로 반드시 정독하기 바랍니다.

EXCEL 2010

리본(Ribbon) 인터페이스 이해하기

엑셀의 각종 명령을 실행시킬 수 있는 리본(Ribbon) 인터페이스 소개

빠른 실행 도구 모음에 명령 등록 및 제거하는 방법

파일 생성과 워크시트 다루기

파일을 새로 만들고 저장하는 기본적인 작업 과정

워크시트의 선택 및 추가/이동 및 복사

데이터 입력 및 인쇄하기

워크시트에 데이터를 입력하는 방법과 셀 서식 변경 및 지정하는 방법

데이터를 옮기거나 복사하는 방법

인쇄 작업을 위한 페이지 설정

리본(Ribbon) 인터페이스 이해하기

리본(Ribbon)은 엑셀 2007 버전부터 적용된 새로운 명령 인터페이스입니다. 가장 장시간에 걸쳐 사용된 엑셀 2003 버전까지만 하더라도 메뉴와 도구모음 방식을 사용했습니다.

하지만 엑셀 프로그램이 계속해서 업데이트 되면서 새로운 명령이 사용자의 눈에 잘 띄지 않고, 메뉴 + 도구 모음 방식으로는 명령을 실행시키기 위한 단계가 너무 늘어 좀 더 간결한 명령 인터페이스가 필요하게 됨에 따라 엑셀 2007 버전부터 메뉴+도구 모음 방식 대신 새로운 명령 인터페이스를 제공하게 되었습니다.

01 리본의 구성

리본(Ribbon)은 엑셀 프로그램이 업데이트되면서 복잡해진 명령 실행 단계를 간결하고 사용자 눈에 잘 띄도록 엑셀 2007 버전부터 적용된 새로운 명령 인터페이스입니다. 리본 메뉴가 엑셀 2010에서는 어떻게 변화되었는지 그 구성 요소를 알아봅니다.

● 엑셀의 명령 인터페이스의 변화

엑셀의 각종 명령을 실행시키기 위해 엑셀 2003 버전까지는 메뉴＋도구 모음 방식을 사용했습니다. 하지만, 엑셀 프로그램이 계속해서 업데이트되면서 새로운 명령이 눈에 잘 띄지 않고, 명령 실행 단계가 복잡해짐에 따라 좀 더 간결한 명령 인터페이스가 필요하게 되었습니다. 따라서 엑셀 2007 버전부터는 새로운 명령 인터페이스로 리본(Ribbon) 방식이 도입되었고, 엑셀 2010 버전에 이르러서는 **[홈]** 탭 옆에 **[파일]** 탭이 추가된 리본 메뉴로 변경되었습니다. **[파일]** 탭을 선택하면 엑셀 2010 버전의 새로운 인터페이스인 백스테이지(Backstage)가 표시됩니다.

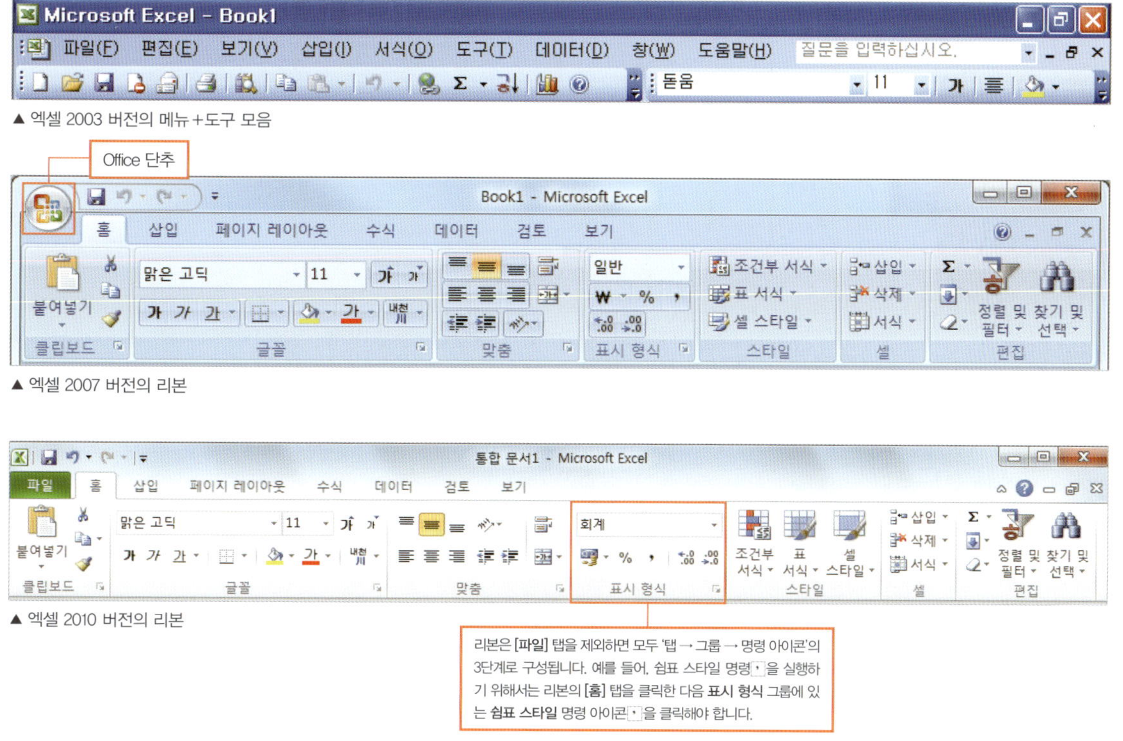

▲ 엑셀 2003 버전의 메뉴＋도구 모음

▲ 엑셀 2007 버전의 리본

▲ 엑셀 2010 버전의 리본

리본은 **[파일]** 탭을 제외하면 모두 '탭 → 그룹 → 명령 아이콘'의 3단계로 구성됩니다. 예를 들어, 쉼표 스타일 명령 ▪ 을 실행하기 위해서는 리본의 **[홈]** 탭을 클릭한 다음 표시 형식 그룹에 있는 **쉼표 스타일** 명령 아이콘 ▪ 을 클릭해야 합니다.

○ 탭

리본 메뉴의 가장 상위 분류로 8개의 기본 탭을 제공합니다. 엑셀 2007 버전과 비교하여 **[파일]** 탭이 추가되었으며, 워크시트에 삽입된 개체 즉, 그림, 피벗 테이블, 차트 등에 따라 해당 개체에 적용 가능한 확장 탭이 표시됩니다.

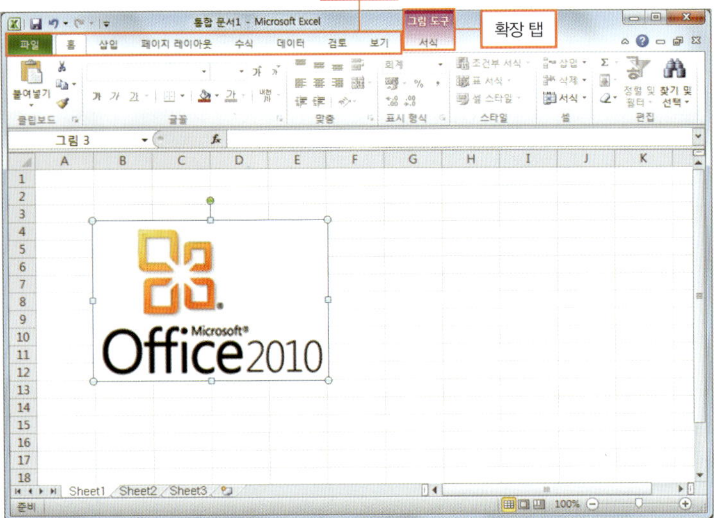

▲ 그림을 삽입하면 나타나는 [그림 도구]─[서식] 확장 탭

○ 확장 탭

그림을 삽입하면 그림 개체에 적용할 수 있는 다양한 명령이 포함된 [그림 도구]─[서식] 확장 탭이 표시됩니다.

자 주 묻 는 질 문
NEW 2010

[파일] 탭에는 어떤 명령들이 있나요?

엑셀 2010 버전의 **[파일]** 탭은 리본에 추가된 새로운 명령 인터페이스인 백스테이지(Backstage)를 표시하며, 엑셀 2003 버전의 **[파일]** 메뉴와 엑셀 2007 버전의 Office 단추와 유사한 역할을 수행합니다.

[파일] 탭을 클릭할 때 표시되는 백스테이지 인터페이스는 리본의 여러 곳에 흩어져 있던 명령을 하나로 통합해 제공하므로 이전 버전에 비해 더 강력한 역할을 수행합니다.

참고로 **[파일]** 탭은 상황에 따라 기본으로 선택되는 메뉴가 다릅니다. 빈 파일에서 **[파일]** 탭을 선택하면 **최근에 사용한 항목**이 표시되며, 파일을 연 상태에서 **[파일]** 탭을 선택하면 **정보** 메뉴가 자동으로 선택됩니다.

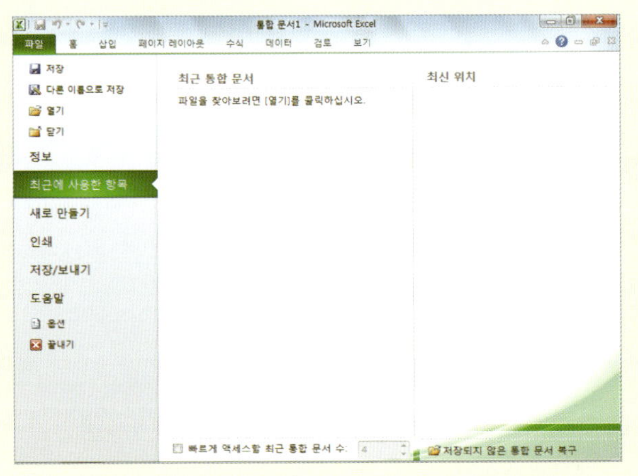

◎ 그룹

각 탭에서 작업 성격이 비슷한 명령들을 묶어 그룹으로 구분지으며, 하나의 탭에는 여러 개의 그룹이 존재합니다. 그룹 이름 옆에는 **대화상자 표시** 아이콘 이 있는 경우가 있는데, 해당 아이콘을 클릭하면 해당 그룹과 연결된 대화상자가 나타납니다. 예를 들어, **[홈]** 탭 → **표시 형식** 그룹 → **대화상자 표시** 아이콘 을 클릭하면 '셀 서식' 대화상자의 **[표시 형식]** 탭이 표시됩니다.

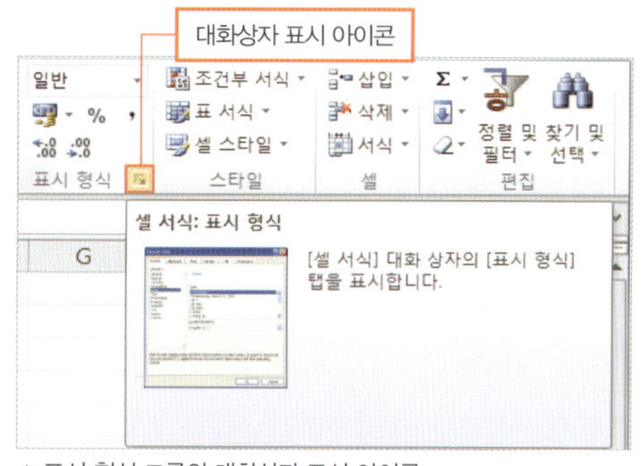
▲ 표시 형식 그룹의 대화상자 표시 아이콘

◎ 명령 아이콘

각 탭에 포함된 명령 아이콘은 왼쪽에서 오른쪽 방향으로 표시되며, 명령 아이콘의 순서는 마이크로소프트사의 이전 프로그램 명령 중에서 사용빈도가 높은 아이콘을 선별해 배치한 것입니다. 명령 아이콘은 1024×768 해상도 크기에 맞춰 표시되도록 설계되어 있어 현재 사용하는 해상도가 기본 해상도보다 낮을 경우에는 명령 아이콘의 표시 방법이 변경됩니다.

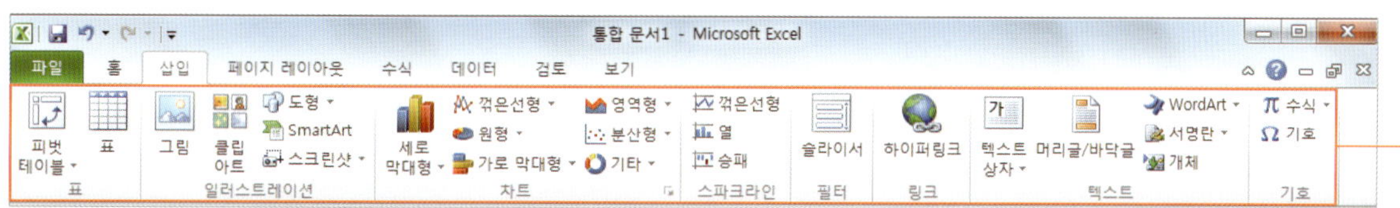
▲ 기본 해상도에서 [삽입] 탭의 명령 아이콘

모든 명령 아이콘이 그룹으로 나뉘어져 큰 아이콘 형태로 보여지므로 선택이 용이합니다.

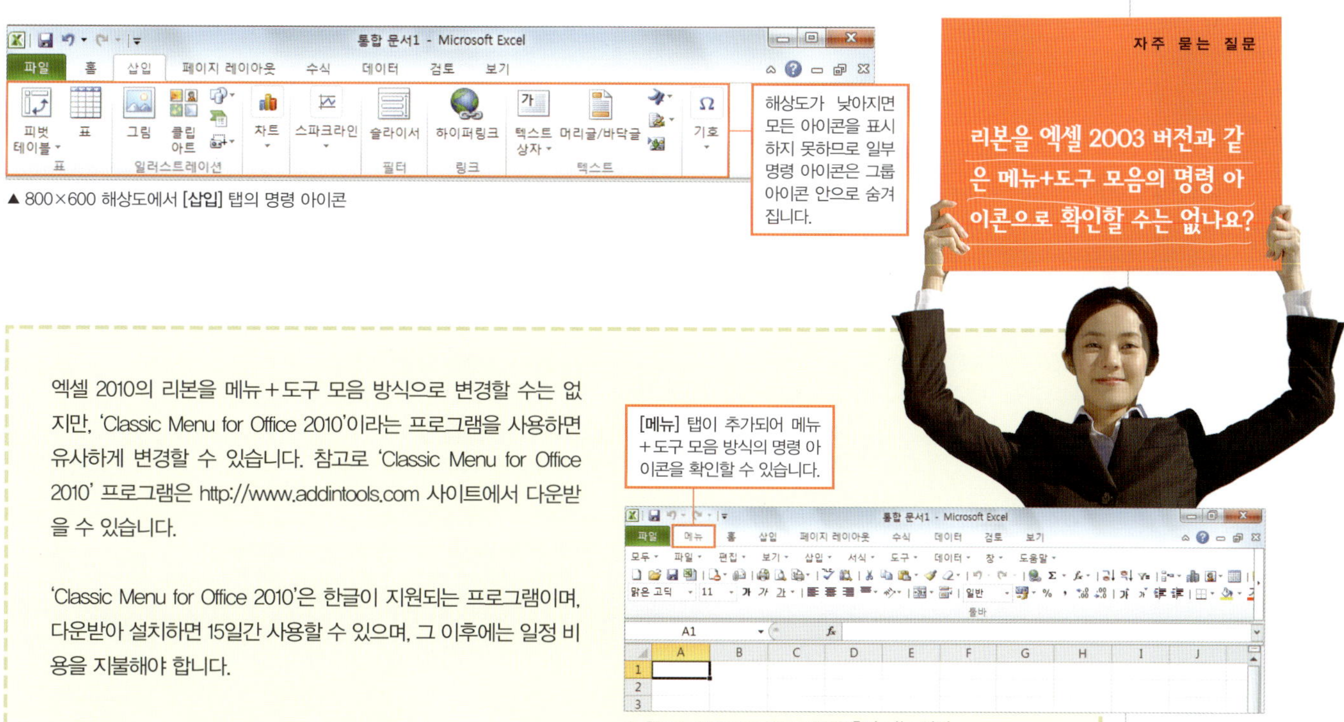
▲ 800×600 해상도에서 [삽입] 탭의 명령 아이콘

해상도가 낮아지면 모든 아이콘을 표시하지 못하므로 일부 명령 아이콘은 그룹 아이콘 안으로 숨겨집니다.

엑셀 2010의 리본을 메뉴+도구 모음 방식으로 변경할 수는 없지만, 'Classic Menu for Office 2010'이라는 프로그램을 사용하면 유사하게 변경할 수 있습니다. 참고로 'Classic Menu for Office 2010' 프로그램은 http://www.addintools.com 사이트에서 다운받을 수 있습니다.

'Classic Menu for Office 2010'은 한글이 지원되는 프로그램이며, 다운받아 설치하면 15일간 사용할 수 있으며, 그 이후에는 일정 비용을 지불해야 합니다.

[메뉴] 탭이 추가되어 메뉴+도구 모음 방식의 명령 아이콘을 확인할 수 있습니다.

▲ Classic Menu for Office 2010 추가 기능 설치

엑셀 2003 사용자가 리본에서 명령 위치 빠르게 찾는 방법

엑셀 2003 버전 사용자가 엑셀 2010 버전으로 바로 업그레이드 한 경우에는 자주 사용하던 명령을 리본에서 찾기가 쉽지 않습니다. 이것은 인터페이스 자체가 변화했기 때문인데, 이런 사용자의 혼란스러움을 마이크로소프트사에서도 충분히 인지하고 있습니다.

그렇기 때문에 마이크로소프트사에서는 엑셀 2003 사용자가 자주 사용하는 명령을 엑셀 2010 리본에서 빠르게 찾을 수 있도록 대화형 가이드를 제공하고 있습니다.

인터넷이 연결된 상태에서 IE 와 같은 웹브라우저에서 다음 주소로 접속합니다.

> http://office.microsoft.com/client/helppreview14.aspx?AssetId=HA101794130&lcid=1042&NS=EXCEL&Version=14&tl=2&pid=CH010368998&CTT=4#

또는 엑셀 도움말에서 'Office 2010의 메뉴 및 도구 모음 명령 위치'로 검색합니다.

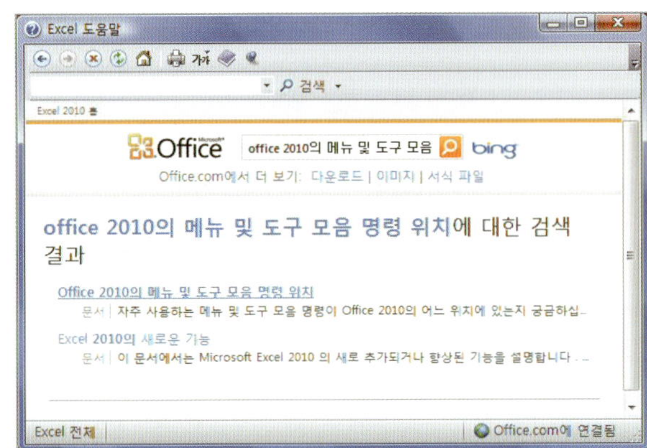

해당 도움말을 클릭하면 다음과 같은 화면이 표시됩니다.

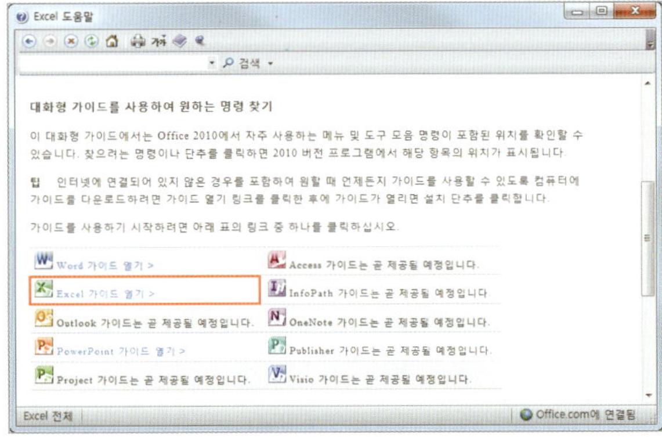

앞의 화면에서 'Excel 가이드 열기' 하이퍼링크를 클릭하
면 'Microsoft Excel 2010 대화형 리본 메뉴 가이드'가 다
음과 같이 실행됩니다.

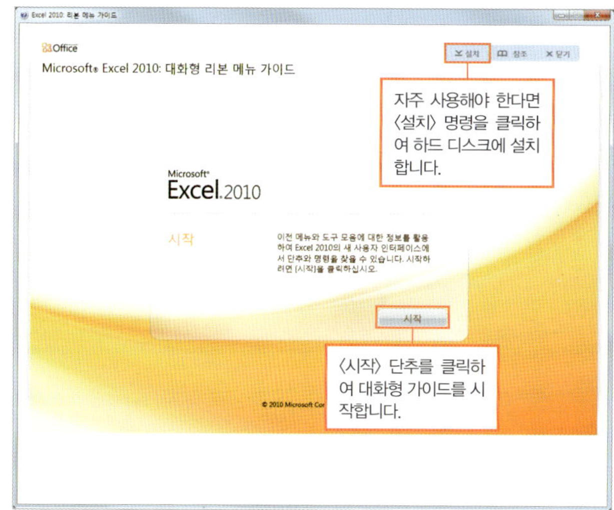

그러면 다음과 같은 엑셀 2003 화면이 표시되는데, 원하는 명령 위치를 마우스로 클릭하면 바로 엑셀 2010 화면으로
전환되면서 해당 명령 위치가 표시됩니다.

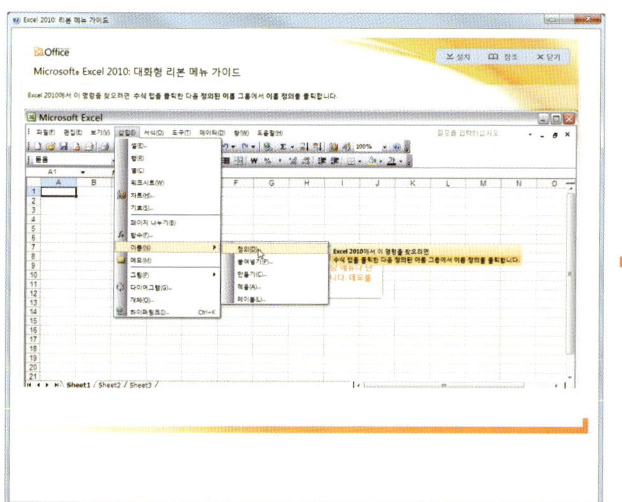

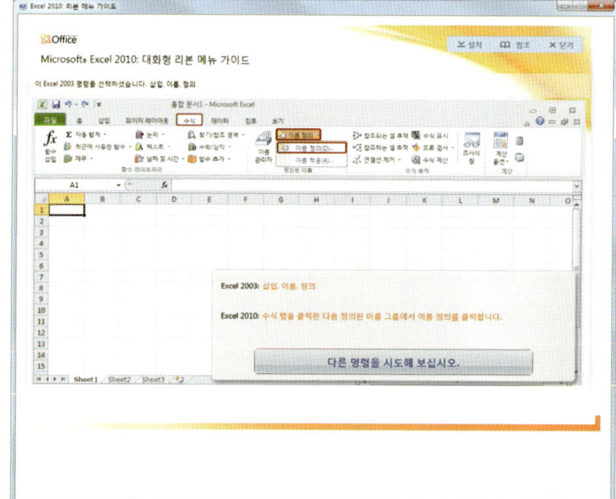

02 리본 숨기기/표시하기

리본 메뉴는 큰 아이콘으로 명령들이 그룹화되어 있어 명령을 실행하는 데 있어 매우 편리한 점을 가지고 있는 반면 기존의 '메뉴 + 도구 모음' 방식에 비해 리본 메뉴가 넓게 차지하고 있어 작업화면이 많이 축소되는 단점이 발생할 수 있습니다. 이에 오피스 2010 버전에서는 리본의 명령 아이콘을 숨기고 표시할 수 있는 방법을 제공합니다.

리본 메뉴는 빠르고 쉽게 명령 아이콘에 접근할 수 있어 매우 편리하지만 낮은 해상도를 사용할 경우나 엑셀 창을 줄이면 작업 화면이 조금 밖에 보이지 않는 단점이 있습니다. 이런 문제점을 해결하기 위해 언제든지 리본의 명령 아이콘을 숨기고 표시할 수 있는 방법을 제공합니다.

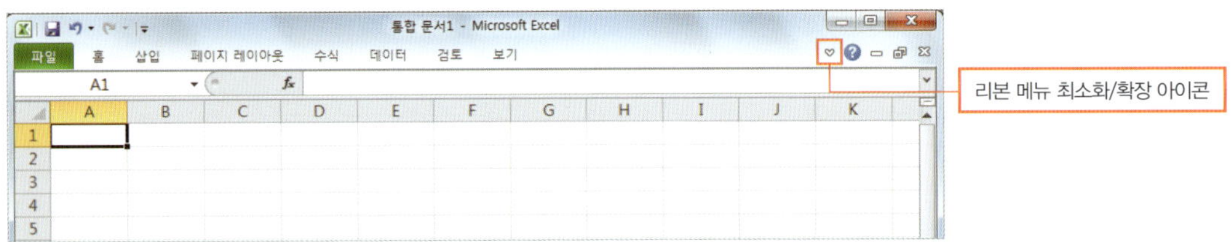

▲ 리본의 명령 아이콘을 숨긴 경우

명령 아이콘을 숨기거나, 숨긴 명령 아이콘을 모두 표시할 때 다음의 3가지 방법 중 하나를 선택합니다.

방법 1 Ctrl + F1 키를 누릅니다.

방법 2 리본 탭을 마우스로 더블클릭합니다.([파일] 탭은 제외)

방법 3 리본 탭 우측에 있는 **리본 메뉴 최소화/확장** 아이콘을 클릭합니다. **NEW 2010**

명령 아이콘을 숨긴 상태라도 리본 탭을 클릭하면 하위 명령 아이콘을 확인할 수 있습니다. 단, 이 방법은 워크시트 창을 클릭하면 다시 숨겨지며, 원래대로 다시 모든 명령 아이콘을 표시하려면 **리본 메뉴 최소화/확장** 아이콘위치의 핀 모양 아이콘을 클릭합니다.

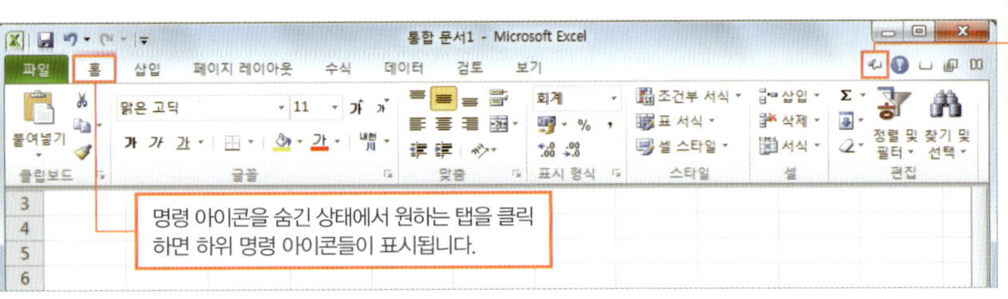

▲ 리본 메뉴를 숨긴 상태에서 [홈] 탭을 클릭한 경우

나만의 리본 탭 만들기 NEW 2010

준비 파일 : 새 통합 문서

엑셀 2010 버전에서는 리본 메뉴에 사용자가 원하는 탭을 추가할 수 있으며, 이 방법을 이용하면 자주 사용하는 명령을 별도의 탭으로 구성해 사용할 수 있습니다. 또한 이런 편집 기능을 이용하면 기존 탭에 새로운 명령을 추가하거나 불필요한 명령 아이콘 및 그룹을 숨길 수 있어 매우 유용합니다. 여러 탭에서 자주 사용하는 명령을 모아 새로운 **[즐겨찾기]** 탭을 추가해 보도록 하겠습니다.

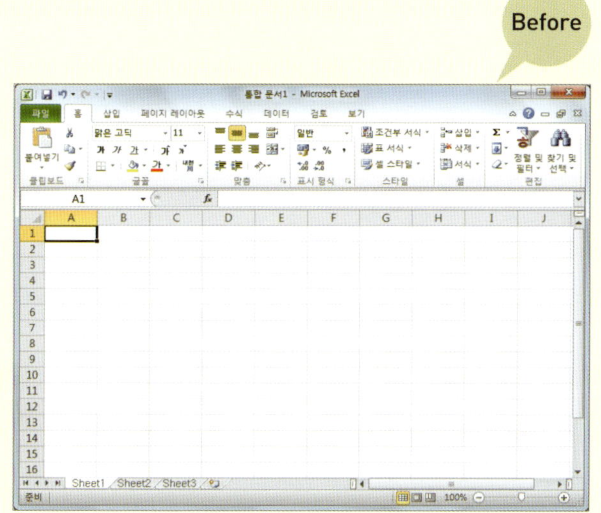

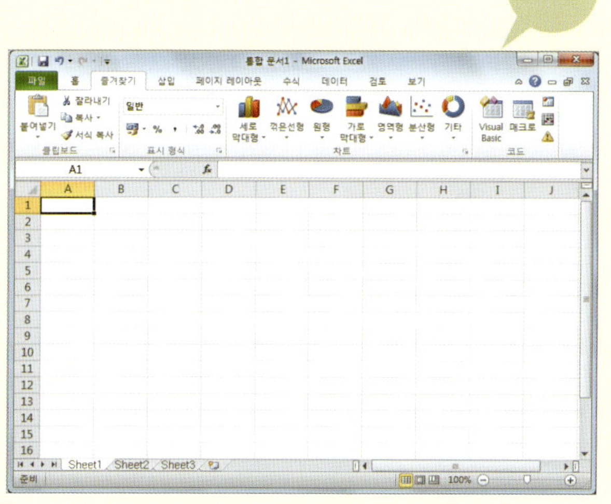

01 **리본 편집 명령 실행하기** 엑셀 프로그램을 실행한 다음 ❶ 리본의 **[홈]** 탭에서 마우스 오른쪽 단추를 클릭하여 ❷ **리본 메뉴 사용자 지정** 명령을 선택합니다.

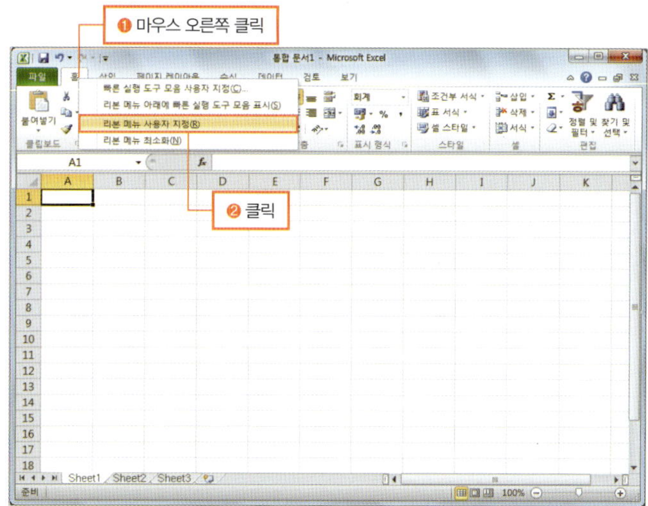

02 새 리본 탭 추가하기(1)
'Excel 옵션' 대화상자가 열리면 우측 하단의 〈새 탭〉 단추를 클릭하여 새로운 탭을 리본에 추가합니다.

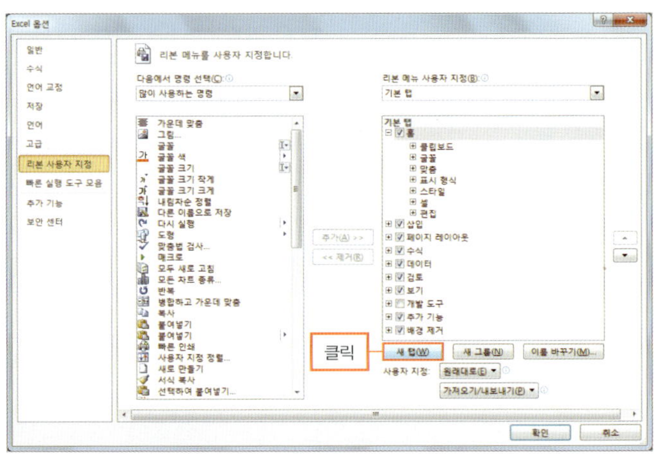

◎ [개발 도구] 탭 표시하기

리본에는 숨겨진 탭인 [개발 도구] 탭이 있으며, 이 탭에는 매크로를 이용할 때 사용할 수 있는 다양한 명령 아이콘이 존재합니다. 오른쪽 화면의 탭 이름이 나타나는 리스트에서 '개발 도구' 옆의 확인란에 체크하고 〈확인〉 단추를 클릭하면 숨겨진 [개발 도구] 탭이 표시됩니다.

03 새 리본 탭 추가하기(2)
'새 탭(사용자 지정)'이 추가되면 원하는 이름으로 변경하기 위해 ❶ 새 탭(사용자 지정)을 선택하고 ❷ 〈이름 바꾸기〉 단추를 클릭합니다.

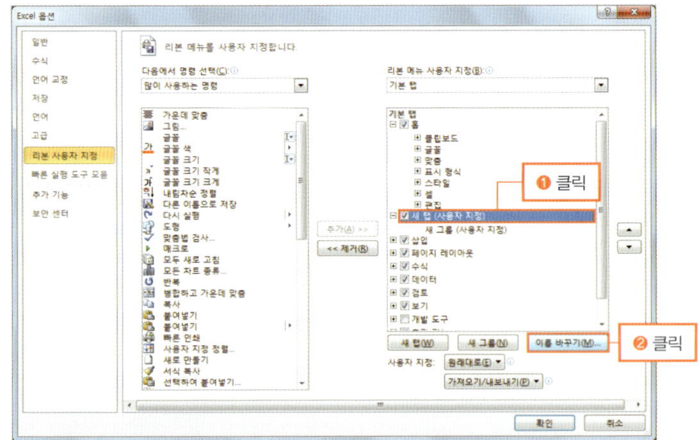

◎ 리본의 구성

리본은 '탭 → 그룹 → 명령 아이콘'으로 구성되므로 새 탭을 추가하면 새 탭과 새 그룹이 추가됩니다.

04 새 리본 탭 추가하기(3)
❶ '이름 바꾸기' 대화상자가 나타나면 원하는 이름(여기서는 '즐겨찾기'로 입력)을 입력하고 ❷ 〈확인〉 단추를 클릭합니다.

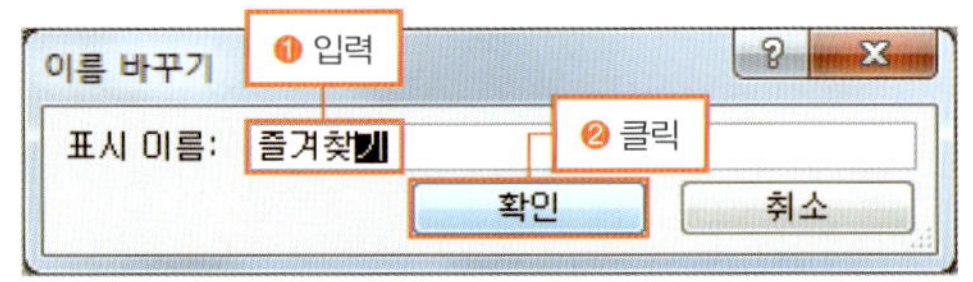

05 그룹 삭제하기
탭 이름을 원하는 이름으로 변경했다면 불필요한 그룹은 제거하겠습니다. ❶ 새 그룹(사용자 지정)을 선택하고 ❷ 〈제거〉 단추를 클릭합니다.

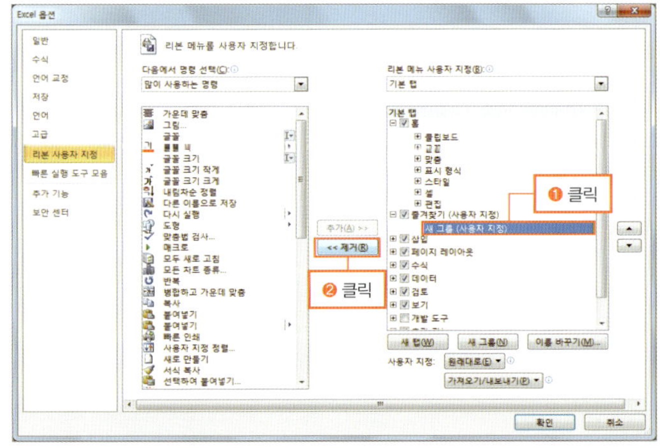

◎ 리본에 명령 추가 방법

새 리본 탭에 추가할 명령은 원하는 명령을 하나씩 선택해 추가할 수도 있고, 그룹을 추가해 그룹에 포함된 모든 명령을 한 번에 추가할 수도 있습니다.

06 **탭 명령 표시하기** 새 탭에 명령을 추가하기 전에 모든 탭을 목록에 나타내 보겠습니다. ❶ '다음에서 명령 선택'의 아래 화살표 단추를 클릭한 다음 ❷ **모든 탭**을 선택합니다.

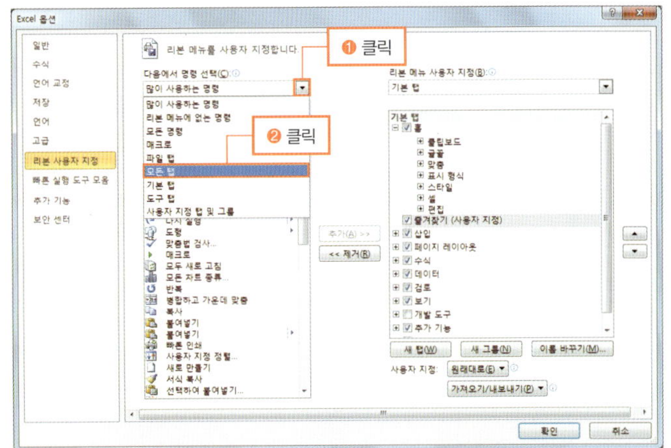

07 **그룹 및 명령 아이콘 추가하기(1)** 탭 이름이 모두 나타나면 ❶ 추가할 명령이 포함된 탭의 ⊞ 단추를 클릭한 후 ❷ 그룹 이름을 선택하고 ❸ 〈추가〉 단추를 클릭합니다.

그룹 이름의 ⊞ 단추를 클릭하면 하위에 포함된 명령을 확인할 수 있습니다.

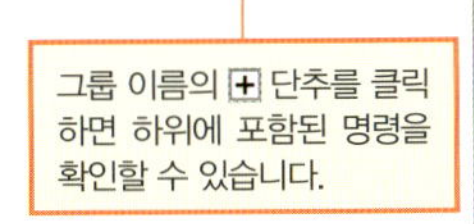
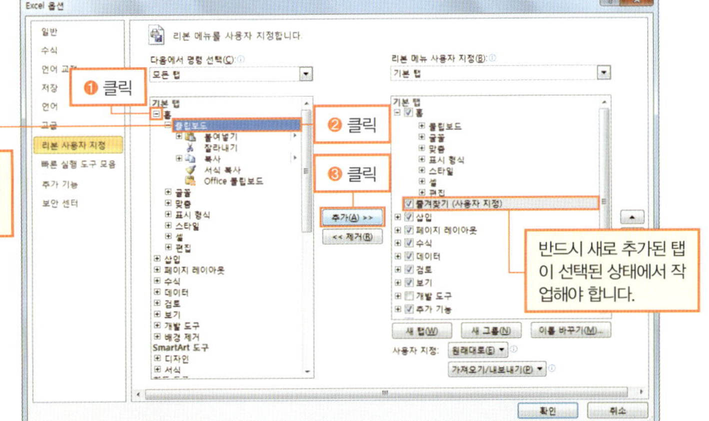

08 **그룹 및 명령 아이콘 추가하기(2)** ❶ 07 과정의 작업을 반복해 필요한 그룹을 다른 탭에서 모두 추가한 다음 ❷ 〈확인〉 단추를 클릭하면 [**즐겨찾기**] 탭에 추가한 그룹 및 명령 아이콘들이 표시됩니다.

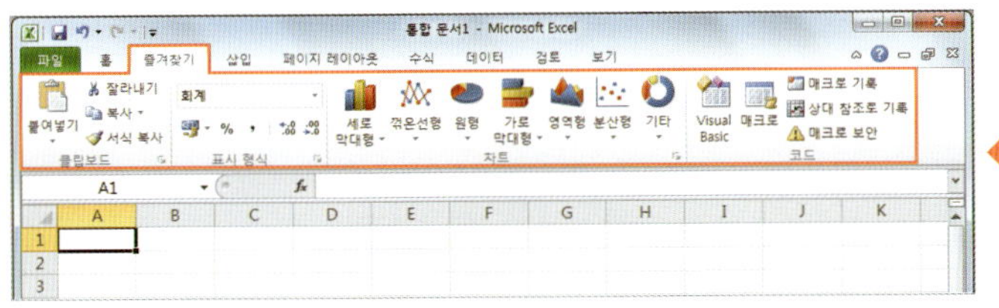
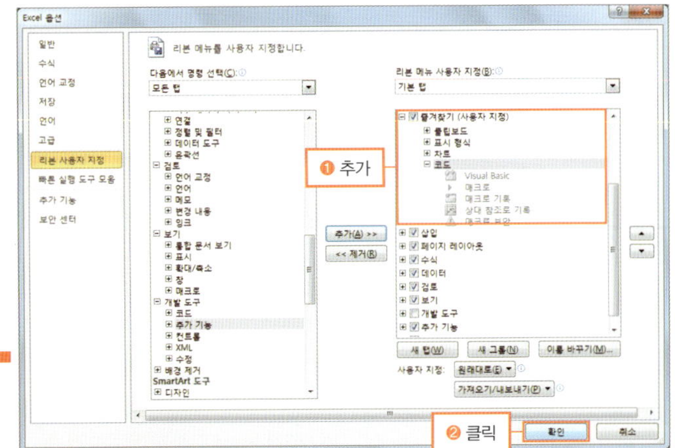

빠른 실행 도구 모음에 명령 추가 및 제거하기

빠른 실행 도구 모음은 가장 빠르게 명령을 실행할 수 있는 위치 중의 하나로, 이 위치에 자주 사용하는 명령을 등록해 사용한다면 좀 더 빠르게 원하는 명령을 실행할 수 있어 편리합니다. 빠른 실행 도구 모음에 사용자가 원하는 대로 명령을 추가 및 제거하는 방법을 알아봅니다.

빠른 실행 도구 모음은 리본 상단에 위치하고 있는 엑셀 2007 이상 버전에서 사용할 수 있는 도구 모음으로 저장 🖫, 실행 취소 🔄, 다시 실행 🔁과 같은 3개의 명령 아이콘을 포함하고 있습니다.

리본의 각 탭에 존재하는 명령을 이용해 엑셀 작업을 처리하는데 아무런 문제가 없지만, 그래도 원하는 명령을 실행하기 위해서는 리본의 각 탭을 일일이 선택해야 하는 불편함이 있습니다. 이때 자주 사용하는 명령을 빠른 실행 도구 모음에 등록해 놓고 사용하면 원하는 명령이 항상 화면 상단에 표시되므로 매우 편리합니다. 빠른 실행 도구 모음은 사용자가 원하는 대로 추가, 삭제가 가능합니다.

▲ 빠른 실행 도구 모음

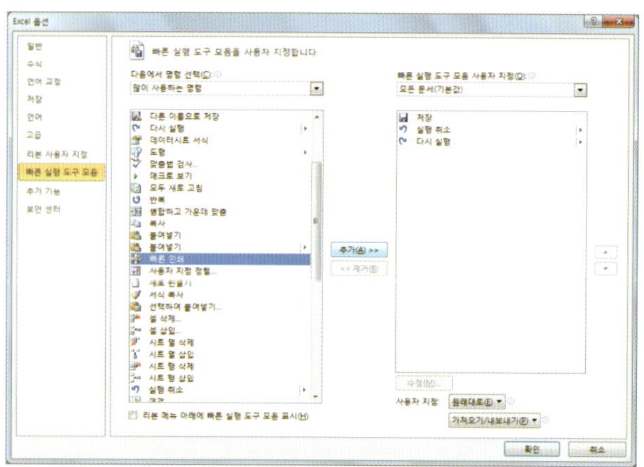

▲ 빠른 실행 도구 모음에 명령을 추가하기 위한 'Excel 옵션' 대화상자

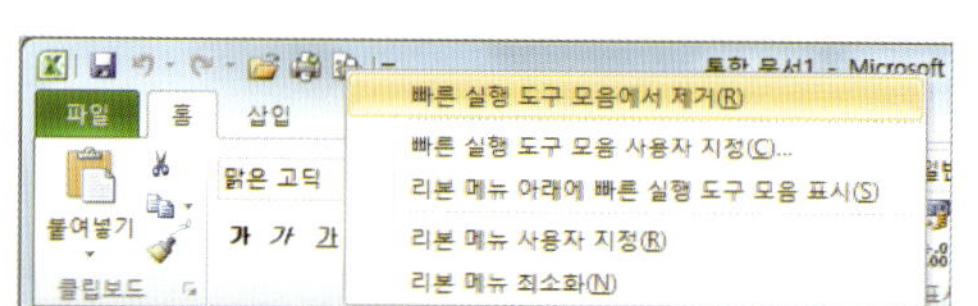

▲ 빠른 실행 도구 모음 명령 제거

⊙ 비활성 명령 아이콘

리본 메뉴 또는 빠른 실행 도구 모음에 흑백으로 표시되는 아이콘은 현재는 사용할 수 없는 명령입니다. 엑셀은 이렇게 작업 상황에 따라 사용할 수 있는 명령과 없는 명령을 색상으로 구분해 표시합니다.

빠른 실행 도구 모음에 원하는 명령 추가 및 제거하기

준비 파일 : 새 통합 문서

자주 사용하는 명령을 빠른 실행 도구 모음에 추가하고 기존 명령 중에서 제거하고 싶은 명령을 삭제하는 방법을 알아보겠습니다.

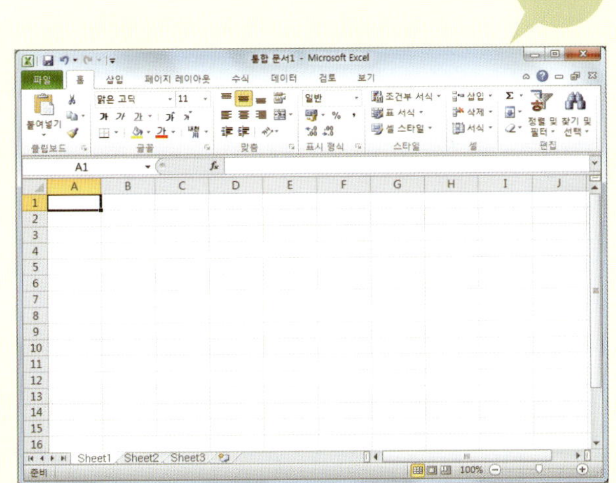

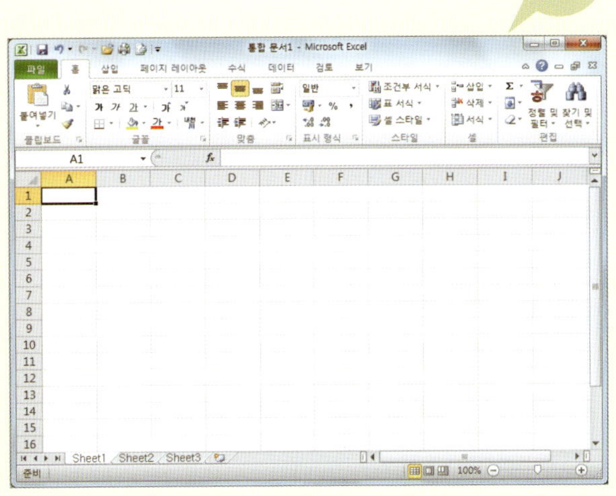

01 **빠른 실행 도구 모음에 명령 추가하기(1)** ❶ 빠른 실행 도구 모음 옆의 **빠른 실행 도구 모음 사용자 지정** 단추 ▾를 클릭합니다. ❷ 메뉴 목록의 상위 11개 명령들을 선택하면 빠른 실행 도구 모음에 바로 추가되지만 그 외에 다른 필요한 명령을 추가하려면 **기타 명령**을 선택합니다.

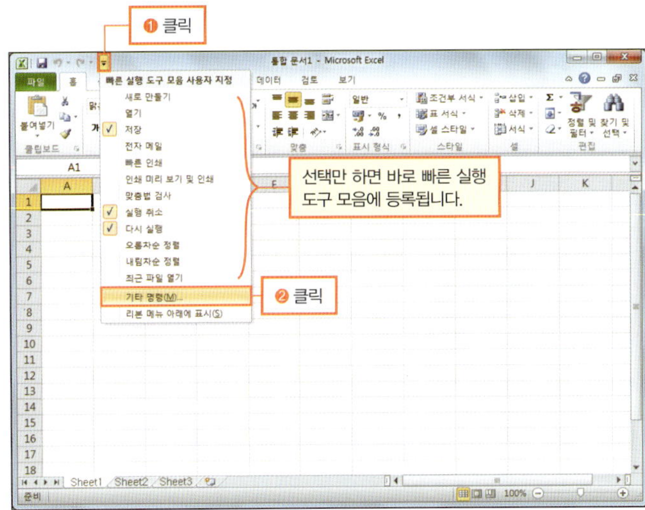

02 **빠른 실행 도구 모음에 명령 추가하기(2)** 'Excel 옵션' 대화상자가 나타나면서 선택할 수 있는 명령 아이콘이 표시됩니다. ❶ 원하는 명령을 선택하고 ❷ 〈추가〉 단추를 클릭하는 것을 반복하여 여기서는 '열기', '빠른 인쇄', '페이지 설정' 명령을 추가합니다. ❸ 〈확인〉 단추를 클릭합니다.

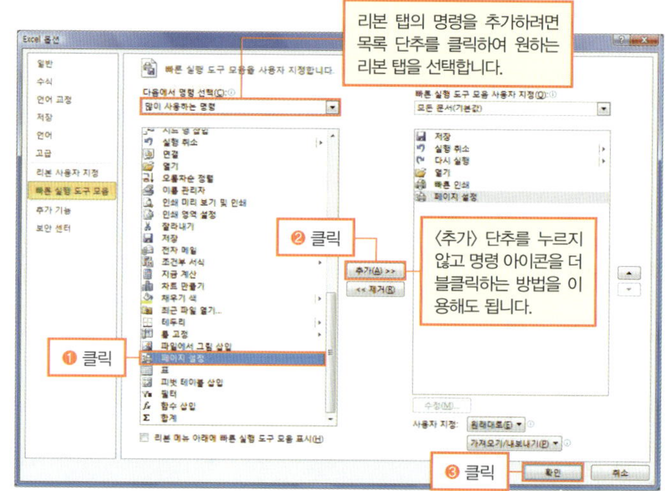

03 **빠른 실행 도구 모음에 명령 추가하기(3)** 빠른 실행 도구 모음에 해당 명령이 추가된 것을 확인할 수 있습니다.

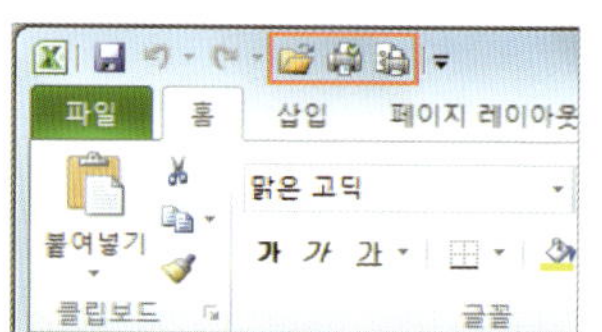

04 **빠른 실행 도구 모음의 명령 제거하기** 빠른 실행 도구 모음에 있는 명령 아이콘을 삭제하려면 ❶ 해당 명령 아이콘에서 마우스 오른쪽 단추를 클릭한 다음 ❷ **빠른 실행 도구 모음에서 제거** 명령을 선택합니다.

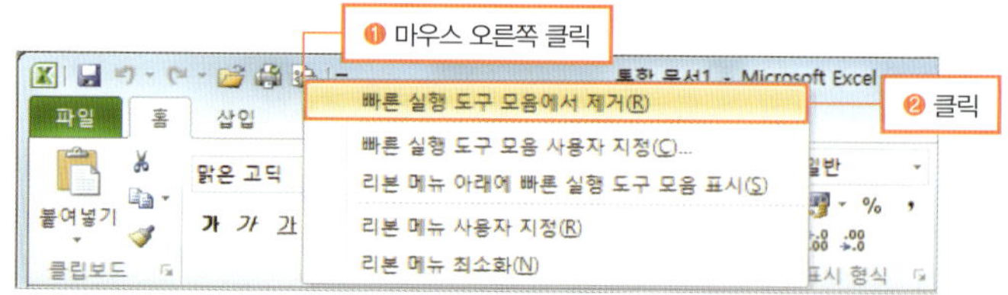

자 주 묻 는 질 문

빠른 실행 도구 모음의 명령을 빠르게 실행하려면 어떻게 해야 하나요?

빠른 실행 도구 모음에 등록된 명령은 Alt + 숫자 조합의 단축키를 사용해 빠르게 실행할 수 있습니다. 엑셀 화면에서 Alt 키를 누르면 빠른 실행 도구 모음 위치에 숫자 값을 표시하는 풍선 도움말을 확인할 수 있습니다.

해당 풍선 도움말의 숫자가 단축키로 조합되어지며, 빠른 실행 도구 모음에 등록된 명령은 왼쪽부터 순서대로 Alt + 1, Alt + 2, ...와 같은 단축키를 이용해 실행할 수 있습니다.

빠른 실행 도구 모음의 위치 변경 방법

빠른 실행 도구 모음에 명령 아이콘을 많이 등록해 놓으면 화면 상단의 제목 표시줄에 제목이 제대로 표시되지 않습니다. 이와 같은 경우에는 빠른 실행 도구 모음의 위치를 리본 메뉴 아래로 변경할 수 있습니다.

❶ **빠른 실행 도구 모음 사용자 지정** 단추
　를 클릭하고, **리본 메뉴 아래에 표시**
명령을 선택합니다.

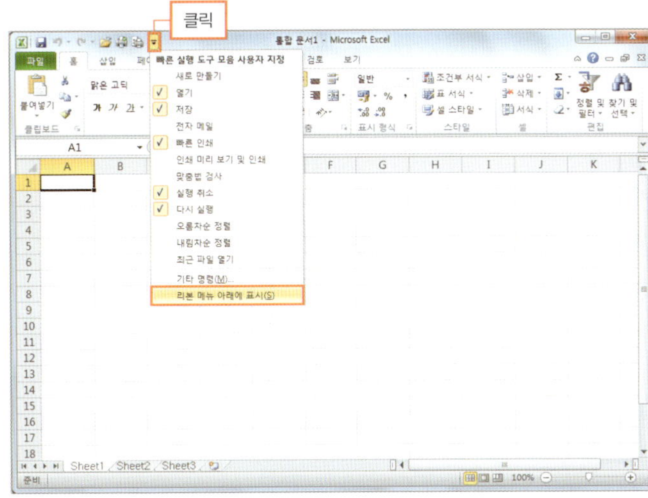

❷ 리본 하위에 빠른 실행 도구 모음이 표시됩니다. 다시 원 위치로 복구하려면 **빠른 실행 도구 모음 사용자 지정** 단추
　를 클릭하고, **리본 메뉴 위에 표시** 명령을 선택합니다.

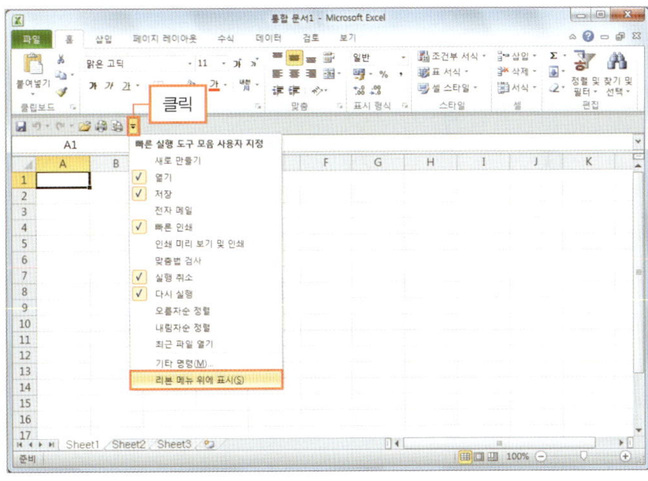

수정된 빠른 실행 도구 모음을 다른 컴퓨터에서 사용하는 방법 NEW 2010

수정된 빠른 실행 도구 모음을 다른 컴퓨터에서도 그대로 사용하려면 빠른 실행 도구 모음 정보를 내 보낸 다음, 원하는 컴퓨터에서 다시 가져오는 방법을 사용합니다.

❶ 리본의 [파일] 탭 → 옵션 명령을 선택합니다.

❷ 'Excel 옵션' 대화상자에서 **빠른 실행 도구 모음** 범주를 선택하고 우측 하단의 〈가져오기/내보내기〉 단추를 클릭한 다음 **모든 사용자 지정 항목 내보내기** 명령을 선택합니다.

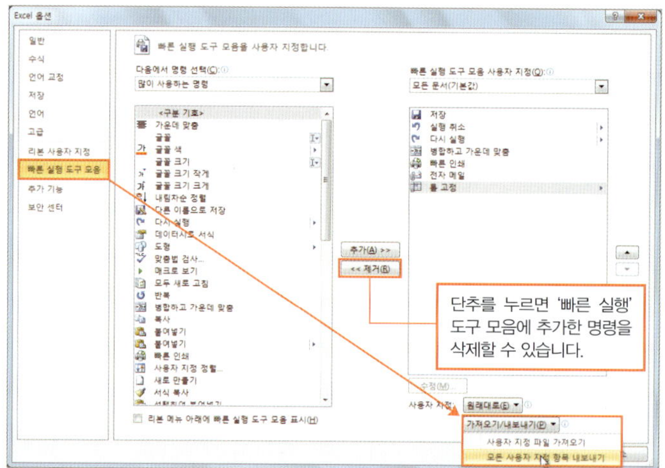

❸ '파일 저장' 대화상자가 표시되면 파일이 저장될 위치와 파일 이름을 지정한 다음 〈저장〉 단추를 클릭합니다.

❹ 저장된 파일을 원하는 컴퓨터에 복사한 다음 ①～② 과정을 반복하되, ② 과정에서 **사용자 지정 파일 가져오기** 명령을 선택해, 복사한 파일을 선택하고 〈열기〉 단추를 클릭하면 빠른 실행 도구 모음 정보를 그대로 가져올 수 있습니다.

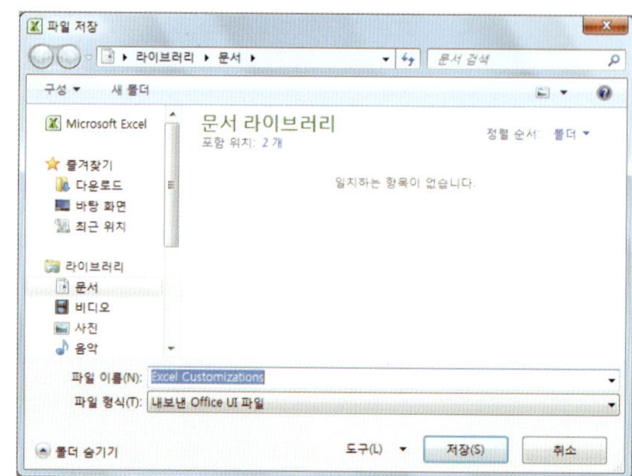

키보드를 이용한 리본 제어 방법

리본에 포함된 명령 아이콘은 대부분 마우스로 클릭하는 것이 일반적이지만, 키보드를 이용해서도 얼마든지 실행할 수 있습니다. 리본의 모든 명령은 Alt키와 숫자 또는 영문자의 조합으로 실행할 수 있으며, 엑셀 창에서 Alt키를 누르면 빠른 실행 도구 모음과 리본의 각 탭에 숫자와 영어 단어로 구성된 풍선 도움말이 다음과 같이 나타납니다.

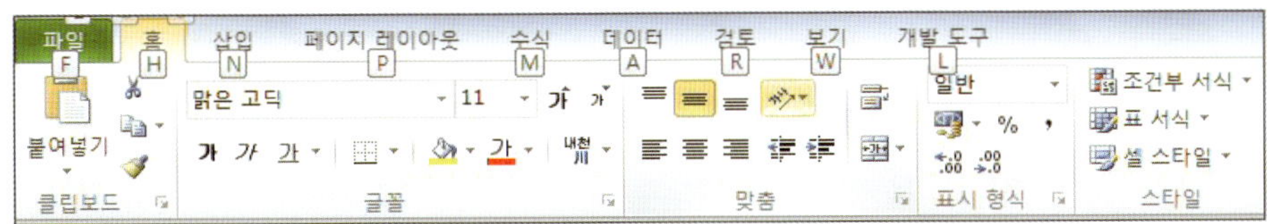

예를 들어 숫자 키 1을 누르면 빠른 실행 도구 모음에 등록된 저장 명령이 실행되며, 영문자 H키를 누르면 [홈] 탭이 선택됩니다(참고로 영문자는 대/소문자를 구분하지 않습니다).

이런 과정을 통해 실행할 명령을 단축키로 빠르게 실행하는 것이 가능하며, 리본의 모든 명령은 다음과 같은 단축키 조합을 사용해 실행 가능합니다.

> Alt + 탭 단축키 + 명령 단축키

예를 들어 '백분율 스타일' 명령을 단축키로 실행하려면 Alt + H + P 키를 사용합니다.

엑셀 2003 버전에서 사용되던 단축키도 엑셀 2007 버전이나 엑셀 2010 버전과 완벽하게 호환되므로 편리한 방법을 선택해 사용합니다. 예를 들어, 백분율 스타일 명령을 실행하기 위해 Alt + H + P 키(엑셀 2007, 2010 버전 전용)를 사용할 수 있지만, 엑셀 2003 버전에서 사용하던 Ctrl + Shift + % 키(전체 버전) 역시 사용할 수 있습니다.

파일 생성과 워크시트 다루기

엑셀에서 진행되는 대부분의 작업은 워크시트에서 진행되며, 하나의 엑셀 파일에는 여러 개의 워크시트가 있습니다. 엑셀을 사용하려는 사용자라면 반드시 엑셀 파일과 워크시트 사용 방법을 익혀야 합니다.

EXCEL 2010

01 파일 생성하고 저장하기

파일은 하나의 업무 단위를 저장해 놓은 것으로, 필요에 따라 얼마든지 추가로 만들 수 있습니다. 추가된 파일에서 진행되는 작업은 메모리에 보관되므로 이후 다시 열어 보기 위해서는 반드시 하드 디스크에 저장해야 합니다. 파일을 생성하고 저장하는 다양한 방법에 대해 알아봅니다.

● 파일 새로 만들기

엑셀은 새로운 파일을 만들 때 빈 문서에서 만들 것인지, 온라인으로 제공되는 템플릿을 열어서 작업할 것인지를 선택할 수 있습니다. 새로운 파일을 만들려면 리본의 **[파일]** 탭 → **새로 만들기** 명령을 클릭한 후, 다양한 템플릿이나 빈 통합 문서 중에서 하나를 선택하고 〈만들기〉 단추를 클릭합니다.

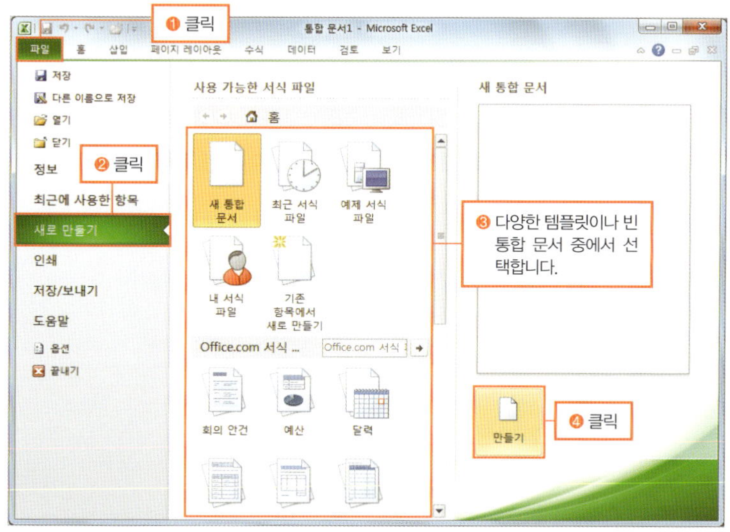

▲ 새 파일 만들기

● Office.com 서식 파일

Office.com 서식 파일 목록을 통해 사용자에게 다양한 서식 파일을 제공해 줍니다. 이렇게 제공된 서식을 다운 받아 작업하면 파일을 빠르게 완성할 수 있습니다.

● 파일 저장하기

엑셀 파일을 열고 진행된 작업은 반드시 저장을 해야 내용을 보관할 수 있습니다. 빠른 실행 도구 모음의 **저장** 명령 아이콘을 클릭하거나, 리본의 **[파일]** 탭 → **저장** 명령을 클릭하면 '다른 이름으로 저장' 대화상자가 표시됩니다.

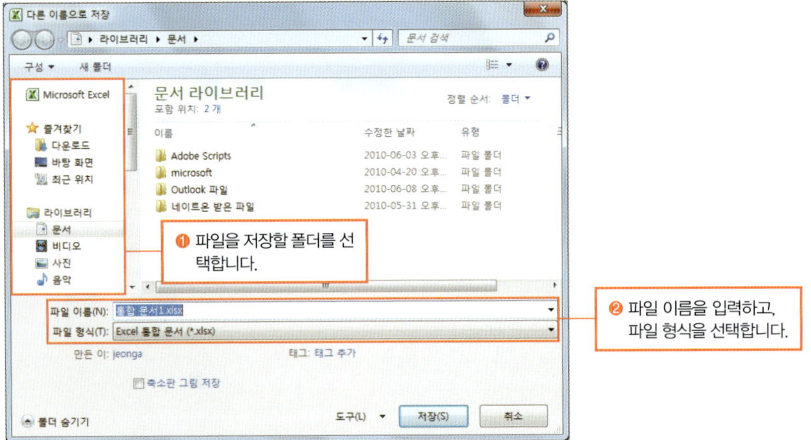
▲ '다른 이름으로 저장' 대화상자

엑셀 2007 버전부터는 파일을 저장할 때 매크로(자세한 설명은 Part. 08 참고)를 포함하는지 여부에 따라 파일 형식을 다음과 같이 선택해야 합니다.

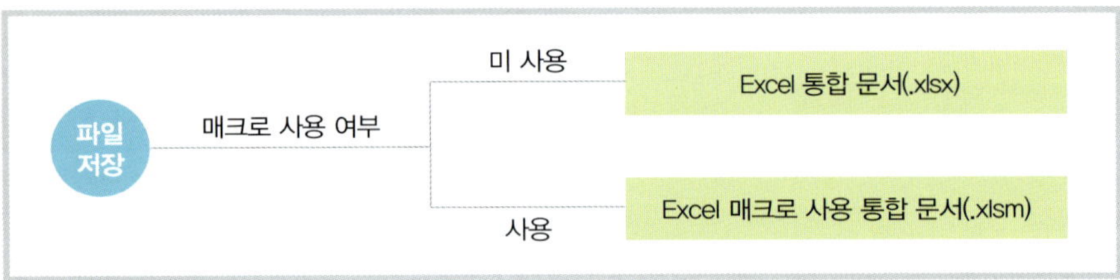

○ 저장된 파일 열기

엑셀은 저장된 파일을 여는 다양한 방법을 제공합니다.

방법 1 윈도 탐색기에서 저장된 파일을 더블클릭해 엽니다.

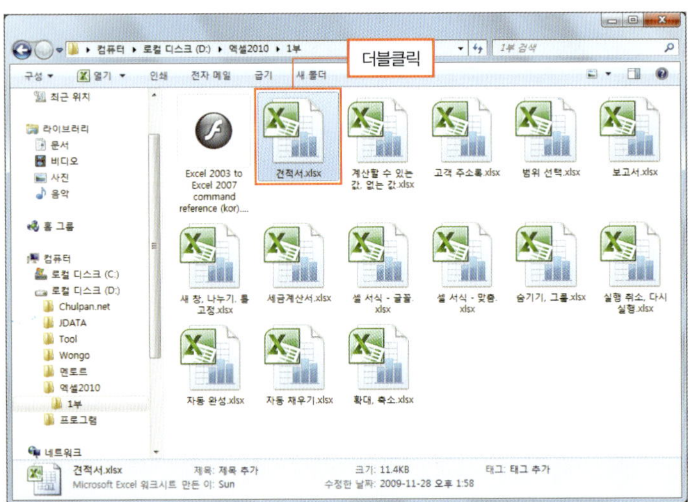
▲ 윈도 탐색기에서 파일 열기

○ **'다른 이름으로 저장' 대화상자**

파일을 처음 저장할 때나 리본의 [파일] 탭 → 다른 이름으로 저장 명령을 클릭할 때 나타나며, 한 번 파일로 저장된 경우에는 더 이상 나타나지 않습니다.

○ **엑셀 통합 문서의 확장자**

Excel 통합 문서로 저장된 파일은 'xlsx' 확장자를 사용하며, Excel 매크로 사용 통합 문서로 저장하면 'xlsx' 확장자를 갖습니다.

 엑셀을 실행하고, 리본의 **[파일]** 탭 → **열기** 명령을 클릭한 다음 '열기' 대화상자에서 파일을 선택해 엽니다.

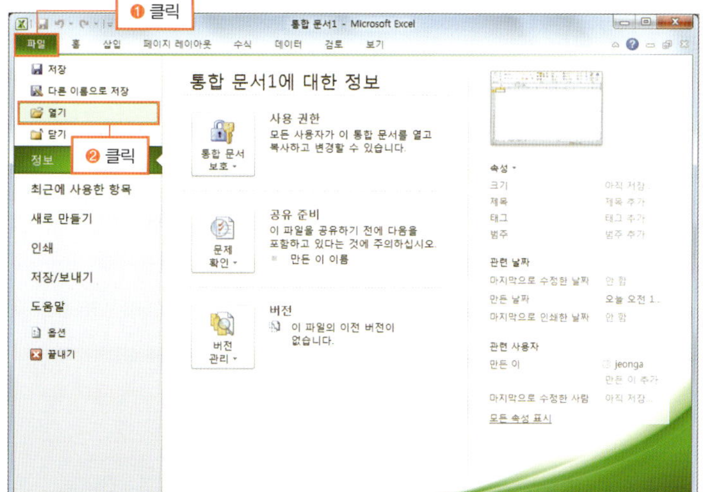

▲ [파일] 탭에서 열기 명령 실행

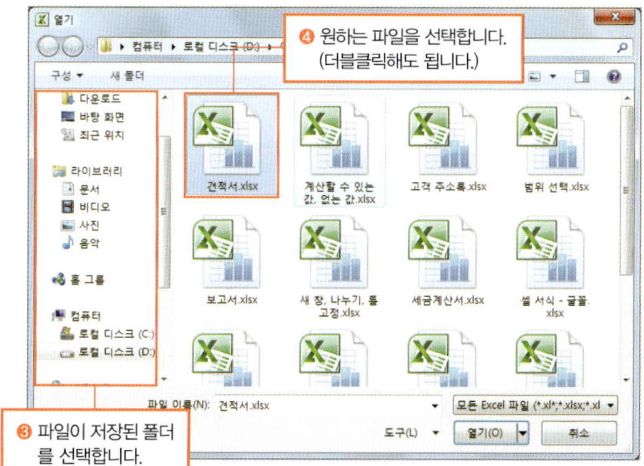

▲ '열기' 대화상자에서 파일 선택

 최근 열어 본 파일이라면 리본의 **[파일]** 탭 → **최근에 사용한 항목**에서 원하는 파일을 선택해 엽니다.

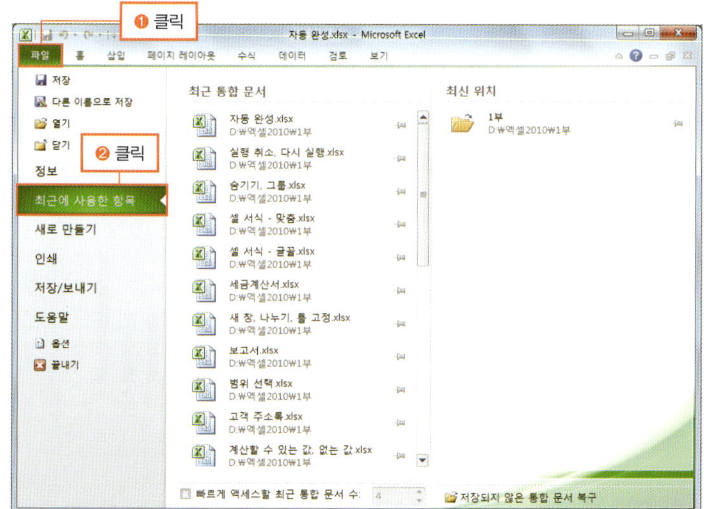

▲ 최근에 사용한 항목에서 열기

최근 문서 목록 고정

자주 사용하는 파일의 경우, 핀 아이콘을 클릭해 최근 문서 목록에 고정할 수 있습니다.

표시할 최근 문서 수

[파일] 탭 → 옵션의 고급 범주에서 표시할 최근 문서 수를 조정할 수 있습니다.

엑셀 2010의 향상된 저장 기능 사용하기 NEW 2010

'자동 저장' 기능은 일정 시간마다 파일을 자동으로 저장하는 기능입니다. 엑셀 2010 버전에서는 기존의 '자동 저장' 기능보다 좀더 향상되어 사용자가 파일을 저장하지 않고 닫은 경우에도 마지막으로 자동 저장된 파일로 복원할 수 있는 방법을 제공합니다.

❶ 리본의 [파일] 탭 → **옵션** 명령을 클릭합니다.

❷ 'Excel 옵션' 대화상자가 열리면 **저장** 범주를 선택한 다음 '통합 문서 저장' 옵션을 오른쪽 화면과 같이 설정한 후 〈확인〉 단추를 클릭합니다.

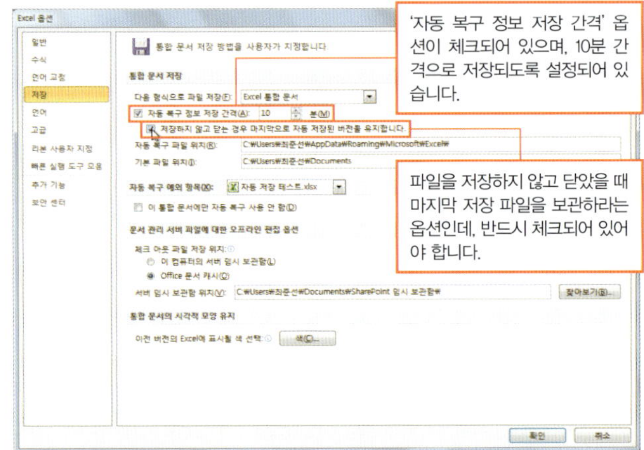

이제 작업을 하다가 잘못해서 파일을 저장하지 않고 닫았다면 다음과 같이 작업을 진행합니다(참고로, 이 작업을 위해서는 파일을 열고 작업한 지 10분(설정 값) 이상 되어야 합니다).

❶ 파일을 다시 열고, 리본의 [파일] 탭 → **정보** 명령을 클릭합니다.

❷ **버전** 정보에서 저장하지 않고 닫은 파일에 대한 정보가 표시되면 마우스로 클릭합니다.

❸ 그러면 자동 저장된 파일이 화면에 표시되면서 '저장되지 않은 복구된 파일' 메시지 줄이 수식 입력줄 위쪽에 나타납니다. 메시지 줄 오른쪽의 〈복구〉 단추를 클릭하면 자동 복원됩니다.

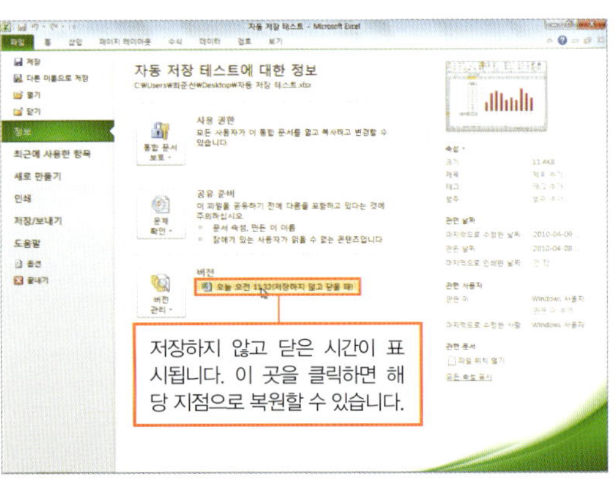

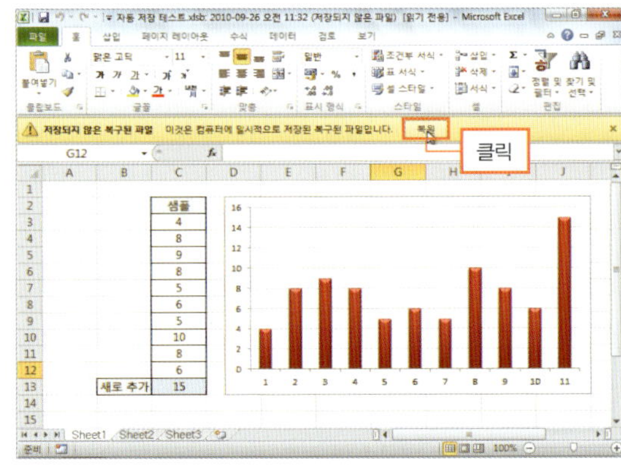

이름이 같은 파일을 동시에 여러 개 여는 방법

업무를 하다 보면 다른 폴더에 동일한 이름을 갖는 엑셀 파일을 여러 개 갖게 되는 경우가 있습니다. 이 경우 같은 이름을 갖는 파일을 함께 열어 확인하려면 다음과 같은 오류 메시지 창이 화면에 나타납니다.

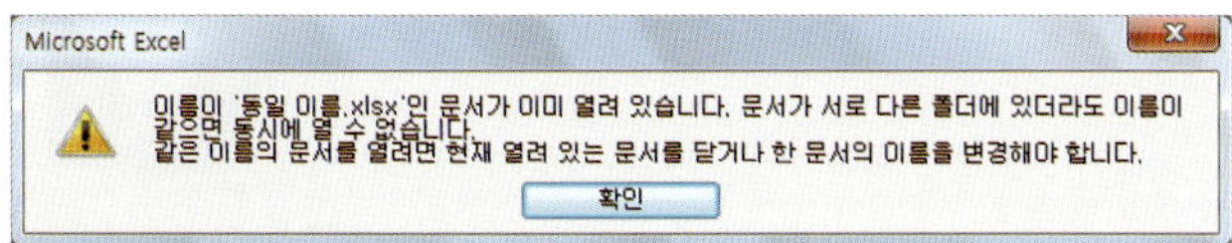

▲ 화면 : 오류 메시지 창

이런 경우 파일을 함께 열기 위해서는 엑셀 프로그램을 다시 한 번 더 실행해 파일을 열면 됩니다.

❶ 윈도 〈시작〉 단추를 클릭합니다.

❷ 엑셀 바로 가기 아이콘이 있는 [모든 프로그램] – [Microsoft Office] – [Microsoft Office Excel 2010] 명령 아이콘을 클릭해 엑셀을 다시 실행합니다.

❸ 엑셀 프로그램이 실행되면 이름이 같은 두 번째 파일을 엽니다.

이와 같은 방법으로 이름이 같은 파일을 동시에 열어 작업할 수 있습니다.

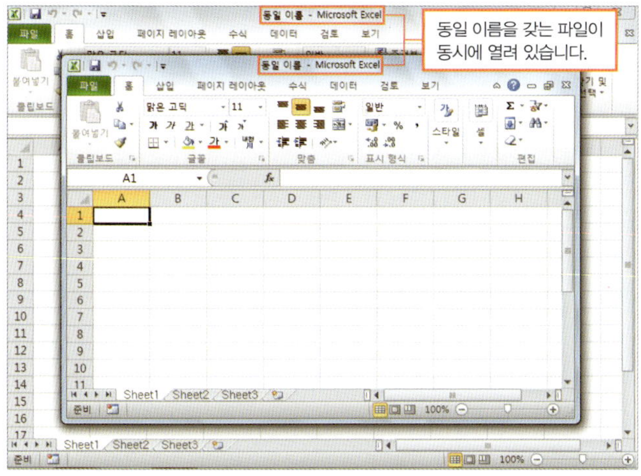

02 워크시트 선택, 추가하기

엑셀에서 진행되는 대부분의 작업은 워크시트에서 진행되며, 하나의 엑셀 파일에서 여러 개의 워크시트를 이용해 다양한 여러 작업을 수행할 수 있습니다. 워크시트의 구성 요소와 워크시트를 선택하고 추가하는 방법에 대해 알아봅니다.

○ 워크시트 사용하기

엑셀 프로그램을 처음 실행하면 엑셀 파일이 열리면서 'Book1'과 같은 빈 워크시트가 하나 표시됩니다.

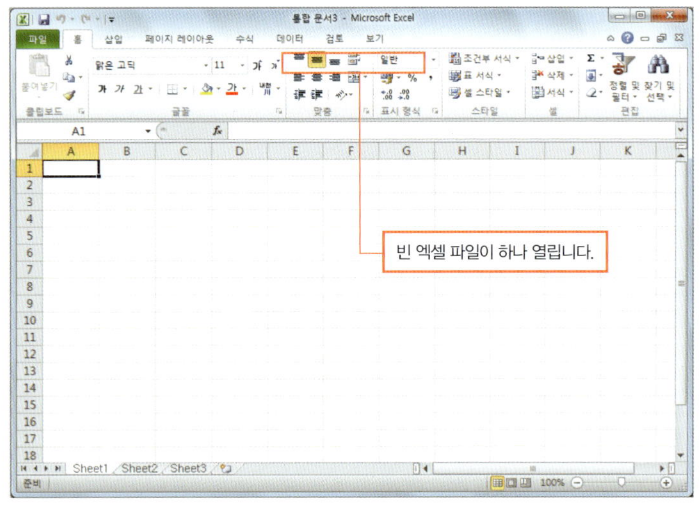

▲ 엑셀 2010 버전 실행 화면

워크시트는 상단의 열 주소(A, B, C, D, …)와 좌측의 행 주소(1, 2, 3, 4, …)가 만나는 '셀(Cell)'들로 구성되어 있습니다.

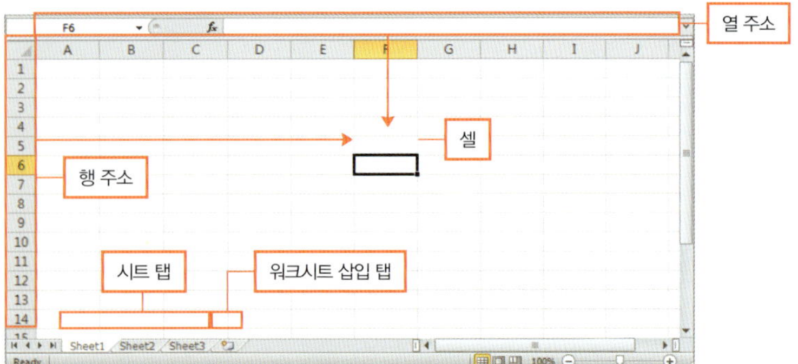

▲ 엑셀 2010 워크시트 화면

○ 워크시트 이동하는 단축키

• Ctrl + Page Up
현재 워크시트의 왼쪽에 있는 시트로 이동합니다.

• Ctrl + Page Down
현재 워크시트의 오른쪽에 있는 시트로 이동합니다.

● 워크시트 선택 및 추가하기

빈 엑셀 파일은 기본적으로 3개의 워크시트를 가지며, 각 워크시트 하단의 시트 탭을 클릭하면 다른 워크시트로 이동할 수 있습니다.

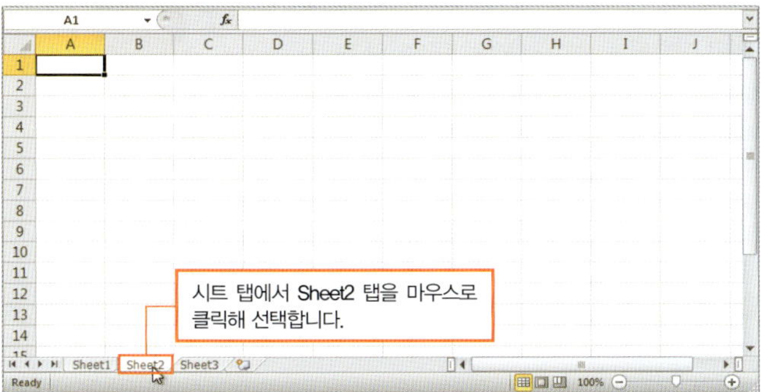

▲ 워크시트 선택

시트 탭에 있는 **워크시트 삽입** 탭 을 클릭하면 빈 워크시트를 추가할 수도 있습니다.

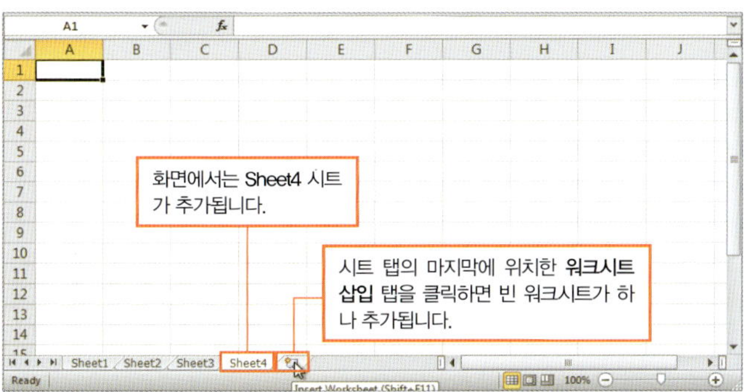

▲ 워크시트 추가

엑셀 파일의 기본 워크시트 수는 사용자가 원하는 개수로 변경할 수 있습니다.

1. **[파일]** 탭 → **옵션** 명령을 선택합니다.

2. 'Excel 옵션' 대화상자의 **일반** 범주에서 **포함할 시트 수**를 원하는 숫자로 변경한 다음 〈확인〉 단추를 클릭합니다.

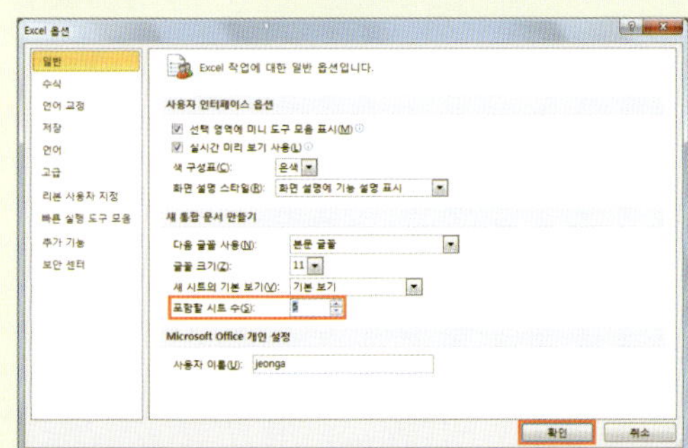

새로운 빈 파일을 불러오면 설정한 시트 수 만큼 워크시트가 열리는 것을 확인할 수 있습니다.

열 너비, 행 높이 변경하기

워크시트의 열과 행은 동일한 간격으로 표시되지만 내용에 맞게 적절한 크기로 조정하는 것이 가능합니다. 셀에 입력해야 할 내용이 많은 경우에는 행 높이나 열 너비를 조정해야 전체 데이터를 확인할 수 있습니다. 데이터의 특성에 맞게 행 높이와 열 너비를 변경해 보도록 합니다.

● 열 너비 변경

열 너비를 변경하기 위해 열 주소와 주소 사이에 마우스 포인터를 위치시키면 마우스 포인터가 열 구분선을 중심으로 양방향 화살표로 표시됩니다. 이때 오른쪽 방향으로 드래그하면 왼쪽 열의 너비가 넓어지며, 왼쪽 방향으로 드래그하면 왼쪽 열의 너비가 줄어듭니다.

예를 들어, A열의 열 너비를 크게 조정하려면 A열과 B열의 열 구분선을 클릭한 후 마우스를 오른쪽 방향으로 드래그합니다. 이때 화면 상단에는 풍선 도움말로 조정 중인 너비가 값으로 표시됩니다.

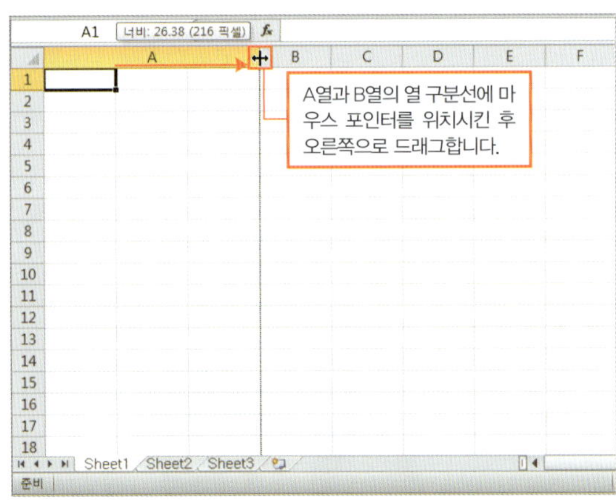

▲ 열 너비 변경 방법

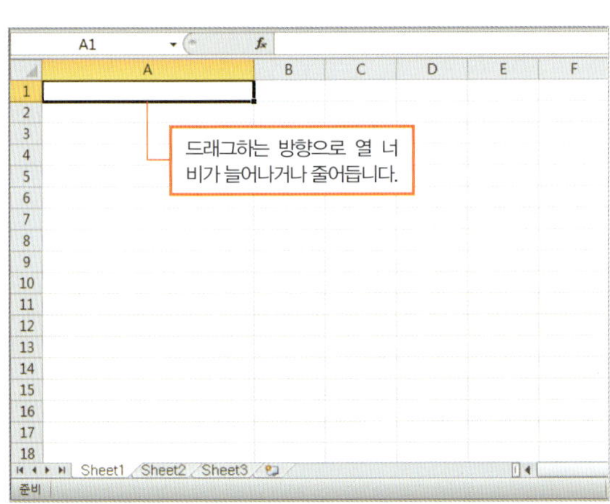

▲ 열 너비 변경 결과

● 행 높이 변경

행 높이를 변경하기 위해 행 구분선에 마우스 포인터를 위치시킨 후 위, 아래로 마우스를 드래그하여 조정합니다.

예를 들어, 1행의 높이를 변경하려면 1행과 2행 사이의 행 구분선을 마우스로 클릭한 후 아래(또는 위) 방향으로 드래그합니다. 이때 아래 방향으로 드래그하면 행 높이가 길어지며, 위 방향으로 드래그하면 행 높이가 짧아집니다.

● 열 너비/행 높이

열 너비 또는 행 높이를 변경하는 가장 쉬운 방법은 열 구분선 및 행 구분선을 마우스로 드래그하는 것입니다.

● 열 너비

풍선 도움말에 표시되는 열 너비(너비 : 8.38(72 픽셀))의 단위는 'Inch(인치)'로, 가로 안의 숫자는 픽셀 수 입니다.

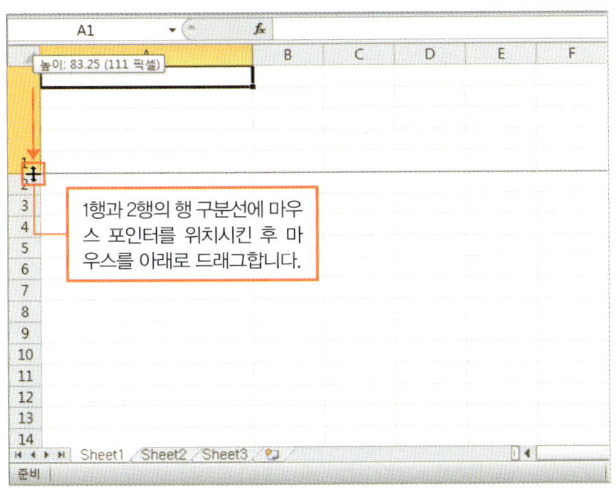

▲ 행 높이 변경 방법

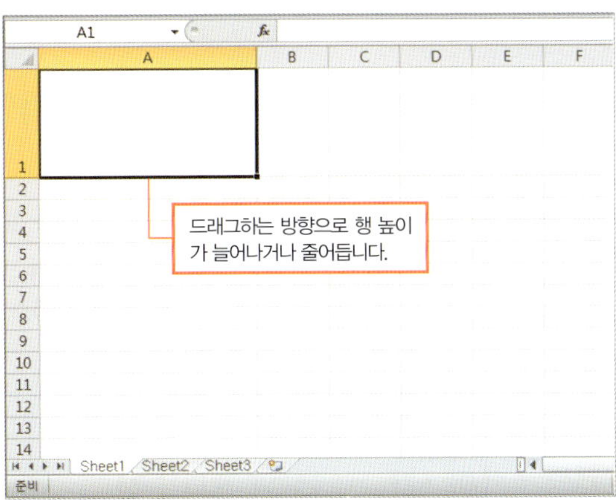

▲ 행 높이 변경 결과

○ 행 높이

셀 하나의 열 너비/행 높이만 변경할 수 없으며, 셀이 포함된 열(행) 전체의 너비를 조정해야 합니다. 만약 특정 셀 하나의 열 너비/행 높이만 변경하려면 《Part 01, 3장, 07 그림으로 복사, 붙여넣기》 부분을 참고하세요!

열 너비와 행 높이를 가리키는 인치(inch), 픽셀(pixels) 등의 단위는 우리에게 익숙하지 않으므로 밀리미터(mm) 또는 센티미터(cm)와 같은 단위로 변경하여 사용하는 것이 편리합니다.

1. 화면 모드를 **페이지 레이아웃** 모드(리본의 **[보기]** 탭 → **통합 문서 보기** 그룹 → **페이지 레이아웃** 명령)로 변경합니다.

2. 열 너비와 행 높이를 변경하기 위해 열 구분선 또는 행 구분선을 마우스로 드래그하면 너비와 높이 값이 센티미터(cm) 단위로 나타납니다.

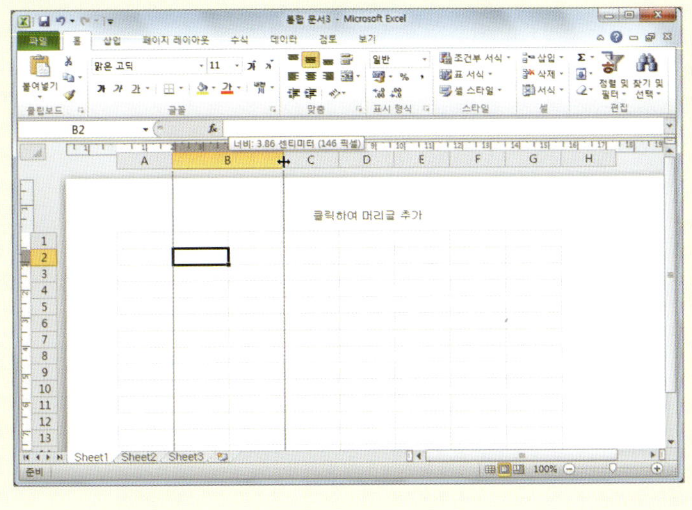

입력된 값에 맞게 자동으로 열 너비와 행 높이 조절하는 방법

열 또는 행 구분선을 마우스로 드래그해 너비와 높이를 조절하는 작업을 사용자가 직접 진행할 수도 있지만, 좀 더 간편한 방법으로 데이터가 입력된 열의 오른쪽 구분선이나 행의 아래쪽 구분선을 더블클릭하여 자동으로 조절할 수도 있습니다.

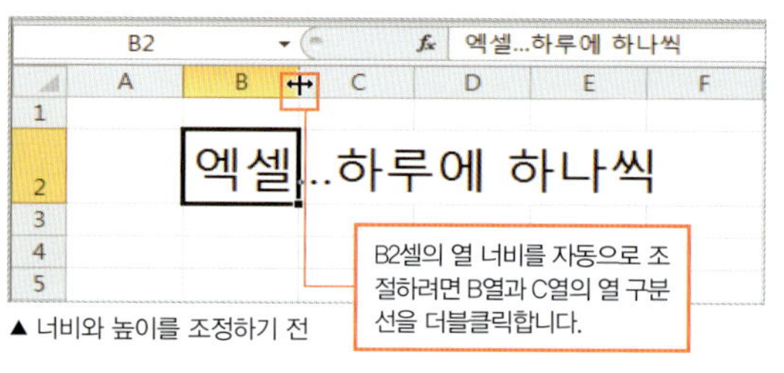

▲ 너비와 높이를 조정하기 전

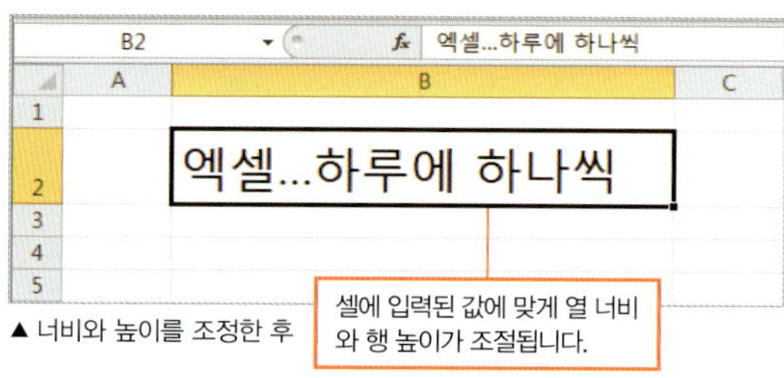

▲ 너비와 높이를 조정한 후

만약 전체 워크시트의 입력된 셀의 너비를 자동으로 조절하려면 전체 워크시트를 선택하고 열 구분선(또는 행 구분선)을 더블클릭하면 됩니다.

❶ 셀 전체를 선택하기 위해 열 주소와 행 주소가 교차되는 위치에 있는 '모두 선택' 부분을 클릭합니다.

❷ 임의의 열 구분선을 더블클릭하면 셀에 입력된 전체 열 너비가 자동으로 조절됩니다.

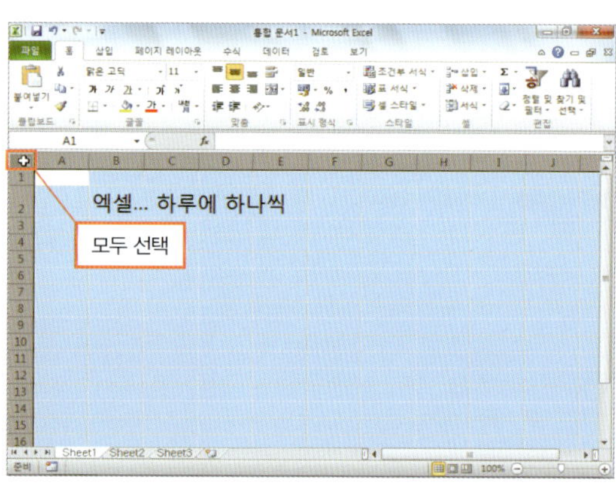

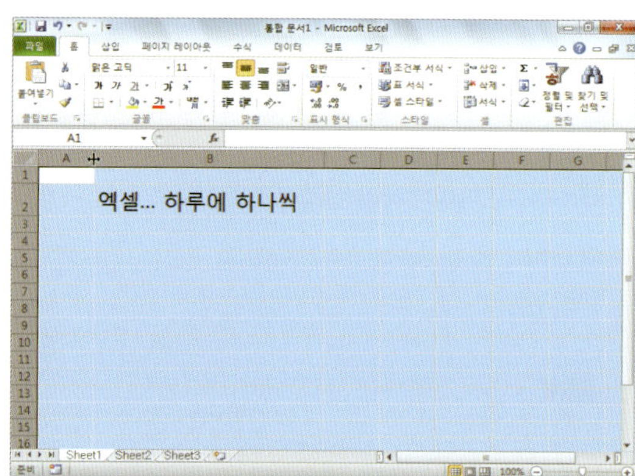

참고로, 만약 행 높이를 자동으로 조절하려면 행 구분선을 더블클릭합니다.

셀 탐색과 워크시트 이동, 복사하기

엑셀에서의 작업은 대부분이 워크시트에서 이루어지므로 워크시트를 구성하는 셀의 위치를 정확하게 탐색하는 방법과 워크시트를 다루는 방법을 이해하는 것은 매우 중요합니다. 이번에는 워크시트와 셀을 다루는 가장 기본적인 방법에 대해 알아봅니다.

● 워크시트 내 셀 탐색하기

워크시트에서 작업을 하다 보면 다른 셀로 빠르게 이동할 수 있어야 합니다. 보통 워크시트의 셀에서 다른 셀로 이동할 때는 마우스를 사용하지만, 단축키를 알고 있다면 좀 더 편리하게 작업할 수 있습니다.

다음 그림과 같이 기준 셀에서 화살표 방향으로 이동하려면 키보드의 방향키를 사용하거나 화면에서 표시된 단축키를 사용합니다. 한 셀씩 오른쪽으로 이동하려면 Tab 키를 누르고, 한 셀씩 왼쪽으로 이동하기 위해서는 Shift + Tab 키를 누릅니다. 또한, 한 셀씩 아래로 이동하기 위해서는 Enter 키를 누르고, 한 셀씩 위쪽으로 이동하기 위해서는 Shift + Enter 키를 누릅니다.

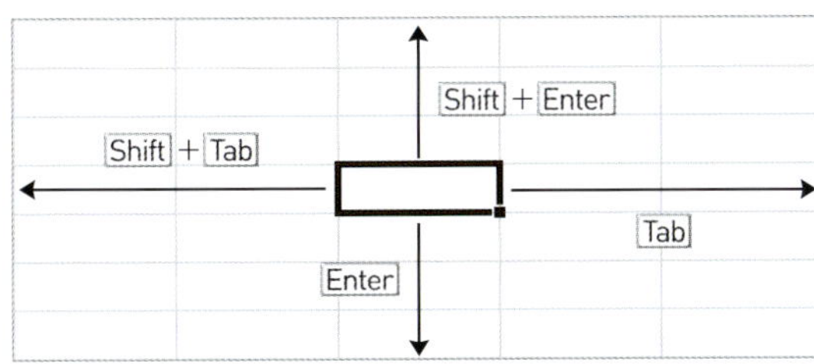

▲ 셀 이동 방향

한 화면씩 넘기면서 보려면 Page Down 키나 Page Up 키를 누릅니다.

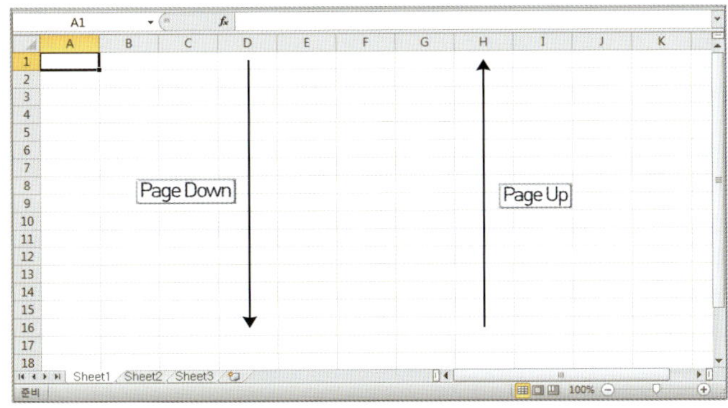

▲ 워크시트 화면에서의 화면 이동

● A1셀로 이동

Ctrl + Home 키를 누르면 항상 A1셀로 이동할 수 있습니다.

◉ 워크시트 이동, 복사하기

워크시트를 이동 또는 복사하기 위해서는 이동할 시트 탭에서 마우스 오른쪽 단추를 클릭한 다음 **이동/복사** 명령을 선택합니다.

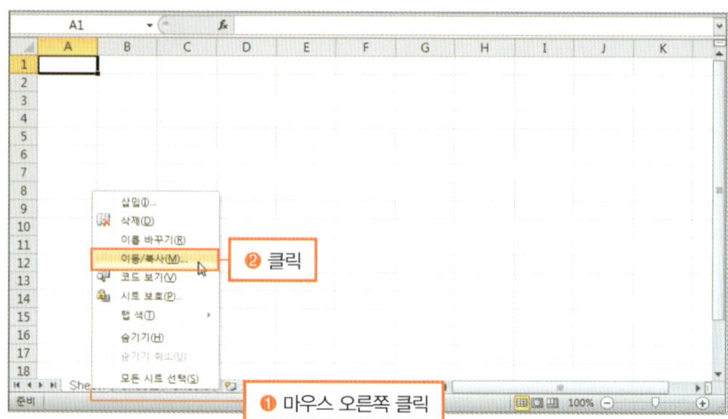

▲ '이동/복사' 명령의 실행

'이동/복사' 대화상자가 표시되면 이동할 파일 및 워크시트 위치를 지정합니다.

❶ **대상 통합 문서** : 복사 또는 이동할 파일(현재 파일과 열려 있는 파일)을 선택합니다.

❷ **다음 시트의 앞에** : 복사 또는 이동할 시트의 위치를 해당 시트의 앞에 위치시킵니다. **(끝으로 이동)**을 선택하면 시트 탭의 맨 오른쪽에 위치하게 됩니다.

❸ **복사본 만들기** : 워크시트를 이동하지 않고 복사만 할 경우에 선택합니다.

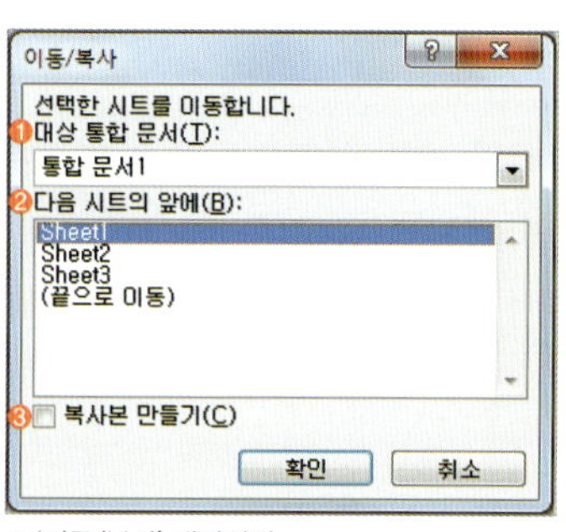

▲ '이동/복사' 대화상자

ScrollLock 키를 누르고 방향키를 누르면 셀이 이동되는 것이 아니라 화면이 이동하는 것을 알 수 있습니다. 이 작업은 선택된 셀 위치를 옮기지 않고 빠르게 표 여러 부분을 보고자 할 때 유용하게 사용할 수 있으며, 다시 ScrollLock 키를 누르면 화면은 고정되고 셀이 이동됩니다.

참고로 옮겨진 화면 위치에서 처음 위치로 빠르게 이동하려면 Ctrl + Back Space 키를 누르면 됩니다.

워크시트 화면 확대, 축소하기

워크시트는 필요에 따라 화면을 확대하거나 축소할 수 있습니다. 이것은 작업을 할 때 매우 중요한 요소 중의 하나인데, 모든 워크시트는 표 크기에 따라 화면을 1/10 크기로 축소하거나 4배까지 확대하는 것이 가능합니다.

● 확대/축소

엑셀 작업은 대부분 워크시트에서 이뤄지기 때문에 데이터에 따라 다양한 방법으로 워크시트를 확대/축소할 필요가 있습니다. 엑셀의 워크시트 화면은 최소 10%에서 최대 400%까지 조정할 수 있어서 화면의 확대/축소 작업을 통해 한 화면에 좀 더 많은 데이터를 표시하거나, 특정 부분을 크게 확대할 수 있습니다.

상태표시줄에 위치한 확대/축소 슬라이드를 이용하면 창 크기를 빠르게 확대하거나 축소할 수 있습니다.

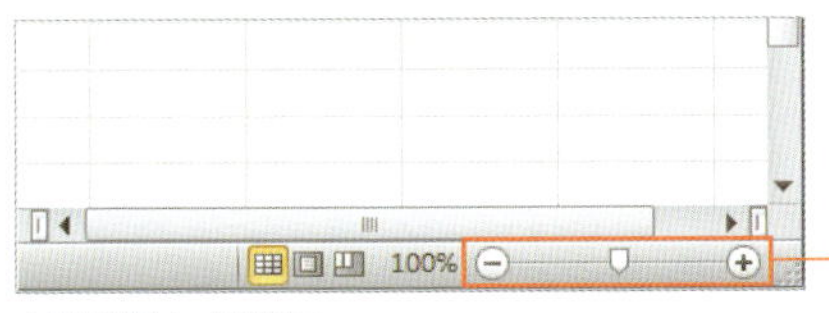

▲ 확대/축소 슬라이드

이외에 정해진 비율로 확대/축소 작업을 하려면 확대/축소 슬라이드 왼쪽의 비율 값을 클릭하거나, **[보기]** 탭 → **확대/축소** 그룹 → **확대/축소** 명령 아이콘을 클릭하여 '확대/축소' 대화상자에서 조정합니다.

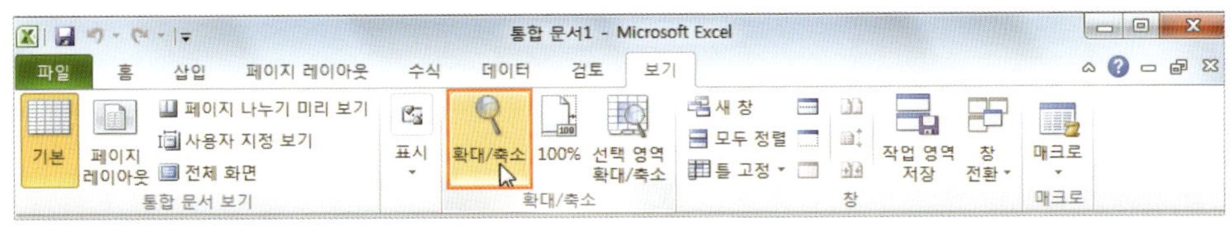

▲ 확대/축소 명령 아이콘

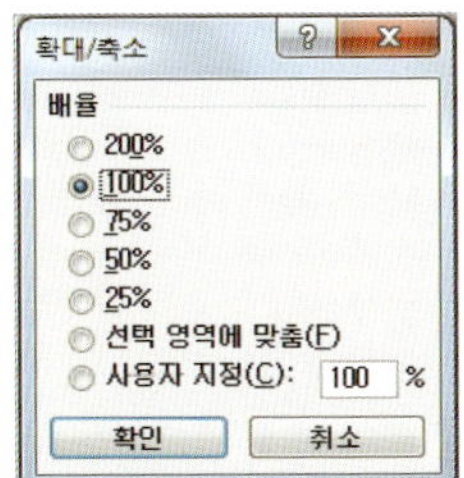

▲ '확대/축소' 대화상자

○ 확대/축소 사용자 지정

엑셀에서 제공하는 확대/축소 배율 외에도 사용자가 원하는 배율로 설정이 가능합니다. '확대/축소' 대화상자의 '사용자 지정' 입력란에 원하는 배율을 입력한 후 〈확인〉 단추를 클릭합니다.

○ 선택 영역에 맞춤

'확대/축소' 대화상자에서 비율을 선택하지 않고 **선택 영역에 맞춤** 옵션을 선택하거나 [보기] 탭 → 확대/축소 그룹 → **선택 영역 확대/축소** 명령 아이콘을 클릭해도 됩니다.

▲ 기존 비율 100% 화면

선택 영역을 현재 창 크기에 모두 표시하기 위해 워크시트를 자동으로 확대 또는 축소합니다.

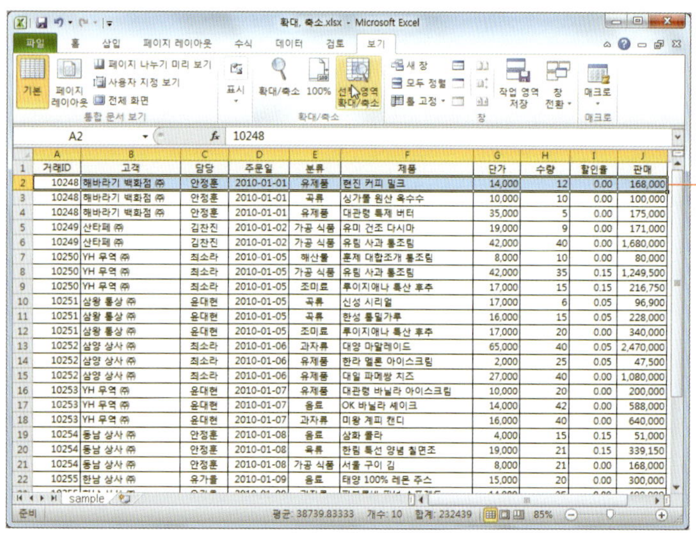

▲ 선택 영역만 확장

선택 영역(A2:J2)이 100% 비율일 경우에는 한 화면에 데이터가 모두 표시되지 않았지만, **선택 영역 확대/축소** 명령을 수행하면 화면 크기에 맞춰 화면 비율이 78%로 자동 조정됩니다.

창 크기를 확대 또는 축소한 다음, 기본 비율로 다시 빠르게 복귀하려면 리본의 [보기] 탭 → 확대/축소 그룹 → 100% 명령 아이콘을 클릭합니다.

06 서로 다른 영역을 함께 보기

워크시트는 256개의 열과 100만 개의 행으로 구성되어 있어 표를 구성하다 보면 한 화면에서 모든 영역의 데이터를 보는 것은 사실상 불가능한 일입니다. 따라서 떨어진 영역을 동시에 보면서 작업하는 방법은 실무에서 매우 높은 작업 효율을 얻을 수 있습니다.

엑셀로 작업하다 보면 멀리 떨어져 있는 위치의 데이터를 비교하거나 다른 워크시트의 표를 함께 보면서 작업해야 하는 경우가 종종 발생합니다. 이런 경우 상황에 따라 새 창, 나누기, 틀 고정 명령을 사용합니다.

3가지 명령 모두 리본의 **[보기]** 탭 → **창** 그룹에서 확인할 수 있습니다.

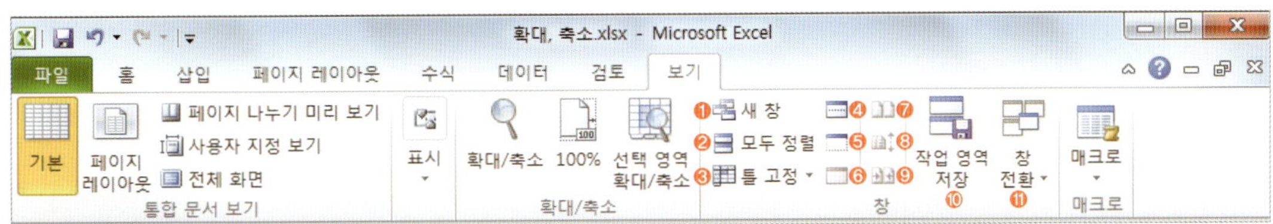

▲ 리본 메뉴의 [보기] 탭 → 창 그룹 명령 아이콘

❶ **새 창(   ):** 현재 파일을 새 창으로 하나 더 열어서 여러 워크시트의 표를 동시에 보면서 작업할 때 사용합니다.

❷ **모두 정렬(   ) :** 열려 있는 창을 보기 좋게 정렬합니다.

❸ **틀 고정(   ) :** 특정 행 또는 열을 고정해 놓고 작업할 때 사용합니다.

❹ **나누기(   ) :** 현재의 워크시트를 열과 행으로 나눠 볼 수 있는데, 주로 동일한 워크시트에서 떨어져 있는 범위를 동시에 보면서 작업할 때 사용합니다.

❺ **창 숨기기(   ) :** 현재 창을 숨깁니다.

❻ **숨기기 취소(   ) :** 숨겨진 창을 모두 표시합니다.

❼ **나란히 보기(   ) :** 열려진 창을 '가로 정렬' 방식으로 표시합니다.

❽ **동시 스크롤(   ) :** 한 창에서 창을 스크롤하면 다른 창도 스크롤됩니다.

❾ **창 위치 다시 정렬(   ) :** 현재 파일 창을 크게 또는 작게 줄인 경우 정렬된 창을 다시 보기 좋게 정렬합니다.

❿ **작업 영역 저장(   ) :** 현재 열려 있는 정렬된 모든 파일 창에 대한 내용을 '작업 영역 파일'로 저장할 수 있습니다.

⓫ **창 전환(   ) :** 열려 있는 다른 파일 창으로 전환할 때 사용합니다.

◯ 틀 고정 명령

주로 표의 제목 행이나 제목 열을 고정할 때 사용합니다.

원하는 위치를 비교하면서 작업하기

📁 **준비 파일 : 새창, 나누기, 틀 고정.xlsx**

제공된 예제 파일의 2010년 시트를 보면 Before 화면과 같은 집계표를 확인할 수 있습니다. 큰 표를 한 화면에서 보기 위해 나누기, 새 창, 틀 고정 기능을 이용해 보겠습니다.

Before

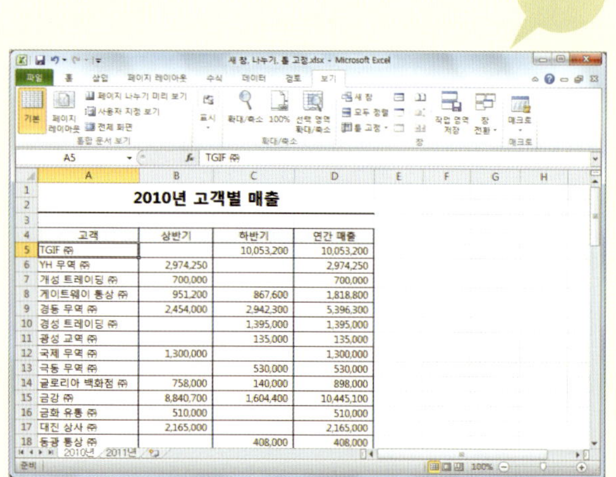

After
나누기

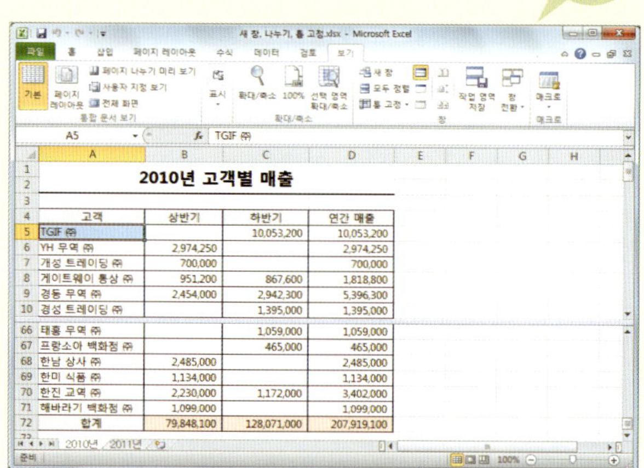

After
새 창

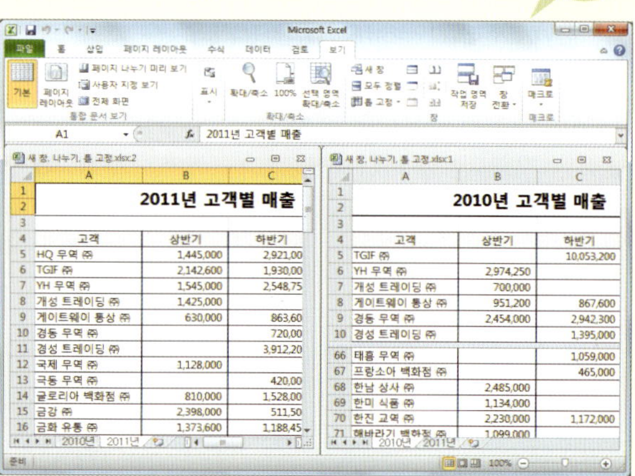

After
틀 고정

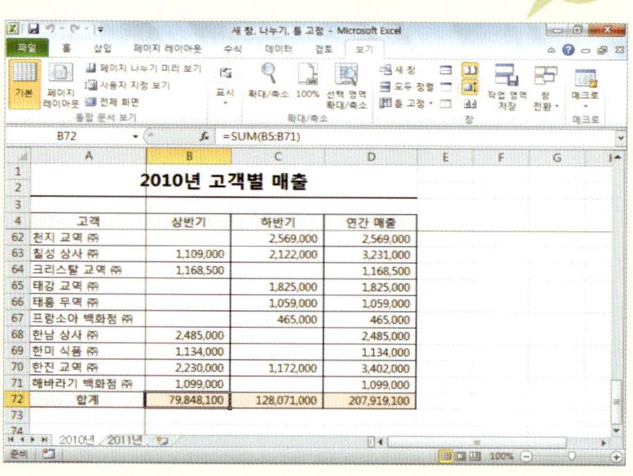

01 **나누기를 이용해 다른 위치 보기(1)** 같은 워크시트에서 다른 위치의 데이터를 한 화면에 표시하는 작업을 진행합니다. ❶ A5셀이 선택된 상태에서 ❷ 리본의 **[보기]** 탭 → **창** 그룹 → **나누기** 명령 아이콘을 클릭하면 A5셀 상단에 나누기 구분선이 표시됩니다.

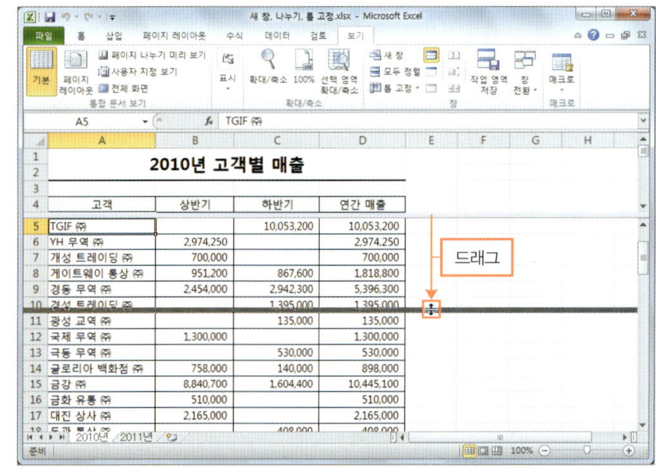

> ◎ **나누기 구분선 표시 방법**
>
> 나누기 구분선은 선택된 셀의 상단과 좌측 테두리 위치에 나타납니다. A5셀을 선택하고 **나누기** 명령을 실행하면 상단 테두리인 4행과 5행 사이에 구분선이 표시됩니다. 선택된 A5셀의 좌측 열은 없으므로 열 나누기 구분선은 나타나지 않습니다.

02 **나누기를 이용해 다른 위치 보기(2)** 나누기 구분선은 마우스를 이용해 원하는 위치로 옮겨 놓을 수 있습니다. 4행과 5행 사이에 삽입된 나누기 구분선을 마우스로 드래그하여 10행과 11행 사이에 놓습니다.

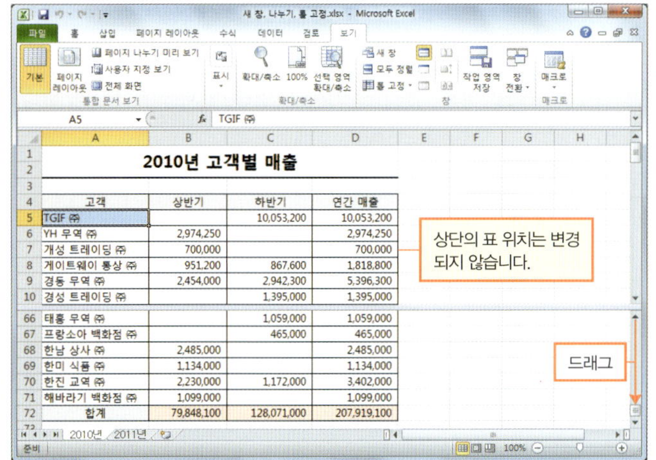

03 **나누기를 이용해 다른 위치 보기(3)** 10행 아래로 창이 구분됩니다. 이제 두 번째 창에서 세로 스크롤 막대를 맨 마지막 위치까지 드래그해 놓으면 표의 마지막 데이터를 확인할 수 있습니다.

04 **새 창을 이용해 다른 워크시트 보기(1)** 이번에는 다른 워크시트의 표와 비교하면서 작업하는 경우에 **새 창** 명령을 사용합니다. 먼저 새로운 창을 하나 추가하기 위해 리본의 [보기] 탭 → **창** 그룹 → **새 창** 명령 아이콘을 클릭합니다.

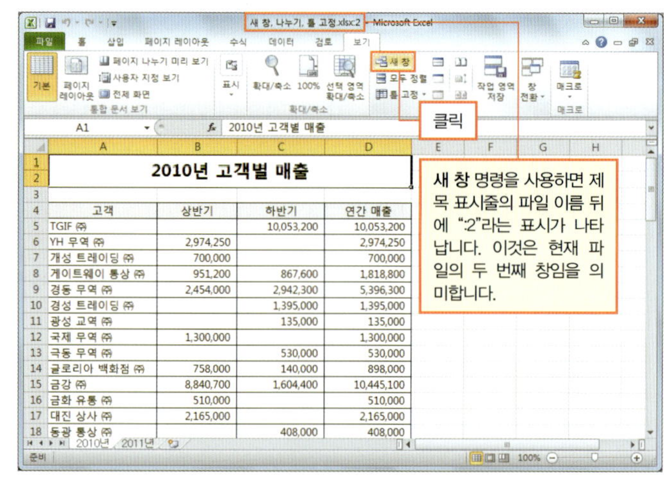

05 **새 창을 이용해 다른 워크시트 보기(2)** **새 창** 명령을 이용하면 창이 2개 열려 있으므로 창을 정렬해 한 화면에 모두 표시되도록 해야 합니다. ❶ 리본의 [보기] 탭 → **창** 그룹 → **모두 정렬** 명령 아이콘을 클릭하면 '창 정렬' 대화상자가 표시되는데, 기본 값(바둑판식)을 유지한 채 ❷ 〈확인〉 단추를 클릭합니다.

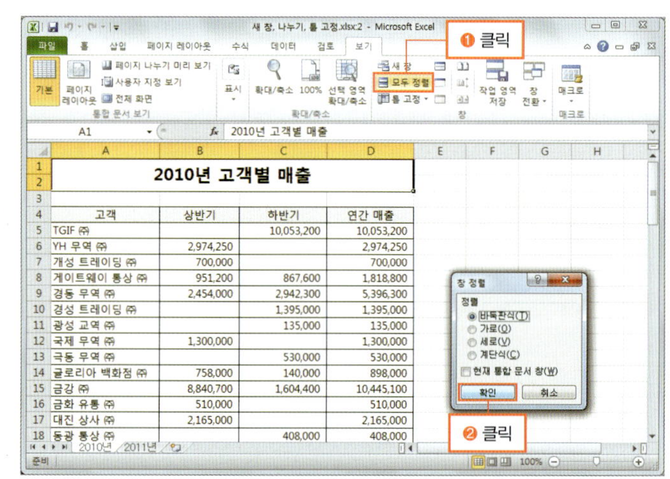

06 **새 창을 이용해 다른 워크시트 보기(3)** 2개의 창이 나란히 정렬되어 표시됩니다. 이제 두 번째 창의 시트 탭에서 '2011년' 시트 탭을 클릭하면 2010년과 2011년 표를 모두 확인하면서 작업할 수 있습니다.

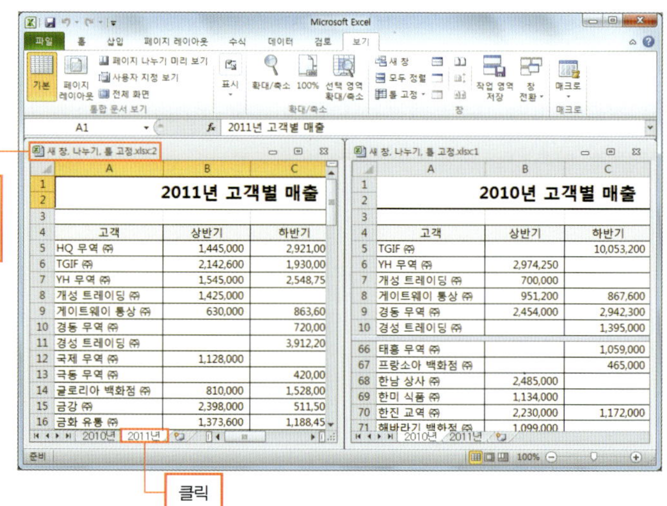

07 틀 고정을 이용해 열, 행 고정하기(1) 두 번째 창의 연간 매출을 보기 위해 D6셀을 선택하면 화면이 작아 A열의 '고객'과 B열의 '상반기' 항목이 숨겨지는 것을 볼 수 있습니다. 이런 경우 **틀 고정** 명령을 이용해 A열을 고정시켜 항상 고객 이름을 볼 수 있도록 합니다.

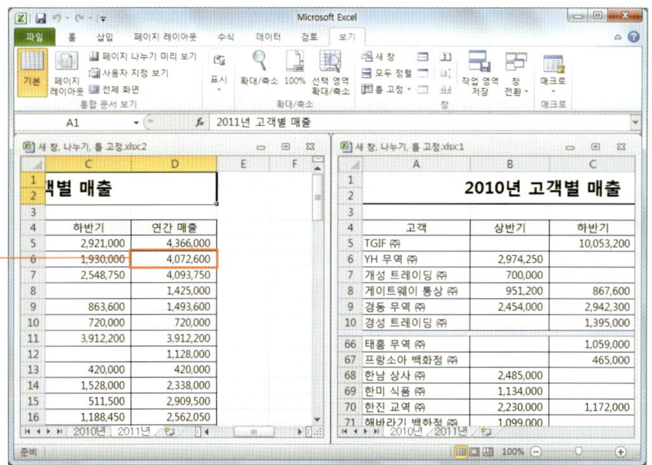

창이 작을 때 마지막 위치의 값을 보기 위해 마우스를 클릭하면 앞의 열이 화면에 표시되지 않습니다.

08 틀 고정을 이용해 열, 행 고정하기(2) **틀 고정** 명령은 **나누기** 명령과 같이 선택된 셀을 기준으로 상단과 좌측 테두리 위치에 구분선이 표시됩니다. 집계표의 4행(제목 행)과 A열(제목 열)을 모두 고정하려면 B5셀을 선택하고 명령을 실행해야 합니다. ❶ B5셀을 선택하고 ❷ 리본의 **[보기]** 탭 → **창** 그룹 → **틀 고정** 명령 아이콘 틀 고정 → ❸ **틀 고정** 명령을 선택합니다.

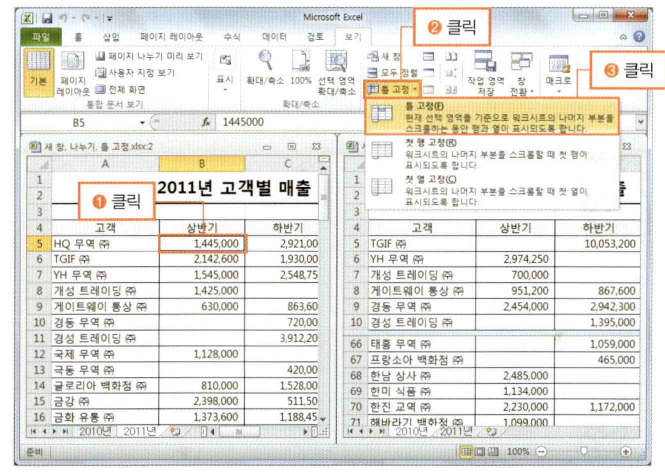

09 틀 고정을 이용해 열, 행 고정하기(3) 이제 워크시트에서 오른쪽 방향키를 클릭하여 셀을 이동하면 D열의 '연간 매출'을 선택해도 A열의 '고객'이 보이는 것을 확인할 수 있습니다.

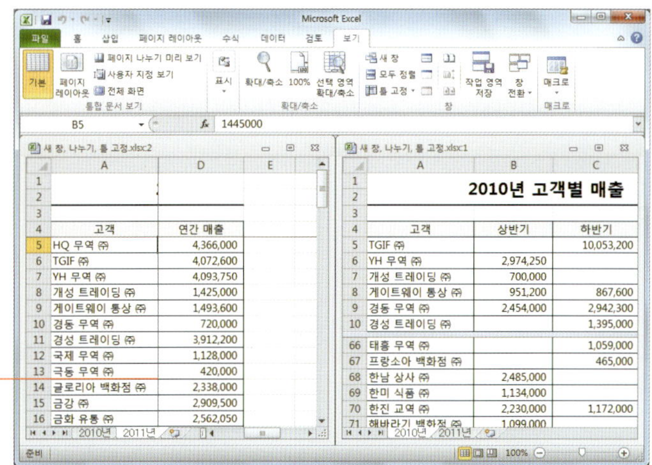

'나누기' 구분선과는 달리 '틀' 구분선은 실선으로 표시되기 때문에 오른쪽 화면에서는 잘 확인할 수 없지만, 컴퓨터 화면에서 4:5행 사이와 A:B열 사이의 틀 구분선을 확인해 보기 바랍니다.

10 **틀 고정 취소하기** 틀 고정 작업을 취소하려면 위치와 상관없이 ❶ 리본의 **[보기]** 탭 → **창** 그룹 → **틀 고정** 명령 아이콘 틀 고정 ▾ → ❷ **틀 고정 취소** 명령을 선택합니다.

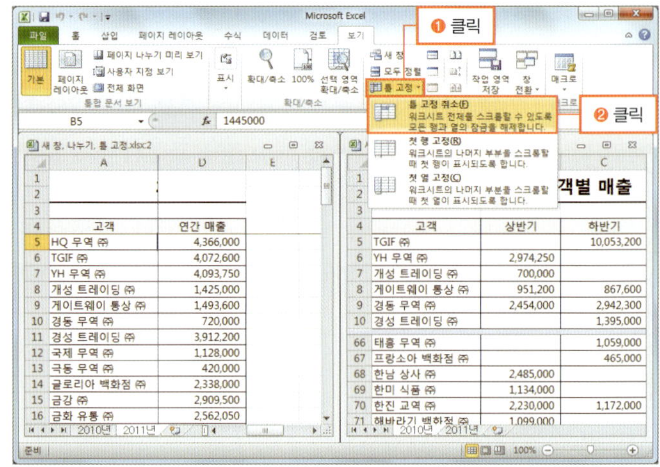

11 **새 창 취소하기** **새 창** 명령으로 연 창을 취소하려면 해당 창을 닫아주면 됩니다. 이때, 첫 번째 창이나 두 번째 창 아무 것이나 닫아도 되지만 예제 진행을 위해 두 번째 창의 우측 상단에 있는 **닫기** 명령 아이콘 을 클릭합니다.

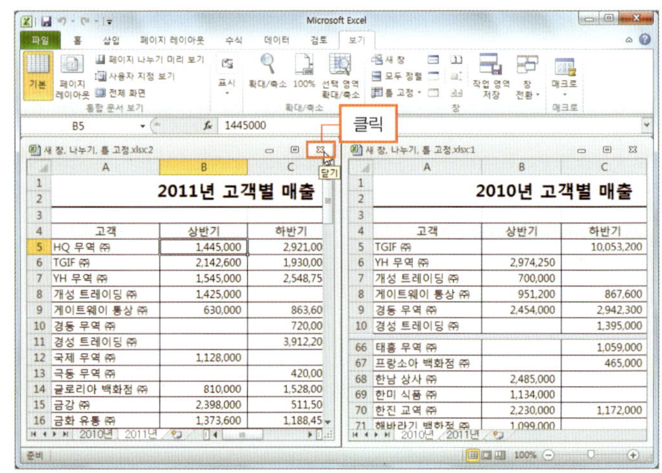

12 **나누기 취소하기** **나누기** 명령을 취소하려면 다시 **나누기** 명령을 클릭합니다. ❶ 첫 번째 창을 선택하고 ❷ 리본의 **[보기]** 탭 → **창** 그룹 → **나누기** 명령 아이콘 을 클릭합니다.

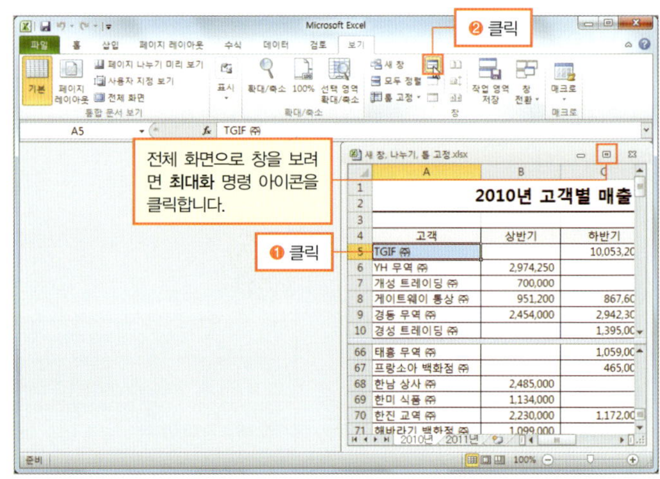

틀 고정 기능을 이용할 때 특정 열(또는 행) 표시하지 않는 방법

| 준비 파일 : 새 창, 나누기, 틀 고정.xlsx

표 상단의 특정 열(또는 행)을 보여주고 싶지 않을 때도 틀 고정 기능을 이용할 수 있습니다. 예를 들어, 오른쪽 표에서 1:3행을 숨기고 싶은 경우를 예를 들어 설명합니다.

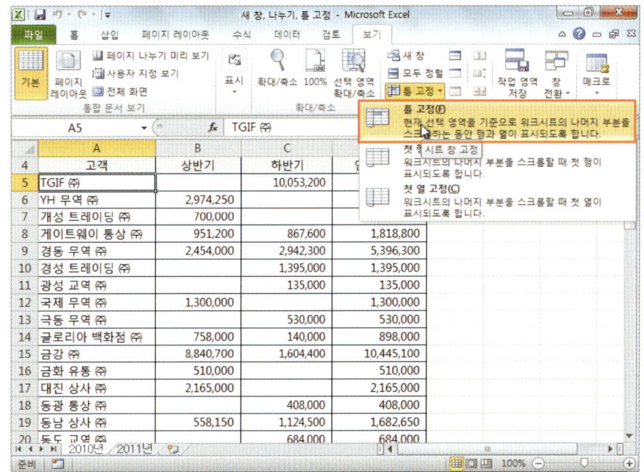

① 세로 스크롤 막대를 이용해 4행부터 표시되도록 구성한 다음 A5셀을 선택하고 리본의 [보기] 탭 – 창 그룹 – 틀 고정 아이콘()을 클릭하고 틀 고정 명령을 선택합니다.

② 틀 고정 구분선이 나타나면 스크롤 막대나 방향키, 마우스 등을 이용해 1:3행에 접근하려해도 1:3행이 표시되지 않는 것을 확인할 수 있습니다.

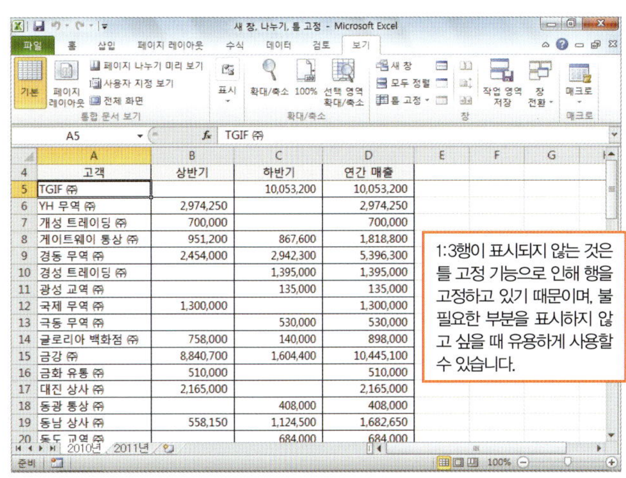

1:3행이 표시되지 않는 것은 틀 고정 기능으로 인해 행을 고정하고 있기 때문이며, 불필요한 부분을 표시하지 않고 싶을 때 유용하게 사용할 수 있습니다.

07 특정 행, 열 숨기기

표 작업을 하다보면 구성상 필요하다고 생각되어 하나둘 추가한 열(또는 행)으로 인해 표가 너무 커져 꼭 필요한 데이터를 한 눈에 파악하기가 쉽지 않은 경우가 발생됩니다. 따라서 자주 확인할 필요가 없는 열(또는 행)은 숨겨 놓고 자주 확인해야 할 열(또는 행)들로 화면을 구성하는 방법을 알아봅니다.

워크시트의 특정 열이나 행을 숨기고자 할 경우에는 **숨기기** 명령이나 **그룹** 명령을 이용합니다. **숨기기** 명령은 전체 표에서 보지 않아도 되는 부분을 빠르게 숨기고자 할 때 사용할 수 있으며, 숨긴 부분을 다시 보기 위해서는 **숨기기 취소** 명령을 사용합니다.

그룹 명령은 전체 표에서 특정 부분을 그룹으로 묶어 축소, 확장이 가능하며, 클릭 동작으로 표의 특정 부분을 숨기거나 표시할 수 있습니다.

○ 숨기기/숨기기 취소

숨기기 명령은 리본의 [홈] 탭 → 셀 그룹 → **서식** 명령 아이콘 → **숨기기 및 숨기기 취소** 명령의 하위 명령에서 사용할 수 있지만, 단계가 복잡하므로 주로 열 또는 행을 선택한 다음 마우스 오른쪽 단추를 클릭해 바로 가기 메뉴에서 명령을 실행하는 것이 편리합니다.

이렇게 숨겨진 열(또는 행)을 다시 표시하려면 숨겨진 열이 포함되도록 드래그하여 선택한 다음 **숨기기 취소** 명령을 선택합니다.

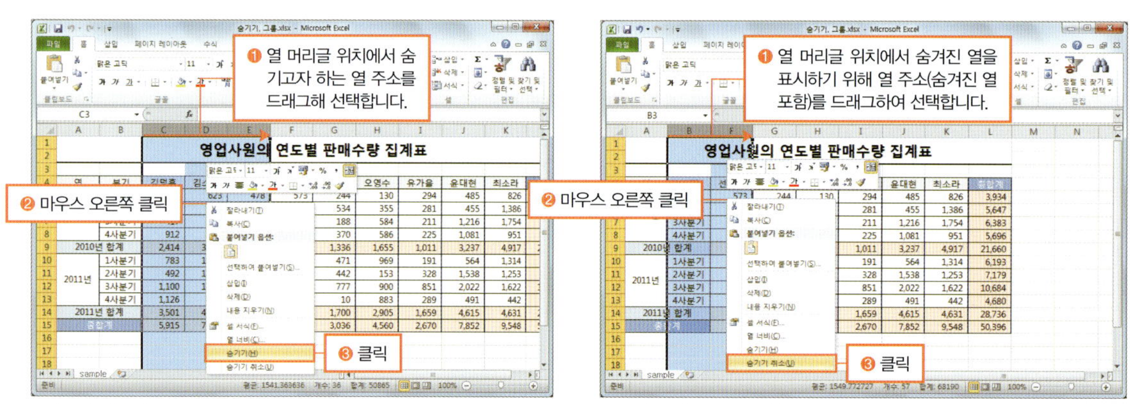

▲ 숨기기 명령의 실행　　　　　▲ 숨기기 취소 명령의 실행

○ 숨기기 취소 명령

숨겨진 열은 열 주소가 나타나지 않으며, 숨겨진 열을 다시 표시하려면 숨겨진 열의 좌, 우측 열을 모두 선택하고 **숨기기 취소** 명령을 클릭합니다.

◉ 그룹/그룹 해제

그룹 명령을 이용하는 방법은 **숨기기** 명령과 유사하여 원하는 대상 범위를 선택한 다음 리본의 [**데이터**] 탭 → **윤곽선** 그룹 → **그룹** 명령 아이콘을 클릭합니다.

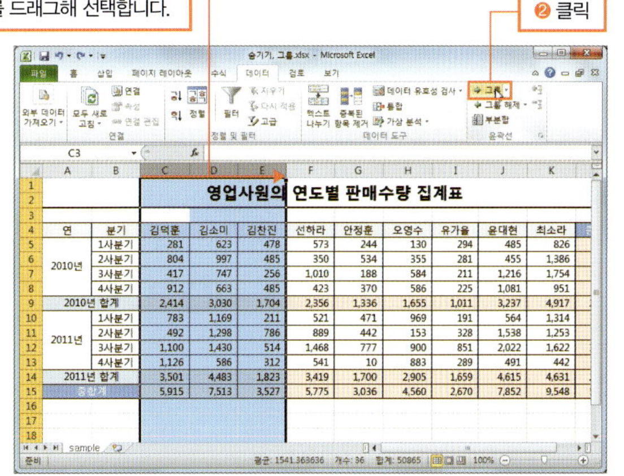

▲ 그룹 명령의 실행

다음과 같은 윤곽 기호가 나타나는데, **━** 단추를 클릭하면 선택한 열이 숨겨지며 **＋** 단추로 변경됩니다.

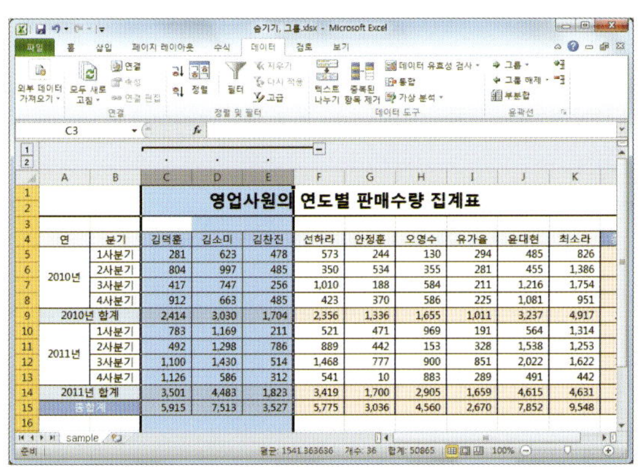

▲ 윤곽 기호

▲ 윤곽 기호 중 축소 단추를 이용해 숨기기

그룹 명령을 적용한 내용을 숨기려면 리본의 [**데이터**] 탭 → **윤곽선** 그룹 → **그룹 해제** 명령 아이콘 → **윤곽 지우기** 명령을 선택합니다.

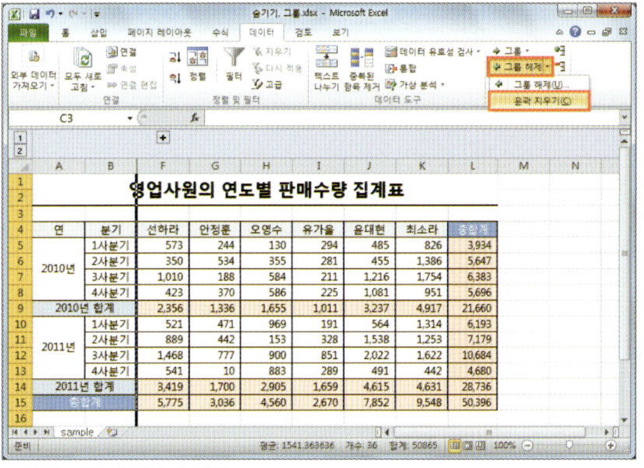

▲ 윤곽 지우기 명령의 실행

◉ **윤곽 지우기**

윤곽 지우기 명령을 이용하면 그룹으로 묶인 열(또는 행)이 모두 해제되면서 숨겨진 열(또는 행)이 표시됩니다.

## CHAPTER 03

데이터 입력 및 인쇄하기

이제 본격적인 작업을 위해 워크시트에 데이터를 입력하고, 표를 완성하는 작업을 진행합니다. 엑셀에는 데이터를 입력할 때 사용할 수 있는 다양한 기능을 제공해 주고 있습니다. 따라서 데이터를 입력하는 다양한 방법, 셀 서식 기능을 이용한 꾸미기 방법을 알아두면 좀 더 편리하게 작업을 할 수 있습니다.

데이터 형식을 구분해서 입력하기

엑셀은 아래 한글 또는 MS 워드와 같은 워드프로세서 프로그램과는 달리 입력된 데이터의 형식에 따라 계산 작업을 수행할 수 있습니다.

숫자, 날짜/시간, 논리, 텍스트 데이터 형식을 구분하여 셀에 입력해 보도록 합니다.

셀에 입력되는 값은 크게 계산할 수 있는 값과 없는 값으로 나누어지고, 계산할 수 있는 값은 다시 숫자, 날짜/시간, 논리 값으로 구분됩니다.

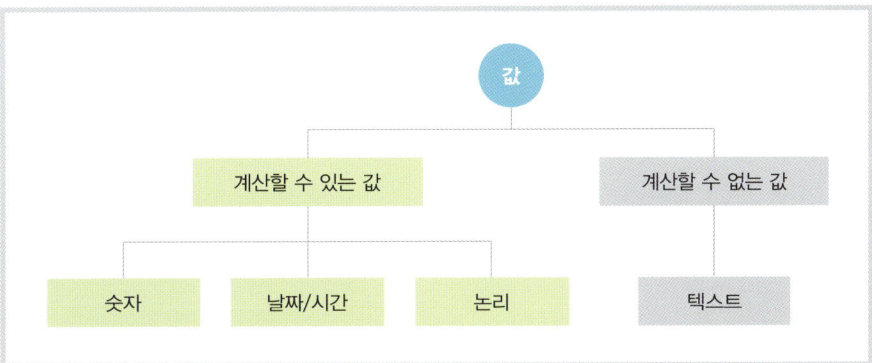

숫자 데이터 형식

엑셀의 수치 분석 기능에 기본이 되는 데이터 형식으로, 0~9 등의 숫자와 마침표(.), 쉼표(,), ₩, $, %, 하이픈(−) 등의 문자를 결합해 숫자를 의미하는 데이터를 입력합니다. 셀에 입력한 값이 숫자로 인식되면 셀 오른쪽을 기준으로 표시됩니다.

날짜/시간 데이터 형식

날짜 데이터 형식은 연, 월, 일을 하이픈(−) 구분 기호로 입력하고, 시간 데이터 형식은 시, 분, 초를 콜론(:) 구분 기호로 입력합니다. 셀에 입력한 값이 날짜 또는 시간 값으로 인식되면 셀 오른쪽을 기준으로 표시됩니다.

논리 데이터 형식

논리 값은 옳고 그름의 TRUE, FALSE 값을 의미합니다. 셀에 입력한 값이 논리 값으로 인식되면 셀 가운데에 표시되며, 수식에서 사용합니다.

> ○ 시간 데이터
>
> 시는 '24'를, 분과 초는 '60'을 넘지 않도록 입력합니다.

○ 텍스트 데이터 형식

모든 문자를 입력하는 값으로, 계산과는 상관이 없어 다양한 표현이 가능하며, 셀에 입력한 값이 텍스트 값으로 인식되면 셀 왼쪽을 기준으로 표시됩니다.

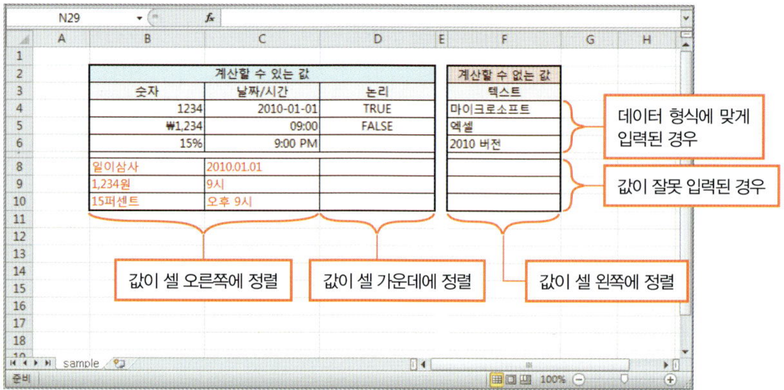

▲ 데이터 입력 화면

엑셀이 정해놓은 기준 위치외에 사용자가 임의로 기준 위치를 지정하여 텍스트를 정렬할 수도 있습니다. 리본의 [홈] 탭 → **맞춤** 그룹에서 **텍스트 왼쪽 맞춤**, **가운데 맞춤**, **텍스트 오른쪽 맞춤**을 선택합니다.

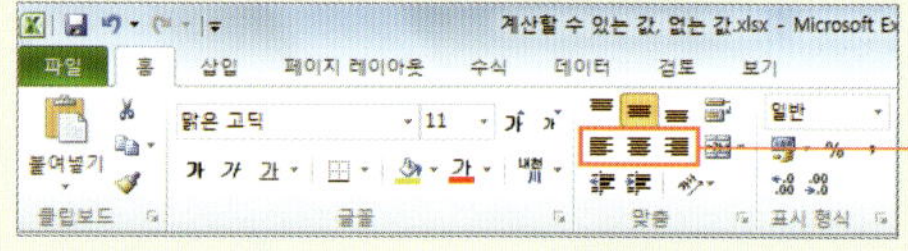

▲ [홈] 탭의 '맞춤' 그룹

이 명령을 이용하면 데이터 형식의 기본 표시 방법을 변경할 수 있습니다.

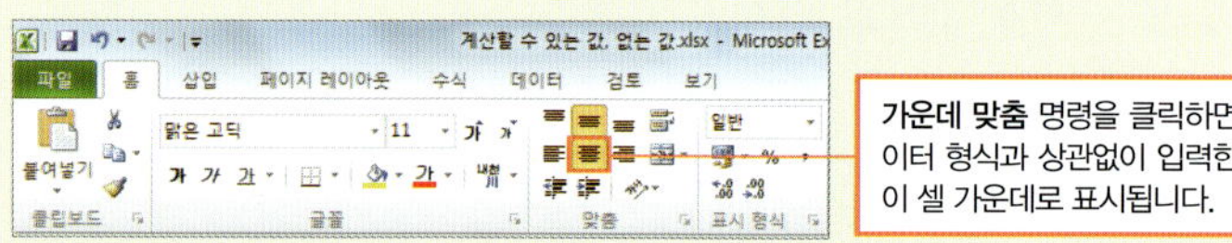

▲ 표시 방법을 변경했을 때의 명령 아이콘

이때, 선택된 명령 아이콘을 다시 마우스로 클릭하면, 해당 명령이 취소되면서 입력한 값의 데이터 형식에 맞게 셀에 표시됩니다.

엑셀에서 인식하는 날짜/시간 값의 비밀

엑셀에서 관리하는 데이터 중에서 가장 사용자를 혼란스럽게 하는 것이 바로 날짜와 시간 데이터 형식입니다. 왜냐하면, 엑셀에서 날짜와 시간을 관리하는 방법이 우리가 인식하는 일반적인 방법과는 차이가 있기 때문입니다. 엑셀은 숫자를 이용해 날짜와 시간을 관리하며, 이것을 우리가 이해하기 쉬운 날짜, 시간 형식으로 표시만 해줍니다.

엑셀은 날짜를 정수 타입의 숫자로 관리하는데, 숫자 1을 1900년 1월 1일로 인식하고 하루가 지날 때마다 1씩 증가시킨 값으로 날짜를 관리합니다. 이와 같은 숫자를 '날짜 일련번호'라고 합니다. 예를 들어, 다음과 같은 막대그래프가 엑셀에서 인식할 수 있는 날짜 값 전부라면 최초의 1900년 1월 1일에서 하루가 지날 때마다 날짜 값을 1씩 증가시켜 9999년 12월 31일까지 표시할 수 있습니다.

위 내용을 직접 확인하기 위해 빈 셀에 '2010-1-1' 값을 입력하고 입력된 셀을 선택한 후 리본의 [홈] 탭 → **표시 형식** 그룹 → **일반** 명령을 선택합니다.

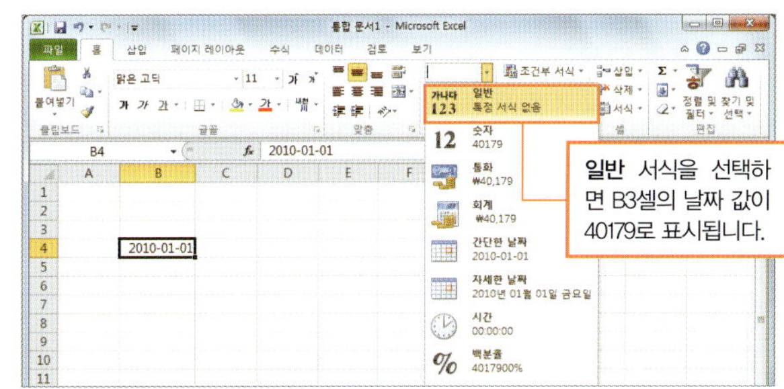

▲ 날짜 값의 비밀

그렇다면 시간은 어떻게 관리가 될까요? 하루는 1씩 증가하므로 숫자 1은 엑셀에서는 하루와 같습니다. 하루는 24시간이므로 '한 시간은 =1/24'의 계산이 성립됩니다. 즉, 0과 1사이의 소수 값이 엑셀에서 관리하는 시간 값입니다.

예를 들어, 원 그래프가 하루라면 오전 12시는 0, 오후 12시는 0.5가 됩니다. 엑셀에서 날짜와 시간은 이처럼 관리되므로 항상 정확한 입력 방법을 이용해야 올바른 날짜(yyyy-mm-dd), 시간(hh:mm) 값으로 인식된다는 점을 반드시 기억해야 합니다.

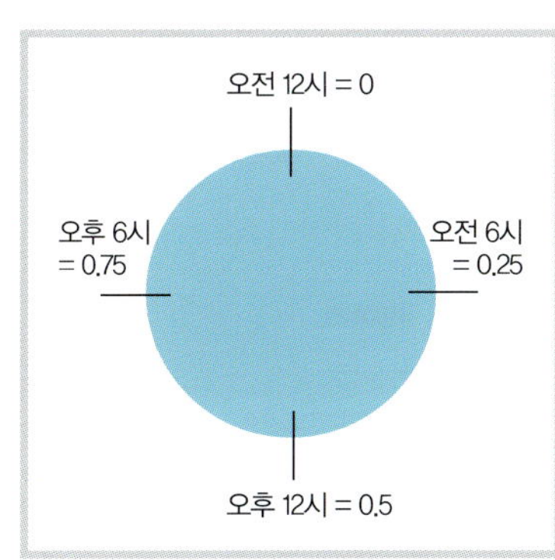

02 데이터 입력 작업을 도와주는 엑셀 기능

엑셀에는 데이터 입력 작업을 도와주는 다양한 기능이 존재합니다. 이와 같은 기능들은 사용자가 알게 모르게 작동하기 때문에 자세하게 해당 기능이 무엇인지 모르는 사용자가 많습니다. 자동 완성, 자동 채우기, 실행 취소, 다시 실행 찾기/바꾸기 기능에 대해 알아봅니다.

● 자동 완성

표를 구성해 값을 입력하다 보면 같은 항목을 반복해서 입력해야 하는 경우가 종종 있습니다. 이 경우 셀에 입력된 값을 분석해 자동으로 완성해 주는 자동 완성 기능이 있습니다. 다음 그림과 같이 B4셀에 "마"자만 입력하면 상단에 "마"자로 시작하는 "마이크로소프트 엑셀" 값이 있으므로 자동으로 "마이크로소프트 엑셀" 값이 완성됩니다.

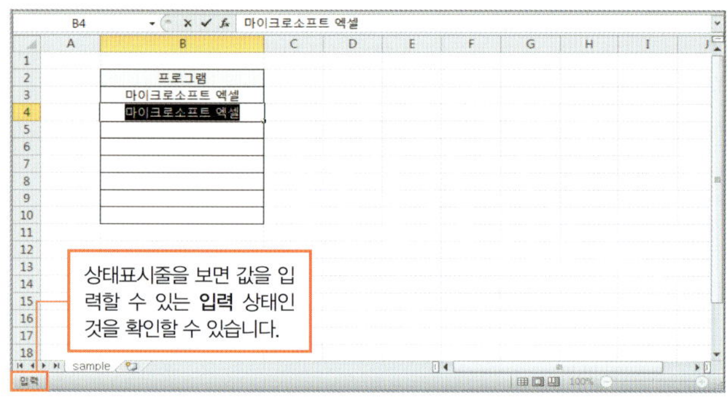

▲ '자동 완성' 기능

자동 완성된 값이 원하는 값이 아닐 경우에는 F2키를 누릅니다. 이때, 입력된 값 뒤에 자동 완성된 문자열만 선택되며, 삭제하려면 Delete키를 누르고 아니면 다른 값을 입력합니다.

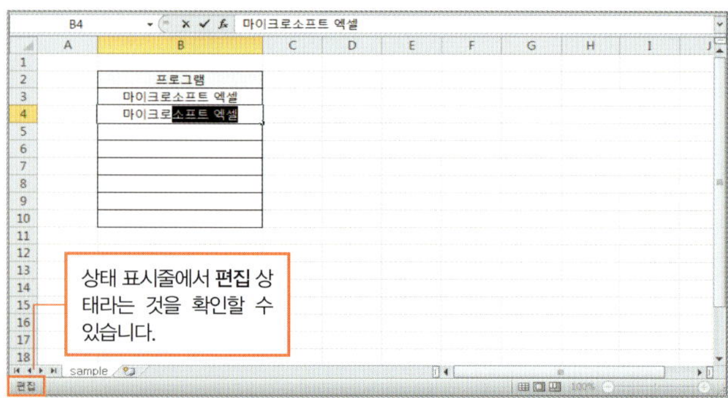

▲ 자동 완성된 결과만 선택

◎ 셀 편집 모드

자동으로 값이 채워진 상태에서 F2키를 누르면 뒤에 완성된 문자열이 선택되면서 셀이 편집 모드로 전환됩니다.

○ 자동 고침

셀에 한글 값을 입력해야 하는데, 한/영 변환을 하지 않아 영어로 입력되는 경우 또는 그 반대되는 경우를 누구나 경험합니다. 엑셀에는 입력된 값을 자동으로 인식해 잘못된 값을 고쳐주는 자동 고침 기능이 있습니다. 예를 들어, 빈 셀에 "dprtpf"이라고 입력하고 Enter 키를 누르면 자동으로 "엑셀"로 변경됩니다.

이 기능은 한/영 고침 기능뿐만 아니라, 영어 대/소문자 입력 실수나 자주 사용하는 특수문자 등을 보다 편리하게 입력할 수 있도록 해 줍니다. 하지만, 사용자의 동의를 얻어 고치는 것이 아니기 때문에 "Ctrl"이라고 입력하고 Enter 키를 누르면 "Ct기"라고 바뀌는 것과 같이 일부 값을 입력할 때는 곤란한 점도 있습니다.

리본의 **[파일]** 탭 → **옵션** 명령을 클릭하여 'Excel 옵션' 대화상자가 열리면 **언어 교정** 범주를 선택하고 **자동 고침 옵션** 그룹의 〈자동 고침 옵션〉 단추를 클릭합니다. '자동 고침' 대화상자가 열리면 원하는 기능의 사용 여부를 설정할 수 있습니다.

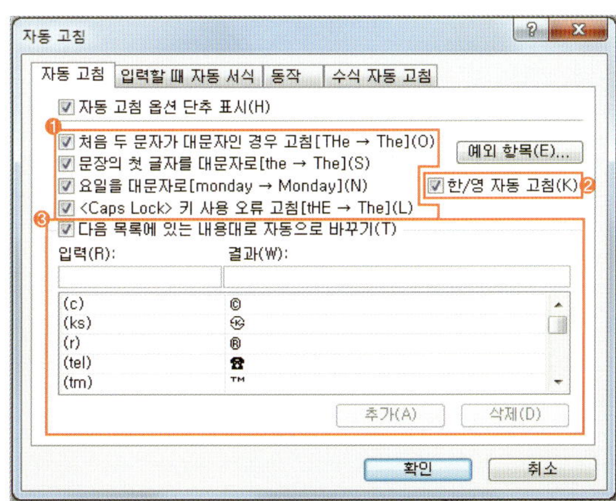

▲ '자동 고침' 대화상자

❶ 영어 대/소문자 관련 옵션

❷ 한/영 자동 고침 옵션

❸ 하위 목록에서 왼쪽에 등록한 값을 입력하면 오른쪽에 지정된 값으로 자동으로 고쳐주는 옵션 부분입니다. 예를 들면 '(c)'를 입력하면 ©라는 특수문자로 자동 변환됩니다.

○ 자동 채우기

값을 입력할 때 일정한 패턴으로 입력하는 경우, 엑셀에서는 다음 값을 미리 예측해 채워 넣을 수 있는 자동 채우기 기능을 제공합니다. 자동 채우기 기능은 선택한 셀 또는 범위의 우측 하단 모서리에 위치한 채우기 핸들을 마우스로 원하는 셀까지 드래그하면, 선택된 범위의 값을 분석해 값을 복사하거나 다음 값으로 채워줍니다.

다음은 선택된 범위에 숫자 1, 2가 입력된 셀을 선택하고 자동 채우기 기능을 적용시킨 예입니다. 선택된 범위에 1, 2가 입력되어 있으면 자동 채우기 기능은 1씩 증가된 값을 채워 넣습니다.

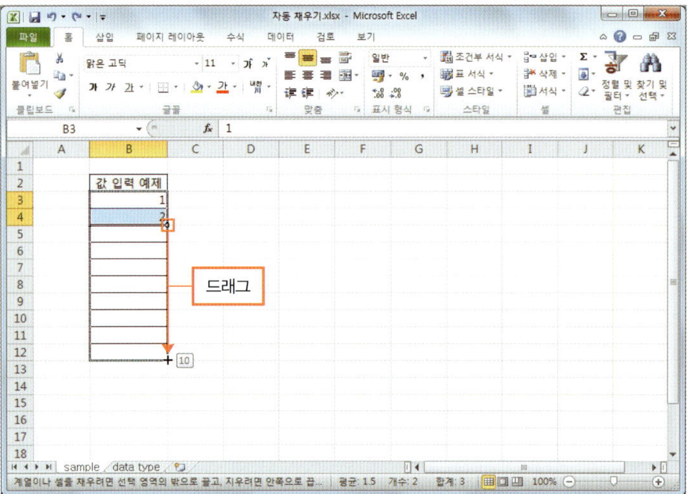

▲ 자동 채우기

채워 넣은 다음에는 〈자동 채우기 옵션〉 단추가 활성화되며, 다음과 같은 옵션을 선택할 수 있습니다.

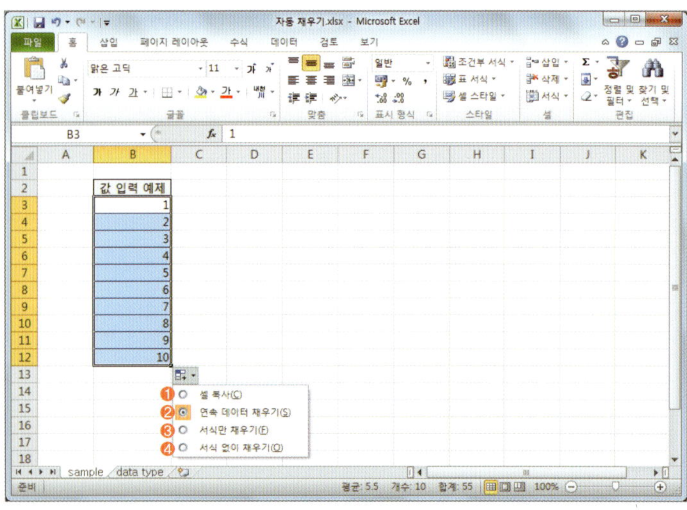

▲ 자동 채우기 옵션

❶ **셀 복사** : 연속된 값으로 채우지 않고, 선택된 범위의 1, 2를 복사한 결과를 표시합니다.

❷ **연속 데이터 채우기** : 기본 값으로 선택된 범위 값의 패턴을 인식해 값을 채우기 합니다.

❸ **서식만 채우기** : 값은 무시하고 선택된 셀(또는 범위)의 서식만 복사합니다.

❹ **서식 없이 채우기** : 선택한 셀(또는 범위)의 서식은 무시하고 값만 채워 넣습니다.

자동 채우기 기능은 마우스로 드래그하는 방법을 사용하므로 너무 길게 끌게 되면 불필요한 값이 채워지게 되므로, 채워진 마지막 셀의 채우기 핸들을 반대 방향(아래로 드래그한 경우는 위로)으로 드래그하면 채워진 값을 취소할 수 있습니다.

○ **자동 채우기**

자동 채우기 기능은 어떤 규칙을 적용하여 수 많은 데이터를 입력할 때 매우 편리합니다.

○ **자동 채우기 핸들**

자동 채우기 핸들 위에서 마우스를 더블클릭해도 아래쪽 셀에 자동으로 입력됩니다.

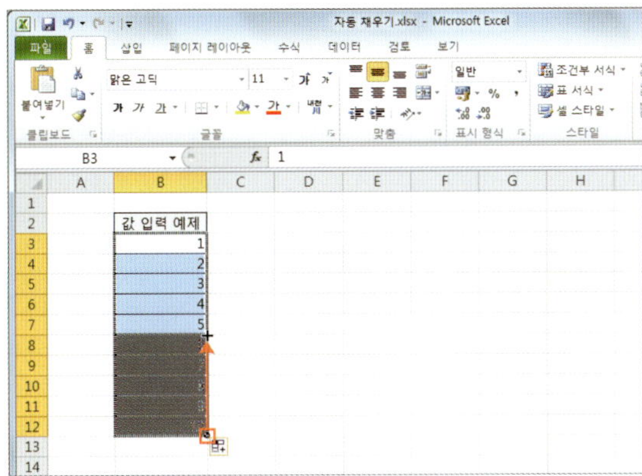

▲ 자동 채우기 기능 취소

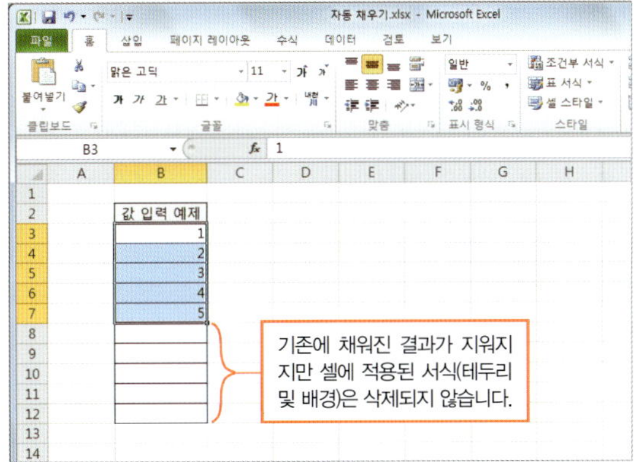

▲ 자동 채우기 기능 취소한 결과

자동 채우기 기능이 값을 채워 줄 수 있는 경우는 숫자나 날짜/시간 값과 같이 패턴을 분석할 수 있는 값들이거나 사용자 지정 목록에 등록된 일부 텍스트 값에 한하며, 그 이외의 데이터 형식은 선택된 범위의 값을 복사해 줍니다.

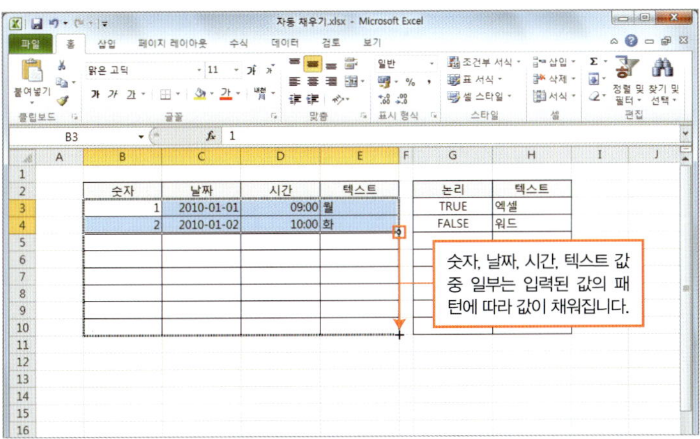

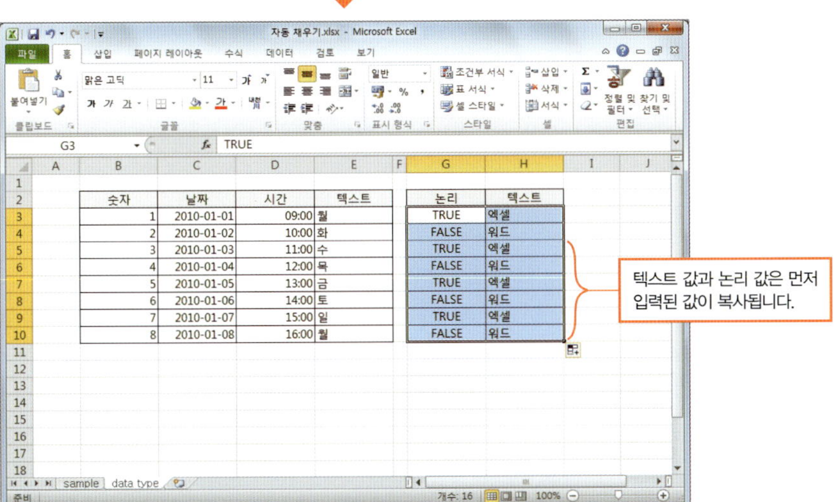

▲ 데이터 형식에 따른 '자동 채우기' 결과

⊙ 사용자 지정 목록

텍스트 값임에도 불구하고, '요일'이 자동으로 채워지는 것은 사용자 지정 목록에 등록된 값이기 때문입니다.

실행 취소와 다시 실행

엑셀에서는 잘못된 값을 입력한 경우 이를 간단하게 취소할 수 있는 실행 취소 명령과 취소된 작업을 다시 실행해 주는 다시 실행 명령을 제공합니다. 두 명령은 모두 빠른 실행 도구 모음에서 확인할 수 있으며, 이 두 가지 기능을 이용하면 작업을 보다 손쉽게 진행할 수 있습니다.

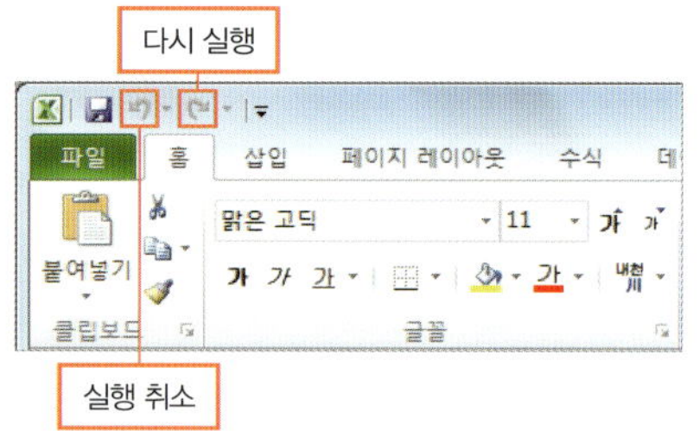

실행 취소 명령은 이전에 실행된 명령을 최대 100번 전까지 취소할 수 있고, 파일이 저장된 경우에도 저장 전 상태로 복원이 가능합니다(엑셀 2007 버전부터).

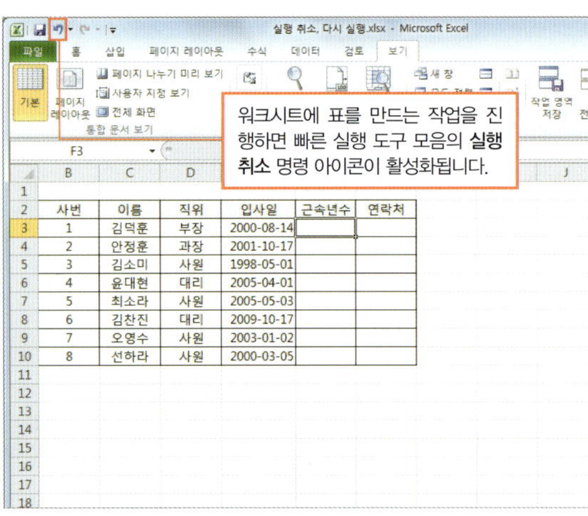

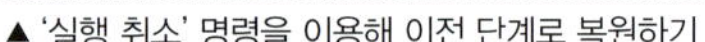

▲ '실행 취소' 명령을 이용해 이전 단계로 복원하기

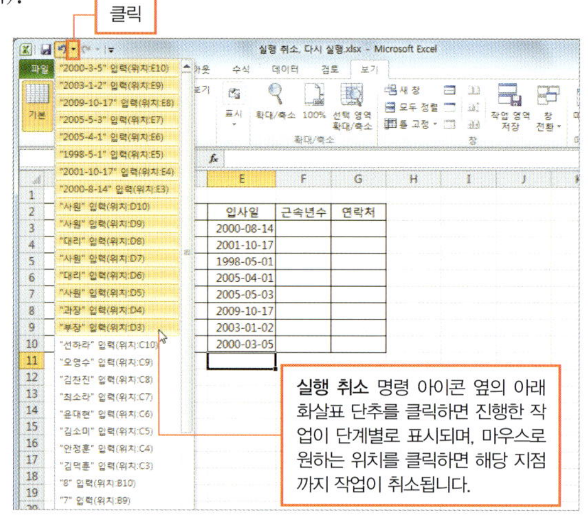

▲ 원하는 지점까지 복원하기

> ## 실행 취소와 다시 실행 명령의 활성화/비활성화
>
> 어떤 작업을 하지 않은 상태에서는 두 명령 아이콘이 비활성화되며, 작업을 수행하면 **실행 취소** 명령 아이콘이 활성화되고, 실행 취소된 내용이 있으면 **다시 실행** 명령 아이콘이 활성화 됩니다.

'사용자 지정 목록' 대화상자를 불러오기 위해 리본의 **[파일]** 탭 → **옵션** 명령을 클릭합니다. 'Excel 옵션' 대화상자가 열리면, **고급** 범주의 **일반** 그룹에 있는 〈사용자 지정 목록 편집〉 단추를 클릭합니다. '사용자 지정 목록' 대화상자에서 자동 채우기가 가능한 목록이 표시되며, 사용자가 원하는 새 목록을 추가할 수도 있습니다.

'사용자 지정 목록'에 등록된 값은 자동 채우기 기능을 이용해 채워 넣을 수 있습니다.

'목록 항목'에 새로운 목록을 입력한 후 〈추가〉 단추를 클릭하면 원하는 새 목록을 '사용자 지정 목록'에 추가할 수 있습니다.

▲ 사용자 지정 목록 대화상자

다시 실행 명령 아이콘은 **실행 취소** 명령을 실행한 경우에 활성화되며, 취소된 명령을 다시 실행해 잘못 취소된 부분을 복원할 때 사용합니다.

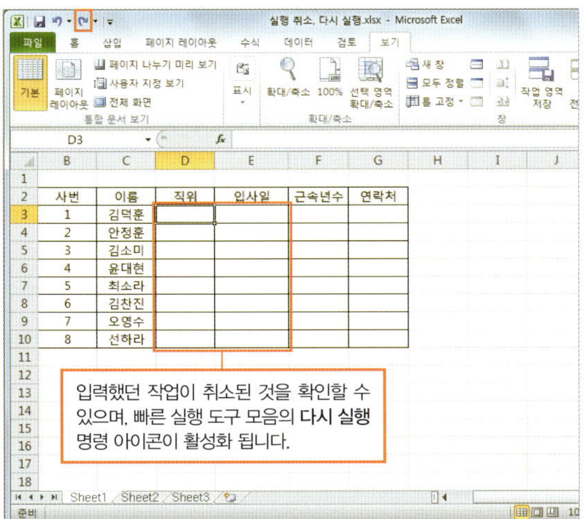

▲ '다시 실행' 명령을 이용해 취소된 명령 다시 실행하기

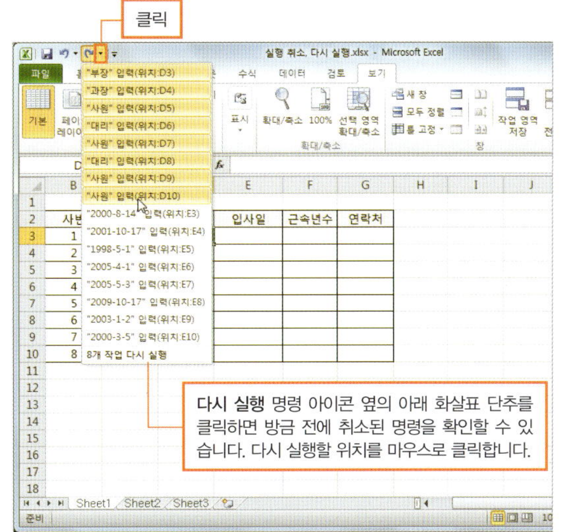

▲ 원하는 지점에서 다시 실행하기

취소된 작업 중에서 '직위'를 입력한 부분이 다시 복원됩니다.

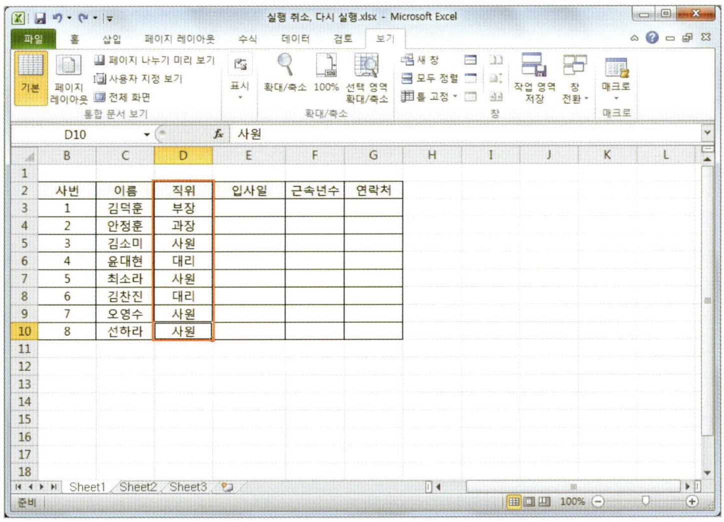

○ 찾기와 바꾸기

입력된 값 중에서 잘못된 값을 빠르게 찾거나 고치고자 할 경우에는 리본의 **[홈]** 탭 → **편집** 그룹 → **찾기 및 선택** 명령 아이콘을 클릭하여 **찾기** 명령이나 **바꾸기** 명령을 이용합니다.

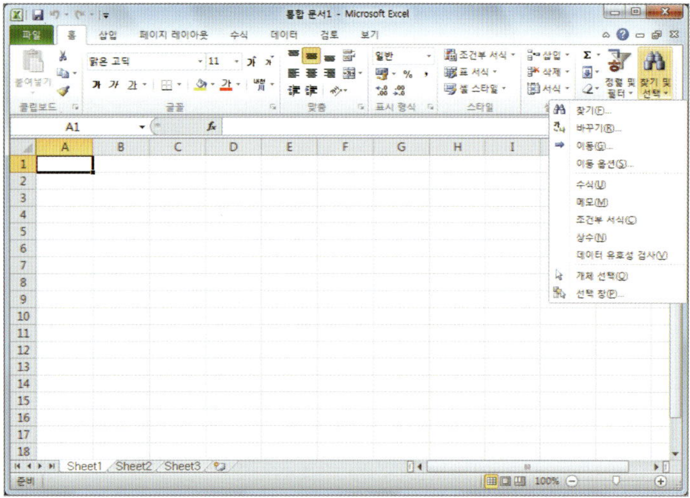

▲ 찾기, 바꾸기의 명령 위치

찾기 명령은 값이 입력된 위치를 찾아줍니다. 리본의 **[홈]** 탭 → **편집** 그룹 → **찾기 및 선택** 명령 아이콘 → **찾기** 명령을 클릭하거나, Ctrl + F 키를 눌러 '찾기 및 바꾸기' 대화상자를 이용합니다.

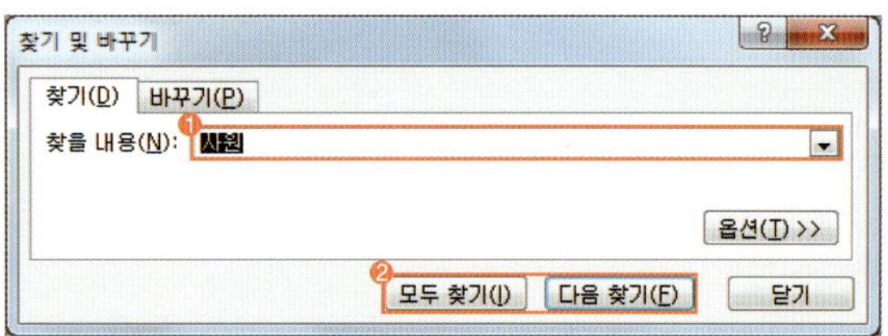

▲ '찾기 및 바꾸기' 대화상자의 [찾기] 탭

❶ 찾을 내용을 입력합니다.

❷ 〈모두 찾기〉 단추를 클릭하면 '찾을 내용'에 입력한 값이 포함된 전체 셀 주소를 리스트로 알려주며, 〈다음 찾기〉 단추를 클릭하면 현재 위치에서 아래쪽에 위치한 셀을 선택합니다.

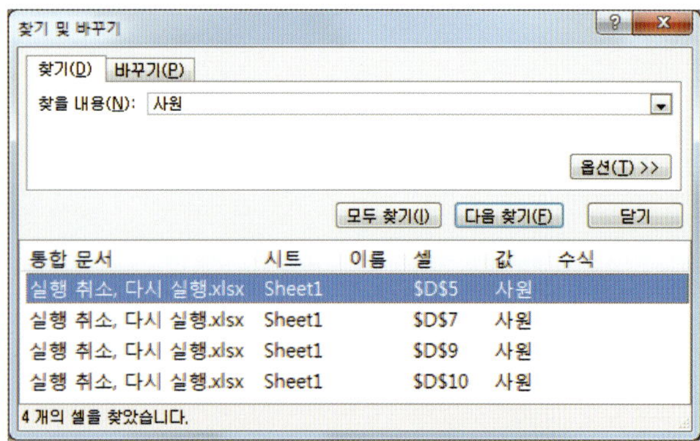

▲ 〈모두 찾기〉 단추를 클릭해 검색한 결과

'찾기 및 선택' 대화상자에서 **[바꾸기]** 탭을 선택하면 바로 바꾸기 명령을 실행할 수 있습니다. 또는 리본의 **[홈]** 탭 → **편집** 그룹 → **찾기 및 선택** 명령 아이콘 → **바꾸기** 명령을 클릭하거나, Ctrl + H 키를 눌러도 됩니다.

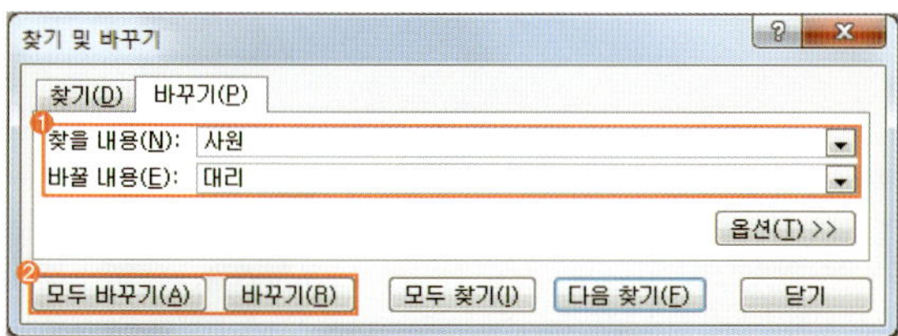

▲ '찾기 및 바꾸기' 대화상자의 [바꾸기] 탭

❶ **찾을 내용**에는 입력된 값 중에서 찾을 값을, **바꿀 내용**에는 찾은 값에 대한 바꿀 값을 입력합니다.

❷ ⟨모두 바꾸기⟩ 단추를 클릭하면 찾은 내용을 한 번에 모두 바꾸고, ⟨바꾸기⟩ 단추를 클릭하면 찾은 값을 하나씩 바꿉니다.

셀을 하나 선택하고 **찾기 및 바꾸기** 명령을 실행하면 현재 워크시트 전체 범위를 대상으로 명령을 수행하며, 범위를 선택하고 **찾기 및 바꾸기** 명령을 실행하면 선택된 범위를 대상으로 명령을 수행합니다.

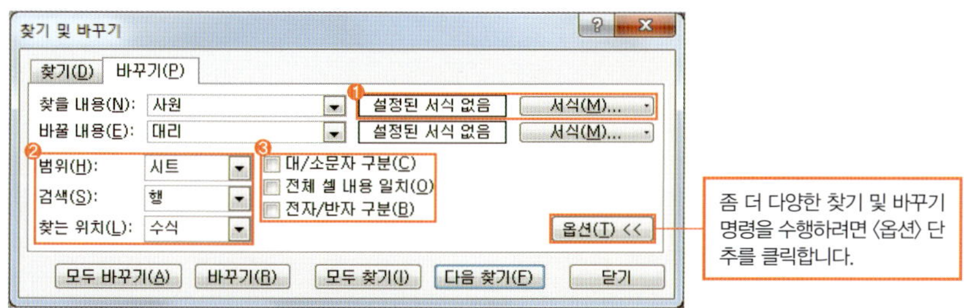

▲ '찾기 및 바꾸기' 대화상자의 ⟨옵션⟩ 단추를 클릭

❶ **서식 옵션** : ⟨서식⟩ 단추를 눌러 찾을 서식을 선택하면 해당 서식이 적용된 셀 위치를 찾을 수 있습니다. **[바꾸기]** 탭에서는 새롭게 바꿀 서식도 지정할 수 있습니다.

❷ **찾을 범위와 검색 위치를 선택할 수 있는 옵션** : 범위 옵션을 시트에서 통합문서로 변경하면 현재 워크시트를 포함한 전체 워크시트에서 값을 찾습니다.

❸ **추가 옵션** : 해당 옵션을 체크하면 찾을 내용에 입력한 값과 셀 전체 내용이 일치하는 셀을 찾습니다.

03 셀 서식을 이용한 표시 형식 변경하기

셀에 입력된 값은 '셀 서식' 기능을 이용해 사용자에게 보이는 모습을 꾸밀 수 있습니다. 이것은 보기 좋게 셀 값을 표시한다는 장점도 있지만, 본래 값을 혼동시킬 수 있는 부분도 있으므로 사용자는 '셀 서식'이 셀의 어떤 부분을 변경시킬 수 있는지 잘 이해해야 합니다.

엑셀에서 '표시 형식'이란 값을 원하는 형태로 변환하는 것을 의미합니다. 그렇기 때문에 엑셀의 셀에 표시된 값과 저장된 값은 다를 수 있다는 점을 항상 기억해야 합니다.

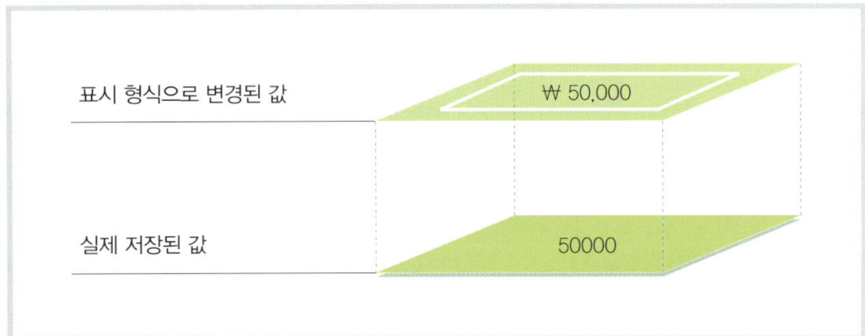

▲ 실제 저장된 값과 표시 형식으로 변경된 값

◯ 표시 형식을 선택해 원하는 형식으로 표시하기

표시 형식을 변경할 수 있는 가장 쉬운 방법은 리본의 **[홈]** 탭 → **표시 형식** 그룹에 있는 명령 아이콘을 이용하는 것입니다.

○ **셀 서식**

셀 서식은 보이는 모습만 변경하고, 셀 값 자체는 변경할 수 없다는 점을 혼동하지 말아야 합니다.

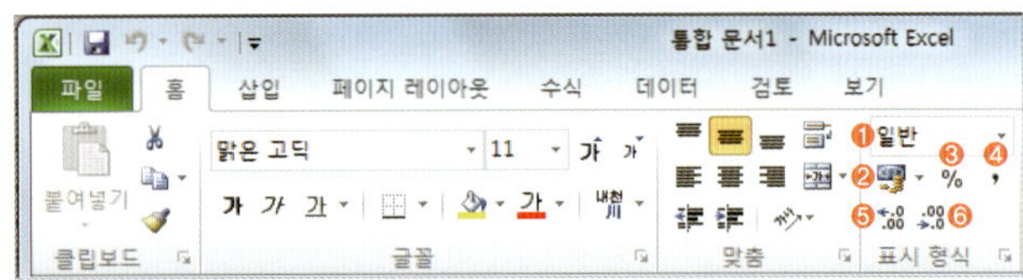

▲ 리본 메뉴의 [홈] 탭의 '표시 형식' 그룹

❶ **표시 형식(일반)** : 데이터 형식을 원하는 형식으로 빠르게 변경합니다.

❷ **회계 표시 형식( )** : 통화 기호와 천 단위 구분 기호를 사용해 숫자 값을 표시합니다. 예) 50000 → ₩ 50,000

❸ **백분율 스타일(%)** : 소수 값을 백분율 스타일로 표시합니다. 예) 5 → 50%

❹ **쉼표 스타일(,)** : 천 단위 구분 기호를 사용해 숫자 값을 표시합니다. 예) 50000 → 50,000

❺ **자릿수 늘림( )** : 소수점 이하 자릿수를 한 자리 늘립니다. 예) 0.25 → 0.250

❻ **자릿수 줄임(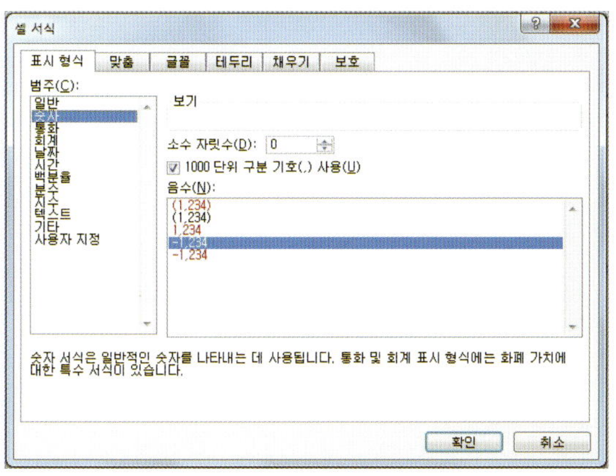) :** 소수점 이하 자릿수를 한 자리 줄입니다. 이때, 표시되지 않는 자릿수의 값을 기준으로 반올림하여 표시하는 것에 주의합니다. 예) 0.25 → 0.3

이외에 좀 더 다양한 표시 형식을 설정하고 싶다면 **[홈]** 탭 → **표시 형식** 그룹 → **대화상자 표시** 명령 아이콘을 클릭하여 '셀 서식' 대화상자를 이용합니다.

표시 형식은 표시되는 내용만 바뀌는 것이고, 실제 값이 변경되는 것은 아닙니다.

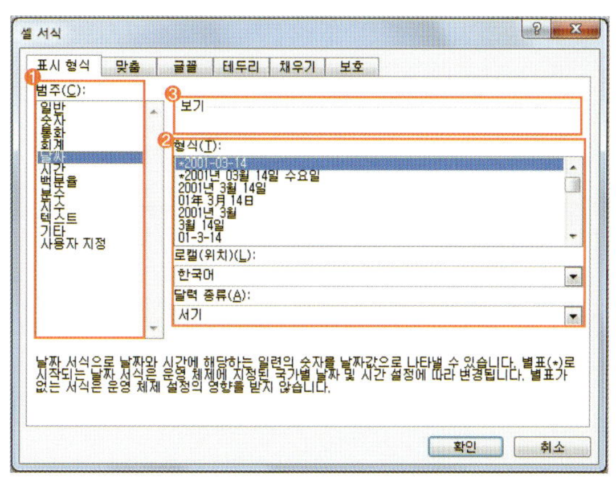

▲ '셀 서식' 대화상자

❶ **범주 :** 셀에 적용할 데이터 형식을 선택합니다.

❷ **형식 :** 선택된 데이터를 표시할 형식을 선택합니다.

❸ **보기 :** 셀 값을 미리 본 다음 〈확인〉 단추를 클릭합니다.

셀 서식을 이용해 표시 형식을 변경할 수도 있지만, 단축키를 이용하면 좀 더 빠르게 셀 서식을 변경할 수 있습니다.

단축키	설명	셀 값 예제	단축키 적용 결과
Ctrl + 1	'셀 서식' 대화상자 호출	·	·
Ctrl + Shift + !	통화 (천 단위 구분 기호 사용)	50000	50,000
Ctrl + Shift + @	시간	0.3	7:12 AM
Ctrl + Shift + #	날짜	40179	2010-01-01
Ctrl + Shift + $	통화 (원 통화, 천 단위 구분 기호 사용)	50000	₩ 50,000
Ctrl + Shift + %	백분율 (%)	0.5	50%
Ctrl + Shift + ^	지수	50000	5.00E+04

◯ 사용자 지정 방법을 이용해 원하는 형식으로 표시하기

'셀 서식' 대화상자의 [표시 형식] 탭 → 범주 리스트 → 사용자 지정 항목을 선택하면 좀 더 다양한 서식 지정 방법이 가능합니다.

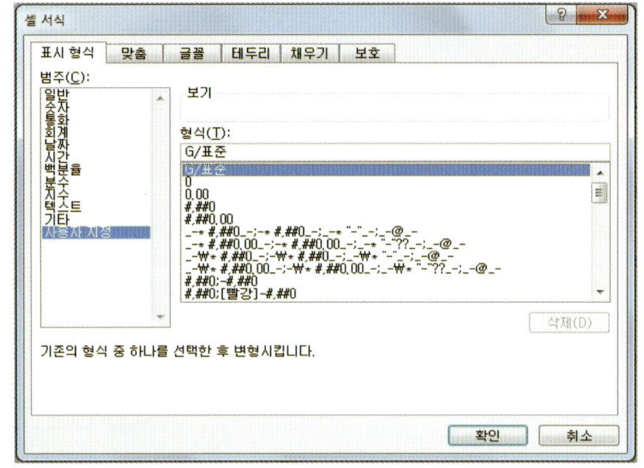

▲ '사용자 지정' 형식 선택

'셀 서식' 대화상자의 형식 리스트에서 확인할 수 있는 서식 코드 중에서 텍스트와 숫자 값에 사용할 수 있는 서식 코드는 다음과 같습니다.

데이터 형식	서식 코드	설명	예제	
			입력	표시
숫자와 통화	0.00	소수점 2자리까지 표시	1234	1234.00
	₩ #,###	통화 기호와 천 단위 구분 기호 표시	1234	₩ 1,234
분수	# ?/?	소수점 숫자를 한 자릿수 분모로 표시	10.12	10 1/8
	# ?/??	소수점 숫자를 두 자릿수 분모로 표시	10.12	10 3/25
날짜와 시간	yy	년도(00~99) 표시	2010-07-01	10
	yyyy	년도(1900~9999) 표시	2010-07-01	2010
	m	월(1~12) 표시	2010-07-01	7
	mm	월(01~12) 표시	2010-07-01	07
	mmm	월(Jan~Dec) 표시	2010-07-01	Jul
	mmmm	월(January~December) 표시	2010-07-01	July
	mmmmm	월(J~D) 표시	2010-07-01	J
	d	일(1~31) 표시	2010-07-01	1
	dd	일(01~31) 표시	2010-07-01	01
	ddd	요일(Sun~Sat) 표시	2010-07-01	Thu
	dddd	요일(Sunday~Saturday)	2010-07-01	Thursday
	aaa	한글 요일(일~토) 표시	2010-07-01	목
	aaaa	한글 요일(일요일~토요일) 표시	2010-07-01	목요일
	h	시(0~23) 표시	6:15:01	6
	hh	시(00~23) 표시	6:15:01	06
	m	분(0~59) 표시	6:15:01	15
	mm	분(00~59) 표시	6:15:01	15
	s	초(0~59) 표시	6:15:01	1
	ss	초(00~59) 표시	6:15:01	01
	AM/PM	12시간제 표시	6:15:01	AM
백분율	0%	숫자를 백분율로 표시	0.1	10%
텍스트	@	입력한 텍스트를 그대로 표시	엑셀	엑셀
	@ "귀하"	"" 안의 텍스트를 원문에 붙여 표시	엑셀	엑셀 귀하

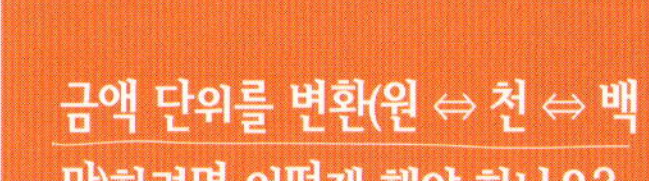

표를 요약하다 보면, 숫자 값이 너무 커져서 읽기 불편한 경우가 많습니다. 이런 경우, 숫자의 단위를 조정해 표의 숫자 값을 이해하기 쉽게 만드는 것이 좋습니다. 숫자 단위를 조정할 때 가장 일반적으로 사용하는 방법은 '셀 서식' 대화상자의 '사용자 지정' 숫자 서식을 이용하는 방법입니다.

❶ 단위를 변환할 숫자 값이 입력된 범위를 선택한 후 Ctrl + 1 단축키를 눌러 '셀 서식' 대화상자를 호출합니다.

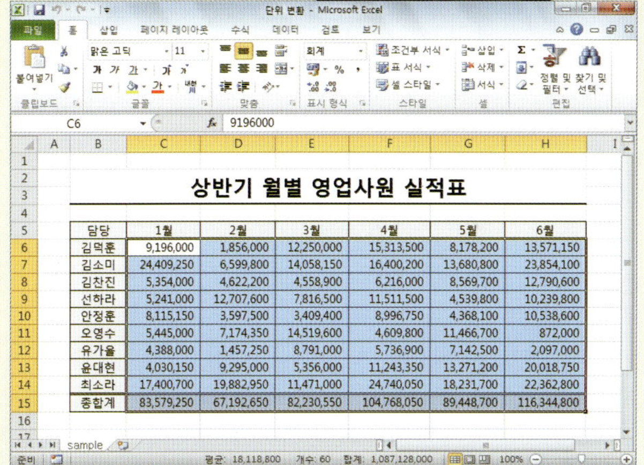

❷ '셀 서식' 대화상자의 [표시 형식] 탭을 클릭한 후 범주 리스트에서 **사용자 지정**을 선택하고 '형식' 란에 다음과 같은 숫자 서식 코드를 입력합니다. 입력이 완료되어 〈확인〉 단추를 클릭하면 숫자 값의 단위가 조정되어 표시됩니다.

> 원 → 천 단위 조정 : #,###,
> 원 → 백만 단위 조정 : #,###,,

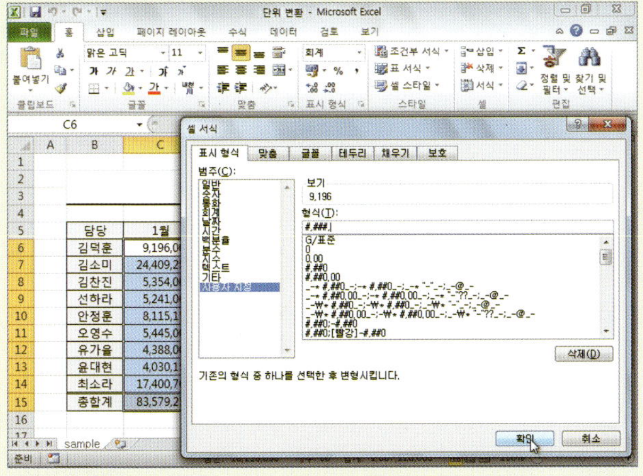

▲ 표시 형식 설정

▲ 숫자 값의 단위가 조정된 화면

견적서의 데이터 형식 변경하기

📁 **준비 파일 : 견적서.xlsx**

제공된 예제 파일을 열면 Before 화면에서 견적서 서식의 표를 확인할 수 있습니다. After 화면의 표와 같이 각 위치에 있는 값의 형식을 셀 서식을 이용해 변경해 보겠습니다.

위치	표시 변경
J5:N5	날짜 단위와 요일 표시
F6:J7	숫자를 한글로 표시하고 "일금", "원 정" 값 추가로 표시
K6:N7	통화 기호 표시

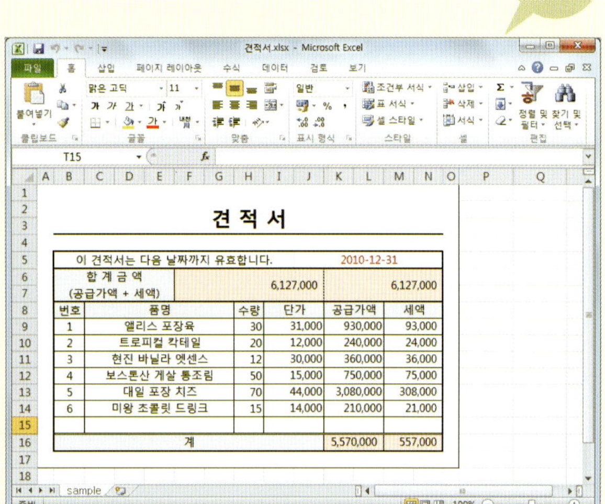

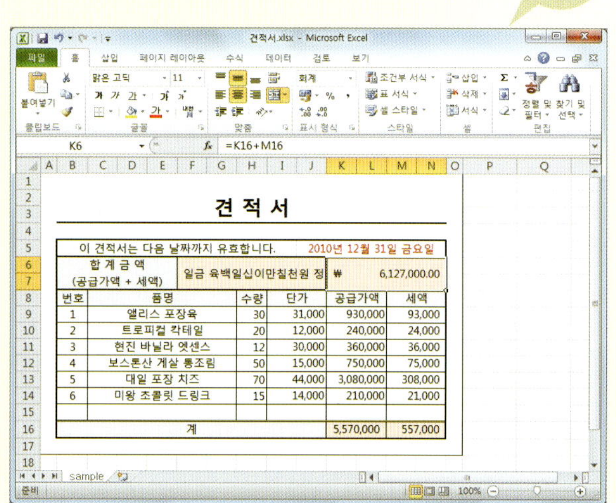

01 **날짜 표시 변경하기** ❶ J5:N5 병합 셀을 선택하고, 날짜 형식을 변경하기 위해 ❷ 리본의 [홈] 탭 → **표시 형식** 그룹 → **표시 형식**의 아래 화살표 단추를 클릭하여 ❸ **자세한 날짜** 형식을 선택합니다.

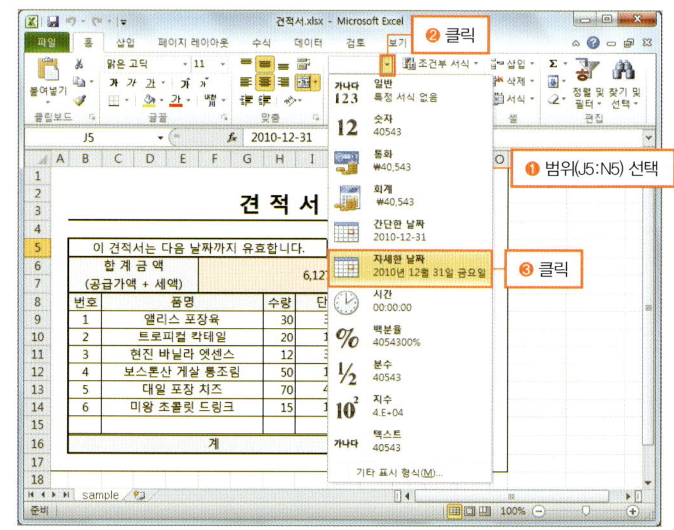

02 **숫자, 한글로 표시하기** ❶ 이제 F6:J7 병합 셀을 선택하여 숫자 값을 한글로 표시하는 작업을 진행합니다. '셀 서식' 대화상자를 호출해야 하므로 ❷ 리본의 [홈] 탭 → 표시 형식 그룹 → 대화상자 표시 단추 📭를 클릭합니다.

> ⊙ **'셀 서식' 대화상자 호출하기**
> [Ctrl]+[1] 단축키를 누른 다음 [표시 형식] 탭을 선택해도 됩니다.

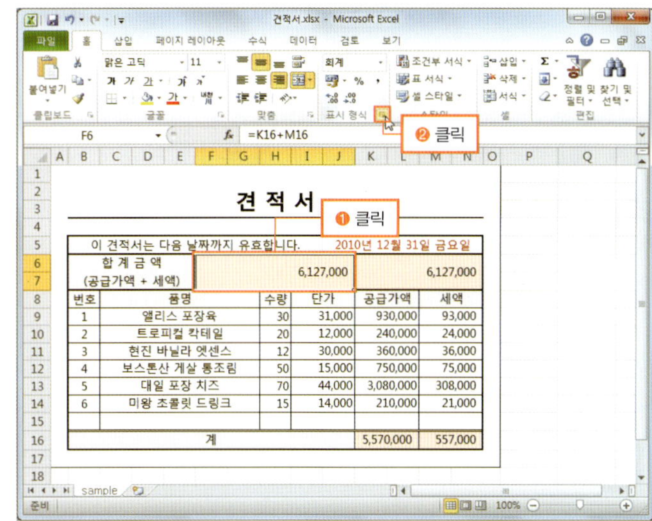

03 **숫자, 한글로 표시하기(2)** '셀 서식' 대화상자가 호출되면 ❶ [표시 형식] 탭의 범주 리스트에서 기타를 선택합니다. ❷ '형식' 항목의 '숫자(한글)'을 선택하면 '보기' 란에 숫자가 한글로 표시되는 것을 확인할 수 있습니다.

> ⊙ **'기타' 범주의 '숫자' 형식**
> 다음은 1234란 숫자 값을 아래 형식으로 선택했을 때 볼 수 있는 결과입니다.
> ● 숫자(한자) : 一千二百三十四
> ● 숫자(한자−갖은자) : 壹阡貳百參拾四
> ● 숫자(한글) : 일천이백삼십사

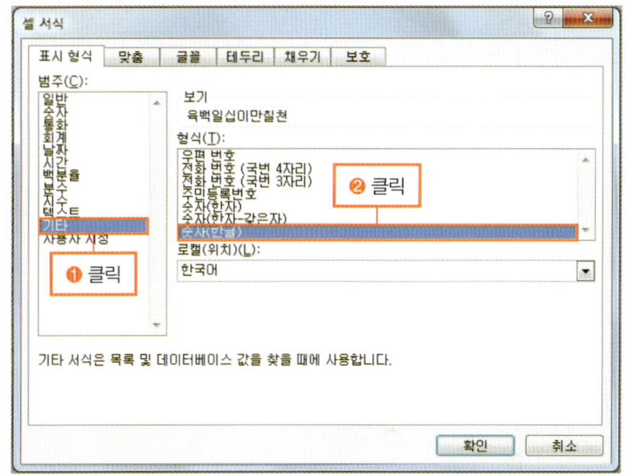

04 **숫자, 한글로 표시하기(3)** 03 과정에서 선택된 형식에 "일금 "과 "원 정"을 추가하기 위해 ❶ 범주 리스트의 사용자 지정을 선택하고 ❷ '형식'의 서식 코드를 "[DBNum4][$-412]"일금" G/표준"원 정""으로 변경한 다음 ❸ 〈확인〉 단추를 클릭합니다.

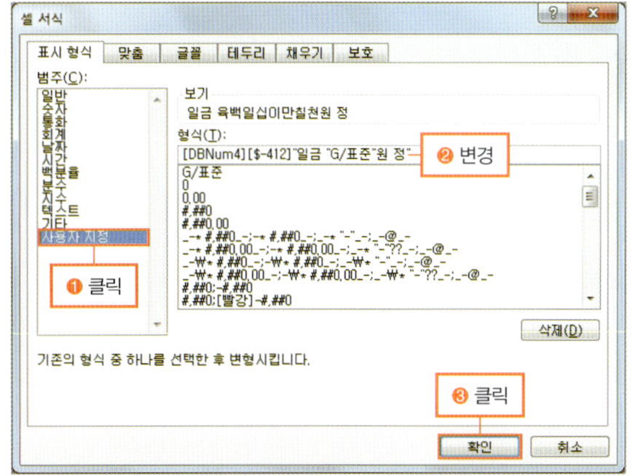

05 **숫자 통화 기호 표시하기** F6:J7 병합 셀의 값이 한글로 표시됩니다. 마지막으로 K6:N7 병합 셀의 값에 통화 기호를 표시하기 위해 ❶ K6:N7 병합 셀을 선택하고 ❷ 리본의 [홈] 탭 → **표시 형식** 그룹 → **회계 표시 형식** 명령 아이콘 옆의 아래 화살표를 클릭한 후 ❸ '₩ 한국어'를 선택합니다.

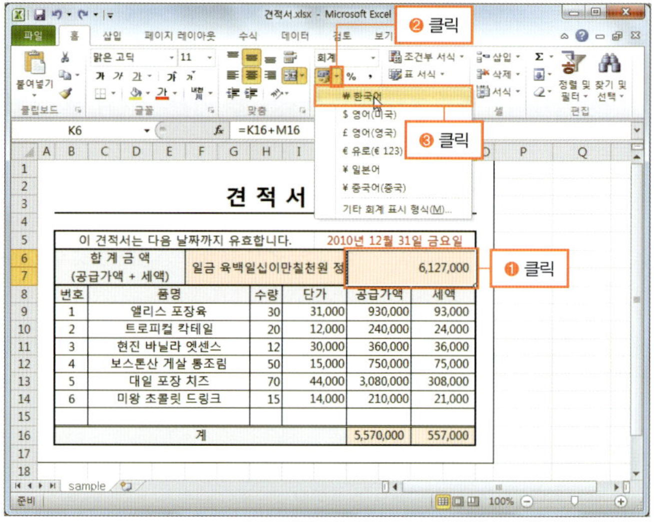

06 **결과 확인하기** K6:N7 병합 셀의 맨 앞에 통화 기호인 "₩"가 표시됩니다.

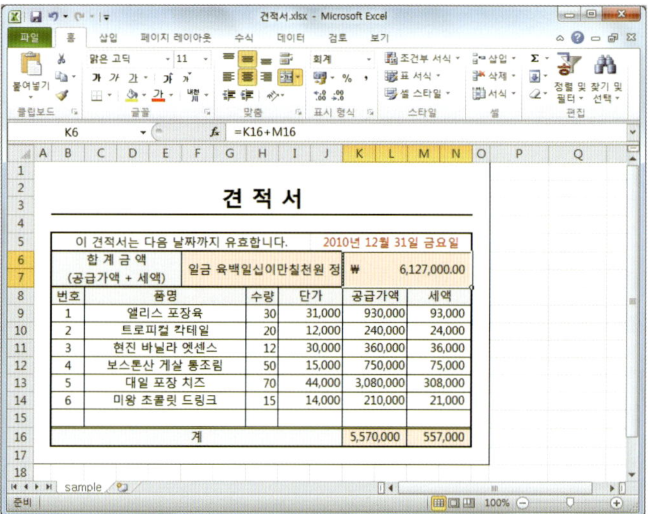

04 기타 셀 서식을 이용한 셀 꾸미기

셀 값의 표시 형식을 변경하는 것 이외에도 셀 서식을 이용해 입력된 값의 표시 위치, 글꼴 스타일, 테두리, 배경 등을 변경하는 것이 가능합니다. 이와 같은 작업은 '셀 서식' 대화상자나 리본의 [홈] 탭 각 그룹에서 설정합니다.

문서를 만들 때 셀에 입력된 데이터의 및 글꼴, 테두리 글꼴 색 등을 사용자가 원하는 대로 자유롭게 변경할 수 있습니다. 또한 셀 안에서 가운데, 오른쪽, 왼쪽 등의 맞춤 설정이 가능하여 보다 표준화된 정렬 방식을 적용할 수 있습니다.

○ 맞춤

맞춤은 셀에 입력된 값을 데이터의 성격에 맞게 위치하도록 정렬하는 것을 의미합니다. 맞춤 작업을 위해서는 리본의 **[홈]** 탭 → **맞춤** 그룹에 있는 명령 아이콘을 사용합니다.

> **○ '셀 서식' 대화상자**
>
> 좀 더 다양한 맞춤 설정을 하기 위해서는 '셀 서식' 대화상자의 **[맞춤]** 탭을 이용합니다.

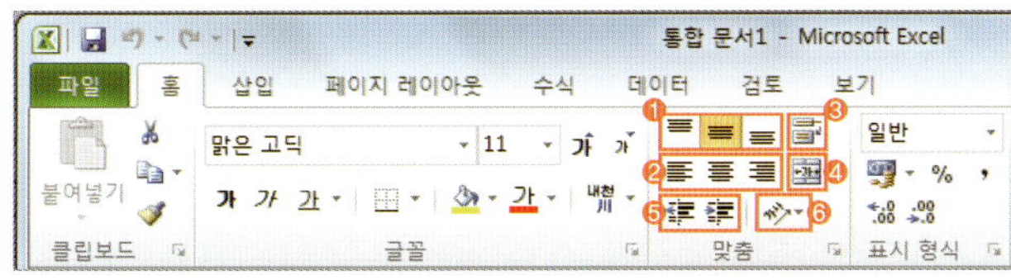

▲ 리본 메뉴 [홈] 탭 → 맞춤 그룹의 명령

❶ **위쪽 맞춤, 가운데 맞춤, 아래쪽 맞춤 :** 셀에 입력된 값을 세로 방향으로 위쪽, 가운데, 아래쪽에 표시합니다.

❷ **텍스트 왼쪽 맞춤, 가운데 맞춤, 텍스트 오른쪽 맞춤 :** 셀에 입력된 값을 가로 방향으로 왼쪽, 가운데, 오른쪽에 표시합니다.

❸ **텍스트 줄 바꿈 :** 하나의 셀을 초과하는 값은 한 셀에 맞게 여러 줄로 나누어 표시합니다.

❹ **병합하고 가운데 맞춤 :** 여러 개의 셀을 하나의 셀로 병합하고, 가로 방향으로 가운데 맞춤하여 값을 표시합니다. 만약 병합 시 여러 개의 셀에 모두 값이 존재하면 왼쪽 상단 첫 번째 셀 값만 남기고 나머지는 삭제됩니다.

❺ **내어쓰기, 들여쓰기 :** 셀에 입력된 값을 깔끔하게 정리하기 위한 목적으로 사용되며, 셀 왼쪽 테두리를 기준으로 일정 문자만큼 오른쪽으로 옮겨 쓰는 것을 '들여쓰기'라고 하며, 왼쪽으로 옮겨 쓰는 것을 '내어쓰기'라고 합니다.

❻ **방향 :** 셀에 입력된 값을 지정한 각도로 회전하여 표시합니다.

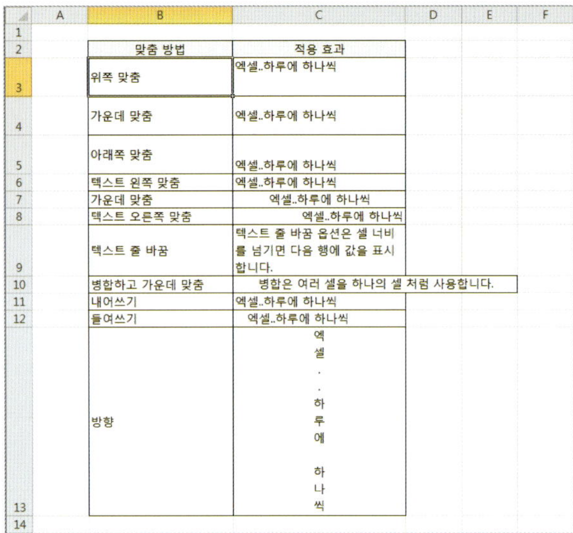

맞춤 방법	적용 효과
위쪽 맞춤	엑셀..하루에 하나씩
가운데 맞춤	엑셀..하루에 하나씩
아래쪽 맞춤	엑셀..하루에 하나씩
텍스트 왼쪽 맞춤	엑셀..하루에 하나씩
가운데 맞춤	엑셀..하루에 하나씩
텍스트 오른쪽 맞춤	엑셀..하루에 하나씩
텍스트 줄 바꿈	텍스트 줄 바꿈 옵션은 셀 너비를 넘기면 다음 행에 값을 표시합니다.
병합하고 가운데 맞춤	병합은 여러 셀을 하나의 셀 처럼 사용합니다.
내어쓰기	엑셀..하루에 하나씩
들여쓰기	엑셀..하루에 하나씩
방향	엑셀..하루에 하나씩

▲ '맞춤' 그룹의 옵션 사용 결과

좀 더 상세한 작업을 진행하려면 [홈] 탭 → **맞춤** 그룹 → **대화상자 표시** 명령 아이콘 을 클릭합니다. 제일 많은 옵션이 숨어 있는 영역은 바로 **텍스트 맞춤**의 **가로** 옵션으로, 아래 화살표 단추를 클릭하면 다음과 같은 하위 메뉴를 볼 수 있습니다.

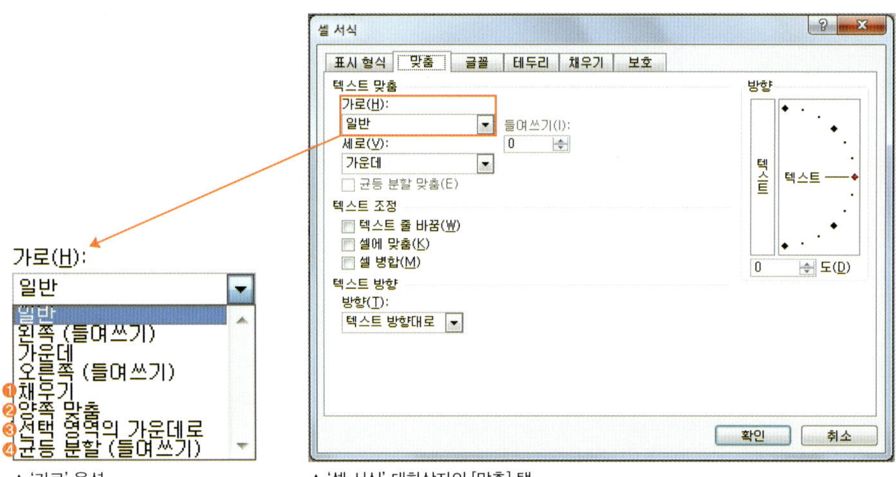

▲ '가로' 옵션 　　　　▲ '셀 서식' 대화상자의 [맞춤] 탭

❶ **채우기 :** 셀의 열 너비에 입력한 값을 여러 번 채울 수 있으며, 채운 결과를 표시해 줍니다.

❷ **양쪽 맞춤 :** 셀에 입력된 값이 셀의 열 너비보다 크면 텍스트 줄 바꿈 명령을 이용한 것과 같이 여러 줄로 표시하며, 셀의 열 너비보다 작으면 변화가 없습니다.

❸ **선택 영역의 가운데로 :** 셀을 병합하지 않고도 여러 범위의 입력 값을 가운데에 나타나도록 할 때 사용하며, 값을 입력한 후 원하는 범위를 지정합니다. 이 옵션을 설정하면 입력된 값이 선택된 범위의 가운데에 나타납니다.

❹ **균등 분할 (들여쓰기) :** 셀 전체에 입력 값이 표시되도록 문자를 균등하게 분할해 표시합니다.

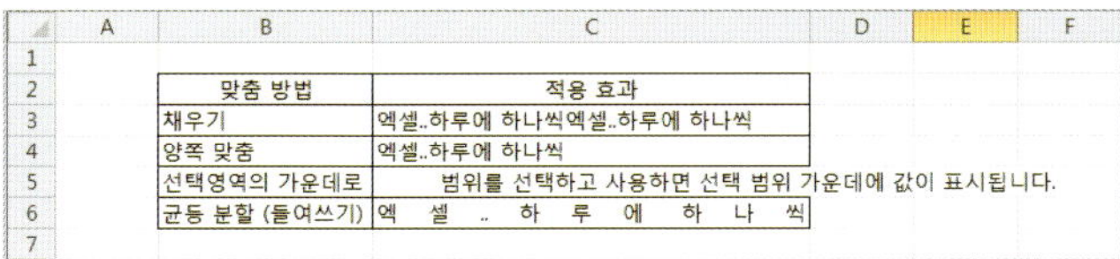

▲ '가로' 옵션을 지정한 경우

○ 글꼴, 테두리, 채우기

문서를 만들 때 보기 좋게 꾸미기 위해 글꼴을 설정하는 일은 매우 중요합니다. 문서의 일부나 전체에 글꼴, 글꼴 크기, 글꼴 색 등의 서식을 변경하여 문서의 가독성을 높일 수 있으며, 셀 배경색을 이용하여 강조 효과도 줄 수 있습니다.

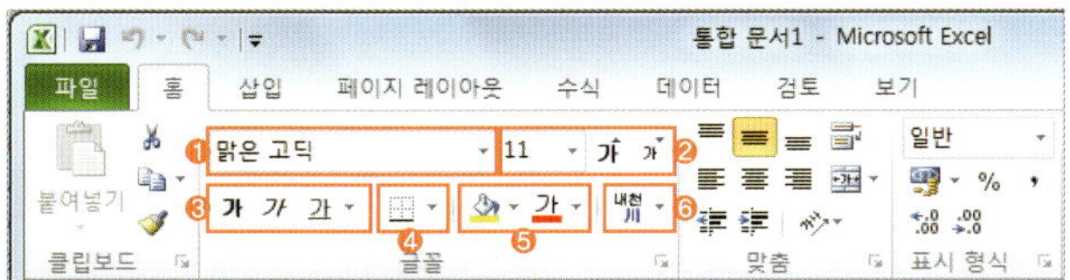

▲ 리본 메뉴 [홈] 탭 → 글꼴 그룹의 명령

❶ **글꼴** : 선택 범위에 적용할 글꼴을 선택하여 반영합니다.

❷ **글꼴 크기, 글꼴 크기 크게, 글꼴 크기 작게** : 선택 범위의 글꼴 크기를 원하는 크기를 지정하거나, 한 단계씩 크게 또는 작게 변경합니다.

❸ **굵게, 기울임꼴, 밑줄** : 선택 범위의 글꼴을 굵게 지정하거나 기울이거나, 밑줄을 그어 표시합니다.

❹ **테두리** : 선택 범위의 테두리에 선 스타일을 지정합니다.

❺ **채우기 색, 글꼴 색** : 선택 범위의 배경색은 채우기 색의 색상표에서, 글꼴 색은 글꼴 색의 색상표에서 지정합니다.

❻ **윗주 필드 표시/숨기기** : 윗주 필드를 표시하거나 숨깁니다. 명령 아이콘 옆의 아래 화살표를 누르면 윗주를 편집하거나 설정할 수 있습니다.

좀 더 상세한 작업을 진행하려면 **[홈]** 탭 → **글꼴** 그룹 → **대화상자 표시** 명령 아이콘을 클릭하여 '셀 서식' 대화상자의 **[글꼴]** 탭, **[테두리]** 탭, **[채우기]** 탭 등을 사용합니다.

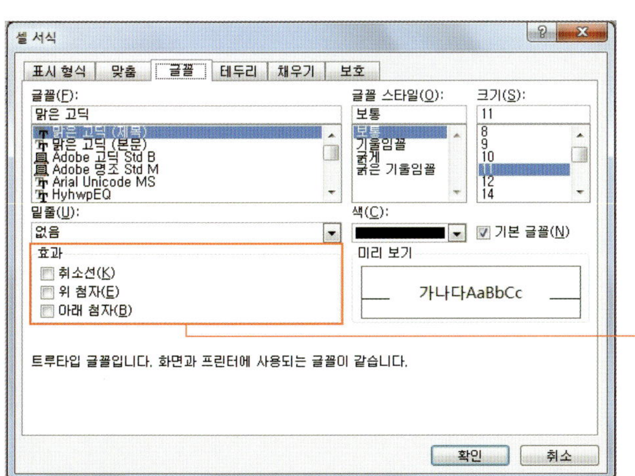

▲ '셀 서식' 대화상자의 [글꼴] 탭

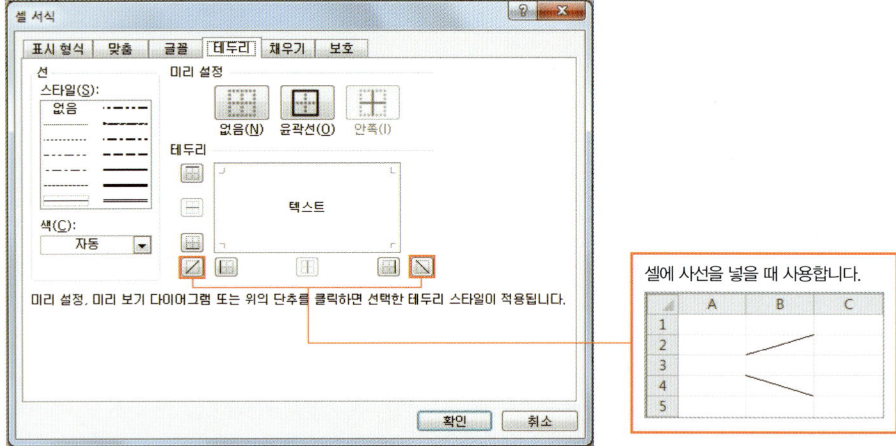

▲ '셀 서식' 대화상자의 [테두리] 탭

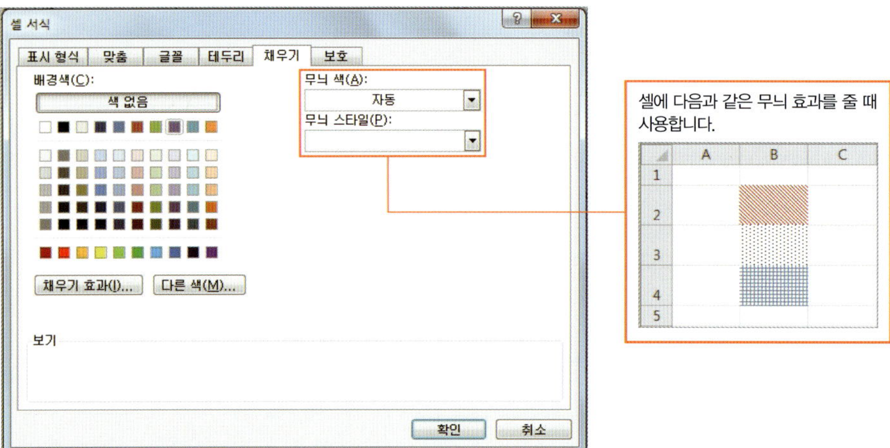

▲ '셀 서식' 대화상자의 [채우기] 탭

엑셀 2003 파일에 엑셀 2010 스타일 빠르게 적용하는 방법

| 준비 파일 : 엑셀 2003 작업 파일.xls

엑셀 2003 버전에서 작업하던 파일을 엑셀 2010 버전에서 열면 엑셀 2010 버전의 기본 스타일과 일치하지 않아 문서 모양이 매끄럽지 않습니다. 이런 경우 빠르게 엑셀 2010 버전의 스타일을 적용하려면 '스타일 병합' 기능을 이용합니다.

❶ 스타일을 변환할 파일(2003 버전에서 작업하던 파일)을 오른쪽 화면과 같이 엽니다.

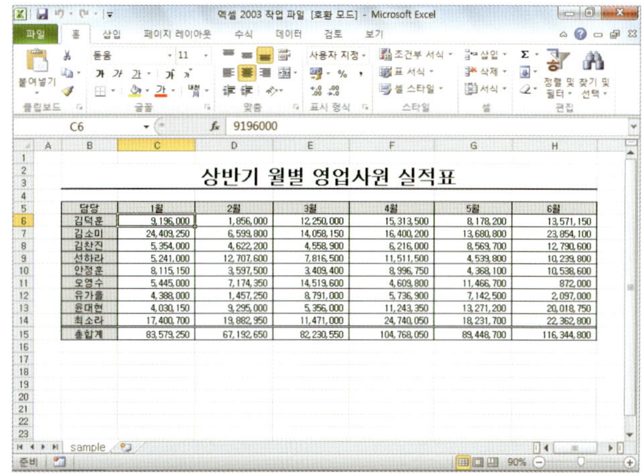

▲ 2003에서 작업할 파일 열기

❷ 그런 다음, Ctrl + N 단축키를 눌러 새 파일을 하나 엽니다.(이 파일의 스타일을 작업 파일에 병합하는 작업을 진행합니다.)

❸ Ctrl + Tab 단축키를 눌러 ① 과정에서 열어 놓은 파일로 화면을 전환합니다.(Ctrl + Tab 단축키는 열려 있는 파일 간의 화면 전환에 사용되는 단축키입니다.)

❹ 리본의 [홈] 탭 → 스타일 그룹 → 셀 스타일 명령 아이콘을 클릭한 다음 맨 하위에 있는 스타일 병합 명령을 클릭합니다.

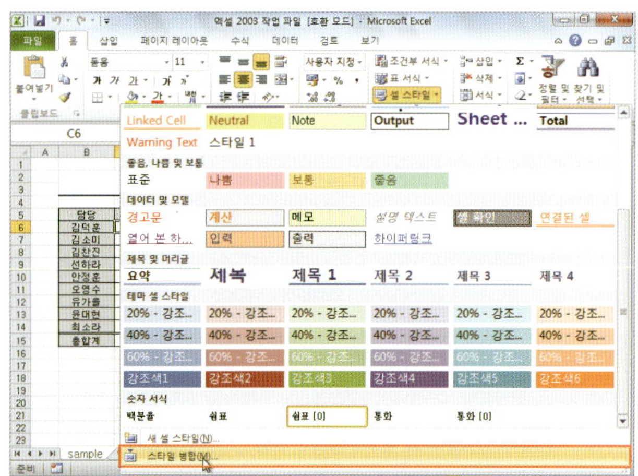

▲ 스타일 병합 명령

❺ '스타일 병합' 대화상자가 표시되면 ② 과정에서 새로 연 파일을
선택한 다음 〈확인〉 단추를 클릭합니다.

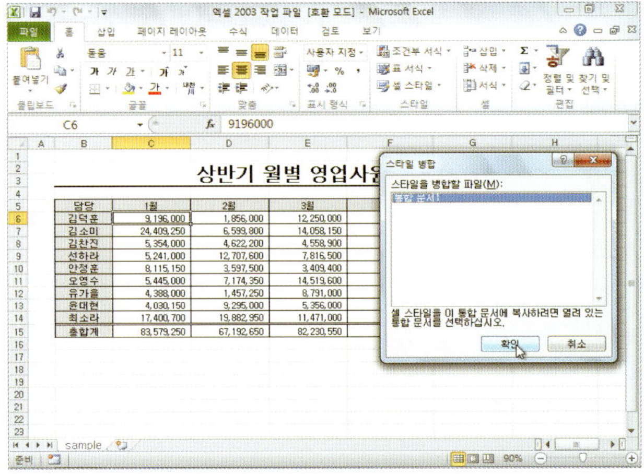

▲ 스타일 병합

❻ 이 과정을 거치게 되면 엑셀 2003 버전에서 작업한 파일이 엑셀
2010 버전의 기본 스타일로 빠르게 적용됩니다.

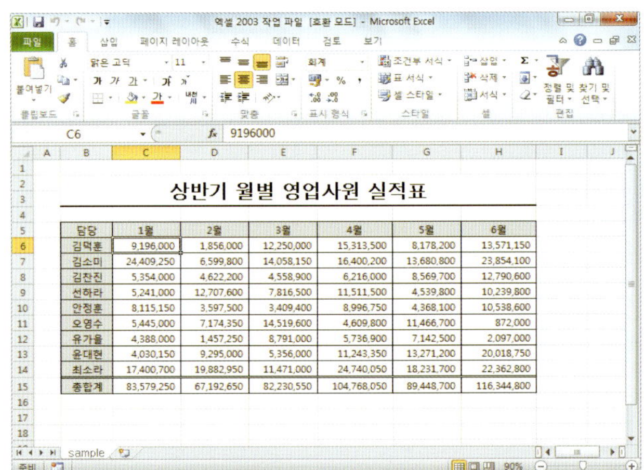

▲ 2010 버전의 기본 스타일로 적용

05 다양한 셀 선택 방법

워크시트 내에서 필요한 범위를 선택하는 것은 엑셀의 기능을 동작시키거나 작업을 하기 전에 반드시 선행되어야 하는 작업입니다. 작업 범위를 정확하게 선택하는 것은 보기와는 다르게 어려운 작업이므로 연속된 데이터 및 비연속된 데이터일 경우를 구분해 다양한 선택 방법을 알아두어야 합니다.

● 연속된 데이터 범위 선택하기

연속된 데이터 범위란 A1:A10과 같이 A1셀에서 A10셀까지의 연속된 범위를 의미합니다. 엑셀에서는 이렇게 연속된 데이터 범위를 선택하는 여러 방법을 제공합니다.

연	분기	김덕훈	김소미	김찬진	선하라	안정훈	오영수	유가을	윤대현	최소라	총합계
	[실적 비교]										
2009년	1사분기	281	623	478	573	244	130	294	485	826	3,934
	2사분기	804	997	485	350	534	355	281	455	1,386	5,647
	3사분기	417	747	256	1,010	188	584	211	1,216	1,754	6,383
	4사분기	912	663	485	423	370	586	225	1,081	951	5,696
2010년	1사분기	783	1,169	211	521	471	969	191	564	1,314	6,193
	2사분기	492	1,298	786	889	442	153	328	1,538	1,253	7,179
	3사분기	1,100	1,430	514	1,468	777	900	851	2,022	1,622	10,684
	4사분기	1,126	586	312	541	10	883	289	491	442	4,680
총합계		5,915	7,513	3,527	5,775	3,036	4,560	2,670	7,852	9,548	50,396

▲ 전체 워크시트 선택

열 전체 범위를 선택할 경우에는 워크시트의 열 주소를 마우스로 클릭하고, 만약 여러 열을 선택할 경우에는 마우스로 연속된 열 주소를 드래그합니다.

행 전체 범위를 선택할 경우에는 워크시트의 행 주소를 마우스로 클릭하고, 만약 여러 행을 선택할 경우에는 마우스로 연속된 행 주소를 드래그합니다.

연	분기	김덕훈	김소미	김찬진	선하라	안정훈	오영수	유가을	윤대현	최소라	총합계
	[실적 비교]										
2009년	1사분기	281	623	478	573	244	130	294	485	826	3,934
	2사분기	804	997	485	350	534	355	281	455	1,386	5,647
	3사분기	417	747	256	1,010	188	584	211	1,216	1,754	6,383
	4사분기	912	663	485	423	370	586	225	1,081	951	5,696
2010년	1사분기	783	1,169	211	521	471	969	191	564	1,314	6,193
	2사분기	492	1,298	786	889	442	153	328	1,538	1,253	7,179
	3사분기	1,100	1,430	514	1,468	777	900	851	2,022	1,622	10,684
	4사분기	1,126	586	312	541	10	883	289	491	442	4,680
총합계		5,915	7,513	3,527	5,775	3,036	4,560	2,670	7,852	9,548	50,396

▲ 열 전체 선택

연	분기	김덕훈	김소미	김찬진	선하라	안정훈	오영수	유가을	윤대현	최소라	총합계
	[실적 비교]										
2009년	1사분기	281	623	478	573	244	130	294	485	826	3,934
	2사분기	804	997	485	350	534	355	281	455	1,386	5,647
	3사분기	417	747	256	1,010	188	584	211	1,216	1,754	6,383
	4사분기	912	663	485	423	370	586	225	1,081	951	5,696
2010년	1사분기	783	1,169	211	521	471	969	191	564	1,314	6,193
	2사분기	492	1,298	786	889	442	153	328	1,538	1,253	7,179
	3사분기	1,100	1,430	514	1,468	777	900	851	2,022	1,622	10,684
	4사분기	1,126	586	312	541	10	883	289	491	442	4,680
총합계		5,915	7,513	3,527	5,775	3,036	4,560	2,670	7,852	9,548	50,396

▲ 행 전체 선택

워크시트의 특정 범위를 선택하려면 마우스로 드래그해서 선택하거나 Ctrl + Shift + ↑ ↓ ← → 키를 이용하면 연속된 데이터 범위를 빠르게 선택할 수 있습니다.

○ 워크시트의 전체 범위 선택

전체 워크시트 범위를 선택할 경우에는 워크시트의 열 주소와 행 주소가 교차하는 **모두 선택** 영역을 클릭하거나, Ctrl + A + A 키를 사용합니다.

예를 들어, C3:C11 범위를 선택하기 위해서는 C3셀을 선택한 후 Ctrl + Shift + ↓ 키를 누르고, C10셀까지 선택하려면 Shift + ↑ 키를 한 번 누릅니다.

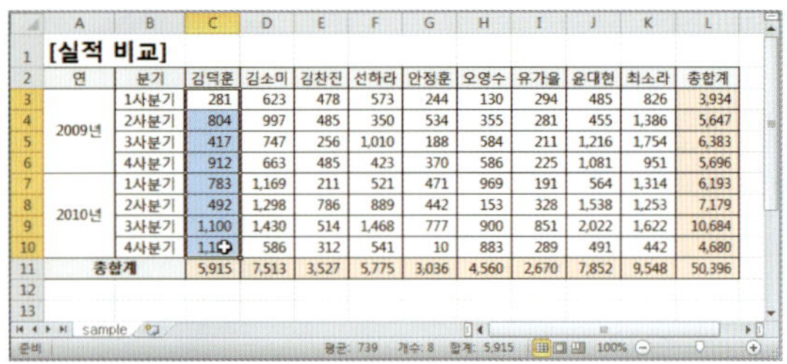
▲ 특정 범위를 마우스로 드래그해 선택

● 떨어진 데이터 범위 선택하기

떨어져 있는 범위를 선택할 경우에는 Ctrl 키를 눌러 원하는 셀을 하나씩 선택하거나, **이동** 명령을 이용해 선택한 옵션에 맞는 셀을 빠르게 선택할 수 있습니다.

방법 1 첫 번째 셀을 선택하고, Ctrl 키를 누른 채 원하는 셀(또는 범위)을 마우스로 클릭(또는 드래그)합니다.

방법 2 리본의 [홈] 탭 → 편집 그룹 → **찾기 및 선택** 명령 아이콘을 클릭해 **이동** 명령을 이용해 선택합니다.

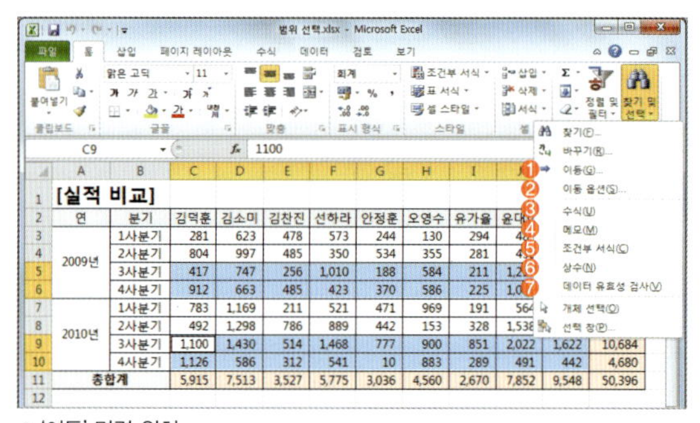
▲ 떨어진 범위 선택

▲ '이동' 명령 위치

'이동' 대화상자에서(F5 키를 사용해도 됩니다.) 〈옵션〉 단추를 클릭하면 '이동 옵션' 대화상자가 표시됩니다. '이동 옵션' 대화상자에서 원하는 옵션을 선택하고 〈확인〉 단추를 클릭하면 해당 옵션에서 맞는 셀만 선택됩니다.

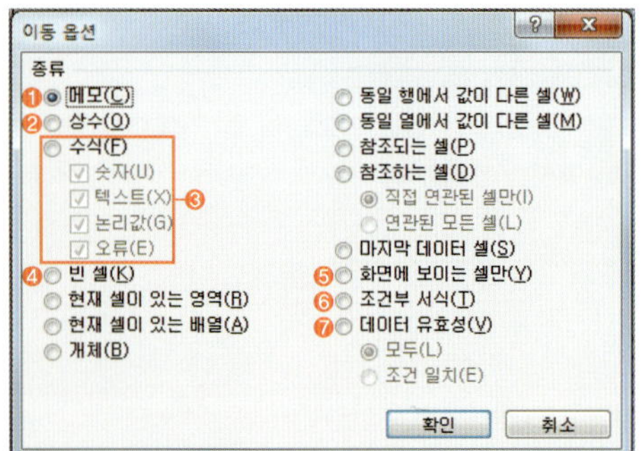
▲ '이동 옵션' 대화상자

❶ **메모** : '메모'를 사용한 셀을 모두 선택합니다.

❷ **상수** : 값이 입력된 셀을 모두 선택합니다.

❸ **수식** : '수식'을 사용한 셀을 모두 선택합니다.

❹ **빈 셀** : 선택한 범위 내의 빈 셀을 모두 선택합니다.

❺ **화면에 보이는 셀만** : 선택한 범위 내의 숨겨진 셀을 제외하고 화면에 표시된 셀만 선택합니다.

❻ **조건부 서식** : '조건부 서식'을 사용한 셀을 모두 선택합니다.

❼ **데이터 유효성** : 데이터 유효성 검사가 적용된 셀을 모두 선택합니다.

'데이터 유효성 검사'에 대해서는 《Part 07. 1장. 01 유효성 검사 이해하기》를 참고합니다.

엑셀은 상태표시줄에 선택된 범위의 자동 요약 값(평균, 개수, 합계 등)을 표시해 주는데, 이 기능을 이용하면 빠르게 데이터 요약 결과가 올바른지 확인할 수 있습니다. 자동 요약 결과를 변경하려면 상태표시줄에서 마우스 오른쪽 단추를 클릭하고 원하는 요약 함수를 선택합니다.

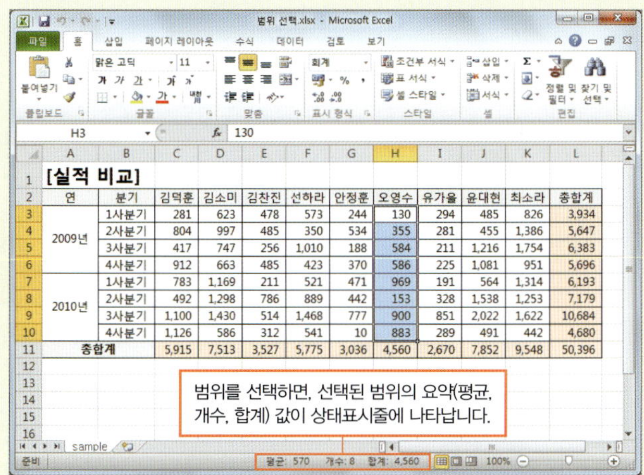

▲ 선택된 범위의 요약 결과 확인하기

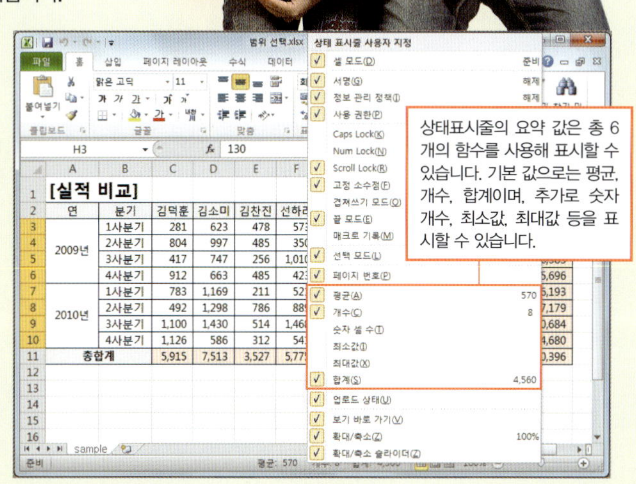

▲ 자동 요약 함수 선택

복사, 잘라내기, 붙여넣기, 선택하여 붙여넣기

앞에서 셀 또는 범위를 다양하게 선택하는 방법에 대해 설명했다면 이렇게 선택된 셀을 다른 위치로 복사하거나 이동시키기 위해 다양한 기능들을 이해해야 합니다.
복사 및 이동을 위한 단축키와 다양한 옵션에 대해 살펴봅니다.

엑셀에서 데이터를 복사, 이동하는 작업은 다음과 같은 프로세스로 작업이 진행됩니다.

데이터의 복사, 이동하는 작업을 할 경우에는 리본의 **[홈]** 탭 → **클립보드** 그룹의 명령 또는 단축키를 주로 사용합니다.

▲ 리본 메뉴 [홈] 탭 → 클립보드 그룹의 명령

명령 중에서 **붙여넣기** 명령 아이콘의 아래 화살표 부분을 클릭하면 다양한 붙여넣기 명령을 사용할 수 있습니다.

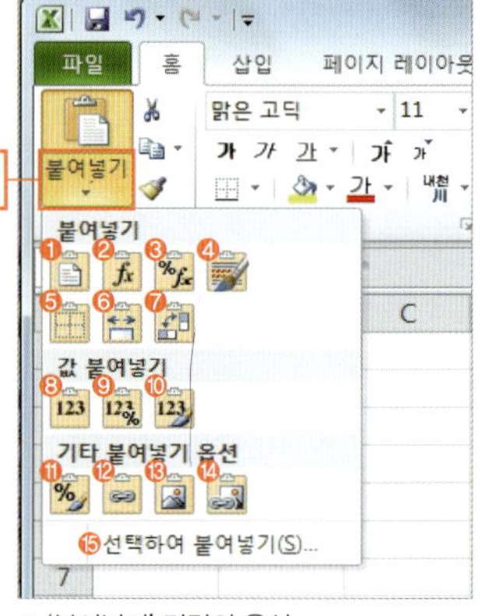

▲ '붙여넣기' 명령의 옵션

✪ 선택하여 붙여넣기

'선택하여 붙여넣기' 명령에는 좀 더 많은 옵션이 제공됩니다. 이렇게 사용 빈도가 높은 옵션을 '붙여넣기' 명령에 제공함으로써 작업 단계를 줄일 수 있습니다.

○ '붙여넣기' 항목

❶ 붙여넣기(📋) : 복사된 데이터의 값 및 숫자 서식, 셀 서식을 모두 붙여 넣습니다.

❷ 수식(ƒₓ) : 복사된 데이터의 수식만 붙여 넣습니다.

❸ 수식 및 숫자 서식(%ₓ) : 복사된 데이터의 수식과 숫자 서식만 붙여 넣습니다.

❹ 원본 서식 유지(📝) : 원본의 서식을 유지한 채 붙여 넣습니다.

❺ 테두리 없음(🔲) : 복사된 범위의 테두리 설정을 제외하고 붙여 넣습니다.

❻ 원본 열 너비 유지(📊) : 복사된 범위의 열 너비만 붙여 넣습니다.

❼ 바꾸기(📋) : 복사된 범위의 행, 열을 바꿔 붙여 넣습니다.

○ '값 붙여넣기' 항목

❽ 값(123) : 복사된 데이터의 값만 붙여 넣습니다.

❾ 값 및 숫자 서식(123) : 복사된 데이터의 값 및 숫자 서식만 붙여 넣습니다.

❿ 값 및 원본 서식(123) : 복사된 데이터의 값 및 셀 서식만 붙여 넣습니다.

○ '기타 붙여넣기 옵션' 항목

⓫ 서식(%) : 복사된 데이터의 숫자 서식 및 셀 서식만 붙여 넣습니다.

⓬ 연결하여 붙여넣기(📋) : 복사된 범위와 연결되도록 참조 수식으로 붙여 넣습니다.

⓭ 그림(📷) : 복사된 범위를 그림으로 붙여 넣습니다.

⓮ 연결된 그림(📷) : 복사된 범위를 그림으로 붙여 넣는데 참조 수식을 사용합니다.

⓯ 선택하여 붙여넣기 : '선택하여 붙여넣기' 대화상자가 표시되면 좀 더 상세한 붙여넣기 작업을 수행할 수 있습니다.

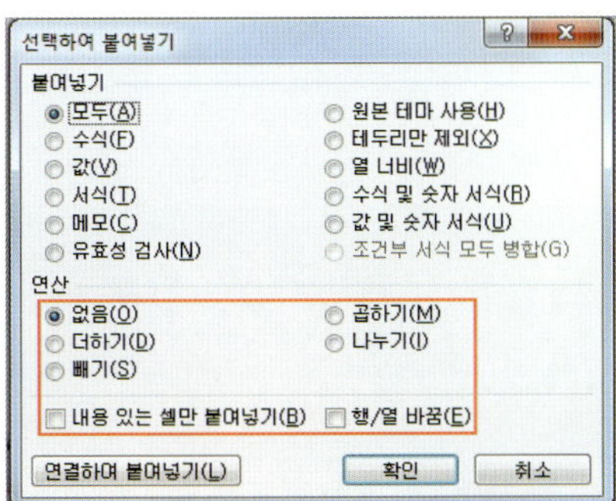

연산	의미
없음	아무 연산도 하지 않습니다.
곱하기	붙여 넣을 위치에 복사한 값을 곱합니다.
더하기	붙여 넣을 위치에 복사한 값을 더합니다.
나누기	붙여 넣을 위치에 복사한 값을 나눕니다.
빼기	붙여 넣을 위치에 복사한 값을 뺍니다.
내용 있는 셀만 붙여넣기	복사한 데이터 중에서 값이 있는 데이터만 붙여 넣습니다.
행/열 바꿈	행과 열을 바꿉니다.

▲ '선택하여 붙여넣기' 대화상자

세금계산서 서식을 복사해 공급자용 서식 만들기

📁 준비 파일 : 세금계산서.xlsx

제공된 파일을 열면 Before 화면과 같은 세금계산서 서식(공급받는자용)을 확인할 수 있습니다. 이 서식과 동일한 공급자용 서식이 추가로 필요하므로 이 서식을 복사해 After 화면과 같이 **공급자** 시트에 공급자용 세금계산서 서식을 만들어 보도록 하겠습니다.

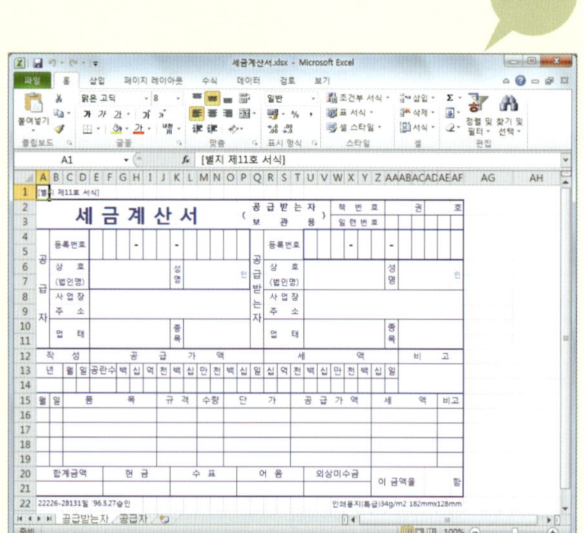

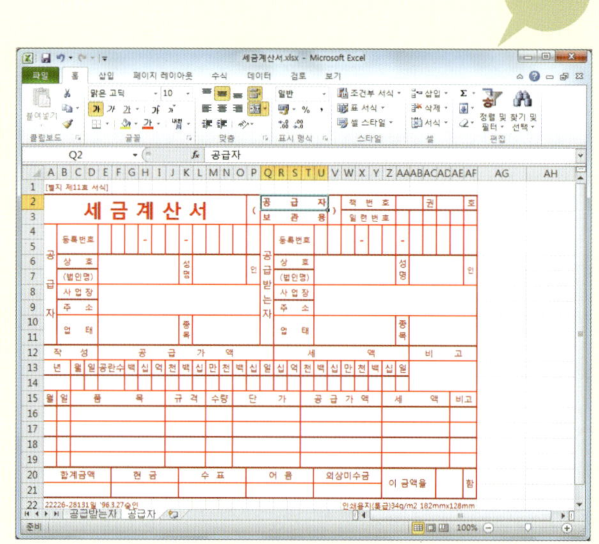

01

복사하기 복사하기 위해 먼저 ❶ A1:AF22 범위를 마우스로 드래그해 선택한 다음 ❷ 리본의 [홈] 탭 → 클립보드 그룹 → **복사** 명령 아이콘을 클릭합니다.

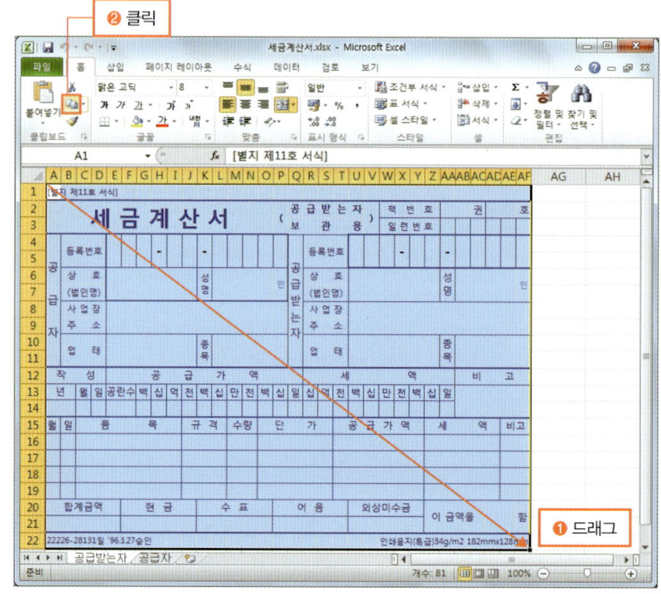

02 **붙여넣기** ① 시트 탭에서 **공급자** 시트를 선택하고 ② A1셀을 클릭한 다음 ③ 리본의 [홈] 탭 → **클립보드** 그룹 → **붙여넣기** 명령 아이콘을 클릭해 복사한 데이터를 붙여 넣습니다.

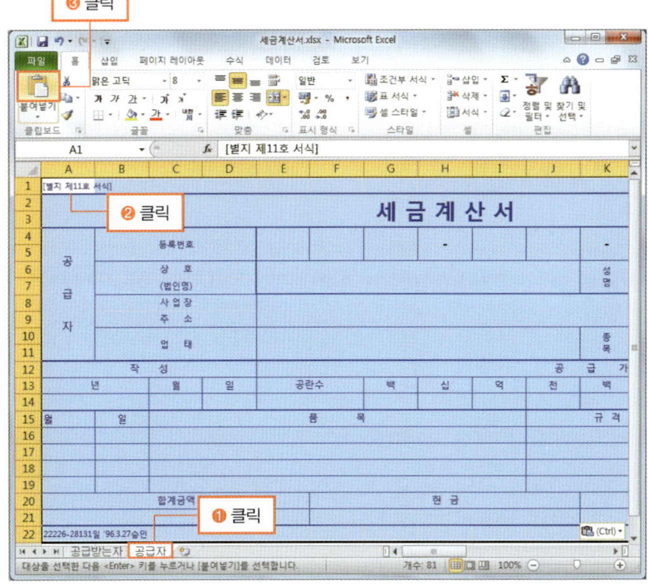

03 **서식 복사하기** 복사한 데이터를 붙여넣기 화면 열 너비가 달라 서식의 형태가 흐트러집니다. 그렇기 때문에 ① 리본의 [홈] 탭 → **클립보드** 그룹 → **붙여넣기** 명령 아이콘의 아래 화살표를 클릭한 다음 ② **원본 열 너비 유지** 명령 아이콘을 클릭합니다. 열 너비가 추가로 복사되어 원본 서식과 동일한 모습을 확인할 수 있습니다.

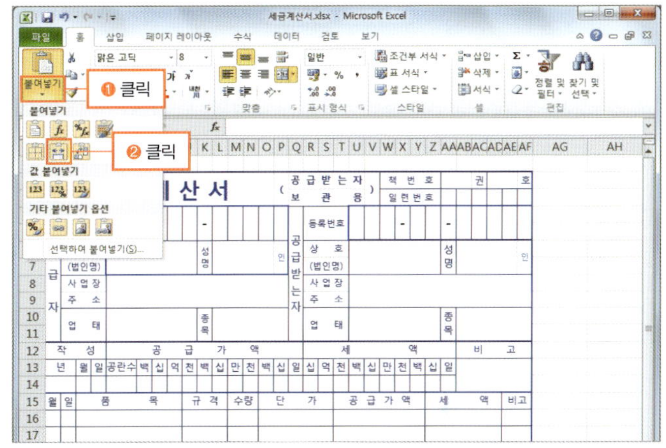

04 **글꼴 색 변경하기(1)** 공급자용 세금계산서 서식은 글꼴 색과 테두리 색이 모두 빨강이므로 색 변경 작업을 진행합니다. A1:AF22 범위가 선택된 상태에서 ① 리본의 [홈] 탭 → **편집** 그룹 → **찾기 및 선택** 명령 아이콘 → ② **상수** 명령을 클릭하면 데이터가 입력된 셀만 선택됩니다.

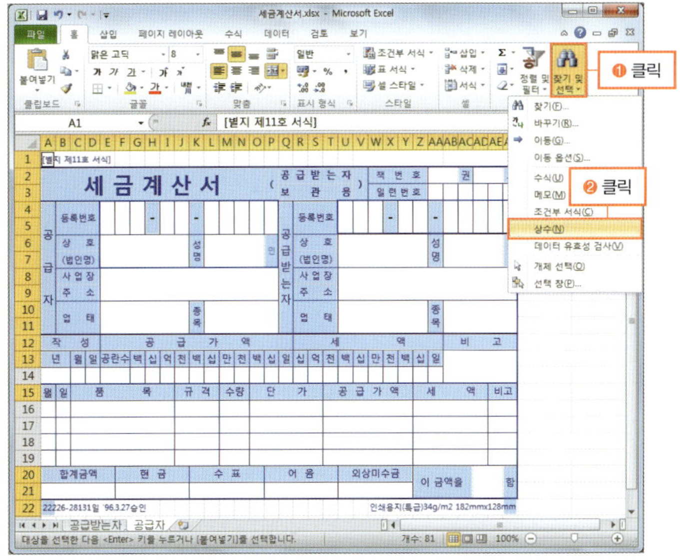

05 **글꼴 색 변경하기(2)** ❶ 리본의 **[홈]** 탭 → **글꼴** 그룹 → **글꼴 색** 명령 아이콘의 아래 화살표를 클릭하여 ❷ [표준 색]에서 '빨강'을 선택하면 글꼴 색이 모두 빨강색으로 변경됩니다.

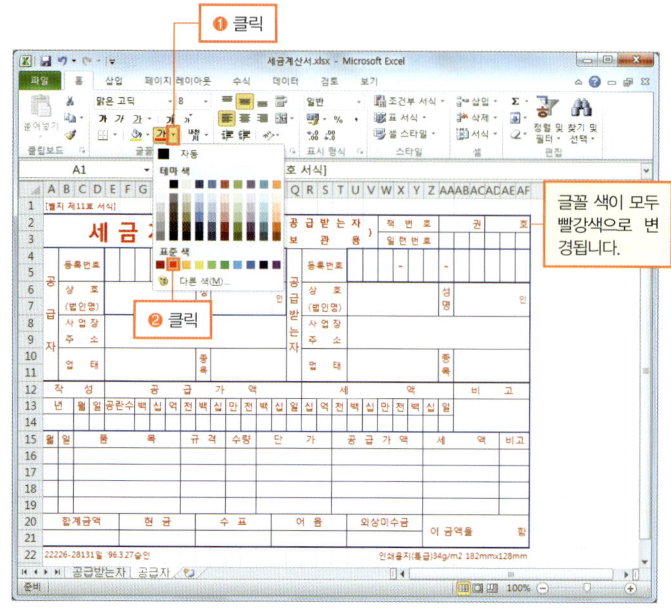

이렇게 작업하는 이유는 전체 범위를 선택하고 글꼴 색을 변경하면 추후 입력할 값도 빨강색으로 표시되기 때문입니다.

06 **테두리 변경하기(1)** 이제 테두리 색을 빨강으로 변경하기 위해 ❶ 표 범위인 A2:AF21 범위를 다시 선택하고 ❷ 리본의 **[홈]** 탭 → **글꼴** 그룹 → **대화상자 표시** 명령 아이콘 을 클릭합니다.

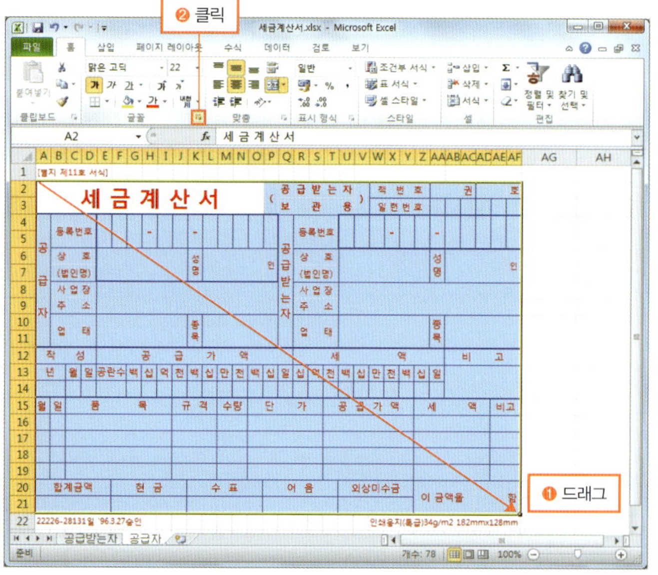

07 **테두리 변경하기(2)** '셀 서식' 대화상자가 표시되면 화면의 순서에 따라 ❶ **[테두리]** 탭을 클릭하여 ❷ 선 스타일 → **실선** 선택, ❸ 색 옵션 → **빨강** 선택, ❹ 〈윤곽선〉 단추와 〈안쪽〉 단추를 클릭한 후 ❺ 〈확인〉 단추를 클릭합니다.

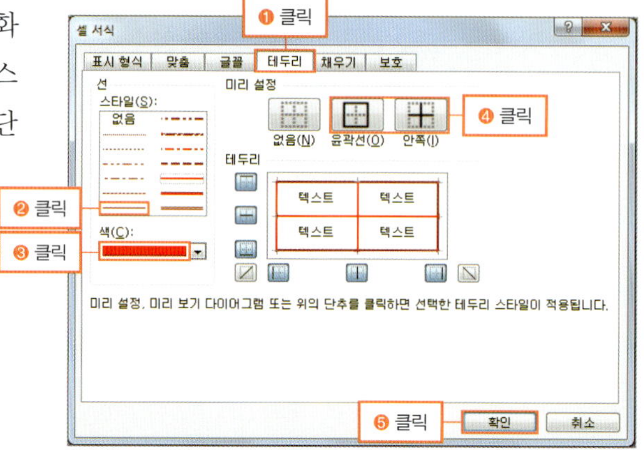

08 **문구 변경하기** 이제 서식이 완성되었으므로 Q2:U2 병합 셀을 클릭하고 값을 "공급자"로 변경합니다. 추가로 몇 군데 보정할 곳은 있지만, 이렇게 복사 기능을 이용하면 동일한 서식을 새로 작업하지 않고 빠르게 가져와 사용하는 것이 가능합니다.

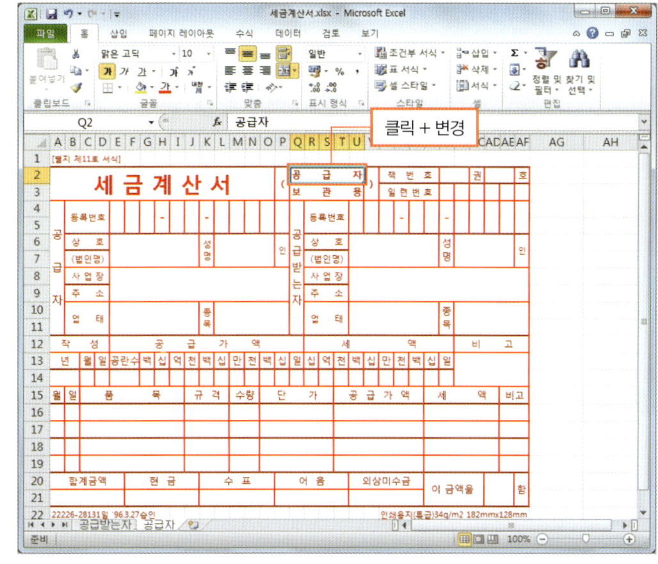

그림으로 복사, 붙여넣기

엑셀은 선택한 범위를 그림으로 복사하는 기능을 제공하므로, 이 기능을 이용하면 기존 셀과 열 너비가 다른 표를 같은 워크시트 내에 배치하여 깔끔한 보고서를 구성하는데 매우 유용하게 사용됩니다. '그림으로 붙여넣기' 명령은 '붙여넣기' 명령 아이콘의 하위 명령으로, 복사된 영역을 그림으로 붙여 넣을 수 있습니다.

선택한 셀 범위를 그림으로 복사할 경우에는 다음과 같은 2가지 방법 중 하나를 선택합니다.

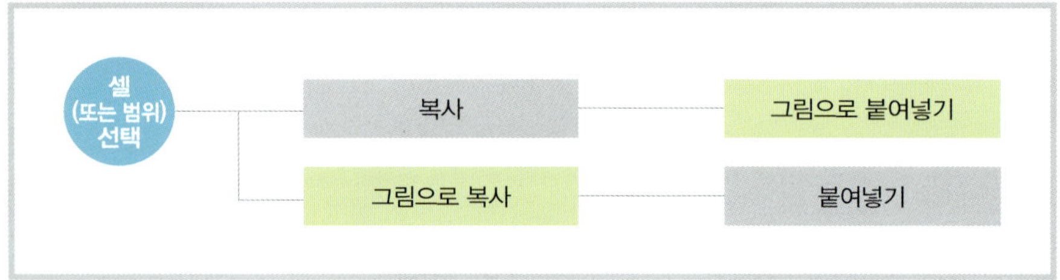

우선, 선택된 범위를 복사해 클립보드로 넣고 그림으로 붙여 넣거나, 그림으로 복사해 클립보드에 넣은 다음 붙여 넣습니다.

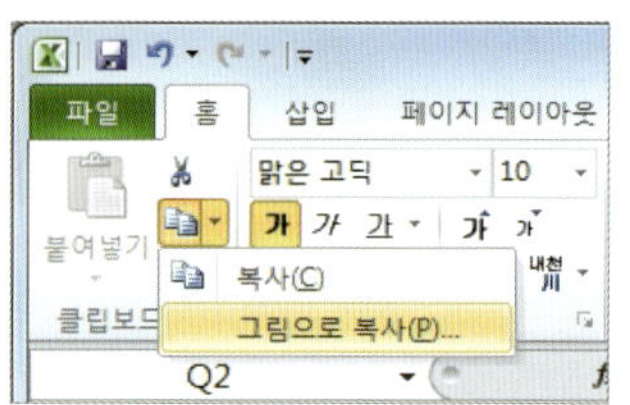

▲ '그림으로 복사' 명령의 위치

여기서 **그림으로 복사** 명령을 클릭하면 '그림 복사' 대화상자가 표시되며, 옵션은 변경하지 않고 그대로 사용하는 것이 가장 좋습니다.

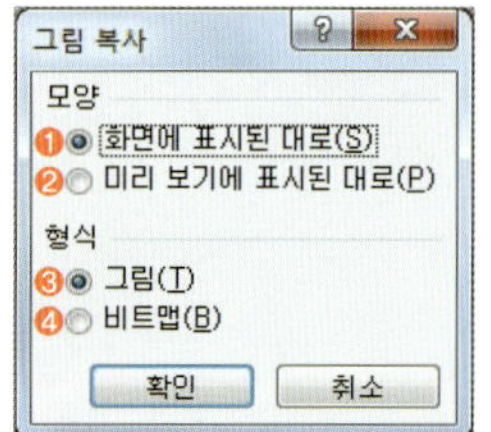

▲ '그림 복사' 대화상자

❶ **화면에 표시된 대로(기본 값) :** 화면에 표시된 모양과 최대한 비슷하게 복사합니다.

❷ **미리 보기에 표시된 대로 :** 인쇄된 모양과 최대한 비슷하게 복사합니다.

❸ **그림(기본 값) :** 선과 색상 값으로 이미지를 표현하는 벡터 방식으로, 그림을 복사하거나 확대/축소해도 비트맵 방식에 비해 그림의 질이 떨어지지 않습니다.

❹ **비트맵 :** 점으로 이미지를 표현하는 비트맵 방식으로, 그림을 복사하거나 그림을 확대/축소하면 벡터 방식에 비해 그림의 질이 떨어집니다.

> **◯ 그림으로 붙여넣기**
>
> 그림으로 붙여넣기 명령은 **붙여넣기** 명령 아이콘의 하위 명령으로 제공되며, 복사된 영역을 그림 형태로 붙여넣기 합니다.

열 너비가 다른 두 집계표를 한 워크시트에 표시하기

📁 준비 파일 : 보고서.xlsx

제공된 예제 파일의 **sample** 시트를 보면 Before 화면과 같이 첫 번째 표는 B열의 너비가, 두 번째 표는 D열의 너비가 너무 넓은 것을 알 수 있습니다. 이렇게 열 너비가 다른 표를 After 화면의 **보고서** 시트와 같이 표시해 보도록 하겠습니다.(인쇄 작업을 해야 한다면 **그림 복사** 명령을 이용하는 것이 좋습니다.)

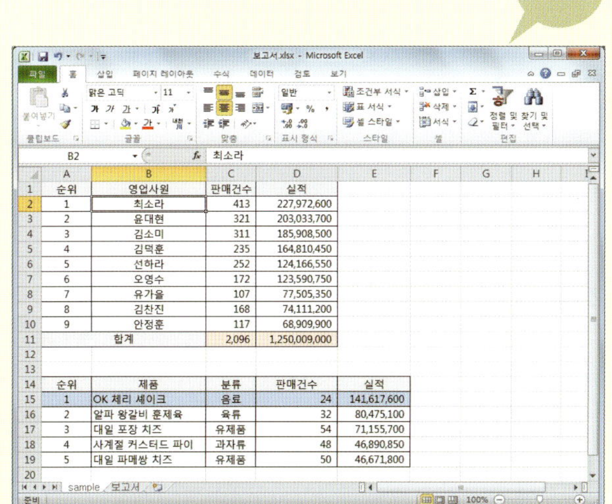

01 열 너비 조정하기(1)

먼저 두 표의 열 너비를 조정하기 위해 아래쪽 표를 첫 번째 표의 우측에 표시되도록 이동합니다. ❶ A14:E19 범위를 선택하고 ❷ 리본의 [홈] 탭 → 클립보드 그룹 → 잘라내기 명령 아이콘을 클릭합니다.

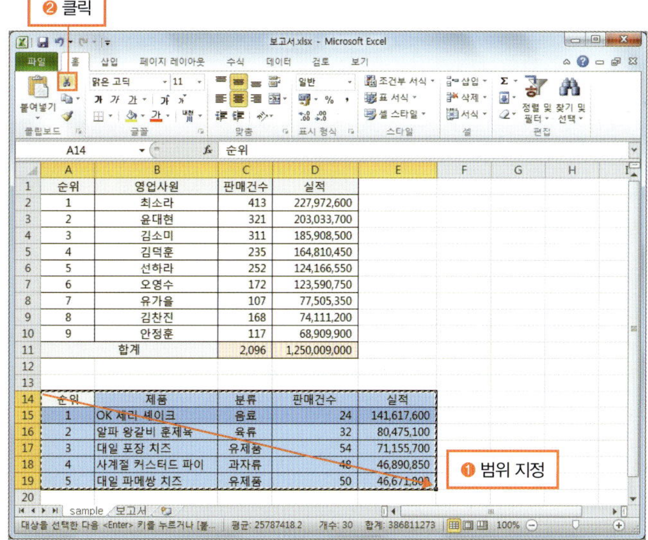

02 열 너비 조정하기(2) ❶ F1셀을 선택하고 ❷ 리본의 **[홈]** 탭 → **클립보드** 그룹 → **붙여넣기** 명령 아이콘을 클릭하면 두 번째 표가 첫 번째 표의 우측에 표시되게 됩니다.

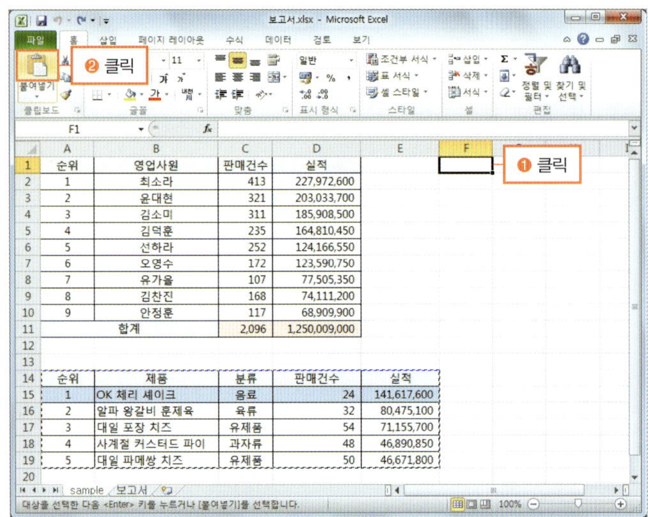
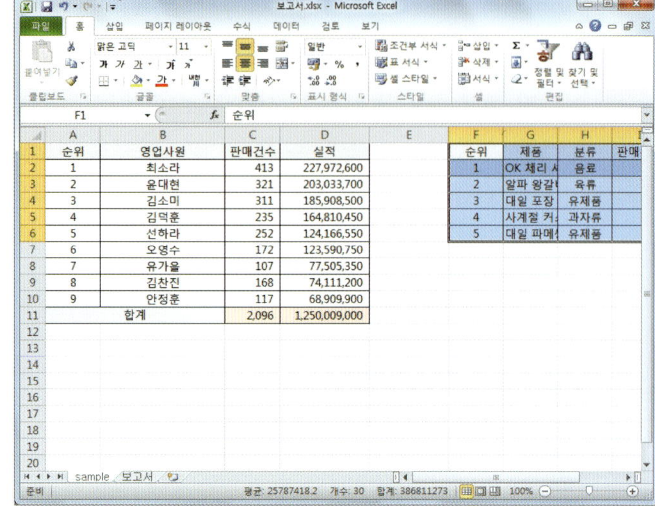

03 열 너비 조정하기(3) 이제 열 너비를 자동 조정하기 위해 ❶ **모두 선택** 영역을 클릭한 다음 ❷ A열과 B열의 열 구분선을 마우스로 더블클릭합니다. 그러면 열 너비가 자동으로 조정되는데, 필요하다면 특정 열의 열 너비를 수동으로 조정해 표를 보기 좋게 만듭니다.

04 그림 복사 – 복사(1) 열 너비가 조정되면 첫 번째 표를 그림으로 복사하기 위해 ❶ A1:D11 범위를 선택하고 ❷ 리본의 **[홈]** 탭 → **클립보드** 그룹 → **복사** 명령 아이콘 우측의 아래 화살표를 클릭한 다음 ❸ **그림으로 복사** 명령을 클릭합니다.

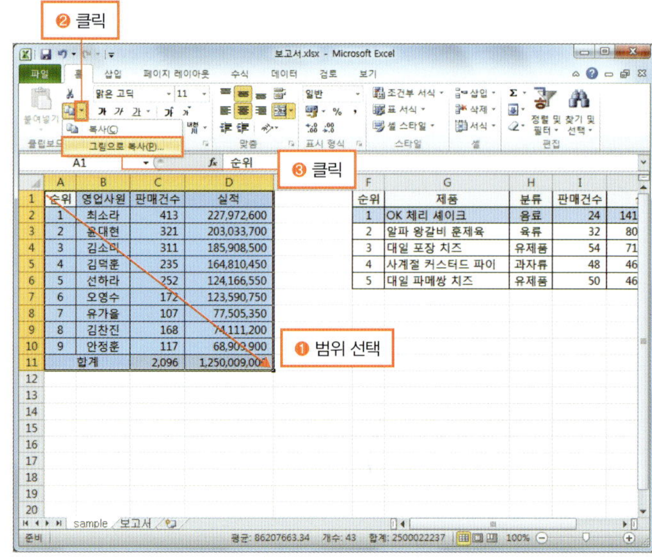

05 그림 복사 – 복사(2) '그림 복사' 대화상자가 표시되면, 기본 값을 그대로 유지하고 〈확인〉 단추를 클릭하여 선택 영역을 클립보드에 그림으로 복사합니다.

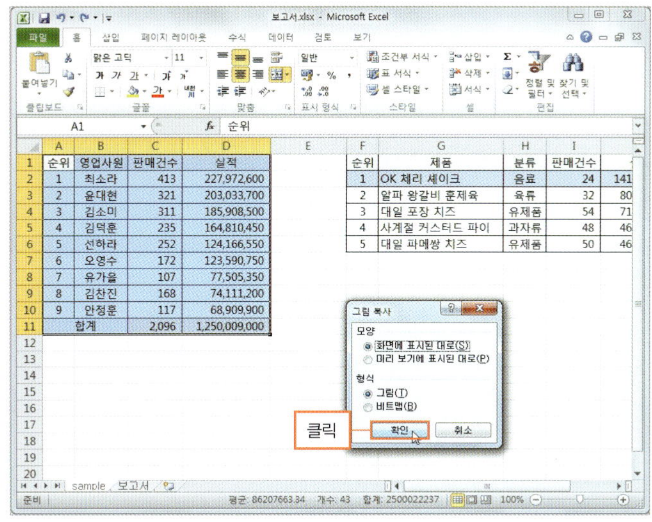

06 그림 복사 – 붙여넣기 이제 보고서 시트에 붙여넣기 위해 ❶ 시트 탭에서 **보고서** 시트를 선택하고, ❷ A2 셀을 선택한 다음 ❸ 리본의 [홈] 탭 → **클립보드** 그룹 → **붙여넣기** 명령 아이콘을 클릭합니다.

07 그림 복사 – 복사 이제 두 번째 표를 그림으로 복사하기 위해 ❶ 시트 탭에서 **sample** 시트를 선택하고 ❷ F1:J6 범위를 선택합니다. ❸ 리본의 [홈] 탭 → **클립보드** 그룹 → **복사** 명령 아이콘을 클릭합니다.

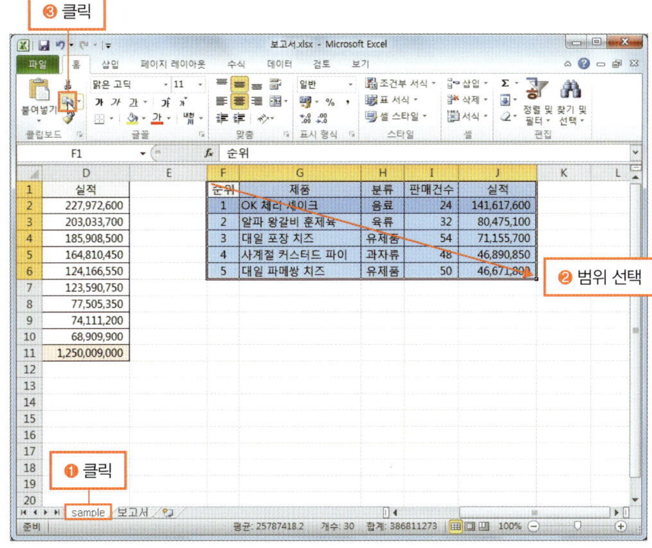

08 **그림 복사 - 붙여넣기** 복사된 범위를 보고서 시트에 붙여넣기 위해 ❶ 시트 탭에서 **보고서** 시트를 선택한 다음 ❷ A15셀을 클릭합니다. ❸ 리본의 [홈] 탭 → **클립보드** 그룹 → **붙여넣기** 명령 아이콘 하위의 아래 화살표를 클릭한 다음 ❹ **그림** 명령 아이콘을 클릭합니다.

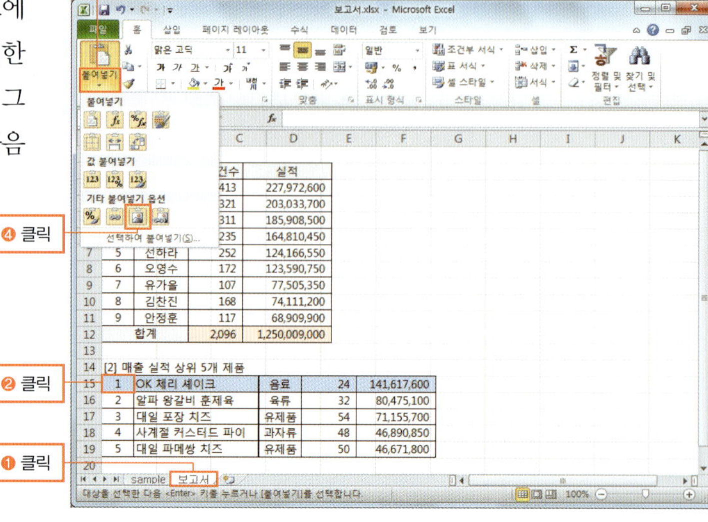

09 **눈금선 없애기/결과 확인하기** sample 시트의 두 표가 **보고서** 시트에 각각의 열 너비를 유지하면서 복사된 것을 확인할 수 있습니다. 그림으로 복사하면 셀 구분선이 여러 개 겹쳐 표시되므로 셀 구분선을 숨기는 것이 좋습니다. ❶ 리본의 [보기] 탭 → ❷ **표시** 명령 아이콘을 클릭한 다음 ❸ **눈금선** 확인란의 체크를 해제합니다.

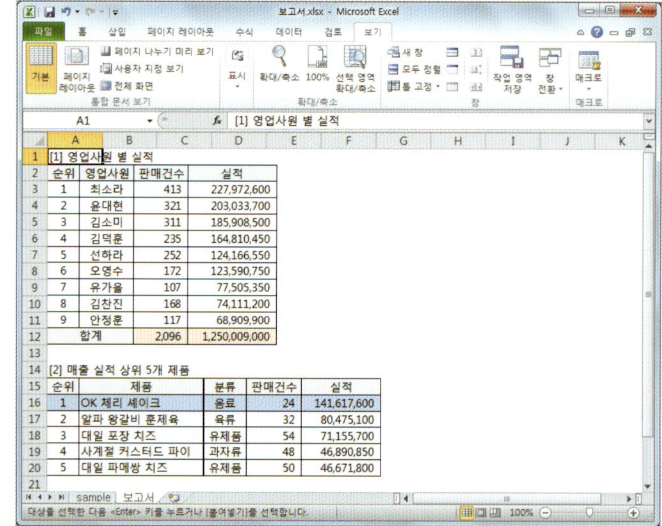

08 인쇄

작업된 워크시트 또는 파일 전체를 프린터로 출력하려면 인쇄 명령을 실행합니다. 엑셀 역시 다른 프로그램과 마찬가지로 다양한 인쇄 관련 명령과 옵션을 제공합니다. 이번에는 엑셀 프로그램에서 인쇄 작업을 할 때 알아두어야 하는 사항에 대해 알아봅니다.

● 인쇄 미리 보기 `NEW 2010`

인쇄 미리 보기 명령은 명령이 의미하는 것과 같이 인쇄 결과를 미리 화면으로 볼 수 있는 기능입니다. 엑셀은 워드프로세서와는 달라서 한 페이지 분량이 아니고 워크시트 내의 셀이 여러 개가 연결되어 있는 구조이기 때문에 화면에서 본 결과와 인쇄 결과가 틀릴 수 있습니다. 따라서 항상 **인쇄 미리 보기** 명령을 이용해 인쇄 결과를 미리 확인해 놓는 것이 좋습니다.

인쇄 미리 보기 명령은 리본의 **[파일]** 탭 → **인쇄** 명령을 이용합니다. 엑셀 2010 버전부터 **인쇄 미리 보기** 명령은 **인쇄** 명령과 결합되어 좀 더 편리하게 인쇄 작업을 할 수 있도록 지원합니다.

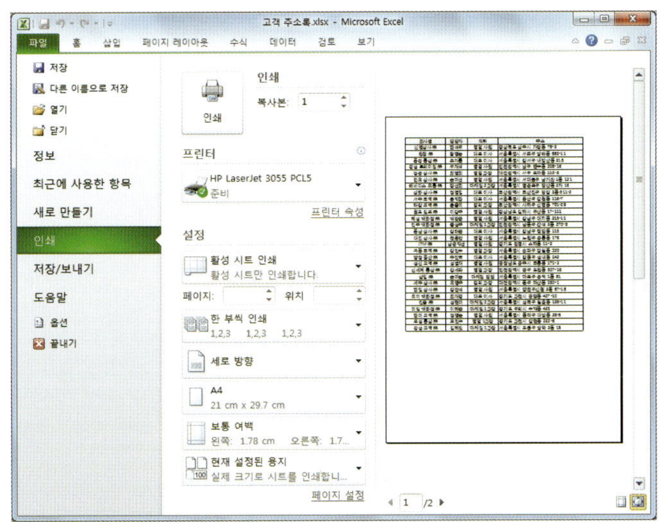

● 인쇄 미리 보기

인쇄 명령을 클릭하면 인쇄 결과를 미리 확인할 수 있습니다.

엑셀 2007 버전부터 엑셀에서는 한 페이지 분량으로 작업할 수 있는 **페이지 레이아웃** 모드를 제공해 주고 있습니다. **페이지 레이아웃** 모드를 이용하면 아래 한글과 같은 워드프로세서와 동일한 환경에서 작업할 수 있으므로 인쇄 결과를 미리 보는 효과를 얻을 수 있습니다.

페이지 레이아웃 모드로 전환하기 위해서는 리본의 [보기] 탭 → **통합 문서 보기** 그룹 → **페이지 레이아웃** 명령 아이콘을 클릭하거나 상태표시줄의 **페이지 레이아웃** 명령 아이콘을 클릭합니다.

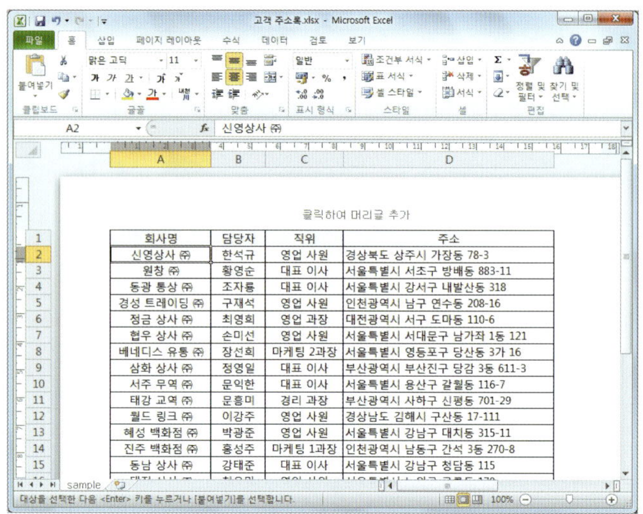

○ 인쇄 대상 이해하기

엑셀에서 인쇄 작업이란 보통 다음 대상을 프린터로 출력한다는 것을 의미합니다.

❶ **파일** : 파일 전체를 프린터로 출력하므로 파일 내의 모든 워크시트가 인쇄됩니다.

❷ **워크시트** : 특정 워크시트를 프린터로 출력하므로 현재 워크시트가 출력의 대상이 됩니다.

❸ **선택 범위** : 선택한 범위만 프린터로 출력하므로 워크시트 내 특정 범위만 출력합니다.

❹ **차트** : 특정 차트만 프린터로 출력합니다.

인쇄 작업은 리본의 [**파일**] 탭 → **인쇄** 명령을 클릭하거나 Ctrl + P 키를 누르면 됩니다. 다음의 대화상자를 설정하고 〈인쇄〉 단추를 클릭하면 컴퓨터와 연결된 기본 프린터로 출력됩니다.

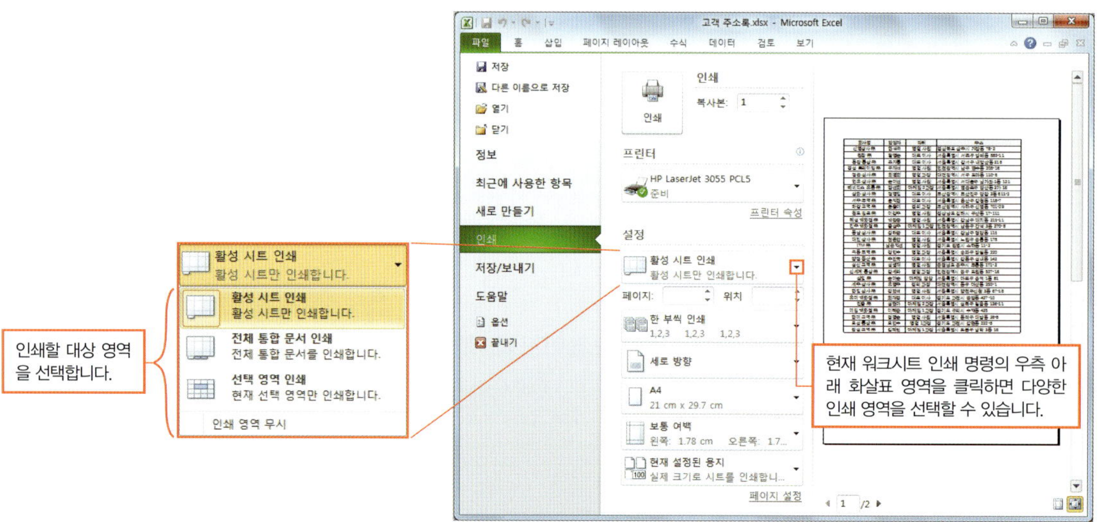

● 머리글과 바닥글 사용하기

엑셀도 워드프로세서와 같이 머리글과 바닥글을 이용해 인쇄 관련 정보를 페이지 상단 또는 하단에 반복적으로 표시할 수 있습니다. 머리글과 바닥글을 이용하려면 '페이지 레이아웃' 모드를 이용하는 것이 좋으며, **페이지 레이아웃** 모드는 리본의 [보기] 탭 → **통합 문서 보기** 그룹 → **페이지 레이아웃** 명령 아이콘을 클릭합니다. [페이지 레이아웃] 탭에서 머리글, 바닥글 영역을 각각 클릭하면 [디자인] 탭이 추가됩니다.

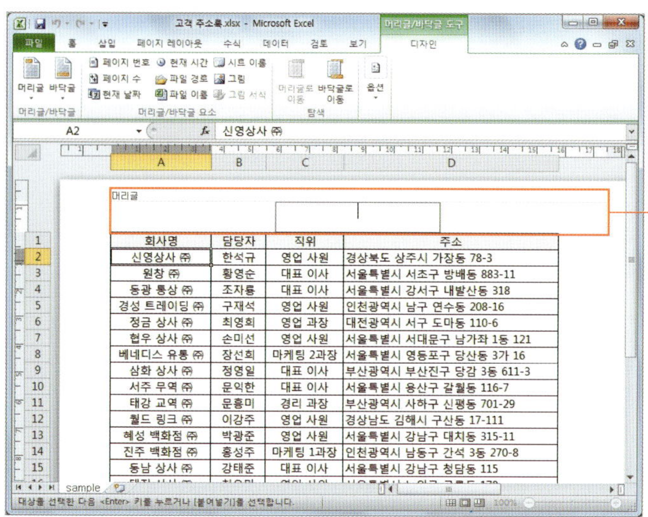

● 머리글/바닥글

머리글과 바닥글 영역은 각각 왼쪽, 가운데, 오른쪽 영역으로 구성되며, 추가할 영역을 선택하고 작업합니다.

미리 정의된 머리글 또는 바닥글 형식을 선택하려면 [**머리글/바닥글 도구**]-[**디자인**] 탭 → **머리글**(또는 바닥글) 명령 아이콘을 클릭합니다.

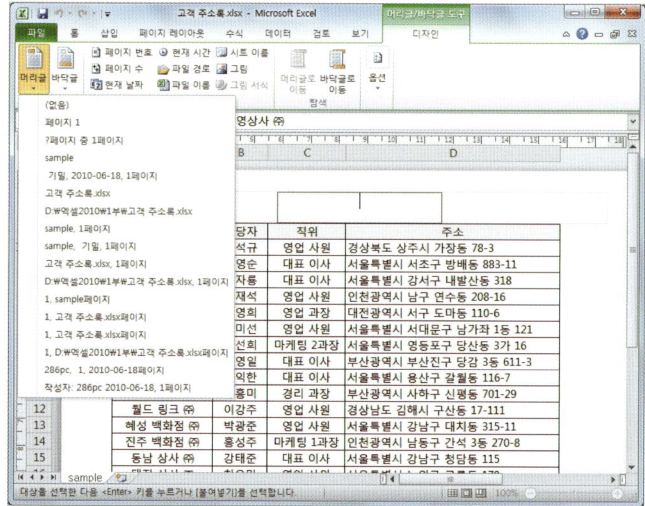

● 머리글 형식

미리 정의된 머리글 형식 중에서 하나를 선택해 사용할 수 있습니다.

직접 원하는 형식을 사용하려면 [**머리글/바닥글 도구**]에 있는 다음 명령들을 사용해서 원하는 형식을 직접 만들 수 있습니다.

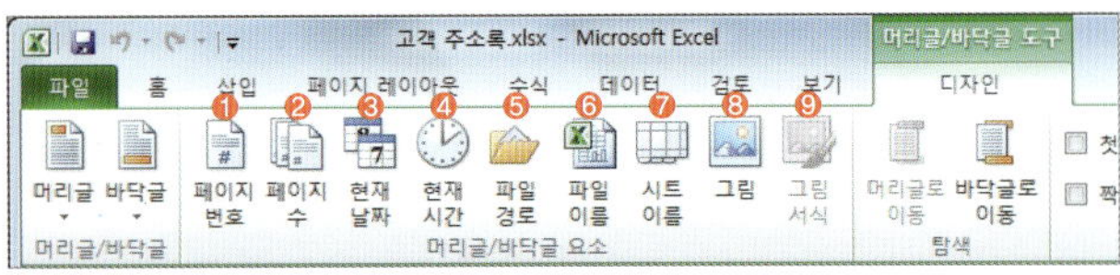

❶ **페이지 번호** : 현재 페이지 번호를 표시합니다.

❷ **페이지 수** : 전체 페이지 수를 표시합니다.

❸ **현재 날짜** : 현재 날짜를 표시합니다.

❹ **현재 시간** : 현재 시간을 표시합니다.

❺ **파일 경로** : 현재 파일의 전체 경로를 표시합니다.

❻ **파일 이름** : 현재 파일의 이름을 확장자를 포함해 표시합니다.

❼ **시트 이름** : 현재 워크시트 명을 표시합니다.

❽ **그림** : 그림을 추가할 수 있으며, 이곳에 추가된 그림은 인쇄할 때 표시되므로 회사 이미지와 같은 특정 이미지를 포함해 인쇄하고자 할 때 사용합니다.

❾ **그림 서식** : 추가된 그림의 서식을 지정합니다.

◉ 페이지 설정 이해하기

인쇄 작업을 하기 위해서는 워크시트 내용도 중요하지만 그에 못지 않게 프린터 용지에 맞는 설정을 사용하는 것이 중요합니다. 엑셀에서는 출력 용지에 관련한 설정을 리본의 **[페이지 레이아웃]** 탭 → **페이지 설정** 그룹의 명령으로 제공합니다.

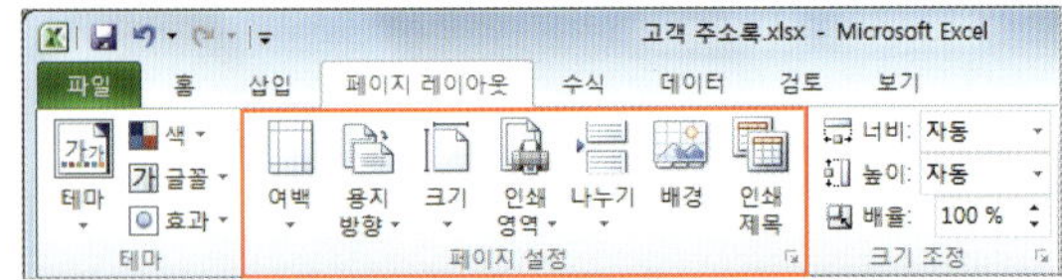

리본의 **[페이지 레이아웃]** 탭 → **페이지 설정** 그룹 → **여백** 명령 아이콘을 누르면 다음과 같이 용지의 여백을 설정할 수 있습니다.

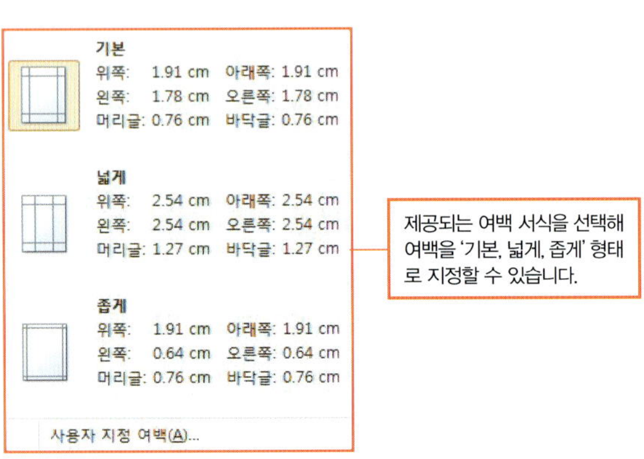

제공되는 여백 서식을 선택해 여백을 '기본, 넓게, 좁게' 형태로 지정할 수 있습니다.

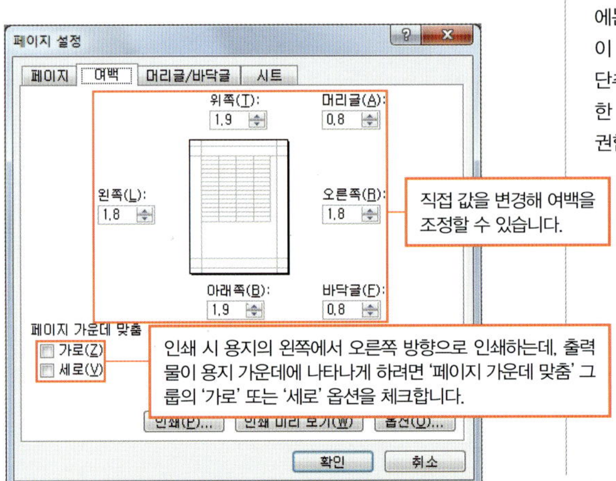

직접 값을 변경해 여백을 조정할 수 있습니다.

인쇄 시 용지의 왼쪽에서 오른쪽 방향으로 인쇄하는데, 출력물이 용지 가운데에 나타나게 하려면 '페이지 가운데 맞춤' 그룹의 '가로' 또는 '세로' 옵션을 체크합니다.

▲ '페이지 설정' 대화상자

◉ 페이지 설정 도움말

'페이지 설정' 대화상자에는 유용한 옵션이 많이 있습니다. 〈도움말〉 단추를 눌러 옵션에 대한 도움말을 살펴보길 권합니다.

용지 방향 명령 아이콘을 클릭하면 용지를 '세로' 방향 또는 '가로' 방향으로 인쇄할 지 선택할 수 있습니다.

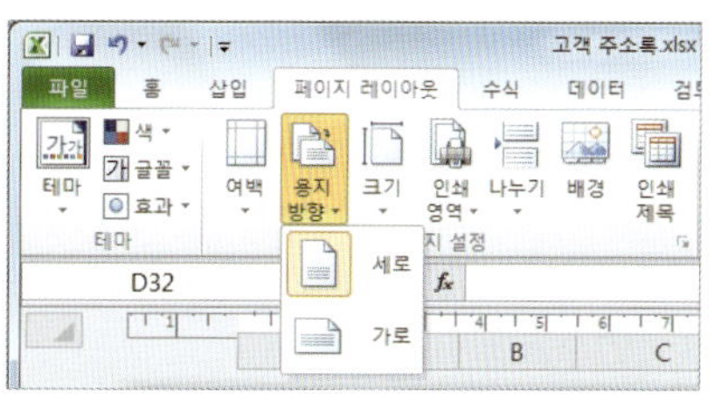

▲ 용지 방향 설정

크기 명령 아이콘을 클릭하면 다양한 인쇄용지의 선택 목록이 표시됩니다. 기본은 A4로 되어 있지만, 용지를 변경하면 용지에 맞게 워크시트의 한 페이지 크기도 줄어들거나 커질 수 있습니다.

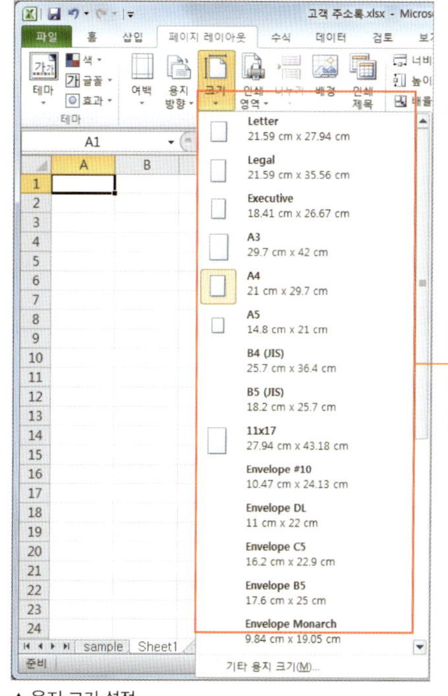

▲ 용지 크기 설정

인쇄 영역 명령은 인쇄할 영역을 지정하거나 취소할 때 사용하며, **구분선** 명령은 **나누기**, **틀 고정** 명령과 같이 선택 위치의 상단과 좌측 테두리를 기준으로 페이지 구분선을 추가하거나 삭제할 때 사용합니다.

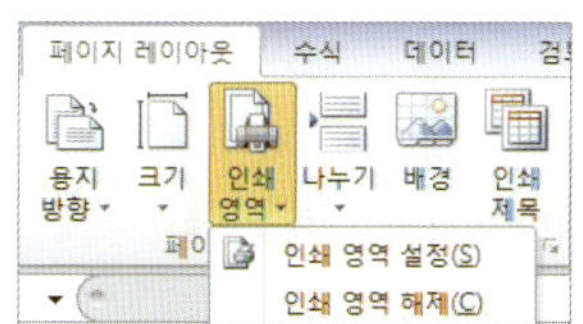

▲ 인쇄 영역 설정

배경 명령은 워크시트의 배경 그림을 추가할 때 사용하지만, 인쇄할 때는 배경이 제거되므로 자주 사용되지는 않습니다. **인쇄 제목** 명령 아이콘을 클릭하여 '페이지 설정' 대화상자가 표시되면 인쇄 제목으로 설정할 '반복할 행', '반복할 열'을 선택하여 설정합니다.

예를 들어, 1행에 위치한 제목 행을 페이지마다 반복하려면 반복할 행 참조란을 선택하고 워크시트의 행 주소인 1행을 마우스로 클릭합니다. 그러면 $1:$1 주소가 반복할 행에 나타납니다.

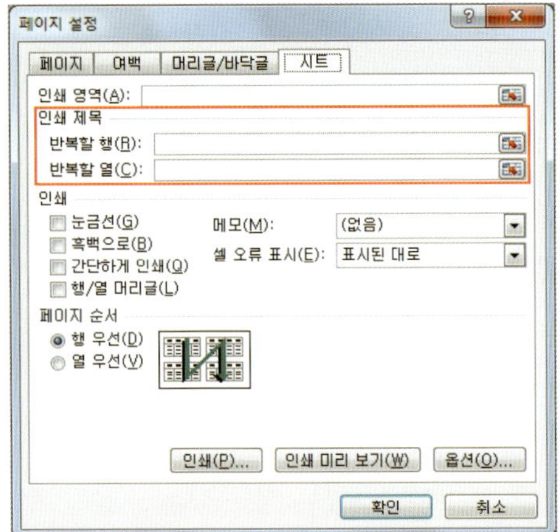

◀ 반복된 인쇄 제목 설정

◉ 인쇄하기

이제 모든 설정이 끝나면, **인쇄** 명령을 실행해 실제 인쇄 작업을 진행할 수 있습니다. 인쇄 관련 옵션을 확인해 좀 더 편리한 인쇄 작업을 진행할 수 있도록 Ctrl + P 키나 리본의 **[파일]** 탭 → **인쇄** 명령을 클릭합니다.

❶ 인쇄할 프린터를 설정합니다.

❷ 인쇄 영역을 지정합니다.

❸ 여러 매수를 인쇄할 때, 인쇄할 페이지 순서를 지정합니다.

❹ 배율을 이용해 확대/축소 인쇄 작업을 진행할 수 있으며, 다음과 같은 하위 명령을 선택할 수 있습니다.

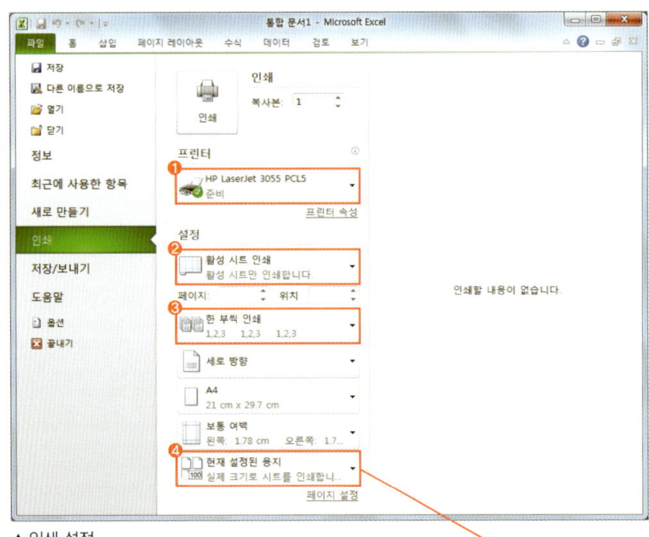

▲ 인쇄 설정

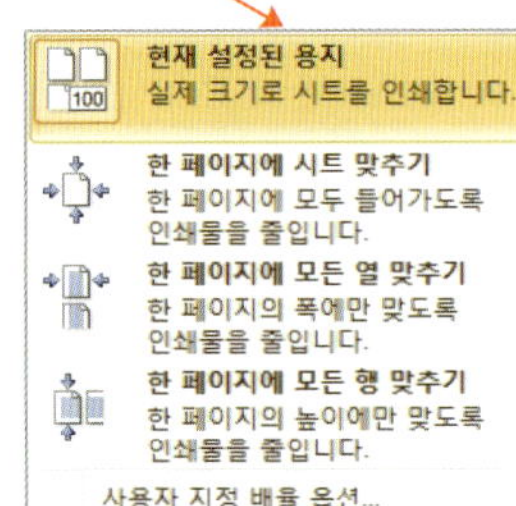

위와 같은 설정 작업을 진행한 다음 **인쇄** 명령 아이콘을 클릭하면 인쇄 작업을 진행할 수 있습니다.

페이지마다 구분선 표시하는 방법

인쇄 작업을 하다 보면 페이지마다 페이지 끝을 표시하는 구분선을 넣고 싶은 경우가 있습니다. 이 경우에는 바닥글과 특수 문자를 이용하면 손쉽게 구분선을 표시할 수 있습니다.

❶ 먼저 바닥글 작업을 편리하게 하기 위해 리본의 **[보기]** 탭 → **통합 문서 보기** 그룹 → **페이지 레이아웃** 명령을 클릭합니다.

❷ 페이지 하단의 '가운데 바닥글 영역'을 마우스로 클릭하고, 한글 자음 'ㅂ'을 입력한 다음 한자 키를 누릅니다. 그러면 변환 가능한 특수 문자 리스트가 표시되는데, 첫 번째 특수 문자를 마우스로 클릭하고 바닥글 영역에 추가합니다.

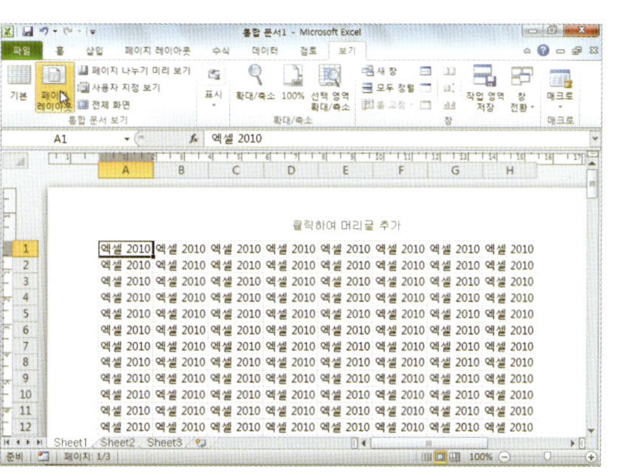
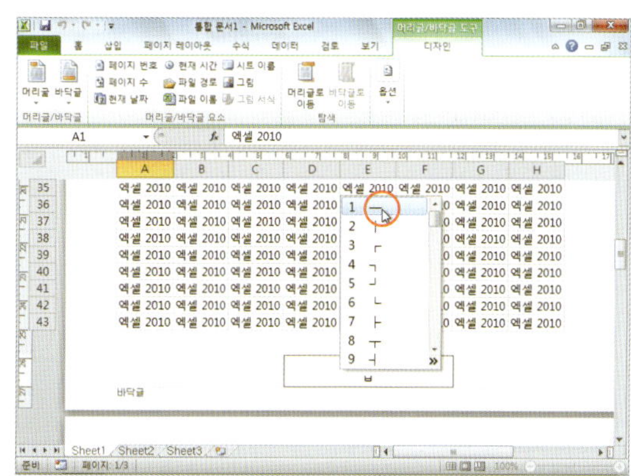

❸ 삽입된 특수 문자를 복사해서 바닥글 영역을 거의 채울 정도로 붙여 넣습니다.

❹ 인쇄 확인을 위해 리본의 **[파일]** 탭 → **인쇄** 명령을 클릭합니다.

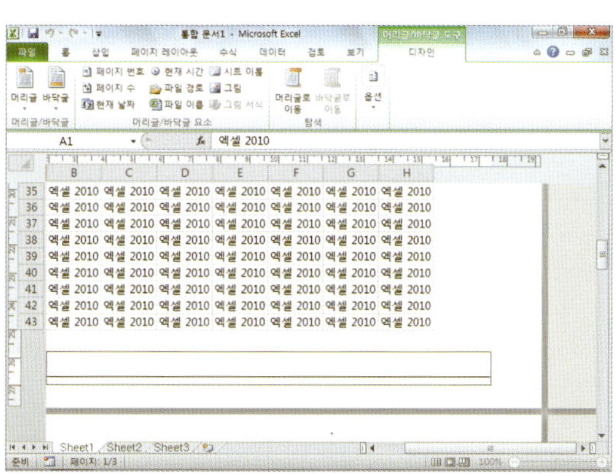
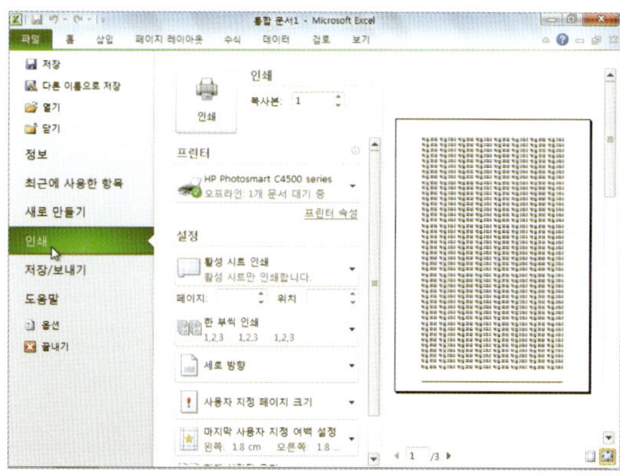

02

엑셀의 시작, 기초 함수

엑셀은 다양한 계산 작업에 사용할 수 있는 350개 정도의 함수를 제공하고 있습니다. 그렇다면 350개의 함수 중에서 자신에게 꼭 필요한 함수는 몇 개나 될까요? 사용자마다 다르지만 보통 50개~100개 정도의 함수를 사용할 수 있다면 엑셀에서의 작업은 막힘없이 진행할 수 있습니다.

다음과 같은 분류 형태로 이해하며 기초적인 함수를 마스터하기 바랍니다.

1. 필자는 새로운 함수 분류 방법을 사용합니다.

엑셀에서는 IF함수를 '논리 함수'로 분류하지만 필자는 '판단 함수'로, SUM함수는 '수학/삼각 함수'로 분류하지만 '집계 함수'로 분류합니다.

2. 유사한 함수를 묶어 설명합니다.

예를 들어, 개수를 세는 함수로는 COUNT, COUNTA, COUNTBLANK, COUNTIF, COUNTIFS함수가 있는데, 이 함수들을 COUNT계열 함수로 묶어 설명해 여러 함수를 빠르게 익힐 수 있도록 구성했습니다.

PART

02

CHAPTER 01

함수의 기초

이 장에서는 함수를 사용하기 위해 꼭 필요한 다양한 정보를 제공합니다. 우리는 "기초"라는 단어를 "쉽다"로 인식하는 경우가 있는데, 필자는 이를 "필수적인 정보"라고 말하고 싶습니다.

함수 사용에 필수적인 정보를 담고 있으며, 함수를 잘 사용하기 위해서는 이번 장을 반드시 이해하고 넘어가야 합니다.

EXCEL 2010

01 함수(Function)와 수식(Formula) 이해하기

대부분의 엑셀 사용자가 가장 많은 혼란을 일으키고 있는 것 중의 하나가 함수(Function)와 수식(Formula)의 구분입니다. 함수와 수식의 정확한 정의와 사용법을 이해합니다.

함수(Function)는 자주 사용하는 계산식(=수식)을 마이크로소프트사에서 사용하기 쉽게 제공하는 것이고, 수식(Formula)은 사용자가 원하는 결과를 얻기 위해 직접 구성하는 계산식입니다.

함수를 사용하기 위해서는 반드시 수식을 구성할 필요가 있으며, 수식은 함수뿐만이 아니라 다양한 연산자와 상수를 사용해 구성하는데, 수식의 시작은 항상 '=(등호)'로 시작해야 합니다.

다음은 하나의 함수를 사용한 수식 작성의 예입니다.

$$= \underset{❶}{\text{YEAR}} (\underset{❷}{\text{날짜}})$$

> **◯ YEAR함수**
>
> 날짜 값에서 연도에 해당하는 숫자 값을 반환하는 함수입니다.

❶ **함수명** : 특정 계산식의 이름으로 함수명 뒤에는 '( )(괄호)'가 항상 붙습니다.

❷ **인수** : 해당 함수의 계산식을 처리하기 위해 필요한 값을 '인수'라고 하며, Year함수의 경우는 '날짜'라는 인수를 하나 더 필요로 합니다. 인수는 함수에 따라 하나 또는 여러 개의 인수가 사용될 수도 있고, 사용되지 않을 수도 있습니다.

다음은 함수와 상수를 이용한 복잡한 수식 작성의 예입니다.

> **◯ YEAR(TODAY( )) − 출생년도 + 1**
>
> 이 수식은 나이를 구하는 수식이며, 출생년도에 자신의 출생년도를 입력하면 현재 나이를 알 수 있습니다.

❶ **함수** : 미리 정의된 계산식, 예를 들어 TODAY( )함수는 오늘 날짜를 반환합니다.

❷ **연산자** : 계산식에서 특정 연산을 지칭하는 문자, 예를 들어 "+"는 연산자 좌, 우 값을 더합니다.

❸ **상수** : 계산에 필요한 값을 의미합니다.

다양한 셀 참조 방법 이해하기

엑셀은 참조라는 개념을 통해 데이터를 다시 입력하지 않고 다른 위치의 값을 사용할 수 있는 방법을 제공합니다. 이것은 입력 실수를 줄이고 효과적으로 관리할 수 있는 방법을 제공하는 매우 중요한 개념입니다. 엑셀의 다양한 셀 참조 방법을 예제를 통해 정확히 이해하기 바랍니다.

엑셀 작업은 주로 워크시트에서 이뤄지며, 워크시트는 셀 단위로 값을 입력하고 계산합니다. 이때, 한 번 입력된 값을 재입력하지 않고 값이 입력된 셀 주소를 지정하여 해당 셀의 값을 가져와 사용할 수 있습니다. 이렇게 다른 위치의 셀 값을 가져와 사용하는 것을 "참조"라고 합니다.

참조 작업은 보통 자신과 다른 위치의 값을 가져와 사용하기 위함인데, 셀에서 '다른 위치'라고 하는 것은 다음과 같은 3가지를 의미합니다.

첫째, 현재 워크시트의 다른 위치에 존재하는 셀
둘째, 다른 워크시트에 존재하는 셀
셋째, 다른 통합문서(=엑셀 파일)의 셀

다른 위치의 셀 값을 가져오기 위해 사용하는 방법은 공통적으로 '=(등호)'를 입력한 다음, 참조할 셀 주소를 마우스 왼쪽 단추로 클릭하고 Enter 키를 누릅니다.

현재 워크시트의 다른 위치에 셀 값을 참조

= 셀 주소

다른 워크시트의 셀 값을 참조

= '워크시트 명' ! 셀 주소

다른 통합 문서의 셀 값을 참조

= '[전체 경로 ₩ 파일명.xlsx] 워크시트 명' ! 셀 주소

영업 담당자별 연간 매출 실적을 다른 위치에서 참조해 완성하기

📁 **준비 파일** : 연간매출실적집계표.xlsx, 하반기매출실적집계표.xlsx

제공된 예제 파일 중에서 '연간매출실적집계표.xlsx' 파일을 열고 **매출 집계표** 시트를 선택하면 Before 화면과 같은 집계표를 확인할 수 있습니다. After 화면과 같이 다른 시트 또는 다른 통합문서의 셀의 값을 참조하여 집계표를 완성해 보도록 하겠습니다.

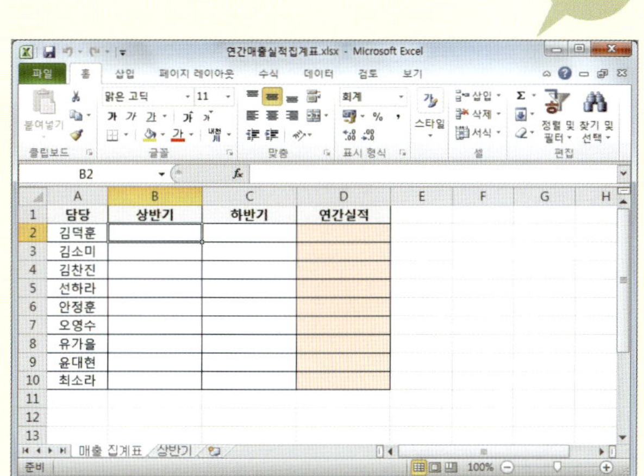

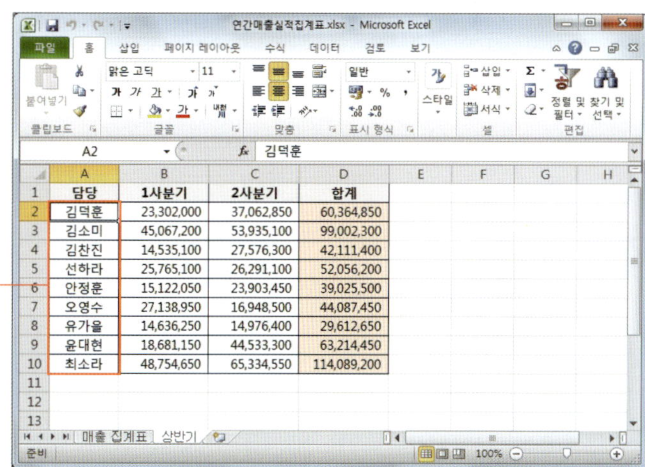

01 **상반기 매출 확인하기** 시트 탭에서 **상반기** 시트를 선택하면 오른쪽 화면과 같은 담당자별 1, 2사분기 매출 집계표를 확인할 수 있습니다. **매출 집계표** 시트에서 **상반기** 시트의 D열의 값을 참조하면 상반기 매출 값을 새로 입력하지 않고도 사용할 수 있습니다.

> **매출 집계표** 시트의 담당자 이름과 동일한 순서로 정리되어 있습니다.

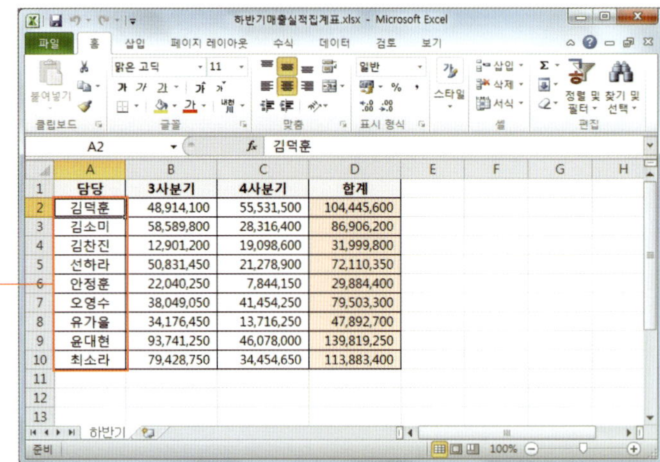

02 하반기 매출 확인하기 이번에는 '하반기매출실적집계표.xlsx' 파일을 열면 오른쪽 화면과 같은 영업담당자의 3,4분기 매출 집계표를 확인할 수 있습니다. 상반기 매출 집계표와 마찬가지로 D열의 값을 참조하면 하반기 매출 값을 사용할 수 있습니다.

03 상반기 매출 참조하기 ❶ Ctrl+Tab 키를 눌러 '연간매출실적집계표.xlsx' 파일로 다시 돌아온 다음 ❷ **매출 집계표** 시트의 B2셀을 선택하고 '=(등호)'를 입력합니다. ❸ **상반기** 시트를 선택하고 마우스로 D2셀을 클릭한 다음 Enter 키를 누릅니다. ❹ B2셀의 채우기 핸들 을 B10셀까지 드래그합니다.

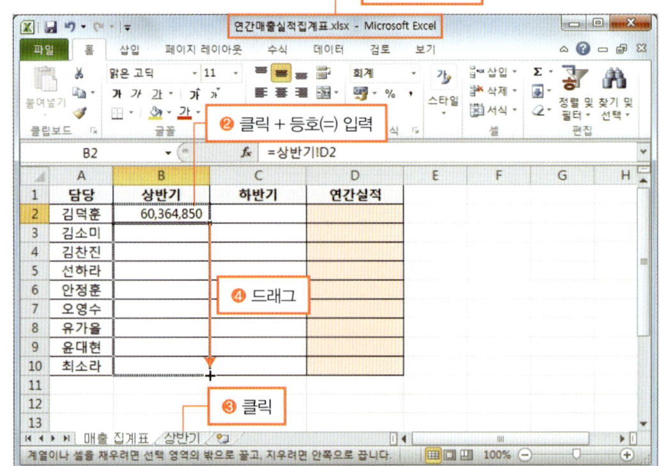

○ 다른 워크시트의 셀을 참조하면 워크시트 명과 셀 주소가 '!(느낌표)' 구분 기호로 구분됩니다. 워크시트 이름 앞에 숫자로 시작하거나 공백 문자가 포함되어 있는 경우에는 워크시트 이름이 ''(작은따옴표)로 묶이게 됩니다.

04 하반기 매출 참조하기 이번에는 하반기 매출을 참조하기 위해 ❶ C2셀에 '=(등호)'를 입력한 다음 Ctrl+Tab 키를 눌러 '하반기매출집계표.xlsx' 파일을 선택하고, D2셀을 선택한 다음 F4 키를 세 번 누릅니다. ❷ Ctrl+Tab 키를 눌러 '연간매출실적집계표.xlsx' 파일로 다시 돌아온 다음 Enter 키를 누릅니다. ❸ C2셀의 채우기 핸들 을 더블클릭해 수식을 복사합니다.

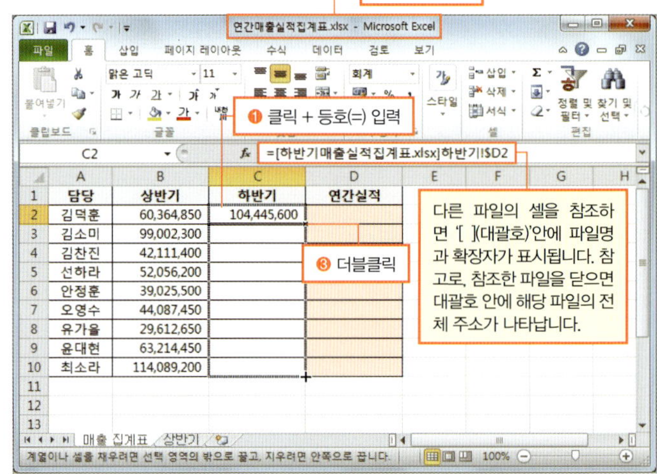

○ **F4 키를 왜 누를까?**

이것은 셀 주소에 표시된 $ 문자를 없애기 위함인데, $ 문자는 참조 작업에서는 '절대 참조 기호'라고 지칭합니다. '$' 기호를 없애기 위해서는 해당 문자를 선택하고 Delete 키를 누릅니다.

05 **연도 매출 합계 구하기** 이제 다른 시트나 통합문서에서 모두 값을 참조했으므로 연간 매출을 집계하기 위해 B열과 C열의 값을 참조해 더합니다. ❶ D2셀을 선택하고 ❷ 수식 입력줄에 다음과 같이 수식을 입력한 후 Enter 키를 누릅니다. ❸ D2셀의 채우기 핸들을 D10셀까지 드래그해 수식을 복사합니다.

D2	= B2 + C2

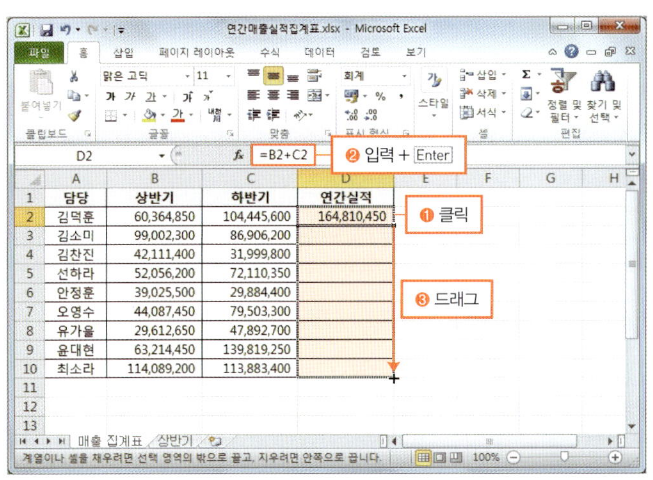

06 **보안 경고 이해하고 해제하기(1)** 매출집계를 끝낸 다음 Ctrl + S 키를 눌러 변경된 사항을 저장하고 모든 파일을 닫습니다. ❶ '연간매출실적집계표.xlsx' 파일을 다시 열면 리본 메뉴 하단에 보안 경고 메시지가 표시됩니다. 이것은 C열의 매출 실적을 '하반기매출집계표.xlsx'에서 참조했기 때문이므로 해당 파일에서 자동으로 값을 업데이트 할지 여부를 결정하라는 내용입니다. ❷ 〈콘텐츠 사용〉 단추를 클릭하면 해당 파일의 값을 다시 참조해 옵니다.

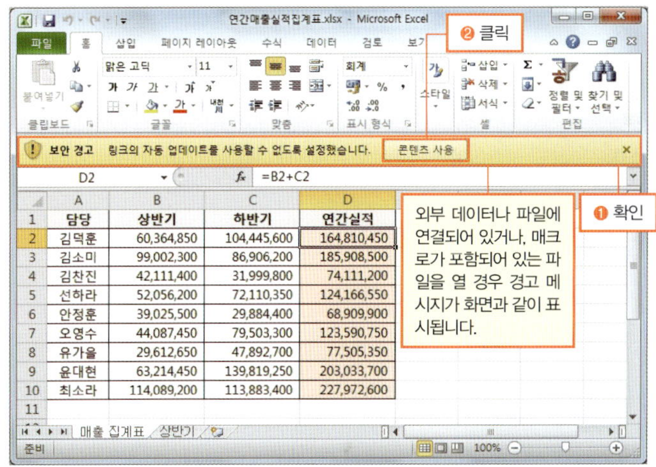

07 **보안 경고 이해하고 해제하기(2)** 06과정에서 자동 업데이트 관련 설정을 활성화시켰다고 해도 파일을 닫고 다시 열면 화면과 같은 메시지 창이 나타납니다. 이때, 〈업데이트〉 단추를 클릭하면 원본 파일의 값을 다시 읽어 참조한 값을 업데이트합니다.

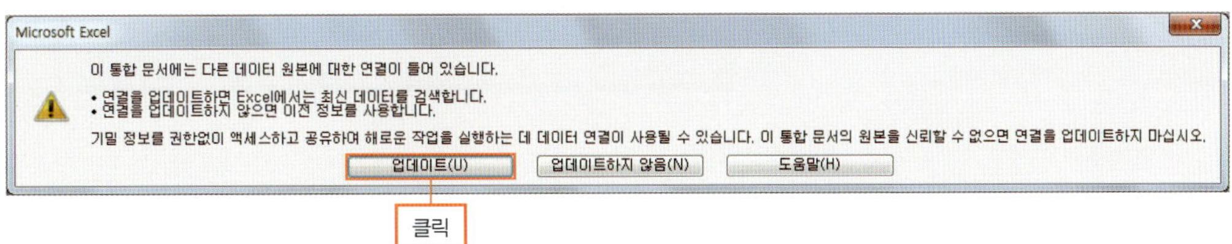

POWER TIP

내 업무 반으로 줄이는

다른 파일과 연결된 파일을 열 때, 메시지 창을 표시하지 않는 방법

외부 파일을 참조한 경우, 파일을 열 때마다 대화상자를 처리해야 하는 작업은 조금 불편하므로 대화상자가 표시되지 않도록 설정해 놓으면 파일을 열 때마다 자동으로 해당 파일에서 필요한 값을 참조해 올 수 있습니다.

❶ [파일] 탭 → **옵션** 명령을 클릭합니다.

❷ 'Excel 옵션' 대화상자가 표시되면 **보안 센터** 범주를 선택한 다음 〈보안 센터 설정〉 단추를 클릭합니다.

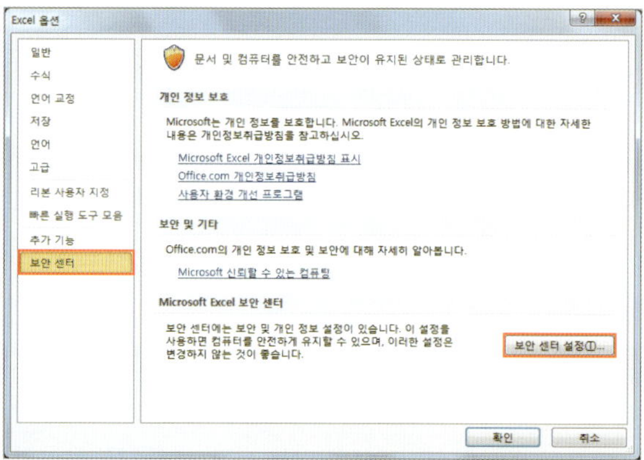

❸ '보안 센터' 대화상자가 표시되면 **외부 콘텐츠** 범주를 선택하고, 두 그룹의 명령을 오른쪽 화면과 같이 설정한 다음 〈확인〉 단추를 클릭하여 설정합니다.

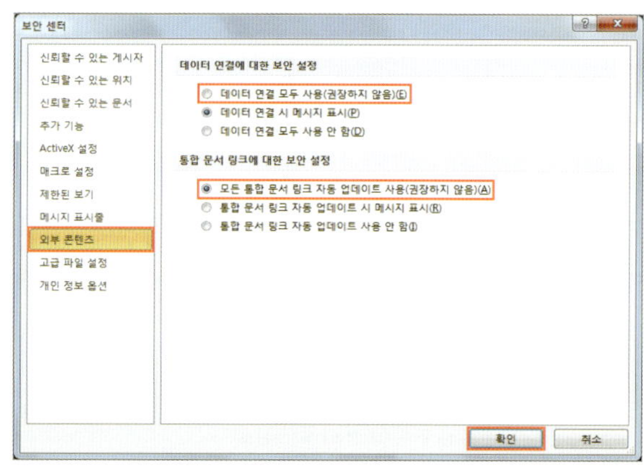

03 셀을 참조하는 3가지 방식

셀 참조 방식에는 셀을 참조하는 3가지 방식이 있는데, 엑셀에서는 셀 참조 방식을 이용해 동일한 수식을 여러 번 작성하지 않고도 원하는 결과를 얻을 수 있습니다. 참조 방식은 엑셀 초보 사용자가 엑셀 중급 사용자로 올라가기 위해 반드시 이해하고 있어야 합니다.

엑셀에서 작성된 수식은 대부분 하나의 셀에서만 사용되지 않고, 연속된 범위에서 복사해 사용할 경우가 많습니다. 이 경우 첫 번째 참조 셀 주소가 수식이 복사된 방향으로 자동으로 변환합니다.

예를 들어 첫 번째 셀에서 A1셀을 참조하고 있는데, 이 수식을 아래 쪽(=행 방향)으로 복사하면 A2, A3, A4,… 와 같이 자동으로 행 주소가 바뀌게 되며, 오른쪽(=열 방향)으로 복사하면 B1, C1, D1, … 과 같이 자동으로 열 주소가 바뀝니다.

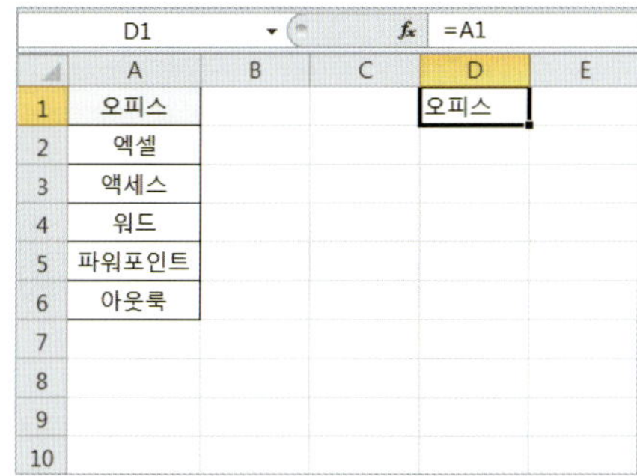

이렇게 셀 주소가 바뀌는 것은 수식에서 사용된 셀 주소가 절대 주소가 아니란 것을 의미합니다. 그렇기 때문에 필요에 따라 참조할 셀 주소를 고정할 필요가 있는데, 이렇게 참조할 셀 주소를 필요에 따라 고정하거나 변경하는 참조 방식은 다음 3가지 방식으로 구분할 수 있습니다.

참조 방식	설명	사용 예
상대참조	수식을 복사하는 방향으로 참조한 셀의 주소가 변경됩니다.	=A1
절대참조	수식을 복사해도 참조한 셀의 주소가 변경되지 않습니다.	=$A$1
혼합참조	수식을 복사하는 방향에 따라 참조한 셀의 주소가 변경될 수도 있고, 아닐 수도 있습니다.	=$A1 =A$1

참조 방식 이용해 수식을 효과적으로 구성하기

📁 **준비 파일 : 참조방식.xlsx**

제공된 예제 파일을 열면 Before 화면과 같이 **상대참조**, **절대참조**, **혼합참조** 이렇게 3개의 시트를 확인할 수 있습니다. 각 시트에서 판매수량의 합계와 불량률이 반영된 합계, 그리고 내년 목표를 구하는 수식을 작성해야 합니다. 이번 예제를 통해 셀을 참조하는 방식을 상황에 따라 어떻게 다르게 적용해야 하는지 알아보도록 하겠습니다.

01 분류별 연간 실적 구하기(1) **상대참조** 시트의 분류별 연간 실적을 구하기 위해 ❶ F2셀을 선택하고 ❷ 수식 입력줄에 다음과 같이 수식을 입력한 후 Enter 키를 누릅니다. ❸ F2셀의 채우기 핸들을 F9셀까지 드래그해 수식을 복사합니다.

F2	=B2+C2+D2+E2

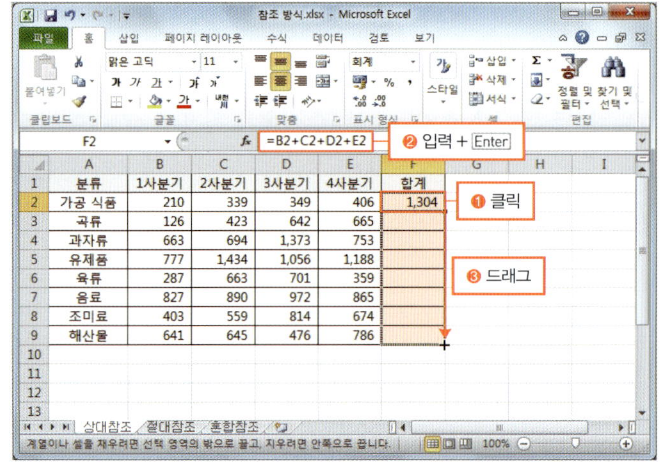

02

분류별 연간 실적 구하기(2) 이렇게 하면 행 방향으로 수식을 복사한 것이므로 01 과정에서 작성한 수식의 셀 주소에서 행 주소가 모두 변경됩니다. F9셀을 클릭해 수식 입력줄에서 수식을 확인해 보세요!

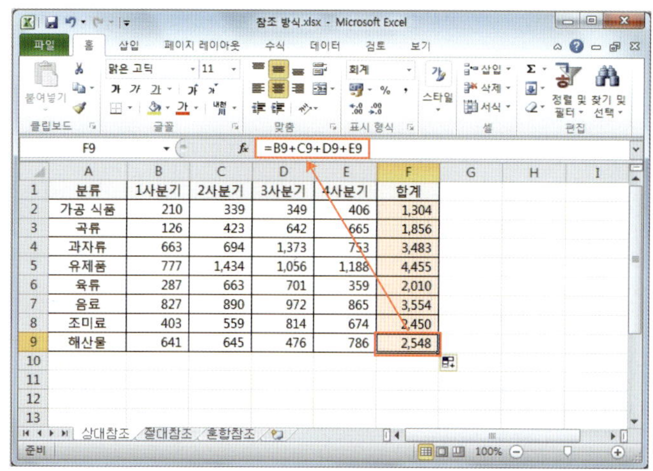

03

절대참조 워크시트로 이동하기 이번에는 절대참조 방식을 이해하기 위해 시트 탭에서 **절대참조** 시트를 클릭합니다. 워크시트의 G열에는 F열의 판매수량 합계에 B1셀의 예상 반품률을 적용한 수정된 판매수량 합계를 구합니다.

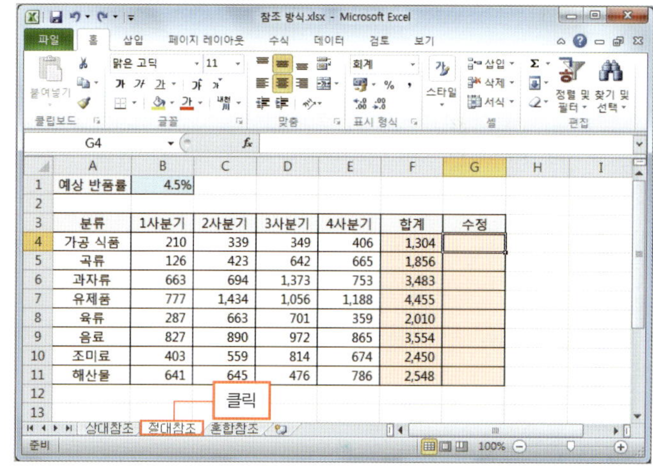

04

반품률을 적용한 수정 합계 구하기(1) 반품률을 적용한 합계의 수정 값을 구하기 위해 ❶ G4셀을 선택하고 ❷ 수식 입력줄에 다음과 같이 수식을 입력한 후 Enter 키를 누릅니다. ❸ G4셀의 채우기 핸들을 G11셀까지 드래그래 수식을 복사합니다.

G4	=F4 * (1−B1)

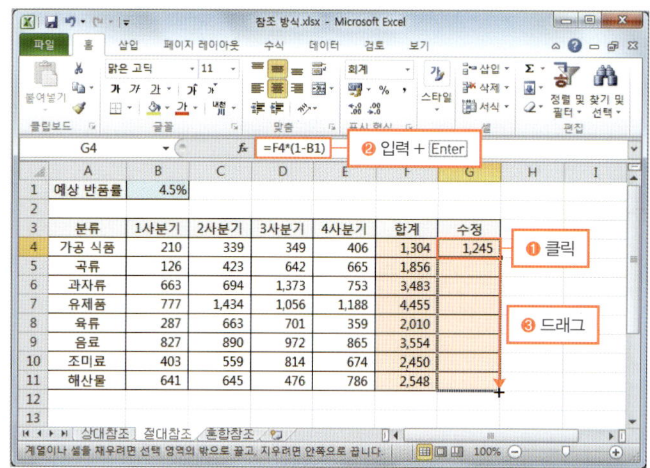

> 판매수량의 합계(=F4)에서 반품률을 빼기 위한 것으로 판매수량의 합계(F4)를 괄호 안의 값과 곱하면=F4−F4 * (B1)이 되므로 판매수량의 합계에서 예상 반품수를 빼는 수식이 완성됩니다. 이런 식의 계산 방법은 실무에서 많이 사용되므로 잘 기억해 두길 바랍니다.

05 **반품률을 적용한 수정 합계 구하기(2)** 그러면 잘못된 결과를 반환하는 것을 확인할 수 있는데, G11셀을 선택해 수식 입력줄을 보면 수식의 셀 주소가 모두 변경된 것을 확인할 수 있습니다. 참고로 올바른 계산을 위해서는 04 과정에서 작성한 수식에서 B1셀 위치는 변경되면 안됨을 알 수 있습니다.

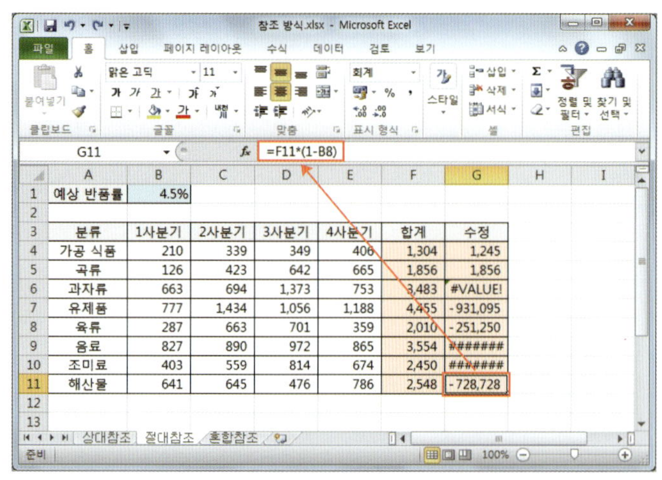

> ○ G11 셀의 수식을 보면 예상 반품률이 입력된 B1셀을 참조하지 않고 B8셀을 참조하고 있는 것을 알 수 있습니다. 이것은 수식이 행 방향으로 복사되면서 참조 위치가 자동으로 변경되기 때문인데, 수식을 복사해도 참조한 셀 위치가 변경되지 않도록 고정할 셀 즉, 절대참조 방식으로 참조해야 합니다.

06 **반품률을 적용한 수정 합계 구하기(3)** 고정될 셀 위치를 찾았으므로 ❶ G4셀을 선택하고 ❷ 수식 입력줄에서 B1셀 주소를 마우스로 클릭한 다음 F4 키를 한 번 누르고 Enter 키를 누르면 "=F4＊(1-$B$1)"로 변경되어 셀을 고정시킵니다. ❸ G4셀의 채우기 핸들 을 G11셀까지 드래그해 수식을 복사합니다.

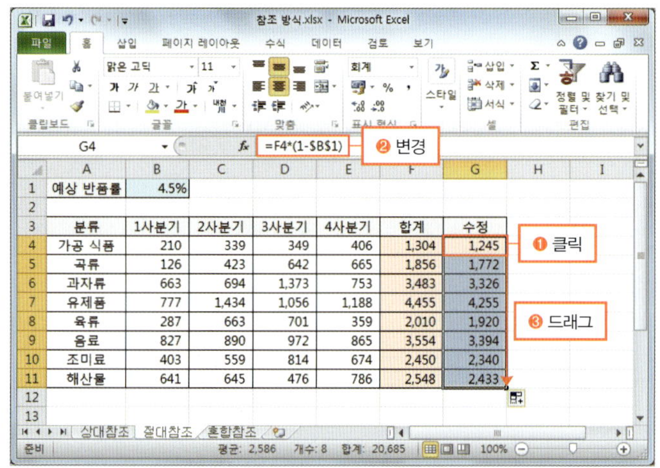

엑셀의 셀 주소는 열을 의미하는 주소와 행을 의미하는 주소로 구성됩니다. 예를 들어 A1은 A열의 1행 위치를 의미합니다. 절대참조는 열 주소와 행 주소 앞에 '$(=절대참조 기호)'를 표시해 수식이 복사될 때 해당 셀 주소가 변경되지 않도록 합니다. '$' 기호는 직접 키보드로 입력하거나, 변경할 셀 주소를 선택하고 F4 키를 누릅니다. F4 키는 참조 방식을 변경시킬 때 사용하는 토글키로, 원하는 셀을 선택하고 한 번씩 누를 때마다 참조 방식이 "절대참조 → 혼합참조1 → 혼합참조2 → 상대참조 → 절대참조" 순으로 변경됩니다.

07 **혼합참조 워크시트로 이동하기** 이번에는 혼합참조 방식을 이해하기 위해 시트 탭에서 **혼합참조** 시트를 마우스로 클릭합니다. 이번 표에서는 F열의 판매수량 합계 값을 가지고 각각 10%, 20%, 30% 증가된 수치를 내년 목표로 예상하는 값을 G:I열에 계산해 보겠습니다.

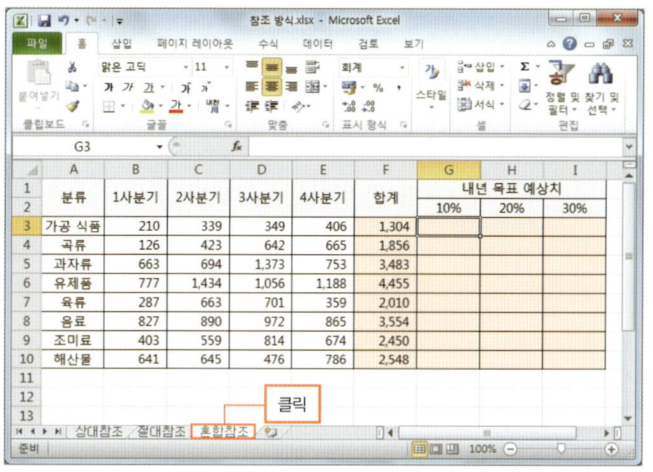

08 **목표 예상치 구하기(1)** ❶ G3셀을 선택하고 ❷ 수식 입력줄에 다음과 같이 수식을 입력한 후 Enter 키를 눌러 10% 증가된 판매수량 목표를 계산합니다. ❸ G3셀의 채우기 핸들을 G10셀까지 드래그해 수식을 복사합니다.

| G3 | =F3 * (1+$G$2) |

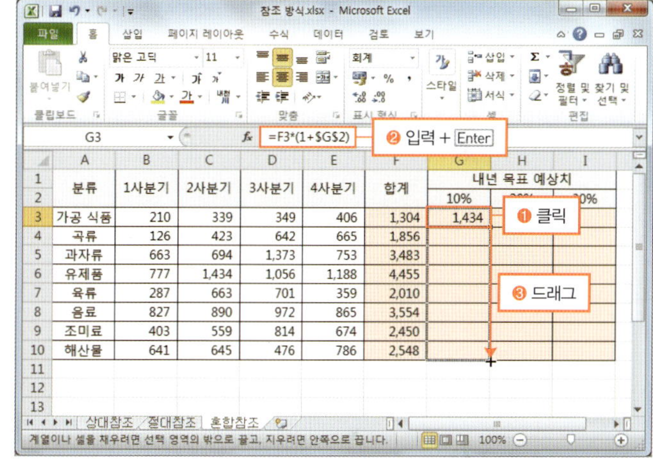

💡 일정 증가율만큼 증가된 값을 계산하려면 현재 값(100%)에 증가율을 더한 만큼을 곱해주면 됩니다.

09 **목표 예상치 구하기(2)** 20%, 30% 증가된 수치도 같은 방식으로 구하기 위해 ❶ G3:G10 범위가 선택된 상태에서 ❷ G10 셀 위치의 채우기 핸들을 I열까지 드래그해 수식을 복사합니다.

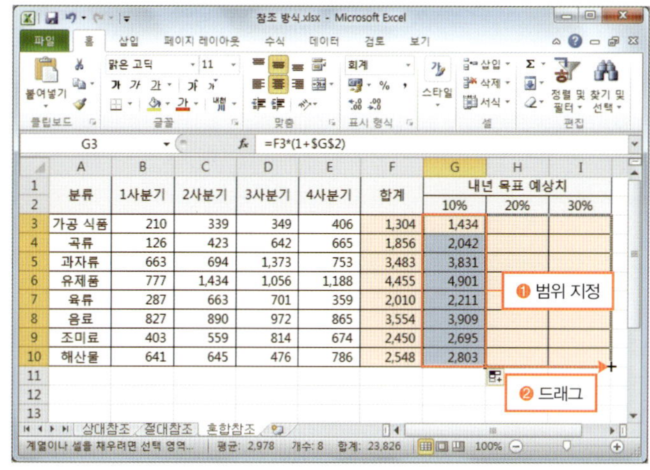

10 **목표 예상치 구하기(3)** 수식이 제대로 복사되었는지 확인하기 위해 H3셀을 클릭해 수식 입력줄을 확인해 보면 셀 주소가 잘못된 위치를 참조하고 있는 것을 알 수 있습니다.

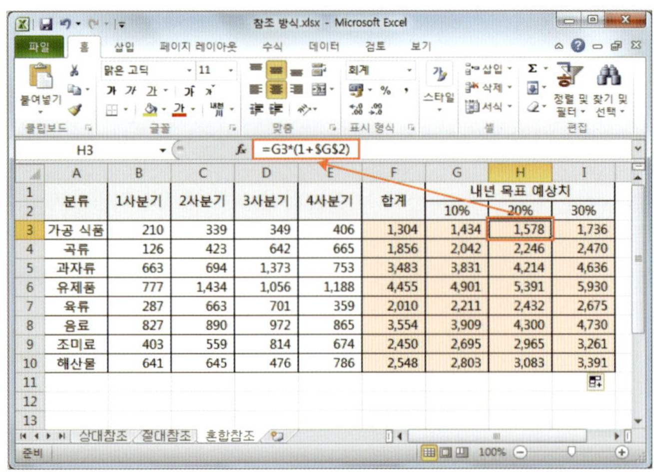

⚙ **수식의 오류**

H3셀의 수식은 "=G3 * (1+$G$2)"입니다. 이 수식에서 G3셀은 F3셀이어야 하며, $G$2셀은 H2셀이어야 합니다. G3셀이 F3셀이 되려면 열 주소인 F열이 고정되어야 하며, G2가 H2셀이 되려면 행 주소인 '2'만 고정되어야 합니다.

11 **목표 예상치 구하기(4)** 10 과정에서 문제를 확인했으므로 ❶ G3셀을 선택해 ❷ 수식을 다음과 같이 수정합니다. 그런 다음, ❸❹ 08~09과정을 참고해 수식을 복사하면 정확한 결과를 얻을 수 있습니다.

G3	=$F3 * (1+G$2)

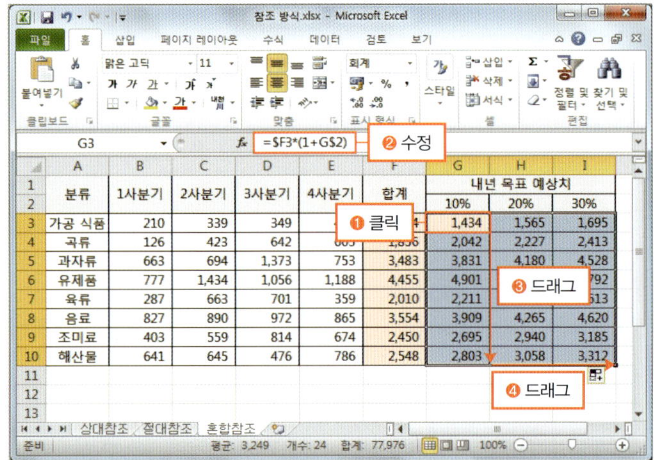

다양한 연산자 이해하기

수식에서는 필요에 따라 다양한 계산 작업이 이뤄지며, 계산 방법에 따라 해당 계산 작업을 의미하는 다양한 연산자를 사용해야 합니다.

각 연산자의 특징과 사용 방법을 이해하고 연산자 간의 우선 순위를 살펴봅니다.

엑셀에서 사용하는 연산자는 다음 표와 같이 성격에 따라 참조 연산자, 산술 연산자, 연결 연산자, 비교 연산자 등으로 나눠집니다.

● 참조 연산자

참조 연산자는 다른 위치의 값을 참조할 때 사용되는 연산자로 콜론, 쉼표, 공백 문자를 연산자로 사용합니다.

연산자	이름	의미
:	콜론	왼쪽과 오른쪽 셀의 연속된 데이터 범위를 참조
,	쉼표	왼쪽과 오른쪽 셀(또는 범위)을 각각 참조
" "	공백	왼쪽과 오른쪽 범위가 교차되어 중첩된 범위를 참조

• **콜론(:) 연산자 :** 다음 표에서 D열의 매출 데이터 범위와 같이 연속된 범위의 주소를 지정할 때 사용합니다.

D열의 매출 데이터 범위를 한 번에 참조하려면 콜론(:) 연산자를 이용해 첫 번째 셀 주소인 D7과 마지막 셀 주소인 D15를 연결해 줍니다.

	A	B	C	D	E	F	G
1							
2			**영업사원 실적 집계표**				
3							
4							
5		담당	2010년		2011년		
6			판매수량	매출	판매수량	매출	
7		김덕훈	2,414	53,649,200	3,501	111,161,250	
8		김소미	3,030	65,821,650	4,483	120,086,850	
9		김찬진	1,704	34,405,150	1,823	39,706,050	
10		선하라	2,356	48,330,450	3,419	75,836,100	
11		안정훈	1,336	28,475,700	1,700	40,434,200	
12		오영수	1,655	46,888,600	2,905	76,702,150	
13		유가율	1,011	16,619,250	1,659	60,886,100	
14		윤대현	3,237	80,980,200	4,615	122,053,500	
15		최소라	4,917	115,467,700	4,631	112,504,900	
16							

○ SUM함수 이용

D열의 매출 합계를 구하기 위해 SUM함수 등을 이용할 수도 있습니다.

`=SIM(D7:D15)`

- **쉼표(,) 연산자** : 다음 표에서 D열과 F열과 같이 떨어진 셀(또는 범위)의 주소를 지정할 때 사용합니다. D열과 F열의 매출 데이터 범위를 한 번에 참조하려면 쉼표(,) 연산자를 이용해 첫 번째 범위와 두 번째 범위를 "D7:D15, F7:F15"와 같이 구분해 줍니다.

<table>
<tr><td rowspan="2">담당</td><td colspan="2">2010년</td><td colspan="2">2011년</td></tr>
<tr><td>판매수량</td><td>매출</td><td>판매수량</td><td>매출</td></tr>
<tr><td>김덕훈</td><td>2,414</td><td>53,649,200</td><td>3,501</td><td>111,161,250</td></tr>
<tr><td>김소미</td><td>3,030</td><td>65,821,650</td><td>4,483</td><td>120,086,850</td></tr>
<tr><td>김찬진</td><td>1,704</td><td>34,405,150</td><td>1,823</td><td>39,706,050</td></tr>
<tr><td>선하라</td><td>2,356</td><td>48,330,450</td><td>3,419</td><td>75,836,100</td></tr>
<tr><td>안정훈</td><td>1,336</td><td>28,475,700</td><td>1,700</td><td>40,434,200</td></tr>
<tr><td>오영수</td><td>1,655</td><td>46,888,600</td><td>2,905</td><td>76,702,150</td></tr>
<tr><td>유가을</td><td>1,011</td><td>16,619,250</td><td>1,659</td><td>60,886,100</td></tr>
<tr><td>윤대현</td><td>3,237</td><td>80,980,200</td><td>4,615</td><td>122,053,500</td></tr>
<tr><td>최소라</td><td>4,917</td><td>115,467,700</td><td>4,631</td><td>112,504,900</td></tr>
</table>

영업사원 실적 집계표

- **공백(" ") 연산자** : 다음 표에서 오영수 직원의 2010년 매출을 나타내기 위한 것으로, 이런 수식 구성은 자주 사용되는 것은 아니지만 공백 연산자가 두 범위의 교차 범위의 주소를 지정할 때 사용합니다. 아래 표에서 오영수 직원의 데이터 범위는 C12:F12 범위가 되며, 2010년 매출 데이터 범위는 D7:D15 범위입니다. 이 두 범위 사이를 Space Bar 키를 이용해 공백으로 표시하면, 오영수의 2010년 매출 데이터를 확인할 수 있습니다. "=SUM(C12:F12 D7:D15)" 수식은 '46,888,600' 결과를 반환합니다.

<table>
<tr><td rowspan="2">담당</td><td colspan="2">2010년</td><td colspan="2">2011년</td></tr>
<tr><td>판매수량</td><td>매출</td><td>판매수량</td><td>매출</td></tr>
<tr><td>김덕훈</td><td>2,414</td><td>53,649,200</td><td>3,501</td><td>111,161,250</td></tr>
<tr><td>김소미</td><td>3,030</td><td>65,821,650</td><td>4,483</td><td>120,086,850</td></tr>
<tr><td>김찬진</td><td>1,704</td><td>34,405,150</td><td>1,823</td><td>39,706,050</td></tr>
<tr><td>선하라</td><td>2,356</td><td>48,330,450</td><td>3,419</td><td>75,836,100</td></tr>
<tr><td>안정훈</td><td>1,336</td><td>28,475,700</td><td>1,700</td><td>40,434,200</td></tr>
<tr><td>오영수</td><td>1,655</td><td>46,888,600</td><td>2,905</td><td>76,702,150</td></tr>
<tr><td>유가을</td><td>1,011</td><td>16,619,250</td><td>1,659</td><td>60,886,100</td></tr>
<tr><td>윤대현</td><td>3,237</td><td>80,980,200</td><td>4,615</td><td>122,053,500</td></tr>
<tr><td>최소라</td><td>4,917</td><td>115,467,700</td><td>4,631</td><td>112,504,900</td></tr>
</table>

영업사원 실적 집계표

○ 산술 연산자

산술 연산자는 수식에서 사칙연산과 같은 계산 작업을 할 때 사용하는 연산자로, 다음과 같은 연산자가 있습니다.

연산자	이름	의미
+	플러스	더하기
−	마이너스	빼기 or 음수
*	별표	곱하기
/	슬래시	나누기
%	퍼센트	백분율
^	캐럿	거듭제곱

○ SUM함수 이용

두 범위의 합계를 구할 때는 SUM함수를 이용합니다.

=SIM(D7:D15, F7:F15)

이 연산자의 사용 예는 다음과 같습니다.

연산자	사용 예		설명
	계산식	결과	
+	= 4+5	9	+ 연산자 왼쪽과 오른쪽 숫자를 더합니다.
−	= −4+5	1	− 오른쪽 숫자를 음수로 표현합니다.
	= 5−4	1	− 연산자 왼쪽 숫자에서 오른쪽 숫자를 뺍니다.
*	= 4 * 5	20	* 연산자 왼쪽과 오른쪽 숫자를 곱합니다.
/	= 20/5	4	/ 연산자 왼쪽 숫자를 오른쪽 숫자로 나눕니다.
%	= 20%	0.2	% 연산자 왼쪽 숫자를 백분율로 변환합니다.
^	= 4^5	1024	^ 연산자 왼쪽 숫자를 오른쪽 숫자로 거듭 제곱합니다.

● 연결 연산자

연결 연산자는 여러 값을 하나로 합칠 때 사용하는 연산자로, 자주 사용되는 연산자이므로 잘 기억해 둘 필요가 있습니다.

연산자	이름	의미
&	앰퍼샌드	왼쪽과 오른쪽 값을 하나로 합친 결과를 반환

이 연산자의 사용 예는 다음과 같습니다.

연산자	사용 예		설명
	계산식	결과	
&	= 4&5	45	& 연산자 왼쪽과 오른쪽 숫자를 연결합니다.

● 비교 연산자

비교 연산자는 사람의 판단을 대신할 때 사용하는 연산자로, 다음과 같은 연산자가 있습니다.

연산자	이름	의미
=	같다	왼쪽과 오른쪽의 값이 같다.
〉	보다 큼	왼쪽의 값이 오른쪽보다 크다.
〉=	크거나 같음	왼쪽의 값이 오른쪽의 값보다 크거나 같다.
〈	보다 작음	왼쪽의 값이 오른쪽보다 작다.
〈=	작거나 같음	왼쪽의 값이 오른쪽의 값보다 작거나 같다.
〈〉	같지 않음	두 값은 다르다.

비교 연산자는 사람의 판단과 비슷하여 '맞다', '틀리다'를 의미하는 TRUE, FALSE 논리 값이 반환합니다. 그렇다면 우리가 자주 사용하는 판단의 방법이 비교 연산자와 어떻게 매칭되는지 다음 표에서 확인해 보기 바랍니다.

● CONCATENATE함수

엑셀에서는 연결 연산자와 동일한 작업을 하는 CONCATENATE함수를 제공합니다. 《Part 02. 3장. 03 여러 셀 값을 하나로 연결하기》를 참고하세요.

● 비교 연산자

두 개의 값을 비교할 수 있으며, 결과 값은 'TRUE', 'FALSE'를 반환합니다.

사람의 판단	연산자	사용 예	결과
맞다, 옳다, 같다	=	1 = 2	FALSE
틀리다, 그르다, 다르다	〈〉	1〈〉2	TRUE
초과	〉	1〉2	FALSE
이상	〉=	1〉=2	FALSE
미만	〈	1〈2	TRUE
이하	〈=	1〈=2	TRUE

○ 연산자 우선 순위

다양한 연산자가 한 수식에서 함께 사용될 경우, 연산자들 간의 우선 순위가 있어 먼저 계산되는 연산자와 뒤에 계산되는 연산자가 있습니다. 이것을 '연산자 우선 순위'라고 하는데, 예를 들면 =1+3*2 는 곱하기 연산자인 '*' 연산이 먼저 계산되어 '7'이라는 결과를 반환합니다. 이 식에서 1+3이 먼저 계산되도록 하려면 괄호를 이용해 먼저 계산될 부분을 "=(1+3)*2"와 같이 '( ) 괄호'로 묶어 구성합니다.

다음은 수식 내에서 연산자의 계산 우선 순위를 정리해 놓은 표입니다.

연산자	이름	소속	순서
:	콜론	참조	1
" "	공백		2
,	쉼표		3
−	음수	산술	4
%	퍼센트		5
^	캐럿		6
*, /	곱하기, 나누기		7
+, −	덧셈, 뺄셈		8
&	앰퍼샌드	연결	9
=, 〈, 〈=, 〉, 〉=, 〈〉	비교	비교	10

○ 수식 오류 값

함수를 사용한 수식을 작성하다 보면 #N/A!나 #REF!와 같은 에러 값을 반환 받는 경우가 종종 발생하며, 이런 에러 값을 엑셀에서는 오류 값이라고 합니다. 이런 오류 상황이 발생하게 되면 해당 오류 값이 무엇 때문에 발생하는지 알고 있다면 수식의 문제를 좀 더 쉽게 해결할 수 있습니다.

오류값	오류 발생 예
#DIV/0!	0으로 숫자를 나눈 경우에 발생
#N/A	전달된 인수 값으로 원하는 결과 값을 얻지 못할 때 발생
#NAME?	함수명을 잘못 입력했거나, 텍스트 값을 "(큰 따옴표) 없이 사용한 경우에 발생
#NULL!	참조할 대상 범위가 없는 경우에 발생하는데 주로 공백 참조 연산자를 사용할 때 발생
#NUM!	함수의 계산 결과를 얻지 못하는 상황이거나 결과 값이 너무 작거나 큰 경우에 발생
#VALUE!	함수의 인수에 잘못된 데이터 형식을 사용한 경우나, 숫자와 텍스트 값을 계산하는 경우에 발생
#REF!	참조한 셀이 삭제되었거나 또는 참조할 셀이 없는 경우에 발생
########	수식의 결과 값을 표시하기에 열 너비가 충분하지 못한 경우 또는 수식의 결과 값이 음수로 된 날짜, 시간 값을 반환하는 경우에 발생

수식의 오류 값이 발생하는 상황을 직접 확인하기

📁 **준비 파일 :** 수식 오류값.xlsx

제공된 예제 파일을 열면 Before 화면 왼쪽에 급여대장 표를 확인할 수 있습니다. 오른쪽 표에 오류 값을 반환하는 수식을 작성해 어떤 경우에 어떤 오류 값이 반환되는지 알아보겠습니다.

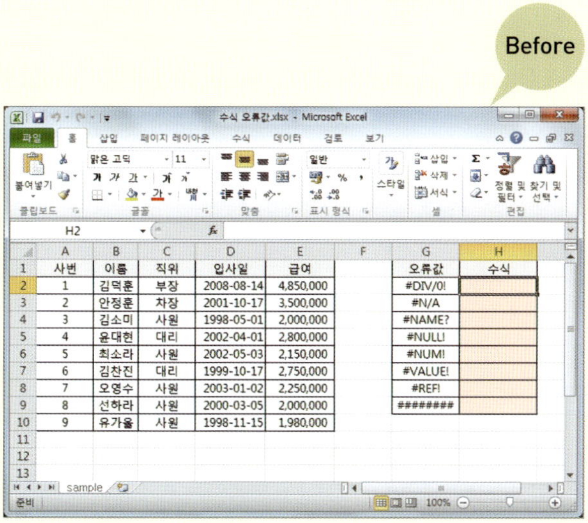

Before

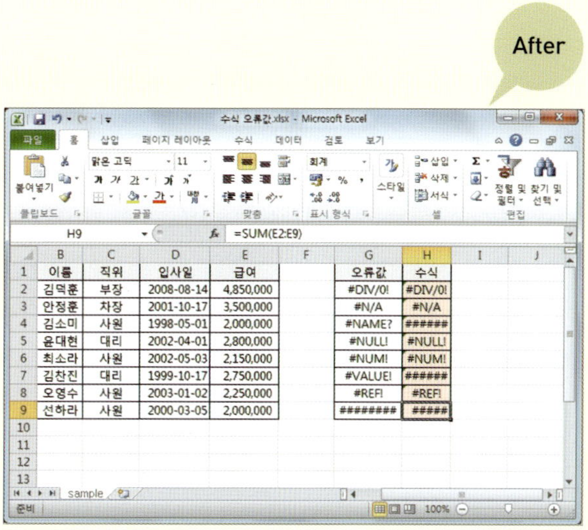

After

01 **#DIV/0! 오류 값 이해하기** H2셀에 #DIV/0! 오류 값이 반환되도록 "=E2/0" 수식을 입력합니다. 이 오류 값은 특정 수를 0으로 나누는 경우에 발생하므로 이 오류가 발생하면 "/" 연산의 분모 부분을 잘 확인해 봅니다.

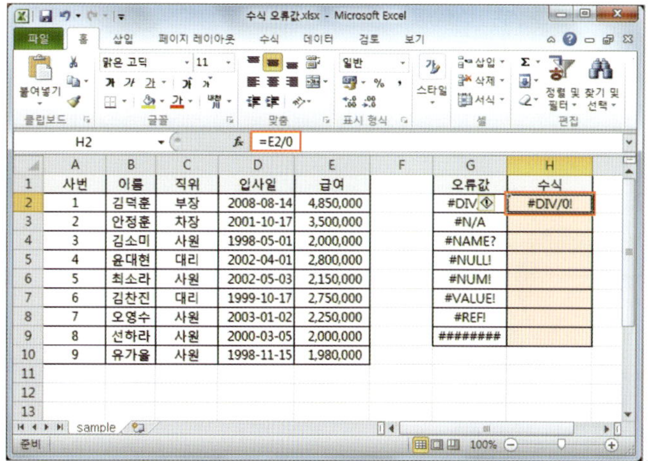

02 **오류 상황의 도움 얻기** H2셀의 왼쪽 테두리 위치의 오류 경고 아이콘을 클릭하면 여러 명령들을 살펴볼 수 있는데, 이 메뉴에서 해당 오류를 해결할 수 있는 여러 정보를 얻을 수 있습니다.

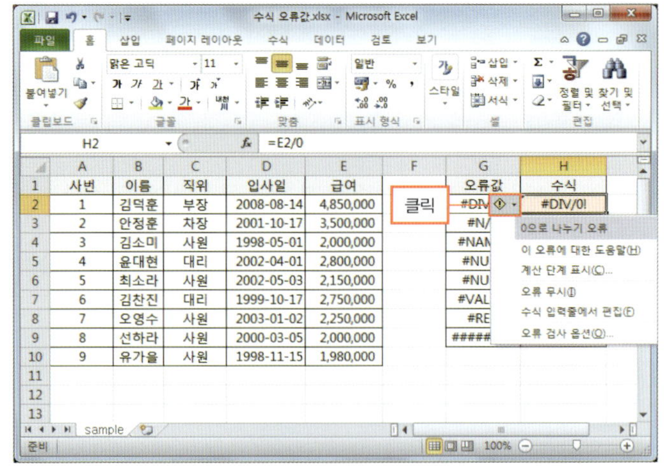

03 **#N/A 오류 값 이해하기** H3셀에 #N/A 오류 값이 반환되도록 "=MATCH("홍길동", B2:B10, 0)" 수식을 입력합니다. MATCH함수로 "홍길동"이란 값을 B2:B10 범위에서 찾는데, 찾는 값이 없으면 #N/A 오류가 발생됩니다.

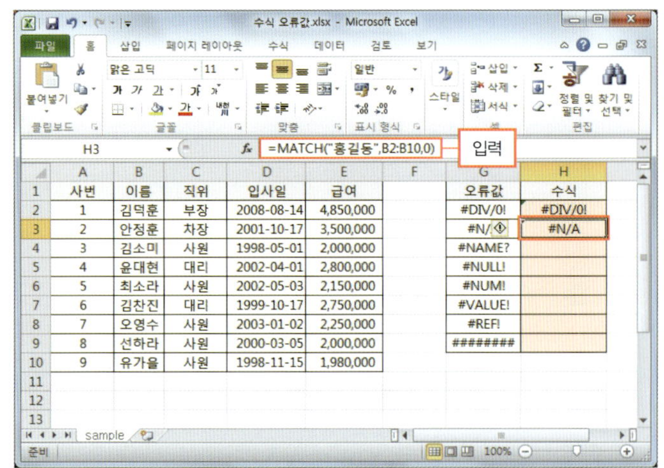

> **◉ 수식 "=MATCH("홍길동", B2:B10, 0)"**
>
> MATCH함수는 "홍길동"이란 값을 B2:B10 범위에서 찾아 몇 번째에 그 값이 있다고 알려주는 역할을 하는 함수입니다. #N/A 오류는 주로 VLOOKUP이나 MATCH함수 등과 같이 지정한 범위에서 해당 값이 없는 경우에 발생하므로 이와 같은 오류 값이 반환되면 해당 함수의 찾을 값이 지정한 범위에 존재하는지 확인할 수 있습니다.

- **0으로 나누기 오류** : 오류 값에 대한 간략한 설명입니다.
- **이 오류에 대한 도움말** : 해당 오류 값에 대한 도움말을 호출할 수 있습니다.
- **계산 단계 표시** : 수식 계산 기능을 호출해 계산 단계를 살펴볼 수 있습니다.
- **오류 무시** : 더 이상 오류 경고 아이콘과 오류 표식이 나타나지 않도록 합니다.
- **수식 입력줄에서 편집** : 현재 수식을 수식 입력줄에서 수정할 수 있도록 수식 입력줄의 수식이 편집 모드로 활성화됩니다.
- **오류 검사 옵션** : 엑셀 프로그램의 오류 검사 옵션을 확인합니다.

04 **#NAME 오류 값 이해하기** H4셀에 #NAME? 오류 값
이 반환되도록 "=SUM(급여)" 수식을 입력합니다. 이
오류는 SUM함수 안에 사용한 급여 값이 무엇인지 알 수 없을
경우에 발생합니다. 이 오류는 수식 안에서 엑셀이 이해하지
못하는 값이 입력될 경우, 주로 함수명 등을 잘못 입력할 경우
에 발생합니다.

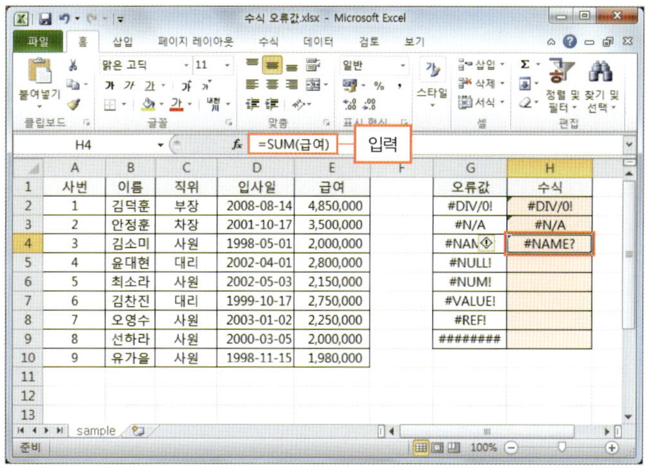

05 **#NULL 오류 값 이해하기** H5셀에 #NULL! 오류 값이
반환되도록 "=SUM(E2:E5 E7:F10)" 수식을 입력합
니다. 이 오류는 공백(" ") 참조 연산자 사용 시 교차 범위가 없
을 때 발생하며, 주로 쉼표(,) 참조 연산자를 빼 놓고 수식을 입
력하는 경우에 발생합니다.

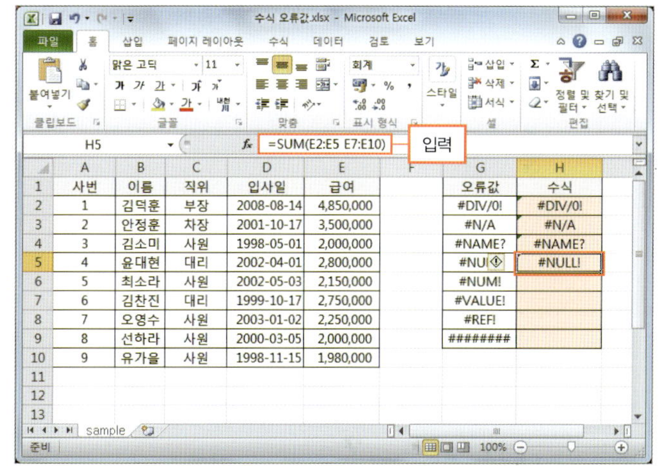

06 **#NUM! 오류 값 이해하기** H6셀에 #NUM! 오류 값이
반환되도록 "=1234^567" 수식을 입력합니다. 이 오
류는 반환할 값이 너무 크거나 작을 때 발생하며, 주로 캐럿(^)
연산자를 잘못 사용한 경우가 많으므로 수식에서 해당 부분을
살펴보면 됩니다.

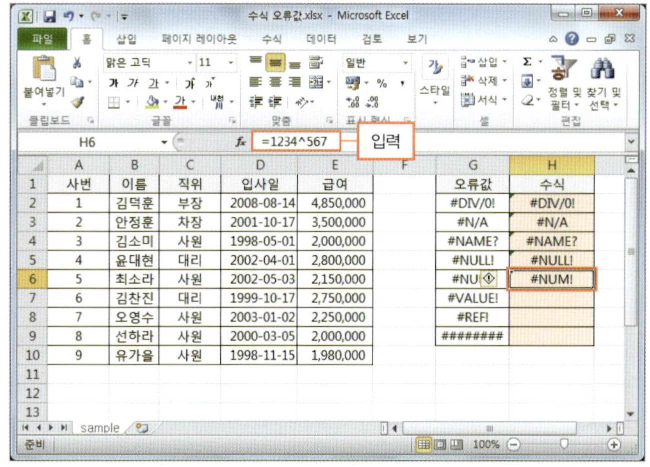

07 **#VALUE! 오류 값 이해하기** H7셀에 #VALUE! 오류 값이 반환되도록 "=B2+E2" 수식을 입력합니다. 이 오류는 텍스트 값인 "김덕훈"과 숫자 값인 4,850,000을 더해서 발생한 오류입니다. 이 오류는 주로 계산할 수 없는 데이터 형식을 계산하려고 할 때 발생하므로 수식에서 참조한 셀 위치의 값을 확인합니다.

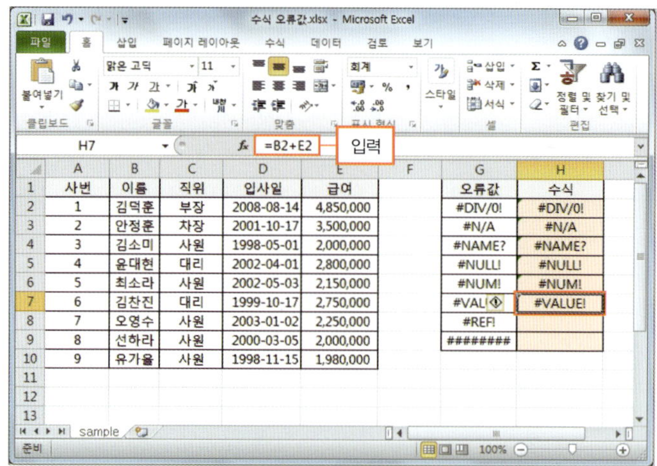

08 **#REF! 오류 값 이해하기(1)** H8셀에 #REF! 오류 값이 반환되도록 하기 위해 "=B10" 수식을 입력합니다. 그러면 B10셀의 값이 참조되어 오른쪽 화면과 같이 표시됩니다.

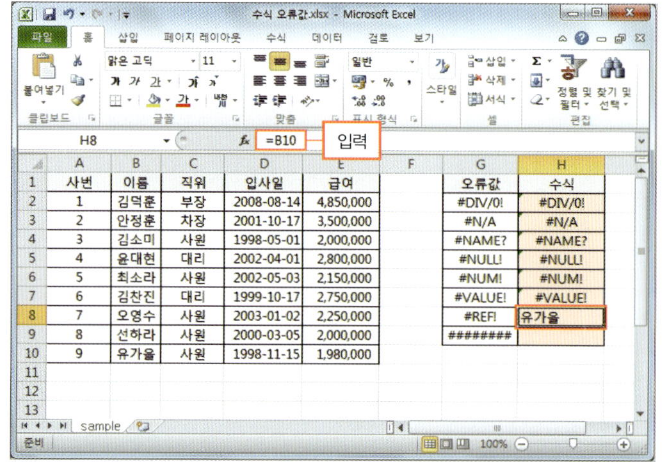

09 **#REF! 오류 값 이해하기(2)** 이제 H8셀에서 참조한 셀을 삭제하기 위해 ❶ 10행의 행 머리글을 선택하고, ❷ 리본의 [홈] 탭 → **셀** 그룹 → **삭제** 명령을 클릭합니다. 이렇게 하면 H8셀에서 참조한 대상 셀이 삭제되므로 #REF! 오류가 발생됩니다.

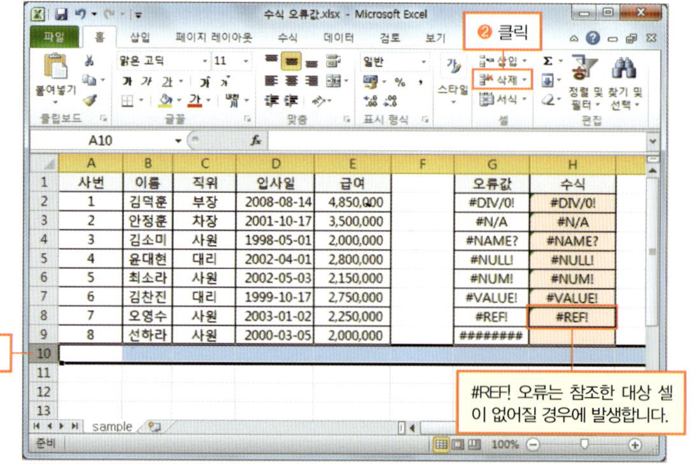

10 ##### 오류 값 이해하기(1) 마지막으로 H9셀에 ##### 오류가 발생하도록 H9셀에 "=SUM(E2:E9)" 수식을 입력합니다. 그러면 E열의 '급여' 합계가 오른쪽 화면과 같이 나타납니다.

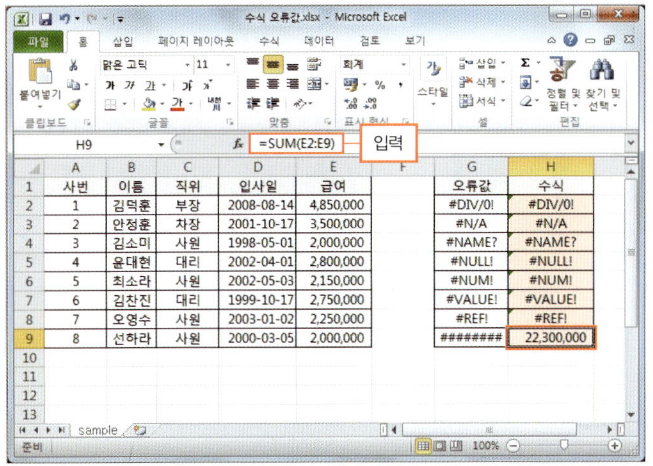

11 ##### 오류 값 이해하기(2) H와 I열의 열 구분선을 선택하고 왼쪽으로 옮겨 H9셀의 값이 모두 표시되지 않게 합니다. 그러면 ##### 오류 값이 발생되는데, 이 오류는 열 너비가 셀 값을 모두 표시하기에 충분하지 못한 경우에 발생되므로 다시 열 너비를 넓히면 해당 오류 값 대신 계산 결과가 표시됩니다.

> ○ **##### 오류 값**
>
> 이 오류는 이번 예제와 같이 열 너비가 충분하지 않아 발생하기도 하지만, 날짜나 시간 계산 값이 음수를 반환하는 경우에도 발생하므로 주의합니다.

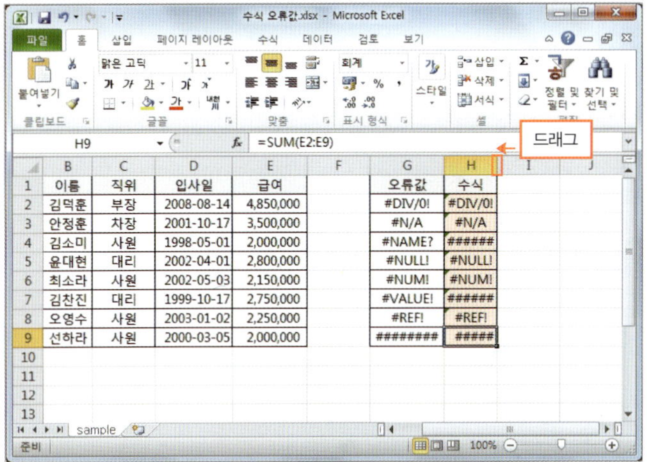

05 함수 사용에 도움이 되는 수식 입력줄

엑셀에서는 긴 수식을 보다 편리하게 작성하고 수정할 수 있는 '수식 입력줄'을 제공합니다. 수식 입력줄은 기본적으로 한 줄로 표시되지만, 필요에 따라 여러 줄로 늘려 볼 수 있기 때문에 긴 수식을 손쉽게 입력하고 전체 수식을 한 눈에 살펴볼 수 있어 편리합니다. 수식 입력줄의 사용 방법에 대해 알아봅니다.

셀에 수식을 입력할 경우에는 보통 셀에 직접 입력하지만, 수식이 조금 긴 경우에는 수식 입력줄을 사용하는 것이 편리합니다. 수식 입력줄에 수식이 모두 표시되지 않을 정도로 긴 수식을 작성해야 한다면 수식 입력줄 오른쪽의 수식 입력줄 확장 단추 ⩔를 클릭합니다.

○ 수식 입력줄의 용도

수식 입력줄은 셀에 입력된 수식을 확인하는 용도로도 충분하지만, 셀에 입력된 값을 좀 더 편리하게 확인할 수 있는 용도로 사용할 수도 있습니다.

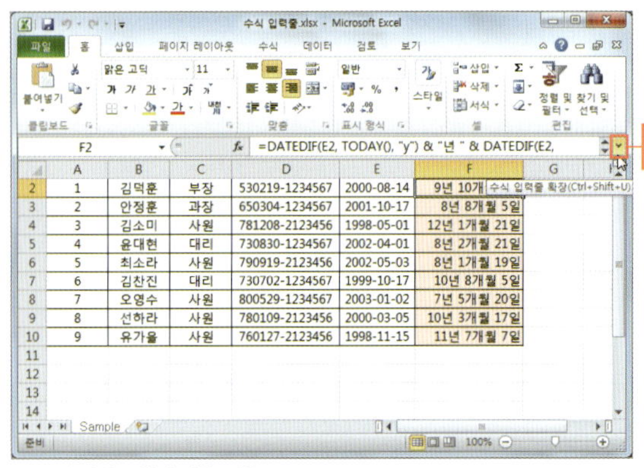

▲ 수식 입력줄 확장 단추 이용

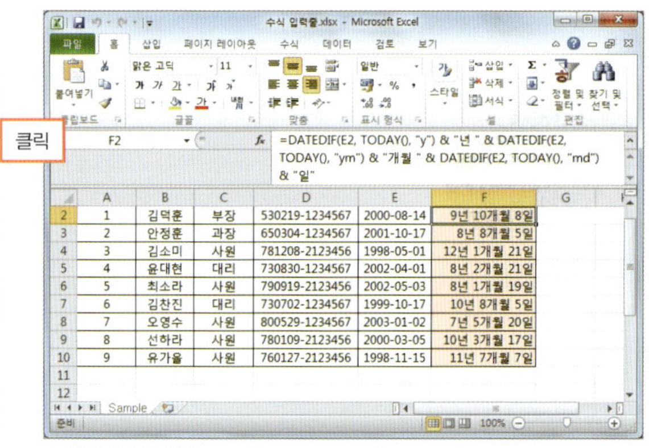

▲ 확장된 수식 입력줄

이렇게 확장된 크기로 만족하지 못하면 다음과 같이 수식 입력줄의 길이를 원하는 크기로 확장할 수 있습니다.

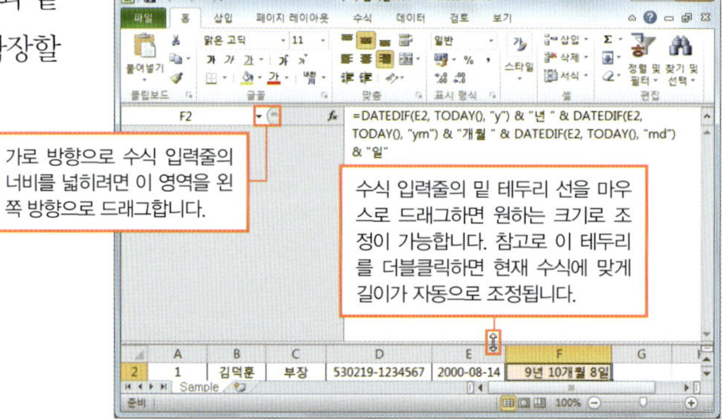

▲ 드래그를 이용한 수식 입력줄 확장

작성한 수식을 다른 사람이 보지 못하게 감추고 싶은 경우에 수식 입력줄에 수식이 나타나지 않도록 다음 작업을 진행합니다.

1. 감추고 싶은 수식이 입력된 범위를 선택하고 Ctrl + 1 키를 눌러 '셀 서식' 대화상자를 호출합니다.

2. [보호] 탭을 선택하고 '숨김' 확인란을 체크한 뒤 〈확인〉 단추를 클릭합니다.

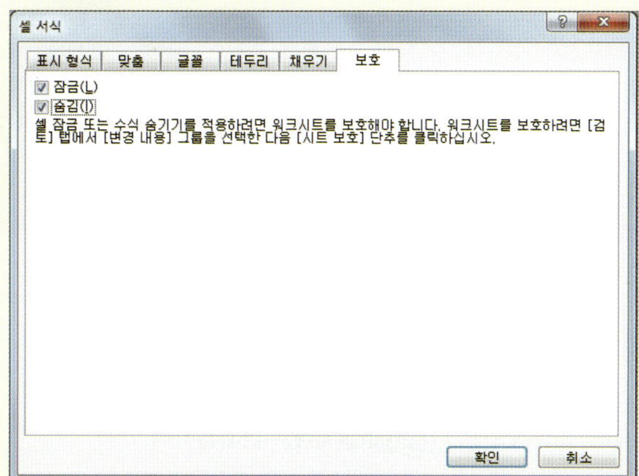

3. 리본의 [검토] 탭 → 변경 내용 그룹 → 시트 보호 명령 아이콘을 클릭합니다.

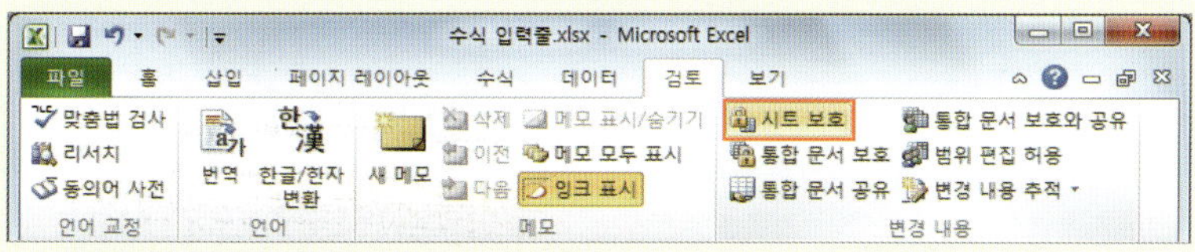

4. '시트 보호' 대화상자가 표시되면 기본값을 유지한 채 〈확인〉 단추를 클릭합니다.

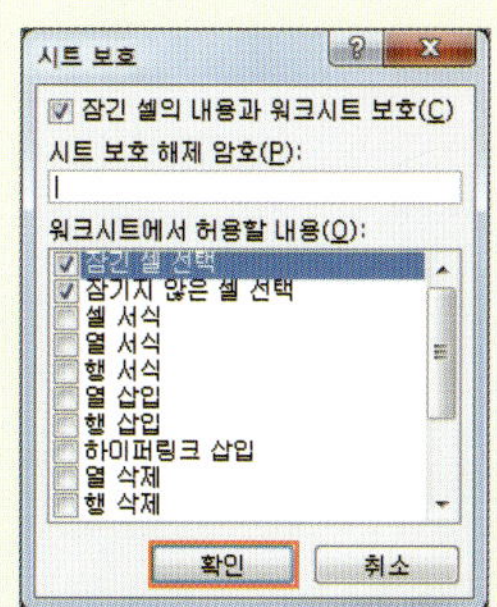

5. 그런 다음 1)과정에서 선택한 셀을 클릭해보면 수식 입력줄에 아무 내용도 표시되지 않는 것을 확인할 수 있습니다. 다시 수식을 표시하려면 리본의 [검토] 탭 → 변경 내용 그룹 → 시트 보호 해제 명령 아이콘 을 클릭합니다.

함수 마법사 다루기

함수를 제대로 사용하기 위해서는 함수에 전달할 인수 값을 잘 구성할 수 있어야 합니다. 하지만 함수에 익숙하지 않다면 인수를 구성하는 것이 쉽지 않은데, 엑셀에는 인수 구성을 도와주는 함수 마법사 기능이 존재합니다.

함수 마법사 기능은 함수에 대한 인수를 쉽게 구성해 줄 뿐만 아니라 함수와 인수에 대한 도움말, 그리고 함수에서 반환하는 결과 값을 미리 확인할 수 있어 편리합니다. 함수 마법사를 호출하기 위해서는 수식 입력줄 왼쪽의 **함수 삽입** 명령 아이콘 f_x 을 클릭하거나 단축키 Shift + F3 키를 누릅니다.

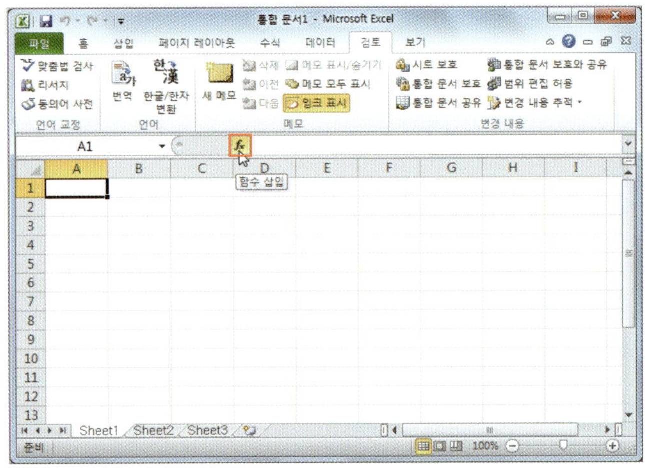

▲ '함수 삽입' 명령 이용

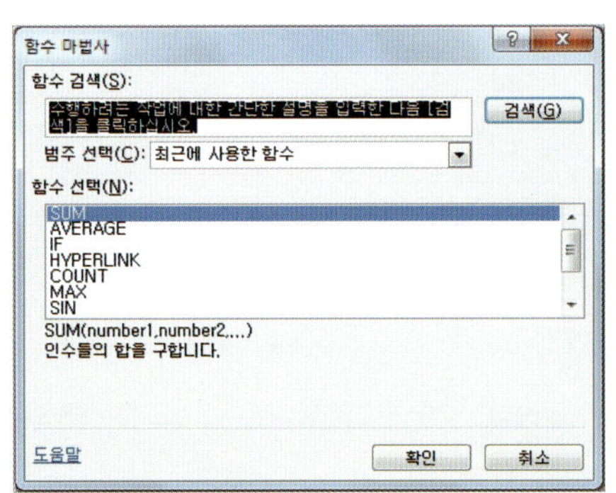

▲ '함수 마법사' 대화상자

'함수 마법사' 대화상자에서 필요한 함수를 선택하기 위해 검색을 이용하는 방법과 범주(=카테고리)를 이용하는 방법을 사용할 수 있습니다. 먼저 검색을 이용하는 방법은 함수 마법사 상단의 함수 검색란에 원하는 단어를 입력하고 〈검색〉 단추를 클릭합니다.

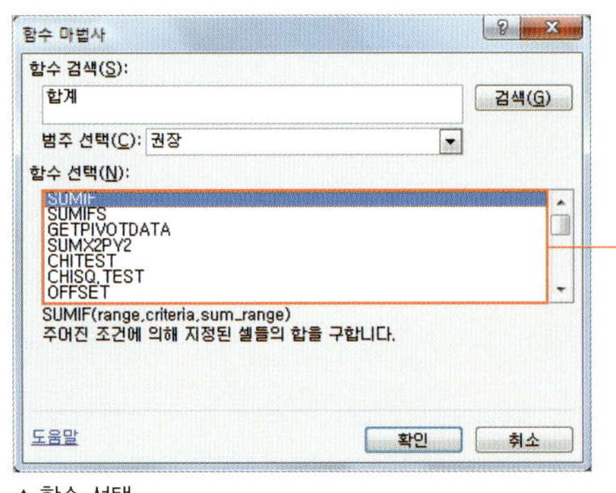

▲ 함수 선택

'합계'를 입력하고 〈검색〉 단추를 클릭하면 하위의 함수 선택 리스트에 검색된 함수들이 표시됩니다.

또한, 엑셀의 기본 함수 분류 방법을 이용해 함수를 찾을 수 있는데, 다음 화면과 같이 '범주 선택'의 콤보 상자의 아래 화살표 단추를 눌러 원하는 분류를 선택하면 됩니다.

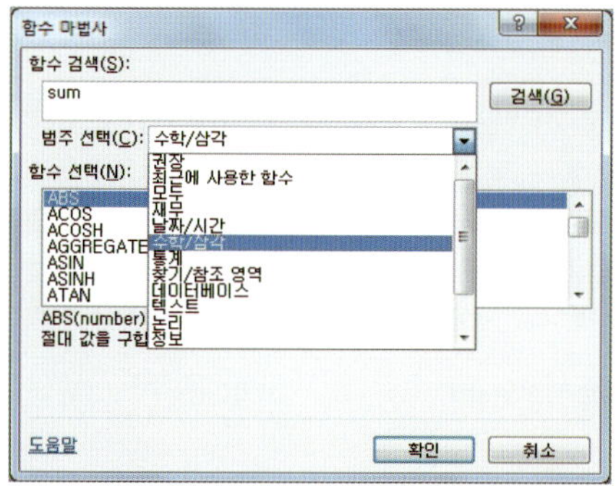

▲ 함수의 '범주 선택' 목록

이와 같은 과정을 거쳐 함수를 찾은 다음 〈확인〉 단추를 클릭하면 다음과 같이 함수를 구성할 수 있는 '함수 인수' 대화상자가 표시됩니다. '함수 인수' 대화상자는 다음과 같은 4개의 영역으로 구성되어 사용자가 함수를 쉽게 완성할 수 있도록 도와줍니다.

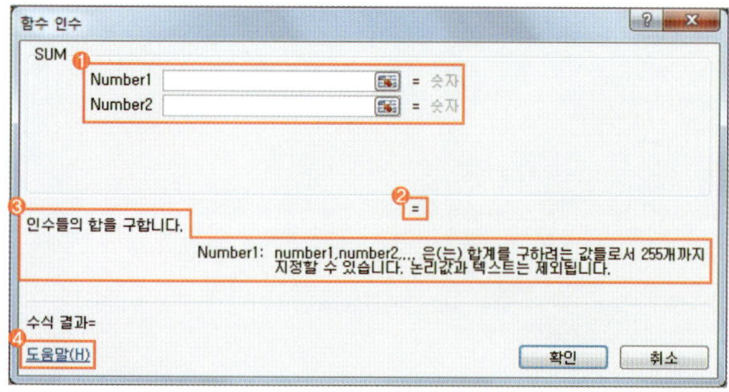

▲ '함수 인수' 대화상자

❶ **함수 인수 구성 영역** : 함수의 개별 인수를 구성할 수 있는 영역으로, 함수의 인수 값을 입력하거나 값이 위치한 셀 또는 범위를 지정합니다.

❷ **함수 결과 표시 영역** : 영역에서 구성한 함수의 결과 값을 표시합니다.

❸ **도움말 영역** : 영역에서 구성하고 있는 인수에 대한 개별 도움말과 함수 전체의 설명이 간략하게 제공됩니다.

❹ **도움말 바로 가기 영역** : 현재 함수의 도움말로 바로 갈 수 있는 하이퍼링크를 제공해주는 영역입니다. ❸ 영역의 설명으로 부족한 경우, 하이퍼링크를 클릭해 좀 더 자세한 도움말을 볼 수 있습니다.

'함수 인수' 대화상자를 빠르게 호출하는 방법

함수 마법사를 이용해 '함수 인수' 대화상자를 호출하면 시간이 걸리기 때문에 함수명을 알고 있다면 바로 해당 함수의 '함수 인수' 대화상자를 호출하면 시간을 절약할 수 있습니다.

❶ 셀에 '=(등호)'를 입력한 다음 원하는 함수명과 "("까지 입력합니다.

❷ 수식 입력줄 왼쪽의 함수 삽입 명령 아이콘 *fx* 을 클릭하거나 Ctrl + A 키를 누릅니다.

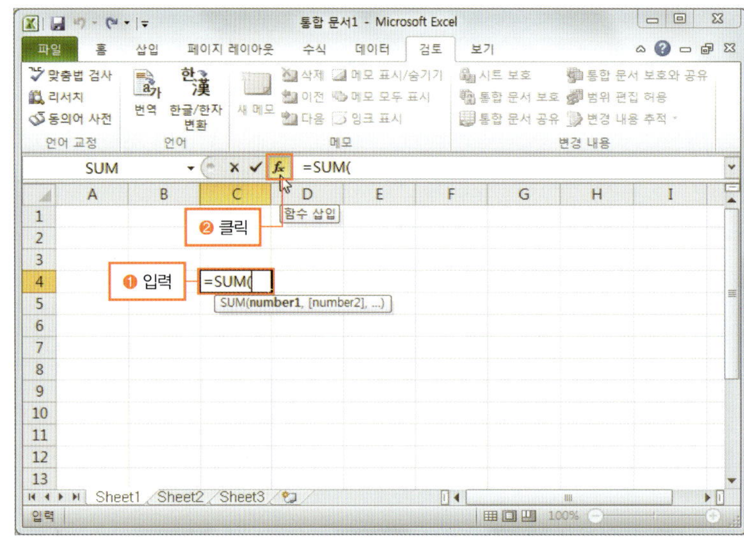

07 수식 계산 기능 익히기

'수식 계산' 기능은 엑셀에서 어렵게만 느껴지는 수식을 대상으로 하는 기능으로, 수식이 계산되어지는 단계별 과정을 사용자에게 보여줌으로써 엑셀 사용자의 수식 이해 및 작성 능력을 한 단계 끌어올려 줄 수 있는 기능입니다. 따라서 수식을 계산하는 다양한 방법을 자세히 알아봅니다.

엑셀의 수식은 함수 하나만 사용할 경우에는 그렇지 않지만, 여러 개의 함수를 사용하는 경우에는 자연스럽게 길어지게 되며, 이런 수식을 다른 사람이 보면 쉽게 이해하지 못할 때가 많습니다. 이 경우, 수식이 어떻게 계산되는지 단계별로 확인할 수 있다면 많은 도움이 되는데, 이번에 설명할 수식 계산 기능이 바로 그런 역할을 하는 기능입니다.

즉, 수식의 계산 과정을 하나하나 보여 주는 역할을 통해 어느 부분에서 문제가 있는지, 또는 수식이 어떻게 동작하는지 살펴볼 수 있습니다.

달성률 계산 과정 살펴보기

📁 **준비 파일 :** 수식 계산.xlsx

제공된 예제 파일을 열면 오른쪽 화면과 같은 표를 확인할 수 있습니다. F열을 보면 '달성률'이 계산된 수식을 볼 수 있는데, 수식 계산 기능을 이용해 달성률이 어떻게 계산되었는지 계산 과정을 살펴보도록 하겠습니다.

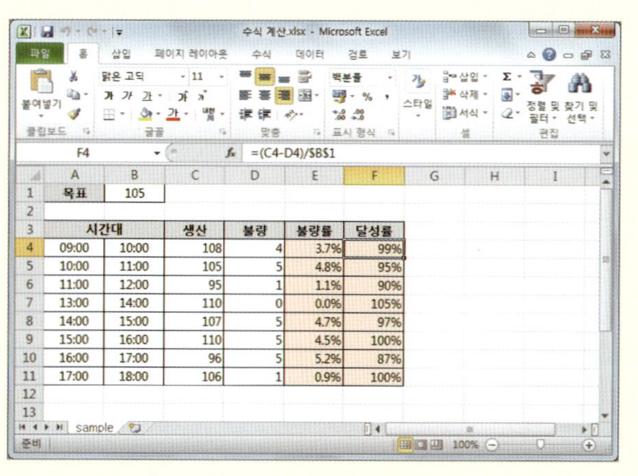

01 **수식에서 참조한 셀 확인하기** ❶ 먼저 F4셀을 선택하고 ❷ 리본의 **[수식]** 탭 → **수식 분석** 그룹 → ❸ **참조되는 셀 추적** 명령 아이콘을 클릭합니다. 그러면 오른쪽 화면과 같이 F4셀의 수식을 계산하기 위해 참조한 셀을 화살표로 표시해 줍니다. 이때 화살표의 둥근 점(•)이 표시된 위치가 계산에서 참조한 셀입니다.

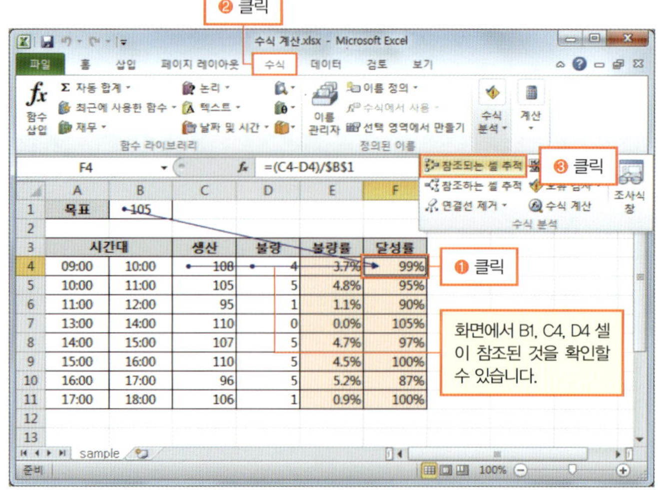

02 **수식 계산 과정 살펴보기(1)** F4셀의 계산 과정을 살펴보면 F4셀이 선택된 상태에서 ❶ 리본의 **[수식]** 탭 → **수식 분석** 그룹 → ❷ **수식 계산** 명령 아이콘을 클릭합니다.

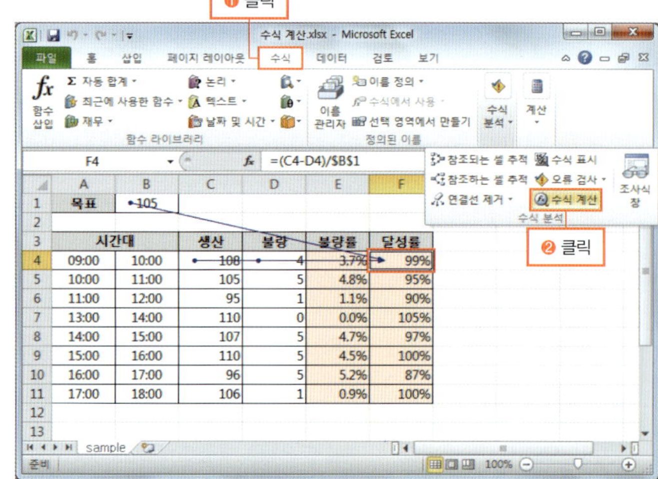

자 주 묻 는 질 문

참조 연결선을 표시하거나 삭제하려면 어떻게 해야 하나요?

수식이 입력된 셀을 선택하고 [수식] 탭 → 수식 분석 그룹 → **참조되는 셀 추적** 명령 아이콘을 클릭하면 파란색 화살표 연결선이 표시됩니다. 반대로 값이 입력된 셀을 선택하고 [수식] 탭 → 수식 분석 그룹 → **참조하는 셀 추적** 명령 아이콘을 클릭하면 해당 셀을 계산에 사용하는 수식이 입력된 셀을 연결선을 통해 확인할 수 있습니다. 표시된 연결선을 모두 지우려면 [수식] 탭 → 수식 분석 그룹 → **연결선 제거** 명령 아이콘을 클릭합니다.

03 수식 계산 과정 살펴보기(2) '수식 계산' 대화상자에서 〈계산〉 단추를 누르면 수식에 밑줄 친 부분부터 계산되며, 다음 계산 부분이 밑줄로 표시됩니다.

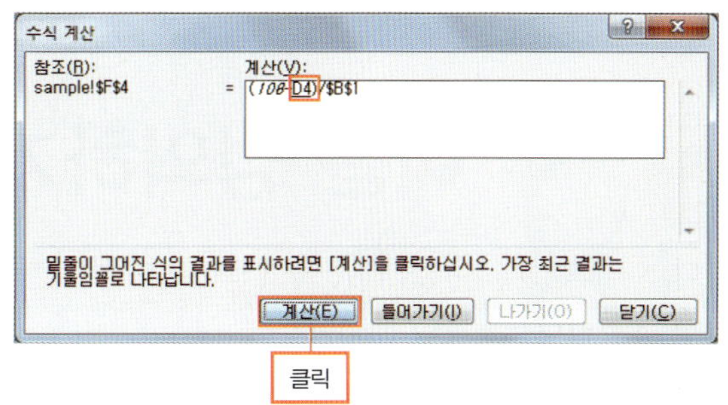

04 수식 계산 과정 살펴보기(3) 밑줄 친 부분이 셀 주소면 〈들어가기〉 단추가 활성화 됩니다. 〈들어가기〉 단추를 클릭하면 해당 셀의 값(또는 수식)이 오른쪽 화면과 같이 하위 영역에 표시됩니다.

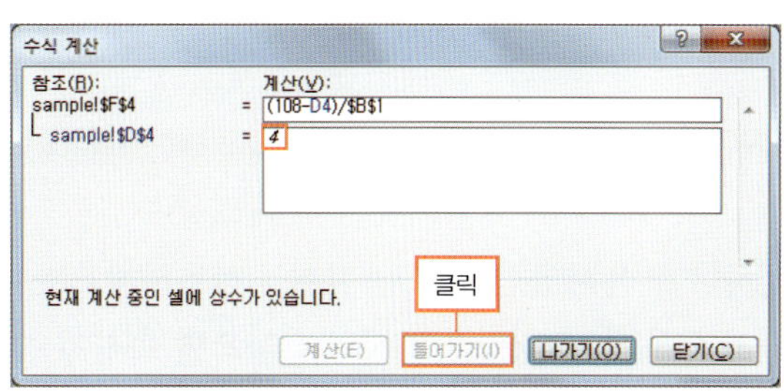

05 수식 계산 과정 살펴보기(4) 다시 원래 수식으로 돌아가려면 〈나가기〉 단추를 클릭합니다.

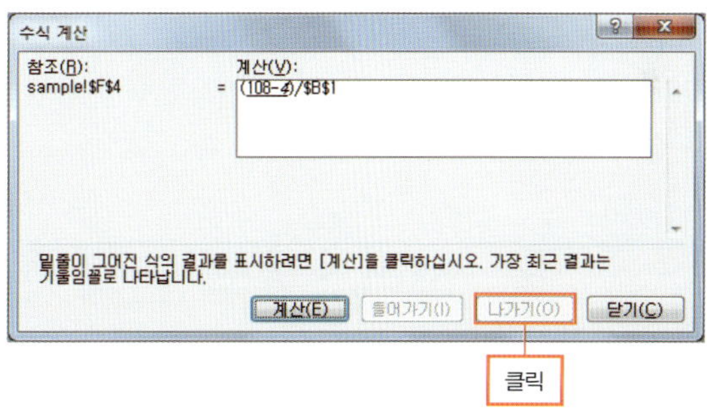

06 수식 계산 과정 살펴보기(5) 그 후 〈계산〉 단추를 계속해서 누르면 값이 하나씩 계산되어 결과 값이 어떻게 나오는지 과정을 확인할 수 있습니다. 그러면 〈계산〉 단추가 〈다시 시작〉 단추로 변경되면 클릭 시 처음부터 다시 계산 과정을 보여줍니다.

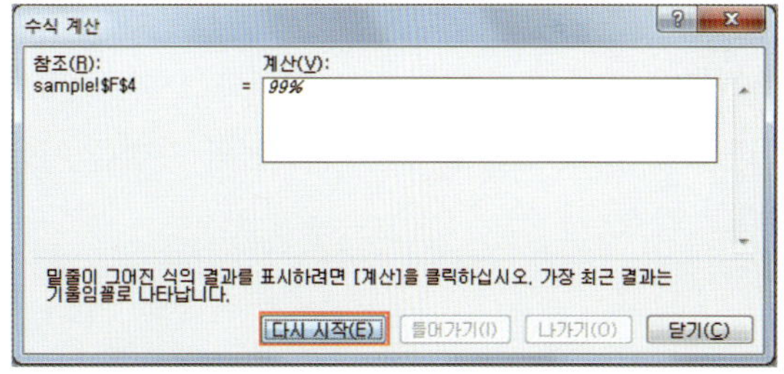

08 이름 정의하기

워크시트는 다양한 값들이 입력되고 관리되며, 수식 등을 이용해 필요한 위치를 참조하는 일이 매우 자주 발생됩니다. 그러나 셀 주소만으로는 참조 위치를 정확히 이해하는 것은 쉽지 않으므로 우리에게 친숙한 이름(=별명)을 사용해 참조 위치를 정의해 놓으면 보다 쉽게 수식 작성을 할 수 있습니다.

수식을 구성하다 보면 다양한 셀 또는 범위를 참조하게 되는데, 참조할 셀(또는 범위)을 알기 쉬운(=회사 또는 업계에서 통용되는) 명칭으로 정의해 놓으면 수식이 좀 더 이해하기 쉬워집니다.

이름을 정의하는 방법은 다음과 같은 세 가지 방법이 있습니다.

방법 1 이름 상자를 이용하는 방법

방법 2 선택 영역에서 만들기 기능을 이용하는 방법

방법 3 이름 정의 명령을 이용하는 방법

> **○ 이름 정의하기**
>
> 셀 또는 범위에 특정 이름을 지정해 놓는 작업을 '이름을 정의한다'라고 합니다.

보너스 지급 금액 계산하기

📁 **준비 파일 :** 이름 정의.xlsx

제공된 예제 파일을 열면 Before 화면과 같은 직원별 급여 내역을 확인할 수 있습니다. 이 표에서 G열의 '실급여액'과 H열의 '보너스' 금액을 이름 정의 방법을 이용해 계산해 보도록 하겠습니다(보너스는 기본급의 80% 지급한다고 가정).

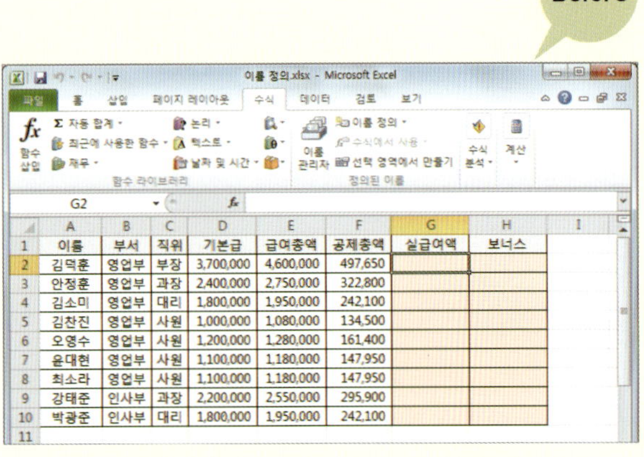

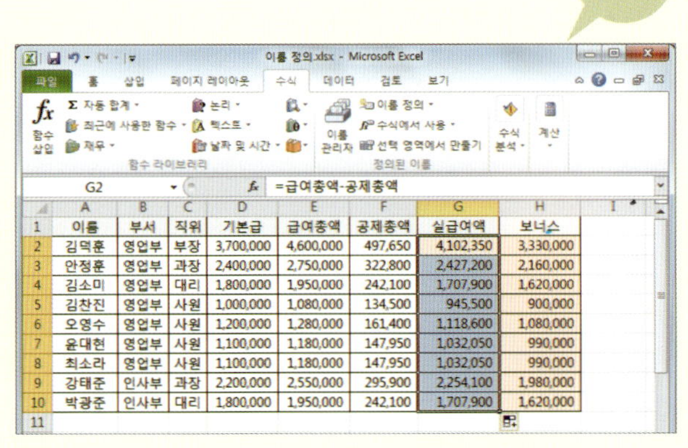

01 보너스 계산하기(1) 보너스는 D열 기본급에 80%를 지급하므로 ❶ H2셀을 선택하고 ❷ 수식 입력줄에 다음과 같이 수식을 입력한 후 Enter키를 누릅니다. ❸ H2셀의 채우기 핸들을 H10셀까지 드래그해 수식을 복사합니다.

H2	=D2 * 80%

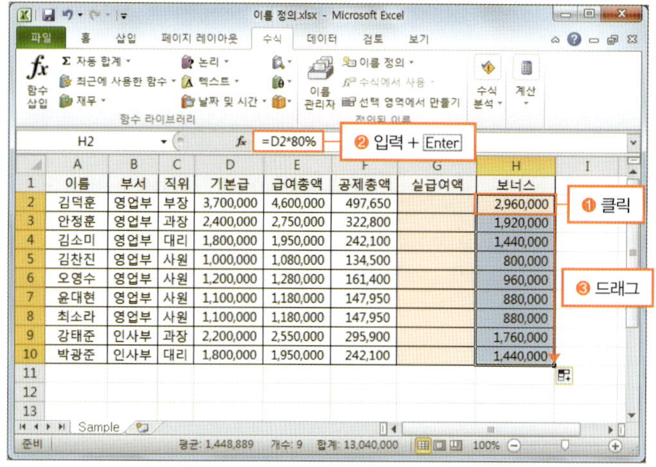

02 보너스 계산하기(2) 01과정에서 작성한 수식에서 셀 주소 대신 이름을 사용하면 좀 더 수식을 이해하기가 쉽습니다. 보너스는 D열의 '기본급'을 가지고 계산하므로 D열의 기본급 데이터 범위를 이름으로 정의합니다. 이름을 정의하기 위해 ❶ D2:D10 범위를 선택하고 ❷ 이름 상자에 "기본급"이라고 입력한 후 Enter키를 누릅니다.

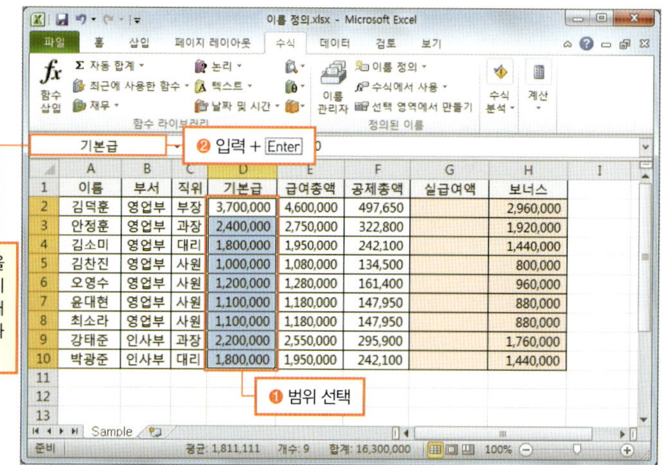

03 보너스 계산하기(3) 정의된 이름으로 수식을 사용하기 위해 ❶ H2셀을 선택하고 ❷ 수식을 다음과 같이 수정한 다음 Enter키를 누릅니다. ❸ H2셀의 채우기 핸들을 H10셀까지 드래그해 수식을 복사합니다.

H2	=기본급 * 80%

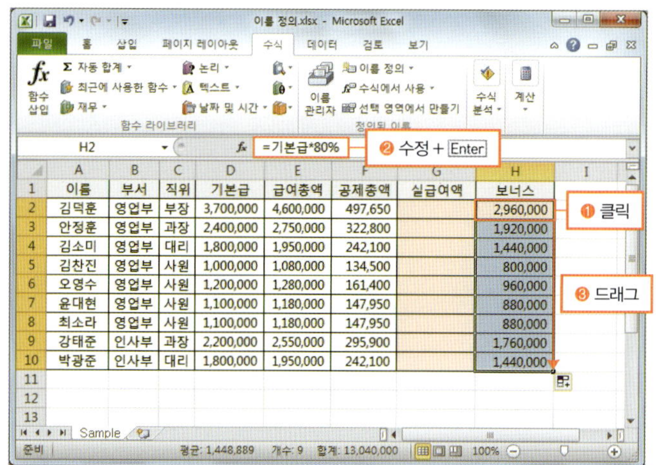

04 **보너스 계산하기(4)** 보너스를 계산할 때 사용한 80%라는 비율은 고정 값일 수도 있지만, 필요에 따라 얼마든지 변경될 수 있는 값입니다. 이 값을 이름으로 정의해 관리하면 후속 작업이 좀 더 편리해집니다. 80%라는 상수를 이름으로 정의하기 위해 ❶ 리본의 **[수식]** 탭 → **정의된 이름** 그룹 → ❷ **이름 정의** 명령 아이콘을 클릭합니다.

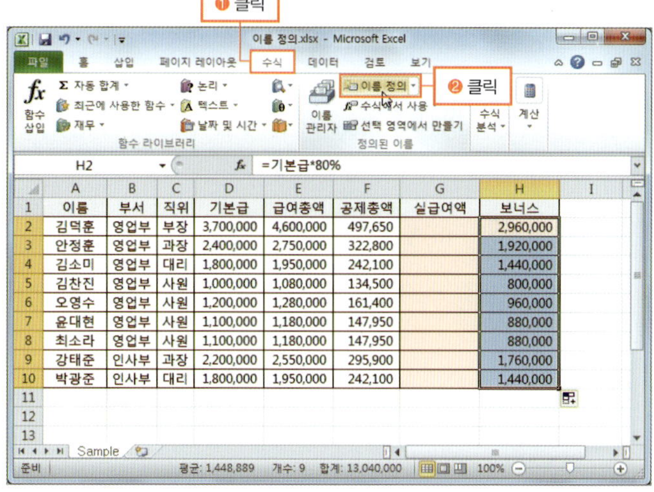

05 **보너스 계산하기(5)** '새 이름' 대화상자가 표시되면 ❶ 이름 란에 "보너스_지급_비율"을 입력하고, ❷ 참조 대상 란에 "=0.8"을 입력한 후 ❸ 〈확인〉 단추를 클릭합니다.

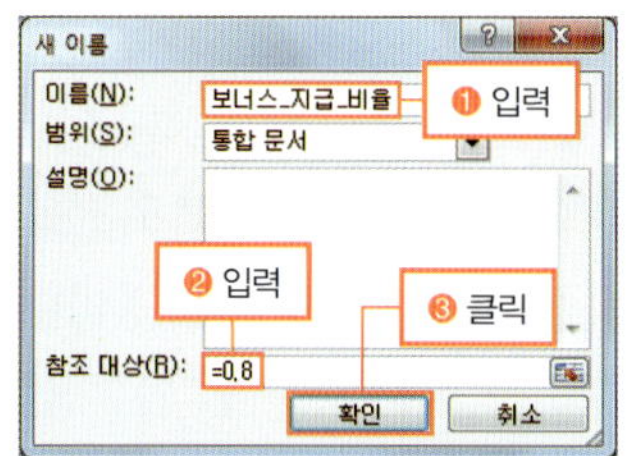

06 **보너스 계산하기(6)** 05과정에서 정의된 이름을 사용해 보너스를 계산하도록 하기 위해 ❶ H2셀을 선택하고 ❷ 수식을 다음과 같이 수정한 후 ❸ H2셀의 채우기 핸들 🔲을 H10셀까지 드래그해 수식을 복사합니다.

H2	=기본급 * 보너스_지급_비율

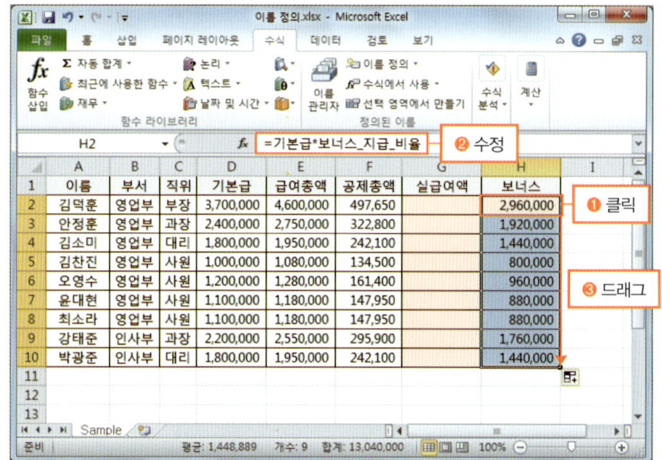

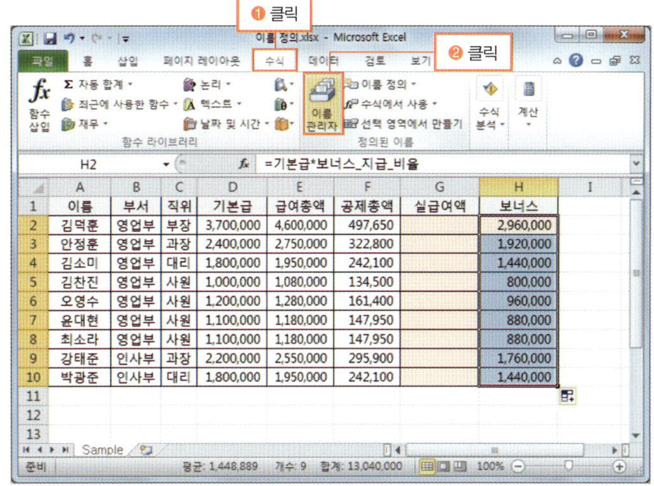

07 **보너스 계산하기(7)** 이제 보너스 지급 비율이 변경되면 수식을 고칠 필요가 없이 정의된 이름을 변경해 주기만 하면 되므로 정의된 이름을 수정하려면 '이름 관리자' 대화상자를 이용합니다. '이름 관리자' 대화상자를 호출하기 위해서 ❶ 리본의 [수식] 탭 → **정의된 이름** 그룹 → ❷ **이름 관리자** 명령 아이콘을 클릭합니다.

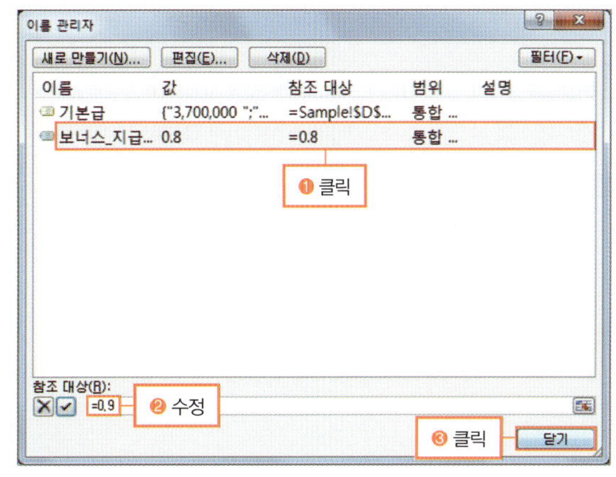

08 **보너스 계산하기(8)** '이름 관리자' 대화상자가 표시되면 ❶ '보너스_지급_비율' 이름을 선택하고 ❷ 하단의 '참조 대상'의 값을 "=0.9" 수정한 후 ❸ 〈닫기〉 단추를 클릭합니다.

'이름 정의' 대화상자를 이용하면 이름 상자에서 할 수 없는 상수나 수식을 이용한 이름을 정의할 수 있습니다. 참고로 상수나 수식을 이용해 정의된 이름은 이름 상자에 나타나지 않습니다.

이름을 명명할 경우에는 다음과 같은 규칙을 지켜야 합니다.

첫째, 첫 번째 문자는 반드시 영어 또는 한글 문자여야 하며, 숫자나 특수 문자를 사용할 수 없습니다.

둘째, 여러 단어를 사용할 경우 공백 문자(" ")는 사용할 수 없기 때문에 밑줄(_)이나 마침표(.) 등을 사용합니다.

09 **보너스 계산하기(9)** H열의 보너스 금액을 보면 수정된 '보너스_지급_비율' 이름 때문에 보너스 금액이 자동으로 변경된 것을 알 수 있습니다. 이렇게 업무에 필요한 상수 값을 이름으로 정의해 관리하면 나중에 수정할 위치를 찾아 일일이 작업하지 않아도 이름만 수정하면 되므로 편리합니다.

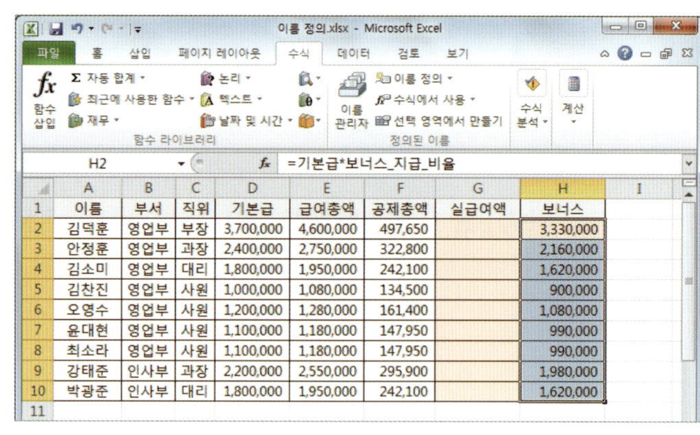

> ◆ 참고로 07~09 과정에서 H2:H10 범위가 선택된 것은 06과정의 연속된 작업으로 인한 것이므로 꼭 범위를 선택하고 작업해야 수정된 이름이 반영되는 것은 아닙니다.

10 **실급여액 계산하기(1)** 이번에는 E열의 '급여총액'에서 F열의 '공제총액'을 빼서 G열의 '실급여'을 계산해 보겠습니다. E열과 F열의 이름을 빠르게 정의하게 위해 이번에는 선택 영역에서 만들기 기능을 이용합니다. ❶ E1:F10 범위를 선택하고 ❷ 리본의 **[수식]** 탭 → **정의된 이름** 그룹 → **선택 영역에서 만들기** 명령 아이콘을 클릭합니다.

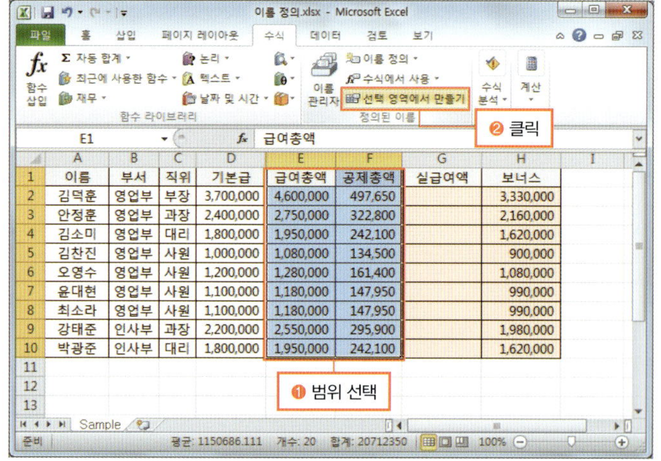

11 **실급여액 계산하기(2)** '선택 영역에서 이름 만들기' 대화상자가 표시되면 ❶ '첫 행' 옵션만 체크해 놓은 상태에서 ❷ 〈확인〉 단추를 클릭합니다. 이렇게 하면 선택 범위(E1:F10)의 첫 행에 있는 E1, F1셀의 값을 이름으로 각각 E2:E10, F2:F10 범위를 참조하도록 이름이 정의됩니다.

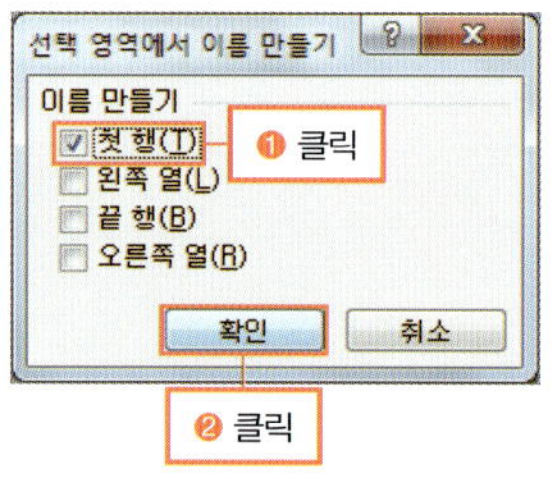

리스트 방식은 정리된 표에서 표의 열 머리글(=제목)을 사용해 전체 데이터 범위를 이름으로 빠르게 정의할 수 있는 방법입니다. 이름 상자를 이용할 경우에는 한 번에 한 개의 열만 이름으로 정의할 수 있지만, 이 기능을 이용하면 표의 여러 열을 동시에 이름으로 정의할 수 있습니다. 참고로 이 기능을 수행한 후 대화상자를 닫을 때에는 작업 결과가 따로 표시되지 않기 때문에, 정의된 이름을 확인하려면 이름 상자 우측의 아래 화살표(▼)를 클릭하면 됩니다.

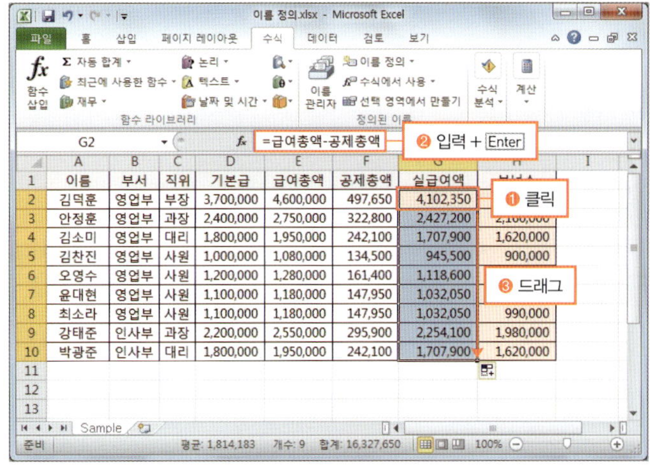

12 **실급여액 계산하기(3)** 이제 실급여액을 계산하기 위해 ❶ G2셀을 선택하고 ❷ 수식 입력줄에 다음과 같이 수식을 입력한 후 Enter 키를 누릅니다. ❸ G2셀의 채우기 핸들 을 G10셀까지 드래그해 수식을 복사해 줍니다.

G2	=급여총액-공제총액

엑셀 2003 버전만 하더라도, 이름 정의를 사용할 때 가장 번거로운 일이 오류가 발생한 이름을 지우려면 일일이 찾아 하나씩 지워야 한다는 점이었습니다. 하지만, 엑셀 2007 이상 버전에서 제공되는 '이름 관리자' 대화상자를 이용하면 이런 작업을 손쉽게 처리할 수 있습니다.

만약 오류 값을 반환하는 이름만 삭제하기 위해 **오류가 있는 이름**을 선택하면 오류값을 갖는 이름만 리스트에 표시됩니다. 이 상태에서 이름을 마우스로 드래그하면 추출된 모든 이름을 선택할 수 있으며, 〈삭제〉 단추를 누르면 오류 값을 반환하는 이름을 빠르게 삭제할 수 있습니다.

다음 화면 우측 상단의 〈필터〉 단추를 누르면 아래 화면과 같이 메뉴가 표시되며, 이 메뉴에서 제공되는 필터 조건은 다음과 같습니다.

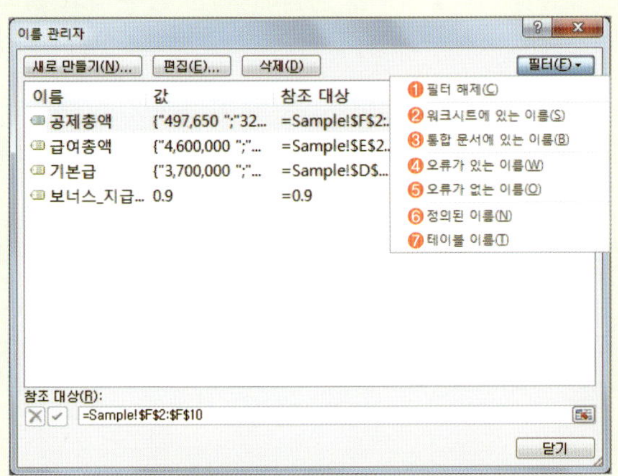

❶ **필터 해제** : 먼저 지정해 놓은 필터 조건을 해제해 모든 이름이 표시되도록 합니다.

❷ **워크시트에 있는 이름** : 특정 워크시트에서 사용할 수 있는 이름만 표시합니다.

❸ **통합 문서에 있는 이름** : 통합 문서에서 사용할 수 있는 이름만 표시합니다.

❹ **오류가 있는 이름** : 오류가 발생한 이름만 표시합니다.

❺ **오류가 없는 이름** : 오류가 발생하지 않은 이름만 표시합니다.

❻ **정의된 이름** : 직접 정의한 이름만 표시합니다.

❼ **테이블 이름** : 엑셀 표에서 정의된 이름만 표시합니다.

## CHAPTER 02

판단 함수

특정 값(또는 수식)을 파악해 새로운 값(또는 계산식의 결과 값)을 반환하도록 해야 하는 경우, 예를 들어 A1셀에 입력된 값이 '75'를 기준으로 이상인지 아닌지를 판단해 "합격", "불합격"을 반환해야 한다면 수식을 어떻게 작성해야 할까요? 이런 경우, 판단의 기준이 되는 '75'를 기준으로 조건식을 구성할 수 있어야 하며, 조건의 옳고 그름에 따라 반환하는 값을 달리할 수 있어야 합니다.

여기에서 조건과 조건의 옳고 그름에 따라 다르게 값을 반환하는 함수가 필요하게 되는데, 이와 같은 함수를 통칭해 '판단 함수'라고 합니다.

01 셀 값을 판단해 결과 반환하기

엑셀에서 셀 값을 판단해 A(또는 B)의 결과(또는 작업)를 얻기 위해 수식을 작성하는 일은 자주 발생하는 일입니다. 이와 같은 수식 작성 방법에서 가장 어려운 것이 바로 셀 값을 판단하는 조건식을 구성하는 일인데, 조건 작성 방법을 잘 익혀 둔다면 수식뿐만 아니라 다양한 함수에서도 많이 활용할 수 있습니다.

어떤 특정 작업을 수행하기 위해 셀 값을 판단하여 A, B와 같이 서로 다른 작업을 해야 한다면 둘 중의 하나를 선택하는 함수로 IF함수를 사용합니다. 예를 들어, 영업사원 실적을 보면서 목표를 달성한 직원을 선별해 포상하려는 경우에 전체 표에서 포상자만을 정확하게 선별할 수 있습니다.

IF (❶, ❷, ❸)

IF함수는 3개의 인수를 사용하는 함수로 ❶인수의 조건이 참인지 거짓인지 판단한 다음 참이면 ❷인수를, 거짓이면 ❸인수 값을 반환합니다.

구문	❶ 조건 : TRUE, FALSE 값을 반환하는 값 또는 계산식 ❷ 참인 경우 반환 : 조건이 TRUE일 때 반환할 값 또는 계산식 ❸ 거짓인 경우 반환 : 조건이 FALSE일 때 반환할 값 또는 계산식

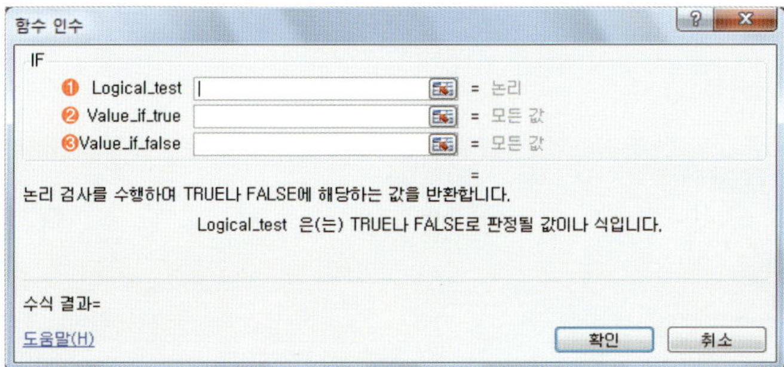

▲ '함수 인수' 대화상자

❶ **Logical_test** : '참', 또는 '거짓'을 결정하는 조건을 지정

❷ **Value_if_true** : 조건이 '참'일 때 표시할 값

❸ **Value_if_false** : 조건이 '거짓'일 때 표시할 값

목표 달성 직원 포상하기

준비 파일 : 포상자 선발.xlsx

제공된 예제 파일을 열면 Before 화면과 같은 표를 확인할 수 있습니다. A열의 영업사원이 수립한 목표(B열)와 달성한 매출(C열)이 있을 때, After 화면과 같이 목표를 달성한 자를 D열에 '포상' 대상자로 표시하고, 포상자가 적을 경우 목표를 90% 이상 달성한 자까지 '추가포상' 대상자임을 표시해 보도록 하겠습니다.

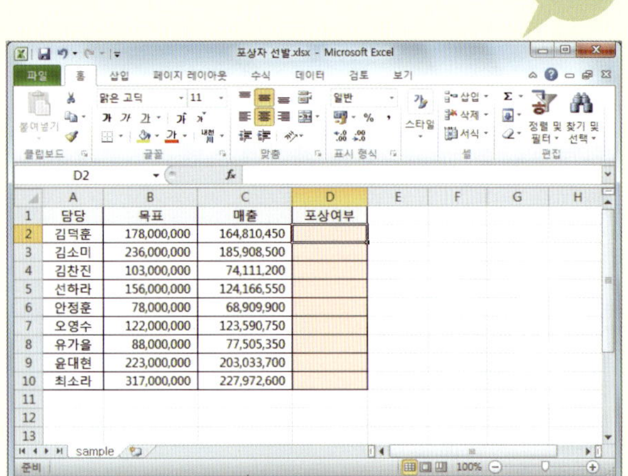

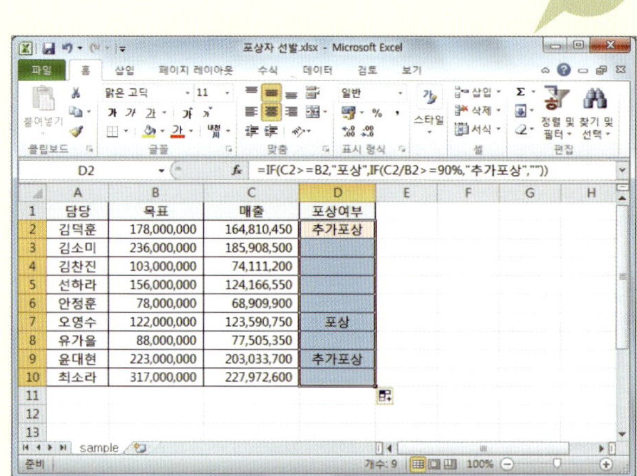

01 **포상자 표시하기(1)** 먼저 목표를 달성했는지 여부를 판단하기 위해 D2셀에 IF함수를 사용합니다. ❶ D2셀을 선택하고 ❷ 수식 입력줄에 "=IF("를 입력하고 ❸ **함수 삽입** 단추 **fx**를 클릭합니다.

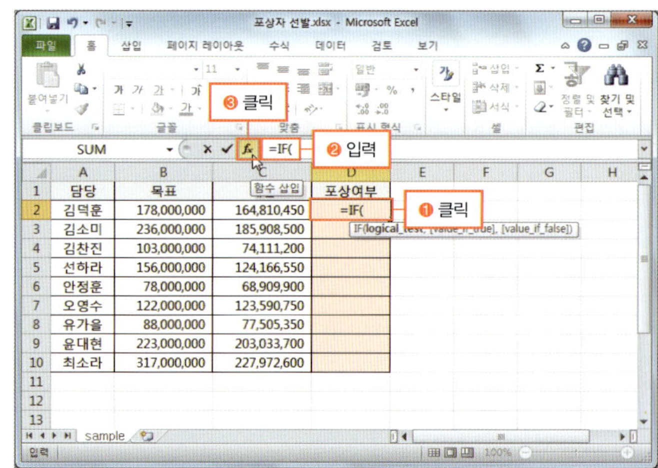

02

포상자 표시하기(2) IF함수의 '함수 인수' 대화상자가 표시되면 첫 번째 인수 입력란에 "C2>=B2"와 같은 조건을 입력합니다.

> ⚙ **C2>=B2 조건**
>
> 목표를 달성했다는 것은 목표보다 매출이 높다는 것을 의미합니다. 그러므로 B열의 '목표'가 C열의 '매출'보다 작거나 같은 조건을 구성할 수 있으며, 다음과 같은 조건을 사용해도 동일한 결과를 얻을 수 있습니다.
> - B2-C2<0 : '목표'에서 '매출'을 빼면 0 미만 값이 나오는 경우
> - C2-B2>=0 : '매출'에서 '목표'를 빼면 0 이상 값이 나오는 경우
> - C2/B2>=100% : '매출'을 '목표'로 나누었을 때 100%(=1) 이상인 값이 나오는 경우
>
> 위에서 알 수 있듯이 조건은 정답이 없으므로 사용자가 필요에 맞게 구성합니다. 단, 반드시 'TRUE', 'FALSE'와 같은 논리 값이 반환되도록 구성해야 합니다.

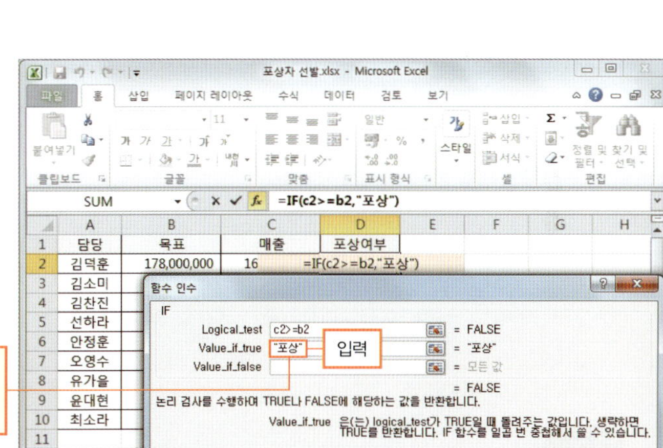

03

포상자 표시하기(3) 02과정에서 입력한 조건을 만족하면 목표를 달성한 자이기 때문에 IF함수의 두 번째 인수 입력란에 ""포상""이라고 입력합니다.

텍스트 값을 반환하게 할 경우에는 값의 양쪽 끝을 큰 따옴표("")로 묶어주어야 합니다.

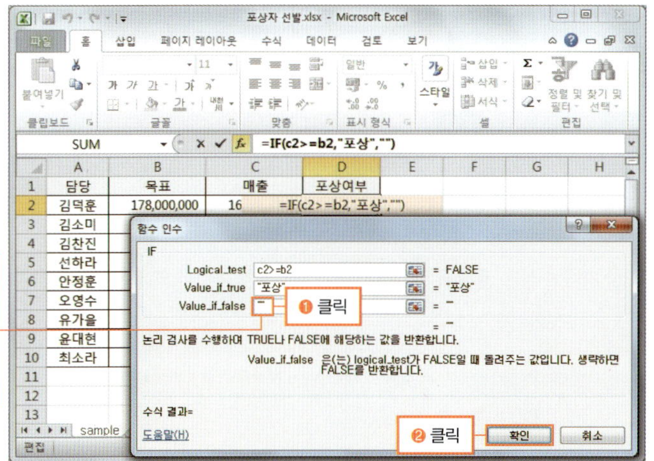

04

포상자 표시하기(4) 02과정에서 입력한 조건을 만족하지 않는다면 목표에 미달한 자이기 때문에 ❶ IF함수의 세 번째 인수 입력란에 큰따옴표("")를 입력하고 ❷ 〈확인〉 단추를 클릭합니다.

큰 따옴표("")를 연속으로 두 번 입력하면 아무 값도 없는 빈 문자를 반환합니다. 이렇게 하면, 목표를 달성한 사람에게는 "포상"이란 텍스트 값이 반환되지만, 그렇지 않은 사람에게는 화면에 아무 값도 표시되지 않습니다.

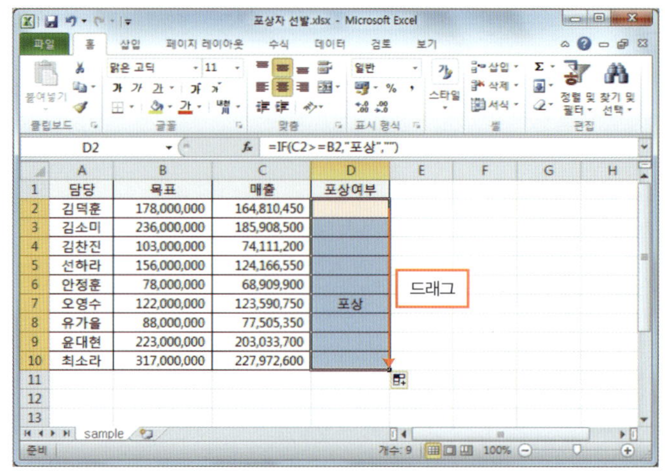

05 **포상자 표시하기(5)** 이것은 매출이 목표보다 낮기 때문에 D2셀에 아무런 값이 표시되지 않습니다. D2셀의 수식을 복사해 사용하기 위해 D2셀의 채우기 핸들을 D10셀까지 드래그합니다.

06 **추가 포상자 표시하기** 포상 대상자가 적어 추가 포상자를 표시하기 위해 목표를 90%이상 달성한 사람을 추가로 표시합니다. ❶ D2를 선택하고 ❷ 수식을 다음과 같이 수정한 다음 ❸ D2셀의 채우기 핸들을 D10셀까지 드래그해 복사합니다.

D2	=IF(C2>=B2,"포상",IF(C2/B2>=90%,"추가포상",""))

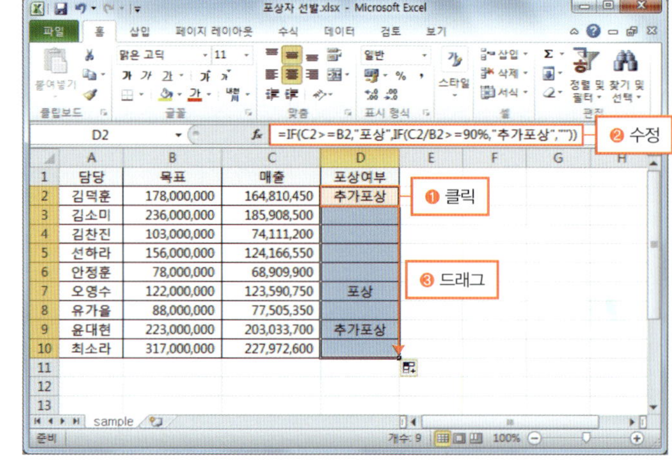

작성된 수식과 중첩 구조를 알아보겠습니다.

다음 수식은 목표를 달성하지 못한 직원에게 아무 값도 표시하지 않기 위해 빈 문자열("")을 표시하라는 의미입니다.

=IF(C2>=B2,"포상","")

사람들 중에서 목표 달성률이 90%이상인 사람에게 "추가포상" 텍스트 값을 반환하기 위해 위 수식에서 "" 부분을 제거하고 다음과 같이 수정합니다.

IF(C2/B2>=90%,"추가포상","")

위 수식은 '매출'을 '목표'로 나눈 값이 90%이상이면 "추가포상"을, 아닌 경우에는 빈 문자열("")을 반환하라는 의미입니다. 이렇게 함수 내에서 다른 함수를 사용하는 것은 가능하며, 이런 작업을 함수를 '중첩'한다고 표현합니다. 엑셀 2010에서의 함수의 중첩은 최대 64번 가능하지만, 보통 3~4회를 넘지 않는 것이 일반적입니다.

중첩을 줄이는 수식 구성 방법

IF함수를 이용해 판단을 계속 해야하는 작업을 수행하려면 IF함수 안에 IF함수를 사용하는 중첩이 반복해서 발생됩니다. 예를 들어, 다음과 같은 점수를 받은 학생들의 학점을 A~F까지 표시해야 하는 경우를 생각해보세요.

⬜	A	B	C	D
1	이름	성적	학점	
2	강현수	57		
3	최한기	96		
4	민병철	49		
5	임홍삼	53		
6	황규하	99		
7	마은성	72		
8	이성화	80		
9	이영애	67		
10	정보진	77		
11				

이 경우 학점을 10점씩 구분해 A~F까지 표시해야 한다면, 점수를 판단하기 위해 IF함수를 이용해 다음과 같이 수식을 작성해야 합니다.

```
=IF(B2>90, "A", IF(B2>80, "B", IF(B2>70, "C", IF(B2>60, "D", "F"))))
```

이와 같은 상황 외에도 복잡한 상황은 얼마든지 많기 때문에 이런 경우라면 IF함수를 중첩해서 작성하지 않고, 표 오른쪽에 다음과 같은 학점 표를 먼저 정리합니다.

⬜	A	B	C	D	E	F	G
1	이름	성적	학점		성적	학점	성적분포
2	강현수	57			0	F	0 ~ 60
3	최한기	96			60	D	61 ~ 70
4	민병철	49			70	C	71 ~ 80
5	임홍삼	53			80	B	81 ~ 90
6	황규하	99			90	A	91 ~ 100
7	마은성	72					
8	이성화	80					
9	이영애	67					
10	정보진	77					
11							

그런 다음, 다음과 같이 학점을 참조해 오는 다음과 같은 수식을 C2셀에 작성합니다.

```
=VLOOKUP(B2, $E$2:$F$6, 2, TRUE)
```

이렇게 하면 수식을 좀 더 간결하게 작성하면서 동일한 결과를 얻을 수 있습니다. VLOOKUP함수 구성 방법이나 학점 표를 구성하는 방법은 《Part 03. 2장. 01 VLOOKUP함수로 값 참조하기》를 참조하세요.

셀 값의 형식을 판단해 결과 반환하기

앞에서 진행한 IF함수로 하는 판단 작업은 '비교 연산자'를 사용해 조건을 구성했습니다. 비교 연산자로 조건을 구성해 작업할 수 있는 경우를 제외하면 내가 알고자 하는 사실이 맞는지 틀리는지 확인할 수 있는 함수가 필요합니다. 이와 같은 함수에 대해 자세히 알아보도록 합니다.

IS계열 함수와 IF함수를 중첩해 사용하면 셀 값의 형식 또는 계산식의 반환 값을 판단해 상황에 따라 값을 반환하는 것이 가능합니다. 참고로 엑셀 2007 버전에서 추가된 IFERROR함수의 경우는 IF함수와 ISERROR함수를 중첩 사용한 수식을 조금 더 간결하게 처리할 수 있도록 도와줍니다.

> **● IS계열 함수**
>
> 숫자 계산을 위해 특정 셀에 입력된 값이 숫자인지 여부를 판단하거나 계산할 수식이 오류 값을 반환하는지 등을 확인해 줄 수 있는 함수들입니다.

IFERROR(❶, ❷)

❶인수의 값 또는 계산식이 오류 값을 반환하면 ❷인수를, 아니면 ❶인수를 반환합니다.

구문	❶ 식 : 값 또는 계산식 ❷ 식이 에러인 경우 반환 : 식이 오류 값을 반환할 때 반환할 값 또는 계산식
특이사항	엑셀 2007 버전부터 지원, 엑셀 2003 이하 버전에서는 다음과 같은 수식으로 대체 =IF(ISERROR(식), 식이 에러인 경우 반환, 식)

ISERROR(❶)

❶인수의 계산식이 오류 값을 반환하면 TRUE, 아니면 FALSE 값을 반환합니다.

구문	❶ 식 : 값 또는 계산식

그 외 IS로 시작하는 함수는 다음과 같은 함수가 있으며, 모두 ISERROR 함수와 마찬가지로 ❶인수만 받아 'TRUE', 'FALSE'를 반환합니다.

함수	설명
ISBLANK	❶인수에 전달된 셀이 빈 셀이면 TRUE, 아니면 FALSE
ISERR	❶인수의 계산식이 #N/A 오류 값 이외의 오류 값을 반환하면 TRUE, 아니면 FALSE
ISEVEN	❶인수 값이 짝수이면 TRUE, 아니면 FALSE
ISLOGICAL	❶인수 값이 TRUE, FALSE와 같은 논리 값이면 TRUE, 아니면 FALSE
ISNA	❶인수의 계산식이 #N/A 오류 값을 반환하면 TRUE, 아니면 FALSE
ISNONTEXT	❶인수 값이 텍스트 값이 아니면 TRUE, 맞으면 FALSE
ISNUMBER	❶인수 값이 숫자 값이면 TRUE, 아니면 FALSE
ISODD	❶인수 값이 홀수이면 TRUE, 아니면 FALSE
ISREF	❶인수 값이 셀 주소이면 TRUE, 아니면 FALSE
ISTEXT	❶인수 값이 텍스트 값이면 TRUE, 아니면 FALSE

해외 사업 법인의 실적 증감률 계산하기

📂 **준비 파일** : 법인별 증감률.xlsx

제공된 예제 파일을 열면 Before 화면과 같은 표를 확인할 수 있습니다. 각 해외 법인별로 전년도와 금년의 실적을 비교해 얼마나 증가하고 감소했는지를 D열에 표시해 보도록 하겠습니다(이때, 금년도에 새로 시작한 법인의 경우는 증감률을 '0'으로 표시).

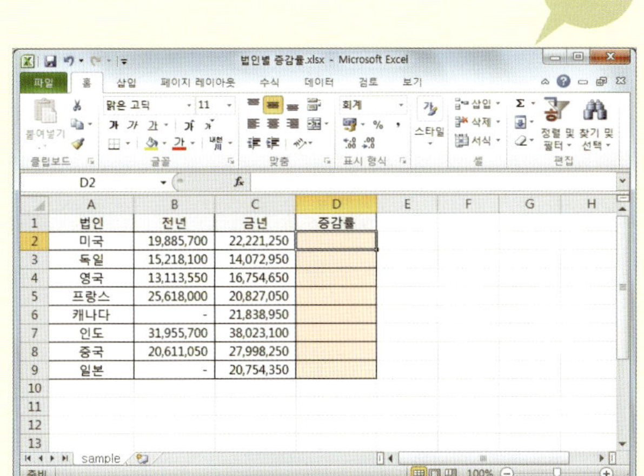

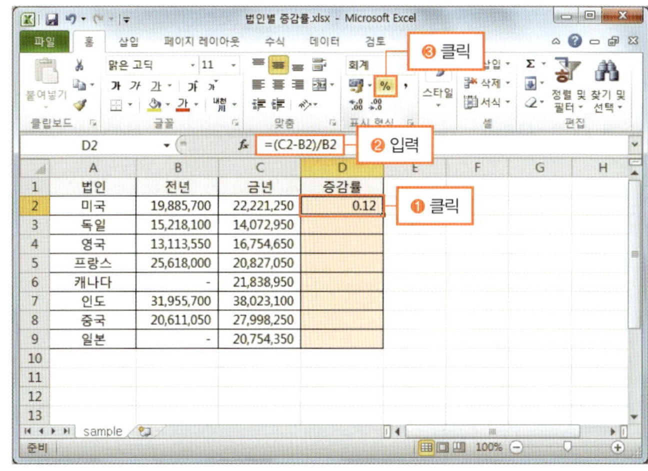

01 **증감률 수식 및 결과 확인하기** 증감률을 구하려면 증감분을 과거실적으로 나누면 됩니다. ❶ D2셀을 선택하고 ❷ 수식 입력줄에 다음과 같이 수식을 입력하고 ❸ 리본의 [홈] 탭 → **표시 형식** 그룹 → **백분율 스타일** 명령 아이콘을 클릭합니다.

D2	=(C2-B2)/B2

02 **수식 복사해 오류 확인하기** 수식을 복사해 사용하기 위해 D2셀의 채우기 핸들을 D9셀까지 드래그합니다. 그러면 D6, D9셀에 각각 #DIV/0! 오류 값이 표시됩니다. 해당 셀의 수식만 개별적으로 고칠 수 있지만, 그렇게 하면 불편하므로 D2셀의 수식을 고쳐 사용합니다.

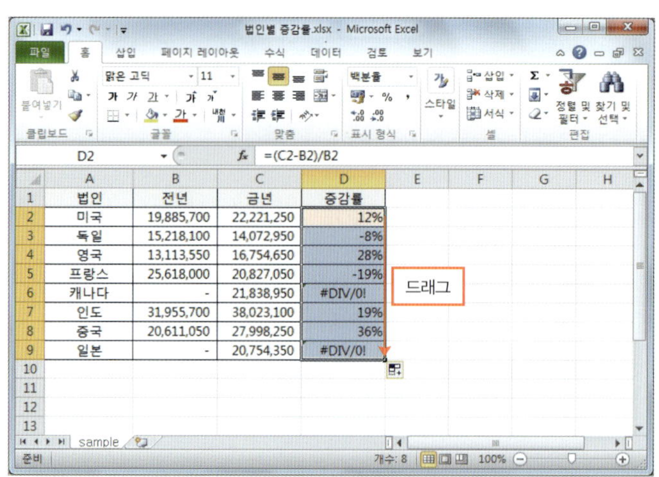

◉ 오류 값 발생 원인

#DIV/0! 오류 값은 나누기 계산에서 분모가 0인 경우에 발생합니다. 캐나다와 일본 법인은 금년도에 생겨난 것으로 전년 실적이 '0'이므로 증감률을 계산할 때 분모가 '0'이 되어 해당 오류가 발생합니다.

03 **오류 발생 여부 판단하기** D2셀에 증감률을 계산하기 위해 사용한 수식이 왜 오류 값이 발생하는지 확인해 보겠습니다. ❶ D2셀을 선택하고 ❷ 수식을 다음과 같이 수정한 다음 ❸ D2셀의 채우기 핸들을 D9셀까지 드래그합니다.

D2	=ISERROR((C2−B2)/B2)

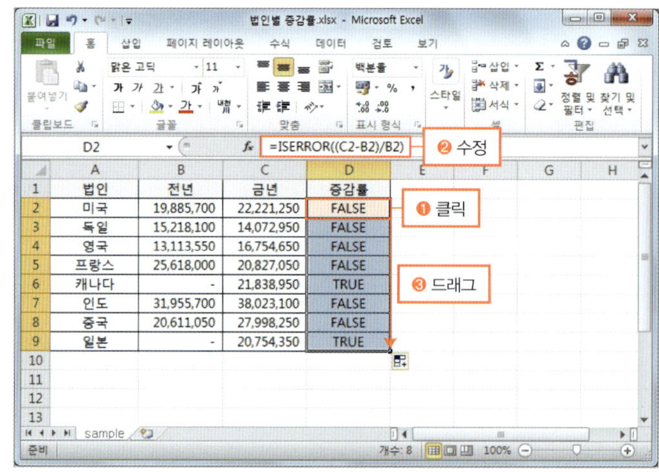

◉ ISERROR함수

오류 값의 원인을 알았기 때문에 ISERROR함수 대신 "=IF(B2=0, 0, (C2−B2)/B2)" 수식을 사용할 수 있습니다. 하지만 이외에도 다양한 오류 값이 존재하므로 어떤 오류가 발생할지 모르는 경우에 ISERROR함수를 사용합니다.

04 **IF함수를 이용해 판단 결과 반환하기** 03 과정의 수식은 모두 'TRUE', 'FALSE'를 반환하므로 IF함수를 사용해 해당 상황에 맞는 결과를 얻어야 합니다. ❶ D2셀을 선택하고 ❷ 수식을 다음과 같이 수정한 다음 ❸ D2셀의 채우기 핸들을 D9셀까지 드래그합니다.

D2	=IF(ISERROR((C2−B2)/B2),0,(C2−B2)/B2)

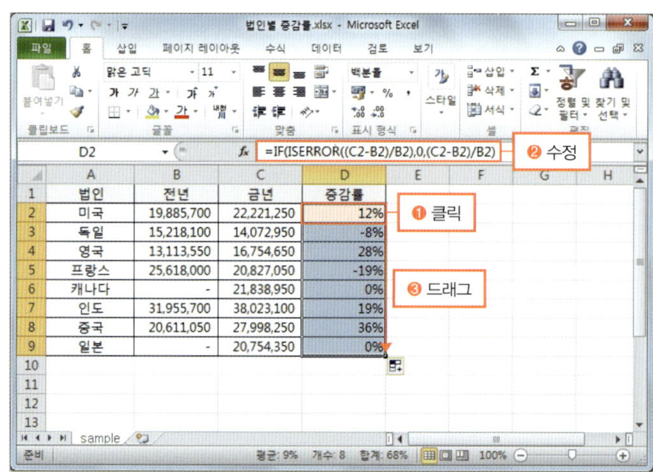

◉ IF함수와 ISERROR함수의 중첩

ISERROR함수는 오류 값이 발생했는지 여부를 'TRUE', 'FALSE'로 반환합니다. 그렇기 때문에 IF함수의 첫 번째 인수로 사용하면 TRUE일 때(=오류 값이 반환될 때)와 FALSE일 때를 구분해 다른 계산 작업을 처리하도록 할 수 있습니다. 따라서, IF함수를 사용해 "ISERROR((C2−B2)/B2)"가 TRUE이면 '0'을, FALSE이면 '(C2−B2)/B2'를 계산해서 증감률을 구할 수 있습니다.

05 IFERROR 함수 사용하기

IFERROR 함수 사용하기 04과정의 수식을 사용하면 원하는 결과를 얻을 수 있지만, 증감률을 구하는 수식을 두 번 반복해서 사용해야 합니다. 이런 문제를 해결하기 위해 ❶ D2셀을 선택하고 ❷ 수식을 다음과 같이 수정한 다음 ❸ D2셀의 채우기 핸들을 D9셀까지 드래그합니다.

D2	=IFERROR((C2-B2)/B2, 0)

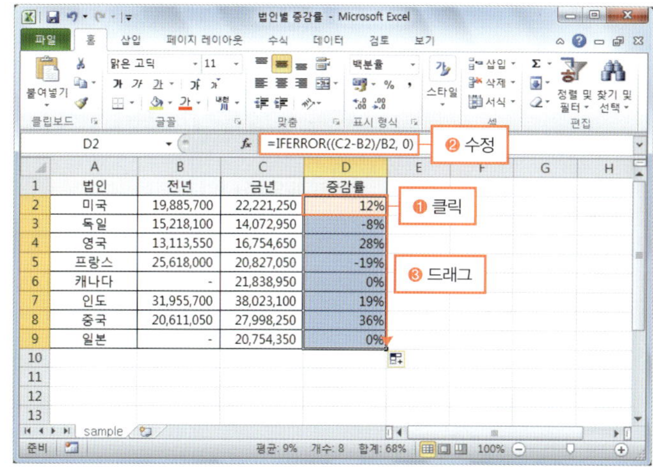

◉ IFERROR함수

IFERROR함수는 IF와 ISERROR함수의 중첩 수식을 좀 더 간결하게 처리할 수 있도록 엑셀 2007 버전부터 지원됩니다. 구성도 간단해서 첫 번째 인수에 계산식, 두 번째 인수에 첫 번째 인수가 오류 값을 반환할 경우에 대신 반환할 값(또는 계산식)을 전달합니다.

IFERROR함수는 앞에서도 설명한 것과 같이 엑셀 2007 버전부터 제공되는 함수로, 엑셀 2007 버전에서 새롭게 추가되었습니다.

IFERROR, SUMIFS, COUNTIFS, AVERAGEIF, AVERAGEIFS

위 함수를 사용한 엑셀 파일을 엑셀 2003 파일 형식인 xls 확장자로 저장할 경우, 해당 함수를 사용한 수식을 해당 버전에서 인식할 수 없기 때문에 #NAME! 오류가 발생하게 됩니다. 그러므로 위 함수들을 사용할 경우에는 파일을 반드시 xlsx나 xlsm 형식으로 저장해야 합니다.

복잡한 판단 결과 반환하기

여러 개의 조건이 존재할 경우에는 이를 만족하는 결과를 얻기 위해 AND, OR, NOT함수를 사용합니다. 어떤 기준을 두고 조건에 모두 만족하는지, 한 조건만 만족하는지 여부로 다양한 판단을 할 수 있습니다. AND, OR, NOT함수의 활용 방법에 대해 알아봅니다.

복잡한 판단이라는 것은 조건이 둘 이상인 것을 의미합니다. 이렇게 여러 개의 조건이 어떻게 구성되었는지에 따라 반환해야 할 값이 다르다면, 앞에서 배운 방법만으로 수식을 구성하기 쉽지 않습니다.

예를 들어 A, B, C와 같은 3개의 조건이 존재하고, 모든 조건을 만족하는 경우나, 또는 어느 하나의 조건이라도 만족하는 같은 조건을 처리해야 한다면(생각보다 실무에서는 이런 작업이 많이 발생합니다.) 엑셀에서 제공하는 AND, OR, NOT함수를 사용할 수 있습니다.

AND(조건❶, 조건❷, …)

AND함수는 인수로 전달된 모든 조건이 참일 때만 TRUE를 반환하며, 그 외의 경우에는 FALSE를 반환합니다.

구문	• 조건 : TRUE, FALSE 값을 반환하는 값 또는 계산식
특이사항	• 모든 조건을 만족하는 판단이 필요한 경우에 주로 사용 • 엑셀 2003 버전에서는 30개의 조건, 엑셀 2007 버전에서는 255개의 조건 처리가 가능

OR(조건❶, 조건❷, …)

OR함수는 인수로 전달된 조건 중 하나만 참이라도 TRUE를 반환하며, 그 외의 경우에는 FALSE를 반환합니다.

구문	• 조건 : TRUE, FALSE 값을 반환하는 값 또는 계산식
특이사항	• 조건 중에서 하나만 맞아도 되는 판단에 주로 사용 • 엑셀 2003 버전에서는 30개의 조건, 엑셀 2007 버전에서는 255개의 조건 처리가 가능

NOT(❶)

NOT함수는 조건 하나를 인수로 받을 수 있으며, 조건이 참이면 FALSE를, 거짓이면 TRUE를 반환합니다.

구문	❶ 조건 : TRUE, FALSE 값을 반환하는 값 또는 계산식

생산 제품의 검사 값을 기준으로 불량 골라내기

📁 **준비 파일 :** 불량 판정.xlsx

제공된 예제 파일을 열면 Before 화면 아래쪽의 두 번째 표(A12:E14)에 입력된 불량 판정 기준을 이용해 After 화면과 같이 E:F열에 불량 판정 작업을 진행하고, G열에 검사 통과 여부를 나타내 보도록 하겠습니다.

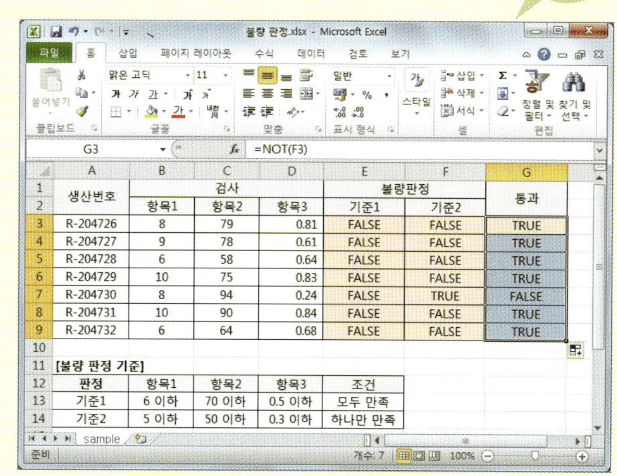

01 첫 번째 기준으로 불량 판정하기

첫 번째 불량 판정 기준은 13행에서 확인할 수 있는데, 검사 항목 값이 기준 값보다 모두 작으면 불량입니다. ❶ E3셀을 선택하고 ❷ 수식 입력줄에 다음과 같은 수식을 입력한 후 Enter 키를 누릅니다. ❸ E3셀의 채우기 핸들을 E9셀까지 드래그해 수식을 복사합니다.

E3	=AND(B3〈=6, C3〈=70, D3〈=0.5)

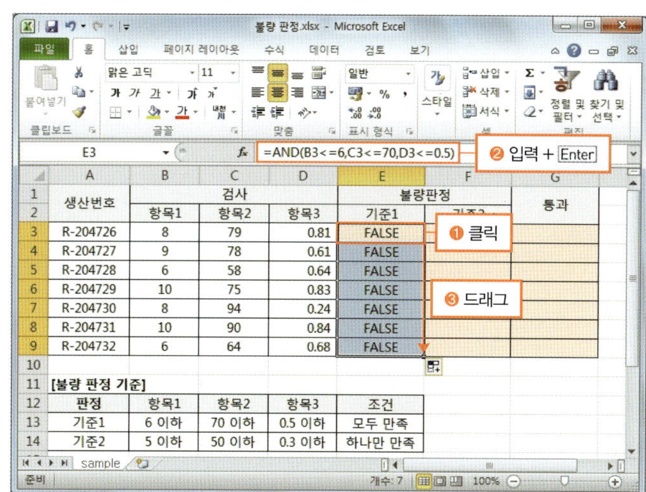

> **🔵 AND함수의 사용**
>
> AND함수를 사용하면 여러 조건 중에서 모든 조건이 맞는 경우 'TRUE'를, 하나라도 조건이 틀리면 'FALSE'를 반환합니다. 반환된 값을 알기 쉬운 텍스트 값으로 변경하려면 "=IF(AND(B3〈=6, C3〈=70, D3〈=0.5), "불량", "")"와 같이 IF함수의 첫 번째 인수에 AND함수를 사용합니다.
>
> AND함수를 사용하지 않고 IF함수만으로 같은 결과를 얻으려면 다음과 같이 수식을 작성해야 합니다.
>
> - "=IF(B3〈=6, IF(C3〈=70, IF(D3〈=0.5, "불량", ""), ""), "")"

02 **두 번째 기준으로 불량 판정하기** 두 번째 기준은 14행에서 확인할 수 있는데, 검사 항목 1, 2, 3중 하나라도 기준 값보다 작으면 불량입니다. ❶ F3셀을 선택하고 ❷ 수식 입력줄에 다음과 같은 수식을 입력한 후 Enter키를 누릅니다. ❸ F3셀의 채우기 핸들을 F9셀까지 드래그해 수식을 복사합니다.

| F3 | =OR(B3〈=5, C3〈=50, D3〈=0.3) |

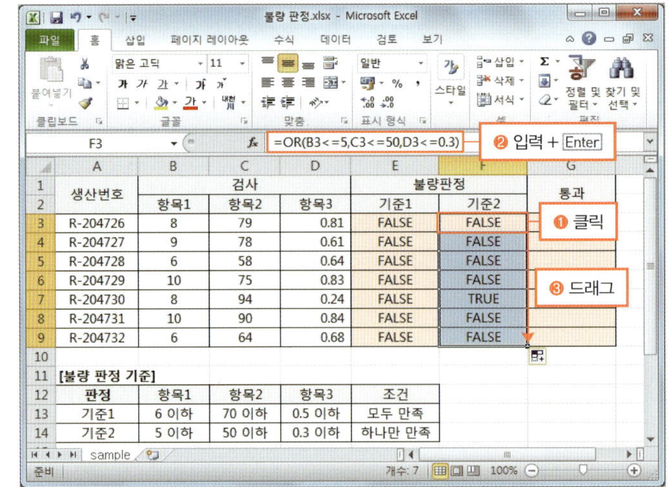

OR함수의 사용

OR함수는 AND함수와 마찬가지로 여러 조건을 한 번에 검사할 수 있지만, 조건을 처리하는 방법은 조금 다릅니다. OR함수는 조건 중에서 하나라도 맞으면 'TRUE'를, 모두 틀린 경우에만 'FALSE'를 반환합니다. 반환된 값을 알기 쉬운 텍스트 값으로 변경하려면 =IF(OR(B3〈=5, C3〈=50, D3〈=0.3), "불량", "")와 같이 IF함수의 첫 번째 인수에 OR함수를 사용합니다.

OR함수를 사용하지 않고 같은 결과를 IF함수만으로 얻으려면 다음과 같이 수식을 작성해야 합니다.

● =IF(B3〈=5, "불량", IF(C3〈=70, "불량", IF(D3〈=0.3, "불량", "")))

03 **심사 통과 여부를 표시하기** 01과정의 검사에서는 하나의 불량도 없고, 02과정 검사에서 한 건의 불량이 있습니다. 통과했는지 여부를 TRUE, FALSE로 반환하려면 F열 값의 반대 값이 반환되면 됩니다. 그러므로 ❶ G3셀을 선택하고 ❷ 수식 입력줄에 다음과 같이 수식을 입력한 후 Enter키를 누릅니다. ❸ G3셀의 채우기 핸들을 G9셀까지 드래그해 수식을 복사합니다.

| G3 | =NOT(F3) |

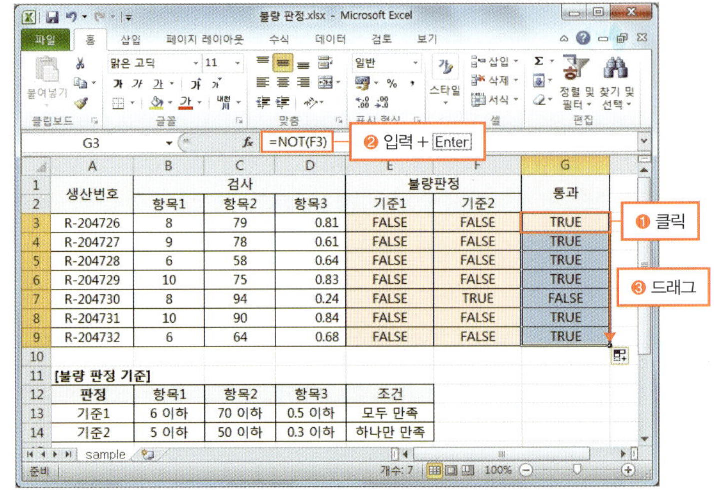

NOT함수의 사용

심사가 통과되었다는 것은 E열과 F열의 결과가 모두 'FALSE'이어야 합니다. 두 값이 모두 FALSE일 때 TRUE를 반환하도록 하는 함수는 없지만 OR함수를 쓰면 E열과 F열의 결과가 모두 FALSE일 때만 'FALSE'가 반환됩니다.

● =OR(E3, F3)

이 결과의 반대 결과가 나오도록 NOT함수를 사용하면, 검사를 통과했다는 결과를 반환할 수 있습니다.

● =NOT(OR(E3, F3))

E열의 결과가 모두 'FALSE'이므로 F열의 판정 결과의 반대(불량이면 통과되지 못하고, 불량이 아니면 통과되도록) 값을 반환하도록 하기 위해 NOT함수를 사용한 것입니다.

04 일련번호에 따라 값 반환하기

어떤 규칙을 갖는 값, 예를 들면 사업자등록번호, 주민등록번호, 주문번호, 사번과 같은 값을 보면 숫자 하나하나에 의미를 갖고 있는 경우가 많습니다. 이런 값들을 사람이 이해하기 쉬운 1, 2, 3,…과 같은 일련번호 등으로 대체해야 하는 경우가 종종 있습니다. 그 방법에 대해 알아 보겠습니다.

엑셀에서는 특화되어 사용할 수 있는 CHOOSE함수를 제공합니다.

CHOOSE(❶, 값❶, 값❷, 값❸, …)	
❶인수의 숫자와 같은 위치의 값 인수를 반환합니다. ❶인수의 값이 1,2,3,…과 같은 일련번호를 반환하는 경우, 1이면 값❶ 인수 값을. 2이면 값❷ 인수 값이 반환됩니다.	
구문	❶ 일련번호 조건 : 1,2,3,… 등의 일련번호 값을 반환하는 계산식 ❷ 값 : 반환할 값 또는 범위로 최대 244개까지 지정할 수 있습니다.

입사지원서 서식에서 주민등록번호를 참고해 성별 구분하기

📁 **준비 파일 :** 입사지원서.xlsx

제공된 예제 파일을 열면 Before 화면과 같은 입사지원서 서식을 확인할 수 있습니다. AF4:AH4 병합 셀에 좌측의 주민등록번호 뒷자리의 첫 번째 숫자(=Y4셀) 값에 따라 성별을 표시해 보도록 하겠습니다.

01 **CHOOSE함수 구성하기(1)** 주민등록번호 뒷자리 첫 번째 자리 숫자는 1~8사이의 값이기 때문에, IF함수를 사용하는 것보다 CHOOSE함수를 사용하는 것이 좋습니다. ❶ AF4:AH4 병합 셀을 선택하고 ❷ 수식 입력줄에 "=CHOOSE("를 입력한 후 ❸ **함수 삽입** 단추 f_x 를 클릭합니다.

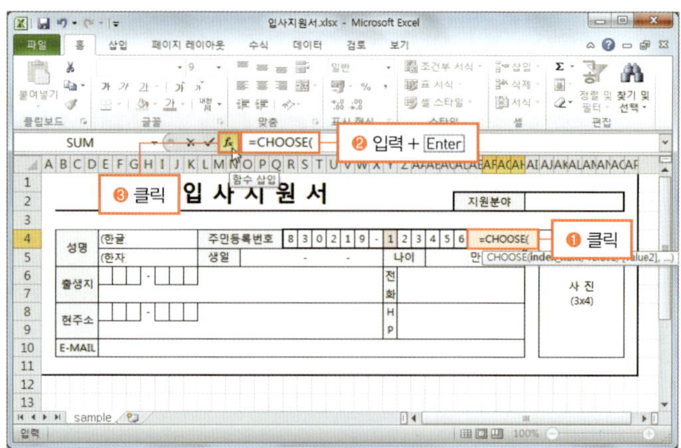

02 **CHOOSE함수 구성하기(2)** CHOOSE함수의 '함수 인수' 대화상자가 호출되면 ❶ 첫 번째 인수 입력란을 선택하고 ❷ 주민등록번호 뒷자리의 첫 번째 숫자가 입력된 Y4셀을 마우스로 클릭합니다. 그러면 첫 번째 인수 입력란에 "Y4" 셀 주소가 표시됩니다.

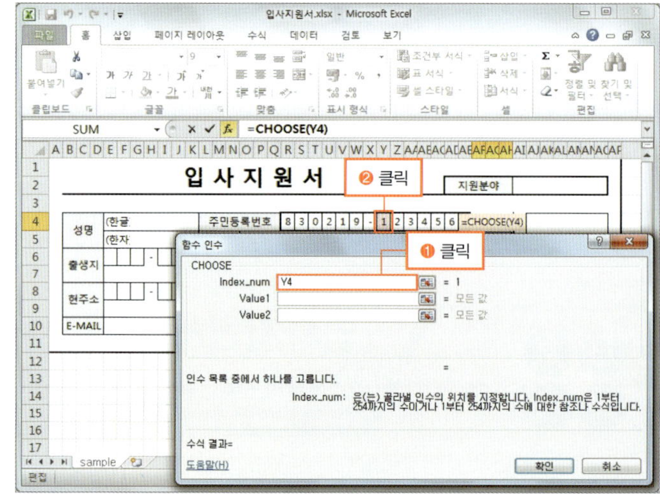

03 **CHOOSE함수 구성하기(3)** 주민등록번호 뒷자리의 첫 번째 숫자는 1~8사이의 값을 반환합니다. 1일 때는 "남", 2일 때는 "여"를 반환하므로 ❶ 두 번째 인수 입력란에는 "남", ❷ 세 번째 인수 입력란에는 "여"를 각각 입력합니다.

성별 출생년대	남		여	
	국내 출생	외국인	국내 출생	외국인
1900년대	1	5	2	6
2000년대	3	7	4	8

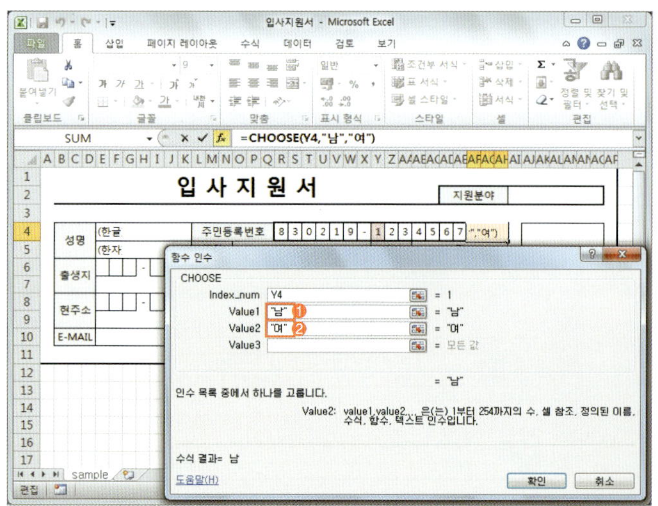

04 **CHOOSE함수 구성하기(4)** 03 과정에서 입력한 것만으로는 모든 처리가 되지 않으므로 ❶ Value 3~Value 8 인수 입력란에 "남", "여" 값을 반복해서 입력한 다음 ❷ 〈확인〉 단추를 클릭하여 수식을 입력합니다.

'함수 인수' 대화상자에서 CHOOSE함수의 Value 인수와 같이 동일한 인수를 여러 개 사용할 수 있을 때, 앞의 몇 번째 인수 입력란만 먼저 표시되고, 나머지 인수 입력란은 앞의 인수를 구성하면 자동으로 나타납니다.

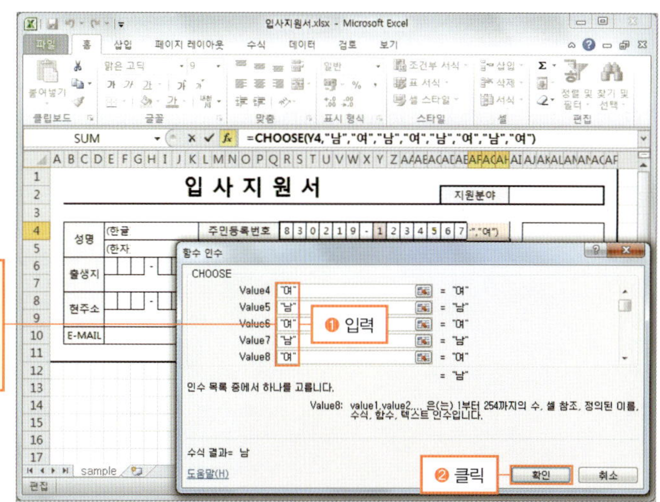

05 **CHOOSE함수 결과 확인하기** 그러면 오른쪽 화면과 같이 "남" 값이 나타납니다. 자신의 주민등록번호를 R4:AE4 범위에 직접 입력해 보거나 Y4셀의 값을 1~8까지 변경해 보면, AF4:AH4 병합 셀의 성별이 바뀌는 것을 확인할 수 있습니다.

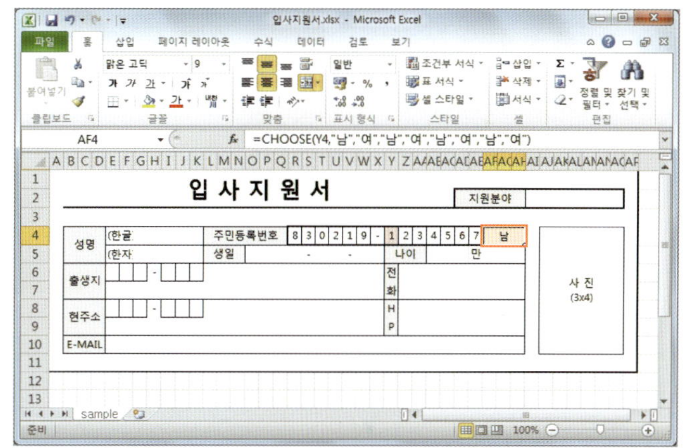

06 **IF, ISODD함수를 사용해 성별 표시하기** 01~04 과정에서 CHOOSE함수를 구성했을 때 주민등록번호의 뒤 첫 번째 숫자는 홀수이면 "남", 짝수이면 "여"를 의미합니다. 그러므로 값이 홀수인지, 짝수인지 여부를 판단할 수 있으면 수식을 좀 더 간결하게 할 수 있습니다. ❶ AF4:AH4 병합 셀을 선택하고 ❷ 수식 입력줄에 다음과 같이 수식을 입력한 후 Enter 키를 누릅니다.

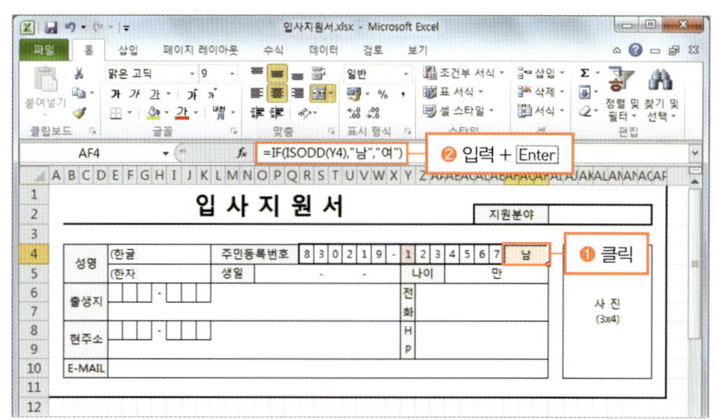

AF4:AH4	=IF(ISODD(Y4), "남", "여")

💡 ISODD함수는 IS계열 함수중의 하나로 값이 홀수인지 여부를 알려 주는 함수입니다(짝수는 ISEVEN함수). 주민등록번호 뒷자리의 첫 번째 숫자가 홀수이면 "남", 그렇지 않으면(=짝수이면) "여"를 반환하도록 구성합니다.

```
=IF(ISODD(Y4), "남", "여")
```

↳ 여기서 Y4는 성별을 구분하는 셀 주소 입니다.

## CHAPTER 03

편집 함수

편집 함수는 셀 값을 가공할 때 사용하는 함수들을 통칭하는 말로, 셀에 입력된 값 중 일부를 잘라내거나 여러 셀의 값을 연결하는 작업 또는 셀 값의 일부를 수정하는 등과 같은 작업을 할 때 사용하는 함수들을 의미합니다.

EXCEL 2010

01 셀 값의 일부 잘라내기

셀 값의 일부를 잘라내 사용하고 싶은 경우라면, 엑셀에서는 상황에 따라 선택할 수 있도록 다양한 함수를 제공합니다. 이와 같은 작업은 입력된 데이터를 열로 분리해 사용하고자 하는 경우에 많이 사용됩니다. 값을 입력하는 작업을 줄이기 위해 LEFT, MID, RIGHT함수의 사용법에 대해 정확히 이해합니다.

셀 값을 잘라낼 때는 입력된 방향으로 왼쪽, 가운데, 오른쪽에서 지정한 문자 개수만큼 잘라내는 작업을 할 수 있습니다. 이런 작업을 위해 제공되는 함수가 바로 다음과 같은 LEFT, MID, RIGHT함수입니다.

LEFT(❶, ❷)

❶인수의 값 왼쪽에서부터 ❷인수로 지정된 문자 개수만큼 잘라냅니다.

구문	❶ 문자열 : 잘라낼 값을 포함하는 전체 문자열 ❷ 문자 개수 : 문자열에서 잘라낼 문자의 수로 음수를 사용할 수 없으며 생략하면 1로 인식
사용 예	A1셀에 **'엑셀..하루에 하나씩'** 값이 입력된 경우에 =LEFT(A1, 2) 수식을 입력하면 **'엑셀'** 값이 반환됩니다.

MID(❶, ❷, ❸)

❶인수의 값에서 ❷인수의 문자 위치부터 ❸인수의 문자 개수만큼 잘라냅니다.

구문	❶ 문자열 : 잘라낼 값을 포함하는 전체 문자열 ❷ 문자 위치 : 문자열에서 잘라낼 첫 번째 문자가 몇 번째 문자인지를 나타내는 위치 값 ❸ 문자 개수 : 문자열에서 잘라낼 문자의 수로 음수를 사용할 수 없으며 남아 있는 문자 개수 보다 크면 문자 위치 다음의 모든 문자를 반환, 생략하면 1로 인식
사용 예	A1셀에 **'엑셀..하루에 하나씩'** 값이 입력된 경우에 =MID(A1, 5, 2) 수식을 입력하면 **'하루'** 값이 반환됩니다.

RIGHT(❶, ❷)

❶인수의 값 오른쪽에서 ❷인수로 지정된 문자 개수만큼 잘라냅니다.

구문	❶ 문자열 : 잘라낼 값을 포함하는 전체 문자열 ❷ 문자 개수 : 문자열에서 잘라낼 문자의 수로 음수를 사용할 수 없으며 생략하면 1로 인식
사용 예	A1셀에 **'엑셀..하루에 하나씩'** 값이 입력된 경우에 =RIGHT(A1, 3) 수식을 입력하면 **'하나씩'** 값이 반환됩니다.

◎ 문자 개수

문자 개수를 파악할 때 Space Bar 키를 눌러 입력하는 공백 문자(" ")도 하나의 문자로 간주됩니다.

이력서에 주민등록번호를 입력하면 생년월일로 표시하기

📁 **준비 파일** : 이력서.xlsx

제공된 예제 파일을 열면 Before 화면과 같은 이력서 서식을 확인할 수 있습니다. K7:L7 병합 셀에 입력된 주민등록번호의 앞 6자리 숫자(이 숫자는 생년월일을 의미하는 숫자로 YYMMDD 형식)에서 생년월일의 연도, 월, 일을 잘라내어 After 화면과 같이 G8:I9 병합 셀에 표시해 보도록 하겠습니다.

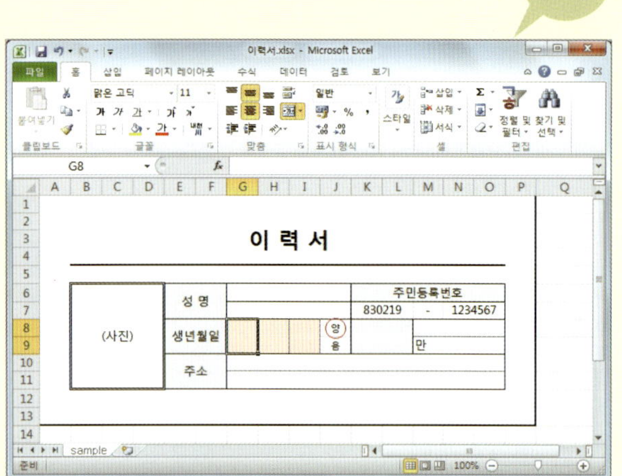

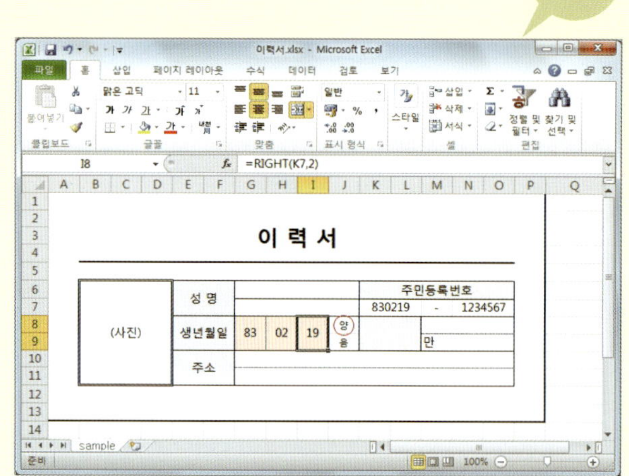

01 **출생연도 잘라내기** 주민등록번호의 앞 6자리 중에서 앞 두 자리 숫자는 출생연도를 의미하는데, 이 값을 잘라내려면 값 왼쪽을 잘라낼 때 사용하는 LEFT함수를 사용합니다. ❶ G8:G9 병합 셀을 선택하고 ❷ 수식 입력줄에 다음과 같은 수식을 입력한 후 Enter 키를 누릅니다.

G8:G9	=LEFT(K7, 2)

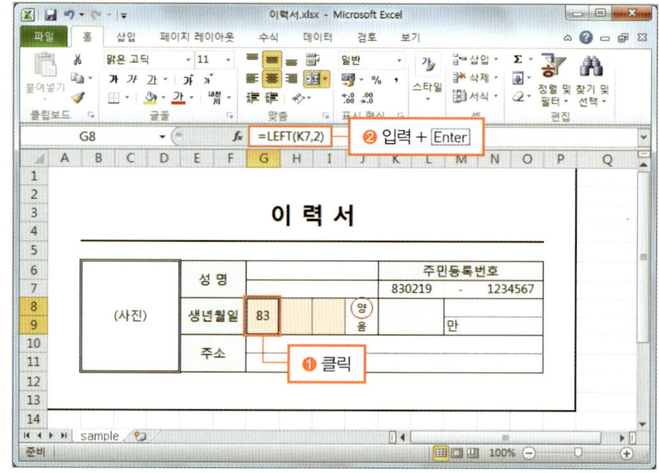

02 **출생월 잘라내기** 주민등록번호의 앞 6자리 중에서 중간의 두 자리는 출생월을 의미합니다. 이 값을 잘라내려면 가운데 있는 값을 잘라낼 때 사용하는 MID함수를 사용합니다. ❶ H8:H9 병합 셀을 선택하고 ❷ 수식 입력줄에 다음과 같은 수식을 입력한 후 Enter 키를 누릅니다.

H8:H9	=MID(K7, 3, 2)

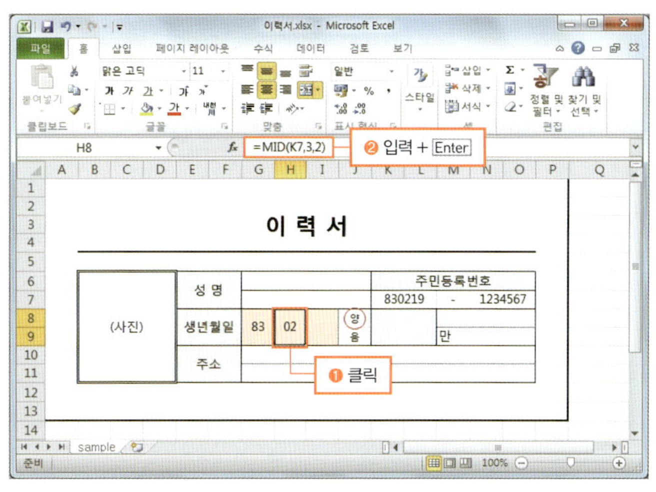

> **◑ MID함수의 사용**
>
> MID함수는 값의 가운데에 입력된 몇 개의 문자를 잘라낼 때 사용합니다. 수식 "=MID(K7, 3, 2)"은 K7셀에 입력된 값 중에서 세 번째 문자부터 2개의 문자를 잘라내란 의미입니다.

03 **출생일 잘라내기** 주민등록번호의 앞 6자리 중에서 마지막 두 자리는 출생일을 의미합니다. 이 값을 잘라내기 위해서는 값의 끝 부분을 잘라낼 때 사용하는 RIGHT함수를 사용합니다. ❶ I8:I9 병합 셀을 선택하고 ❷ 다음 수식을 입력한 후 Enter 키를 누릅니다.

I8:I9	=RIGHT(K7, 2)

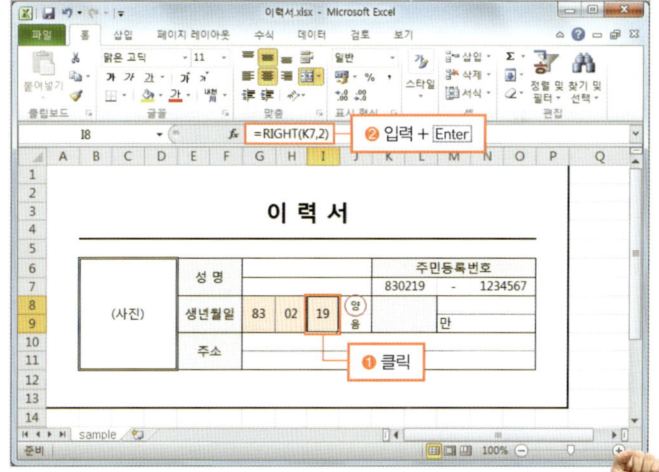

> **◑ RIGHT함수의 사용**
>
> RIGHT함수는 MID함수로 대체해 사용되는 경우가 많습니다. 이번 수식을 MID함수로 사용하면 다음과 같이 변경할 수 있습니다.
>
> ● =MID(K7, 5, 2)

주민등록번호의 앞 두 자리는 출생년도 뒤의 두 자리입니다. 예를 들어 83년생은 이번에 작성한 수식으로 '83' 값만 반환 받는데, 정확하게 출생연도를 표시하려면 '1983'이라는 4자리 연도를 얻어야 합니다. 그렇다면 앞 2자리 숫자인 19는 어떻게 알 수 있을까요?

성별 구분은 주민등록번호 뒷자리의 첫 번째 숫자로 출생연대를 알 수 있으므로 완전한 출생연도를 알기 위해서는 다음과 같은 수식을 사용해야 합니다.

=CHOOSE(LEFT(N7, 1), 1900, 1900, 2000, 2000, 1900, 1900, 2000, 2000) + LEFT(K7,2)

앞에서 배운 CHOOSE함수 예제와 연계해 수식을 작성해 보면 위 수식을 이해하는데 도움이 될 것입니다.

특정 문자 위치를 찾아 잘라내기

셀 값의 일부를 잘라내고자 할 때, 문자 위치가 일정하지 않은 경우에는 잘라낼 문자 앞, 뒤의 문자 패턴을 인식해 잘라내야 합니다. 이와 같은 경우 FIND, SEARCH, LEN함수 등을 사용하며, 이 함수들과 LEFT, MID, RIGHT함수를 중첩해서 수식을 작성하는 방법을 알아봅니다.

셀 값을 잘라낼 때, 자릿수가 일정하지 않아 특정 문자의 위치를 참고해 해당 위치서부터 값을 잘라내야 하는 경우가 있습니다. 이런 경우 셀 값 중에서 특정 문자(열)의 위치를 찾을 수 있는 FIND, SEARCH 함수를 알고 있다면 이런 작업을 손쉽게 해결할 수 있습니다.

FIND(❶, ❷, ❸)

❶인수의 문자(열)가 ❷인수 값의 몇 번째 문자 위치에 있는지 반환합니다.

구문	❶ 찾을 문자 : 문자열에서 찾으려고 하는 문자(열) ❷ 문자열 : 찾을 문자를 포함하는 전체 문자열 ❸ 시작 위치 : 문자열에서 찾을 문자를 찾기 시작할 위치로 생략하면 처음부터 찾는데, 주로 생략합니다.
특이사항	영어의 대/소문자를 구별해 문자 위치를 찾을 수 있습니다.

SEARCH(❶, ❷, ❸)

❶인수의 문자(열)가 ❷인수 값의 몇 번째 문자 위치에 있는지 반환합니다.

구문	❶ 찾을 문자 : 문자열에서 찾으려고 하는 문자(열) ❷ 문자열 : 찾을 문자를 포함하는 전체 문자열 ❸ 시작 위치 : 문자열에서 찾을 문자를 찾기 시작할 위치로 생략하면 처음부터 찾는데, 주로 생략합니다.
특이사항	찾을 문자에 와일드카드 문자(* , ?, ~)를 사용할 수 있기 때문에 찾을 문자를 모두 몰라도 위치를 확인할 수 있습니다.

LEN(❶)

❶인수 값의 문자 개수를 반환합니다.

구문	❶ 문자열 : 문자 개수를 셀 전체 문자열

◉ 와일드 카드 문자

- ? : 한 개의 문자를 대체하며, "EXCEL"인지 "EXCEK"인지 모를 때 "EXCE?"과 같이 사용합니다.

- * : 여러 개의 문자를 대체하며, "EXCEL"인지 "EXCELLENT"인지 모를 때 "EXCEL * "와 같이 사용합니다.

- ~ : ?, * 등을 와일드카드 문자가 아니라 일반 문자로 인식시킬 때 사용하며 '?' 또는 ' * ' 바로 앞에 사용합니다. 예를 들어 "3 * 4"를 찾고 싶다면 "3~ * 4"와 같이 사용합니다.

◉ 와일드카드 문자란?

전체 문자 중에서 하나 또는 다수의 문자를 알지 못할 때 해당 문자를 대신해 사용하는 문자로 ?, * , ~ 등이 있습니다.

주소록에서 우편번호용 주소와 상세 주소 분리하기

📁 **준비 파일 :** 고객 주소록.xlsx

제공된 예제 파일을 열면 Before 화면과 같은 고객 주소 리스트를 확인할 수 있습니다. B열의 고객 주소에서 우편번호를 매칭시키기 위해 C열과 D열에 '우편번호용 주소'와 '세부 주소'로 분리해 보도록 하겠습니다(참고로 우편번호용 주소는 우편번호에 대응하는 번지 정보까지로 합니다.).

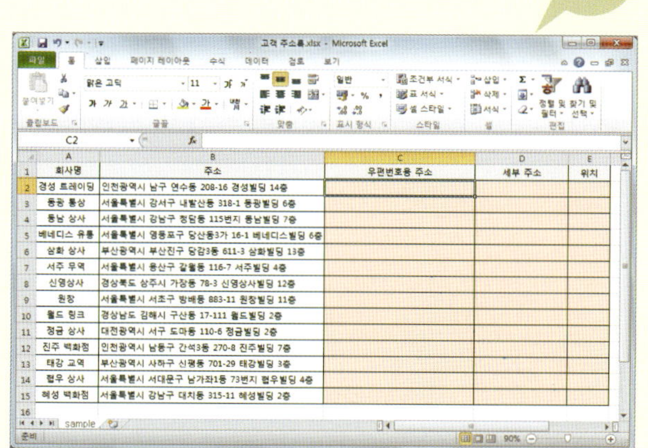

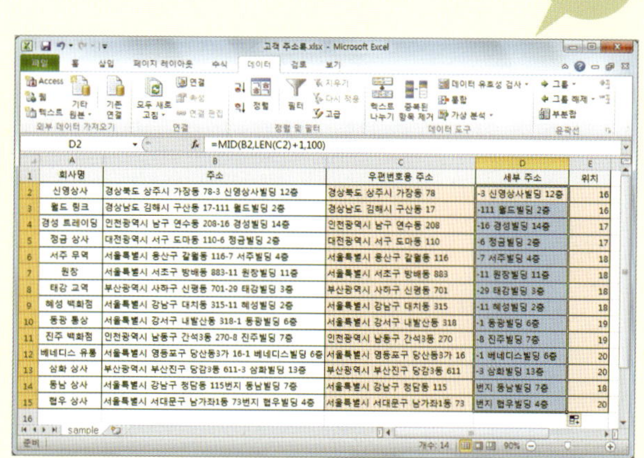

01 잘라낼 위치 확인하기

B열의 주소에서 잘라낼 위치를 확인하기 위해 ❶ E2셀을 선택하고 ❷ 수식 입력줄에 다음과 같은 수식을 입력한 후 Enter 키를 누릅니다. ❸ E2셀의 채우기 핸들을 E15셀까지 드래그해 수식을 복사합니다.

E3	=FIND("−", B2)

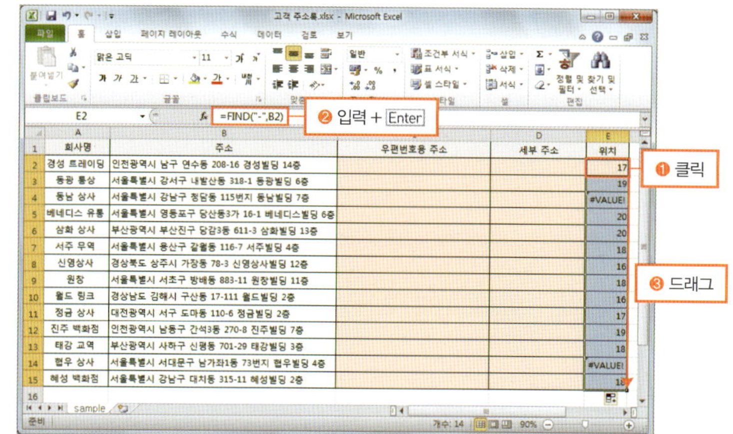

◆ FIND함수 사용

주소에서 번지 값은 XXX−XXX 형식이거나 XXX 번지입니다. 그러므로 주소에서 "−" 문자 위치를 확인해 왼쪽과 오른쪽 주소를 잘라내면 됩니다. 전체 값에서 특정 문자 위치를 파악하려면 FIND 또는 SEARCH함수를 사용하면 되는데, 예제에서는 FIND함수를 사용합니다. FIND함수의 세 번째 인수는 주소의 처음 위치에서부터 찾도록 하기 위해 생략했으며, 생략하면 '1'을 입력한 것과 같아 처음부터 "−"문자 위치를 찾습니다.

02 **잘라낼 위치 확인하기** #VALUE! 오류 값이 반환되는 것은 "–" 문자가 없는 주소인 경우입니다. 수식을 간단하게 수정하기 위해 ❶ E2셀을 선택하고 ❷ 리본의 [데이터] 탭 → ❸ 정렬 및 필터 그룹 → **오름차순 정렬** 명령 아이콘을 클릭합니다.

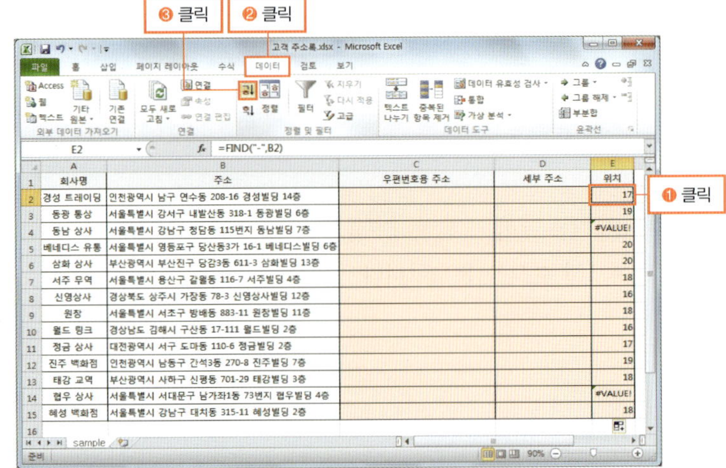

> **◎ 오름차순 정렬**
>
> 오름차순으로 정렬하면 오류 값을 반환한 셀이 열 아래쪽에 정렬됩니다. 이렇게 하면 오류 값을 반환한 수식만 고쳐 사용할 수 있습니다.

03 **오류 수식 수정하기** 오류 값을 반환한 위치의 수식을 변경하기 위해 ❶ E14셀을 선택하고 ❷ 수식을 다음과 같이 수정한 후 Enter 키를 누릅니다. ❸ E14셀의 채우기 핸들을 E15셀로 드래그해 수식을 복사합니다.

| E14 | =FIND("번지", B14) |

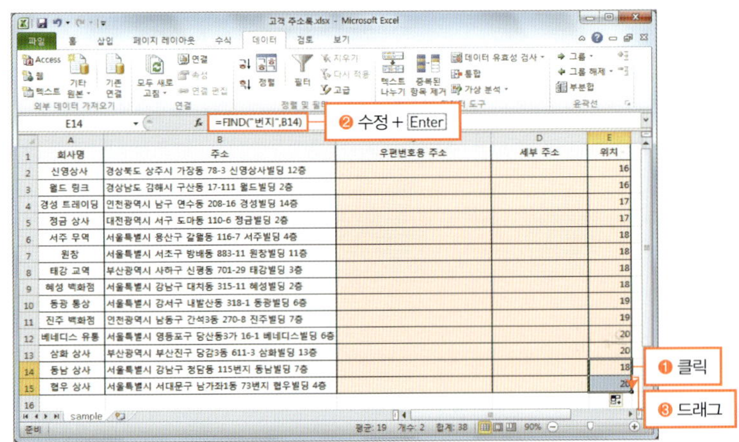

> **◎ IFERROR함수의 사용**
>
> 오류 값이 발생한 위치의 수식만 찾아 수정해도 되지만, IFERROR함수를 사용하면 한 번에 이 수식을 처리할 수 있습니다. 예를 들어 E2셀에 "=IFERROR(FIND("–", B2), FIND("번지", B2))" 수식을 입력하면 오류 값을 반환하지 않도록 할 수 있습니다. 엑셀 2003 버전이라면 "=IF(ISERROR(FIND("–", B2)), FIND("번지", B2), FIND("–", B2))" 수식을 사용합니다.

04 **우편번호용 주소 잘라내기** 잘라낼 위치를 파악했으므로 해당 위치까지 주소의 왼쪽 부분을 잘라내는 작업을 진행합니다. ❶ C2셀을 선택하고 ❷ 수식 입력줄에 다음과 같이 수식을 입력한 후 Enter 키를 누릅니다. ❸ C2셀의 채우기 핸들을 C15셀까지 드래그해 수식을 복사합니다.

| C2 | =LEFT(B2, E2–1) |

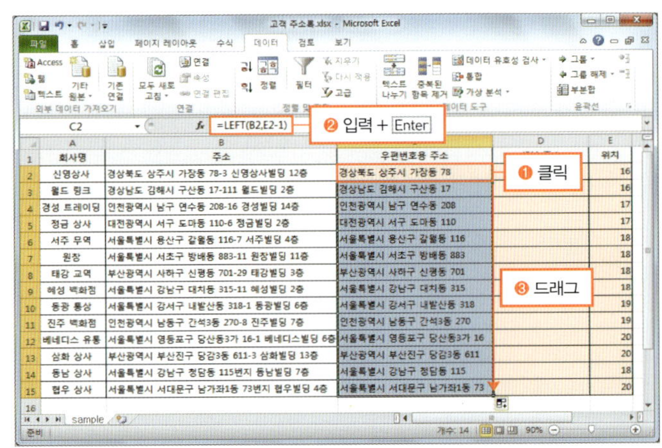

> **◎ LEFT함수의 사용**
>
> FIND함수를 사용해 B열의 주소에서 "–" 문자 위치를 찾았으므로 "–" 문자의 바로 앞 (한 칸 앞) 문자까지 잘라야 하므로 LEFT함수의 두 번째 인수 값에 1을 빼는 수식을 작성합니다. 이 수식이 E열의 수식과 결합하면 "=LEFT(B2, FIND("–", B2)–1)" 수식이 됩니다.

05 **세부 주소 잘라내기(1)** 이번에는 우편번호용 주소 뒷부분을 잘라내는 작업을 진행합니다. 주소의 가운데 부분부터 잘라내는 것이므로 MID함수를 사용합니다. ❶ D2셀을 선택하고 ❷ 수식 입력줄에 다음과 같은 수식을 입력한 후 Enter 키를 누릅니다. ❸ D2셀의 채우기 핸들▪을 D15셀까지 드래그해 수식을 복사합니다.

D2	=MID(B2, E2, 100)

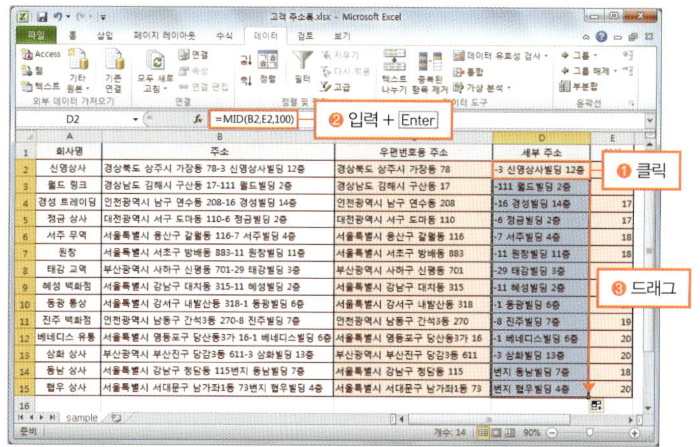

> **◎ MID함수의 사용**
>
> 세부 주소는 "-" 문자서부터 맨 마지막까지를 잘라내야 합니다. RIGHT함수 또는 MID함수를 사용할 수도 있으나 예제에는 MID함수를 사용합니다. MID함수로 잘라낼 문자 개수는 주소마다 모두 다르기 때문에 세 번째 인수 값으로 모든 값을 잘라낼 만한 큰 값을 입력합니다. 즉, 100을 입력하면 20개 문자가 있는 경우나 80개의 문자가 있는 경우 모두 마지막 문자까지 잘라낼 수 있습니다.

06 **세부 주소 잘라내기(2)** 05과정에서 작업한 것과 같이 FIND함수로 찾은 위치를 기준으로 잘라낼 수도 있지만, 앞에 우편번호용 주소를 잘라냈기 때문에 잘라낸 문자의 개수를 세어 그 다음부터 잘라내도록 수식을 구성할 수도 있습니다. ❶ D2셀을 선택하고 ❷ 수식을 다음과 같이 수정한 후 ❸ D2셀의 채우기 핸들▪을 D15셀까지 드래그해 수식을 복사합니다.

D2	=MID(B2, LEN(C2)+1, 100)

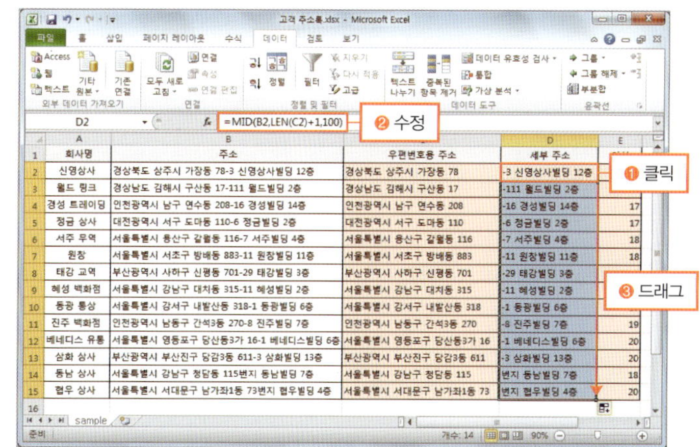

> **◎ LEN함수의 사용**
>
> 문자 개수를 파악해 주는 LEN함수를 사용하면 좀 더 다양한 수식을 만드는 것이 가능합니다. 이번과 같이 C열에 잘라낸 문자 개수를 세어 그 다음 문자부터 잘라내도록 MID함수의 두 번째 인수에 1을 더하는 작업을 할 수도 있습니다. MID함수 대신 RIGHT함수를 사용하려면 몇 개의 문자를 잘라내야 하는지 알아야 하는데, 이런 경우에도 LEN함수를 "=RIGHT(B2, LEN(B2)−LEN(C2))"와 같이 사용할 수 있습니다.
>
> 수식 작성에는 다양한 여러 방법이 있어서 알고 있는 함수를 어떻게 조합하느냐가 중요하므로 다양한 패턴을 직접 입력해 결과를 확인해 보세요!

여러 셀 값을 하나로 연결하기

앞에서의 방법이 셀에 입력된 값 중 필요한 부분을 잘라내는 것이었다면, 이번에 설명할 내용은 흩어져 있는 셀 값을 하나로 연결하는 방법입니다. 떨어져 있는 데이터 값을 연결해 주는 함수에 대해 알아봅니다.

앞에서 연산자 설명을 할 때 연결 연산자인 &(앰퍼샌드) 연산자에 대해 설명한 적이 있는데, 이번에 설명할 CONCATENATE함수가 &(앰퍼샌드) 연산자와 동일한 작업을 합니다. 그 외에도 PHONETIC함수를 사용해 텍스트 값을 하나로 연결하는 작업을 진행할 수 있습니다.

CONCATENATE(문자열❶, 문자열❷, …)

인수로 전달된 모든 문자열을 하나로 연결해 반환합니다.

구문	• 문자열 : 하나로 연결할 문자열 또는 문자열이 입력된 셀
사용 예	&(앰퍼샌드) 연산자를 이용해 문자열을 합치는 것과 동일하며, 사용법은 다음과 같습니다. "A" & "B" & "C" = "ABC" CONCATENATE("A", "B", "C") = "ABC"

PHONETIC(❶)

❶인수가 가리키는 셀 값의 윗주 문자를 반환합니다.

구문	❶ 참조 : 윗주 문자를 포함하는 문자열이 위치한 셀 또는 범위
특이사항	지정한 범위에 윗주 문자가 없고, 셀에 입력된 값이 텍스트 형식이면 지정한 범위의 값을 모두 연결해 반환합니다. 단, 셀의 값이 숫자나 수식의 결과인 경우는 값을 반환하지 못합니다.
참조	윗주 문자는 본문의 위쪽에 표시하는 주해 또는 참조를 의미합니다.

◑ 윗주

주로 셀 값에 대한 추가 설명이나 한문의 음을 입력할 때 사용하는 값입니다.

TM 대상자의 전화 통화 여부를 리스트로 정리하기

📁 **준비 파일** : TM 명단.xlsx

제공된 예제 파일을 열면 Before 화면과 같은 표를 볼 수 있습니다. TM 대상자 명단을 이용해 전화 작업을 한 결과를 C열에 "v"로 표시한다고 했을 때, After 화면과 같이 확인한 담당자와 미확인된 담당자 명단을 F:I열에 정리해 보도록 하겠습니다.

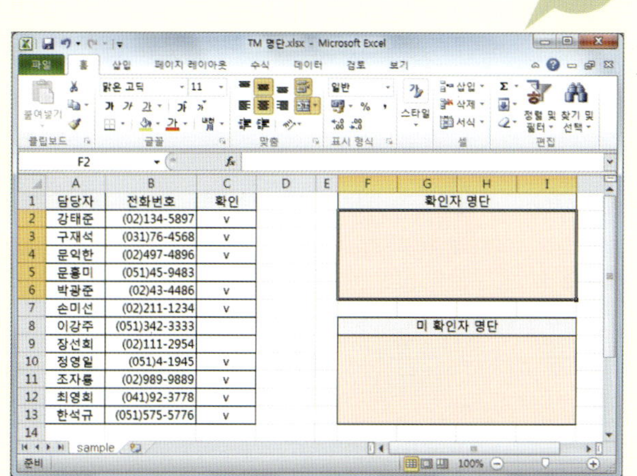

01 **미확인자 명단 만들기** 오른쪽 화면의 표를 보면, 미확인된 담당자 수가 적으므로 F9:I13 범위에 미확인한 담당자 이름을 먼저 표시합니다. ❶ F9:I13 병합 셀을 선택하고 ❷ 수식 입력줄에 다음 수식을 입력한 후 Enter 키를 누릅니다.

F9:I13	=CONCATENATE(A5,",",A8,",",A9)

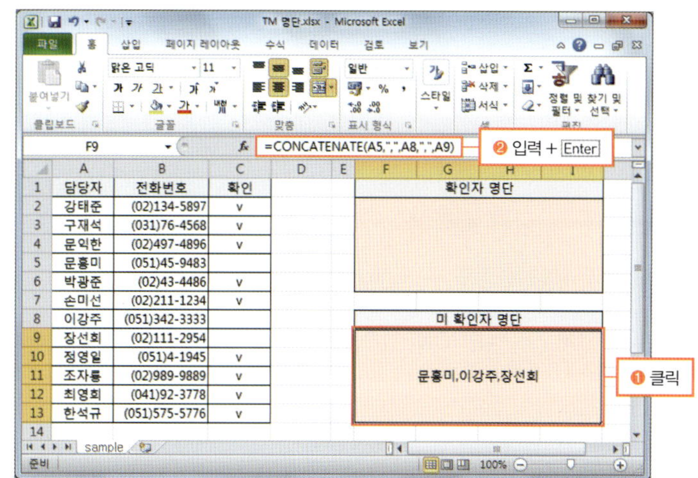

○ **CONCATENATE함수의 사용**

CONCATENATE함수는 인수로 전달된 값을 모두 연결해 반환해 주는 함수로, 예제에서는 미확인된("v"표시가 안 된) 담당자 이름과 입력된 셀 주소와 "," 문자를 연결해 반환합니다. 예제에서 &(앰퍼샌드) 연산자를 사용한다면 "=A5 & "," & A8 & "," & A9"와 같이 구성할 수 있습니다.

02 확인자 명단 만들기(1)

이번에는 확인자 명단을 정리합니다. 확인자는 미확인된 담당자보다 많으므로 PHONETIC함수를 사용해 작업합니다. 단, 확인된 담당자가 떨어져 있으므로 ( )안에 범위를 쉼표 참조 연산자를 이용해 정리합니다. ❶ F2:I6 병합 셀을 선택하고 ❷ 수식 입력줄에 다음 수식을 입력합니다.

F2:I6	=PHONETIC((A2:A4, A6:A7, A10:A13))

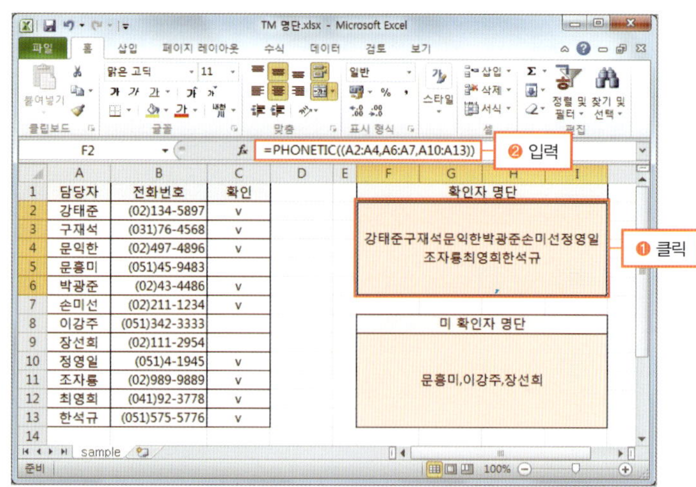

❍ **PHONETIC함수의 사용**

CONCATENATE함수는 연결할 셀이 많은 경우, 일일이 셀 주소를 지정해 주어야 하기 때문에 불편한 점이 있지만, PHONETIC함수는 셀 주소만 전달하면 되므로 편리합니다. PHONETIC함수는 인수로 전달된 셀 주소의 윗주 값을 반환하는 함수이지만 윗주가 입력되어 있지 않은 경우는 셀 값을 연결해 반환해 줍니다. 참고로 PHONETIC함수는 인수를 하나 밖에 사용할 수 없기 때문에 떨어진 여러 범위를 한 번에 사용하기 위해서는 괄호 안에 셀 주소를 쉼표(,) 참조 연산자를 이용해 구성해야 한다는 점을 기억합니다.

03 확인자 명단 만들기(2)

확인된 담당자 이름 뒤에 "," 구분 기호를 넣기 위해 ❶ D2셀을 선택하고 ❷ 수식 입력줄에 다음과 같은 수식을 입력한 후 Enter 키를 누릅니다. ❸ D2셀의 채우기 핸들을 D13셀까지 드래그해 복사합니다.

D2	=IF(C2="v", A2 & ",", "")

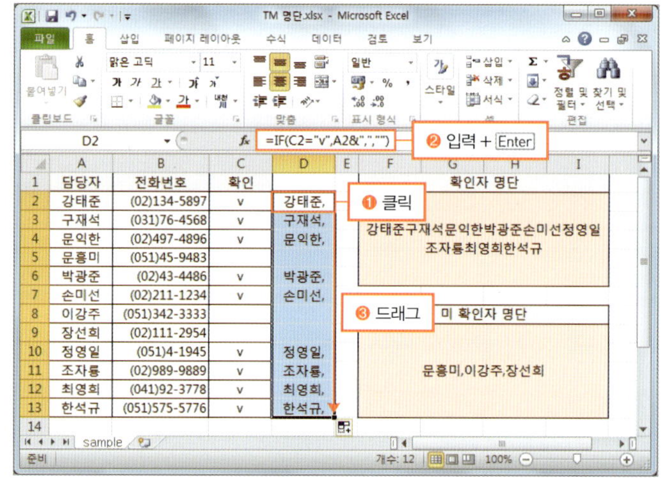

❍ **수식의 의미**

A열의 이름 뒤에 "," 구분 기호를 넣는 작업을 할 때 확인이 끝난 담당자만 작업해야 하므로, C열의 값이 "v"인 것을 IF함수로 판단합니다.

04 확인자 명단 만들기(3)

D열에 정리된 값을 하나로 연결하기 위해 ❶ F2:I6 병합 셀을 선택하고 ❷ 수식을 다음과 같은 수정한 후 Enter 키를 누릅니다.

F2:I6	=PHONETIC(D2:D13)

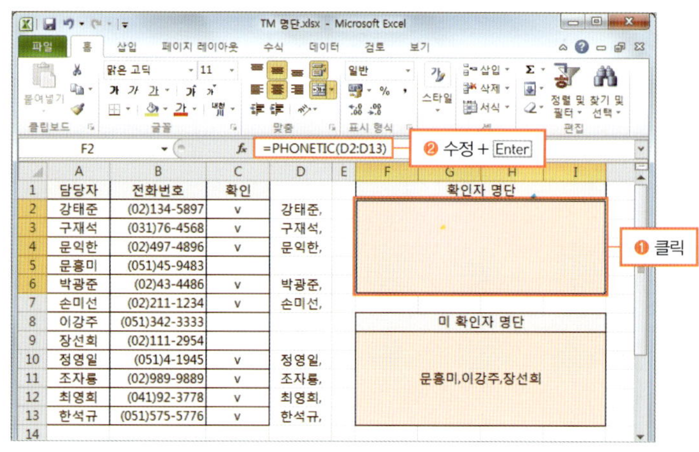

❍ **PHONETIC함수의 사용**

PHONETIC함수는 수식을 사용한 셀의 값은 연결하지 못합니다. 그러므로 이번에 사용한 수식 결과가 옳게 나오려면 D열에 사용한 수식을 '값'으로 변경해 주어야 합니다.

"

05 **확인자 명단 만들기(4)** D열의 수식을 값으로 변환하기 위해 ❶ D2:D13 범위를 선택하고 ❷ Ctrl+C 키를 눌러 복사한 다음, ❸ 리본의 [홈] 탭 → **클립보드** 그룹 → **붙여넣기** 단추의 아래 화살표를 클릭하고 ❹ **값 붙여넣기** 명령 아이콘 을 클릭합니다.

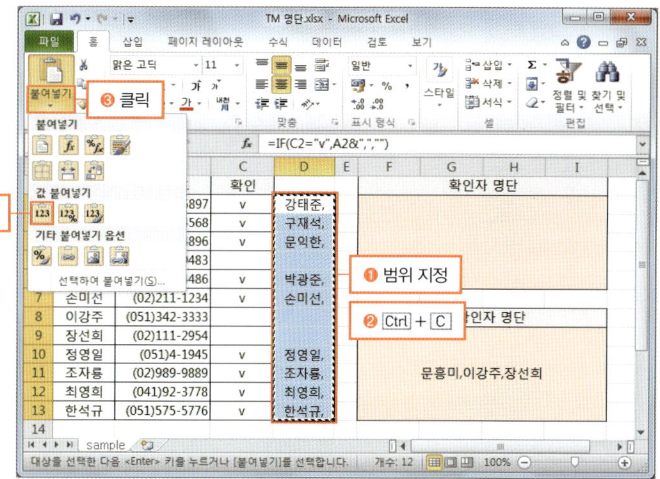

06 **확인자 명단 만들기(5)** D열의 수식이 값으로 변환되면서 F2:I6 병합 셀에 ',(콤마)' 구분 문자가 들어간 값이 오른쪽 화면과 같이 표시됩니다.

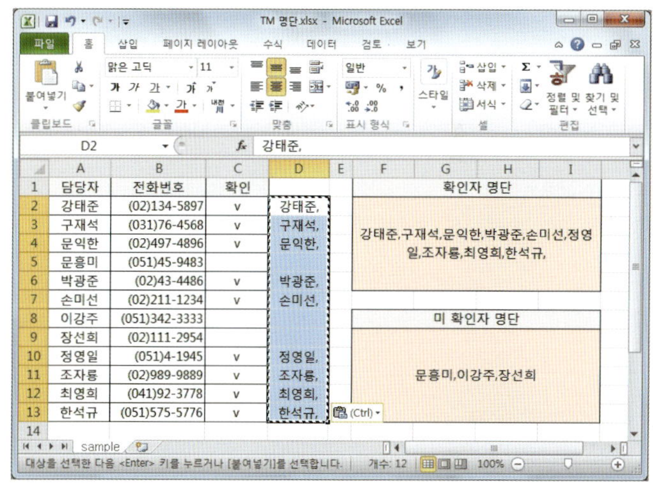

> 🔸 **최종 결과물을 위한 수정**
>
> D13셀의 담당자가 마지막 담당자이기 때문에 이름 뒤에 ',(콤마)' 가 있을 필요가 없습니다. 그러므로 D13셀의 값에서 마지막에 있는 ',(콤마)'를 삭제하면, F2:I6 병합 셀의 마지막에 ',(콤마)' 구분 문자가 사라집니다.

04 셀 값 수정하기

셀에 입력된 값을 하나 정도 수정해야 한다면 셀 값을 직접 고치면 됩니다. 하지만 전체 열(또는 행)에 입력된 값에서 특정한 패턴을 찾아 수정하거나 삭제할 필요가 있다면 함수를 사용하는 것이 좋습니다.

엑셀에서는 특정 규칙으로 수정하거나 삭제할 때 사용할 수 있는 2개의 함수, SUBSTITUTE함수 또는 REPLACE함수를 제공합니다. 이 두 함수는 동일한 작업을 하지만, 작업 방법에는 약간의 차이가 있으므로 상황에 따라 함수를 선택하면 됩니다.

SUBSTITUTE(❶, ❷, ❸, ❹)

❶인수 값에서 ❷번 인수 값을 ❸번 인수 값으로 변경합니다.

구문	❶ **텍스트** : 변경할 값을 포함하고 있는 텍스트 또는 셀 ❷ **바꿀 문자(열)** : 텍스트 내에서 변경할 일부 문자(열)를 의미합니다. ❸ **새 문자(열)** : 바꿀 문자(열)를 대체할 문자(열)입니다. ❹ n : 바꿀 문자(열)이 텍스트에서 여러 번 나오는 경우 몇 번째 문자(열)를 변경할 것인지 지정하는 값으로 생략하면 모든 바꿀 문자(열)를 새 문자(열)로 변경합니다.

REPLACE(❶, ❷, ❸, ❹)

❶인수의 값에서 ❷인수가 가리키는 문자 위치에서부터 ❸인수의 문자 수 만큼을 ❹인수 값으로 대체합니다.

구문	❶ **텍스트** : 변경할 값을 포함하고 있는 텍스트 또는 셀 ❷ **문자 위치** : 텍스트 내에서 변경할 문자열의 시작 위치를 의미합니다. ❸ **문자 개수** : 문자 위치에서 바꿀 문자 개수를 의미합니다. ❹ **새 문자(열)** : ❶인수의 ❷위치에서 ❸문자 개수를 대체할 새로운 문자(열)입니다.

○ REPLACE함수

REPLACE함수는 SUB-STITUTE함수와 MID함수가 결합된 형태로 이해하면 좀 더 이해하기 쉽습니다.

당첨자 명단의 주민등록번호 뒷자리 숨기기

📁 **준비 파일 :** 당첨자 리스트.xlsx

제공된 예제 파일을 열면 Before 화면과 같은 당첨자 리스트 표를 확인할 수 있습니다. 이 명단을 웹에 올리기 전에 주민등록번호 뒤 6자리를 숨기는 작업을 함께 해보도록 하겠습니다.

Before

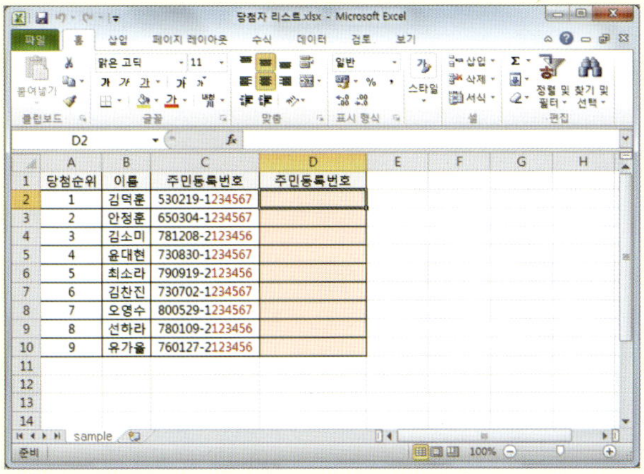

After

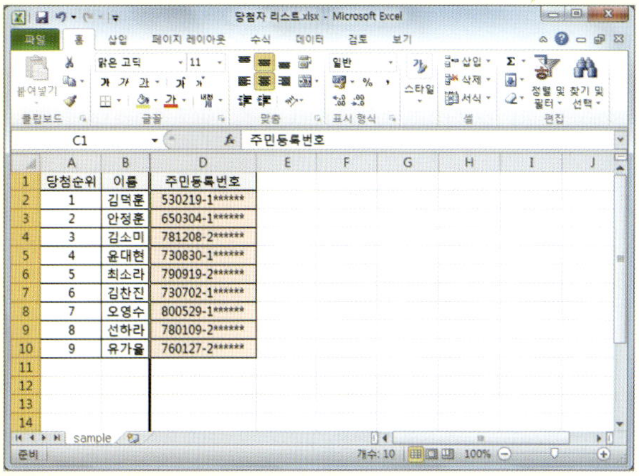

01 **주민등록번호 뒤 번호 숨기기(1)** 셀 값을 일부 수정하는 것이므로 SUBSTITUTE함수를 사용합니다. '함수 인수' 대화상자를 호출하기 위해 ❶ D2셀을 선택하고 ❷ 수식 입력줄에 "=SUBSTITUTE("를 입력하고 ❸ **함수 삽입** 명령 아이콘 ✔을 클릭합니다.

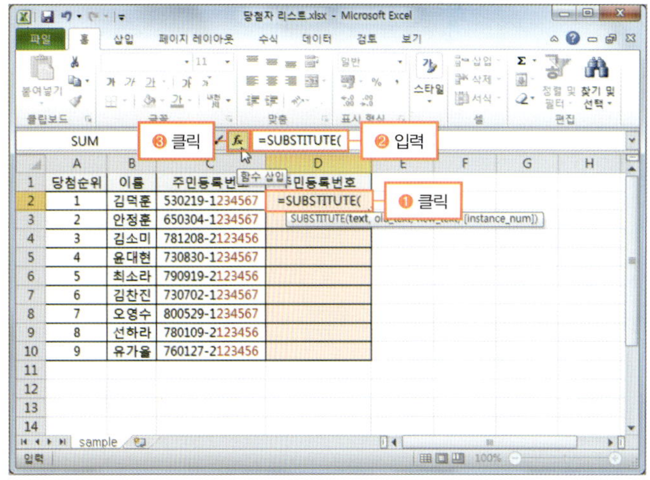

02 **주민등록번호 뒤 번호 숨기기(2)** '함수 인수' 대화상자가 표시되면 ❶ 첫 번째 인수의 입력란을 선택한 다음 ❷ 수정할 값이 입력되어 있는 C2셀을 마우스로 클릭합니다.

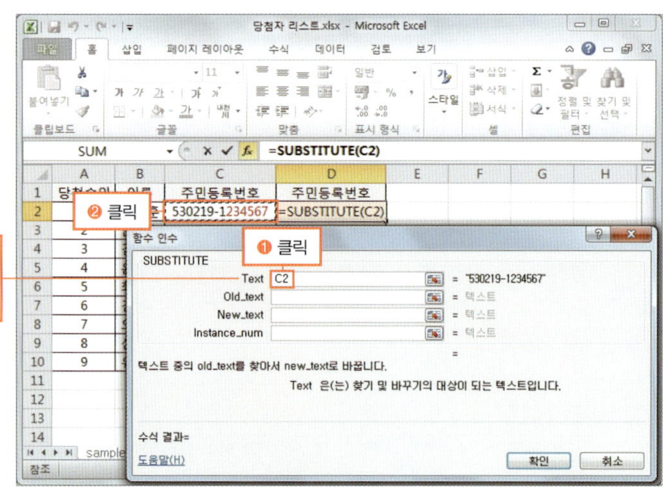

SUBSTITUTE함수는 셀 값을 고치는 함수이며, 첫 번째 인수는 수정할 값이 입력된 셀 주소 또는 값을 입력합니다.

03 **주민등록번호 뒤 번호 숨기기(3)** SUBSTITUTE함수의 두 번째 인수는 첫 번째 인수 값 중에서 수정할 부분을 전달해야 하며, 주민등록번호의 뒤 숫자 중에서 마지막 6자리 값을 숨기기 위해 RIGHT함수를 사용해 뒤 6자리 숫자를 잘라냅니다. 두 번째 인수 입력란에 "RIGHT(C2, 6)"을 입력합니다.

> **◎ SUBSTITUTE함수의 두 번째 인수**
>
> 수정할 값이 일정한 위치에 존재하는 경우 해당 부분을 잘라내 두 번째 인수로 지정합니다. 마지막 6개의 숫자를 잘라내기 위해 RIGHT함수를 사용했지만, 보통 가운데 값 중 하나를 잘라내는 경우가 많으므로 RIGHT함수의 결과를 MID함수로 대체할 수 있어야 하며, 이번 수식은 "MID(C2, 9, 6)" 수식으로 대체해도 무방합니다.
>
> 위 수식은 C2셀의 9번째 문자 위치에서 6개 문자를 잘라내라는 의미입니다. MID함수에 대해서 잘 이해되지 않으면 앞 LEFT, MID, RIGHT함수 부분을 다시 한 번 더 읽어 보세요!

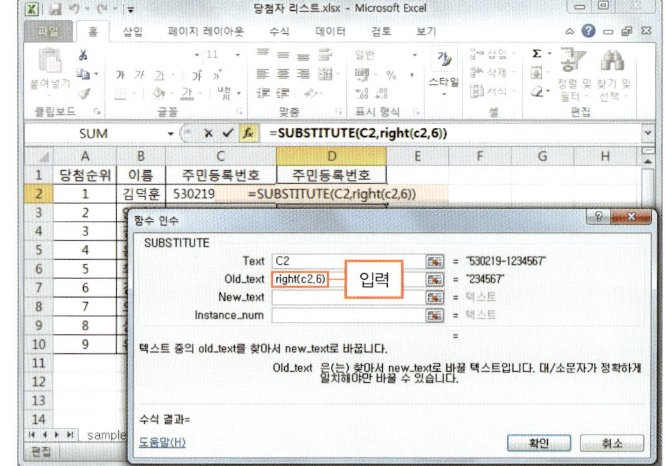

04 **주민등록번호 뒤 번호 숨기기(4)** 세 번째 인수는 두 번째 인수에서 지정한 값을 바꿀 값을 지정합니다. 값을 숨기기 위해 ❶ 세 번째 인수 입력란에 "******"과 같이 입력한 다음 ❷ 〈확인〉 단추를 클릭합니다.

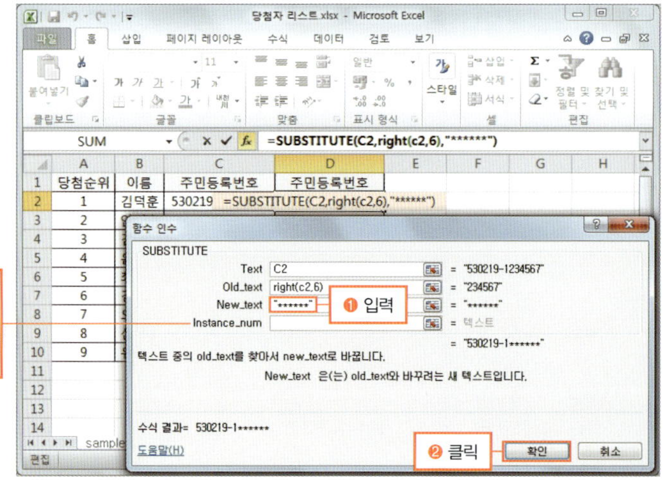

네 번째 인수는 두 번째 인수 값이 첫 번째 인수에 여러 개 있을 때 몇 번째 값을 수정할 지를 정하는 인수이므로 생략합니다.

05 **결과 확인하기** D2셀의 채우기 핸들을 D10셀까지
드래그해 수식을 복사합니다.

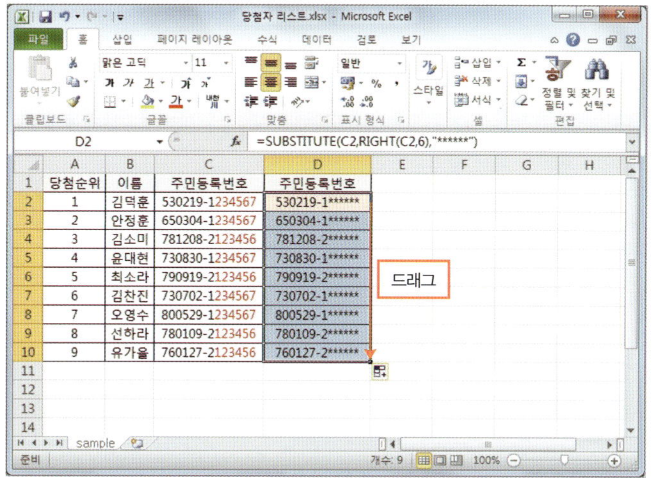

06 **불필요한 열 숨기기** 마지막으로 C열을 감추기 위해 ❶
C열의 열 주소를 클릭한 다음 ❷ 마우스 오른쪽 단추
를 클릭하고 ❸ 표시된 바로 가기 메뉴 중에서 **숨기기** 명령을
클릭하면 C열이 숨겨집니다.

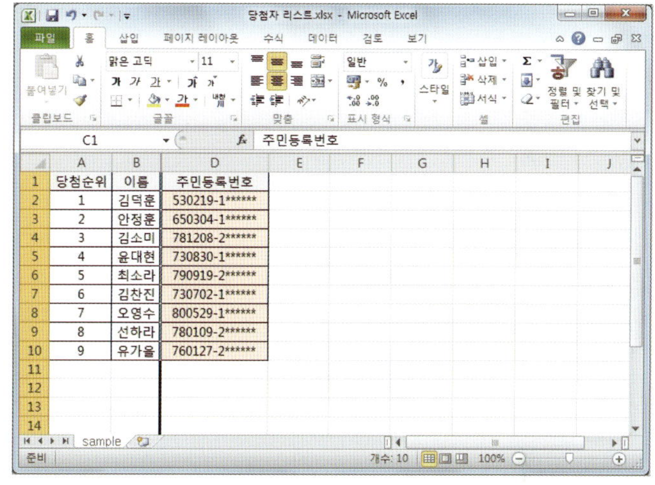

셀 값 중의 일부 자릿수를 다른 값으로 수정하려는 경우에는 SUBSTITUTE함수보다 REPLACE함
수가 더 적합합니다.

REPLACE함수를 사용하면 D2셀의 수식을 "=REPLACE(C2, 9, 6, "******")"와 같이 변경할 수 있습니
다. 즉, SUBSTITUTE함수의 "=SUBSTITUTE(C2, RIGHT(C2, 6), "******")"와 같습니다.

위 수식에서 SUBSTITUTE함수의 두 번째 인수를 MID함수로 변경해 보면 "=SUBSTITUTE(C2,
MID(C2, 9, 6), "******")"와 같습니다.

그러므로, REPLACE함수가 SUBSTITUTE함수와 MID함수를 결합한 것과 유사함을 알 수 있습니다.

셀 값 변환하기

셀 서식을 사용하는 것은 입력된 값을 변경하는 것이 아니라 보이는 방법만 달리한 것입니다. 엑셀에서는 셀 값을 보이는 값으로 변환하는 함수를 제공하고 있습니다. 서식 코드를 이용하는 TEXT함수, 숫자를 변환하는 함수인 NUMBERSTRING함수, 통화 변환 함수인 WON함수에 대해 알아봅니다.

TEXT함수는 셀 서식에서 사용하는 서식 코드를 이용해 입력된 값을 필요에 따라 변환하는 역할을 하는 함수이며, 그 외 NUMBERSTRING함수와 WON함수를 이용하면 원하는 변환 작업을 진행할 수 있습니다.

> **◑ 셀 서식**
>
> 셀에 입력된 값은 셀 서식에 의해서 다른 값처럼 보일 수 있습니다.

TEXT(❶, ❷)

❶인수 값을 ❷인수의 서식 코드에 맞게 변환한 값을 반환합니다.

구문	❶ 값 : 변환할 숫자 값 ❷ 서식 코드 : 값을 변환할 서식 코드로 '셀 서식'에서 사용하는 숫자 서식 코드와 동일합니다. 서식 코드는 ""로 묶어 사용합니다.
특이사항	개별 '서식 코드'는 [부록 : TEXT 함수의 서식 코드]를 참고하기 바랍니다.

NUMBERSTRING(❶, ❷)

❶인수의 숫자를 ❷인수에서 지정한 변환 옵션에 맞게 변환한 값을 반환합니다.

구문	❶ 숫자 : 변환할 숫자 값 ❷ 변환 옵션 : 숫자를 변환하는데 사용하는 옵션 값으로 1~3 사이의 값을 사용합니다. 1 : 한글 금액 (1,234 → 일천이백삼십사) 2 : 한문 금액 (1,234 → 壹阡貳百參拾四) 3 : 한글 숫자 (1,234 → 일이삼사)
특이사항	• 엑셀에서 정식으로 제공해 주지 않는 함수로, 도움말에서 해당 함수를 찾을 순 없지만 사용할 수 있습니다. • NUMBERSTING 함수는 TEXT 함수로 다음과 같이 대체할 수 있습니다. NUMBERSTRING(1234, 1) = TEXT(1234, "[DBNUM4]") NUMBERSTRING(1234, 2) = TEXT(1234, "[DBNUM2]") NUMBERSTRING(1234, 3) = TEXT(1234, "[DBNUM4]#")

WON(❶, ❷)

❶인수의 숫자 값을 통화 형식으로 변환한 다음, 변환한 값을 반환합니다.

구문	❶ 숫자 : 변환할 숫자 값 ❷ 반올림 위치 : 소수점 이하 자리를 의미하며, 음수 값을 입력하면 소수점 왼쪽 위치에서 반올림합니다. 이 값을 생략하면 기본 값은 2입니다.
특이사항	'셀 서식' 대화상자의 [표시 형식] 탭에서 '통화' 형식을 지정한 것과 동일합니다.

견적서의 총액을 한글과 한문 등으로 표시하기

📁 **준비 파일 :** 견적서.xlsx

제공된 예제 파일을 열면 Before 화면과 같은 견적서 서식을 확인할 수 있습니다. After 화면과 같이 F4:K5 병합 셀의 견적서 총액(14행의 공급가액 합계와 세액 합계를 더함)을 한글로 표시하고 L4:O5 병합 셀의 값을 통화 단위로 변환해 보도록 하겠습니다.

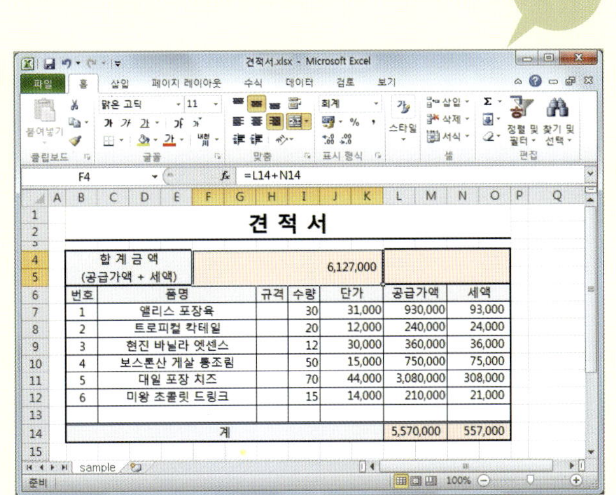

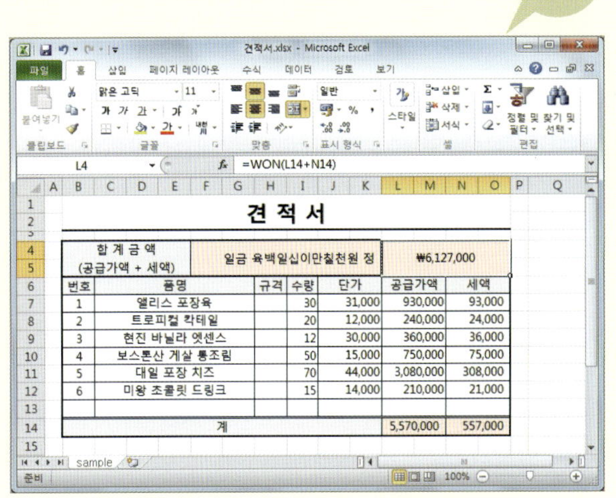

01 견적 총액 구하기

견적 총액을 구하기 위해 ❶ F4:K5 병합 셀을 선택한 다음 ❷ 수식 입력줄에 다음 수식을 입력합니다.

F4:K5	=L14+N14

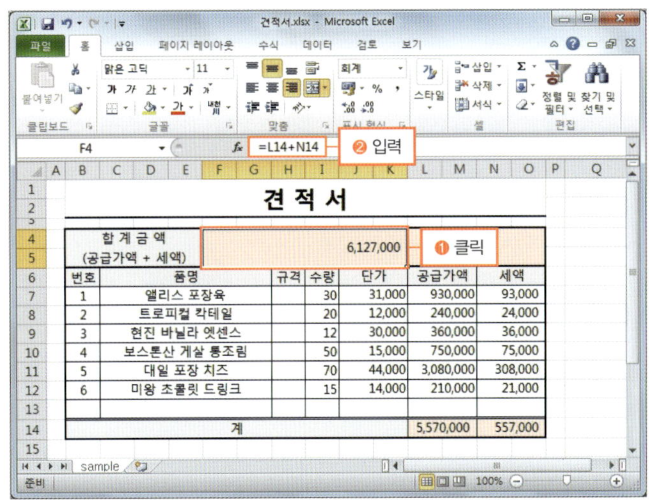

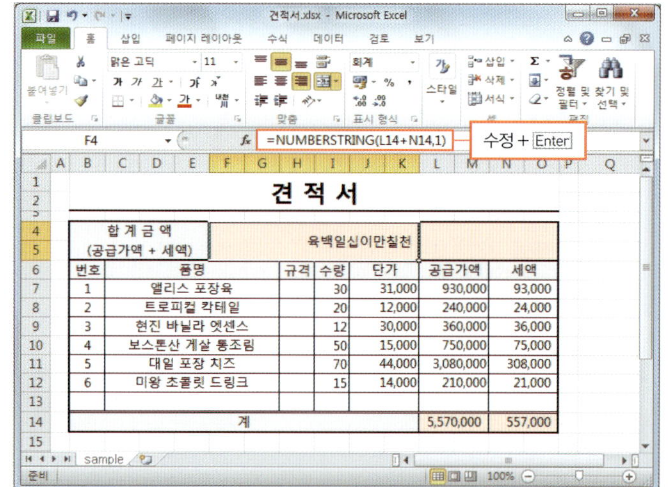

02 견적 총액을 한글로 변환하기(1) 01 과정에서 구한 총액을 한글로 변환하기 위해 F4:K5 병합 셀의 수식을 다음과 같이 수정하고 Enter 키를 누릅니다.

F4:K5	=NUMBERSTRING(L14+N14, 1)

○ **NUMBERSTING함수의 사용**

NUMBERSTRING함수는 숫자를 한글 또는 한자로 변환해 주는 함수로, 한자를 표시하고 싶을 때는 두 번째 인수 값을 '2'로 변경합니다. 이번과 동일한 결과를 TEXT함수를 이용해 얻으려면 "=TEXT(L14+N14, "[DBNUM4]")" 수식을 사용합니다.

03 견적 총액을 한글로 변환하기(2) 02 과정에서 구한 한글 금액 앞에 "일금", 뒤에 "원 정"을 표시하기 위해 CONCATENATE함수를 사용합니다. F4:K5 병합 셀의 수식을 다음과 같이 변경하고 Enter 키를 누릅니다.

F4:K5	=CONCATENATE("일금 ", NUMBERSTRING(L14+N14, 1), "원 정")

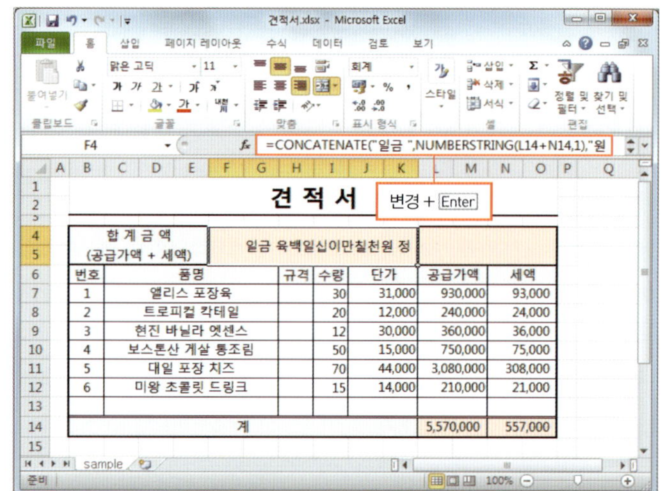

○ **CONCATENATE함수의 사용**

한글로 금액을 표시할 때, 접두사와 접미어로 사용되는 용어가 "일금", "원 정"입니다. 이 두 값을 각각 금액 앞, 뒤에 표시하기 위해서는 값을 연결해 주는 CONCATENATE 함수를 사용합니다. CONCATENATE함수를 사용하지 않고 &(앰퍼샌드) 연산자를 사용해서 "="일금 " & NUMBERSTRING(L14+N14,1) & "원 정"" 수식을 사용할 수도 있습니다.

04 **견적 총액을 통화로 변환하기** | L4:O5 병합 셀에 '₩(원 통화기호)'가 나타나도록 WON함수를 사용해 총액을 구합니다. ❶ L4:O5 병합 셀을 선택하고 ❷ 수식 입력줄에 다음 수식을 입력한 후 Enter 키를 누릅니다.

L4:O5	=WON(L14+N14)

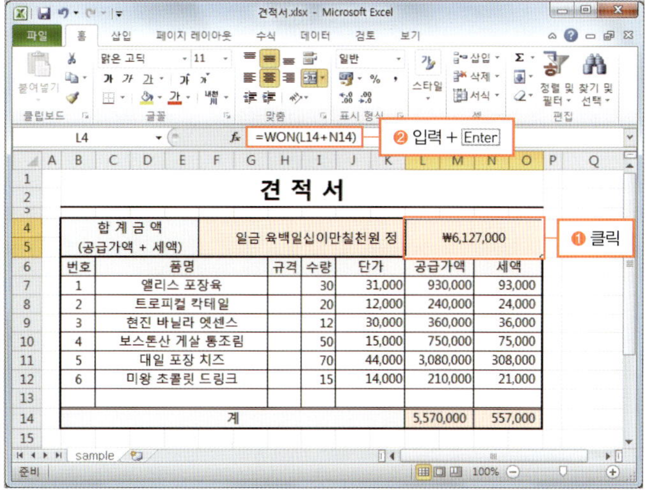

WON함수의 사용

WON함수는 숫자를 통화 형식(₩ 통화 기호와 천 단위 구분 기호(,)를 표시)으로 변환합니다. 참고로, 숫자 값을 통화기호로 표시할 경우에는 두 번째 인수를 생략합니다.

계산, 집계 함수

집계란 데이터를 한데 모아 계산한다는 의미로, 다른 말로는 데이터를 요약한다고 설명할 수 있습니다. 엑셀은 숫자를 다루는 프로그램이므로 데이터를 집계하는 작업이 많을 수밖에 없으며, 이런 작업에서 사용할 수 있는 다양한 함수를 제공해 주고 있습니다.

이와 같은 함수를 계산, 집계 함수라고 하며, 대표적인 함수는 COUNT, SUM, AVERAGE, RANK함수 등이 있습니다.

01 셀 개수 세기

02 합계 구하기

03 평균 구하기

04 최소, 최대값 구하기

05 순위 구하기

06 반올림, 올림, 내림 처리하기

07 몫과 나머지 구하기

08 숨긴 셀을 제외한 데이터 집계하기

01 셀 개수 세기

'지난 달 A모델이 몇 건이나 팔렸지?'와 같은 질문에 답을 하기 위해서는 판매내역이 기록된 표에서 A모델의 판매 건수가 몇 건인지 세야 합니다. 이렇게 건수를 세는 작업을 할 때 사용하는 COUNT계열 함수에 대해 알아봅니다.

COUNT로 시작하는 함수에는 여러 함수들이 있는데, 이런 함수를 모아 COUNT계열 함수라고 지칭하며, 각 함수의 차이는 다음 표에서 확인할 수 있습니다.

COUNT(값❶, 값❷, …)

인수로 전달된 값 또는 범위에서 숫자 값이 몇 개이지 세어 반환합니다.

구문	• 값 : 개수를 구할 개별 값 또는 범위로 최대 255개까지 지정할 수 있습니다.

COUNTA(값❶, 값❷, …)

인수로 전달된 값 또는 범위에서 빈 셀을 제외한 셀의 개수를 세어 반환합니다.

구문	• 값 : 개수를 구할 개별 값 또는 범위로 최대 255개까지 지정할 수 있습니다.

COUNTBLANK(❶)

인수로 전달된 범위에서 빈 셀의 개수를 세어 반환합니다.

구문	❶ 범위 : 빈 셀의 개수를 셀 데이터 범위입니다.

COUNTIF(❶, ❷)

❶인수의 데이터 범위에서 ❷인수의 조건에 맞는 셀의 개수를 세어 반환합니다.

구문	❶ 범위 : 개수를 셀 데이터 범위입니다. ❷ 조건 : 범위에서 확인할 조건으로 비교 연산자와 와일드카드 문자를 사용할 수 있으며, 조건은 큰 따옴표(")를 이용해 묶어 표시합니다.

COUNTIFS(범위❶, 조건❶, 범위❷, 조건❷, …)

여러 개 데이터 범위에서 지정한 조건을 모두 만족하는 셀의 개수를 세어 반환합니다.

구문	• 범위 : 개수를 셀 데이터 범위입니다. • 조건 : 범위에서 확인할 조건으로 비교 연산자와 와일드카드 문자를 사용할 수 있으며, 조건은 큰 따옴표(")를 이용해 묶어 표시합니다.
버전	엑셀 2007 버전부터 제공되는 함수로 하위 버전에서는 다음과 같은 수식을 사용합니다. • =SUMPRODUCT((범위❶ = 조건 ❶)*(범위❷ = 조건❷)*…)

○ **COUNT계열 함수의 차이**

- **COUNT** : 숫자 값이 몇 개인지 셉니다.
- **COUNTA** : 빈 셀을 제외하고, 입력된 값이 몇 개인지 셉니다.
- **COUNTBLANK** : 빈 셀이 몇 개인지 셉니다.
- **COUNTIF** : 사용자가 지정한 조건 하나에 맞는 값이 몇 개인지 셉니다.
- **COUNTIFS** : 사용자가 지정한 조건이 여러 개인 경우, 해당 조건에 맞는 값이 모두 몇 개인지 셉니다.

거래내역에서 각 항목별 건수 요약하기

📁 **준비 파일 :** 거래내역-항목별 건수.xlsx

제공된 예제 파일을 열면 Before 화면과 같은 표를 확인할 수 있습니다. B2:B6 범위의 항목을 참고해 C2:C6 범위에 COUNT계열 함수를 사용해 '건수'를 집계하고, D2:D6 범위에 각 건수의 전체 대비 '비율'을 계산해 보도록 하겠습니다.

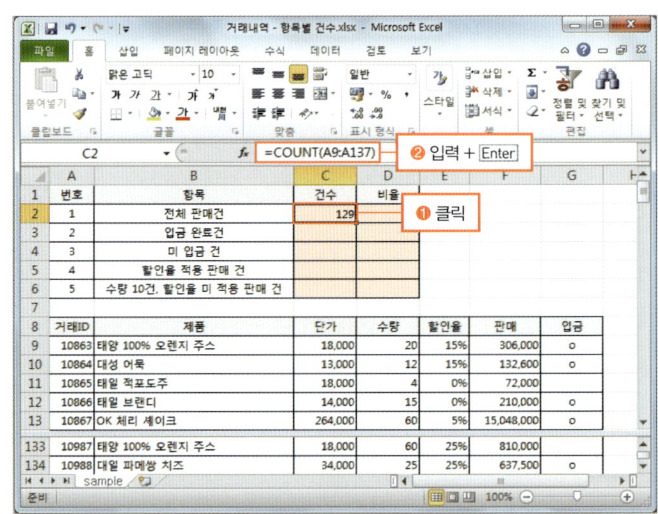

01 숫자 개수 세기 – COUNT

첫 번째 집계 항목은 '전체 판매 건'을 집계하는 작업입니다. 전체 판매 건은 아래 표의 A열에 있는 '거래ID' 데이터로 집계합니다. ❶ C2셀을 선택하고 ❷ 수식 입력줄에 다음 수식을 입력한 후 Enter 키를 누릅니다.

C2	=COUNT(A9:A137)

● COUNT함수의 사용

전체 판매 건은 아래쪽 표에서 거래내역의 개별 건수를 모두 세면 되는데, 이 때 중요한 것은 '개수를 어느 열에서 셀 것인가?'입니다. 이 경우 데이터가 모두 입력된 열을 선택하며, 숫자가 입력된 열인 경우에는 COUNT, 그렇지 않은 경우에 COUNTA함수를 사용합니다. 예제에는 숫자 값이 들어 있는 A열(=거래ID)의 개수를 세어야 하므로 COUNT함수를 사용한 것입니다. 만약 텍스트 값이 입력된 B열(=제품)의 개수를 세어 전체 판매 건을 계산하려고 했다면, COUNTA함수를 이용해 "=COUNTA(B9:B137)" 수식을 사용해야 합니다.

02 빈 셀 제외하고 세기 – COUNTA 두 번째 집계 항목은 '입금 완료 건'을 세야 하며, 입금 여부는 G열에 "o"가 입력되었는지 아닌 지로 확인할 수 있습니다. ❶ C3셀을 선택하고 ❷ 수식 입력줄에 다음 수식을 입력한 후 Enter 키를 누릅니다.

C3	=COUNTA(G9:G137)

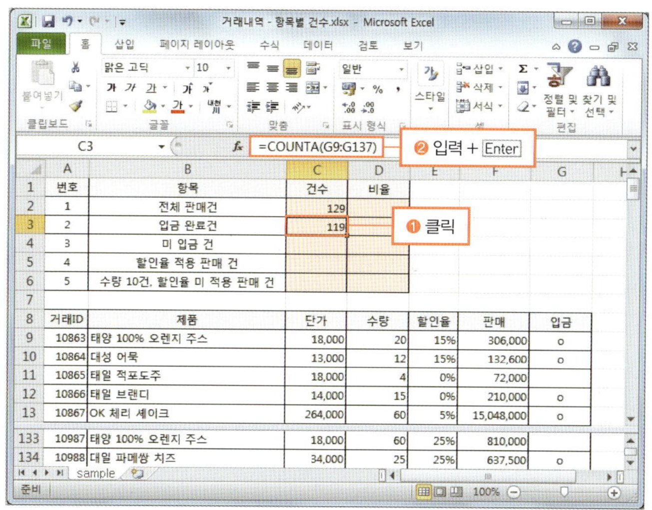

◎ **COUNTA함수의 사용**

"입금 완료건"은 G열의 값이 "o"인 것을 세어야 합니다. G열의 데이터는 "o"와 빈 셀로 구성되어 있으며, "o"는 입금을, 빈 셀은 미입금을 의미합니다. 그러므로 데이터 범위에서 값이 입력된 셀을 세면 입금된 건수를 확인할 수 있는 COUNTA함수를 사용합니다. 또는 COUNTA함수 대신 COUNTIF함수를 이용할 수도 있는데, COUNTIF함수를 사용하려면 "=COUNTIF(G9:G137, "o")" 수식을 사용합니다.

---

03 빈 셀 세기 – COUNTBLANK 세 번째 집계 항목은 '미 입금 건'을 세는 작업으로, 입금이 완료되지 않은 G열의 빈 셀을 세면 됩니다. G열에서 빈 셀의 개수를 세기 위해 ❶ C4셀을 선택하고 ❷ 수식 입력줄에 다음 수식을 입력한 후 Enter 키를 누릅니다.

C4	=COUNTBLANK(G9:G137)

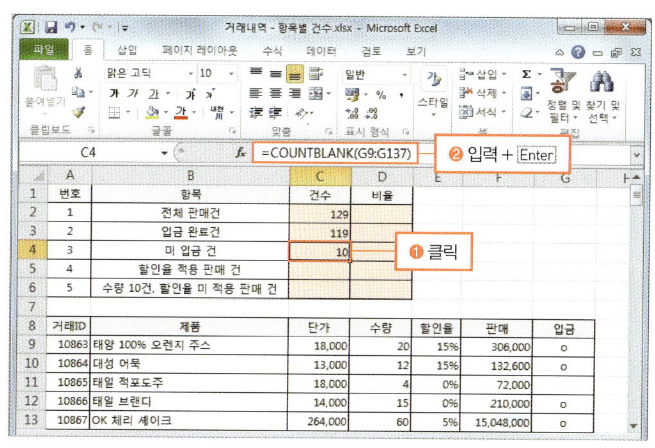

---

04 조건에 맞는 셀 세기 – COUNTIF 네 번째 집계 항목은 '할인율 적용 판매 건'을 세는 작업입니다. 할인율이 적용되었다는 의미는 E열의 할인율 값이 0보다 크다는 것을 의미하므로 COUNTIF함수를 사용합니다. ❶ C5셀을 선택하고 ❷ 수식 입력줄에 다음 수식을 입력한 후 Enter 키를 누릅니다.

C5	=COUNTIF(E9:E137, ")0")

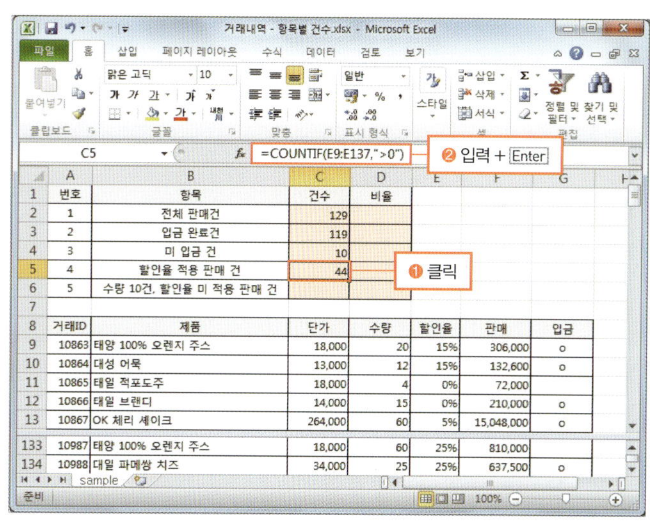

◎ **COUNTIF함수의 사용**

할인율이 적용된 판매 건을 세기 위해서는 E열의 데이터에서 할인율이 0보다 큰 값의 셀을 세어야 합니다. 그러기 위해서는 사용자가 직접 조건을 입력할 수 있는 COUNTIF함수를 사용합니다. 이렇게 비교 연산자와 값을 함께 사용할 경우에는 조건을 큰 따옴표(")로 묶어 처리해야 하므로 COUNTIF함수의 두 번째 인수는 ")0" 을 입력합니다.

05

다중 조건에 맞는 셀 세기 – COUNTIFS 다섯 번째 집계 항목은 '수량이 10건 이상이면서 할인율이 미 적용된 판매 건'을 셉니다. 이렇게 조건이 둘 이상이면 COUNTIFS 함수를 사용해 구합니다. ❶ C6셀을 선택하고 ❷ 수식 입력줄에 다음 수식을 입력한 후 Enter 키를 누릅니다.

C6	=COUNTIFS(D9:D137, "〉=10", E9:E137, 0)

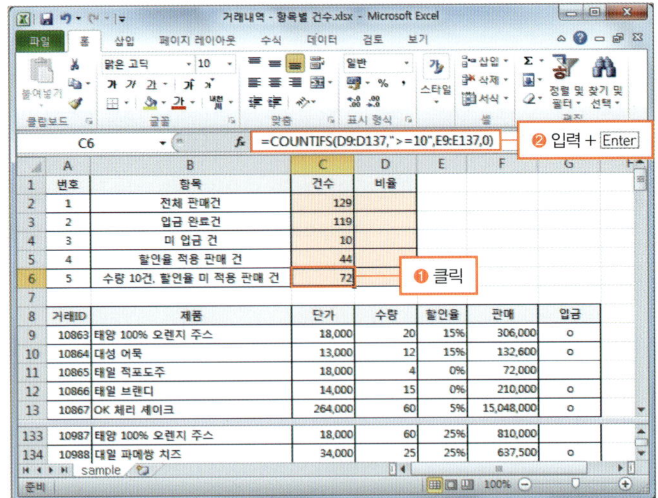

◉ COUNTIFS함수의 사용

(조건1) 수량이 10건 이상인 주문 건수 중에서 (조건2) 할인율을 미 적용한 판매 건을 세야 하므로 COUNTIFS함수를 사용합니다. 첫 번째 조건은 D열(=수량)의 값이 10보다 크거나 같은 조건("〉=10"), 두 번째 조건은 E열(=할인율)에서 0과 같은 조건("=0")을 구성합니다. 이 때, 같음을 표시하는 비교 연산자 "="는 생략할 수 있습니다. 참고로 COUNTIFS함수는 엑셀 2007버전부터 제공되는 함수이므로, 그 이하 버전에서는 SUMPRODUCT함수를 사용해 "=SUMPRODUCT((D9:D137>=10)*(E9:E137=0))"과 같이 수정할 수 있습니다.

06

비율 구하기 C2:C6 범위의 건수를 전체 대비 비율로 표시하기 위해 ❶ D2셀을 선택하고 ❷ 수식 입력줄에 다음과 같은 수식을 입력한 후 Enter 키를 누릅니다. ❸ D2셀의 채우기 핸들을 D6셀까지 드래그해 수식을 복사합니다.

D2	=C2/$C$2

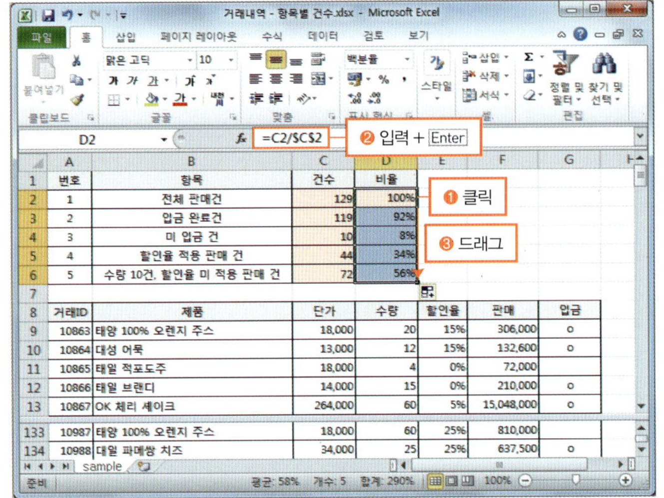

◉ 비율의 계산

비율이란 해당 값이 전체 대비 몇 %(퍼센트)인지를 확인할 때 사용합니다. 이 경우 전체 값은 C2셀에 있는 '전체 판매 건'이고 해당 값은 C2:C6 범위에 계산된 값들이므로 D2셀의 수식은 "=C2/C2"와 같습니다. 그런데 이 수식을 복사해서 사용하려면 처음의 C2셀은 참조 위치가 변경되어야 하고, 두 번째 C2셀은 참조 위치가 변경되지 말아야 하므로, 분모 위치의 C2셀을 절대 참조 방식으로 고정합니다. 참고로 백분율 스타일(%)로 표시되지 않으면, D2:D6 범위를 선택한 상태에서 [홈] 탭 → 표시 형식 그룹 → **백분율 스타일** 명령 아이콘을 클릭합니다.

02 합계 구하기

합계는 숫자 값을 모두 더하는 계산을 의미하며, 엑셀에서 가장 많이 사용하는 함수 중의 하나입니다. 데이터에 따라 사용자가 지정한 조건을 만족하는 값의 합계를 구할 수 있습니다. 사용자가 정한 조건에 따라 SUN계열 함수를 선택하여 사용합니다.

합계를 구하는 대표적인 함수로는 SUM함수가 있으며, 개수를 세는 COUNT계열 함수와 마찬가지로 SUM으로 시작되는 함수가 여러 개 있습니다.

이런 함수를 모두 모아 SUM계열 함수라고 지칭하며, 사용 방법은 COUNT계열 함수와 상당히 유사합니다.

SUM(값❶, 값❷, …)

인수로 전달된 값 또는 범위에서 숫자 값의 합계를 반환합니다.

구문	• 값 : 합계를 구할 값 또는 범위로 최대 255개까지 지정할 수 있습니다.

SUMIF(❶, ❷, ❸)

❶인수의 데이터 범위에서 ❷인수 조건을 만족하는 행을 찾아 같은 행에 있는 ❸인수 범위에서 숫자 값의 합계를 반환합니다.

구문	❶ 범위 : 조건을 확인할 데이터 범위 ❷ 조건 : 범위에서 확인할 조건으로 비교 연산자 및 와일드카드 문자를 사용할 수 있습니다. ❸ 합계 범위 : 합계를 구할 범위로 조건을 만족하는 범위와 같은 행에 있는 값만 합계를 구합니다. 합계 범위는 생략할 수 있으며, 생략하면 범위가 합계 범위가 됩니다.

SUMIFS(❸, 범위❶, 조건❶, 범위❷, 조건❷, …)

여러 개의 데이터 범위에서 모든 조건을 만족하는 행을 찾아, 같은 행에 있는 ❸인수 범위의 합계를 반환합니다.

구문	❸ 합계 범위 : 합계를 구할 범위로, 생략할 수 없습니다. • 범위 : 조건을 확인할 데이터 범위 • 조건 : 범위에서 확인할 조건으로 비교 연산자 및 와일드카드 문자를 사용할 수 있습니다.
버전	엑셀 2007 버전부터 제공되는 함수로, 엑셀 2003이하 하위 버전에서 동일한 작업을 하려면 SUMPRODUCT 함수를 사용해 다음과 같은 수식을 사용해야 합니다. =SUMPRODUCT(❸, (범위❶=조건❶)*(범위❷=조건❷)*…)

◎ SUM계열 함수

• SUM : 숫자 값을 모두 더한 값을 반환합니다.
• SUMIF : 사용자가 지정한 조건 하나를 만족하는 값의 합계를 반환합니다.
• SUMIFS : 사용자가 지정한 여러 개의 조건을 모두 만족하는 값의 합계를 반환합니다.

◎ SUMPRODUCT함수

SUMPRODUCT함수에 대한 자세한 내용은 《Part 03. 3장. 01 배열 함수》를 참고하세요.

거래내역에서 항목별 합계 구하기

📁 **준비 파일 :** SUM 계열 함수.xlsx

제공된 예제 파일을 열면 Before 화면과 같은 표를 확인할 수 있습니다. B2:B4 범위의 항목을 참고해서 C2:D4 범위에 SUM계열 함수를 사용해 합계를 구하고, E2:E4 범위에 각 합계의 전체 대비 비율을 계산해 보도록 하겠습니다.

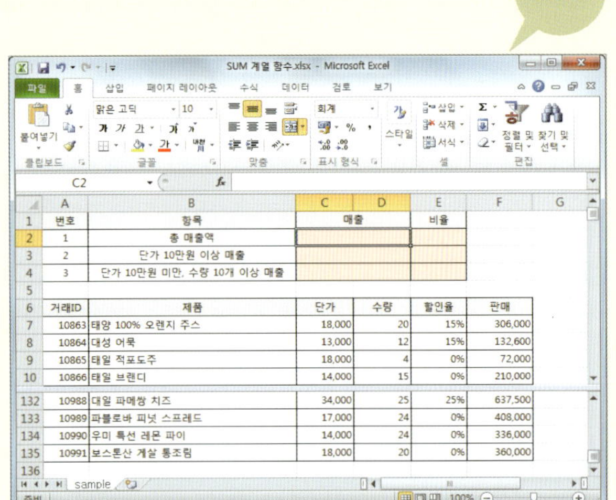

Before

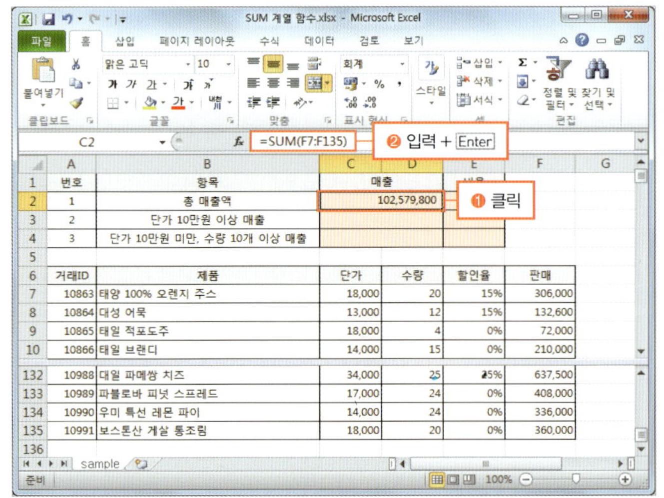

After

01 총 합계 구하기 – SUM

첫 번째 집계 항목은 '총 매출액'을 구하는 것입니다. 총 매출액은 F열의 판매액의 합계를 구하면 되므로 ❶ C2:D2 병합 셀을 선택하고 ❷ 수식 입력줄에 다음 수식을 입력한 후 Enter 키를 누릅니다.

C2:D2	=SUM(F7:F135)

02 조건에 맞는 합계 구하기 – SUMIF

두 번째 집계 항목은 '단가가 10만원 이상 매출'을 구하는 것으로, 이렇게 조건이 있는 합계를 구할 때는 SUMIF 함수를 사용합니다. ❶ C3:D3 병합 셀을 선택하고 ❷ 수식 입력줄에 다음 수식을 입력한 후 Enter 키를 누릅니다.

| C3:D3 | =SUMIF(C7:C135, ")=100000", F7:F135) |

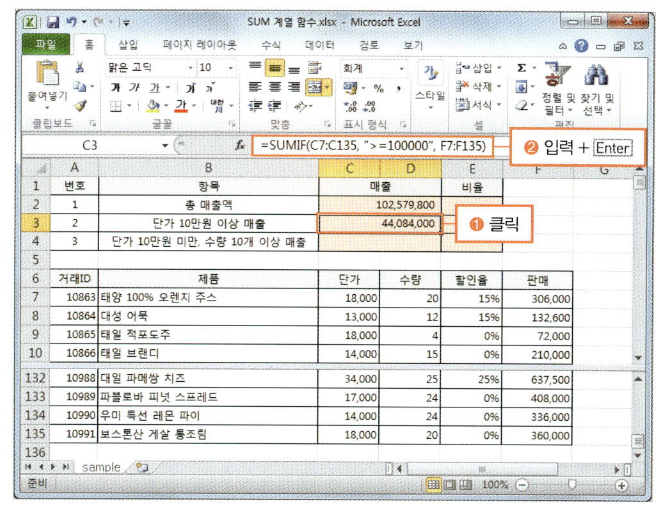

> **◎ SUMIF함수의 사용**
>
> SUMIF함수는 COUNTIF함수에 '합계 범위' 인수가 하나 더 있는 것만 다릅니다. C7:C135 범위에서 10만 원 이상인 행만 찾은 다음, F7:F135 범위에서 같은 행에 위치한 판매 데이터의 합계를 구합니다.

03 다중 조건에 맞는 합계 구하기 – SUMIFS

세 번째 집계 항목은 '단가가 10만원 미만이고, 수량이 10개 이상인 매출'을 구하는 것입니다. 이렇게 조건이 여러 개인 경우에는 SUMIFS함수를 사용하면 되므로 ❶ C4:D4 병합 셀을 선택하고 ❷ 수식 입력줄에 다음 수식을 입력한 후 Enter 키를 누릅니다.

| C4:D4 | =SUMIFS(F7:F135, C7:C135, "〈100000", D7:D135, "〉=10") |

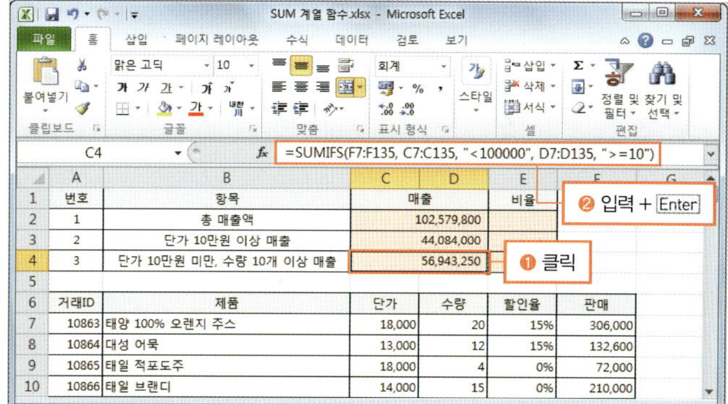

> **◎ SUMIFS함수의 사용**
>
> SUMIFS함수는 SUMIF함수의 단점인 다중 조건을 처리해 값의 합계를 구할 수 있는 함수로, 엑셀 2007 버전부터 제공되었습니다. 두 함수의 차이를 잘 이해하려면 다음과 같은 '합계범위' 인수의 위치에 주의합니다.
>
> (1) SUMIF(범위, 조건, 합계 범위)
> (2) SUMIFS(합계 범위, 범위❶, 조건❶, 범위❷, 조건❷, …)
>
> 예제에서는 C7:C135(=단가) 범위에서 '10만원 미만'이고, D7:D135(=수량) 범위에서 '10개 이상'인 판매 건의 매출을 구하는 수식을 작성합니다. 이 수식을 엑셀 2003 버전 등에서 사용하려면 SUMIFS함수를 사용할 수 없으므로 "=SUMPRODUCT(F8:F136, (C8:C136〈100000)*(D8:D136)=10))"과 같이 사용하면 됩니다.

04 비율 구하기

마지막으로 전체 대비 비율을 한 눈에 확인할 수 있도록 '비율'을 구하는 작업을 진행합니다. ❶ E2셀을 선택하고 ❷ 수식 입력줄에 다음과 같은 수식을 입력한 후 Enter 키를 누릅니다. ❸ E2셀의 채우기 핸들을 E5셀까지 드래그해 수식을 복사합니다.

| E2 | =C2/$C$2 |

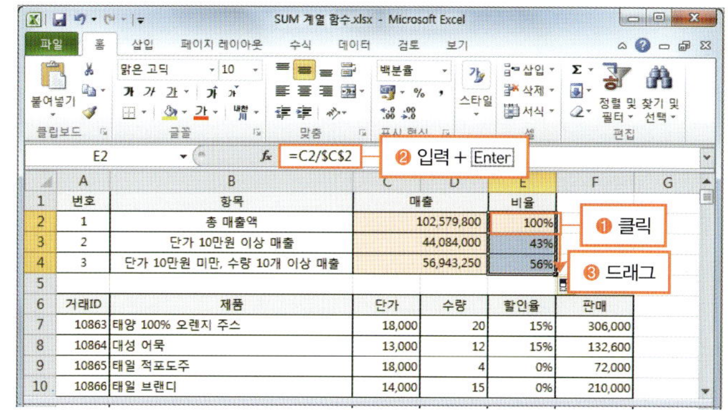

텍스트 형식의 숫자를 숫자 형식으로 변환하는 방법

| 준비 파일 : 데이터 변환–숫자.xlsx

숫자 계산을 할 때 계산이 제대로 되지 않으면, 대부분 숫자가 텍스트 형식으로 입력된 경우가 많습니다. 이 경우, 텍스트 형식으로 인식된 숫자를 올바른 숫자 형식으로 변환해 주는 과정을 거쳐야 올바른 계산을 할 수 있습니다. 텍스트 형식으로 인식되는 숫자는 크게 2가지로 나눌 수 있으며, 다음 과정을 순서대로 적용해 보면 올바른 숫자 형식으로 변환할 수 있습니다.

〈방법 ①〉 텍스트 나누기 명령을 이용하는 방법

❶ 텍스트 형식의 데이터 범위(C2:C5)를 선택하고 [데이터] 탭 → 데이터 도구 그룹 → **텍스트 나누기** 명령 아이콘을 클릭합니다.

❷ '텍스트 마법사' 대화상자가 표시되면, 바로 〈마침〉 단추를 클릭합니다. 이렇게 하면 선택된 범위의 데이터 형식이 새롭게 지정되면서 올바른 숫자 형식으로 변환됩니다.

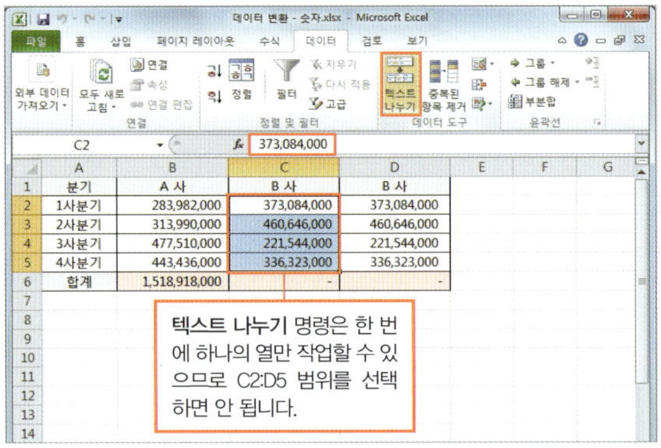

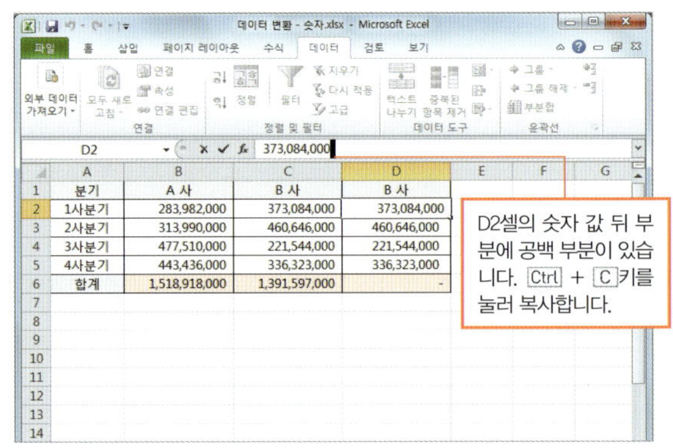

〈방법 ②〉 바꾸기 명령을 이용하는 방법

첫 번째 방법으로 해결되지 않는 숫자 값의 경우는 숫자 값 앞, 뒤에 불필요한 문자가 삽입되어 있는 경우로, 올바른 숫자 데이터 형식으로 변환하기 위해서는 해당 문자를 삭제해 주어야 합니다.

❶ 텍스트 형식의 숫자 데이터 범위의 첫 번째 셀을 선택하고, 수식 입력줄에서 입력된 값을 선택하여 숫자 앞부분이나 뒷 부분에 불필요한 부분이 있는지 확인한 다음, 마우스로 해당 부분을 드래그해 선택하고 Ctrl + C 키를 눌러 클립보드에 복사해 둡니다.

❷ Esc 키를 눌러 편집 모드를 해제하고, Ctrl + H 키를 눌러 '찾기 및 바꾸기' 대화상자를 호출한 후 '찾을 내용' 란을 클릭하고 Ctrl + V 키를 눌러 ① 과정에서 복사해 놓은 값을 붙여 넣은 다음 〈모두 바꾸기〉 단추를 클릭합니다.

03 평균 구하기

평균은 산술 평균, 기하 평균, 조화 평균이 있지만, 보통 엑셀에서는 산술 평균을 의미합니다. 산술 평균은 합계 값을 개수로 나눈 값으로 가장 일반적인 평균 계산 방법입니다. 엑셀에서는 산술 평균을 계산하는 다양한 함수를 제공하므로 필요에 따라 알맞은 함수를 선택해 사용하기 바랍니다.

평균이라고 하는 것은 보통 '산술 평균'을 줄여 부르는 말로 숫자의 합계를 개수로 나눈 값을 의미합니다. 엑셀에선 평균을 구하는 데 필요한 AVERAGE함수를 제공하며, 엑셀 2007 버전부터 조건을 처리할 때 사용할 수 있는 AVERAGEIF, AVERAGEIFS함수를 추가로 지원합니다.

AVERAGE(값❶, 값❷, …)

인수로 전달된 값 또는 범위에서 숫자 값의 평균을 반환합니다.

구문	값 : 평균을 구할 숫자 값 또는 범위로 최대 255개까지 지정할 수 있습니다.

AVERAGEIF(❶, ❷, ❸)

❶인수의 데이터 범위에서 ❷인수 조건을 만족하는 행을 찾아 같은 행에 있는 ❸인수 범위에서 숫자 값의 평균을 반환합니다.

구문	❶ 범위 : 조건을 확인할 데이터 범위 ❷ 조건 : 범위에서 확인할 조건으로 비교 연산자 및 와일드카드 문자를 사용할 수 있습니다. ❸ 평균 범위 : 평균을 구할 범위로 조건을 만족하는 범위와 같은 행에 있는 값으로 평균을 구합니다. 평균 범위는 생략할 수 있으며, 생략하면 범위가 평균 범위가 됩니다.
버전	엑셀 2007 버전부터 제공되는 함수로 엑셀 2003 버전을 포함한 하위 버전에서는 다음과 같은 배열 수식을 이용합니다. (배열 수식이므로 Ctrl + Shift + Enter 키로 입력합니다.) =AVERAGE(IF(❶=❷, ❸))

AVERAGEIFS(❸, 범위❶, 조건❶, 범위❷, 조건❷, …)

여러 개의 데이터 범위에서 모든 조건을 만족하는 행을 찾아, 같은 행에 있는 ❸인수 범위의 평균을 반환합니다.

구문	❸ 평균 범위 : 평균을 구할 범위, 평균 범위는 생략할 수 없습니다. • 범위 : 조건을 확인할 데이터 범위 • 조건 : 범위에서 확인할 조건으로 비교 연산자 및 와일드카드 문자를 사용할 수 있습니다.
버전	엑셀 2007 버전부터 제공되는 함수로 엑셀 2003 버전을 포함한 하위 버전에서는 다음과 같은 배열 수식을 이용합니다. (배열 수식이므로 Ctrl + Shift + Enter 키로 입력합니다.) =AVERAGE(IF((범위❶=조건❶)*(범위❷=조건❷)*…, ❸))

◎ AVERAGE계열 함수

AVERAGE계열 함수의 사용법은 SUM계열 함수와 동일합니다.

◎ 배열 수식

배열 수식에 대한 설명은 《Part 03. 3장. 배열 함수와 배열 수식》을 참고하세요.

거래내역에서 항목별 평균 구하기

📁 **준비 파일** : 거래내역–항목별 평균.xlsx

제공된 예제 파일을 열면 Before 화면과 같은 거래내역 표를 확인할 수 있습니다. Before 화면 아래 표의 거래내역 데이터를 가지고 B2:B5 범위의 항목에 맞는 값을 Average계열 함수를 사용해 C2:C5 범위에 구해 보도록 하겠습니다.

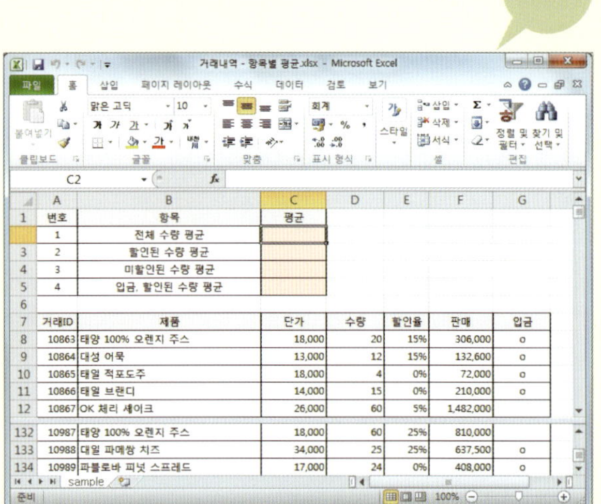

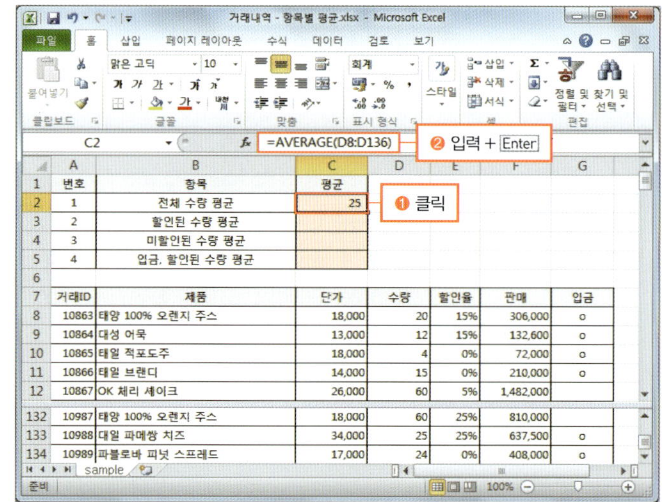

01 전체 평균 구하기 – AVERAGE

첫 번째 계산 항목은 '전체 수량 평균'을 구하는 것으로, 이 값을 구하면 한 번 거래할 때의 수량이 평균적으로 몇 개인지 확인할 수 있습니다. ❶ C2셀을 선택하고 ❷ 수식 입력줄에 다음 수식을 입력한 후 Enter 키를 누릅니다.

C2	=AVERAGE(D8:D136)

💠 AVERAGE함수는 SUM, COUNT 등의 함수와 사용 방법이 동일합니다.

02 조건에 맞는 평균 구하기 – AVERAGEIF(1)

두 번째 계산 항목은 '할인된 수량 평균'으로, 이 값을 구하면 판매 건의 할인된 수량이 평균 몇 건인지 확인할 수 있습니다. ❶ C3셀을 선택하고 ❷ 수식 입력줄에 다음 수식을 입력한 후 Enter 키를 누릅니다.

C3	=AVERAGEIF(E8:E136, ")0", D8:D136)

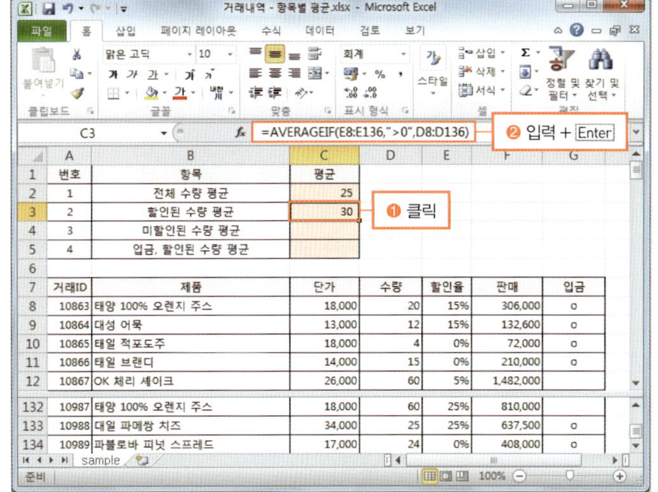

💠 **AVERAGEIF함수의 사용**

AVERAGEIF함수는 SUMIF함수와 사용 방법이 동일합니다. 예제에서 E8:E136 범위(=할인율)의 값이 0보다 큰 값을 갖는 행을 찾아, D8:D136 범위(=수량)의 같은 행에 있는 값의 평균을 반환합니다. AVERAGEIF함수는 엑셀 2007 버전부터 제공되므로, 엑셀 2003 이하 버전에서 사용하려면 "=AVERAGE(IF(E8:E136)0, D8:D136))" 수식을 Ctrl + Shift + Enter 키로 입력해야 합니다.

---

03 조건에 맞는 평균 구하기 – AVERAGEIF(2)

세 번째 계산 항목은 '미할인된 수량 평균'으로, C2:C3범위에서 구한 값과 이 값을 비교하면 판매 수량에 따라 어떻게 할인이 되는지 확인할 수 있습니다. ❶ C4셀을 선택하고 ❷ 수식 입력줄에 다음 수식을 입력한 후 Enter 키를 누릅니다.

C4	=AVERAGEIF(E8:E136, 0, D8:D136)

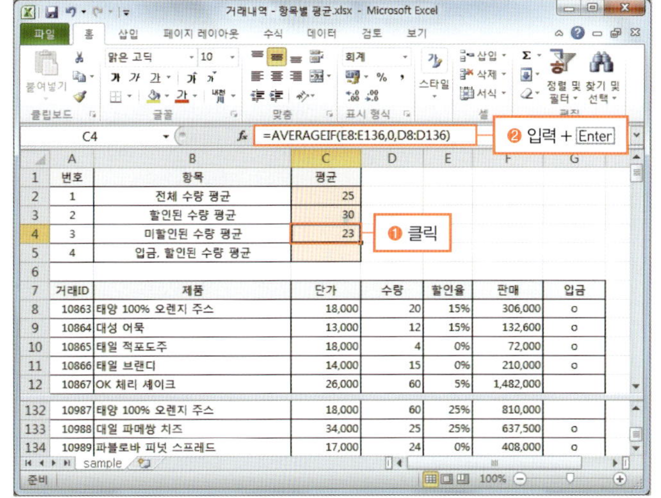

💠 **평균의 의미**

(산술)평균은 전체 데이터의 합계를 개수로 나눈 값으로, 전체 거래 데이터를 통해 할인을 받을 수 있는 적정 수량을 확인할 수 있습니다. 구해진 값에 따라 미할인 (23) 〈 평균 (25) 〈 할인 (30)의 관계가 성립되므로 할인을 받기 위해서는 25~30사이의 수량을 주문하는 것이 구매자에게 유리하다는 것을 이해할 수 있습니다

04 다중 조건에 맞는 평균 구하기 – AVERAGEIFS 네 번째 계산 항목은 '입금된 판매건 중에서 할인된 수량 평균'을 구하는 것입니다. 이 값은 할인된 수량 평균과 비교해 판매 수량을 이해할 수 있습니다. ❶ C5셀을 선택하고 ❷ 수식 입력줄에 다음 수식을 입력한 후 Enter 키를 누릅니다.

C5	=AVERAGEIFS(D8:D136, G8:G136, "o", E8:E136, ")0")

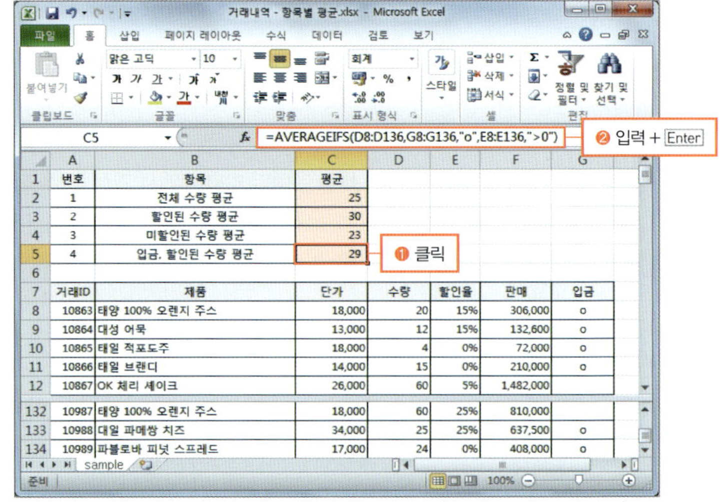

◉ AVERAGEIFS함수의 사용

AVERAGEIFS함수는 SUMIFS함수와 사용 방법이 동일합니다. 그러므로 평균을 구할 범위를 첫 번째 인수로 구성한 다음, 조건을 처리하기 위한 인수를 범위, 조건 순으로 반복해서 구성합니다. AVERAGEIFS함수 역시 엑셀 2007 버전부터 제공되므로, 엑셀 2003 이하 버전에서 사용하려면 "=AVERAGE(IF((G8:G136="o")*(E8:E136)0), D8:D136))" 수식을 Ctrl + Shift + Enter 키로 입력해야 합니다.

---

05 평균 값의 소수점 이하 자릿수 조정하기 AVERAGE계열 함수를 사용해 구한 값은 대부분 소수점 이하 값이 존재합니다. 해당 값을 확인하려면 소수점 이하 값이 표시되도록 합니다. ❶ C2:C5 범위를 선택하고 ❷ 리본의 [홈] 탭 → **표시 형식** 그룹 → **자릿수 늘림** 명령 아이콘 을 원하는 횟수만큼 클릭합니다.

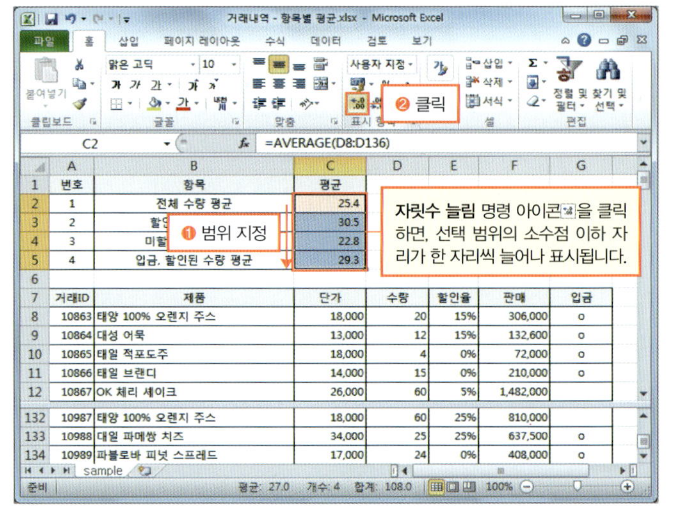

04 최소, 최대값 구하기

특정 데이터 범위 내에서 가장 큰 값을 최대값이라고 하며, 가장 작은 값을 최소값이라고 합니다. 지정한 범위 내에서 가장 큰 값을 구할 경우에는 최대값(MAX) 함수, 가장 작은 값을 구할 경우에는 최소값(MIN) 함수를 사용합니다.

함수를 이용해 최대값과 최소값을 구하려면 MAX함수와 MIN함수를 사용하며, 이 함수들과 연관성이 높은 함수로는 데이터 범위 내의 n번째 큰(또는 작은) 값을 찾는 경우에 사용할 수 있는 LARGE함수와 SMALL함수가 있습니다.

MAX(숫자❶, 숫자❷, …)

인수로 전달된 숫자 값에서 가장 큰 값을 반환합니다.

구문	• 숫자 : 최대값을 구할 숫자 또는 데이터 범위로 최대 255개까지 지정할 수 있습니다.

MIN(숫자❶, 숫자❷, …)

인수로 전달된 숫자 값에서 가장 작은 값을 반환합니다.

구문	• 숫자 : 최소값을 구할 숫자 또는 데이터 범위로 최대 255개까지 지정할 수 있습니다.

LARGE(❶, ❷)

❶인수 범위의 값을 큰 순서대로 늘어 놓았을 때, ❷인수 번째의 값을 반환합니다.

구문	❶ 배열 : 숫자 데이터로 이뤄진 배열 또는 데이터 범위 ❷ n : 배열에서 구하려는 큰 값의 순위, 예를 들어 1을 지정하면 MAX 함수와 동일한 결과를 반환합니다.
특이사항	배열에 중복 값이 존재하는 경우, 중복 값을 구분하지 못합니다. 예를 들어 LARGE 함수로 100, 200, 200, 300 중에서 세 번째로 큰 값을 찾으면 200이 반환됩니다.

SMALL(❶, ❷)

❶인수 범위의 값을 작은 순서대로 늘어 놓았을 때, ❷인수 번째의 값을 반환합니다.

구문	❶ 배열 : 숫자 데이터로 이뤄진 배열 또는 데이터 범위 ❷ n : 배열에서 구하려는 작은 값의 순위, 예를 들어 1을 지정하면 MIN 함수와 동일한 결과를 반환합니다.
특이사항	배열에 중복 값이 존재하는 경우, 중복 값을 구분하지 못합니다. 예를 들어 SMALL함수로 100, 100, 200, 300 중에서 두 번째로 작은 값을 찾으면 100이 반환됩니다.

◉ 최대값, 최소값

[수식] 탭 → 함수 라이브러리 그룹 → 자동 합계 명령 오른쪽 아래 화살표를 클릭하여 **최대값, 최소값** 명령을 수행할 수 있습니다.

담당자 실적에서 상위(또는 하위) 실적 정리하기

📁 **준비 파일 :** 상(하)위 실적.xlsx

제공된 예제 파일을 열면 Before 화면과 같은 집계표를 확인할 수 있습니다. 상단의 영업사원 매출 집계표를 기초로 하단의 최대, 최소 판매수량과 매출 상위 3개 금액을 구해보도록 하겠습니다.

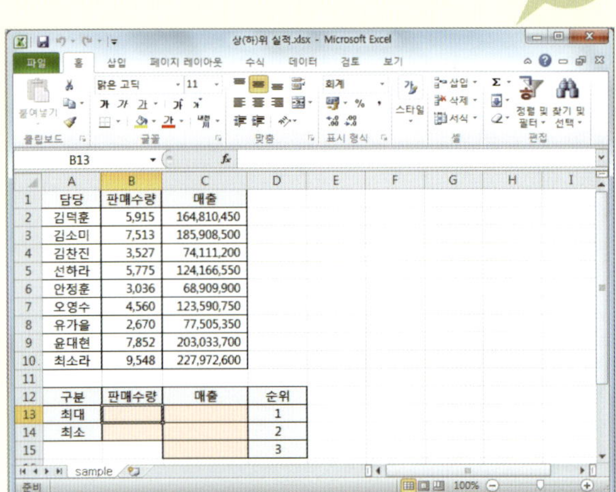

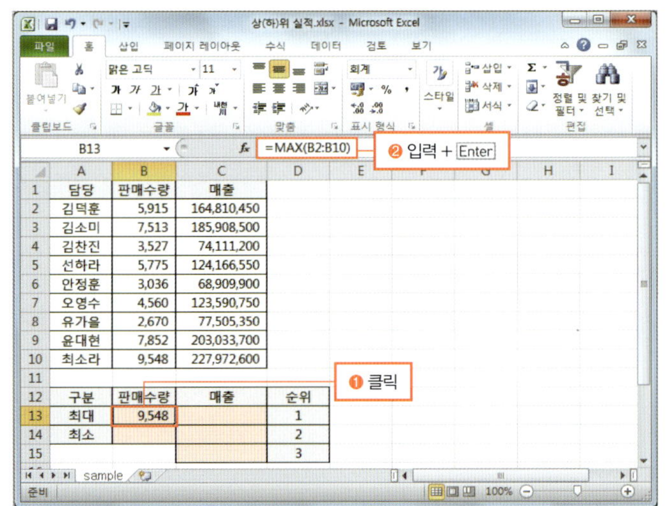

01 범위 내의 가장 큰 값 구하기 – MAX

먼저 판매수량의 최대값을 구하기 위해 ❶ B13셀을 선택하고 ❷ 수식 입력줄에 다음 수식을 입력한 후 Enter 키를 누릅니다.

B13	=MAX(B2:B10)

> 🔶 **MAX함수의 사용**
>
> MAX함수는 최대값을 구하는 함수로, B2:B10 범위에서 가장 큰 값을 반환합니다. MAX함수 대신 LARGE함수를 사용해 "=LAREG(B2:B10, 1)" 수식으로 동일한 결과를 얻을 수 있습니다.

02 범위 내의 가장 작은 값 구하기 – MIN

이번에는 판매수량의 최소값을 구하기 위해 ❶ B14셀을 선택하고 ❷ 수식 입력줄에 다음 수식을 입력한 후 Enter 키를 누릅니다.

B14	=MIN(B2:B10)

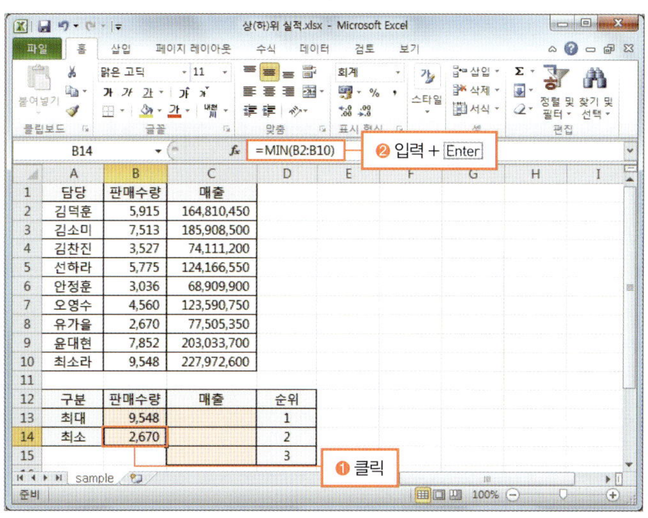

○ MIN함수의 사용

MIN함수는 최소값을 구하는 함수로, B2:B10 범위에서 가장 작은 값을 반환합니다. MIN함수 대신 SMALL함수를 사용해 "=SMALL(B2:B10, 1)" 수식으로 동일한 결과를 얻을 수 있습니다.

03 범위 내의 n번째 값 구하기 – LARGE

이번에는 매출 상위 3개 금액을 순서대로 구하는 작업을 진행합니다. ❶ C13셀을 선택하고 ❷ 수식 입력줄에 다음과 같은 수식을 입력한 후 Enter 키를 누릅니다. ❸ C13셀의 채우기 핸들을 C15셀까지 드래그해 수식을 복사합니다.

C13	=LARGE($C$2:$C$10, D13)

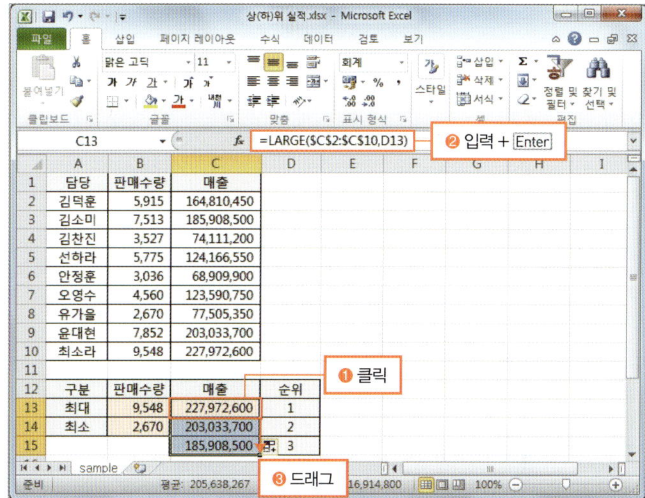

○ LARGE함수의 사용

LARGE함수는 n 번째 큰 값을 구하는 함수이므로 D13:D15 범위의 1~3값을 참조해 C2:C10 범위의 1~3 번째 큰 값을 반환합니다. 만약 작은 값 순서대로 표시하려면 C13셀에 "=SMALL($C$2:$C$10, D13)" 수식을 입력합니다.

순위 구하기

순위는 값이 속한 범위에서 몇 번째로 크고 작음을 나타내는 값으로, 데이터 집계에 가장 대표되는 함수입니다. 즉, 전체 데이터를 COUNT, SUM, AVERAGE함수 등으로 요약한 다음, 순위를 구하는 RANK함수를 사용해 값의 크기를 비교하는 작업으로 데이터 값을 요약합니다. RANK함수의 사용법에 대해 알아보겠습니다.

순위는 각 항목의 데이터 값이 범위 내에서는 몇 번째인지를 나타내 주는 값으로, 함수로는 RANK함수를 사용하면 손쉽게 구할 수 있습니다.

예를 들어, 60점을 맞은 학생이 자신의 순위를 구하려면 자신이 속한 집단에서 자신의 점수보다 큰 점수를 받은 사람의 수를 세어 1을 더하면 됩니다. 즉, 60점을 넘는 점수를 받은 사람이 5명 있다면 자신은 6등이 되는 것입니다.

RANK(❶, ❷, ❸)

❶인수의 숫자가 ❷인수 범위 내에서 몇 번째 값인지를 나타내는 순위를 반환합니다.

구문	❶ 숫자 : 순위를 구할 수 ❷ 범위 : 숫자가 포함된 데이터 범위 ❸ 정렬방법 : 순위 결정 방법을 지정하는 정렬 옵션 　－ 0 또는 생략 : 큰 값에서 작은 값 순으로 순위를 지정 　－ 0 이외의 값 : 작은 값에서 큰 값 순으로 순위를 지정
특이사항	순위는 나보다 큰 값이 몇 개인지를 세어 +1을 더하므로 COUTNIF함수를 이용해 다음과 같이 순위를 구합니다. RANK(숫자, 범위) = COUNTIF(범위, "〉" & 숫자) + 1 RANK(숫자, 범위, 1) = COUNTIF(범위, "〈" & 숫자) + 1

◉ 순위를 구할 때 사용하는 함수

순위를 구하려면 조건에 맞는 셀의 개수가 몇 개인지 세는 COUNTIF함수를 사용해 구해도 됩니다.

RANK함수로 구한 순위는 COUNTIF함수를 이용해 구할 수도 있습니다. E3셀을 선택하고 수식을 "=COUNTIF($D$3:$D$11, "〉" & D3)+1"로 입력하고 Enter 키를 누른 다음 E3셀의 채우기 핸들 을 E11셀까지 드래그합니다.

이때, 1을 더하는 것은 자신보다 큰 값이 하나도 없다면 COUNTIF함수는 0을 반환하고, 순위에서는 이 값이 1위이기 때문에 1을 더하는 것입니다.

영업사원 실적 순위.xlsx - Microsoft Excel

E3 =COUNTIF($D$3:D11,"〉"&D3)+1

담당	상반기	하반기	실적	순위		
				높은 순	낮은 순	동점자
김덕훈	58,351,900	55,531,500	113,883,400	2		
김소미	58,589,800	28,316,400	86,906,200	4		
김찬진	12,901,200	19,098,600	31,999,800	8		
선하라	50,831,450	21,278,900	72,110,350	6		
안정훈	22,040,250	7,844,150	29,884,400	9		
오영수	38,049,050	41,454,250	79,503,300	5		
유가을	34,176,450	13,716,250	47,892,700	7		
윤대현	93,741,250	46,078,000	139,819,250	1		
최소라	79,428,750	34,454,650	113,883,400	2		

영업사원 실적표에서 순위 구하기

📁 **준비 파일** : 영업사원 실적 순위.xlsx

제공된 예제 파일을 열면 Before 화면과 같은 집계표를 확인할 수 있습니다. E:F열에 D열(=실적)에 대한 순위를 높은 순, 낮은 순으로 각각 구한 다음, E열의 순위에 동점자가 있는 경우 G열에 C열의 하반기 실적을 우선하는 동점자 순위를 구해보도록 하겠습니다.

---

01 순위 구하기 – RANK

먼저 D열의 실적을 높은 순으로 순위를 구하기 위해 ❶ E3셀을 선택하고 ❷ 수식 입력줄에 다음과 같은 수식을 입력한 다음 Enter 키를 누릅니다. ❸ E3셀의 채우기 핸들을 E11셀까지 드래그하여 수식을 복사합니다.

E3	=RANK(D3, $D$3:$D$11)

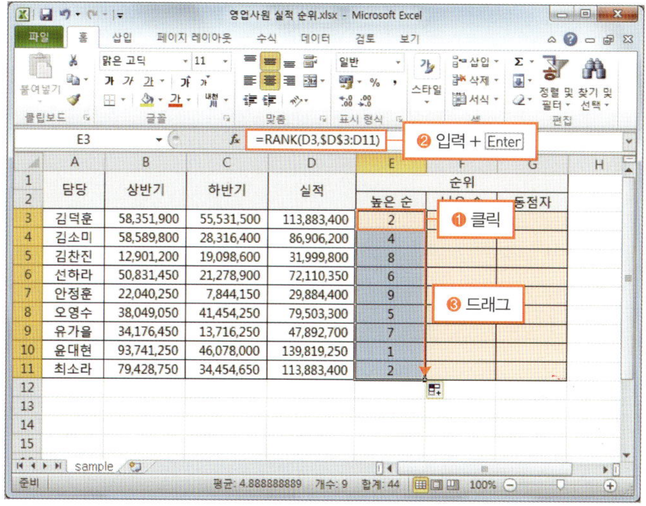

> 💡 **RANK함수의 사용**
>
> RANK함수는 보통 첫 번째 인수를 생략하며, 이렇게 하면 큰 값 순서대로 순위를 구합니다. RANK함수는 첫 번째 인수의 값을 두 번째 인수 범위 내에서 몇 번째인지를 반환해주므로 이번 수식은 큰 값 순서대로 순위를 반환합니다.

02 낮은 순으로 순위 구하기 – RANK

이번에는 D열의 실적은 낮은 순으로 순위를 구합니다. ❶ F2셀을 선택하고 ❷ 수식 입력줄에 다음과 같은 수식을 입력하고 Enter 키를 누릅니다. ❸ 수식을 복사해 사용하기 위해 F2셀의 채우기 핸들을 F11셀까지 드래그합니다.

F2	=RANK(D3, $D$3:$D$11, 1)

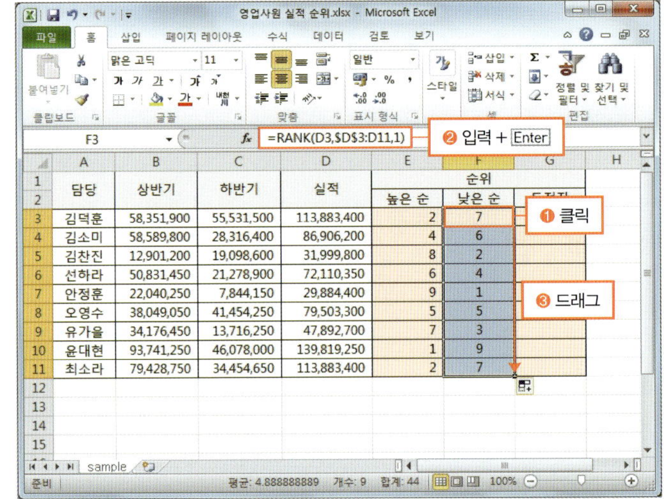

◆ RANK함수의 사용

RANK함수의 세 번째 인수를 '1'로 지정하면 작은 값 순서대로 순위를 구합니다. 이번 수식 역시 COUNTIF함수를 사용한 "=COUNTIF(D3:D11, "〈" & D3)+1" 수식으로 대체할 수 있습니다. 비교 연산자의 "작다"는 의미인 "〈"을 사용한다는 점에 주의합니다.

03 동점자 순위 구하기 – RANK, COUNTIFS

E3셀과 E11셀을 보면 동점자가 존재하는 것을 확인할 수 있습니다. 동점자의 경우 C열의 하반기 실적이 더 높은 사람을 우선하므로 ❶ G3셀을 선택하고 ❷ 수식 입력줄에 다음과 같이 수식을 입력한 후 Enter 키를 누릅니다. ❸ 수식을 복사하기 위해 G3셀의 채우기 핸들을 G11셀까지 드래그합니다.

G3	=E3+COUNTIFS($D$3:$D$11, D3, $C$3:$C$11, "〉" & C3)

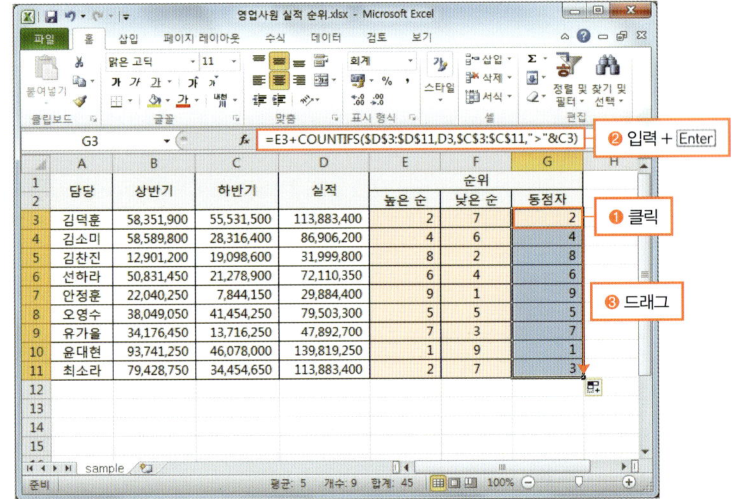

◆ 동점자 순위 구하기

순위를 구하는 방법으로는 RANK함수를 사용하고, 동점자인 경우에만 순위를 조정할 수 있는 COUNTIFS함수를 사용합니다. 동점자인 경우, D열의 실적이 같은 값이고 C열의 하반기 실적이 더 높은 사람이 우선 순위가 되어야 하므로, E열에 구한 순위에 COUNTIFS함수로 구한 셀 개수를 더하면 됩니다.

COUNTIFS($D$3:$D$11, D3, $C$3:$C$11, "〉" & C3)
→ D열의 실적이 같고,   → C열의 실적이 해당 값보다 큰 값이 몇 개?

이렇게 하면 E3셀과 E11셀의 동점자인 경우, C3셀과 C11셀을 비교하여 C3셀의 값이 더 높으므로 '0'을 반환하고 C11셀은 '1'을 반환합니다.

엑셀 2010의 새 함수 RANK.EQ, RANK.AVG `NEW 2010`

| 준비 파일 : 새 함수 – RANK.EQ, RANK.AVG.xlsx

엑셀 2010 버전에서는 RANK함수를 대체할 수 있는 다음과 같은 2가지 함수를 새로 제공합니다.

- **RANK.EQ** : RANK 함수와 동일한 인수를 사용하며, 동일한 결과 값을 반환합니다.
- **RANK.AVG** : RANK 함수와 동일한 인수를 사용하지만, 동점자인 경우에는 평균 순위를 반환합니다. (예를 들어 2위가 2명이라면 2.5로 순위가 표시됩니다.)

앞으로는 RANK.EQ와 RANK.AVG함수가 메인으로 사용되고, RANK함수는 하위 버전과의 호환성을 위해 계속해서 제공될 예정이므로 엑셀 2010버전만을 사용하는 경우에는 RANK 함수보다는 RANK.EQ함수를 사용하는 것이 좋습니다.

간단한 화면을 통해 두 함수의 결과를 확인해 보겠습니다.

위 화면을 분석해 보면 RANK, RANK.EQ, RANK.AVG 함수는 모두 동일한 인수를 사용합니다. 하지만 결과를 보면 D열과 E열의 RANK와 RANK.EQ 함수는 동일한 결과를 반환하지만 F열의 RANK.AVG 함수는 동점자인 경우에 두 순위의 평균 값(1위가 2명이니 1.5로 순위를 표시합니다.)을 반환하는 것을 알 수 있습니다.

반올림, 올림, 내림 처리하기

수식을 이용해 결과값을 구할 경우에 소수점으로 표시되는 경우가 있습니다. 이 경우 데이터의 특성에 따라 특정 단위로 조정이 가능하며, 이를 위한 반올림, 올림, 내림 처리를 위한 함수를 알아봅니다.

엑셀에서 값을 계산해 보면 값을 특정 단위에서 조정할 필요가 있습니다.

예를 들어 12.345678이란 값에서 소수점 2자리까지만 표시하고 싶은 경우, 나머지 값(0.005678)은 어떻게 처리할 지를 결정해야 합니다.

버릴 값의 첫 번째 숫자가 5이상이면 표시할 마지막 숫자를 1 증가시키는 것이 반올림이므로, 예를 든 숫자는 12.35가 반환됩니다.

올림은 버릴 값이 0보다 크면 표시할 마지막 숫자를 1 증가시키는 것(12.35)이며, 내림은 조건 없이 값을 버리는 것(12.34) 입니다.

ROUND(❶, ❷)

❶인수의 숫자를 ❷인수에서 지정한 소수점 위치에서 반올림 처리합니다.

구문	❶ 숫자 : 반올림 처리할 숫자 ❷ 소수점 위치 : 숫자 내에서 반올림 처리할 소수점 위치로 소수점에서 n 번째 위치를 의미합니다. 이 값이 양수라면 소수점 아래(=왼쪽) 자리에서, 음수라면 소수점 위(=오른쪽) 자리에서 반올림 처리합니다.

특이사항

소수점 위치 값에 따라 다음과 같은 위치의 값이 반올림됩니다.

음수		양수	
소수점 위치	반올림 값	소수점 위치	반올림 값
−1	십	0	일
−2	백	1	소수점 아래 첫째 숫자
−3	천	2	소수점 아래 둘째 숫자
−4	만	3	소수점 아래 셋째 숫자
−5	십만	4	소수점 아래 넷째 숫자

사용 예

- 1234.5678 숫자 값을 소수점 위치 −3에서 반올림
  소수점 위치가 왼쪽으로 세 번째 위치로 옮겨지므로 1이 반올림 대상이 되며, 아래 2가 반올림 기준 값(5보다 작으므로 반올림이 되지 않습니다.)이 됩니다. 그러므로 1000.0000 숫자 값이 반환됩니다.

- 1234.5678 숫자 값을 소수점 위치 3에서 반올림
  소수점 위치에서 오른쪽으로 세 번째 위치로 옮겨지므로 7이 반올림 대상이 되며, 아래 8이 반올림 기준 값(5보다 크므로 반올림됩니다.)이 됩니다. 그러므로 1234.5680 숫자 값이 반환됩니다.

ROUNDDOWN(❶, ❷)

❶인수의 숫자를 ❷인수에서 지정한 소수점 위치에서 내림 처리합니다.

구문	❶ 숫자 : 내림 처리할 숫자 ❷ 소수점 위치 : 숫자 내에서 내림 처리할 소수점 위치로 소수점에서 n번째 위치를 의미합니다. 이 값이 양수라면 소수점 아래(=왼쪽) 자리에서, 음수라면 소수점 위(=오른쪽) 자리에서 내림 처리합니다.

ROUNDUP(❶, ❷)

❶인수의 숫자를 ❷인수에서 지정한 소수점 위치에서 올림 처리합니다.

구문	• 숫자 : 올림 처리할 숫자 • 소수점 위치 : 숫자 내에서 올림 처리할 소수점 위치로 소수점에서 n번째 위치를 의미합니다. 이 값이 양수라면 소수점 아래(=왼쪽) 자리에서, 음수라면 소수점 위(=오른쪽) 자리에서 올림 처리합니다.

INT(❶)

❶인수의 숫자를 0에 가까운 정수로 내림 처리합니다.

구문	• 숫자 : 정수로 내림 처리할 실수입니다.
특이사항	INT 함수는 소수점 위치를 따로 정할 수 없기 때문에 기본적으로 =ROUNDDOWN(숫자, 0)과 같은 결과를 반환합니다. INT 함수를 이용해 소수점 위치를 지정한 효과를 누리려면 다음과 같은 계산식을 이용해야 합니다. =INT(숫자/소수점 위치 값)*소수점 위치 값
사용 예	소수점 위치 값은 소수점 위치를 이용해 내림 처리할 단위 값으로 예를 들어 천 단위에서 내림을 처리할 때는 소수점 위치 값은 1000이 됩니다. =INT(숫자/1000)*1000

TRUNC(❶, ❷)

❶인수의 숫자를 ❷인수에서 지정한 소수점 위치에서 내림 처리합니다.

구문	❶ 숫자 : 소수점 이하 값을 버릴 실수 ❷ 소수점 위치 : 숫자에서 버릴 값이 위치한 소수점 자릿수로 기본 값은 0이며, 0인 경우에 소수점 이하 값을 버리기 때문에 INT 함수와 동일한 값을 반환합니다.

구입단가에 마진율을 적용해 판매가격 산정하기

📁 **준비 파일 :** 판매가격산정.xlsx

제공된 예제 파일을 열면 Before 화면과 같은 제품 리스트를 확인할 수 있습니다. 모든 제품은 특정 공급업체로부터 구입한 것으로 적정 마진을 붙여 고객업체에게 판매할 가격을 산정합니다. 이때, 천 단위 이하 금액을 반올림, 올림, 내림 처리해 판매가격을 산정해 보겠습니다.

Before

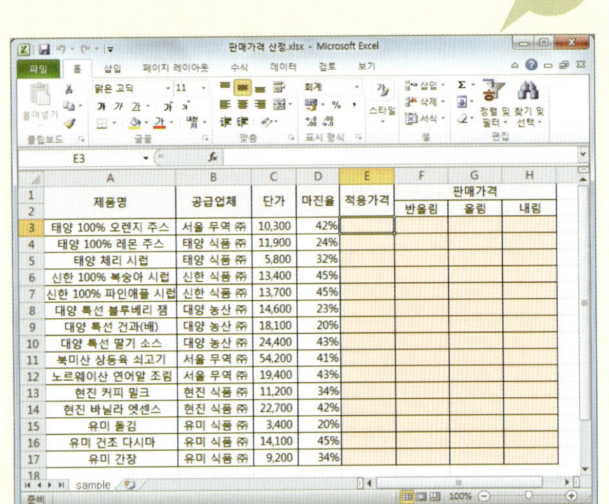

제품명	공급업체	단가	마진율	적용가격	판매가격		
					반올림	올림	내림
태양 100% 오렌지 주스	서울 무역 ㈜	10,300	42%				
태양 100% 레몬 주스	태양 식품 ㈜	11,900	24%				
태양 체리 시럽	태양 식품 ㈜	5,800	32%				
신한 100% 복숭아 시럽	신한 식품 ㈜	13,400	45%				
신한 100% 파인애플 시럽	신한 식품 ㈜	13,700	45%				
대양 특선 블루베리 잼	대양 농산 ㈜	14,600	23%				
대양 특선 건과(배)	대양 농산 ㈜	18,100	20%				
대양 특선 딸기 소스	대양 농산 ㈜	24,400	43%				
북미산 상등육 쇠고기	서울 무역 ㈜	54,200	41%				
노르웨이산 연어알 조림	서울 무역 ㈜	19,400	43%				
현진 커피 밀크	현진 식품 ㈜	11,200	34%				
현진 바닐라 엣센스	현진 식품 ㈜	22,700	42%				
유미 돌김	유미 식품 ㈜	3,400	20%				
유미 건조 다시마	유미 식품 ㈜	14,100	45%				
유미 간장	유미 식품 ㈜	9,200	34%				

After

H3 : =ROUNDDOWN(E3,-3)

제품명	공급업체	단가	마진율	적용가격	판매가격		
					반올림	올림	내림
태양 100% 오렌지 주스	서울 무역 ㈜	10,300	42%	14,626	15,000	15,000	14,000
태양 100% 레몬 주스	태양 식품 ㈜	11,900	24%	14,756	15,000	15,000	14,000
태양 체리 시럽	태양 식품 ㈜	5,800	32%	7,656	8,000	8,000	7,000
신한 100% 복숭아 시럽	신한 식품 ㈜	13,400	45%	19,430	19,000	20,000	19,000
신한 100% 파인애플 시럽	신한 식품 ㈜	13,700	45%	19,865	20,000	20,000	19,000
대양 특선 블루베리 잼	대양 농산 ㈜	14,600	23%	17,958	18,000	18,000	17,000
대양 특선 건과(배)	대양 농산 ㈜	18,100	20%	21,720	22,000	22,000	21,000
대양 특선 딸기 소스	대양 농산 ㈜	24,400	43%	34,892	35,000	35,000	34,000
북미산 상등육 쇠고기	서울 무역 ㈜	54,200	41%	76,422	76,000	77,000	76,000
노르웨이산 연어알 조림	서울 무역 ㈜	19,400	43%	27,742	28,000	28,000	27,000
현진 커피 밀크	현진 식품 ㈜	11,200	34%	15,008	15,000	16,000	15,000
현진 바닐라 엣센스	현진 식품 ㈜	22,700	42%	32,234	32,000	33,000	32,000
유미 돌김	유미 식품 ㈜	3,400	20%	4,080	4,000	5,000	4,000
유미 건조 다시마	유미 식품 ㈜	14,100	45%	20,445	20,000	21,000	20,000
유미 간장	유미 식품 ㈜	9,200	34%	12,328	12,000	13,000	12,000

01 마진율 적용 가격 계산하기

먼저 C열의 '단가'에 D열의 '마진율'을 적용한 가격을 E열에 계산합니다. ❶ E3셀을 선택하고 ❷ 수식 입력줄에 다음과 같은 수식을 입력한 후 Enter 키를 누릅니다. ❸ E3셀의 채우기 핸들을 더블클릭해 수식을 복사합니다.

E3	=C3*(1+D3)

🔶 **마진율 적용한 가격 계산하기**

마진율을 적용한 가격이란 C열의 단가 금액 100%에 42%의 마진율을 더한다는 의미입니다. 그러므로 마진율이 적용된 가격은 "=단가*(100%+마진율)" 계산식으로 구할 수 있습니다. 참고로 예제에서 사용한 '1'은 100%와 동일한 값이며, 이와 같은 식은 특정 비율을 적용한 금액을 계산할 때 자주 사용합니다.

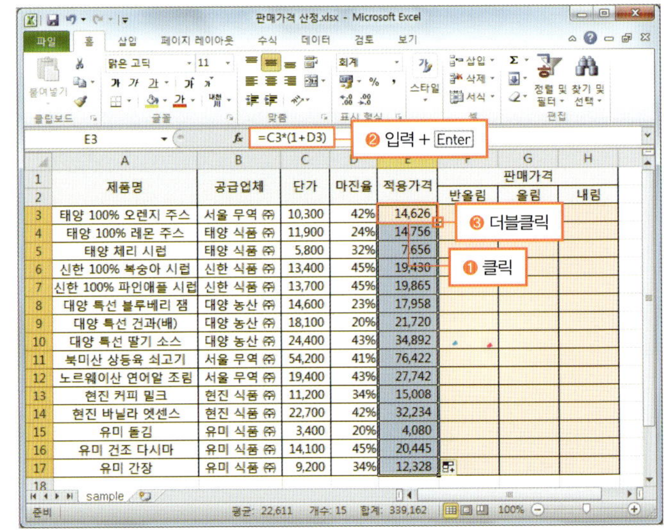

02 **반올림한 가격 계산하기 – ROUND** E열에 계산된 가격을 보면 일 단위까지 숫자가 있어, 판매가격으로는 적합하지 않으므로 F열에는 천 단위에서 반올림한 판매가격을 계산합니다. ❶ F3셀을 선택하고 ❷ 수식 입력줄에 다음과 같은 수식을 입력한 후 Enter 키를 누릅니다. ❸ F3셀의 채우기 핸들 을 F17셀까지 드래그해 수식을 복사합니다.

F3	=ROUND(E3, −3)

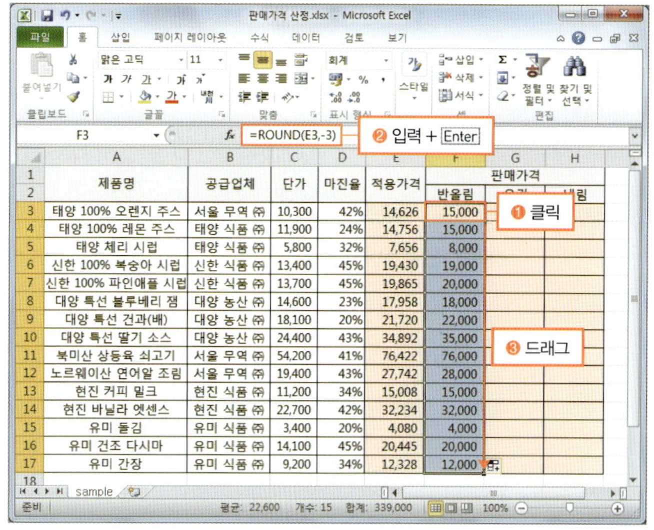

ROUND함수의 사용

ROUND함수는 반올림 작업을 할 때 사용하는 함수로, 첫 번째 인수의 값을 두 번째 소수점 위치에서 반올림합니다. 판매가격을 천 단위에서 반올림한다고 했으므로 E3셀의 값에서 천 단위 구분 기호가 위치한 곳을 소수점 위치로 사용하도록 해야 합니다. 그러므로 ROUND함수의 두 번째 인수 값은 소수점 위치에서 왼쪽으로 세 번째 위치여야 하므로 −3을 사용합니다. 이렇게 하면 E열의 적용가격에서 백 단위 값이 5 이상이면 천 단위 값을 1 상승시키고, 5 이하면 백 단위 값은 버린 결과를 반환합니다.

03 **올림 처리한 가격 계산하기 – ROUNDUP** 이번에는 G열에 천 단위에서 올림을 한 판매가격을 계산합니다. ❶ G3셀을 선택하고 ❷ 수식 입력줄에 다음과 같은 수식을 입력한 후 Enter 키를 누릅니다. ❸ G3셀의 채우기 핸들 을 G17셀까지 드래그해 수식을 복사합니다.

G3	=ROUNDUP(E3, −3)

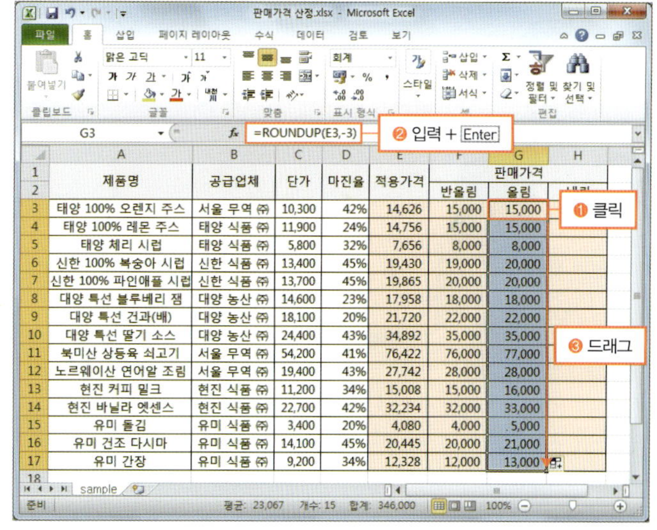

ROUNDUP함수의 사용

ROUNDUP함수는 올림을 처리하는 함수이므로 백 단위 값을 기준으로 하지 않고 백 단위 이하 값이 1 이상인 경우 천 단위 값을 1 상승시키고 백 단위 이하 값은 버린 결과를 반환합니다.

04 내림 처리한 가격 계산하기 – ROUNDDOWN

이번에는 내림(=절사)을 처리한 판매가격을 계산합니다. ❶ H3셀을 선택하고 ❷ 수식 입력줄에 다음과 같은 수식을 입력한 후 Enter 키를 누릅니다. ❸ H3셀의 채우기 핸들을 H17셀까지 드래그해 수식을 복사합니다.

H3	=ROUNDDOWN(E3, −3)

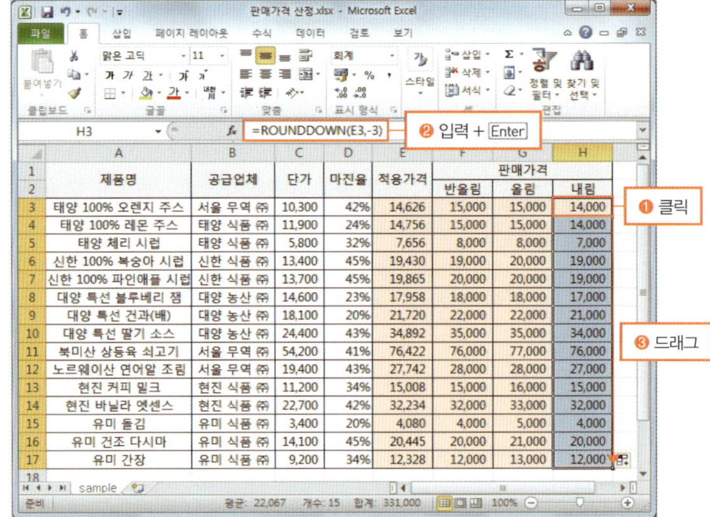

다음은 Excel 표의 내용입니다:

	제품명	공급업체	단가	마진율	적용가격	판매가격		
						반올림	올림	내림
3	태양 100% 오렌지 주스	서울 무역 ㈜	10,300	42%	14,626	15,000	15,000	14,000
4	태양 100% 레몬 주스	태양 식품 ㈜	11,900	24%	14,756	15,000	15,000	14,000
5	태양 체리 시럽	태양 식품 ㈜	5,800	32%	7,656	8,000	8,000	7,000
6	신한 100% 복숭아 시럽	신한 식품 ㈜	13,400	45%	19,430	19,000	20,000	19,000
7	신한 100% 파인애플 시럽	신한 식품 ㈜	13,700	45%	19,865	20,000	20,000	19,000
8	대양 특선 블루베리 잼	대양 농산 ㈜	14,600	23%	17,958	18,000	18,000	17,000
9	대양 특선 건과(배)	대양 농산 ㈜	18,100	20%	21,720	22,000	22,000	21,000
10	대양 특선 딸기 소스	대양 농산 ㈜	24,400	43%	34,892	35,000	35,000	34,000
11	북미산 상등육 쇠고기	서울 무역 ㈜	54,200	41%	76,422	76,000	77,000	76,000
12	노르웨이산 연어알 조림	서울 무역 ㈜	19,400	43%	27,742	28,000	28,000	27,000
13	현진 커피 밀크	현진 식품 ㈜	11,200	34%	15,008	15,000	16,000	15,000
14	현진 바닐라 엣센스	현진 식품 ㈜	22,700	42%	32,234	32,000	33,000	32,000
15	유미 둘김	유미 식품 ㈜	3,400	20%	4,080	4,000	5,000	4,000
16	유미 건조 다시마	유미 식품 ㈜	14,100	45%	20,445	20,000	21,000	20,000
17	유미 간장	유미 식품 ㈜	9,200	34%	12,328	12,000	13,000	12,000

평균: 22,067   개수: 15   합계: 331,000

⊕ ROUNDDOWN함수의 사용

ROUNDDOWN함수는 백 단위 이하 값을 버린 결과를 반환하며, TRUNC함수나 INT함수를 사용해도 동일한 결과를 얻을 수 있습니다.

TRUNC함수는 ROUND계열 함수와 인수 구성이 동일하므로 "=TRUNC(E3, −3)" 수식을 사용합니다.

하지만 INT함수는 소수점 위치를 지정하는 인수가 없으므로 천 단위를 기준으로 내림 처리할 때는 1000을 나눈 결과를 INT함수로 반환한 다음, 다시 1000을 곱해주는 "=INT(E3/1000) * 1000" 수식을 사용합니다.

예를 들어, 다음 숫자 값을 소수점 위치에서 반올림하면 소수점을 기준으로 오른쪽 숫자가 5 이상이면 왼쪽 숫자를 1 증가시킨 결과(1,235)를 반환합니다.

1,234.56

하지만 반올림 기준 값인 5를 7 또는 8로 변경하고 싶다면 다음과 같은 계산식을 사용합니다.

7을 기준으로 할 경우 : =ROUNDDOWN(1,234.56 + (1 − 0.7),0)
8을 기준으로 할 경우 : =ROUNDDOWN(1,234.56 + (1 − 0.8),0)

즉, ROUND 대신 ROUNDDOWN함수를 사용하며, 소수점 위치의 왼쪽 단위의 시작 값(=1)에서 오른쪽 단위의 반올림 기준 값을 뺀 값을 원 숫자와 더합니다.
예를 들어 다시 1,234 값을 100단위에서 3을 기준으로 반올림하려면 다음과 같은 계산식을 입력합니다.

=ROUNDDOWN(1,234+(100−30),−2)

전자계산기의 엑셀 계산 값이 다른 이유

| 준비 파일 : 전자계산기vs엑셀.xlsx

다음은 환율에 따른 송금액을 엑셀 프로그램에서 계산한 값과 전자계산기로 계산한 값을 비교한 화면입니다. D8셀과 D10셀의 결과를 살펴보면 소수점 둘째 자리에서 값이 일치하지 않습니다.
이와 같은 경우에는 주로 소수점 이하 값을 처리하는 명확한 기준을 세우지 않아 발생합니다.

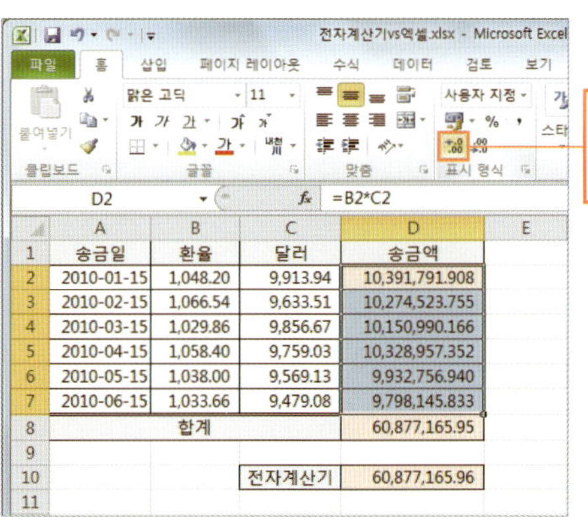

▲ 전자계산기 결과와 엑셀로 계산한 금액이 맞지 않은 경우

위 예제와 같이 소수점 이하 값이 존재하고, 소수점 둘째 자리까지만 계산하는 경우에는 소수점 셋째 자리 값이 계산될 경우 어떻게 처리할 것인지 기준을 세워야 합니다.

셀에 표시된 숫자 값은 지정한 자릿수에 맞춰 숫자 값을 표시하며, 숨겨진 숫자의 경우는 다음 자리에서 반올림한 결과가 화면에 표시되기 때문에 화면에 보이는 숫자를 전자계산기로 계산하면, 숨겨진 숫자 자리까지 계산된 엑셀의 결과와 다른 결과를 표시할 수 있습니다.

▲ D2:D7 범위에 소수점 이하 자리 값을 좀 더 많이 표시한 경우

이런 문제를 해결하려면 ROUND함수를 사용해 D2셀의 수식을 "=ROUND (B2*C2, 2)"와 같이 변경한 다음, D2셀의 채우기 핸들을 D7셀까지 드래그해 수식을 복사하면 됩니다.

몫과 나머지 구하기

나눗셈 연산을 하게 되면 몫과 나머지를 구할 수 있습니다. 엑셀에서는 나눗셈 연산의 몫과 나머지를 구하는 함수로 QUOTIENT함수와 MOD함수를 제공합니다. 나눗셈 연산이 어떻게 실무에서 활용되고 있는지 예제를 통해 이해하기 바랍니다.

나눗셈 연산을 하게 되면, 몫과 나머지를 구할 수 있습니다. 곱셈이 X와 Y를 곱해 Z를 구하는 것이라면 나눗셈은 Z를 Y(또는 X)로 나눠 X(또는 Y)를 구하는 것입니다. 여기에서 X(또는 Y)가 몫이며, Z값 중에서 나누고 남은 숫자가 나머지가 됩니다. 이렇게 나눗셈 연산의 몫과 나머지를 구하는 함수가 QUO-TIENT함수와 MOD함수입니다.

곱셈이 주로 결과를 얻기 위해 필요한 값을 연산하는 것이라면 나눗셈은 결과와 값 일부를 알 때 나머지 값을 구하기 위해 연산합니다.

○ 나눗셈

20을 3으로 나누면 6이 몫이 되고, 2가 나머지가 됩니다.

QUOTIENT(❶, ❷)	
❶인수의 숫자를 ❷인수의 숫자로 나눈 몫을 반환합니다.	
구문	❶ 값 : 몫을 구할 숫자입니다. ❷ 제수 : 값을 나눌 숫자입니다.
특이사항	함수명을 기억하기가 쉽지 않기 때문에 INT함수를 이용한 다음과 같은 계산식으로 대체할 수 있습니다. =INT(값/제수)

MOD(❶, ❷)	
❶인수의 숫자를 ❷인수의 숫자로 나눈 나머지를 반환합니다.	
구문	❶ 값 : 몫을 구할 숫자입니다. ❷ 제수 : 값을 나눌 숫자입니다.
특이사항	값이 너무 큰 경우에는 MOD함수가 제대로 된 결과 값을 반환하지 못할 수도 있기 때문에, 다음과 같은 계산식으로 대체할 수 있습니다. =값 - 제수*INT(값/제수)

보너스 지급액을 화폐 단위별 장 수로 계산하기

📁 **준비 파일 : 보너스 지급 대장.xlsx**

예제 파일을 열면 Before 화면과 같은 보너스 지급 내역을 확인할 수 있습니다. 각 인원별 보너스 금액을 현금으로 지급하기 위해 은행에서 돈을 인출하려면 각 화폐 단위별로 필요한 개수를 계산해야 합니다. 이때 QUOTIENT 함수와 MOD함수를 이용해 계산해 보도록 하겠습니다.

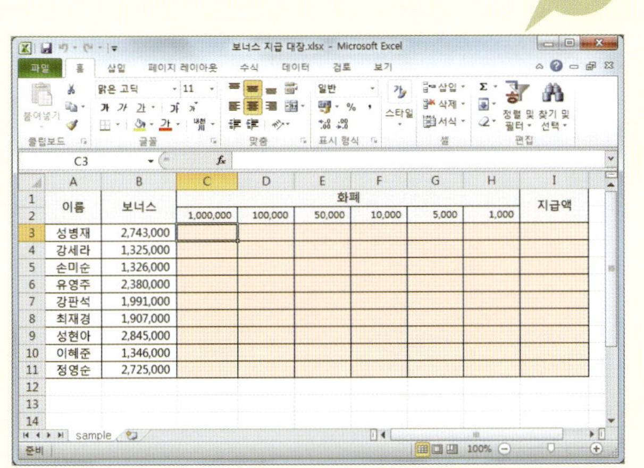

01

100만원권 수표 계산하기 – QUOTIENT 먼저 100만원 수표 개수를 세기 위해 ❶ C3셀을 선택하고 ❷ 수식 입력줄에 다음과 같은 수식을 입력한 후 Enter 키를 누릅니다. ❸ C3셀의 채우기 핸들🔲을 C11셀까지 드래그해 수식을 복사합니다.

C3	=QUOTIENT(B3, $C$2)

> **○ 100만원권 계산하기**
>
> 화폐 개수를 알기 위해서는 찾을 화폐 단위로 보너스 금액을 나눈 몫을 구합니다. 몫을 구하기 위해 QUOTIENT함수를 사용하면 첫 번째 인수에 보너스 금액을, 두 번째 인수에 화폐 단위를 전달합니다. 이때, 수식을 복사해 사용할 것이기 때문에 C2셀은 절대 참조 방식으로 지정해 참조 위치가 변경되지 않도록 합니다.

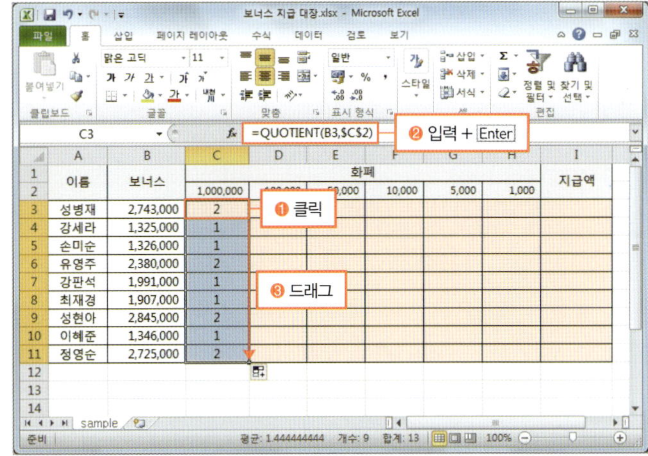

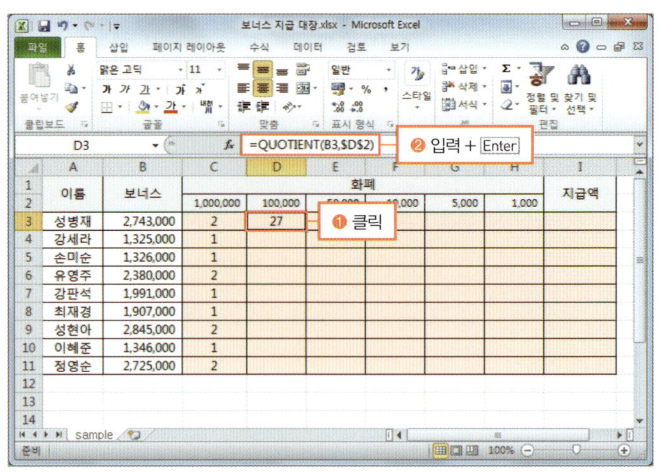

02 10만원권 수표 계산하기(1)

01 과정과 동일한 방법으로 10만원 수표 개수를 세기 위해 ❶ D3셀을 선택하고 ❷ 수식 입력줄에 다음과 같은 수식을 입력하고 Enter 키를 누릅니다.

D3	=QUOTIENT(B3, $D$2)

> ◉ **10만원권 계산하기(1)**
>
> 10만원 수표 개수를 구하기 위해 100만원권 수표를 계산한 방법과 동일하게 계산하면 10만원 수표가 27장이 필요합니다. 하지만, B3셀의 보너스가 274만 3천원이고, C3셀에서 100만원 수표를 2장 인출하는 것을 계산했으므로 10만원 수표는 27장이 아니라 7장이어야 합니다. 여기에서 알 수 있듯이 상위 화폐 단위가 있는 경우, 보너스 금액 전체를 대상으로 나눗셈의 몫을 구하면 안 되고, 상위 화폐 단위로 구한 나머지 보너스 금액을 대상으로 현재 화폐 단위의 몫을 계산해야 합니다.

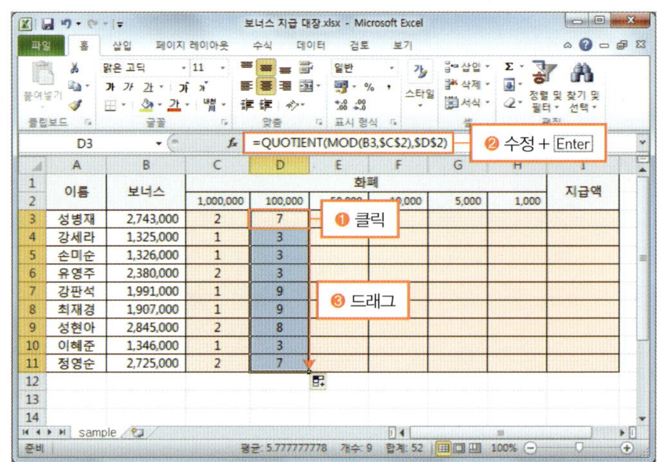

03 10만원권 수표 계산하기(2)

02 과정의 수식 문제점을 보완하기 위해 ❶ D3셀을 선택하고 ❷ 수식을 다음과 같이 수정한 후 Enter 키를 누릅니다. ❸ D3셀의 채우기 핸들을 D11셀까지 드래그해 수식을 복사합니다.

D3	=QUOTIENT(MOD(B3, $C$2), $D$2)

> ◉ **10만원권 계산하기(2)**
>
> QUOTIENT함수의 첫 번째 인수 부분을 100만원으로 나눈 나머지 값을 사용하도록 수식을 변경합니다.
> ● 이전 수식 : =QUOTIENT(B3,$D$2)
> ● 고친 수식 : =QUOTIENT(MOD(B3, $C$2),$D$2)

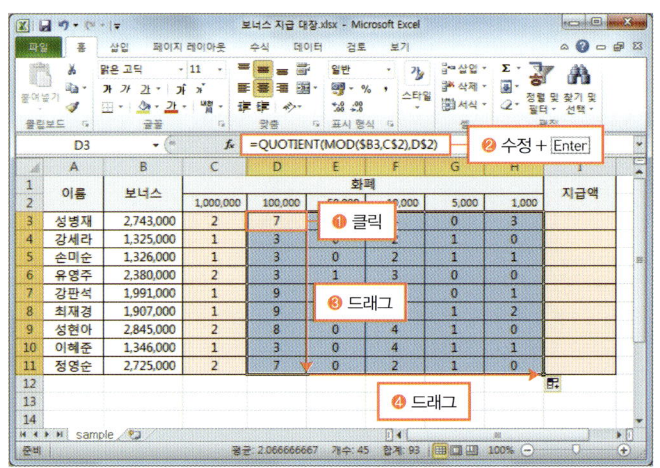

04 나머지 화폐 단위를 한 번에 계산하기

10만원권부터 1000원의 화폐는 모두 상위 화폐 단위로 구한 나머지 보너스 금액을 대상으로 작업합니다. 그러므로 03 과정에서 작성한 수식을 E:H열에서 사용하면 되는데, 이렇게 동일한 수식을 여러 열에서 사용할 경우, 참조 방식만 변경해도 동일한 결과를 얻을 수 있습니다. ❶ D3셀을 선택하고 ❷ 수식을 다음과 같이 수정한 다음 Enter 키를 누릅니다. ❸ D3셀의 채우기 핸들을 D11셀까지 드래그해 복사하고 ❹ D3:D11 범위의 채우기 핸들을 다시 H열까지 드래그해 수식을 복사하면 각 화폐 단위의 개수를 모두 구할 수 있습니다.

D3	=QUOTIENT(MOD($B3, C$2), D$2)

D열부터 H열까지의 모든 화폐 단위는 상위 화폐 단위로 구한 나머지 보너스 금액을 자신의 화폐 단위로 나눈 몫을 구합니다. 각 열의 첫 번째 셀에 작성할 수식은 다음과 같습니다.

- D3 : =QUOTIENT(MOD(B3, $C$2), $D$2)
- E3 : =QUOTIENT(MOD(B3, $D$2), $E$2)
- F3 : =QUOTIENT(MOD(B3, $E$2), $F$2)
- G3 : =QUOTIENT(MOD(B3, $F$2), $G$2)
- H3 : =QUOTIENT(MOD(B3, $G$2), $H$2)

하지만 이런 수식은 혼합 참조를 이용하면 한 번에 해결할 수 있습니다. D3셀의 수식에서 참조하는 셀 위치는 다음과 같습니다.

- B3 : 행 방향(=아래쪽)으로 복사할 때 주소는 변경, 열 방향(=오른쪽)으로 복사할 때는 주소는 고정
- C2 : 행 방향(=아래쪽)으로 복사할 때 주소는 고정, 열 방향(=오른쪽)으로 복사할 때는 주소는 변경
- D2 : 행 방향(=아래쪽)으로 복사할 때 주소는 고정, 열 방향(=오른쪽)으로 복사할 때는 주소는 변경

그러므로 B3셀의 주소에서 열 주소인 B는 고정하기 위해 $B3과 같이 참조하고, C2, D2는 행 주소를 고정하기 위해 C$2, D$2와 같이 변경한 다음 수식을 복사합니다.

05 결과 확인하기

C:H열에 구해진 화폐 개수가 맞는지 확인하려면 각 화폐 개수와 단위를 곱한 결과를 더합니다. ❶ I3셀을 선택하고 ❷ 수식 입력줄에 다음과 같은 수식을 입력한 후 Enter 키를 누릅니다. ❸ I3셀의 채우기 핸들을 I11셀까지 드래그해 수식을 복사합니다.

I3	=SUM(C3*$C$2, D3*$D$2, E3*$E$2, F3*$F$2, G3*$G$2, H3*$H$2)

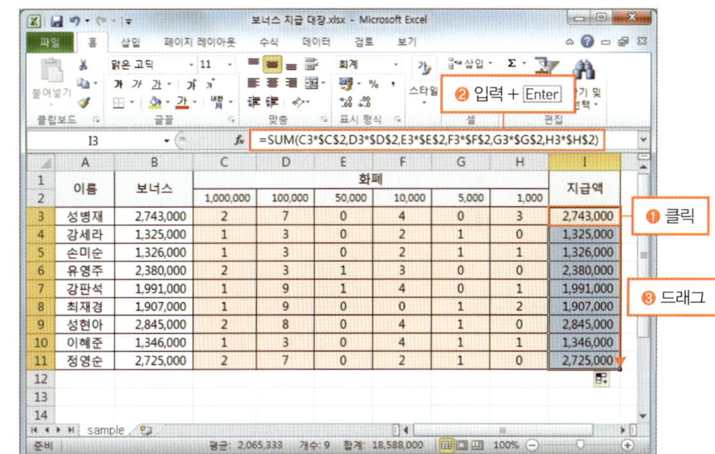

C:H열의 각 화폐 개수가 제대로 구해졌는지 확인해 보기 위해서는 나눠진 값을 다시 곱한 결과를 더하면 됩니다. 그러므로 C3:H3 범위의 각 셀의 값을 C2:H2 범위의 각 셀과 곱한 결과를 SUM함수로 더하면 지급할 화폐의 전체 지급액을 구할 수 있습니다. 이와 같은 계산은 SUMPRODUCT함수를 사용하는 것이 더 효과적이며, 이 함수에 대해서는 《Part 03. 3장. 01 배열 함수》 부분에서 자세하게 설명합니다.

숨긴 셀을 제외한 데이터 집계하기

자동 필터 기능을 이용하면 표의 조건에 맞는 데이터만 추출하여 표시할 수 있으며, 화면에 표시된 데이터만 요약할 때 사용하는 함수가 바로 SUBTOTAL함수입니다. 이 함수를 사용하면 표 데이터를 볼 수 있으므로 대량의 데이터를 관리할 경우 반드시 알아두어야 할 함수입니다.

엑셀에는 필요한 데이터만 화면에 표시할 수 있는 기능이 제공되는데, 대표적인 기능이 바로 자동 필터와 숨기기 기능입니다.

이렇게 숨겨진 데이터를 제외한 화면에 표시된 셀의 값만 집계하려면 기존에 배운 함수로는 원하는 결과를 얻어 낼 수 없습니다. 숨겨진 데이터 부분을 제외한 결과를 얻으려면 이번에 배울 SUBTOTAL함수를 사용해야 합니다.

SUBTOTAL(❸, 범위❶, 범위❷, …)

범위 내의 화면에 표시된 셀의 값을 ❸ 인수에서 지정한 함수번호로 집계한 값을 반환합니다.

| 구문 | • 함수번호 : 집계할 함수를 의미하는 번호로 1~11 또는 101~111 사이의 값을 지정합니다. |

함수번호		함수
(숨겨진 행 포함)	(숨겨진 행 제외)	
1	101	AVERAGE
2	102	COUNT
3	103	COUNTA
4	104	MAX
5	105	MIN
6	106	PRODUCT
7	107	STDEV
8	108	STDEVP
9	109	SUM
10	110	VAR
11	111	VARP

* 범위 : SUBTOTAL함수로 집계할 대상 범위

| 특이사항 | SUBTOTAL함수는 필터 기능을 이용해 추출한 데이터만 집계할 수 있으며, **숨기기** 명령을 이용해 감춘 행은 사용한 함수번호에 따라 집계하거나 제외됩니다. **숨기기** 명령을 이용해 감춰진 행을 계산에서 제외하려면 101~111 사이의 함수번호를 사용해야 합니다. |

○ 함수 번호

101~111 사이의 함수번호는 엑셀 2003 버전 이상에서만 사용할 수 있습니다.

거래내역에서 추출된 데이터만 요약하기

📁 **준비 파일** : 거래내역 – 추출 데이터.xlsx

제공된 예제 파일을 열면 Before 화면과 같은 표를 확인할 수 있으며, A2:C2 범위의 각 셀을 선택하면 각각 COUNT, SUM, AVERAGE함수를 사용해 값을 집계하고 있음을 알 수 있습니다. 자동 필터나 숨기기 기능으로 감춰진 셀을 제외하고 화면에 표시된 데이터만 SUBTOTAL함수를 사용해 집계하도록 하겠습니다.

Before

After

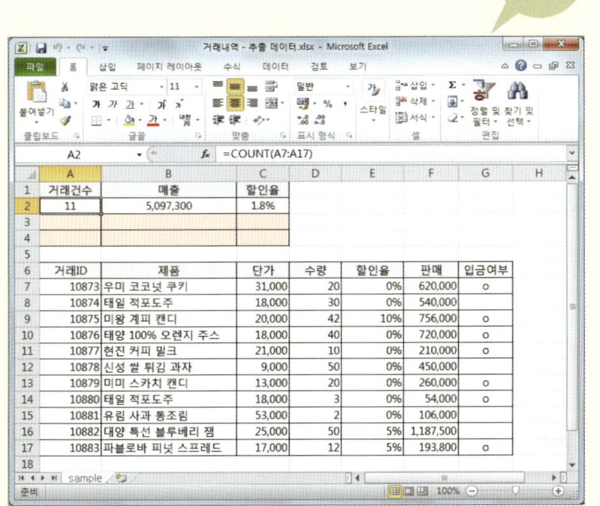

01 필터와 연계해 집계하기 – SUBTOTAL

2행의 수식과 마찬가지로 아래쪽 표를 집계하기 위해 다음 각 셀에 SUBTOTAL함수를 이용해 다음과 같은 수식을 입력합니다.

A3	=SUBTOTAL(2, A7:A17)
B3	=SUBTOTAL(9, F7:F17)
C3	=SUBTOTAL(1, E7:E17)

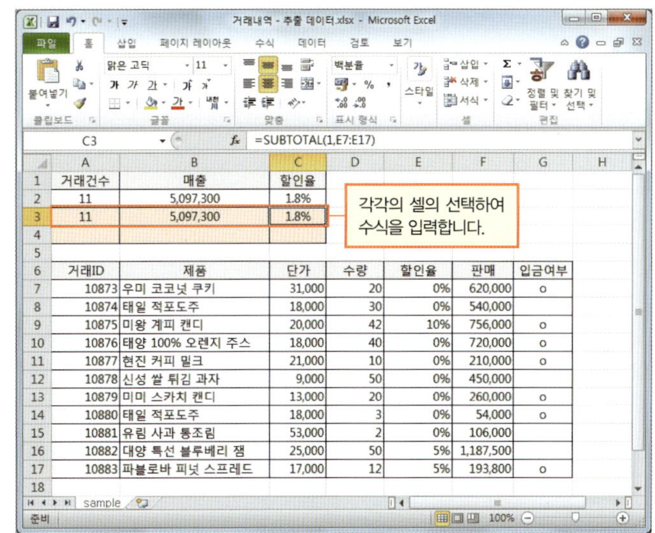

○ **SUBTOTAL함수의 사용**

오른쪽 화면을 살펴보면 3행과 2행의 결과가 동일한 것을 확인할 수 있습니다. SUBTOTAL함수의 첫 번째 인수의 1은 AVERAGE함수, 2는 COUNT함수, 9는 SUM함수와 동일한 역할을 수행합니다.

02 **자동 필터 적용하기** 이제 오른쪽 화면의 표에 필터를 설정해 데이터가 일부만 보이도록 설정해 보겠습니다. ❶ A6셀을 선택하고 ❷ 리본의 **[데이터]** 탭 → **정렬 및 필터** 그룹 → ❸ **필터** 명령 아이콘을 클릭합니다.

자동 필터가 적용되면, 표 첫 번째 행의 각 셀에 아래 화살표 단추가 표시됩니다.

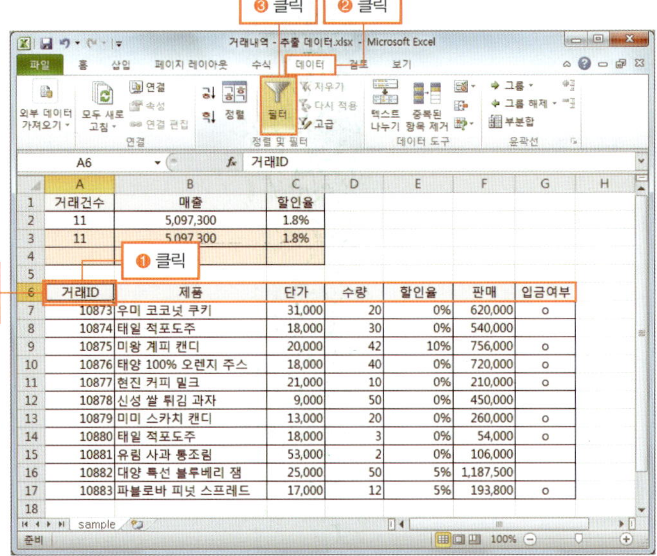

03 **조건을 지정해 데이터 추출하기** 입금된 데이터만 확인해 보기 위해 ❶ G6셀의 아래 화살표 단추를 클릭하여 ❷ 모두 선택 확인란을 체크 해제한 다음 "o" 문자의 확인란을 체크하고 ❸ 〈확인〉 단추를 클릭합니다.

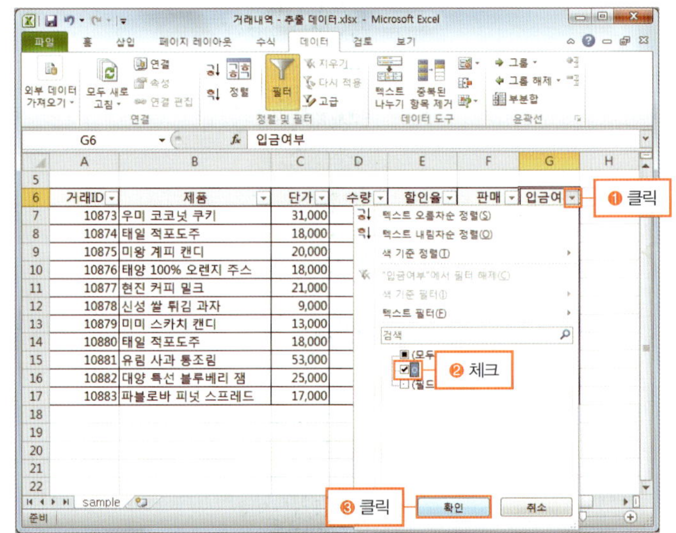

04 **SUBTOTAL 함수 결과 확인하기** 이렇게 하면 G열의 값이 "o"인 결과만 화면에 표시합니다. 다시 상단의 집계표를 확인해 보면 3행의 결과가 변경된 것을 확인할 수 있는데, 이것은 자동 필터로 추출된 데이터의 결과를 반환하기 때문입니다(참고로 2행은 아무런 변화가 없습니다.).

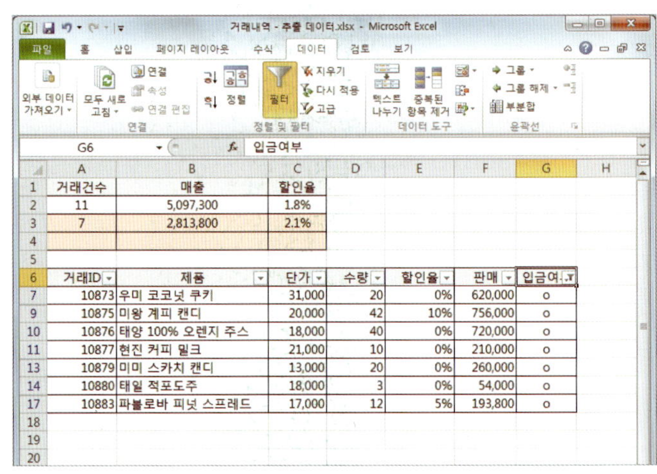

05 **자동 필터 해제하기** 이번에는 숨기기 기능과 연계하는 집계 결과를 확인해 보기 위해 기존의 자동 필터 설정을 해제합니다. 하단의 표 내부의 아무 셀(화면에서는 A6셀)이 선택된 상태에서 리본의 **[데이터]** 탭 → **정렬 및 필터** 그룹 → **필터** 명령 아이콘을 다시 한 번 클릭합니다.

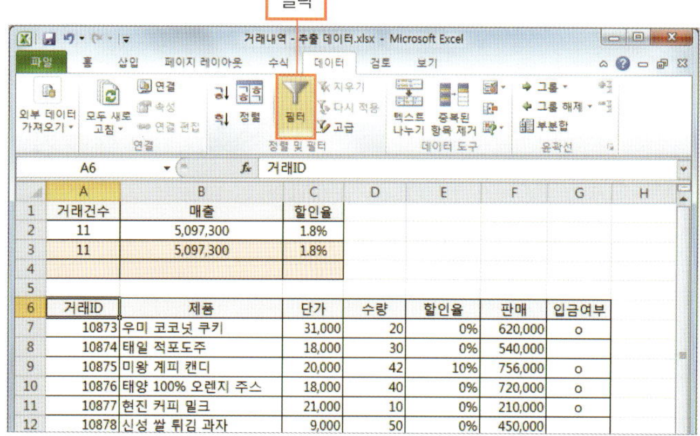

06 **숨기기와 연계해 집계하기 – SUBTOTAL** 이번에는 SUBTOTAL함수의 100번대 함수를 이용해 각 셀에 다음과 같은 수식을 입력합니다.

A4	=SUBTOTAL(102, A7:A17)
B4	=SUBTOTAL(109, F7:F17)
C4	=SUBTOTAL(101, E7:E17)

⊙ SUBTOTAL함수의 사용

SUBTOTAL함수의 첫 번째 인수의 101은 AVERAGE함수, 102는 COUNT함수, 109는 SUM함수와 동일한 역할을 수행합니다. 단, 100번대 함수 번호는 자동 필터 대신 숨기기 명령과 대응해 화면에 표시된 데이터의 집계 작업을 진행합니다.

07 **숨기기 명령을 이용해 행 숨기기** 이제 하단의 표에서 몇 개의 데이터를 숨기기 위해 ❶ 마우스로 7:11행의 행 머리글을 드래그해 선택한 다음 ❷ 마우스 오른쪽 단추를 클릭하고 ❸ **숨기기** 명령을 클릭합니다.

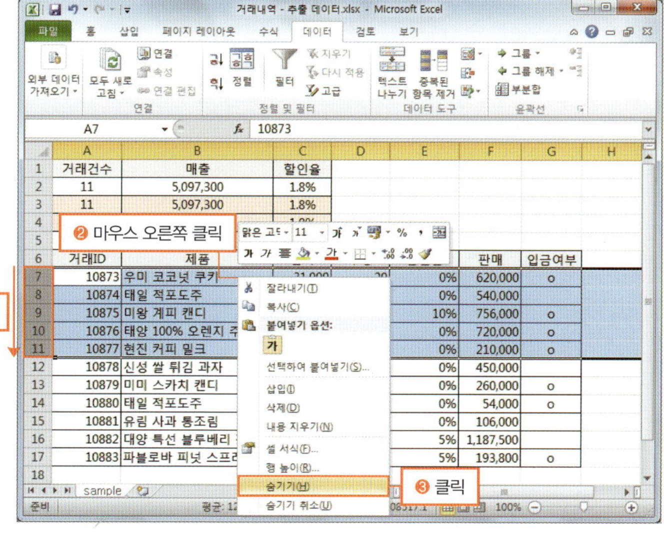

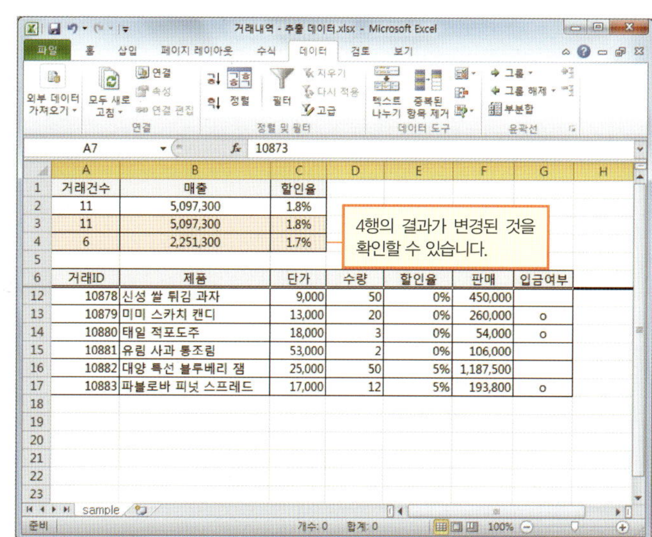

실무 함수

날짜와 시간을 다루는 것은 엑셀에서 실무 데이터를 다루는데 있어 매우 중요합니다. 또한, 다른 위치의 값을 다시 입력하지 않고 가져와 사용하는 '참조'의 개념은 엑셀을 사용하게 되는 가장 큰 이유라고 해도 과언이 아닐 것입니다. 여기에 배열의 개념을 정확히 이해하면 수식 사용에 매우 도움이 많이 되므로 배열의 수식 작성 방법을 살펴보기 바랍니다.

PART
03

날짜, 시간 함수

엑셀에서 날짜와 시간은 우리가 이해하는 방식과는 조금 다르게, 눈에 보이는 값과 실제 저장된 값이 달라 사용자가 날짜와 시간을 컨트롤하기가 쉽지 않습니다. 그렇기 때문에 사용자가 날짜와 시간을 보다 편하게 다룰 수 있도록 많은 함수를 제공하고 있습니다. 대부분의 비즈니스가 날짜와 시간 단위로 관리되므로 날짜와 시간을 다루는 것은 엑셀 데이터를 다루는데 있어 핵심적인 위치를 차지합니다.

오늘 날짜와 현재 시간 계산하기

날짜와 시간은 실시간으로 변하는 수치이므로 우리가 원하는 형태로의 관리가 쉽지 않습니다.
따라서 엑셀에서는 사용자가 편하게 날짜와 시간을 관리할 수 있도록 많은 함수를 제공합니다.
가장 기본적인 TODAY( ), NOW( )함수에 대한 사용법을 알아봅니다.

엑셀에서 작업할 때, 오늘 날짜와 현재 시간을 입력해야 작업은 매우 빈번하게 발생합니다. 함수를 사용해 오늘 날짜를 반환 받으려면 TODAY함수를, 오늘 날짜에 현재 시간까지 포함된 값을 반환 받으려면 NOW함수를 사용합니다. 참고로 현재 시간만 따로 반환하는 함수는 제공하지 않으므로, 현재 시간만 반환해야 하는 경우에는 "=NOW( )−TODAY( )" 수식을 사용해야 합니다.

TODAY( )

오늘 날짜를 반환합니다.

특이사항	인수가 없는 함수로, 함수명 뒤에 반드시 ( )를 붙여 사용해야 합니다.

NOW( )

오늘 날짜와 현재 시간을 반환합니다.

특이사항	인수가 없는 함수로, 함수명 뒤에 반드시 ( )를 붙여 사용해야 합니다.

함수를 사용하지 않고 단축키를 이용해 오늘 날짜와 현재 시간을 기록할 수 있으며, 방법은 다음과 같습니다.

단축키	설명	함수
Ctrl + ; (세미콜론)	오늘 날짜	TODAY
Ctrl + Shift + : (콜론)	현재 시간	
Ctrl + ; (세미콜론) Space Bar Ctrl + Shift + : (콜론)	오늘 날짜와 현재 시간	NOW

> **◎ NOW( )**
>
> 현재 날짜와 시간의 일련 번호를 반환합니다. 함수를 입력하기 전에 셀이 일반 서식으로 지정되어 있더라도 결과값은 날짜 서식으로 지정됩니다.

일일업무일지에서 날짜와 시간 기록하기

📁 **준비 파일 :** 일일업무일지.xlsx

제공된 예제 파일을 열면 Before 화면과 같은 일일업무일지 표를 확인할 수 있습니다. After 화면과 같이 C열과 F5:G5 범위에 각각 작성일과 보고일, 보고시간, 업무시간 등을 기록하고, 이때 상황에 따라 함수와 단축키를 혼용해 값을 입력해 보도록 하겠습니다.

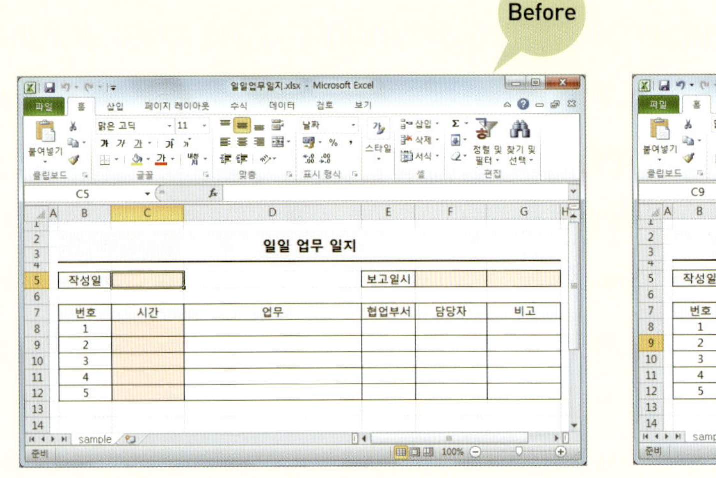

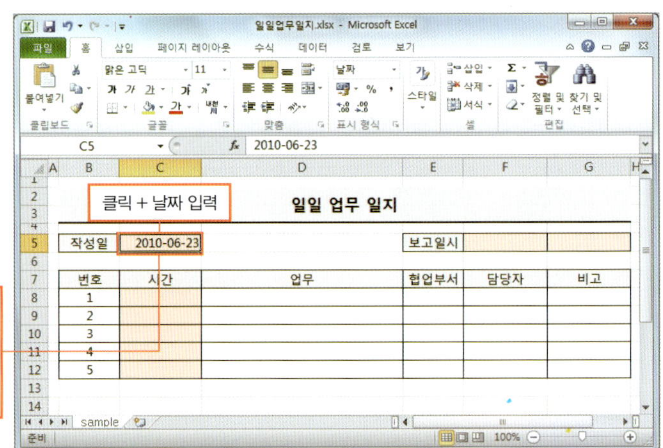

01

작성일 단축키로 기록하기 작성일은 일일업무일지를 작성한 날로, 기록된 날짜는 다시 수정되지 않아야 합니다. 만약 함수를 사용하면 다시 파일을 열 때 기록된 날짜가 변경되므로, 직접 입력하거나 단축키를 이용합니다. C5셀을 선택하고 Ctrl + ; 키를 누르고 Enter 키를 눌러 오늘 날짜를 입력합니다.

02 보고일 기록하기 – TODAY

보고일은 일일업무일지를 인쇄해 보고하는 날짜가 기록되어야 합니다. 따라서 언제 인쇄해도 항상 오늘 날짜가 표시되어야 하므로 함수를 사용합니다. ❶ F5셀을 선택하고 ❷ 수식 입력줄에 다음 수식을 입력한 후 Enter 키를 누릅니다.

F5	=TODAY( )

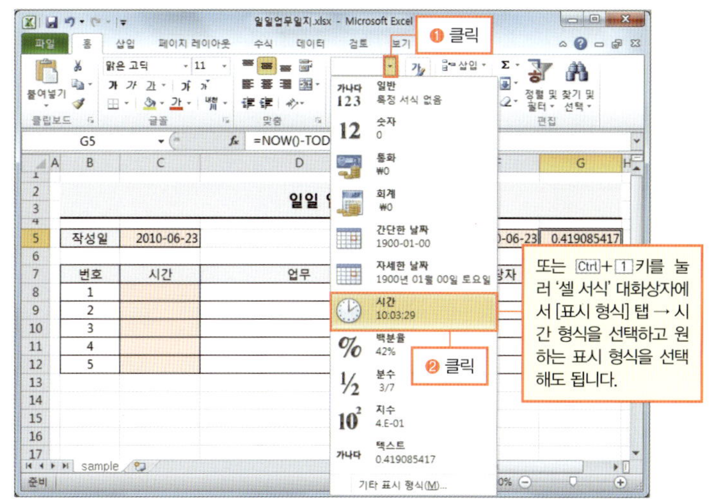

03 보고 시간 기록하기 – NOW, TODAY

보고 시간 역시 인쇄하는 해당 시간이 항상 표시되어야 하므로 수식을 사용합니다. ❶ G5셀을 선택하고 ❷ 수식 입력줄에 다음 수식을 입력한 후 Enter 키를 누릅니다.

G5	=NOW( )–TODAY( )

04 소수 값을 시간으로 표시하기

03 과정에서 계산된 수식은 현재 시간을 반환하긴 하지만 수식의 결과는 소숫값이므로, 이 값을 시간 형식으로 표시되도록 조정해 주어야 합니다. G5셀이 선택된 상태에서 ❶ 리본의 [홈] 탭 → **표시 형식** 그룹의 콤보상자 아래 화살표 단추 → ❷ **시간** 형식을 선택합니다.

05 **현재 시간을 단축키로 기록하기** 이제 각 업무 내역을 기록할 때 업무시간을 기록하는 C8:C12 범위에는 시간을 직접 입력하거나 단축키를 사용합니다. 예를 들어 현재 시간을 기록하려면 C8셀을 선택하고 Ctrl + Shift + ; 키를 누릅니다.

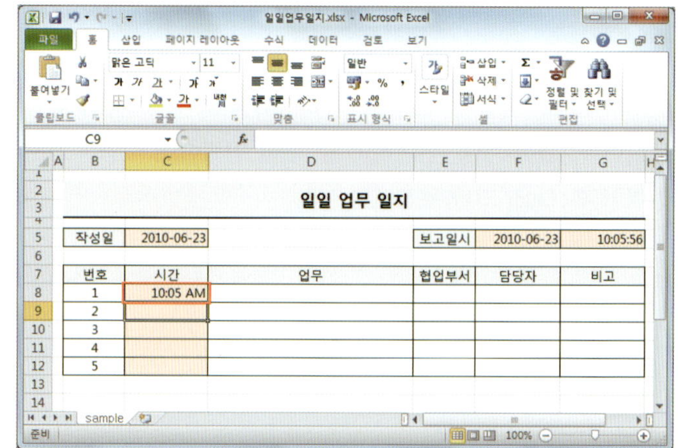

수식을 이용하면 데이터가 입력된 시간을 기록하는 것이 가능합니다. 단, 데이터 입력 시간을 기록하는 수식은 '순환 참조'를 이용해야 하기 때문에 작업 전에 먼저 엑셀의 옵션을 변경해 '순환 참조'를 이용한 수식을 작성할 수 있도록 해야 합니다.

◎ 순환 참조란?

순환 참조란 수식을 작성하는 셀에서 자신을 참조하는 수식으로, 예를 들면 A1셀에서 수식을 작성할 때, =SUM(A1:A10) 수식을 작성해 A1셀을 참조하는 경우를 말합니다. 이렇게 하면 수식을 계산하기 위해 A1셀을 참조해야 하고, A1셀의 값을 전달하기 위해서는 =SUM(A1:A10) 수식이 계산되어야 하므로 반복해서 같은 셀이 참조되는 현상이 나타납니다. 이런 참조 방식을 순환 참조라 합니다.

1. 리본의 **[파일]** 탭 → **옵션** 메뉴를 클릭합니다.

2. 'Excel 옵션' 대화상자가 표시되면 **수식 범주** → **반복 계산 사용** 옵션을 체크한 다음 〈확인〉 단추를 눌러 설정을 적용합니다.

이제 다음 표에서 B열에 데이터가 입력될 때 자동으로 입력 날짜와 시간이 기록되도록 수식을 작성해 보겠습니다.

1. C3셀을 선택하고 "=IF(LEN(B3)>0, IF(LEN(C3)>0, C3, NOW( )), "")" 수식을 입력한 다음, C3셀의 채우기 핸들을 C5셀까지 드래그해 수식을 복사합니다.

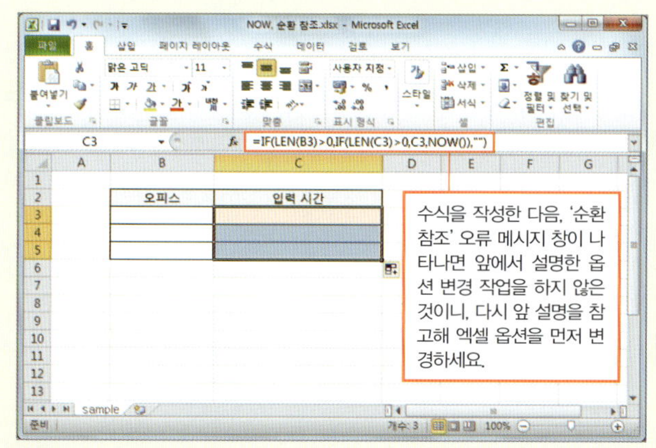

2. 이제 B3:B5 범위에 아무 값이나 입력하면 C3:C5 범위에 데이터를 입력한 날짜와 시간이 표시됩니다.

02 원하는 날짜 계산하기

날짜는 필요에 따라 얼마든지 계산해 얻을 수 있으며, 엑셀은 날짜 계산에 필요한 다양한 함수를 제공해 주고 있는데, 그만큼 날짜 계산이 다양하게 이루어지고 있기 때문입니다. 이번에는 날짜 계산에 가장 자주 쓰이는 함수들에 대해 설명합니다.

기준일에서 특정 기준에 해당하는 날짜를 계산해야 하는 경우, 엑셀에서는 DATE, YEAR, MONTH, DAY함수를 사용할 수 있습니다. 그 중에서 DATE함수는 년, 월, 일 값을 인수로 받아 날짜 값을 반환해 주므로 원하는 날짜를 계산하려면 반드시 알아두어야 하는 함수입니다.

DATE(❶, ❷, ❸)

❶❷❸인수로 전달된 년, 월, 일 값을 받아 날짜 일련번호를 완성해 반환합니다.

인수	❶ 년 : 0 ～ 9999 사이의 년(年)을 의미하는 정수 값입니다. 　　　0 ～ 1899 사이의 값은 1900을 더한 연도가 계산됩니다. 　　　1900 ～ 9999 사이의 값은 그대로 연도로 사용됩니다. ❷ 월 : 1～12 사이의 월(月)을 의미하는 양수 또는 음수 값입니다. ❸ 일 : 1～31 사이의 일(日)을 의미하는 양수 또는 음수 값입니다.
특이사항	월, 일 인수는 0과 음수 값을 사용할 수 있는데, 지정한 값(예를 들어 월은 1～12 사이의 값)이 아닌 0 또는 음수 값을 사용하면 몇 개월 전(월 인수의 경우) 또는 몇 일 전과 같은 방식으로 인식해 날짜 값을 계산합니다.
사용 예	• DATE(2010, 0, 1) : '2009년 12월 1일' • DATE(2010, 1, −10) : '2009년 12월 21일'

YEAR(❶)

❶인수의 날짜 값에서 연도를 의미하는 1900 ～ 9999 사이의 정수 값을 반환합니다.

인수	❶ 날짜 : 날짜를 의미하는 날짜 일련번호입니다.

MONTH(❶)

❶인수의 날짜 값에서 월을 의미하는 1～12 사이의 정수 값을 반환합니다.

인수	❶ 날짜 : 날짜를 의미하는 날짜 일련번호입니다.

DAY(❶)

❶인수의 날짜 값에서 일을 의미하는 1～31 사이의 정수 값을 반환합니다.

인수	❶ 날짜 : 날짜를 의미하는 날짜 일련번호입니다.

직원명부의 입사일에서 해당 월의 시작일과 종료일 계산하기

📁 **준비 파일 :** 직원명부.xlsx

제공된 예제 파일을 보면 Before 화면과 같은 직원명부 표를 확인할 수 있습니다. 연차 계산 및 퇴직금 계산을 위해 D열의 '입사일'에서 해당 월의 '시작일'과 '종료일'을 E열과 F열에 각각 계산해 보도록 하겠습니다.

Before

After

---

01 월 시작일 계산하기(1)

D열의 입사일이 속한 월의 시작일을 구하기 위해 ❶ E3셀을 선택하고 ❷ 수식 입력줄에 다음과 같은 수식을 입력한 후 Enter 키를 누릅니다. ❸ E3셀의 채우기 핸들을 E11셀까지 드래그해 수식을 복사합니다.

E3	=DATE(YEAR(D3), MONTH(D3), 1)

🔵 **DATE함수의 사용**

- ① : YEAR(D3) → D3셀의 날짜 값과 동일한 연도
- ② : MONTH(D3) → D3셀의 날짜 값과 동일한 월
- ③ : 1 → 1일

즉, 같은 년, 월의 1일 날짜 값을 반환하는 수식입니다.

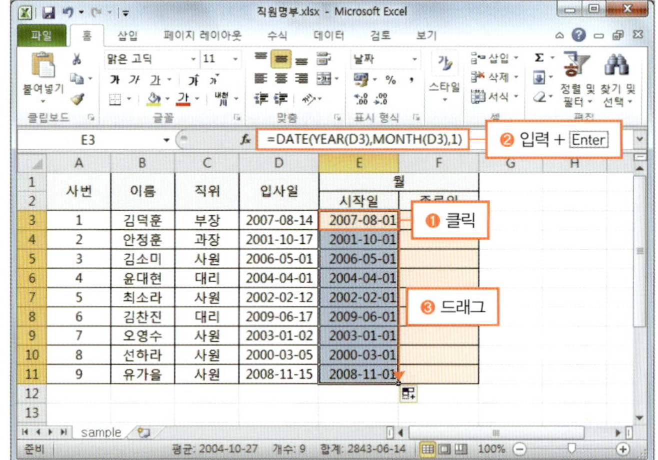

02

월 시작일 계산하기(2) 01 과정에서 작성한 수식을 보다 간결하게 하려면 ❶ E3셀을 선택하고 ❷ 수식 입력줄에서 수식을 다음과 같이 수정하고 Enter 키를 누릅니다. ❸ E3셀의 채우기 핸들을 E11셀까지 드래그해 수식을 복사합니다.

E3	=D3−DAY(D3)+1

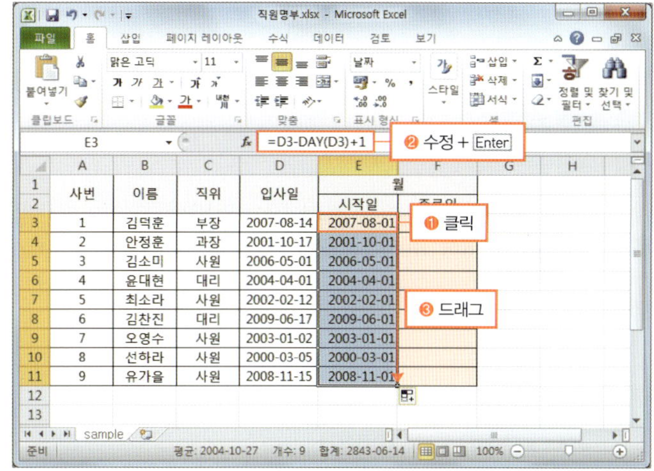

월 시작을 계산하는 수식

지정한 날짜에서 일(日)에 해당하는 일수를 뺀 다음 1을 더합니다. 예를 들어, 2010년 12월 25일에서 일(日) 값(25)을 빼면 그 전달의 마지막 일(2010년 12월 0일이므로 2010년 11월 31일이 됩니다.)이 반환되며, 거기에 1을 더하면 해당 날짜가 속한 월의 1일(=2010년 12월 1일)이 반환됩니다.

03

월 종료일 계산하기 이번에는 월 종료일을 구하기 위해 ❶ F3셀을 선택하고 ❷ 수식 입력줄에 다음과 같은 수식을 입력한 후 Enter 키를 누릅니다. ❸ F3셀의 채우기 핸들을 F11셀까지 드래그해 수식을 복사합니다.

F3	=DATE (YEAR(D3), MONTH(D3)+1, 1)−1

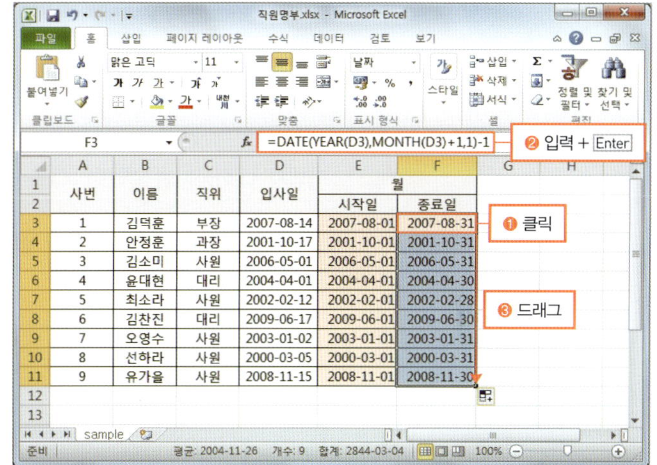

DATE함수의 사용

특정 날짜가 속한 월의 마지막 일을 DATE함수로 구하기 위해서는 DATE함수의 세 번째 인수 값이 28, 29, 30, 31 등 일정하지 않습니다. 이와 같은 경우에는 다음 달의 1일을 구한 다음, 1을 빼 하루 전날을 계산하는 방법을 사용합니다.

- ① : YEAR(D3) → D3셀의 날짜 값에서 동일한 연도
- ② : MONTH(D3)+1 → D3셀의 날짜 값의 월에 1을 더하므로 다음 달
- ③ : 1 → 1일

그러므로 DATE함수는 D3셀의 날짜 값의 다음 달 1일에 해당하는 날짜 값을 반환하므로 이 값에서 1을 빼면 같은 달의 마지막 일에 해당하는 날짜 값이 반환됩니다. 이 수식은 "=DATE(YEAR(D3), MONTH(D3)+1, 0)"과 같이 변경할 수도 있습니다.

잘못된 날짜 값을 올바른 날짜 형식으로 변환하는 방법

| 준비 파일 : 데이터 변환–날짜.xlsx

잘못된 날짜 형식이란 다음과 같은 날짜 값을 말합니다.

```
2010.01.01
10.1.1
20100101
100101
```

위와 같이 입력하면 날짜 값이 올바르게 인식되지 않아 날짜 계산을 하는데 차질이 생기므로 올바른 날짜 형식(yyyy-mm-dd)으로 변환해야 합니다.

날짜 변환 작업은 텍스트 나누기 명령을 이용하는 것이 가장 빠른 결과를 얻을 수 있습니다.

❶ 날짜로 변환할 데이터 범위를 선택하고 **[데이터]** 탭 → **데이터 도구** 그룹 → **텍스트 나누기** 명령 아이콘을 클릭합니다.

❷ '텍스트 마법사' 대화상자가 열리면 〈다음〉 단추를 2회 눌러 3단계로 진행합니다.

❸ '날짜' 형식을 선택하고 〈마침〉 단추를 클릭합니다.

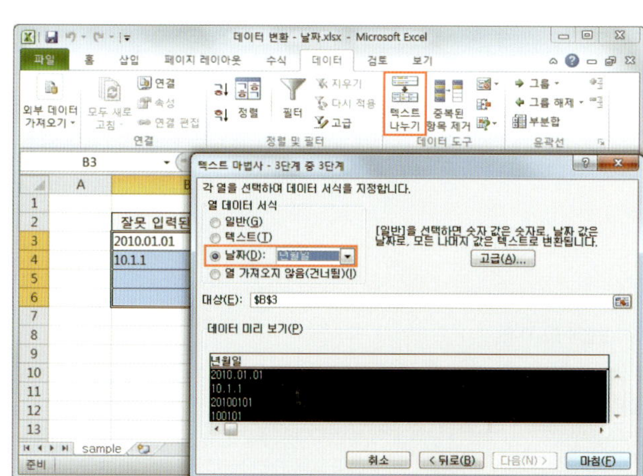

이 과정을 수행하면 잘못된 날짜 형식이 올바른 날짜 형식으로 한 번에 변환됩니다.

03 주간 날짜 계산하기

주간 단위 날짜 계산을 하려면 계산식에서 요일을 다룰 수 있어야 합니다. 엑셀은 요일을 일련번호 값으로 반환해 주는 WEEKDAY함수를 제공하며, 이 함수는 주 단위 날짜 계산에 아주 중요한 역할을 하는 함수이므로 잘 이해하기 바랍니다.

대부분은 아니지만, 업무 단위를 나눌 때 하루를 제외하면 주간 단위로 업무를 진행하는 경우가 많습니다. 이것은 날짜 역시 주간 단위로 날짜를 관리할 필요가 있다는 것을 의미합니다. 이 경우 엑셀에서는 요일의 일련번호를 반환하는 WEEKDAY함수를 이용해 날짜를 계산합니다.

WEEKDAY(❶, ❷)	
❶인수의 날짜 값에서 ❷인수의 옵션을 참고해 요일을 의미하는 숫자 일련번호를 반환합니다.	
인수	❶ 날짜 : 요일 인덱스 번호를 구할 날짜 일련번호입니다. ❷ 요일 옵션 : 주의 시작 요일을 결정할 옵션 값으로 1~3 사이의 값을 사용합니다. • 1 또는 생략 : 일요일이 주의 시작 요일이며, 1(일) ~ 7(토) 사이의 숫자를 반환합니다. • 2 : 월요일이 주의 시작 요일이며, 1(월) ~ 7(일) 사이의 숫자를 반환합니다. • 3 : 월요일이 주의 시작 요일이며, 0(월) ~ 6(일) 사이의 숫자를 반환합니다.

WEEKDAY함수는 이와 같이 요일에 해당하는 일련번호를 반환해 주며, 월, 화, 수, … 와 같은 요일명을 바로 반환하지는 못합니다. 그러므로 WEEKDAY함수로 반환하는 일련번호를 요일명으로 반환하도록 하려면 CHOOSE함수를 중첩해서 사용해야 합니다.

예를 들면 다음과 같은 수식은 월, 화, 수, … 와 같은 요일명을 반환합니다.

=CHOOSE(WEEKDAY(날짜, 1), "일", "월", "화", "수", "목", "금", "토")

하지만 이렇게 하면 수식이 너무 길어지는 단점이 있으므로 요일을 반환하는 경우에는 TEXT함수를 사용해 다음과 같이 간결한 수식을 더 자주 사용합니다.

=TEXT(날짜, "aaa")

주간업무일지에서 주간 날짜와 요일 표시하기

📁 **준비 파일** : 주간업무일지.xlsx

제공된 예제 파일을 열면 Before 화면과 같은 주간업무일지를 확인할 수 있습니다. After 화면과 같이 5행에 매주 작성하는 주간계획표의 주 시작일과 종료일, 작성일과 요일을 수식으로 계산해 보도록 하겠습니다.

Before

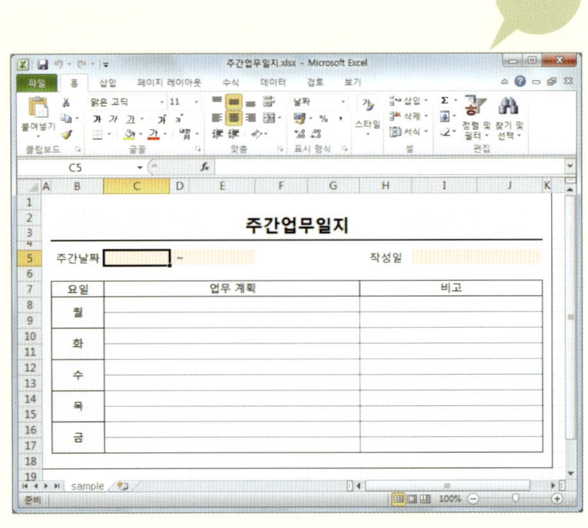

After

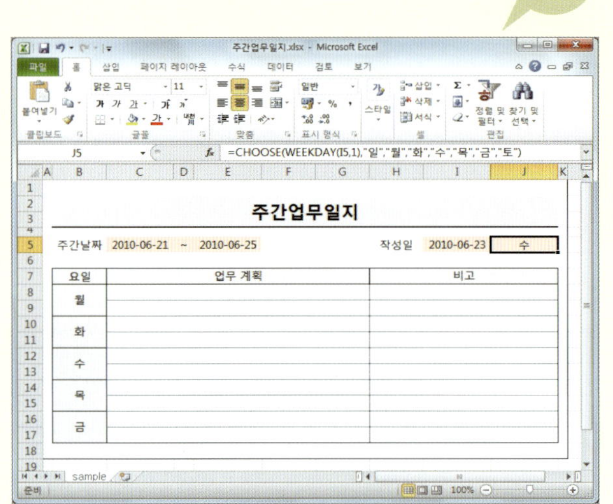

01 주 시작일 계산하기 – WEEKDAY, TODAY

먼저 C5셀에 한 주가 시작되는 월요일 날짜를 계산하기 위해 ❶ C5셀을 선택하고 ❷ 수식 입력줄에 다음 수식을 입력한 후 Enter 키를 누릅니다.

C5	=TODAY( )– WEEKDAY(TODAY( ), 3)

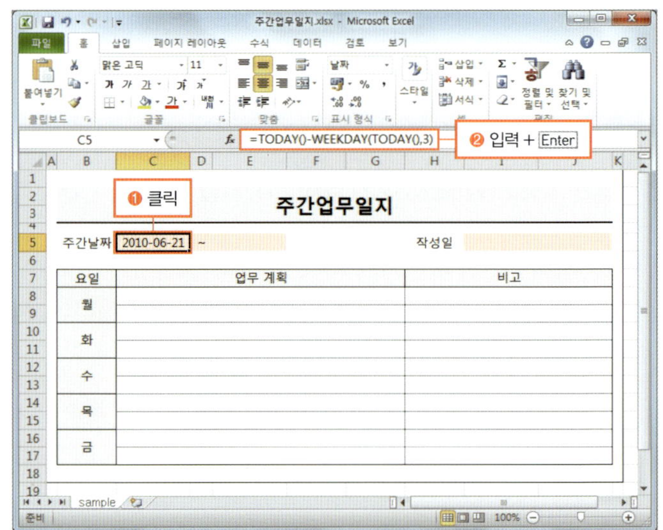

○ 주 시작일 계산하기

오늘 날짜가 포함된 주의 시작일인 월요일 날짜를 계산할 경우에는 요일 인덱스 번호를 반환하는 WEEKDAY함수를 사용합니다. 수식은 "=오늘–WEEKDAY(오늘, 3)"으로, WEEKDAY함수의 두 번째 인수 값을 '3'으로 설정하면 월요일부터 일요일까지 순서대로 0~6 사이의 값을 반환합니다.

즉, 오늘이 다음과 같이 23일 수요일이면, WEEK-DAY함수가 반환하는 요일 인덱스 번호는 '2'입니다. 그러면 23일에서 '2'를 빼게 되므로 21일(주의 시작인 월요일)이 반환됩니다.

02

주 종료일(=금요일) 계산하기 한 주가 끝나는 금요일 날짜는 월요일에 4를 더하면 되므로, ❶ E5셀을 선택하고 ❷ 수식 입력줄에 다음 수식을 입력한 후 Enter 키를 누릅니다.

E5	=C5+4

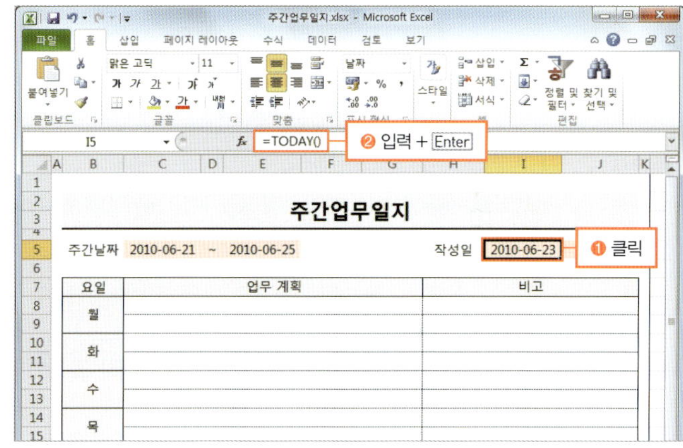

03

오늘 날짜 반환하기 – TODAY 작성일에 오늘 날짜를 표시하기 위해 ❶ I5셀을 선택하고 ❷ 수식 입력줄에 다음 수식을 입력한 후 Enter 키를 누릅니다.

I5	=TODAY( )

04

요일 반환하기 – CHOOSE, WEEKDAY 03 과정에서 반환된 오늘 날짜의 요일을 계산하기 위해 WEEK-DAY함수 결과를 CHOOSE함수의 첫 번째 인수에 넣습니다. ❶ J5셀을 선택하고 ❷ 수식 입력줄에 다음 수식을 입력한 후 Enter 키를 누릅니다.

J5	=CHOOSE(WEEKDAY(I5, 1), "일", "월", "화", "수", "목", "금", "토")

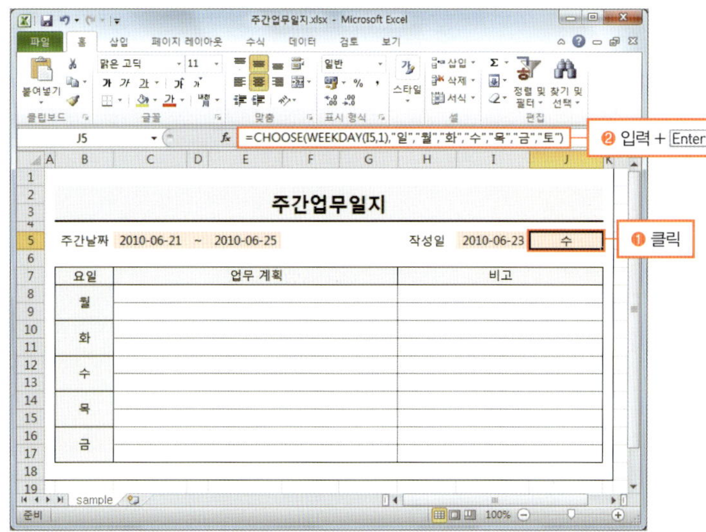

> **요일을 반환하는 수식**
>
> WEEKDAY함수의 두 번째 인수에 1, 2, 3 등의 옵션을 지정하면, 옵션 값에 따라 1~7, 0~6 사이의 값을 반환합니다. 그 중 '1'을 사용하면 일요일~토요일까지의 요일을 1~7 사이의 번호로 반환합니다. 그러므로 이번 수식과 같이 WEEKDAY함수를 CHOOSE함수의 첫 번째 인수로 지정하고, 순서대로 요일을 입력하면 원하는 요일을 반환받을 수 있습니다.
>
> ● = CHOOSE(WEEKDAY(I5, 1), "일", "월", "화", "수", "목", "금", "토")
>
> 조금 더 간결한 수식을 원하면 TEXT함수를 사용해 다음과 같은 수식으로 작성할 수 있습니다.
>
> ● =TEXT(I5, "AAA")

04 n개월(또는 년) 전후의 날짜 계산하기

날짜 계산은 특정 상황에 따라 사용해야 하는 함수가 다르므로, 어떤 작업을 수행해야 하는지를 잘 이해해야 원하는 함수를 사용해 편리하게 계산할 수 있습니다.

날짜 계산을 할 때 일(日) 단위로 날짜를 계산하지 않고, 개월이나 년(年)과 같은 단위를 사용해야 한다면 앞에서 배운 DATE함수보다 EDATE나 EOMONTH함수를 사용하는 것이 편리합니다.

EDATE(❶, ❷)

❶인수의 날짜에서 ❷인수에서 지정한 n개월 이후(또는 이전) 날짜 값을 반환합니다.

인수	❶ 시작일 : 날짜 일련번호입니다. ❷ 개월 : 시작일의 이전 또는 이후 개월 수입니다. 이전은 음수로 이후는 양수로 표현합니다. 예를 들어 개월 인수를 3으로 지정하면 시작일로부터 3개월 후 날짜를 반환하고, 개월 인수를 −3으로 지정하면 시작일로부터 3개월 전 날짜를 반환합니다.
특이사항	엑셀 2003 버전을 포함한 하위 버전에서 EDATE함수를 사용하려면 '분석 도구' 추가 기능 파일을 설치해야 합니다.

EOMONTH(❶, ❷)

❶인수의 날짜에서 ❷인수에서 지정한 n개월 이후(또는 이전) 날짜가 포함된 달의 마지막 일을 의미하는 날짜 값을 반환합니다.

인수	❶ 시작일 : 날짜 일련번호입니다. ❷ 개월 : 시작일의 이전 또는 이후 개월 수입니다. 이전은 음수로 이후는 양수로 표현합니다. 예를 들어 개월 인수를 3으로 지정하면 시작일로부터 3개월 후 날짜가 포함된 월의 마지막 날짜를 반환하고 개월 인수를 −3으로 지정하면 시작일로부터 3개월 전 날짜가 포함된 월의 마지막 날짜를 반환합니다.
특이사항	엑셀 2003 버전을 포함한 하위 버전에서 EOMONTH 함수를 사용하려면 '분석 도구' 추가 기능 파일을 설치해야 합니다.

회사마다 회계 시작 월이 다르기 때문에 날짜 값을 그에 맞게 변환해야 하는 경우가 있습니다.
예를 들어 회계 시작 월이 매월 7월이라면 날짜 값과 회계 연도와는 다음과 같은 관계를 갖습니다.

날짜 값	회계 연도
2010−01−01	2009/07
2010−02−01	2009/08
2010−03−01	2009/09
⋮	…
2010−07−01	2010/01
2010−08−01	2010/02
⋮	…
2010−12−01	2010/12

그러므로 현재 날짜를 회계 연도를 맞게 표시하려면 날짜 값을 몇 개월 전(또는 후) 날짜로 바꾸는 방법을 이해하고 있어야 하며, 이런 작업은 EDATE함수를 사용합니다.

EDATE함수는 다음과 같은 2개의 인수를 사용하며, 첫 번째 인수의 날짜 값을 두 번째 인수의 개월 전, 후의 날짜로 반환하는 역할을 합니다.(두 번째 인수 값이 음수면 이전, 양수면 이후 날짜를 반환합니다.)

=EDATE(①, ②)

그러므로 회계 연도를 계산하기 위해서는 다음과 같은 이전 날짜를 구해야 합니다.

=EDATE(날짜 값, -6)

위 수식에서 EDATE함수의 두 번째 인수 값이 -6인 것은 날짜 값에서 6개월 이전 날짜를 반환 받기 위한 것입니다. 만약 회계 연도가 4월에 시작한다면 -3이 되어야 합니다.

=-(회계 시작 월 1)

그에 반해, 분기는 다음 수식으로 구할 수 있습니다.

=ROUNDUP(월/3, 0)

그러므로 회계 연도를 두 자리 표시하고 분기를 Q1, Q2와 같이 표시하려면 다음과 같은 수식을 사용합니다.

=TEXT(EDATE(A1, -6), "yy") & "Q" & ROUNDUP(MONTH(EDATE(A1, -6))/3, 0)

수식 자체가 어렵다면 이해하지 않아도 위 수식을 그대로 사용(EDATE 함수의 두 번째 인수 값은 회계 시작 월에 따라 수정)하면 원하는 결과를 얻을 수 있습니다.

다음과 같이 수식을 사용해 계산된 결과를 확인할 수 있습니다.

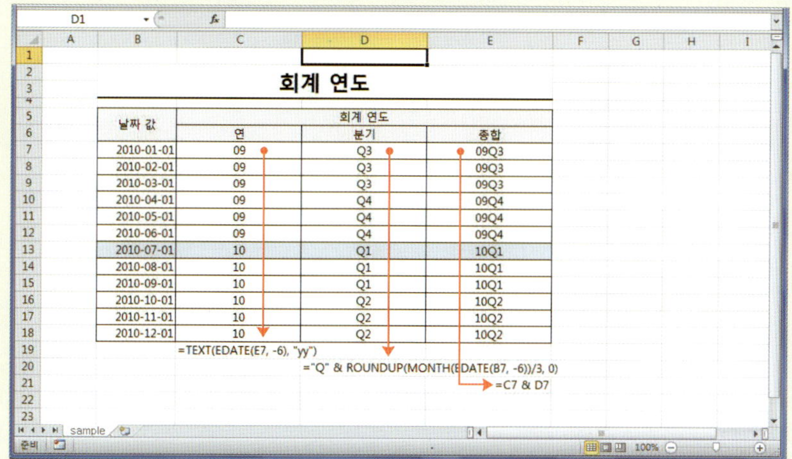

임대차 계약서의 지불일 계산하기

📁 **준비 파일 :** 임대차계약.xlsx

제공된 예제 파일을 열면 Before 화면과 같은 임대차 계약서 표를 확인할 수 있습니다. 이 계약서에서 항상 오늘 계약한다고 가정하고 중도금은 한 달 뒤, 잔금은 두 달 뒤에 지급하고, 잔금 지급일부터 2년간(계약 만료일은 2년 뒤 날짜가 속한 월의 마지막 일) 계약하는 경우 각 날짜를 EDATE, EOMONTH함수를 이용해 계산해 보도록 하겠습니다.

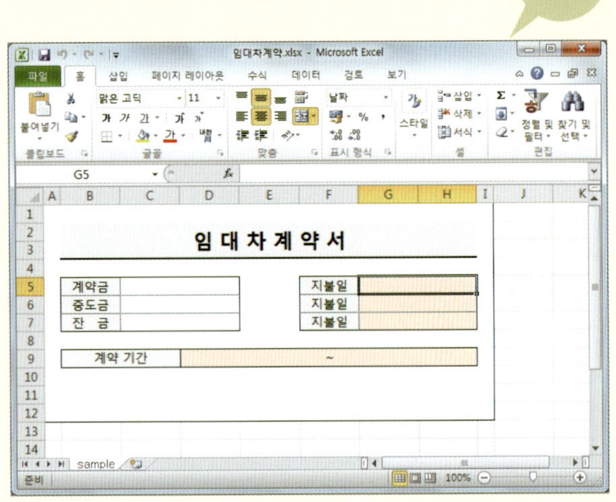

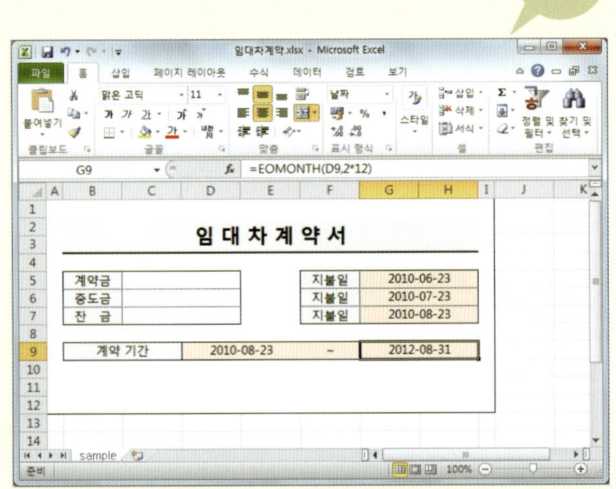

01 계약금 지불일 입력하기

항상 오늘 계약하는 것을 가정했으므로, 계약금 지불일은 항상 오늘 날짜가 입력되어야 합니다. ❶ G5:H5 병합 셀을 선택하고 ❷ 수식 입력줄에 다음과 같은 수식을 입력한 후 Enter 키를 누릅니다.

G5:H5	=TODAY( )

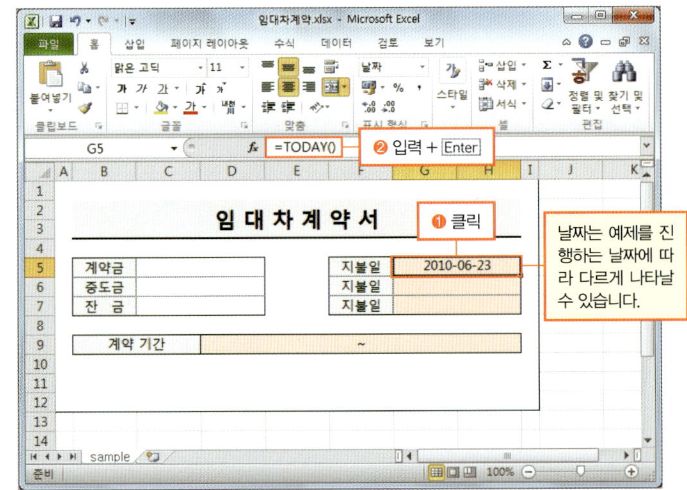

02 **중도금 지불일 계산하기** 중도금 지불은 계약금 지불일로부터 한 달 뒤에 하므로 EDATE함수를 사용해 중도금 지불일을 계산합니다. ❶ G6:H6 병합 셀을 선택하고 ❷ 수식 입력줄에 다음과 같은 수식을 입력한 후 Enter 키를 누릅니다.

G6:H6	=EDATE(G5, 1)

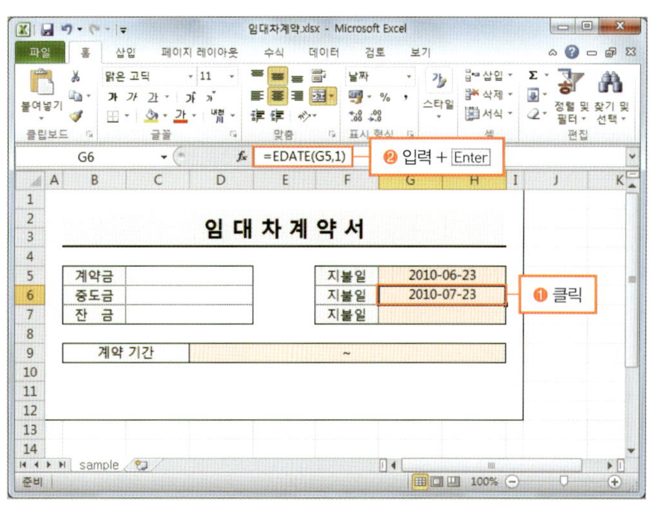

◎ **EDATE함수의 사용**

EDATE함수는 첫 번째 인수 날짜에서 두 번째 인수 값의 개월 수만큼 지난 날짜를 반환합니다. 그러므로 이번 수식은 G5셀의 날짜 값에서 1개월 후의 날짜를 반환합니다.

03 **잔금 지불일 계산하기** 잔금 지불은 계약금 지불일로부터 두 달 뒤에 지급하므로 02 과정의 수식과 동일한 수식을 사용해 계산합니다. ❶ G7:H7 병합 셀을 선택하고 ❷ 수식 입력줄에 다음과 같은 수식을 입력한 후 Enter 키를 누릅니다.

G7:H7	=EDATE(G5, 2)

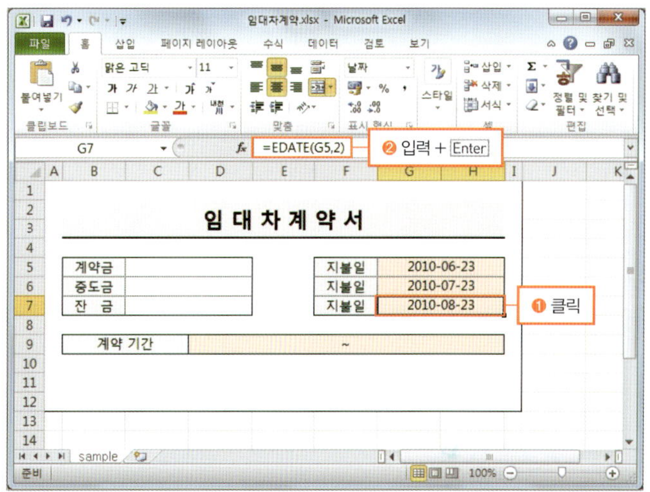

04 **계약 시작일 표시하기** 이제 계약 기간 날짜를 표시합니다. 계약 시작일은 잔금 지불일부터 시작되므로 ❶ D9:E9 병합 셀을 선택하고 ❷ G7:H7 병합 셀의 값을 참조하기 위해 수식 입력줄에 다음과 같은 수식을 입력한 후 Enter 키를 누릅니다.

D9:E9	=G7

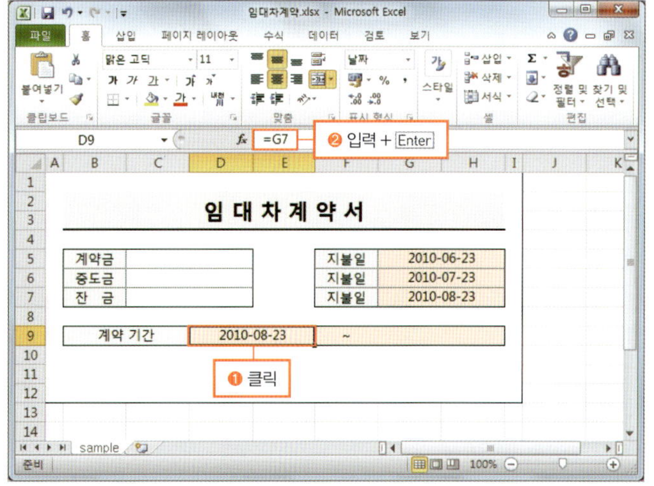

05 계약 종료일 계산하기

계약 종료일 계산하기 계약 만료일은 계약 시작일로부터 2년 뒤 날짜가 속한 월의 마지막 일이므로 EO-MONTH함수를 사용합니다. ❶ G9:H9 병합 셀을 선택하고 ❷ 수식 입력줄에 다음과 같은 수식을 입력한 후 Enter 키를 누릅니다.

G9:H9	=EOMONTH(D9, 2*12)

> **◆ EOMONTH함수의 사용**
>
> EOMONTH함수는 EDATE함수와 기본적으로 동일한 역할을 하지만, n개월 이후(또는 이전) 날짜가 아닌 해당 날짜가 속한 월의 마지막 일을 반환합니다. 예를 들어 2010년 1월 1일의 1개월 후 날짜는 2010년 2월 1일이 됩니다. 이 날짜를 구하려면 EDATE함수를 사용하고, 2010년 2월 1일이 속한 월의 마지막 일인 2010년 2월 28일을 구하려면 EOMONTH함수를 사용합니다. 예제에서 EOMONTH함수의 두 번째 인수에 사용한 2*12의 의미는 1년이 12개월이므로 2년은 2*12라는 의미로, '24'로 대체해도 됩니다.

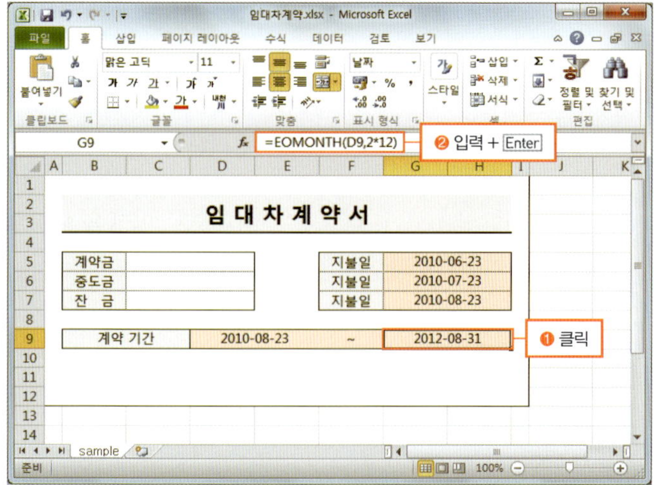

POWER TIP

내 업무 반으로 줄이는

재미있는 날짜 계산

날짜와 관련한 계산은 일상생활이나 회사에서 자주 발생하는 것이므로 여러 날짜 계산 방법을 알고 있다면 좀 더 효과적으로 엑셀을 사용할 수 있습니다.

특정 날짜가 속한 월의 시작일, 종료일 구하기

- **월의 시작일 :** =날짜 – DAY(날짜)+1
- **월의 종료일 :** =DATE(YEAR(날짜), MONTH(날짜)+1, 0)

예를 들어 2010–07–05일의 월 시작일은 2010–07–01일이고, 종료일은 2010–07–31일입니다. A1셀에 2010–07–05 값을 입력한 다음 B1셀과 C1셀에 각각 위의 수식을 입력해 보세요.

주 일련번호 말고 월의 주차 계산하기

- =WEEKNUM(날짜) – WEEKNUM(날짜 – DAY(날짜)+1)+1

WEEKNUM함수는 인수로 전달된 날짜의 주 일련번호를 반환해 주는 함수입니다.

=WEEKNUM(❶, ❷)

❶ 날짜 : 주 일련번호를 구할 날짜

❷ 주의 시작 요일 옵션 :

- 1 또는 생략 : 한 주의 시작 요일은 일요일
- 2 : 한 주의 시작 요일은 월요일

그러므로 위 수식은 한 주의 시작 요일이 일요일인 월의 주차를 반환합니다.

원하는 시간 계산하기

날짜 계산과 마찬가지로 시간도 원하는 시간을 얼마든지 계산할 수 있습니다. 날짜 계산에 가장 대표적인 함수가 DATE함수라면, 시간 계산에서는 TIME함수가 있습니다.

DATE함수가 YEAR, MONTH, DAY함수와 함께 자주 사용된다면 TIME함수는 HOUR, MINUTE, SECOND함수와 함께 사용됩니다. 시간 계산을 날짜 계산 작업과 연관해서 생각한다면 좀 더 쉽게 이해할 수 있습니다.

TIME(❶, ❷, ❸)

❶❷❸인수로 전달된 시, 분, 초 값을 받아 시간을 의미하는 소수 값을 반환합니다.

인수	❶ 시 : 0~32,767 사이의 시(時)를 의미하는 정수 값입니다. 0~23 사이의 값은 시로 인식합니다. 24 이상의 숫자는 24로 나눈 나머지 값을 시로 사용합니다. ❷ 분 : 0~32,767 사이의 분(分)을 의미하는 정수 값입니다. 0~59 사이의 값은 분으로 인식합니다. 60 이상의 숫자는 60으로 나눈 나머지 값을 분으로 사용합니다. ❸ 초 : 0~32,767 사이의 초(秒)를 의미하는 정수 값입니다. 0~59 사이의 값은 초로 인식합니다. 60 이상의 숫자는 60으로 나눈 나머지 값을 초로 사용합니다.

HOUR(❶)

❶인수의 시간 값에서 시를 의미하는 0~23 사이의 정수를 반환합니다.

인수	❶ 시간 : 시간 값을 의미하는 소수 값입니다.

MINUTE(❶)

❶인수의 시간 값에서 분을 의미하는 0~59 사이의 정수를 반환합니다.

인수	❶ 시간 : 시간 값을 의미하는 소수 값입니다.

SECOND(❶)

❶인수의 시간 값에서 초를 의미하는 0~59 사이의 정수를 반환합니다.

인수	❶ 시간 : 시간 값을 의미하는 소수 값입니다.

일 업무계획표의 시간을 지정한 간격으로 계산하기

📁 **준비 파일 :** 일 업무계획표.xlsx

제공된 예제 파일을 열면 Before 화면과 같은 일 업무계획표를 확인할 수 있습니다. B열에 TIME함수를 이용해 업무 시간(오전 9시 ~ 오후 6시)을 30분 간격으로 기록해 보도록 하겠습니다.

Before

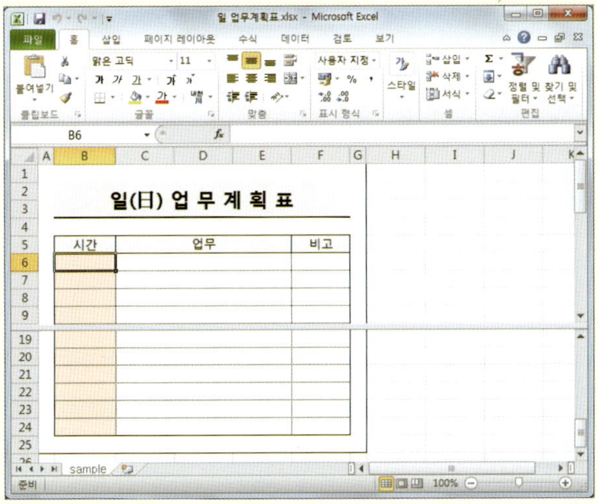

After

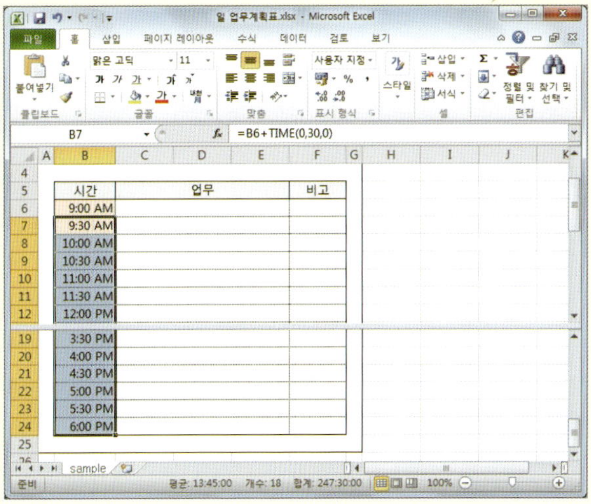

01 시작 시간 입력하기

시작 시간 입력하기 수식을 이용해 시간을 일정 간격으로 입력하려면, 업무 시작 시간을 입력하고 그 다음 시간부터는 시작 시간에 원하는 간격을 더해 계산합니다. ❶ B6셀을 선택하고 ❷ 수식 입력줄에 업무 시작 시간인 9시를 "09:00:00"으로 입력하고 Enter 키를 누릅니다.

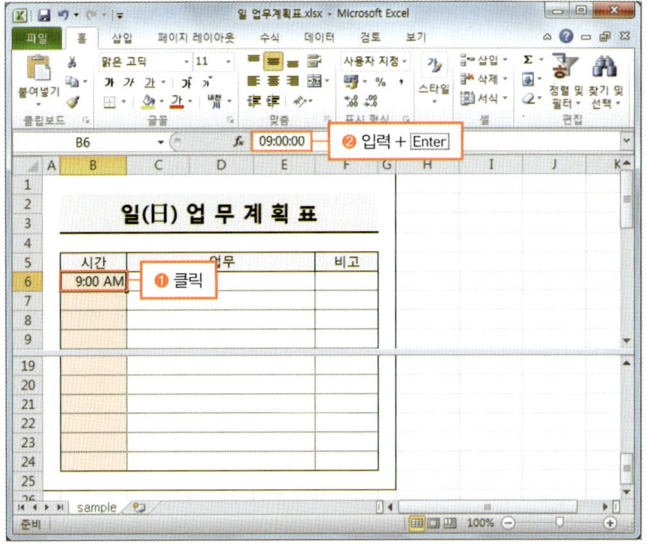

$$02$$ **30분 간격으로 시간 계산하기(1)** 이제 B6셀에 입력된 시작 시간부터 30분 간격으로 시간이 자동 계산되도록 하기 위해, ❶ B7셀을 선택하고 ❷ 수식 입력줄에 다음과 같은 수식을 입력한 후 Enter 키를 누릅니다. ❸ B7셀의 채우기 핸들 █을 B24셀까지 드래그해 수식을 복사합니다.

B7	=TIME(HOUR(B6), MINUTE(B6)+30, 0)

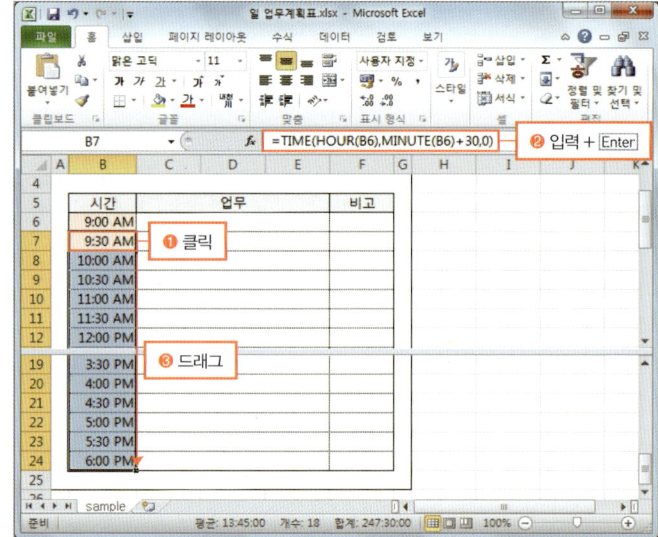

TIME함수의 사용(1)

TIME함수는 ①(시), ②(분), ③(초) 인수 값을 받아 시간을 의미하는 소수 값을 반환해 주는 함수로, DATE함수와 동일한 역할을 합니다.

① : HOUR(B6) → B6셀과 같은 시간입니다.

② : MINUTE(B6)+30 → B6셀의 분에 30(분)을 더합니다.

③ : 0 → 초는 0입니다.

즉, B7셀에서는 B6셀의 시간에서 30분 후의 시간이 계산되며, B8셀에서는 수식이 복사되어 인수로 전달된 B6셀이 B7셀로 변경되어 B7셀보다 30분 후의 시간을 계산합니다. 이와 같은 방식으로 수식이 계산되기 때문에 마지막 셀인 B24셀의 값은 오후 6시가 됩니다.

$$03$$ **30분 간격으로 시간 계산하기(2)** 02 과정에서 작성한 수식을 좀 더 간결하게 작성할 수 있습니다. ❶ B7셀을 선택하고 ❷ 수식을 다음과 같이 수정한 후 Enter 키를 누릅니다. ❸ B7셀의 채우기 핸들█을 B24셀까지 드래그해 수식을 복사합니다.

B7	=B6+TIME(0,30,0)

TIME함수의 사용(2)

예제에서 TIME함수로 30분을 B6셀의 첫 번째 시작 시간과 더하는 수식(TIME(0,30,0))으로 대체해도 됩니다.

참고로 30분을 의미하는 TIME(0,30,0)은 1/48로 대체할 수 있습니다. 하루는 1과 같고, 하루는 24시간이므로 1시간은 1/24와 같습니다. 1시간은 60분이며, 30분은 1/2시간이므로 1/(24*2)가 30분입니다. 그러므로 이번 수식은 "=B6+1/48"로 대체해도 됩니다.

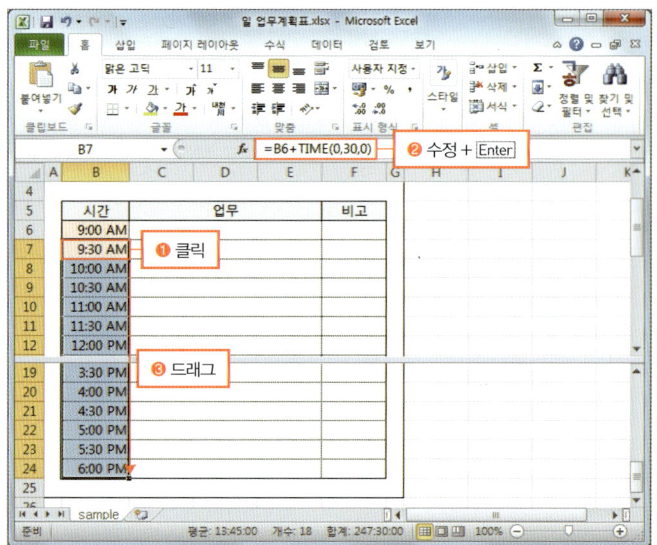

y년 m개월 d일 형식으로 날짜 차이 구하기

두 날짜의 차이를 구할 때, 가장 대표적인 작업이 바로 y년 m개월 d일과 같은 형식으로 날짜의 차이를 구하는 것입니다.

DATEIF함수를 사용해 다양한 활용 방법을 이해하도록 합니다.

일반적으로 만 나이, 근속일, 연차 계산, 또는 이력서와 같이 경력을 소개하는 서식에서 많이 진행됩니다. 특히 이 작업에서 사용하게 되는 DATEDIF함수는 국내 업무 환경에 맞춰 마이크로소프트사에서 비공식적으로 제공해 주는 함수이므로 잘 기억하기 바랍니다.

DATEDIF(❶, ❷, ❸)

❶인수의 날짜 값과 ❷인수의 날짜 값의 차이를 ❸인수의 옵션을 참고해 구합니다.

인수	❶ **시작일** : 날짜 일련번호로 종료일보다 과거 날짜여야 합니다. ❷ **종료일** : 날짜 일련번호로 시작일보다 미래 날짜여야 합니다. ❸ **차이 옵션** : 두 날짜의 차이를 구할 방법을 지정하는 옵션으로, 큰 따옴표(")로 묶어 사용합니다. • y : 두 날짜 사이의 년의 차이를 구합니다. • m : 두 날짜 사이의 월의 차이를 구합니다. • d : 두 날짜 사이의 일의 차이를 구합니다. • ym : 두 날짜 사이의 년의 차이를 제외하고, 남은 월의 차이를 구합니다. • md : 두 날짜 사이의 년, 월의 차이를 제외하고 남은 일의 차이를 구합니다.

◯ DATEDIF함수

이 함수는 엑셀에서 정식으로 제공되는 함수가 아니므로 '도움말'에서 함수 정보를 얻을 수 없습니다.

DATEDIF함수를 사용하면 날짜 차이를 빠르게 계산할 수 있어 편리하지만 주 단위로 날짜 차이를 표시하지는 못합니다. 따라서 이와 같은 계산이 필요하다면 다음과 같은 수식을 사용해야 합니다.

A1셀에 '시작일', B1셀에 '종료일'이 입력되어 있다고 가정합니다.

```
=QUOTIENT(B1-A1+1, 7) & "주 " & MOD(B1-A1+1, 7) & "일"
```

QUOTIENT와 MOD함수는 나눗셈의 몫과 나머지를 구하는 함수로, 7로 나눈 몫을 구하면 '주' 단위로 날짜 차이를 표시할 수 있으며, 7로 나눈 나머지는 '일' 단위를 표시합니다.

이력서에서 근속기간을 y년 m개월 d일로 계산하기

📁 **준비 파일 :** 이력서 – 경력.xlsx

제공된 예제 파일을 열면 Before 화면과 같은 이력서 서식을 확인할 수 있습니다. Before 화면의 9:11행에 입력된 경력 사항을 참고해 After 화면과 같이 M:O열에 근속 기간을 y년 m개월 d일 형태로 계산해 보도록 하겠습니다.

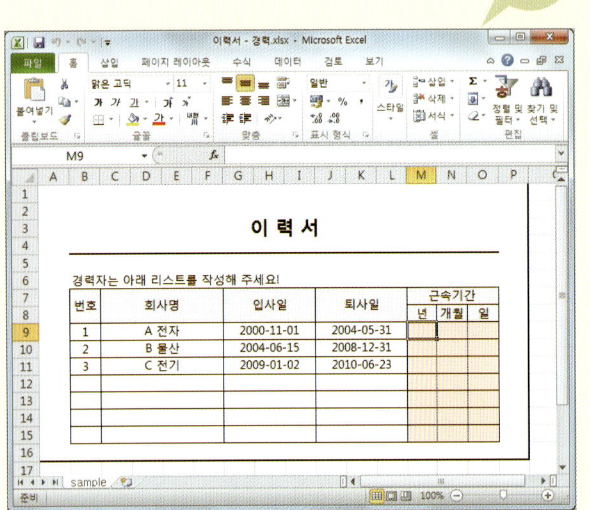

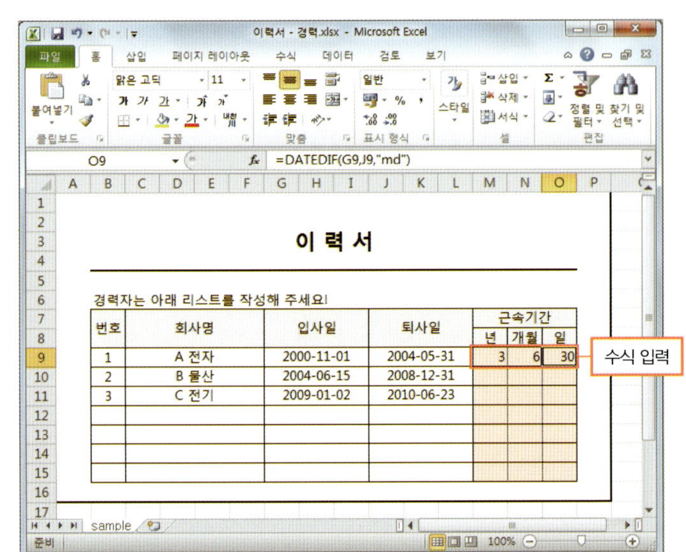

01 y년 m개월 d일의 차이 구하기 – DATEDIF

입사일과 퇴사일의 근속기간을 표시하기 위해 각 셀에 다음과 같은 수식을 입력합니다.

셀	수식
M9	=DATEDIF(G9, J9, "y")
N9	=DATEDIF(G9, J9, "ym")
O9	=DATEDIF(G9, J9, "md")

> ◇ **DATEDIF함수의 사용**
>
> DATEDIF함수는 ①, ②인수의 날짜 차이를 ③인수의 옵션에 따라 구하는 함수입니다. M9셀은 "y", N9셀은 "ym", O9셀은 "md"옵션을 사용했으므로, 각각의 차이와 연을 제외한 월의 차이, 연월을 제외한 일의 차이를 각각 구합니다. 따라서, y년 m개월 d일과 같은 근속기간을 구하는 함수식이 완성됩니다.

02

y년 m개월 d일의 차이 보정하기 M9:O9 범위의 근속기간을 구하는 수식을 한 번에 고치기 위해 ❶ M9:O9 범위를 선택하고 ❷ Ctrl+H 키([홈] 탭 → **편집** 그룹 → **찾기 및 선택** 명령 아이콘 → **바꾸기**)를 눌러 '찾기 및 바꾸기' 대화상자를 호출합니다. ❸ 그런 다음 찾을 내용에는 "J9"를, 바꿀 내용에는 "J9+1"을 입력하고 ❹ 〈모두 바꾸기〉 단추를 클릭합니다.

> ### ◑ 날짜 차이의 이해
>
> DATEDIF함수는 기본적으로 빼기 연산을 하는 것과 같습니다. 예를 들어 근무일이 1월 1일~1월 3일이라면 3에서 1을 빼는 '=3-1'과 같은 계산 결과가 만들어지므로 결과는 2일 근무했다는 값을 반환합니다. 그렇기 때문에 2000-11-01일 입사해 2004-05-31일 퇴사한 경우 3년 6개월 30일이란 결과 값을 반환합니다. 이것을 '3년 7개월 0일'이란 계산 결과로 반환하도록 하려면 =3-1+1과 같이 하루(날짜에서는 1과 같습니다.)를 더해주어야 합니다.
>
> DATEDIF함수를 사용할 때, 하루를 더하는 계산은 보통 두 번째 인수에 1을 더합니다. 예제에서는 M9:O9 범위의 수식을 각각 수정해도 되지만, 좀 더 쉽게 수식을 수정하기 위해 '바꾸기' 기능을 이용합니다. 이번과 같이 DATEDIF함수의 두 번째 인수에서 사용하는 J9셀을 찾아 'J9+1'로 수정하면 선택된 범위(M9:O9)의 수식이 한 번에 바뀝니다.

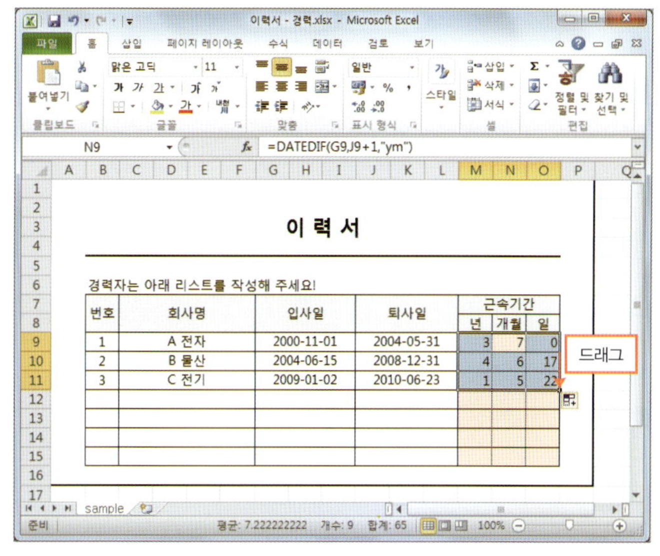

03

결과 확인하고 수식 복사하기 그런 다음 M9:O9 범위가 선택된 상태에서 채우기 핸들을 11행까지 드래그해 수식을 복사하면 근속기간을 한 번에 계산할 수 있습니다.

DATEDIF함수를 사용하면 만 나이를 쉽게 구할 수 있는데, 만 나이는 정확하게 생일부터 오늘까지의 '년' 차이를 구하면되므로 다음 수식으로 간단하게 해결할 수 있습니다.

```
=DATEDIF(생일, TODAY( ), "Y")
```

07 주말을 제외한 날짜 차이 구하기

프로젝트나 일용직 사원의 관리 업무를 할 때면, 두 날짜 사이의 주말과 휴일을 제외한 실 근무일을 구해야 하는 경우가 많습니다. 이와 같은 계산의 경우 주 5일 근무인지 주 6일 근무인지가 중요한데, 엑셀 2010 버전에서는 두 가지 유형을 모두 계산할 수 있는 새로운 함수를 제공합니다.

날짜 계산을 할 때, 주말이나 휴일을 제외한 근속일을 구하는 경우가 종종 있습니다. 이와 같은 작업은 일당직 급여 계산이나 프로젝트 작업일 산정, 쇼핑몰의 배송일 계산 등에서 많이 이뤄지며, 엑셀에서 이 작업을 진행할 경우에는 NETWORKDAYS함수와 WORKDAY함수를 사용합니다.

NETWORKDAYS(❶, ❷, ❸)

❶인수의 날짜 값과 ❷인수의 날짜 값 사이의 일(日) 차이를 구하는데, ❸인수의 데이터 범위에 있는 날짜 값과 주말(=토, 일)은 계산에서 제외합니다.

인수	❶ **시작일** : 날짜 일련번호로 종료일보다 과거 날짜여야 합니다. ❷ **종료일** : 날짜 일련번호로 시작일보다 미래 날짜여야 합니다. ❸ **휴일 목록** : 날짜 계산에서 제외할 휴일 날짜가 기록되어 있는 데이터 범위로 생략 가능합니다.
특이사항	엑셀 2003 버전을 포함한 하위 버전에서 NETWORKDAYS함수를 사용하려면 '분석 도구' 추가 기능 파일을 설치해야 합니다.

WORKDAY(❶, ❷, ❸)

❶인수의 날짜 값에서 ❷인수의 작업일수를 지난 날짜 값을 구하는데, ❸인수의 데이터 범위에 있는 날짜 값과 주말(=토, 일)을 계산에서 제외합니다.

인수	❶ **시작일** : 날짜 일련번호입니다. ❷ **작업일수** : 주말과 휴일 날짜를 제외한 실제 작업한 일수입니다. ❸ **휴일 목록** : 날짜 계산에서 제외할 휴일 날짜가 기록되어 있는 데이터 범위로 생략 가능합니다.
특이사항	엑셀 2003 버전을 포함한 하위 버전에서 WORKDAY함수를 사용하려면 '분석 도구' 추가 기능 파일을 설치해야 합니다.

1. 리본의 **[파일]** 탭 → **옵션** 명령을 클릭하여 'Excel 옵션' 대화상자가 표시되면, **추가 기능** 범주를 선택하고 하단의 '관리' 콤보 상자에서 '엑셀 추가 기능'을 선택한 후 〈이동〉 단추를 클릭합니다.

2. '추가 기능' 대화상자가 표시되면 '분석 도구' 확인란에 체크하고 〈확인〉 단추를 클릭합니다.

일용직 관리대장에서 근무일 및 채용 만료일 계산하기

📁 **준비 파일 :** 일용직 관리대장.xlsx

제공된 예제 파일을 열면 Before 화면과 같은 일용직 관리대장 표를 확인할 수 있습니다. 주말(토, 일)과 휴일을 제외한 근무일을 NETWORKDAYS함수와 WORKDAY함수를 사용해 계산해 보도록 하겠습니다.

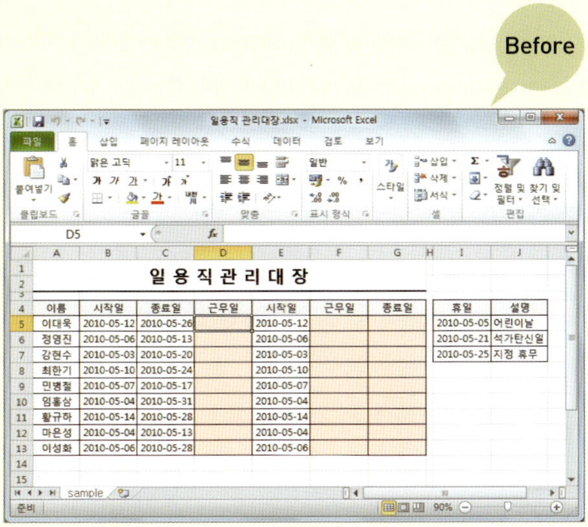

Before

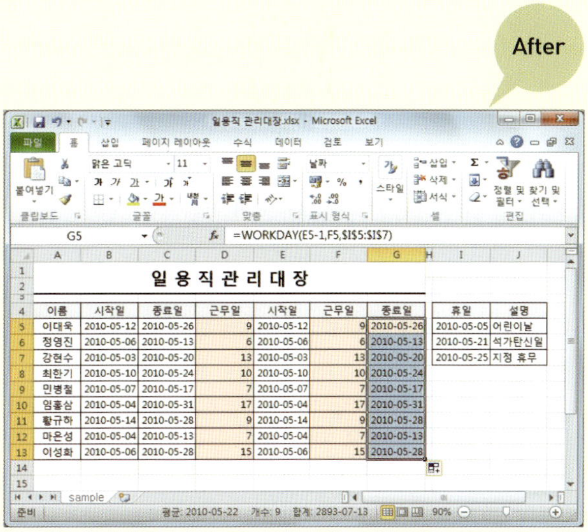

After

01 주말과 휴일 제외한 근무일 구하기

B열과 C열의 근무 시작일과 종료일 사이에서 주말(토, 일)과 I열의 휴일을 제외한 근무일을 계산하기 위해 ❶ D5셀을 선택하고 ❷ 수식 입력줄에 다음과 같은 수식을 입력한 후 Enter 키를 누릅니다. ❸ D5셀의 채우기 핸들을 D13셀까지 드래그해 수식을 복사합니다.

| D5 | =NETWORKDAYS(B5, C5, $I$5:$I$7) |

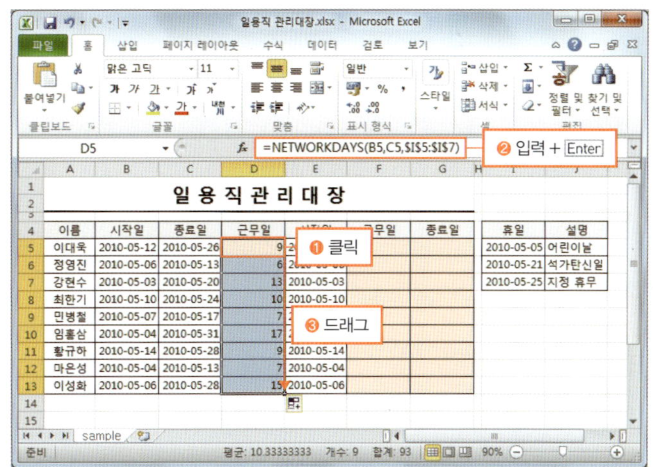

◉ NETWORKDAYS함수의 사용

NETWORKDAYS함수는 첫 번째 인수와 두 번째 인수의 날짜 차이를 구하는 함수로, 주말(토,일)을 제외하고, 세 번째 인수의 날짜(=휴일)를 제외한 평일의 근무일을 구합니다. NETWORKDAYS함수는 빼기 연산이 아니라 첫 번째 인수의 날짜를 포함해 계산해 주기 때문에 별도로 두 번째 인수 날짜 값에 1을 더하지 않아도 시작일과 종료일의 날짜를 모두 포함한 근무일을 계산해 줍니다.

02

주말과 휴일을 제외한 근무일로 종료일 계산하기(1) 이번에는 시작일과 주말, 휴일을 제외한 근무일을 알 경우에 종료일을 계산합니다. ❶ F5셀을 선택하고 ❷ 수식 입력줄에 "=D5"를 입력한 후 Enter 키를 누릅니다. ❸ F5셀의 채우기 핸들┗을 F13셀까지 드래그해 수식을 복사합니다.

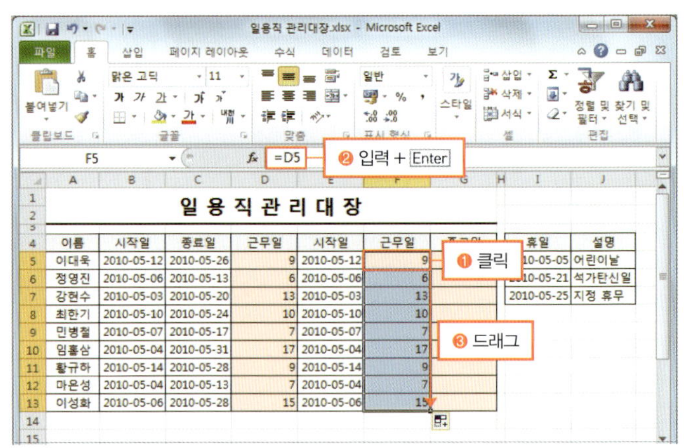

> **◉ D열의 근무일을 참조하는 이유**
>
> 종료일을 구하는 작업은 WORKDAY함수를 사용하며, D열의 수식에서 사용한 NET-WORKDAYS함수와 어떤 차이가 있는지 알기 위해 D열의 계산된 '근무일'을 F열에 참조해서 작업하도록 합니다.(B열과 E열의 시작일은 같음) 이렇게 하면 G열의 '종료일'은 C열의 '종료일'과 같아야 합니다.

03

주말과 휴일을 제외한 근무일로 종료일 계산하기(2) G열에 종료일을 구하기 위해 ❶ G5셀을 선택하고 ❷ 수식 입력줄에 다음과 같은 수식을 입력한 후 Enter 키를 누릅니다. ❸ G5셀의 채우기 핸들┗을 G13셀까지 드래그해 수식을 복사합니다.

G5	=WORKDAY(E5, F5, $I$5:$I$7)

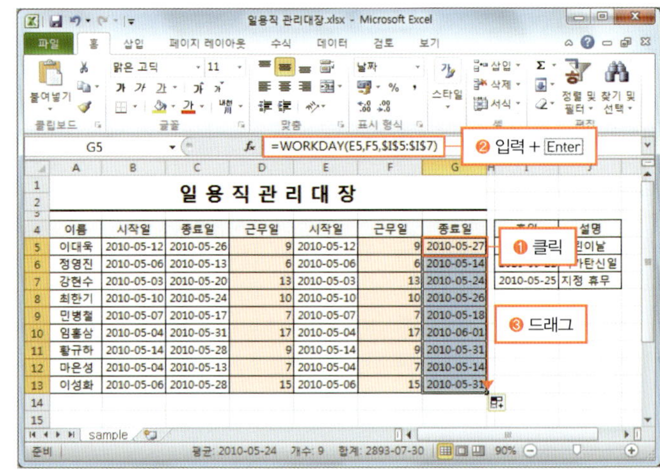

> **◉ WORKDAY함수의 사용(1)**
>
> WORKDAY함수는 첫 번째 인수의 날짜에서 주말과 세 번째 인수의 휴일을 제외한 두 번째 근무일 이후의 날짜를 반환합니다. 이 함수는 기본적으로 "=시작일+(평일)근무일" 계산을 통해 종료일을 구합니다. 즉, 1월 1일부터 3일 근무한 종료일을 휴일과 주말이 없다고 가정하면 1월 4일의 날짜를 반환합니다. 하지만 1월 1일~4일까지의 근무일은 4일이므로 이번 과정에서 얻은 수식은 C열의 '종료일'과 차이가 발생합니다.

04

주말과 휴일을 제외한 근무일로 종료일 계산하기(3) 그러면 C열의 종료일과 차이가 발생하므로 C열과 같은 결과를 돌려받기 위해서는 ❶ G5셀을 선택하고 ❷ 수식을 다음과 같이 수정한 후 Enter 키를 누릅니다. ❸ G5셀의 채우기 핸들┗을 G13셀까지 드래그해 수식을 복사합니다.

G5	=WORKDAY(E5-1, F5, $I$5:$I$7)

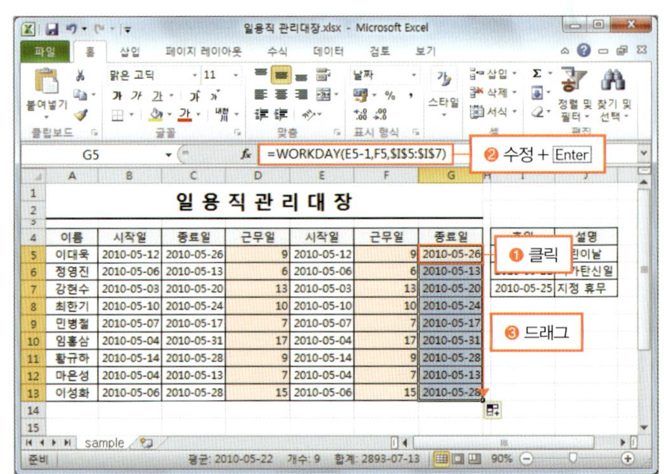

> **◉ WORKDAY함수의 사용(2)**
>
> WORKDAY함수는 첫 번째 인수의 날짜에서 1을 빼주면 첫 번째 인수의 시작일부터 두 번째 인수의 근무일을 적용하기 때문에 C열의 계산 결과와 동일한 종료일을 얻을 수 있습니다. 날짜 계산은 시작일을 포함하는지 여부에 따라 인수 구성을 적절하게 변경해 주어야 하므로 DATEDIF함수와 NETWORKDAYS, WORKDAY함수의 계산 차이를 잘 이해해 두어야 합니다.

엑셀 2010의 새 함수 NETWORKDAYS.INTL, WORKDAY.INTL `NEW 2010`

| 준비 파일 : 일용직관리대장.xlsx

대부분의 회사에서 주 5일 근무가 거의 정착됐지만, 아직 토요일 근무하는 회사도 많습니다. 토요일까지 근무하는 경우라면 앞에서 설명한 NETWORKDAYS함수나 WORKDAY함수를 사용해 근무일수나 작업 종료일을 계산할 수 없습니다.

하지만, 엑셀 2010 버전부터는 새로 제공되는 NETWORKDAYS.INTL, WORKDAY.INTL함수를 사용하면 주 5일 근무 사업장뿐만이 아니라 주 6일 근무 사업장의 경우도 근무일수나 작업 종료일을 손쉽게 계산할 수 있습니다.

```
=NETWORKDAYS.INTL(①, ②, ③, ④)
=WORKDAY.INTL(①, ②, ③, ④)
```

두 함수 모두 세 번째 인수가 새로 추가된 인수인데, 세 번째 인수는 주말을 지정하는 인수로, 다음과 같은 옵션 값을 사용해 주말에 해당하는 요일이 언제인지 지정할 수 있습니다.

옵션 값	설명	옵션 값	설명
1	주말은 토, 일요일	11	주말은 일요일
2	주말은 일, 월요일	12	주말은 월요일
3	주말은 월, 화요일	13	주말은 화요일
4	주말은 화, 수요일	14	주말은 수요일
5	주말은 수, 목요일	15	주말은 목요일
6	주말은 목, 금요일	16	주말은 금요일
7	주말은 금, 토요일	17	주말은 토요일

기존 NETWORKDAYS 함수나 WORKDAY 함수와 새로 추가된 함수인 NETWORKDAYS.INTL과 WORKDAY.INTL 함수는 다음과 같은 관계를 갖습니다.

```
=NETWORKDAYS(①, ②, ③)=NETWORKDAYS.INTL(①, ②, 1, ③)
=WORKDAY(①, ②, ③)=WORKDAY.INTL(①, ②, 1, ③)
```

앞에서 함께한 실무 예제에서 E열의 근무일 계산을 NETWORKDAYS.INTL 함수를 사용해 계산한다고 가정하면 수식을 다음과 같이 수정하면 됩니다.

```
=NETWORKDAYS.INTL(C6, D6, 1, $J$6:$J$8)
```

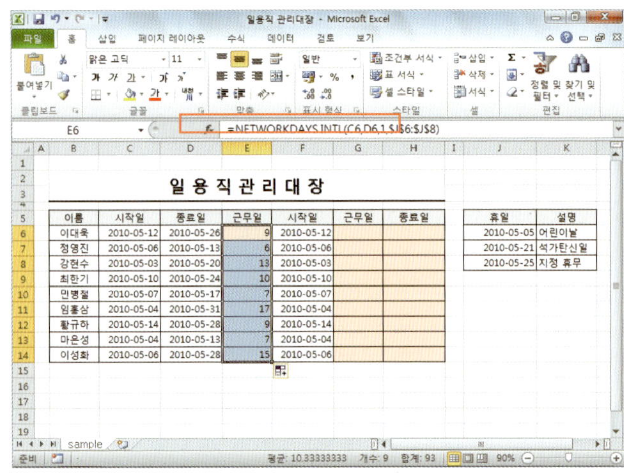

위 예제에서 만약 주 5일 근무가 아니라 주 6일 근무라면 수식을 다음과 같이 수정합니다.

=NETWORKDAYS.INTL(C6, D6, 11, $J$6:$J$8)

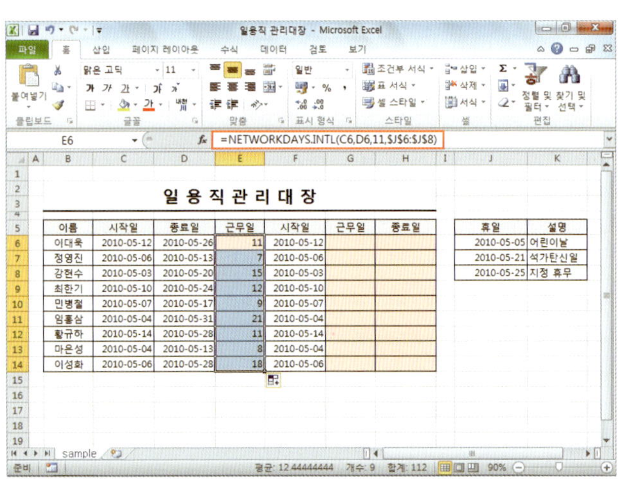

WORKDAY.INTL함수 역시 NETWORKDAYS.INTL함수와 같은 방법으로 사용할 수 있으므로 위 예제의 H열 계산을 WORKDAY함수에서 WORKDAY.INTL함수로 바꿔 작업해 보세요!

일반적인 시간 차이 구하기

시간 계산은 근무시간을 계산하는 것과 같이 시간의 흐름을 측정하고자 할 때 발생합니다. 시간은 모두 0과 1사이의 소수 값이기 때문에 빼기 연산을 이용해 계산하면 됩니다. 다만 특정 시간을 기준으로 시간 계산을 할 경우에는 올바른 시간 값을 입력하고 기준이 되는 시간과 비교해 계산해야 하므로 약간의 주의가 필요합니다.

두 시간의 차이를 구할 때 가장 흔한 계산 방법이 바로 빼기 연산을 사용하는 것입니다. 빼기 연산을 사용해 두 시간의 차이를 구할 경우에는 날짜 및 시간 데이터가 YYYY-MM-DD 형식의 날짜 값이나 HH:MM 형식의 시간 값으로 입력되어야 합니다.

근태시간을 통해 연장 근무시간 계산하기

📁 **준비 파일 :** 초과근무시간.xlsx

제공된 예제 파일을 열면 Before 화면과 같은 초과 근무시간표를 확인할 수 있습니다. 정규 퇴근시간은 오후 6시이고, 연장근무 종료시간이 오후 10시라고 가정할 때 B:C열의 근태 시간을 확인해 D열에 근무시간과 E열에 연장 근무시간을 계산해 보도록 하겠습니다.

◉ **초과 근무시간**

연장 근무	정규 퇴근시간부터 오후 10시까지의 근무시간
야간 근무	오후 10시부터 다음 날 오후 6시까지의 근무시간
휴일 근무	주말 또는 휴일 근무시간

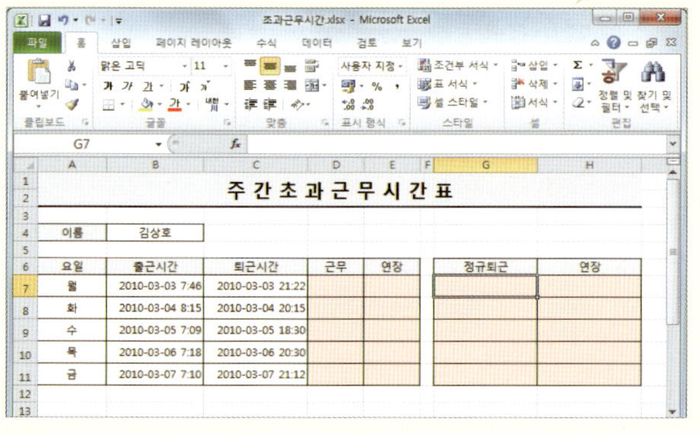

01 **일별 정규 퇴근시간 계산하기** 연장 근무시간을 계산하기 위해서는 먼저 해당 일의 정규 퇴근시간과 연장근무 종료시간을 계산해야 합니다. 먼저 B열의 '출근시간'을 참고해 정규 퇴근시간(오후 6시)을 계산하기 위해 ❶ G7셀을 선택하고 ❷ 수식 입력줄에 다음과 같은 수식을 입력한 후 Enter 키를 누릅니다. ❸ G7셀의 채우기 핸들을 G11셀까지 드래그해 수식을 복사합니다.

G7	=INT(B7)+TIME(18,0,0)

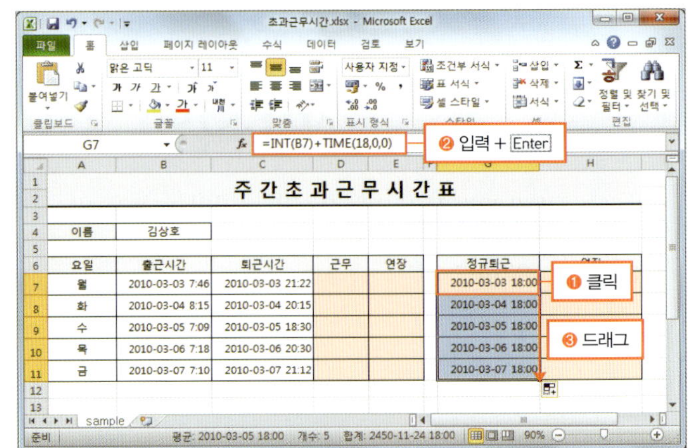

◯ **일별 정규 퇴근시간 계산**

정규 퇴근시간은 오후 6시이므로 출근시간의 일(日)에 '오후 6시' 시간 값을 더하면 됩니다. B열의 출근시간은 "일(日)+시간" 값이므로 일(日)에 해당하는 날짜만 빼내야 합니다. 이와 같은 경우에는 "=INT(B7)"과 같이 INT함수를 사용해 소수점 이하 값만 잘라내는 수식을 주로 사용합니다. 이 수식에서 INT함수는 ROUNDDOWN함수인 "=ROUNDDOWN(B7,0)"과 대체할 수 있는데, '오후 6시'를 날짜 값에 더하면 출근한 일의 정규 퇴근시간이 됩니다. 시간은 TIME함수를 사용(TIME함수는 24시간제로 시간을 입력합니다.)해 "TIME(18,0,0)"과 같이 작성합니다.

02 **일별 연장근무 종료시간 계산하기** 이번에는 B열의 '출근시간'을 참고해 연장근무 종료시간(오후 10시)을 계산하기 위해 ❶ H7셀을 선택하고 ❷ 수식 입력줄에 다음과 같은 수식을 입력한 후 Enter 키를 누릅니다. ❸ H7셀의 채우기 핸들을 H11셀까지 드래그해 수식을 복사합니다.

H7	=G7+TIME(4,0,0)

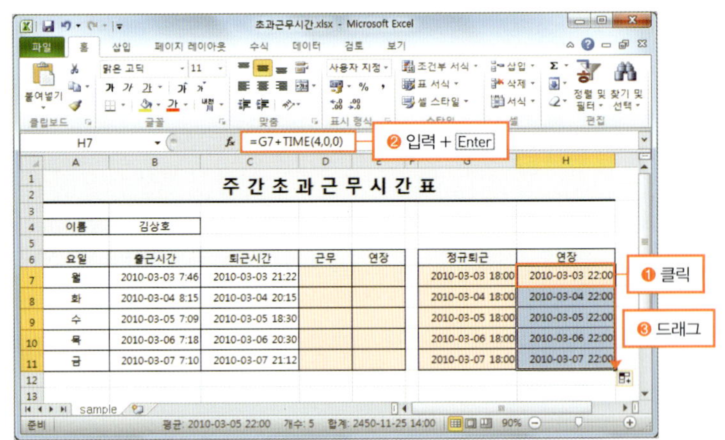

◯ **연장근무 종료시간 계산**

연장근무 종료시간은 오후 10시이므로 정규 퇴근시간 G7셀의 시간에 TIME함수를 이용해 4시간을 더하면 됩니다. 만약 G7셀과 같이 정규 퇴근시간을 계산한 값이 없다면 "=INT(B7)+TIME(22,0,0)" 수식을 입력합니다.

03 **근무시간 계산하기** 이제 근무시간과 연장 근무시간을 계산합니다. 먼저 근무시간은 퇴근시간에서 출근시간을 빼면 되므로 ❶ D7셀을 선택하고 ❷ 수식 입력줄에 다음과 같은 수식을 입력한 후 Enter 키를 누릅니다. ❸ D7셀의 채우기 핸들을 D11셀까지 드래그해 수식을 복사합니다.

D7	=C7−B7

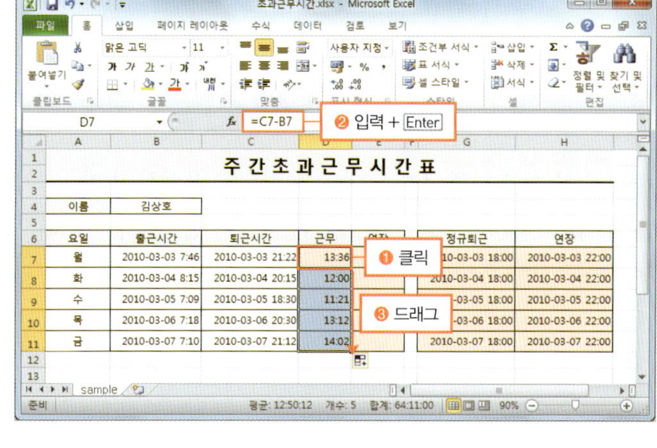

04 **연장 근무시간 계산하기** 이번에는 연장 근무시간을 계산하기 위해 ❶ E7셀을 선택하고 ❷ 수식 입력줄에 다음과 같은 수식을 입력한 후 Enter 키를 누릅니다. ❸ E7셀의 채우기 핸들을 E11셀까지 드래그해 수식을 복사합니다.

E7	=IF(C7>H7, H7−G7, C7−G7)

> **◯ 연장 근무시간 계산**
> 연장 근무시간의 계산은 퇴근시간이 오후 10시를 넘었다면 "=오후 10시−정규 퇴근시간", 오후 10시를 넘지 않았다면 "=퇴근시간−정규 퇴근시간" 수식을 작성해야 합니다.

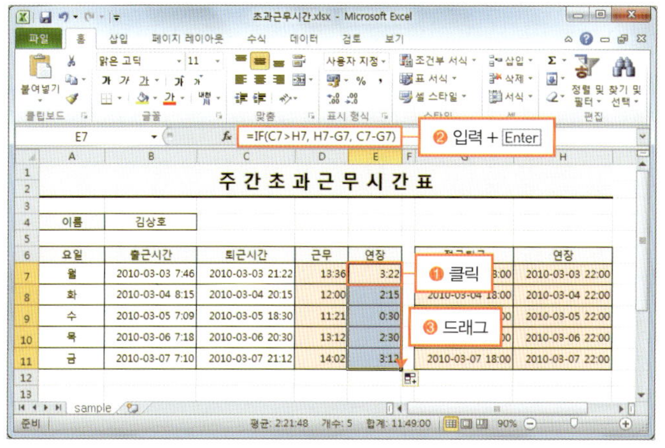

09 24시간을 초과하는 차이 구하기

시간 차이를 계산할 때 24시간이나 60분을 초과하는 시간을 표시하려면 기존의 계산 방법으로는 표시할 수가 없습니다. 그렇기 때문에 시간 계산을 한 다음, 계산된 시간을 24시간이나 60분을 초과하는 시간으로 표시되도록 TEXT함수를 사용해 값을 변환해야 합니다.

24시간을 초과하는 시간 표시 방법은 TEXT함수의 다음과 같은 서식 코드를 사용합니다.

서식 코드	설명
[H]	24시간을 초과하는 시간을 시 단위로 표시합니다.
[M]	60분을 초과하는 시간을 분 단위로 표시합니다.
[S]	60초를 초과하는 시간을 초 단위로 표시합니다.

○ TEXT함수

시간 계산을 할 때, 근무 시간의 합계 등을 구하면 24시간을 초과하는 시간이 나타납니다. 이때 TEXT함수를 이용하면 24시간이 넘는 시간을 표현할 수 있어 편리합니다.

아르바이트 근태 내역에서 시급 계산하기

📁 **준비 파일** : 아르바이트 시급계산표.xlsx

제공된 예제 파일을 열면 Before 화면과 같은 아르바이트 시급 계산표를 확인할 수 있습니다. 수~일요일까지의 근무시간을 합산하고 A14셀의 '시급'과 계산한 후 E14:F14 병합 셀에 '지급액'을 계산해 보도록 하겠습니다.

Before

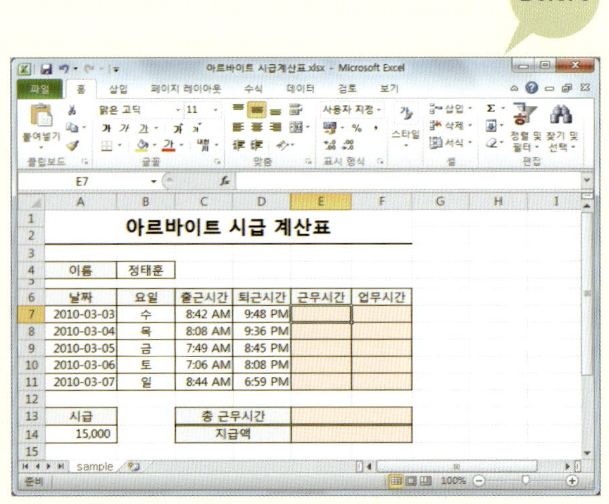

After

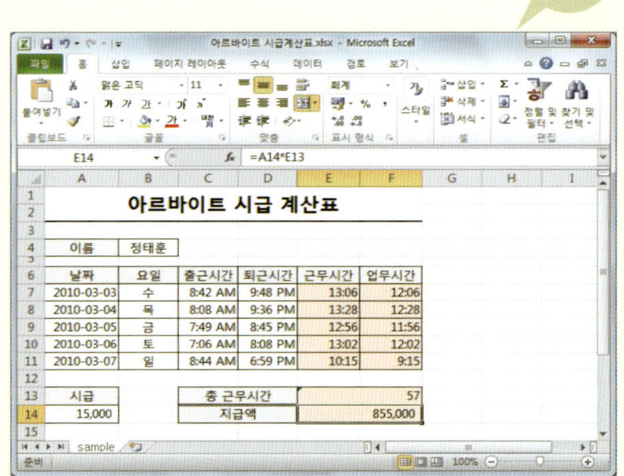

01 **요일별 근무시간 계산하기** 먼저 요일별 근무시간을 계산하기 위해 ❶ E7셀을 선택하고 ❷ 수식 입력줄에 다음과 같은 수식을 입력한 후 Enter 키를 누릅니다. ❸ E7셀의 채우기 핸들🔲을 E11셀까지 드래그해 수식을 복사합니다.

E7	=D7−C7

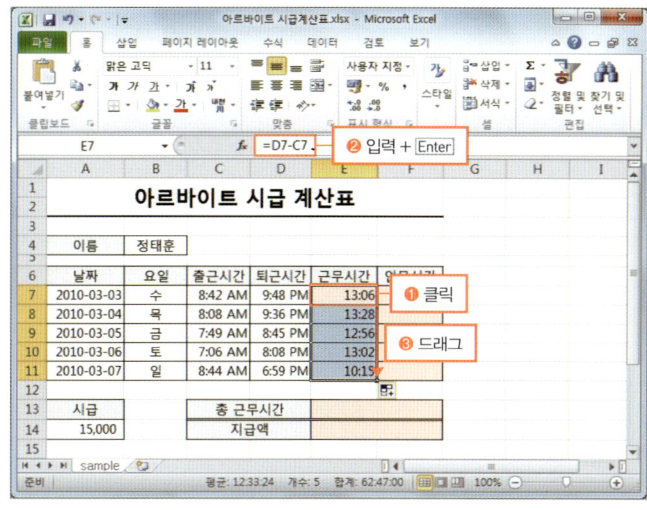

> ⊙ **시간 표시가 잘못 나오는 경우**
>
> 계산된 결과 시간 표시가 화면과 같이 나타나지 않는 경우에는 E7:E11 범위를 선택하고 Ctrl+1 키를 눌러 '셀 서식' 대화상자를 호출합니다. [표시 형식] 탭 → '범주' 리스트에서 '시간'을 선택한 다음 '13:30' 형식을 선택합니다.

02 **업무시간 계산하기** 이번에는 근무시간에서 점심시간 1시간을 제하는 실 업무시간을 F열에 계산합니다. ❶ F7셀을 선택하고 ❷ 수식 입력줄에 다음과 같은 수식을 입력한 후 Enter 키를 누릅니다. ❸ F7셀의 채우기 핸들🔲을 F11셀까지 드래그해 수식을 복사합니다.

F7	=E7−TIME(1,0,0)

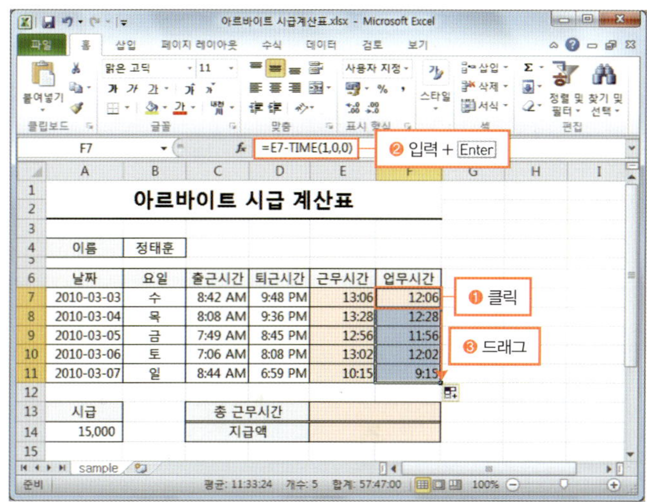

03 **총 근무시간 계산하기(1)** 이제 총 근무시간을 계산하기 위해 ❶ E13:F13 병합 셀을 선택한 후 ❷ 수식 입력줄에 다음 수식을 입력한 후 Enter 키를 눌러 합계를 구합니다.

E13:F13	=SUM(F7:F11)

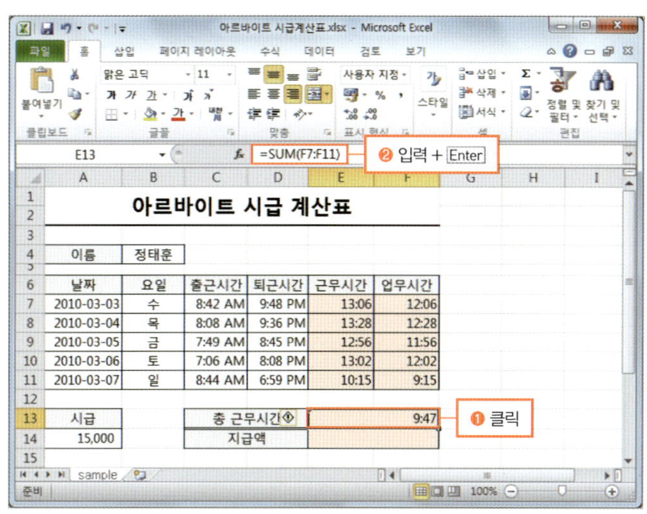

> ⊙ **총 근무시간의 계산**
>
> 시간은 0에서 1사이의 소수 값이므로, 총 근무시간을 구할 경우에는 숫자의 합계를 구하는 SUM함수를 사용합니다. 단, 시간 형식은 24시간제에 맞춰지므로 24시간을 넘어서는 시간 값의 경우에는 표시하지 못합니다.

04 총 근무시간 계산하기(2)

03 과정에서 구한 수식으로는 총 근무시간이 나타나지 않으므로 TEXT함수를 사용해 24시간이 넘는 시간을 표시합니다. ❶ E13:F13 병합 셀을 선택하고 ❷ 수식을 다음과 같이 수정하고 Enter 키를 누릅니다.

E13:F13	=TEXT(SUM(F7:F11), "[h]")

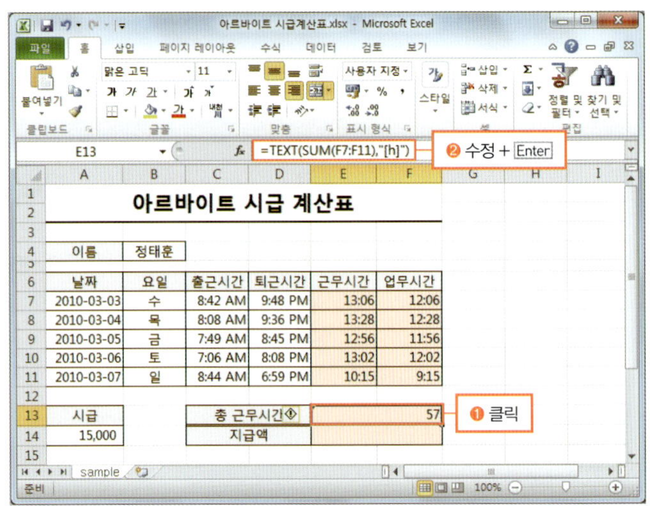

> ◎ **계산된 결과를 24시간이 넘는 값으로 표시**
>
> 03 과정에서 계산된 결과를 시간만으로 표시하면 9:47과 같이 24시간이 넘는 값을 표시하지 못합니다. 그렇기 때문에 TEXT함수를 사용해 값을 변환할 필요가 있으며 변환 작업에 사용되는 코드는 "[h]"(대/소문자를 구분하지 않습니다.) 서식 코드입니다. 그러므로 이번 수식은 SUM함수로 구한 근무시간의 합계가 24시간이 넘는 경우 해당 시간을 제대로 표시하라는 의미의 수식입니다.

05 지급액 계산하기

이제 마지막으로 A14셀의 '시급'을 E13:F13 병합 셀의 값과 곱하면 '지급액'을 계산할 수 있습니다. ❶ E14:F14 병합 셀을 선택하고 ❷ 수식 입력줄에 다음과 같은 수식을 입력한 후 Enter 키를 누릅니다.

E14:F14	=A14*E13

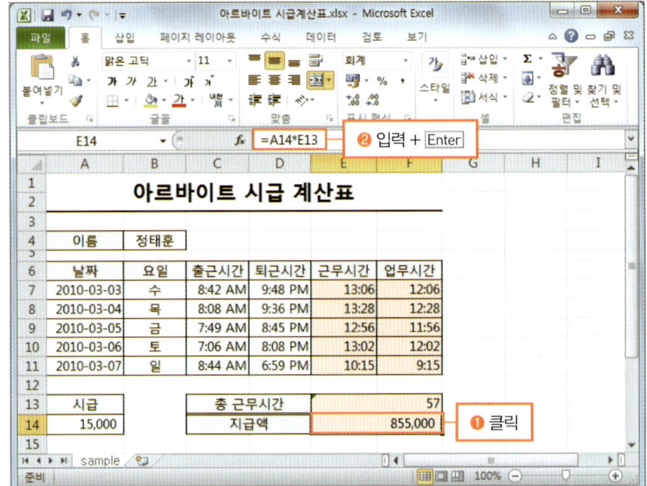

> ◎ **지급액 계산**
>
> 예제에서 시간 단위로 급여를 계산해야 하므로 분 단위 근무시간은 제외됩니다. 만약 분 단위 근무시간까지 계산해야 한다면, 시급을 분 단위로 나눈 값과 총 근무시간을 분 단위로 표시할 필요가 있습니다. 시급을 분 단위로 나눌 때는 A14/60으로 구하고, 총 근무시간을 분 단위로 표시하려면 TEXT(SUM(F7:F11), "[m]") 수식을 사용합니다. 그러므로 분 단위 지급액은 "=(A14/60) * TEXT(SUM(F7:F11), "[m]")" 수식을 사용합니다.

10 30분 간격, 1시간 간격으로 시간 차이 구하기

시간의 차이를 계산하면 1시간 12분, 48분과 같이 정확한 시간 차이가 반환됩니다. 하지만 일상적인 업무의 경우 이와 같은 시간을 30분 또는 1시간 간격으로 분류하여 표시하는 것이 일반적입니다. 시간 간격을 조정할 수 있는 함수에 대해 알아봅니다.

예를 들어 시간을 30분 간격으로 반올림 조정하면 15분 간격으로 반올림 하므로 1시간 12분은 1시간이 되며, 48분은 1시간이 됩니다. 이런 식의 계산 작업은 앞에서 설명한 것과 같이 초과 근무시간을 계산할 때 주로 적용되므로 이 계산 방법을 잘 이해해 두어야 합니다.

MROUND(①, ②)

①인수의 값을 ②인수 값의 배수로 반올림 처리한 값을 반환합니다.

인수	① 숫자 : 반올림 처리할 숫자 값 또는 숫자 값을 갖는 셀
	② 배수 : 숫자를 반올림 처리할 때 기준이 되는 배수 값
특이사항	엑셀 2003 버전을 포함한 하위 버전에서 MROUND함수를 사용하려면 '분석 도구' 추가 기능 파일을 설치해야 합니다.

CEILING(①, ②)

①인수의 값을 ②인수 값의 배수로 올림 처리한 값을 반환합니다.

인수	① 숫자 : 올림 처리할 숫자 값 또는 숫자 값을 갖는 셀
	② 배수 : 숫자를 올림 처리할 때 기준이 되는 배수 값
특이사항	엑셀 2003 버전을 포함한 하위 버전에서 CEILING함수를 사용하려면 '분석 도구' 추가 기능 파일을 설치해야 합니다.

FLOOR(①, ②)

①인수의 값을 ②인수 값의 배수로 내림 처리한 값을 반환합니다.

인수	① 숫자 : 내림 처리할 숫자 값 또는 숫자 값을 갖는 셀
	② 배수 : 숫자를 내림 처리할 때 기준이 되는 배수 값
특이사항	엑셀 2003 버전을 포함한 하위 버전에서 FLOOR함수를 사용하려면 '분석 도구' 추가 기능 파일을 설치해야 합니다.

● 반올림 함수

- ROUNDUP함수 : 항상 반올림
- ROUNDDOWN함수 : 항상 반내림
- MROUND함수 : 숫자를 특정 배수(예: 가장 가까운 0.5로 반올림)로 반올림

초과 근무시간을 30분 간격으로 조정하기

📁 **준비 파일 :** 초과근무시간 –30분 간격.xlsx

제공된 예제 파일을 열면 Before 화면과 같은 주간 초과 근무시간표를 확인할 수 있습니다. Before 화면의 E열에 계산된 연장 근무시간은 '3시간 42분', '2시간 15분'과 같이 일정하지 않습니다. 초과 근무시간을 30분 간격으로 인정할 경우, 연장 근무시간을 30분 단위로 조정해 보도록 하겠습니다.

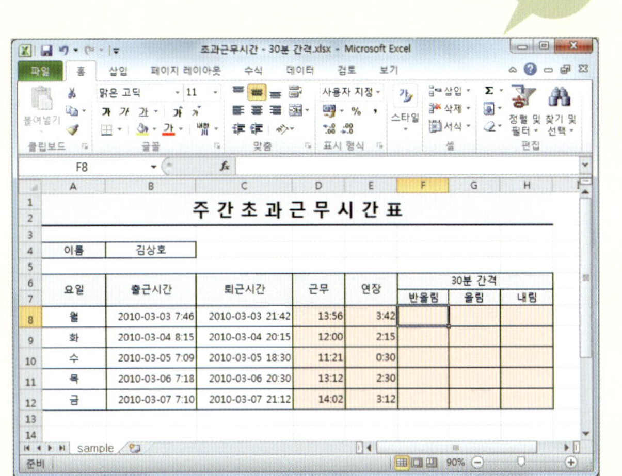

After

01 **30분 간격으로 반올림 처리** 먼저 연장 근무시간을 30분, 1시간, 1시간 30분..과 같이 30분 간격으로 반올림 처리하는 작업을 진행합니다. ❶ F8셀을 선택하고 ❷ 수식 입력줄에 다음과 같은 수식을 입력한 후 Enter 키를 누릅니다. ❸ F8셀의 채우기 핸들을 F12셀까지 드래그해 수식을 복사합니다.

F8	=MROUND(E8, TIME(0,30,0))

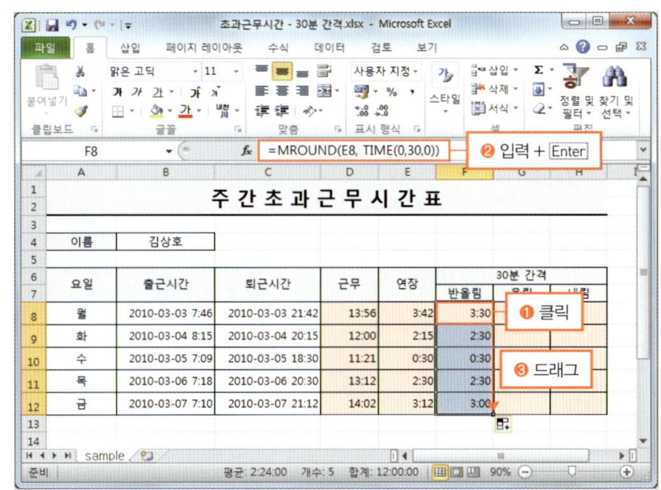

🟢 **MROUND함수의 사용**

30분 간격으로 반올림 할 경우에는 15분과 45분을 기준으로 반올림됩니다. 근무시간이 30분의 절반인 15분 이상인 경우에 30분으로, 그 미만은 0분으로 조정하며, 45분 이상인 경우에 1시간으로, 그 미만은 30분으로 조정합니다. 이 작업을 위해서는 MROUND함수와 같이 배수로 반올림 처리하는 함수를 사용해야 하며, 사용 방법은 ROUND계열 함수와 동일합니다. 참고로 30분을 1시간 간격으로 처리하려면 MROUND함수의 두 번째 인수의 값을 TIME(1,0,0)으로 조정하면 됩니다.

02 **30분 간격으로 올림 처리** 이번에는 연장 근무시간을 30분 간격으로 모두 올림 처리합니다. ❶ G8셀을 선택하고 ❷ 수식 입력줄에 다음과 같은 수식을 입력한 후 Enter 키를 누릅니다. ❸ G8셀의 채우기 핸들을 G12셀까지 드래그해 수식을 복사합니다.

G8	=CEILING(E8, TIME(0,30,0))

○ **CEILING함수의 사용**

30분 간격으로 올림 처리한다는 것은 E열의 연장 근무시간을 30분 간격으로 확인해 1초라도 초과 근무한 시간이 있으면 30분을 추가로 근무한 것으로 인정해 주는 것을 의미합니다. 함수의 사용 방법은 MROUND함수와 동일합니다.

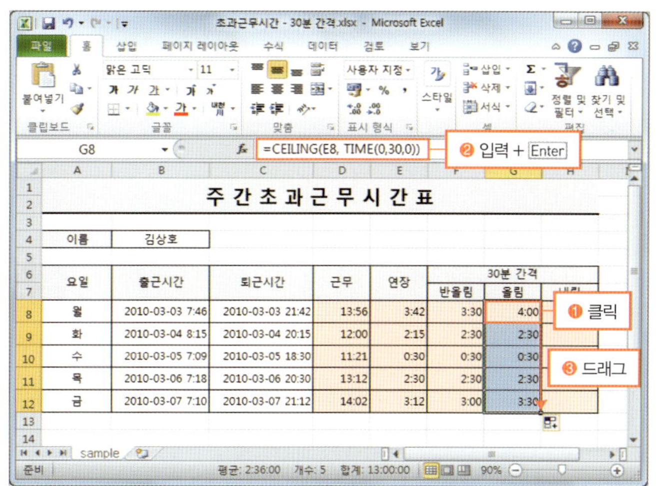

03 **30분 간격으로 내림 처리** 마지막으로 30분 간격으로 내림 처리합니다. ❶ H8셀을 선택하고 ❷ 수식 입력줄에 다음과 같은 수식을 입력하고 Enter 키를 누릅니다. ❸ H8셀의 채우기 핸들을 H12셀까지 드래그해 수식을 복사합니다.

H8	=FLOOR(E8, TIME(0,30,0))

○ **FLOOR함수의 사용**

30분 간격으로 내림 처리한다는 것은 E열의 연장 근무시간을 30분 간격으로 확인해 초과 근무시간을 모두 버리는 것을 의미합니다. 함수의 사용 방법은 MROUND함수와 동일합니다.

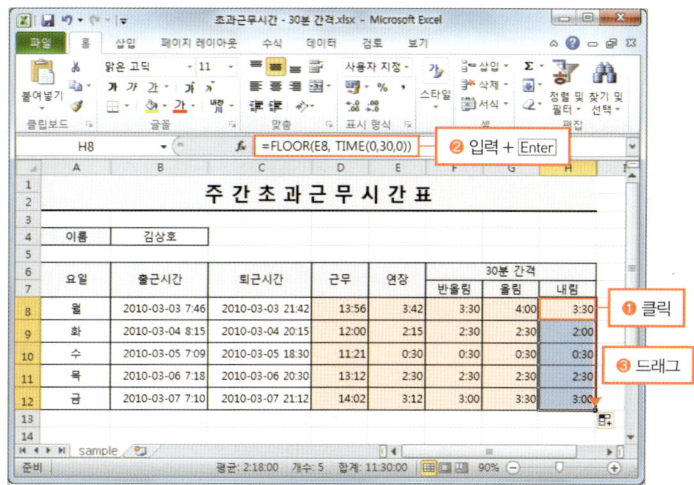

## CHAPTER 02

참조 함수

엑셀에서 '참조'는 다른 위치의 값을 다시 입력하지 않고 가져와 사용하는 것을 의미합니다. 이 방법은 데이터를 효과적으로 관리하고, 업무를 자동화하는데 엑셀에서 핵심적인 부분을 담당하므로 잘 이해해 둘 필요가 있습니다. '참조 함수'란 이렇게 다른 위치의 값을 가져올 때 사용하는 함수를 말하며, 대표적인 함수로 VLOOKUP과 INDEX, MATCH함수 등이 있습니다.

VLOOKUP함수로 값 참조하기

VLOOKUP함수는 다양한 방법으로 값을 참조하는 방법을 제공하며, 가장 많이 쓰이는 함수이므로 예제를 반복해서 학습해 함수 구성 방법을 정확히 이해하도록 합니다.

표가 두 개 이상 있고, 다른 표에서 현재 표로 필요로 하는 값을 참조할 때 가장 대표적으로 사용되는 함수가 VLOOKUP함수입니다.

VLOOKUP(❶, ❷, ❸, ❹)

❷인수의 표에서 값을 참조해 오는데, 표의 왼쪽 첫 번째 열에서 ❶인수의 값을 찾아 같은 행에 있는 표의 ❸인수의 열 위치에 해당하는 값을 참조합니다.

인수	❶ 찾을 값 : 표의 왼쪽 첫 번째 열에서 찾을 값으로 조건에 해당합니다. ❷ 표 : 찾을 값과 반환할 값을 모두 갖고 있는 데이터 범위입니다. ❸ 열 위치 : 표에서 반환할 열의 인덱스 번호입니다. ❹ 찾기 옵션 : 찾을 값을 표의 왼쪽 첫 번째 열에서 찾는 방법을 지정하는 옵션입니다. 　• **TRUE 또는 생략** : 표의 왼쪽 첫 번째 열이 오름차순으로 정렬되어 있다고 가정하고 값을 찾는데, 찾을 값보다 큰 값을 만나거나 찾을 값이 없는 경우에는 작은 값 중에서 가장 큰 값의 위치를 찾습니다. 　• **FALSE** : 표의 왼쪽 첫 번째 열에서 찾을 값의 첫 번째 위치를 찾습니다.

위 작업을 그림과 연동하면 다음과 같습니다.

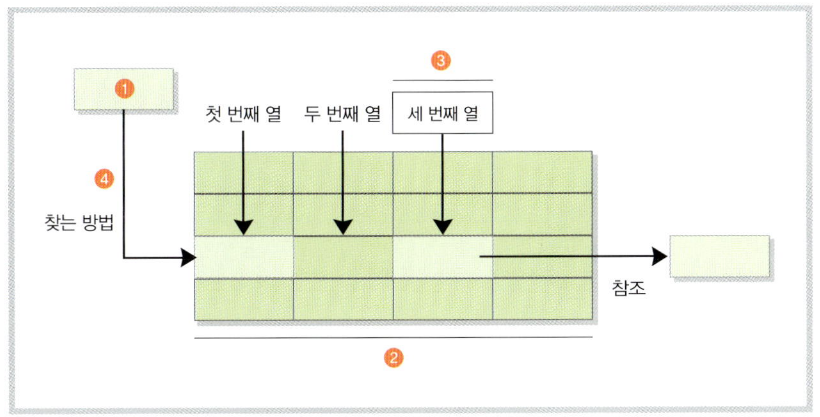

◎ VLOOKUP함수와 HLOOKUP함수

• VLOOKUP함수 : '검색 값'과 '범위'를 지정하고 범위에서 지정한 열에서 조건을 만족하는 값을 검색

• HLOOKUP함수 : 표나 열에서 첫 번째 행의 값을 찾아, 지정한 행에서 열의 값을 구함

보너스 지급 비율표를 참고해 보너스 금액 계산하기

📁 **준비 파일** : 보너스 금액 계산.xlsx

제공된 예제 파일을 열면 Before 화면과 같은 표를 확인할 수 있습니다. D열의 '급여', I열의 '보너스 비율' 데이터 값을 가지고 직위와 근속년수별로 구분해 E:F열에 보너스 금액을 계산해 보도록 하겠습니다.

01 **직위별로 보너스 계산하기** 먼저 직위별 보너스 금액을 계산합니다. 직위별 보너스 지급 비율은 H3:I7 범위의 표에 정리되어 있으므로 해당 보너스 비율을 참조해 계산합니다. ❶ E3셀을 선택하고 ❷ 수식 입력줄에 다음과 같은 수식을 입력한 후 Enter 키를 누릅니다. ❸ E3셀의 채우기 핸들을 E11셀까지 드래그해 수식을 복사합니다.

E3	=D3*VLOOKUP(B3, $H$3:$I$7, 2, FALSE)

⬤ VLOOKUP함수의 사용(1)

직위별 보너스 금액은 D열의 '급여'와 I3:I7 범위의 '보너스 비율'을 곱해 구합니다. 이때, I열의 보너스 지급 비율을 참조해 오기 위해서는 B열의 '직위'와 H열의 '직위'가 정확하게 일치해야 합니다. 이렇게 오른쪽에 위치한 값을 참조해 오려면 VLOOKUP함수의 ④인수의 값을 'FALSE'로 지정해야 하므로 VLOOKUP함수의 구성은 "=VLOOKUP(①, ②, ③, FALSE)"와 같습니다.

- 먼저 ②인수는 오른쪽의 '직위별 보너스 비율' 표 범위여야 하므로 H3:I7 범위가 됩니다. 단, 수식을 아래로 복사해 사용할 것이기 때문에 ②인수 범위는 〈F4〉키를 눌러 절대 참조($)로 참조합니다.
- ①인수는 ②인수의 첫 번째 열에서 찾을 값이므로 B열의 '직위' 값을 전달해야 합니다.
- ③인수는 참조해 올 값이 ②인수의 몇 번째 열에 있는지 알려 주면 되므로 I열의 값을 참조해 오도록 '2'로 지정합니다.

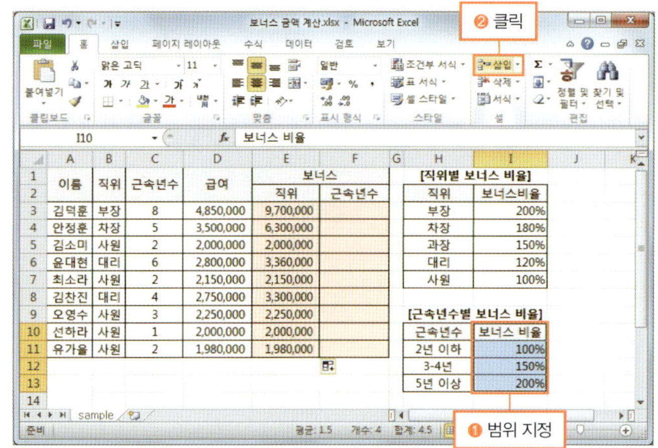

02 근속년수별로 보너스 계산하기(1) 이번에는 근속년수를 기준으로 보너스를 계산합니다. 그런데, H11:H13 범위와 같이 A~B와 같은 구간별 값이 존재하는 경우, 각 구간의 최소값을 오름차순으로 입력하는 작업을 선행해야 합니다. 열을 하나 추가하기 위해 ❶ I10:I13 범위를 선택하고 ❷ 리본의 [홈] 탭 → 셀 그룹 → 삽입 명령 아이콘을 클릭합니다.

03 근속년수별로 보너스 계산하기(2) 추가된 열에 열 머리글과 각 구간별 최소값을 다음과 같이 입력합니다.

I10	최소값
I11	0
I12	3
I13	5

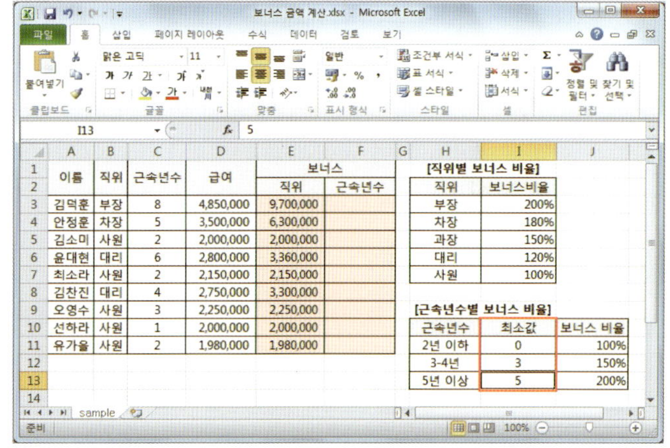

04 근속년수별로 보너스 계산하기(3) 이제 근속년수로 보너스를 계산합니다. ❶ F3셀을 선택하고 ❷ 수식 입력줄에 다음과 같은 수식을 입력한 후 Enter 키를 누릅니다. ❸ F3셀의 채우기 핸들을 F11셀까지 드래그해 수식을 복사합니다.

F3	=D3*VLOOKUP(C3, $I$11:$J$13, 2, TRUE)

○ **VLOOKUP함수의 사용(2)**

근속년수별 보너스 금액은 D열의 '급여'와 J11:J13 범위의 '보너스 비율'을 곱해 구합니다. 이때, J열의 보너스 지급 비율을 참조해 오기 위해서는 C열의 '근속년수'가 I11:I13 범위의 구간별 최소값에서 찾아야 합니다. 이렇게 구간별 값을 이용해 오른쪽에 위치한 값을 참조해 오려면 VLOOKUP함수의 ④인수의 값을 'TRUE'로 지정하거나 생략해야 합니다.

그러므로 VLOOKUP함수의 구성은 "=VLOOKUP(①, ②, ③, TRUE)"과 같습니다.

- 먼저 ②인수 범위는 I11:J13 범위가 됩니다. H11:H13 범위의 값은 컴퓨터가 이해할 수가 없으므로 I11:I13 범위의 값이 H11:H13 범위의 값을 대체해 줍니다. 이렇게 하면 인수에서 TRUE로 지정했기 때문에 ①인수 값(=C3셀의 값을 8)은 I11:I13범위에서 순서대로 찾는데, 만약 ①인수인 C3셀의 값보다 큰 값을 만나거나 같은 값을 찾지 못하면 작은 값 중에서 가장 큰 값의 위치를 찾습니다.
- ①인수는 ②인수의 첫 번째 열에서 찾을 값이므로 C열의 '근속년수' 값을 전달합니다.
- ③인수는 참조해 올 값이 ②인수의 몇 번째 열에 있는지 알려주면 되므로 J열의 값을 참조하도록 '2'로 지정합니다.

INDEX, MATCH함수로 값 참조하기

INDEX, MATCH함수 조합을 이용한 수식 작성 방법에 익숙해진다면 대부분의 참조 작업을 이 2개 함수로 모두 해결할 수 있을 만큼 VLOOKUP함수보다 유연한 참조 작업을 제공해주므로 반드시 알아두어야 합니다.

VLOOKUP함수로 대부분의 표의 값을 참조해 올 수 있지만, VLOOKUP함수는 몇 가지 단점이 존재합니다. 예를 들면 표에서 찾을 값과 참조할 값이 존재할 때 반드시 찾을 값이 참조할 값의 왼쪽에 존재해야 한다는 점과 구간별 값을 참조할 때 표가 반드시 오름차순으로 정렬되어 있어야 한다는 점입니다. 이와 같은 단점을 해결하려면 지금부터 설명할 INDEX, MATCH함수 조합으로 값을 참조하는 방법을 알아두어야 합니다.

INDEX(❶, ❷, ❸, ❹)

❶인수의 표 범위에서 ❷인수의 행 위치, ❸인수의 열 위치에 있는 값을 참조합니다.

인수	❶ 표 : 반환할 값을 포함하고 있는 데이터 범위입니다. ❷ 행 번호 : 표에서 참조할 값이 위치한 행의 인덱스 번호입니다. ❸ 열 번호 : 표에서 참조할 값이 위치한 열의 인덱스 번호입니다. ❹ 영역 번호 : 표 인수에 다중 범위를 지정했을 경우, 참조할 범위의 인덱스 번호로 생략하면 첫 번째 범위에서 값을 참조합니다.

MATCH(❶, ❷, ❸)

찾을 범위에서 찾을 값이 몇 번째 위치에 있는지 찾아 해당 인덱스 번호를 반환합니다.

인수	❶ 찾을 값 : 찾을 범위에서 찾을 값으로 조건에 해당합니다. ❷ 찾을 범위 : 찾을 값이 포함된 단일 열 또는 단일 행 데이터 범위입니다. ❸ 찾기 옵션 : 찾을 값을 찾을 범위에서 찾는 방법을 지정하는 옵션입니다. 　• 1 또는 **생략** : 찾을 범위의 값이 오름차순으로 정렬되어 있다고 가정하고 값을 찾는데, 찾을 값보다 큰 값을 만나거나 찾을 값이 없는 경우에는 찾을 값보다 작은 값 중에서 가장 큰 값의 위치를 찾습니다. 　• 0 : 표의 왼쪽 첫 번째 열에서 찾을 값의 첫 번째 위치를 찾습니다. 　• -1 : 찾을 범위의 값이 내림차순으로 정렬되어 있다고 가정하고 값을 찾는데, 찾을 값보다 작은 값을 만나거나 찾을 값이 없는 경우에는 찾을 값보다 큰 값 중에서 가장 작은 값의 위치를 찾습니다.

마진율 표를 참조해 판매단가 계산하기

📁 **준비 파일** : INDEX, MATCH함수.xlsx

제공된 예제 파일을 열면 Before 화면과 같은 표를 볼 수 있습니다. 제품의 '분류'(A열)와 '예상 판매량'(D열)에 해당하는 값을 오른쪽 표에서 찾아, 해당 '마진율'에 '구입단가'(=C열)와 곱하여 제품의 '판매단가'를 계산해 보도록 하겠습니다.

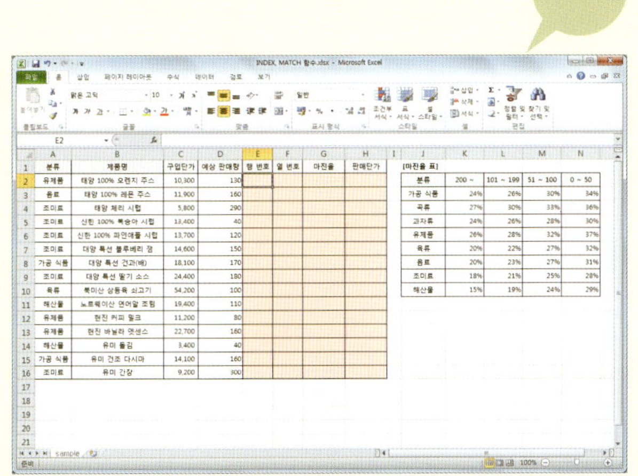

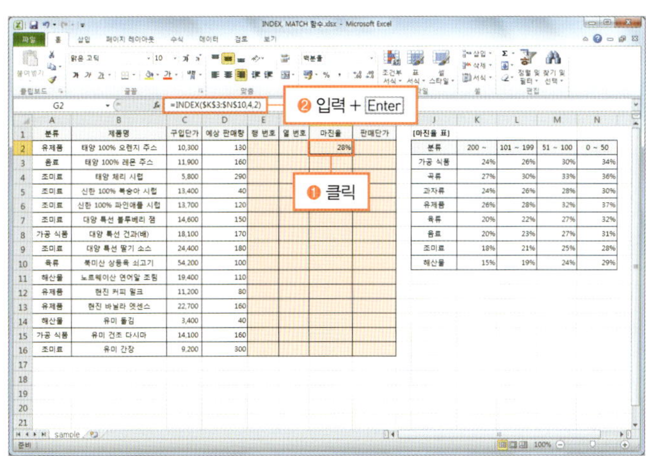

01 INDEX함수로 마진율 참조하기

INDEX함수로 필요한 마진율을 참조하기 위해 ❶ G2셀을 선택하고 ❷ 수식 입력줄에 다음 수식을 입력한 후 Enter 키를 누릅니다.

G2	=INDEX($K$3:$N$10, 4, 2)

> **○ INDEX함수의 사용**
>
> INDEX함수는 ①인수 범위에서 ②인수의 행 위치, ③인수의 열 위치에 있는 값을 참조합니다. 그러므로 이번 수식은 K3:N10범위의 4번째 행, 2번째 열 위치에 있는 L6셀의 값을 참조합니다. 마진율을 참조할 때는 A열과 D열의 값을 조건으로 사용하므로 G2셀의 '마진율'은 오른쪽 마진율 표에서 '유제품'이면서 예상 판매량이 '130'인 것은 L6셀의 '28%' 마진율을 참조합니다.

02 **분류에 따른 행 위치 찾기** INDEX함수의 ②인수의 행 위치를 찾기 위해 MATCH함수를 사용합니다. 마진율 표에서 행 위치는 J열에서 확인할 수 있듯이 분류 값을 찾아야 합니다. ❶ E2셀을 선택하고 ❷ 수식 입력줄에 다음과 같은 수식을 입력한 후 Enter 키를 누릅니다. ❸ E2셀의 채우기 핸들 ┱을 E16셀까지 드래그해 수식을 복사합니다.

E2	=MATCH(A2, $J$3:$J$10, 0)

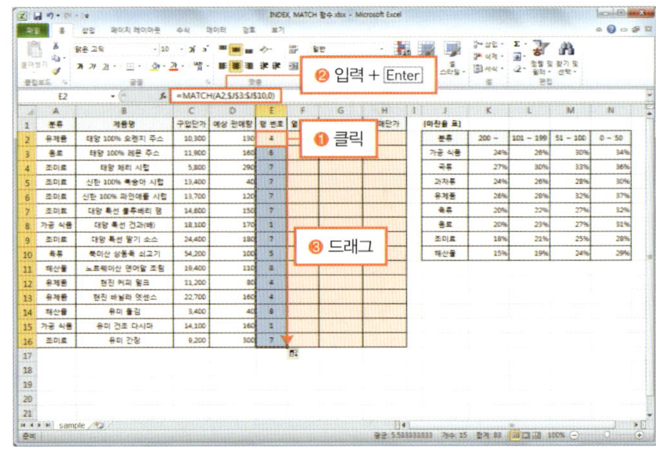

○ **MATCH함수의 사용(1)**

MATCH함수는 ①인수의 값을 ②인수 범위에서 찾아, 몇 번째 위치에 있는지 알려주는 역할을 합니다. 마진율을 참조하기 위해 '행 위치'는 제품 분류를 찾는 것이며, 정확한 제품 분류명을 찾아야 하므로, MATCH함수의 ③인수의 옵션 값은 '0'입니다. 그러므로 이번 수식은 A2셀(=분류)의 값과 똑같은 값을 J3:J10 범위에서 찾아 몇 번째에 있는지를 반환합니다.

03 **예상 판매량에 따른 열 위치 찾기(1)** 이번에는 MATCH 함수의 ③인수인 열 위치를 찾습니다. 마진율 표에서 열 위치는 D열의 '예상 판매량' 값을 사용해 찾습니다. 마진율 표의 예상 판매수량은 A~B와 같은 구간별로 값이 입력되어 있고 내림차순으로 정리되어 있으므로, 각 구간별 최대값을 먼저 입력해야 합니다. 최대값을 입력할 행을 추가하기 위해 ❶ J3:N3 범위를 선택하고 ❷ 리본의 **[홈]** 탭 → **셀** 그룹 → **삽입** 명령 아이콘을 클릭합니다.

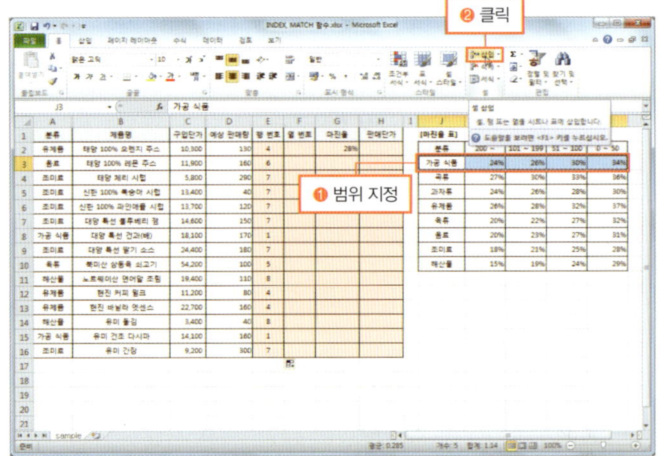

04 **예상 판매량에 따른 열 위치 찾기(2)** 추가된 빈 행에 행 머리글과 각 구간별 최대값을 다음과 같이 입력합니다.

J3	K3	L3	M3	N3
최대값	1000	199	100	50

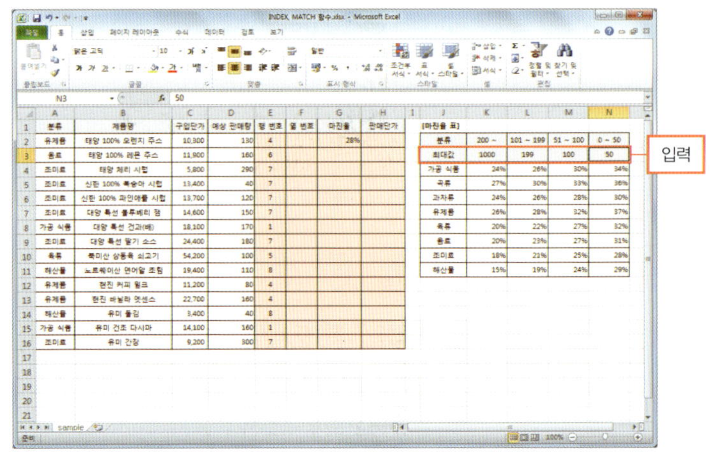

○ **구간별 대표 값 정리 방법**

구간별 값을 참조하려 할 경우에는 구간별 값이 오름차순 또는 내림차순으로 정렬되어 있는 것에 따라 구간별 대표 값을 정리하는 방법에 차이가 있습니다. 오름차순으로 정렬되어 있다면 구간별 대표 값은 구간의 '최소값'이지만, 내림차순으로 정렬되어 있다면 구간별 대표 값은 구간의 '최대값'이어야 합니다. 이번 마진율 표의 '예상 판매량'은 큰 값부터 작은 값 순으로 정리되어 있으므로 구간별 대표 값을 구간의 최대값으로 정리해야 합니다.

05 예상 판매량에 따른 열 위치 찾기(3)

예상 판매량에 따른 열 위치 찾기(3) 이제 참조할 마진율의 열 위치를 계산하기 위해 ❶ F2셀을 선택하고 ❷ 수식 입력줄에 다음과 같은 수식을 입력한 후 Enter 키를 누릅니다. ❸ F2셀의 채우기 핸들을 F16셀까지 드래그해 수식을 복사합니다.

F2	=MATCH(D2, $K$3:$N$3, −1)

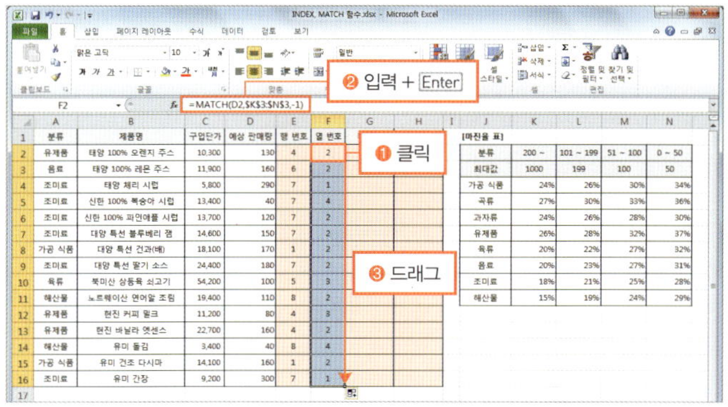

◉ MATCH함수의 사용(2)

이번에는 D열의 '예상 판매량'을 K3:N3 범위에서 찾는데, 구간별 값을 참조해야 하고, 구간별 값이 내림차순으로 정렬되어 있으므로 MATCH함수의 ③인수의 옵션 값은 '−1'입니다. 구간별 값이 내림차순으로 정렬되어 있는 경우는 VLOOKUP함수로 처리하지 못하고, MATCH함수로만 처리할 수 있습니다. 그러므로 D2셀의 '예상 판매량'을 K3:N3 범위에서 찾으며, 정확한 값을 찾는 것이 아니라 K3:N3 범위에서 순서대로 찾다가, 큰 값을 만나면 작은 값 중에서 가장 큰 값의 위치를 찾아 줍니다.

06

INDEX, MATCH함수로 마진율 참조하기 E:F열에 행 위치와 열 위치를 모두 확인했으므로 G열에 INDEX함수를 사용해 마진율을 참조합니다. ❶ G2셀을 선택하고 ❷ 수식을 다음과 같이 수정한 후 Enter 키를 누릅니다. ❸ G2셀의 채우기 핸들을 G16셀까지 드래그해 수식을 복사합니다.

G2	=INDEX($K$4:$N$11, E2, F2)

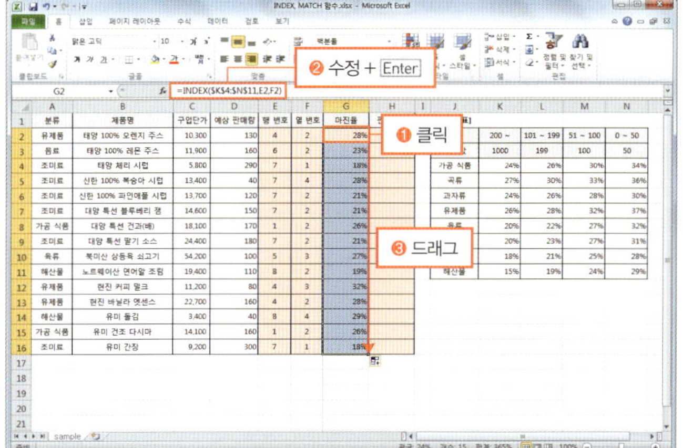

◉ INDEX함수의 사용

INDEX함수와 MATCH함수를 함께 사용할 때, 처음부터 INDEX함수 안에서 MATCH함수를 사용하는 수식을 구성하다 보면 수식이 너무 복잡해지므로 MATCH함수를 사용해 위치를 구한 다음, INDEX함수로 해당 위치를 참조하도록 합니다. 그런 다음, E:F열의 위치 값을 삭제하려면 이번 수식에서 참조한 E2, F2셀의 수식을 각각 복사해 다음과 같이 수식을 완성합니다.

● =INDEX($K$4:$N$11, MATCH(A2, $J$3:$J$10, 0), MATCH(D2, $K$3:$N$3, −1))
　　　　　　　　　　　　　E2　　　　　　　　　　　　　　　F2

07

마진율을 적용한 판매단가 계산하기 G열의 '마진율'을 참조하여 H열에 '판매단가'를 계산합니다. ❶ H2셀을 선택하고 ❷ 수식 입력줄에 다음과 같이 수식을 입력한 후 Enter 키를 누릅니다. ❸ H2셀의 채우기 핸들을 H16셀까지 드래그해 수식을 복사합니다.

H2	=C2*(1+G2)

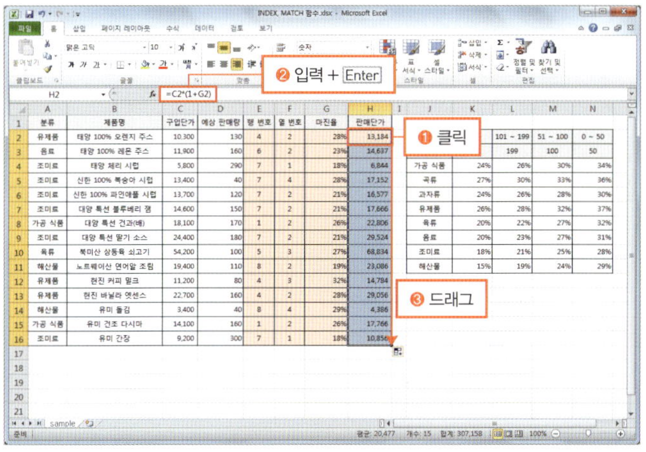

◉ 판매단가의 계산

이번과 같은 수식을 사용하면 C열의 '구입단가'에 G열에서 참조해온 '마진율'을 곱한 '판매단가'를 계산할 수 있습니다. '1'은 100%와 같으므로 G열의 마진율에 100%을 더한 금액을 계산합니다. 이렇게 계산된 금액을 천 단위 등에서 반올림하려면 "=ROUND(C2*(1+G2), −3)"과 같이 ROUND함수를 사용합니다.

## CHAPTER 03

배열 함수와 배열 수식

효과적인 수식 작성 방법을 익히려면 배열 함수나 배열 수식 작성 방법을 익혀두면 좋습니다. 배열(Array)은 값의 집합이라고 할 수 있는데, 예를 들면 A1:A10 범위의 값이 1~10으로 순서대로 입력되어 있다면 배열로 이 값을 표현하면 {1;2;3;4;...;10}으로 표현할 수 있습니다.

배열을 처음 들어 본 사용자의 경우, 이를 빠르게 이해한다는 것은 쉽지 않은 일이므로 다음 단계를 천천히 따라해 보면서 배열이 무엇인지 이해하기 바랍니다.

01 배열 함수

배열 수식과 배열 함수는 비슷한 의미로 사용되지만 엄밀하게 표현하면 두 용어는 구분되어야 합니다. 배열 함수는 함수 내에서 자체적으로 배열을 처리할 수 있는 함수이며, 배열 수식은 사용자가 강제로 배열을 이용해 계산하도록 입력한 수식을 말합니다. 이번에는 대표적인 배열 함수인 SUMPRODUCT함수의 사용 방법에 대해 설명합니다.

엑셀에서 제공하는 함수 중에서는 자체적으로 배열을 이용해 계산하는 함수들이 있습니다. 이런 함수를 이용한다면 배열을 효과적으로 이용해 필요한 계산 작업을 진행할 수 있으며, 대표적인 함수로는 SUMPRODUCT함수가 있습니다.

SUMPRODUCT(배열❶, 배열❷, …)

배열의 각 요소를 서로 곱한 다음, 곱한 값을 모두 더해 반환합니다.

구문	
	• 배열 : 값 집합 또는 범위 예를 들어 {1,2,3}과 {4,5,6} 이 두 개의 배열을 SUMPRODUCT 함수의 인수로 전달하면 다음과 같은 계산 과정을 거쳐 32 값을 반환합니다. • =SUMPRODUCT({1,2,3}, {4,5,6})

1	X	4	=	4		
2	X	5	=	10	SUM	32
3	X	6	=	18		

특이 사항	**PRODUCT(값❶, 값❷, …)**
	인수로 전달된 숫자 값을 모두 곱한 결과 값을 반환합니다.
	구문 • 값 : 합계를 구할 값 또는 범위로 최대 255개까지 지정할 수 있습니다.

P235의 QUOTIENT, MOD함수의 실무예제에서 화폐 개수와 금액을 곱해 원하는 결과를 얻을 수 있다면 "=SUMPRODUCT(C3:H3, $C$2:$H$2)" 수식을 사용해 계산할 수 있습니다.

보너스 지급 대장.xlsx - Microsoft Excel

I3   `=SUM(C3*$C$2,D3*$D$2,E3*$E$2,F3*$F$2,G3*$G$2,H3*$H$2)`

이름	보너스	화폐						지급액
		1,000,000	100,000	50,000	10,000	5,000	1,000	
성병재	2,743,000	2	7	0	4	0	3	2,743,000
강세라	1,325,000	1	3	0	2	1	0	1,325,000
손미순	1,326,000	1	3	0	2	1	1	1,326,000
유영주	2,380,000	2	3	1	3	0	0	2,380,000
강판석	1,991,000	1	9	1	4	0	1	1,991,000
최재경	1,907,000	1	9	0	0	1	2	1,907,000
성현아	2,845,000	2	8	0	4	1	0	2,845,000
이혜준	1,346,000	1	3	0	4	1	1	1,346,000
정영순	2,725,000	2	7	0	2	1	0	2,725,000

보너스 지급 대장.xlsx - Microsoft Excel

I3   `=SUMPRODUCT(C3:H3,$C$2:$H$2)`

이름	보너스	화폐						지급액
		1,000,000	100,000	50,000	10,000	5,000	1,000	
성병재	2,743,000	2	7	0	4	0	3	2,743,000
강세라	1,325,000	1	3	0	2	1	0	1,325,000
손미순	1,326,000	1	3	0	2	1	1	1,326,000
유영주	2,380,000	2	3	1	3	0	0	2,380,000
강판석	1,991,000	1	9	1	4	0	1	1,991,000
최재경	1,907,000	1	9	0	0	1	2	1,907,000
성현아	2,845,000	2	8	0	4	1	0	2,845,000
이혜준	1,346,000	1	3	0	4	1	1	1,346,000
정영순	2,725,000	2	7	0	2	1	0	2,725,000

▲ SUMPRODUCT함수를 사용한 금액 계산

C:H열에서 구한 각 화폐 개수가 제대로 계산되었는지 확인하기 위해서는 C3:H11 범위의 화폐 개수를 C2:H2의 화폐 금액과 곱한 값을 다시 더해 그 금액이 B열의 보너스 금액과 일치하는지 확인합니다. "=SUM(C3*$C$2, D3*$D$2, E3*$E$2, F3*$F$2, G3*$G$2, H3*$H$2)"과 같이 긴 수식을 좀 더 간결하게 하기 위해 SUMPRODUCT함수를 사용해 "=SUMPRODUCT(C3:H3, $C$2:$H$2)" 수식을 구성합니다.

SUMPRODUCT함수는 인수로 전달된 두 범위의 값을 하나씩 곱한 다음, 곱해진 값을 다시 더한 결과를 반환합니다.

C3:H3		$C$2:$H$2		PRODUCT		SUM
2		1,000,000		2,000,000		
7	x	100,000	=	700,000	=	2,743,000
…		…		…		
3		1,000		3,000		

위 과정에서도 확인할 수 있듯이 C3:H3 범위와 C2:H2 범위의 각 범위의 값을 배열로 변환한 다음, 계산 과정이 이뤄지므로 효과적인 계산 작업이 가능합니다.

위와 같은 계산 방법 이외에도 SUMPRODUCT함수는 COUNTIFS, SUMIFS와 같은 다중 조건을 처리하는 함수를 대체할 수 있습니다. 이런 함수를 대체하는 것은 엑셀 2003 이하 버전과 같은 하위 버전에서 COUNTIFS함수나 SUMIFS함수를 사용해야 할 때 유용하게 사용될 수 있습니다.

P210의 실무예제에서 사용한 COUNTIFS함수는 "=SUMPRODUCT((D9:D137>=10)*(E9:E137=0))" 수식으로 대체할 수 있습니다.

=COUNTIFS(범위❶, 조건❶, 범위❷, 조건❷, …)

위 함수는 SUMPRODUCT함수를 사용해 다음과 같이 대체할 수 있습니다.

=SUMPRODUCT((범위❶ = 조건❶)*(범위❷=조건❷), …)

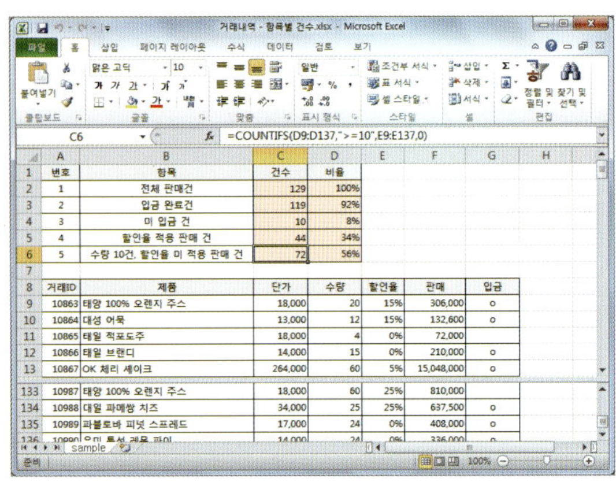

▲ COUNTIFS함수를 사용한 다중 조건의 개수 세기

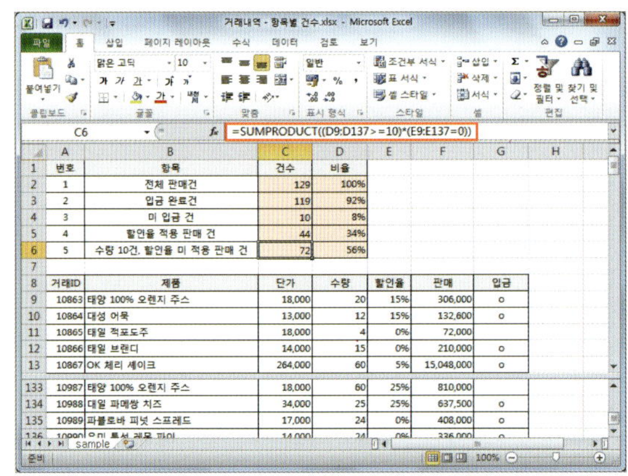

▲ SUMPRODUCT함수를 사용한 다중 조건의 개수 세기

SUMPRODUCT함수를 이용해 COUNTIFS함수와 같은 다중 조건의 개수를 세는 것이 가능합니다. C6셀과 같이 수량 10건 이상, 할인율이 미 적용된 판매 건 수를 세려면 COUNTIFS함수를 사용해 "=COUNTIFS(D9:D137, ")=10", E9:E137, 0)" 수식을 구성했습니다.

COUNTIFS함수는 엑셀 2007 버전부터 제공되므로 2003 등의 하위 버전에서는 사용하지 못하지만 SUMPRODUCT함수를 사용해 위 수식을 "=SUMPRODUCT((D9:D137)=10)*(E9:E137=0))"과 같이 대체하면 하위 버전에서도 동일한 결과를 얻을 수 있습니다.

SUMPRODUCT함수를 사용한 수식은 다음과 같은 계산 과정을 거치게 됩니다.

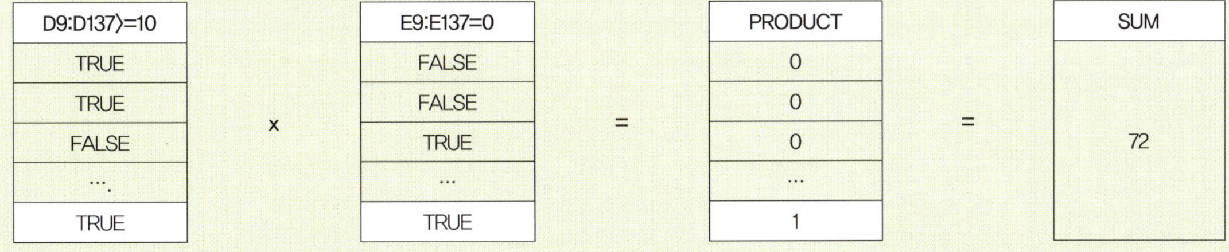

D9:D137)=10		E9:E137=0		PRODUCT		SUM
TRUE		FALSE		0		
TRUE		FALSE		0		
FALSE	x	TRUE	=	0	=	72
….		…		…		
TRUE		TRUE		1		

위에서 확인할 수 있듯이 첫 번째, 두 번째 조건이 모두 TRUE인 것이 '1'을 반환하므로 계산 결과의 합계를 구하면 두 조건을 모두 만족하는 건수를 셀 수 있습니다.

P214의 실무예제에서 사용한 SUMIFS함수는 "SUMPRODUCT (F7:F135, (C7:C135〈100000)*(D7:D135〉=10))" 수식으로 대체할 수 있습니다.

=SUMIFS(합계범위, 범위❶, 조건❶, 범위❷, 조건❷, …)

위 함수는 SUMPRODUCT함수를 사용해 다음과 같이 대체할 수 있습니다.

=SUMPRODUCT(합계범위,(범위❶ = 조건❶)*(범위❷=조건❷), …)

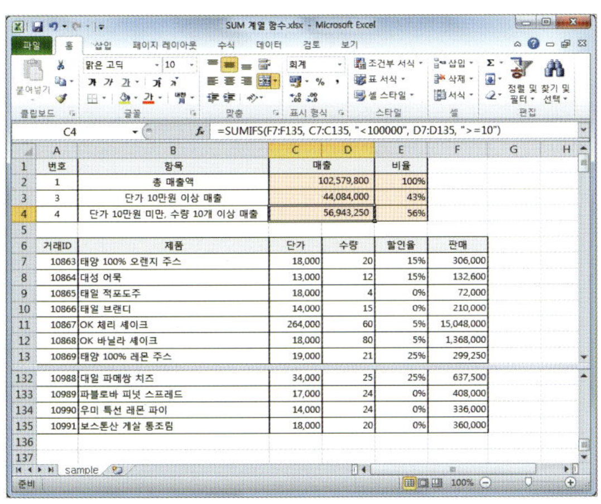

▲ SUMIFS함수를 사용한 다중 조건의 합계 구하기

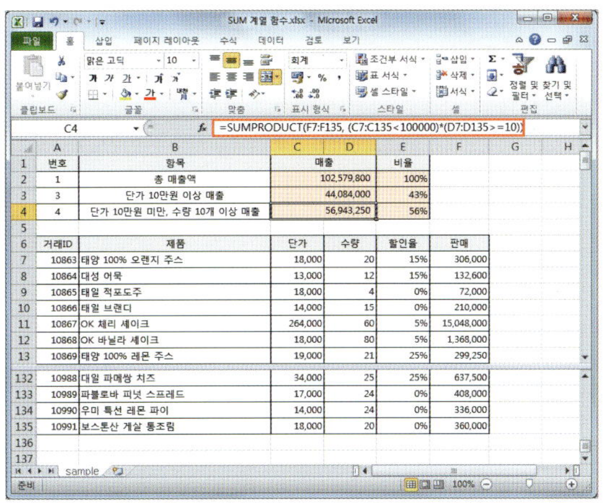

▲ SUMPRODUCT함수를 사용한 다중 조건의 합계 구하기

SUMPRODUCT함수를 이용해 COUNTIFS함수 때와 마찬가지로 SUMFIS 함수와 같은 다중 조건의 합계를 계산하는 것이 가능합니다. SUMIFS함수를 사용한 "=SUMIFS(F7:F135, C7:C135, "〈100000", D7:D135, ")=10")" 수식을 SUMPRODUCT함수를 사용해 대체하면 "=SUMPRODUCT(F7:F135, (C7:C135〈100000)*(D7:D135〉=10))"과 같이 구성할 수 있습니다.

SUMPRODUCT함수를 사용한 수식은 다음과 같은 계산 과정을 거칩니다.

C7:C135〈100000		D7:D135〉=10		결과		F7:F135		PRODUCT		SUM
TRUE		TRUE		1		306,000		306,000		
TRUE	x	TRUE	=	1	x	132,600	=	132,600	=	
TRUE		FALSE		0		72,000		0		56,943,250
...		...		...		...		...		
TRUE		TRUE		1		360,000		360,000		

위 계산 과정에서 볼 수 있듯이 두 개의 조건을 만족하는 결과를 F7:F135에 곱하게 되면 두 조건을 모두 만족하는 값의 합계만 구할 수 있습니다. 이렇게 SUMPRODUCT함수를 사용하면 배열을 사용해 다양한 계산 작업을 진행할 수 있어 편리합니다.

02 조건을 처리할 수 없는 함수를 IF함수와 결합해 조건 처리하기

배열 수식의 대표적인 예 중의 하나가 바로 조건을 처리할 수 없는 함수들이 조건을 처리하도록 구성하는 수식입니다. 조건을 처리하는 대표적인 함수로 COUNTIF, SUMIF, AVERAGEIF 등이 있다면 조건을 처리할 수 없는 함수로는 MAX, MIN 등이 있습니다. 이번에는 이와 같은 함수들을 IF함수와 중첩해 조건을 처리하도록 구성하는 배열 수식 작성 방법에 대해 알아봅니다.

배열 함수 이외에도 배열 변환을 통한 계산 작업을 지원해 주는 함수가 많습니다. 이와 같은 함수를 이용해 작성한 수식을 '배열 수식'이라고 합니다. 단, 배열 수식을 입력할 경우에는 Enter 키가 아니라 Ctrl + Shift + Enter 키로 입력해야 합니다. 이것은 배열 수식 내의 함수에게 범위를 배열로 변환한 후 계산하라는 것을 알려 주는 역할을 하므로 반드시 정확하게 입력해야 합니다.

배열 수식으로 정확하게 입력하면 다음과 같이 수식 입력줄의 수식 앞뒤에 { }로 묶이는 것을 알 수 있습니다.

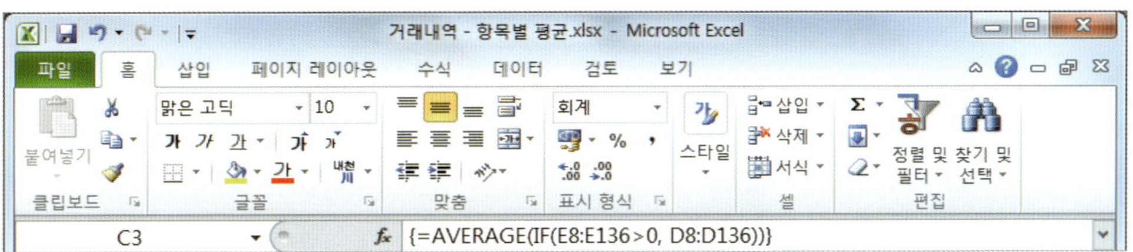

> **○ 배열 수식의 확인**
>
> 배열 수식은 수식 입력줄의 수식 앞뒤에 { }가 묶여 표시됩니다. 이 중괄호({ })는 사용자가 입력하는 것이 아니라, 수식을 Ctrl + Shift + Enter 키로 입력하면 자동으로 추가됩니다.

함수명 뒤에 IF가 붙는 경우는 대부분 사용자가 지정한 조건을 처리할 수 있는 함수입니다. 예를 들어 COUNTIF는 사용자가 지정한 조건을 만족하는 개수를 세는 함수이고, SUMIF는 사용자가 지정한 조건에 맞는 데이터의 합계를 구하는 함수입니다. 하지만 모든 함수에 IF가 붙는 것은 아니므로, 사용자 조건을 처리해야 하는 함수는 IF함수와 해당 함수를 결합한 배열 수식을 구성할 수 있어야 합니다.

IF((범위❶=조건❶)*(범위❷=조건❷)*…, ❸)	
범위 내에서 해당 조건에 만족하는 것과 같은 행에 위치한 ❸인수 셀을 대상으로 작업합니다.	
인수	• 범위 : 조건을 확인할 대상 범위입니다. • 조건 : 범위에서 확인하려는 조건을 의미하며, 비교 연산자와 값을 연결해 구성합니다. ❸ 대상 범위 : 작업 대상이 되는 범위입니다.
특이사항	• 반드시 배열 수식(Ctrl + Shift + Enter 키로 입력)으로 입력해야 합니다. • 범위❶, 범위❷, … 와 ❸인수의 셀 개수는 동일해야 합니다.

거래내역에서 항목별 평균을 배열 수식으로 구하기

📁 **준비 파일 :** AVERAGE, IF함수.xlsx

제공된 예제 파일을 열면 Before 화면과 같은 거래내역 표를 확인할 수 있습니다. C3, C5 각 셀의 평균을
AEVERAGE함수와 IF함수를 사용한 배열 수식으로 구해보도록 하겠습니다.

Before

After

01 AVERAGE, IF함수로 단일 조건 처리 할인되어 판매
된 수량의 평균을 구하는 작업을 진행합니다. D3셀에
는 AVERAGEIF함수로 구할 때 사용하는 수식이 표시됩니다.
AVERAGE, IF함수를 조합한 배열 수식을 작성하기 위해 ❶
C3셀을 선택하고 ❷ 수식 입력줄에 다음과 같은 수식을 입력한
후 ❸ Ctrl + Shift + Enter 키를 누릅니다.

C3	=AVERAGE(IF(E8:E136>0, D8:D136))

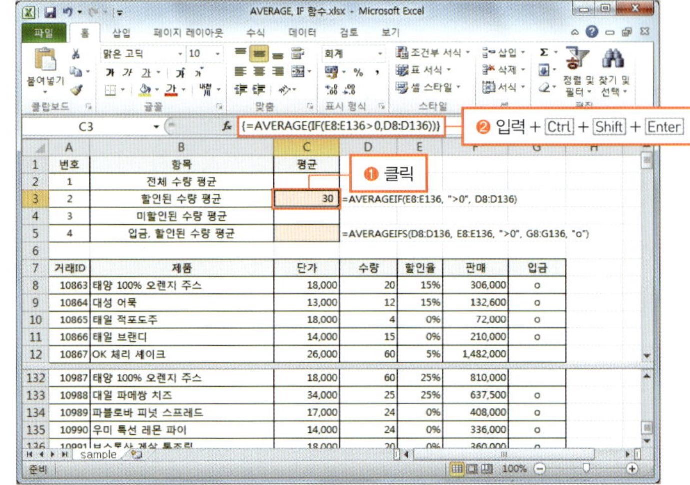

AVERAGEIF함수는 엑셀 2007 버전부터 제공된 함수로 2003 이하 버전에서는 사용할 수 없습니다. 하위 버전에서는 이번과 같이 AVERAGE함수와 IF함수를 조합한 배열 수식을 사용해야 하며, IF함수를 통해 E8:E136)0 조건을 만족하는 셀의 값만 걸러낸 다음, 해당 값만 가지고 평균을 계산합니다.

E8:E136)0		D8:D136		AVERAGE
TRUE	→	20		
TRUE	→	12		
FALSE			=	30
…		…		
FALSE				

이와 같은 방법은 MAX, MIN과 같이 조건을 처리하지 못하는 대부분의 함수에서 사용할 수 있으며, 반드시 배열 수식(Ctrl+Shift+Enter키로 입력)으로 입력해야 합니다.

02 **AVERAGE, IF함수로 다중 조건 처리** 할인해서 판매된 건 중에서 입금이 완료된 수량의 평균을 구합니다. D5셀에는 AVERAGEIFS함수를 사용한 수식을 확인할 수 있습니다. 이 수식을 AVERAGE, IF함수로 대체하기 위해 ❶ C5셀을 선택하고 ❷ 수식 입력줄에 다음과 같은 수식을 입력한 후 Ctrl+Shift+Enter키를 누릅니다.

C5	=AVERAGE(IF((E8:E136)0)*(G8:G136="o"), D8:D136))

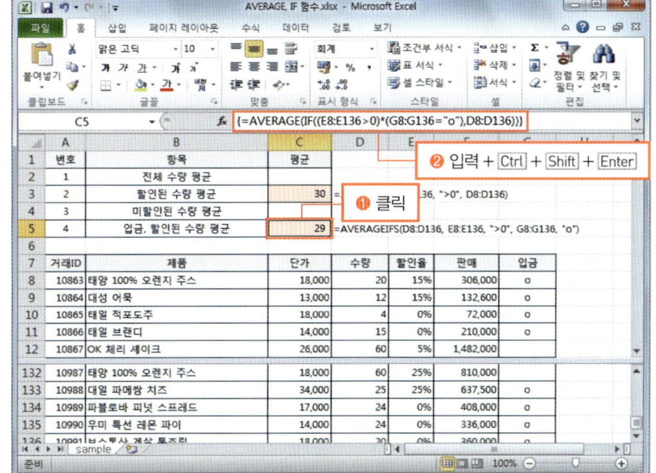

AVERAGEIFS함수는 AVERAGEIF함수와는 달리 여러 개의 조건을 처리할 수 있으며, 다중 조건의 경우도 AVERAGE함수와 IF함수를 조합한 배열 수식을 사용해 처리할 수 있습니다. 이번에 사용한 계산 수식은 다음과 같은 계산 과정을 거쳐, 두 조건의 결과가 '1(=TRUE)'인 경우의 셀만 평균을 구하는 대상 범위가 됩니다.

E8:E136)0		G8:G136="o"				D8:D136		AVERAGE
TRUE		TRUE		1	→	20		
TRUE		TRUE		1	→	12		
FALSE	x	TRUE	=	0		…	=	29
…		…		…		…		
FALSE		TRUE		0				

위 계산 과정에서 확인할 수 있듯이 두 조건이 모두 TRUE인 경우에만 곱하기(*)연산의 결과가 '1'이 되어 해당 값만 AVERAGE함수로 평균을 구해 다중 조건을 처리하는 배열 수식이 완성됩니다.

03 다중 조건을 처리하는 MATCH함수

다른 위치의 값을 참조할 때 여러 개의 조건이 필요한 경우에는 VLOOKUP함수를 사용해 값을 참조할 수 없습니다. 여러 개의 조건을 처리하도록 하려면 MATCH함수를 이용해 여러 개의 조건이 모두 만족되는 위치를 찾아 INDEX함수로 값을 참조해 와야 하는데, 이 수식은 배열 수식으로 작성해야 합니다.

참조 함수에서 배운 VLOOKUP함수나 MATCH함수는 각각 특정 범위에서 한 개의 값 위치를 찾을 수 있는데, 표 구성에 따라 여러 개의 값을 서로 다른 열(또는 행) 범위에서 찾아야 하는 경우가 있습니다.

예를 들어, 제품별 단가를 참조할 때 이전의 경우는 제품명이나 모델번호를 이용해 단가를 참조했다면, 그 조건에 색상 등의 조건이 추가되는 경우, 2개의 조건을 모두 만족하는 단가를 참조해야 합니다. 이 경우 INDEX, MATCH함수를 사용한 배열 수식을 구성하면 되며, 이때 MATCH함수의 구성이 이전의 구성 방법과 다르므로 주의해야 합니다.

MATCH(1, (범위❶=찾을 값❶)*(범위❷=찾을 값❷)*…, 0)	
찾을 값을 찾을 범위에서 지정한 조건 개수만큼 찾아 조건을 모두 만족하는 위치를 반환합니다.	
인수	• 범위 : 찾을 값이 포함된 단일 열 또는 단일 행 데이터 범위입니다. • 찾을 값 : 범위에서 찾을 값으로 조건에 해당합니다.
특이사항	❶번째, ❸번째 인수로 전달하는 1과 0은 바꿀 수 없으며, MATCH함수를 이런 식으로 사용하려면 반드시 배열 수식(Ctrl+Shift+Enter 키로 입력)으로 입력해야 합니다.

다음 화면과 같은 견적서에서 주문이 들어온 제품의 단가를 오른쪽 단가표에서 참조하는 경우에는 B:D열의 병합 셀에 입력된 '모델 번호'와 E열의 '색상'을 찾아 '단가'를 참조해 와야 합니다.

● 예제파일

INDEX, MATCH 다중조건.xlsx를 참조하세요.

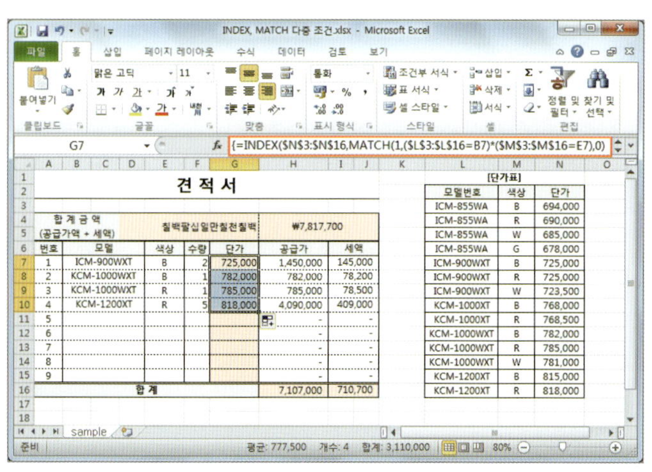

견적서 (A6:J16):

번호	모델	색상	수량	단가	공급가	세액
1	ICM-900WXT	B	2	725,000	1,450,000	145,000
2	KCM-1000WXT	B	1	782,000	782,000	78,200
3	KCM-1000WXT	R	1	785,000	785,000	78,500
4	KCM-1200XT	R	5	818,000	4,090,000	409,000
5					-	-
6					-	-
7					-	-
8					-	-
9					-	-
합 계					7,107,000	710,700

합계금액(공급가액 + 세액): 칠백팔십일만칠천칠백 / ₩7,817,700

[단가표] (L2:N16):

모델번호	색상	단가
ICM-855WA	B	694,000
ICM-855WA	R	690,000
ICM-855WA	W	685,000
ICM-855WA	G	678,000
ICM-900WXT	B	725,000
ICM-900WXT	R	725,000
ICM-900WXT	W	723,500
KCM-1000XT	B	768,000
KCM-1000XT	R	768,500
KCM-1000WXT	B	782,000
KCM-1000WXT	R	785,000
KCM-1000WXT	W	781,000
KCM-1200XT	B	815,000
KCM-1200XT	R	818,000

이와 같은 경우에는 앞의 화면에서와 같이 G7셀에 "=INDEX($N$3:$N$16, MATCH(1, ($L$3:$L$16=B7)*($M$3:$M$16=E7), 0))" 수식을 작성하고 Ctrl + Shift + Enter 키를 누른 후, G7셀의 채우기 핸들을 G10셀까지 드래그합니다.

위 수식이 복잡해 보이긴 하지만, INDEX함수 부분과 MATCH함수 부분을 나누어 살펴보면 좀 더 쉽게 이해됩니다.

• **단가 참조 :** =INDEX(N3:N16, 행 위치)
• **행 위치 :** =MATCH(1, (L3:L16=B7)*(M3:M16=E17), 0)

◐ MATCH함수의 사용

MATCH함수는 원래 하나의 범위에 있는 값의 위치를 찾을 수 있습니다. 여러 개의 열에서 동시에 모든 조건을 만족하는 위치를 찾을 때 다음과 같은 배열 수식을 사용하게 됩니다. 계산 과정을 살펴보면 그 전과 동일하게 모든 조건을 만족하는 '1'의 위치를 찾는다는 것을 이해할 수 있습니다.

L3:L16=B17		M3:M16=E7		연산결과		행 위치		MATCH
FALSE		TRUE		0		1		
FALSE		FALSE		0		2		
….	X	….	=	….		….	=	5
TRUE		TRUE		1	→	5		
….		….		….		….		
FALSE		FALSE		0		14		

이렇게 찾은 위치를 INDEX함수와 함께 사용하면 원하는 조건을 모두 만족하는 '단가' 값을 참조할 수 있습니다.

효과적인 작업을 위한 데이터 관리 기술

엑셀은 대표적인 스프레드시트 프로그램으로, 수치를 요약하고 분석하는데 가장 강력한 힘을 발휘합니다. 최근에는 요약, 분석 작업 이외에도 데이터를 관리할 목적으로 엑셀을 사용하는 사용자가 많이 늘고 있습니다.

엑셀에서 데이터를 관리하는 방법과 쌓여진 데이터를 통해 업무를 어떻게 자동화 할 수 있는지에 대해 설명하고자 합니다.

EXCEL 2010

PART
04

## CHAPTER 01

데이터 관리와 엑셀 표 사용하기

오피스 제품군에서 컴퓨터 사용자가 제일 처음 배우는 제품이 워드프로세서(MS워드)이다 보니, 사용자들은 엑셀을 워드프로세서와 같은 방법으로 사용하는 것이 보통입니다. 사실 업무가 간결하고 연속성이 없다면 큰 문제는 없지만 업무를 자동화할 필요가 있다면 반드시 정해진 형식에 맞춰 데이터를 관리해야 엑셀에서 제공되는 기능을 이용해 업무를 자동화할 수 있습니다. 업무를 자동화하기 위한 첫걸음인 엑셀 표의 다양한 활용법에 대해 알아보겠습니다.

표의 구분

엑셀에서 만드는 표는 일반적으로 표의 쓰임새와 구성에 따라 3가지로 구분됩니다. 표를 구분할 수 있다는 것은 표를 목적에 맞게 생성할 수 있다는 것을 의미하며, 이것은 업무를 효과적으로 진행하는데 가장 기본이 됩니다. 표의 구성을 통해 표를 구분하고 어떤 경우에 사용해야 하는지 알아봅니다.

워크시트는 사용자가 원하는 표를 자유롭게 만들 수 있도록 구성되어 있으므로 목적에 따라 크게 다음과 같은 3가지 형태로 표를 만들 수 있어야 합니다.

● 테이블(Table)

데이터베이스에서 데이터를 관리하기 위해 사용하는 테이블과 동일한 형식으로, 첫 번째 행은 각 열의 제목을 입력하고, 실제 데이터는 두 번째 행부터 입력되는 형식을 갖습니다.

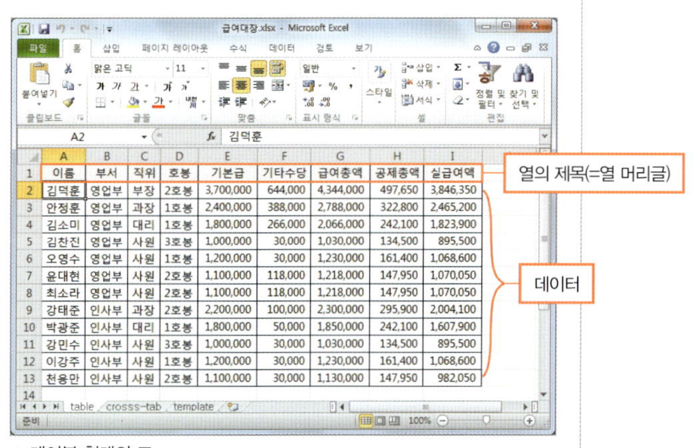

▲ 테이블 형태의 표

● 크로스 탭(Cross tab)

테이블 형태의 표에 있는 데이터를 요약하거나 분석할 목적으로 만드는 표로, 첫 번째 행과 첫 번째 열의 머리글이 교차하는 지점에 두 머리글의 요약 값이 있는 형태를 갖습니다.

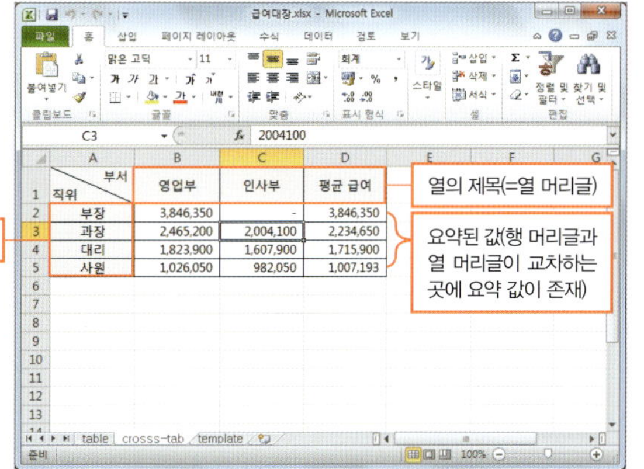

▲ 크로스 탭 형태의 표

● 서식(Temple)

테이블에 있는 데이터의 일부나 크로스 탭 표의 숫자 값을 보기 좋게 정리하는 표 형태로, 주로 인쇄 목적의 표로 사용합니다.

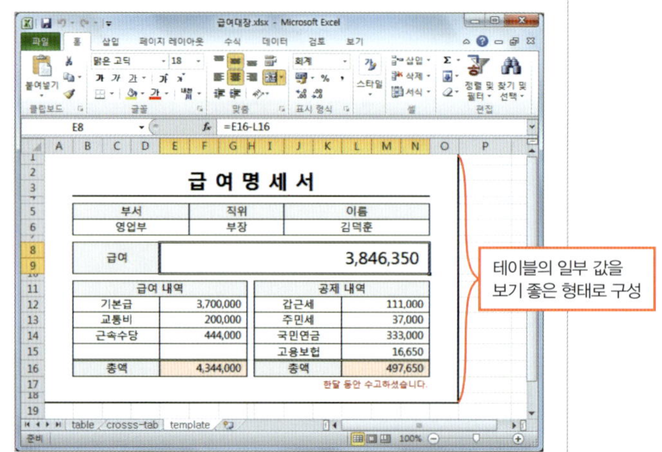

▲ 서식 형태의 표

이러한 표들은 각각 테이블 형태로 데이터를 보관하고, 크로스 탭 형태로 데이터를 요약하고, 서식 형태로 인쇄할 수 있도록 데이터가 옮겨 다닐 수 있게 구성해야 업무를 자동화할 수 있습니다.

엑셀은 데이터를 요약하고 분석하는 업무가 많으므로 다양한 크로스 탭 형태의 표를 쉽게 만들 수 있는 피벗 테이블과 같은 기능이 제공됩니다. 하지만 테이블 형태의 데이터가 존재하지 않으면 제공되는 기능을 사용할 수 없는 경우가 많으므로, 데이터는 반드시 테이블 형태의 표로 관리하는 것이 중요합니다.

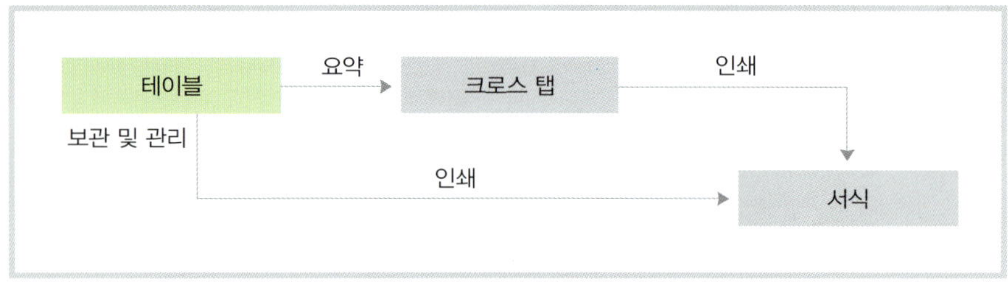

테이블 구성 방법

테이블은 엑셀의 작업에서 가장 근간이 되는 데이터를 보관하고 관리하기 위한 표로, 모든 작업의 기본이 됩니다. 그러므로 테이블을 어떻게 구성하는지에 따라 데이터를 요약하거나 서식에서 필요한 데이터를 가져와 사용하기가 용이해집니다. 이번에는 테이블을 구성하는데 지켜야 할 몇 가지 원칙에 대해 알아봅니다.

앞에서 설명했듯이 테이블은 표의 한 형태로 데이터를 관리하는 목적을 갖습니다. 테이블 형태의 표는 첫 번째 행에 열 머리글, 두 번째 행부터는 데이터가 존재하는 형태로 구성합니다. 형태만 놓고 보면 매우 단순하지만 데이터를 효과적으로 관리하고 업무를 자동화하기 위해서는 몇 가지 지켜야 할 원칙이 있습니다.

원칙 1 셀에 입력할 값은 최대한 세분화해서 기록합니다.

예를 들어, 사람 이름과 직위 또는 숫자와 단위를 하나의 셀에 함께 기록하지 않습니다.

원칙 2 각 열에 입력하는 데이터 값은 동일한 데이터 형식을 사용합니다.

예를 들어, 금액이 입력되어야 하는 열에 "미입금"과 같은 텍스트 값을 함께 기록하지 않으며, 입금 여부를 기록하는 경우에 빈 셀을 포함시키지 않습니다.

원칙 3 표의 각 열은 서로 다른 성격의 값을 가져야 하며, 동일한 성격의 값이라면 하나의 열을 사용하도록 합니다.

예를 들어, 성별과 같은 열을 2개의 열로 나누어 입력하지 않고 하나의 열에 남, 여를 구분해 입력합니다.

원칙 4 데이터의 각 행은 독립된 데이터로, 가능하면 행을 대표할 수 있는 값을 표의 왼쪽 첫 번째 열에 위치시켜야 합니다.

예를 들어, 직원 명부와 같은 테이블의 경우에는 사번과 같은 열을 표 왼쪽에 위치시킵니다.

원칙 5 데이터 입력 시간을 반드시 기록합니다.

예를 들어, 입출고 내역을 기록하는 테이블의 경우에는 마지막 열에 입출고 시간을 반드시 기록합니다.

입출고 내역 표에서 잘못된 구성을 고쳐 정확한 테이블 형태로 바꾸기

📁 **준비 파일** : 잘못된 테이블 구성.xlsx

제공된 예제 파일을 열고 **제품** 시트를 보면 Before 화면과 같은 제품 데이터를 가지고 있는 테이블 형태의 표를 확인할 수 있습니다. 이 표의 구성상의 문제를 모두 확인한 다음 올바른 테이블 형태의 표로 변경해 보도록 하겠습니다.

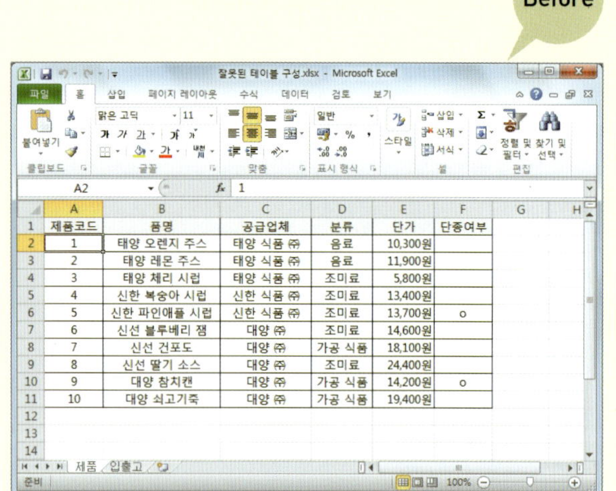

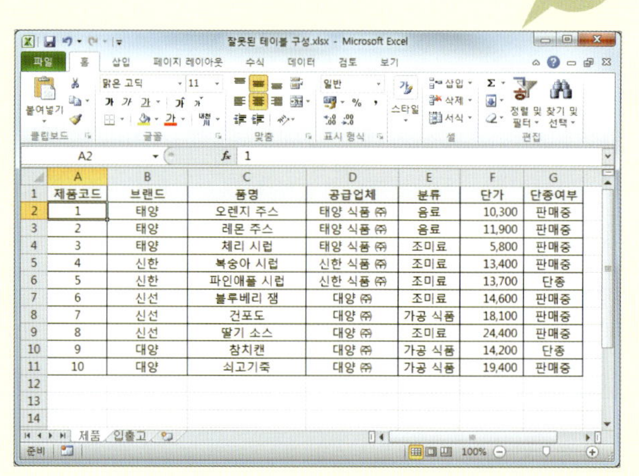

01 **브랜드명을 포함하고 있는 품명 분리하기(1)** 먼저 B열의 품명은 브랜드명과 제품명이 혼합된 것으로, 품명의 앞 두 자리가 브랜드명이고 나머지 값이 제품명입니다. 열을 분리하는 작업은 텍스트 나누기 명령을 이용하면 편리합니다. 텍스트 나누기 명령을 이용할 경우에는 분리될 값이 들어갈 열을 미리 추가하고 작업해야 하므로, ❶ 워크시트에서 C열의 열 머리글을 클릭해 열 전체를 선택한 다음 ❷ 리본의 **[홈]** 탭 → **셀** 그룹 → **삽입** 명령 아이콘을 클릭합니다.

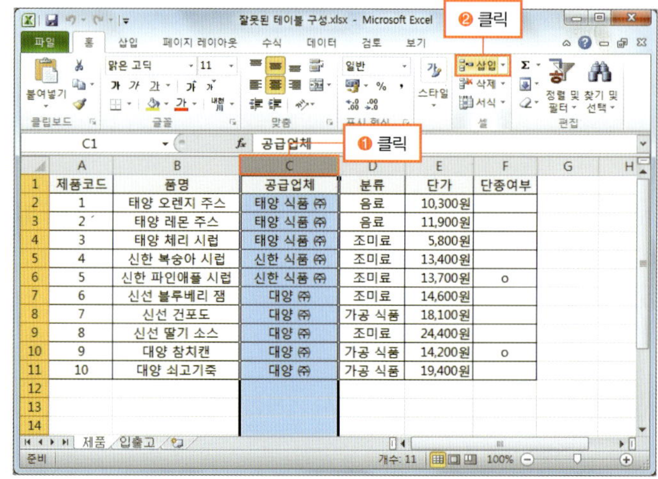

02 **브랜드명을 포함하고 있는 품명 분리하기(2)** 새로운 열
이 삽입되면 분리할 데이터가 있는 ❶ B2:B11 범위
를 마우스로 드래그해 선택하고 ❷ 리본의 [데이터] 탭 → 데이
터 도구 그룹 → ❸ 텍스트 나누기 명령 아이콘을 클릭합니다.

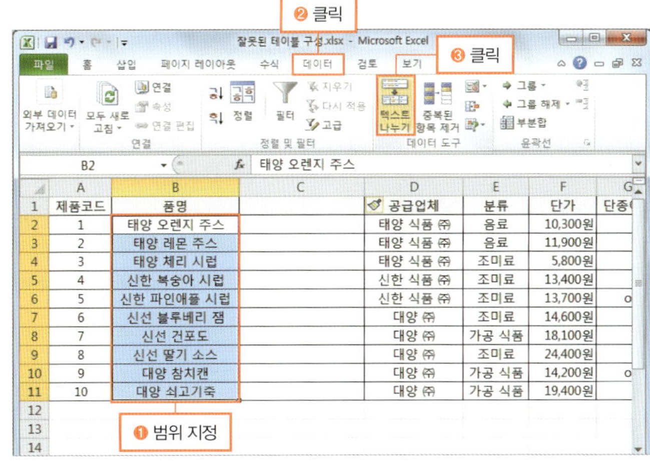

03 **브랜드명을 포함하고 있는 품명 분리하기(3)** '텍스트
마법사' 대화상자가 열리면 열을 분리하는 작업을 진
행합니다. B열의 품명에서 앞 두 자리가 브랜드명, 나머지 값
이 제품명이므로 지정된 자리에 맞게 값을 잘라내면 됩니다.
❶ '너비가 일정함'을 선택하고 ❷ 〈다음〉 단추를 클릭합니다.

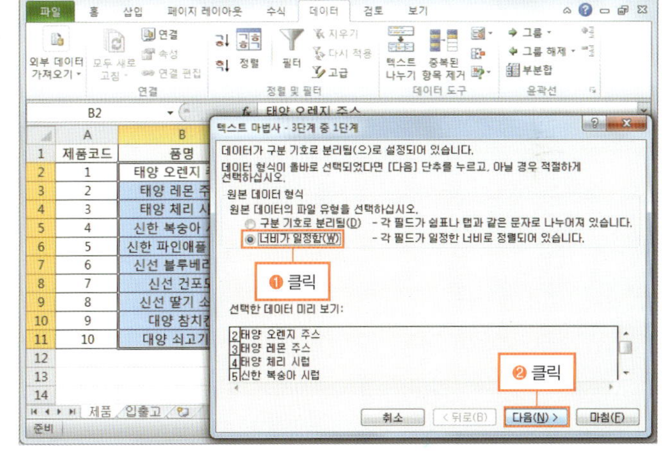

B열의 품명은 Space Bar 키를 눌러 입력되는 공백 문자로 각 단어가 분리되어 있습니다. 만
약 브랜드명과 제품명이 ','(콤마)와 같은 구분 기호로 정확하게 구분되어 있다면 '구분 기
호로 분리됨' 옵션을 선택해 브랜드명과 제품명을 나눌 수 있습니다.
'구분 기호로 분리됨' 옵션을 선택하면 오른쪽과 같은 '텍스트 마법사' 대화상자가 표시됩
니다. 사용자는 셀의 값을 구분할 '구분 기호'를 선택해 열을 구분할 수 있으며 '탭, 세미
콜론, 쉼표, 공백' 등의 구호 기호를 선택하거나 '기타' 항목을 선택해 직접 구분 기호를 입
력할 수도 있습니다.

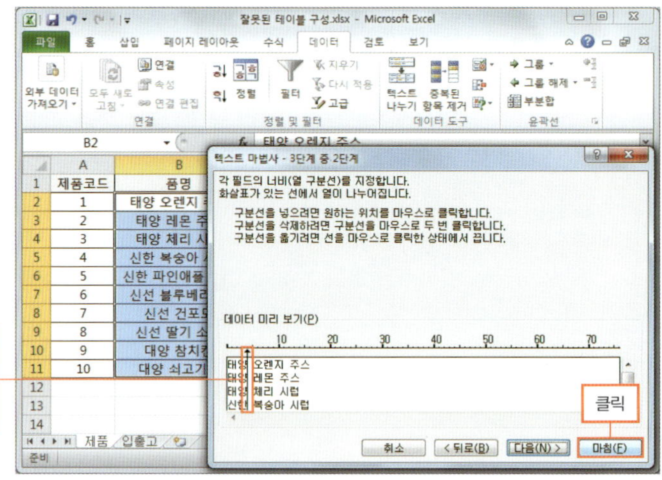

04 브랜드명을 포함하고 있는 품명 분리하기(4) 03과정에서 '너비가 일정함'을 선택했으므로 잘라낼 위치를 마우스로 선택해 줍니다. '데이터 미리 보기' 항목에 검정색 화살표(=열 구분선)가 열을 나눌 위치가 됩니다. 열을 나눌 앞 두 자리 문자 다음에 열 구분선이 제대로 표시되어 있으므로 〈마침〉 단추를 눌러 '텍스트 마법사' 대화상자를 닫습니다.

열 구분선의 위치가 틀리면 마우스로 구분선을 드래그해서 옮길 수 있으며, 구분선을 더블클릭하면 삭제됩니다. 새로 열 구분선을 추가하려면 원하는 위치를 마우스로 클릭합니다.

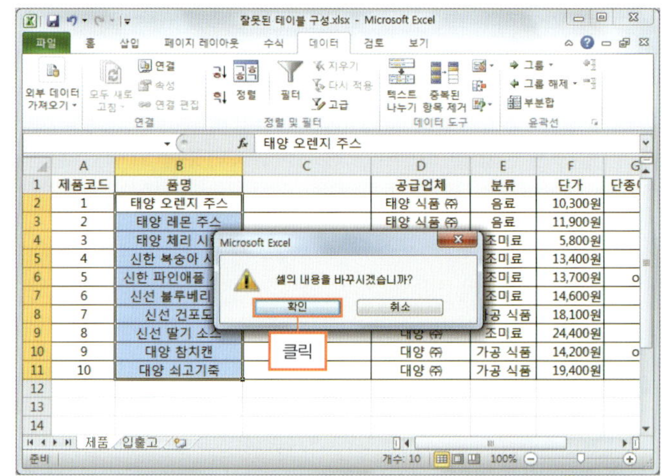

05 브랜드명을 포함하고 있는 품명 분리하기(5) B열에서 잘려진 값을 오른쪽 C열의 내용으로 바꿀지를 묻는 메시지 창이 나타나면 〈확인〉 단추를 클릭하여 열을 구분합니다.

브랜드명과 품명을 하나의 셀에 함께 입력하면 추후 데이터를 브랜드별로 요약하거나 품명별로 요약할 필요가 있을 때 열을 분리하는 작업을 진행해야 합니다. 이런 작업은 번거로울 수 있으므로, 데이터를 기록할 때 미리 열을 분리해 입력하는 것이 가장 좋습니다.

06 **브랜드명을 포함하고 있는 품명 분리하기(6)** 이제 테이블의 ❶ 각 셀의 열 머리글을 아래와 같이 새로 변경해 주고 ❷ B열과 C열의 열 구분선을 마우스로 드래그하여 너비를 적절하게 조정하면 오른쪽 화면과 같은 결과를 얻게 됩니다.

B1	C1
브랜드	품명

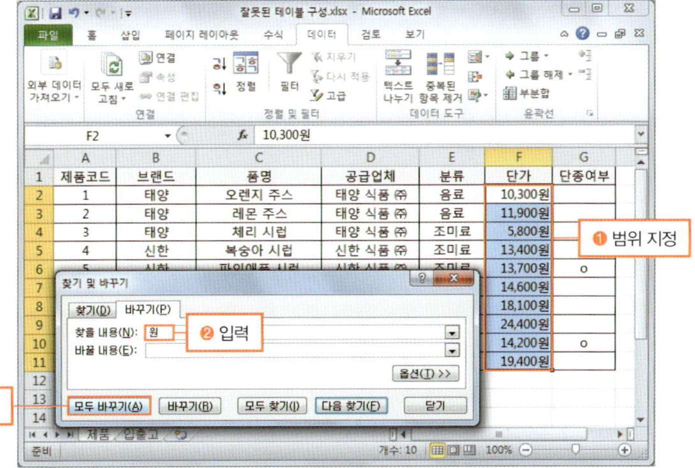

07 **올바른 숫자 데이터 형식으로 변환(1)** 이번에는 F열을 보세요. '단가' 열의 값이 금액 단위 '원'과 함께 입력되어 있는 것을 볼 수 있습니다. 이렇게 하면 숫자를 계산 작업에 이용하지 못하므로 숫자 뒤의 단위를 없애 주는 것이 좋습니다. ❶ F2:F11 범위를 선택하고 ❷ Ctrl+H 키([홈] 탭 → 편집 그룹 → **찾기 및 선택** 명령 아이콘 → **바꾸기**)를 누른 다음 '찾을 내용'에 "원"을 입력하고 ❸ 〈모두 바꾸기〉 단추를 클릭합니다.

08 **올바른 숫자 데이터 형식으로 변환(2)** 그러면 총 10개의 값을 수정했다는 메시지 창이 나타나며, F2:F11 범위에서 "원" 값이 제거되는 것을 확인할 수 있습니다. ❶ 〈확인〉 단추를 클릭해 메시지 창을 닫고 ❷ 〈닫기〉 단추를 클릭해 '찾기 및 바꾸기' 대화상자를 닫습니다.

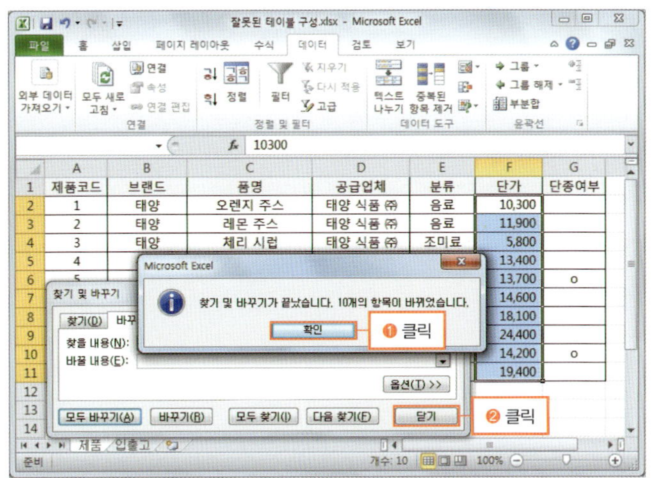

09

빈 셀 제거하고 열 항목 수정(1) 마지막으로 G열의 '단종여부' 열을 보면 "o" 표시된 제품이 단종된 제품, 빈 셀이 판매중인 데이터임을 알 수 있습니다. 이렇게 값을 입력하면 확인은 가능하지만 피벗 테이블을 요약할 때 빈 셀이 어떤 것을 의미하는지 다시 정리해 주어야 하므로 값을 정확하게 입력해 주는 것이 좋습니다. ❶ G2:G11 범위를 선택하고 ❷ Ctrl+H키([홈] 탭 → **편집** 그룹 → **찾기 및 선택** 명령 아이콘 → **바꾸기**)를 누른 다음, '찾을 내용'에는 "o", '바꿀 내용'에는 "단종"을 입력하고 ❸ 〈모두 바꾸기〉 단추를 클릭합니다.

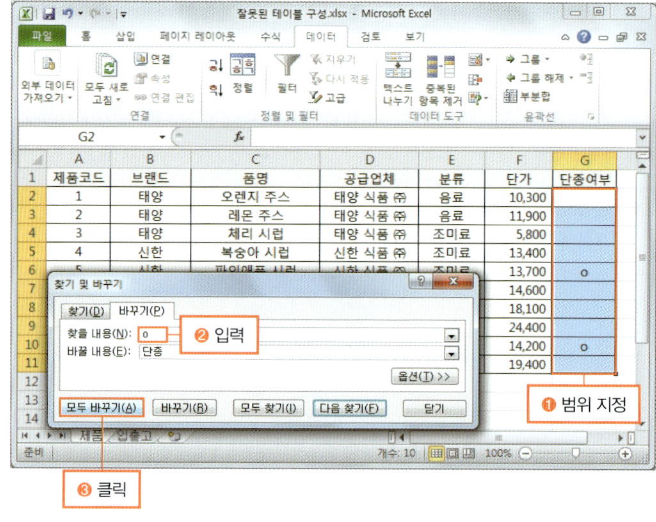

10

빈 셀 제거하고 열 항목 수정(2) 이제 비어 있는 셀에 모두 '판매중'이라는 값을 입력하기 위해 다시 ❶ '찾기 및 바꾸기' 대화상자에서 '찾을 내용'의 데이터를 모두 지우고, ❷ '바꿀 내용'을 "판매중"으로 변경한 다음 ❸ 〈모두 바꾸기〉 단추를 클릭합니다.

빈 셀의 값을 변경하려면 '찾을 내용'을 비워놓고 '바꿀 내용'에 원하는 값을 입력합니다.

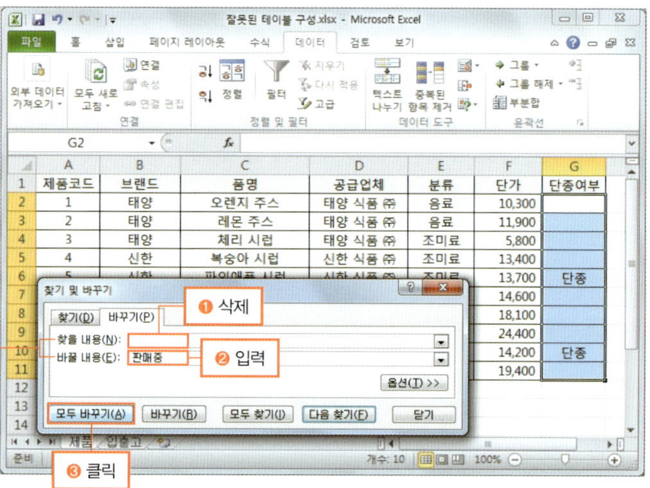

11

빈 셀 제거하고 열 항목 수정(3) ❶ 작업 완료 메시지 창이 나타나면 〈확인〉 단추를 클릭하고 ❷ '찾기 및 바꾸기' 대화상자에서 〈닫기〉 단추를 클릭합니다. 이렇게 하면 G열의 '단종여부' 열의 값이 정리됩니다.

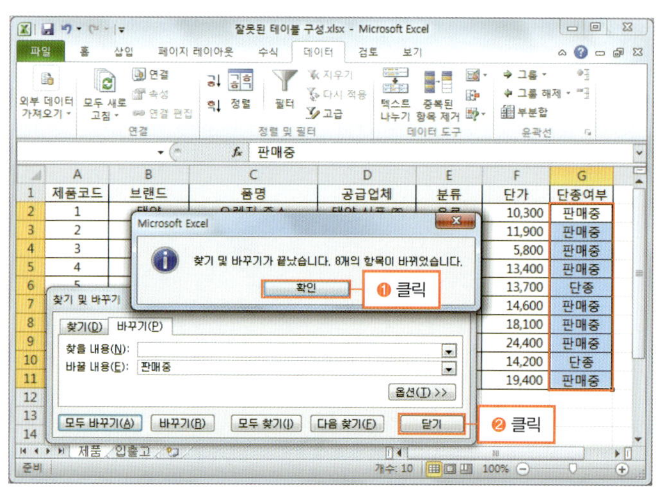

12 **피벗을 이용한 요약(1)** 09~11 과정에서 진행한 것과 같이 작업하는 것은 언뜻 불필요한 일이란 생각이 들 수도 있습니다. 하지만, G열의 '단종여부'로 데이터를 요약하려면 앞의 과정은 반드시 필요한 과정입니다. 간단한 요약 작업을 통해 확인해 보겠습니다. ❶ 테이블 내부의 셀 하나를 선택(여기에서는 G2셀)하고 ❷ 리본의 **[삽입]** 탭 → **표** 그룹 → ❸ **피벗 테이블** 명령 아이콘을 클릭합니다.

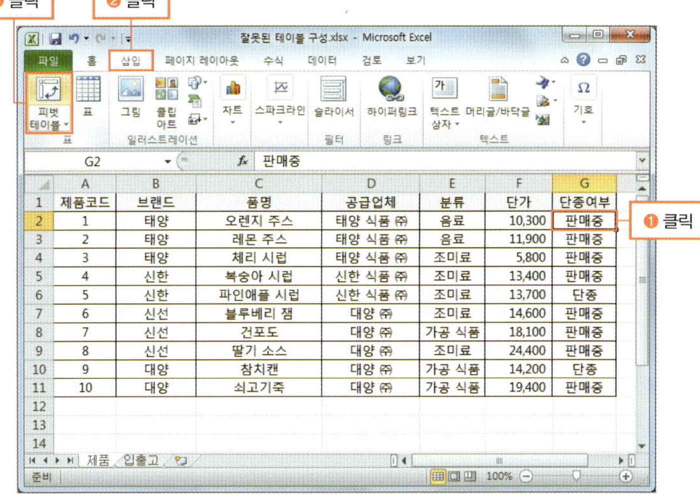

13 **피벗을 이용한 요약(2)** '피벗 테이블 만들기' 대화상자가 열리면 기본 값을 유지한 채 〈확인〉 단추를 클릭합니다.

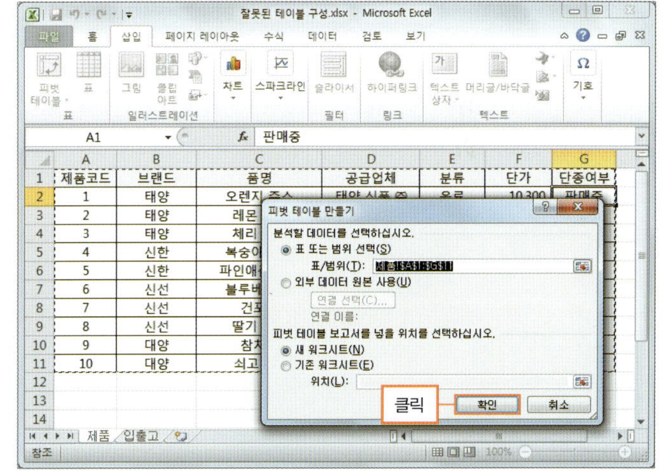

> **참고하세요**
>
> 피벗 테이블을 사용하는 방법은 이 책의 《Part 05. 3장. 피벗 테이블》에서 자세하게 설명할 예정이니 참고하세요. 이번에는 G열의 데이터를 변경시킨 것이 이후 업무에 어떻게 반영되는지 보여드리기 위한 것입니다.

14 **피벗을 이용한 요약(3)** 새로운 워크시트가 생성되면 워크시트 오른쪽에 '피벗 테이블 필드 목록' 작업창이 나타납니다. ❶ '단종여부'의 왼쪽에 있는 확인란을 마우스로 체크하고, ❷ '품명'을 마우스로 드래그해 하단의 '값' 영역으로 옮겨 놓습니다.

완성된 피벗 테이블 보고서는 현재 단종된 제품이 2건, 판매 중인 제품이 8건임을 보여줍니다. 이렇게 테이블의 각 항목은 크로스 탭 형태의 보고서에 '머리글' 역할을 하므로 값을 비워 놓는 것보다 값을 입력하는 것이 더 효과적입니다.

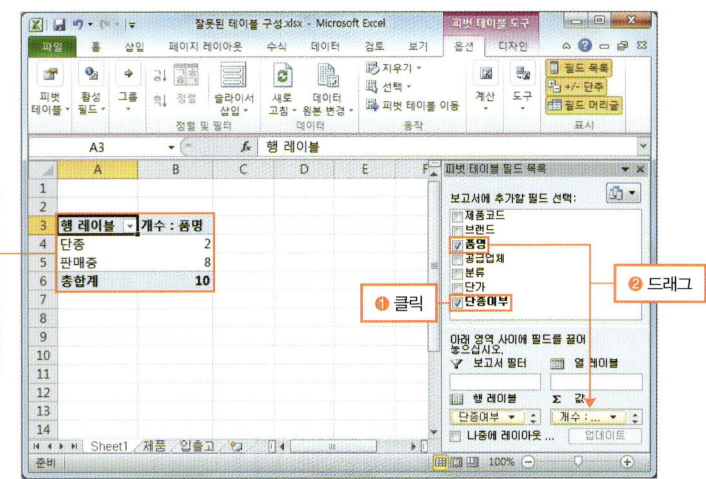

15 **입출고 표 확인** 이번에는 **입출고** 시트를 클릭하여 확인합니다. 이 표는 각 제품의 입출고 현황을 기록하는 표인데, 현재 구성은 테이블보다는 크로스 탭에 더 가깝습니다. 이 표를 테이블 형태로 변환하기 위한 작업을 진행합니다.

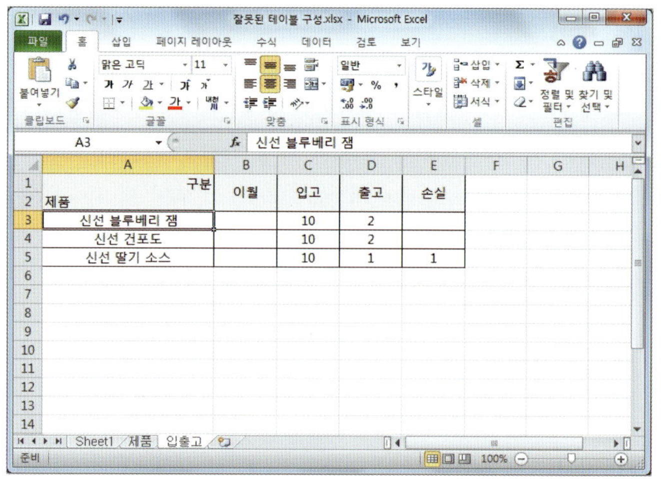

16 **병합된 열 제거** 먼저 1:2행에 입력된 열 머리글의 병합을 해제하기 위해 2행을 선택해 삭제하겠습니다.(테이블은 첫 번째 행만 열 머리글로 사용하므로 열 머리글을 입력하기 위해 셀을 병합하면 안 됩니다). ❶ 워크시트의 2행 머리글을 클릭한 다음 ❷ 리본의 [홈] 탭 → **셀** 그룹 → **삭제** 명령 아이콘을 클릭해 삭제합니다.

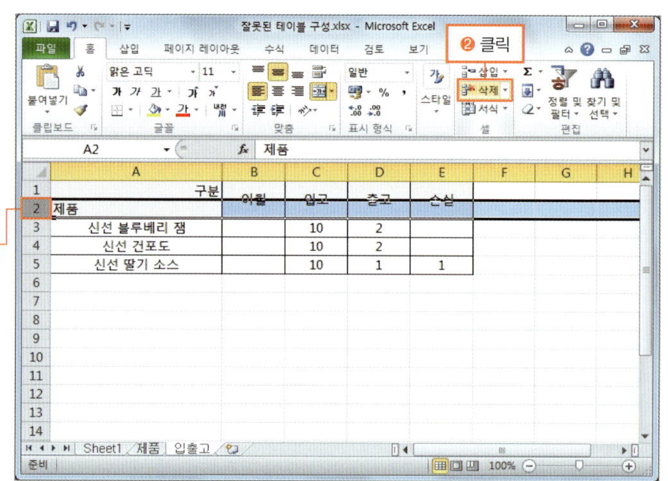

17 **품명 열을 제품코드로 변경** A1셀의 값도 A열의 제목을 의미하는 값으로 변경해야 하는데, A열의 값은 '제품'보다는 '제품코드'를 사용하도록 변경해야 합니다. ❶ 그러므로 A1셀의 값을 다음과 같이 변경하고, ❷ 셀 가운데에 값이 표시되도록 리본의 [홈] 탭 → **맞춤** 그룹 → **가운데 맞춤** 명령 아이콘을 클릭합니다.

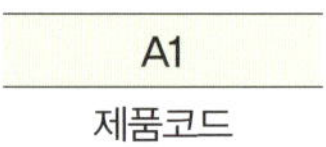

A1
제품코드

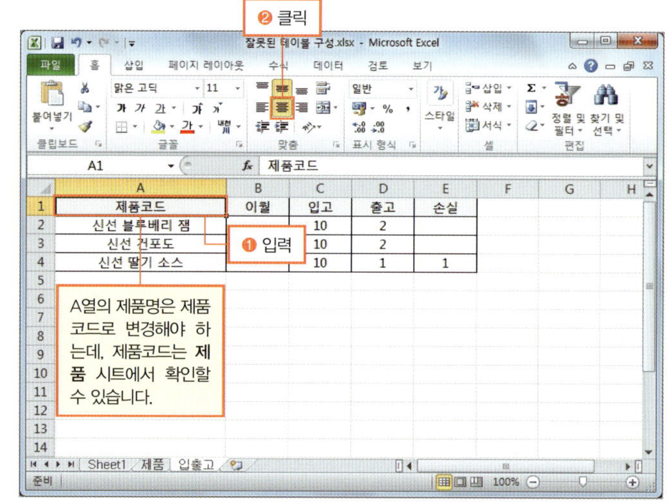

18 **새 열 머리글 추가(1)** 그리고 B:E열의 '이월', '입고', '출고', '손실' 열은 들어오고 나간 제품이 어떤 것인지를 설명하는 용어이므로 열을 구분하는 것보다 하나로 합치는 것이 좋습니다. 그런 다음 수량과 입출고 날짜를 입력하는 것이 좋으므로 빈 열을 추가하고 열을 새로 구성합니다. ❶ 워크시트에서 B열의 열 머리글을 클릭한 다음 ❷ 리본의 [홈] 탭 → **셀** 그룹 → **삽입** 명령 아이콘을 세 번 클릭해 세 개의 빈 열을 새로 추가합니다.

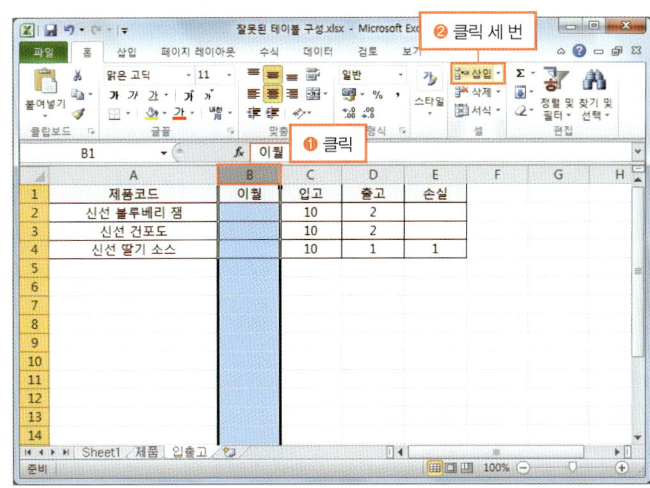

19 **새 열 머리글 추가(2)** 추가된 각 열의 열 머리글을 입력하기 위해 다음 각 셀의 값을 다음과 같이 입력한 다음, 열 너비를 적절하게 조정합니다.

B1	C1	D1
구분	수량	입출고시간

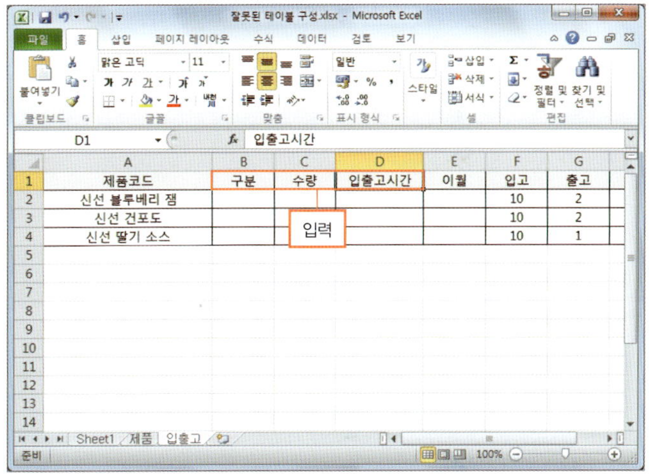

20 **데이터 입력하기** E:H 열에 입력된 값을 테이블 형식으로 구성하기 위해 ❶ 오른쪽 그림을 참고해 A2:C8 범위에 값을 입력하고, ❷ 테두리를 설정하기 위해 A2:D8 범위를 선택한 후, ❸ 리본의 [홈] 탭 → **글꼴** 그룹 → **테두리** 명령 아이콘의 아래 화살표를 클릭한 다음 **모든 테두리**를 설정합니다.

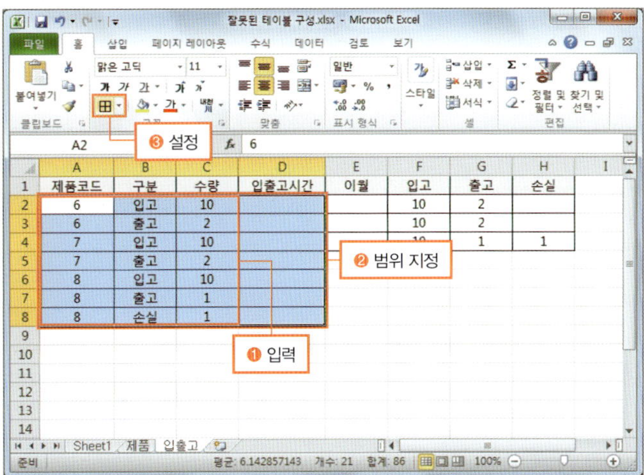

◎ **참고하세요**

제품 코드를 사용하면 얼마든지 **제품** 시트의 '품명'이나 '브랜드명'을 참조해 올 수 있으며, 품명이나 브랜드명을 참조하기 위해서는 VLOOKUP함수를 이용해야 합니다.
VLOOKUP함수에 대해서는 이 책의 《Part 03. 2장. 01 VLOOKUP함수로 값 참조하기》 부분을 참고합니다.

21 **불필요한 열 삭제** 이제 오른쪽의 E:H열은 필요 없으므로 ❶ 워크시트에서 E:H 열의 열 주소를 마우스로 드래그해 선택한 다음, ❷ 리본의 **[홈]** 탭 → **셀** 그룹 → **삭제** 명령 아이콘을 클릭해 삭제합니다.

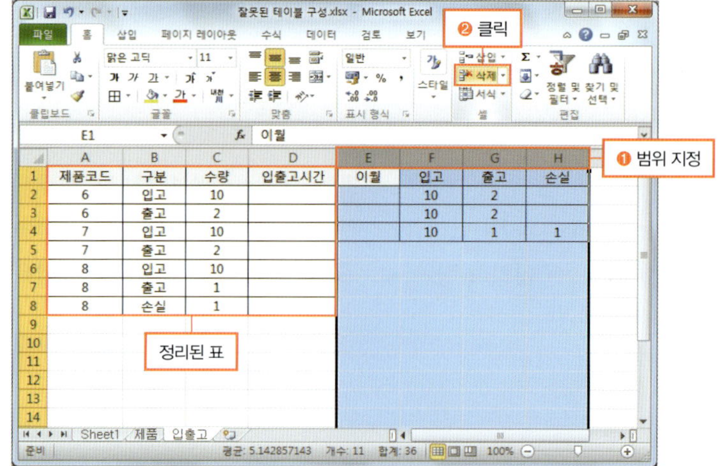

○ **참고하세요**

정리된 표를 요약하는 방법은 《Part 05. 3장. 피벗 테이블》에서 다시 설명합니다.

03 테이블을 엑셀 표로 변환하기

테이블 형태의 표는 데이터를 기록하는 형태로는 좋지만, 데이터를 관리하기에는 쉽지 않은 형태입니다. 그렇기 때문에 테이블 형태의 표를 만들면 이 표를 '엑셀 표'로 변환해 데이터를 관리하는 것이 좋습니다. '엑셀 표'는 데이터 관리에 필요한 여러 명령을 손쉽게 사용할 수 있으며, 여러 편의를 제공해 주므로 엑셀로 데이터를 관리하는 사용자의 경우에는 엑셀 표를 활용하기 바랍니다.

'엑셀 표'는 범위가 자동으로 확장되는 특징을 가지고 있으므로 피벗 테이블, 차트 등과 연동해 작업할 경우 자동으로 추가된 데이터 범위를 인식하므로 편리합니다. 테이블 형태의 표를 '엑셀 표'로 변환하려면 리본의 **[삽입]** 탭 → **표** 그룹 → **표** 명령 아이콘을 클릭합니다.

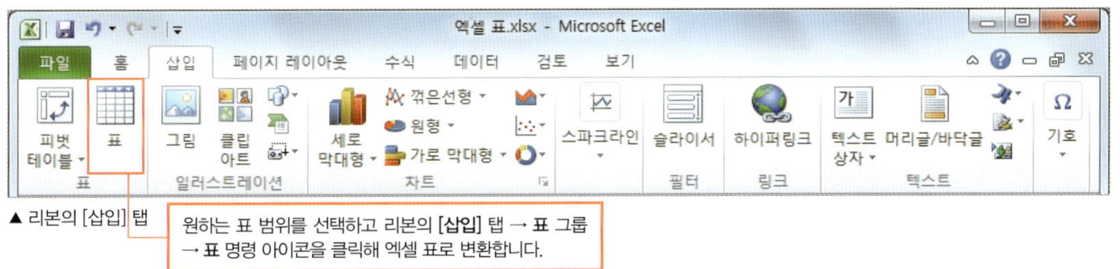

▲ 리본의 [삽입] 탭

원하는 표 범위를 선택하고 리본의 **[삽입]** 탭 → **표** 그룹 → **표** 명령 아이콘을 클릭해 엑셀 표로 변환합니다.

테이블을 '엑셀 표'로 변환하면 다음과 같은 특징적인 변화를 확인할 수 있습니다.

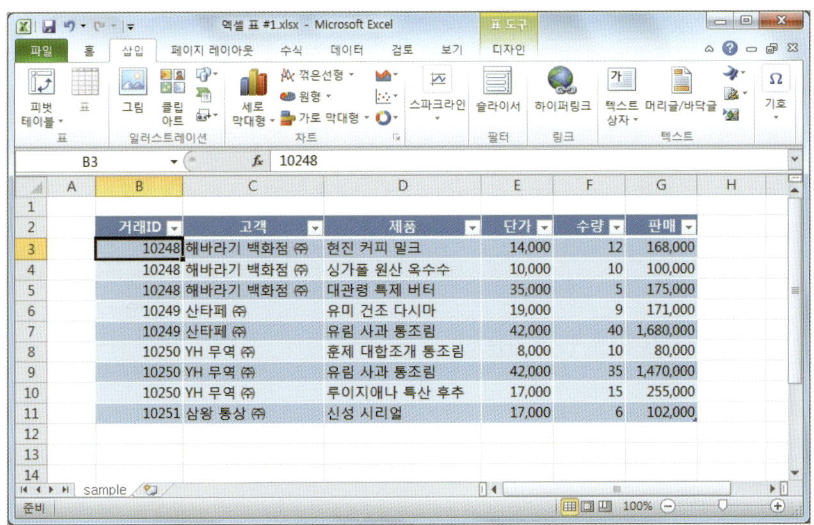

▲ '엑셀 표'로 변환된 테이블

○ **엑셀 표**

'엑셀 표'는 엑셀 2003 버전부터 제공된 '목록' 기능이 업그레이드 된 것으로, 엑셀 2007 버전부터 기능의 명칭이 '엑셀 표(또는 줄여서 '표'라고도 합니다.)'로 변경된 것입니다.

표 스타일이 적용됩니다.

표 스타일 갤러리를 이용해 원하는 표 스타일로 변경할 수 있으며, 원하는 스타일을 직접 만들어 적용할 수도 있습니다.

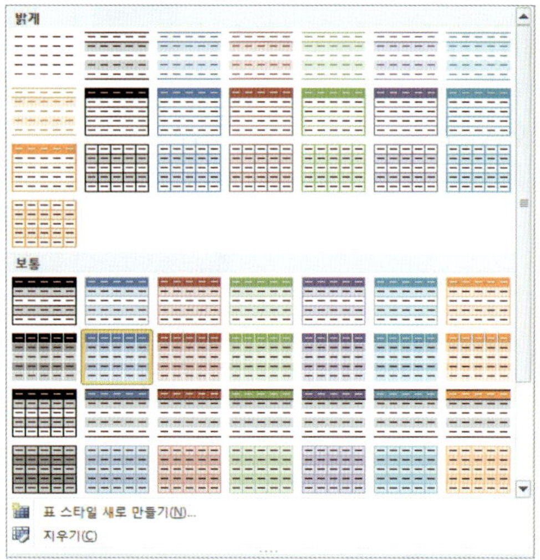

▲ 표 스타일 갤러리

자동 필터가 적용됩니다.

데이터 관리에 유용한 자동 필터가 표에 자동으로 적용됩니다.

리본에서 [표 도구]-[디자인] 탭의 명령을 사용할 수 있습니다.

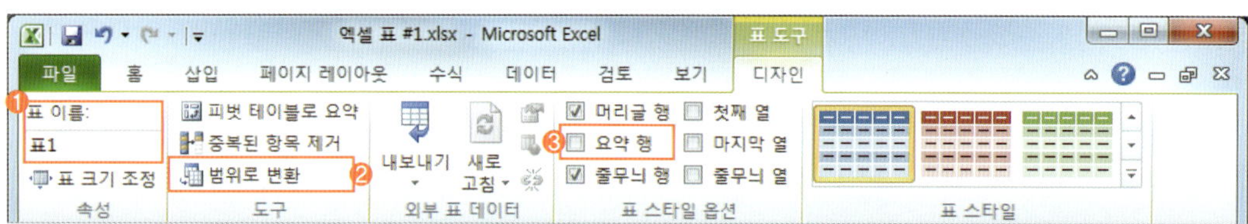

❶ 표 이름 : '엑셀 표'의 이름을 지정할 수 있으며, 여기서 지정된 표 이름으로 표 데이터 범위를 빠르게 참조할 수 있습니다.

❷ 범위로 변환 : '엑셀 표'를 다시 워크시트의 표로 변환합니다.

❸ 요약 행 : 테이블의 각 열의 값을 요약하는 요약 행을 '엑셀 표' 마지막 행에 추가합니다.

테이블을 엑셀 표로 변환하기

📁 **준비 파일 :** 엑셀 표.xlsx

제공된 예제 파일을 열면 Before 화면과 같은 표와 차트를 확인할 수 있습니다. Before 화면의 차트는 왼쪽 (A4:B14)의 표를 가지고 만든 것으로, 해당 표를 엑셀 표로 변환한 다음, 데이터를 추가할 때 오른쪽 차트가 어떻게 변경되는지 확인해 보도록 하겠습니다.

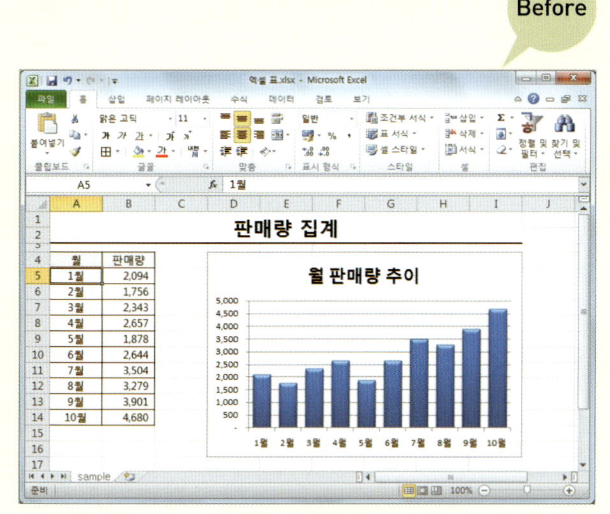

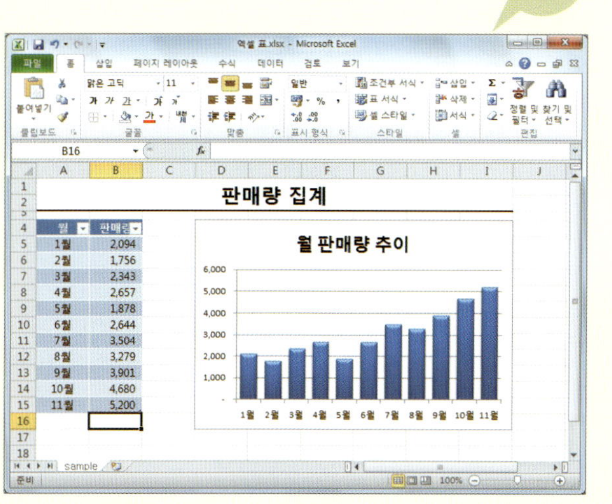

01 엑셀 표로 변환하기(1)

표를 엑셀 표로 변환하려면 표 전체 범위를 선택하거나 표 내부의 셀 하나를 선택하고 작업합니다. ❶ 변환할 표 내부의 셀을 하나 선택(여기서는 A5셀)하고 ❷ 리본의 **[삽입]** 탭 → **표** 그룹 → ❸ **표** 명령 아이콘을 클릭합니다.

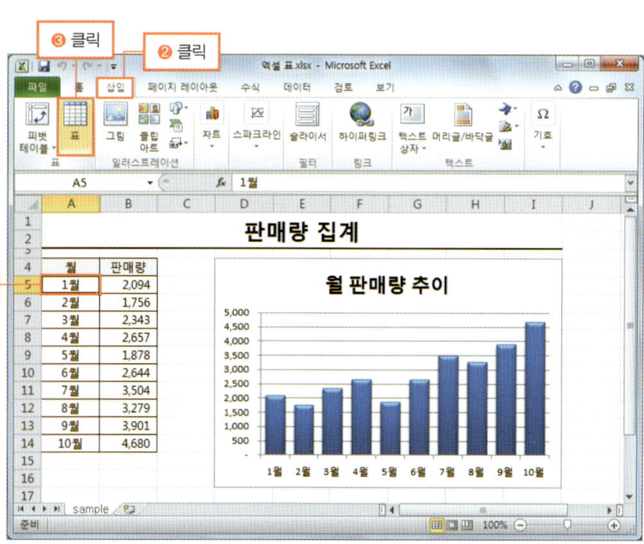

02 엑셀 표로 변환하기(2) '표 만들기' 대화상자가 열리면 ❶ 엑셀 표로 변환할 데이터 범위(=A4:B14)를 확인하고 ❷ '머리글 포함' 옵션이 체크되어 있는지 확인한 다음 ❸ 〈확인〉 단추를 클릭합니다.

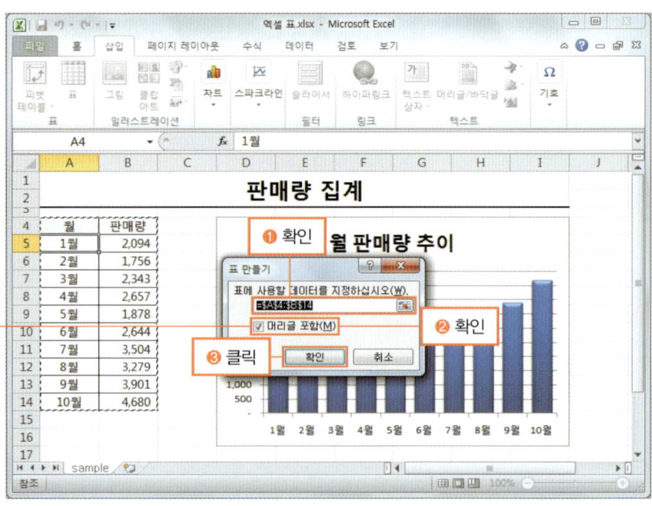

선택 범위의 첫 번째 행의 값을 열 머리글로 사용한다는 의미로 체크하지 않으면 열 머리글이 '열1', '열2', … 와 같이 삽입됩니다.

03 이전 표 서식 삭제하기(1) 엑셀 표로 변환되면 기본 표 스타일이 자동으로 적용되는데, 이전 표의 배경이나 선 스타일이 있으면 보기에 좋지 않은 경우가 많으므로 이전 표 서식은 삭제해 주는 것이 좋습니다. ❶ A4:B14 범위가 선택된 상태에서 ❷ 리본의 [홈] 탭 → **글꼴** 그룹 → ❸ **채우기 색** 명령 아이콘의 아래 화살표 단추를 클릭한 다음 ❹ **채우기 없음**을 클릭합니다.

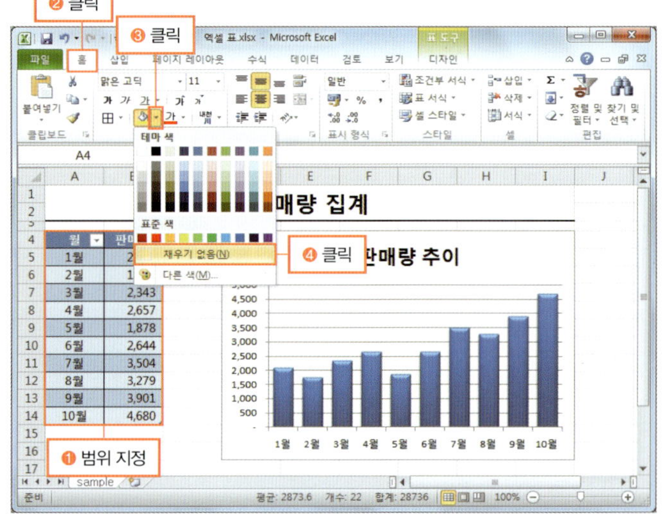

04 이전 표 서식 삭제하기(2) 03 과정에 이어 테두리 서식도 삭제하기 위해 ❶ 리본의 [홈] 탭 → **글꼴** 그룹 → **테두리** 명령 아이콘의 아래 화살표 단추를 클릭한 다음 ❷ **테두리 없음**을 클릭합니다.

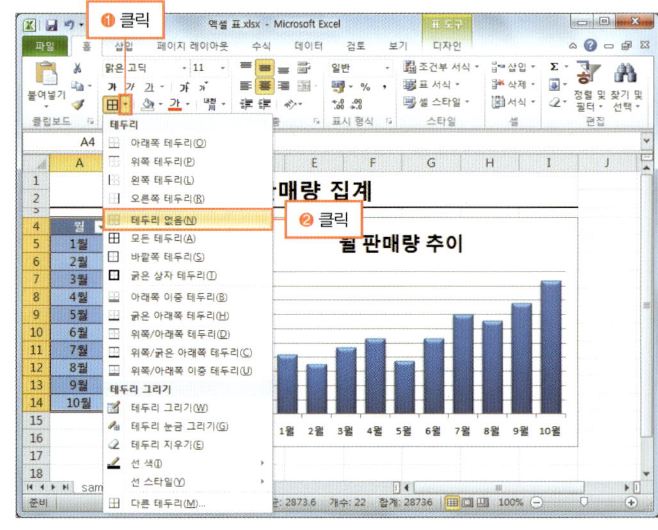

05 **데이터 추가해 차트 연동 확인하기** 데이터를 추가했을 때 추가된 데이터가 차트에 바로 반영되는지를 확인하기 위해 A15셀과 B15셀에 다음 데이터를 입력합니다. 그러면 엑셀 표가 자동으로 확장되면서 입력된 데이터가 차트에 바로 표시되는 것을 확인할 수 있습니다.

A15	B15
11월	5200

엑셀 표로 변환된 경우, 아래 쪽 빈 행과 오른쪽 빈 열에 연속해서 값을 입력하면 엑셀 표가 자동으로 입력된 데이터를 엑셀 표의 데이터로 인식합니다. 이때, 엑셀 표와 연동된 차트 또는 피벗 테이블은 확장된 데이터 범위가 자동으로 전달되어 사용자가 따로 작업하지 않아도 확장된 데이터를 자동으로 표시합니다.

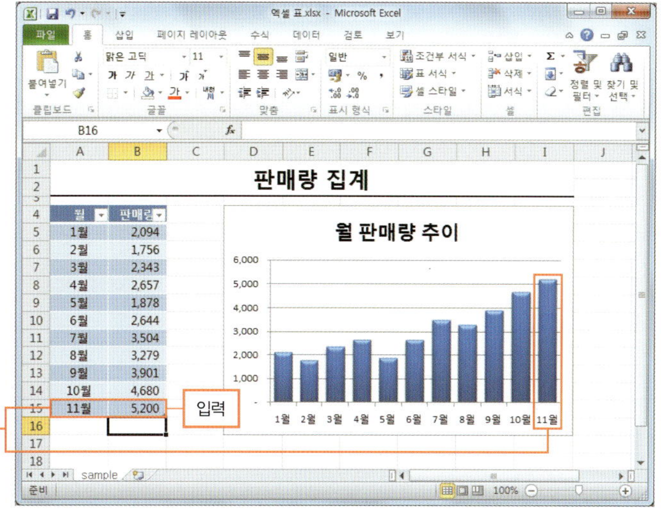

06 **엑셀 표, 범위로 변환하기(1)** 엑셀 표를 다시 원래대로 변환하는 작업을 진행합니다. ❶ 엑셀 표 내부의 셀을 하나 선택(여기에서는 B15셀)한 다음 ❷ 리본의 [표 도구]-[디자인] 탭 → 도구 그룹 → ❸ 범위로 변환 명령 아이콘을 클릭합니다.

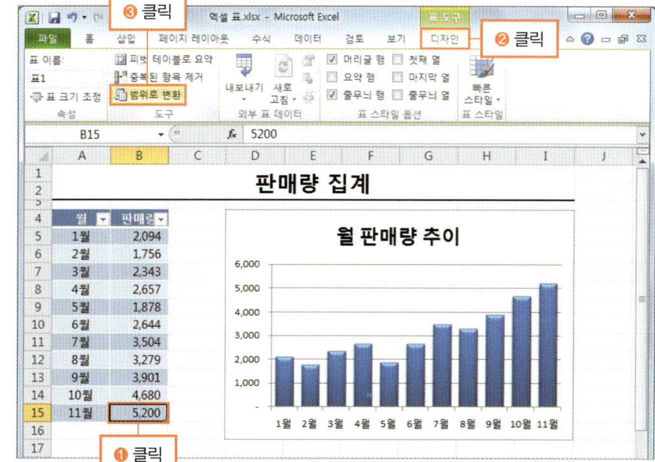

엑셀 표를 다시 일반 범위로 변환하게 되면, 다음과 같은 변화를 확인할 수 있습니다.

- 자동 필터가 삭제됩니다.
- 표 내부의 셀을 선택해도 리본의 [표 도구]-[디자인] 탭이 나타나지 않습니다.
- 적용된 표 스타일은 그대로 유지됩니다.

07
엑셀 표, 범위로 변환하기(2) '표를 정상 범위로 변환하시겠습니까?'라는 메시지 창이 나타나면 〈예〉 단추를 클릭해 변환 작업을 완료합니다.

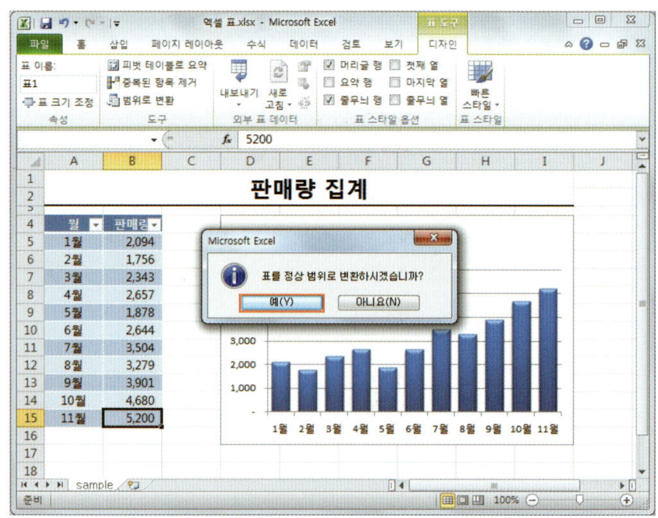

08
데이터 추가하고 결과 확인하기 이제 데이터를 추가해 추가된 데이터가 차트에 적용되는지 확인해 봅니다. 각 셀에 다음과 같이 데이터를 입력합니다.

A16	B16
12월	6800

표 스타일은 그대로 유지되고 있어 데이터를 입력하면 표 스타일은 자동으로 복사되지만, 추가된 12월 데이터는 차트에 적용되지 않습니다.

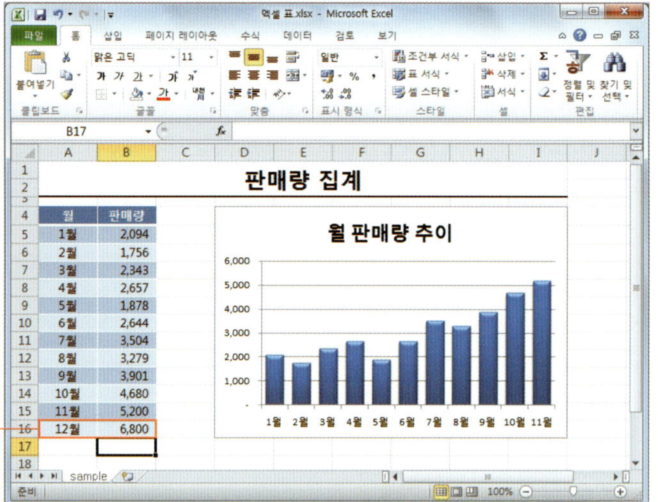

엑셀 표로 시작하기

'엑셀 표'를 사용해 데이터를 입력하면 표의 서식이나 수식을 한번만 입력해도 되므로 좀 더 편리하게 데이터 입력 작업을 진행할 수 있다는 장점이 있습니다. 여기서는 엑셀 표를 사용해 데이터를 입력하는 방법을 살펴보도록 합니다.

'엑셀 표'를 사용해 데이터를 입력하기 위해서는 먼저 표의 열 머리글을 입력한 다음, 리본의 **[삽입]** 탭 → **표** 그룹 → **표** 명령 아이콘을 클릭해 엑셀 표로 변환합니다. 이렇게 하면 데이터 입력을 엑셀 표로 작업할 수 있어 편리합니다.

엑셀 표를 사용해 데이터 입력 작업을 할 때의 장점은 다음과 같습니다.

첫째, 한번 적용된 표 스타일은 계속해서 자동으로 확장합니다.

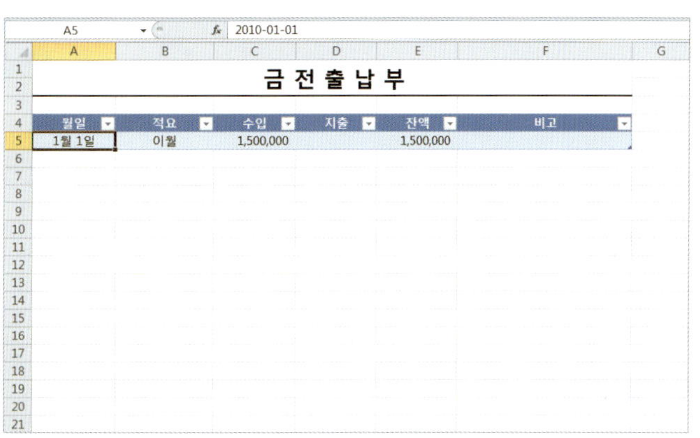

▲ 표 스타일의 자동 확장

둘째, 수식을 사용하면 해당 수식이 자동으로 복사되어 계산되므로 편리합니다.

▲ 수식의 자동 복사

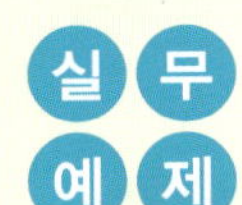

금전출납부를 엑셀 표로 작성하기

📁 **준비 파일 :** 금전출납부.xlsx

금전출납부를 엑셀 표로 작업하면 데이터를 추가로 입력할 때 표 스타일이 그대로 유지되어 깔끔하며, 잔액 등과 같이 수식을 이용해 계산하는 경우에도 한 번 입력된 수식이 자동으로 계산되므로 편리합니다. Before 화면의 표에서 4행에 입력된 열 머리글을 이용해 엑셀 표를 만들고, 데이터를 직접 입력해 보도록 하겠습니다.

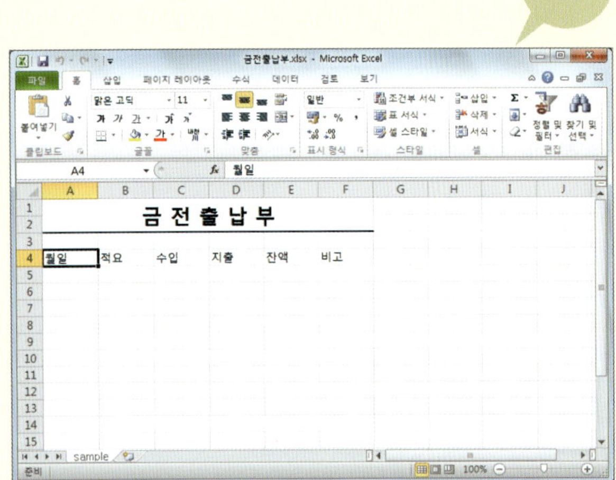

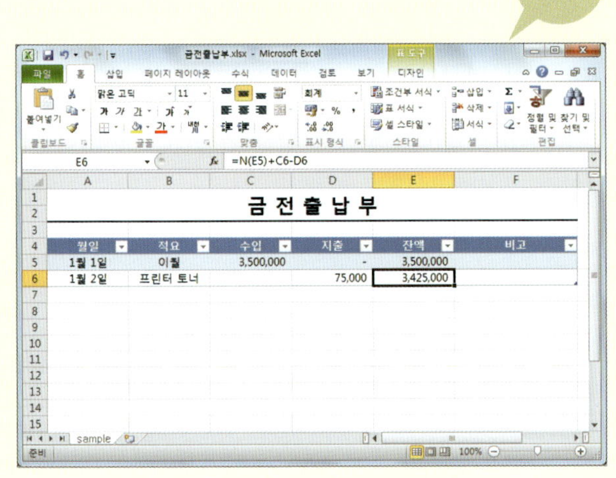

01 **엑셀 표 만들기 ❶** A4:F4 범위 내의 셀을 하나 선택(여기서는 A4셀)하고 ❷ 리본의 **[삽입]** 탭 → **표** 그룹 → ❸ **표** 명령 아이콘을 클릭합니다. ❹ '표 만들기' 대화상자가 열리면 **머리글 포함** 확인란을 체크한 다음 ❺ 〈확인〉 단추를 클릭합니다.

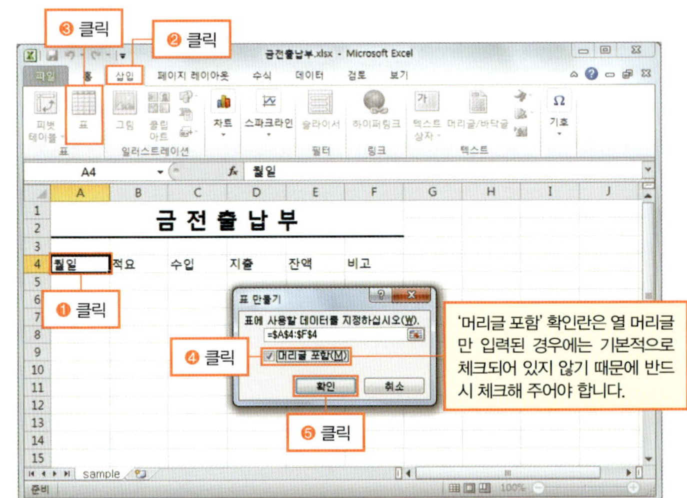

02 **데이터 입력하기** 엑셀 표로 변환되면 각 셀에 다음과 같은 데이터와 수식을 입력합니다.

A5	B5	C5	D5	E5
2010-01-01	이월	3500000	0	=N(E4)+C5-D5

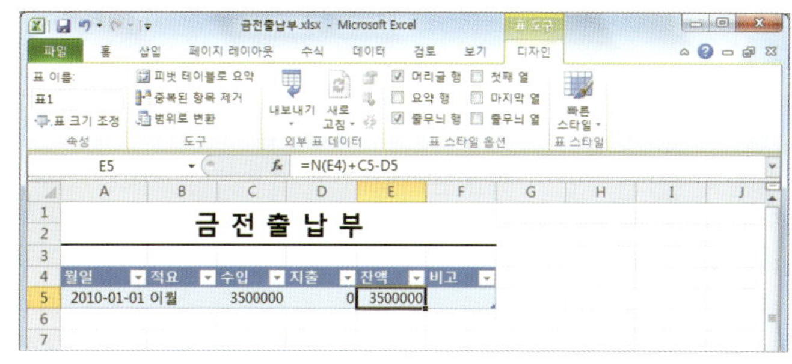

03 **열 서식 지정하기(1)** 데이터를 입력했으면 열 전체에 적용한 서식을 첫 번째 데이터에 적용합니다. 먼저 A열에 입력될 날짜 값의 경우 "m월 d일" 형식으로 나타나도록 하기 위해 셀 서식을 변경합니다. ❶ A5셀을 선택하고 ❷ 리본의 [홈] 탭 → **표시 형식** 그룹에서 ❸ **대화상자 표시** 아이콘을 클릭합니다.

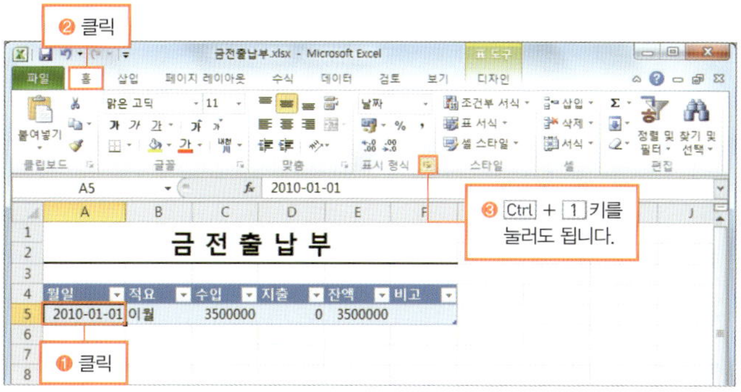

04 **열 서식 지정하기(2)** '셀 서식' 대화상자가 열리면 ❶ '형식'에서 "3월 14일"을 선택하고 ❷ 〈확인〉 단추를 클릭합니다.

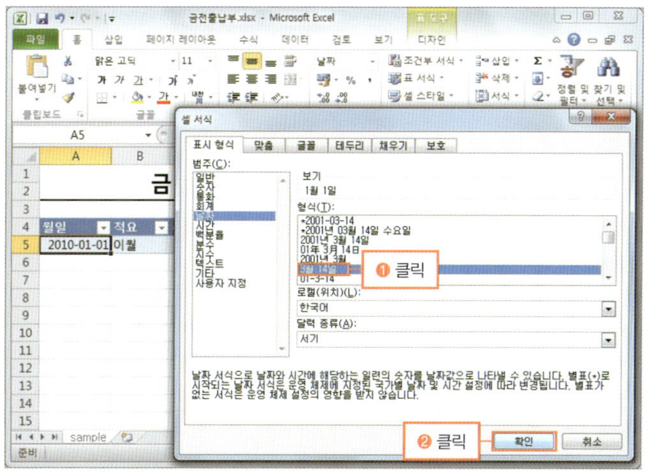

자 주 묻 는 질 문

금전출납부에서 잔액은 수입에서 지출을 빼면 되지 않나요?

E5셀에 입력된 수식은 "=N(E4)+C5-D5"입니다. 이 수식은 금전출납부에서 잔액을 계산하기 위한 용도로 잔액은 수입에서 지출을 빼면 되므로 "=C5-D5" 수식을 사용하면 구할 수 있습니다. 그런데, 금전출납부의 경우 수입은 한 번 입력되면 한 번에 소진되지 않고, 여러 번의 지출로 소진되므로 항상 현재 수입에서 지출을 빼는 수식으로 계산할 수 없습니다. 그렇기 때문에 이와 같은 형태의 계산은 항상 다음과 같은 수식으로 변경되어야 합니다.

> = 이전 잔액 + 현재 수입 - 현재 지출

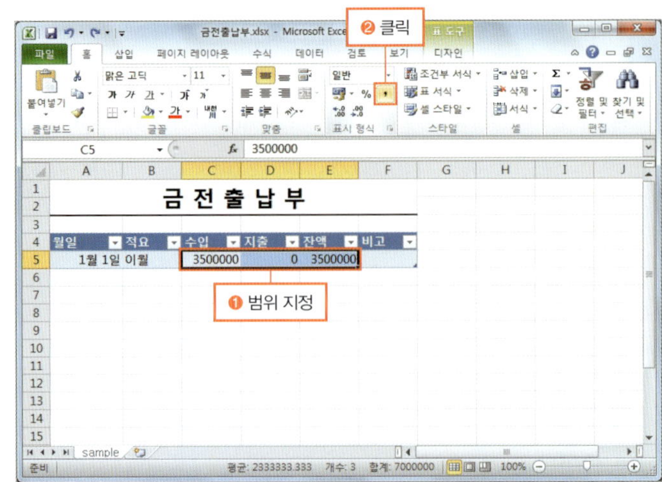

05 **열 서식 지정하기(3)** C5:E5 범위에는 숫자 값 데이터가 들어가므로 천 단위 구분 기호가 표시되도록 셀 서식을 적용합니다. ❶ C5:E5 범위를 선택하고 ❷ 리본의 **[홈]** 탭 → **표시 형식** 그룹 → **쉼표 스타일** 명령 아이콘을 클릭합니다.

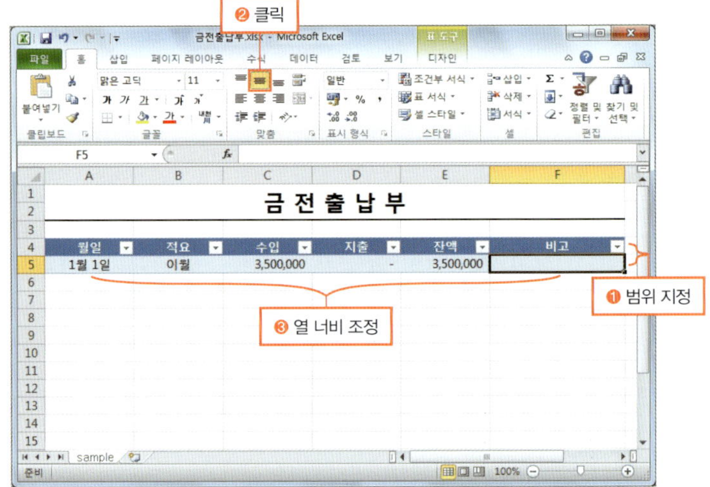

06 **열 서식 지정하기(4)** ❶ A4:F5 범위를 선택하고 ❷ 가운데 맞춤 서식을 적용(리본의 **[홈]** 탭 → **맞춤** 그룹 → **가운데 맞춤** 명령 아이콘을 클릭)하고 ❸ A:F 열 머리글 부분에서 마우스를 클릭한 후 열 너비를 적절하게 변경해 서식 설정 작업을 완료합니다.

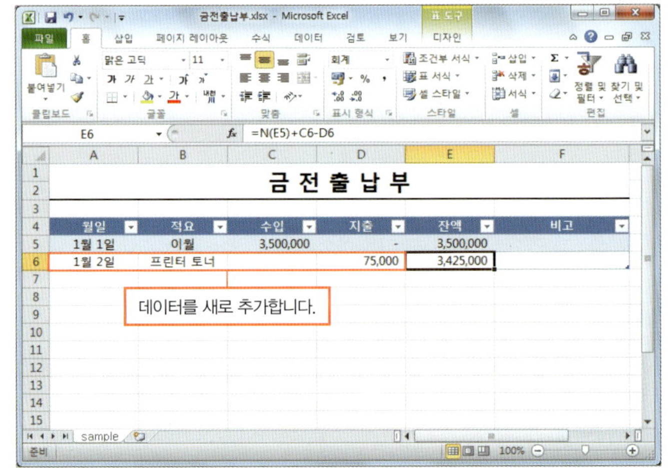

07 **새로운 데이터 추가하기** 이제 6행에 데이터를 입력해 보면 E6셀의 잔액이 자동으로 계산되는 것을 확인할 수 있습니다. 이렇게 엑셀 표에서 수식을 사용한 열은 데이터를 추가하면 수식이 자동으로 계산되며, 이렇게 수식을 사용한 열을 '계산된 열'이라고 합니다.

구조적 참조

엑셀 표를 사용하면 '구조적 참조'라고 명명된 참조 방법을 사용할 수 있습니다. 구조적 참조는 셀 주소 대신 표의 이름과 열 머리글을 이용해 원하는 데이터를 참조하는 방법을 지칭하는 용어입니다. '구조적 참조'를 사용하기 위해 그 구조를 이해하는 것부터 시작합니다.

구조적 참조는 엑셀 표를 참조하는 방법으로 엑셀 표 내부에서 다른 위치를 참조할 때와 엑셀 표 외부에서 엑셀 표 내부의 위치를 참조할 때가 조금 다릅니다. 참조 방법은 다음 표를 참고합니다.

구분	구조적 참조	예시	설명
표 내부	=[열 머리글]	=[단가]*[수량]	'단가' 열과 '수량' 열을 곱합니다.
	=[@열 머리글]	=[@단가] * [@수량]	수식을 입력한 셀과 같은 행에 있는 '단가'와 '수량' 열의 값을 곱합니다.
표 외부	=표 이름[열 머리글]	=SUM(판매대장[판매])	판매대장 표의 '판매' 열의 합계를 구합니다.

> **엑셀 표 참조**
>
> 엑셀 표 내부에서는 참조할 열 머리글을 "[ ](대괄호)"로 묶어 사용하고, 엑셀 표 외부에서는 표 이름 뒤에 표의 열 머리글을 "[ ](대괄호)"로 묶어 사용합니다.

위 구조적 참조 방식 중에서 열 머리글 앞에 @를 사용하는 방법은 엑셀 2010 버전에서 새롭게 추가된 방식으로 엑셀 2007 버전과는 호환되지 않습니다.

참고로 구조적 참조를 이용한 수식을 사용하다가 엑셀 표를 다시 일반 범위로 변환하게 되면 구조적 참조는 일반 A1 스타일의 셀 주소 참조 방식으로 자동 변경되지만 일반 범위를 엑셀 표로 변환한다고 해서 A1 스타일의 참조 방식이 구조적 참조 방식으로 변경되는 것은 아닙니다.

제품 판매 내역에서 제품별 판매 실적 구하기

📁 **준비 파일 : 구조적 참조**.xlsx

제공된 예제 파일을 열고, **sample** 시트를 확인하면 Before 화면과 같은 제품 판매 내역의 엑셀 표를 확인할 수 있습니다. 엑셀 표에서 제공되는 구조적 참조를 이용해 판매 금액을 계산하는 열을 하나 추가하고, **summary** 시트에서 고객사별로 판매 실적을 요약해 보도록 하겠습니다.

Before

After

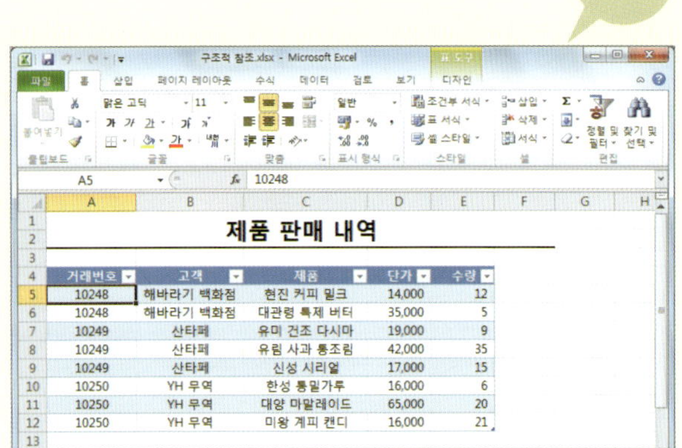

01 표 이름 정의하기

구조적 참조를 사용하기 위해서는 먼저 엑셀 표 이름을 정의해 주는 것이 좋습니다. ❶ 엑셀 표 내부의 셀을 하나 선택(여기서는 A5셀)하고, ❷ 리본의 [표 도구]-[디자인] 탭 → 속성 그룹 → ❸ 표 이름 입력 상자의 이름을 "판매내역"으로 입력합니다.

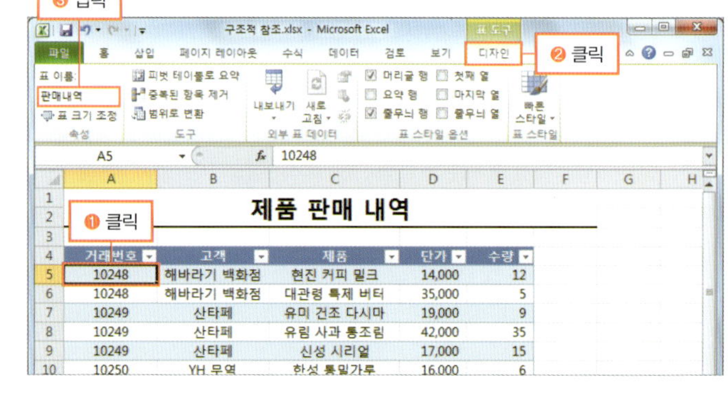

자 주 묻 는 질 문

표 이름을 지정하는데 이름이 잘못되었다고 나와요. 어떤 규칙이 있나요?

엑셀 표로 변환하면 '표1', '표2'와 같은 이름이 자동으로 붙는데, 이렇게 하면 표 외부에서 표를 참조할 때 어떤 표를 참조해야 하는지 혼란스러울 수 있으므로 가능한 표 이름을 이해하기 쉬운 명칭으로 재 지정해 줄 필요가 있습니다.

이름을 명명할 때는 다음과 같은 점을 주의해야 합니다.

- 이름은 한글, 영어 등의 문자나 밑줄로 시작해야 하며, 숫자나 특수 문자 등을 첫 번째 문자로 사용할 수 없습니다.

- 단어와 단어 사이에 공백을 사용할 수 없으며, 만약 공백이 필요한 경우 "_"(밑줄)을 사용합니다.

- A1 등의 주소와 같이 엑셀에서 기본으로 사용되는 이름을 사용할 수 없습니다.

02 **판매 열 추가하기(1)** '판매내역' 엑셀 표에는 단가와 수량 열은 있는데 판매금액은 확인할 수 없으므로 '단가'와 '수량' 열의 값을 곱해 계산하는 '판매' 열을 하나 추가합니다. F4셀에 "판매"를 입력하고 Enter 키를 누르면 엑셀 표가 자동으로 확장되면서 '판매' 열이 하나 추가됩니다.

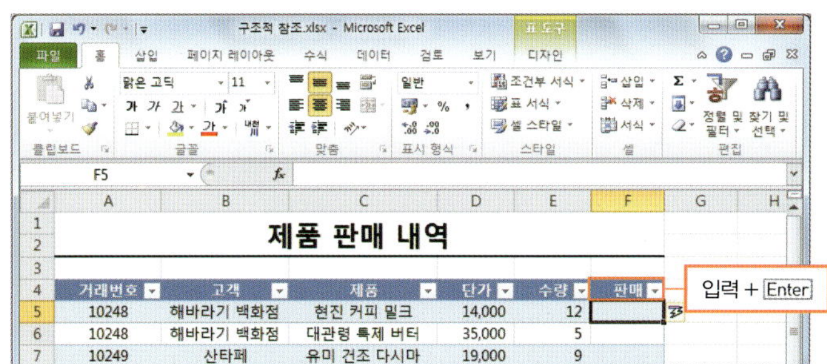

03 **판매 열 추가하기(2)** '판매' 열은 D열과 E열의 '단가'와 '수량' 열을 곱해 계산한다고 했는데, 구조적 참조 기능을 사용하기 위해 ❶ F5셀을 선택하고 "="(등호)와 함께 "["(대괄호)를 입력하면 ❷ 오른쪽 그림과 같이 현재 표의 열 머리글이 목록으로 표시됩니다.

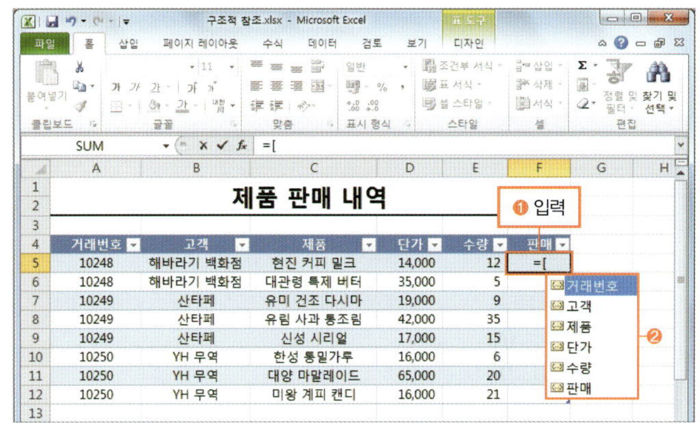

04 **판매 열 추가하기(3)** '단가' 열과 '수량' 열의 현재 행의 값의 곱하기 연산을 수행할 것이므로 F5셀의 수식을 다음과 같이 입력하고 Enter 키를 누르면 전체 열에 동일한 수식이 복사됩니다.

F5	=[@단가]*[@수량]

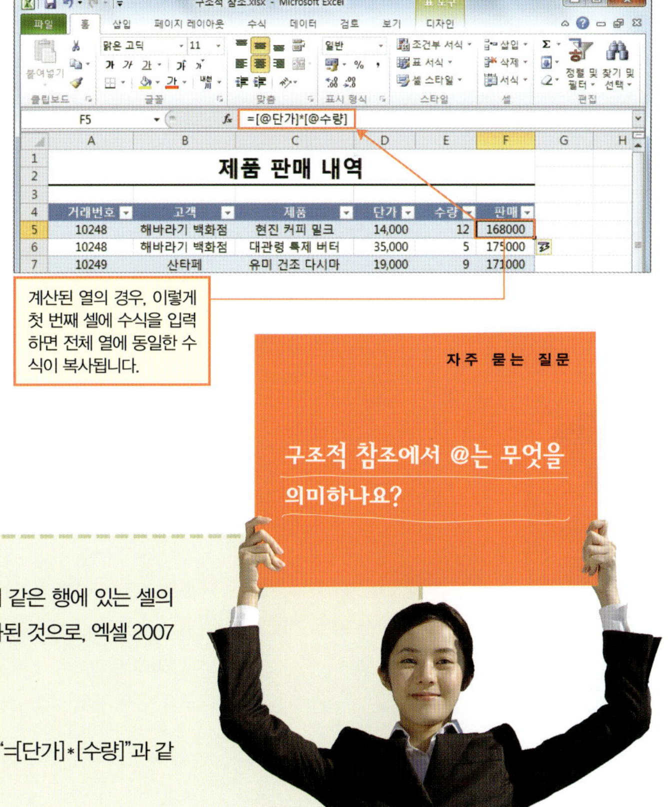

이번에 사용한 [@단가]와 같은 방식이 구조적 참조의 한 방식으로 '단가' 열의 같은 행에 있는 셀의 값을 의미합니다. @문자를 이용한 이런 참조 방식은 엑셀 2010 버전에서 추가된 것으로, 엑셀 2007 버전에서는 다음과 같은 방법을 사용해야 합니다.

"=판매내역[[#01 행], [단가]]"

물론, "=D5*E5"와 같이 셀 주소를 사용하는 수식을 사용할 수도 있으며, 또는 "=[단가]*[수량]"과 같이 전체 열을 참조해 계산할 수도 있습니다.

05 **판매 열 추가하기(4)** '판매' 열에 숫자 서식을 지정하기 위해 ❶ F5:F12 범위를 선택하고 ❷ 리본의 **[홈]** 탭 → **표시 형식** 그룹 → **쉼표 스타일** 명령 아이콘을 클릭합니다.

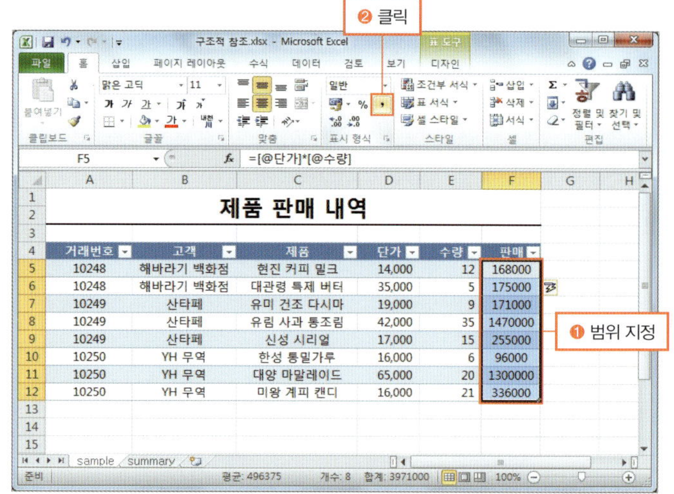

06 **고객사별 매출 실적 집계하기(1)** 이제 summary 시트를 선택해 '판매내역' 엑셀 표의 외부에서 '판매내역' 엑셀 표를 참조하는 방법을 알아보겠습니다. 시트 탭에서 summary 시트를 선택하면 오른쪽 그림과 같은 고객별 실적을 집계할 수 있는 표를 확인할 수 있습니다.

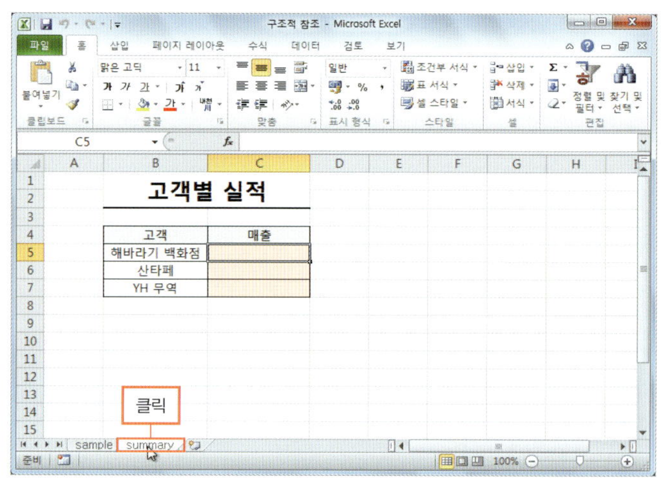

자 주 묻 는 질 문

단순한 합계라면 쉽게 구하겠는데, 고객사별로 매출을 집계하려면 어떻게 해야 하나요?

'판매내역' 엑셀 표에 새로 추가한 '판매' 열의 합계를 구하면 되는데, 고객별로 집계하라는 조건이 있으므로 조건 하나를 처리할 때 사용할 수 있는 SUMIF함수를 사용합니다.

표 외부에서는 "표 이름[열 머리글]" 형식으로 원하는 열의 데이터 범위를 참조할 수 있다고 했으므로 SUMIF함수의 인수 범위를 각각 "판매내역[고객]"과 "판매내역[판매]"로 지정해서 '판매내역' 엑셀 표의 '고객' 열에서 B5셀과 같은 값을 갖는 셀을 찾아 같은 행에 위치한 '판매' 열의 합계를 구해 반환합니다.

=SUMIF(판매내역[고객], B5, 판매내역[판매])

07 **고객사별 매출 실적 집계하기(2)** 고객사별 매출을 집계하기 위해 SUMIF 함수를 사용합니다. ❶ C5셀을 선택해 다음 수식을 입력하고 Enter 키를 누른 다음 ❷ C5셀의 채우기 핸들을 C7셀까지 드래그해 수식을 복사합니다.

C5	=SUMIF(판매내역[고객], B5, 판매내역[판매])

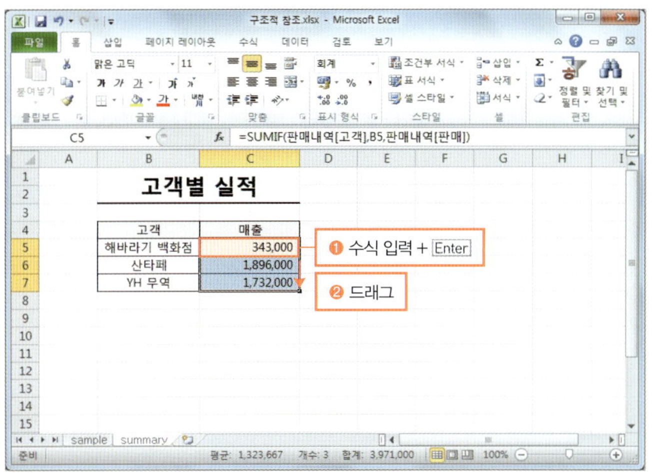

08 **엑셀 표에 데이터 추가하기** 이제 '판매내역' 엑셀 표에 데이터를 추가해 요약된 값이 자동으로 증가하는지 확인해 보겠습니다. ❶ 시트 탭에서 **sample** 시트를 선택하고 ❷ A13:E13 범위에 다음 값을 입력합니다.

A13	B13	C13	D13	E13
10251	해바라기 백화점	현진 커피 밀크	14000	50

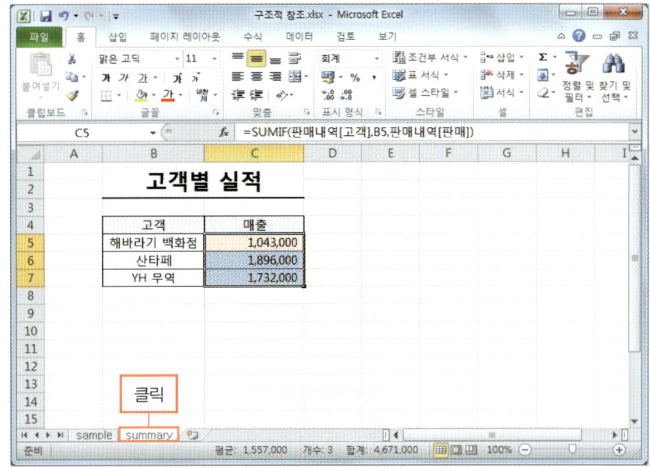

09 **집계 표 확인하기** 시트 탭에서 다시 **summary** 시트를 선택해보면 C5셀의 해바라기 백화점의 실적이 이전에 비해 증가한 것을 확인할 수 있습니다. 이렇게 작업하면 수식의 범위를 수정하지 않고도 추가된 데이터가 자동으로 요약되므로 편리합니다.

요약 행 및 표 스타일

엑셀 표는 표의 각 열을 요약할 수 있는 '요약 행'을 추가할 수 있으며, 표 스타일 갤러리를 이용해 원하는 표 스타일을 적용할 수 있습니다. 또한 표 스타일 새로 만들기 명령을 이용하면 사용자가 원하는 형태로 표 스타일을 만들 수도 있으므로 데이터를 입력, 관리하기 편한 환경으로 스타일을 적용해 보도록 합니다.

엑셀 표는 표의 열을 요약할 수 있는 '요약 행'을 추가할 수 있습니다. 요약 행을 추가하면 표의 각 열을 빠르게 요약할 수 있어 편리하지만, 데이터를 입력하는 작업이 조금 불편해지므로 필요한 경우에만 요약 행을 추가하는 것이 좋습니다.

다음 그림에서처럼 엑셀 표를 선택하고 리본의 **[표 도구]** – **[디자인]** 탭 → **표 스타일 옵션** 그룹 → **요약 행** 확인란을 체크하면 엑셀 표 하단에 요약 행이 나타납니다. 요약 행의 셀을 선택하면 셀 오른쪽에 아래 화살표 단추가 나타나는데, 이를 클릭하면 평균, 개수, 숫자 개수, 최대, 최소, 합계, 표준편차, 분산 등의 함수를 선택할 수 있으며, 선택된 함수를 이용해 해당 열의 값을 요약해 줍니다.

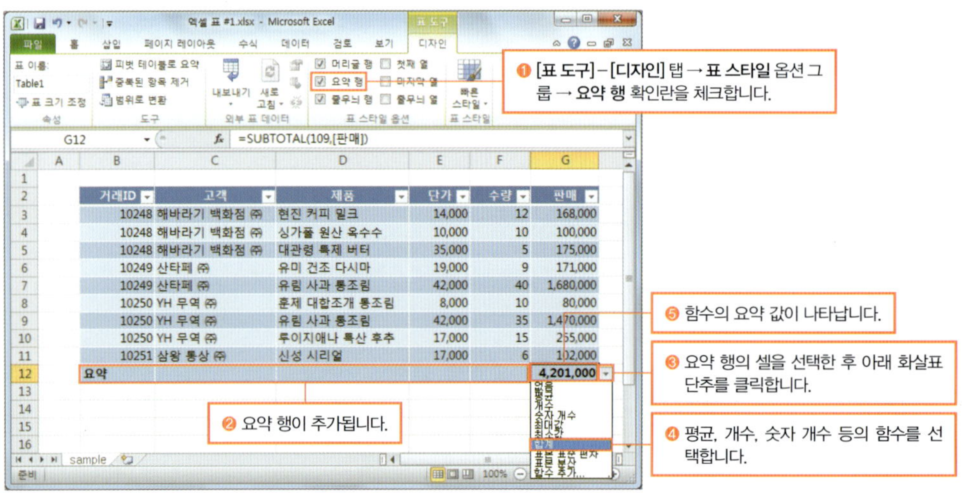

▲ 요약 행을 사용하는 엑셀 표

요약 행을 추가하면 표에 데이터를 추가할 때, 새로운 행을 삽입해서 데이터를 입력해야 합니다. 요약 행의 셀을 하나 선택한 다음 리본의 **[홈]** 탭 → **셀** 그룹 → **삽입** 명령 아이콘을 클릭합니다.

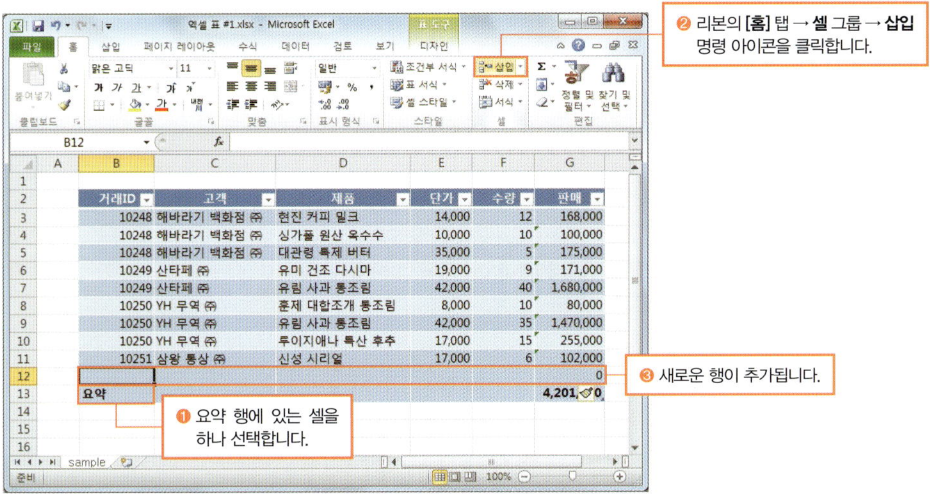

▲ 요약 행이 있는 엑셀 표에 데이터 추가

이렇게 요약 행을 사용하는 경우에는 데이터를 추가할 때마다 행을 삽입해야 하기 때문에 불편한 것이 사실입니다. 그렇기 때문에 보통 요약 행을 사용해 열의 요약 값을 확인한 다음, 리본의 **[표 도구]–[디자인]** 탭 → **표 스타일 옵션** 그룹 → **요약 행** 확인란을 체크 해제해 요약 행을 없애는 것이 보통입니다.

또한 리본의 **[표 도구]–[디자인]** 탭 → **표 스타일** 그룹 → **빠른 스타일** 명령 아이콘을 클릭해 표 스타일 갤러리에서 원하는 표 스타일을 적용할 수 있으며, 새로운 표 스타일을 만들어 적용하는 것도 가능합니다.

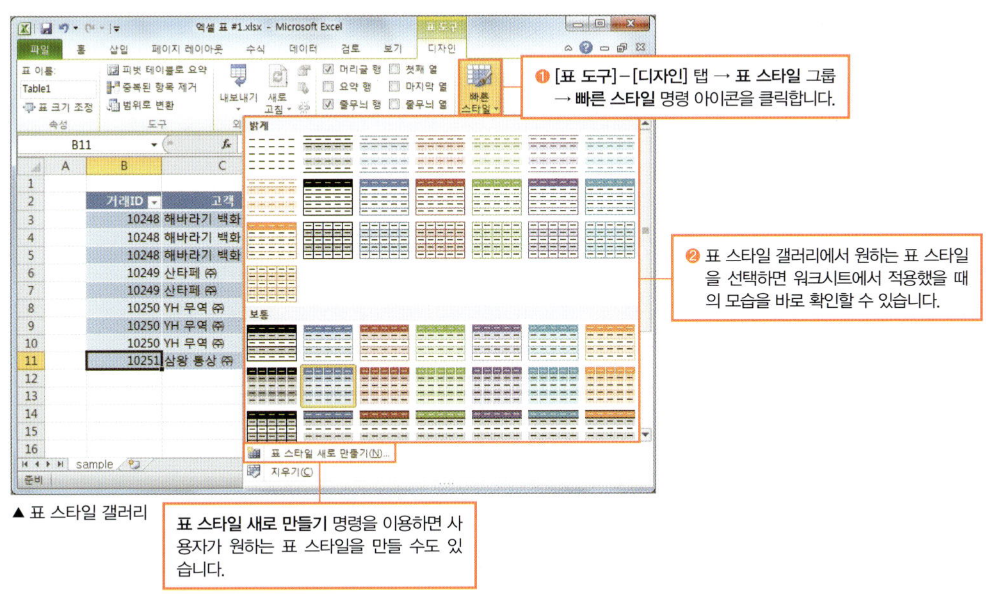

▲ 표 스타일 갤러리

표 스타일 새로 만들기 명령을 이용하면 사용자가 원하는 표 스타일을 만들 수도 있습니다.

## CHAPTER 02

정렬과 필터

데이터의 양이 많아도 항상 모든 데이터를 가지고 작업하진 않습니다. 보통 그때 그때 필요한 데이터만을 가지고 작업하는 경우가 더 많습니다. 이런 경우 데이터를 정렬하거나 필요한 데이터를 추출하는 작업을 하게 되는데, 데이터를 정렬할 때는 정렬 명령을 이용하면 되고, 데이터를 추출할 때는 자동 필터나 고급 필터 명령을 이용하면 됩니다. 여기서는 정렬과 필터의 활용 방법을 살펴보도록 하겠습니다.

01 오름차순, 내림차순 정렬

표의 데이터를 원하는 순서대로 표시하는 방법을 '정렬'이라고 합니다. 표를 정렬하는 방법은 오름차순과 내림차순 정렬 방법이 있는데, 오름차순은 작은 값에서 큰 값 순으로 데이터를 표시하며, 내림차순은 큰 값에서 작은 값 순으로 데이터를 표시합니다. 선택된 정렬 방법에 따라 데이터가 어떻게 정렬되는지 살펴봅니다.

데이터는 숫자를 포함해 날짜, 시간, 텍스트, 논리값, 빈 셀 등이 존재하므로 선택된 정렬 방법에 따라 어떻게 정렬되는지 이해할 필요가 있습니다. 다음 표는 오름차순으로 데이터를 정렬할 때 각 데이터 형식이 어떻게 표시되는지 설명합니다. 내림차순은 빈 셀을 제외하고 반대로 생각합니다.

정렬 순서 (데이터 형식)	표의 상단	표의 하단
숫자, 날짜, 시간	가장 작은 수	가장 큰 수
	날짜와 시간, 숫자 중에서 가장 작은 값을 먼저 표시하며, 큰 값을 마지막에 표시합니다.	
텍스트	A, a, ㄱ	Z, z, ㅎ
	영어 대문자, 소문자, 한글 순으로 표시하며, 영어는 A, B, C 순이며, 한글은 ㄱ, ㄴ, ㄷ 순입니다.	
논리값	FALSE	TRUE
빈 셀	빈 셀은 정렬 방법과 무관하게 항상 아래쪽에 표시합니다.	

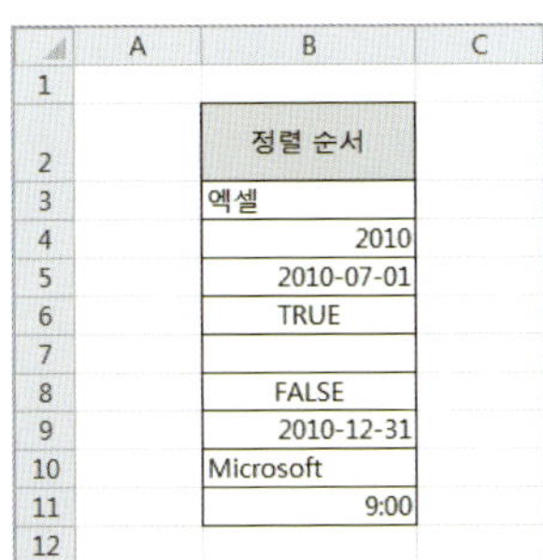

▲ 입력 순서

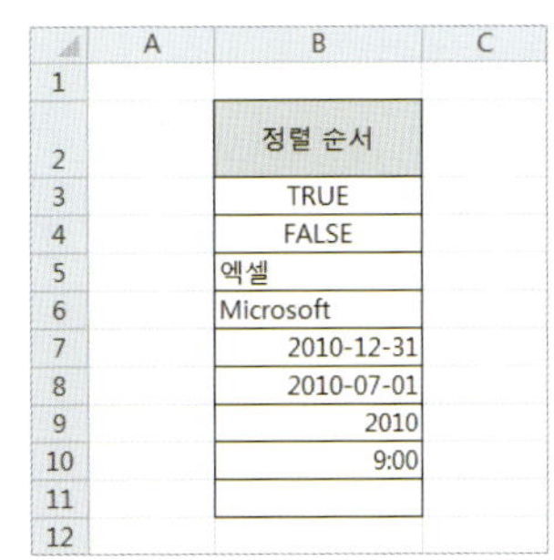

▲ 오름차순

▲ 내림차순

정렬 명령은 리본의 **[데이터]** 탭 → **정렬 및 필터** 그룹의 세 개의 명령 아이콘을 이용해 실행합니다.

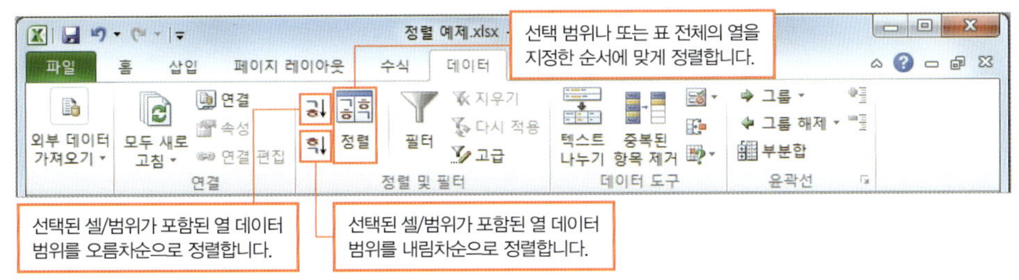

○ 정렬

열 정렬 조건은 최대 64개까지 가능합니다.

판매대장을 정렬해 필요한 값을 우선 표시하기

준비 파일 : 판매대장.xlsx

제공된 예제 파일을 열면 Before 화면과 같은 판매대장 데이터를 확인할 수 있습니다. 판매대장 표를 보면 데이터를 입력한 순서대로 표시하고 있는데, 이 표의 '거래ID'와 '제품' 열을 기준으로 표를 정렬하여 각 거래처별 제품명 순으로 데이터를 정렬하여 표시해 보겠습니다.

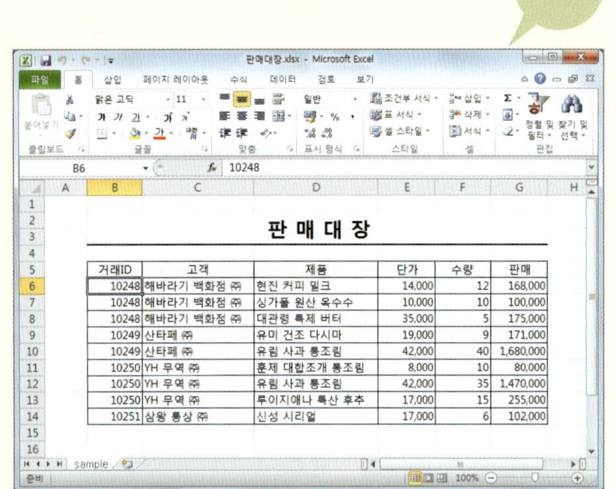

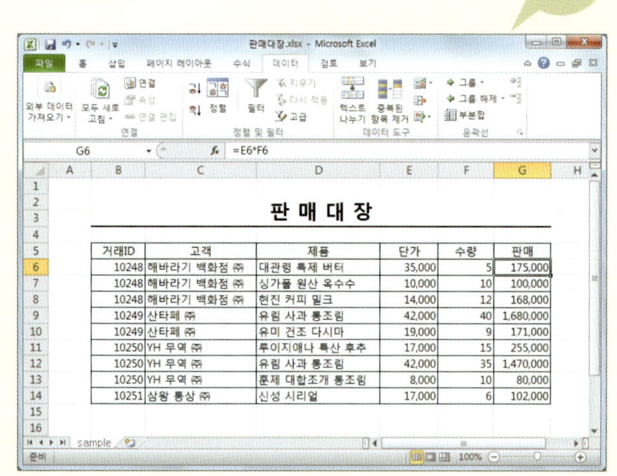

01 **제품을 오름차순으로 정렬하기** 먼저 제품을 오름차순 (가나다 순)으로 정렬시키려면 ❶ D6셀(D열의 첫 번째 데이터 셀)을 선택하고 ❷ 리본의 **[데이터]** 탭 → **정렬 및 필터** 그룹 → ❸ **오름차순 정렬** 명령 아이콘을 클릭합니다.

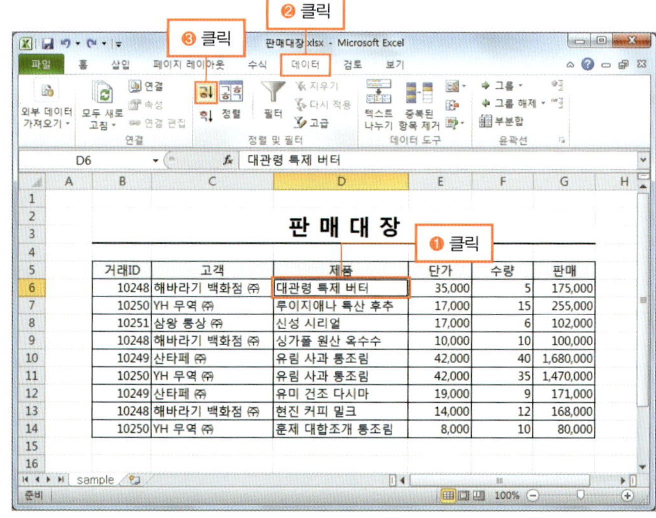

02 **판매액을 내림차순으로 정렬하기** 이번에는 판매 금액을 내림차순(큰 값이 먼저 나오도록)으로 정렬시키는 작업을 진행합니다. ❶ G6셀을 선택하고 ❷ 리본의 **[데이터]** 탭 → **정렬 및 필터** 그룹 → **내림차순 정렬** 아이콘을 클릭합니다.

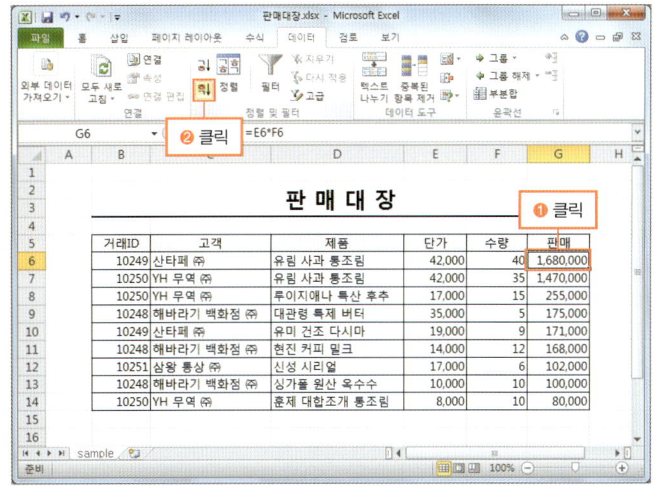

03 **여러 조건으로 정렬시키기(1)** 표에 여러 개의 조건을 지정해 정렬하려면 정렬 명령을 이용해야 합니다. ❶ 표 내부의 셀을 하나 선택(만약 표에 빈 행이 존재하면 전체 데이터 범위를 선택)하고 ❷ 리본의 **[데이터]** 탭 → **정렬 및 필터** 그룹 → **정렬** 명령 아이콘을 클릭합니다.

한 개의 열을 기준으로 정렬하고자 할 경우에는 열의 첫 번째 데이터 셀을 선택한 다음, 리본의 **[데이터]** 탭 → **정렬 및 필터** 그룹 → **오름차순 정렬** 명령 아이콘이나, **내림차순 정렬** 명령 아이콘을 클릭하면 됩니다. 단, 표에 빈 행이 가운데 포함되어 있으면 빈 행 바로 위 부분까지만 정렬 작업이 진행되므로, 빈 행이 존재하는 경우 전체 데이터 범위를 선택하고 **정렬** 명령 아이콘을 클릭해 정렬해야 합니다.

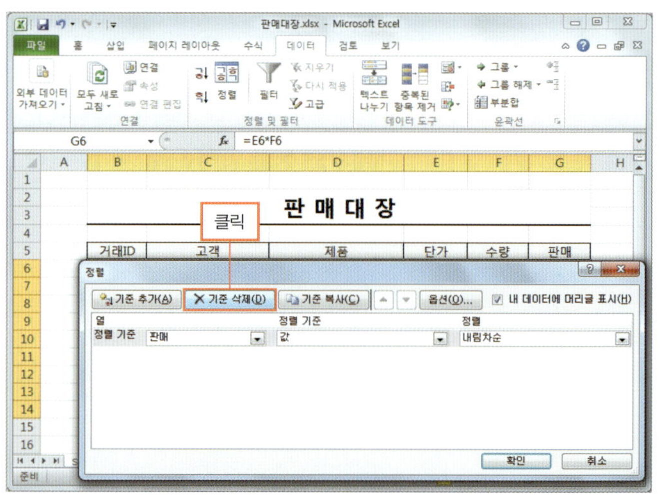

04 **여러 조건으로 정렬시키기(2)** '정렬' 대화상자가 열리면 02 과정에서 G열인 '판매' 열을 내림차순으로 정렬하였으므로 해당 기준이 '정렬' 대화상자에 표시되어 있는 것을 확인할 수 있습니다. 먼저 이전 조건을 삭제한 후 새로운 기준을 추가해야 하므로 '정렬' 대화상자에서 〈기준 삭제〉 단추를 클릭합니다.

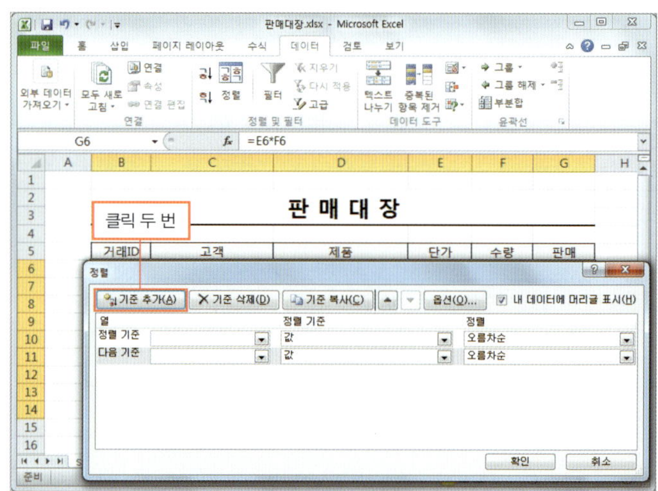

05 **여러 조건으로 정렬시키기(3)** 이제 새로운 조건을 지정해 표를 정렬하겠습니다. 정렬 조건은 B열인 '거래 ID' 열, D열의 '제품' 열을 오름차순으로 정렬합니다. '정렬' 대화상자에서 〈기준 추가〉 단추를 두 번 클릭해 정렬 기준을 두 개 추가합니다.

'정렬' 대화상자는 사용자가 다양한 정렬 방법을 구성할 수 있도록 해 줍니다.

❶ **기준 추가** : 새로운 정렬 기준을 추가하며, 최대 64개까지 정렬 기준을 추가할 수 있습니다.

❷ **기준 삭제** : 이전의 정렬 기준을 삭제합니다.

❸ **기준 복사** : 선택한 정렬 기준을 복사해 추가합니다.

❹ **위로 이동, 아래로 이동** : 선택된 정렬 조건을 위로, 또는 아래로 조정합니다. '정렬' 대화상자의 정렬 조건은 상단에 있는 조건이 우선 적용되므로 정렬 조건이 여러 개인 경우에는 순서가 중요합니다.

❺ **옵션** : 여러 정렬 옵션(예를 들어 대소문자 구분, 정렬 방향)을 설정할 수 있습니다.

❻ **내 데이터에 머리글 표시** : 표의 첫 번째 행을 열 머리글로 지정해 정렬에서 배제합니다.

❼ **열** : 정렬할 표의 열 머리글을 선택하거나 표시합니다.

❽ **정렬 기준** : 값, 셀 색, 글꼴 색, 셀 아이콘 등의 정렬 기준을 선택할 수 있습니다.

❾ **정렬** : 정렬 방법을 지정하며 오름차순, 내림차순, 사용자 지정 목록을 선택할 수 있습니다.

06 여러 조건으로 정렬시키기(4) 열 항목의 기준 열 순서 대로 ❶ 정렬 기준은 '거래ID'를 선택하고, ❷ 다음 기준은 '제품'을 선택한 후 ❸ 〈확인〉 단추를 클릭합니다.

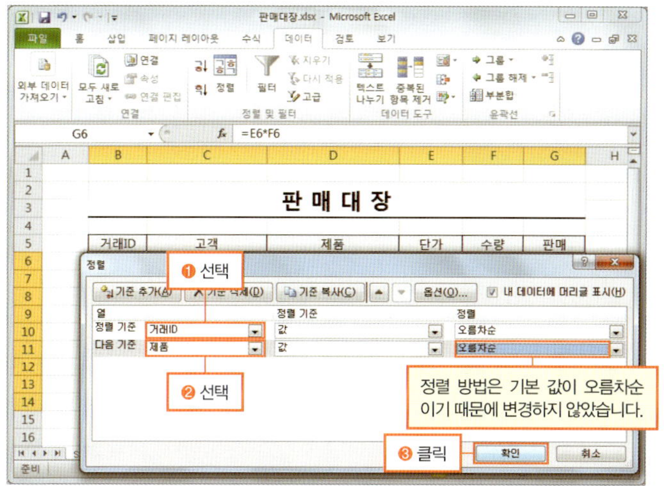

07 여러 조건으로 정렬시키기(5) 그러면 두 가지 조건에 맞게 '거래ID'별로 데이터가 표시되면서 같은 거래ID인 경우에는 제품명 순으로 데이터가 정렬됩니다.

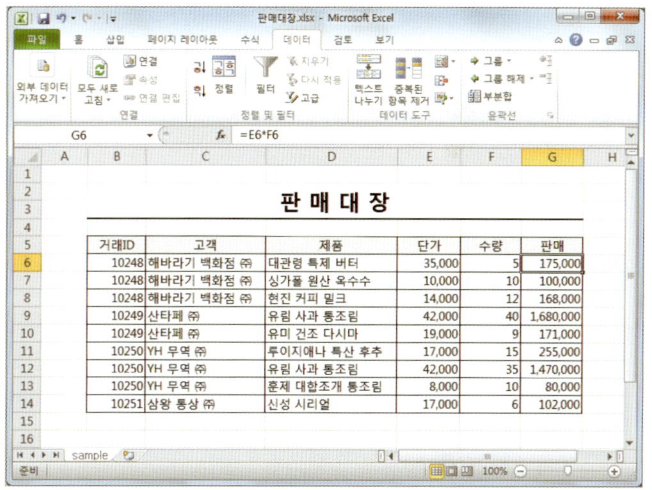

정렬한 표를 다시 원래 순서로 복원하기

정렬 명령을 사용할 때 가장 불편한 점이 바로 원래 순서로 복원시키기 어렵다는 점입니다. 그렇기 때문에 사용자는 필요에 따라 원래 순서로 복원할 수 있는 방법을 알고 있는 것이 좋으며, 이 방법은 가장 간단하면서도 효과적입니다.

❶ 정렬하기 전에 표의 우측 빈 열에 1, 2, 3, … 과 같은 값을 갖는 열(여기에서는 H열)을 하나 추가합니다. 이때, 값을 모두 입력하지 않고 첫 번째, 두 번째 셀에 1, 2를 순서대로 입력하고 채우기 핸들 을 드래그해 복사합니다.

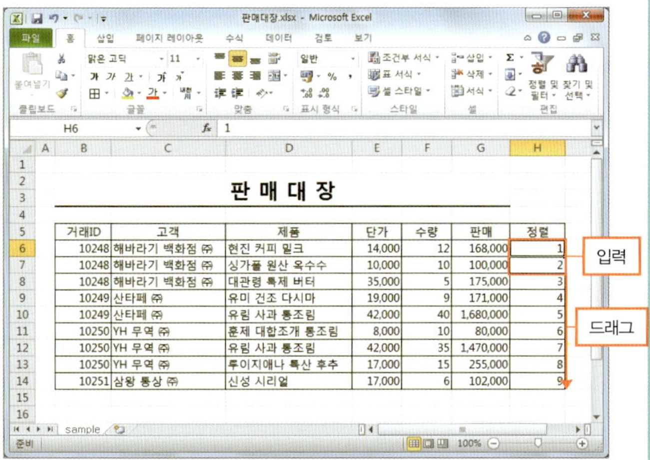

❷ 제품별로 정렬 작업을 진행하기 위해 D6셀을 선택하고 리본의 [데이터] 탭 → **정렬 및 필터** 그룹 → **오름차순 정렬** 명령 아이콘을 클릭합니다.

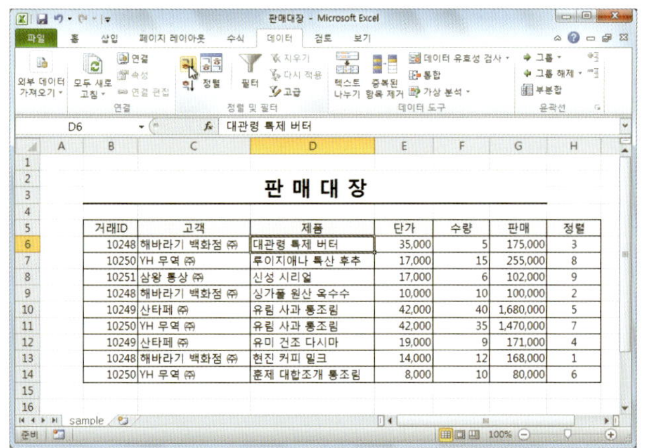

❸ 다시 원 순서로 복원하려면 우측에 추가한 H열을 기준으로 오름차순 정렬합니다(정렬한 다음, 우측에 추가한 열은 삭제해도 무방합니다.).

원하는 순서로 정렬하기

오름차순과 내림차순으로 데이터를 정렬하는 것 외에도 사용자가 지정한 순서로 데이터를 정렬하는 것이 가능합니다. 예를 들어 특정 순서가 있는 부서 목록 또는 직위 목록을 만들어 놓고 부서별로 정렬한다거나, 직위별로 정렬하는 등의 작업을 할 때 이 정렬 방법을 사용할 필요가 있습니다.

부서명 또는 직위 등과 같이 일반적인 기준이 없는 조건에 따라 데이터를 순서대로 정렬하려면 먼저 정렬할 순서를 '사용자 지정 목록'에 등록해 놓고, 리본의 **[데이터]** 탭 → **정렬 및 필터** 그룹 → **정렬** 명령을 사용해 정렬해야 합니다.

예를 들어 직위를 정렬하게 되면 다음과 같은 결과를 얻을 수 있습니다.

	A	B	C	D	E
1					
2		직위			
3		오름차순	내림차순	사용자 지정 목록	
4		과장	차장	사장	
5		대리	주임	전무	
6		부장	전무	상무	
7		사원	상무	부장	
8		사장	사장	차장	
9		상무	사원	과장	
10		전무	부장	대리	
11		주임	대리	주임	
12		차장	과장	사원	
13					
14					

▲ 직위 데이터 정렬

그러므로 기본적인 정렬 방법 이외에 사용자가 필요한 순서로 정렬하려면 '사용자 지정 목록'에 등록하고 정렬하는 방법을 이해할 필요가 있습니다.

급여대장 표를 직위별로 정렬하기

📁 **준비 파일** : 급여대장.xlsx

제공된 예제 파일을 열면 Before 화면과 같은 급여대장 데이터를 확인할 수 있습니다. 이번에는 D열의 '직위'를 오름차순이나 내림차순으로 정렬하지 않고 '부장', '차장', '과장', …과 같은 직위 체제에 맞게 정렬해 보겠습니다.

Before

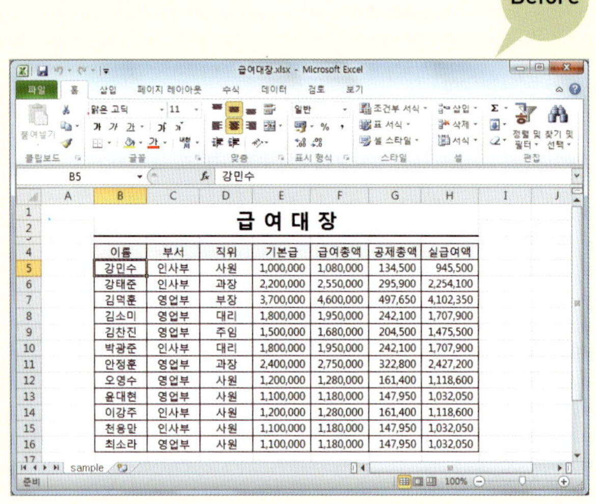

After

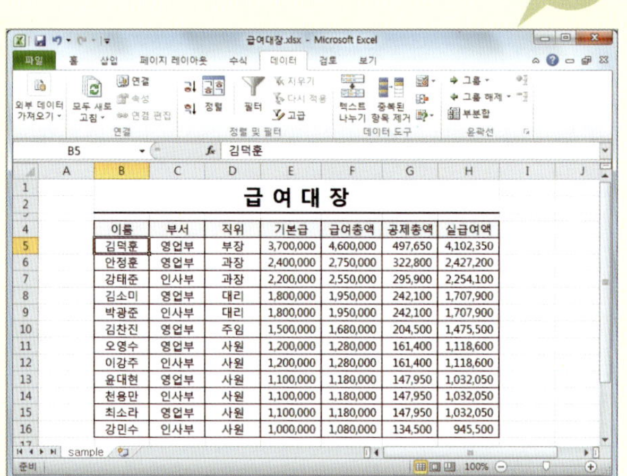

01 **사용자 지정 목록에 정렬 순서 기록(1)** 사용자가 원하는 순서로 데이터를 정렬하려면 해당 순서를 '사용자 지정 목록'에 등록해 두어야 합니다. '사용자 지정 목록'을 등록하기 위해 ❶ 리본의 **[파일]** 탭 → ❷ **옵션**을 클릭합니다.

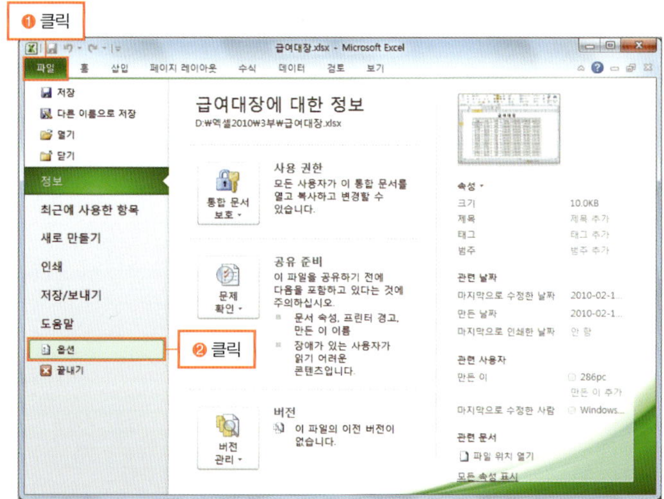

02 **사용자 지정 목록에 정렬 순서 기록(2)** 'Excel 옵션' 대화상자가 열리면 ❶ **고급** 범주를 선택하고 ❷ '일반' 그룹에 있는 〈사용자 지정 목록 편집〉 단추를 클릭합니다.

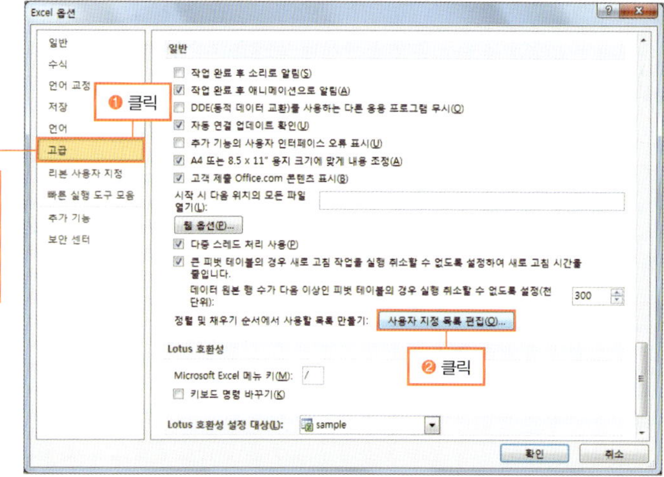

엑셀 2007 버전에서는 〈사용자 지정 목록 편집〉 단추가 'Excel 옵션' 대화상자의 **기본 설정** 범주에 있었는데, 엑셀 2010 버전에서는 **고급** 범주로 위치가 옮겨졌습니다.

03 **사용자 지정 목록에 정렬 순서 기록(3)** '사용자 지정 목록' 대화상자가 열리면 ❶ '목록 항목'에 "부장, 차장, 과장, 대리, 주임, 사원" 순서대로 직위를 Enter 키를 누르면서 각 행에 순서대로 입력한 다음 ❷ 〈추가〉 단추를 클릭해 등록합니다. ❸ 그런 다음 〈확인〉 단추를 클릭하여 대화상자를 닫고, 'Excel 옵션' 대화상자도 〈확인〉 단추를 클릭하여 닫습니다.

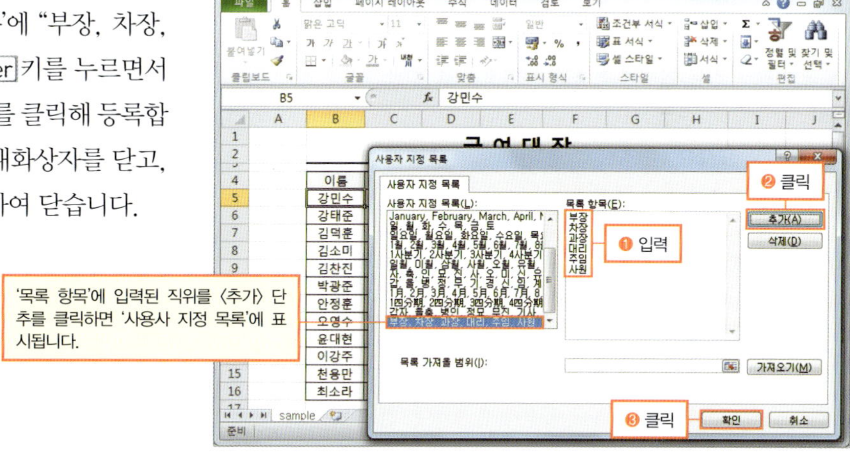

'목록 항목'에 입력된 직위를 〈추가〉 단추를 클릭하면 '사용사 지정 목록'에 표시됩니다.

04 **원하는 순서로 정렬하기(1)** 이제 원하는 정렬 작업을 하기 위해 ❶ 표 내부의 셀 하나를 선택(여기서는 B5 셀)하고 ❷ 리본의 [데이터] 탭 → **정렬 및 필터** 그룹 → ❸ **정렬** 명령 아이콘을 클릭합니다.

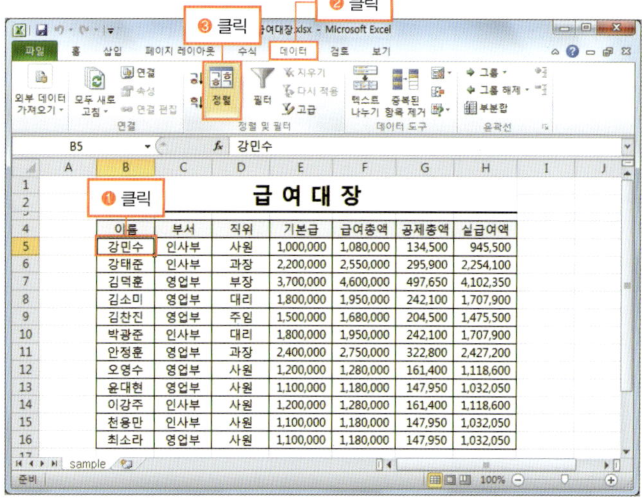

05 **원하는 순서로 정렬하기(2)** '정렬' 대화상자가 열리면 〈기준 추가〉 단추를 한 번 클릭하여 정렬 기준을 추가합니다.

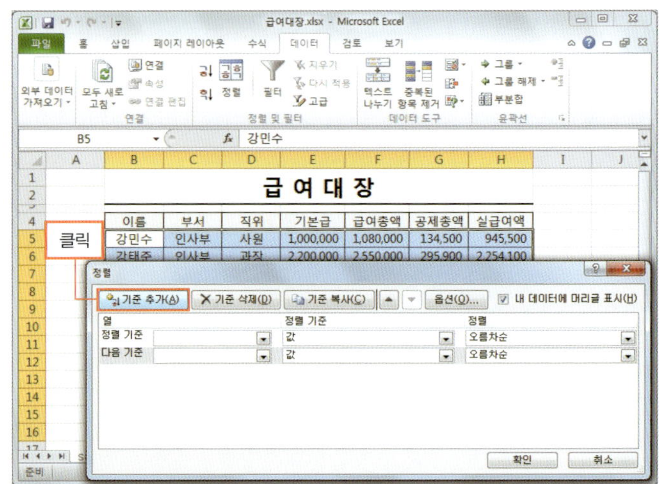

06 **원하는 순서로 정렬하기(3)** 첫 번째 정렬 기준은 D열의 '직위' 열을 직위 순으로 정렬하도록 하는 것입니다. 그러므로 ❶ 첫 번째 정렬 기준의 '열' 콤보 상자의 아래 화살표 단추를 클릭하여 직위를 선택한 다음, ❷ '정렬' 콤보 상자의 아래 화살표 단추를 클릭하여 ❸ '사용자 지정 목록'을 선택합니다.

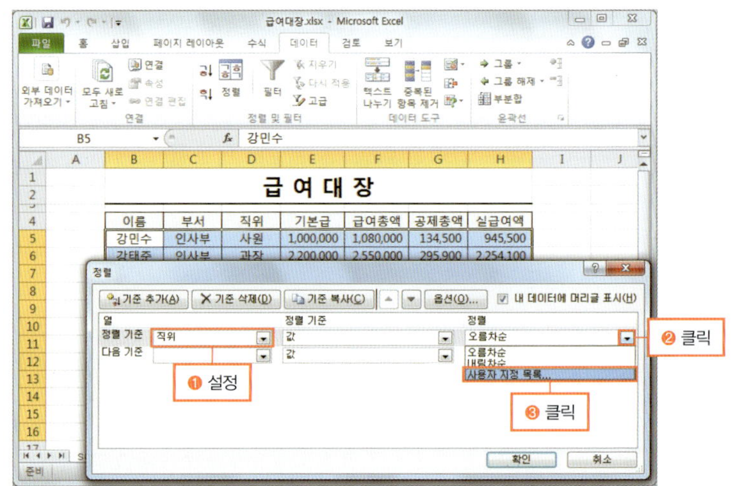

07 **원하는 순서로 정렬하기(4)** '사용자 지정 목록' 대화상자가 열리면 ❶ '사용자 지정 목록' 리스트에서 03 과정에서 등록한 직위 목록을 선택한 후 ❷ 〈확인〉 단추를 클릭합니다.

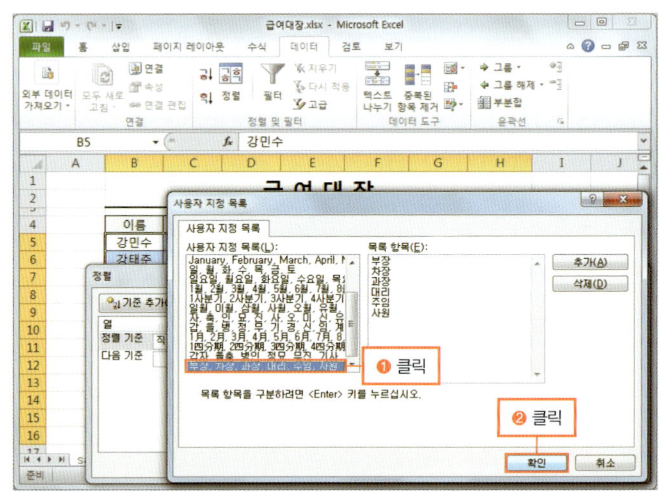

08 원하는 순서로 정렬하기(5) 두 번째 정렬 기준을 설정합니다. 두 번째 조건은 동일한 직위에서는 기본급이 높은 순으로 표시한다고 했으므로 ❶ '열' 콤보 상자의 아래 화살표 단추를 클릭하여 '기본급'을 선택한 다음 ❷ '정렬' 콤보 상자의 아래 화살표 단추를 클릭하여 '내림차순'을 선택합니다. ❸ 그런 다음 〈확인〉 단추를 클릭하여 지정한 설정을 적용합니다.

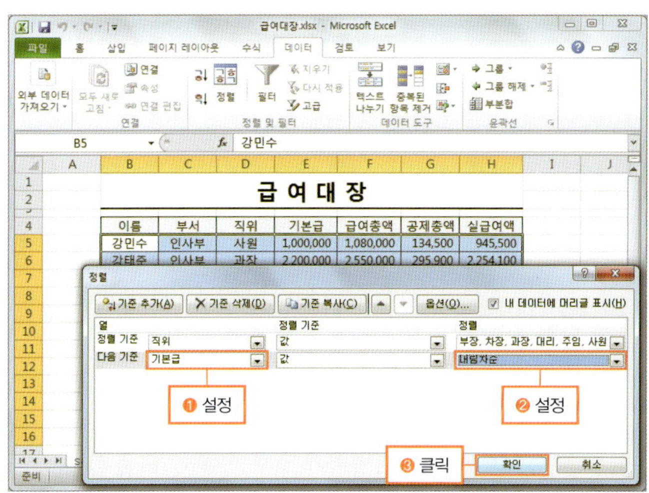

09 결과 확인하기 그러면 급여대장의 표가 직위별로 표시되며, 동일한 직위에는 기본급이 높은 순으로 데이터가 표시되는 것을 확인할 수 있습니다.

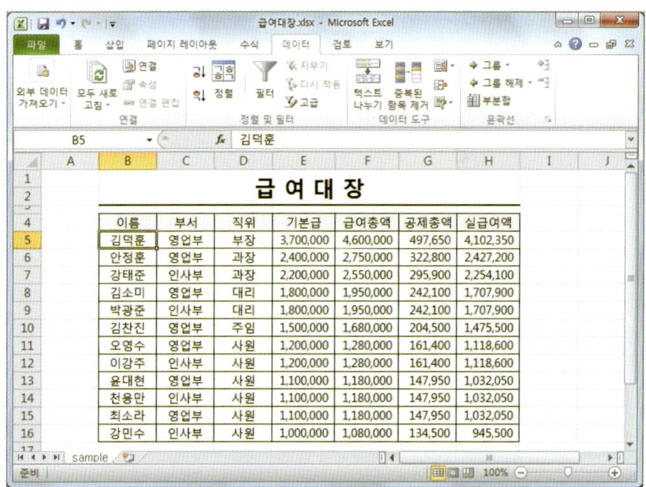

표의 열 위치를 손쉽게 변경하는 방법

| 준비 파일 : 표 열 위치 변경.xlsx

표 작업을 하다 보면, 표의 열 위치를 옮겨야 하는 경우가 종종 발생합니다. 이 경우에는 열을 선택하고 잘라낸 다음, 원하는 위치에 붙여 넣는 작업을 반복하는 경우가 일반적인 방법입니다. 이동할 열이 하나라면 별 다른 문제가 되지 않지만, 여러 개인 경우라면 좀 번거로울 수 있습니다.

이와 같은 경우에는 정렬 작업을 이용하면 좀 더 손쉽게 열 위치를 조정할 수 있습니다.

다음 표를 거래ID, 제품, 단가, 수량, 할인율, 판매, 담당, 고객, 주문일 순으로 정렬해 보겠습니다.

❶ 표 상단에 빈 행을 하나 추가하기 위해 5행의 행 머리글을 선택한 다음 리본의 **[홈]** 탭 → **셀** 그룹 → **삽입** 명령 아이콘을 클릭합니다.

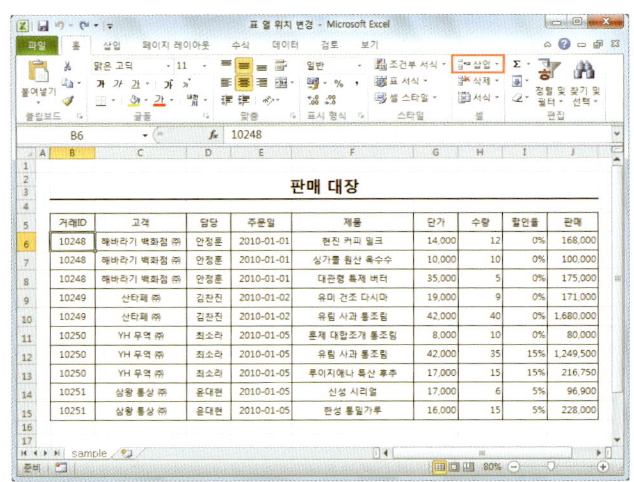

❷ 정렬할 순서의 일련번호를 오른쪽 화면과 같이 5행에 입력합니다.

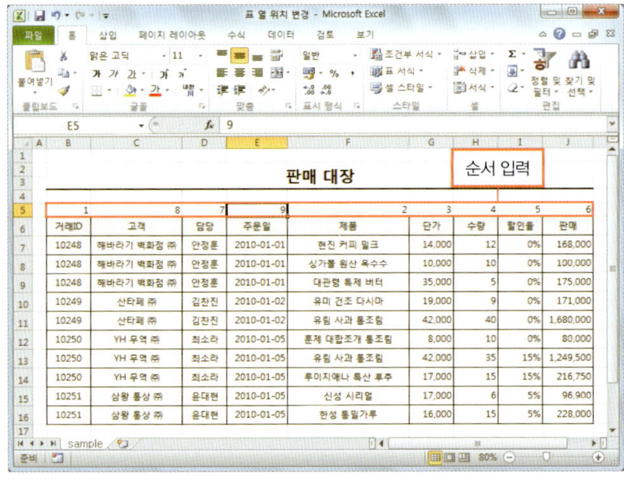

❸ 1행을 기준으로 표를 가로로 정렬하기 위해 리본의 [데이터] 탭
→ 정렬 및 필터 그룹 → 정렬 명령 아이콘을 클릭합니다.

❹ '정렬' 대화상자가 표시되면 〈옵션〉 단추를 클릭하여 '정렬 옵션'
대화상자가 표시되면 '왼쪽에서 오른쪽' 옵션을 선택하고 〈확인〉
단추를 클릭합니다.

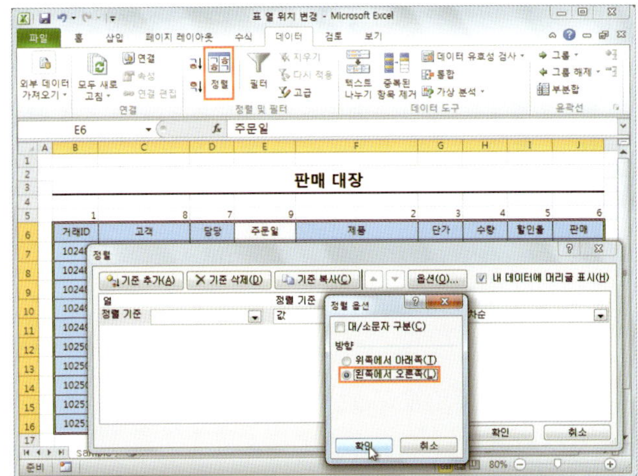

❺ 정렬 기준은 '행 5'로 선택하고, 정렬은 '오름차순'을 선택한 다
음 〈확인〉 단추를 클릭합니다.

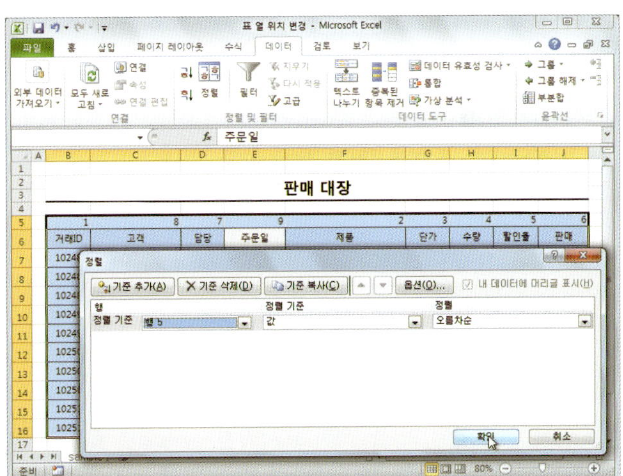

❻ 원하는 순서대로 정렬이 완료되면 열 너비를 알맞게 조정하고
5행을 삭제합니다.

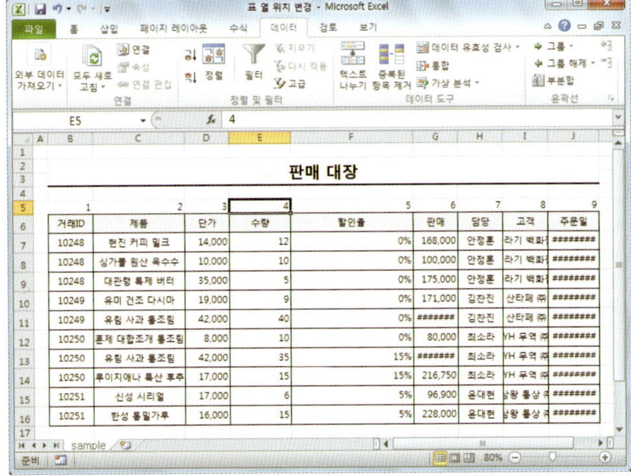

03 색상별 정렬 방법

엑셀은 2007 버전부터 색상별 정렬 작업을 지원합니다. 엄밀하게 말하면 정렬이라기보다는 선택한 색상을 우선으로 표 상단에 표시한다고 하는 것이 맞을 것 같습니다. 일단, 색상은 셀 색과 글꼴 색, 두 가지 기준에서 원하는 정렬 기준을 선택할 수 있으며, 정렬 작업은 '정렬' 대화상자를 이용합니다.

색상별 정렬 방법은 다음과 같은 순서에 따라 진행됩니다.

1단계 정렬할 열을 선택하고 정렬 기준을 셀 색으로 할 것인지 글꼴 색으로 할 것인지 선택합니다.

❶ '정렬' 대화상자에서 정렬할 열 머리글을 선택합니다.

❷ 정렬 기준은 '셀 색' 또는 '글꼴 색'을 선택합니다.

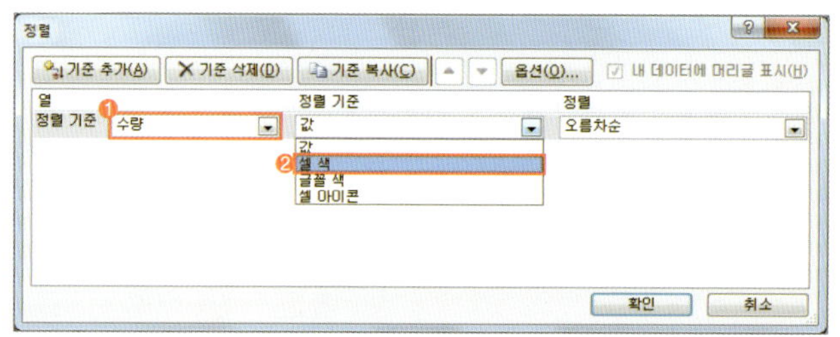

▲ 정렬 기준 – 셀 색

2단계 우선적으로 표시할 색상을 선택합니다.

❸ 정렬 항목에 해당 열의 셀 색이 표시되면 먼저 표시(또는 마지막에 표시)할 색을 선택합니다.

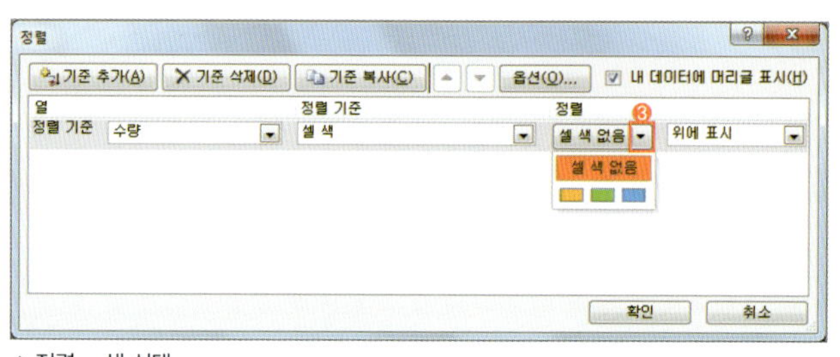

▲ 정렬 – 색 선택

3단계 선택한 색상을 표 위쪽에 표시할 지 아래쪽에 표시할 지 선택합니다.

❹ 선택한 색을 갖는 열을 표의 맨 위쪽에 표시할 지 아래쪽에 표시할 지를 선택합니다.

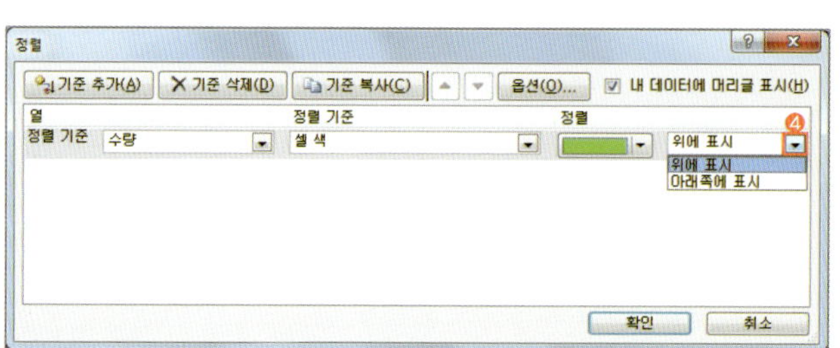

▲ 정렬 – 위에 표시

이렇게 하면 '정렬' 대화상자에서 선택한 색상을 사용한 셀들은 표 위쪽에 다음과 같이 표시되지만, 다른 색상을 사용한 데이터는 그 자리에 그대로 남아 있습니다.

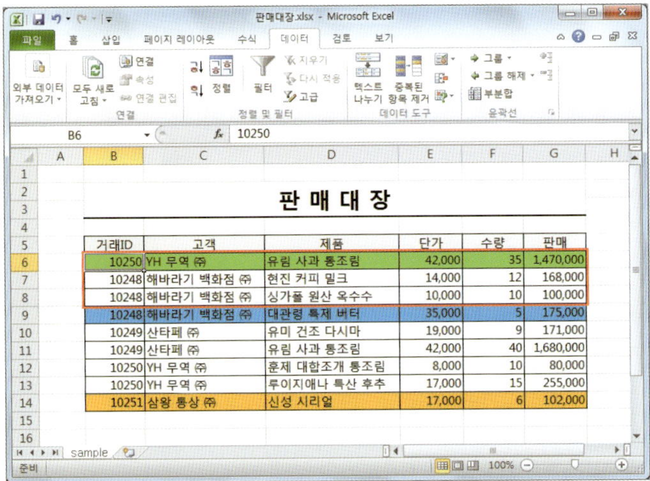

▲ 정렬 기준이 한 개일 때의 정렬 결과

따라서, 원하는 순서에 맞게 색상 별로 표시하려면 '정렬' 대화상자에서 원하는 순서에 맞게 정렬 기준을 색상 수별로 추가합니다.

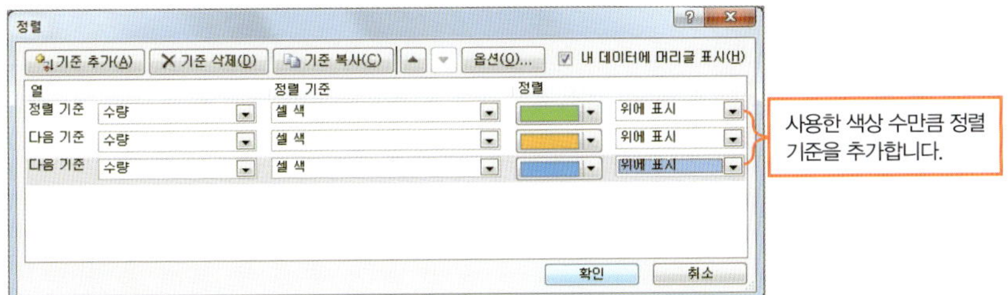

▲ '정렬' 대화상자의 설정

이렇게 하면 '정렬' 대화상자에서 추가한 정렬 순서에 맞게, 셀 색을 사용한 데이터들이 모두 표 위쪽에 위치합니다.

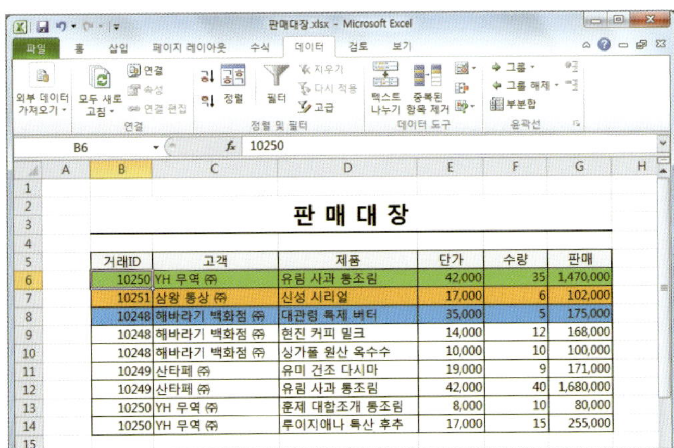

▲ 정렬 기준이 세 개일 때의 정렬 결과

자동 필터

필터는 사전적 의미로 '걸러낸다'라는 의미를 갖습니다. 엑셀에서 제공하는 필터 기능 역시 전체 데이터에서 사용자가 필요한 데이터만 걸러내는 데 사용됩니다. 엑셀에는 두 개의 필터 명령이 제공되는데, 하나는 자동 필터이고 다른 하나는 고급 필터입니다. 먼저 자동 필터의 기능과 사용법에 대해 알아봅니다.

자동 필터는 다양한 필터 조건이 미리 지정되어 있으나 고급 필터는 사용자가 직접 원하는 조건을 작성해야 합니다. 그러므로 자동 필터는 사용자가 조건만 잘 이해하고 있으면 원하는 필터 작업을 손쉽게 할 수 있다는 장점이 있습니다.

엑셀에서 자동 필터를 실행하기 위해 다음 명령을 수행합니다.

❶ 자동 필터를 적용할 표 내부의 셀을 하나 선택합니다.

❷ 리본의 [데이터] 탭 → 정렬 및 필터 그룹 → 필터 명령 아이콘을 클릭합니다.

❸ 표의 첫 번째 제목 행의 각 셀에 필터 조건을 지정할 수 있는 아래 화살표 단추가 나타납니다.

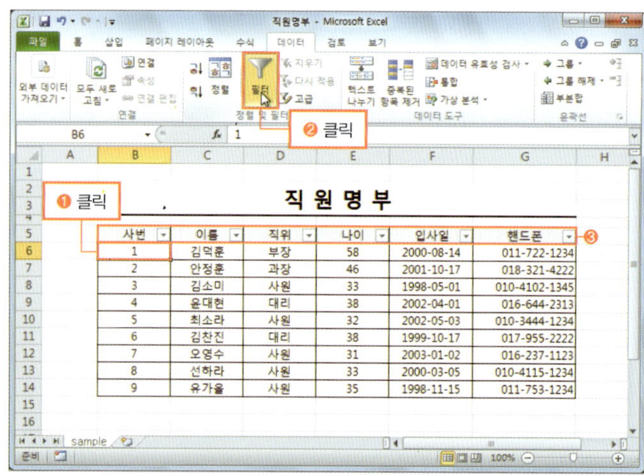

▲ '자동 필터'의 적용

자동 필터가 적용되면 원하는 데이터를 추출하기 위해 추출한 조건이 입력된 열의 아래 화살표 단추▼가 나타나며, 이 단추를 클릭해 원하는 조건을 선택합니다. 단, 아래 화살표 단추▼를 클릭할 때 나타나는 필터 목록은 각 열의 데이터 형식에 따라 다르게 나타납니다.

◉ **텍스트 값을 갖는 열**(앞 표에서 '이름', '직위', '핸드폰' 열이 텍스트 값을 갖습니다)

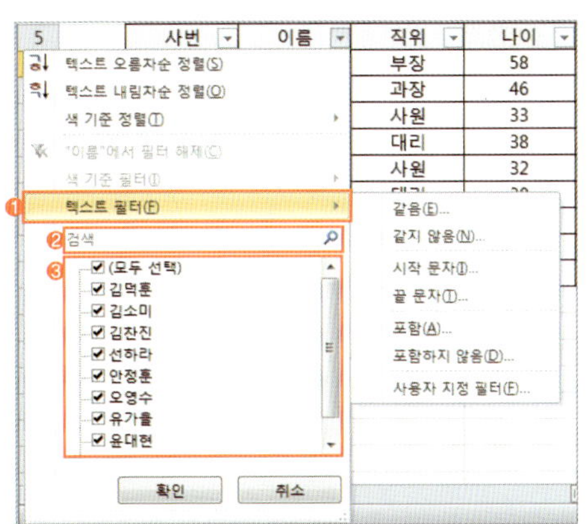

❶ 텍스트 값을 갖는 열에 사용할 수 있는 하위 필터 조건을 선택해 작업할 수 있습니다.

❷ 검색어를 입력해 원하는 필터 조건을 빠르게 선택할 수 있습니다. 예를 들어, "유"라고 입력하면 "유" 값이 포함된 텍스트 값만 아래 리스트에 나타납니다. **NEW 2010**

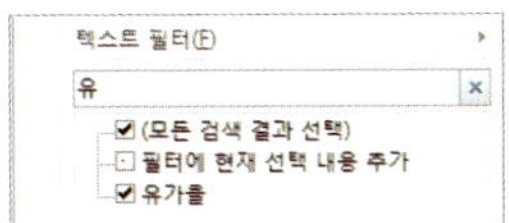

❸ 선택한 열에 입력된 고유 항목으로 체크된 항목만 표시합니다.

◉ **숫자 값을 갖는 열**(앞 표에서 '사번', '나이' 열이 숫자 값을 갖습니다)

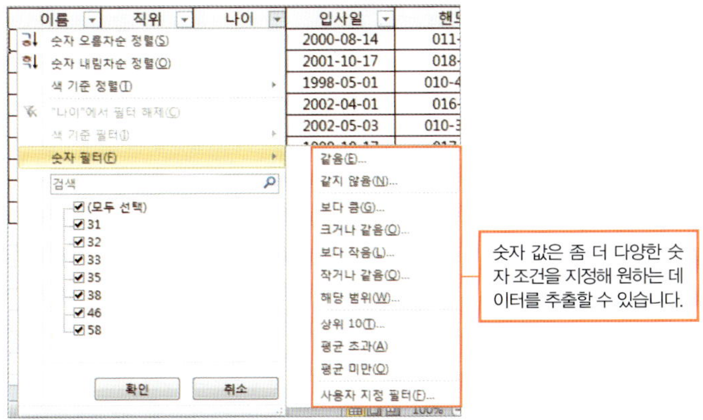

◉ **날짜 값을 갖는 열**(앞 표에서 '입사일' 열이 날짜 값을 갖습니다)

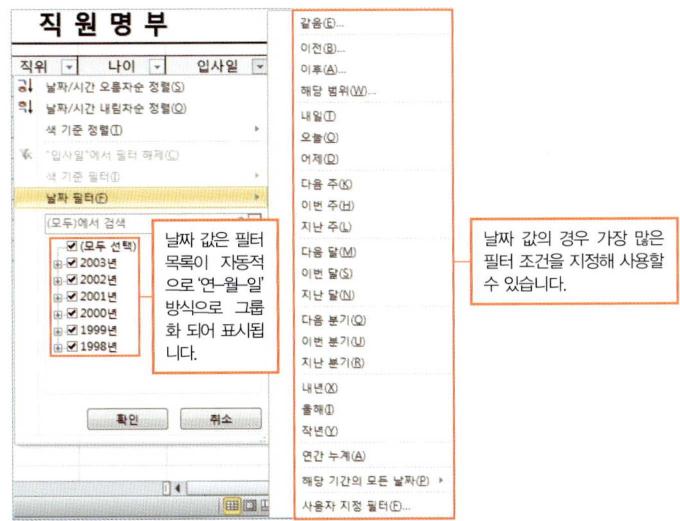

단종 제품 빠르게 삭제하기

📁 **준비 파일** : 제품리스트.xlsx

제공된 예제 파일을 열면 Before 화면과 같은 제품 리스트를 확인할 수 있습니다. 이 제품 중에서 H열에 '단종'으로 표시된 데이터만 자동 필터 기능을 이용해 추출한 후 삭제하도록 하겠습니다.

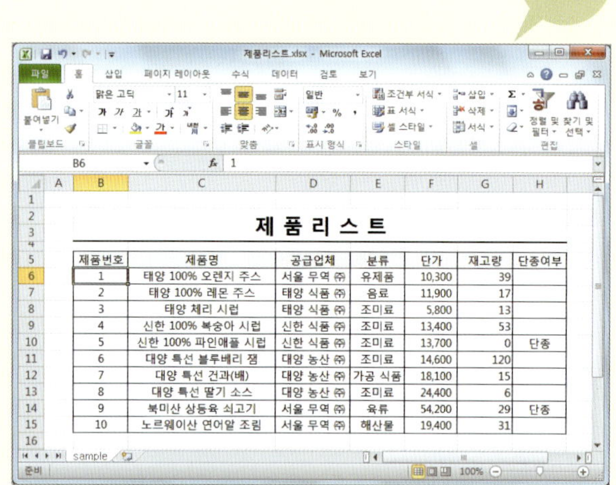

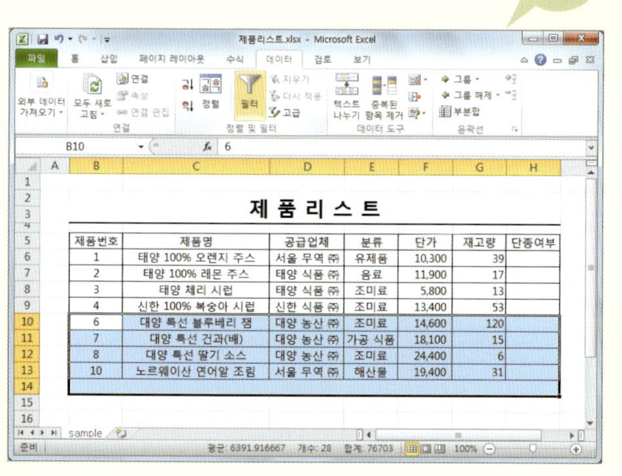

01 **자동 필터 설정하기** 표에 자동 필터를 설정하기 위해 ❶ 표 내부의 셀 하나를 선택(여기에서는 B6셀을 선택)하고 ❷ 리본의 [데이터] 탭 → **정렬 및 필터** 그룹 → ❸ **필터** 명령 아이콘을 클릭합니다.

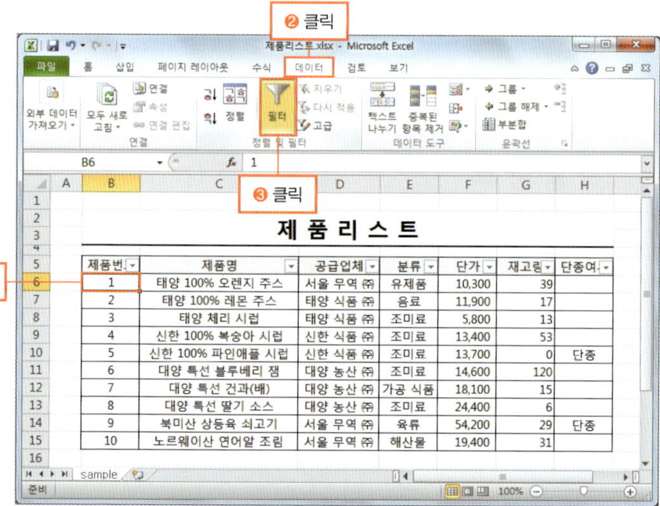

02 **자동 필터 조건 지정하기** H열의 '단종여부' 값으로 필터 조건을 지정하기 위해 ❶ H5셀의 아래 화살표 단추를 클릭하여 ❷ '(모두 선택)' 확인란을 체크 해제하고, ❸ '단종' 확인란을 체크한 후 ❹ 〈확인〉 단추를 클릭합니다.

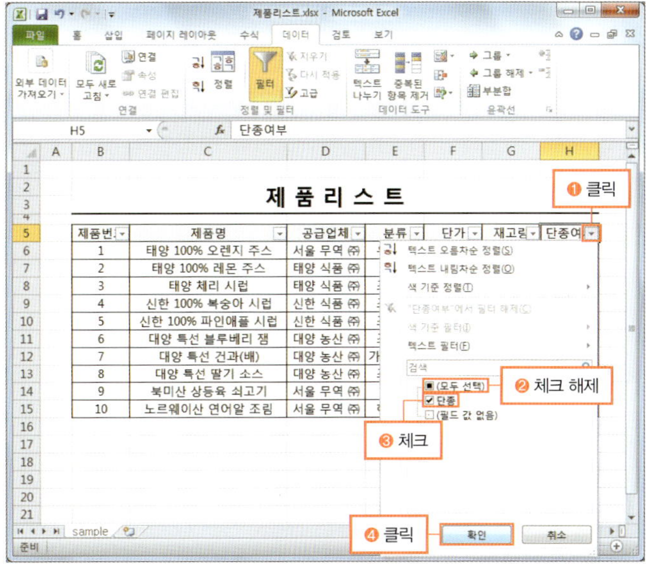

03 **추출된 데이터 삭제하기** 그러면 단종된 제품만 표시되는데, 추출된 데이터를 삭제하기 위해 ❶ 데이터 범위(=B10:H14)를 선택한 다음 ❷ 리본의 [홈] 탭 → 셀 그룹 → ❸ 삭제 명령 아이콘을 클릭합니다. ❹ 그러면 선택된 행 데이터의 삭제 여부를 묻는 메시지 창이 표시되는데, 〈확인〉 단추를 클릭하여 삭제합니다.

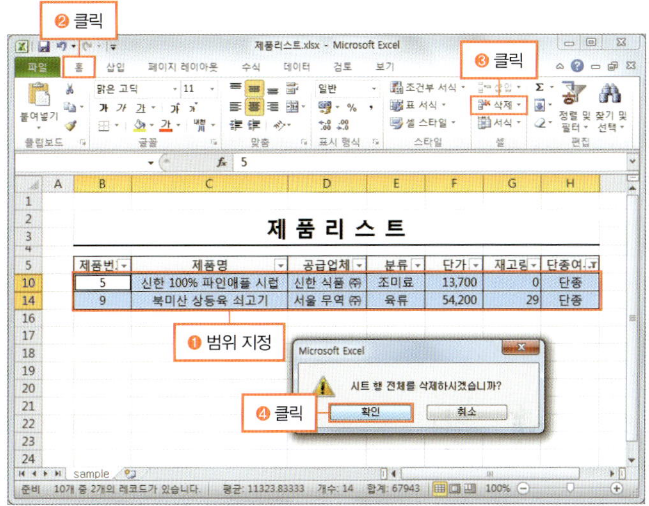

04 **필터 조건 해제하기** 이제 단종된 제품이 삭제되고 나머지 제품이 모두 있는지 확인하기 위해 ❶ 리본의 [데이터] 탭 → 정렬 및 필터 그룹 → ❷ 지우기 명령 아이콘을 클릭해 필터 조건을 해제합니다.

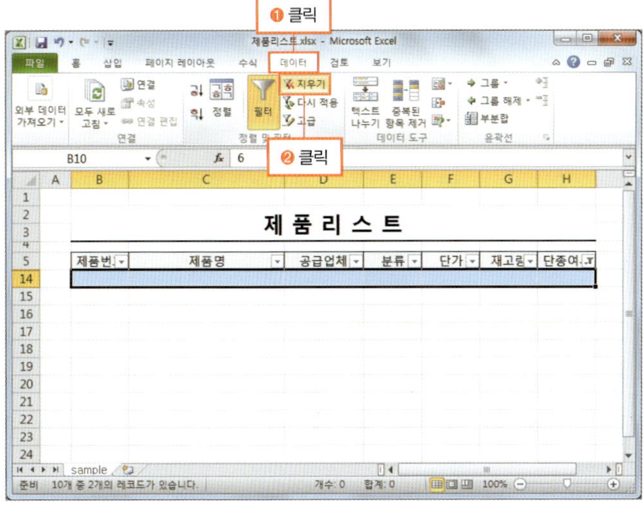

> ◎ **지우기** 명령은 필터 기능이 설정된 범위에서 필터 조건을 모두 해제하는 역할을 합니다. 어떤 필드에 조건을 설정했는지 모르거나 빠르게 필터 조건을 해제할 때 주로 사용합니다.

05 **자동 필터 해제하기** 필터 조건이 해제되면 단종된 제품만 삭제된 것을 확인할 수 있습니다. 이제 자동 필터 기능 자체를 해제하기 위해 리본의 **[데이터]** 탭 → **정렬 및 필터** 그룹 → **필터** 명령 아이콘을 클릭해 설정을 해제합니다.

필터 명령 아이콘은 자동 필터 기능을 설정할 때와 해제할 때 모두 사용됩니다.

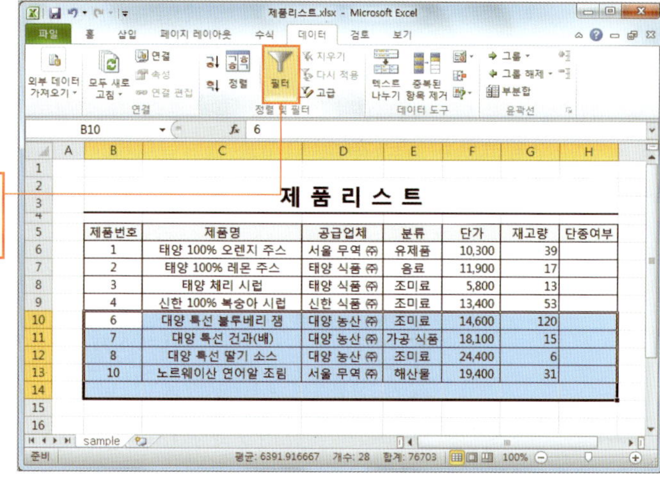

자주 묻는 질문

자동 필터와 그림이 연동되도록 하려면 추가된 그림 속성을 먼저 변경해 주어야 하므로 다음 과정을 참고합니다.

❶ 그림이 포함된 표에서 임의의 그림을 하나 선택합니다.

❷ Ctrl + Shift + Space Bar 단축키를 누르면 모든 그림 개체가 선택됩니다.

❸ 리본의 [그림 도구]–[서식] 탭 → 크기 그룹의 대화상자 표시 아이콘을 클릭합니다.

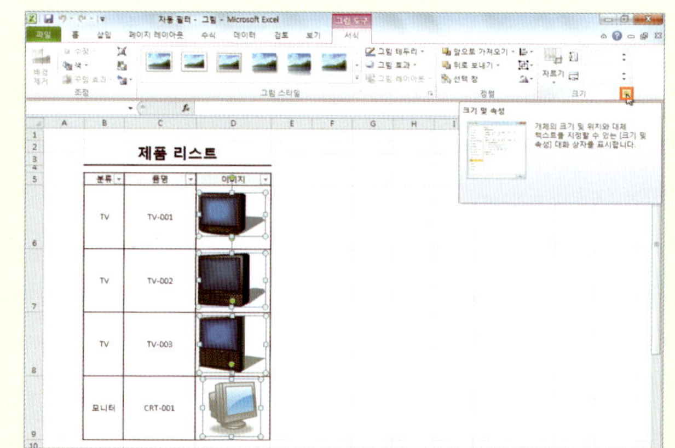

❹ '그림 서식' 대화상자가 나타나면 **속성** 범주를 선택한 다음 '위치와 크기 변경' 옵션을 선택하고 〈닫기〉 단추를 클릭합니다.

❺ 이제 리본의 [데이터] 탭 → **정렬 및 필터** 그룹 → **필터** 명령 아이콘을 클릭해 '자동 필터'를 설정한 다음 원하는 추출 작업을 진행합니다.

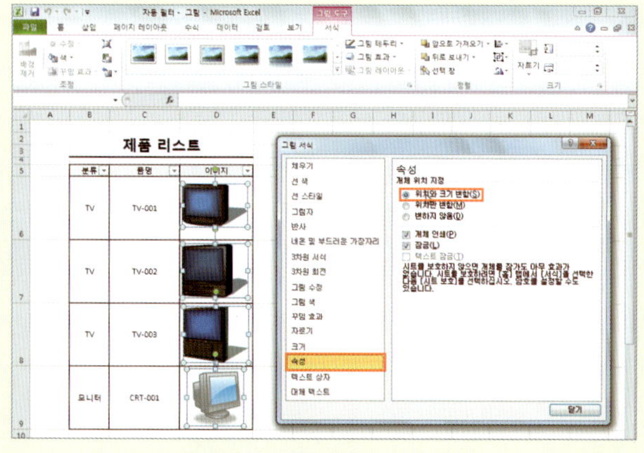

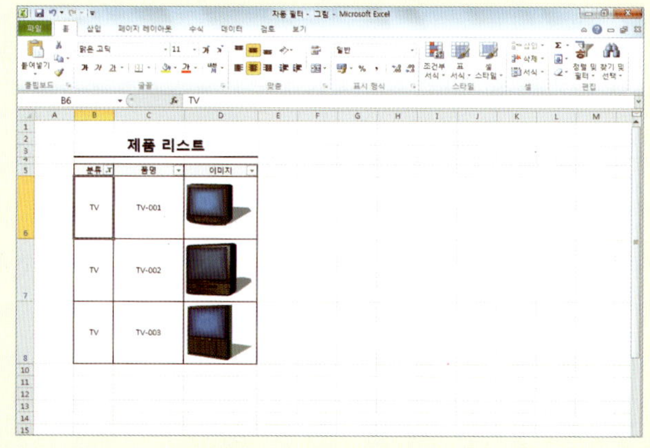

05 고급 필터

앞에서 설명한 자동 필터는 필요한 데이터를 미리 정의된 조건을 선택해 추출하는 기능이었다면, 고급 필터는 사용자가 직접 원하는 조건을 입력해야 합니다. 그러므로 조건을 입력하는 조건 표를 구성하는 방법을 살펴보도록 하겠습니다.

다음과 같은 제품대장에서 제품 분류가 조미료에 해당하는 데이터를 추출해야 하는 경우를 가지고 고급 필터를 이해해 보도록 하겠습니다.

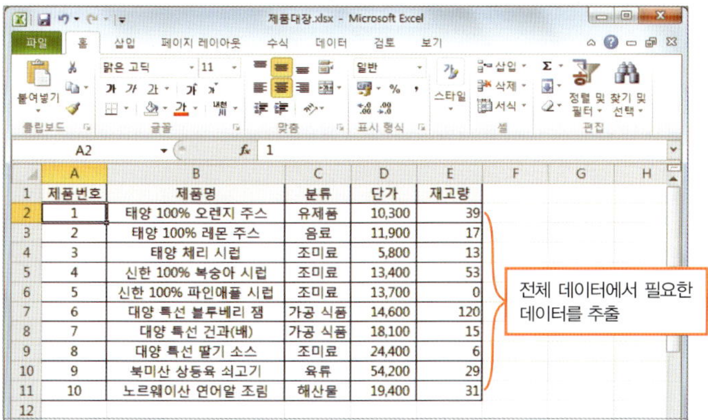

▲ '제품대장' 표

이 경우 조건은 C열의 '분류' 열에서 '조미료'인 제품만 추출해야 하므로 '분류' 열에 조건을 지정해야 합니다. 그러므로 조건을 입력할 표는 조건을 적용할 표의 열 머리글(여기서는 '분류' 열)과 조건을 입력할 셀로 구성됩니다.

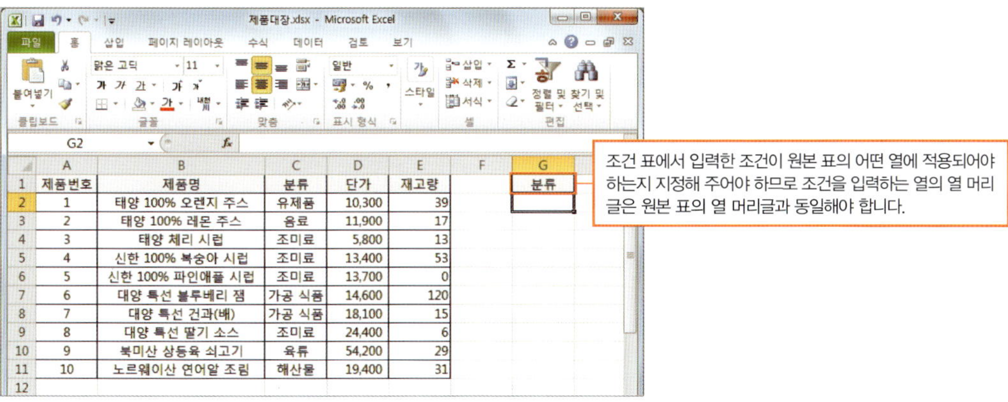

▲ 조건표의 구성

조건표를 실제 구성하는 사례는 다음 화면을 참고합니다. 원본 표의 C열에 있는 '분류' 열에서 '조미료'인 제품만 추출할 때는 해당 값을 열 머리글 하단에 입력합니다.

G	H	I
	분류	
	조미료	

▲ '분류' 열의 '조미료' 제품만 추출

원본 표의 E열에 있는 '재고량' 열에서 재고 수량이 10개 미만인 제품만 추출하려면 G1셀의 열 머리글 이름을 "재고량"으로 수정하고 조건은 "작다"는 의미를 갖는 비교 연산자 "〈"와 숫자 10을 함께 입력해 구성합니다.

G	H	I
	재고량	
	<10	

▲ '재고량' 열에서 10개 미만인 제품만 추출

여러 개 열에 동시에 조건을 지정하려면 조건 표의 열 머리글을 계속 추가합니다. 이렇게 하면 '분류' 열에 '조미료' 값이 있으면서 '재고량'은 '10개 미만'인 제품을 추출하게 됩니다. 이렇게 조건 표에서 같은 행에 입력된 조건은 입력된 모든 조건이 만족해야 하는 AND 조건의 의미를 갖습니다.

F	G	H	I
	분류	재고량	
	조미료	<10	

▲ '분류' 열에서 조미료인 제품 중 '재고량' 열의 값이 '10개 미만'인 제품만 추출

'분류' 열에서 조미료와 음료 값을 갖는 제품을 추출하려면 아래 행에 조건을 추가합니다. 이렇게 구성하면 '분류' 열의 값이 '조미료'나 '음료'인 제품 중에서 '재고량'이 '10개 미만'인 제품만 추출하게 됩니다. 이렇게 조건 표에서 다른 행에 입력된 조건은 입력된 조건 중에서 하나만 만족해도 되는 OR 조건의 의미를 갖습니다.

F	G	H	I
	분류	재고량	
	조미료	<10	
	음료	<10	

▲ '분류' 열에서 조미료나 음료 제품 중에서 '재고량' 열의 값이 '10개 미만'인 제품만 추출

그런 다음 리본의 [데이터] 탭 → 정렬 및 필터 그룹 → 고급 명령 아이콘을 클릭해 '고급 필터' 대화상자를 호출하고 다음 옵션을 참고해 구성한 다음 〈확인〉 단추를 클릭합니다.

○ '고급 필터' 대화상자

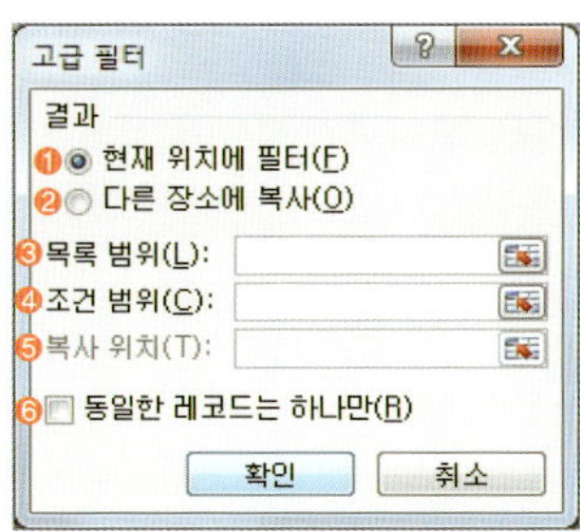

❶ **현재 위치에 필터** : 선택하면 자동 필터와 같이 원본 표에서 추출된 데이터를 표시합니다.

❷ **다른 장소에 복사** : 선택하면 '복사 위치' 항목이 활성화되며, 지정된 위치에 추출된 데이터를 복사합니다.

❸ **목록 범위** : 원본 표의 위치를 지정합니다.

❹ **조건 범위** : 조건 표의 범위를 지정합니다.

❺ **복사 위치** : 복사 위치를 지정하면 추출한 데이터를 해당 위치에 복사해 표시합니다.

❻ **동일한 레코드는 하나만** : 추출한 데이터에서 중복 데이터가 있으면 하나만 표시합니다.

실무예제 ─ 제품대장에서 발주에 필요한 데이터 추출하기

📁 **준비 파일** : 발주리스트.xlsx

제공된 예제 파일을 열어보면 Before 화면과 같은 제품 목록을 확인할 수 있습니다. 이 데이터에서 고급 필터 명령을 이용해 '분류'가 '조미료'인 제품 중에서 '재고량'이 '10개 미만'인 제품을 추출하여 [발주 제품 리스트] 14행 아래에 구성한 후 필요한 열 데이터만 추출해 보도록 하겠습니다.

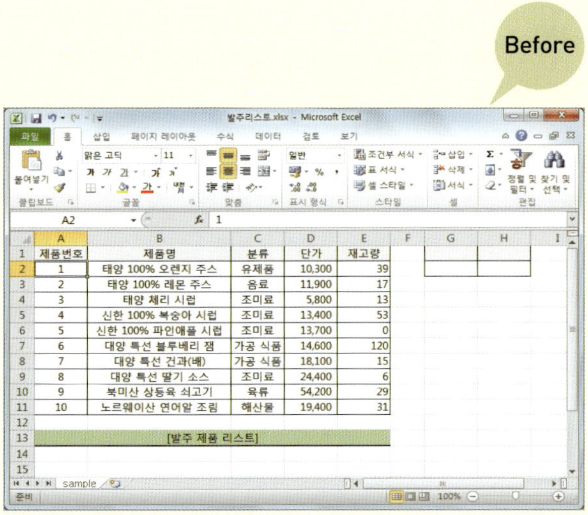

Before

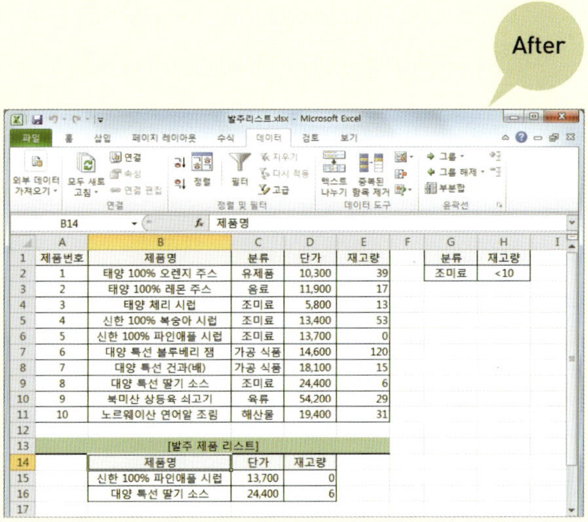

제품번호	제품명	분류	단가	재고량
1	태양 100% 오렌지 주스	유제품	10,300	39
2	태양 100% 레몬 주스	음료	11,900	17
3	태양 체리 시럽	조미료	5,800	13
4	신한 100% 복숭아 시럽	조미료	13,400	53
5	신한 100% 파인애플 시럽	조미료	13,700	0
6	대양 특선 블루베리 잼	가공 식품	14,600	120
7	대양 특선 건과(배)	가공 식품	18,100	15
8	대양 특선 딸기 소스	조미료	24,400	6
9	북미산 상등육 쇠고기	육류	54,200	29
10	노르웨이산 연어알 조림	해산물	19,400	31

[발주 제품 리스트]

After

제품번호	제품명	분류	단가	재고량		분류	재고량
1	태양 100% 오렌지 주스	유제품	10,300	39		조미료	<10
2	태양 100% 레몬 주스	음료	11,900	17			
3	태양 체리 시럽	조미료	5,800	13			
4	신한 100% 복숭아 시럽	조미료	13,400	53			
5	신한 100% 파인애플 시럽	조미료	13,700	0			
6	대양 특선 블루베리 잼	가공 식품	14,600	120			
7	대양 특선 건과(배)	가공 식품	18,100	15			
8	대양 특선 딸기 소스	조미료	24,400	6			
9	북미산 상등육 쇠고기	육류	54,200	29			
10	노르웨이산 연어알 조림	해산물	19,400	31			

[발주 제품 리스트]

제품명	단가	재고량
신한 100% 파인애플 시럽	13,700	0
대양 특선 딸기 소스	24,400	6

01 조건표 구성하기(1) 고급 필터를 이용하려면 먼저 조건표를 구성해야 합니다. 발주 대상 제품은 C열의 분류명이 '조미료'인 것과 E열의 '재고량이 10개 미만'이므로 조건표의 열 머리글은 C열과 E열의 열 머리글이어야 합니다. ❶ C1셀을 선택하고 ❷ Ctrl키를 누른 상태에서 E1셀을 선택한 다음 ❸ 리본의 [홈] 탭 → **클립보드** 그룹 → **복사** 명령 아이콘을 클릭해 복사합니다.

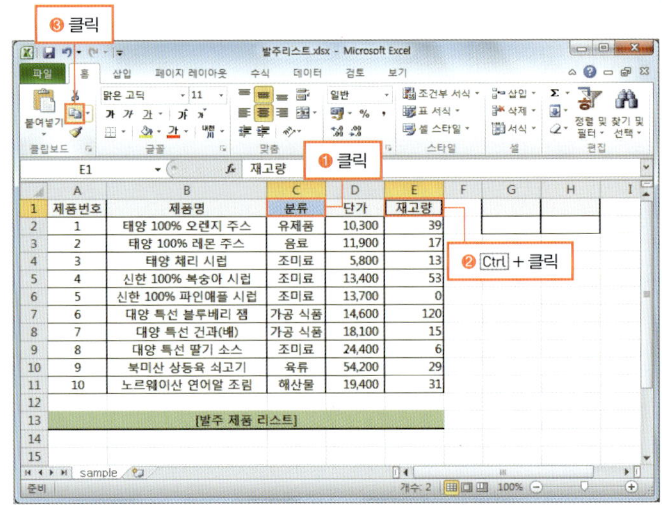

02 조건표 구성하기(2) ❶ G1셀을 선택하고 ❷ 리본의 [홈] 탭 → **클립보드** 그룹 → **붙여넣기** 명령 아이콘을 클릭하면 조건표의 열 머리글이 구성됩니다.

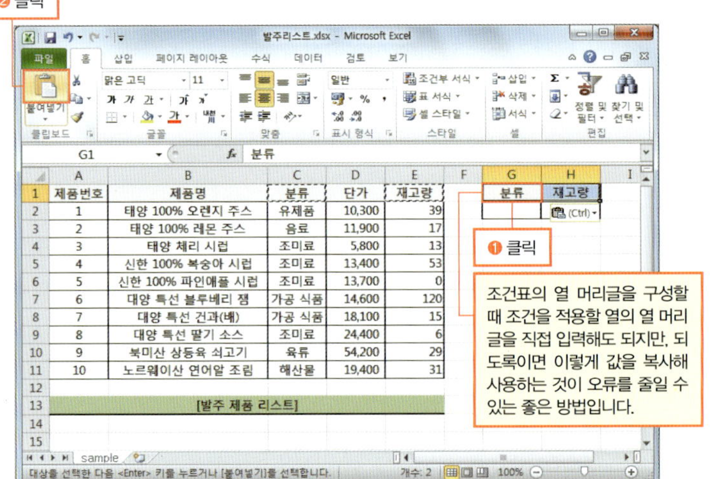

03 조건표 구성하기(3) 조건표의 조건을 G2셀에는 "조미료", H2셀에는 "<10"을 입력하고 Enter키를 누릅니다.

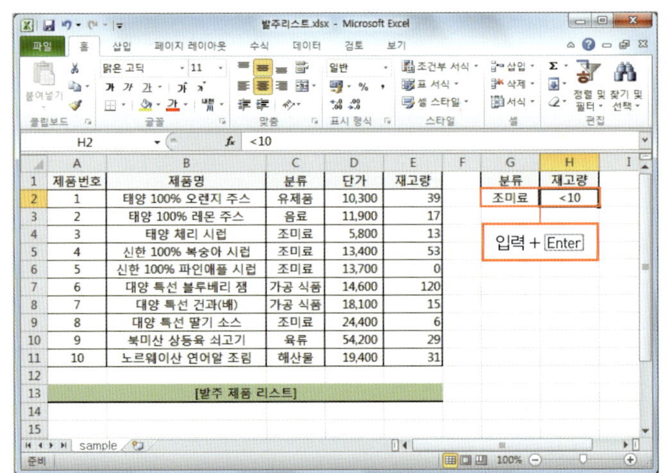

04 **고급 필터를 이용해 데이터 추출하기(1)** 조건표의 구성이 끝났으므로 고급 필터를 실행해 조건에 맞는 데이터를 추출합니다. 원본 표의 셀을 선택하고 고급 필터를 실행하면 원본 범위를 정확하게 인식해 편리합니다. ❶ A2셀을 선택하고 ❷ 리본의 [데이터] 탭 → **정렬 및 필터** 그룹 → ❸ **고급** 명령 아이콘을 클릭합니다.

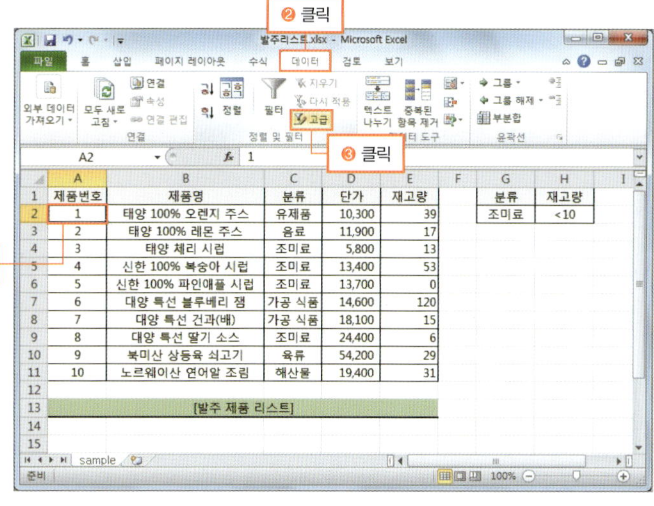

05 **고급 필터를 이용해 데이터 추출하기(2)** '고급 필터' 대화상자가 열리면 ❶ 아래와 같이 설정하고 ❷ 〈확인〉 단추를 클릭합니다.

다른 장소에 복사	선택
목록 범위	$A$1:$E$11
조건 범위	sample!$G$1:$H$2
복사 위치	sample!$A$14

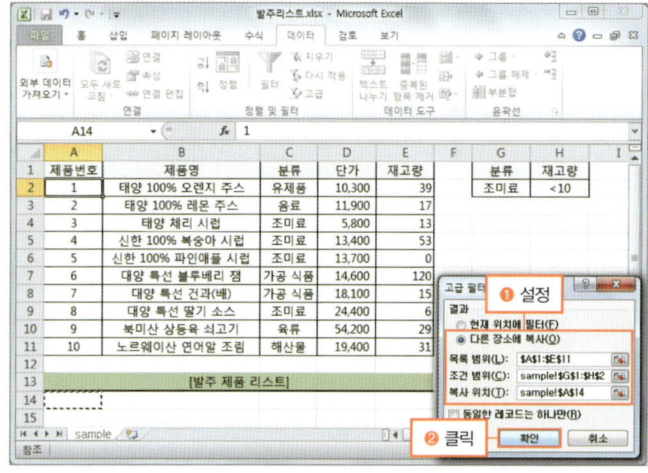

'고급 필터' 대화상자의 '목록 범위', '조건 범위', '복사 위치' 항목은 워크시트의 대상 범위를 참조할 수 있습니다. 입력란의 오른쪽에 참조 명령 아이콘 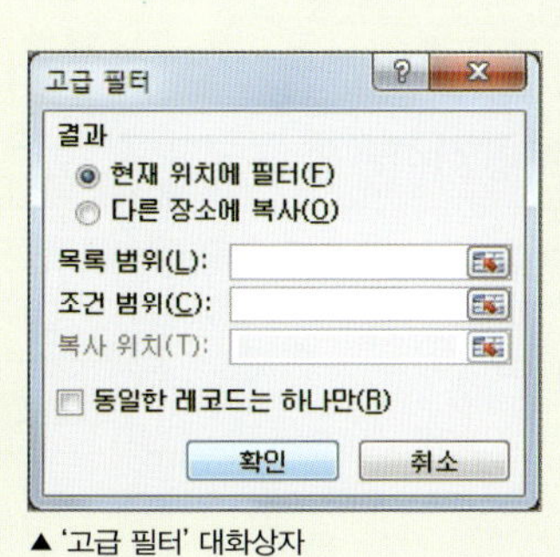 이 있는 경우에는 각 참조 입력란을 선택하면 워크시트 범위를 마우스로 드래그해 선택할 수 있는데, 이렇게 하면 셀 주소 앞에 워크시트 명이 자동으로 표시됩니다.

▲ '고급 필터' 대화상자

06 **고급 필터를 이용해 데이터 추출하기(3)** 그러면 오른쪽 그림과 같이 조건에 맞는 데이터가 14:16행에 추출되어 복사된 것을 확인할 수 있습니다.

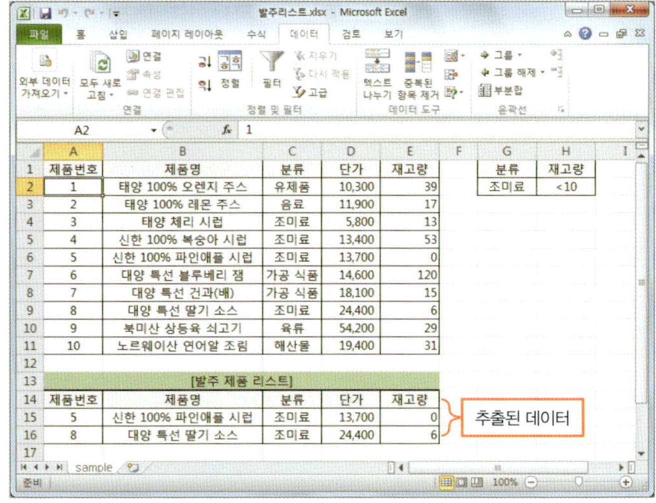

07 **추출한 데이터 삭제하기** 고급 필터를 이용해 데이터를 추출할 때는 모든 열의 데이터를 추출하지 않고 원하는 열의 데이터만 추출할 수 있습니다. 이 작업을 위해서 기존의 추출된 데이터를 먼저 삭제하겠습니다. ❶ 14:16행을 행 머리글을 클릭하여 선택하고 ❷ 리본의 **[홈]** 탭 → **셀** 그룹 → ❸ **삭제** 명령 아이콘을 클릭하여 삭제합니다.

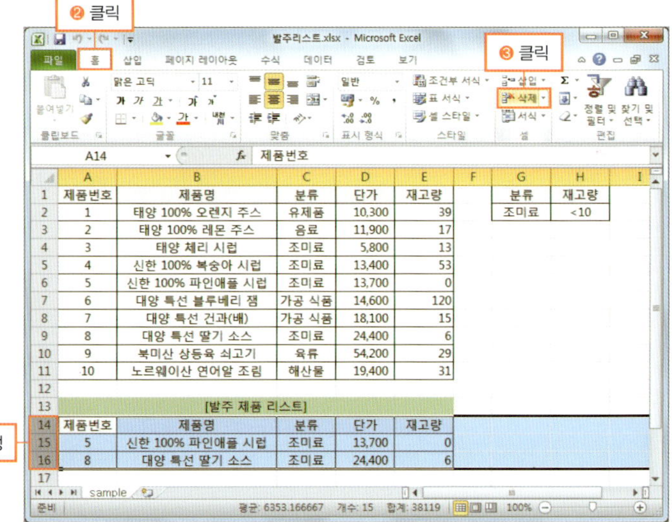

08 **추출할 열 미리 구성해 놓기** 이번에는 고급 필터를 실행하기 전에 추출할 열 머리글을 미리 복사 위치에 복사해 놓습니다. ❶ B1셀을 선택하고 ❷ Ctrl 키를 누른 상태에서 D1:E1 범위를 선택한 다음, ❸ 리본의 **[홈]** 탭 → **클립보드** 그룹 → **복사** 명령 아이콘을 클릭하고 ❹ B14셀을 선택한 다음 ❺ **[홈]** 탭 → **클립보드** 그룹 → **붙여넣기** 명령 아이콘을 클릭합니다.

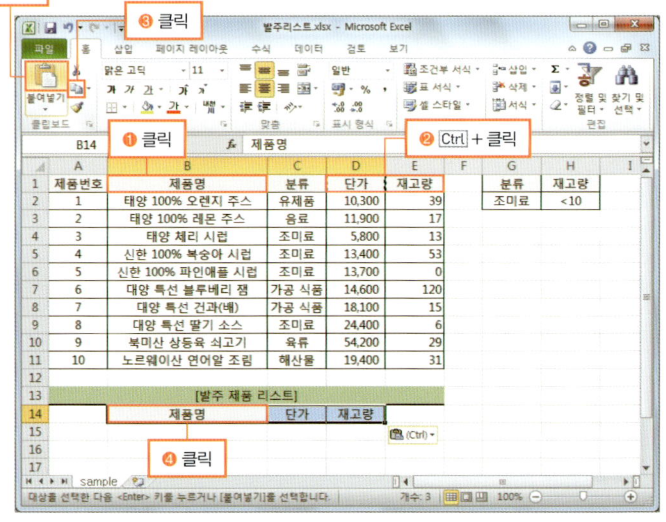

09

필요한 열 데이터만 추출하기(1) ❶ 리본의 **[데이터]** 탭 → **정렬 및 필터** 그룹 → ❷ **고급** 명령 아이콘을 클릭한 다음, ❸ '고급 필터' 대화상자를 다음과 같이 설정하고 ❹ 〈확인〉 단추를 클릭합니다.

다른 장소에 복사	선택
목록 범위	$A$1:$E$11
조건 범위	$G$1:$H$2
복사 위치	sample!$B$14:$D$14

> 원본 표 범위의 데이터 중에서 특정 열의 데이터만 추출하려면 해당 열 머리글을 미리 복사 위치에 복사해 놓은 다음, '고급 필터' 대화상자의 '복사 위치'의 범위를 복사해 놓은 열 머리글이 있는 범위를 지정해 주면 됩니다. 이와 같은 방법은 고급 필터 명령의 활용 범위를 넓혀 주므로 잘 기억해 놓을 필요가 있습니다.

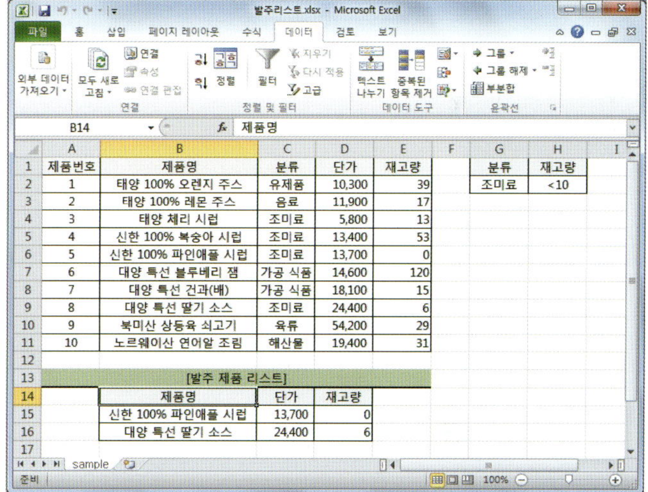

10

필요한 열 데이터만 추출하기(2) 그러면 전체 데이터가 아니라 B14:D14 범위에 입력해 놓은 열 머리글의 데이터만 추출되는 것을 확인할 수 있습니다.

고급 필터의 추출 결과를 다른 워크시트로 복사하는 방법

'고급 필터' 대화상자에서 '다른 장소에 복사' 옵션을 선택하면 추출된 결과를 다른 위치로 복사할 수 있다는 것을 앞의 예제에서 살펴보았습니다. 그렇다면 추출된 데이터를 다른 워크시트로 복사하기 위해 '복사 위치' 항목에 다른 워크시트의 셀 주소를 지정하면 될까요? 그렇지 않습니다. '고급 필터'는 다음과 같은 에러 메시지를 반환하면서 데이터를 추출하지 못합니다.

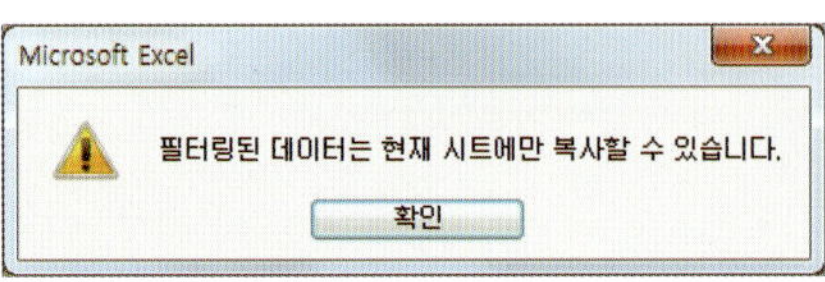

▲ 에러 메시지 창

이와 같은 특성은 고급 필터 명령이 실행된 워크시트에서만 추출한 데이터를 복사할 수 있기 때문입니다. 그렇기 때문에 다른 워크시트로 복사하려면 고급 필터의 구성을 조금 다르게 구성해야 합니다.

예를 들어, Sheet1에 원본 표가 있고 Sheet2에 추출된 데이터를 복사하고 싶다면 Sheet2에 조건 표를 구성해 놓고, Sheet2에서 고급 필터를 실행합니다.

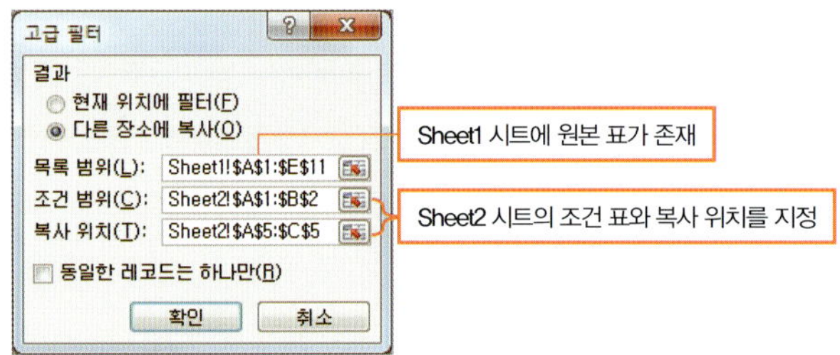

▲ '고급 필터' 대화상자의 구성

중복 데이터를 삭제하는 방법

| 준비 파일 : 고객리스트.xlsx

엑셀로 업무를 하다 보면 중복 데이터가 존재하는 경우가 종종 발생합니다. 이 경우 중복 데이터를 찾아 지우려면 어디에 있는지 일일이 찾아야 하므로 불편합니다. 이때, 엑셀 2007 이상 버전을 사용한다면 리본의 **[데이터]** 탭 → **데이터 도구** 그룹 → **중복된 항목 제거** 명령을 이용하면 되지만, 그 이하 버전에서는 '고급 필터'의 '동일한 레코드는 하나만' 옵션을 이용해 처리합니다.

예를 들어, 다음과 같은 표가 존재할 때 B열의 '담당자'와 D열의 '전화번호'가 동일한 데이터가 중복이라고 가정합니다.

❶ A2셀을 선택하고 리본의 [데이터] 탭 → 데이터 도구 그룹 → **중복된 항목 제거** 명령 아이콘을 클릭합니다.

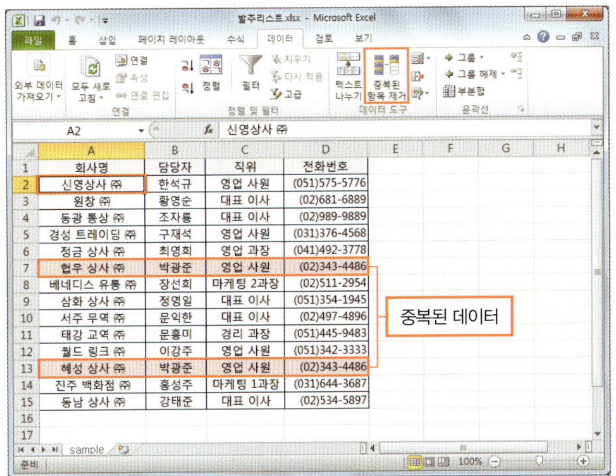

❷ '중복된 항목 제거' 대화상자가 열리면 중복 기준이 되는 '담당자'와 '전화번호'만 체크하고 〈확인〉 단추를 클릭합니다.

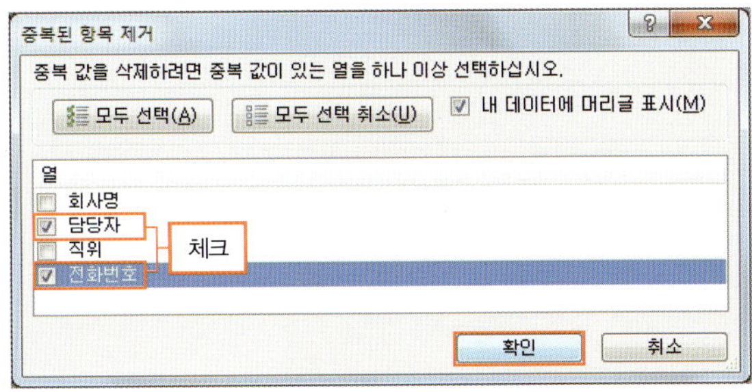

## CHAPTER 03

외부 데이터 가져오기

엑셀은 다양한 외부 데이터를 엑셀로 가져와 작업할 수 있습니다. 엑셀에서 가져올 수 있는 외부 데이터의 종류에는 텍스트 파일, 액세스 데이터베이스, SQL Server, Oracle, DB2 등의 데이터베이스, HTML 형식의 웹 페이지가 있습니다.

01 텍스트 파일 가져오기

외부 회사와 데이터를 주고 받을 때, 또는 사내 데이터베이스나 ERP에서 필요한 데이터를 추출할 때 텍스트 파일의 데이터로 주고받는 경우가 종종 있습니다. 이런 데이터를 가공해 필요한 보고서를 만들기 위해서는 엑셀로 해당 데이터를 가져올 필요가 있습니다. 텍스트 파일을 엑셀로 가져오는 방법에 대해 알아봅니다.

엑셀에서 가져올 수 있는 텍스트 파일은 다음과 같은 세 가지 종류가 있습니다.

❶ **CSV(Comma Separate Value) 파일 :** 각 열의 항목이 쉼표(",")로 구분된 텍스트 파일

❷ **PRN(Print) 파일 :** 공백으로 분리된 텍스트 파일

❸ **TXT (Text) 파일 :** 가장 자유로운 형식의 텍스트 파일로 여러 구분 기호를 사용하여 각 열의 데이터를 분리합니다.

텍스트 파일을 가져오려면 리본의 [데이터] 탭 → **외부 데이터 가져오기** 그룹 → **텍스트** 명령 아이콘을 클릭합니다.

▲ 텍스트 가져오기

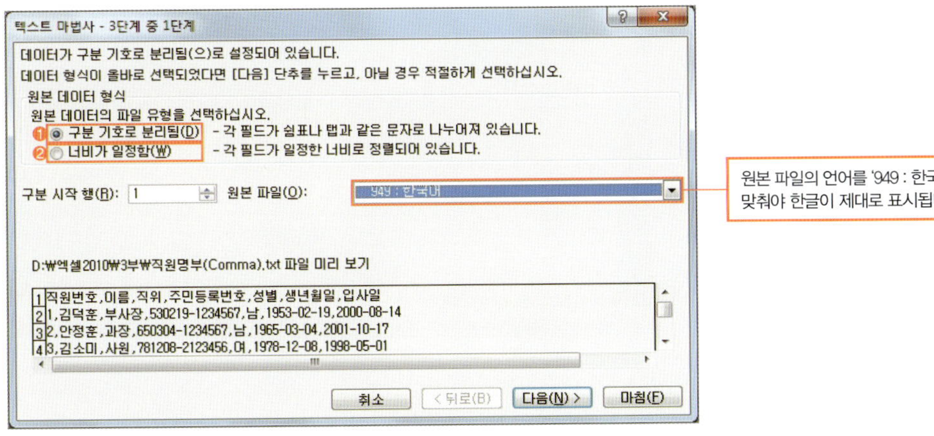

❶ **구분 기호로 분리됨 :** TXT 파일, CSV 파일

❷ **너비가 일정함 :** PRN 파일

직원 데이터를 텍스트 파일에서 불러와 가져오기

📁 **준비 파일** : 직원명부(Comma).txt

제공된 예제 파일을 열면 Before 화면과 같은 데이터를 확인할 수 있습니다. 각 열의 데이터는 쉼표(,) 구분 기호로 분리되어 있으므로, 이 데이터를 엑셀로 가져오도록 하겠습니다(열어 놓은 텍스트 파일은 닫고 진행합니다.).

Before

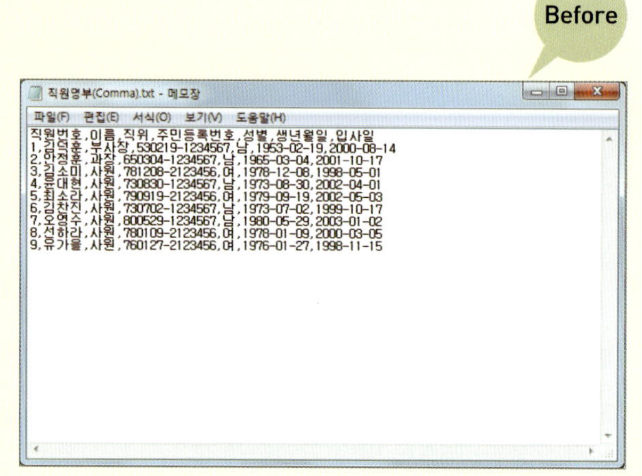

After

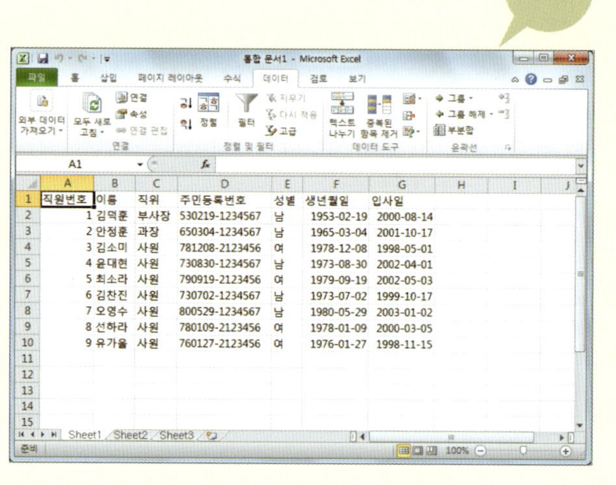

01 **텍스트 파일 가져오기(1)** 엑셀 프로그램을 실행한 다음, 텍스트 파일의 데이터를 가져오기 위해 ❶ 리본의 **[데이터] 탭 → 외부 데이터 가져오기 그룹 → ❷ 텍스트** 명령 아이콘을 클릭합니다.

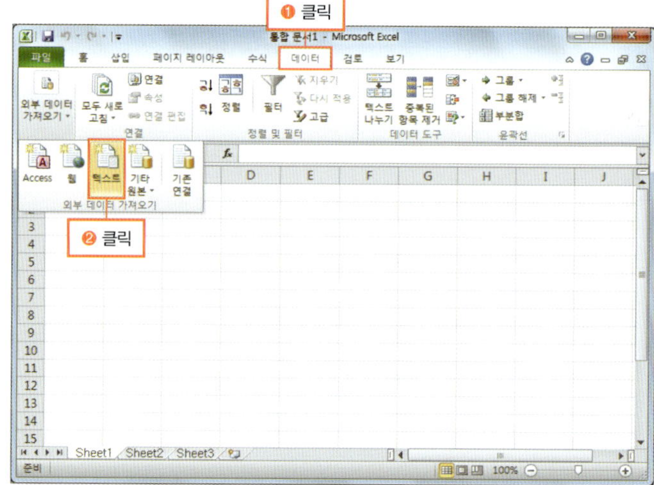

02 **텍스트 파일 가져오기(2)** '텍스트 파일 가져오기' 대화 상자가 열리는데, 제공된 예제 파일이 있는 폴더로 이 동해 보면 오른쪽 그림과 같은 텍스트 파일을 확인할 수 있습니다. ❶ '직원명부(Comma).txt' 파일을 선택하고 ❷ 〈가져오기〉 단추를 클릭합니다.

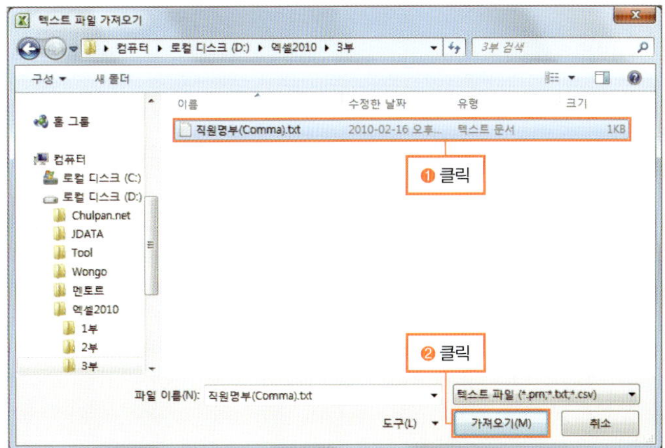

03 **텍스트 파일 가져오기(3)** '텍스트 마법사' 대화상자가 열립니다. 가져올 데이터는 TXT 파일이고, 쉼표 구분 기호로 분리되어 있으므로 '구분 기호로 분리됨' 옵션이 선택된 상태에서 〈다음〉 단추를 클릭합니다.

'파일 미리 보기' 란의 데이터가 한글로 표시되지 않으면 상단의 '원본 파일' 콤보 상자 값을 '949 : 한국어'로 선택합니다. 한국어를 선택하지 않으면 가져온 데이터가 한국어로 표시되지 않으므로 주의합니다.

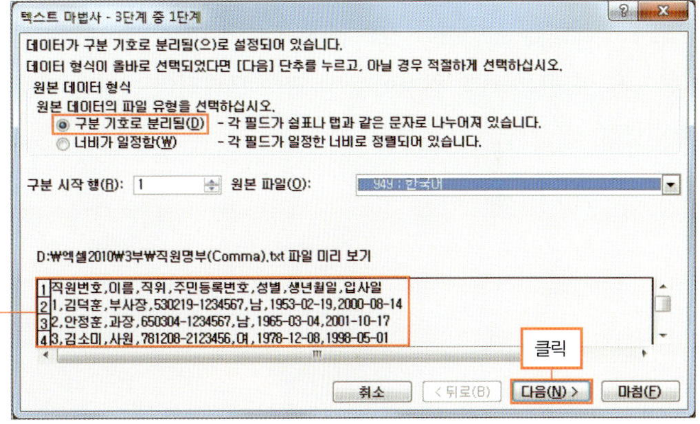

04 **텍스트 파일 가져오기(4)** 텍스트 마법사 2단계는 구분 기호를 선택해 주는 단계입니다. ❶ '구분 기호'의 옵션에서 '쉼표'를 체크하고 ❷ '탭' 구분 기호는 체크 해제한 다음 ❸ 〈마침〉 단추를 클릭합니다.

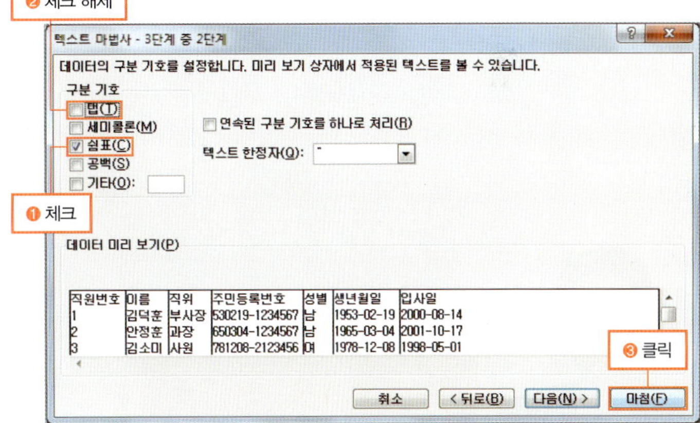

05 **텍스트 파일 가져오기(5)** '데이터 가져오기' 대화상자
가 열리면 가져올 워크시트 내 위치를 지정할 수 있습
니다. 기본 설정은 '기존 워크시트'의 A1셀이므로 변경하지 않
고 〈확인〉 단추를 클릭하여 데이터를 가져옵니다.

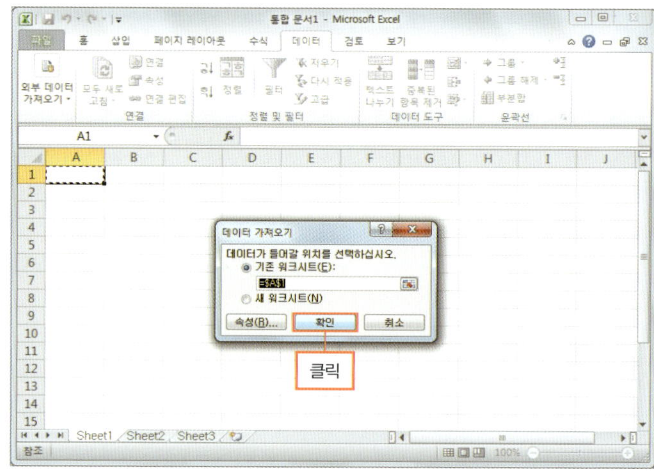

06 **데이터 확인하기** 그러면 텍스트 파일의 데이터가 쉼
표 구분 기호 위치에서 각 열로 분리되어 가져온 것을
확인할 수 있습니다.

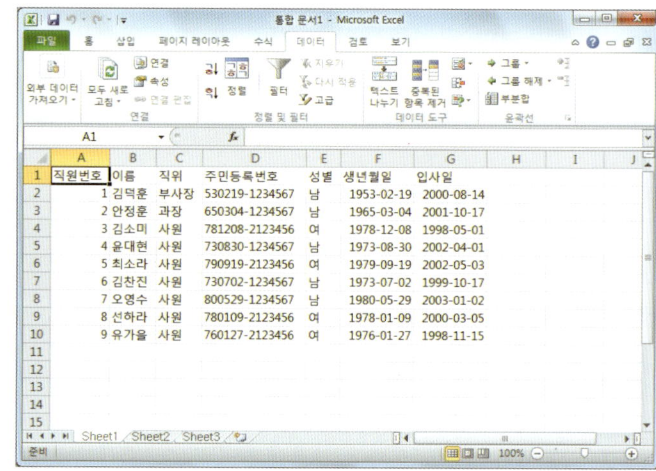

'텍스트' 마법사 대화상자는 총 3단계로 진행되며, 마지막 3단계는 가져올 데이터의 형식을 지정할 수 있습니다. 예제에서처럼
2단계에서 〈마침〉 단추를 클릭하면 모든 열의 데이터를 기본 형식으로 가져옵니다.

02 액세스 데이터 가져오기

엑셀 2007 버전부터는 100만 행의 데이터를 한 개의 워크시트에서 다룰 수 있지만, 실제로 그렇게까지 많은 데이터를 관리하는 것은 드문 일입니다. 보통 많아야 10만 행 정도의 데이터만 다루고 실제 그 이상이 되면, 액세스 등의 데이터베이스 관리 프로그램을 이용하는 것이 일반적입니다. 데이터가 외부 데이터베이스 관리 프로그램에 존재하는 경우 이를 가져오는 방법을 살펴봅니다.

데이터가 외부 데이터베이스 관리 프로그램에 존재하는 경우에는 필요한 데이터를 엑셀로 가져와 요약, 분석하는 작업을 해야 합니다. 이번에는 오피스 설치 시 함께 설치되는 액세스에서 필요한 데이터를 엑셀로 가져와 분석하는 방법에 대한 대략적인 흐름을 보여줍니다.

액세스 파일을 가져오려면 **[데이터]** 탭 → **외부 데이터 가져오기** 그룹 → **Access** 명령 아이콘을 클릭합니다.

▲ 액세스 데이터 가져오기

가져올 데이터가 포함된 테이블이나 Query를 선택한 후 가져올 방법을 선택합니다.

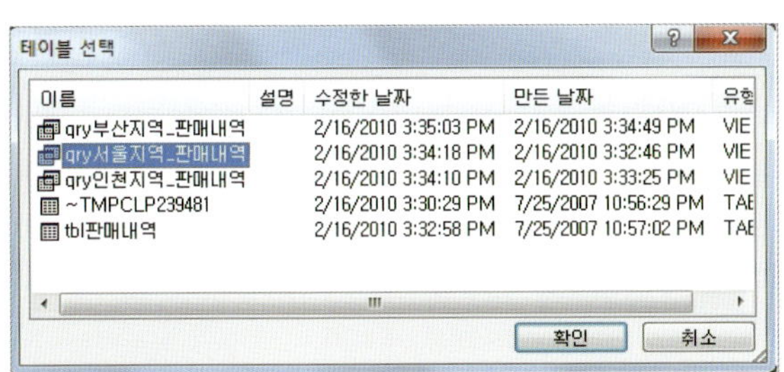

▲ 데이터 원본 선택

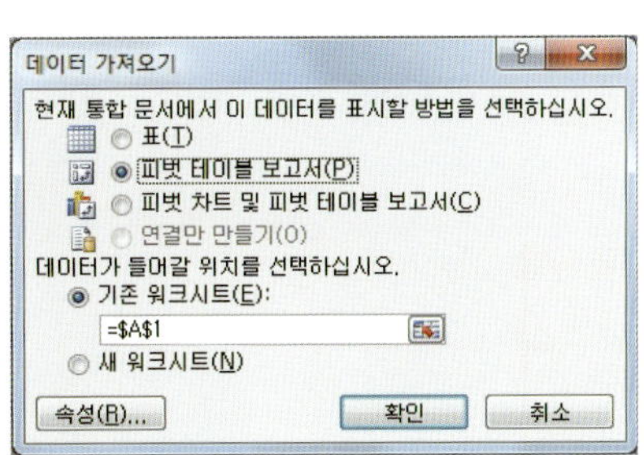

▲ 데이터 표시 방법

◔ 액세스 프로그램

오피스 버전에 따라 액세스 프로그램은 제공되지 않을 수 있으며, 이 경우 별도의 라이센스를 추가하는 작업을 진행해야 합니다.

액세스 데이터를 엑셀로 가져와 작업하기

📁 **준비 파일** : dbSales.accdb

제공된 예제 파일을 열면 액세스 프로그램이 실행됩니다. Before 화면의 왼쪽에서 'qry서울지역_판매내역' 쿼리를 더블클릭하면 화면 오른쪽 창에 서울 지역 데이터가 나타나는 것을 볼 수 있습니다. 이 데이터를 엑셀로 가져온 후 피벗 테이블을 이용해 데이터를 요약해 보도록 하겠습니다.(실행된 액세스 프로그램은 닫고 계속해서 진행합니다.)

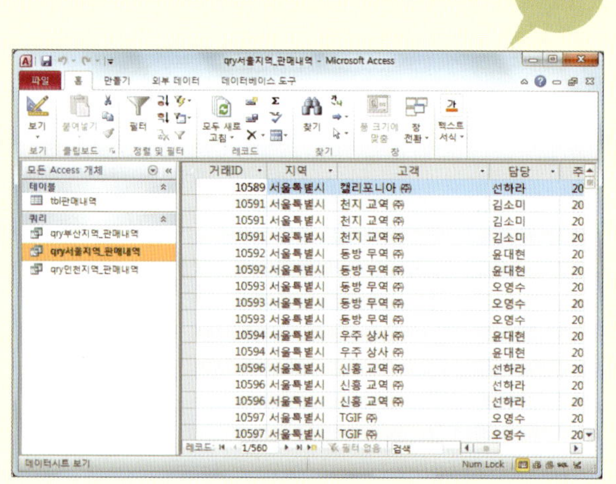

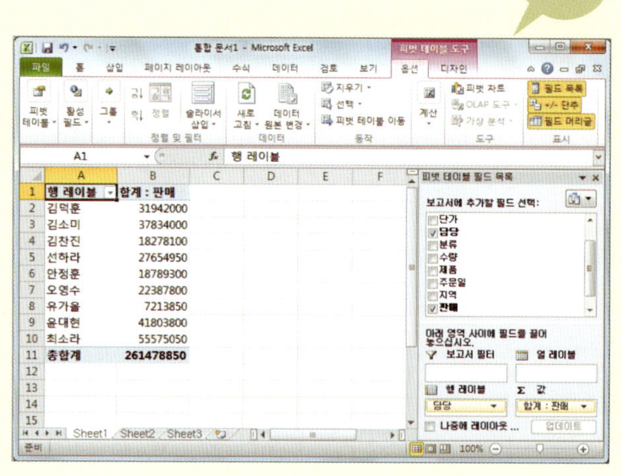

01 **액세스 데이터 가져오기(1)** 엑셀 프로그램을 실행한 다음, 액세스 데이터를 가져오기 위해 ❶ 리본의 [데이터] 탭 → **외부 데이터 가져오기** 그룹 → ❷ **Access** 명령 아이콘을 클릭합니다.

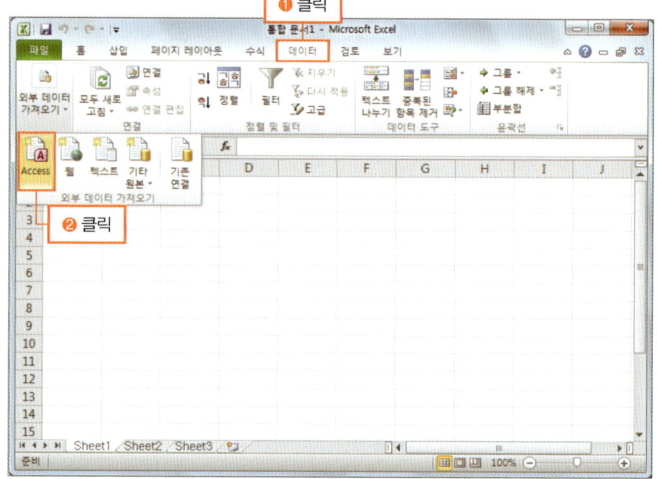

02 **액세스 데이터 가져오기(2)** '데이터 원본 선택' 대화 상자가 열리면, 제공된 예제 폴더로 이동한 다음 ❶ 'dbSales' 파일을 선택하고 ❷ 〈열기〉 단추를 클릭합니다.

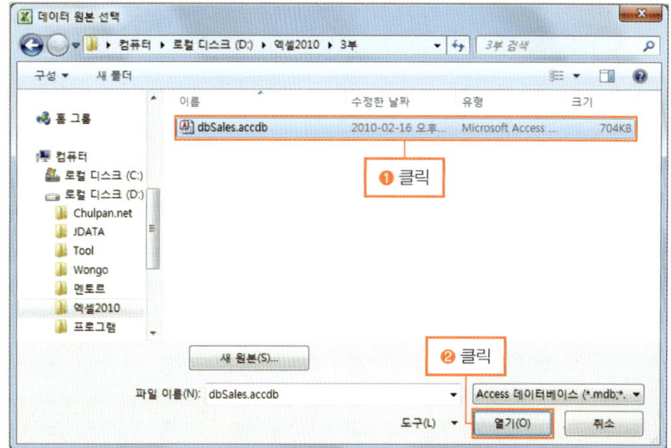

03 **액세스 데이터 가져오기(3)** '테이블 선택' 대화상자가 열리면 ❶ 'qry서울지역_판매내역'을 선택한 다음 ❷ 〈확인〉 단추를 클릭합니다.

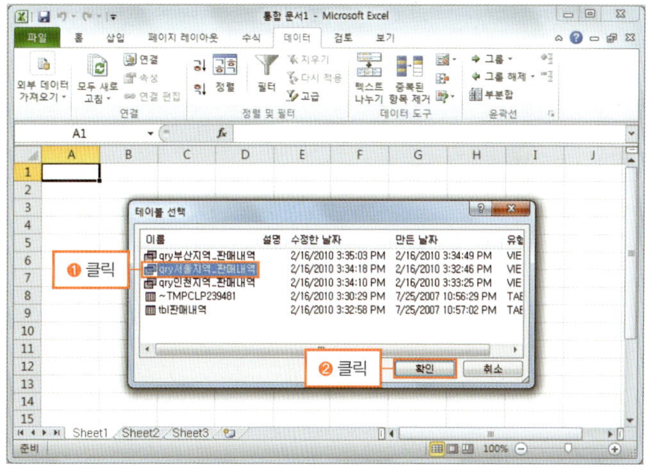

04 **액세스 데이터 가져오기(4)** '데이터 가져오기' 대화상 자가 열리면 몇 가지 옵션을 선택할 수 있습니다. 표를 선택하면 액세스의 데이터를 그대로 엑셀 워크시트로 가져옵니다. 하지만 이번에는 데이터를 바로 피벗 테이블과 연결해 요약하는 작업을 진행하기 위해 ❶ '피벗 테이블 보고서'를 선택하고 ❷ 〈확인〉 단추를 클릭합니다.

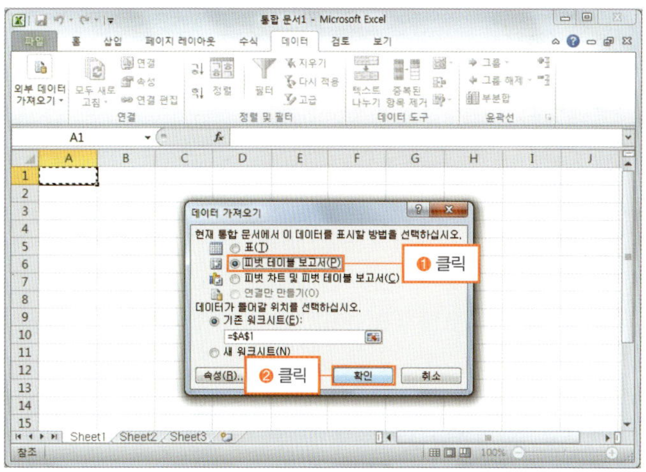

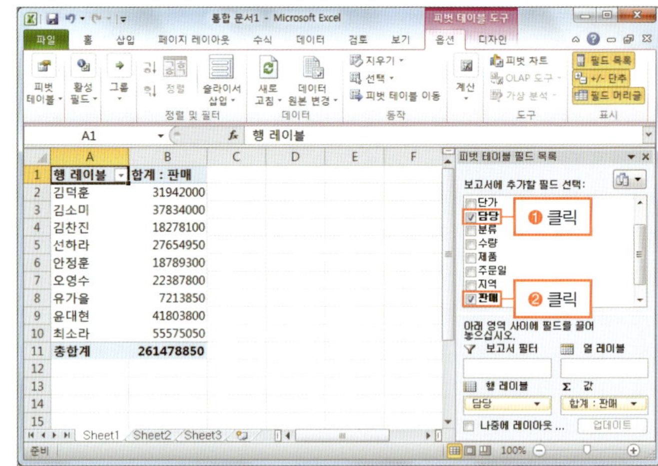

05 **데이터 요약하기** 피벗 테이블 보고서를 구성하기 위해 화면 오른쪽의 '피벗 테이블 필드 목록' 창에서 '담당' 필드와 '판매' 필드의 확인란을 클릭합니다. 그러면 오른쪽 그림과 같이 워크시트에 영업 담당자별 판매실적 보고서를 바로 확인할 수 있습니다.

⊙ **참고하세요**

피벗 테이블 보고서는 테이블 형태의 표를 빠르게 요약하고 분석할 수 있는 기능으로 《Part 05. 3장. 02. 피벗 테이블 보고서 구성하기》에서 자세하게 설명합니다.

현재 문서에서 외부 데이터를 가져올 방법을 선택합니다.

❶ **표** : '엑셀 표'로 데이터를 가져옵니다.
❷ **피벗 테이블** : 피벗 테이블 보고서를 바로 생성합니다.
❸ **피벗 차트 및 피벗 테이블 보고서** : 피벗 테이블 보고서를 피벗 차트와 함께 작성합니다.

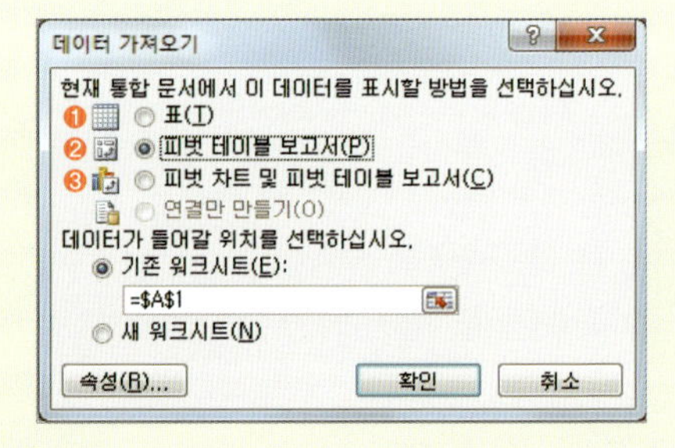

웹 데이터 가져오기

요즘은 웹 페이지의 데이터를 엑셀로 가져와 작업하는 경우가 많습니다. 이런 작업의 대표적인 유형이 은행이나 금융 포털 사이트에서 제공하는 환율 데이터입니다. 웹 페이지의 데이터를 가져와 작업하는 방법을 알아봅니다.

만약 웹 페이지의 데이터를 가져와 작업하기 위해 매일 해당 사이트에 접속해 필요한 데이터를 입력하거나 복사하는 작업을 했다면, 이번에 설명할 웹 쿼리(Web Query) 기능을 이용해 작업하는 방법을 잘 이해해 둘 필요가 있습니다.

웹 쿼리를 이용해 웹 사이트의 데이터를 가져오려면 [**파일**] 탭 → **외부 데이터 가져오기** 그룹 → **웹** 명령 단추를 클릭합니다.

▲ 웹 데이터 가져오기

주소 입력 상자에 가져올 데이터가 있는 웹 페이지의 주소를 입력한 후 필요한 데이터를 선택해 가져옵니다.

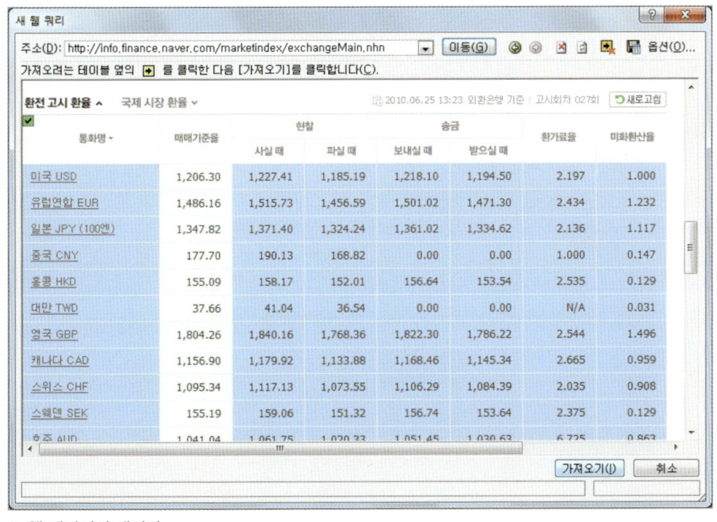

▲ 웹 페이지의 데이터

◎ 웹 쿼리

모든 웹 페이지의 데이터를 '웹 쿼리' 기능을 이용해 가져올 수 있는 것은 아닙니다. 특정 웹 사이트의 경우 보안 등의 문제로 데이터를 로컬 PC로 반환하지 못하도록 막아 놓은 경우에는 '웹 쿼리' 기능을 이용할 수 있는 다른 사이트를 찾아 데이터를 가져오면 됩니다.

네이버 환율 데이터를 엑셀로 가져와 작업하기

📁 **준비 파일 :** 새 통합 문서에서 시작

IE 등의 웹 브라우저를 실행한 다음, 아래 웹 경로로 이동하면 Before 화면과 같은 환율 데이터를 확인할 수 있습니다. 해당 웹 페이지에서 필요한 데이터를 엑셀로 가져오는 작업을 진행합니다.

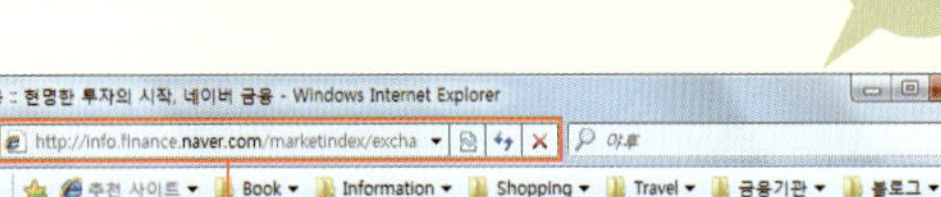

Before

After

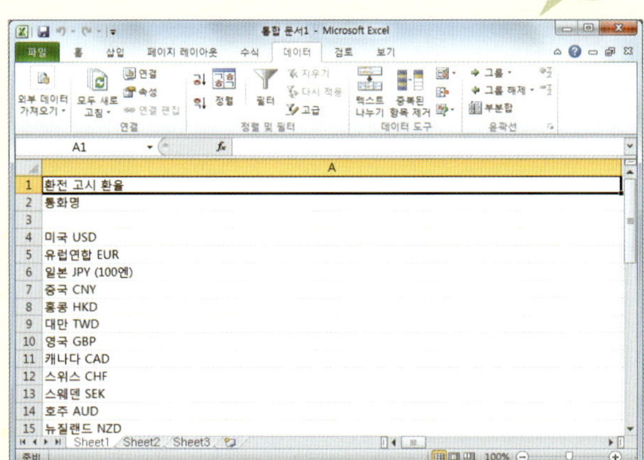

웹 사이트 주소는 관리하는 회사의 방침에 따라 얼마든지 변경될 수 있습니다. 그러므로 책에서 소개한 주소가 잘못된 경우라면 '네이버' 등의 포털 사이트에서 '환율' 등의 키워드로 검색한 다음, '더보기' 등의 링크를 클릭해 '환율' 전체 데이터가 표시되는 주소를 확인합니다.

01 **웹 데이터 가져오기(1)** 엑셀 프로그램을 실행한 다음, 웹 페이지의 데이터를 가져오기 위해 리본의 **[데이터]** 탭 → **외부 데이터 가져오기** 그룹 → **웹** 명령 아이콘을 클릭합니다.

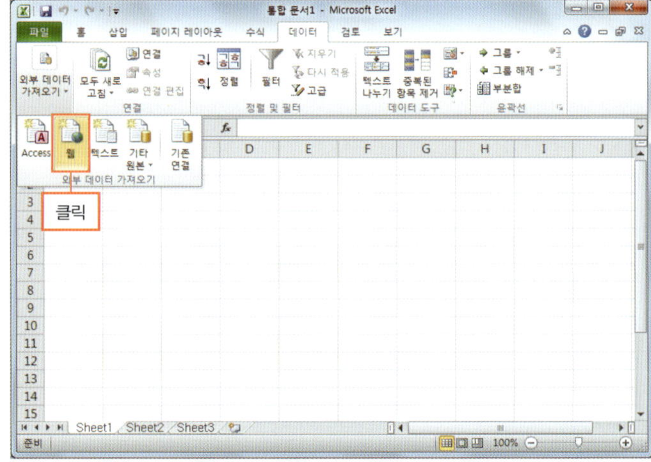

02 **웹 데이터 가져오기(2)** '새 웹 쿼리' 대화상자가 열리면, ❶ 주소 입력란에 필요한 데이터가 있는 웹 페이지의 주소를 입력한 다음 ❷ 〈이동〉 단추를 클릭합니다.

http://info.finance.naver.com/marketindex/exchangeMain.nhn

03 **웹 데이터 가져오기(3)** 가져올 데이터를 확인하기 위해 세로 스크롤 바를 아래로 내린 다음, ❶ 가져올 환율 데이터의 옆에 있는 노란색 오른쪽 화살표 단추➡를 클릭하면 초록색 체크 박스 아이콘✅으로 변경됩니다. ❷ 이 상태에서 〈가져오기〉 단추를 클릭합니다.

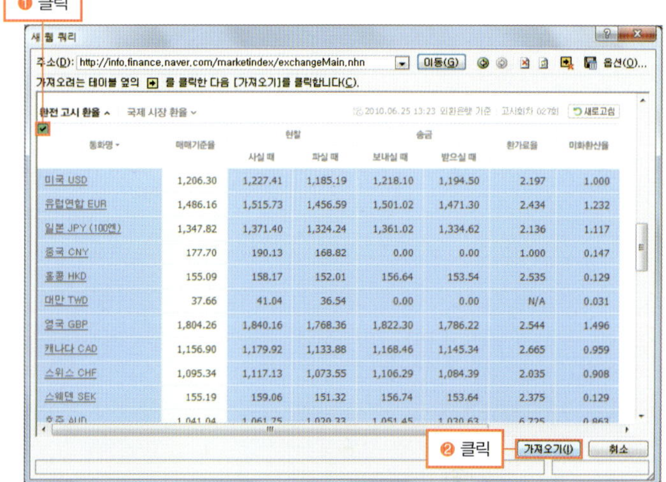

04 **웹 데이터 가져오기(4)** '데이터 가져오기' 대화상자가 열리면 가져올 위치가 현재 워크시트의 A1셀이 기본 위치이므로 변경하지 않고 〈확인〉 단추를 클릭합니다.

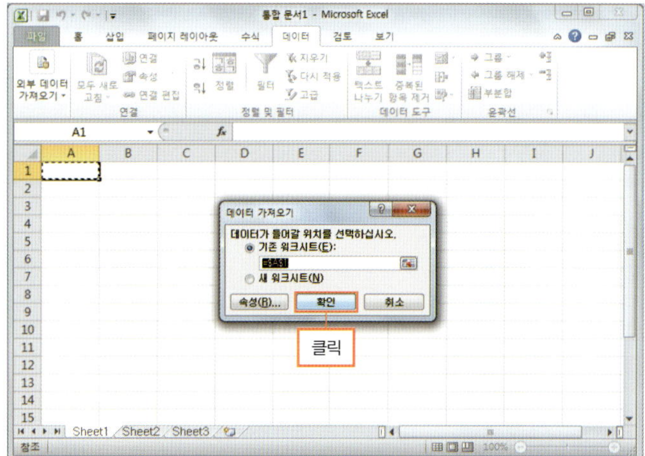

 가져온 데이터 확인하기 이렇게 하면 웹 데이터가 화면에 나타나는 것을 확인할 수 있습니다.

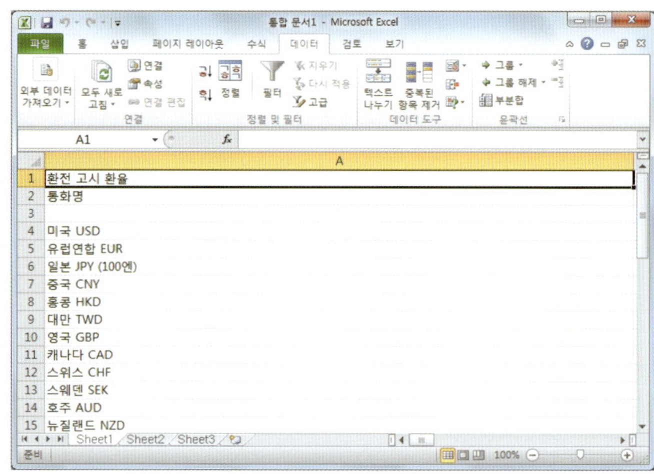

이 파일을 저장하고, 필요할 때 리본의 **[데이터]** 탭 → **연결** 그룹 → **모두 새로 고침** 명령 아이콘을 클릭하면 해당 웹 페이지에 접속하지 않아도 환율 데이터가 업데이트됩니다. 그러므로 웹 페이지가 변경되지 않는 동안은 항상 동일한 형태의 웹 데이터를 워크시트로 돌려받을 수 있으므로 필요한 값 위치를 참조해 사용합니다.

웹 쿼리로 가져온 데이터에 있는 그림 개체 빠르게 삭제하는 방법

| 준비 파일 : 웹 쿼리 – 그림 삭제.xlsx

웹 쿼리를 이용해 웹 페이지 데이터를 가져와 작업하다 보면 표에 삽입되어 있는 이미지 개체가 함께 따라오는 경우가 있습니다. 이와 같은 경우에는 매번 이미지 개체를 삭제해 주어야 하는 불편함이 생기므로 다음과 같은 방법을 사용합니다.

❶ 삭제할 그림 개체 중 하나를 마우스로 클릭해 선택한 다음, [Ctrl] + [Shift] + [Space Bar] 단축키를 누르면 전체 이미지 개체가 선택됩니다.

❷ [Delete] 키를 눌러 모두 삭제합니다.

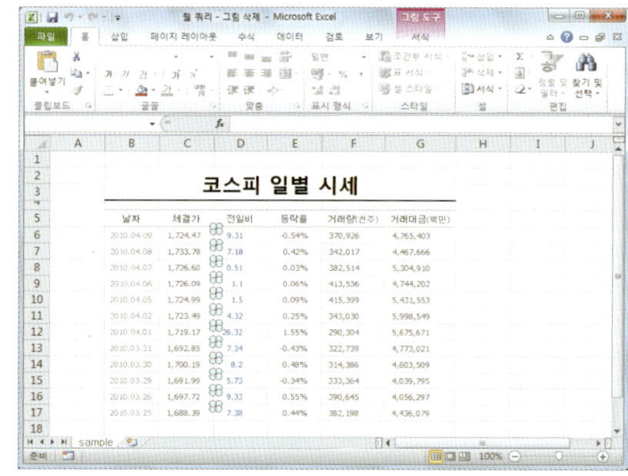

위 방법은 워크시트의 모든 그림 개체를 삭제하므로 사용자가 추가한 그림 개체도 삭제하는 단점이 있습니다. 만약 특정 범위의 이미지 개체만 선택해서 지우려고 한다면 아래와 같은 방법을 사용합니다.

❶ 리본의 [홈] 탭 → 편집 그룹 → 찾기 및 선택 명령 아이콘을 클릭한 다음 개체 선택 명령을 클릭합니다.

❷ 삭제할 그림 개체가 위치한 범위를 마우스로 드래그해 선택 영역 안의 그림 개체가 모두 선택되면 [Delete] 키를 누릅니다.

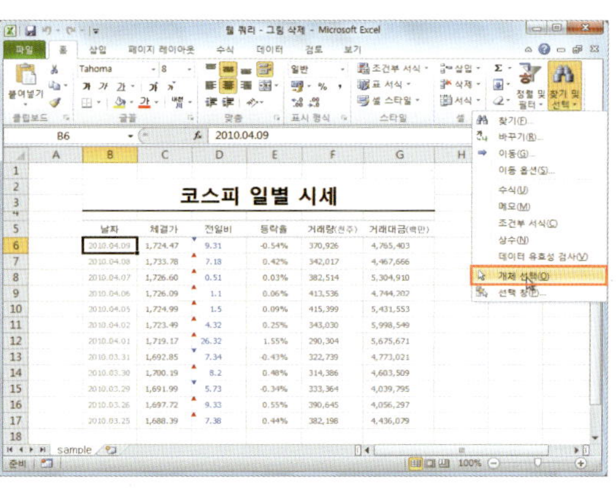

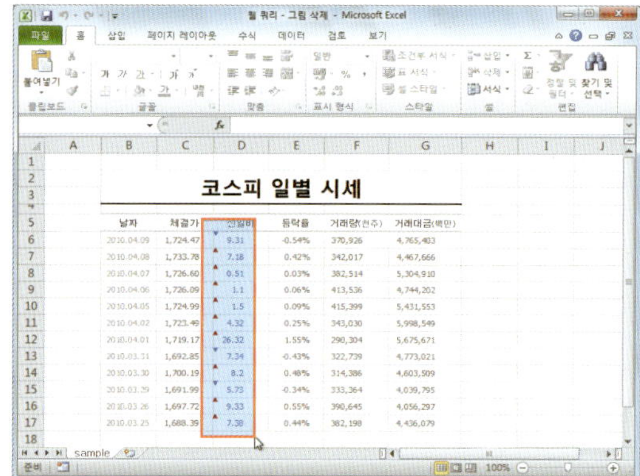

위 작업을 끝낸 다음에는 ① 과정의 작업을 다시 한 번 더 진행합니다.

05

엑셀을 엑셀답게 사용하기 위한 데이터 요약, 분석

엑셀은 프로그램의 특성상 데이터를 요약하고 분석하는 업무에 주로 사용되며, 해당 업무를 손쉽게 처리할 수 있는 여러 기능들을 제공하고 있습니다.

이와 같은 기능들을 효과적으로 사용하기 위해서는 Part 04에서 설명한 내용처럼 데이터를 기준에 맞게 관리하는 것이 매우 중요합니다. 이제부터 설명할 자동 합계, 부분합, 통합, 피벗 테이블 등을 이용해 데이터를 요약하고 시나리오, 목표 값 찾기, 해 찾기 등을 이용해 요약된 결과를 보정하여 여러 가지 상황을 비교 분석하는 방법을 알아보겠습니다.

## PART 05

## CHAPTER 01

자동 합계, 부분합

자동 합계와 부분합 명령은 엑셀에서 데이터를 요약할 때 자주 사용하는 명령 중의 하나입니다. 자동 합계는 표의 열 데이터를 빠르게 요약하거나, 요약된 표를 추가적으로 분류하여 다시 요약할 때 주로 사용됩니다. 또한 부분합 명령은 표의 특정 열을 기준으로 다른 열의 값을 빠르게 요약하고자 할 때 사용됩니다.

EXCEL 2010

01 자동 합계의 구성 및 사용 방법

자동 합계 기능은 엑셀에서 제공하는 기능 중에서 가장 빠르게 데이터를 요약할 수 있는 기능으로, 자동 합계 명령 아이콘 Σ ▾ 으로 더 잘 알려져 있습니다. 이 기능은 매우 단순하면서도 효과적인 명령으로 기본적인 계산 과정을 빠르게 처리해줍니다. 자동 합계의 구성 요소와 사용 방법을 살펴봅니다.

● 자동 합계의 구성

자동 합계 명령은 리본의 **[홈]** 탭 → **편집** 그룹에 존재합니다.

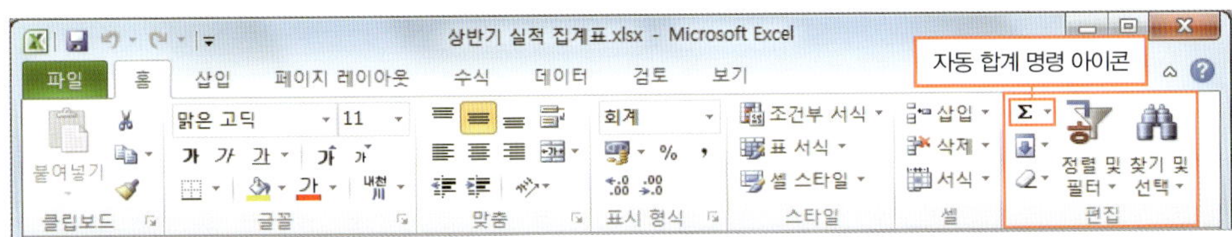

자동 합계 명령 아이콘을 누르면 상단 또는 좌측의 숫자 데이터 범위의 합계를 구해 주지만, **자동 합계** 명령 아이콘 옆에 있는 아래 화살표 영역을 클릭하면 다음과 같이 집계 함수를 선택할 수 있으며, 함수 추가를 선택하면 '함수 마법사'가 표시되어 원하는 함수를 직접 선택할 수 있습니다.

항목	함수
합계	SUM
평균	AVERAGE
숫자 개수	COUNT
최대값	MAX
최소값	MIN

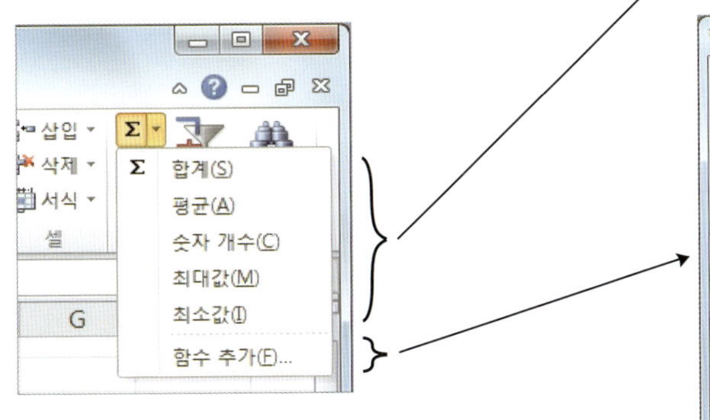

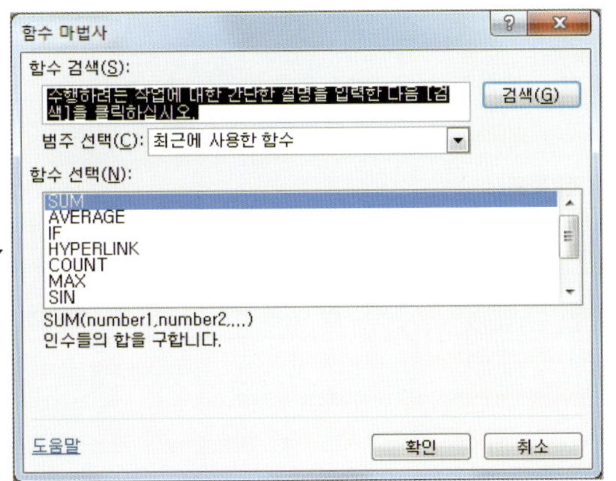

▲ '함수 마법사' 대화상자

○ 자동 합계의 사용 방법

자동 합계 기능은 다음과 같은 두 가지 방법으로 사용할 수 있습니다.

방법 1 빈 셀을 선택하고 자동 합계 명령 아이콘으로 실행

상단 또는 좌측의 숫자 데이터 범위를 자동으로 인식해 합계를 구합니다. 아래 그림에서 D12셀을 선택하고 **자동 합계** 명령 아이콘을 클릭하면 상단의 숫자 데이터 범위인 D6:D11 범위의 합계가 계산됩니다.

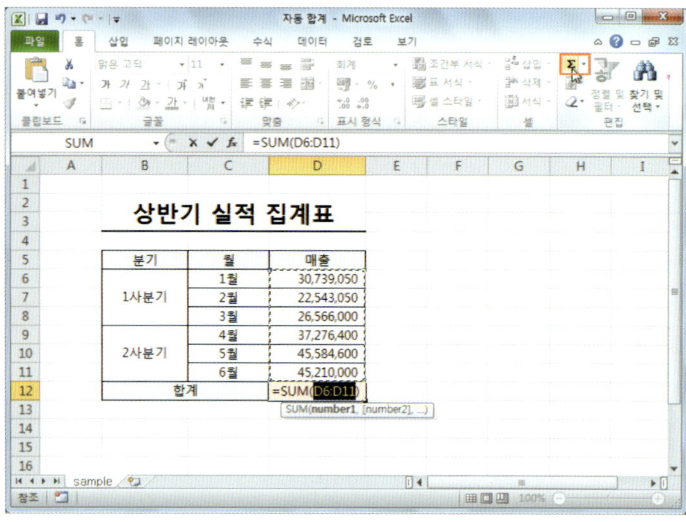

방법 2 요약할 대상 범위를 선택하고 자동 합계 명령 아이콘으로 실행

선택된 범위의 합계가 아래 방향의 첫 번째 빈 셀에 계산됩니다. 아래 그림에서 D6:D8 범위를 선택하고 **자동 합계** 명령 아이콘을 클릭하면 아래 방향의 첫 번째 빈 셀(D12)에 선택한 범위인 D6:D8 범위의 합계가 구해집니다.

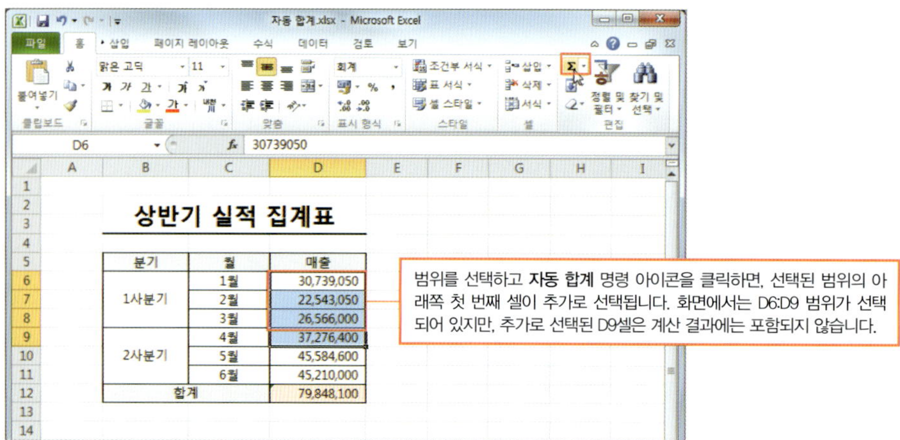

상반기 실적 집계표의 데이터를 추가로 요약하기

📁 **준비 파일 :** 상반기 실적 집계표.xlsx

제공된 예제 파일을 열면 Before 화면과 같은 집계표를 확인할 수 있습니다. 집계표의 6:11행에 존재하는 상반기 월별 실적을 기준으로, 자동 합계 명령을 이용해 12:16행에 요약해 보도록 하겠습니다.

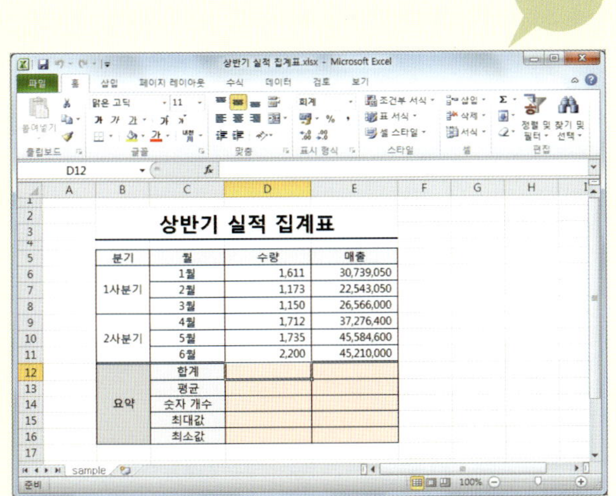

01 **자동 합계 기능 이용 방법(1)** D12:E12 범위에서는 상반기 실적 합계를 구하는 작업을 진행합니다. ❶ D12 셀을 선택하고 ❷ 리본의 **[홈]** 탭 → **편집** 그룹 → **자동 합계** 명령 아이콘을 클릭하면, 화면과 같이 상단의 숫자 데이터 범위를 집계하는 수식이 편집 모드로 나타납니다. Esc 키를 눌러 수식을 취소합니다.

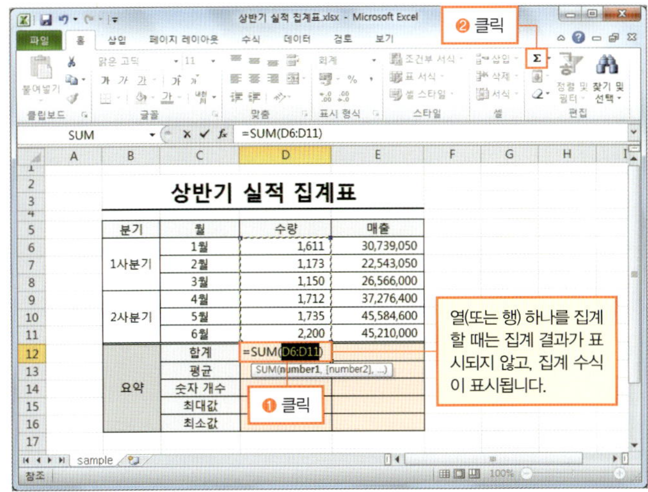

02

자동 합계 기능 이용 방법(2) ❶ 다시 D12:E12 범위를 선택하고 ❷ 리본의 [홈] 탭 → **편집** 그룹 → **자동 합계** 명령 아이콘 ∑ ˙ 을 클릭해 보면 01 과정과는 달리 수식 결과가 바로 표시됩니다. D12셀과 E12셀을 각각 선택한 다음, 수식 입력줄의 수식을 확인해 보면 정확하게 상단의 숫자 데이터 범위를 인식해 집계되었음을 확인할 수 있습니다.

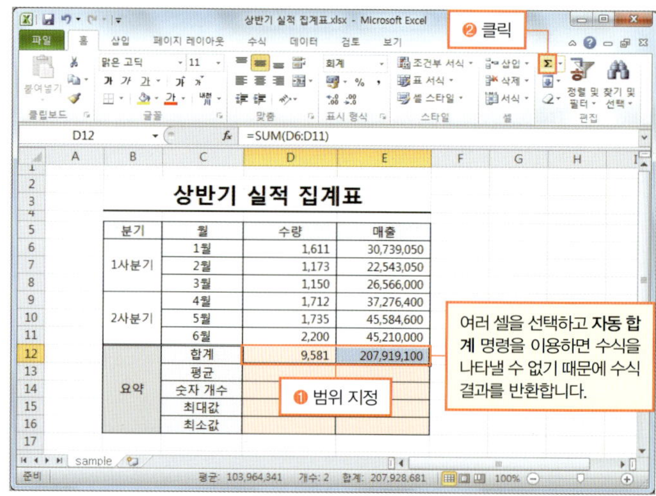

03

선택된 범위 요약하기(1) 이번에는 13행에서 실적 평균을 구하기 위해 ❶ D13:E13 범위를 선택하고 ❷ 리본의 [홈] 탭 → **편집** 그룹 → **자동 합계** 명령 아이콘의 우측에 있는 아래 화살표 영역을 클릭한 다음 ❸ **평균** 함수를 선택합니다.

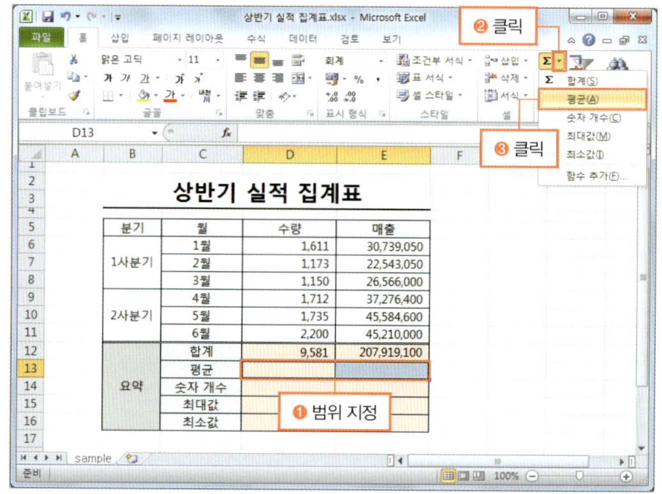

04

선택된 범위 요약하기(2) 03 과정의 집계 결과가 오른쪽 화면과 같이 표시되는데, 수식 입력줄의 수식을 확인해 보면 "=AVERAGE(D6:D12)"라고 되어 있습니다. 이 수식에서 12행은 02 과정에서 집계한 결과 값이므로 집계 범위에서 제외되어야 합니다. 다시 집계하기 위해 Delete 키를 눌러 삭제합니다.

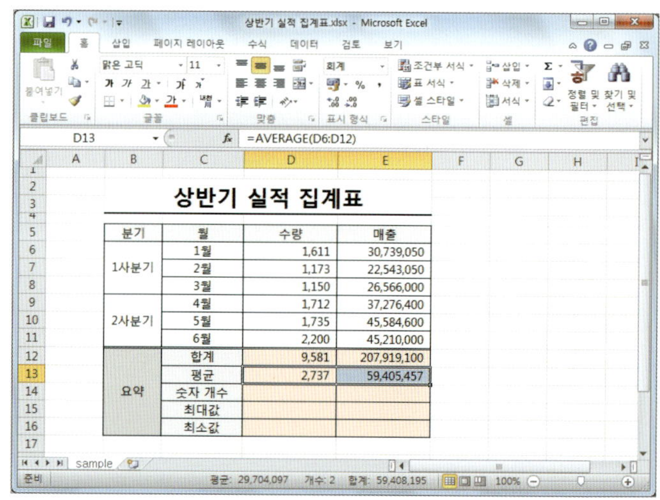

05 **선택된 범위 요약하기(3)** 선택된 범위만 집계되도록 ❶ D6:E11 범위를 선택하고 ❷ 리본의 **[홈]** 탭 → **편집** 그룹 → **자동 합계** 명령 아이콘의 아래 화살표 영역을 클릭한 다음 ❸ **평균** 함수를 선택합니다.

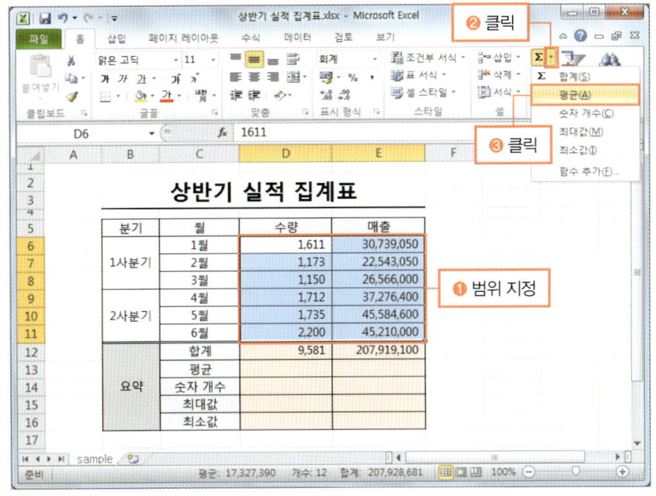

06 **선택된 범위 요약하기(4)** 다시 D13, E13셀을 선택해 집계 수식을 확인해 보면 04 과정과는 달리 12행이 집계 범위에서 제외된 것을 확인할 수 있습니다. 이렇게 상단의 집계 결과가 존재하는 경우에는 집계 대상 범위를 직접 선택하고 원하는 함수를 선택해야 합니다.

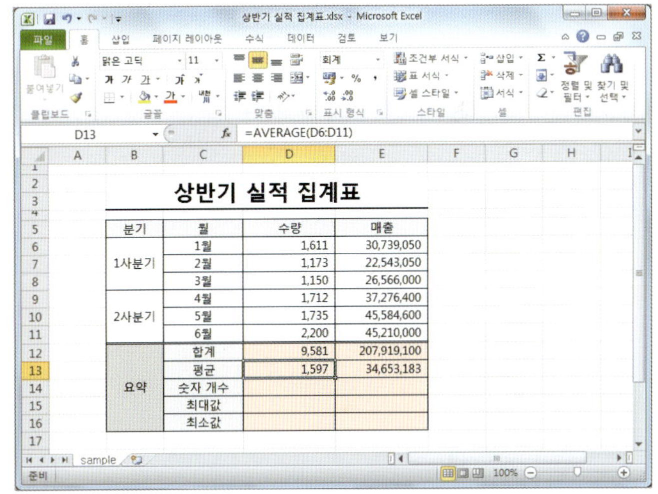

07 **선택된 범위 요약하기(5)** 05 과정을 참고해 반복해서 D6:E11 범위를 선택하고 자동 합계의 함수를 숫자 개수, 최대값, 최소값 순으로 선택하면 오른쪽 화면과 같은 계산 결과를 얻을 수 있습니다.

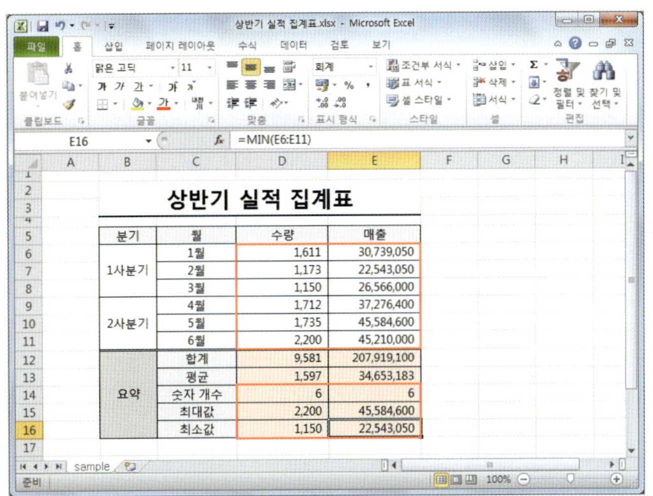

02 자동 합계의 대상 범위 인식 방법

자동 합계 기능은 집계할 대상 범위를 선택하지 않은 경우에는 자동으로 대상 범위를 인식하는 특징을 갖기 때문에 자동 합계 기능이 대상 범위를 어떻게 인식하는지 제대로 이해한다면 좀 더 잘 사용할 수 있습니다.

자동 합계 기능은 다음과 같은 대상 범위를 인식합니다.

- 자동 합계 기능은 선택된 셀의 상단 또는 좌측의 연속된 숫자 데이터 범위를 인식합니다.

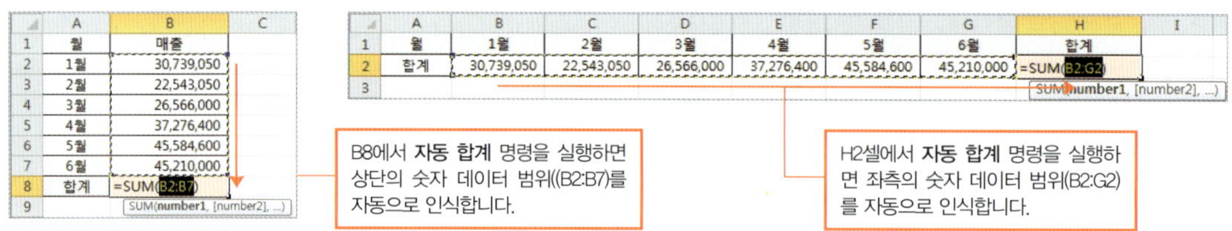

▲ 상단의 연속된 숫자 범위

- 상단과 좌측에 모두 숫자 데이터가 존재하는 경우에는 상단의 숫자 데이터 범위를 우선 인식합니다.

▲ 상단, 좌측에 숫자 데이터 존재하는 경우

- 요약할 대상 숫자 데이터 범위에 SUM함수를 사용해 집계된 셀이 존재할 경우, 그 아래의 숫자 데이터 범위만 인식합니다.

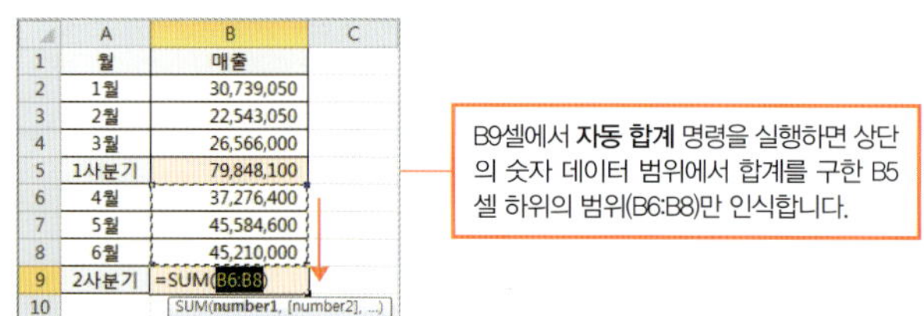

▲ 범위 내에 집계된 셀이 존재하는 경우

- 바로 위 셀이 SUM함수를 사용해 값을 집계하고 있다면 인식할 수 있는 전체 숫자 데이터 범위에서 SUM함수를 사용한 셀을 대상으로 합계를 구합니다.

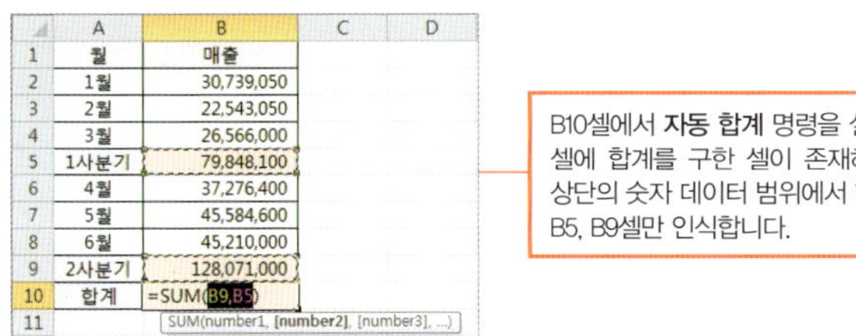

▲ SUM함수를 이용한 집계 셀의 합계

부서별 월매출 집계표에서 분기별 요약을 추가하기

📁 **준비 파일** : 부서별 매출 집계표.xlsx

제공된 예제 파일을 열면 Before 화면과 같은 부서별 매출 집계표를 확인할 수 있습니다. 부서와 월별로 집계된 집계표에서 자동 합계 명령을 이용해 9, 13, 17, 21, 22행과 G열에 분기별 매출과 연간 매출을 추가로 요약해 보도록 하겠습니다.

Before

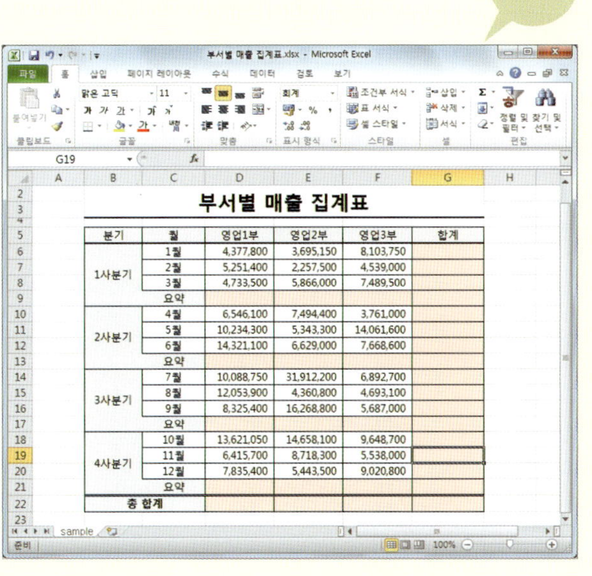

After

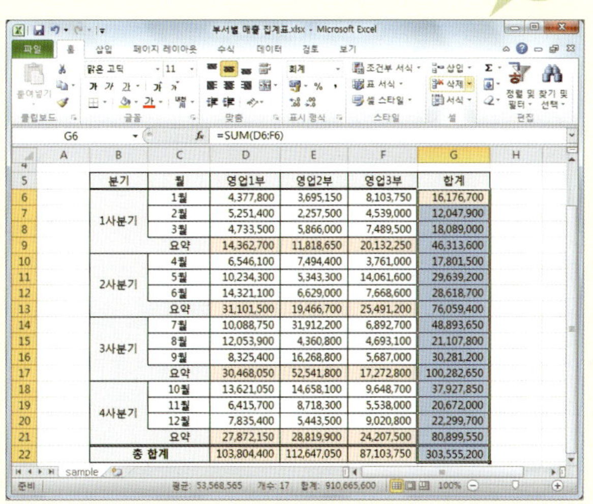

01 **분기별 매출 요약하기**(1) 먼저 1사분기 매출 실적을 집계하기 위해 ❶ D9:F9 범위를 선택한 다음, ❷ 리본의 [홈] 탭 → 편집 그룹 → **자동 합계** 명령 아이콘을 클릭합니다. D9 셀을 클릭해 보면 수식 입력줄에서 "=SUM(D6:D8)"을 확인할 수 있는데, 이 수식으로 상단의 숫자 데이터 범위가 제대로 인식된 것을 알 수 있습니다.

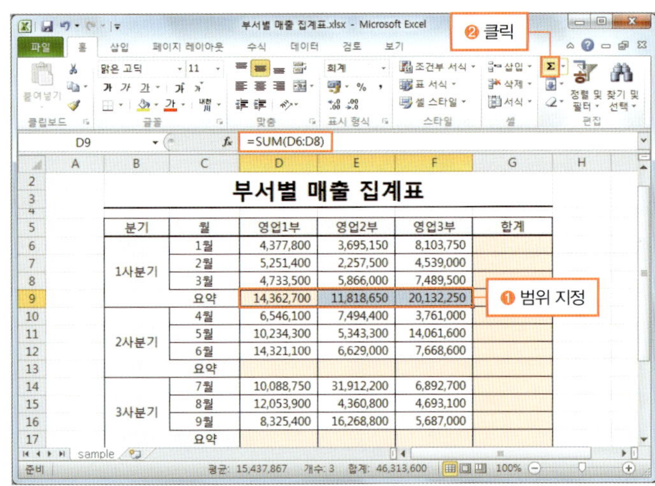

02 **분기별 매출 요약하기**(2) 2사분기 매출 실적을 집계하기 위해 ❶ D13:F13 범위를 선택하고, ❷ 리본의 [홈] 탭 → 편집 그룹 → **자동 합계** 명령 아이콘을 클릭합니다. D13 셀을 클릭해 보면 수식 입력줄에서 "=SUM(D10:D12)"를 확인할 수 있는데, 9행에 이미 합계를 구한 셀이 있으므로 10행부터 그 하위 데이터 범위만 인식된 것을 알 수 있습니다.

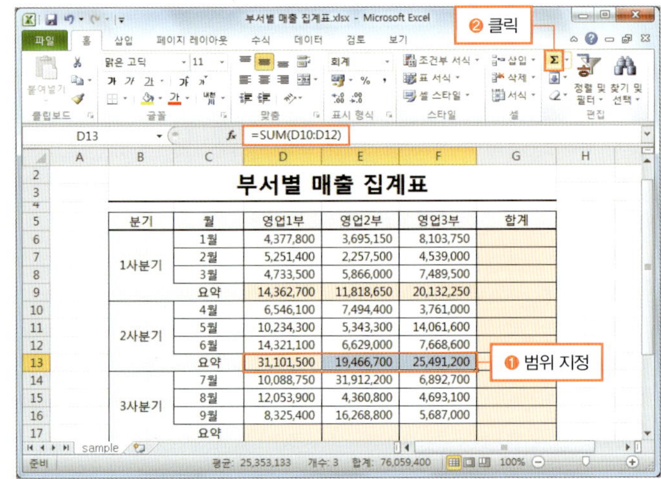

03 **분기별 매출 요약하기**(3) 3사분기와 4사분기 실적을 집계하는 것은 02 과정에서 진행한 2사분기 실적을 집계하는 방법과 동일합니다. ❶ D17:F17 범위를 선택하고 ❷ 리본의 [홈] 탭 → 편집 그룹 → **자동 합계** 명령 아이콘을 클릭한 다음, ❸ D21:F21 범위를 선택하고 ❹ 리본의 [홈] 탭 → 편집 그룹 → **자동 합계** 명령 아이콘을 클릭합니다.

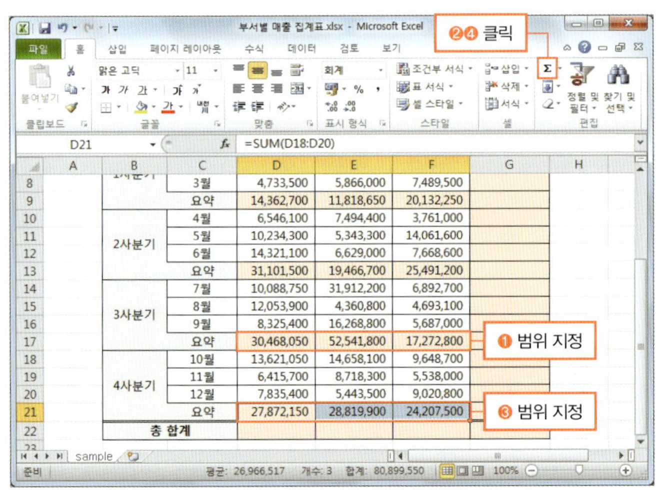

04 연간 매출 요약하기 연간 매출을 집계하기 위해 ❶ D22:F22 범위를 선택한 다음, ❷ 리본의 [홈] 탭 → 편집 그룹 → 자동 합계 명령 아이콘을 클릭합니다. D22 셀을 클릭해 보면 수식 입력줄에서 "=SUM(D21,D17,D13,D9)"를 확인할 수 있는데, 바로 위 셀인 21행에 SUM함수를 사용한 수식이 있으므로 상위의 숫자 데이터 범위 중에서 SUM함수를 사용한 셀만 요약한 것을 알 수 있습니다.

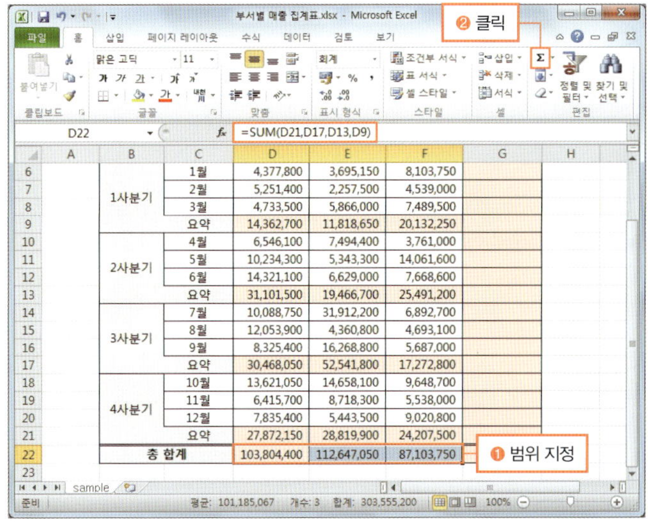

05 기간별 매출 요약하기 마지막으로 G열에서 월별, 분기별, 연도별 실적을 요약합니다. ❶ G6:G22 범위를 선택하고 ❷ 리본의 [홈] 탭 → 편집 그룹 → 자동 합계 명령 아이콘을 클릭합니다.

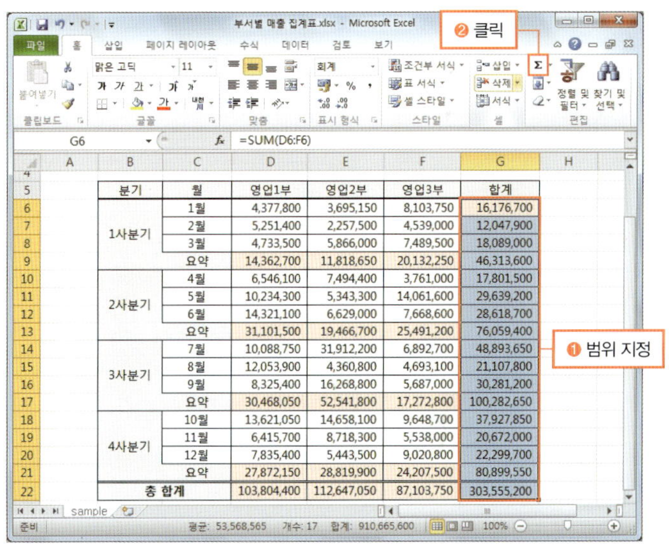

자동 합계 명령을 보다 효과적으로 사용하는 방법

자동 합계 명령을 이용하면 함수를 사용하지 않고도 데이터를 빠르게 요약할 수 있습니다. 자동 합계 명령을 보다 효율적으로 사용하려면 범위를 선택하는 방법을 잘 이해해야 합니다.

여러 개의 범위를 자동 합계 명령을 이용해 요약하려고 할 때, 범위를 하나씩 선택하고 **자동 합계** 명령을 이용하는 것도 좋지만, Ctrl 키를 이용해 범위를 모두 선택한 다음 **자동 합계** 명령을 이용한다면 한 번에 표를 요약할 수 있습니다.

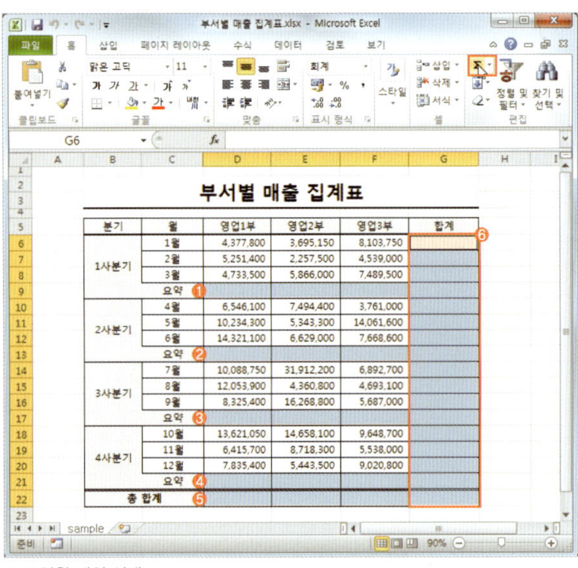

▲ 요약할 범위 선택

❶ D9:F9 범위 선택

❷ Ctrl 키를 누른 상태에서 D13:F13 범위 선택

❸ Ctrl 키를 누른 상태에서 D17:F17 범위 선택

❹ Ctrl 키를 누른 상태에서 D21:F21 범위 선택

❺ Ctrl 키를 누른 상태에서 D22:F22 범위 선택(여기서 D21:F22 범위를 동시에 선택하면 안 됩니다. 두 범위는 각각 인식하는 범위가 달라야 하기 때문에 반드시 따로 선택해 주어야 합니다.)

❻ Ctrl 키를 누른 상태에서 G6:G22 범위 선택

❼ 요약할 범위를 모두 선택한 다음 **자동 합계** 명령 아이콘을 클릭합니다.

03 부분합을 이용해 테이블 요약하기

부분합은 테이블 형태의 표에서 특정 열의 항목을 기준으로 데이터를 빠르게 요약할 수 있는 기능으로, 표를 요약하거나 특정 항목별 요약 값을 확인하고자 할 때 자주 사용됩니다. 특히 이 기능은 정렬 기능과 연동되어 사용되므로 원하는 요약 작업을 위해서는 정렬 기능에 대해 정확히 이해하고 있어야 합니다.

부분합을 이용하면 테이블 표를 특정 열을 기준으로 빠르게 요약할 수 있으며, 표를 요약하려면 다음과 같은 단계를 거쳐야 합니다.

첫째, 요약할 기준 열을 정렬합니다.

예를 들어, 아래 표에서 고객별 실적을 요약하려면 '고객' 열이 기준 열이 되므로, '고객' 열을 '오름차순 정렬' 또는 '내림차순 정렬' 방법을 이용해 정렬해야 합니다.

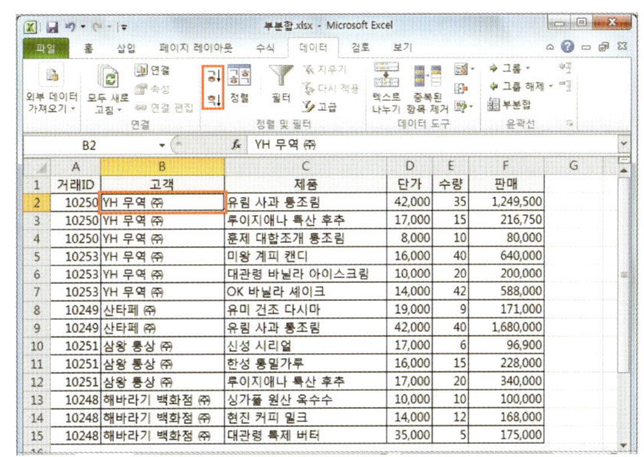

▲ '고객' 열을 기준으로 정렬

둘째, 부분합 명령을 이용해 표를 요약합니다.

부분합은 자동 합계에 비해 요약에 사용할 수 있는 함수(합계, 숫자 개수, 평균, 최대, 최소, 개수, 곱, 표본 표준편차, 표준편차, 표본 분산, 분산)가 더 많아 편리합니다.

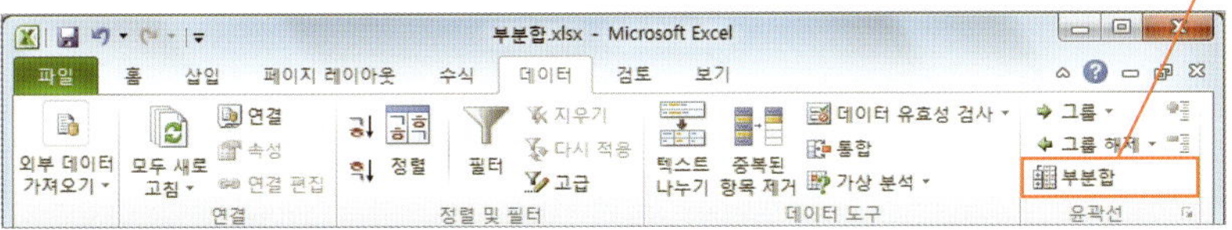

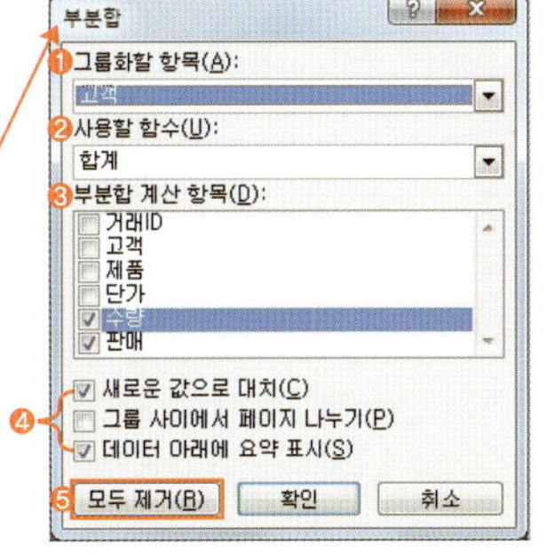

❶ 그룹화할 항목

부분합 명령을 이용해 표를 요약할 때 기준이 되는 열의 열 머리글을 선택합니다. 예를 들어 고객별 실적을 집계하려면 '고객' 열을 선택합니다.

❷ **사용할 함수**

부분합 명령을 이용해 표의 열을 요약할 때 사용할 함수를 선택합니다. 합계, 숫자 개수, 평균, 최대, 최소, 곱, 개수, 표준편차, 분산 함수 중에서 하나를 선택할 수 있습니다.

❸ **부분합 계산 항목**

표에서 요약할 열의 열 머리글을 선택합니다. 동시에 여러 개의 열을 선택하는 것이 가능하며, '수량'과 '판매'와 같은 열 머리글을 선택하면 두 열의 값을 ❷에서 선택한 함수로 요약합니다.

❹ **기타 옵션**

- **새로운 값으로 대치** : 이전에 요약된 값을 없애고 이번에 설정한 기준에 따른 요약 값만 표시합니다.
- **그룹 사이에서 페이지 나누기** : 요약된 값이 끝날 때마다 페이지를 구분합니다.
- **데이터 아래에 요약 표시** : 요약 행은 데이터 아래쪽에 표시합니다.

❺ **〈모두 제거〉 단추**

부분합 명령으로 요약된 정보를 모두 삭제합니다.

셋째, 요약된 값을 확인하고, 필요한 값을 윤곽 기호로 확인합니다.

부분합 명령을 이용해 표를 요약하면 워크시트의 행 주소 왼쪽에 윤곽이 표시되며, 기준 열의 항목별로 요약 행이 추가됩니다. 윤곽 영역으로 상단에는 표의 레벨을 의미하는 윤곽 기호 1 2 3 가 나타나며, 요약 행의 위치에는 확장 + 과 축소 - 단추가 나타납니다.

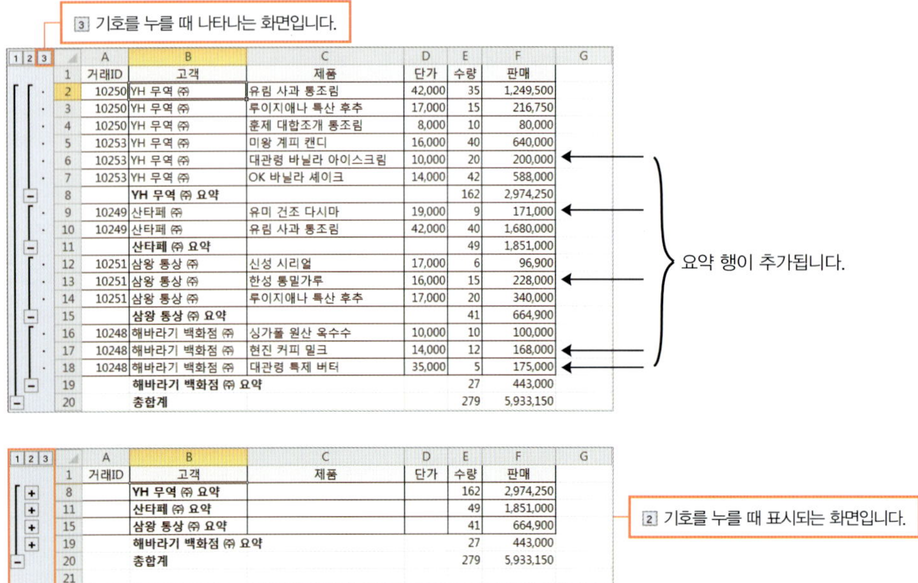

윤곽 기호는 표의 레벨을 의미하는데, 윤곽 기호 1 2 3 에서 1 은 최종 요약 값인 20행의 '총합계' 행만 표시되며, 2 는 항목별 요약 값과 총합계 행이 표시됩니다. 그리고 3 은 전체 데이터와 요약 행을 모두 표시하는데, 이렇게 윤곽 기호를 이용하면 부분합 명령으로 요약된 결과를 빠르게 확인할 수 있습니다.

급여대장에서 각 부서의 직위별 평균 구하기

📁 **준비 파일** : 급여대장 – 부분합.xlsx

제공된 예제 파일을 열면 Before 화면과 같은 급여대장을 확인할 수 있습니다. 각 부서의 직위별 실급여액(G열)의 평균을 부분합을 이용해 요약해 보도록 하겠습니다.

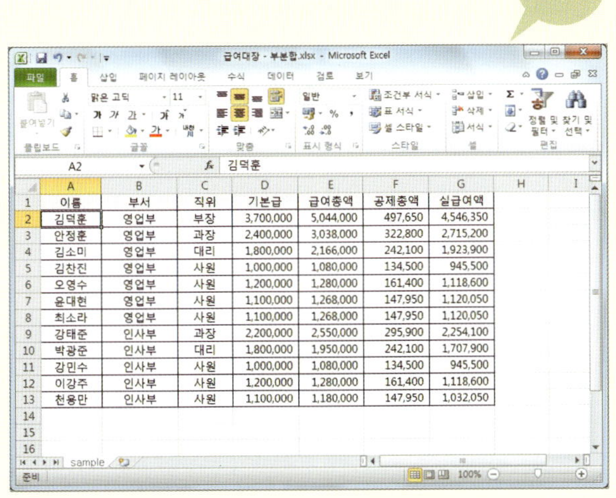

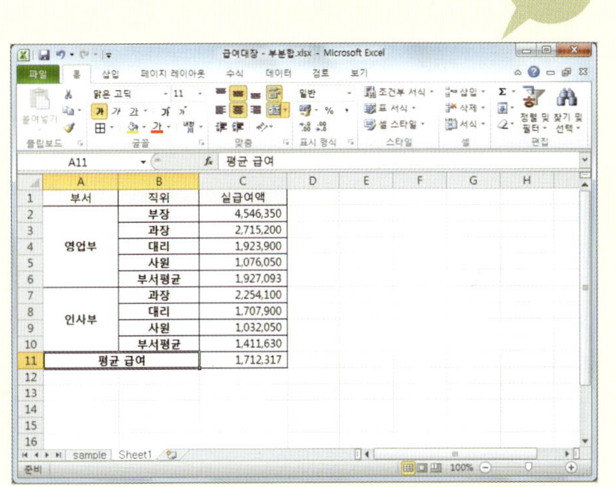

01 부분합으로 부서별 평균 구하기(1)

부서의 직위별 실급여액의 평균을 구해야 하므로, B열과 C열의 '부서'와 '직위'가 기준 열이 됩니다. 기준 열이 두 개이므로 두 번 부분합을 실행해야 하는데, 먼저 첫 번째 기준 열인 '부서'를 기준으로 부분합을 실행합니다. ❶ 표 내부의 셀을 하나 선택(화면에서는 A2셀)하고 ❷ 리본의 **[데이터]** 탭 → **윤곽선** 그룹 → ❸ **부분합** 명령 아이콘▦을 클릭합니다.

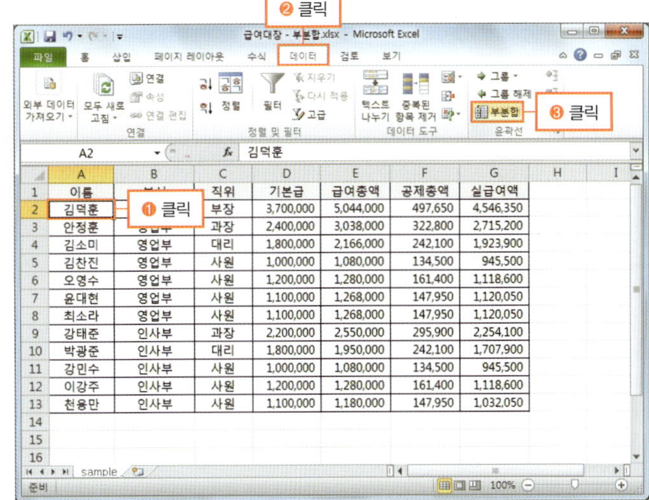

> ◉ **부분합 명령 실행 전의 정렬 작업**
>
> 예제에서 **부분합** 명령을 실행하기 전에 따로 정렬 작업을 진행하지 않았는데, 이것은 B열과 C열이 이미 정렬되어 있기 때문입니다. 만약 이번과 같이 정렬되어 있지 않다면 '정렬' 기능을 이용해 B열과 C열을 먼저 정렬해야 합니다.

02 **부분합으로 부서별 평균 구하기(2)** ❶ '부분합' 대화상자가 표시되면 다음과 같이 설정한 다음 ❷ 〈확인〉 단추를 클릭합니다.

그룹화할 항목	부서
사용할 함수	평균
부분합 계산 항목	실급여액
새로운 값으로 대치	체크

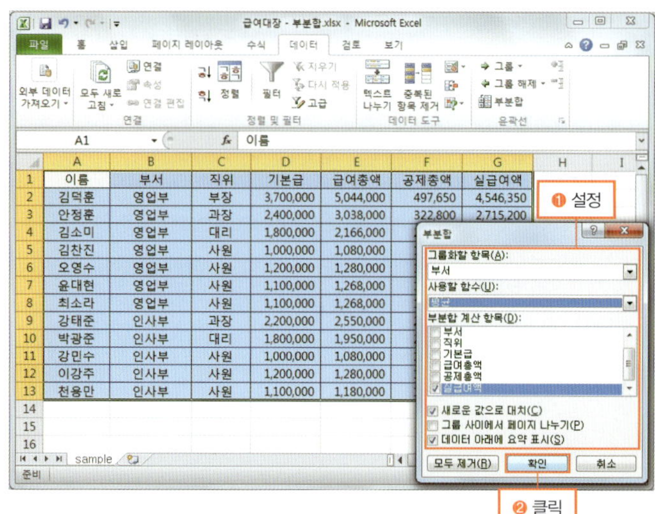

03 **부분합으로 부서의 직위별 평균 구하기(1)** 그러면 화면과 같이 부서별 실급여액의 평균이 요약됩니다. 이번에는 두 번째 기준인 '직위'별 평균 실급여액을 구하기 위해 다시 부분합 명령을 실행합니다. 리본의 **[데이터]** 탭 → **윤곽선** 그룹 → **부분합** 명령 아이콘을 클릭합니다.

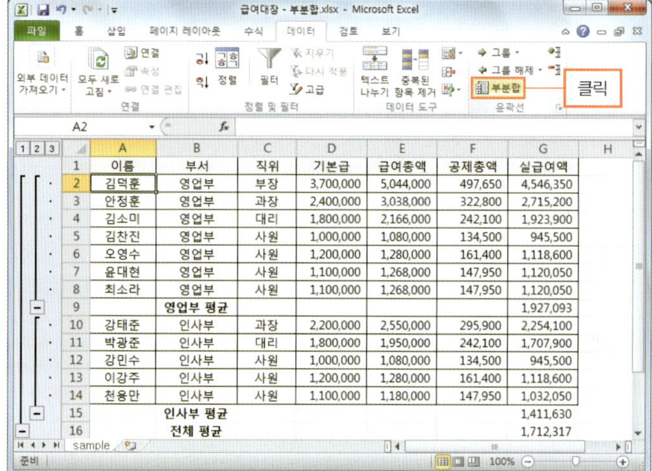

04 **부분합으로 부서의 직위별 평균 구하기(2)** ❶ '부분합' 대화상자가 표시되면 다음과 같이 설정한 다음 ❷ 〈확인〉 단추를 클릭합니다.

그룹화할 항목	직위
사용할 함수	평균
부분합 계산 항목	실급여액
새로운 값으로 대치	체크 해제

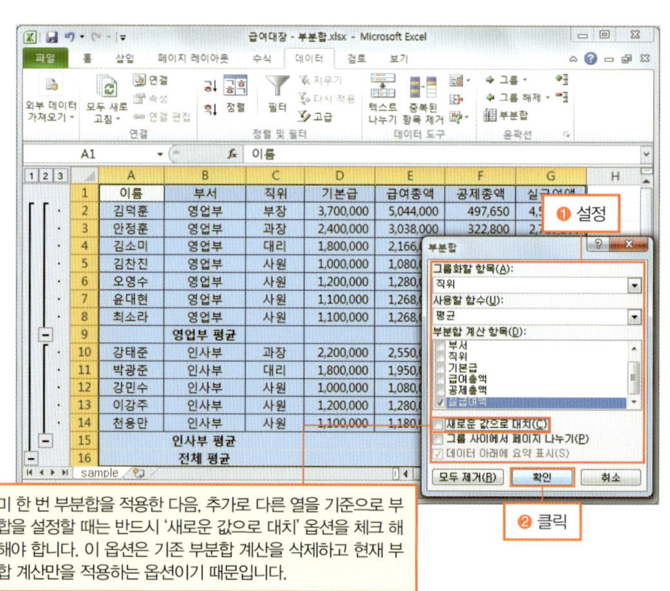

05 **요약된 결과 확인하기** 그러면 부서별 실급여액 평균 말고도 부서별 실급여액의 평균도 요약 행으로 나타납니다. 요약된 결과만 확인하기 위해 '윤곽 기호' 중에서 ③ 단추를 클릭합니다.

윤곽 기호 중에서 가장 큰 번호(예제에서는 ④의 바로 전 번호 ③)를 클릭하면 전체 요약된 결과를 빠르게 확인할 수 있습니다.

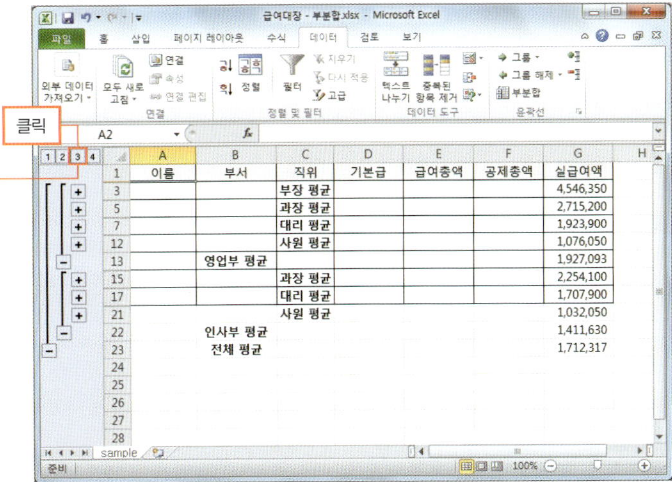

06 **화면에 표시된 데이터만 복사하기(1)** 요약된 값만 복사해 별도의 집계표를 만드는 작업을 진행합니다. ❶ B1:G23 범위를 선택하고 ❷ 리본의 [홈] 탭 → **편집** 그룹 → **찾기 및 선택** 명령 아이콘을 클릭한 다음 ❸ **이동 옵션** 명령을 클릭합니다.

◎ 이동 옵션 명령의 사용

부분합으로 요약된 행을 선택하고 바로 복사 작업을 진행하면 화면에 숨겨져 있는 원래의 데이터도 함께 복사됩니다. 그러므로 이동 명령을 이용해 화면에 표시된 셀만 선택하여 복사 작업을 진행해야 합니다.

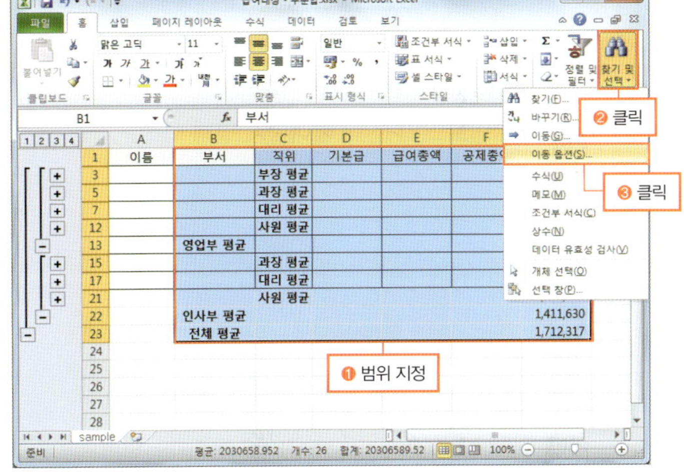

07 **화면에 표시된 데이터만 복사하기(2)** '이동 옵션' 대화상자가 표시되면 ❶ '화면에 보이는 셀만' 옵션을 선택하고 ❷ 〈확인〉 단추를 클릭합니다.

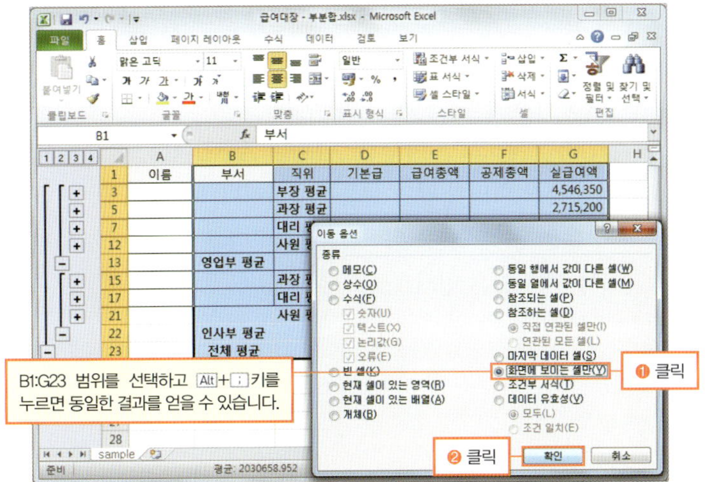

08 화면에 표시된 데이터만 복사하기(3) 이동 명령으로 선택된 데이터를 복사하기 위해 리본의 **[홈]** 탭 → **클립보드** 그룹 → **복사** 명령 아이콘을 클릭합니다.

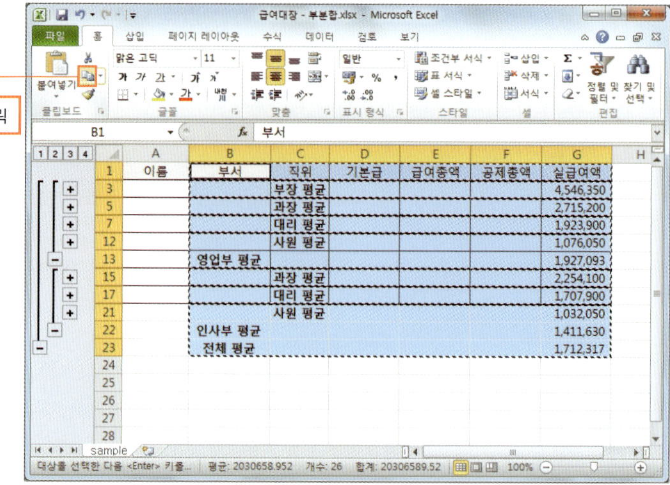

09 표 정리하기(1) 복사된 데이터를 새 워크시트로 붙여넣기 위해 ❶ 시트 탭에서 **워크시트 삽입** 탭을 클릭해 새 워크시트를 하나 추가한 다음, ❷ A1셀을 선택하고 ❸ 리본의 **[홈]** 탭 → **클립보드** 그룹 → **붙여넣기** 명령 아이콘▣을 클릭해 데이터를 붙여 넣습니다.

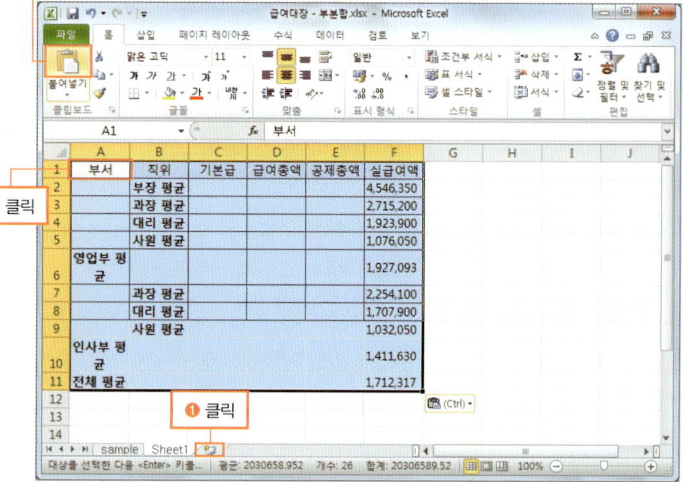

10 표 정리하기(2) 불필요한 C:E열을 삭제한 다음, A2:B11 범위를 선택하고 Ctrl + H 키(리본의 **[홈]** 탭 → **편집** 그룹 → **찾기 및 선택** 명령 → **바꾸기**)를 눌러 찾을 내용에 " 평균"을 입력한 후 〈모두 바꾸기〉 단추를 클릭합니다. 편집이 완료되면 오른쪽 화면과 같이 셀을 병합합니다. '부서 평균', '평균급여'와 같은 행 머리글을 입력한 뒤, 테두리와 너비를 조절하면 오른쪽 화면과 같은 집계표를 얻을 수 있습니다.

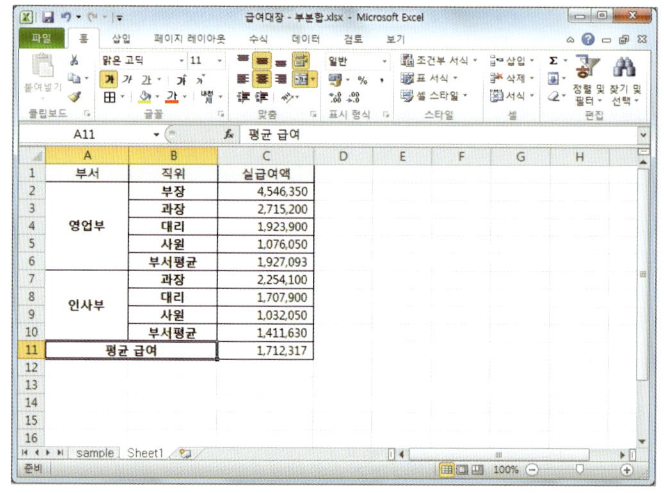

11 **부분합 제거하기(1)** 이제 집계표를 얻었으므로 sample 시트의 부분합을 제거합니다. ❶ 시트 탭에서 **sample** 시트를 선택한 다음 ❷ A3셀을 선택하고 ❸ 리본의 **[데이터]** 탭 → **윤곽선** 그룹 → **부분합** 명령 아이콘을 클릭합니다.

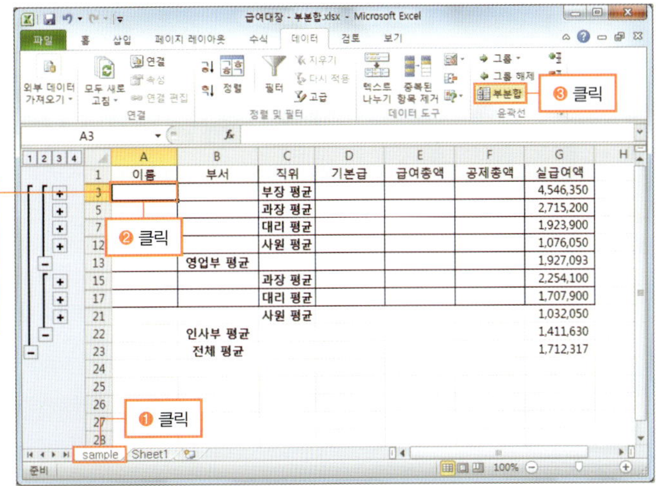

데이터를 복사할 때 떨어진 위치의 여러 셀을 선택하고 있는 상태였으므로, 해당 상태에서 **부분합** 명령을 실행하면, 에러 메시지가 표시될 수 있습니다. 그러므로 부분합이 적용된 전체 데이터 범위가 선택될 수 있도록 표 내부의 셀을 하나만 선택한 다음 **부분합** 명령을 실행해야 합니다.

12 **부분합 제거하기(2)** '부분합' 대화상자가 표시되면 〈모두 제거〉 단추를 클릭합니다.

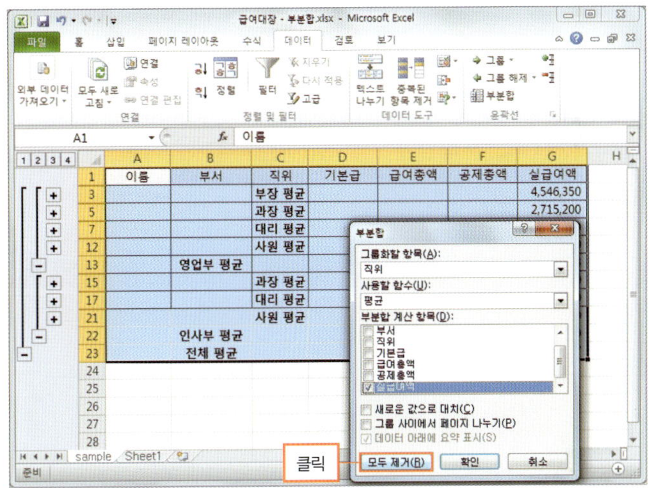

13 **작업 결과 확인하기** 그러면 부분합이 적용된 요약 행과 윤곽이 모두 사라진 것을 알 수 있습니다. 요약한 결과는 **Sheet1** 시트에서 확인할 수 있습니다.

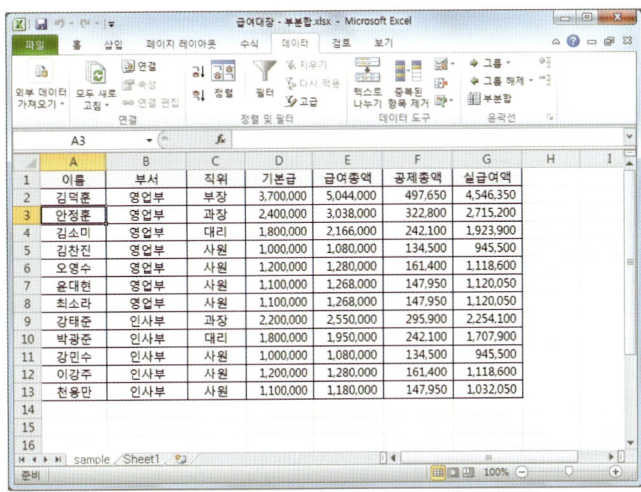

04 그룹 명령을 이용해 윤곽 사용하기

그룹 명령은 특정 열(또는 행)을 묶어 관리할 수 있는 기능으로, 열 방향(또는 행 방향)으로 길게 요약된 표를 효과적으로 관리할 수 있도록 도와주는 기능입니다. 그룹 명령을 사용하면 부분합 명령을 사용하지 않고도 윤곽 기호를 사용할 수 있어서, 부분합 명령으로 표를 요약할 필요가 없는 경우에는 그룹 명령만 사용해 표를 정리해도 됩니다.

부분합 명령을 사용할 때 나타나는 '윤곽 기호'의 경우, 부분합 명령을 사용하지 않고 그룹 명령을 사용해도 표시할 수 있습니다. 그룹 명령을 이용하면 아래 방향과 오른쪽 방향의 긴 표를 원하는 만큼 그룹으로 묶어 표시할 수 있어 표를 정리해 보는데 매우 유용합니다.

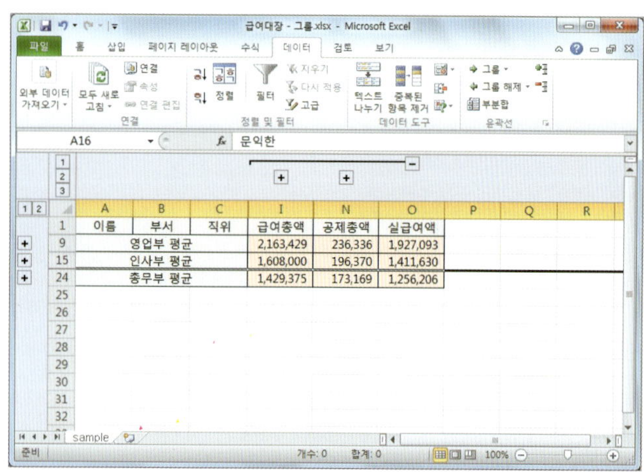

▲ 부분합 실행한 화면

그룹 명령은 리본의 [데이터] 탭 → **윤곽선** 그룹에 위치합니다.

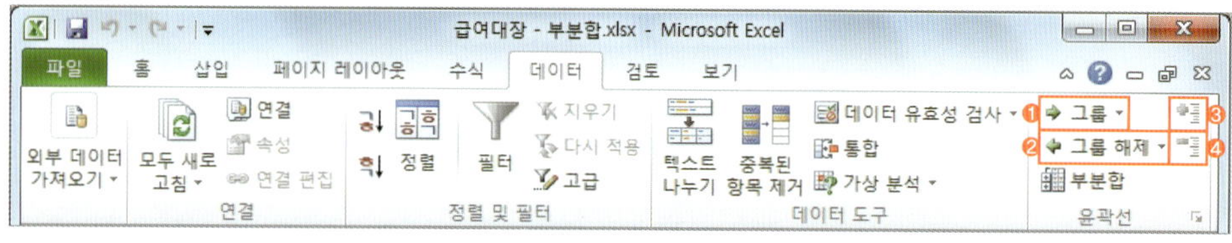

❶ **그룹 :** 선택된 열(또는 행)을 그룹으로 묶습니다.

❷ **그룹 해제 :** 선택된 열(또는 행)의 그룹을 해제합니다.

❸ **하위 수준 표시 :** 그룹이 설정된 경우에만 사용할 수 있으며, 그룹 내의 숨겨진 열(또는 행)을 모두 표시합니다.

❹ **하위 수준 숨기기 :** 그룹이 설정된 경우에만 사용할 수 있으며, 그룹 내의 열(또는 행)을 모두 숨깁니다.

그룹 명령을 이용해 급여대장 정리하기

📁 **준비 파일 : 급여대장 – 그룹.xlsx**

제공된 예제 파일을 열면 화면과 같은 급여대장 표를 확인할 수 있습니다. 표가 너무 커서 한 화면에서 볼 수 없으므로 열은 '급여총액', '공제총액', '실급여액'을 기준으로 나머지 열을 묶고, 행은 '부서'별로 그룹지어 보도록 하겠습니다.

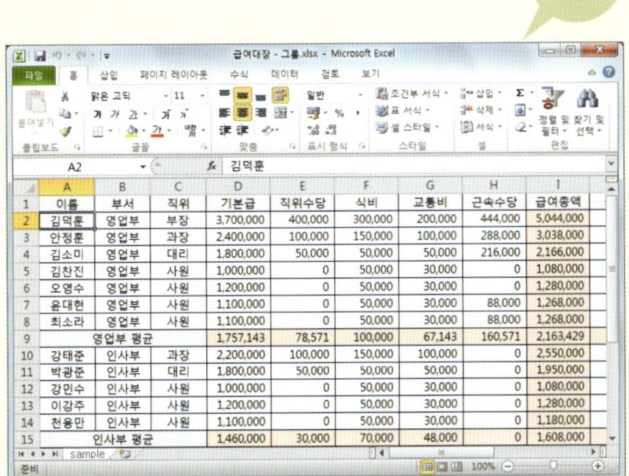

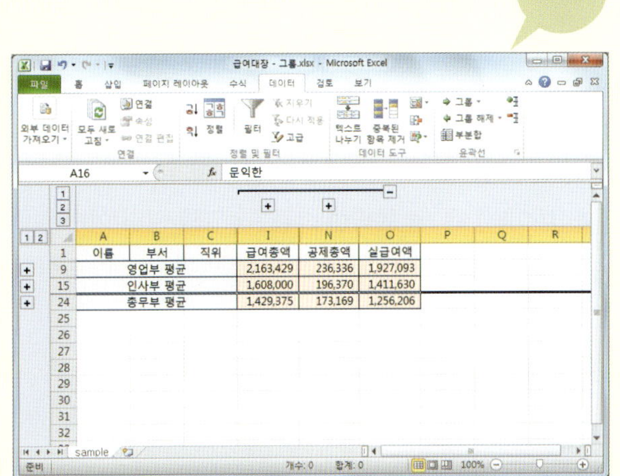

01 열 그룹으로 묶기(1)

먼저 I열의 '급여총액'은 D:H열의 합계이므로 D:H열을 그룹으로 묶는 작업을 진행합니다. ❶ 워크시트의 열 주소에서 D:H열을 선택한 다음, ❷ 리본의 [데이터] 탭 → **윤곽선** 그룹 → ❸ **그룹** 명령 아이콘 ⬇ 그룹 을 클릭합니다. 그러면 I열 주소 상단에 윤곽 기호가 나타납니다.

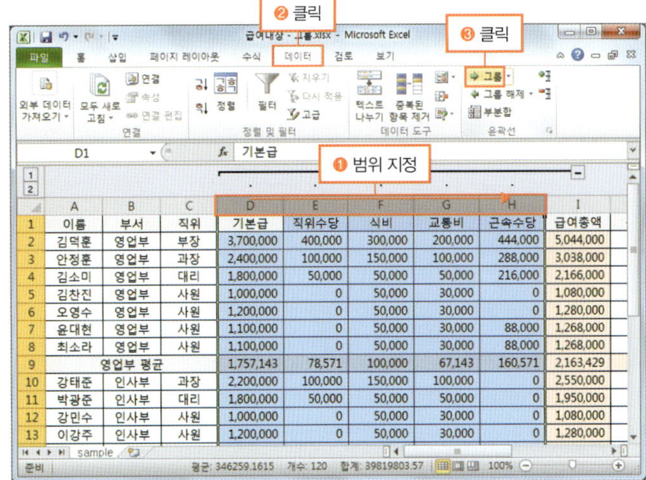

> 🔵 **그룹 명령**
>
> 워크시트의 I열 주소 위에 축소 ⊟ 단추가 보이며, 축소 ⊟ 단추를 누르면 D:H열은 숨겨지고 I열만 표시됩니다. 이렇게 축소 단추를 누르면 축소 단추가 위치한 열만 표시되고, 그룹으로 묶은 열은 모두 숨겨집니다.

02 **열 그룹으로 묶기(2)** 이번에는 공제총액의 계산에 사용된 J:M열을 그룹으로 묶는 작업을 진행합니다. ❶ J:M열의 열 머리글을 마우스로 드래그해 선택한 다음, ❷ 리본의 **[데이터]** 탭 → **윤곽선** 그룹 → **그룹** 명령 아이콘을 클릭합니다.

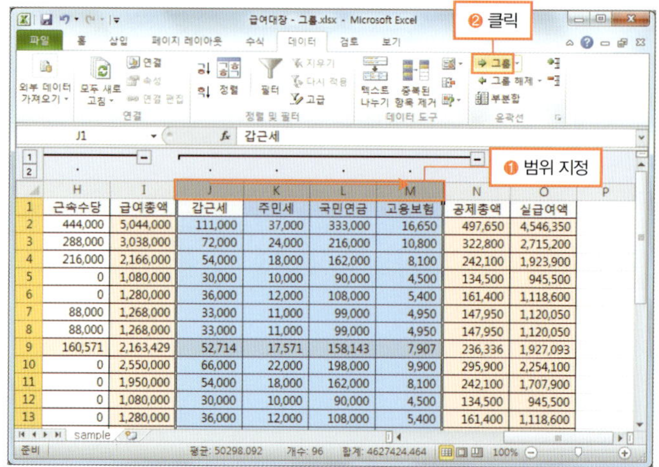

03 **열 그룹으로 묶기(3)** 이번에는 O열에 집계한 '실급여액'을 구할 때 사용한 ❶ D:N열을 모두 선택한 다음, ❷ 리본의 **[데이터]** 탭 → **윤곽선** 그룹 → **그룹** 명령 아이콘을 클릭합니다. 그러면 이전에 그룹으로 묶인 범위를 모두 포함해 다시 그룹으로 묶입니다.

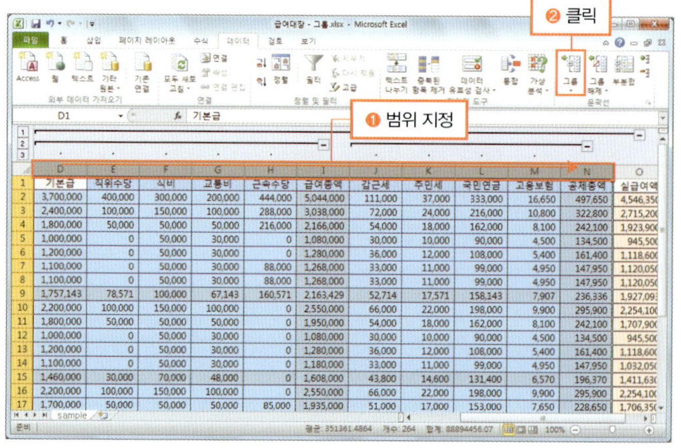

04 **열 확장/축소하기** 윤곽 기호 중에서 2 단추를 클릭하면 I열과 N열의 축소 단추가 실행되어 I열과 N열에 있는 '급여총액'과 '공제총액'만 표시되는 것을 확인할 수 있습니다.

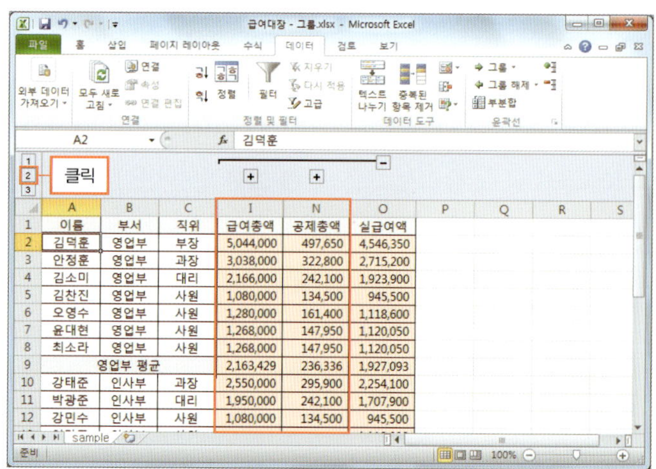

05 행 그룹으로 묶기(1) 이번에는 행 데이터를 그룹으로 묶기 위해 ❶ '영업부' 직원 데이터를 모두 포함할 수 있는 2:8행을 선택하고 ❷ 리본의 [데이터] 탭 → **윤곽선** 그룹 → **그룹** 명령 아이콘을 클릭합니다. 그러면 행 주소 왼쪽에 윤곽 기호가 표시되는 것을 확인할 수 있습니다.

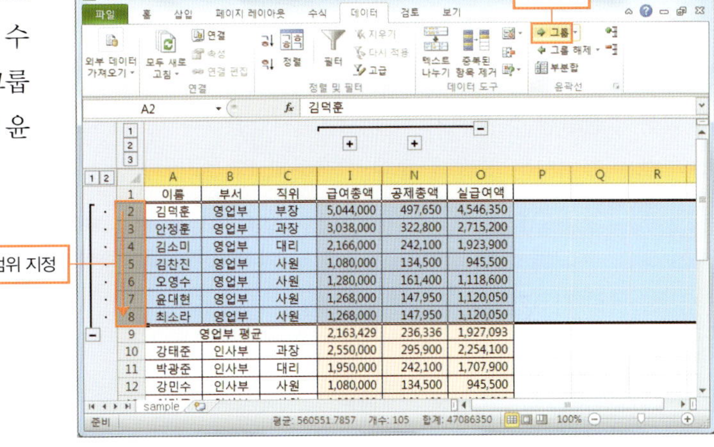

06 행 그룹으로 묶기(2) 같은 방법으로 인사부, 총무부 사원을 그룹으로 묶기 위해 ❶ 10:14행을 선택하고 ❷ 리본의 [데이터] 탭 → **윤곽선** 그룹 → **그룹** 명령 아이콘을 클릭합니다. 연속해서 ❸ 16:23행을 선택하고 ❹ 리본의 [데이터] 탭 → **윤곽선** 그룹 → **그룹** 명령 아이콘을 클릭합니다.

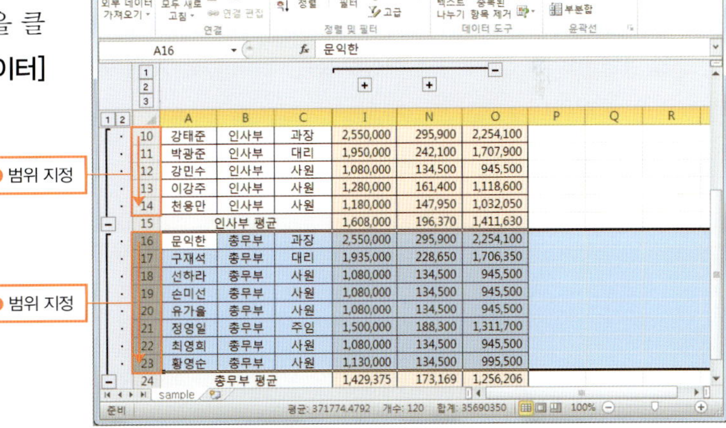

07 행 확장/축소하기 부서별 평균 데이터를 확인하기 위해 행 주소 왼쪽의 윤곽 기호 중에서 ① 단추를 클릭하면 각 부서의 급여 평균을 확인할 수 있습니다.

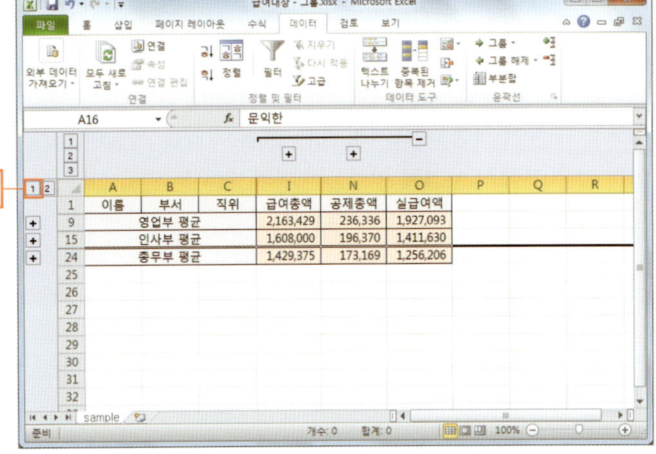

08 **그룹 해제하기** 그룹으로 묶은 열과 행을 해제할 때는 그룹으로 묶을 때 선택했던 범위를 다시 선택하고 **그룹 해제** 명령 아이콘을 클릭해도 되지만, 이번과 같이 여러 개의 그룹이 설정된 경우라면 다음과 같이 진행합니다. ❶ 표 내부의 셀(여기에서는 I9셀)을 하나 선택하고 ❷ Ctrl + A 키를 눌러 표 전체 범위를 선택한 다음, ❸ 리본의 [데이터] 탭 → **윤곽선** 그룹 → **그룹 해제** 명령 아이콘 옆의 아래 화살표를 클릭하고 ❹ **윤곽 지우기** 명령을 클릭합니다.

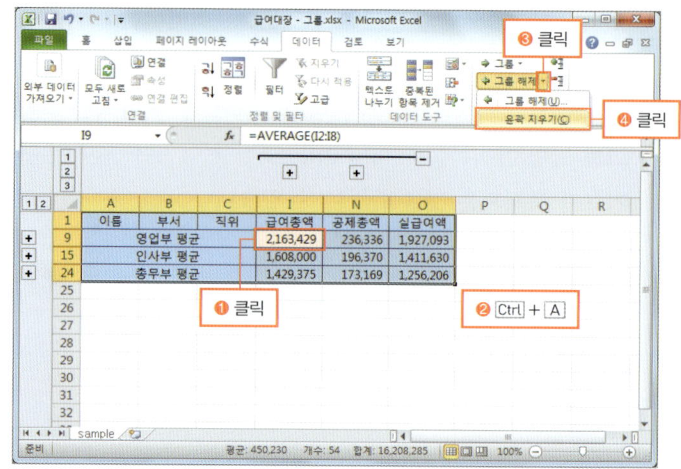

09 **자동으로 그룹 묶기(1)** 수식이 있는 열을 자동으로 감지해 그룹이 설정되도록 할 수 있습니다. ❶ 표 전체 범위가 선택된 상태에서 ❷ 리본의 [데이터] 탭 → **윤곽선** 그룹 → **그룹** 명령 아이콘 옆의 아래 화살표를 클릭하고, ❸ **자동 윤곽** 명령을 클릭합니다.

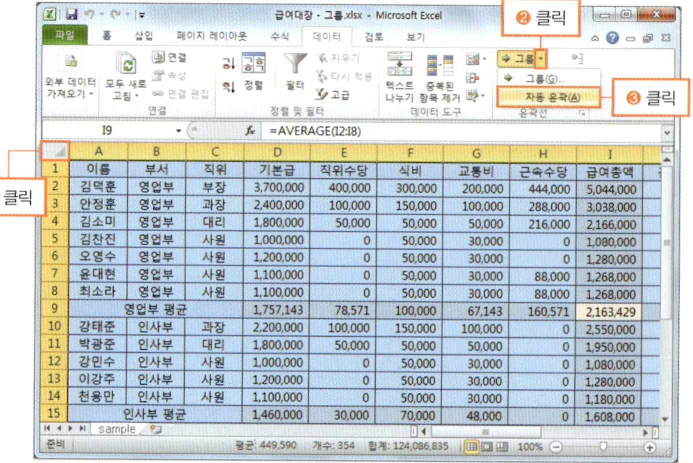

10 **자동으로 그룹 묶기(2)** 그러면 앞에서 진행했었던 것과 동일한 그룹이 설정된 것을 확인할 수 있습니다. 자동 윤곽 명령은 표에서 수식이 입력된 위치를 자동으로 감지해, 수식에서 사용된 열과 행을 그룹으로 묶어 주므로 편리합니다. 그러므로 수식이 사용된 표에서 **자동 윤곽** 명령을 사용하고, 그렇지 않은 표에서는 **그룹** 명령을 이용해 원하는 열을 그룹으로 묶어 사용합니다.

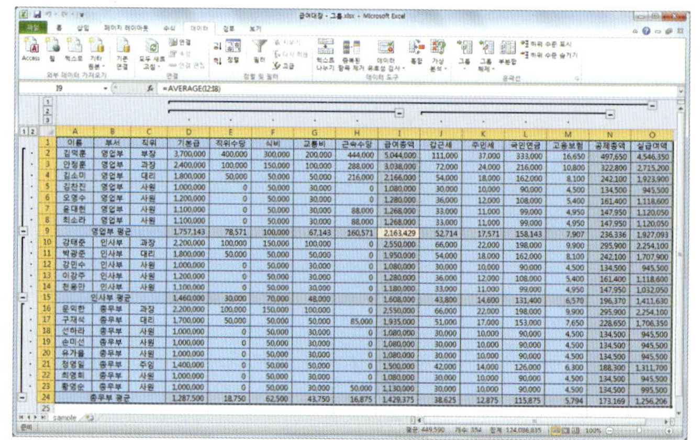

부분합 명령을 이용하거나 **그룹** 명령을 이용하면 워크시트에서 '윤곽 기호'가 나타나게 됩니다. 이것은 **부분합** 명령이나 **그룹** 명령을 계속 이용할 경우에는 괜찮지만, 필요할 때만 나타나길 원하는 경우에는 다음과 같은 방법을 사용합니다.

❶ 윤곽 기호가 표시된 표에서 리본의 **[데이터]** 탭 → **윤곽선** 그룹 → **그룹 해제** 명령 아이콘 옆의 아래 화살표를 클릭하고 **윤곽 지우기** 명령을 클릭합니다.

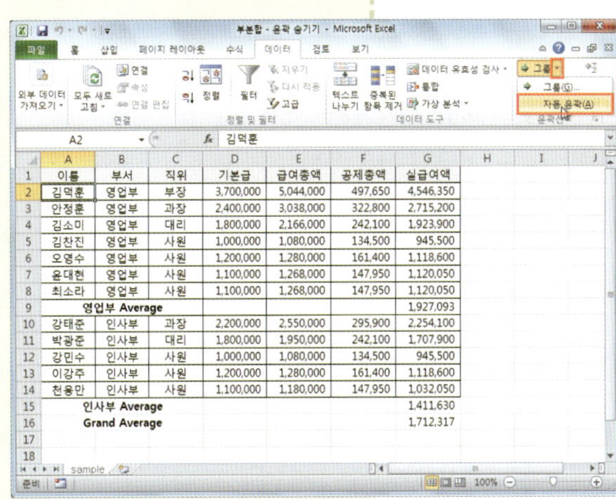

❷ 다시 윤곽 기호가 표시되도록 하려면 리본의 **[데이터]** 탭 → **윤곽선** 그룹 → **그룹** 명령 아이콘 옆의 아래 화살표를 클릭하고 **자동 윤곽** 명령을 클릭합니다.

이와 같은 작업을 보다 빠르게 진행하려면 Ctrl + 8 단축키를 사용할 수도 있습니다. Ctrl + 8 단축키는 토글 단축키로, 누를 때마다 특정 동작을 반복하게 되는데, 한 번 누르면 윤곽 기호가 감춰지고, 다시 한 번 누르면 윤곽 기호가 표시됩니다.

## CHAPTER 02

통합과 3차원 참조

법인별 실적을 하나로 합치거나 개별 대리점의 성과를 하나로 합쳐야 하는 경우 등과 같이 동일한 형태의 집계표를 하나로 합쳐야 할 때, 엑셀에서 제공하는 통합 명령을 이용하거나 3차원 참조를 이용하면 간단하게 통합 작업을 수행할 수 있습니다.

01 통합 방법

02 3차원 참조 방법

01 통합 방법

통합 명령은 여러 개의 집계 표(=크로스탭)를 하나로 합칠 때 사용하는 명령으로, 대리점 또는 법인별 보고서를 하나로 합친 통합 보고서를 만들 때 유용하게 사용합니다. 다만, 표의 열 머리글이나 행 머리글을 인식해 표를 하나로 합치므로 머리글이 잘못 입력된 경우에는 다른 항목으로 합쳐지므로 주의합니다.

통합 명령은 동일한 형식의 표를 하나로 합칠 때 사용하는 명령으로, 합치려고 하는 표의 열 머리글과 행 머리글을 사용해 가운데 숫자 값을 빠르게 요약해 주므로 편리합니다.

예를 들어, 다음 화면의 서울과 인천 지역의 브랜드별 판매 실적을 통합 명령을 이용해 하나로 빠르게 합칠 수 있습니다.

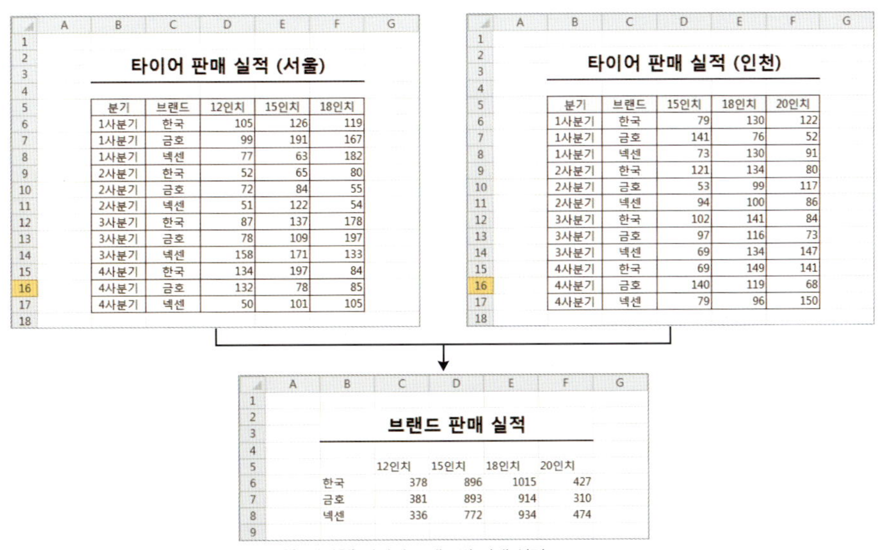

▲ '서울'과 '인천' 지역의 브랜드별 판매 실적

통합 명령은 리본의 [데이터] 탭 → 데이터 도구 그룹에 있으며, 실행하면 '통합' 대화상자가 나타납니다.

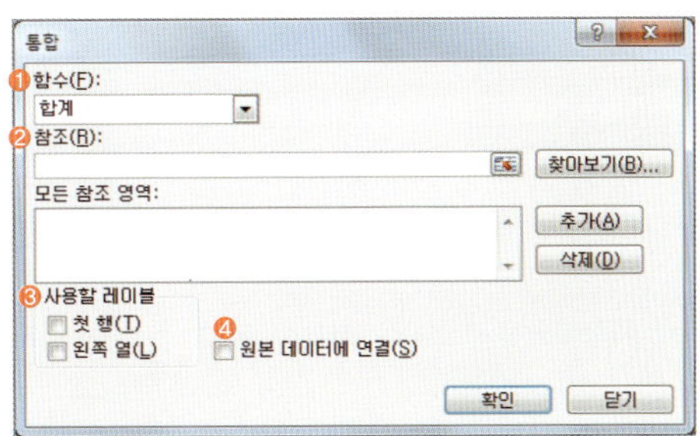

▲ '통합' 대화상자

❶ **함수** : 표를 통합할 때 가운데 숫자의 값을 집계할 함수를 선택합니다.

❷ **참조** : 통합할 원본 표의 위치를 지정합니다. 원본 표의 주소를 지정하고 〈추가〉 단추를 클릭해 '모든 참조 영역' 리스트에 추가합니다.

❸ **사용할 레이블** : 원본 표에서 값을 집계하기 위해 사용할 머리글 위치를 지정하는데, 둘 다 체크하면 열 머리글과 행 머리글을 자동으로 인식해 가운데 있는 숫자 값을 통합합니다.

• **첫 행** : 집계 표의 첫 번째 행에 있는 열 머리글을 인식합니다.

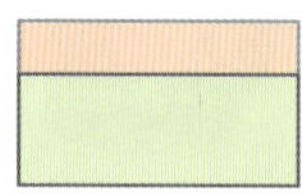

• **왼쪽 열** : 집계 표의 왼쪽 열에 있는 행 머리글을 인식합니다.

❹ **원본 데이터에 연결** : 표를 수식을 사용해 통합하면 원본 표의 수정 사항이 통합된 표에 계속 반영됩니다.

통합 명령을 이용해 법인별 실적을 하나로 합치기

📁 **준비 파일** : 법인별 판매실적.xlsx

제공된 예제 파일을 열고 **branch1** 시트를 선택하면 Before 화면과 같은 서울 법인의 제품 판매 실적 표를 확인할 수 있습니다. 시트별로 표가 여러 개 있을 때, 통합 명령을 이용해 **Summary2** 시트에 표를 하나로 합쳐 보도록 하겠습니다.

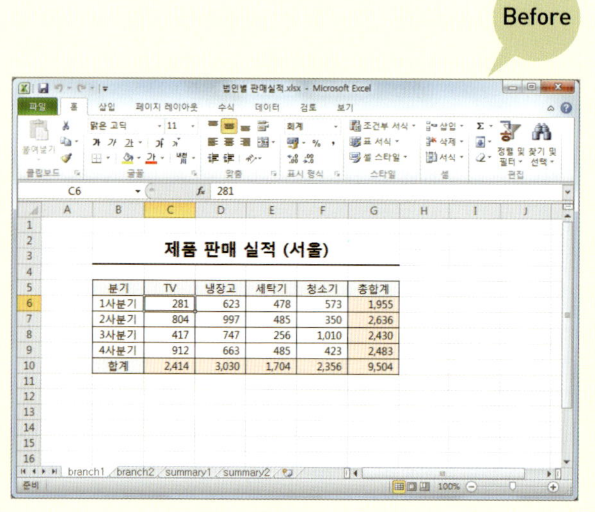

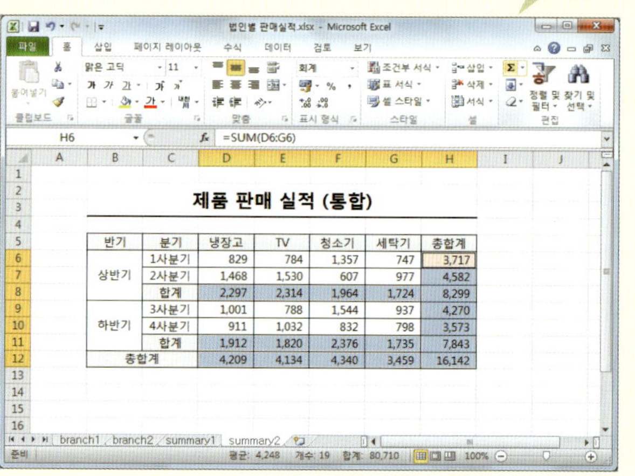

01 **예제 확인하기** 두 번째 집계표를 확인하기 위해 시트 탭에서 branch2 시트를 선택하면 오른쪽 화면과 같은 미국 법인의 제품 판매 실적을 확인할 수 있습니다. 이 branch1, branch2 시트에 있는 두 개의 표를 하나로 합치는 작업을 진행합니다.

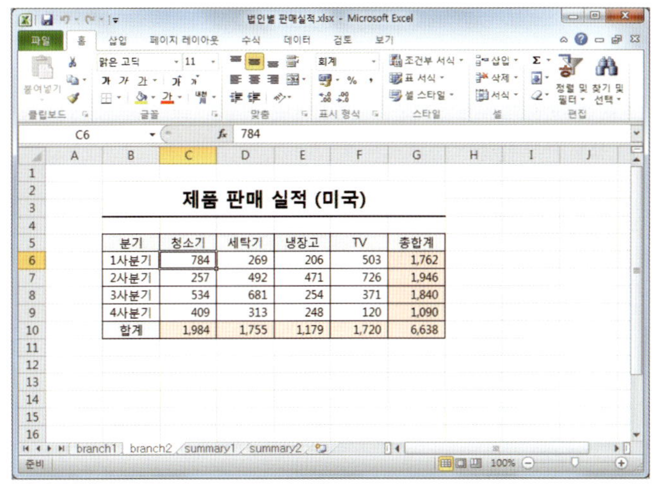

02 **통합 명령을 이용해 표 합치기(1)** 통합 명령을 이용해 표를 하나로 합치기 위해 ❶ summary1 시트를 선택한 다음, ❷ B2셀을 선택하고 ❸ 리본의 **[데이터]** 탭 → **데이터 도구** 그룹 → ❹ **통합** 명령 아이콘을 클릭합니다.

B2셀을 선택하고 **통합** 명령을 실행하면 통합된 결과가 B2셀을 기준으로 우측 하단 방향으로 반환됩니다. 그러므로 해당 위치에 다른 값이 있으면 안 되며, 어느 정도의 데이터가 반환될 수 있을지 모른다면 새 워크시트를 추가하고 작업하는 것이 좋습니다.

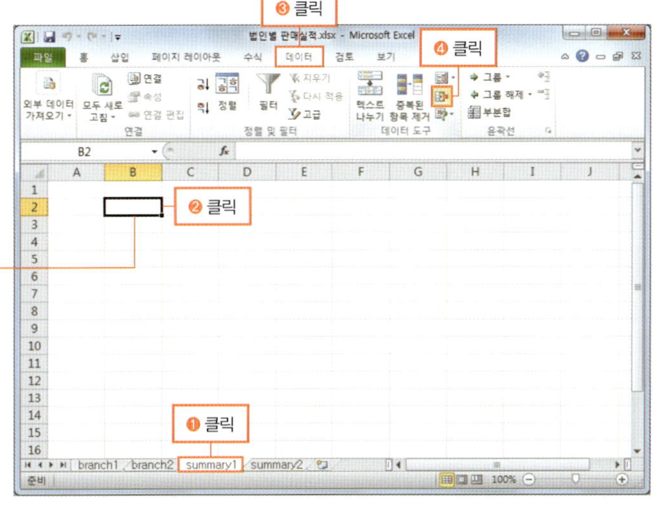

03 **통합 명령을 이용해 표 합치기(2)** '통합' 대화상자가 나타나면 함수 항목은 '합계'를 유지하고 ❶ 참조란을 선택한 다음, ❷ 마우스로 branch1 시트를 선택하고 ❸ B5:F9 범위를 선택한 다음 ❹ 〈추가〉 단추를 클릭합니다. 그렇게 하면 '모든 참조 영역' 리스트에 선택한 범위가 추가됩니다.

통합할 표 범위를 하나씩 선택해 〈추가〉 단추를 클릭합니다. 이때, 10행과 G열의 합계 부분은 선택하지 않아도 나중에 **자동 합계** 명령 등을 이용해 쉽게 요약할 수 있으므로 선택하지 않았습니다만 선택해도 별 상관은 없습니다.

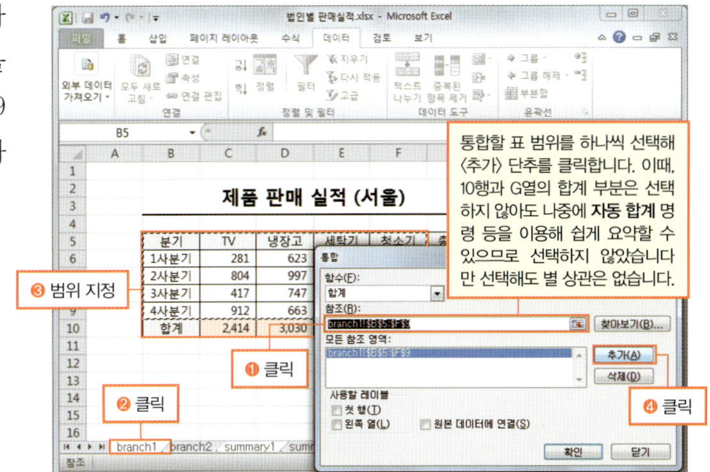

04 **통합 명령을 이용해 표 합치기(3)** 두 번째 표 범위를 선택하기 위해 참조란이 선택된 상태에서 ❶ 마우스로 **branch2** 시트를 선택하고 ❷ B5:F9 범위를 선택한 다음 ❸ 〈추가〉 단추를 클릭합니다.

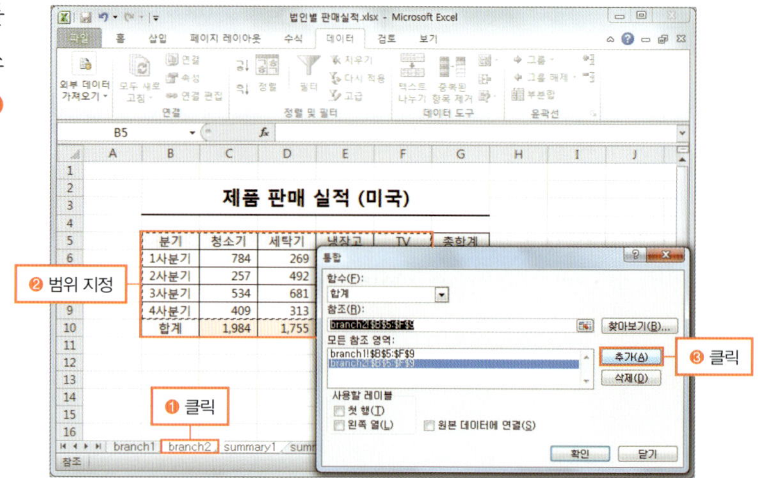

05 **통합 명령을 이용해 표 합치기(4)** 그런 다음, 선택한 표의 왼쪽 열(B열)과 첫 번째 행(5행)의 머리글을 참고해 가운데의 숫자 값이 요약되도록 ❶ 사용할 레이블을 '첫 행', '왼쪽 열' 옵션을 모두 선택한 다음 ❷ 〈확인〉 단추를 클릭합니다.

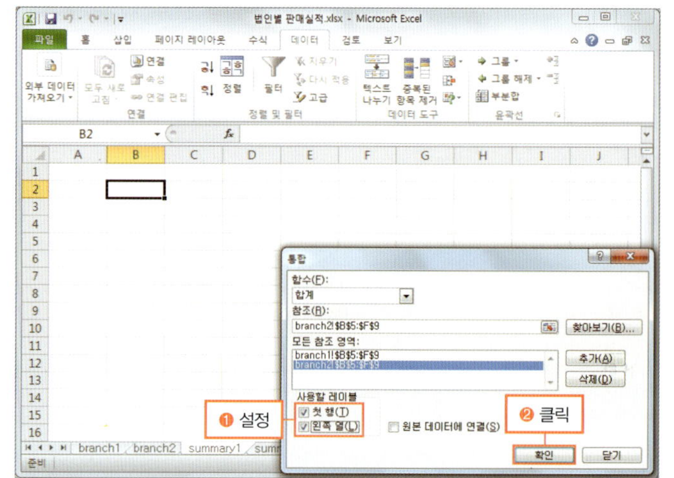

06 **결과 확인하기** 그러면 **summary1** 시트의 B2셀을 기준으로 요약된 결과가 화면과 같이 표시됩니다. 표의 테두리 설정과 배경, 글꼴 스타일 정도만 변경하면 집계표를 완성할 수 있습니다.

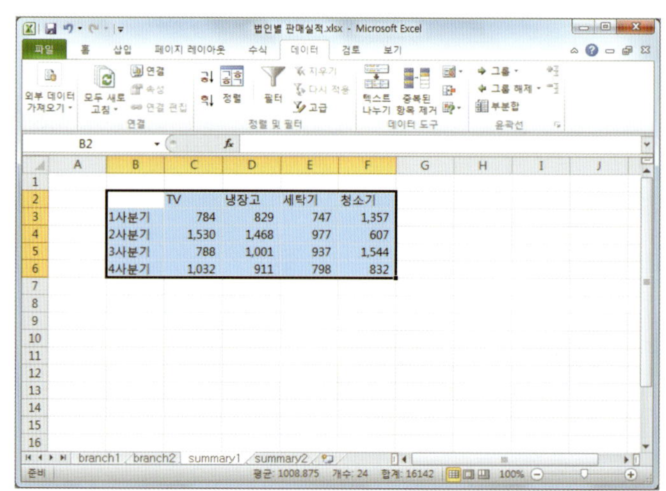

07 미리 작성된 표에 통합하기(1) 통합 명령은 빈 셀을 선택해 실행하면 해당 위치에 통합 결과를 반환하지만, 집계표 양식을 미리 만들어 놓은 경우라면 해당 표에 통합 결과를 반환하도록 할 수 있습니다. summary2 시트를 선택하면 오른쪽 화면과 같은 집계표 양식을 확인할 수 있습니다. 이렇게 집계표 양식이 존재하는 경우에는 ❶ 행 머리글(=여기서는 분기)과 열 머리글(=제품)을 확인할 수 있는 범위(C5:G10)를 선택한 다음 ❷ 리본의 [데이터] 탭 → 데이터 도구 그룹 → 통합 명령 아이콘을 클릭합니다.

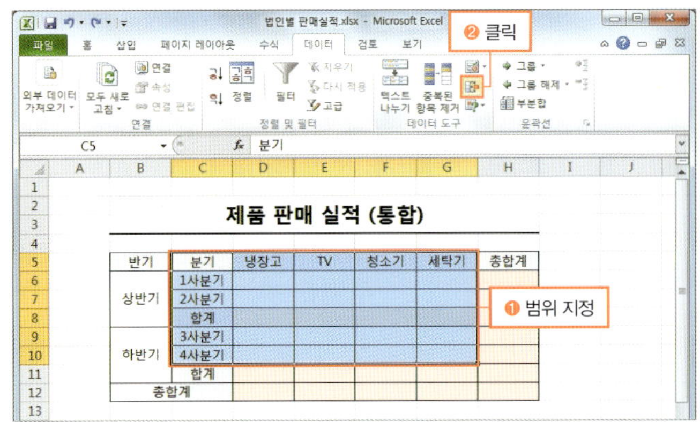

○ **집계표 양식을 이용해 통합**

통합 명령은 표의 열 머리글과 행 머리글을 인식해 가운데 숫자 값을 지정한 함수로 요약해 줍니다. 그러므로 표 양식을 미리 만들어 두고 통합 작업을 수행할 수 있는데, 이때 통합할 표(=branch1, branch2 시트의 표)의 머리글과 summary2 시트의 집계 표 양식의 머리글이 동일해야 합니다. 예를 들어 C6과 D5셀의 1사분기 냉장고 제품의 실적을 D6셀에 집계하기 위해 branch1과 branch2 시트에서 동일한 머리글(1사분기, 냉장고)을 사용하고 있어야 합니다. 그렇지 않으면 통합 명령을 이용해도 올바른 결과가 반환되지 않습니다.

08 미리 작성된 표에 통합하기(2) '통합' 대화상자가 표시되면 ❶ 다음과 같이 설정하고 ❷ 〈확인〉 단추를 클릭합니다.

함수	합계
모든 참조 영역	branch1!$B$5:$F$9
	branch2!$B$5:$F$9
첫 행	선택
왼쪽 열	선택

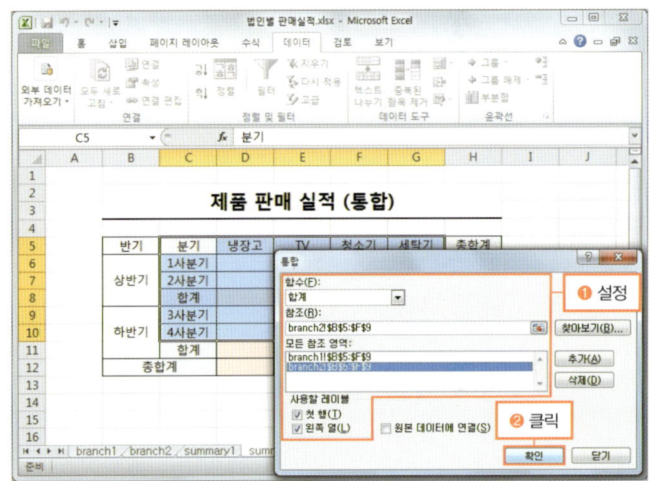

09 결과 확인하고 추가 요약하기 그러면 D6:G10 범위에 집계된 결과가 나타납니다. 추가로 요약 작업을 진행하는 것은 **자동 합계** 명령을 이용합니다. ❶ D8:G8 범위를 선택하고 ❷ Ctrl 키를 누른 다음 순서대로 D11:G11, ❸ D12:G12, ❹ H6:H12 범위를 선택한 다음 ❺ 리본의 [홈] 탭 → 편집 그룹 → ❻ **자동 합계** 명령 아이콘을 클릭합니다.

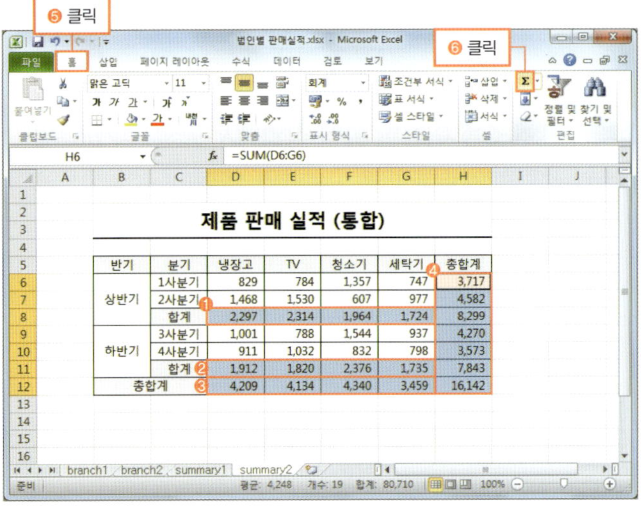

02 3차원 참조 방법

3차원 참조란 다른 여러 워크시트의 동일한 위치의 셀을 참조하는 것을 의미하며, 각 시트별 계산이 가능하므로 항목별 분석에 유용합니다. 통합할 표가 동일한 서식을 이용해 작성된 경우 '통합' 명령보다 편리하게 표를 하나로 합칠 수 있어 자주 사용됩니다.

각 부서 간의 예산을 통합하는 작업을 예를 들어 살펴보겠습니다.

다음 화면과 같은 수식이 3차원 참조 수식이며, 인사, 총무, 영업 시트의 C2셀의 값을 참조하며, SUM 함수를 사용했으므로 인사, 총무, 영업 시트의 C2셀의 합계를 반환합니다.

	A	B	C	D
1				
2		예산 총액	=SUM(인사:영업!C2)	
3				
4				
5				

인사 / 총무 / 영업 / 통합

▲ 3차원 참조 예

3차원 참조 수식은 다음과 같은 형식으로 작성해야 합니다.

='첫 번째 워크시트:마지막워크시트' !셀 주소

셀 주소에서 연속된 범위를 참조할 때 A1:A100과 같이 참조하는 것과 같이 3차원 참조에서는 참조할 첫 번째 워크시트와 마지막 워크시트를 ":" 연산자를 사용해 연결합니다.

● 3차원 참조를 이용한 통합 작업에서 표의 추가/삭제

3차원 참조를 이용해 표를 통합하면, 통합된 표에 새로운 표를 추가하거나 기존 표를 삭제할 때 편리하게 작업할 수 있습니다. 예를 들어 인사, 총무, 영업 부서의 예산 합계에 새로운 기획 부서의 예산을 추가해야 한다면 다음 화면과 같이 **인사, 영업** 부서의 시트 사이로 해당 시트를 옮겨 놓으면 됩니다.

○ **3차원 참조 수식**

수식에 문자열이 포함되면 따옴표(' ')는 자동으로 붙여집니다.

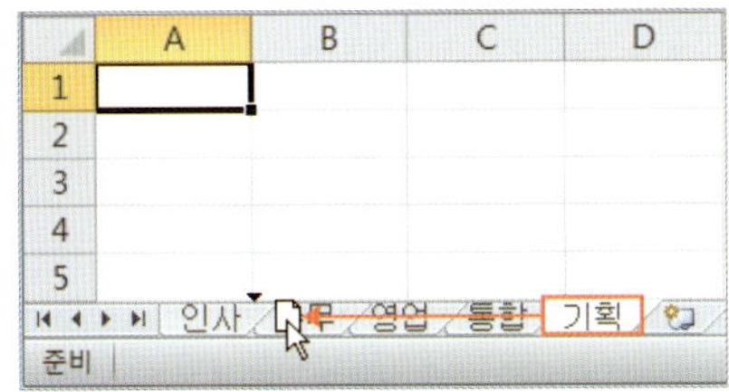 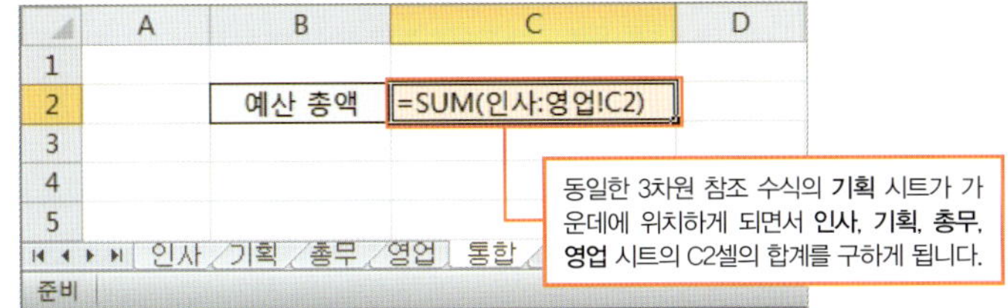

▲ 3차원 참조에서 '통합' 시트에 추가

그렇다면 통합 결과에서 특정 부서의 집계를 삭제하려면 위 방법과 반대로 해당 워크시트를 시트 탭에서 3차원 참조의 시트 범위 밖으로 옮겨 놓으면 됩니다. 예를 들어 총무 부서의 예산을 **통합** 시트에서 삭제하려면 아래 화면과 같이 **총무** 시트를 선택하고 **인사** 시트의 앞이나 **영업** 시트의 밖으로 옮겨 놓으면 됩니다.

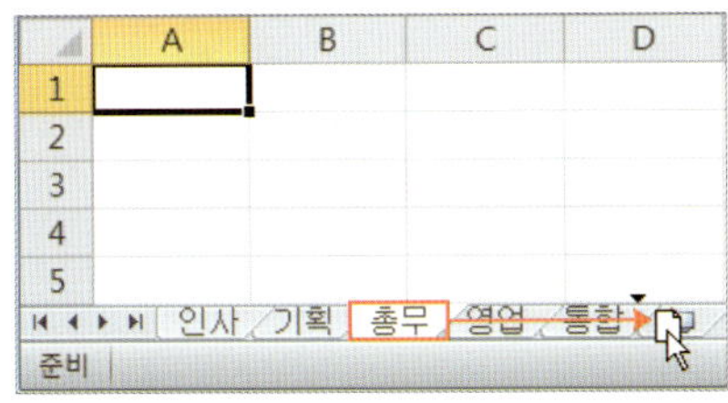 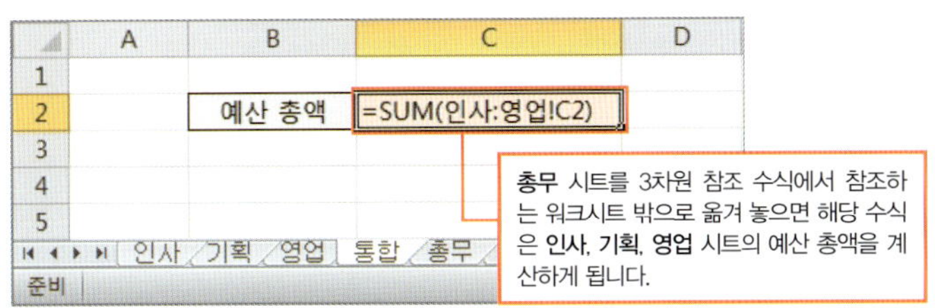

▲ 3차원 참조에서 '통합' 시트에서 삭제

● 3차원 참조를 사용할 수 있는 함수

3차원 참조는 모든 함수에서 사용할 수 있는 것은 아니며, 아래 함수에서만 사용할 수 있습니다. 아래 리스트에서 확인할 수 있듯이 해당 함수는 부분합, 통합 명령에서 사용하는 함수 리스트와 동일한 함수들입니다.

구분	함수
합계	SUM
평균	AVERAGE, AVERAGEA
개수	COUNT, COUNTA
최대	MAX, MAXA
최소	MIN, MINA
곱하기	PRODUCT
표준 편차	STDEV, STDEVA, STDEVP, STDEVPA
분산	VAR, VARA, VARP, VARPA

3차원 참조를 이용해 대리점의 제품별 실적 통합하기

📁 **준비 파일 :** 대리점 실적 집계표.xlsx

제공된 예제 파일을 열고 **통합** 시트를 선택하면 Before 화면을 확인할 수 있습니다. 하위의 시트 탭을 보면 '강동', '강서', '강북', '강남'이 있는데, 3차원 참조를 활용해 **강동, 강서, 강북, 강남** 시트의 실적을 통합하고, 특정 시트를 배제해보는 작업을 하겠습니다.

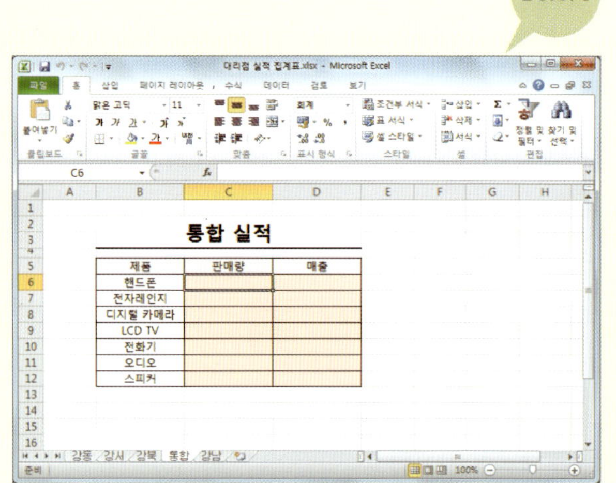

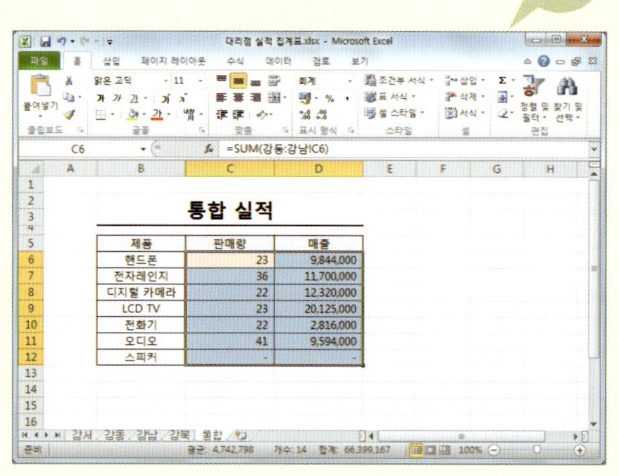

01 원본 집계표 확인하기 먼저 **강동, 강서, 강북, 강남** 시트를 모두 확인해 보면 집계표 양식이 모두 동일하며, 모두 같은 위치에 동일한 항목을 집계하고 있음을 알 수 있습니다. 이렇게 동일한 위치에 동일한 형식의 표를 사용한 경우에 3차원 참조를 사용할 수 있습니다.

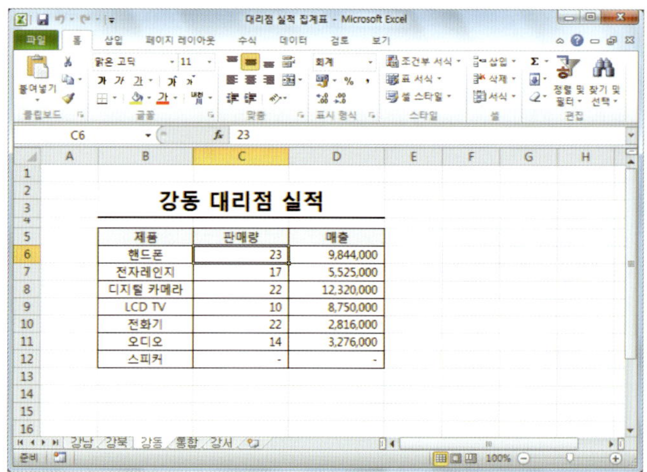

02 **3차원 참조를 이용해 통합하기(1)** ❶ **통합** 시트를 선택하고 ❷ **강동, 강서, 강북** 시트의 각 제품별 판매량을 통합하기 위해 C6셀을 선택하고 ❸ 수식 입력줄에서 다음과 같은 수식을 입력한 후 [Enter]키를 누릅니다. ❹ C6셀의 채우기 핸들을 C12셀까지 드래그해 수식을 복사합니다.

C6	=SUM(강동:강북!C6)

> ● **3차원 참조 수식**
>
> 예제에서 강동, 강서, 강북 시트의 C6셀 값의 합계를 구합니다. 3차원 참조에서 **강동:강북**은 **강동**부터 **강북** 시트까지를 의미하므로 가운데 있는 강서 시트의 값은 함께 집계됩니다.

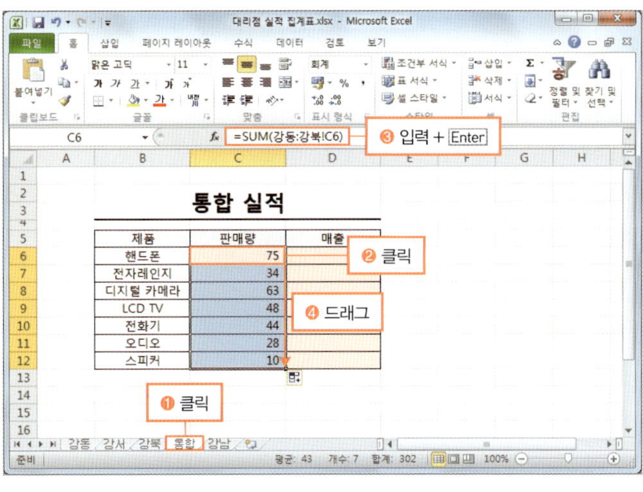

03 **3차원 참조를 이용해 통합하기(2)** C6셀에서 작성한 셀 주소는 상대 참조이고, 각 지역별 집계표에서 판매량 바로 옆의 열이 매출이므로 수식을 따로 작성하지 않고 복사해 사용해도 됩니다. C6:C12 범위가 선택된 상태에서 채우기 핸들을 D열로 드래그해서 수식을 복사하면 매출도 자동으로 집계됩니다.

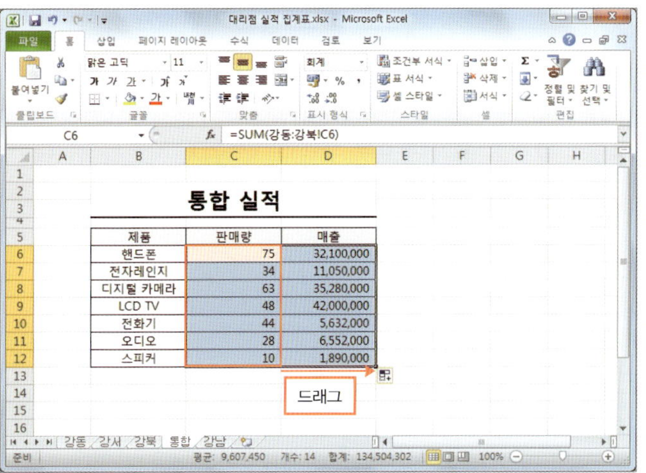

04 **새로운 집계표 통합하기** 이제 **통합** 시트의 실적에 '강남' 지역의 실적을 추가합니다. ❶ 시트 탭에서 **강남** 시트를 선택한 다음 ❷ 마우스로 드래그해 **강서, 강북** 시트의 사이로 옮겨 놓습니다.

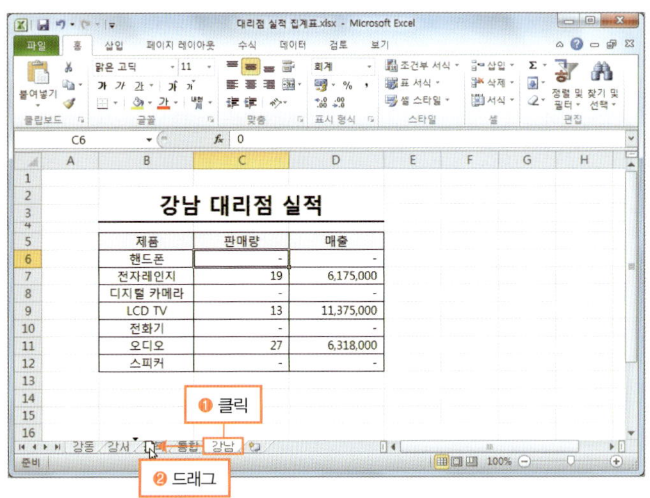

05 집계 결과 확인하기 그런 다음, 다시 **통합** 시트를 선택해서 확인해 보면, 실적이 이전에 비해 증가한 것을 확인해 볼 수 있습니다. 참고로 C7셀의 '전자레인지' 판매량은 '34'에서 '53'으로 증가했습니다. 이렇게 3차원 참조로 표를 통합하면 추가하고자 하는 워크시트를 3차원 참조 워크시트 사이로 옮겨 놓기만 하면 되므로 편리합니다.

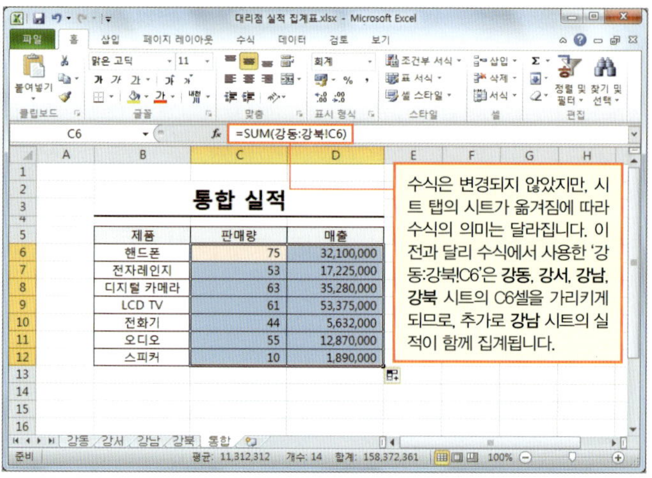

06 기존 실적 통합에서 배제하기 이번에는 강서 대리점의 실적을 통합 표에서 배제시켜 보겠습니다. 강남 대리점의 실적을 통합할 때와는 반대로 강서 시트를 3차원 참조 시트의 밖으로 옮겨 놓으면 됩니다. ❶ **강서** 시트를 선택하고 ❷ **강서** 시트를 **강동** 시트의 왼쪽에 위치하도록 마우스로 드래그 합니다.

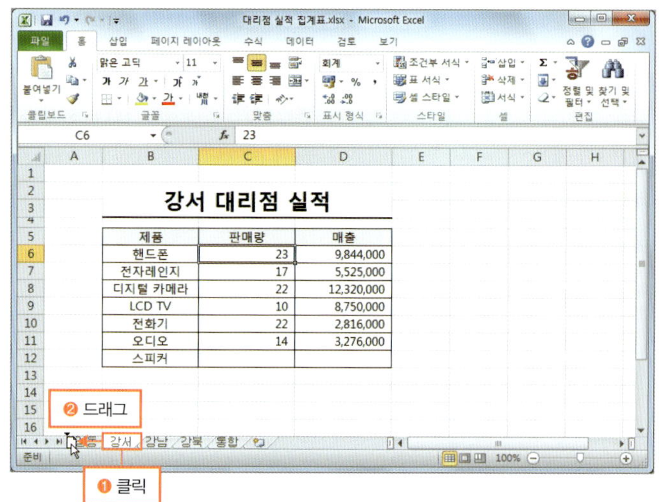

07 집계 결과 확인하기 다시 결과를 확인하기 위해 **통합** 시트를 선택해 보면 위치를 옮겨놓은 **강서** 시트 실적이 빠지게 되어 실적이 이전에 비해 매출이 하락한 것을 확인할 수 있습니다(05 과정 화면의 실적과 비교해 보세요.).

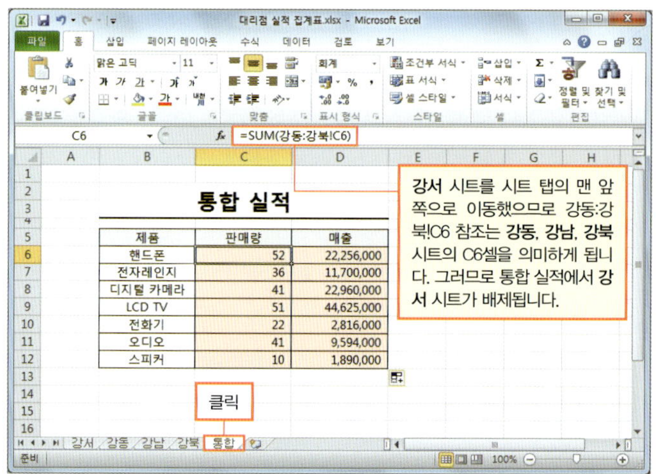

08 **3차원 참조 위치 변경하기(1)** 만약 3차원 참조의 시작 시트나 끝 시트를 변경해야 한다면 수식을 변경해야 합니다. 예를 들어 강동, 강남 대리점의 실적만 통합해야 한다면 수식의 마지막 워크시트 명인 '강북'을 '강남'으로 수정해야 합니다. 이 작업을 하기 위해 ❶ 수식이 적용된 C6:D12 범위를 선택하고 ❷ 리본의 **[홈]** 탭 → **편집** 그룹 → **찾기 및 선택** 명령 아이콘을 클릭한 다음 ❸ **바꾸기** 명령을 클릭합니다.

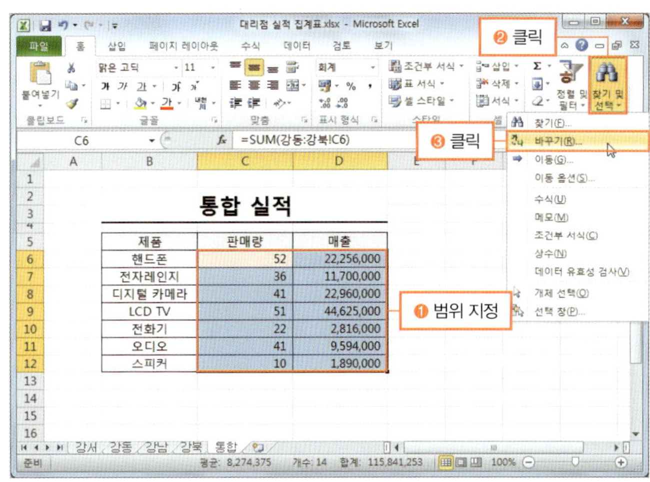

09 **3차원 참조 위치 변경하기(2)** '찾기 및 바꾸기' 대화상자가 표시되면 ❶ 다음과 같이 각 항목을 구성한 다음 ❷ 〈모두 바꾸기〉 단추를 클릭합니다. 그러면 14개 셀의 값을 변경했다는 메시지 창이 나타나게 되는데, 〈확인〉 단추를 클릭해 닫습니다. ❸ 그런 다음 '찾기 및 바꾸기' 대화상자도 〈닫기〉 단추를 클릭해 닫습니다.

찾을 내용	강북
바꿀 내용	강남

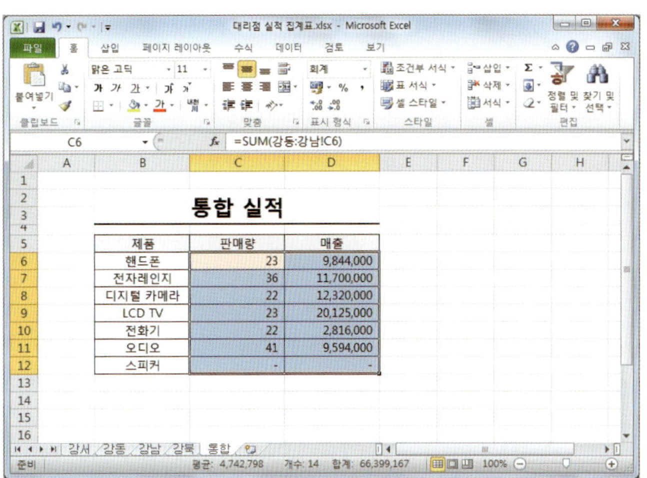

10 **집계 결과 확인하기** 그러면 C6:D12 범위의 수식에서 3차원 참조의 수식이 '강동:강남'으로 변경됩니다. 그러면서 실적 역시 강동, 강남 대리점 실적만 집계하므로 이전에 비해 통합 실적의 값이 작아진 것을 확인할 수 있습니다.

## CHAPTER 03

피벗 테이블

피벗 테이블은 많은 데이터를 빠르게 요약해 주는 대화형 테이블로, 엑셀에서 제공하는 그 어떤 기능보다도 빠르게 원하는 보고서를 만들 수 있습니다. 예를 들어 판매내역 데이터를 직원별 판매 실적으로 요약하는데 피벗 테이블을 사용한다면 능숙한 사용자의 경우 1분의 시간도 걸리지 않습니다.

01 피벗 테이블 만들기

피벗 테이블 보고서를 만드는 방법은 엑셀 2003 버전까지는 마법사 기능을 이용했지만 엑셀 2007 버전부터 '피벗 테이블 만들기' 대화상자에서 해당 기능을 설정하는 방법으로 변경되었습니다. 피벗 테이블 보고서를 만드는 시간이 단축된 만큼 보다 빠르게 원하는 보고서를 구성하는 것이 가능해졌습니다.

피벗 테이블 보고서를 만들기 위해 리본의 **[삽입]** 탭 → **표** 그룹 → **피벗 테이블** 명령 아이콘을 클릭하면 '피벗 테이블 만들기' 대화상자가 표시됩니다. 원하는 설정을 진행하고 〈확인〉 단추를 클릭하면 피벗 테이블 보고서를 만들 수 있습니다.

'피벗 테이블 만들기' 대화상자의 구성을 살펴보면 다음과 같습니다.

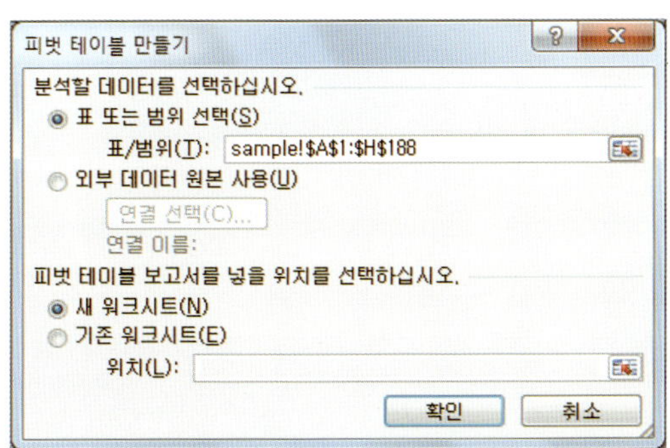

▲ '피벗 테이블 만들기' 대화상자

❶ **분석할 데이터** : 피벗 테이블 보고서를 구성할 데이터 원본 위치를 선택합니다.

• **표 또는 범위 선택** : 같은 파일에 있는 경우에 옵션을 선택합니다.

• **외부 데이터 원본 사용** : 외부 파일(엑셀, 데이터베이스, 텍스트 등)인 경우에 선택합니다.

❷ **피벗 테이블 보고서 넣을 위치** : 피벗 테이블 보고서를 생성할 위치를 선택합니다.

기본값은 **새 워크시트**이며, 새로운 워크시트에 피벗 테이블 보고서가 만들어집니다.

◑ **피벗 테이블 만들기**

피벗 테이블을 만들 때에는 피벗 테이블에 필드 추가, 필드 재 정렬, 필드 제거가 가능하도록 피벗 테이블 필드 목록이 표시됩니다.

판매대장을 요약해 직원별 판매 실적 보고서 구성하기

📂 **준비 파일 :** 세탁기 판매 대장 l.xlsx

제공된 예제 파일을 열면 Before 화면과 같은 판매대장 표를 확인할 수 있습니다. 이 표에서 영업사원의 브랜드별 판매실적을 피벗 테이블을 이용해 요약해 보도록 하겠습니다.

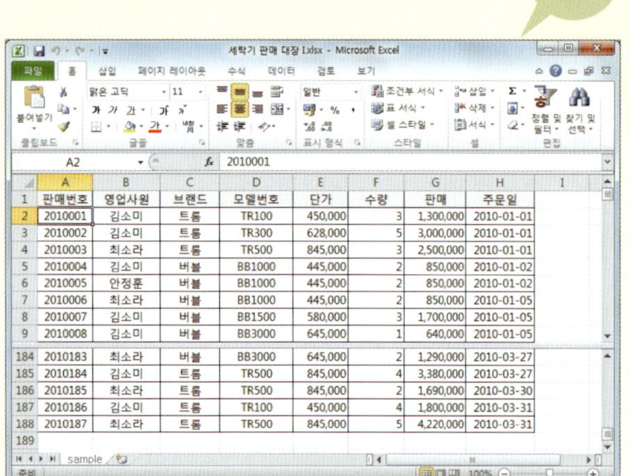

01

엑셀표로 변환하기(1) 피벗 테이블을 생성하기 전에 먼저 표를 '엑셀 표'로 변환하는 작업을 먼저 진행합니다. 오른쪽 화면과 같이 ❶ 표 내부의 셀(여기에서는 A2셀)을 하나 선택하고 ❷ 리본의 **[삽입]** 탭 → **표** 그룹 → **표** 명령 아이콘을 클릭한 다음 ❸ '표 만들기' 대화상자에서 〈확인〉 단추를 클릭하면 엑셀 표로 변환됩니다.

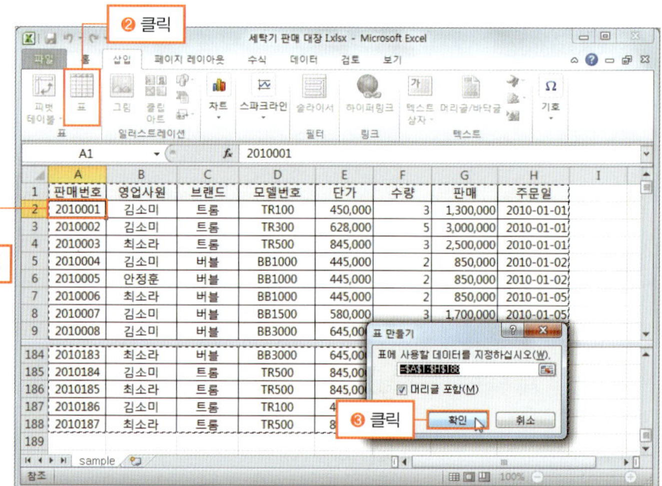

> 🟢 **엑셀 표로 변환하는 이유**
>
> 판매대장의 데이터는 영업 활동이 지속될수록 계속해서 증가하는 특징을 갖습니다. 그러므로 향후 추가될 데이터를 피벗 테이블 보고서에서 바로 확인하기 위해 반드시 엑셀 표로 변환하는 것이 좋습니다.

02 **엑셀 표로 변환하기(2)** 엑셀 표로 변환되면 리본의 **[표 도구]–[디자인]** 탭이 상단에 표시됩니다. 현재 표의 이름을 지정하기 위해 **[표 도구]–[디자인]** 탭 → 속성 그룹의 '표 이름' 란에 "판매대장"이라고 입력하고 Enter 키를 누릅니다.

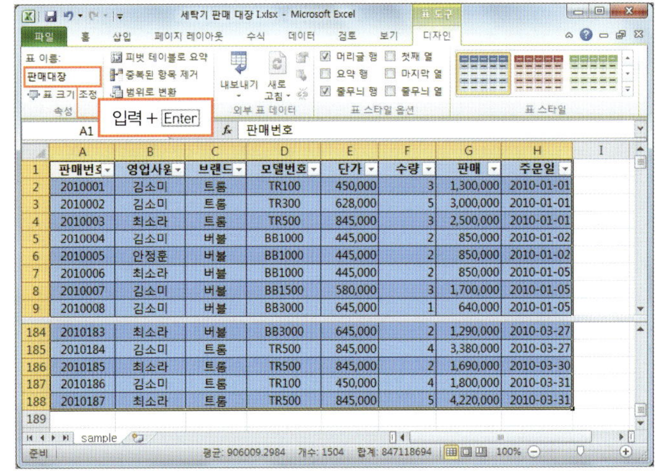

03 **피벗 테이블 생성하기(1)** 엑셀 표 변환 작업이 끝나면 피벗 테이블 보고서를 만듭니다. ❶ 표 내부의 셀(여기에서는 A2셀)을 하나 선택하고 ❷ 리본의 **[삽입]** 탭 → ❸ **표** 그룹 → **피벗 테이블** 명령 아이콘을 클릭합니다.

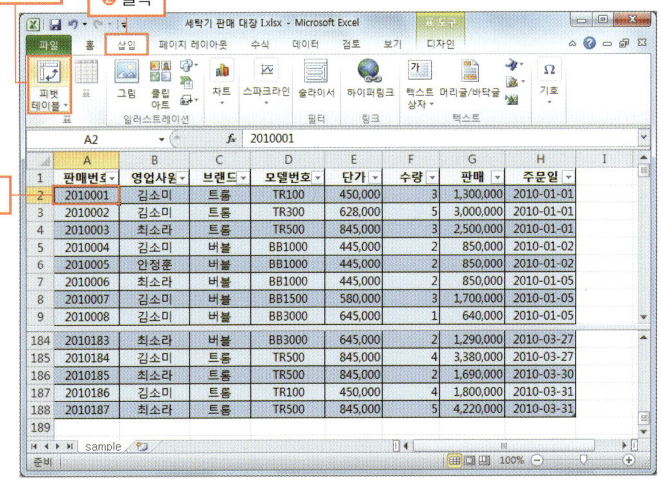

04 **피벗 테이블 생성하기(2)** 그러면 '피벗 테이블 만들기' 대화상자가 표시됩니다. ❶ '표 또는 범위 선택' 항목에 02 과정에서 지정해 놓은 엑셀 표 이름을 확인하고 ❷ 〈확인〉 단추를 클릭합니다.

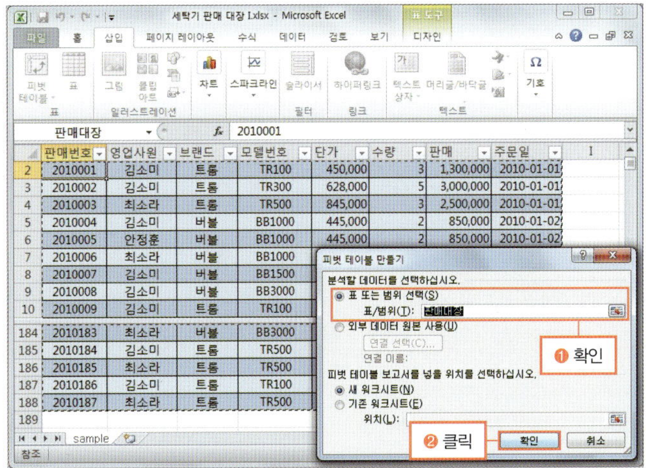

05 **피벗 테이블 생성하기(3)** 그러면 오른쪽 화면과 같이 피벗 테이블이 구성됩니다. 워크시트 오른쪽의 '피벗 테이블 필드 목록' 작업창은 피벗 테이블 보고서를 구성할 때 사용하며, A:C열의 표시되는 피벗 테이블 영역이 피벗 테이블 보고서가 표시되는 위치입니다.

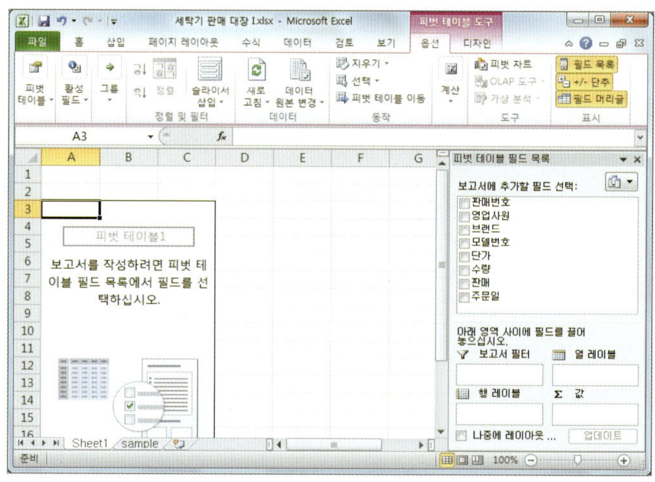

06 **피벗 테이블 보고서 구성하기** 오른쪽의 '피벗 테이블 필드 목록' 작업창 상단에 표시되는 필드명은 모두 원본 표의 열 머리글입니다. 오른쪽 화면과 같이 '영업사원, 브랜드, 수량, 판매' 4개의 필드를 체크하면 왼쪽 피벗 테이블 영역에 보고서가 바로 표시됩니다.

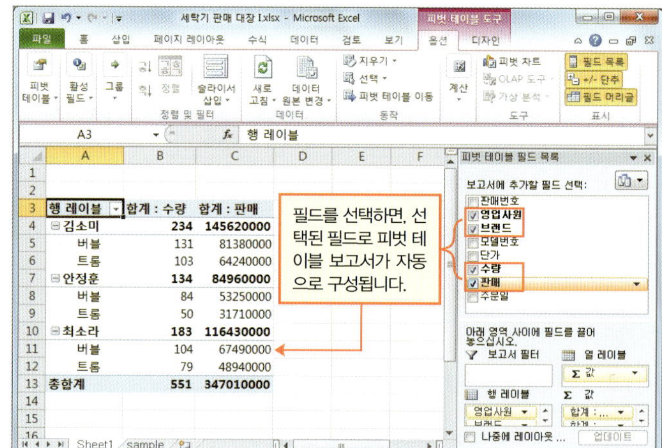

07 **피벗 테이블 보고서 스타일 변경하기** 피벗 테이블 보고서는 '엑셀 표'와 마찬가지로 별도의 스타일을 적용할 수 있습니다. ❶ 피벗 테이블 내부의 셀(여기에서는 A3셀)을 하나 선택한 다음, ❷ 리본의 **[피벗 테이블 도구]** – **[디자인]** 탭 → **피벗 테이블 스타일** 그룹에서 ❸ 원하는 스타일을 선택합니다.

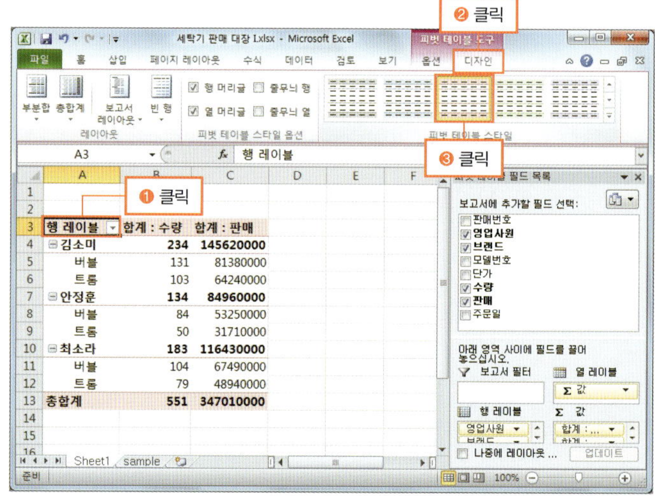

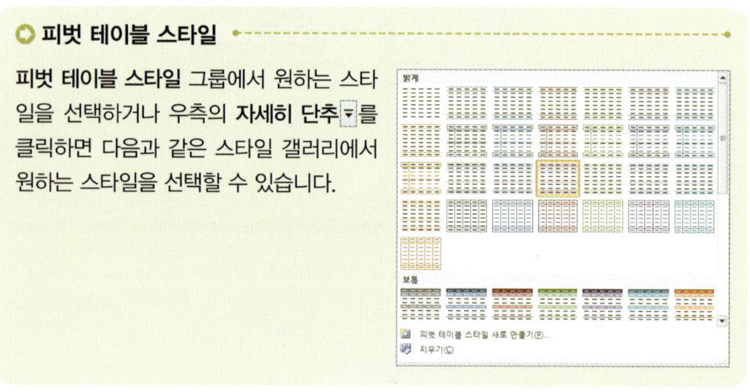

피벗 테이블 스타일

피벗 테이블 스타일 그룹에서 원하는 스타일을 선택하거나 우측의 **자세히 단추**를 클릭하면 다음과 같은 스타일 갤러리에서 원하는 스타일을 선택할 수 있습니다.

08 **피벗 테이블 필드명 수정하기** 피벗 테이블 보고서에 추가된 "합계 : 수량"과 같은 필드명은 사용자가 직접 셀에서 수정할 수 있습니다. 단, 수정된 이름은 원본 표의 '열 머리글'(=필드명)과 동일하면 안 됩니다. 이제, 각 셀을 선택하고 다음 이름으로 각각 수정합니다.

B3	판매수량
C3	매출

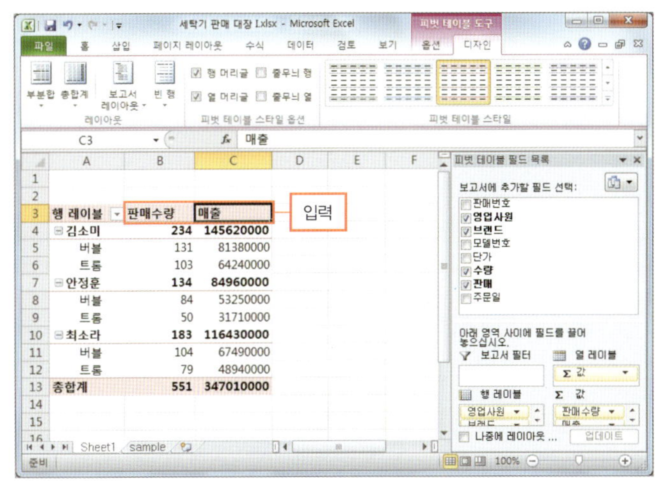

09 **원본 표에 데이터 추가하기** 마지막으로 원본 표에 데이터를 추가하고, 추가한 데이터가 피벗 테이블 보고서에 나타나는지 확인해 보겠습니다. ❶ 시트 탭에서 **sample** 시트를 선택하고 ❷ 189행에 자신의 이름이 사용된 판매내역 데이터를 하나 입력합니다.

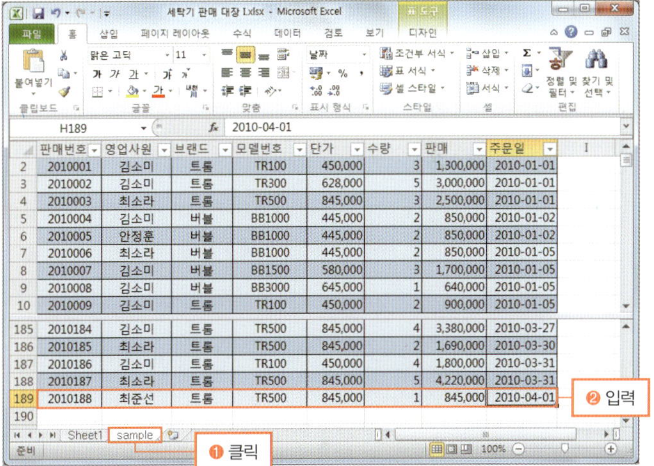

10 **추가된 데이터 피벗 테이블에서 확인하기** ❶ 다시 Sheet1 시트로 이동한 다음, ❷ 피벗 테이블 보고서가 선택된 상태에서 리본의 **[피벗 테이블 도구]-[옵션]** 탭 → **데이터** 그룹 → ❸ **새로 고침** 명령 아이콘을 클릭합니다. 그러면 피벗 테이블 보고서에 09 과정에서 추가한 이름의 실적이 나타나는 것을 확인할 수 있습니다.

> ◐ **피벗 테이블의 갱신**
>
> 피벗 테이블 보고서는 원본 표의 수정 사항이나 새로 등록된 데이터가 바로 표시되진 않습니다. 그렇기 때문에 데이터가 수정되면 항상 **새로 고침** 명령을 클릭해 보고서를 갱신해 주어야 합니다.

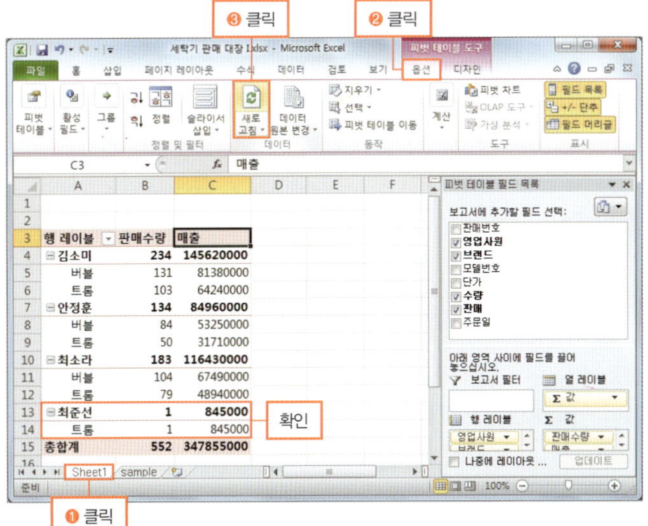

피벗 테이블 보고서가 자동으로 원본 표를 읽어 표시하도록 하려면 '피벗 테이블'의 옵션을 변경해 주어야 합니다.

1. 피벗 테이블 내의 셀을 하나 선택하고, 마우스 오른쪽
   단추를 클릭한 다음 **피벗 테이블 옵션**을 클릭합니다.

2. '피벗 테이블 옵션' 대화상자에서 [데이터] 탭 → **파일
   을 열 때 데이터 새로 고침** 옵션을 체크한 후 〈확인〉
   단추를 클릭합니다.

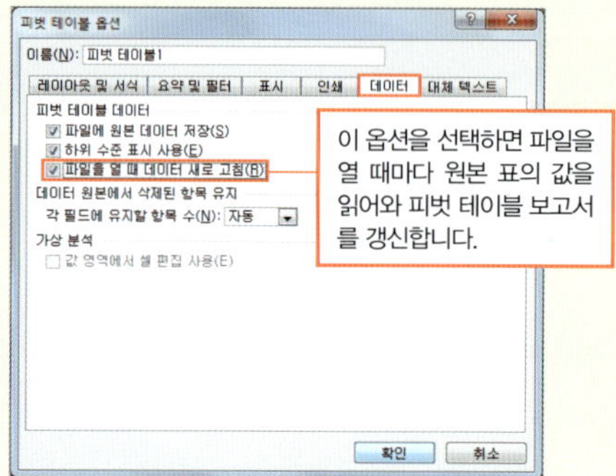

만약 데이터를 고칠 때마다 피벗 테이블 보고서가 갱신되도록 하려면 매크로를 이용해야 합니다.

1. 피벗 테이블 보고서가 존재하는 워크시트의 시트 탭
   에서 마우스 오른쪽 단추를 클릭합니다.

2. **코드 보기** 메뉴를 클릭합니다.

3. 화면에 표시된 영역에 다음 코드를 입력합니다.

```
Private Sub Worksheet_Activate()
    ActiveSheet.PivotTables(1).PivotCache.Refresh
End Sub
```

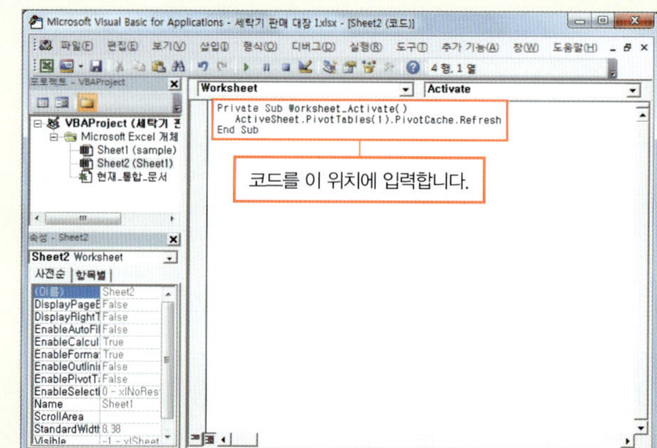

4. 창을 닫고, F12 키를 누른 후 파일 형식을 'Excel 매크
   로 사용 통합 문서'로 저장합니다.

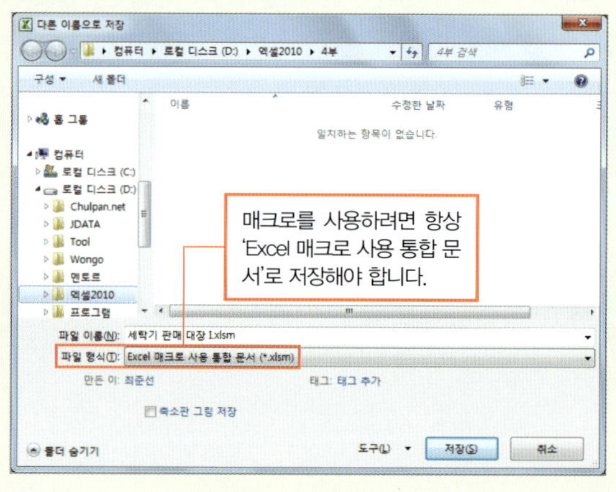

02 피벗 테이블 보고서 구성하기

피벗 테이블 보고서를 사용하면 워크시트 데이터(Access, dBASE 등)의 원본을 요약하고 분석하고 탐색할 수 있으며 요약 데이터를 제공할 수 있습니다. 피벗 테이블 보고서는 원본 표의 열 머리글을 이용해 피벗 테이블 필드 목록 창에서 원하는 보고서 형태를 구성하므로 각 구성 요소들의 위치와 기능들을 잘 이해해야 합니다.

사용자가 '피벗 테이블 만들기' 대화상자의 설정이 끝나면 다음과 같은 피벗 테이블 영역과 피벗 테이블 필드 목록 창을 확인하게 됩니다.

'피벗 테이블 필드 목록' 작업창을 살펴보면 하단에 다음과 같은 4개 영역이 존재합니다. 각 영역은 피벗 테이블 보고서의 다음 영역을 의미합니다.

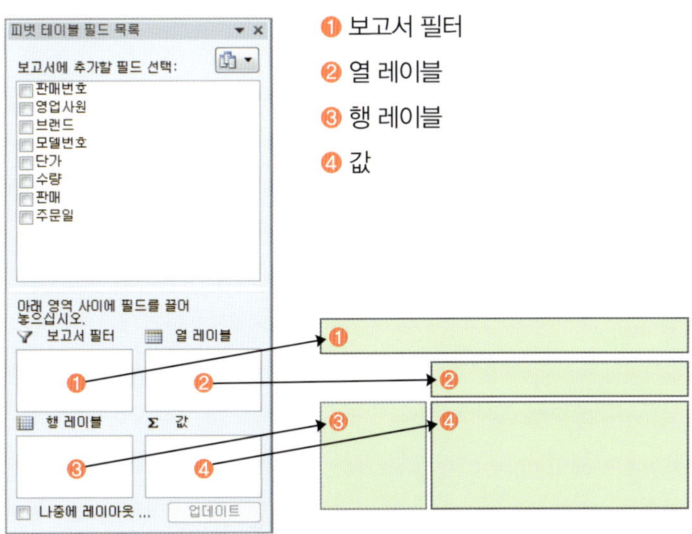

> **● 피벗 테이블 보고서의 활용**
>
> 피벗 테이블 보고서는 합계를 구할 수치 목록이 긴 경우, 집계된 데이터를 분석하고 유사한 데이터의 수치를 비교하려는 경우에 특히 유용합니다.

● 보고서 필터

보고서 필터 영역은 피벗 테이블 보고서의 다음 위치입니다.

보고서 필터 영역은 피벗 테이블 보고서에서 필터 조건을 지정할 필드를 삽입합니다. 예를 들어, 피 벗 테이블 보고서가 특정 브랜드의 것으로만 제한 되어야 한다면 보고서 필터 영역에 브랜드 필드를 추가하고 원하는 브랜드를 선택하면 됩니다.

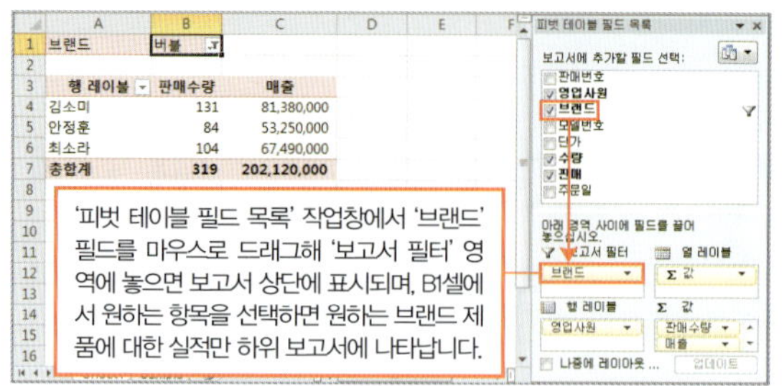

▲ 보고서 필터 영역에서 필드 삽입

◎ 열 레이블, 행 레이블

열 레이블과 행 레이블 영역은 피벗 테이블 보고서 에서 다음 위치를 의미합니다.

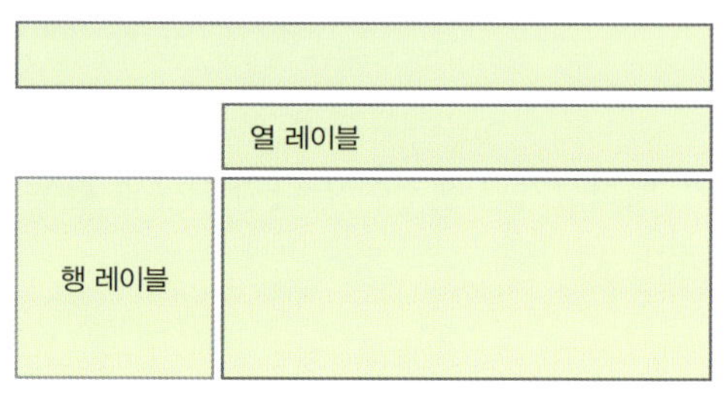

열 레이블과 행 레이블 영역은 각각 표의 열 머리 글과 행 머리글로 구성할 항목을 갖는 필드를 추 가합니다. 예를 들어 행 레이블 영역에 '영업사원' 필드를 추가하고 열 레이블 영역에 '브랜드' 필드 를 추가하면 오른쪽 화면과 같은 피벗 테이블 보 고서가 구성됩니다.

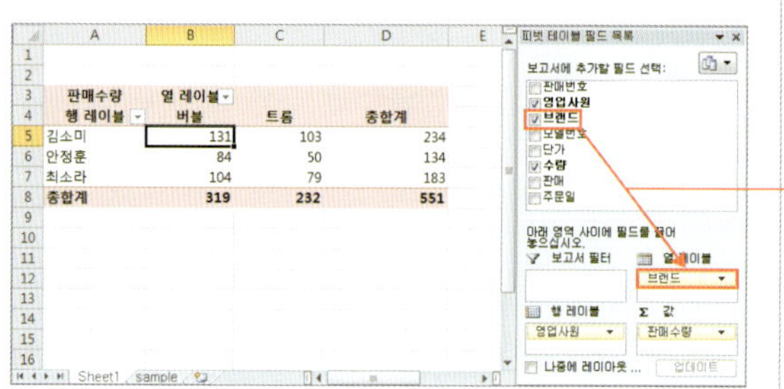

행 레이블이나 열 레이블에는 여러 개의 필드를 추가할 수 있으며, 영역 창에 먼저 표시된 순서에 따라 주–종 관계가 성립됩니다. 예를 들어 '영업사원'과 '브랜드'를 순서대로 행 레이블 영역에 추가하면 다음 과 같이 각 영업사원이 브랜드별로 얼마나 실적을 올렸는지 알 수 있으며, 반대인 경우에는 브랜드별로 영업사원이 얼마나 실적을 올렸는지 확인할 수 있습니다.

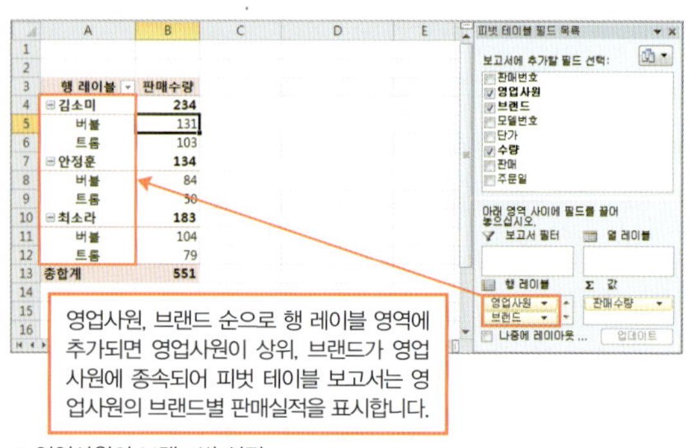

▲ 영업사원의 브랜드별 실적

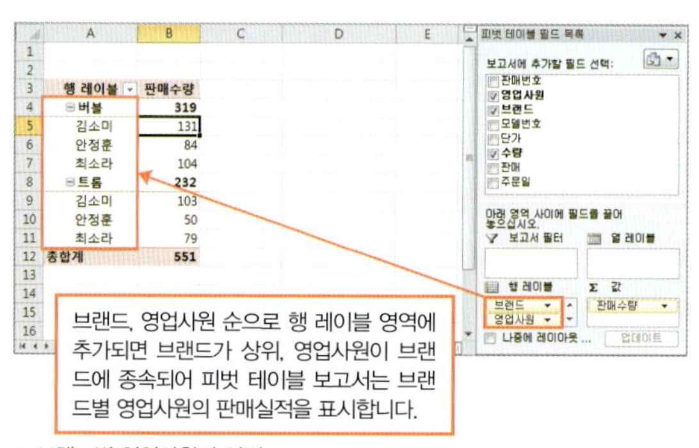

▲ 브랜드별 영업사원의 실적

영역에 필드가 추가되는 순서는 상단의 필드 목록에서 확인란을 체크하는 순서나 마우스로 드래그한 위치에 따라 결정됩니다. 이 순서는 사용자가 얼마든지 변경이 가능하며, 변경 방법은 순서를 조정할 필드를 마우스로 드래그하여 위치를 옮겨 놓으면 됩니다.

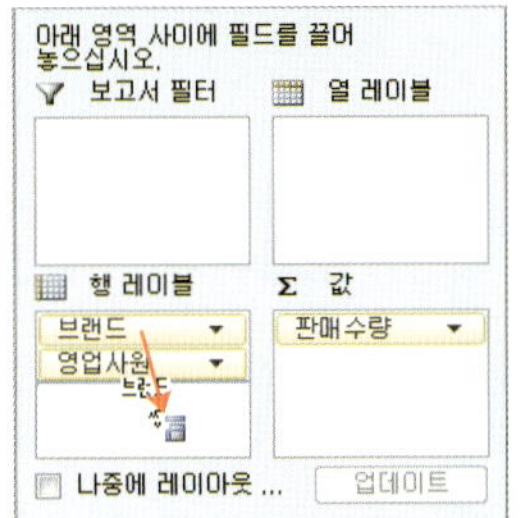

필드 위치 조정

각 영역에 추가된 필드는 드래그해서 다른 영역으로 위치를 옮겨 놓을 수 있습니다. 피벗 테이블 보고서는 고정된 형태가 아니라 얼마든지 마우스로 필드 위치를 조정해 새로운 보고서를 만들 수 있어 편리합니다.

○ 값

값 영역은 피벗 테이블 보고서에서 다음 위치를 의미합니다.

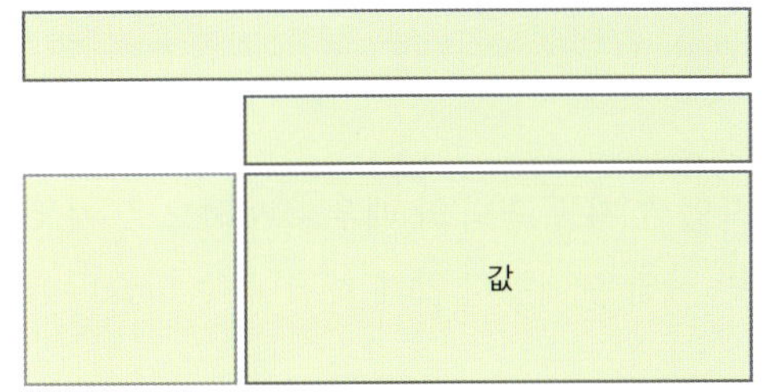

피벗 테이블 보고서에서 값 영역은 열 레이블과 행 레이블 영역이 교차하는 위치에 집계될 값을 갖는 필드를 추가합니다. 예를 들면 판매 실적을 집계하려면 값 영역에 수량과 판매 금액이 입력된 열을 의미하는 필드를 추가합니다.

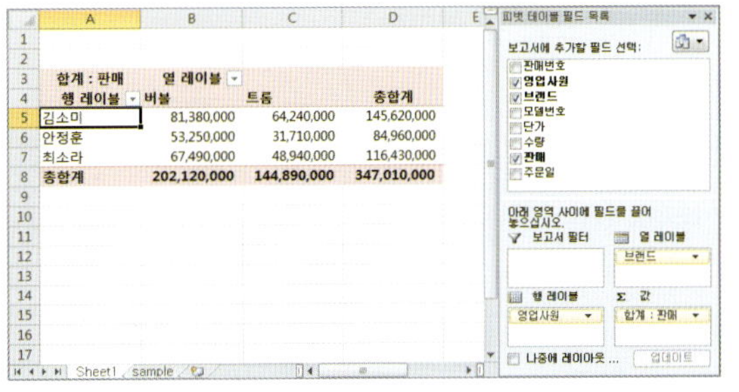

값 영역의 필드

값 영역에 추가되는 필드의 경우, 필드 내 모든 항목이 숫자 값이면 기본적으로 합계가 구해지며, 숫자와 다른 값이 혼합된 경우나 다른 데이터 형식을 갖고 있는 경우에는 개수가 구해집니다.

이미 집계된 결과를 다른 집계 방식으로 구하려면 다음 화면과 같이 집계 방법을 바꿀 셀을 선택하고 마우스 오른쪽 단추를 클릭한 다음 **값 표시 기준** 명령에서 원하는 함수를 선택해 집계 방법을 변경할 수 있습니다.

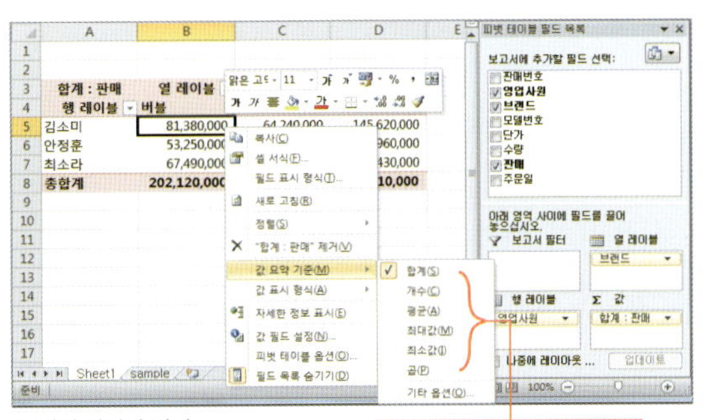

▲ 집계 방법의 변경

기본적으로 합계, 개수, 평균, 최대, 최소, 곱을 선택할 수 있으며, **기타 옵션**을 선택하면 표준편차, 분산 등의 함수를 추가로 선택할 수 있습니다.

필드 정렬 및 추출

피벗 테이블 보고서는 원본 표의 모든 항목이 표시되므로 원하는 항목만 표시하려면 필드 내 추출 작업 및 정렬 방법을 잘 이해해야 합니다. 필터 조건을 지정하고 필드를 정렬하여 원하는 데이터를 추출하는 방법을 살펴봅니다.

피벗 테이블 보고서의 추출 작업은 '자동 필터'와 매우 유사하므로 '자동 필터'를 이용해 원하는 데이터를 추출해 본 경험이 있다면 이번 작업은 어렵지 않게 해결할 수 있습니다.

필터 조건을 지정하는 방법은 다음 순서로 진행됩니다.

❶ 필터 조건을 지정할 열 레이블 또는 행 레이블 영역의 아래 화살표를 클릭합니다.
❷ 필터 조건을 지정할 필드를 선택합니다.
❸ 원하는 필터 조건을 지정하거나 삭제합니다.

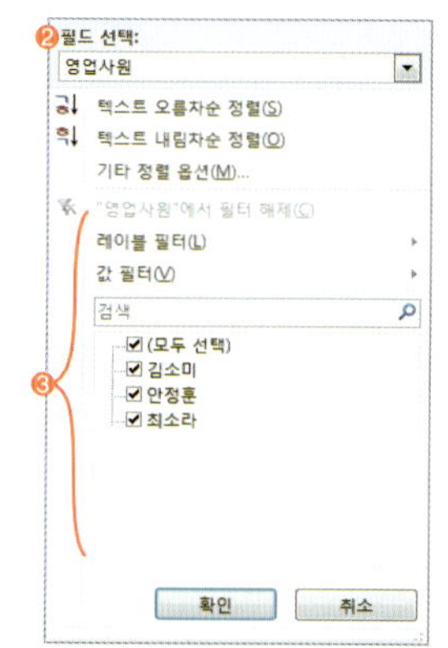

완성된 피벗 테이블 보고서의 집계된 값은 정렬되어 있지 않으므로 사용자가 원하는 정렬 순서에 맞게 보고서를 정렬합니다. 정렬 방법은 값 영역에서 정렬할 필드 내 값을 선택한 다음 리본의 [데이터] 탭(또는 [피벗 테이블 도구]-[옵션] 탭) → **오름차순 정렬** 명령 아이콘이나 **내림차순 정렬** 명령 아이콘을 클릭합니다.

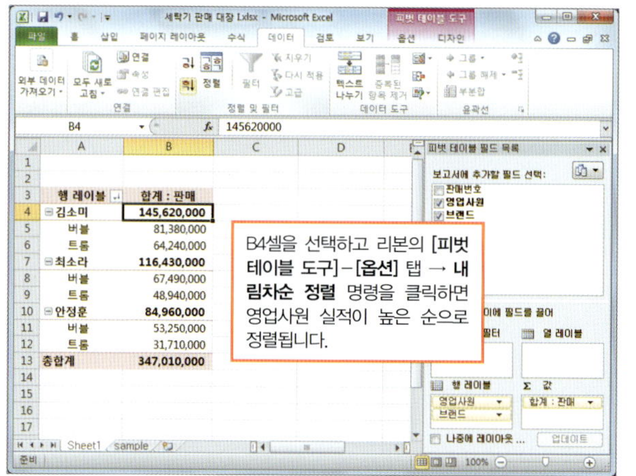

영업사원별 가장 많이 판매한 모델 3개씩 표시하기

📁 **준비 파일** : 세탁기 판매 대장 Ⅱ.xlsx

제공된 예제 파일을 열면 Before 화면과 같은 세탁기 판매 대장을 확인할 수 있습니다. 이번에는 영업사원별로 가장 많이 판매한 모델 3가지를 피벗 테이블 보고서로 요약해 보도록 하겠습니다.

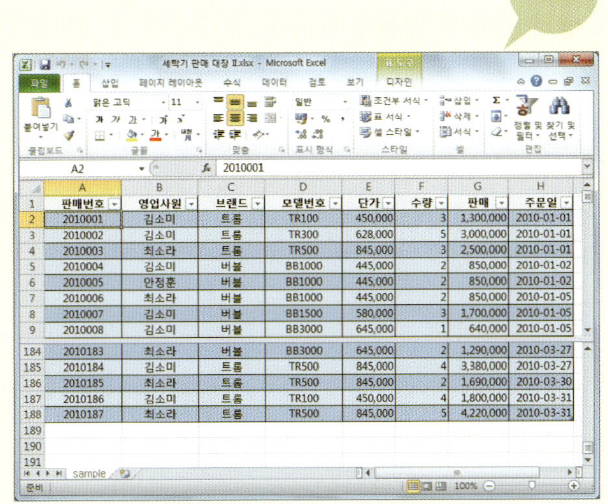

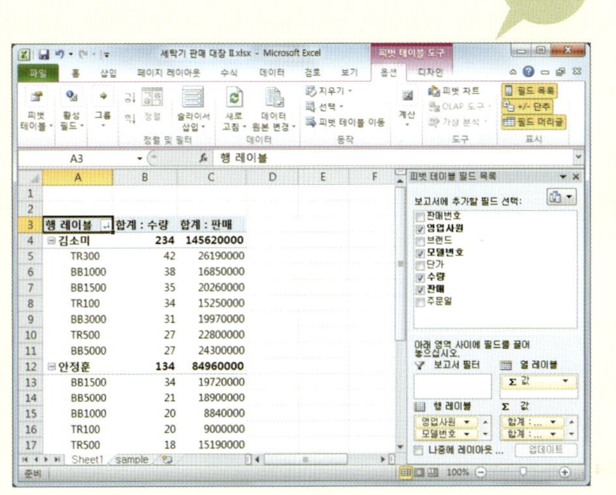

01 **피벗 테이블 생성하기** 피벗 테이블 보고서를 만들기 위해 ❶ 엑셀 표 내부의 셀 하나를 선택하고 ❷ 리본의 [삽입] 탭 → **표** 그룹 → ❸ **피벗 테이블** 명령 아이콘을 클릭합니다. '피벗 테이블 만들기' 대화상자가 표시되면 ❹ 엑셀 표 이름이 "판매대장"인지 확인하고 ❺ 〈확인〉 단추를 클릭합니다.

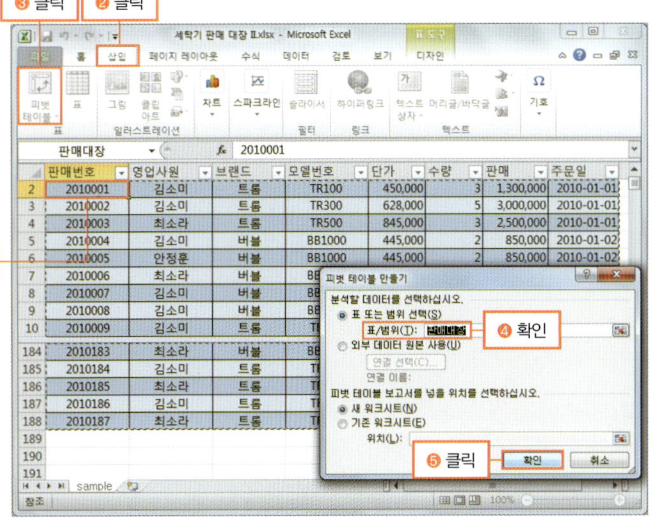

02 피벗 테이블 구성하기

피벗 테이블 구성하기 새 워크시트에 피벗 테이블이 생성되면, '피벗 테이블 필드 목록' 작업창에서 다음 필드의 확인란을 순서대로 클릭해 피벗 보고서를 구성합니다.

필드 추가	
영업사원	모델번호
수량	판매

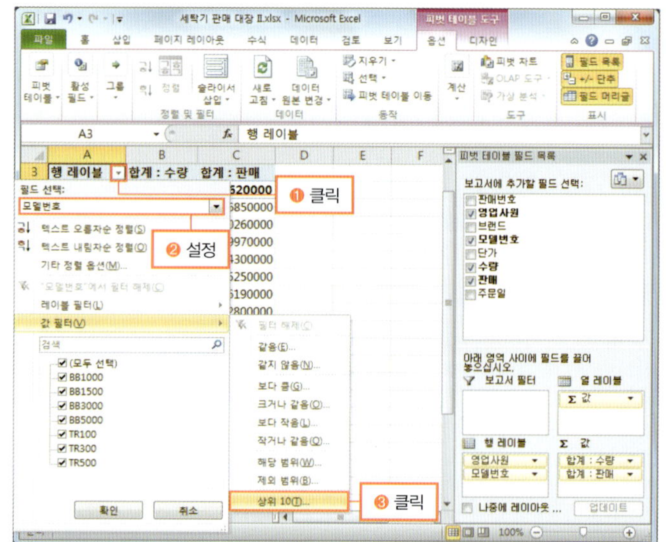

03 영업 사원별 상위 제품 3개 추출하기(1)

영업 사원별 상위 제품 3개 추출하기(1) 구성된 피벗 보고서는 영업사원들이 판매한 모델들의 판매실적이 집계되어 있습니다. 이제 영업사원별로 가장 많이 판매한 제품 3가지씩만 피벗 테이블 보고서에 표시하기 위해 제품 필드에 필터 조건을 지정합니다. ❶ A3셀의 아래 화살표 단추를 클릭한 다음 ❷ '필드 선택'에서 **모델번호**를 선택합니다. ❸ 그런 다음 '값 필터'의 **상위 10** 명령을 클릭합니다.

04 영업 사원별 상위 제품 3개 추출하기(2)

영업 사원별 상위 제품 3개 추출하기(2) '상위 10 필터' 대화상자가 표시되면 상위 판매 모델 3가지만 표시하기 위해 ❶ 두 번째 입력란을 "3"으로 변경한 다음 ❷ 〈확인〉 단추를 클릭합니다.

실적이 낮은 순으로 추출하려면 첫 번째 콤보 상자의 아래 화살표를 클릭하고 '상위'를 '하위'로 변경합니다.

◎ 상위 10 필터

'상위 10 필터' 대화상자의 네 번째 컨트롤인 '기준:'은 값 영역의 필드를 선택할 수 있는데, 예제에서는 '합계 : 수량' 또는 '합계 : 판매'를 선택할 수 있습니다. 만약 수량이 많은 순으로 추출하려면 '합계 : 수량'을 선택하면 되고, 매출이 높은 순으로 추출하려면 '합계 : 판매'를 선택합니다.

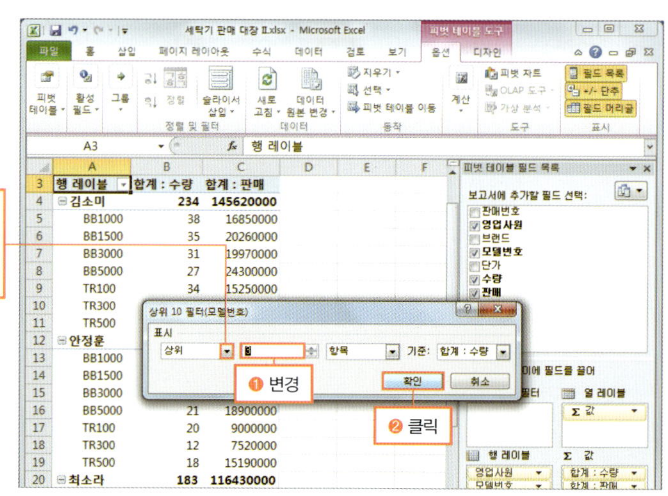

05 **영업 사원별 상위 제품 3개 추출하기(3)** 그러면 화면과 같이 피벗 테이블 보고서에서 영업 사원의 판매 모델이 상위 3가지만 나타나는 것을 확인할 수 있습니다. 참고로 필드 목록 창의 필터 조건이 설정된 모델번호 필드 옆에는 **필터** 아이콘 이 나타납니다.

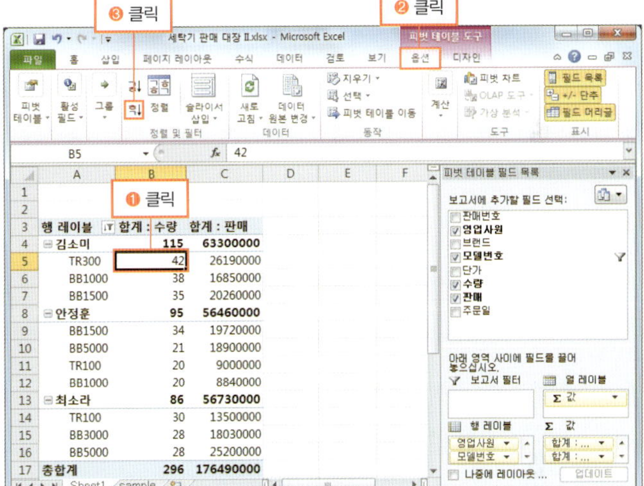

06 **판매수량 내림차순으로 정렬하기** 필터 조건에 의해 판매량 상위 모델은 확인할 수 있지만, 보고서가 정렬되어 있지 않아 불편합니다. 그러므로 모델별 판매수량을 내림차순으로 정렬하기 위해 ❶ B5셀(=모델별 판매수량이 표시된 첫 번째 위치)을 선택하고, ❷ 리본의 [**피벗 테이블 도구**]−[**옵션**] 탭 → **정렬 및 필터** 그룹 → **내림차순 정렬** 명령 아이콘을 클릭합니다.

07 **필터 해제하기(1)** 이번 보고서는 06 과정까지 진행하면 원하는 보고서를 얻을 수 있지만, 한 번 필터 조건을 설정해 놓은 필드는 필터 조건을 해제할 때까지 해당 필터 조건에 맞는 데이터만 표시하기 때문에 전체 항목을 모두 표시할 필요가 있다면 필터 조건을 해제해야 합니다. ❶ 지정된 필터 조건을 해제하기 위해 A3셀을 선택하고 ❷ 리본의 [**피벗 테이블 도구**]−[**옵션**] 탭 → **동작** 그룹 →**지우기** 명령 아이콘을 클릭한 다음 ❸ **필터 해제** 명령을 클릭합니다.

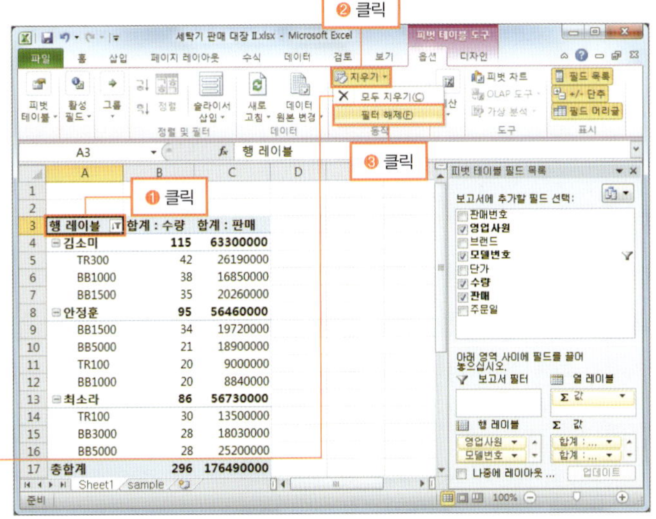

08 **필터 해제하기(2)** 그러면 다시 전체 모델이 표시되는
것을 오른쪽 화면에서 확인할 수 있습니다.

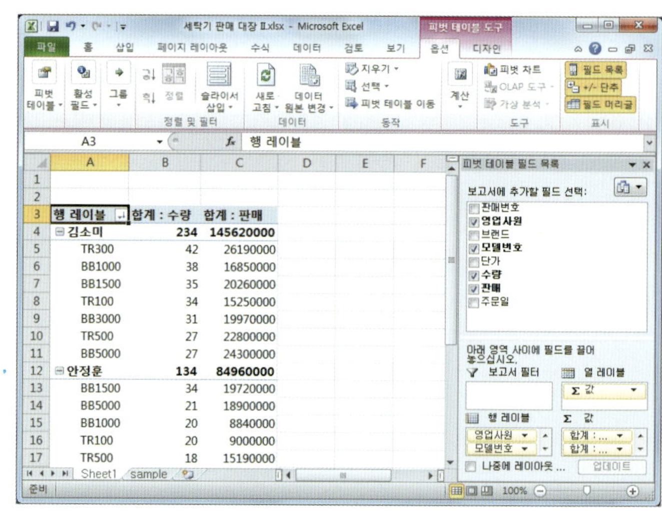

피벗 테이블 보고서를 구성할 때 항목이 많은 필드는 되도록이면 행 레이블 영역에 추가하는 것이 좋습니다.
이것은 아래쪽으로 긴 표보다 오른쪽으로 긴 표가 보기에 불편하기 때문입니다.

04 그룹 필드 사용하기

피벗 테이블 보고서는 기본적으로 원본 표의 필드를 가지고 보고서를 구성합니다. 따라서 원본 표에 해당 필드가 존재해야만 그룹 필드를 이용하여 원본 표에 없는 필드도 새롭게 구성할 수 있습니다.

피벗 테이블 보고서는 원본 표의 필드를 이용해 구성하므로 피벗 테이블 보고서의 항목은 반드시 원본 표에 해당 항목을 갖는 필드가 존재해야 합니다.

하지만 그룹 필드를 이용하면 원본 표의 필드 내 항목을 묶어 원본 표에 없는 새로운 필드를 구성하는 것이 가능합니다.

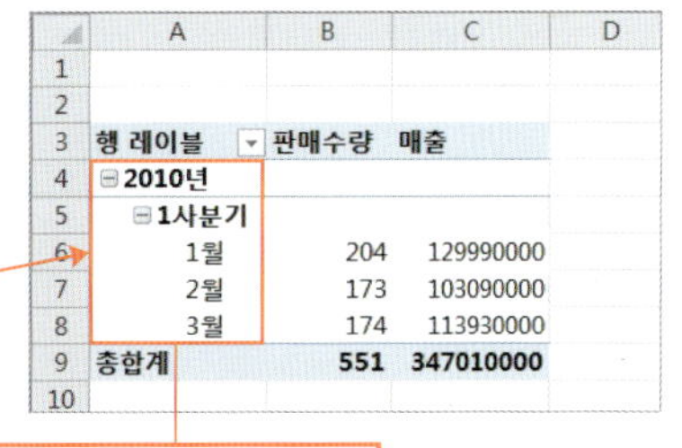

원본 표의 날짜 값을 그룹 필드로 묶어 연 – 분기 – 월에 해당하는 피벗 테이블 보고서를 구성합니다.

▲ 그룹 필드의 예

◉ '그룹화' 대화상자를 이용해 그룹 필드 만들기

날짜/시간 또는 숫자 값을 갖는 필드인 경우에는 '그룹화' 대화 상자를 사용해 그룹 필드를 생성할 수 있습니다. 피벗 테이블의 열 레이블 또는 행 레이블 영역의 필드 중에서 날짜 값이나 숫자 값을 갖는 필드 내 셀을 하나 클릭하고, 리본의 **[피벗 테이블 도구] – [옵션]** 탭 → **그룹** 그룹 → **그룹** 명령 아이콘 또는 **그룹 필드** 명령 아이콘 을 클릭하면 '그룹화' 대화상자가 표시됩니다.

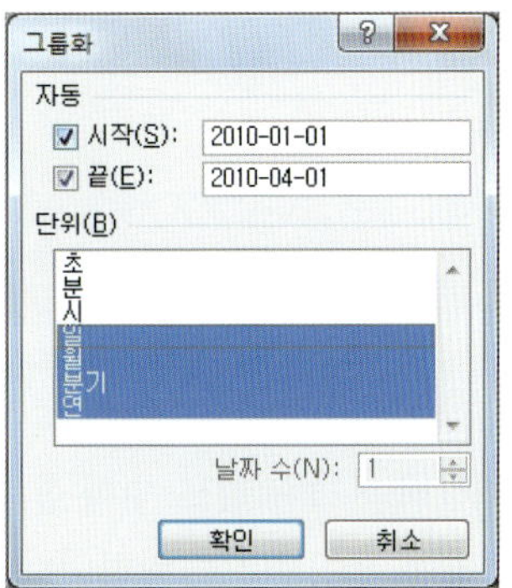

▲ 날짜/시간 값을 갖는 필드의 '그룹화' 대화상자

단위 리스트에서 연-분기-월-일-시-분-초와 같은 날짜나
시간 단위를 선택할 수 있습니다. 화면과 같이 여러 개를 동
시에 선택할 수 있으며, '연-분기-월-일'과 같이 선택하면
선택된 단위 중에서 가장 작은 단위인 '일'은 '주문일' 필드에,
나머지는 모두 새로운 필드로 생성됩니다.

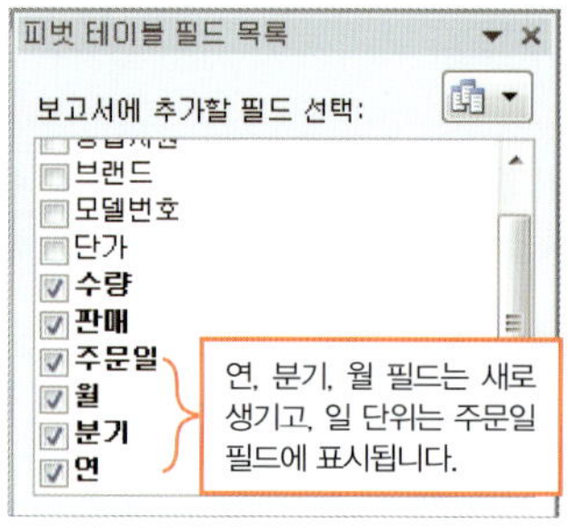

▲ 날짜, 시간 단위 선택

다음은 숫자 값을 갖는 필드의 '그룹화' 대화상자입니다.

❶ **시작** : 해당 필드 내의 최소값입니다.

❷ **끝** : 해당 필드 내의 최대값입니다.

❸ **단위** : 그룹으로 묶을 단위로, 간격을 의미합니다.

▲ 숫자 값을 갖는 필드의 '그룹화' 대화상자

예를 들어, 단가를 10만원 간격으로 묶어 표시하려면 시작을
"0", 끝은 그대로 두고, 단위를 "100,000"으로 입력합니다.

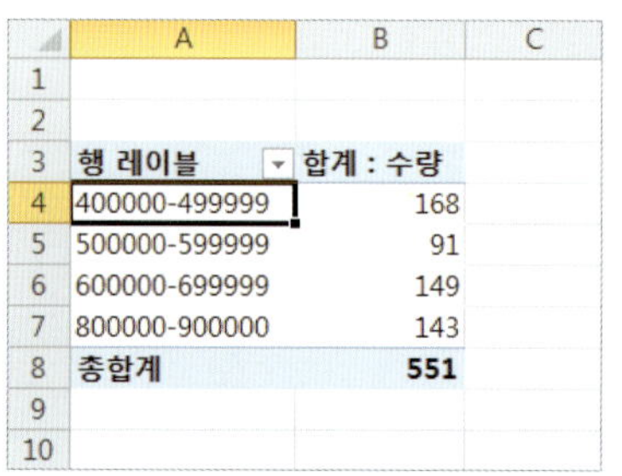

행 레이블	합계 : 수량
400000-499999	168
500000-599999	91
600000-699999	149
800000-900000	143
총합계	551

○ 원하는 항목을 직접 선택해 그룹 필드 만들기

'그룹화' 대화상자를 사용하지 않고 묶으려면 원하는 항목을
직접 선택해 묶을 수 있습니다. 예를 들어, 모델을 보급형과
고급형으로 구분해 보고서로 요약해야 하는 경우에 모델번호
를 [Ctrl]키를 눌러 선택한 다음 리본의 **[피벗 테이블 도구]** – **[옵
션]** 탭 → **그룹** 그룹 → **그룹** 명령 아이콘을 클릭합니다.

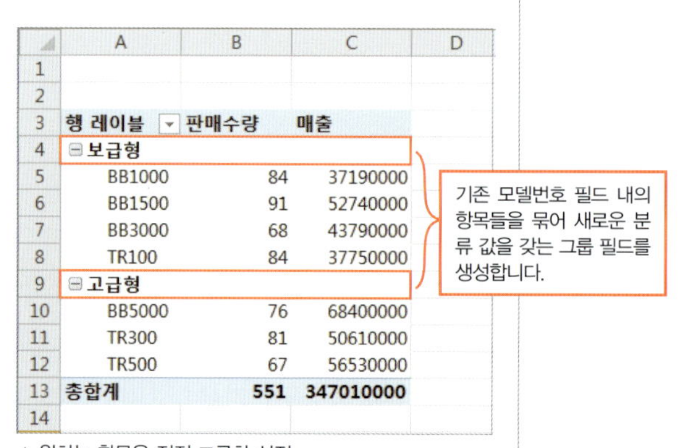

행 레이블	판매수량	매출
보급형		
BB1000	84	37190000
BB1500	91	52740000
BB3000	68	43790000
TR100	84	37750000
고급형		
BB5000	76	68400000
TR300	81	50610000
TR500	67	56530000
총합계	551	347010000

▲ 원하는 항목을 직접 그룹화 설정

생성된 그룹 필드를 다시 해제하려면 그룹 필드 내의 항목을 선택하고 리본의 **[피벗 테이블 도구]** – **[옵션]**
탭 → **그룹** 그룹 → **그룹 해제** 명령 아이콘을 클릭합니다. 단, '그룹화' 대화상자를 사용하지 않고 항목을
직접 선택해 묶은 경우에는 묶은 횟수만큼 그룹 해제 작업을 반복해야 합니다.

연–월별로 보급형, 고급형 제품으로 분류해 판매실적 요약하기

준비 파일 : 세탁기 판매 대장 III.xlsx

제공된 예제 파일을 열면 Before 화면과 같은 세탁기 판매 대장을 확인할 수 있습니다. 이 표를 연–월별로 보급형, 고급형 모델의 실적을 피벗 테이블 보고서로 요약해 보도록 하겠습니다.

구분	모델번호
보급형	BB1000, BB1500, BB3000, TR100
고급형	BB5000, TR300, TR500

Before

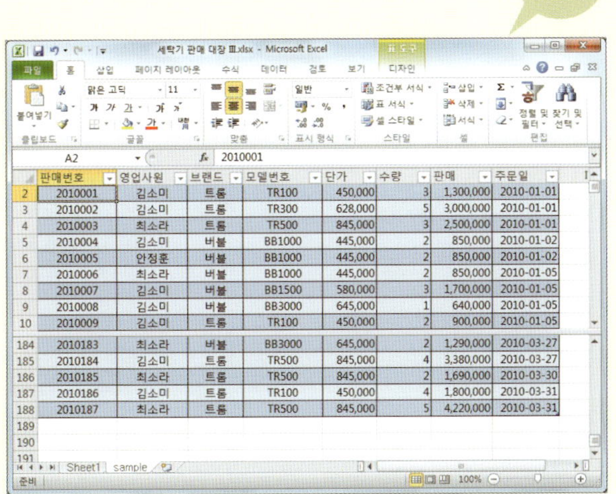

After

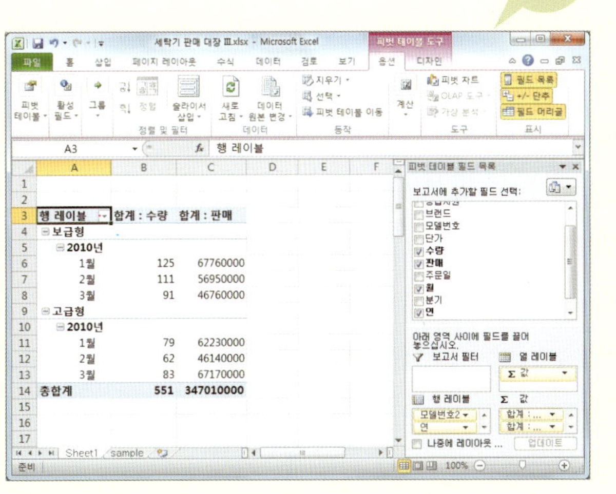

01

피벗 테이블 생성하기 피벗 테이블 보고서를 만들기 위해 ❶ 엑셀 표 내부의 셀 하나를 선택하고 ❷ 리본의 **[삽입]** 탭 → **표** 그룹 → ❸ **피벗 테이블** 명령 아이콘을 클릭합니다. '피벗 테이블 만들기' 대화상자가 표시되면 ❹ 엑셀 표 이름이 "판매대장"인지 확인하고 ❺ 〈확인〉 단추를 클릭합니다.

02 날짜 그룹 필드 만들기(1) 연-월별로 피벗 보고서를 구성하기 위해서 엑셀 표의 '주문일' 필드를 그룹 필드로 묶습니다. '피벗 테이블 필드 목록' 작업창에서 '주문일' 필드의 확인란을 체크하면 오른쪽 화면에서와 같이 주문일 값이 행 레이블 영역에 표시됩니다.

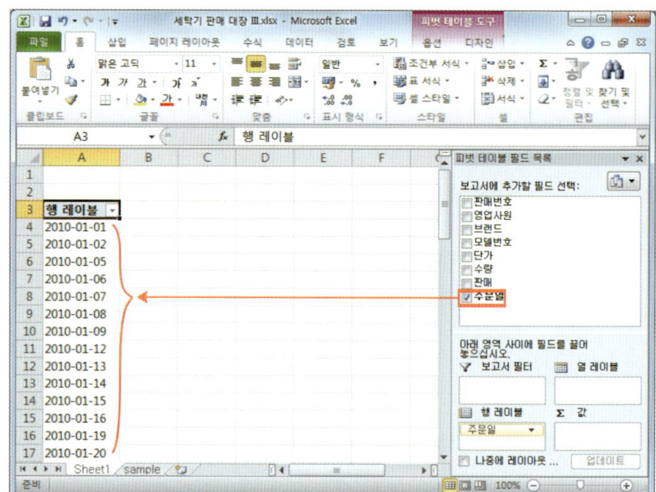

03 날짜 그룹 필드 만들기(2) 그룹 필드를 만들기 위해 ❶ 주문일 필드 값(화면에서는 A4셀)을 하나 선택한 다음, ❷ 리본의 [피벗 테이블 도구] – [옵션] 탭 → **그룹** 그룹 → ❸ **그룹 필드** 명령 아이콘이나 **그룹** 명령 아이콘 클릭합니다.

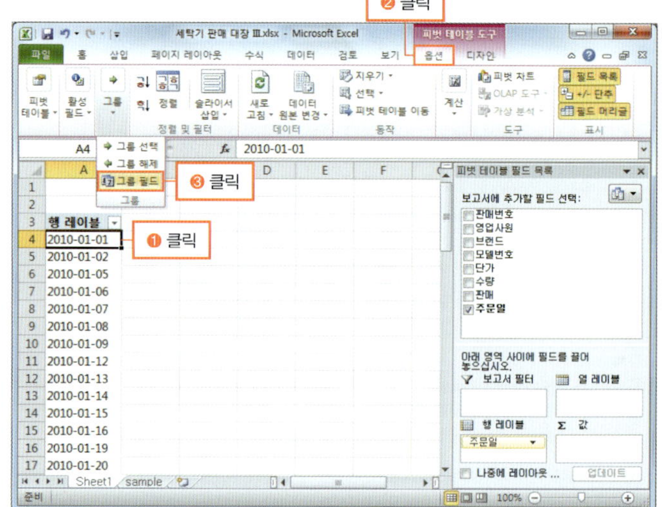

04 날짜 그룹 필드 만들기(3) '그룹화' 대화상자가 표시되면 ❶ 단위 리스트에서 연, 분기, 월, 일을 모두 선택한 다음 ❷ 〈확인〉 단추를 클릭합니다.

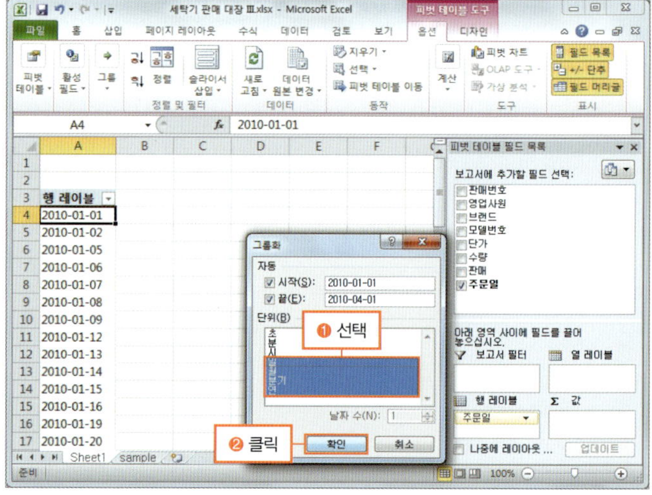

05 **날짜 그룹 필드 만들기(4)** 그러면 행 레이블에 '주문일' 필드 값을 묶은 그룹 필드가 표시됩니다.

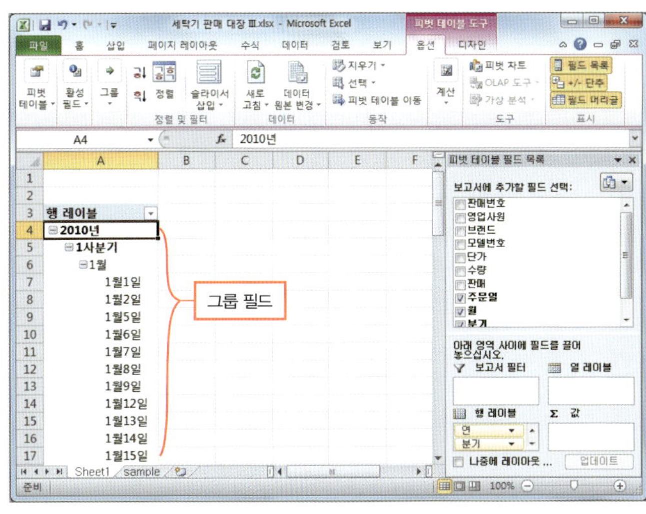

> **⊙ 그룹 필드**
>
> 날짜 값을 가진 필드를 그룹 필드로 묶을 때 선택한 단위에서 가장 작은 단위 값(=일)은 원 필드(=주문일)에 나타납니다. 나머지, 연, 분기, 월은 오른쪽 화면과 같이 '필드 목록' 리스트에 추가로 표시되는 것을 확인할 수 있습니다. 완성된 그룹 필드를 삭제하려면 리본의 **[피벗 테이블 도구]–[옵션]** 탭 → **그룹** 그룹 → **그룹 해제** 명령 아이콘을 클릭합니다.

06 **모델번호로 제품 분류하기(1)** 이번에는 모델번호를 이용해 제품을 보급형과 고급형으로 분류합니다. ❶ 먼저 '피벗 테이블 필드 목록' 작업창에서 연, 분기, 월, 주문일 필드의 확인란을 모두 체크 해제합니다. ❷ 그런 다음 '모델번호' 필드의 확인란을 체크합니다.

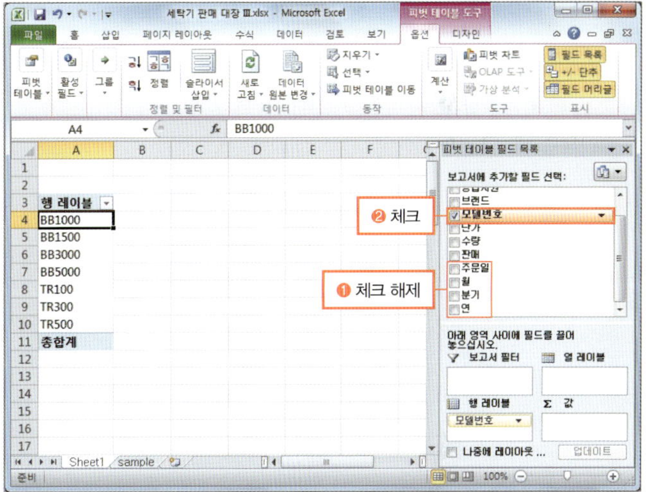

07 **모델번호로 제품 분류하기(2)** 모델번호 중에서 BB1000~BB3000과 TR100모델이 보급형이므로 그룹으로 묶기 위해 ❶ A4:A6 범위를 선택하고 ❷ Ctrl 키를 누른 상태에서 A8셀을 선택합니다. 그런 다음 ❸ 리본의 **[피벗 테이블 도구]–[옵션]** 탭 → **그룹** 그룹 → **그룹 선택** 명령 아이콘을 클릭합니다.

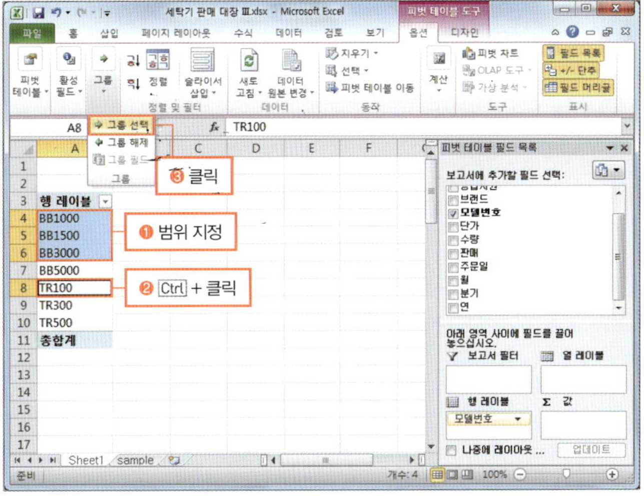

08 **모델번호로 제품 분류하기(3)** 그러면 07 과정에서 선택한 모델들이 '그룹1'로 묶이게 됩니다. 나머지 모델을 선택해 묶기 위해 ❶ A10:A14 범위를 선택한 다음 ❷ 리본의 [**피벗 테이블 도구**]-[**옵션**] 탭 → **그룹** 그룹 → **그룹 선택** 명령 아이콘을 클릭합니다.

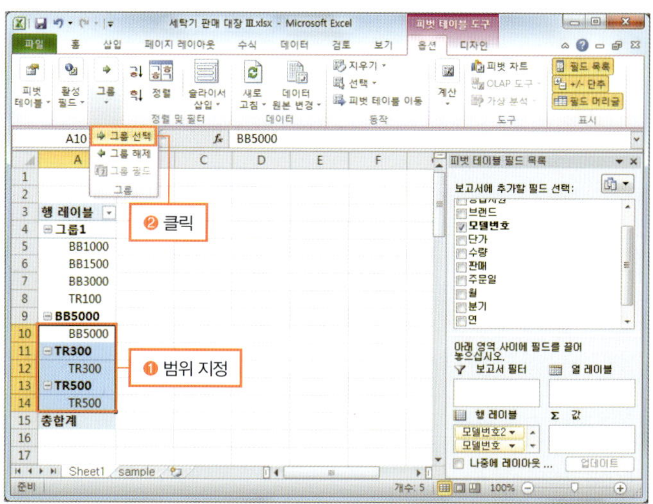

09 **모델번호로 제품 분류하기(4)** 그러면 그룹1, 그룹2로 분류가 되는데, 우리가 이해하기 쉽게 ❶ A4셀 '그룹1'의 이름을 "보급형"으로, ❷ A9셀 '그룹2'의 이름을 "고급형"으로 변경합니다.

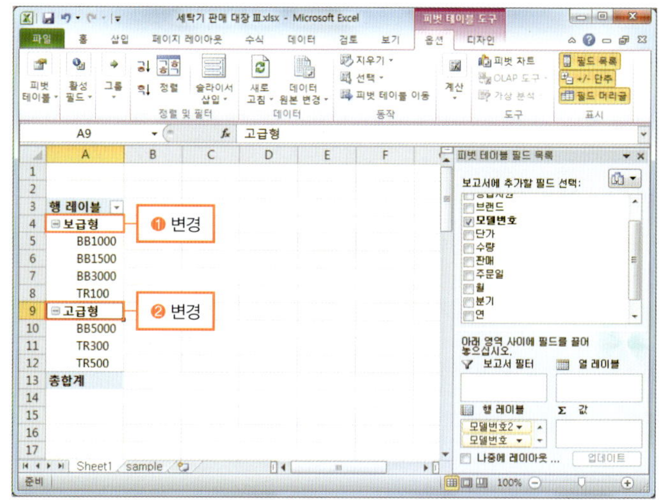

10 **피벗 보고서 완성하기** 이제 원하는 그룹 필드를 모두 생성했으므로 피벗 보고서를 구성합니다. '필드 테이블 필드 목록' 작업창에서 다음 순서로 설정합니다.

모델번호	체크 해제
수량	체크
판매	체크
월	체크
연	체크

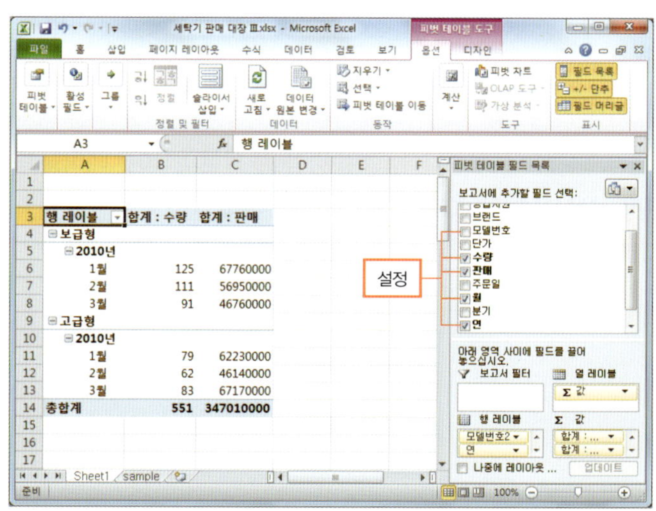

피벗 테이블 보고서를 2003 버전 방식으로 표시하는 방법

| 준비 파일 : 피벗 테이블 2003.xlsx

엑셀 2007 버전부터 피벗 테이블 보고서는 표시되는 방법이 엑셀 2003 버전과는 많은 차이를 보이게 됩니다. 이런 점이 불편한 사용자라면 피벗 테이블 보고서가 2003 버전과 동일하게 표시되도록 할 수 있습니다.

❶ 피벗 테이블 영역을 선택하고 리본의 [피벗 테이블 도구]-[옵션] 탭 → 피벗 테이블 그룹 → 옵션 명령을 클릭합니다.

❷ '피벗 테이블 옵션' 대화상자가 표시되면 [표시] 탭을 선택한 다음 '클래식 피벗 테이블 레이아웃 표시(눈금에서 필드 끌기 사용)'를 체크하고 〈확인〉 단추를 클릭합니다.

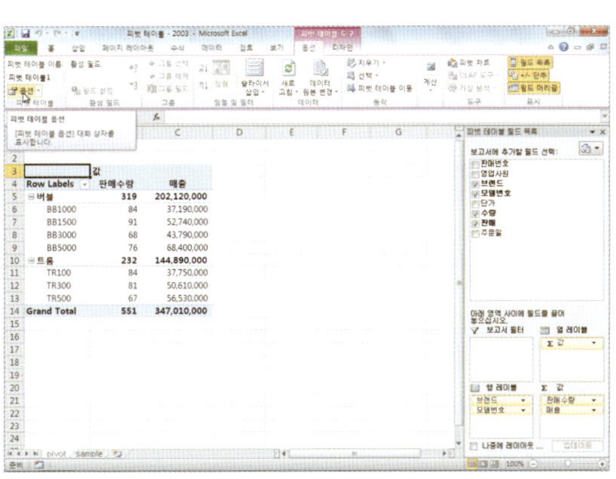
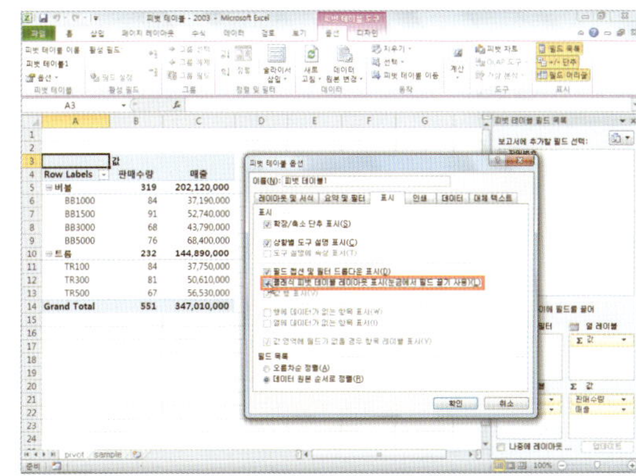

이렇게 하면 피벗 테이블 필드 영역이 2003 버전과 동일하게 표시되며, 완성된 피벗 테이블 보고서 역시 2003 버전 방식으로 표시됩니다.

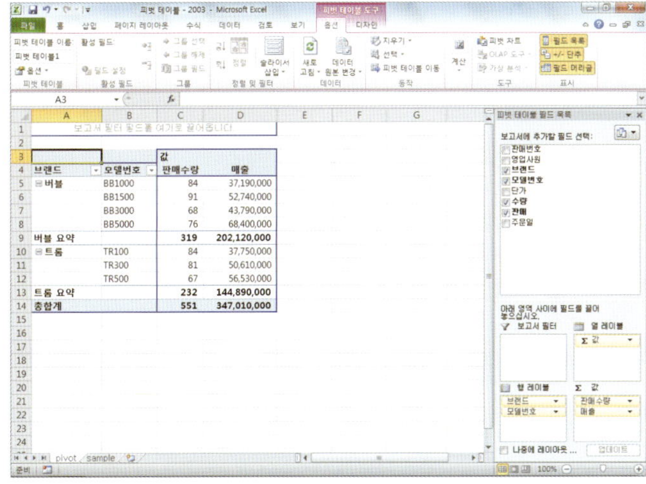

05 슬라이서 기능을 이용해 피벗 보고서 분석하기 NEW 2010

슬라이서 기능은 엑셀 2010 버전에서 새롭게 추가된 기능으로, 피벗 테이블 보고서를 좀 더 효과적으로 제어해 필요한 정보를 빠르게 확인할 수 있습니다. 따라서 슬라이서 기능은 슬라이서 창을 이용해 피벗 테이블 보고서의 필터링 조건을 시각적으로 확인하고 제어할 수 있게 해줌으로써 보고서 내용을 이해하기 쉽게 도와줍니다.

슬라이서 기능을 이용하면 피벗 테이블 보고서에 오른쪽 화면과 같이 슬라이서 창을 추가하면 피벗 테이블 보고서의 데이터를 빠르게 필터링 할 수 있습니다.

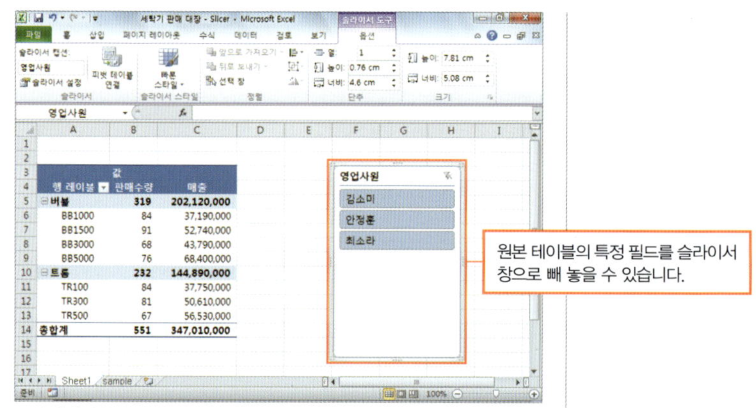

▲ 슬라이서 추가 화면

슬라이서 창의 필드 내 항목을 하나 또는 여러 개를 선택하면 피벗 테이블 보고서가 선택된 항목에 맞게 데이터가 표시됩니다.

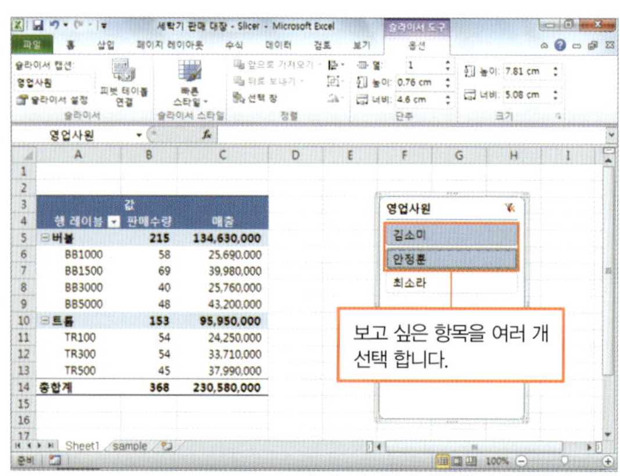

▲ 슬라이서 창의 항목을 여러 개 선택

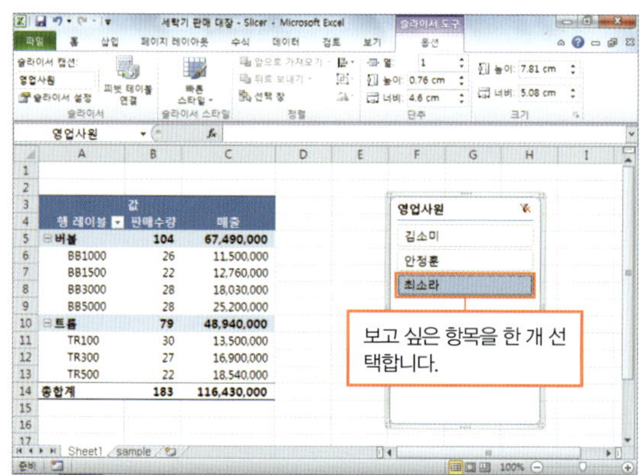

▲ 슬라이서 창의 항목을 한 개 선택

위 화면을 보면 '보고서 필터' 영역에 필드를 추가하는 것과 유사한 것을 확인할 수 있습니다.

슬라이서 기능을 이용하면 여러 필드를 슬라이서 창을 이용해 원하는 항목을 선택하는 것만으로 보고서를 구성할 수 있기 때문에, '보고서 필터' 영역에 필드를 추가하는 것보다 효과적입니다.

슬라이서를 추가하려면, 피벗 테이블 보고서를 선택하고 리본의 [확장] 탭 중에서 **[피벗 테이블 도구]** – **[옵션] 탭 → 정렬 및 필터 그룹 → 슬라이서 삽입** 명령 아이콘을 클릭하거나, 리본의 **[삽입]** 탭 → **필터** 그룹 → **슬라이서** 명령 아이콘을 클릭합니다.

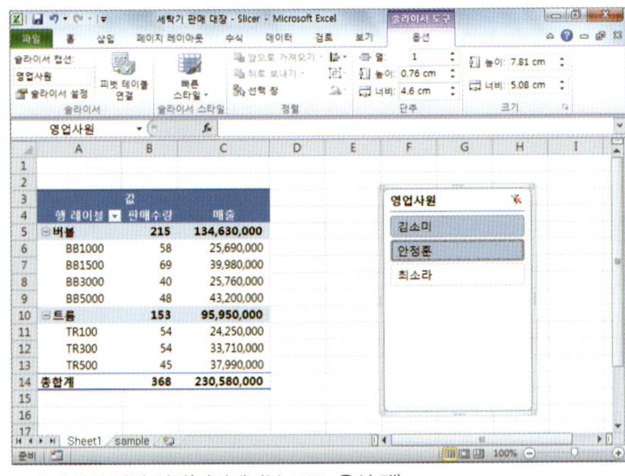

▲ 슬라이서 명령 위치(피벗테이블 도구—옵션 탭)

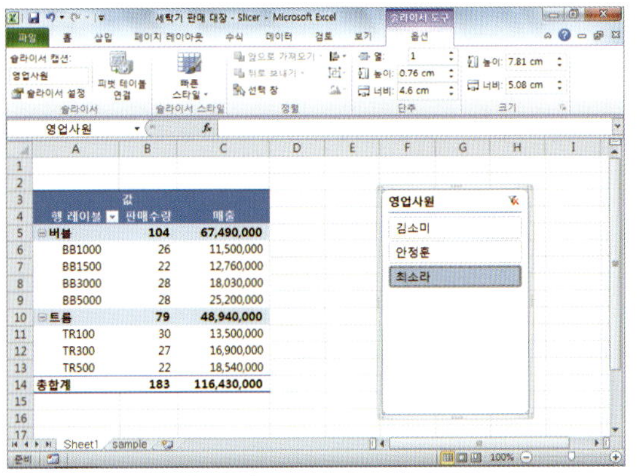

▲ 슬라이서 명령 위치(삽입 탭)

슬라이서 명령 아이콘을 클릭하면 오른쪽과 같은 창이 표시되는데, '슬라이드 삽입' 대화상자에서 슬라이서로 추가할 필드를 선택합니다.

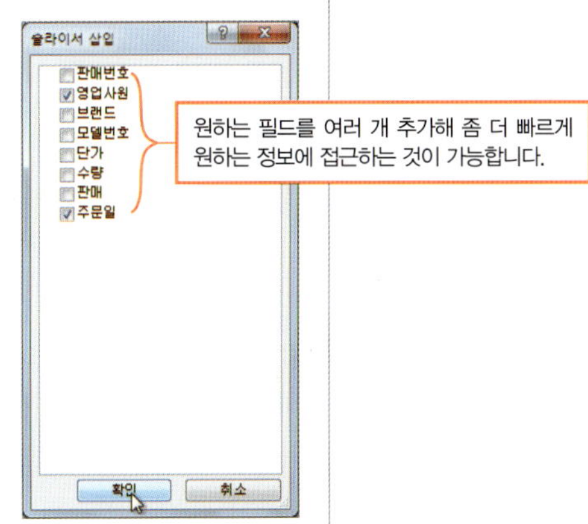

▲ 슬라이서 삽입 대화상자

선택된 필드는 오른쪽 화면과 같이 별도의 슬라이서 창으로 표시됩니다.

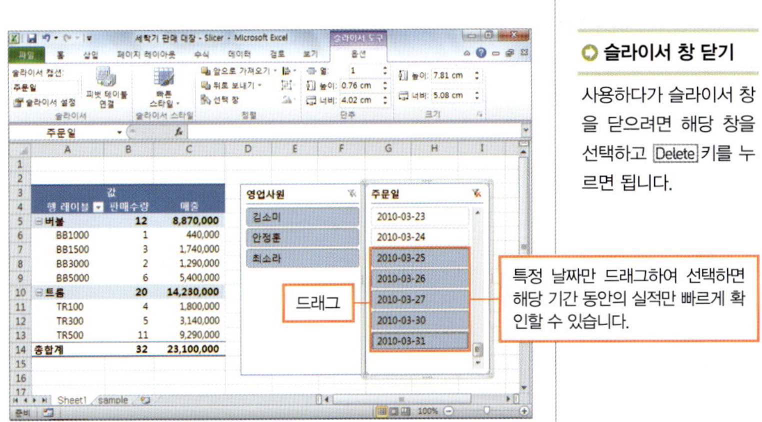

▲ 여러 개의 슬라이서 창 추가

○ **슬라이서 창 닫기**

사용하다가 슬라이서 창을 닫으려면 해당 창을 선택하고 Delete 키를 누르면 됩니다.

## CHAPTER 04

시나리오와
목표값 찾기, 해 찾기

업무와 관련한 여러 가지 작업을 하다 보면 내가 원하는 결과를 얻기 위해 계산에 필요한 값을 수정해야 하는 경우가 종종 발생합니다. 이때 하나씩 값을 변경해 원하는 결과 값을 얻는 것도 한 가지 방법이지만, 엑셀에서 제공해 주는 시나리오나 목표값 찾기, 해 찾기 등의 명령을 이용하면 작업을 보다 효율적으로 진행할 수 있습니다.

01 시나리오 등록하기

시나리오는 여러 가지 상황별 모델을 만들어 놓고, 필요할 때 원하는 모델을 적용해 결과를
바로 확인할 수 있는 기능으로, 주로 엑셀의 수식과 연계해 다양한 상황별 값을 시나리오로
구성해 사용합니다.

시나리오는 다양한 상황별 모델을 만들어 필요시 바로 적용할 수 있는 장점이 있으며, 상황에 맞는 모델
을 선택하면 결과를 바로 확인할 수 있어 빠른 의사 결정에 도움을 얻을 수 있습니다. 예를 들어, 1사분기
손익을 집계한 다음 마진율이 증가 또는 감소하는 경우를 시나리오로 구성할 수 있습니다.

시나리오 명령은 리본의 **[데이터] 탭 → 데이터 도구** 그룹 → **가상 분석** 명령의 하위 명령으로 제공되며,
시나리오 관리자 명령을 클릭하면 다음과 같은 대화상자를 볼 수 있습니다.

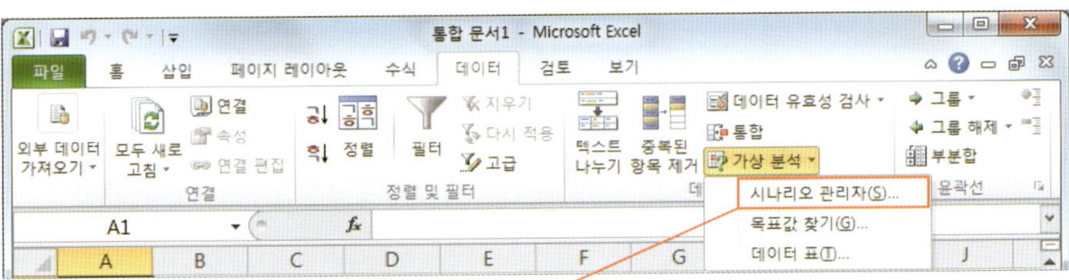

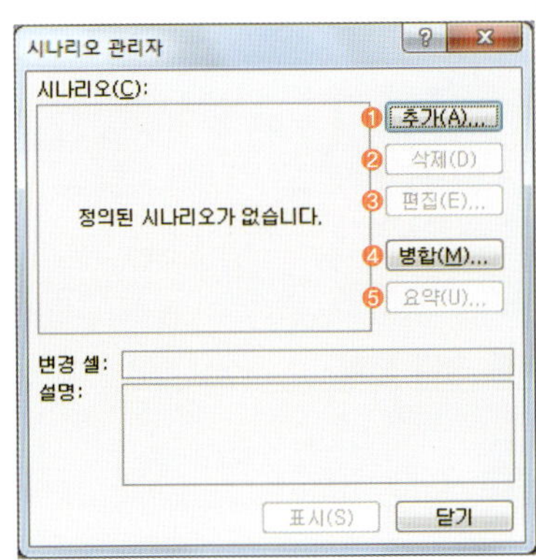

▲ '시나리오 관리자' 대화상자

❶ **추가** : 새로운 시나리오를 등록합니다.

❷ **삭제** : 기존 시나리오를 삭제합니다.

❸ **편집** : 기존 시나리오를 편집합니다.

❹ **병합** : 다른 워크시트의 시나리오를 현재 워크시트로 가져옵니다.

❺ **요약** : 모든 시나리오를 별도의 시트에 요약합니다.

대리점의 마진이 1% 증가할 때와 감소할 때의 손익을 시나리오로 구성하고 확인하기

📁 **준비 파일** : 손익 측정 시나리오.xlsx

제공된 예제 파일을 열면 Before 화면과 같은 표를 확인할 수 있습니다. E열이 제품당 마진율이라면 향후 손익을 계산하기 위해 마진율이 1% 증가하거나 감소하는 경우의 시나리오를 등록하고 결과를 요약해 보도록 하겠습니다.

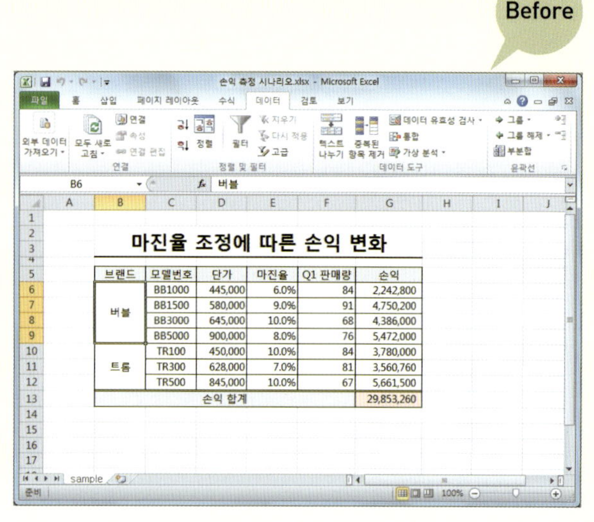

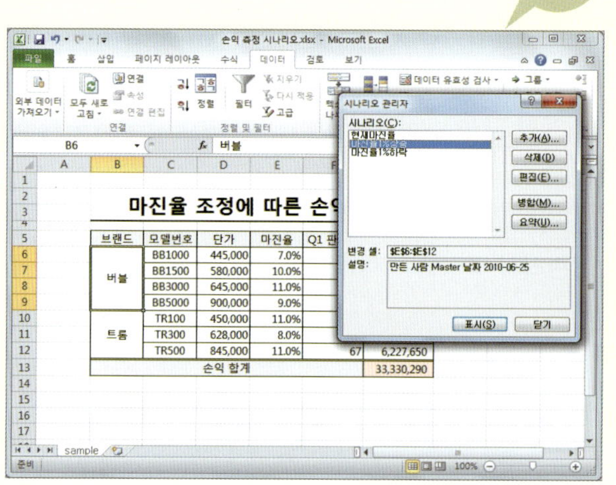

01 시나리오 등록하기(1)

마진율 변동에 따른 시나리오를 등록하기 위해 ❶ 리본의 [데이터] 탭 → 데이터 도구 그룹 → ❷ 가상 분석 명령 아이콘 → ❸ 시나리오 관리자 명령을 선택합니다.

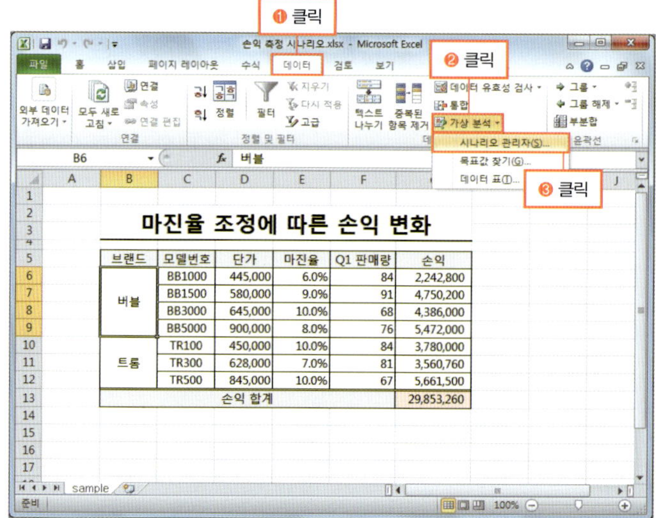

💡 **손익을 계산하는 방법**

모델별 '마진율'이 E열에, 모델별 '판매량'은 F열에 등록되어 있으므로 손익은 매출에서 원가를 빼는 "=단가 * 판매량-(단가 * (1-마진율)) * 판매량" 수식으로 구할 수 있습니다. 마진율은 모델을 한 대 판매할 때마다 발생하는 이익의 비율을 의미하므로, 이 수식에서 '단가 * (1-마진율)' 부분이 바로 '단가'에서 '마진율'을 제한 금액을 의미합니다.

02 **시나리오 등록하기(2)** '시나리오 관리자' 대화상자가 표시되면 〈추가〉 단추를 눌러 시나리오를 등록합니다.

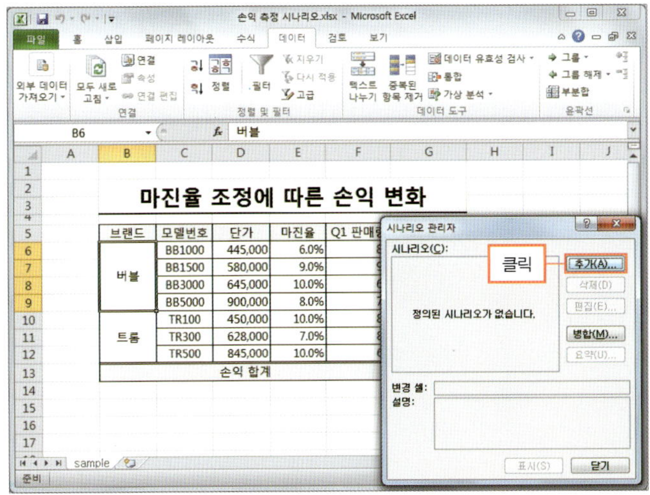

03 **시나리오 등록하기(3)** 첫 번째 시나리오는 현재 마진율을 저장해 놓는 것입니다. '시나리오 편집' 대화상자에서 다음 각 항목을 설정한 다음 〈확인〉 단추를 클릭합니다.

시나리오 이름	현재마진율
변경 셀	E6:E12

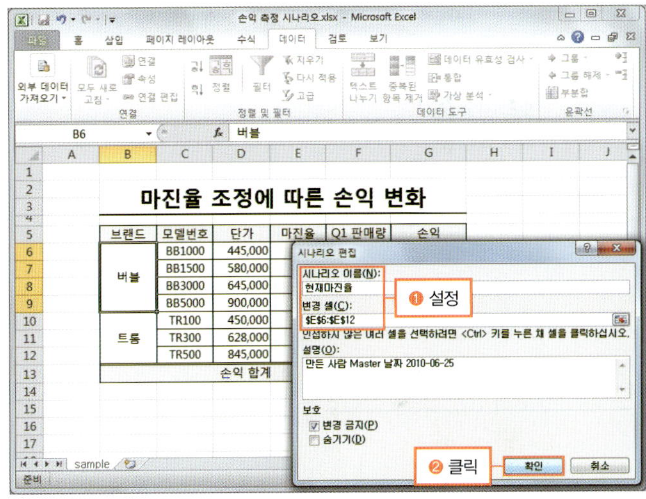

04 **시나리오 등록하기(4)** '시나리오 값' 대화상자가 표시되면 〈확인〉 단추를 클릭해 현재 마진율을 저장합니다.

> ◉ **현재 마진율을 저장하는 이유**
>
> 현재 마진율을 저장하는 이유는 마진율이 1% 증가하거나 감소하는 경우의 시나리오를 만들 경우, 해당 시나리오로 보기 작업을 할 때 원본 표의 값이 변경되기 때문에 원래대로 복원할 방법이 필요하기 때문입니다.

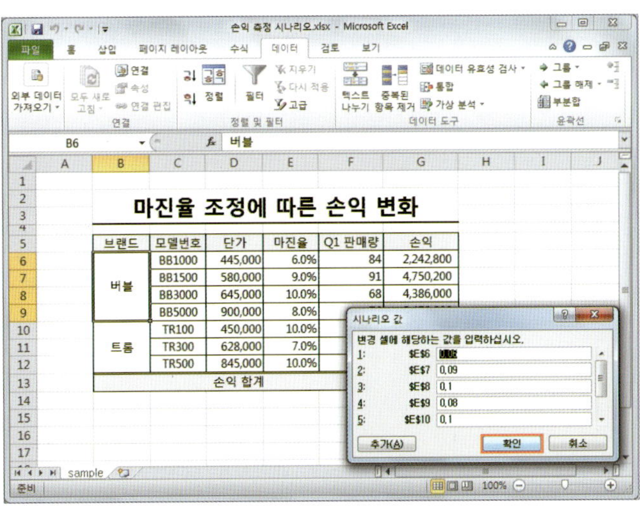

05 **시나리오 등록하기(5)** 다시 '시나리오 관리자' 대화상자가 표시되면 마진율이 1% 상승된 경우의 시나리오를 등록하기 위해 〈추가〉 단추를 클릭합니다.

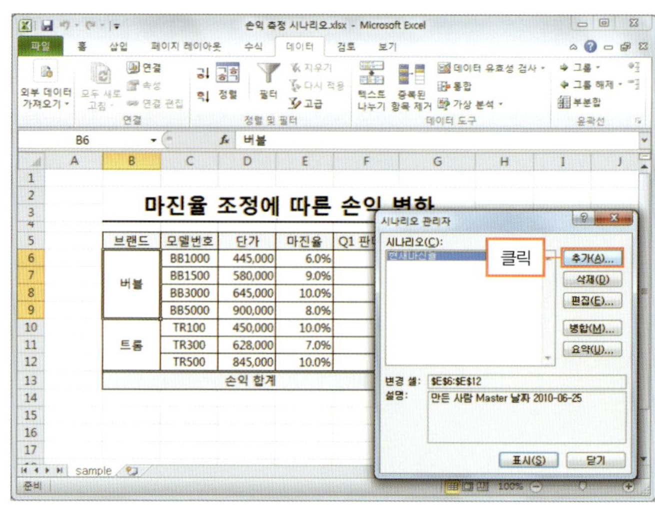

06 **시나리오 등록하기(6)** '시나리오 추가' 대화상자가 표시되면 ❶ 다음 각 항목을 구성한 다음 ❷ 〈확인〉 단추를 클릭합니다.

시나리오 이름	마진율1% 상승
변경 셀	E6:E12

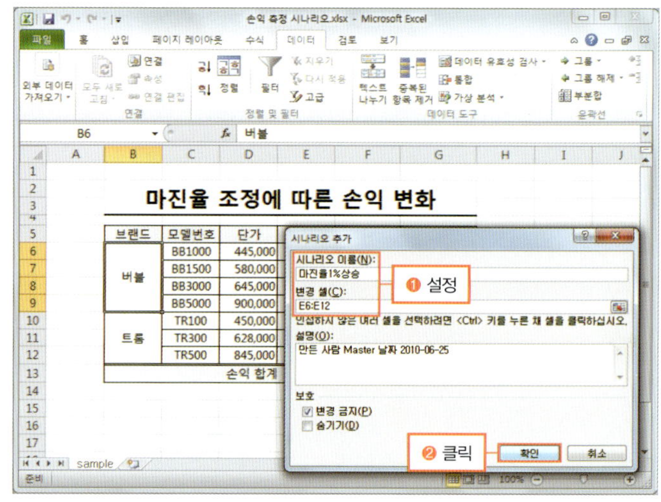

07 **시나리오 등록하기(7)** '시나리오 값' 대화상자가 표시되면 ❶ 각 셀의 마진율을 1% 증가하도록 다음과 같이 설정한 후 ❷ 〈확인〉 단추를 클릭합니다.

E6	E7	E8	E9	E10	E11	E12
0.07	0.10	0.11	0.09	0.11	0.08	0.11

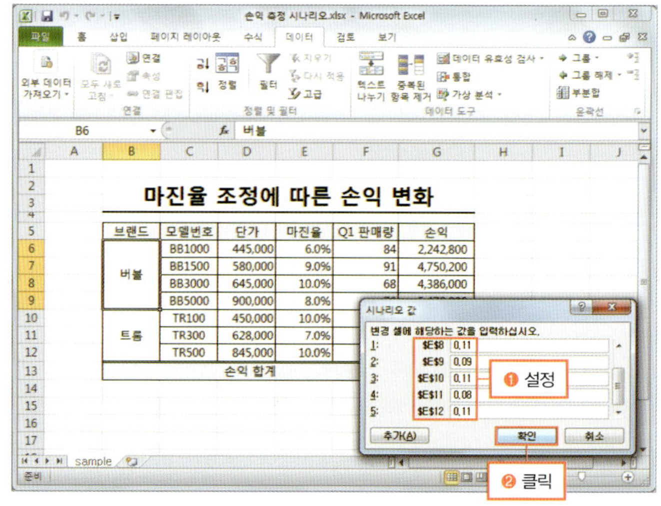

08 시나리오 등록하기(8) '시나리오 관리자' 대화상자가 표시되면 이번에는 마진율이 1% 하락할 경우를 등록하기 위해 〈추가〉 단추를 클릭합니다. 시나리오 이름은 '마진율1%하락'으로 지정하고 06 ~ 07 과정을 참고해 마진율 값을 1% 하락시키는 구성을 설정한 후 〈확인〉 단추를 클릭합니다.

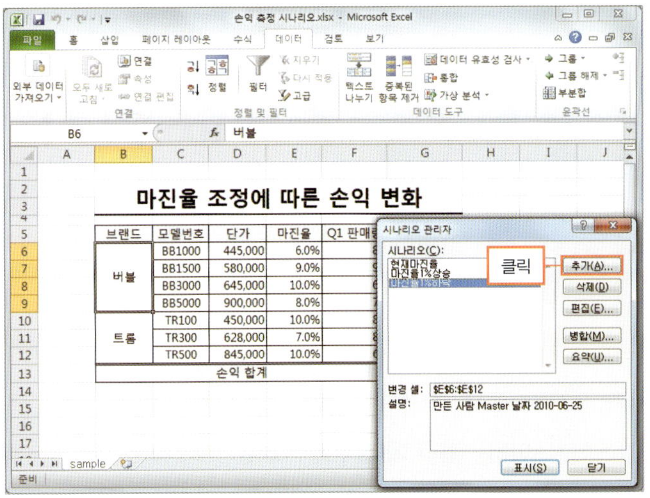

09 시나리오 확인하기(1) 이렇게 하면 '현재마진율', '마진율1%상승', '마진율1%하락' 시나리오가 등록됩니다. 시나리오별로 확인해 보기 위해 ❶ '마진율1%상승' 시나리오를 선택한 다음 ❷ 〈표시〉 단추를 클릭하면 원본 표의 E열 마진율 값이 시나리오에 등록된 값으로 변경됩니다. 그에 따라 G열의 '손익'도 2,985만원에서 3,333만원으로 조정됩니다.

◎ **손익의 증가**

선택된 시나리오에 따라 손익이 증가하면 F열의 판매량이 일정하다고 할 때 350만원 정도의 순익이 추가로 발생하는 것을 확인할 수 있습니다. 이렇게 마진율을 높이는 노력을 통해 얻을 수 있는 추가 이익을 알 수 있다면 경영 의사 결정에 많은 도움이 됩니다.

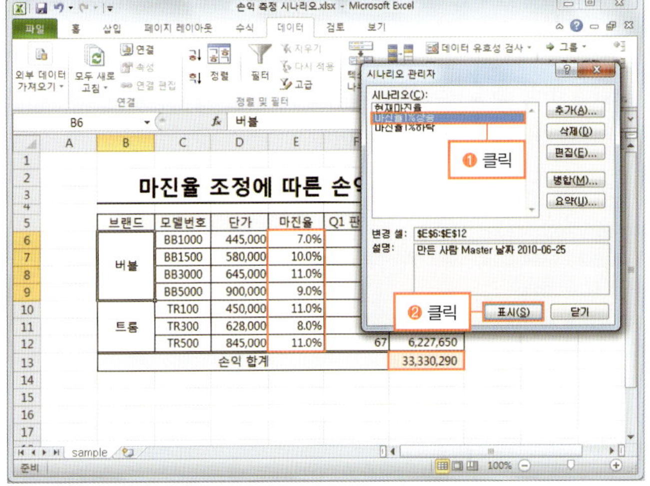

10 시나리오 확인하기(2) 이번에는 ❶ '마진율1%하락' 시나리오를 선택하고 ❷ 〈표시〉 단추를 클릭합니다. 그러면 원본 표의 E열의 마진율 값이 시나리오에 등록된 값으로 변경되며, 그에 따라 G열의 '손익'도 3,333만원에서 2,637만원으로 조정됩니다.

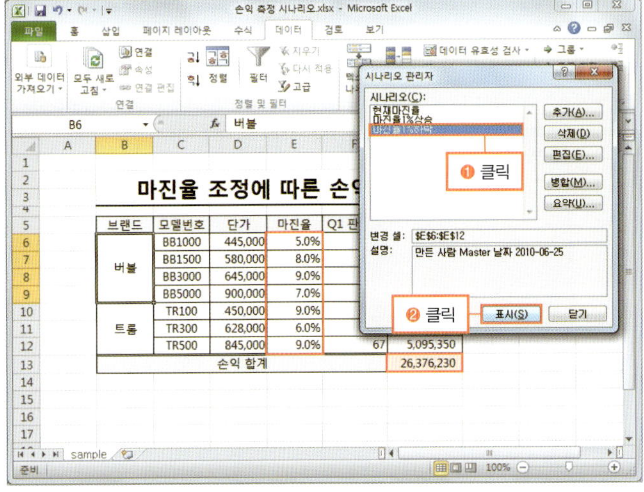

02 목표값 찾기

엑셀의 함수 및 수식은 다른 셀의 여러 값을 이용해 계산된 결과를 반환하는데, 이 결과 값이 내가 원하는 결과가 아닌 경우가 있습니다. 이 값이 내가 원하는 결과 값이 될 수 있도록 계산에서 사용한 값을 변경해야 한다면 엑셀에서 제공하는 '목표 값 찾기' 명령을 이용할 수 있습니다.

리본의 [데이터] 탭 → 데이터 도구 그룹 → 가상 분석 명령 아이콘을 클릭하고 목표값 찾기 명령을 선택하면 다음과 같은 대화상자가 표시됩니다.

❶ 수식 셀 : 결과 값을 반환하는 수식이 입력된 셀을 지정합니다.

❷ 찾는 값 : 수식 셀에서 얻고싶은 새로운 결과 값을 직접 입력합니다.

❸ 값을 바꿀 셀 : 수식 셀에서 계산에 참조한 셀 중의 하나로 찾는 값을 얻기 위해 변경되어야 하는 셀을 지정합니다.

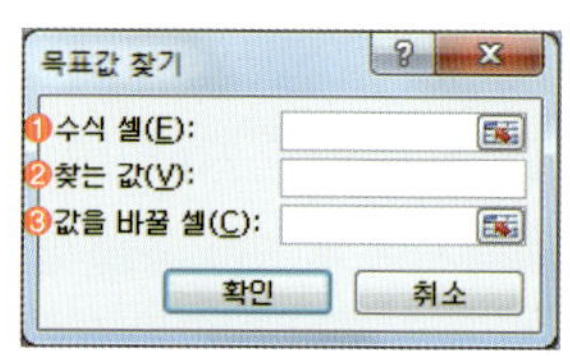

▲ '목표값 찾기' 대화상자

견적서에서 견적 총액을 고객 요구에 맞추기 위해 할인율 조정하기(1)

📁 준비 파일 : 견적서 – 목표 값 찾기.xlsx

제공된 예제 파일을 열면 Before 화면과 같은 견적서를 확인할 수 있습니다. Before 화면에서 선택된 F5:K6 병합 셀의 총액은 견적을 요청한 제품의 공급가액과 세액을 합친 금액으로, 이 금액을 600만원으로 조정해야 합니다. 아래 제품 중에서 4번의 '대일 포장 치즈' 제품의 할인율을 조정한다면 몇 %로 조정해야 할지 알아보겠습니다.

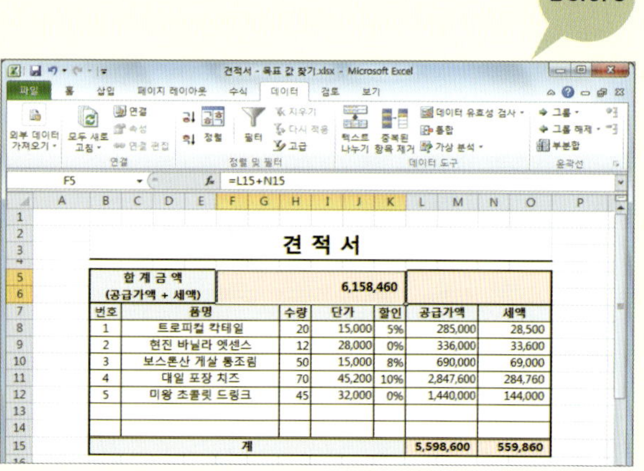

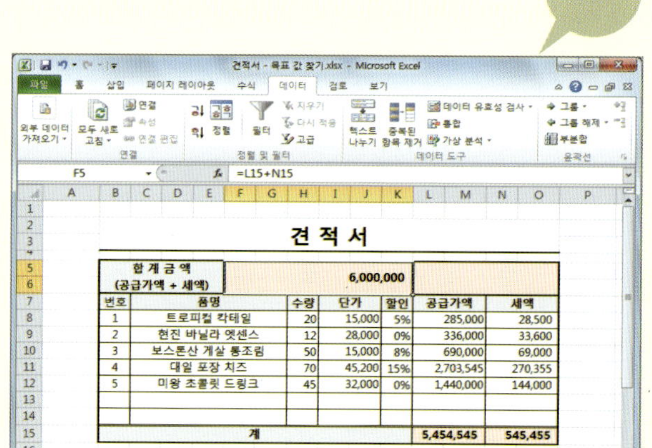

01 **목표값 찾기 명령 실행하기** 수식으로 얻은 결과 값을 변경해야 하거나 계산에서 필요한 셀의 값 중 하나를 변경해야 한다면 **목표값 찾기** 명령을 실행합니다. ❶ 변경할 F5:K6 병합 셀을 클릭한 다음, ❷ 리본의 [데이터] 탭 → 데이터 도구 그룹 → 가상 분석 명령 아이콘 → ❸ 목표값 찾기 명령을 선택합니다.

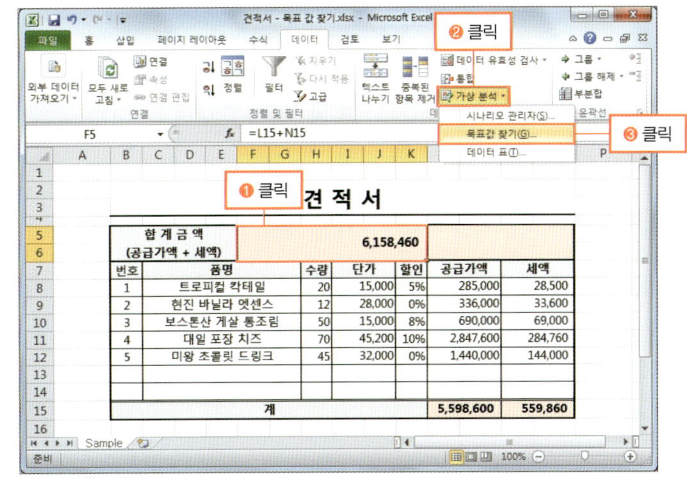

02 **목표값 찾기 구성하기** 오른쪽 화면과 같이 '목표값 찾기' 대화상자가 표시되면 ❶ 다음과 같이 항목을 구성한 후 ❷ 〈확인〉 단추를 클릭합니다.

수식 셀	F5
찾는 값	6000000
값을 바꿀 셀	K11

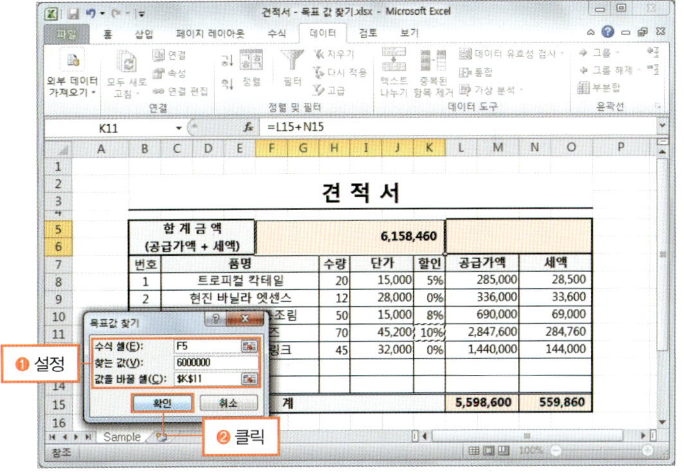

03 **결과 확인하기** 찾아진 결과가 있다면 '목표값 찾기 상태' 대화상자에 그 내용이 표시되며, 견적서 내용도 미리 확인할 수 있습니다. 〈확인〉 단추를 클릭하면 찾은 결과가 반영되며, 〈취소〉 단추를 클릭하면 원래의 견적이 표시됩니다.

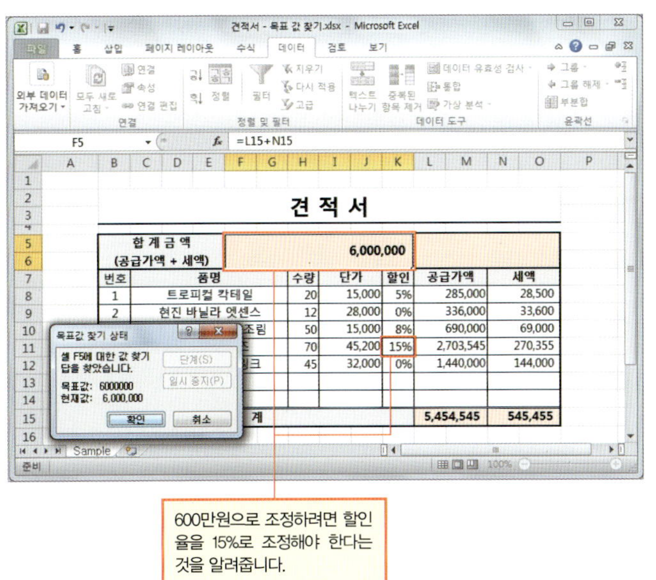

03 해 찾기

해 찾기 기능은 사용자가 원하는 답을 얻기 위해 필요한 가장 적합한 값을 찾아주는 기능이라고 생각해도 됩니다. 이 기능을 올바르게 사용하기 위해서는 답을 얻기 위한 조건을 정확하게 구성하는 것이 무엇보다 중요합니다. 예제를 통해 해 찾기 기능을 알아봅니다.

목표 값 찾기는 원하는 결과 값을 얻기 위해 계산에서 사용하는 셀의 값 하나를 변경할 수 있었다면 둘 이상의 셀 값을 변경하기 위해서는 '해 찾기' 명령을 이용해야 합니다.

해 찾기 명령은 목표한 셀의 값이 여러 가지 선택에 따라 변화할 수 있을 때 가장 최적의 조건을 계산해 주는 기능입니다.

○ 해 찾기 명령 등록하기

해 찾기 명령을 실행하려면 추가 기능에서 해 찾기 추가 기능을 설치해야 하며, 실행 방법은 다음과 같습니다.

❶ 리본의 **[파일]** 탭 → **옵션** 명령을 선택합니다.

❷ 'Excel 옵션' 대화상자가 표시되면, **추가 기능** 범주를 선택하고 하단의 '관리' 콤보 상자에 '엑셀 추가 기능'이 선택된 상태에서 〈이동〉 단추를 클릭합니다.

❸ '추가 기능' 대화상자가 표시되면, '해 찾기 추가 기능' 항목을 선택하고 〈확인〉 단추를 클릭합니다.

> ### ○ 해 찾기 기능
> 해 찾기란 수식 셀에 영향을 미치는 그룹 전체나 아니면 원하는 그룹의 변화를 파악할 수 있는 기능을 말합니다.
> (예 : 총점 2800이 되기 위한 국, 영, 수 점수)

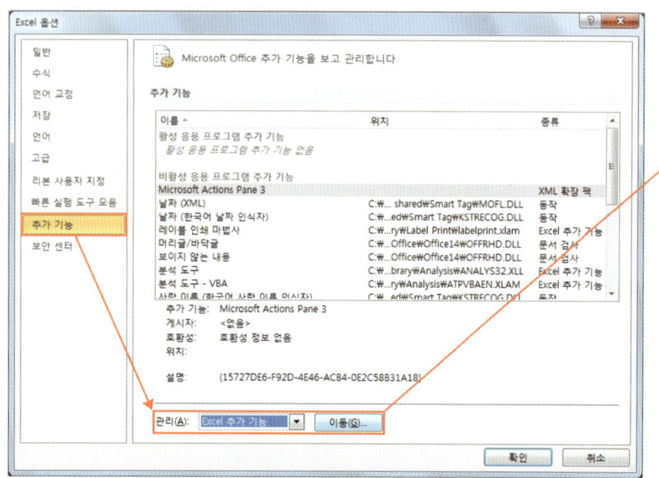

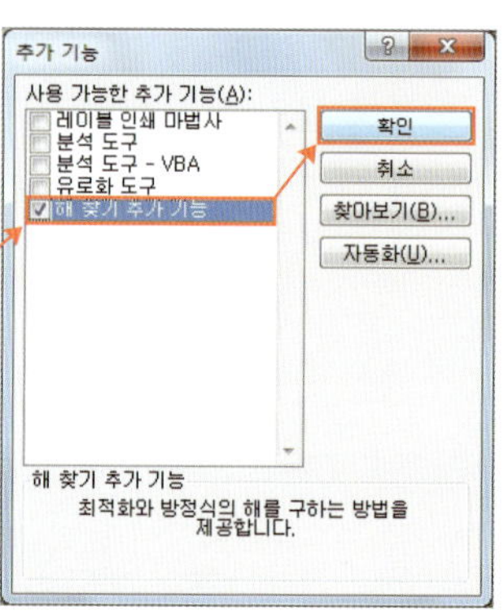

이렇게 하면 리본의 **[데이터]** 탭의 오른쪽 끝에 화면과 같은 **해 찾기** 명령 아이콘이 나타납니다.

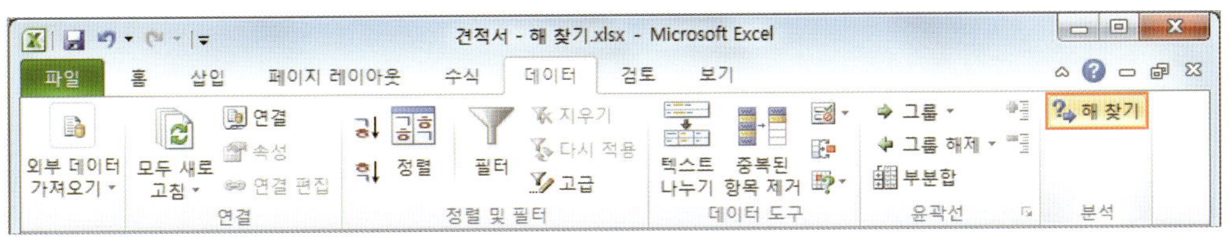

◯ '해 찾기' 대화상자 구성 방법

리본의 [데이터] 탭 → **분석** 그룹 → **해 찾기** 명령 아이콘을 클릭합니다.

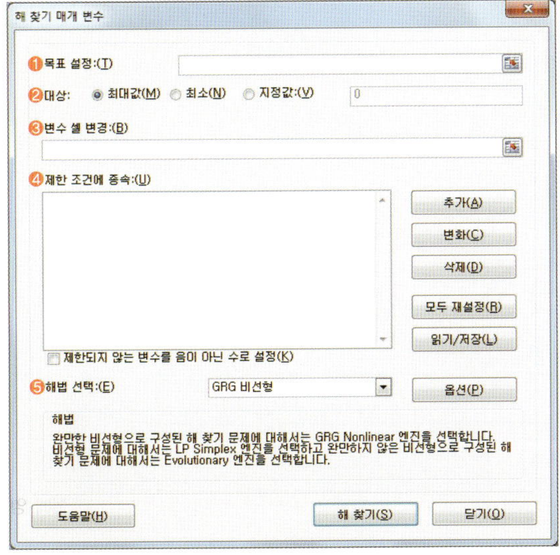

▲ '해 찾기' 대화상자

❶ **목표 설정 :** 결과 값을 얻은 수식으로 계산된 셀을 지정하며, **목표 값 찾기** 명령의 **수식 셀**과 동일한 의미를 갖습니다.

❷ **대상 : 목표 값 찾기** 명령의 **찾는 값**과 동일한 항목으로, 목표 셀의 결과를 어떤 값으로 얻기 원하는지 선택합니다. 조건을 만족하는 최대값, 최소값 또는 지정값을 선택할 수 있습니다.

❸ **변수 셀 변경 :** 목표 셀이 해의 조건에 맞는 값을 찾기 위해 변경할 수 있는 값이 위치한 셀을 지정합니다. **목표 값 찾기** 명령의 **값을 바꿀 셀**과 동일하지만 하나의 셀이 아니라 여러 개 셀의 값을 동시에 지정해 가장 좋은 조건의 값을 선택할 수 있습니다.

❹ **제한 조건에 종속 :** 목표 셀이 해의 조건에 맞는 값을 얻기 위해 값을 바꿀 셀에서 지정한 셀의 값을 변경할 때 지켜야 하는 조건을 지정할 수 있습니다. 〈추가〉 단추를 눌러 등록할 수 있으며, 〈편집〉 단추를 누르면 기존 조건을 변경할 수 있고, 〈삭제〉 단추를 클릭하면 지정한 조건을 삭제할 수 있습니다.

❺ **해법 선택 :** 엑셀 2010 버전에서 새롭게 추가된 기능으로, 선형뿐만이 아니라 비선형 방식으로도 해(답)를 찾을 수 있으며, 기본 값은 GRG 비선형입니다. **NEW 2010**

견적서에서 견적 총액을 고객 요구에 맞추기 위해 할인율 조정하기(2)

📁 **준비 파일 :** 견적서 – 해 찾기.xlsx

제공된 예제 파일을 열면 목표 값 찾기에서 다루었던 견적서 예제를 확인할 수 있습니다. 이번에는 견적 총액을 600만원으로 조정해야 할 때, 제품 중에서 할인되지 않은 2번과 5번 제품의 할인율을 각각 최대 '5%(2번 제품)'와 '10%(5번 제품)' 이내에서 결정해야 하는 경우의 작업을 해 찾기 명령을 이용해 알아보겠습니다.

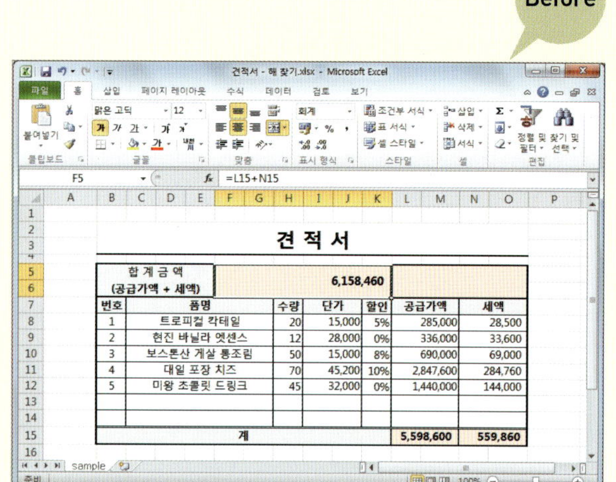

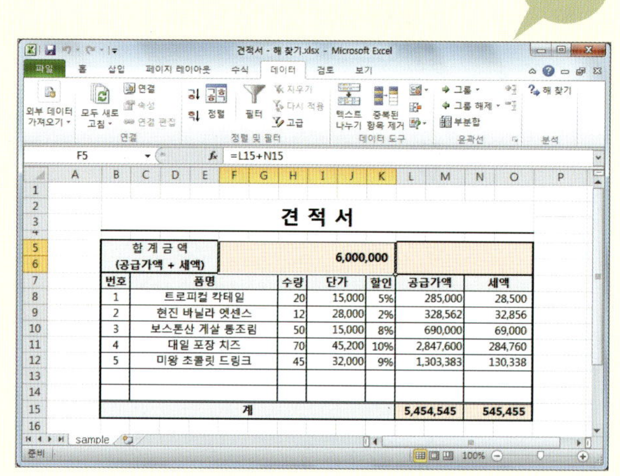

01 **해 찾기 명령 실행하기** 해 찾기 명령을 실행하기 위해 ❶ 리본의 [데이터] 탭 → **분석** 그룹 → ❷ **해 찾기** 명령 아이콘을 클릭합니다.

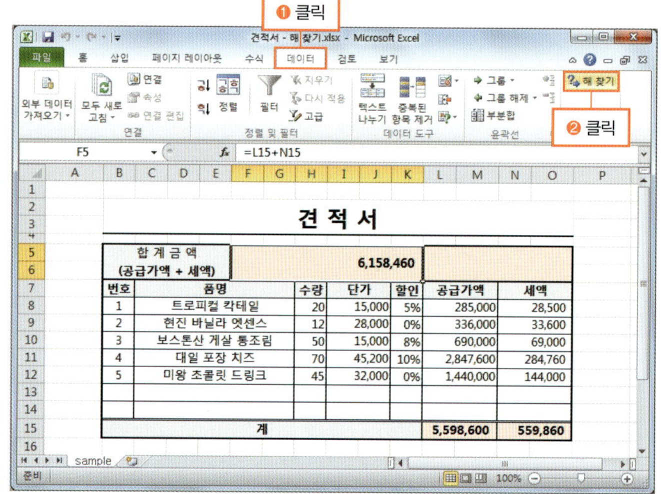

> ◎ **해 찾기 명령**
>
> 리본의 [데이터] 탭 → **분석** 그룹 → **해 찾기** 명령 아이콘이 존재하지 않으면, 앞의 내용을 참고해 해 찾기 추가 기능을 설치해야 합니다.

02 '해 찾기' 대화상자 설정하기(1) '해 찾기 매개 변수' 대화상자가 표시되면, 다음 2개 항목을 우선 설정합니다.

목표 설정	F5
대상	지정값, 6000000

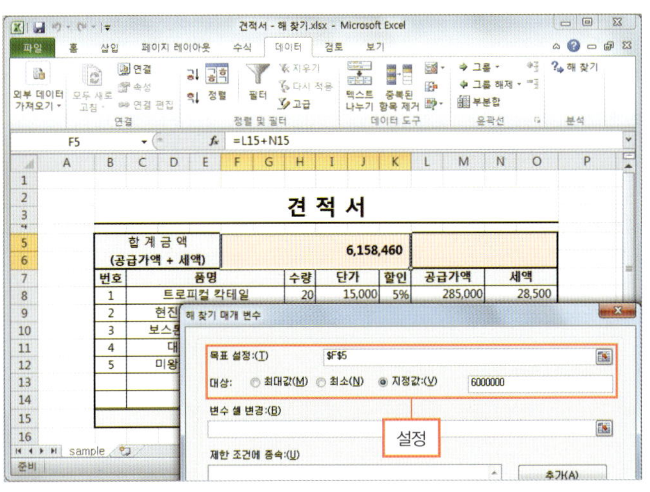

> ◎ **해 찾기 설정(1)**
>
> 이번 견적서의 경우 F5:K6 병합 셀의 총액이 600만원이 되어야 하므로 '목표 셀'은 F5(병합된 셀은 첫 번째 셀에 값이 저장되므로 첫 번째 셀 주소만 지정됩니다)가 되고, 대상은 '지정값'으로 "6000000"을 입력합니다.

03 '해 찾기' 대화상자 설정하기(2) 그런 다음, ❶ 값을 바꿀 셀 항목을 다음과 같이 설정하고 제한 조건을 설정하기 위해 ❷ 〈추가〉 단추를 클릭합니다.

변수 셀 변경	K9, K12

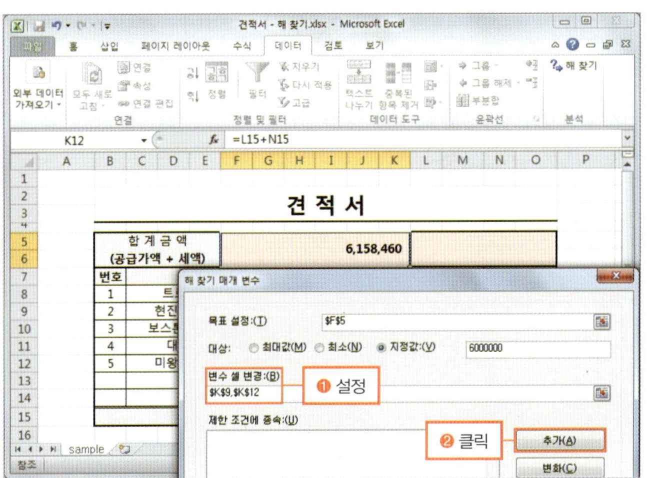

> ◎ **해 찾기 설정(2)**
>
> 견적서의 총액이 600만원이 되기 위해 2번과 5번 제품인 K9, K12셀의 할인율이 변경되어야 합니다. 셀을 지정할 때는 '변수 셀 변경' 참조란을 선택한 다음 마우스로 K9셀을 클릭하고, Ctrl 키를 누른 상태에서 K12셀을 클릭합니다.

04 '해 찾기' 대화상자 설정하기(3) '제한 조건 추가' 대화상자가 표시되면 K9셀의 할인율이 0~5% 이내로 설정되도록 조건을 추가합니다. ❶ 조건을 다음과 같이 설정한 다음 ❷ 〈추가〉 단추를 클릭합니다.

셀 참조	조건	제한 조건
K9	>=	0

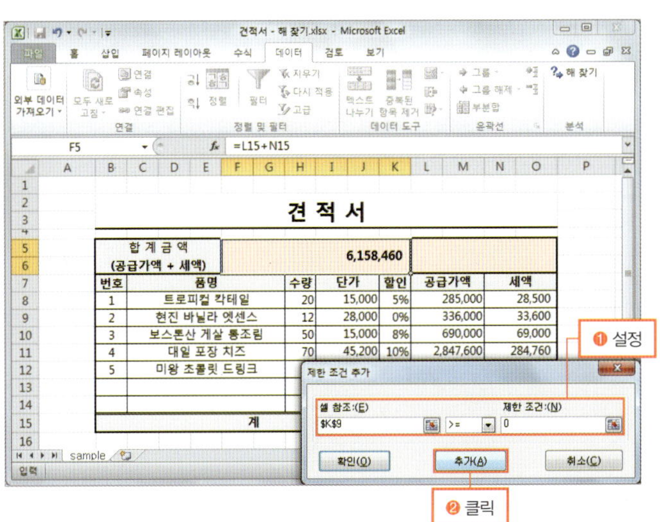

> ◎ **'해 찾기' 설정(3)**
>
> '제한 조건 추가' 대화상자에서는 A~B와 같은 구간별 조건을 지정할 수 없으므로 최소값 한 번, 최대값 한 번씩 조건을 등록해야 합니다. 예제에서 추가된 조건은 K9셀의 값이 0보다 커야 한다는 것으로, 이 조건을 지정하지 않으면 할인율이 음수 값으로 나타날 수도 있으므로 정확한 답을 얻기 위해서는 반드시 추가해 주어야 합니다.

05 **'해 찾기' 대화상자 설정하기(4)** 이번에는 K9셀의 할인율이 '5%'를 넘지 않도록 조건을 추가하기 위해 ❶ 다음과 같이 설정한 다음 ❷ 〈추가〉 단추를 클릭합니다.

셀 참조	K9
조건	<=
제한 조건	0.05

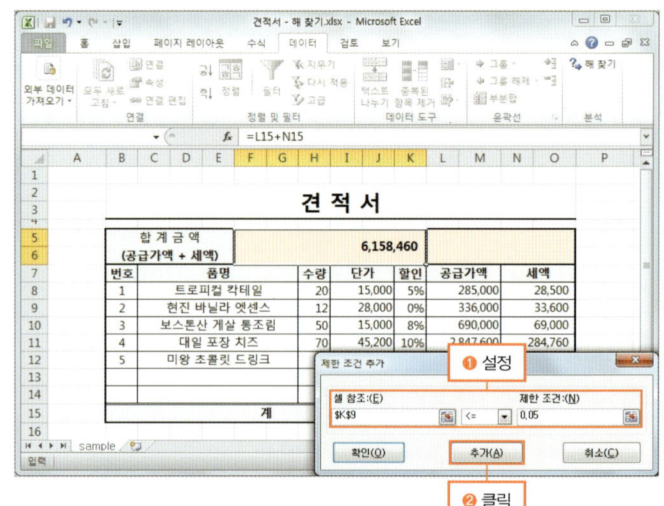

06 **'해 찾기' 대화상자 설정하기(5)** 이번에는 K12셀의 할인율이 '0~10%' 이내에서 결정되도록 조건을 추가합니다. ❶ 다음과 같이 각 항목을 지정하고 ❷ 〈추가〉 단추를 클릭합니다.

셀 참조	K12
조건	>=
제한 조건	0

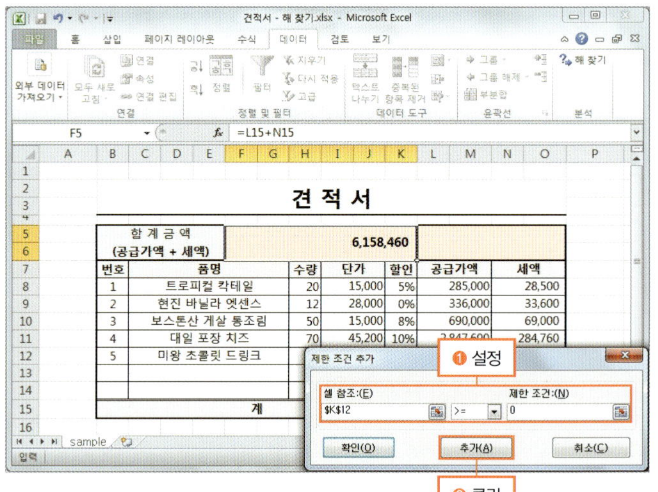

07 **'해 찾기' 대화상자 설정하기(6)** K12셀의 할인율 최대치를 지정하기 위해 ❶ 다음과 같이 조건을 추가한 다음 ❷ 〈추가〉 단추를 클릭합니다. ❸ 그런 다음 〈취소〉 단추를 클릭하여 대화상자를 닫습니다.

셀 참조	K12
조건	<=
제한 조건	0.1

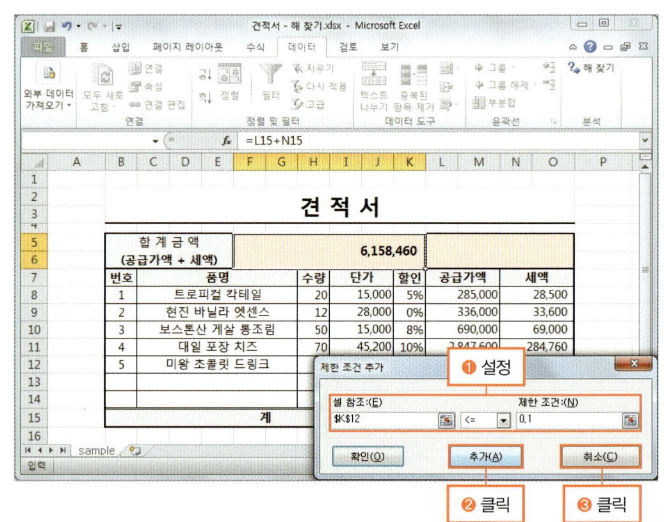

08 **해 찾기로 원하는 결과 얻기(1)** 이렇게 하면 F5셀의 값이 600만원이 되기 위해 K9, K12셀의 값을 변경하는데, 제한 조건 리스트에 등록된 조건을 만족하는 최적의 값을 찾아 줍니다. 해답을 얻기 위해 〈해 찾기〉 단추를 클릭해 실행합니다.

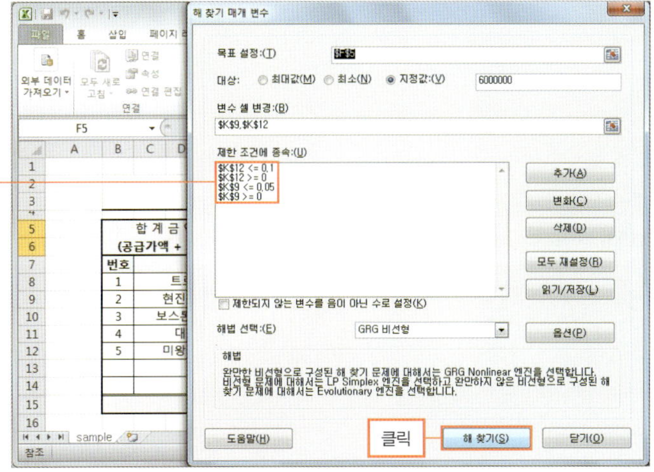

09 **해 찾기로 원하는 결과 얻기(2)** 그러면 '해 찾기 결과' 대화상자가 표시되며, 찾은 결과가 견적서에 나타납니다. 〈확인〉 단추를 클릭하면 실행 결과가 저장되며, 〈취소〉 단추를 클릭하면 원래의 값이 표시됩니다.

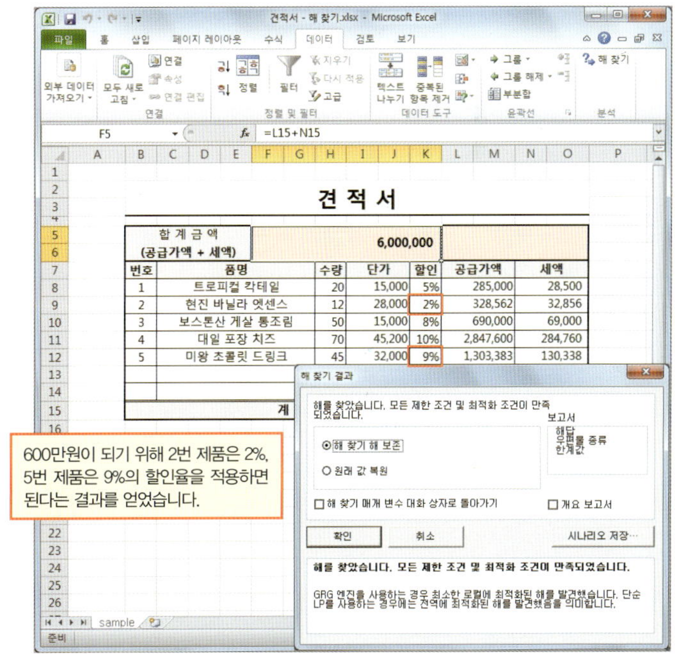

PART

시각적인 보고서 구성에 필요한 엑셀 기능

엑셀에서는 데이터를 시각적으로 표현하는데 필요한 차트와 조건부 서식 등의 기능을 포함한 다양한 그래픽 개체를 제공하고 있습니다. 특히 엑셀 2010 버전에서는 '스파크라인'이라는 셀 차트 기능이 추가되어 데이터를 보다 다양한 방법으로 설명할 수 있도록 지원해 줍니다. Part 06에서는 여러분들이 요약한 보고서를 시각적으로 전달하는데 필요한 다양한 엑셀 기능에 대해 설명합니다.

EXCEL 2010

차 트 종 류 와 올 바 른 차 트 선 택

차트 유형 및 올바른 차트 선택 방법과 차트를 꾸미는 방법

막대형 차트/꺾은선형 차트 만들기

차트 서식 파일 저장

실 무 형 차 트 만 들 기

자주 사용되는 실무형 차트를 만드는 방법

혼합형/이중 축/로그 차트

스 파 크 라 인 및 조 건 부 서 식

새롭게 추가된 스파크라인 셀 차트 기능

조건부 서식의 이해 및 적용

그 래 픽 개 체 활 용 하 기

다양한 도형 개체(그림, 클립아트 등)를 이용하는 방법

SmartArt를 이용하는 방법

차트 종류와 올바른 차트 선택

엑셀은 요약된 집계표를 그래픽으로 표현하기 위해 다양한 차트를 그릴 수 있습니다. 집계된 표는 의사 결정권이 있는 사람에게 보고하는 것이 일반적이므로 자신이 이해한 내용을 제대로 표현하는 차트를 선택할 수 있어야 합니다.

데이터를 설명하고자 하는 방식에 따라 차트를 생성하고 원하는 차트로 표현하기 위한 방법을 익힌 다음, 필요한 경우 이를 차트 서식 파일로 등록해 다음에 다시 재사용할 수 있도록 하는 방법에 대해 설명합니다.

01 차트의 구성 요소 이해하기

엑셀은 복잡한 수치 자료의 의미를 쉽게 전달할 목적으로 다양한 기능을 제공합니다. 그 중에서 정확한 데이터의 비교와 추세를 그래프 형식으로 표현하기 위해 차트를 삽입합니다. 차트를 구성하는 각 요소들의 이름과 기능에 대해 살펴봅니다.

차트는 다양한 구성 요소로 이루어져 있어서 차트의 작업을 효과적으로 진행하기 위해서는 차트의 개별 구성 요소의 명칭과 기능을 정확히 이해해야 합니다.

차트의 구성 요소에 대한 설명은 다음 화면을 참고합니다.

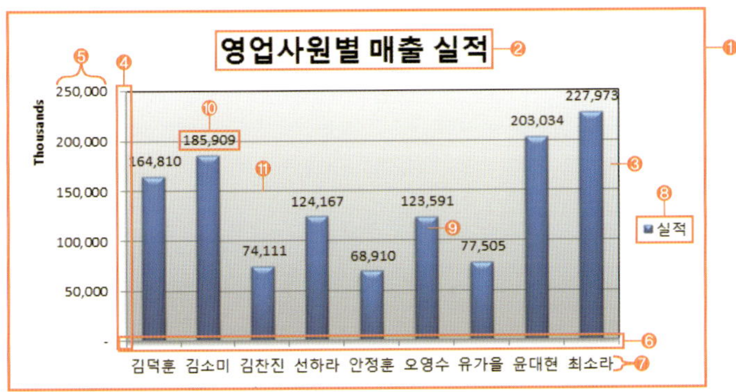

▲ 차트의 구성 요소

❶ **차트 영역** : 차트 전체를 의미하며, 차트 영역 서식 명령으로 차트 배경을 지정할 수 있습니다.

❷ **차트 제목** : 차트 상단에 제목을 표시합니다.

❸ **그림 영역** : 차트의 그래프가 표시되는 영역으로 가로축, 세로축, 그래프로 구성됩니다.

❹ **세로(값) 축** : 차트 기본 축으로, Y축이라고도 합니다.

❺ **세로(값) 축 레이블** : Y축의 값을 표시합니다.

❻ **가로(항목) 축** : 차트 기본 축으로, X축이라고도 합니다.

❼ **가로(항목) 축 레이블** : X축의 값을 표시합니다.

❽ **범례** : 그림 영역에 표시된 데이터 계열의 제목을 표시합니다.

❾ **데이터 계열** : 그래프로 표시되는 개별 데이터 집합을 의미합니다.

❿ **데이터 레이블** : 데이터 계열의 값 또는 항목 등을 표시합니다.

⓫ **눈금선** : 그림 영역에서 세로 축과 가로 축의 눈금을 연결하는 선입니다.

⚪ **데이터 계열**

차트에서 행/열 값을 가진 선이나 막대 그룹으로, 차트 계열마다 다른 서식을 지정할 수 있습니다.

02 차트의 종류

차트를 이용함으로써 데이터 값의 이해도를 높일 수 있으므로 데이터의 성격과 특징에 맞게 차트의 종류를 잘 선택해야 합니다. 엑셀은 11가지 기본 차트 종류를 제공하며, 각 기본 차트는 여러 개의 하위 차트 유형을 제공합니다.

차트를 만들기 위해서는 차트로 표시할 데이터 범위를 선택하고 리본의 **[삽입]** 탭 → **차트** 그룹에서 원하는 차트 종류를 선택합니다.

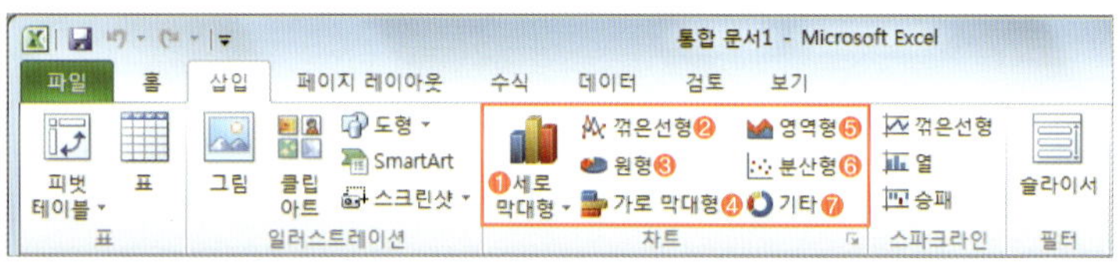

▲ 리본의 [삽입] 탭의 차트 종류

❶ **세로 막대형 차트 :** 값의 비교나 단기간의 추세를 표시하는데 적합합니다.

❷ **꺾은선형 차트 :** 데이터의 추세를 표시하는데 적합합니다.

❸ **원형 차트 :** 전체 구성원의 비율을 표시하는데 적합합니다.

❹ **가로 막대형 차트 :** 두 집단의 항목을 비교하는데 적합합니다.

❺ **영역형 차트 :** 데이터의 추세와 크기를 표시하는데 적합합니다.

❻ **분산형 차트 :** 두 집단의 관계를 설명하는데 적합합니다.

❼ **기타 차트 :** **기타 차트** 명령을 선택하면 다음과 같은 하위 차트가 표시됩니다.

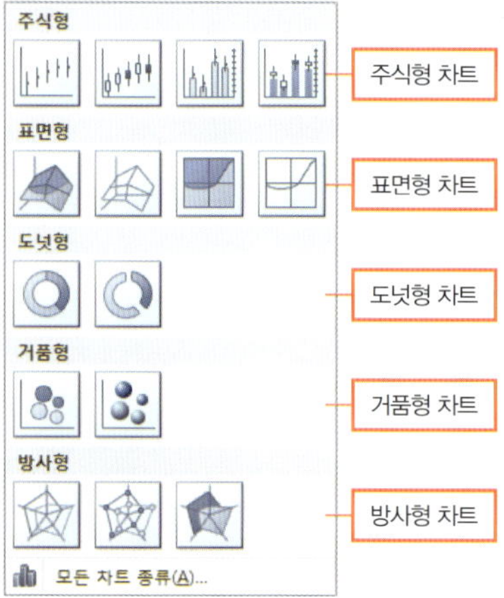

막대형, 꺾은선형 차트

가장 일반적인 차트로, 각 데이터의 비교 및 차이를 나타낼 때 유용합니다.

◉ 세로 막대형 차트

세로 막대형 차트는 엑셀 차트 중에서 가장 많이 이용하는 차트 중의 하나이며, 간단한 데이터 비교나 짧은 기간의 데이터 추이를 설명하는데 주로 사용합니다.

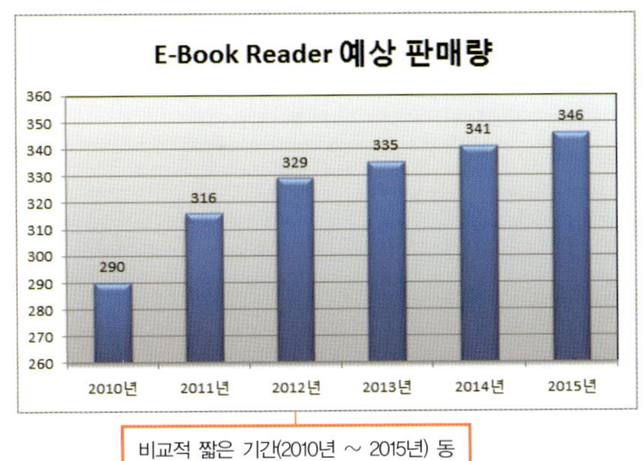

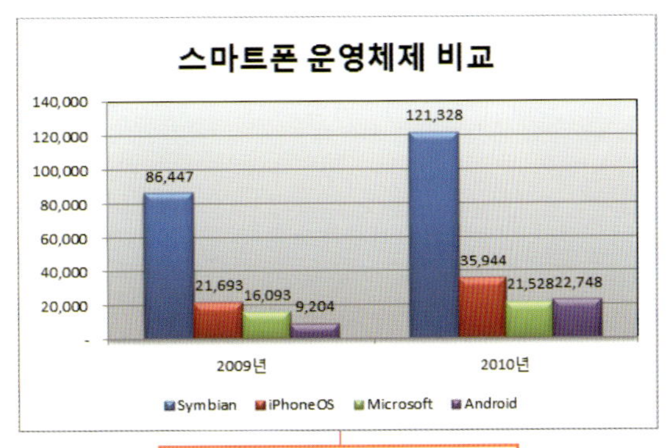

비교적 짧은 기간(2010년 ~ 2015년) 동안의 판매량 추이를 세로 막대그래프로 표현합니다.

각 운영체제를 사용한 기기의 판매량을 세로 막대그래프를 이용해 비교합니다.

◉ 꺾은선형 차트

꺾은선형 차트는 세로 막대형 차트와 더불어 엑셀 차트 중에서 가장 많이 이용하는 차트 중의 하나로, 많은 데이터의 기간별 추이를 설명할 때 가장 적합합니다.

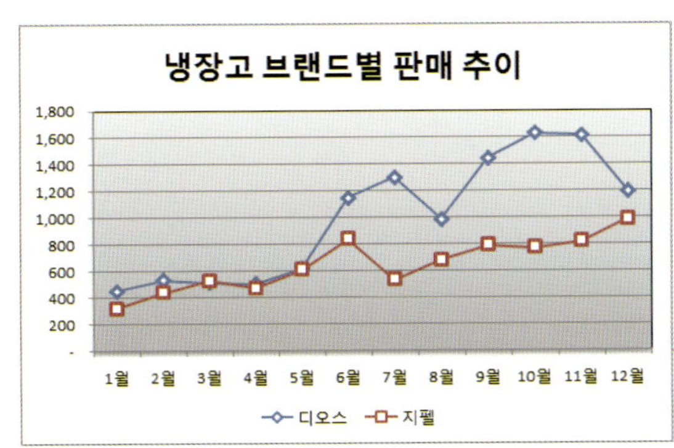

꺾은선형 그래프로 연간 판매 추이를 표현하면 어떤 제품의 판매량이 어떻게 변화되는지 쉽게 이해할 수 있습니다.

▲ 꺾은선형 차트

꺾은선형 차트를 사용할 때 주의할 점은 하나의 차트에 너무 많은 선 그래프가 나타나지 않도록 해야 합니다. 왜냐하면 꺾은선 그래프가 한 화면에 너무 많이 나타나게 되면, 차트로 무엇을 설명하고자 하는 것인지 상대방이 이해하기 어렵기 때문입니다.

◉ 원형 차트

원형 차트는 전체 대비 비율을 차트로 표현하고자 할 때 가장 적합한 차트입니다. 단, 원형 차트는 원형 차트에 표시되는 항목이 많지 않아야 하는데, 너무 많은 항목을 원형 차트로 표시할 경우 원 그래프가 너무 많은 조각으로 나뉘어져 개별 항목에 대한 비율 표시가 매우 복잡해집니다.

> ◎ 꺾은선형 차트
>
> 꺾은선형 차트에는 2~3개 정도의 선 그래프가 하나의 차트에 나타나는 것이 가장 좋습니다.

> ◎ 원형 차트
>
> 항목이 많은 경우라면 원형 차트보다 원형 대 원형 차트를 이용하는 것이 좋습니다.

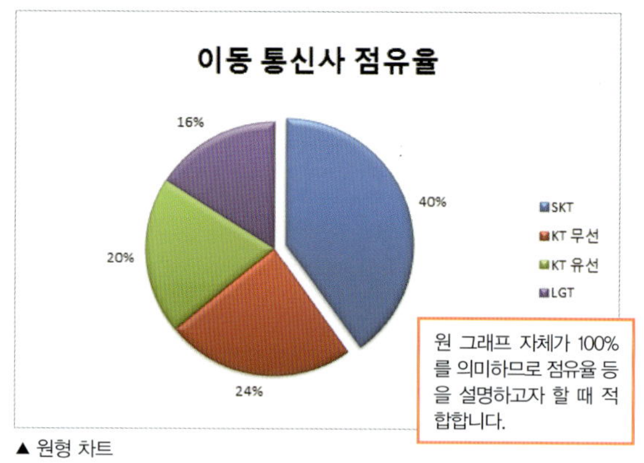

원 그래프 자체가 100%를 의미하므로 점유율 등을 설명하고자 할 때 적합합니다.

▲ 원형 차트

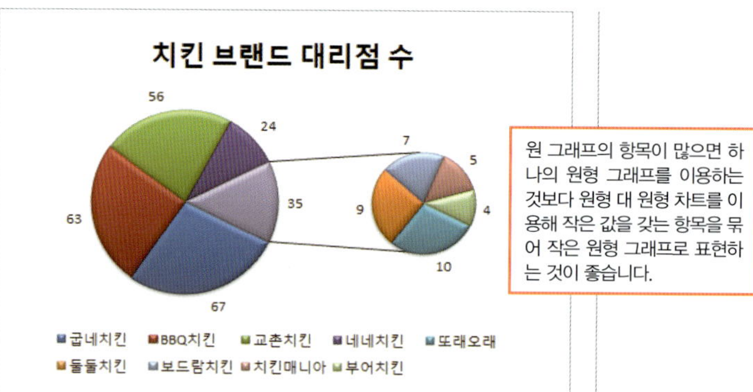

원 그래프의 항목이 많으면 하나의 원형 그래프를 이용하는 것보다 원형 대 원형 차트를 이용해 작은 값을 갖는 항목을 묶어 작은 원형 그래프로 표현하는 것이 좋습니다.

▲ 원형 대 원형 차트

가로 막대형 차트

같은 막대형 차트인 세로 막대형 차트에 비해 비교적 활용도가 떨어지지만 두 개의 서로 다른 집단의 다양한 항목을 비교하는 목적으로 사용할 경우에는 비교할 대상이 없을 정도로 매우 유용합니다.

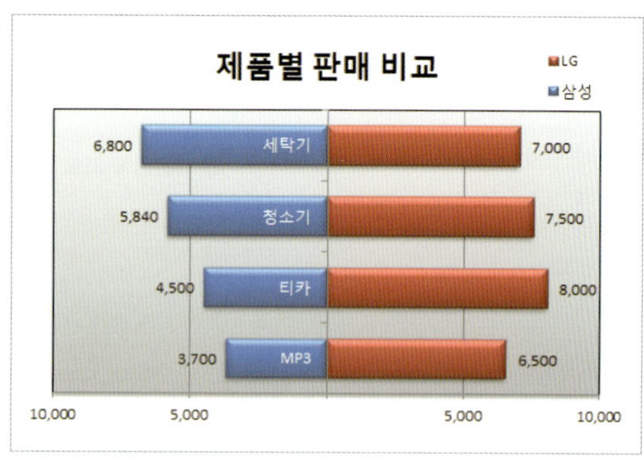

▲ 가로 막대형 차트

분산형 차트

분산형 차트는 주로 두 집단의 관계를 설명하는 목적으로 자주 사용합니다.

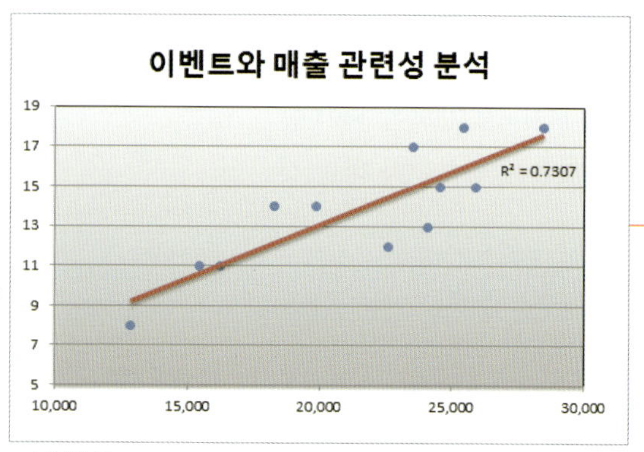

이벤트를 진행하면 매출이 증대된다는 것과 같은 논리를 설명할 경우에는 분산형 차트가 유용합니다. 추세선을 이용해 두 점을 일직선으로 표현하면 Y축의 이벤트 횟수가 늘수록 X축의 매출도 증대되는 것을 시각적으로 표현할 수 있습니다.

▲ 분산형 차트

⦿ 기타 차트

그외에도 엑셀에서는 영역형 차트, 도넛형 차트, 방사형 차트, 표면형 차트, 거품형 차트, 주식형 차트 등을 제공합니다.

영역형 차트는 세로 막대형 차트와 꺾은선형 차트가 결합된 형태의 차트로, 주로 시간의 흐름에 따른 값의 누적 값을 표현할 때 사용합니다.

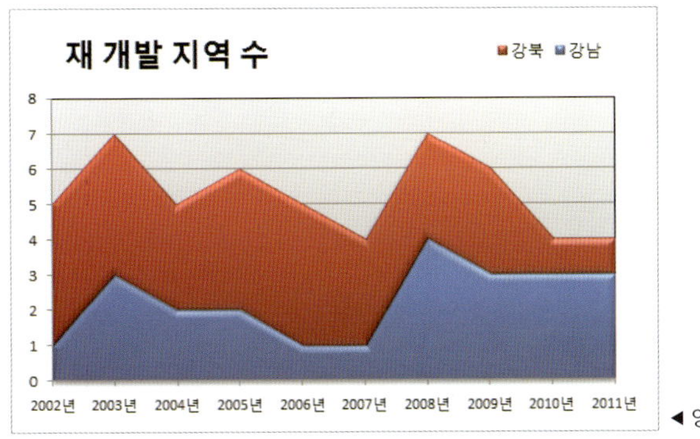

◀ 영역형 차트

도넛형 차트는 원형 차트와 유사한 차트로, 원형 차트가 하나의 계열만을 표현할 수 있는데 비해 도넛형 차트는 여러 개의 계열을 원형 차트로 표시할 수 있습니다.

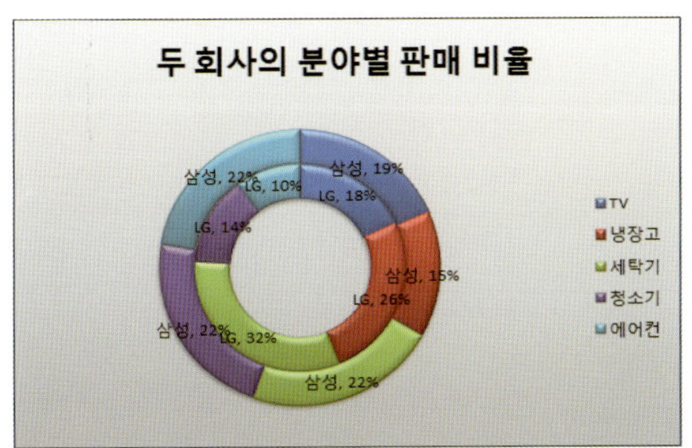

◀ 도넛형 차트

방사형 차트는 레이더 차트라고도 하는데, 가운데 중심점을 기준으로 여러 항목의 위치를 표시하므로 개인별 능력치 등을 차트로 표시하고자 할 때 유용하게 사용됩니다.

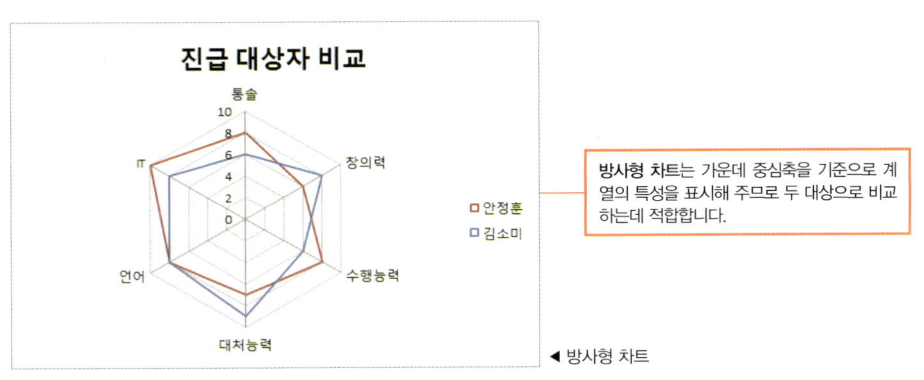

방사형 차트는 가운데 중심축을 기준으로 계열의 특성을 표시해 주므로 두 대상으로 비교하는데 적합합니다.

◀ 방사형 차트

표면형 차트는 최적의 조합을 도출하거나 산의 등고선 지도 등을 표시할 때 사용합니다.

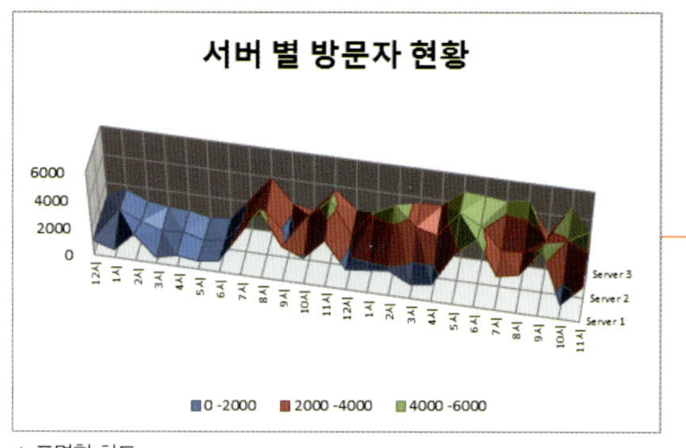

▲ 표면형 차트

거품형 차트는 분산형 차트와 유사하지만, X축과 Y축이 만나는 점의 크기를 표시할 수 있다는 점이 다릅니다.

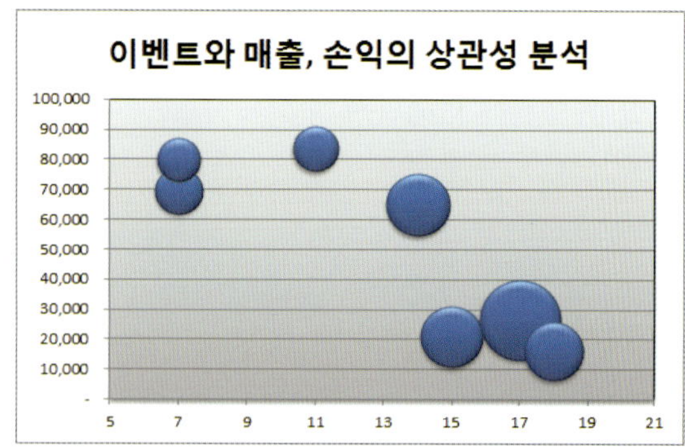

▲ 거품형 차트

주식형 차트는 주식 거래시 가장 많이 보게 되는 다음과 같은 캔들 차트를 생성할 때 사용합니다. 주식형 차트는 정해진 표 형식에 맞게 데이터를 정리하지 않으면 생성되지 않으므로 주의합니다.

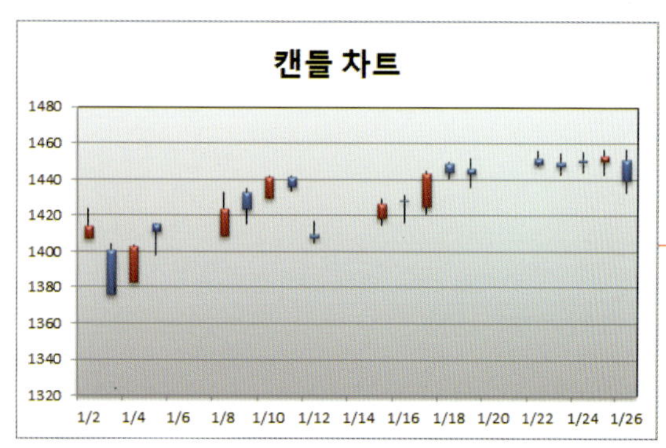

▲ 주식형 차트

○ 표면형 차트

표면형 차트는 두 데이터 집합 간의 최적 조합을 찾고자 할 때 유용합니다.

○ 차트의 선택

앞에서 설명했던 것과 같이 표의 숫자 데이터를 올바로 설명하기 위해서는 차트를 제대로 선택하는 것이 중요합니다. 그렇기 때문에 어떤 차트를 선택해야 할지 막막한 경우에는 다음 표를 참고해서 차트를 선택하기 바랍니다.

다음 표는 5가지 엑셀에서 가장 많이 사용하는 차트 종류를 정리한 내용입니다.

차트 종류 \ 데이터	항목간 비교	시간적 추이	전체 대비 구성	상관성
세로 막대형	O	O (짧은 기간)		
꺾은선형		O (긴 기간)		
원형			O	
가로 막대형	O (두 집단간 세부 항목 비교)			O
분산형				O

03 막대형 차트 만들기

막대형 차트는 보기도 쉬울 뿐만 아니라 구성도 쉬워 많은 사용자들이 주로 사용하고 있는 차트입니다. 데이터를 설명하고자 하는 방식에 따라 차트를 생성하고 원하는 차트로 표현하기 위한 방법을 살펴봅니다.

막대형 차트는 데이터를 비교 설명할 때 자주 사용하게 되며, 세로 막대형 차트의 경우는 간단한 데이터 흐름을 표시하는데 유용합니다.

엑셀에서 차트는 손쉽게 만들려면 무엇보다도 표의 구성이 중요합니다. 예를 들어 다음 표 데이터를 가지고 차트를 생성한다면 다음과 같은 관계를 갖게 됩니다.

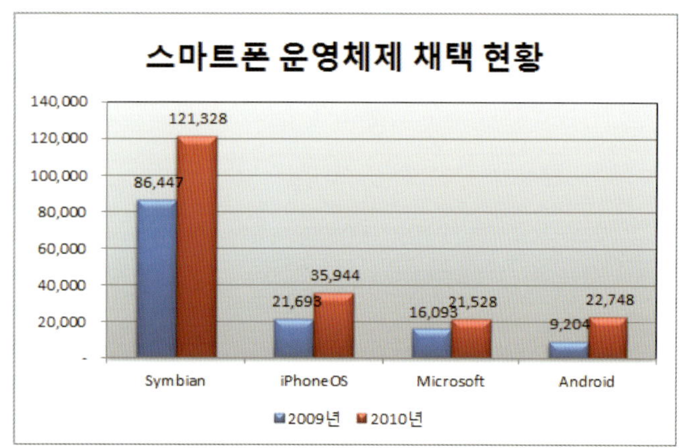

운영체제	2009년	2010년
Symbian	86,447	121,328
iPhoneOS	21,693	35,944
Microsoft	16,093	21,528
Android	9,204	22,748

표의 행 머리글은 X축의 항목이 됩니다.

표의 열 데이터는 차트의 그래프를 의미하는 데이터 계열이 됩니다.

자주 묻는 질문

그림을 이용해 막대 차트를 생성할 수는 없나요?

예제 파일 : 그림 차트.xlsx

막대그래프를 사용한 차트를 생성할 때, 그림을 이용하면 차트로 전달하고자 하는 메시지를 보다 분명하게 전달할 수 있습니다. 그림으로 막대 차트를 표현하려면 다음 과정을 참고합니다.

❶ 세로 막대 차트를 선택한 다음 리본의 [차트 도구]−[레이아웃] 탭 →
선택 영역 서식 명령 아이콘을 클릭합니다.

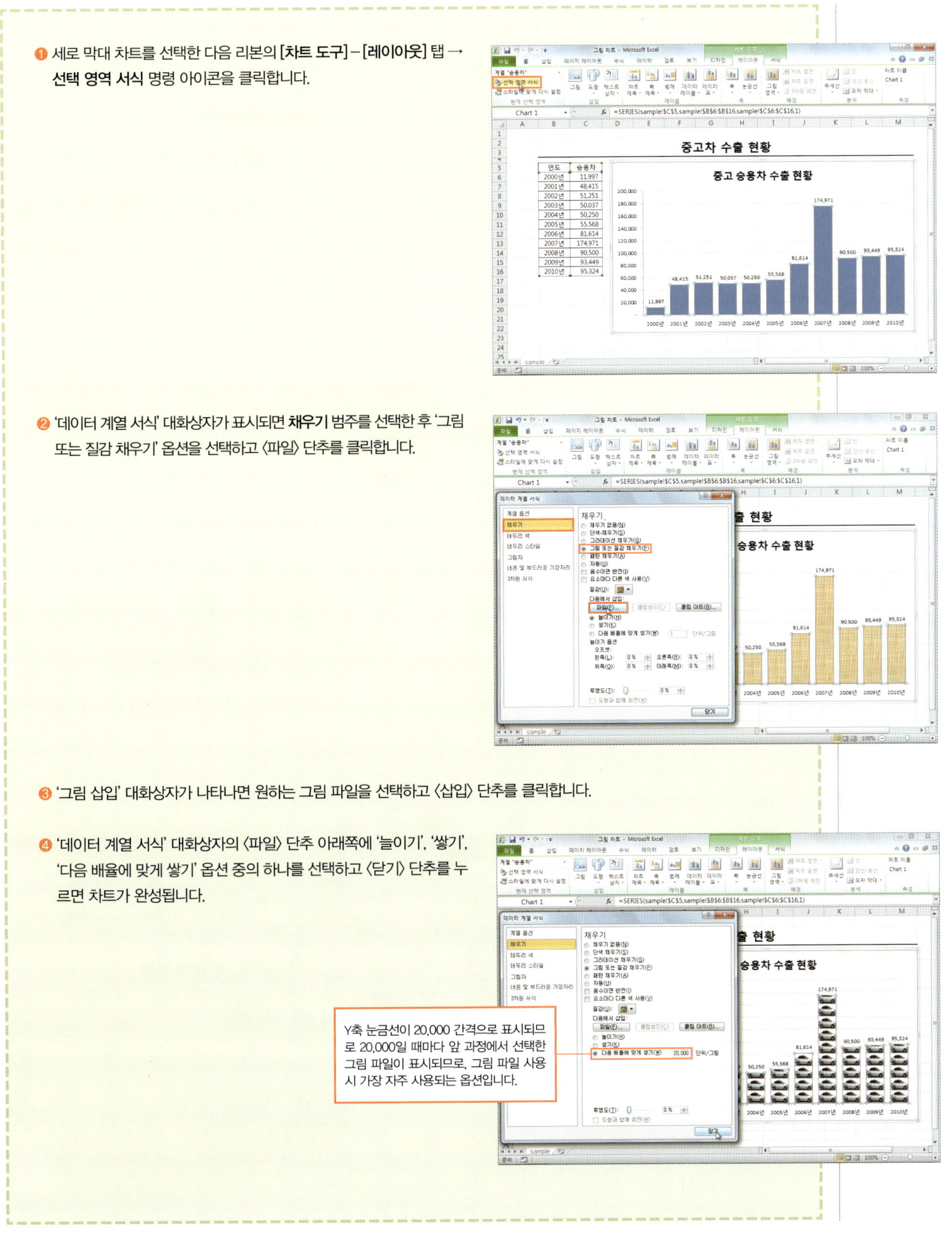

❷ '데이터 계열 서식' 대화상자가 표시되면 **채우기** 범주를 선택한 후 '그림
또는 질감 채우기' 옵션을 선택하고 〈파일〉 단추를 클릭합니다.

❸ '그림 삽입' 대화상자가 나타나면 원하는 그림 파일을 선택하고 〈삽입〉 단추를 클릭합니다.

❹ '데이터 계열 서식' 대화상자의 〈파일〉 단추 아래쪽에 '늘이기', '쌓기',
'다음 배율에 맞게 쌓기' 옵션 중의 하나를 선택하고 〈닫기〉 단추를 누
르면 차트가 완성됩니다.

스마트 폰의 운영체제가 연도별로 어떻게 채택되고 있는지 막대형 그래프로 표시하기

📁 **준비 파일 :** 차트 생성 I.xlsx

제공된 예제 파일을 열면 Before 화면과 같은 표를 확인할 수 있습니다. 표에 정리된 연도별 스마트폰의 운영체제 채택 현황을 비교하기 위해 '세로 막대형 차트'를 생성한 다음, '가로 막대형 차트'로 변경하여 두 차트의 차이와 작성 방법에 대해 살펴보겠습니다(생성한 차트는 F5:L19 범위 크기에 맞게 위치시키며, 가로 막대그래프는 X축을 중심으로 수평으로 표시).

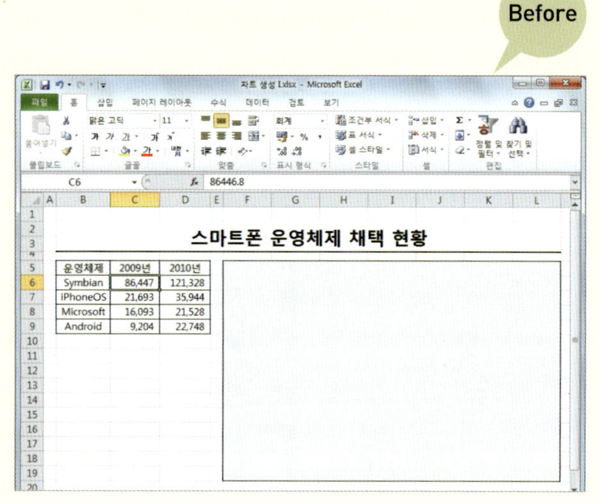

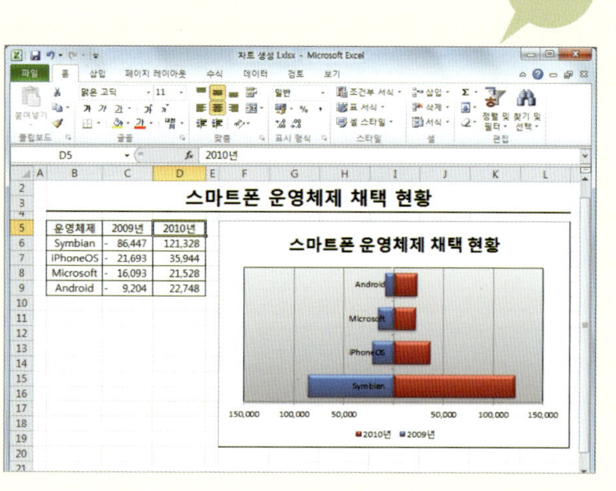

01

세로 막대형 차트 생성하기 표 범위를 모두 선택하기 위해 ❶ B5:D9 범위를 선택한 다음, ❷ 리본의 **[삽입]** 탭 → ❸ **세로 막대형** 명령 아이콘 → ❹ '2차원 세로 막대형' 항목의 '묶은 세로 막대형' 차트를 선택합니다.

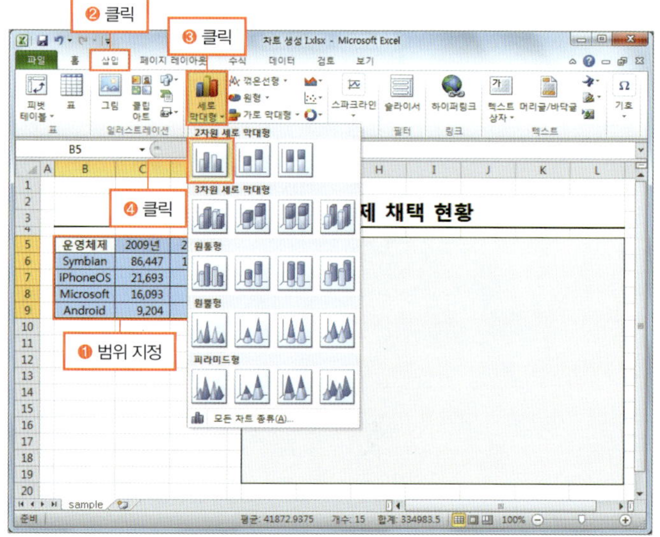

02 **차트 확인하기** 그러면 오른쪽 화면과 같은 세로 막대형 차트가 생성됩니다. 이 차트를 살펴보면 B열의 데이터가 X축에 표시되고, C열과 D열이 각각 세로 막대그래프(데이터 계열)로 차트에 표시되는 것을 확인할 수 있습니다.

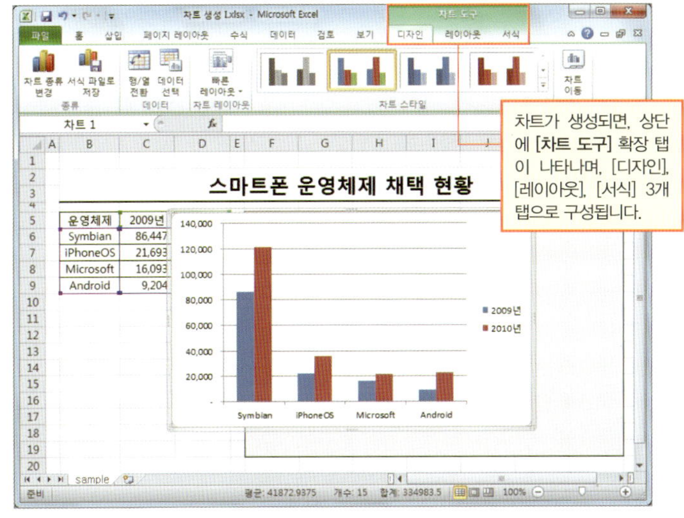

차트가 생성되면, 상단에 [차트 도구] 확장 탭이 나타나며, [디자인], [레이아웃], [서식] 3개 탭으로 구성됩니다.

03 **차트 위치 옮기기** 이제 생성된 차트를 F5:L19 범위로 옮깁니다. 차트를 원하는 위치로 옮기기 위해서는 차트를 선택하고 차트 테두리 영역으로 마우스 포인터를 위치시킵니다. 마우스 포인터가 십자 모양으로 변경되면, 이 상태에서 마우스로 드래그해 원하는 위치로 옮깁니다. 생성된 차트와 F5:L19 범위의 크기가 맞지 않으므로 차트 왼쪽 상단을 F5셀에 맞춰 옮깁니다.

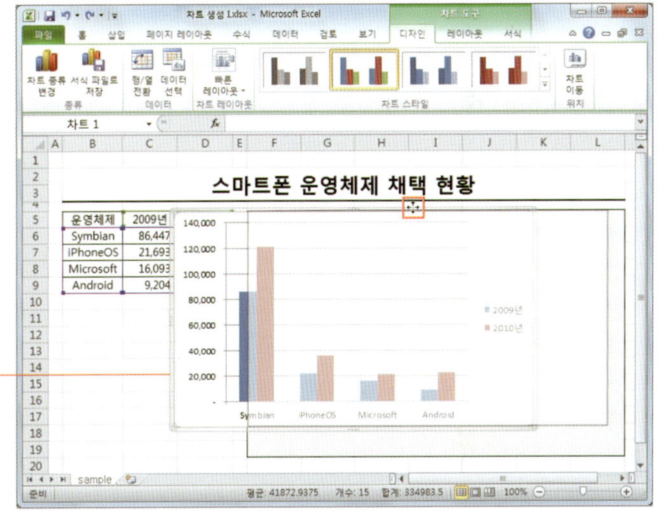

차트를 이동할 경우에는 Alt 키를 누른 채 드래그하면 차트를 셀에 맞춰 이동할 수 있습니다.

04 **차트 크기 변경하기** 옮긴 차트의 크기를 F5:L19 범위에 맞추려면 차트의 크기를 변경해야 합니다. 차트를 선택하고 우측 하단 모서리 위치로 마우스 포인터를 옮기면 마우스 포인터가 사선 모양 ↘ 이 됩니다. 이 상태에서 Alt 키를 누른 채 L19셀 위치까지 드래그합니다.

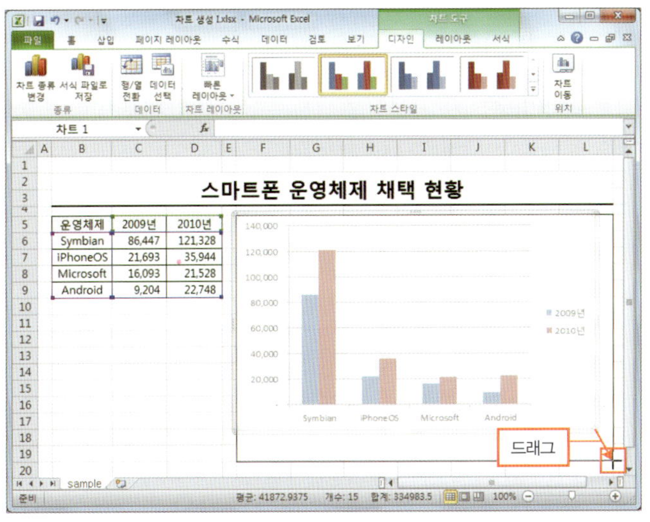

05 차트 스타일 변경하기 완성된 차트에 엑셀에서 제공하는 스타일을 적용합니다. 차트가 선택된 상태에서 ❶ 리본의 [차트 도구] – [디자인] 탭 → ❷ 차트 스타일 그룹에서 원하는 스타일을 선택합니다.

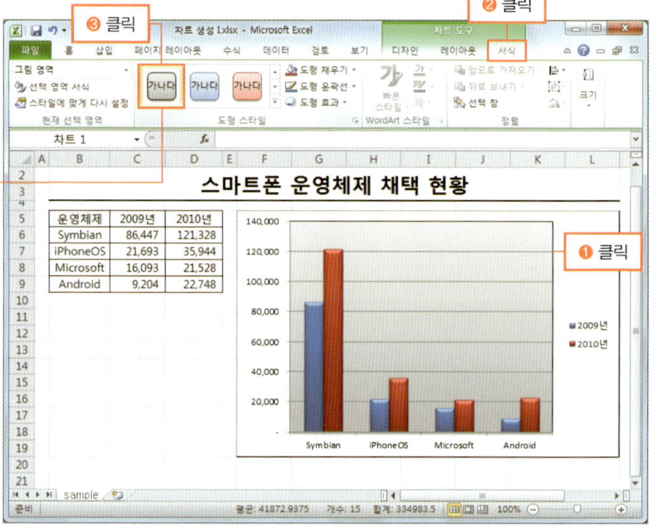

> **🔘 차트 스타일**
>
> 차트 스타일 오른쪽에 자세히 단추를 클릭하면 전체 차트 스타일 갤러리가 표시됩니다. 현재 차트에 적용된 스타일은 '**스타일 26**'으로 마우스 포인터를 원하는 스타일 위에 위치시키면 풍선 도움말에 스타일 명이 표시됩니다.

06 그림 영역 스타일 변경하기 그림 영역의 스타일 역시 손쉽게 변경할 수 있습니다. ❶ 그림 영역을 마우스로 선택한 다음 ❷ 리본의 [차트 도구] – [서식] 탭 → ❸ 도형 스타일 그룹에서 원하는 스타일을 선택합니다.

예제에서 선택된 스타일은 '미세 효과 – 검정, 어둡게 1' 스타일입니다.

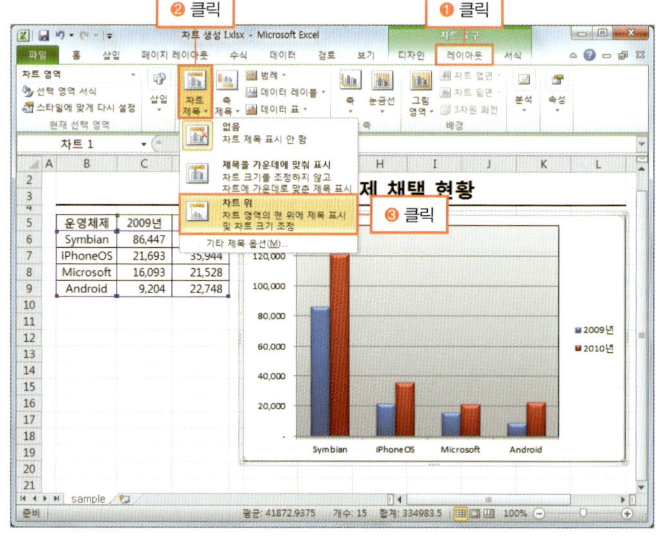

> **⚙ 도형 스타일**
>
> 원하는 도형 스타일이 표시되지 않으면 오른쪽의 자세히 단추를 클릭하여 도형 스타일 갤러리에서 원하는 스타일을 선택합니다.

07 차트 제목 추가하기(1) 이번에는 차트 제목을 표시하기 위해, 차트가 선택된 상태에서 ❶ 리본의 [차트 도구] – [레이아웃] 탭 → 레이블 그룹 → ❷ 차트 제목 명령 아이콘 → ❸ 차트 위 명령을 선택합니다.

08 차트 제목 추가하기(2) 차트 상단에 차트 제목을 입력할 수 있는 차트 제목 텍스트 상자가 나타나면 이곳에 원하는 차트 제목을 입력합니다. 예제에서는 "스마트폰 운영체제 채택 현황"이라고 입력합니다.

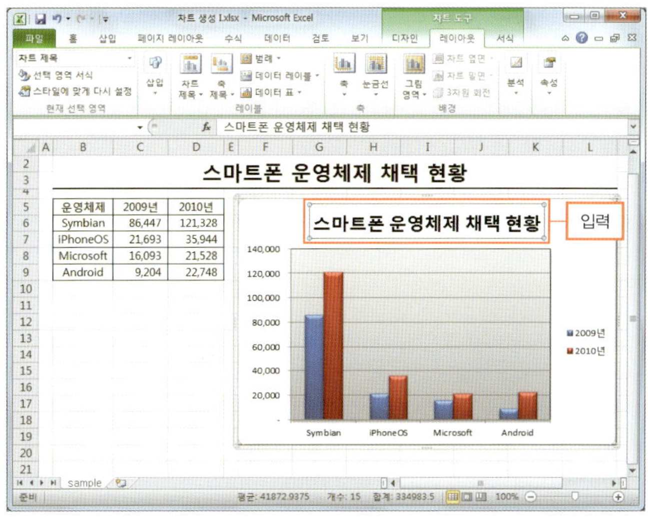

09 범례 위치 옮기기 기본 범례 위치는 그림 영역 오른쪽인데, 이 위치에 범례가 위치하면 그림 영역이 축소되어 전체 그래프 크기가 작아집니다. 따라서 범례 위치를 그림 영역 아래쪽으로 이동하는 것이 좋습니다. 차트가 선택된 상태에서 ❶ 리본의 **[차트 도구]** – **[레이아웃]** 탭 → **레이블** 그룹 → **범례** 명령 아이콘 → ❷ **아래쪽에 범례 표시** 명령을 선택합니다.

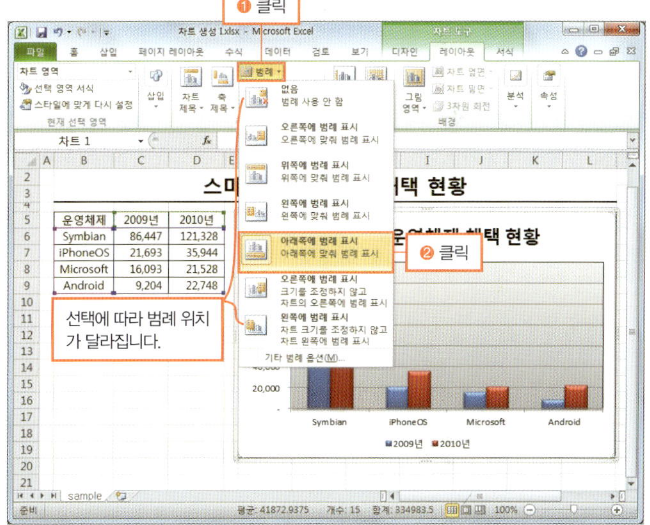

10 데이터 레이블 표시하기 차트의 그래프는 그래프 값, 요소명, 계열명 등을 표시할 수 있습니다. 데이터 레이블을 표시하기 위해서는 ❶ 리본의 **[차트 도구]** – **[레이아웃]** 탭 → **레이블** 그룹 → **데이터 레이블** 명령 아이콘 → ❷ **바깥쪽 끝에** 명령을 선택합니다.

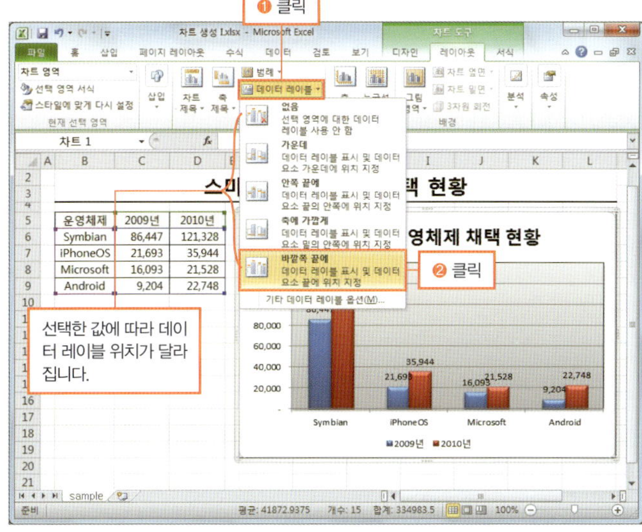

11 **완성된 세로 막대형 차트 확인하기** 1~10 과정을 진행
하면 오른쪽 화면과 같은 세로 막대형 차트를 얻게 됩
니다. 이렇게 세로 막대형 차트는 몇 개의 값을 비교하는 목적
으로 사용할 때 유용합니다.

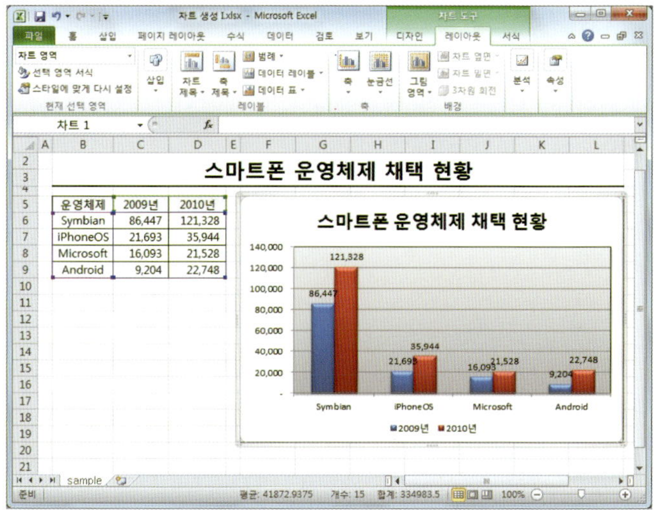

12 **가로 막대 차트로 변경하기** 이번에는 완성된 세로 막대
형을 가로 막대형 차트로 변경하는 작업을 진행해 보
겠습니다. 차트의 종류를 변경하기 위해 차트가 선택된 상태에
서 ❶ 리본의 **[삽입]** 탭 → **차트** 그룹 → ❷ **가로 막대형** 명령 아
이콘 → ❸ '2차원 가로 막대형' 항목의 '묶은 가로 막대형' 차트
를 선택합니다.

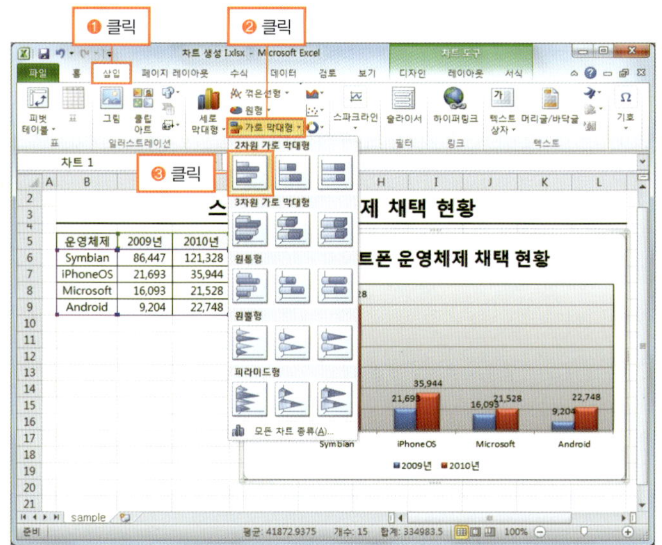

13 **가로 막대 차트 확인하기** 그러면 가로 막대형 차트로
변경됩니다. 가로 막대 차트에서는 세로 축이 '항목 축
(X축)'이 되고, 가로 축이 '값 축(Y축)'이 됩니다.

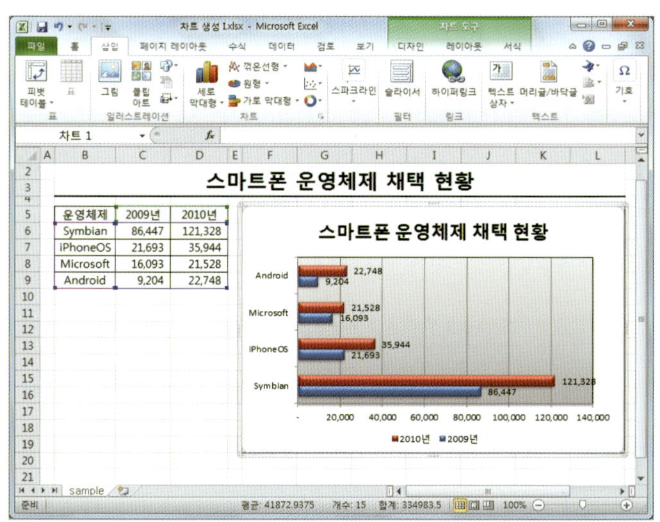

14 Y축 왼쪽에 계열 표시하기(1) 가로 막대 차트에서 X축을 중심으로 양쪽의 막대그래프가 표시되도록 표현하기 위해서는 약간의 변형을 합니다. ❶ 우선, 빈 셀(화면에서는 D13)에 '−1'을 입력한 다음 ❷ 리본의 [홈] 탭 → **클립보드** 그룹 → **복사** 명령 아이콘을 클릭해 값을 복사합니다.

> ◐ **음수 값을 입력해 복사하는 이유**
>
> X축을 사이에 두고 양쪽으로 막대그래프가 표시되도록 하려면 X축 왼쪽의 값이 음수여야 합니다. 하지만, 실제 값은 모두 양수이므로 한 쪽을 음수로 변환한 다음, 표시되는 값의 음수 기호(−)를 없애야 원하는 차트를 얻을 수 있습니다. D13셀에 '−1'을 입력하고 복사한 것은 이 값을 C6:C9 범위에 곱하기 연산이 되도록 붙여넣기 위함입니다.

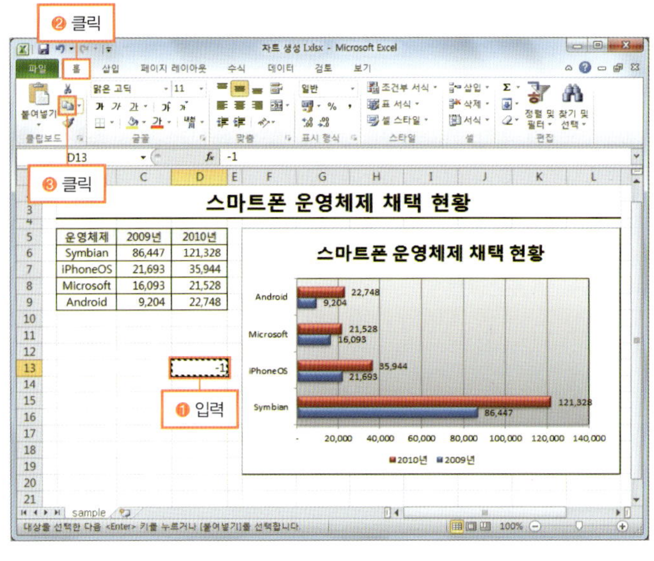

15 Y축 왼쪽에 계열 표시하기(2) 2009년 계열(파란색 막대그래프)의 값을 X축 왼쪽에 표시하기 위해 C6:C9 범위의 값을 음수로 변환합니다. ❶ C6:C9 범위를 선택한 다음, ❷ 리본의 [홈] 탭 → **클립보드** 그룹 → **붙여넣기** 명령 아이콘 → ❸ **선택하여 붙여넣기** 명령을 클릭합니다.

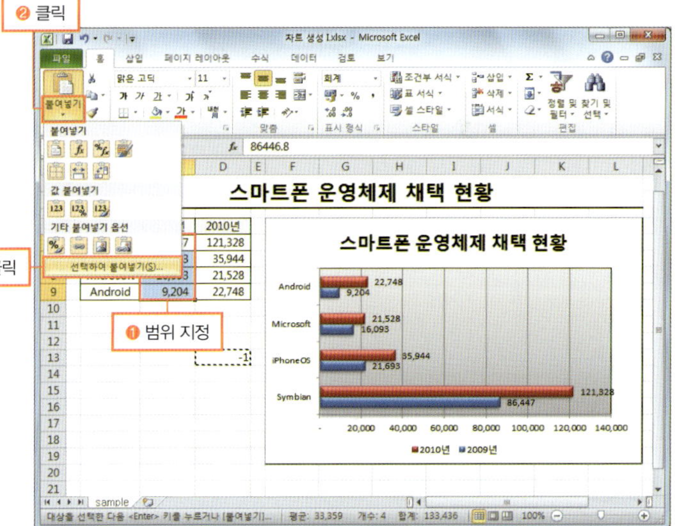

16 Y축 왼쪽에 계열 표시하기(3) '선택하여 붙여넣기' 대화상자가 표시되면 ❶ '값' 항목과 ❷ '곱하기' 항목을 각각 선택한 다음 ❸ 〈확인〉 단추를 클릭합니다.

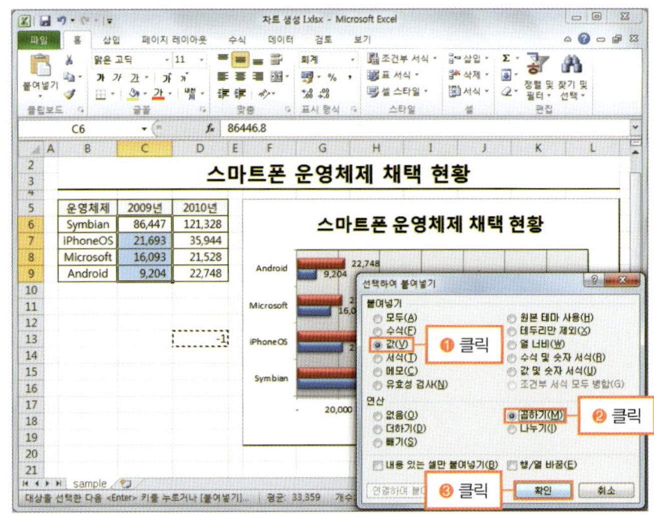

17 **가로 막대그래프 수평으로 표시하기(1)** 이렇게 하면 선택된 C6:C9 범위의 값이 음수 값으로 변경되면서 2009년 계열(파란색 막대그래프)이 X축 왼쪽에 표시되는 것을 확인할 수 있습니다. 하지만, 두 막대그래프가 엇갈려 표시되어 보기가 좋지 않으므로 옵션을 변경해 일직선으로 표시되도록 하겠습니다. ❶ 막대그래프를 마우스로 클릭한 다음, ❷ 마우스 오른쪽 단추를 클릭하고 ❸ **데이터 계열 서식** 명령을 선택합니다.

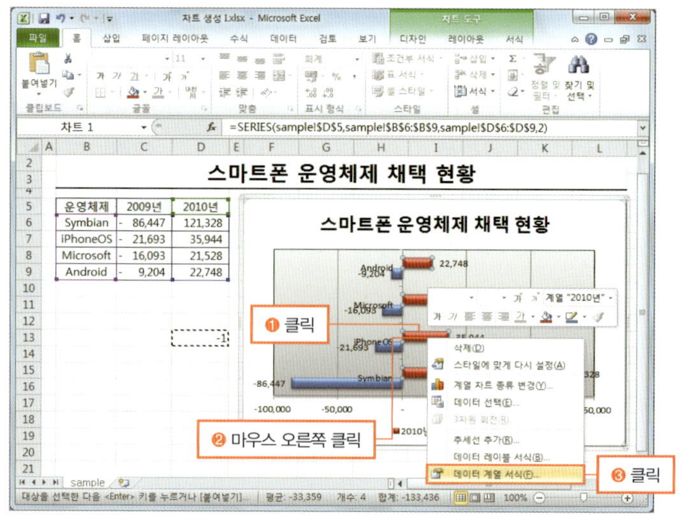

● **'계열 서식' 대화상자 호출하기**

2003 버전에서 2007 버전으로 업그레이드되면서 아쉬웠던 점이 차트의 각 요소를 더블클릭하면 해당 요소의 서식 대화상자가 호출되던 방법이 제공되지 않았습니다. 하지만 엑셀 2010 버전에서는 차트 요소를 더블클릭하면 해당 요소의 서식 대화상자가 호출되어 매우 편리합니다.

18 **가로 막대그래프 수평으로 표시하기(2)** 그러면 '데이터 계열 서식' 대화상자가 표시되는데, ❶ **계열 옵션** 범주의 '계열 겹치기' 옵션과 '간격 너비' 옵션을 다음과 같이 설정한 다음 ❷ 〈닫기〉 단추를 클릭합니다.

계열 겹치기	100%
간격 너비	50%

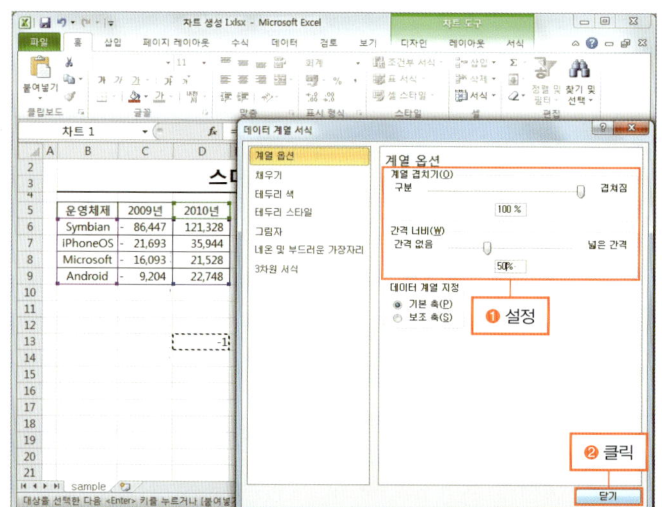

● **'데이터 계열 서식' 대화상자의 계열 옵션 범주의 옵션**

두 막대그래프가 일직선으로 표시되기 위해서는 두 계열이 동일한 X축 영역을 사용해야 하는데, 차트에서 계열은 각각의 영역을 사용해 그려집니다. 하지만 이번 차트와 같은 경우 X축을 중심으로 좌우로 각각 표시하려면 두 계열의 영역이 일치하도록 '계열 겹치기' 옵션을 '100%'로 설정해야 합니다.
'간격 너비' 옵션은 막대그래프 간의 간격을 의미하며, 너비를 좁게 변경하면 막대그래프가 커지고, 너비를 넓히면 막대그래프가 작아집니다.

19 **Y축 왼쪽과 오른쪽 눈금 맞추기⑴** 이제, Y축 눈금을 맞추어 보도록 하겠습니다. Y축 눈금은 막대그래프의 크기에 따라 자동으로 조정되므로 X축이 가운데에 위치하기 위해서는 Y축의 좌, 우측 숫자 단위가 동일해야 합니다. Y축에 표시되는 숫자 단위를 조정하기 위해 차트가 선택된 상태에서 ❶ 리본의 [차트 도구] – [레이아웃] 탭 → **축** 그룹 → ❷ **축** 명령 아이콘 → ❸ **기본 가로축 – 기타 기본 가로 축 옵션** 명령을 클릭합니다.

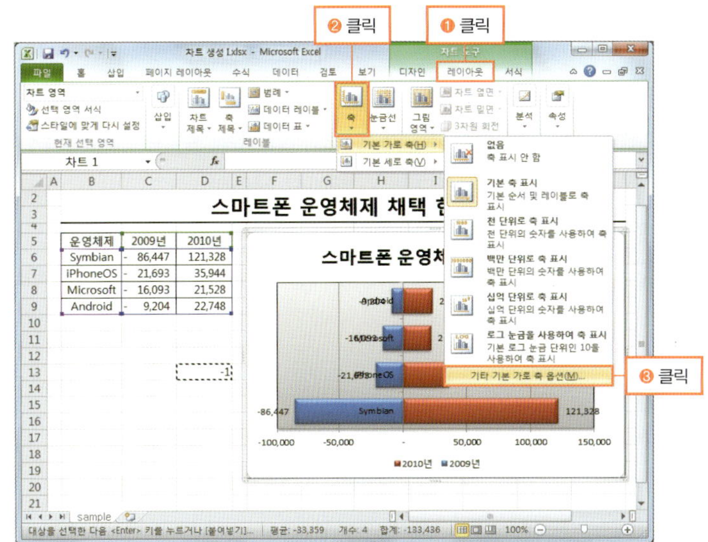

20 **Y축 왼쪽과 오른쪽 눈금 맞추기⑵** '축 서식' 대화상자가 표시되면, **축 옵션** 범주에 있는 '최소값' 옵션을 '고정'으로 선택한 후 입력 상자의 값을 "–150000.0"으로 변경합니다.

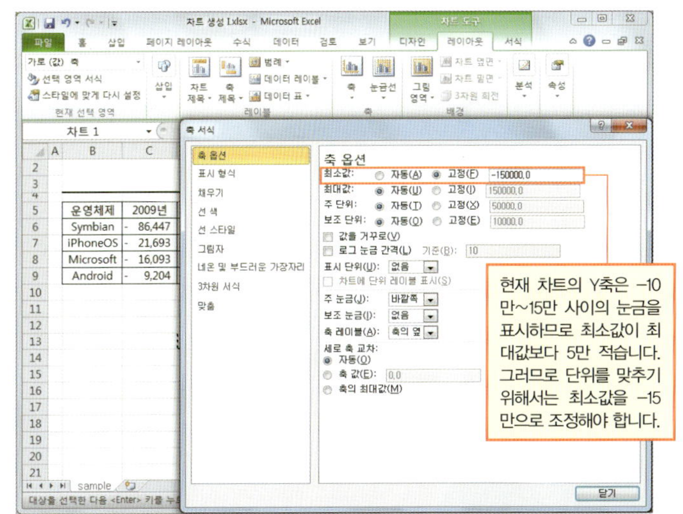

21 **Y축 레이블 음수 표시하지 않기** '축 서식' 대화상자를 닫지 않고, X축 레이블에 음수 기호(–)가 표시되지 않도록 하기 위해 ❶ **표시 형식** 범주를 선택합니다. ❷ 범주 리스트에서 '사용자 지정'을 선택하고 ❸ 서식 코드에 "#,###;#,###"를 입력한 다음 ❹ 〈추가〉 단추를 클릭합니다. ❺ 작업이 완료되면 〈닫기〉 단추를 클릭하여 서식을 적용합니다.

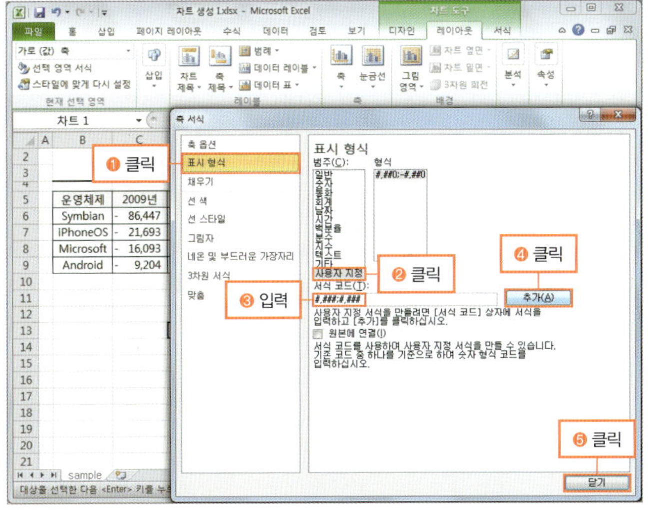

22 **데이터 레이블 표시하지 않기** 마지막으로 X축 레이블과 데이터 레이블이 겹치는 문제를 해결하기 위해 데이터 레이블을 삭제합니다. ❶ 리본의 **[차트 도구] – [레이아웃]** 탭 → **데이터 레이블** 그룹 → **데이터 레이블** 명령 아이콘 → ❷ **없음** 명령을 선택합니다.

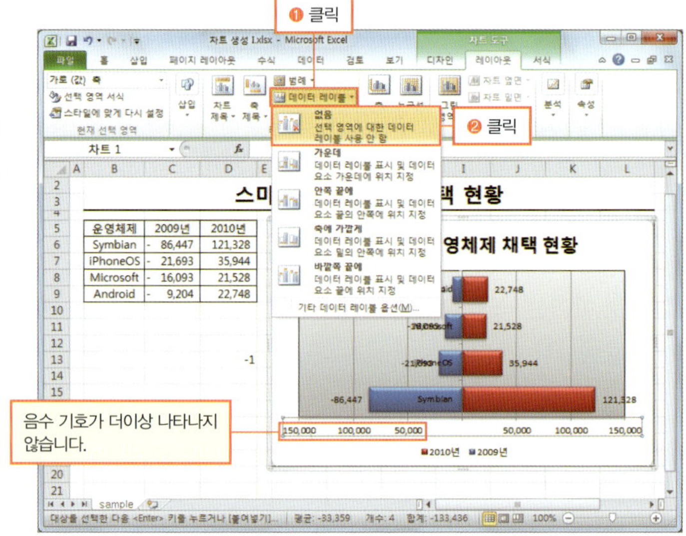

23 **결과 확인하기** 이렇게 하면 깔끔한 가로 막대형 차트를 완성할 수 있습니다. 이제 D13셀의 '−1' 값은 삭제합니다.

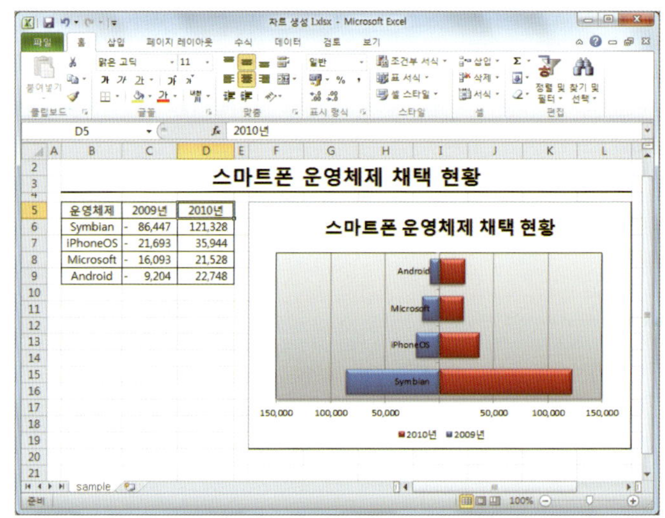

서식 코드에 입력한 #,###;#,### 은 사용자 지정 숫자 서식을 이용해 값의 표시 방법을 변경하고자 할 때 사용하는 코드로, 사용자 지정 숫자 서식의 형식은 다음과 같습니다.

> 양수 서식 코드;음수 서식 코드;0 서식 코드;텍스트 서식 코드

이번과 같이 세미콜론(;) 하나만 사용해 적용할 경우 양수와 음수에만 적용되는 서식 코드를 지정할 수 있는데, 첫 번째와 두 번째 서식 코드가 동일하므로 같은 방식으로 값을 표시해 줍니다. 음수 기호가 표시되도록 하려면 다음과 같이 지정해야 합니다.

> #,### ; −#,###

만약 음수 기호(−)를 생략하면 음수 값이 화면에 표시되지 않습니다. 여기서 사용된 '#'은 숫자를 의미하는 서식 코드이며, ","는 천 단위 구분 기호를 표시하라는 의미입니다.

차트에 평균선 추가하는 방법

| 준비 파일 : 차트 – 평균선.xlsx

세로 막대형 차트를 생성한 다음 차트에 평균을 나타내는 평균선을 추가해야 하는 경우가 종종 발생됩니다. 이 경우에는 평균을 계산한 다음 추가된 계열을 차트에 복사해 꺾은선형 차트로 생성하면 됩니다. 차트에 평균선을 추가하는 방법은 다음과 같습니다.

❶ 표 우측 빈 열에 열 머리글을 "평균선"으로 입력한 다음, 수식을 다음과 같이 입력해 평균값을 계산합니다.

| D6 | =AVERAGE($C$6:$C$14) |

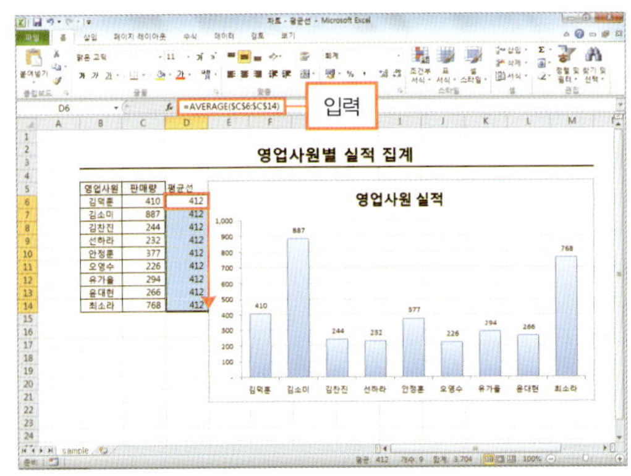

❷ 계산된 열을 차트에 추가하기 위해 D5:D14 범위를 선택하고 복사(Ctrl + C)한 다음, 차트를 마우스로 클릭해 선택하고 리본의 [홈] 탭 → 클립보드 그룹 → 붙여넣기 명령 아이콘을 클릭합니다.

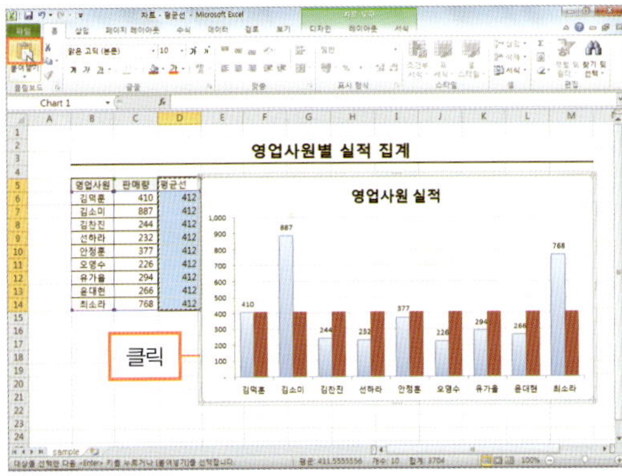

❸ 추가된 빨간 막대그래프를 마우스로 클릭해 선택한 다음, 리본의 [삽입] 탭 → 차트 그룹 → 꺾은선형 명령 아이콘을 클릭하여 첫 번째 하위 차트 종류를 선택합니다. 그러면 평균선이 추가된 차트를 생성할 수 있습니다.

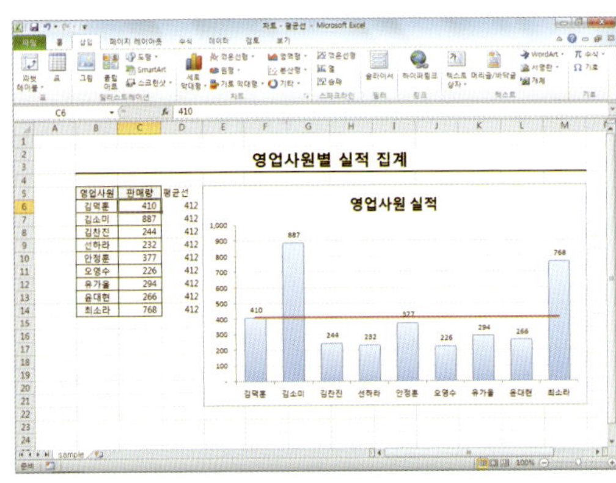

04 꺾은선형 차트 만들기

꺾은선형 차트의 경우는 계열을 많이 표시하면 차트가 매우 복잡해집니다. 이런 차트를 '스파게티 차트'라고 하며, 보다 효과적으로 보기 위해서는 자동 필터와 함께 사용하는 것이 좋습니다.

꺾은선형 차트는 데이터 흐름을 표시할 때 유용하게 사용할 수 있는 차트이지만, 계열(=선 그래프)을 많이 표시하기 어렵다는 단점이 있습니다. 계열이 많은 꺾은선형 차트를 선 그래프가 꼬여 보인다고 해서 '스파게티 차트' 라고 합니다.

꺾은선형 차트에서 원하는 계열만 선택하기

📁 준비 파일 : 차트 생성 II.xlsx

제공된 예제 파일을 열면 Before 화면과 같은 표와 꺾은선형 차트를 확인할 수 있습니다. Before 화면의 꺾은선형 차트에서는 계열 3개와 데이터 레이블이 표시되어 각 계열의 값을 정확하게 확인하기 어렵습니다. 따라서 After 화면과 같이 자동 필터 기능을 이용해 선택된 계열만 차트에 표시하도록 해보겠습니다.

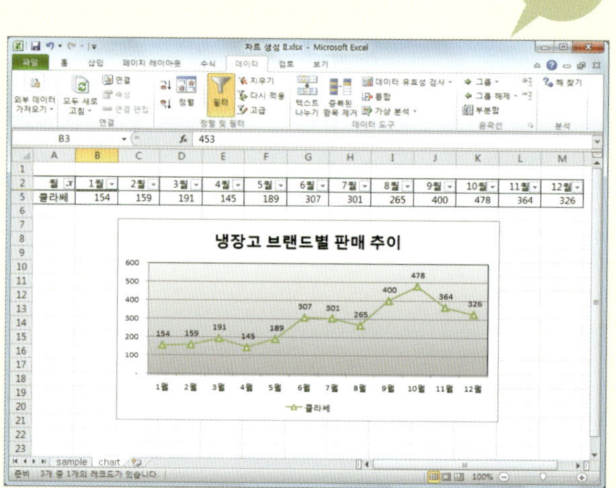

01 표의 행/열 바꿔 복사하기(1) 꺾은선형 차트의 선 그래프를 하나씩 선택하도록 변경하려면 표에서 '냉장고' 브랜드를 하나씩 선택할 수 있어야 하는데, 현재 표의 구조로는 불가능합니다. 표의 방향을 변경하기 위해 ❶ B5:E17 범위를 선택하고 ❷ 리본의 [홈] 탭 → **클립보드** 그룹 → **복사** 명령 아이콘을 클릭합니다.

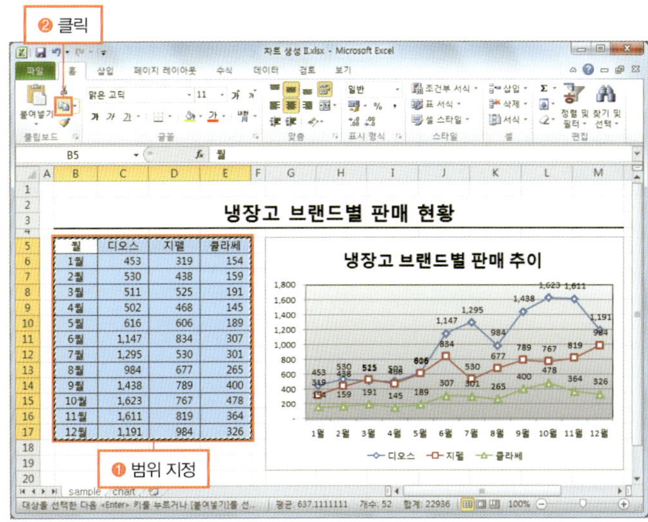

02 표의 행/열 바꿔 복사하기(2) ❶ 시트 탭에서 **chart** 시트를 선택한 다음 ❷ B2셀을 선택하고 ❸ 리본의 [홈] 탭 → **클립보드** 그룹 → ❸ **붙여넣기** 명령 아이콘 → ❹ **행/열 바꿈** 명령 아이콘을 클릭합니다.

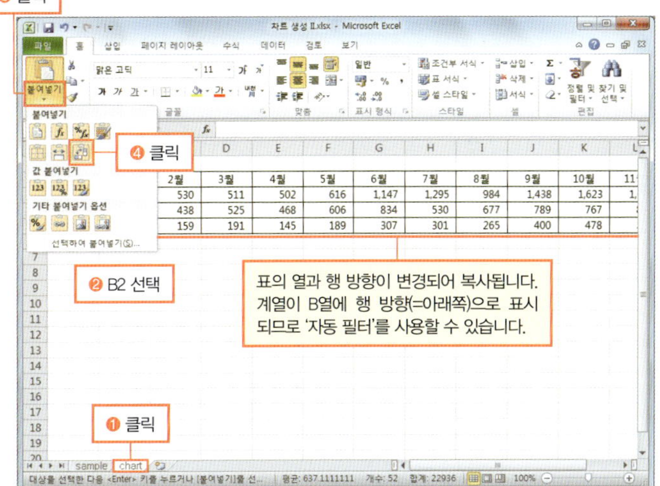

03 꺾은선형 차트 생성하기 복사된 표를 가지고 차트를 생성합니다. ❶ B2:N5 범위가 선택된 상태에서 ❷ 리본의 [삽입] 탭 → **차트** 그룹 → ❸ **꺾은선형** 명령 아이콘 → ❹ '2차원 꺾은선형' 항목의 '표식이 있는 꺾은선형' 차트를 선택합니다.

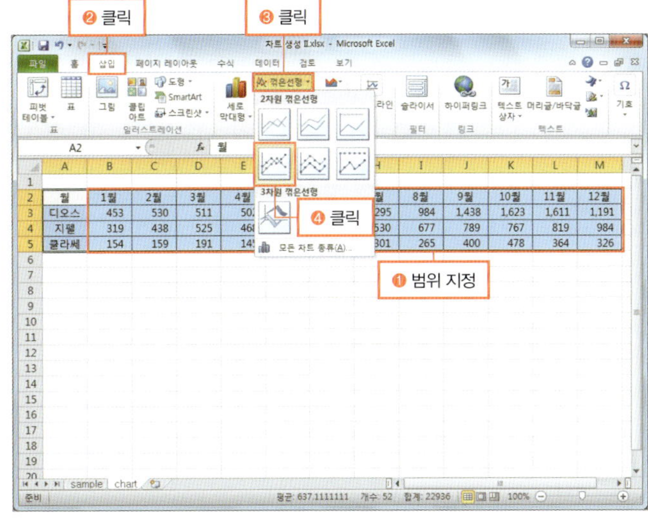

04 꺾은선형 차트 확인하기 그러면 오른쪽 화면과 같은 차트를 확인할 수 있습니다. 이 차트를 sample 시트의 차트와 비교하면 여러 가지 설정을 변경해야 하는데, sample 시트와 동일하게 하려면 먼저 구성한 시트의 서식을 복사해 사용할 수 있습니다.

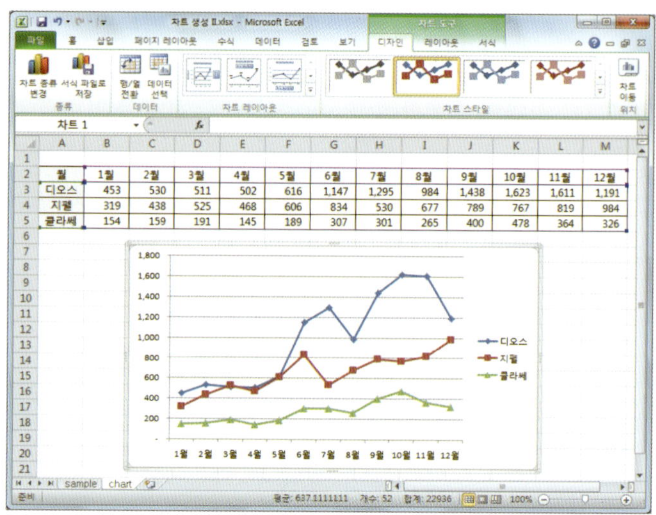

05 차트 서식 복사하기(1) sample 시트의 서식을 복사하기 위해 ❶ 시트 탭에서 sample 시트를 선택한 다음, ❷ 차트 영역을 마우스로 클릭하고 ❸ 리본의 [홈] 탭 → **클립보드** 그룹 → **복사** 명령 아이콘을 클릭합니다.

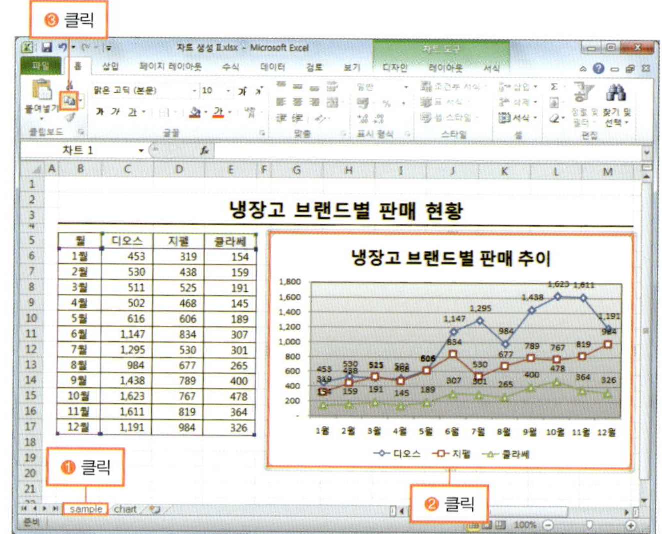

06 차트 서식 복사하기(2) 복사된 차트의 서식을 붙여넣기 위해 다시 ❶ 시트 탭에서 chart 시트를 선택한 다음 ❷ 차트 영역을 선택하고 ❸ 리본의 [홈] 탭 → **클립보드** 그룹 → **붙여넣기** 명령 아이콘 → ❹ **선택하여 붙여넣기** 명령을 클릭합니다.

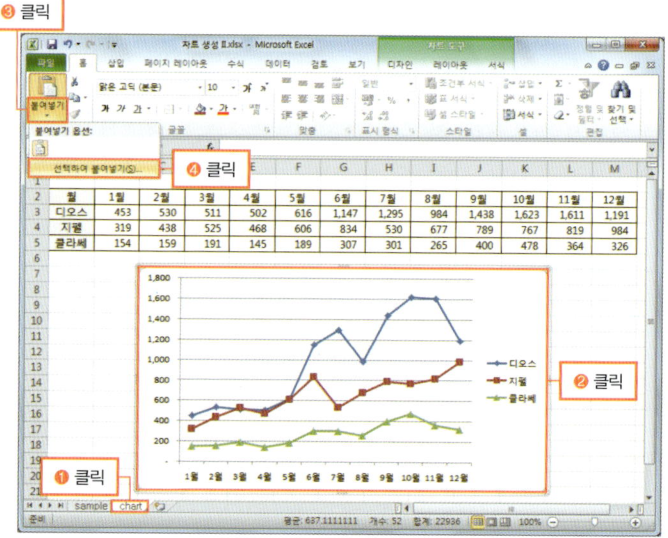

07 **차트 서식 복사하기(3)** '선택하여 붙여넣기' 대화상자
가 표시되면 ❶ '서식' 옵션을 선택하고 ❷ 〈확인〉 단
추를 클릭합니다. 이렇게 서식을 복사하면 동일한 서식을 빠
르게 구성할 수 있어 편리합니다.

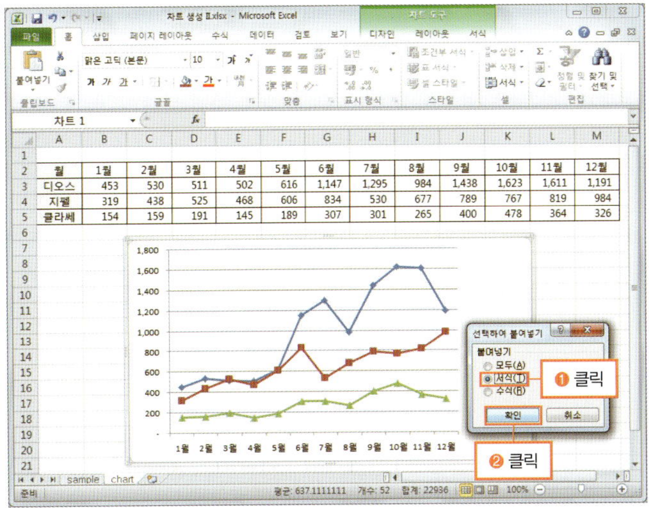

08 **자동 필터 적용하기** 이제 자동 필터를 적용해 원하는
항목만 추출해 보겠습니다. 자동 필터를 적용하기 위
해 ❶ 표 내부의 셀 하나(=화면에서는 B3셀)를 선택한 다음, ❷
리본의 **[데이터]** 탭 → **정렬 및 필터** 그룹 → ❸ **필터** 명령 아이
콘을 클릭합니다.

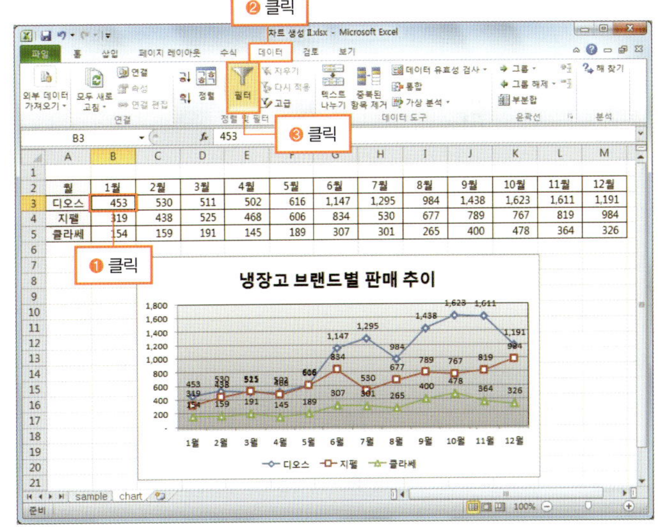

09 **원하는 계열만 표시하기(1)** 필터 조건을 지정(여기서
는 클라쎄만 선택)하기 위해 ❶ A2셀의 아래 화살표
단추를 클릭한 다음, ❷ '디오스'와 '지펠' 브랜드 확인란을 체크
해제하고 ❸ 〈확인〉 단추를 클릭합니다.

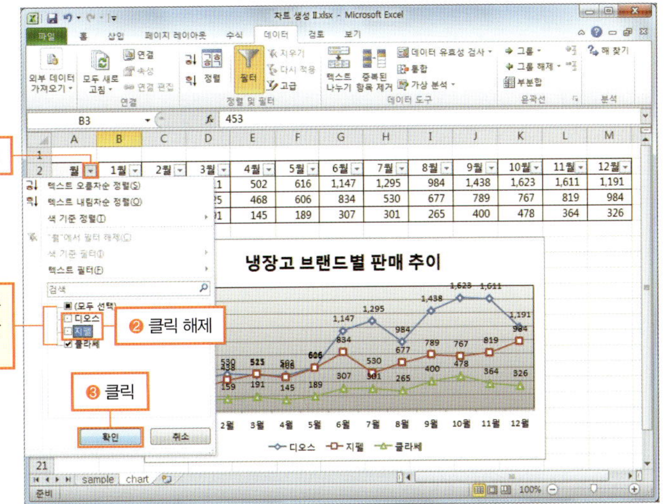

10 **원하는 계열만 표시하기(2)** 그러면 표의 데이터가 추출되면서 화면에 표시된 값만 차트에 나타납니다. 이렇게 자동 필터를 꺾은선형 차트와 연계해 사용하면 차트를 보다 효과적으로 사용할 수 있습니다.

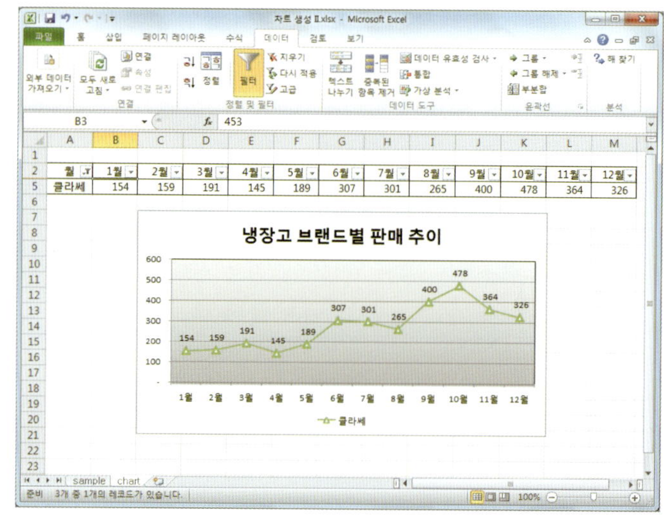

꺾은선형 그래프를 사용할 때 원본 데이터 범위에 빈 셀이 존재하면 차트가 끊어져 보이게 됩니다. 이 경우 그래프가 전달하고자 하는 의미를 제대로 전달하지 못하게 되므로, 끊어진 부분을 이어서 표시하는 방법을 알고 있어야 합니다.

❶ 차트의 원본 데이터 범위를 선택하고 F5 단축키를 눌러 '이동' 대화상자를 호출한 다음 〈이동 옵션〉 단추를 클릭합니다.

❷ '이동 옵션' 대화상자에서 '빈 셀' 옵션을 선택하고 〈확인〉 단추를 클릭합니다.

❸ ①~② 과정을 진행하면 전체 범위에서 빈 셀만 선택되게 되는데, F3 키를 눌러 첫 번째 셀을 편집 모드로 변경한 다음, 다음과 같은 수식을 작성하고 Ctrl + Enter 키를 누릅니다. 그러면 끊어졌던 선이 연결되어 표시되는 것을 확인할 수 있습니다.

```
=NA()
```

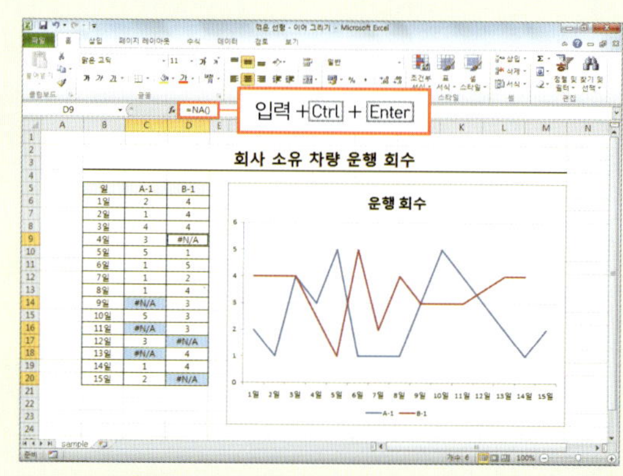

그러나 이 경우의 단점은 원본 표에 '#N/A' 오류 값을 갖는 셀이 다수가 표시된다는 점인데, 이것은 '조건부 서식'의 오류 값을 숨기는 방법으로 해결할 수 있습니다. 《Part 06. 3장. 03 조건에 맞는 데이터 찾아 서식 지정하기》를 참고하세요.

05 차트 서식 파일로 저장하기

차트는 생성하는 것보다 꾸미는데 더 많은 시간이 소요되므로 힘들게 구성한 차트를 한 번만 사용하고 다음에 유사한 차트를 생성할 때 다시 작업해야 한다면 매우 번거로울 것입니다. 따라서 이러한 번거로움을 줄이기 위해 완성된 차트를 '차트 서식 파일'로 저장해 다시 사용할 수 있는 방법에 대해 알아봅니다.

차트를 완성한 후 다음에 다시 사용하고 싶은 경우가 있다면, 완성된 차트를 별도의 차트 종류로 등록해 놓고 사용할 수 있습니다. 이렇게 등록된 차트를 '차트 서식'이라고 하는데, 한 번 등록해 놓으면 다시 사용하고 싶을 때 차트 서식을 선택해 차트를 빠르게 완성할 수 있습니다.

차트 서식 파일로 만들려면 리본의 **[차트 도구] – [디자인]** 탭 → **종류** 그룹 → **서식 파일로 저장** 명령을 클릭합니다.

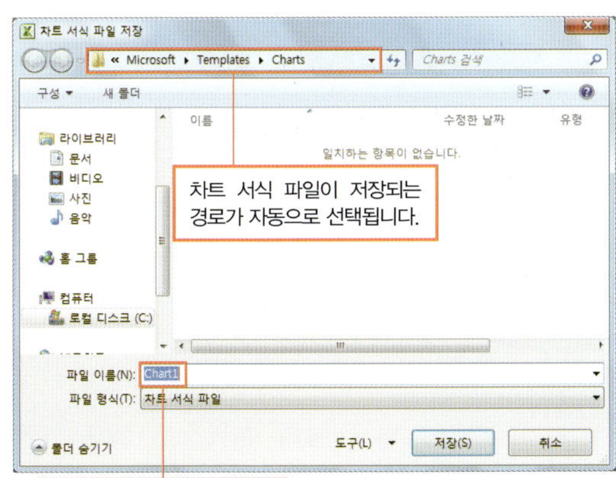

▲ '서식 파일로 저장' 명령

> **◐ 차트 서식 파일 저장**
>
> 차트 서식 파일에는 차트 서식이 포함되어 사용 중이던 색이 저장됩니다. 즉, 차트 서식 파일을 사용하여 다른 통합 문서에 차트를 만든 경우에 현재 적용되는 문서 테마 색이 아니라 차트 서식 파일의 색이 적용됩니다.

원형 차트를 차트 서식 파일로 등록하고 사용하기

📁 **준비 파일 :** 차트 서식.xlsx

제공된 예제 파일을 열고, **sample1** 시트를 선택하면 Before 화면과 같은 표를 확인할 수 있습니다. 해당 자동차 브랜드의 점유율을 원형 차트로 표시한 다음, 완성된 차트를 차트 서식 파일로 등록하여 이를 재사용할 수 있도록 하겠습니다.

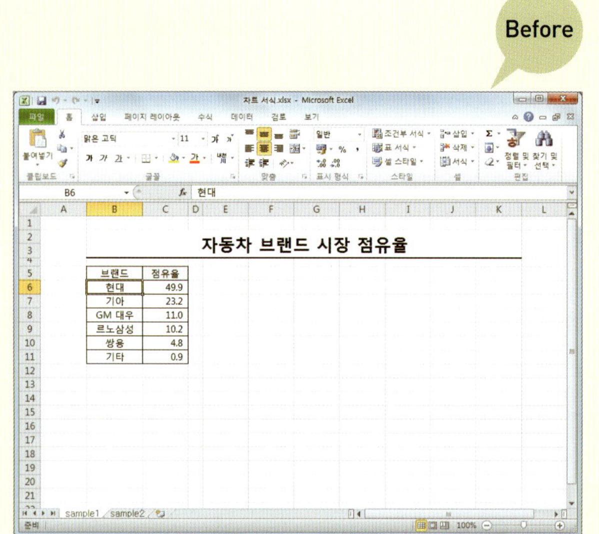

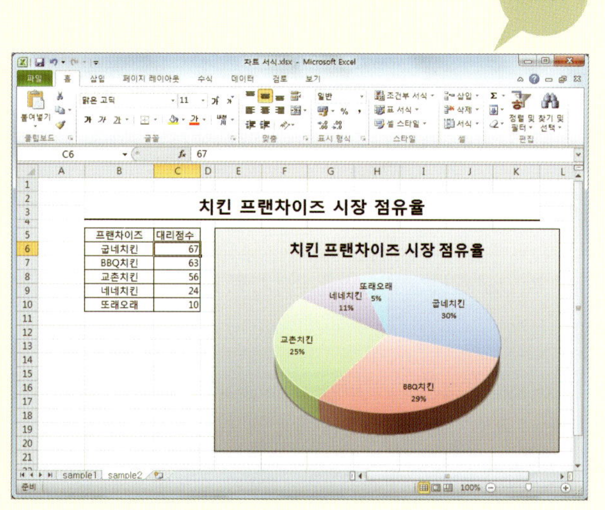

01 **3차원 원형 3D 차트 만들기** 먼저 차트를 만들기 위해 ❶ B5:C11 범위를 선택한 다음, ❷ 리본의 **[삽입]** 탭 → **차트** 그룹 → ❸ **원형** 명령 아이콘 → ❹ '3차원 원형' 항목의 '3차원 원형' 차트를 선택합니다.

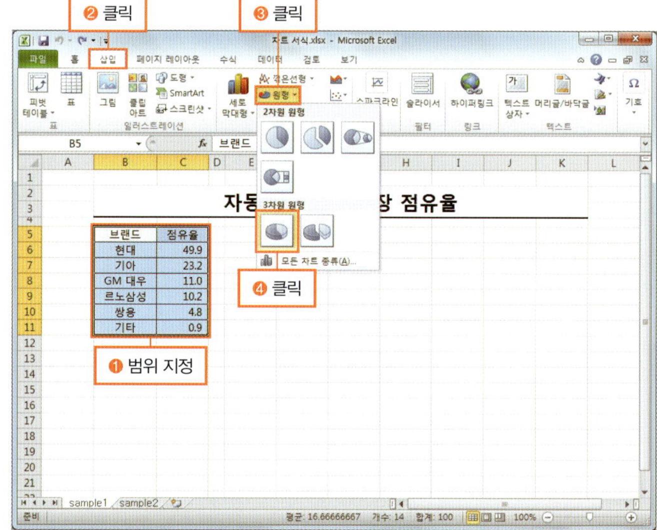

02 **차트 스타일 적용하기** 그러면 오른쪽 화면과 같은 원형 차트가 만들어집니다. 차트 스타일을 지정해 좀 더 볼륨 있는 차트를 만들기 위해 ❶ 리본의 **[차트 도구] – [디자인]** 탭 → ❷ **차트 스타일** 그룹의 '**스타일 26**'을 선택합니다.

> ⊙ **차트 스타일 선택하기**
>
> 차트 스타일 위로 마우스 커서를 갖다 놓으면 풍선 도움말로 차트 스타일 이름이 표시됩니다. '스타일 26'은 차트 스타일 갤러리의 하단에 위치하고 있으므로 '차트 스타일' 오른쪽의 자세히 단추를 눌러 선택합니다.

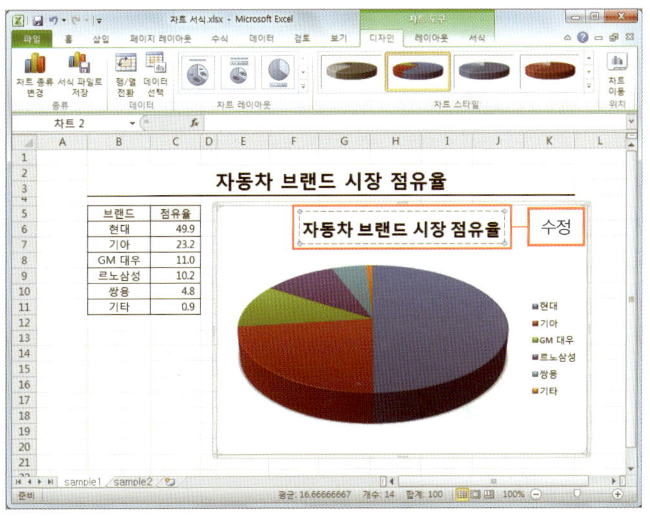

03 **차트 제목 설정하기** 스타일을 적용했으면 차트 제목을 변경합니다. 차트 제목 영역을 선택하여 "자동차 브랜드 시장 점유율"로 수정합니다.

04 **계열 서식 변경하기(1)** 원형 그래프 조각들의 스타일을 각각 변경하는 것도 가능합니다. 개별 조각을 선택하기 위해 ❶ '현대' 계열의 조각을 두 번 클릭해 선택한 다음, ❷ 리본의 **[차트 도구] – [서식]** 탭 → **도형 스타일** 그룹의 오른쪽 아래 자세히 단추를 클릭한 후 ❸ '**미세 효과 – 파랑, 강조 1**' 스타일을 선택합니다.

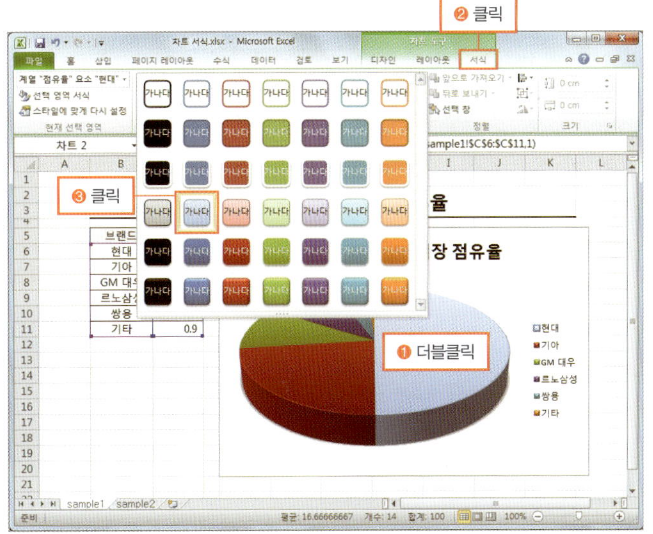

05 계열 서식 변경하기(2) '현대' 조각을 제외한 개별 조각은 큰 순서대로 하나씩 선택해 **도형 스타일** 그룹 → '**미세 효과 – 강조 2**'부터 '**미세 효과 – 강조 6**'까지 적용하면 오른쪽 화면과 같이 각 조각의 스타일을 모두 변경할 수 있습니다.

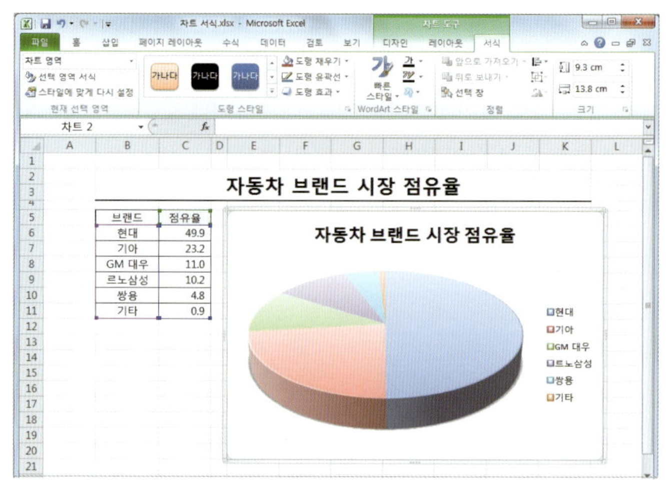

06 데이터 레이블 표시하기(1) 이제 원형 차트에 데이터 레이블을 이용해 브랜드 명과 점유율을 모두 나타내 보겠습니다. ❶ 차트의 그림 영역을 선택한 다음, ❷ 리본의 [차트 도구] – [레이아웃] 탭 → 레이블 그룹 → ❸ 데이터 레이블 명령 아이콘 → ❹ 기타 데이터 레이블 옵션 명령을 클릭합니다.

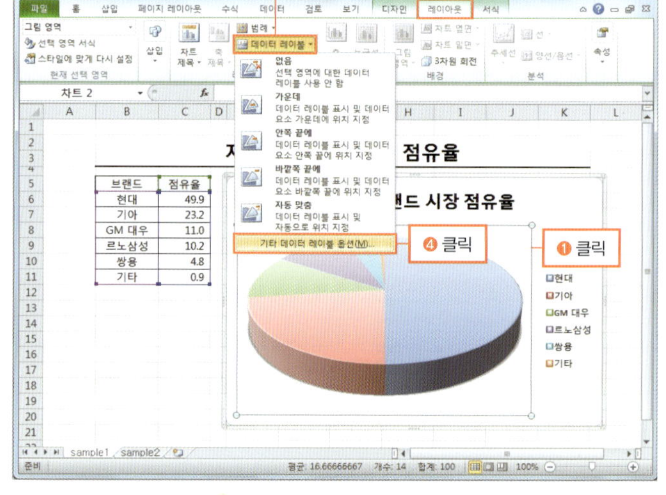

◉ **데이터 레이블 옵션 설정**

04~05과정에서 원형 그래프의 개별 조각을 선택하다가 바로 데이터 레이블 옵션을 설정하게 되면, 해당 조각에만 설정된 옵션이 적용됩니다. 따라서, 반드시 원형 그래프 바깥쪽의 흰 여백 부분을 클릭해 그림 영역 또는 차트 영역을 선택해야 합니다.

원형 차트의 원하는 개별 조각을 두 번 클릭해 선택합니다. 먼저 차트의 조각을 한 번 선택하면 전체 조각의 모서리에 '크기 조정 핸들(o)'이 나타납니다. 다시 한 번 더 클릭하면 마우스 커서 위치의 조각에만 '크기 조정 핸들(o)'이 나타납니다.

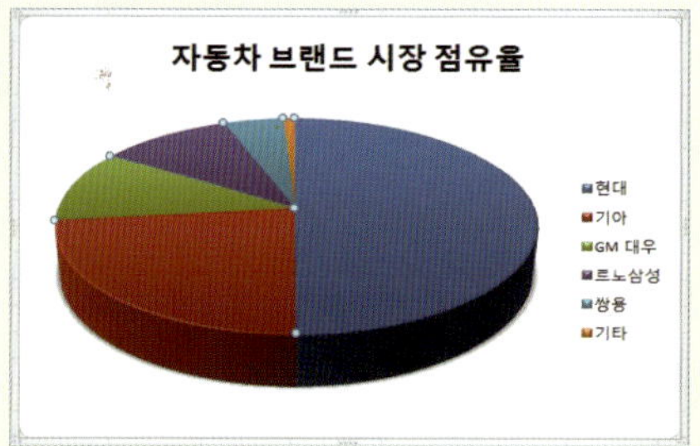

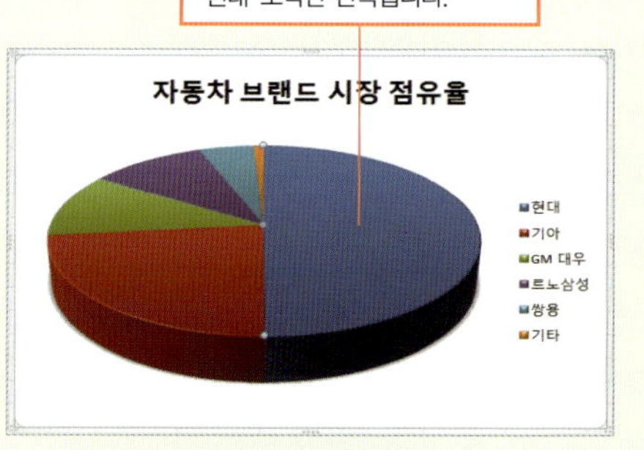

원형 그래프에서 '현대'를 의미하는 조각만 두 번 연속해 클릭하면 '현대' 조각만 선택됩니다.

07 데이터 레이블 표시하기(2) '데이터 레이블 서식' 대화 상자가 표시되면, ❶ **레이블 옵션** 범주의 옵션을 다음과 같이 설정한 다음 ❷ 〈닫기〉 단추를 클릭하여 설정을 적용합니다.

옵션	세부 옵션	설정
레이블 내용	항목 이름	체크
	값	체크 해제
	백분율	체크
레이블 위치	안쪽 끝에	선택

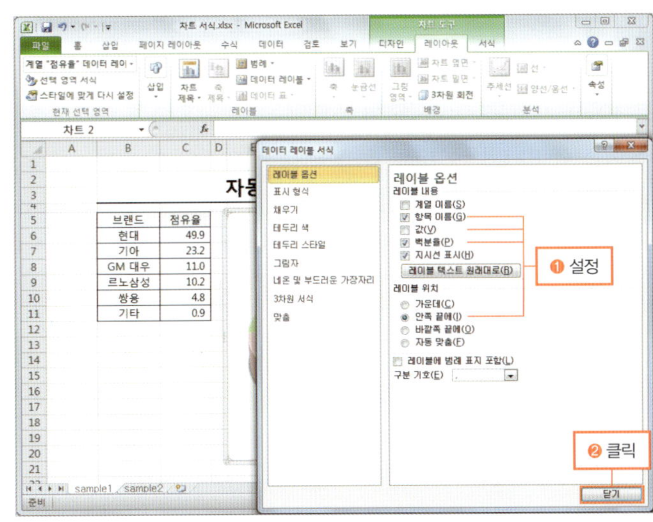

08 데이터 레이블 글꼴 크기 변경하기 그러면 오른쪽 화면과 같이 각 조각의 끝 부분에 '브랜드'와 '점유율'이 나타납니다. 데이터 레이블의 글꼴 크기가 너무 크다면, 리본의 [홈] 탭 → 글꼴 그룹 → 글꼴 크기 작게 명령 아이콘을 클릭해 원하는 크기로 조정합니다.

> 리본의 [홈] 탭 → 글꼴 그룹 → 글꼴 크기 입력란에 원하는 크기를 직접 입력해도 됩니다.

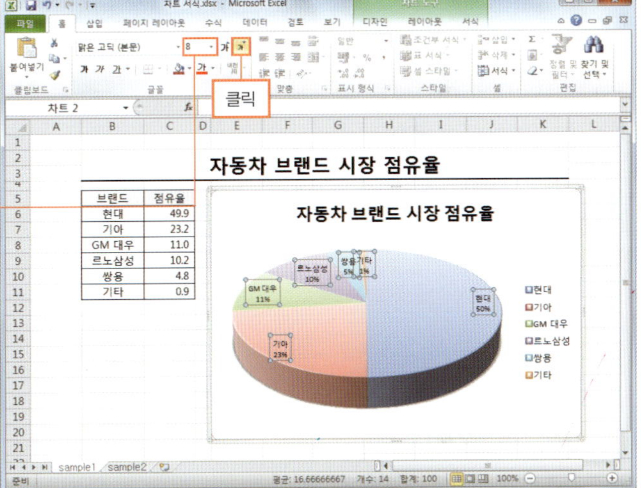

09 범례 없애기 원형 그래프에 자동차 브랜드가 표시되므로 범례를 없애 차트를 보다 크게 표시되도록 합니다. 차트가 선택된 상태에서 ❶ 리본의 [차트 도구] - [레이아웃] 탭 → 레이블 그룹 → ❷ 범례 명령 아이콘 → ❸ 없음을 선택합니다.

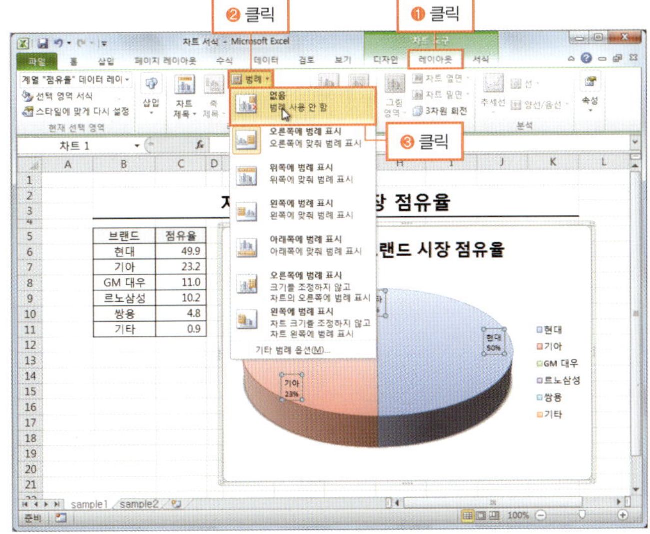

10 **차트 영역 스타일 변경하기** 차트 영역의 스타일을 변경하려면 ❶ 차트 영역을 선택한 다음 ❷ 리본의 [차트 도구]–[서식] 탭 → 도형 스타일 그룹의 오른쪽 자세히 단추 ▼ 를 클릭하여 ❸ '미세 효과 – 검정, 어둡게 1' 스타일을 선택합니다.

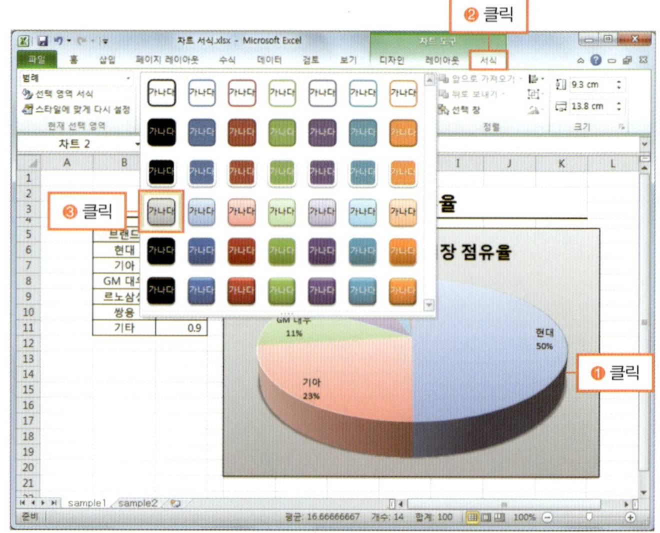

11 **3차원 차트 회전시키기(1)** 3차원 차트의 경우에는 차트를 회전시켜 가장 보기 좋은 모습을 선택할 수 있습니다. ❶ 그림 영역을 선택한 다음 ❷ 마우스 오른쪽 단추를 클릭해 ❸ **3차원 회전** 명령을 선택합니다.

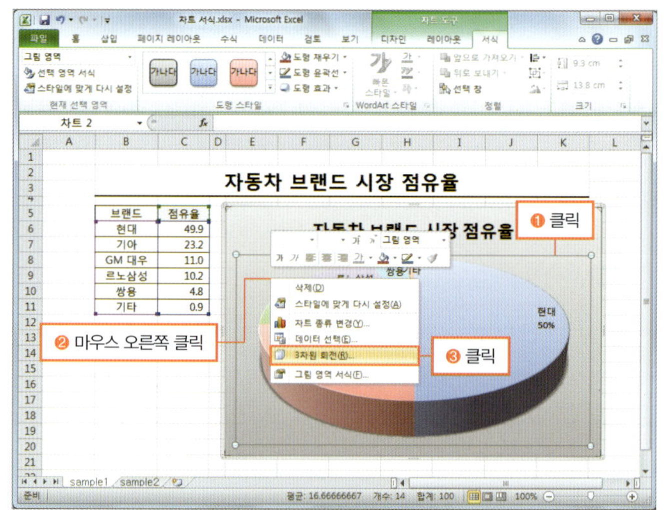

12 **3차원 차트 회전시키기(2)** '차트 영역 서식' 대화상자가 열리면서 **3차원 회전** 범주가 표시됩니다. 이 중에서 ❶ 'Y' 옵션의 각도를 "40°"로 변경한 다음 ❷ 〈닫기〉 단추를 클릭합니다.

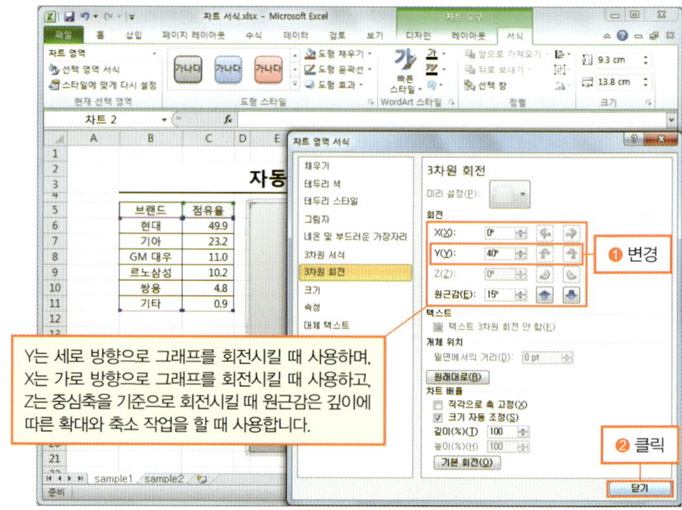

13 **완성된 차트 확인** 그러면 오른쪽 화면과 같은 완성된 차트를 얻게 됩니다. 이제 완성된 차트를 다시 재사용할 수 있도록 '차트 서식 파일'로 등록해 놓도록 하겠습니다.

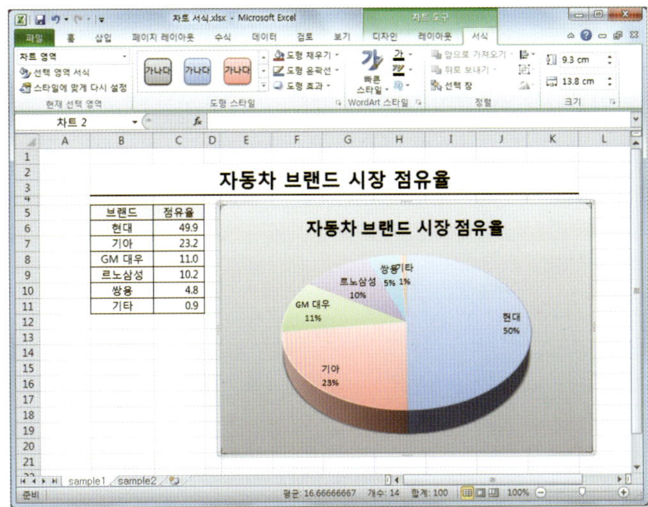

14 **차트 서식 파일로 등록하기(1)** 완성된 차트를 차트 서식 파일로 저장하려면 차트가 선택된 상태에서 ❶ 리본의 [차트 도구] – [디자인] 탭 → 종류 그룹 → ❷ 서식 파일로 저장 명령 아이콘을 클릭합니다.

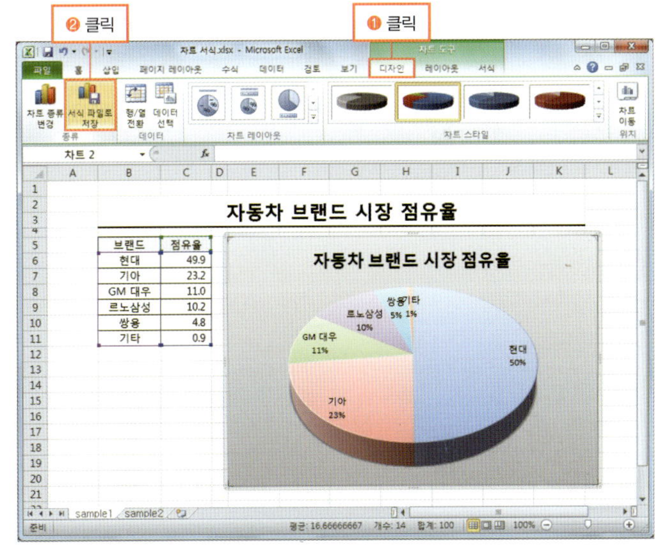

15 **차트 서식 파일로 등록하기(2)** 그러면 '차트 서식 파일 저장' 대화상자가 표시됩니다. ❶ 파일 이름을 "사용자등록차트–원형1"로 입력한 다음 ❷ 〈저장〉 단추를 클릭합니다.

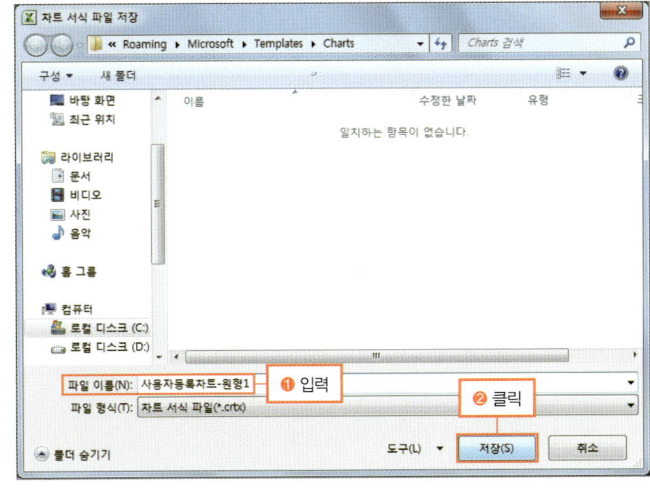

16 차트 서식으로 새로운 차트 생성하기(1) 이제 시트 탭에서 sample2 시트를 선택하면 화면과 같은 표를 확인할 수 있습니다. 이 표의 데이터를 가지고 원형 차트를 만들 때, 저장된 차트 서식 파일을 이용해 보겠습니다.

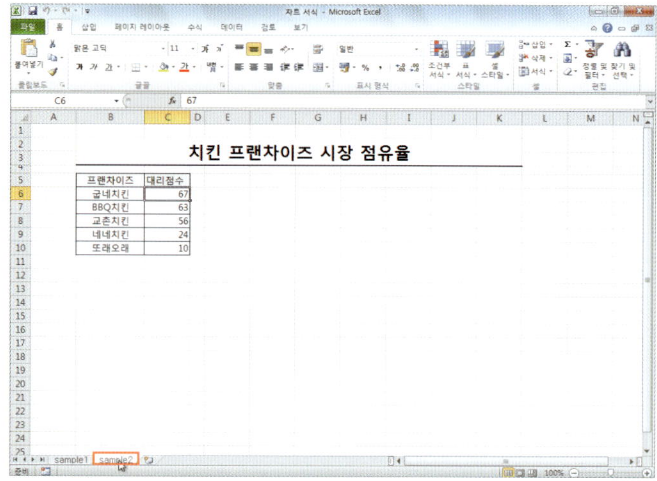

17 차트 서식으로 새로운 차트 생성하기(2) 차트를 만들기 위해 ① B5:C10 범위를 선택한 다음, ② 리본의 [삽입] 탭 → **차트** 그룹 → ③ **기타** 명령 아이콘 → ④ **모든 차트 종류** 명령을 클릭합니다.

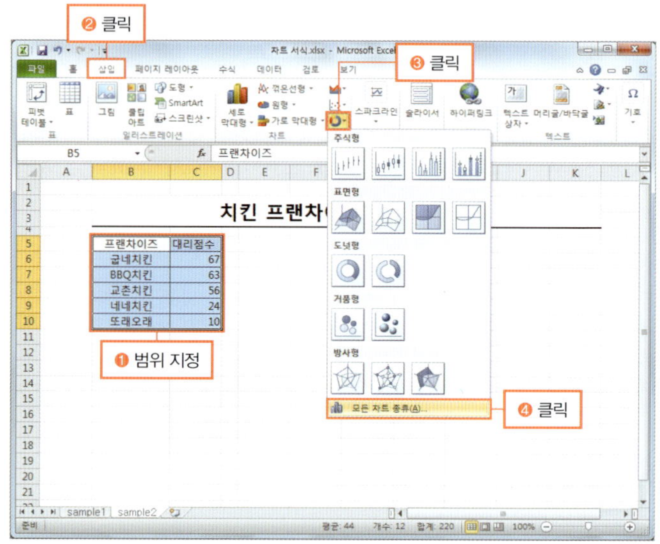

18 차트 서식으로 새로운 차트 생성하기(3) '차트 삽입' 대화상자가 표시되면 ① **서식 파일** 범주를 선택하고 ② 오른쪽의 차트 종류에서 15 과정에서 등록했던 차트 서식 파일을 선택하고 ③ 〈확인〉 단추를 클릭합니다.

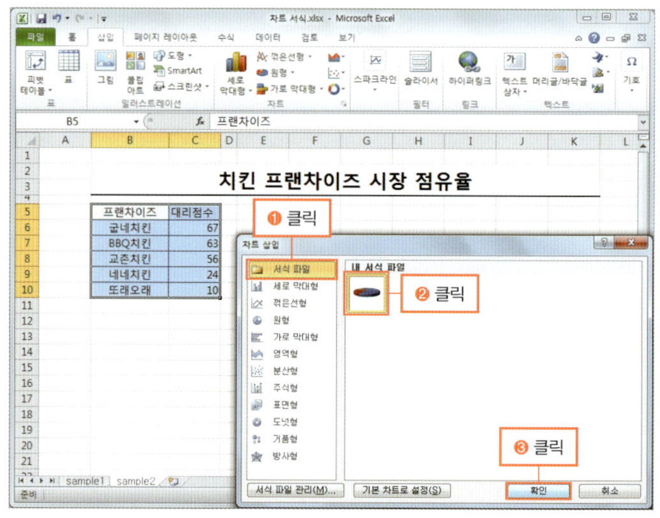

19 **차트 서식으로 새로운 차트 생성하기(4)** 그러면 바로 오른쪽 화면과 같은 완성된 차트를 쉽게 얻을 수 있습니다. 이제 차트 제목만 원하는 값으로 변경해 주면 차트가 완성됩니다.

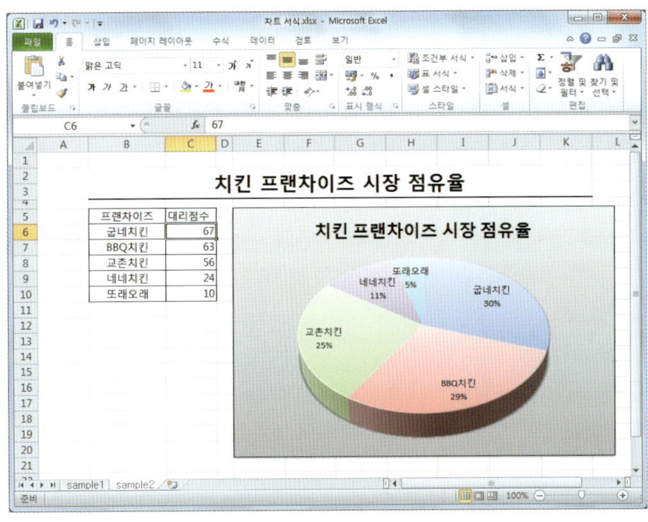

차트 서식 파일은 특정 폴더에 저장되므로 윈도 탐색기 등을 통해 다음 경로의 파일을 찾아 모두 지우면 됩니다.

운영체제	경로
XP	C:\Documents and Settings\사용자명\Application Data\Microsoft\Templates\Charts
VISTA, 윈도 7	C:\Users\사용자명\AppData\Roaming\Microsoft\Templates\Charts

하지만 위 경로는 대부분 '숨김' 속성으로 탐색기에서 경로를 이동하기 쉽지 않으므로 다음 과정을 이용합니다.

1. 리본의 **[삽입]** 탭 → **차트** 그룹 → **기타** 명령 아이콘 → **모든 차트 종류** 명령을 클릭합니다.

2. '차트 삽입' 대화상자의 왼쪽 하단에 있는 〈서식 파일 관리〉 단추를 클릭합니다.

3. 위에서 제시한 경로의 탐색기 화면이 표시되면 삭제할 '차트 서식 파일'을 선택한 다음 마우스 오른쪽 단추를 클릭하여 **삭제** 명령을 클릭합니다.

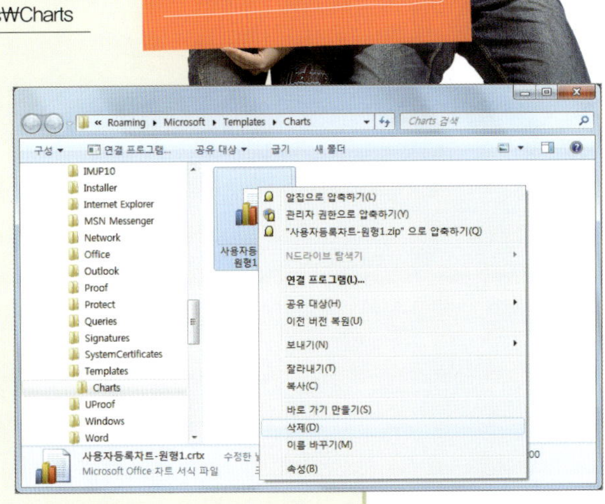

POWER TIP 내 업무 반으로 줄이는

차트를 이미지 파일로 저장하는 방법

| 준비 파일 : 차트 – 그림 파일.xlsx

생성된 차트를 외부 프로그램에서 사용하기 위해 그림 파일로 저장해야 하는 경우가 종종 있습니다. 이 경우 그림 파일로 저장할 차트가 많다면 '웹 페이지로 저장' 방법을 사용하면 되고, 1~2개라면 간단한 명령어를 입력하는 방법을 사용하는 것이 좋습니다.

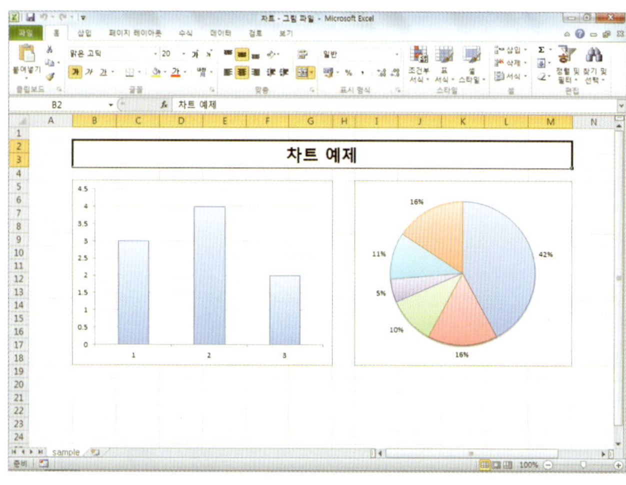

차트가 많은 경우

❶ 리본의 **[파일]** 탭 → **다른 이름으로 저장** 명령을 클릭합니다.

❷ '다른 이름으로 저장' 대화상자가 표시되면 파일 형식을 '웹 페이지'로 선택하고 〈저장〉 단추를 클릭합니다.

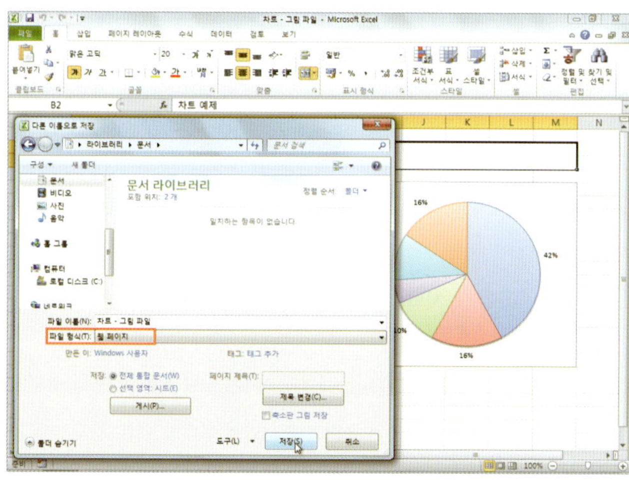

❸ 파일을 저장한 폴더를 보면 오른쪽 화면과 같은 폴더를 확인할 수 있으며, 해당 폴더를 열어보면 차트 이미지를 확인할 수 있습니다.

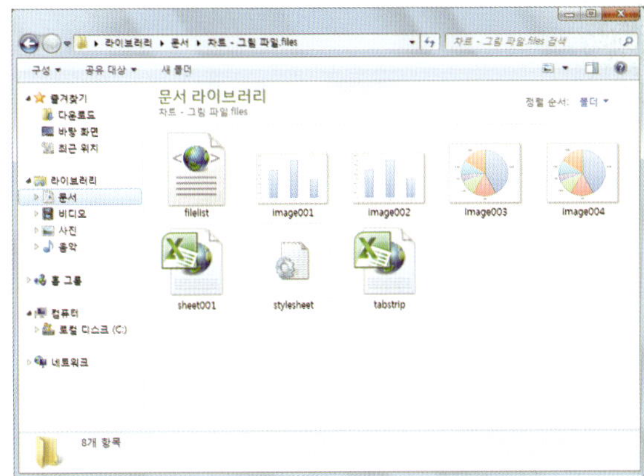

1∼2개 차트를 변환할 경우

❶ 변환할 차트를 마우스로 클릭해 선택합니다.

❷ Alt + F11 단축키를 누르면 'Visual Basic 편집기' 창이 열립니다.

❸ 우측 하단에 '직접 실행' 창(표시되지 않으면 Ctrl + G 단축키를 한 번 누릅니다.)에 다음 코드를 입력합니다.

ActiveChart.Export ThisWorkbook.Path & "₩차트이름.jpg", "jpg"

❹ 그림 변환 작업을 ①∼③ 과정을 반복해 작업한 다음 현재 파일이 있는 폴더를 탐색기로 이동해 보면 오른쪽 화면과 같이 변환된 차트 이미지를 확인할 수 있습니다.

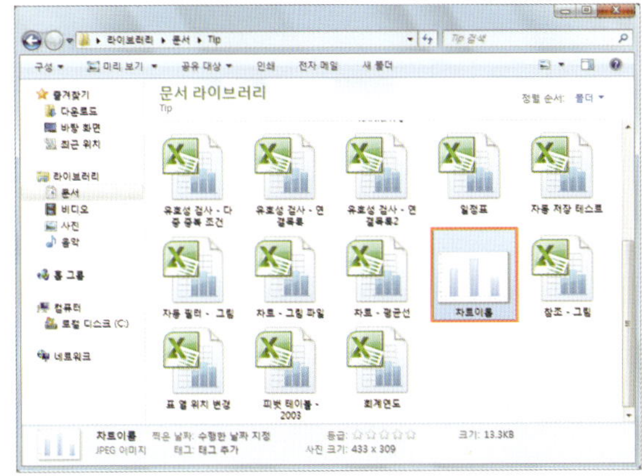

실무형 차트 만들기

엑셀에서 제공하는 기본형 차트만 잘 활용해도 원하는 차트를 대부분 만들 수 있지만, 좀 더 실용적이고 차별적인 차트를 만들기 위해서는 혼합형 차트, 이중 축 차트, 그리고 축의 단위를 로그 단위로 변경해 만드는 로그 차트를 만들 수 있어야 합니다. 이번에는 실무에서 자주 사용되는 차트를 만드는 방법에 대해 설명합니다.

01 혼합형 차트 만들기

02 이중 축 차트 만들기

03 로그 차트 만들기

01 혼합형 차트 만들기

혼합형 차트란 2개 이상의 차트를 혼합하여 하나의 차트를 만드는 것으로, 기본으로 작성한 차트에서 특정한 데이터 계열만을 선택하여 다른 종류로 변경하연 혼합형 차트를 쉽게 만들 수 있습니다. 혼합형 차트는 2차원에서만 가능하며, 막대 차트와 꺾은선형을 혼합하여 사용할 수 있습니다.

혼합형 차트는 하나의 차트에 둘 이상의 차트 종류가 함께 사용되는 차트를 의미합니다. 이런한 차트의 구성은 전달하고자 하는 의미를 보다 분명하게 전달할 수 있고, 여러 계열을 보다 분명하게 확인시킬 수 있어 편리합니다.

> **혼합이 안 되는 차트**
>
> 혼합이 불가능한 차트로는 표면형, 거품형, 주식형 등이 있고, 3차원 차트는 혼합이 불가능합니다.

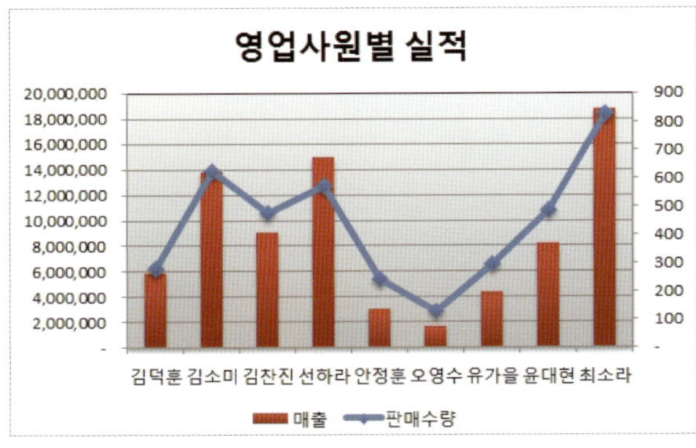

▲ 혼합형 차트

혼합형 차트를 구성하기 위해서는 먼저 기본형 차트를 만든 다음, 다른 차트 종류로 변경할 계열을 선택한 후 리본의 [삽입] 탭 → 차트 그룹에서 원하는 차트 종류를 선택합니다.

❶ 빨간색 막대그래프를 선택합니다.

❷ 리본의 [삽입] 탭 → 차트 그룹 → 꺾은선형 명령 아이콘을 클릭하여 원하는 하위 차트 종류를 선택합니다.

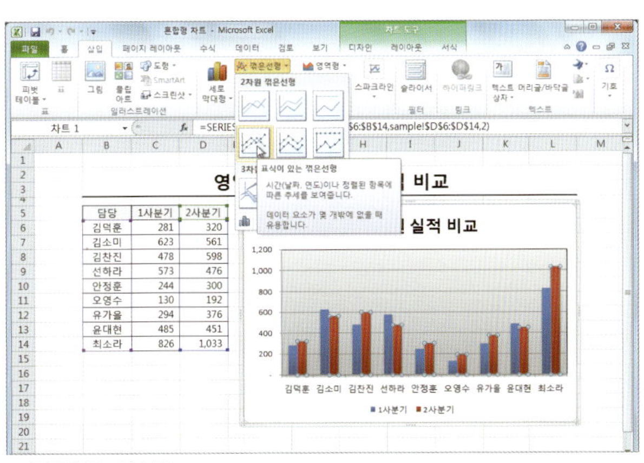

▲ 혼합형 차트의 설정

02 이중 축 차트 만들기

엑셀에서 기본적으로 차트는 X(가로), Y(세로) 축 2개의 축을 사용합니다. 이중 축은 X(또는 Y)축을 2개 사용한다는 의미로 X, Y축을 사용하는 것과는 다른 개념입니다. 이중 축 차트는 차트의 표현력을 높여주는 고급 방식으로, 차트를 자주 사용하는 사용자라면 반드시 이해하고 넘어가야 합니다.

엑셀의 차트는 기본적으로 사용하는 두 개의 X, Y축(이것을 기본 축이라고 합니다.)이 있으며, 이외의 다음과 같은 보조 축을 사용해 차트를 표시할 수 있습니다.

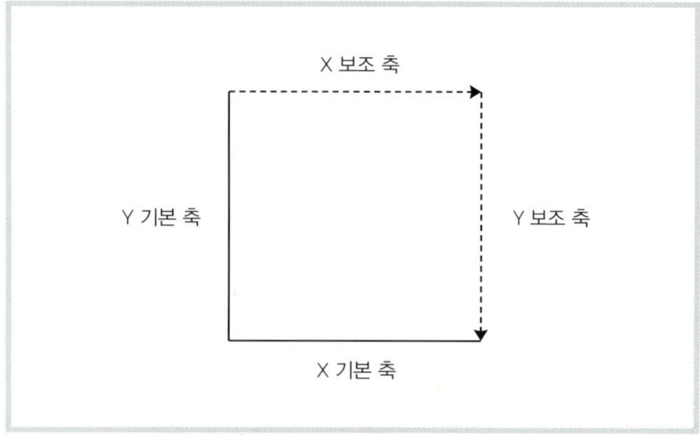

보조 축을 사용하려면 보조 축에 표시할 차트의 계열을 선택하고, '계열 서식' 대화상자에서 보조 축에 표시 옵션을 설정합니다. 이렇게 보조 축을 사용하면 각각의 축의 단위를 다르게 설정할 수 있어 계열 간의 값의 차이가 큰 경우를 효과적으로 표시할 수 있습니다.

영업사원별 실적을 이중 축 혼합형 차트로 표현하기

📁 **준비 파일 :** 이중 축 혼합형 차트.xlsx

제공된 예제 파일을 열면 Before 화면과 같은 표와 차트를 확인할 수 있습니다. Before 화면의 차트는 B5:D14 범위를 원본 데이터로 생성된 것으로, C열의 '판매수량'과 D열의 '매출'은 단위 차가 커서 차트에는 D열의 매출 막대그래프만 표시되어 있습니다. '판매수량' 계열을 보조 축에 표시한 후 '꺾은선형 차트'로 차트 종류를 변경해 보겠습니다.

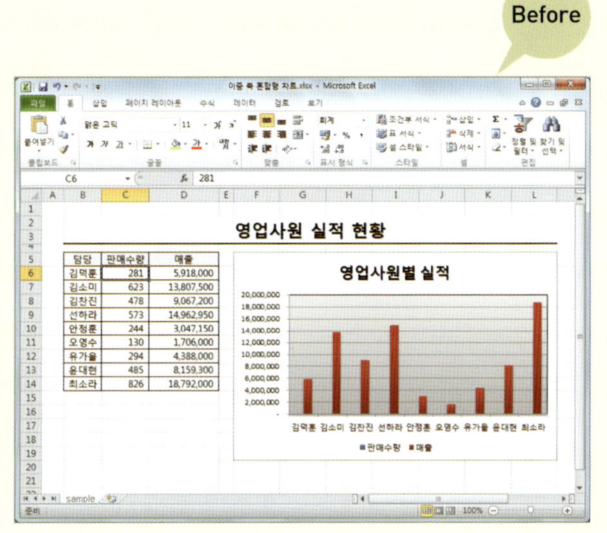

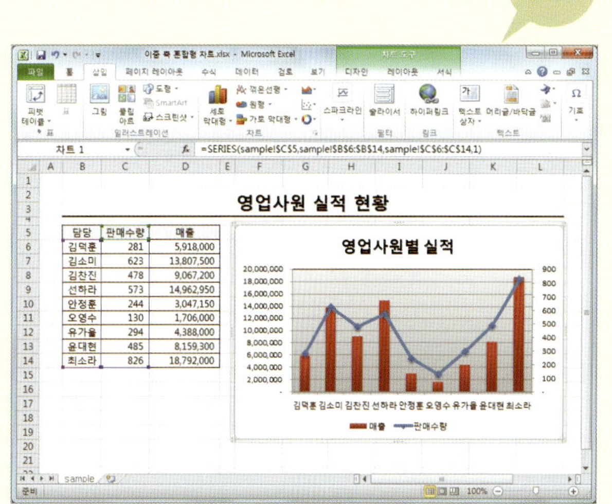

01 **'판매수량' 계열 보조 축에 표시하기(1)** 단위 차가 큰 계열이 여러 개 있는 경우, 잘 보이지 않는 계열을 보조 축에 표시할 수 있습니다. 이번 차트에서는 '판매수량' 계열을 보조 축에 표시합니다. ❶ 차트를 선택하고 ❷ 리본의 [차트 도구]-[레이아웃] 탭 → ❸ 차트 요소 콤보 상자에서 **계열 "판매수량"**을 선택한 다음 ❹ **선택 영역 서식** 명령 아이콘을 클릭합니다.

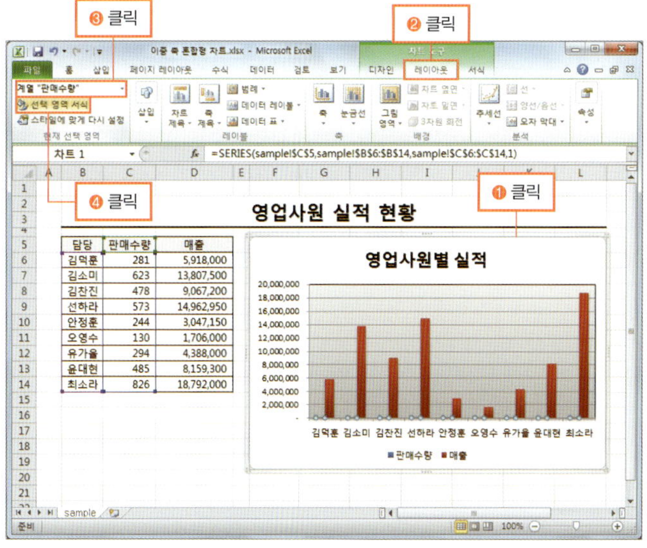

02 **'판매수량' 계열 보조 축에 표시하기(2)** '데이터 계열 서식' 대화상자가 표시되면 ❶ **계열 옵션** 범주의 '데이터 계열 지정' 옵션 값을 '보조 축'으로 변경한 다음 ❷ 〈닫기〉 단추를 클릭합니다.

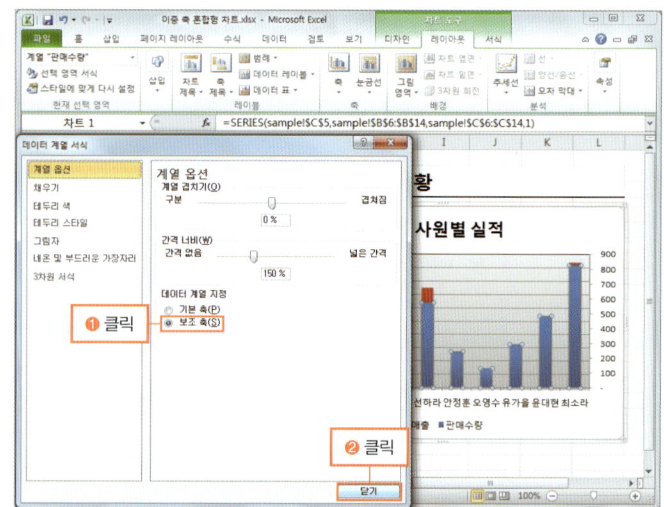

03 **'판매수량' 계열을 꺾은선형으로 표시하기** 그러면 Y 보조 축이 나타나면서, '판매수량' 계열이 막대그래프로 표시되는 것을 확인할 수 있습니다. 하지만, 막대그래프가 서로 겹쳐 표시되어 두 계열의 값을 확인하기가 쉽지 않기 때문에 보조 축에 표시된 '판매수량' 계열을 꺾은선형 그래프로 변경합니다. '판매수량' 막대그래프가 선택된 상태에서 ❶ 리본의 [삽입] 탭 → **차트** 그룹 → ❷ **꺾은선형** 명령 아이콘 → ❸ '2차원 꺾은선형' 항목의 '표식이 있는 꺾은선형' 차트를 선택합니다.

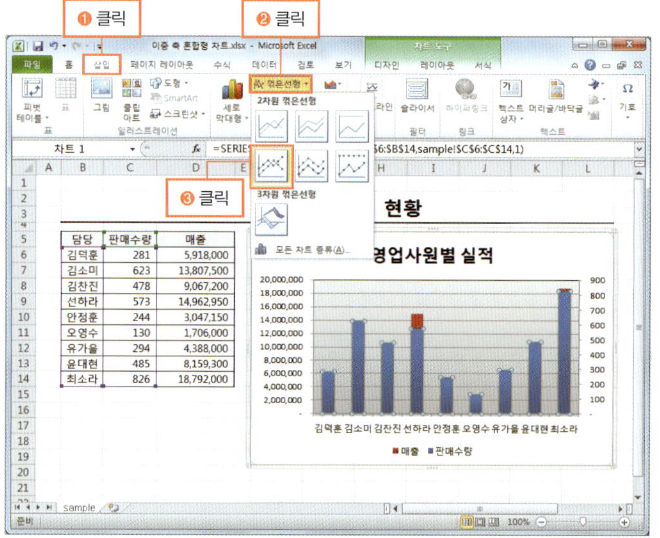

04 **완성된 차트 확인하기** 그러면 '판매수량' 계열이 꺾은선형으로 변경되어 두 계열의 값을 비교하기가 쉽습니다. 이렇게 보조 축을 사용하면서 둘 이상의 차트 종류를 사용하는 차트를 **이중 축 혼합형 차트**라고 합니다.

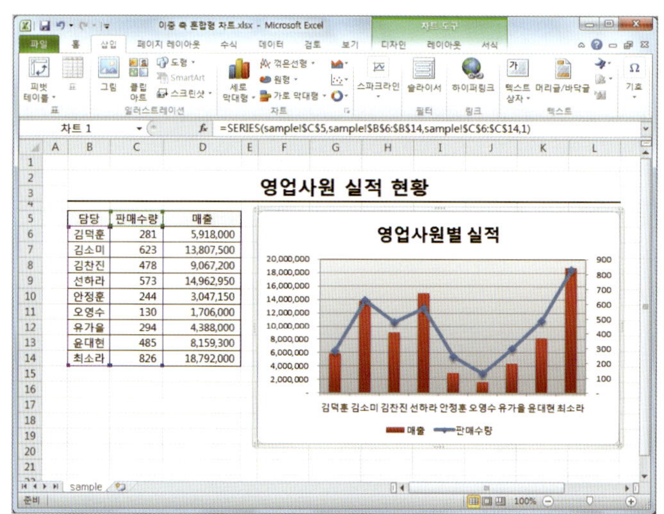

03 로그 차트 만들기

로그 차트는 Y축의 단위를 10의 제곱 값으로 사용하는 차트로, 전체 그래프 중에서 값이 차이가 큰 막대그래프가 포함될 때 사용하는 차트를 통칭합니다. 그러므로 로그 차트는 세로 막대형 차트를 그리는 경우, Y축의 단위 값을 변경한 차트로 이해하면 됩니다. 로그 차트를 잘 활용하는 방법에 대해 알아봅니다.

로그 차트는 Y축의 숫자 단위를 10의 제곱 값으로 표시하는 차트로, 차트의 값 중 하나가 너무 커서 다른 값이 제대로 표시되지 않을 때 사용합니다.

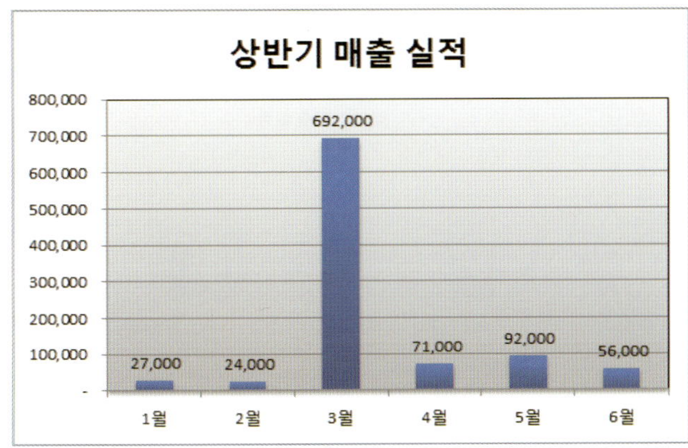

▲ 값의 차이가 큰 막대그래프

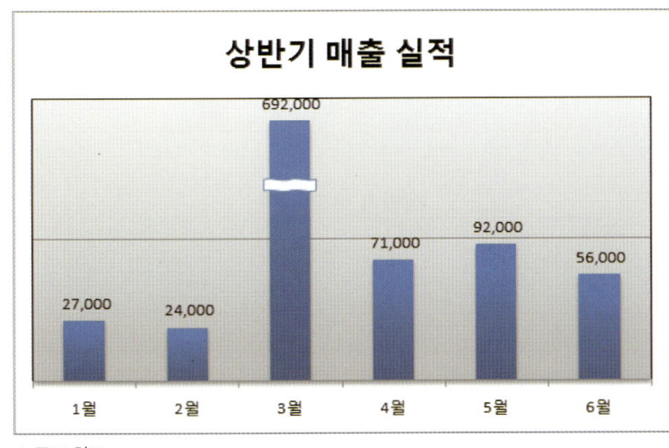

Y축 단위를 로그 단위로 변경하고 차트를 정리하면 화면과 같은 깔끔한 차트를 완성할 수 있습니다.

▲ 로그 차트

단위 차가 큰 값을 갖는 계열을 로그 차트로 표현하기

📁 **준비 파일 : 로그 차트.xlsx**

제공된 예제 파일을 열면 Before 화면과 같이 표와 차트를 볼 수 있습니다. 왼쪽 표의 월별 매출 데이터를 기준으로 '세로 막대형 차트'로 표현한 것으로, 3월의 실적이 다른 월에 비해 월등히 높아 다른 월의 매출 실적이 제대로 비교되지 않습니다. 이와 같은 경우에는 Y축의 단위를 10의 제곱으로 표시하는 '로그 차트'로 변경해 보도록 하겠습니다.

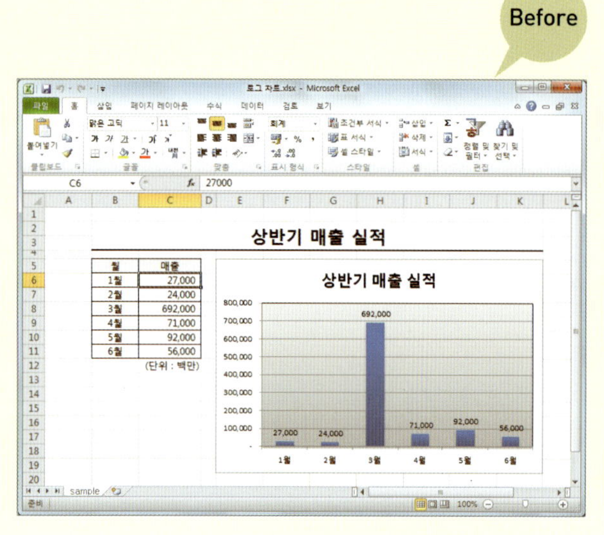

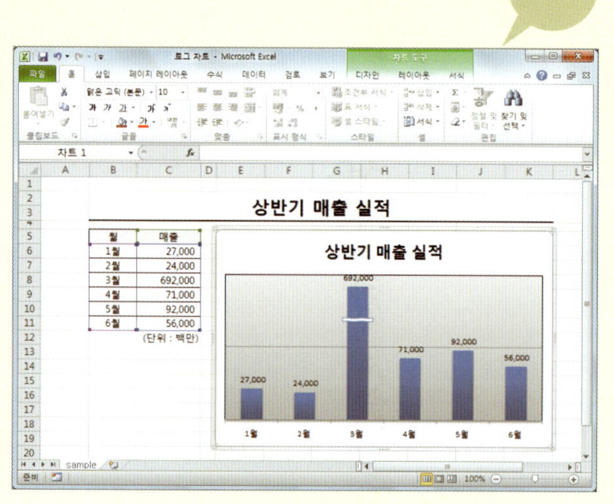

01 **Y축을 로그 단위로 변경하기** Y축 단위를 변경하기 위해 ❶ 차트를 선택하고 ❷ 리본의 [차트 도구]-[레이아웃] 탭 → 축 그룹 → ❸ 축 명령 아이콘 → ❹ 기본 세로 축-로그 눈금을 사용하여 축 표시 명령을 클릭합니다.

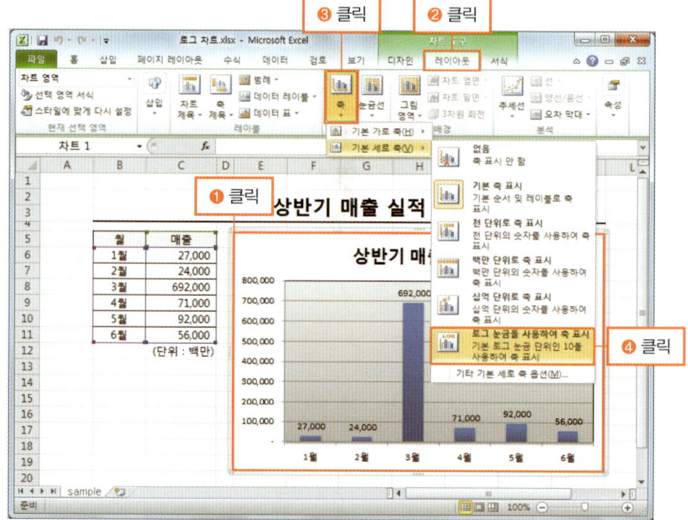

02 **Y축 최소 값 변경하기(1)** Y축의 눈금이 1, 10, 100, … 으로 변경된 것을 확인한 다음, Y축 눈금의 최소값을 모든 막대그래프가 통과한 마지막 눈금 값으로 변경해 보겠습니다. Y축 눈금의 최소값을 변경하기 위해 ❶ 리본의 [**차트 도구**]-[레이아웃] 탭 → **축** 그룹 → **축** 명령 아이콘 → ❷ **기본 세로 축 – 기타 기본 세로 축 옵션** 명령을 클릭합니다.

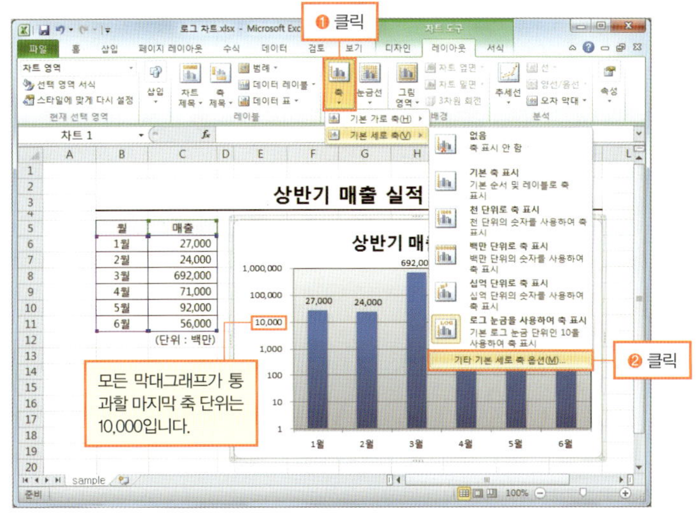

03 **Y축 최소 값 변경하기(2)** '축 서식' 대화상자가 표시되면 ❶ **축 옵션** 범주에서 '최소값' 옵션을 '고정'으로 변경하고 입력 란에 모든 막대그래프가 통과한 마지막 단위인 "10000"을 입력한 후 ❷ 〈닫기〉 단추를 클릭합니다.

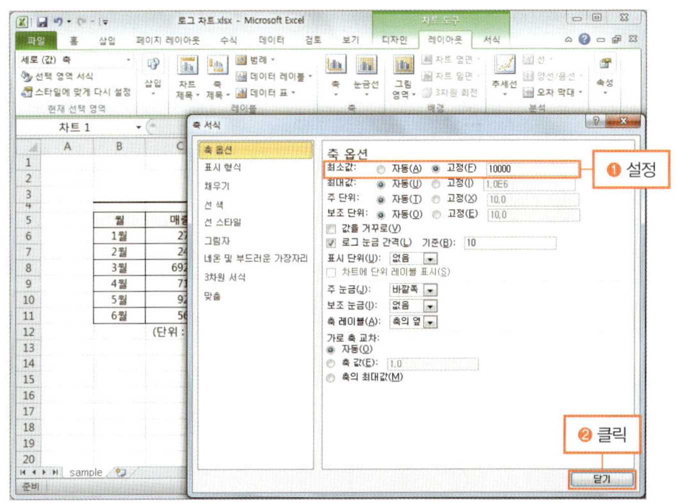

04 **Y축 레이블 삭제하기** 이렇게 하면 차트가 이전에 비해 훨씬 구분이 쉽습니다. 이제 Y축 눈금은 필요가 없으므로 Y축 레이블을 선택한 후 Delete 키를 눌러 Y축 눈금을 삭제합니다.

05 **막대 잘라낸 표시하기(1)** 이제 3월의 막대그래프가 다른 계열에 비해 월등하게 크다는 표시를 하기 위해 물결 무늬 도형을 추가해 차트에 표시합니다. ❶ 리본의 **[삽입]** 탭 → **일러스트레이션** 그룹 → **도형** 명령 아이콘 → ❷ '별 및 현수막' 항목의 '**이중 물결**' 도형을 클릭해 선택합니다.

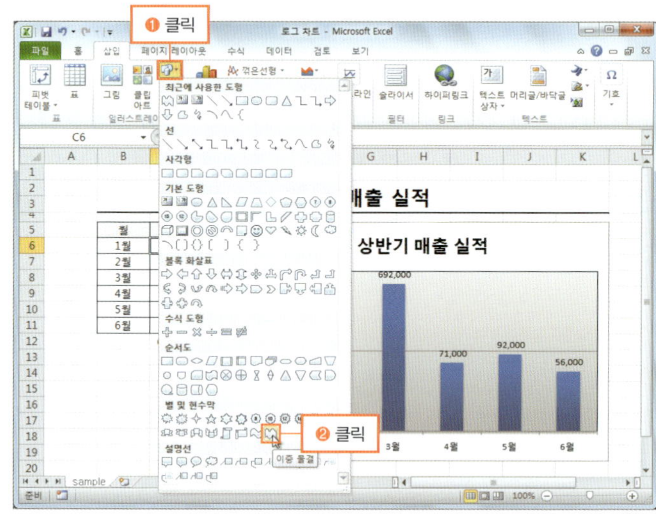

06 **막대 잘라낸 표시하기(2)** ❶ 오른쪽 화면과 같이 적당한 위치에 도형을 드래그해 추가한 다음, ❷ 리본의 **[그리기 도구]** – **[서식]** 탭 → ❸ **도형 스타일** 그룹에서 적당한 스타일을 적용하면 해당 막대그래프에 잘라낸 표시가 나타납니다.

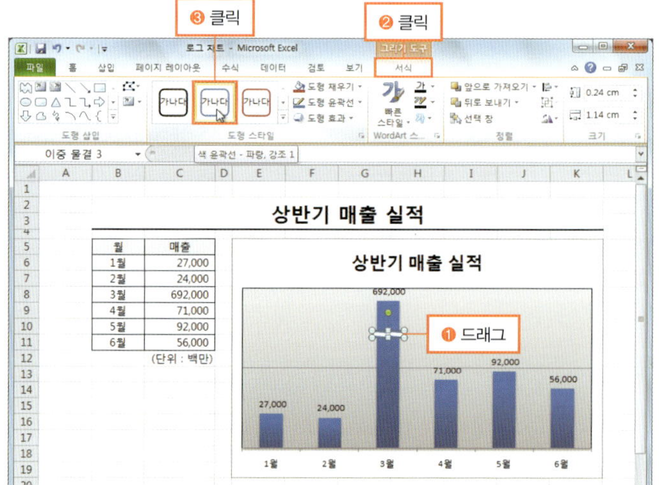

차트를 그린 다음 원본 표를 삭제하려면 차트에서 원본 표를 참조하는 부분을 모두 배열로 처리하면 되며, 방법은 다음과 같습니다.

❶ 차트의 그래프(=계열)를 선택하고, '수식 입력줄'을 보면 Series 함수를 사용한 수식을 확인할 수 있습니다.

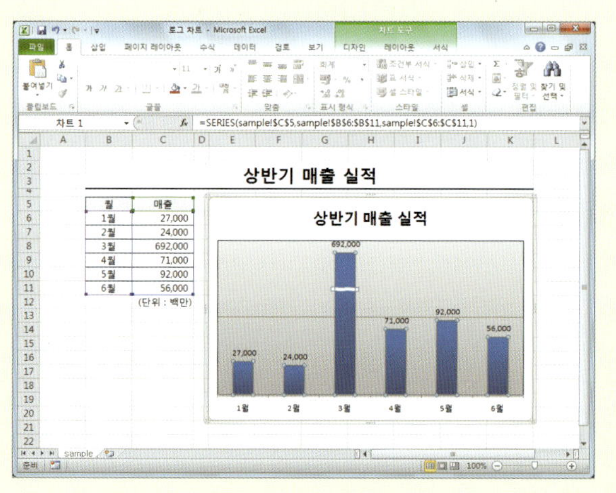

❷ Series 함수 안의 인수 부분을 보면 'sample!$C$5'와 같이 원본 표 범위를 참조하는 위치를 확인할 수 있는데, 해당 부분만 마우스로 드래그해 선택합니다.

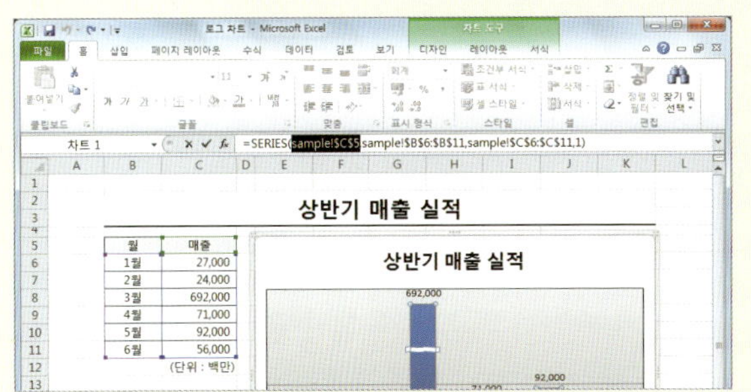

❸ 참조 위치가 선택된 상태에서 F9 키를 누르면 해당 부분이 값으로 변경됩니다. 두 번째, 세 번째 인수도 같은 방법으로 변경하면 다음과 같은 결과를 얻을 수 있습니다.

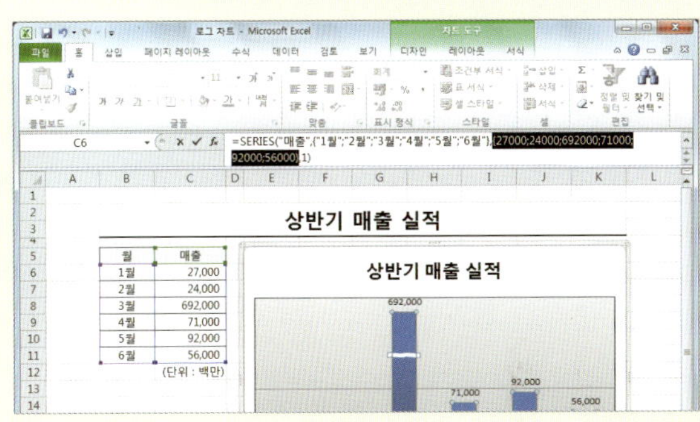

❹ Enter 키를 눌러 수식 수정 작업을 완료한 다음, 원본 표 범위인 B5:C11 범위를 선택하고 Delete 키를 눌러 원본 표 데이터를 삭제합니다.

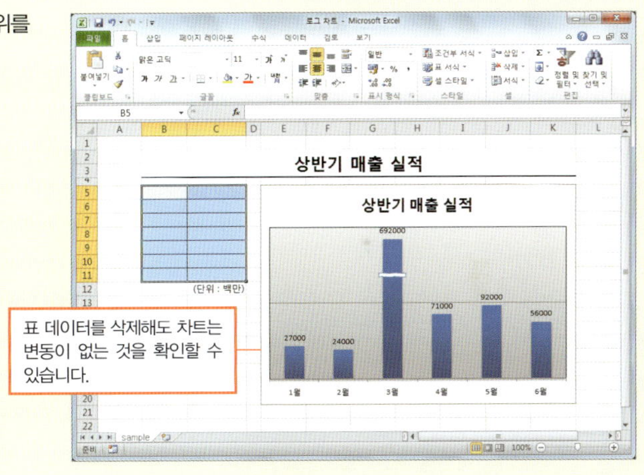

## CHAPTER 03

스파크라인 및 조건부 서식

차트 외에도 엑셀에서는 사용자의 표에 시각적인 효과를 줄 수 있는 여러 가지 기능을 제공합니다. 대표적인 기능이 조건부 서식이며, 엑셀 2010 버전부터는 스파크라인이라고 하는 셀 차트 기능도 함께 제공합니다. 이 두 가지 기능을 이용해 표를 시각화시키는 방법에 대해 설명합니다.

EXCEL 2010

01 스파크라인 이해하기 NEW 2010

스파크라인은 특정 범위의 셀 값을 그래프로 나타낸 것으로, 표 데이터를 간결한 선이나, 막대그래프를 이용해 셀 차트로 표시할 수 있습니다. 즉, '개체'가 아닌 셀 배경 자체에 표시되는 작은 차트 개념으로, 데이터 값보다 추세를 한 눈에 파악하기 쉽습니다. 스파크라인의 다양한 활용 방법에 대해 알아봅니다.

셀 차트로 간단한 꺾은선형, 세로 막대그래프를 오른쪽 화면과 같이 셀에 표시합니다. 이렇게 하면 차트를 따로 생성하지 않아도 데이터 흐름을 간단한 그래프로 이해할 수 있어 편리합니다.

담당	판매량	월 실적
김덕훈	5,915	
김소미	7,513	
김찬진	3,527	
선하라	5,775	
안정훈	3,036	
오영수	4,560	
유가을	2,670	
윤대현	7,852	
최소라	9,548	

▲ 스파크라인

◆ 스파크라인의 데이터 입력

스파크라인은 셀 안에 들어가는 일종의 배경 그림이기 때문에 같은 셀에 필요한 문자, 숫자, 수식 등의 데이터를 추가 입력할 수도 있습니다.

스파크라인은 리본의 **[삽입]** 탭 → **스파크라인** 그룹 내의 명령을 이용할 수 있습니다.

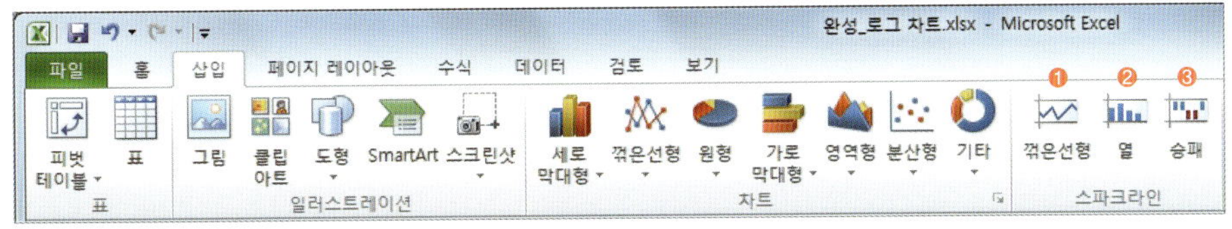

▲ 리본의 [삽입] 탭

❶ **꺾은선형 :** 꺾은선형 타입의 스파크라인을 생성합니다.

❷ **열 :** 세로 막대형 타입의 스파크라인을 생성합니다.

❸ **승패 :** 증감을 표시하는 세로 막대형 스파크라인을 생성합니다.

위 명령 아이콘 중 하나를 선택하면 다음과 같은 대화상자가 표시됩니다.

❶ **데이터 범위 :** 차트의 원본 데이터 범위를 지정합니다.

❷ **위치 범위 :** 차트가 표시될 셀을 지정합니다.

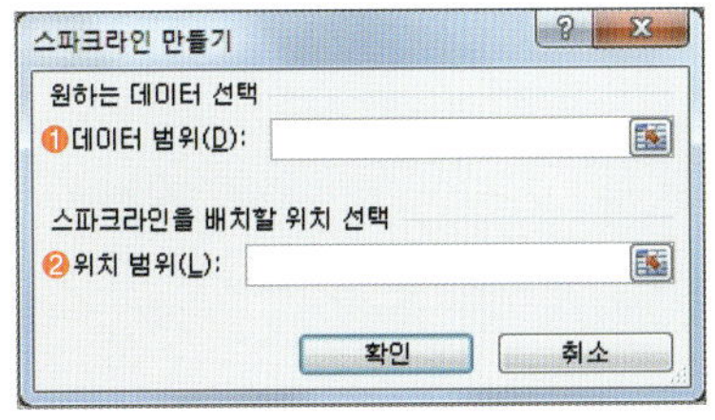

영업사원별 실적 표에서 스파크라인을 이용해 실적 현황 분석하기

📁 **준비 파일** : 영업사원별 실적 − 스파크라인.xlsx

제공된 예제 파일을 열면 Before 화면과 같은 실적표를 확인할 수 있습니다. F:K열에 있는 영업사원들의 월별 실적을 분석하여 After 화면과 같이 스파크라인을 이용해 D열과 E열에 표시해 보도록 하겠습니다.

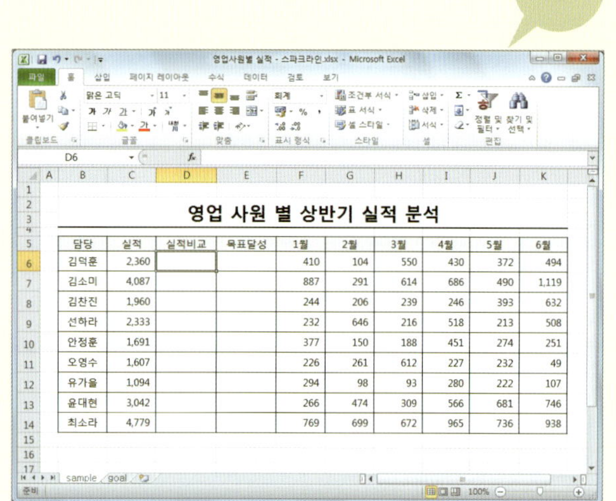

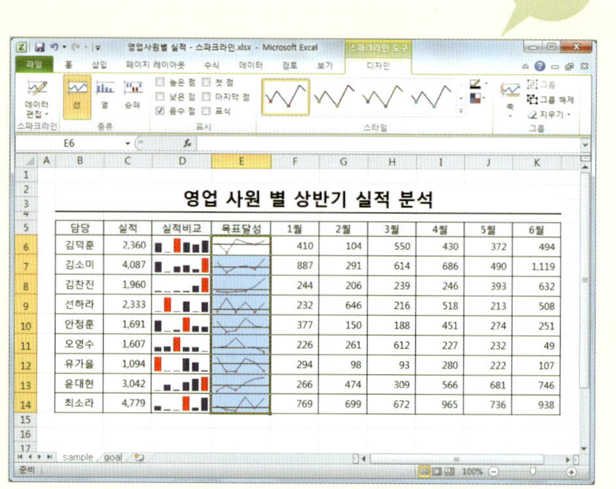

01 **스파크라인 이용해 월 실적 비교하기(1)** F:K열의 월별 실적을 막대그래프를 이용해 D열에 표시합니다. ❶ D6셀을 선택한 후 ❷ 리본의 **[삽입]** 탭 → **스파크라인** 그룹 → ❸ **열** 명령 아이콘을 클릭합니다.

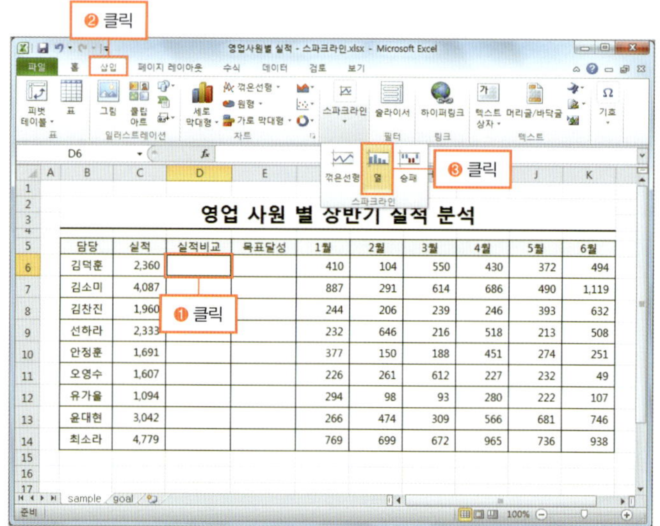

02 **스파크라인 이용해 월 실적 비교하기(2)** '스파크라인 만들기' 대화상자가 표시되면 **❶** '데이터 범위' 란에서 스파크라인으로 표시할 데이터인 F6:K6 범위를 선택한 다음 **❷** 〈확인〉 단추를 클릭합니다.

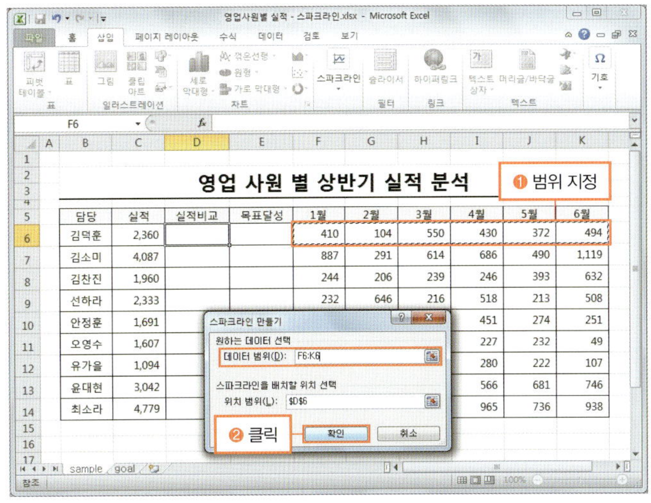

03 **스파크라인 확인하기** 그러면 오른쪽 화면과 같은 월별 실적을 막대그래프로 표시하는 스파크라인이 표시됩니다.

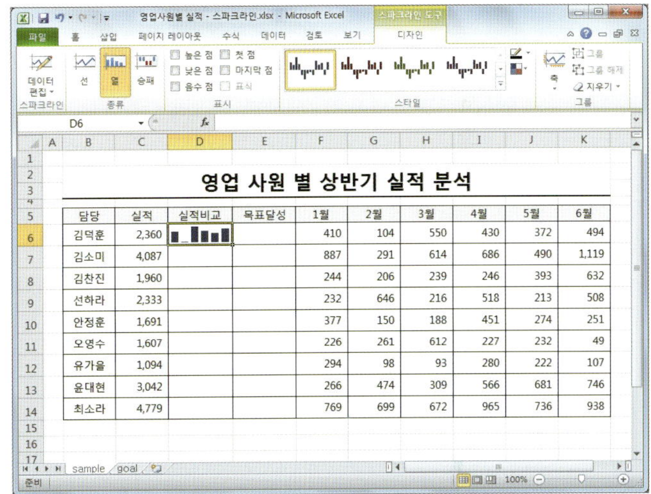

04 **자동 채우기로 스파크라인 복사하기** 스파크라인은 셀에 종속되므로 수식과 동일하게 자동 채우기 기능을 이용해 복사할 수 있습니다. D6셀의 채우기 핸들을 D14셀까지 드래그하면 각 영업사원의 스파크라인이 한 번에 표시됩니다.

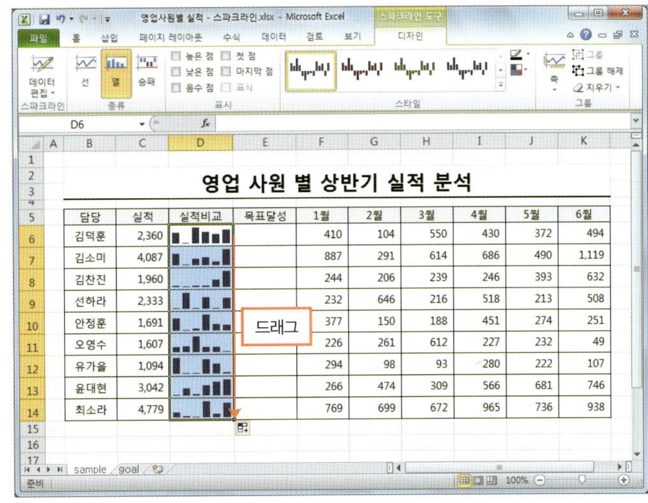

05 **최고점 표시하기** 스파크라인은 다양한 보기 설정을 지정할 수 있습니다. D6:D14 범위가 선택된 상태에서 리본의 **[스파크라인 도구]** – **[디자인]** 탭 → **표시** 그룹 → **높은 점** 옵션을 체크하면, 가장 실적이 높은 달의 막대그래프가 별도의 색상으로 표시되는 것을 확인할 수 있습니다.

> **◎ 보기 그룹 옵션**
>
> 리본의 **[스파크라인 도구]** – **[디자인]** 탭 → **표시** 그룹의 옵션은 다음과 같으며, 각 서식은 표식 색 명령 아이콘■을 클릭해 변경할 수 있습니다.
> - **높은 점** : 최고값을 갖는 표식(막대그래프)을 별도의 서식으로 표시합니다.
> - **낮은 점** : 최저값을 갖는 표식(막대그래프)을 별도의 서식으로 표시합니다.
> - **음수 점** : 음수 값을 갖는 표식(막대그래프)을 별도의 서식으로 표시합니다.
> - **첫 점** : 첫 번째 값을 별도의 서식으로 표시합니다.
> - **마지막 점** : 마지막 값을 별도의 서식으로 표시합니다.
> - **표식** : 꺾은선형 그래프에서 표식을 나타냅니다.

06 **최고점 막대 색상 변경하기(1)** 높은 점으로 다르게 지정된 서식은 사용자가 직접 지정할 수 있습니다. D6:D14 범위가 선택된 상태에서 ❶ 리본의 **[스파크라인 도구]** – **[디자인]** 탭 → **스타일** 그룹 → **표식 색** 명령 아이콘 → **높은 점** 명령에 마우스 포인터를 가져가면 색상표가 표시됩니다. ❷ 여기서 원하는 색(여기서는 '빨강')을 오른쪽 화면과 같이 선택합니다.

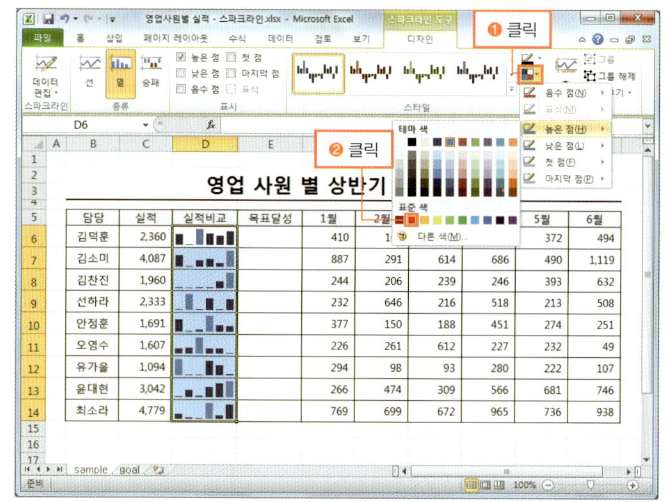

07 **최고점 막대 색상 변경하기(2)** 그러면 스파크라인의 최대값을 갖는 막대그래프가 06 과정에서 선택한 색상으로 표시됩니다. 그러면 이번에는 E열에 있는 각 월별 목표 달성 현황을 스파크라인을 이용해 표시해 보겠습니다.

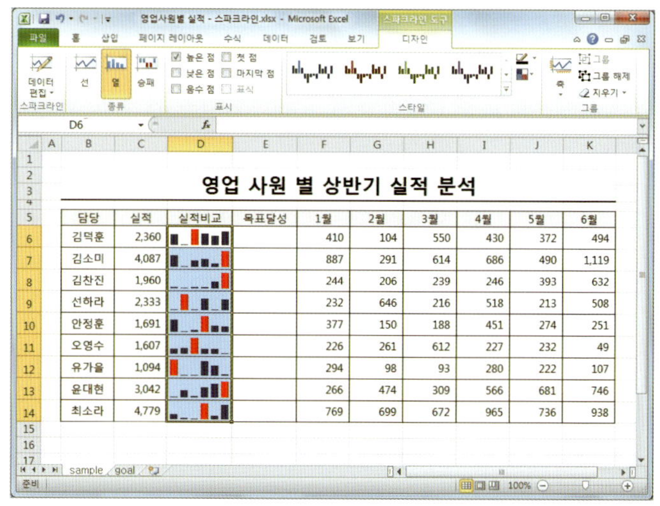

08 **실적과 목표 차이 구하기(1)** 목표 달성 현황을 표시
하려면 '=실적−목표' 수식을 이용해 목표 달성 수치
를 계산해야 합니다. 목표 달성 현황이 입력되어 있는 시트로
이동하기 위해 시트 탭에서 **goal** 시트를 선택합니다. 그러면
sample 시트의 표와 구성은 좀 다르지만 월 목표가 입력된 표
를 확인할 수 있습니다.

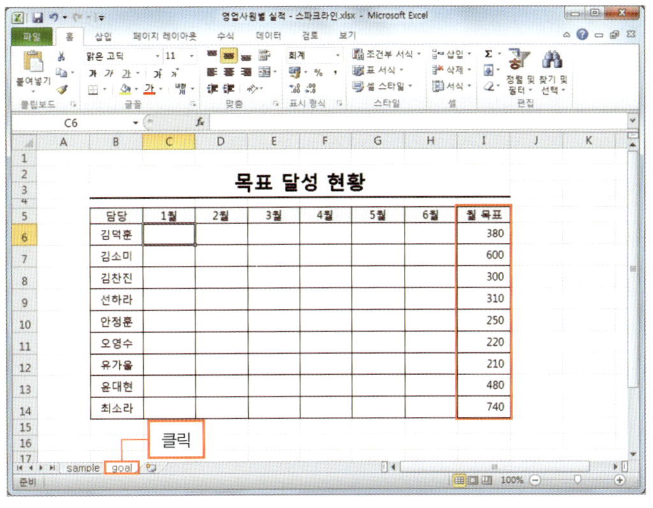

09 **실적과 목표 차이 구하기(2)** **sample** 시트의 F:K열의
실적에서 I열의 월 목표를 빼기 위해 ❶ C6셀을 선택
하고 ❷ 수식 입력줄에 다음 수식을 입력한 후 Enter 키를 누
릅니다.

C6	=sample!F6−I6

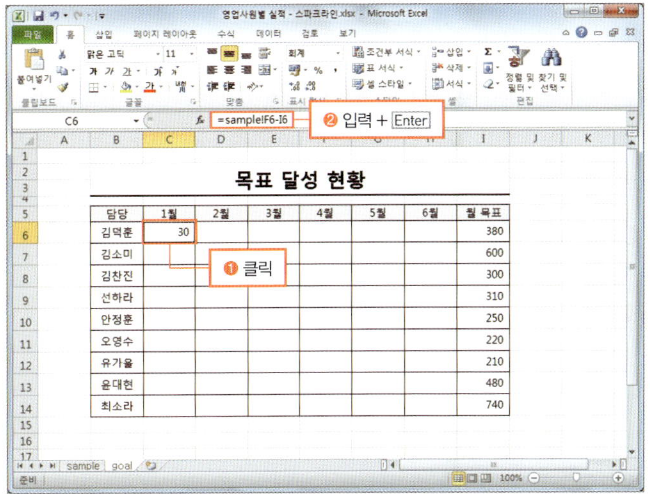

> **스파크라인의 '승패'**
>
> 목표를 달성했는지 여부 등을 스파크라인으로 표시하려면 '승패'를 선택하면 됩니다.
> '승패'는 값의 양수, 음수를 구분해 달성했는지 여부를 표시해 주므로 '승패'를 사용
> 하기 위해서는 항상 예제에서와 같이 달성 여부를 양수와 음수 값으로 확인할 수 있
> 는 계산식을 만들어야 합니다.

10 **실적과 목표 차이 구하기(3)** B열의 담당자 및 5행의 월
순서가 **sample** 시트와 동일하므로 수식을 복사해 사
용할 수 있습니다. ❶ C6셀의 수식을 다음과 같이 수정한 다
음 ❷ C6셀의 채우기 핸들을 H6셀까지 드래그하고, ❸ 다
시 채우기 핸들을 14행까지 드래그해 수식을 복사합니다.

C6	=sample!F6−$I6

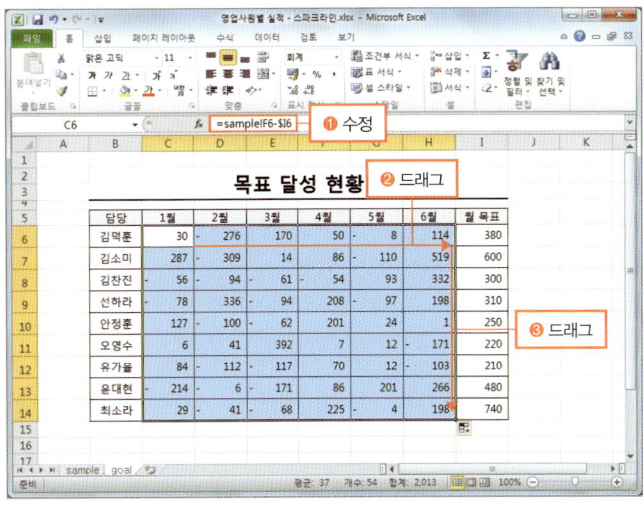

> **수식의 이해**
>
> C6셀의 수식을 H6셀 방향으로 복사할 때, 월 목표를 의미하는 I6셀의 참조 위치는 변경
> 되면 안 됩니다. 하지만, 6행의 수식을 14행까지 복사할 경우에는 월 목표를 의미하는 I6
> 셀의 참조 위치는 변경되어야 합니다. 그러므로 I6셀에서 열의 주소를 의미하는 I 앞에
> $(절대 참조 기호)를 추가해 수식을 복사해도 참조 위치가 상황에 따라(열 방향으로 복
> 사할 때 고정, 행 방향으로 복사할 때 변경) 변경되도록 해야 합니다.

11 목표 달성을 스파크라인으로 표시하기(1)

이제 goal 시트에 계산된 값을 스파크라인을 이용해 sample 시트에차트로 표현합니다. 목표 달성 수치는 양수와 음수가 섞여 있으므로 달성했는지 여부를 시각적으로 표현하기에 적합한 스파크라인의 '승패'를 이용해 표현합니다. ❶ 먼저, 시트 탭에서 sample 시트를 선택하고 ❷ E6:E14 범위를 선택한 후 ❸ 리본의 **[삽입]** 탭 → **스파크라인** 그룹 → ❹ **승패** 명령 아이콘을 클릭합니다.

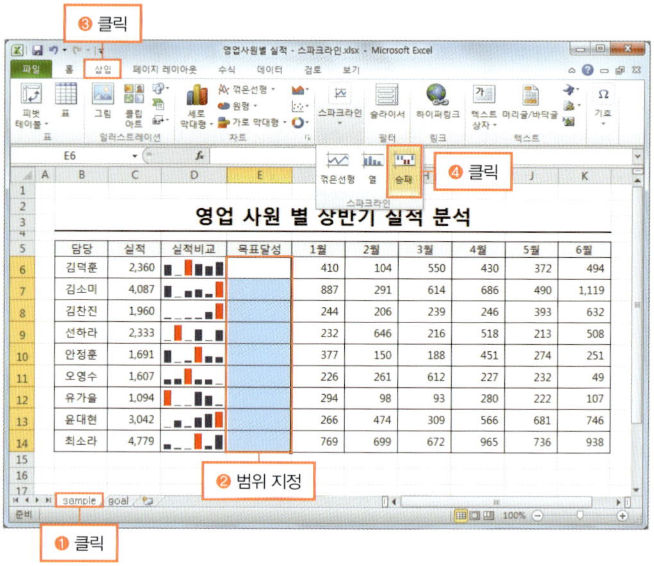

> **스파크라인의 생성**
>
> 스파크라인을 생성할 때, 범위를 선택하는 방법은 2가지입니다.
>
> ① 셀 하나를 선택해서 작업한 다음, 자동 채우기 기능을 이용해 복사하는 방법
>
> ② 전체 범위를 선택하고 스파크라인을 생성하는 방법
>
> 두 방법의 차이는 스파크라인으로 그릴 데이터 범위를 선택하는 방법의 차이인데, 01 과정의 방법은 하나의 스파크라인을 구성하기 위한 범위만 선택하면 되지만, 이번 예제에서는 전체 스파크라인으로 표현할 데이터 범위 모두를 선택합니다.

12 목표 달성을 스파크라인으로 표시하기(2)

'스파크라인 만들기' 대화상자가 표시되면 ❶ '데이터 범위' 란을 선택하고 시트 탭에서 goal 시트를 선택합니다. ❷ C6:H14 범위를 마우스로 드래그해 선택한 후 ❸ 〈확인〉 단추를 클릭합니다.

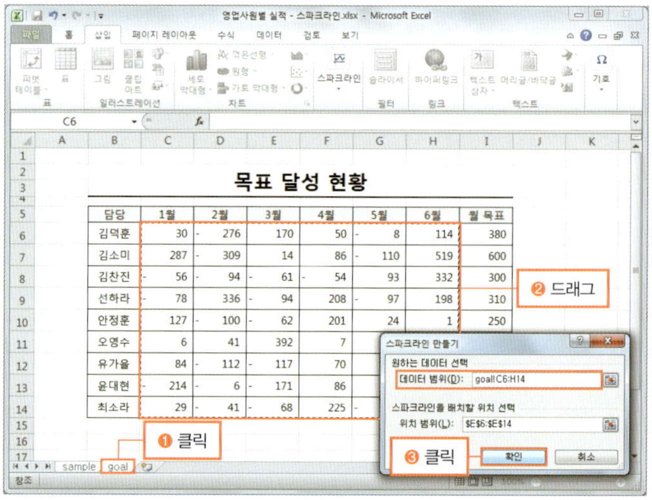

13 목표 달성을 스파크라인으로 표시하기(3)

그러면 Sample 시트의 선택된 범위에 스파크라인이 모두 표시됩니다. '승패' 방식의 스파크라인은 양수와 음수를 서로 다른 색상으로 표시해 주므로 목표를 달성한 월과 달성하지 못한 달을 한 눈에 파악할 수 있습니다.

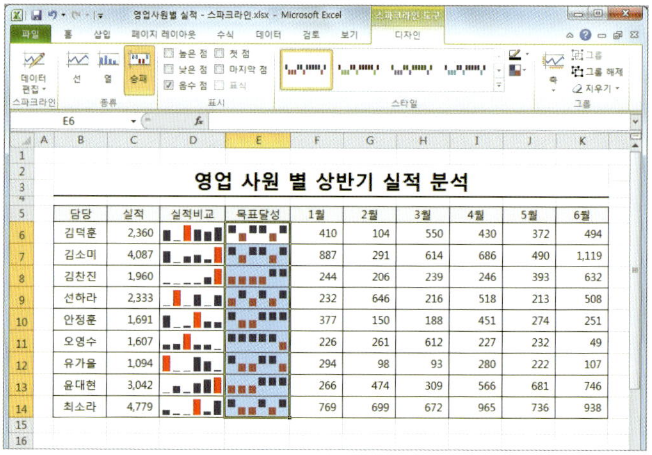

14 **스파크라인을 꺾은선형으로 변경하기** 이미 완성된 스파크라인을 다른 차트 형식으로 변경할 수도 있습니다. E6:E14 범위가 선택된 상태에서 리본의 **[스파크라인 도구]-[디자인]** 탭 → **종류** 그룹 → **선** 명령 아이콘을 클릭하면 승패 타입의 차트가 선 타입의 차트로 변경됩니다.

빨간색 표식이 나타난 위치가 목표를 달성하지 못한 월 위치입니다.

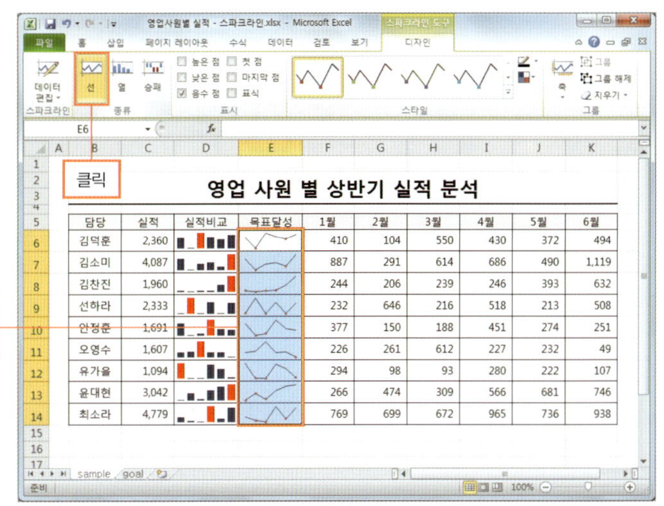

15 **X축 표시하기(1)** 꺾은선형 타입의 스파크라인을 이용해 승패를 보다 분명하게 나타내기 위해서는 가로 축(=X축)을 표시하는 것이 좋습니다. E6:E14 범위가 선택된 상태에서 ❶ 리본의 **[스파크라인 도구]-[디자인]** 탭 → **그룹** 그룹 → **축** 명령 아이콘 → ❷ **가로 축 옵션-축 표시** 명령을 선택합니다.

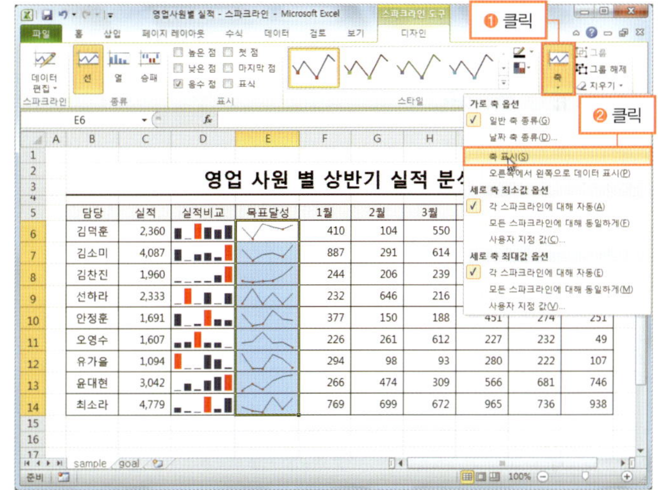

16 **X축 표시하기(2)** 이렇게 하면 가로 축이 표시되면서 음수와 양수가 구분됩니다.

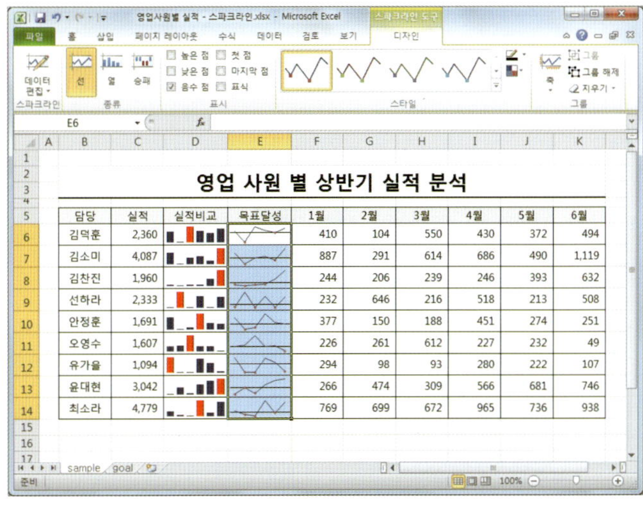

> ◆ **스파크라인의 삭제**
>
> 추가된 스파크라인을 삭제하려면 스파크라인이 표시된 데이터 범위를 선택하고, 리본의 **[스파크라인 도구]-[디자인]** 탭 → **그룹** 그룹 → **지우기** 명령 아이콘을 클릭합니다.

02 조건부 서식 이해하기

셀 서식을 이용하면 선택된 범위 내 모든 셀에 지정한 서식이 적용되지만, 조건부 서식을 이용하면 선택된 범위에서 조건에 맞는 셀에만 지정한 서식이 적용되도록 할 수 있습니다. 조건부 서식을 이용해 데이터 값을 다양하게 표현하는 방법을 알아봅니다.

다음 예제 파일과 같이 셀 서식을 이용할 경우에는 단종된 제품을 일일이 선택해 서식을 지정해야 하지만, 조건부 서식은 전체 표 범위에 한 번만 적용하면 H열에 '단종'이 입력될 때마다 자동으로 서식이 적용됩니다.

제품번호	제품명	공급업체	분류	단가	재고량	단종여부
			제품 단종 관리			
1	태양 100% 오렌지 주스	서울 무역 ㈜	유제품	10,300	45	
2	태양 100% 레몬 주스	태양 식품 ㈜	음료	11,900	17	
3	태양 체리 시럽	태양 식품 ㈜	조미료	5,800	13	
4	신한 100% 복숭아 시럽	신한 식품 ㈜	조미료	13,400	53	
5	신한 100% 파인애플 시럽	신한 식품 ㈜	조미료	13,700	0	단종
6	대양 특선 블루베리 잼	대양 농산 ㈜	조미료	14,600	120	
7	대양 특선 건과(배)	대양 농산 ㈜	가공 식품	18,100	15	
8	대양 특선 딸기 소스	대양 농산 ㈜	조미료	24,400	6	
9	북미산 상등육 쇠고기	서울 무역 ㈜	육류	54,200	0	단종
10	노르웨이산 연어알 조림	서울 무역 ㈜	해산물	19,400	31	

▲ 셀 서식과 조건부 서식의 차이

다음 예제는 같은 크기를 가로 막대그래프를 이용해 표시한 예입니다.

담당	판매수량	매출
	영업사원 실적 현황	
김덕훈	5,915	164,810,450
김소미	7,513	185,908,500
김찬진	3,527	74,111,200
선하라	5,775	124,166,550
안정훈	3,036	68,909,900
오영수	4,560	123,590,750
유가을	2,670	77,505,350
윤대현	7,852	203,033,700
최소라	9,548	227,972,600

▲ 데이터 가로 막대

다음 예제는 값의 크기를 색상으로 표시한 예입니다. 색이 짙을수록 실적이 좋고, 색이 옅을수록 실적이 저조한 것을 의미합니다.

담당	1월	2월	3월	4월	5월	6월	7월	8월	9월	10월	11월	12월
김덕훈	410	104	550	430	372	494	482	394	641	1,594	221	223
김소미	887	291	614	686	490	1,119	701	734	742	738	205	306
김찬진	244	206	239	246	393	632	161	246	363	560	64	173
선하라	232	646	216	518	213	508	848	430	1,200	609	238	117
안정훈	377	150	188	451	274	251	344	276	345	10	247	123
오영수	226	261	612	227	232	49	513	473	498	1,216	155	98
유가을	294	98	93	280	222	107	311	297	454	341	8	165
윤대현	266	474	309	566	681	746	1,146	1,321	771	778	508	286
최소라	769	699	672	965	736	938	1,399	1,240	737	862	322	209

▲ 색조 변경

다음 예제는 값의 크기를 아이콘으로 표시한 예입니다. 증가한 실적을 표시할 때는 '위 방향 화살표' 아이콘, 하락한 실적을 표시할 때는 '아래 방향 화살표' 아이콘을 사용합니다.

고객	상반기	하반기	증감률
해바라기 백화점	53,649,200	111,161,250 ⬆	107.20%
YH 무역	65,821,650	120,086,850 ⬆	82.44%
삼왕 통상	34,405,150	39,706,050 ⬆	15.41%
신세계 통상	48,330,450	75,836,100 ⬆	56.91%
진주 백화점	28,475,700	40,434,200 ⬆	42.00%
삼선 무역	46,888,600	76,702,150 ⬆	63.58%
동남 상사	16,619,250	60,886,100 ⬆	266.36%
금화 유통	80,980,200	122,053,500 ⬆	50.72%
한남 상사	115,467,700	112,504,900 ⬇	-2.57%

▲ 위/아래 아이콘 표시

03 조건에 맞는 데이터를 찾아 서식 지정하기

조건부 서식은 수식을 이용해 조건을 구성하며, 조건에 따라 자동으로 변경됩니다. 즉, 셀과 수식 방식에 따라 조건부 수식을 설정할 수 있으며, 조건부 서식이 설정된 후에는 데이터 값이 변경되면 자동으로 변경됩니다.

조건부 서식에서 조건이란 서식을 적용하기 위한 판단 조건을 의미합니다. 조건부 서식에는 여러 가지 판단 조건이 미리 제공되고 있으므로 사용자는 상황에 맞는 조건을 선택해 원하는 서식을 지정하면 됩니다.

조건부 서식의 조건을 확인하기 위해 리본의 **[홈]** 탭 → **스타일** 그룹 → **조건부 서식** 명령 아이콘 → **셀 강조 규칙**과 **상위/하위 규칙**을 선택합니다.

> **● 조건부 서식**
>
> 조건부 서식을 이용하려면 반드시 데이터 부분의 영역을 설정해야 합니다.

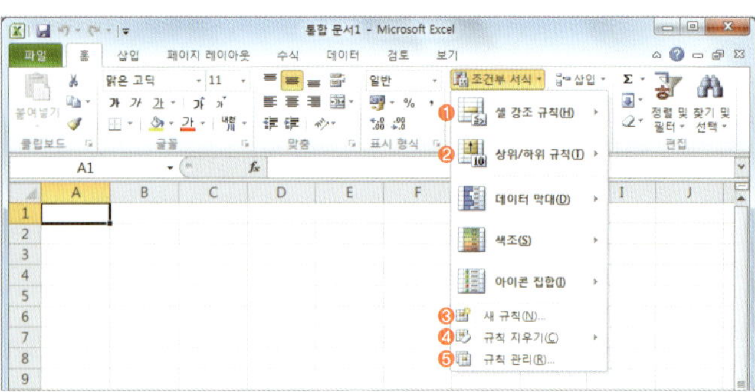

▲ 조건부 서식 명령

❶ 셀 강조 규칙 : 선택된 셀 중에서 강조하고 싶은 조건을 선택하며, 하위 메뉴에서는 다음과 같은 명령을 선택할 수 있습니다.

- **보다 큼** : 특정 값보다 큰 값에 원하는 서식을 지정할 때 사용
- **보다 작음** : 특정 값보다 작은 값에 원하는 서식을 지정할 때 사용
- **다음 값의 사이에 있음** : 1~10과 같이 특정 구간의 값에 원하는 서식을 지정할 때 사용
- **같음** : 특정 값과 같은 값에 원하는 서식을 지정할 때 사용
- **텍스트 포함** : 텍스트에서 특정 문자(열)이 존재할 때 원하는 서식을 지정
- **발생 날짜** : 날짜를 기준으로 원하는 서식을 지정할 때 사용
- **중복 값** : 중복 값에 원하는 서식을 지정할 때 사용
- **기타 규칙** : '새 규칙' 대화상자를 호출

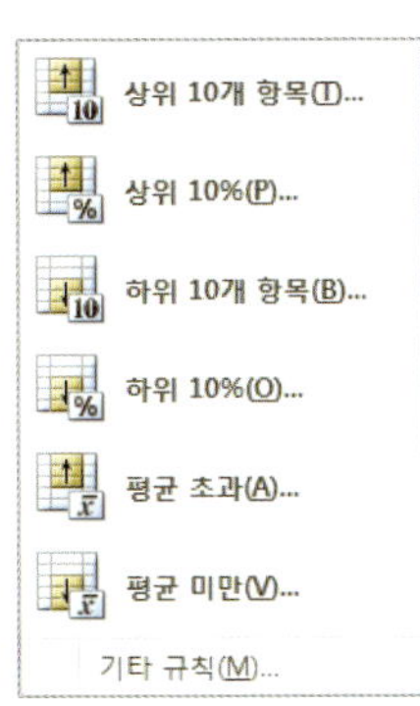

- **상위 10개 항목** : 전체에서 가장 큰 n개 값에 원하는 서식을 지정할 때 사용
- **상위 10%** : 전체에서 상위 n%에 드는 값에 원하는 서식을 지정할 때 사용
- **하위 10개 항목** : 전체에서 가장 작은 n개 값에 원하는 서식을 지정할 때 사용
- **하위 10%** : 전체에서 하위 n%에 드는 값에 원하는 서식을 지정할 때 사용
- **평균 초과** : 전체 범위의 평균 값보다 큰 값에 원하는 서식을 지정할 때 사용
- **평균 미만** : 전체 범위의 평균 값보다 작은 값에 원하는 서식을 지정할 때 사용
- **기타 규칙** : '새 규칙' 대화상자를 호출

❸ **새 규칙** : 직접 원하는 규칙을 설정할 수 있는 대화상자가 표시됩니다.

❹ **규칙 지우기** : 선택된 셀, 표, 워크시트에 적용된 조건부 서식을 찾아 지웁니다.

❺ **규칙 관리** : 설정된 조건부 서식을 고칠 수 있는 '조건부 서식 관리' 대화상자가 표시됩니다.

> **◑ 조건에 맞지 않은 데이터 값**
>
> 변경된 데이터 값이 조건에 맞지 않으면 서식은 자동 삭제됩니다.

제품 관리 표를 조건부 서식을 이용해 효율적으로 관리하기

📁 **준비 파일** : 제품 관리.xlsx

제공된 예제 파일을 열면 Before 화면과 같은 제품 관리 표를 볼 수 있습니다. 이 표에 조건부 서식을 이용해 원하는 데이터를 다양하게 표시해 보고, 조건부 서식을 삭제하는 방법과 오류 발생 시 숨기는 방법까지 살펴보도록 하겠습니다.

Before

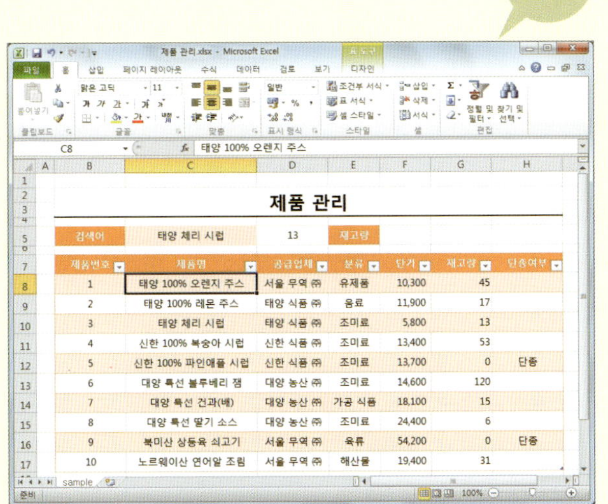

After

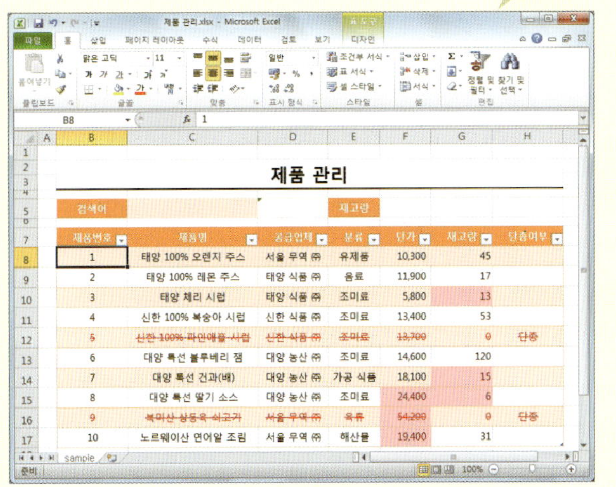

01 특정 문자(열)가 포함된 셀에 서식 지정(1) D열의 '공급 업체' 중에서 "식품"이란 단어가 포함된 업체를 확인 하기 위해 조건부 서식을 이용합니다. ❶ 조건부 서식을 적용 할 D8:D17 범위를 선택한 다음 ❷ 리본의 [홈] 탭 → **스타일** 그 룹 → **조건부 서식** 명령 아이콘 → ❸ **셀 강조 규칙-텍스트 포 함** 메뉴를 클릭합니다.

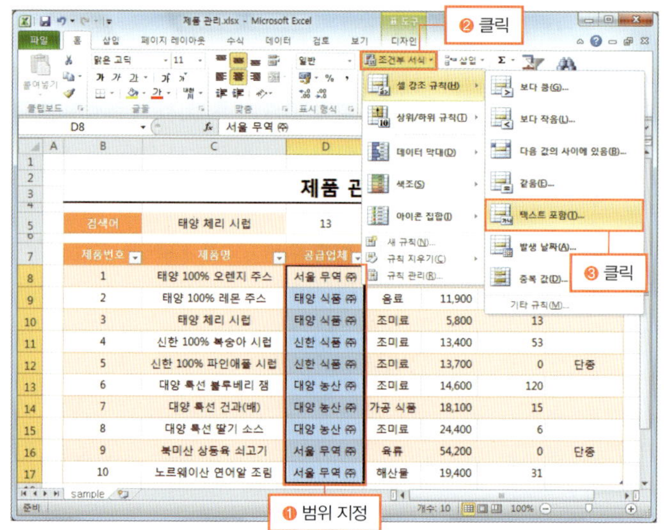

02 특정 문자(열)가 포함된 셀에 서식 지정(2) '텍스트 포 함' 대화상자가 표시되면 ❶ 텍스트 입력란에 "식품" 을 입력합니다. 그러면 오른쪽 화면과 같이 '식품' 단어를 포함 한 셀이 구분되어 표시됩니다. ❷ '적용할 서식' 목록 단추를 클 릭하여 '사용자 지정 서식'을 선택합니다.

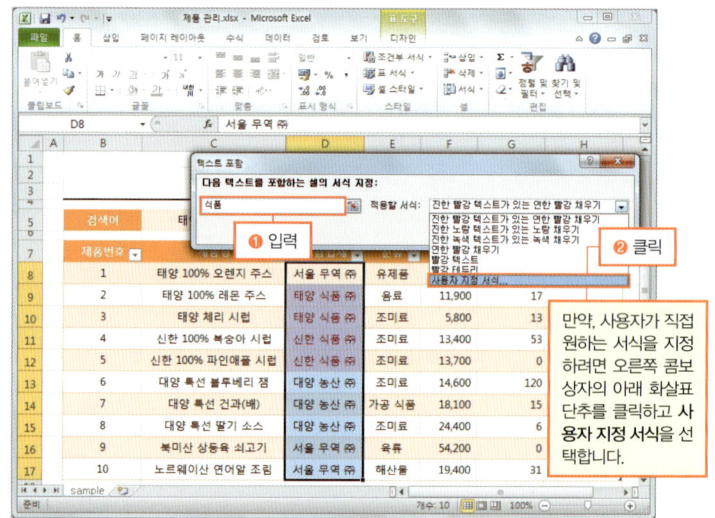

03 특정 문자(열)가 포함된 셀에 서식 지정(3) '셀 서식' 대 화상자가 표시되면 각 탭을 선택해 원하는 서식을 지 정합니다. ❶ [채우기] 탭을 클릭하고 ❷ 색상표에서 1행 6열에 위치한 색을 선택한 후 ❸ 〈확인〉 단추를 클릭합니다. '텍스트 포함' 대화상자도 〈확인〉 단추를 클릭해 닫습니다.

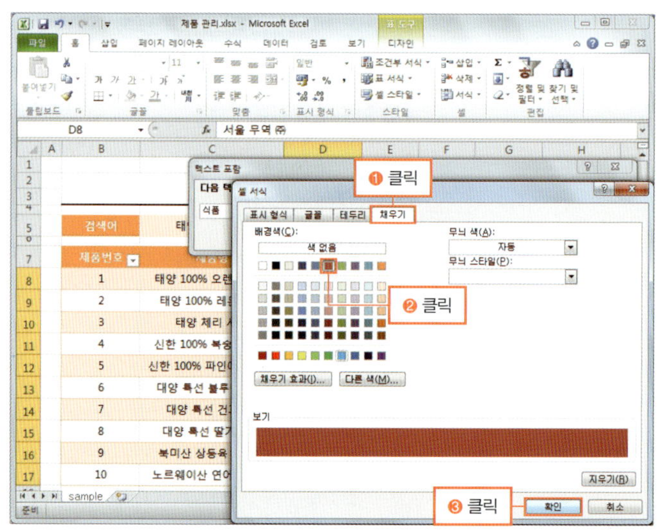

04 **특정 문자(열)가 포함된 셀에 서식 지정(4)** 그러면 오른쪽 화면과 같이 '식품'이 포함된 공급업체명에 지정한 서식이 적용됩니다.

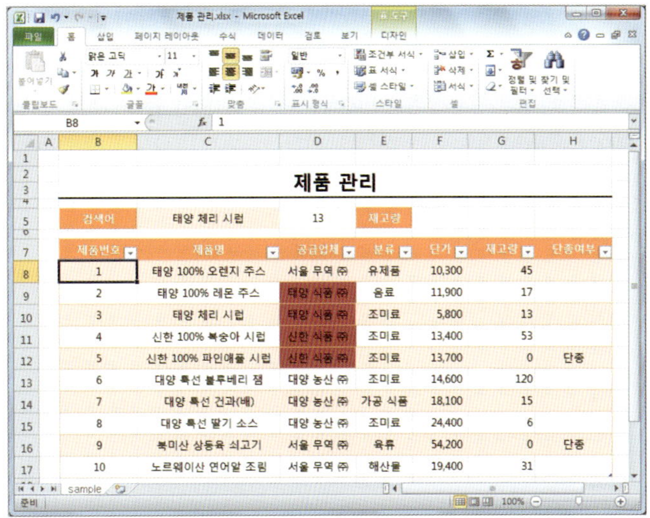

05 **조건부 서식의 동작 확인(1)** 조건부 서식이 제대로 동작하는지 확인하기 위해 D16셀을 선택하고, D16셀의 값을 "서울 식품 (주)"로 변경합니다. 그러면 D16셀에도 지정한 서식이 적용되는 것을 확인할 수 있습니다.

> ◎ **추가된 데이터에 조건부 서식 적용**
>
> 조건부 서식은 기본적으로 명령 실행 전에 선택된 범위에만 적용됩니다. 하지만, 이번과 같이 '엑셀 표'로 변환한 다음 조건부 서식을 적용하면 추가된 데이터 역시 조건부 서식의 영향을 받게 됩니다.

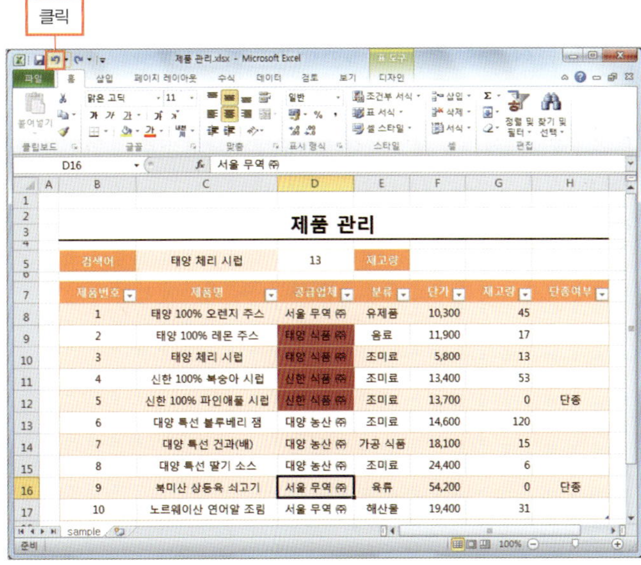

06 **조건부 서식의 동작 확인(2)** 값을 다시 원래대로 복원하려면 리본 상단의 빠른 실행 도구 모음의 **실행 취소** 명령 아이콘을 클릭합니다.

> ◎ **실행 취소 단추키**
>
> 실행 취소 명령의 단축키는 Ctrl + Z 입니다.

07 **조건부 서식 삭제하기** 적용된 조건부 서식을 삭제하려면 ❶ 리본의 [홈] 탭 → **스타일** 그룹 → **조건부 서식** 명령 아이콘 → ❷ **규칙 지우기-이 표에서 규칙 지우기** 명령을 클릭합니다.

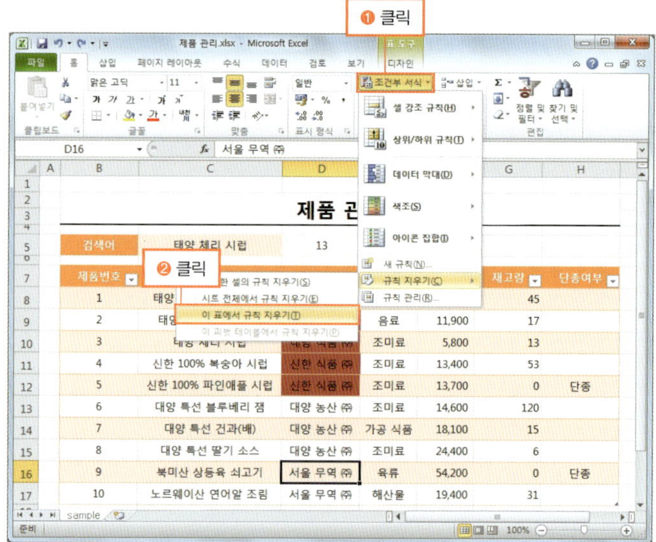

> ◎ **조건부 서식의 삭제**
>
> 조건부 서식을 지울 때 **규칙 지우기** 명령에는 다음과 같은 명령을 선택할 수 있습니다.
> - **선택한 셀의 규칙 지우기** : 선택된 셀(또는 범위)에 적용된 조건부 서식을 삭제합니다.
> - **시트 전체에서 규칙 지우기** : 워크시트 전체에서 적용된 조건부 서식을 삭제합니다.
> - **이 표에서 규칙 지우기** : 엑셀 표에 적용된 조건부 서식을 삭제합니다.
> - **이 피벗 테이블에서 규칙 지우기** : 피벗 테이블에 적용된 조건부 서식을 삭제합니다.

08 **발주 제품 표시하기(1)** 이번에는 재고량이 1~15개 사이일 때 제품을 다시 발주한다고 가정하고, 발주 대상 제품을 확인하기 위해 조건부 서식을 이용합니다. ❶ 재고량이 입력된 G8:G17 범위를 선택하고 ❷ 리본의 [홈] 탭 → **조건부 서식** 명령 아이콘 → ❸ **셀 강조 규칙-다음 값의 사이에 있음** 명령을 선택합니다.

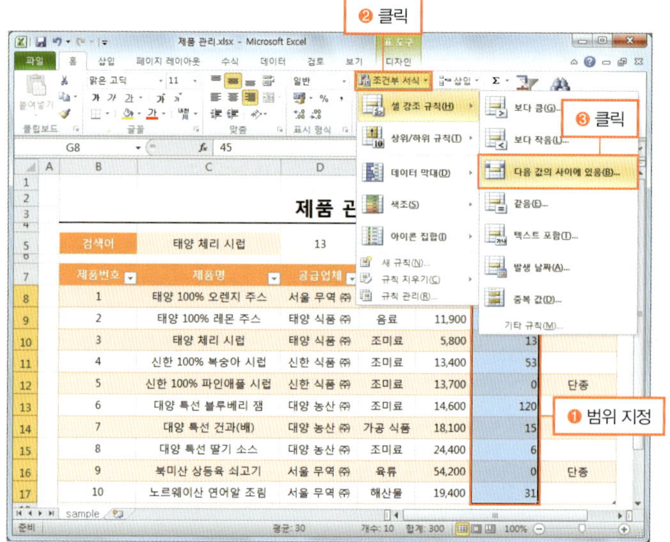

09 **발주 제품 표시하기(2)** '해당 범위' 대화상자가 표시되면, 첫 번째 참조 란은 '최소값'을 두 번째 참조란은 '최대값'을 입력합니다. ❶ 최소값 란에 "1", 최대값 란에 "15"를 입력한 다음 ❷ 〈확인〉 단추를 클릭합니다.

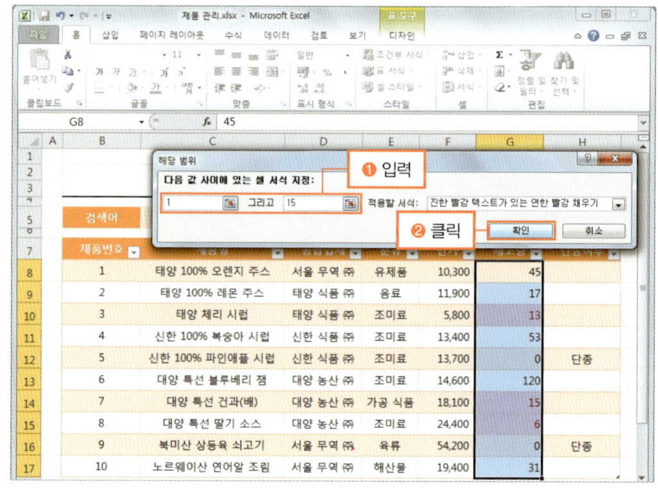

> ◎ **적용할 서식 직접 설정하기**
>
> 사용자가 원하는 서식을 직접 적용하려면 오른쪽 콤보 상자의 아래 화살표 단추를 클릭한 다음 **사용자 지정 서식** 명령을 클릭합니다.

10 **단가가 전체 평균 이상인 제품 표시(1)** 이번에는 F열의 '단가' 중에서 전체 평균 단가보다 큰 제품을 표시해 보겠습니다. ❶ '단가'가 입력된 F8:F17 범위를 선택하고 ❷ 리본의 [홈] 탭 → **스타일** 그룹 → **조건부 서식** 명령 아이콘 → ❸ **상위/하위 규칙 – 평균 초과** 조건을 선택합니다.

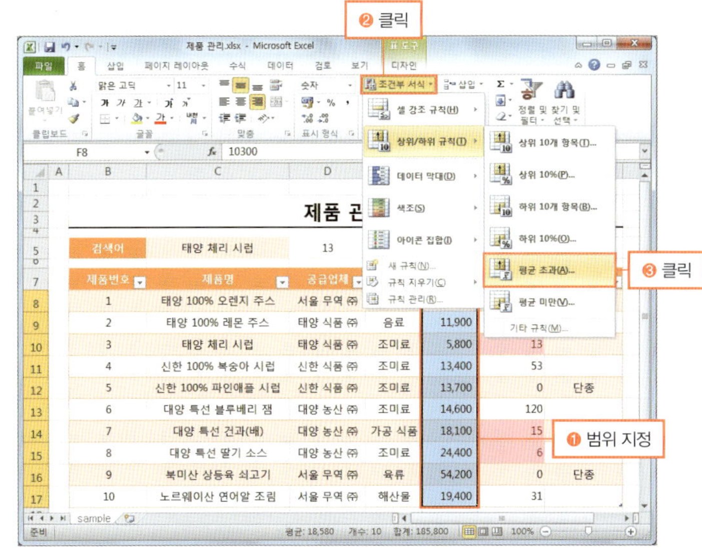

11 **단가가 전체 평균 이상인 제품 표시(2)** '평균 초과' 대화상자가 표시되면 '적용할 서식' 콤보 상자에서 원하는 서식을 선택할 수 있습니다. ❶ 콤보 상자에서 원하는 서식(여기에서는 '진한 빨강 텍스트가 있는 연한 빨강 채우기')을 지정한 다음 ❷ 〈확인〉 단추를 클릭합니다. 그러면, 오른쪽 화면과 같이 전체 평균 단가보다 큰 제품만 서식이 적용된 것을 확인할 수 있습니다.

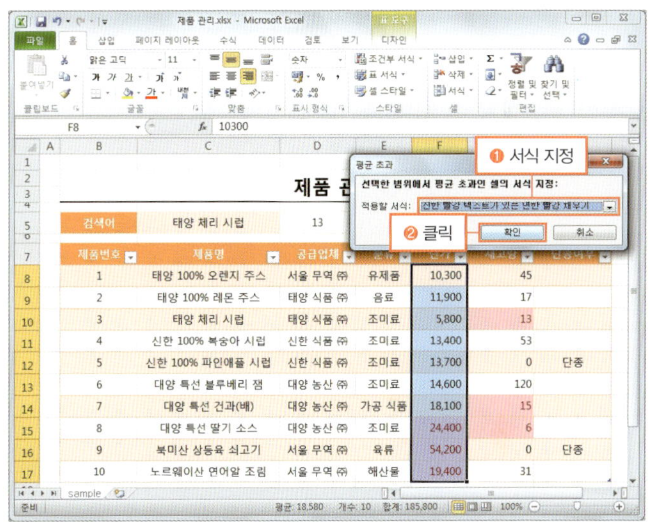

12 **에러난 셀 숨기기(1)** 5행에 구성된 표는 제품명을 입력하면 '재고량'이 나타나도록 한 것인데, C5셀의 값을 Delete 키로 지우면 D6셀에 '#N/A' 오류가 발생합니다. 이와 같은 오류를 숨기고자 할 경우에는 조건부 서식을 이용할 수 있습니다.

> **◉ D5셀의 수식 이해**
>
> D5셀에 입력된 수식은 "=VLOOKUP(C5, 제품[[제품명]:[재고량]], 5, FALSE)"입니다. 다만 두 번째 인수인 '제품[[제품명]:[재고량]]'은 엑셀 표의 구조적 참조로 제품 표의 '제품명' 열에서 '재고량' 열까지를 의미하므로, 셀 주소로는 C8:G17 범위가 됩니다. 그러므로 이번 수식은 C5셀에 입력된 값을 제품 표의 '제품명' 열에서 찾아 다섯 번째에 위치한 '재고량' 열의 값을 참조해 옵니다.

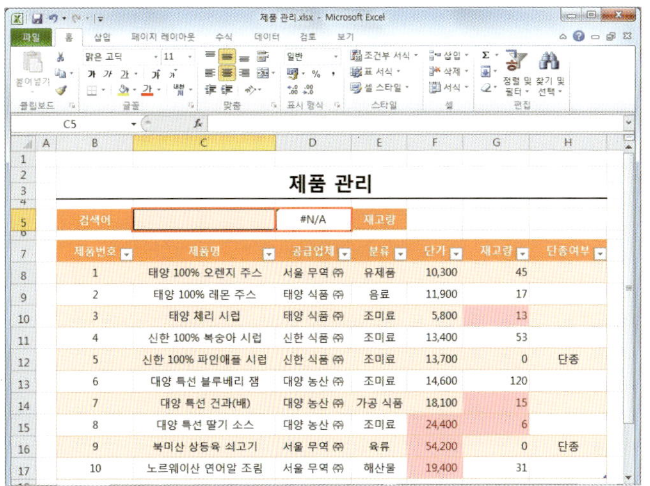

13 에러난 셀 숨기기(2) 에러를 숨기기 위해 ❶ D5셀이 선택된 상태에서 ❷ 리본의 **[홈]** 탭 → **스타일** 그룹 → **조건부 서식** 명령 아이콘 → ❸ **셀 강조 규칙-기타 규칙** 메뉴를 선택합니다.

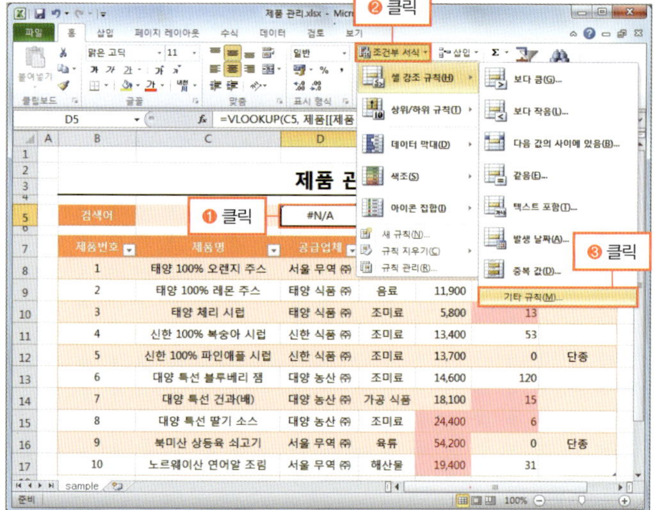

> **⚙ 오류 숨기기**
>
> 조건부 서식을 이용해 오류(=에러)를 숨기려면 오류가 발생한 셀을 찾아 글꼴색을 배경색과 동일하게 설정합니다.

14 에러난 셀 숨기기(3) '새 서식 규칙' 대화상자가 표시되면 ❶ '규칙 설명 편집' 항목의 콤보 상자 아래 화살표 단추를 클릭하고 ❷ **오류** 조건을 선택합니다.

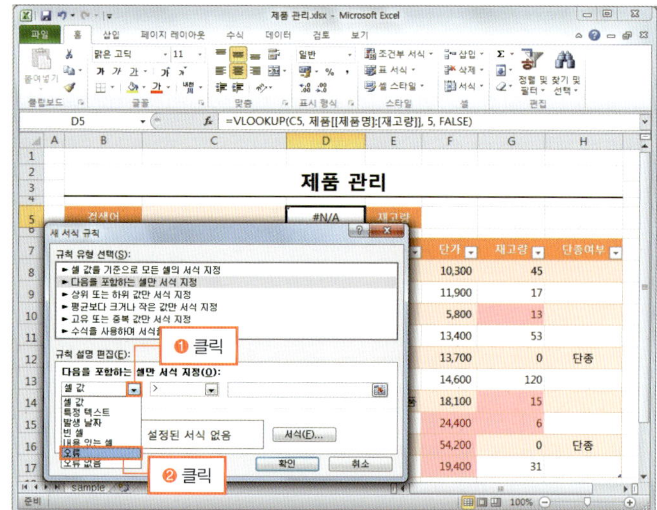

15 에러난 셀 숨기기(4) 그런 다음 〈서식〉 단추를 클릭하여 셀 서식을 지정합니다.

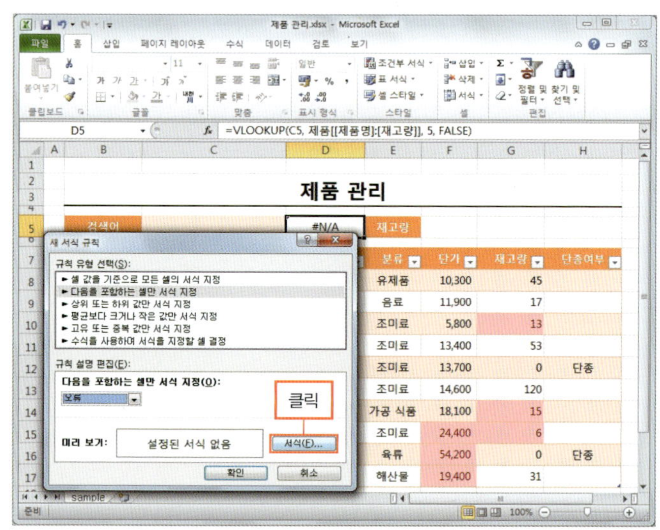

16 에러난 셀 숨기기(5) '셀 서식' 대화상자가 표시되면 ❶ [글꼴] 탭을 클릭하고 ❷ **색** 옵션의 아래 화살표 단추를 클릭하고 ❸ 색상표에서 흰색(=배경색과 동일한 색)을 선택한 후 ❹ 〈확인〉 단추를 클릭합니다. 그런 다음 '새 서식 규칙' 대화상자도 〈확인〉 단추를 클릭하여 닫습니다.

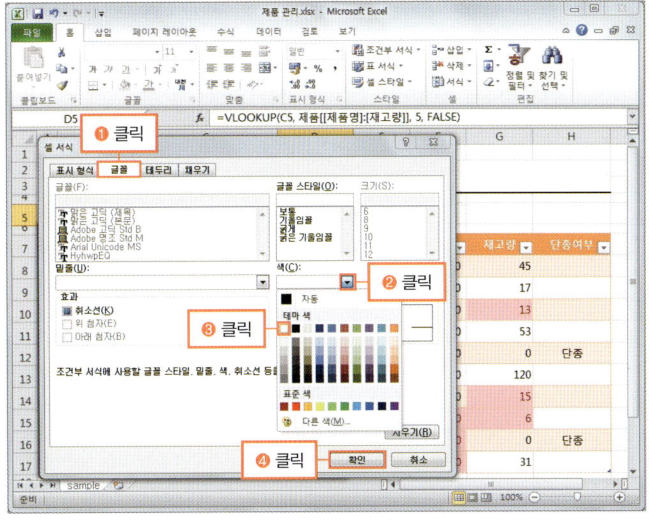

17 에러난 셀 숨기기(6) 그러면 오류 값이 더 이상 나타나지 않는 것을 확인할 수 있습니다. 이제 C5셀을 선택하고 제품명을 입력하면 D5셀에 재고량이 나타나며, 만약 잘못된 제품명이나 제품명을 삭제하면 오른쪽 화면과 같이 빈 셀로 표시됩니다.

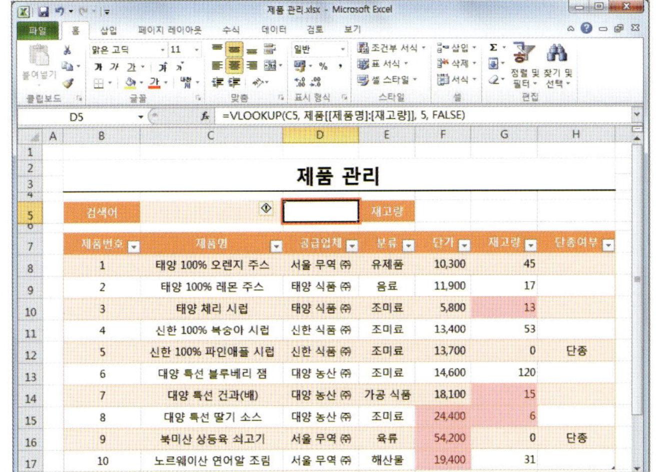

18 단종 제품 표시하기(1) 이제 마지막으로 H열에 '단종'이 입력된 제품을 자동으로 표시되도록 하겠습니다. 이전의 조건부 서식은 조건과 일치하는 셀에만 서식이 적용되었지만, 이번에는 조건에 맞는 셀이 포함된 행 전체에 동일한 서식을 지정합니다. ❶ 조건부 서식이 적용될 전체 범위인 B8:H17 범위를 선택한 다음, ❷ 리본의 [홈] 탭 → **스타일** 그룹 → **조건부 서식** 명령 아이콘 → ❸ **새 규칙** 메뉴를 선택합니다.

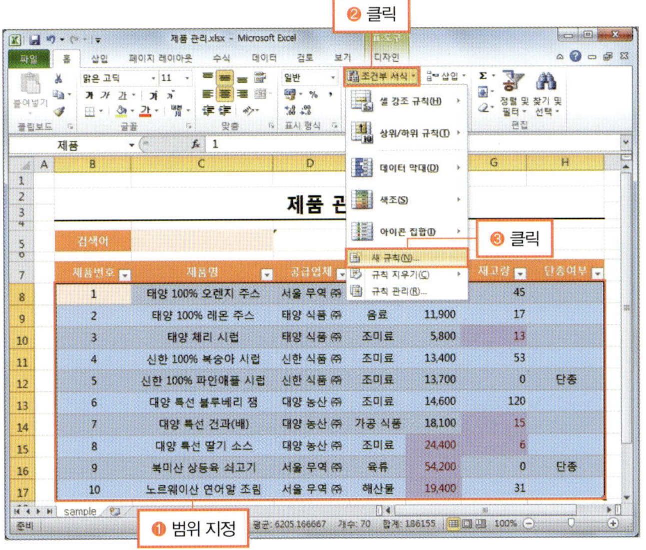

19 단종 제품 표시하기(2) '새 서식 규칙' 대화상자가 표시되면 ❶ '규칙 유형 선택' 리스트에서 **수식을 사용하여 서식을 지정할 셀 결정** 항목을 선택합니다. ❷ 바로 아래 수식 입력란에 다음과 같은 수식을 입력한 후 ❸ 〈서식〉 단추를 클릭합니다.

규칙 수식	=$H8="단종"

> **○ =$H8="단종" 수식의 이해**
>
> 예제의 조건부 서식은 H열에 '단종' 값이 입력된 경우, 같은 행 데이터에 동일한 서식이 적용되도록 합니다. 이런 조건부 서식은 수식을 사용해 조건을 구성하며, 수식을 사용할 때 조건 셀은 선택된 범위의 첫 번째 행을 기준으로 합니다. 그러므로 조건은 H8셀의 값이 "단종"인지 확인하는 수식이어야 합니다. 여기에서 다른 열은 조건의 대상이 되지 않으므로 H8셀의 열 주소인 H 앞에 절대 참조 기호($)를 표시합니다.

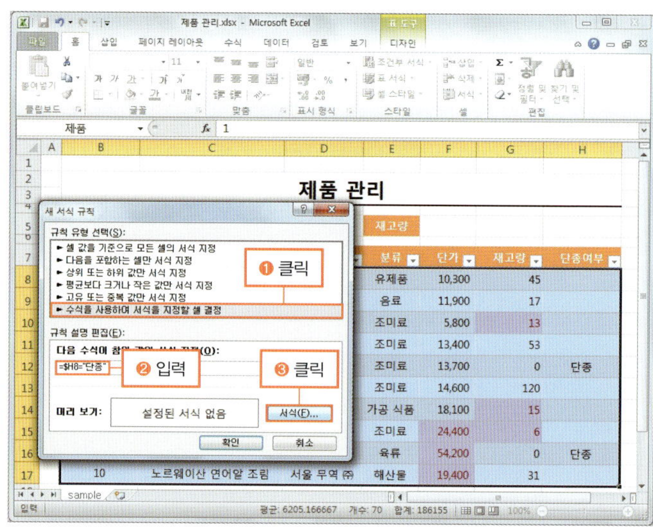

20 단종 제품 표시하기(3) '셀 서식' 대화상자가 표시되면 ❶ [글꼴] 탭의 **취소선** 확인란을 체크하고, ❷ '색' 옵션의 아래 화살표 단추를 클릭하여 '빨강'을 선택한 다음 ❸ 〈확인〉 단추를 클릭합니다. '새 서식 규칙' 대화상자도 〈확인〉 단추를 클릭하여 닫습니다.

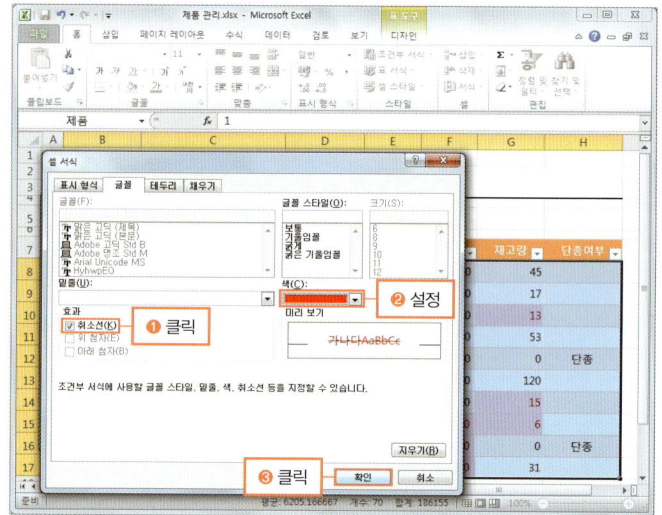

21 단종 제품 표시하기(4) 그러면 H열에 '단종'이 입력된 행에 20 과정에서 지정한 서식이 적용된 것을 확인할 수 있습니다. 이후에 H열에 '단종' 값을 입력하면 같은 행 데이터에 지정해 놓은 서식이 적용되며, 입력된 '단종' 값을 삭제하면 다시 서식이 삭제됩니다.

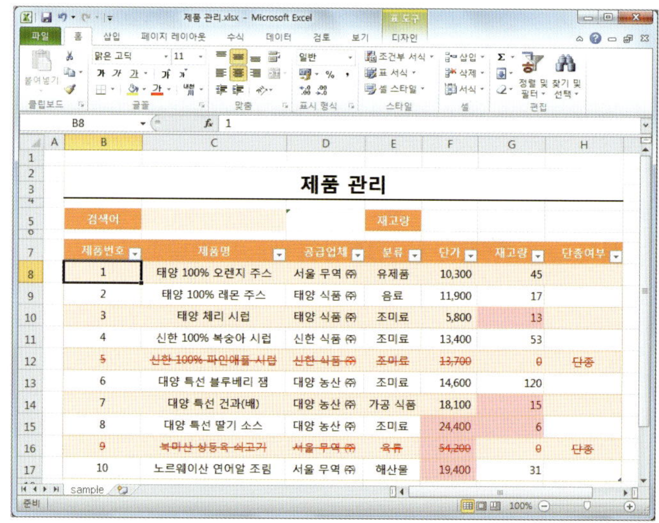

데이터를 보다 잘 설명하는
조건부 서식 적용하기

조건부 서식은 필요에 따라 글자색이나 배경(셀) 셀 등을 바꾸어 표의 의미를 좀 더 정확히 전달할 수 있습니다. 따라서 조건부 서식을 이용하면 표의 숫자를 시각화시켜 요약된 표의 의미를 보다 분명하게 이해할 수 있는 장점이 있습니다.

조건부 서식은 엑셀 2007 버전부터 제공되는 데이터 막대, 색조, 아이콘 집합 등을 사용해야 합니다.

❶ **데이터 막대 :** 선택된 범위의 값을 가로 막대 그래프로 표시합니다. 엑셀 2010 버전에서 새로 추가된 효과로 단색으로 가로 막대그래프를 표시합니다.

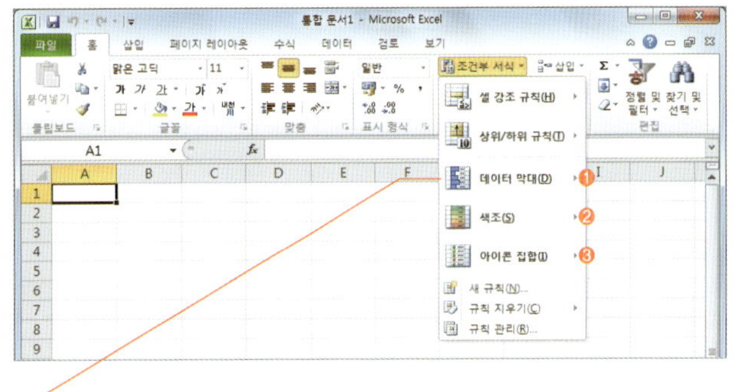

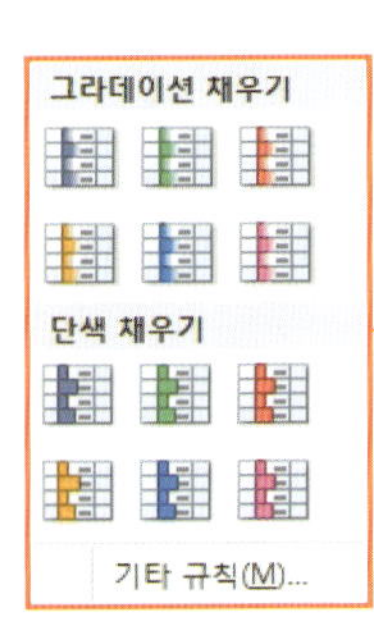

❷ **색조 :** 선택된 값을 둘 또는 셋 이상의 색을 사용한 그라데이션 효과를 적용해 표시합니다.

❸ **아이콘 집합 :** 선택된 값의 전체 대비 비율에 따라 아이콘을 표시합니다. 엑셀 2010 버전에서는 아이콘 집합의 구성이 좀 더 다양해지고, 유사한 아이콘 집합을 그룹으로 묶어 제공됩니다.

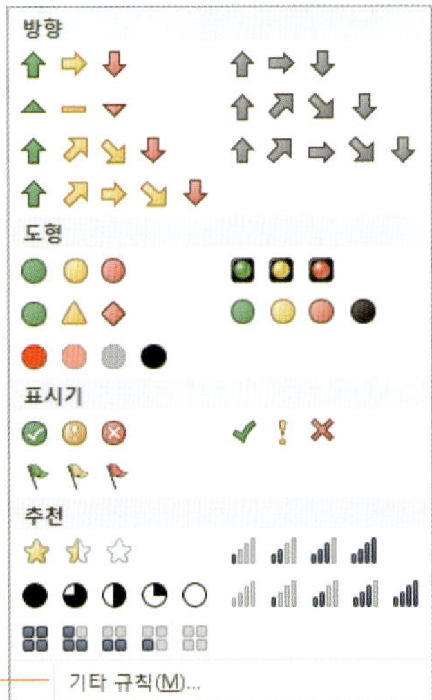

기타 규칙 메뉴를 선택하면 아이콘 집합이 표시되는 방법을 변경할 수 있습니다.

◎ 색조 NEW 2010

엑셀 2010 버전에서는 좀 더 다양한 색조 효과가 추가되었습니다.

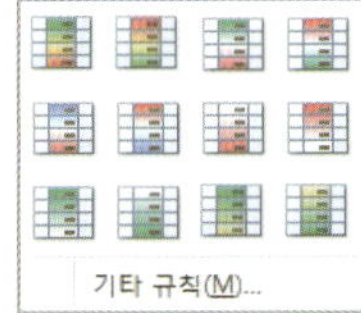

◎ 아이콘 집합

엑셀 2010버전에서 새롭게 제공되는 기능은 여러 아이콘 집합의 아이콘을 섞어 사용할 수 있는 것과 아이콘 집합 중 일부 아이콘만 사용할 수 있는 방법을 제공합니다.

실적 분석 보고서에 조건부 서식을 이용해 시각적으로 업그레이드된 보고서 구성하기

📁 준비 파일 : 실적 분석.xlsx

제공된 예제 파일을 열고 **data bars** 시트를 선택하면 Before 화면과 같이 영업사원 실적을 정리한 표를 확인할 수 있습니다. 이 표의 실적을 조건부 서식의 '데이터 막대'를 이용해 시각적으로 표시해 보도록 하겠습니다.

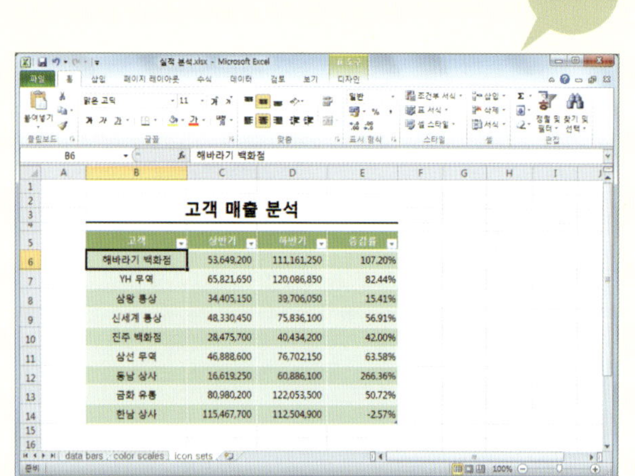

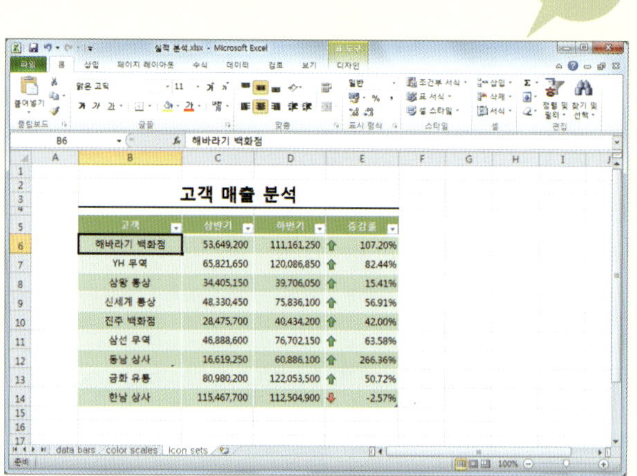

01 데이터 막대를 이용해 실적 표시하기(1) ❶ C6:C14 범위를 선택하고 ❷ 리본의 [홈] 탭 → 스타일 그룹 → 조건부 서식 명령 아이콘 → ❸ 데이터 막대 메뉴에서 '그라데이션 채우기' 항목의 '자주 데이터 막대' 서식을 선택합니다.

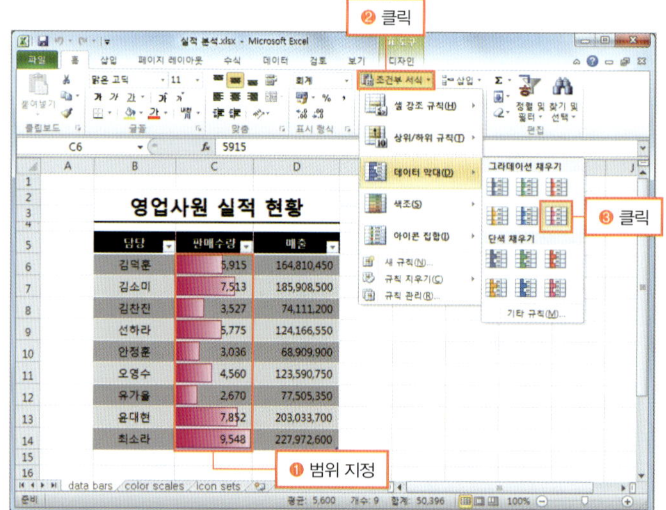

◎ **조건부 서식과 미리 보기**

조건부 서식의 미리 설정된 서식을 선택하면 해당 서식이 적용된 결과를 워크시트에서 바로 확인할 수 있습니다.

02 데이터 막대를 이용해 실적 표시하기(2) ➊ 이번에는 D6:D14 범위를 선택하고, ➋ 리본의 [홈] 탭 → **스타일** 그룹 → **조건부 서식** 명령 아이콘 → ➌ **데이터 막대** 메뉴에서 '단색 채우기' 항목의 '자주 데이터 막대' 서식에 마우스 포인터를 올리면 워크시트에서 해당 서식을 미리 볼 수 있습니다.

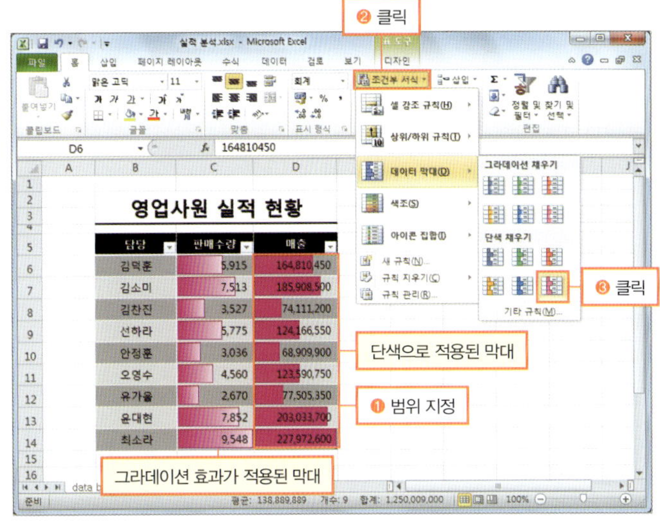

03 데이터 막대를 이용해 실적 표시하기(3) 사용자가 직접 원하는 색을 사용하려면 바로 하위의 **기타 규칙** 메뉴를 클릭합니다.

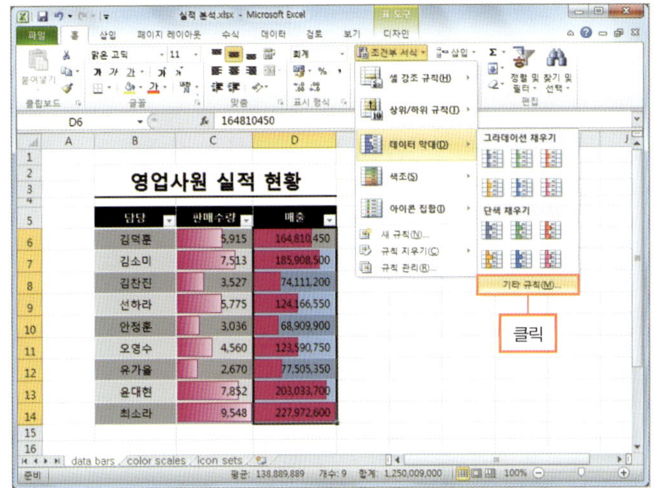

04 데이터 막대를 이용해 실적 표시하기(4) '새 서식 규칙' 대화상자가 표시되면 ➊ 하단의 '막대 모양' 옵션 중에서 '색' 옵션의 아래 화살표를 클릭한 다음 ➋ 색상표에서 원하는 색(여기에서는 '노랑')을 선택하고 〈확인〉 단추를 클릭합니다.

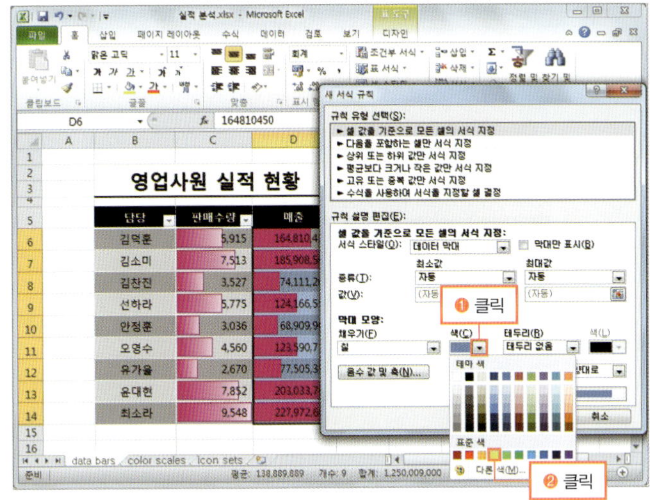

> ◑ '새 서식 규칙' 대화상자의 옵션
> - 채우기 : '칠', '그라데이션' 중에서 선택할 수 있으며, 선택된 방법으로 막대그래프의 색이 표시됩니다.
> - 막대만 표시 : 이 옵션을 체크하면 셀 값은 숨겨지고 조건부 서식의 막대그래프만 표시됩니다.

05 **데이터 막대를 이용해 실적 표시하기(5)** 그러면 선택된 색상의 막대그래프가 오른쪽 화면과 같이 표시됩니다.

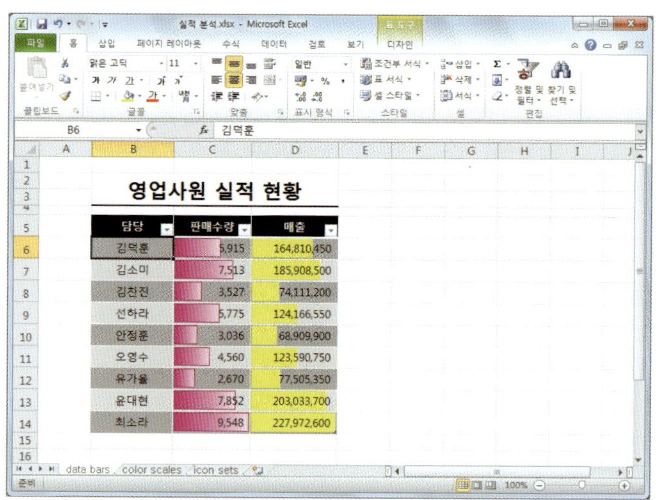

06 **색조를 이용해 실적 분류하기(1)** 이번에는 색조를 이용해 실적을 시각적으로 표현해 봅시다. 시트 탭에서 color scales 시트를 선택하면 오른쪽 화면과 같은 집계표를 볼 수 있습니다. 영업사원들의 월별 판매량을 집계해 놓은 표인데, 어떤 월에 실적이 높았고 낮았는지 확인하기 어렵습니다.

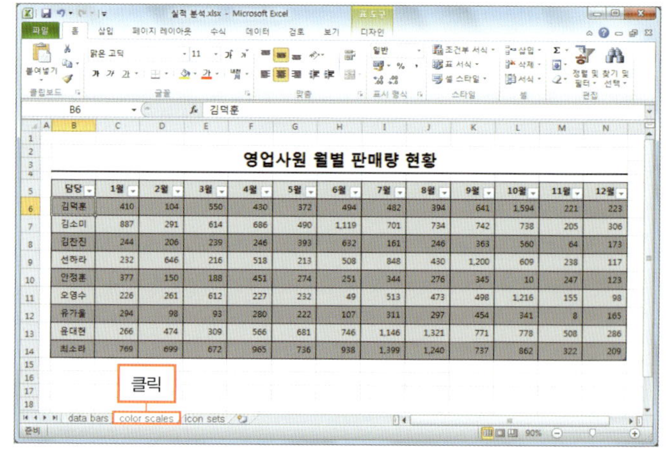

영업사원 월별 판매량 현황

담당	1월	2월	3월	4월	5월	6월	7월	8월	9월	10월	11월	12월
김덕훈	410	104	550	430	372	494	482	394	641	1,594	221	223
김소미	887	291	614	686	490	1,119	701	734	742	738	205	306
김찬진	244	206	239	246	393	632	161	246	363	560	64	173
선하라	232	646	216	518	213	508	848	430	1,200	609	238	117
안정훈	377	150	188	451	274	251	344	276	345	10	247	123
오영수	226	261	612	227	232	49	513	473	498	1,216	155	98
유가을	294	98	93	280	222	107	311	297	454	341	8	165
윤대현	266	474	309	566	681	746	1,146	1,321	771	778	508	286
최소라	769	699	672	965	736	938	1,399	1,240	737	862	322	209

데이터 막대는 얼핏 보면 엑셀 2007과 큰 차이가 없어 보이지만 막대그래프를 표시하는 방법이 다르므로 주의해야 합니다.

왼쪽 화면은 엑셀 2007버전에서 데이터 막대를 표현한 것입니다. C8:D12범위를 보면, D9셀과 D10셀의 값은 절반 차이인데, 막대그래프의 크기는 1/4 정도만 표현되는 것을 알 수 있습니다.

엑셀 2007은 숫자의 크기로 막대그래프를 표현하지 않고, 범위내 최소값과 최대값 사이의 비율로 막대그래프를 표현했기 때문에 막대그래프가 숫자의 크기를 제대로 반영하지 못하는 경우가 있었습니다. 그러나 엑셀 2010버전에서는 숫자 값의 크기에 맞게 막대그래프를 표현하므로 좀 더 막대그래프를 신뢰성 있게 사용할 수 있습니다.

07 색조를 이용해 실적 분류하기(2) 색조를 이용해 숫자를 시각적으로 표현하기 위해 ❶ C6:N14 범위를 선택한 다음, ❷ 리본의 [홈] 탭 → **스타일** 그룹 → **조건부 서식** 명령 아이콘 → ❸ **색조** 메뉴를 클릭하고 원하는 색조(빨강 – 흰색 – 파랑 색조) 서식을 선택합니다.

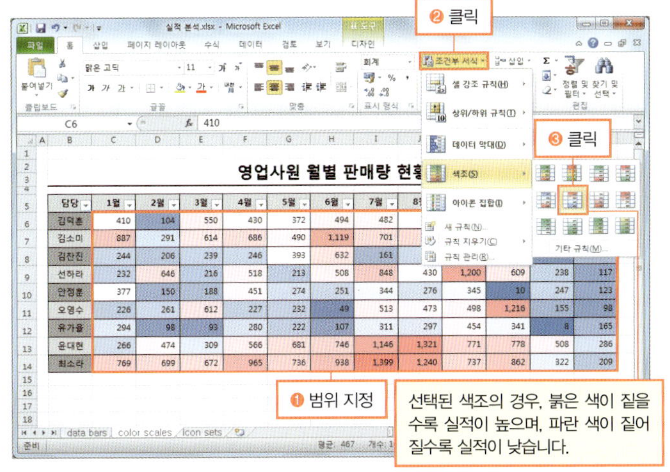

08 아이콘 집합을 이용해 증감률 설명하기(1) 이번에는 **아이콘 집합**을 이용해 숫자 값을 표현하는 방법에 대해 알아보겠습니다. 시트 탭에서 **icon sets** 시트를 선택하면 오른쪽 화면과 같은 고객사의 '상반기', '하반기' 실적을 집계한 표를 볼 수 있습니다. 이 표에서 아이콘 집합을 이용해 E열의 '증감률'을 '증가', '감소'로 표시합니다.

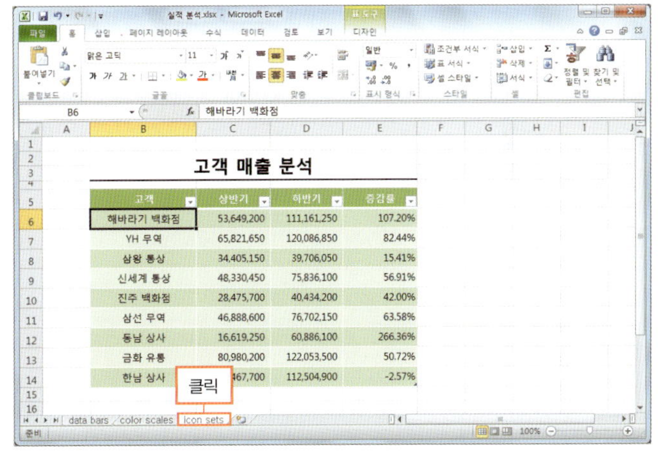

09 아이콘 집합을 이용해 증감률 설명하기(2) ❶ E6:E14 범위를 선택하고 ❷ 리본의 [홈] 탭 → **스타일** 그룹 → **조건부 서식** 명령 아이콘 → ❸ **아이콘 집합–3방향 화살표(컬러)** 아이콘 집합을 선택합니다.

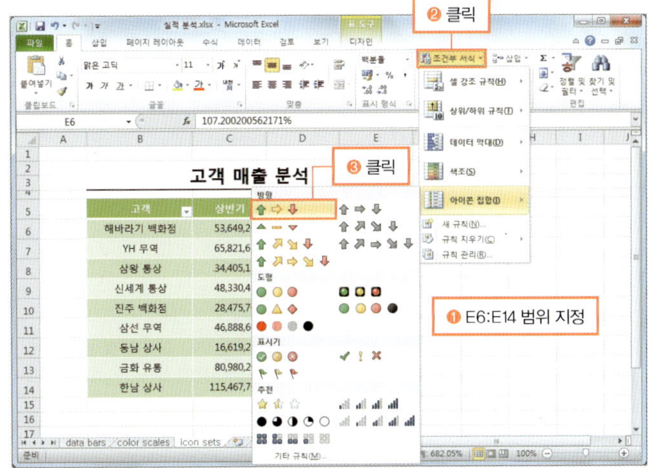

10 아이콘 집합 설정 변경하기(1) 그러면 오른쪽 화면과 같이 화살표 아이콘이 나타나는데 증가, 감소와는 무관하게 표시되어 있습니다. 이를 증가와 감소에 맞게 표시하기 위해 ❶ E6:E14 범위가 선택된 상태에서 ❷ 리본의 [홈] 탭 → **스타일** 그룹 → **조건부 서식** 명령 아이콘 → ❸ **규칙 관리**를 클릭합니다.

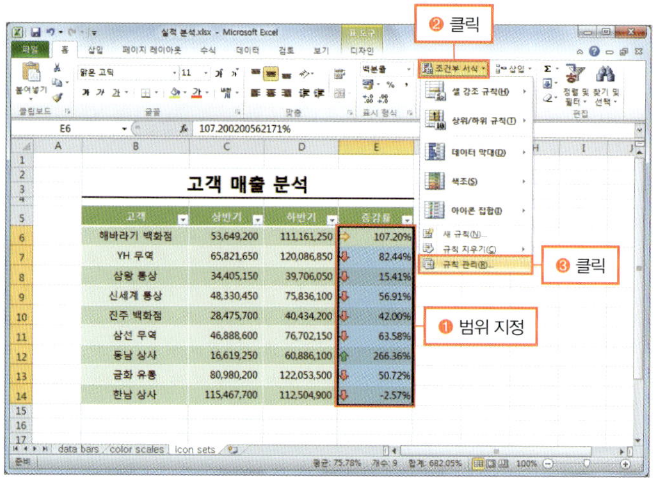

11 아이콘 집합 설정 변경하기(2) '조건부 서식 규칙 관리자' 대화상자가 표시되면, 하위 리스트에 설정된 아이콘 집합의 조건부 서식이 표시됩니다. ❶ 아이콘 집합 서식을 선택하고 ❷ 〈규칙 편집〉 단추를 클릭합니다.

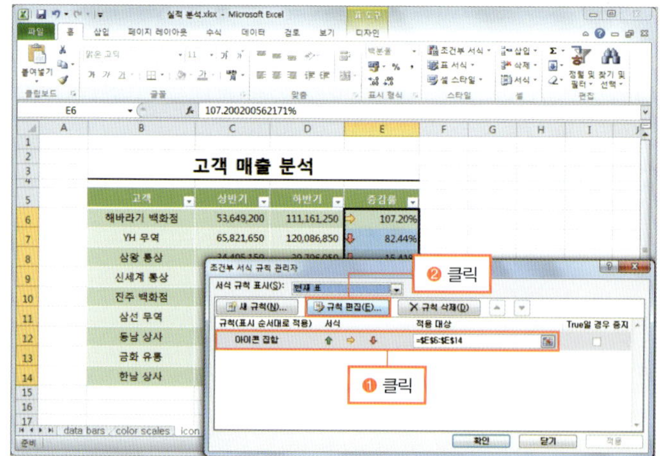

12 아이콘 집합 설정 변경하기(3) 그러면 '서식 규칙 편집' 대화상자가 표시되는데, 하단의 규칙에 따라 아이콘 집합이 화면에 표시됩니다.

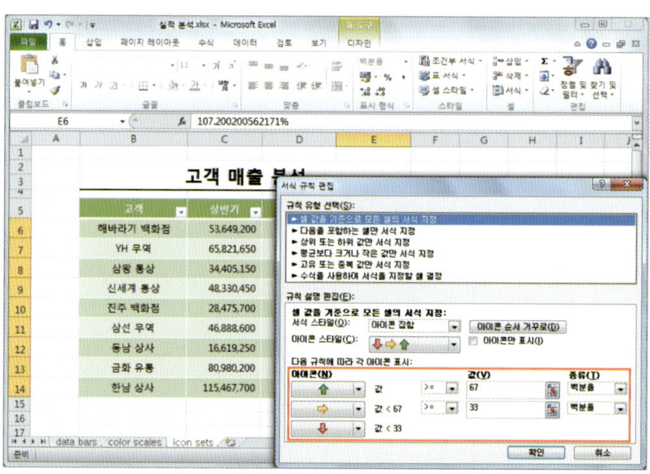

> ◈ **표시 조건 이해하기**
>
> 아이콘 집합은 숫자 값의 크기로 나타나는 것이 아니고, 숫자 값의 전체 대비 비율을 구해 1/3씩 구분해 위 방향, 오른 방향, 아래 방향 아이콘이 표시됩니다. 기본 표시 조건으로는 위 방향은 67% ~ 100%, 오른 방향은 33% ~ 66%, 아래 방향은 0% ~ 32%의 값에 나타납니다. 따라서, 원하는 방식대로 아이콘이 나타나도록 하려면 적절하게 조건을 수정해야 합니다.

13 아이콘 집합 설정 변경하기(4) 0보다 큰 경우에 '위 방향 화살표' 아이콘, 0%일 때(=변동이 없을 때) '오른 방향 화살표' 아이콘, 마이너스(−) 값일 때 '아래 방향 화살표' 아이콘이 나타나도록 하기 위해 화면의 조건을 다음과 같이 변경합니다.

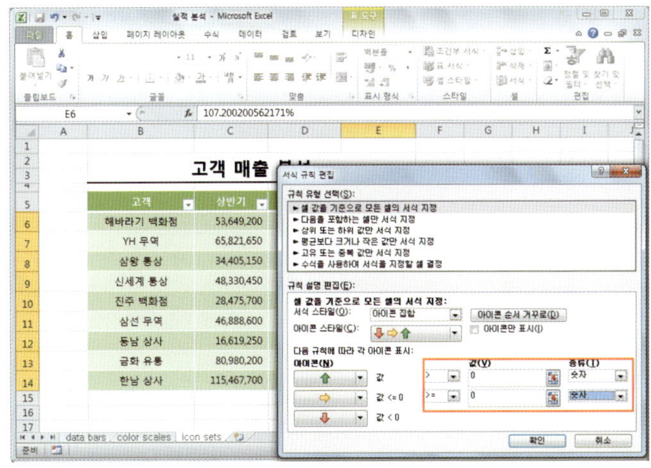

	값	종류
〉	0	숫자
〉=	0	숫자

◉ 수정된 조건 이해하기

0보다 큰(〉0) 숫자 값(=이것은 양수를 의미하며, 증감률과 같은 백분율 수치에서는 증가한 값을 의미합니다)에 '위 방향 화살표' 아이콘을 표시하고, 0보다 크거나 같은 (〉=0) 숫자 값(이전과 변동이 없는 경우)은 '오른 방향 화살표' 아이콘을 표시합니다. 위 조건에 모두 맞지 않는 값(당연히 0보다 작은(〈0) 값, 즉 증감률이 음수인 경우의 값)은 '아래 방향 화살표' 아이콘을 표시합니다.

14 아이콘 집합 설정 변경하기(5) '오른 방향 화살표' 아이콘을 다른 아이콘으로 바꾸기 위해 ❶ '오른 방향 화살표' 아이콘의 '아래 방향 화살표' 단추를 클릭하여 원하는 아이콘을 클릭해 변경한 다음 ❷ 〈확인〉 단추를 클릭합니다. '조건부 서식 규칙 관리자' 대화상자도 〈확인〉 단추를 클릭해 닫습니다.

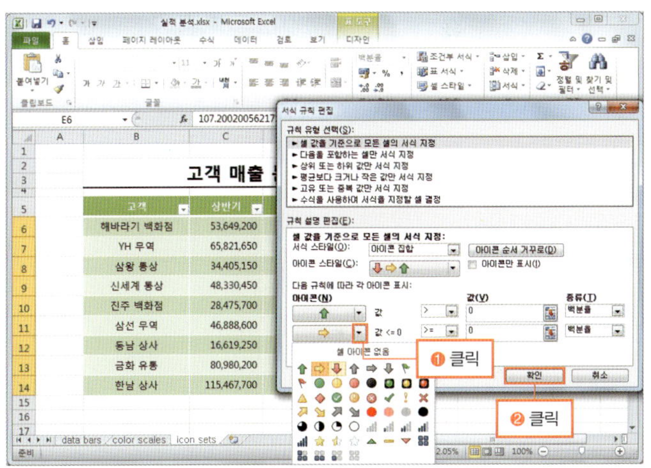

15 아이콘 집합 설정 변경하기(6) 그러면 화면과 같은 아이콘 집합을 확인할 수 있습니다. 변동이 없을 때 아이콘이 어떻게 나타나는지 확인하려면 E열의 증감률 값을 '0'으로 수정해 보면 됩니다.

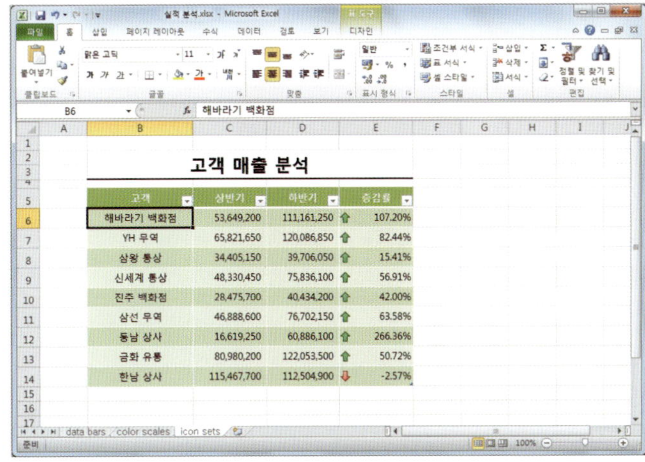

EXCEL 2010

그래픽 개체 활용하기

엑셀은 다양한 개체를 이용해 워크시트를 꾸밀 수 있도록 지원합니다.

리본의 [삽입] 탭의 '일러스트레이션' 그룹의 명령으로 그림, 클립아트,

도형, SmartArt가 제공됩니다.

01 그림 및 클립아트, 스크린샷 사용하기

그림 개체는 말 그대로 사용자가 필요한 이미지 파일(=회사 로고, 도장 등)을 외부에서 엑셀로 가져올 때 사용하며, 클립아트는 마이크로소프트사에서 제공하는 간단한 이미지 파일을 가져와 사용할 때 사용합니다.

엑셀 2010 버전에서 새롭게 추가된 스크린샷은 백그라운드에서 실행 중인 프로그램의 전체(또는 일부) 화면을 캡처해 이미지로 워크시트에 가져올 수 있는 기능입니다.

● 클립아트 사용하기

클립아트를 사용하기 위해서는 리본의 **[삽입]** 탭 → **일러스트레이션** 그룹 → **클립아트** 명령 아이콘을 클릭하면 다음과 같은 작업창이 우측에 표시됩니다.

> **● 클립아트, 스크린샷**
>
> 그림 개체를 추가하는 것은 파일을 여는 방법과 동일하므로 따로 설명하지 않아도 되지만 클립아트나 스크린샷의 경우는 사용 방법을 익히는 것이 중요합니다.

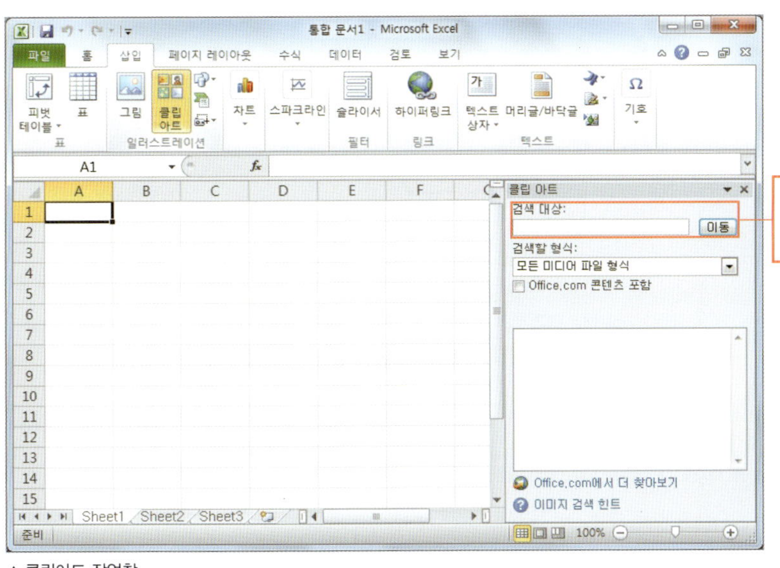

▲ 클립아트 작업창

〈이동〉 단추를 클릭하여 검색된 결과가 표시되면 원하는 이미지를 찾아 클릭합니다.

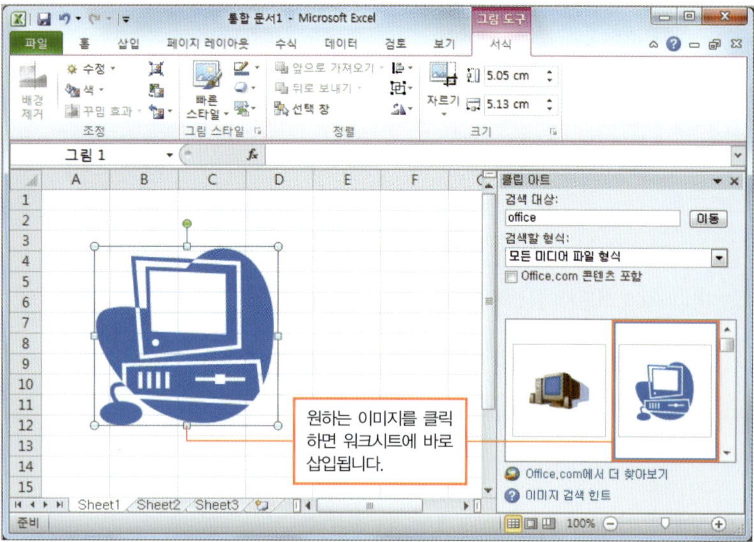

▲ 클립아트의 삽입

○ 스크린샷 사용하기 NEW 2010

스크린샷은 간편한 화면 갈무리 프로그램으로 단, 엑셀 프로그램이 아니라 백그라운드에서만 동작하는 프로그램의 화면만 갈무리할 수 있으며, 오피스 프로그램의 경우는 간단한 클릭 작업만으로 화면 갈무리 작업을 할 수 있어 편리합니다. 먼저 **스크린샷** 명령 아이콘 을 클릭하면 다음과 같은 두 가지 화면을 볼 수 있습니다.

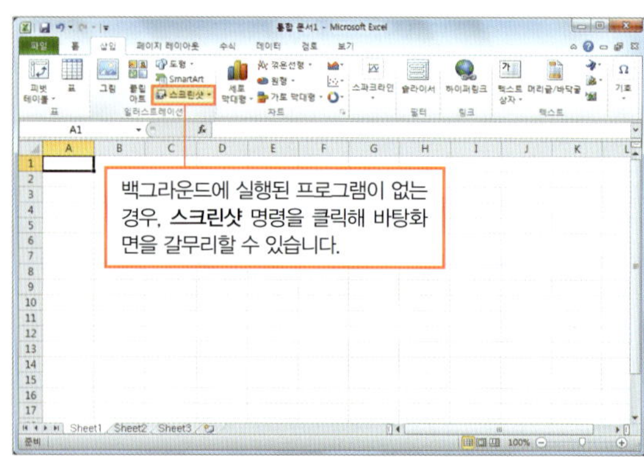

▲ 백그라운드에 실행된 프로그램이 없는 경우

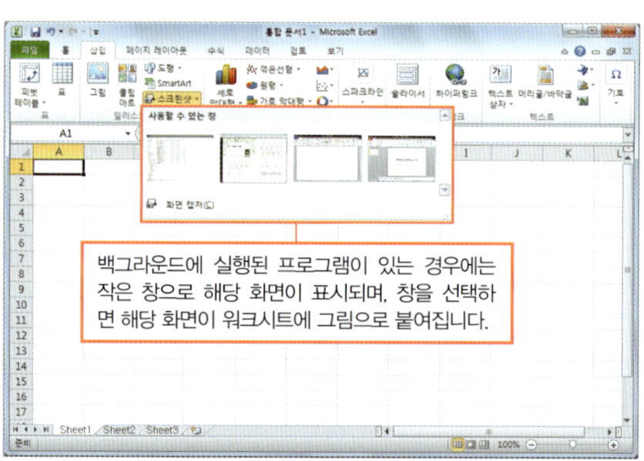

▲ 백그라운드에 실행된 프로그램이 있는 경우

백그라운드에 실행된 화면의 일부만 필요하다면 백그라운드 화면 창을 선택하지 않고, **화면 캡처** 명령을 클릭해 원하는 화면 일부를 마우스로 드래그해 선택합니다. 참고로, 백그라운드에 실행된 프로그램이 있는 경우에 **화면 캡처** 명령을 실행하면, 현재 화면 바로 뒤에 있는 프로그램 화면이 갈무리됩니다.

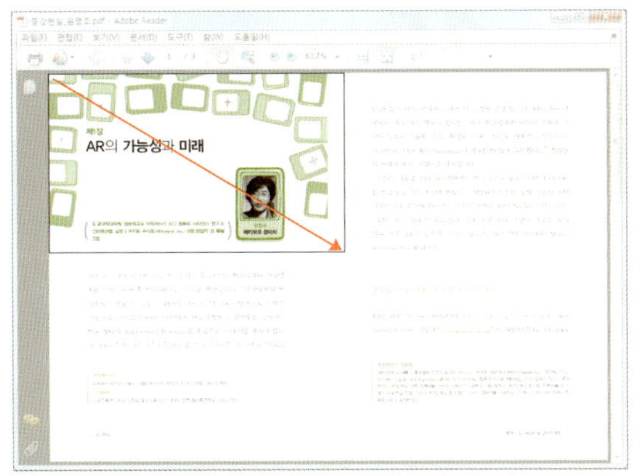

▲ 화면 캡처 명령을 클릭한 경우

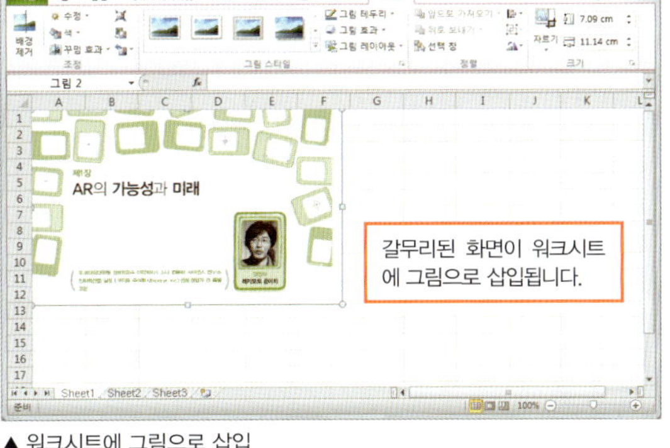

▲ 워크시트에 그림으로 삽입

견적서 작성에 필요한 업무 매뉴얼 작성하기

📁 **준비 파일 :** 견적서.xlsx, 매뉴얼.xlsx, 도장.png

제공된 예제 파일 중에서 '견적서.xlsx' 파일을 열면 Before 화면과 같은 견적서 서식을 확인할 수 있습니다. H7:I7 병합 셀에 도장 이미지를 추가한 다음, 이 화면을 스크린샷을 이용해 갈무리하고 클립아트를 배경으로 삽입해 보도록 하겠습니다.

Before

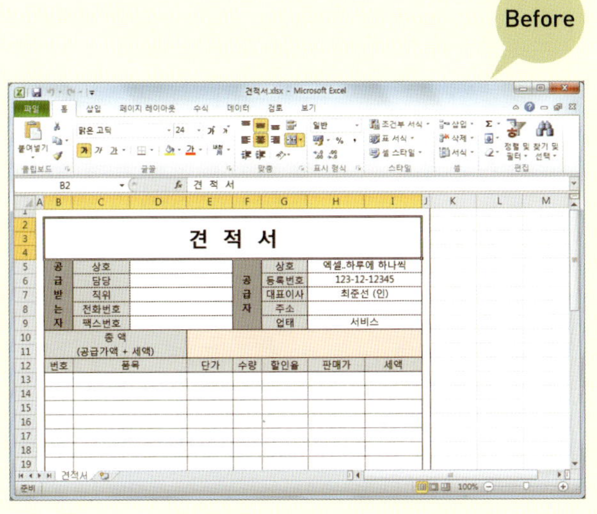

After

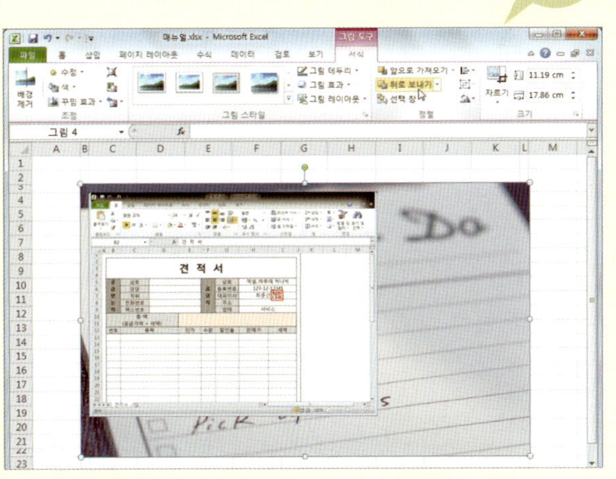

01 도장 이미지 추가하기(1) 먼저 도장을 추가하기 위해 ❶ 리본의 [삽입] 탭 → 일러스트레이션 그룹 → ❷ 그림 명령 아이콘을 클릭합니다.

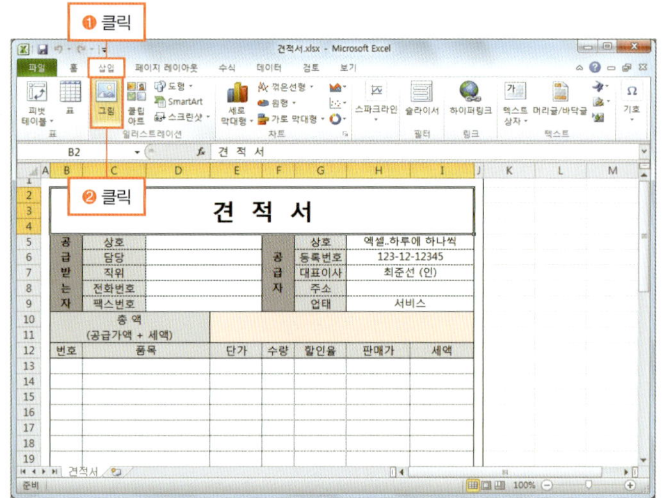

02 도장 이미지 추가하기(2) ❶ '그림 삽입' 대화상자가 표시되면 제공된 예제 파일이 있는 폴더로 이동한 다음, '도장.png' 파일을 선택하고 ❷ 〈삽입〉 단추를 클릭합니다.

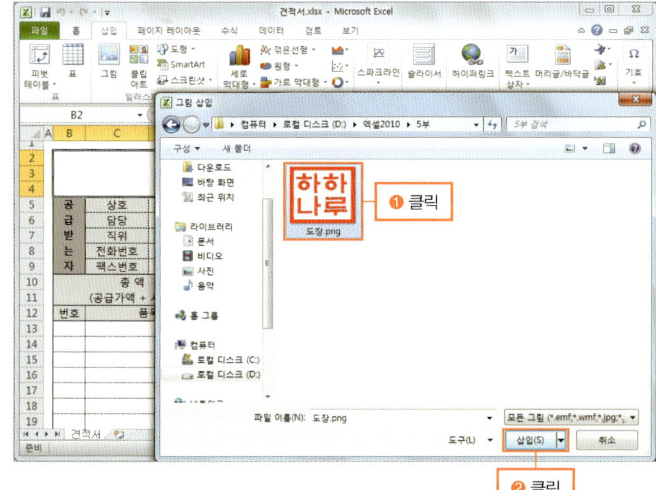

03 도장 이미지 배경 투명하게 설정하기(1) 이미지가 추가되면 오른쪽 화면과 같이 워크시트에 나타납니다. 도장 배경이 하얀색이면 글자가 가려지므로 도장 배경이 투명해지도록 설정해 주어야 합니다. 이미지가 선택된 상태에서 ❶ 리본의 [그림 도구]-[서식] 탭 → 조정 그룹 → ❷ 색 명령 아이콘 → ❸ 투명한 색 설정 명령을 클릭합니다.

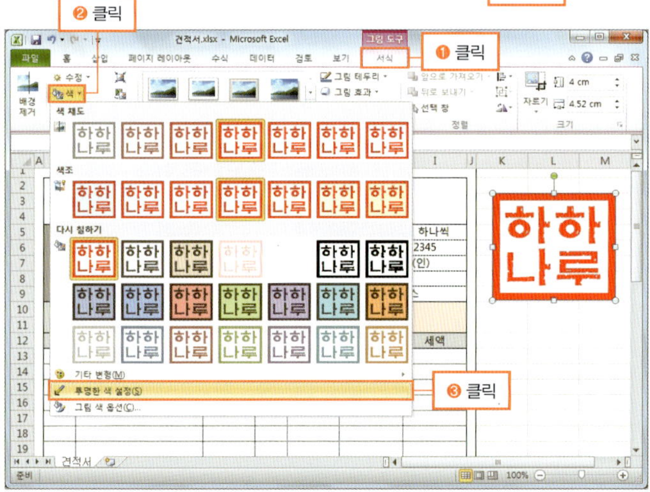

04 도장 이미지 배경 투명하게 설정하기(2) 그런 다음, 마우스 커서를 도장 이미지 안의 흰색 배경 부분으로 이동한 후 마우스 왼쪽 단추를 클릭합니다. 그러면 도장 이미지의 배경색이 투명하게 설정됩니다.

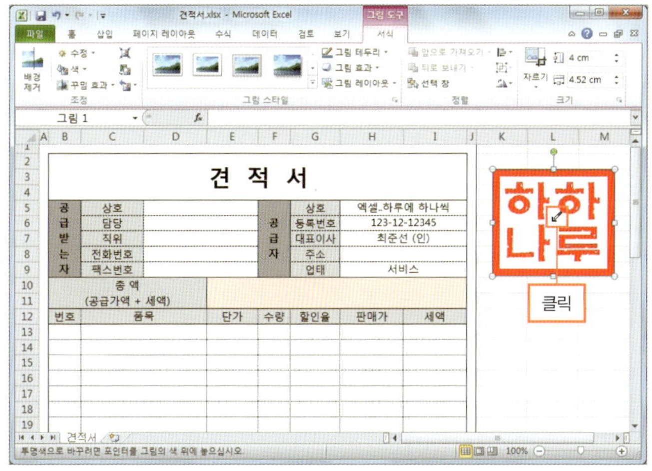

05 이미지 위치와 크기 변경하기 도장 이미지를 마우스로 드래그해 H7:I7 병합 셀의 (인) 텍스트 위쪽으로 이동시킨 다음, 이미지 테두리에 표시되는 크기 조정 핸들(O)을 드래그해 오른쪽 화면과 같이 적당한 크기로 조정합니다.

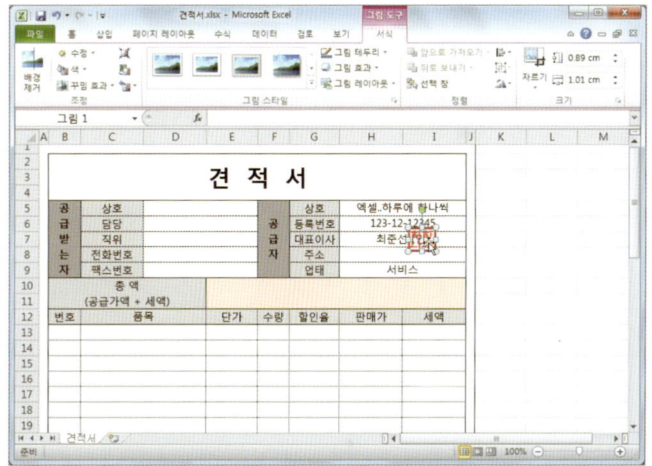

06 엑셀 프로그램 실행하기 도장 이미지가 추가된 견적서 화면을 스크린샷 명령을 이용해 갈무리하기 위해 엑셀 프로그램을 하나 더 실행합니다. ❶ 윈도 단추를 클릭한 다음 ❷ [모든 프로그램]−[Microsoft Office]−[Microsoft Excel 2010] 명령을 클릭합니다.

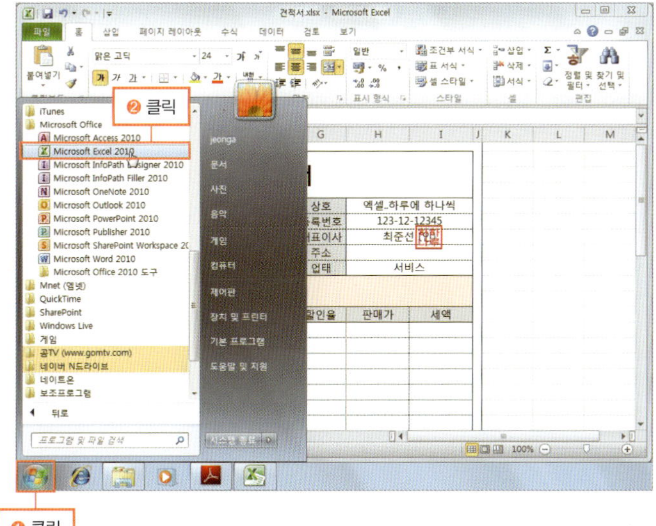

> **◉ 엑셀을 다시 실행하는 이유**
>
> 스크린샷 명령은 백그라운드에 실행되고 있는 프로그램 화면만 갈무리할 수 있으므로, 실행 중인 엑셀 프로그램에서 파일을 추가로 열면 견적서 파일의 화면을 갈무리할 수 없습니다. 따라서 추가로 엑셀 프로그램을 실행한 다음, 매뉴얼.xlsx 파일을 열어 작업해야 합니다.

07 매뉴얼 파일 열기 엑셀 프로그램이 실행되면, 리본의 [파일] 탭 → 열기 명령을 클릭하고, 예제 파일이 있는 폴더에서 매뉴얼.xlsx 파일을 열면 오른쪽 화면과 같은 구성을 볼 수 있습니다. C4:H18 범위에 '견적서.xlsx' 파일의 화면을 갈무리한 다음, B3:L22 범위에 배경 이미지로 클립아트를 추가해 보겠습니다.

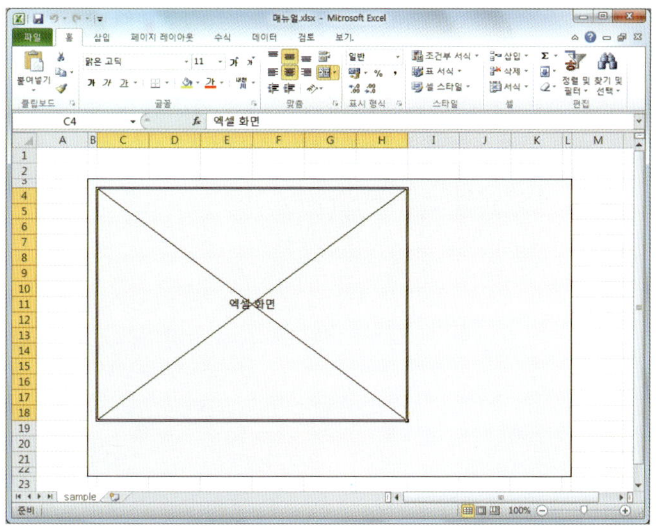

08 스크린샷 기능으로 화면 갈무리하기 견적서 화면을 갈무리하기 위해 ❶ 리본의 [삽입] 탭 → 일러스트레이션 그룹 → 스크린샷 명령 아이콘을 클릭한 다음, ❷ 백그라운드에 실행중인 '견적서.xlsx' 파일 창을 선택합니다.

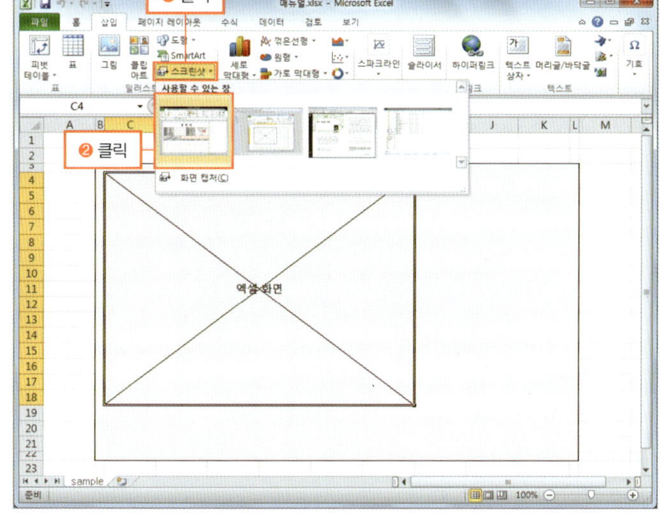

◎ 스크린샷 명령을 클릭할 때 프로그램 화면이 나타나지 않는 경우

스크린샷 명령 아이콘을 클릭했는데 엑셀 프로그램 화면이 나타나지 않으면, 엑셀 프로그램이 추가로 실행되지 않은 것이므로 06과정의 설명을 다시 참고해 엑셀 프로그램을 추가로 실행한 다음 작업을 진행합니다.

09 그림 크기 변경하기 엑셀 화면이 워크시트에 추가되면 이미지가 매우 크게 나타납니다. 크기를 적당히 조정하기 위해 리본의 [그림 도구]-[서식] 탭 → 크기 그룹 → 도형 너비 명령 아이콘 옆의 아래 화살표 단추를 클릭해 이미지 크기를 오른쪽 화면과 같이 조정합니다(화면에서는 너비를 11.5cm로 설정합니다).

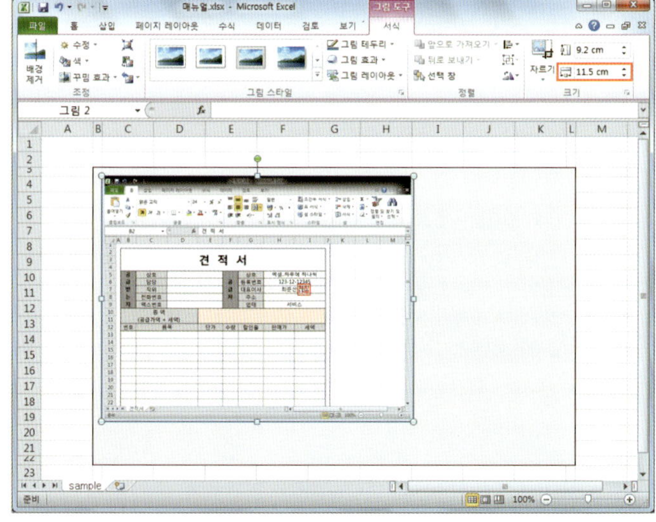

10 **클립아트를 이용해 배경 구성하기(1)** 이제 엑셀 화면 뒷배경으로 클립아트 이미지를 사용하겠습니다. 클립아트를 추가하기 위해 리본의 **[삽입]** 탭 → **일러스트레이션** 그룹 → **클립 아트** 명령 아이콘을 클릭합니다. 그러면 화면 오른쪽에 '클립 아트' 작업창이 나타납니다.

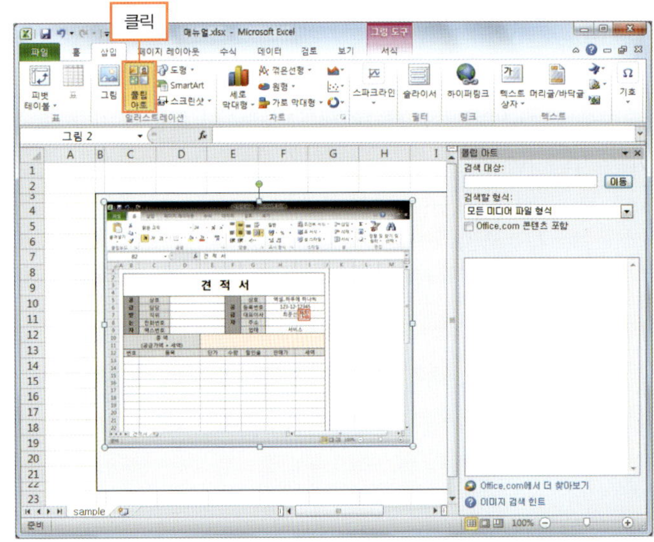

11 **클립아트를 이용해 배경 구성하기(2)** ❶ '검색 대상' 입력란에 "리스트"를 입력한 다음 ❷ 〈이동〉 단추를 클릭합니다. ❸ 그런 다음 아래 클립아트 중에서 화면과 같은 클립아트를 선택해 워크시트에 추가합니다.

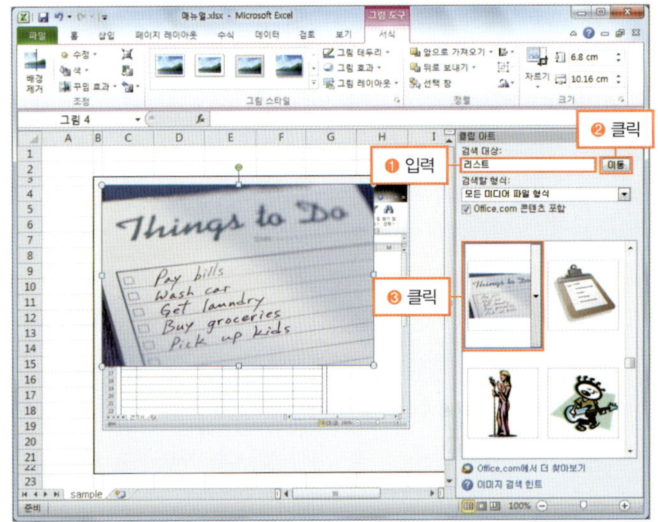

12 **클립아트 이미지 크기 변경하기(1)** 추가된 클립아트를 마우스로 드래그해 B3셀 위치에 좌측 상단을 맞춘 후 크기를 B3:L22 범위에 맞게 조정합니다. 먼저 클립아트의 우측 테두리의 가운데에 있는 크기 조정 핸들(O)을 L열 위치로 드래그합니다.

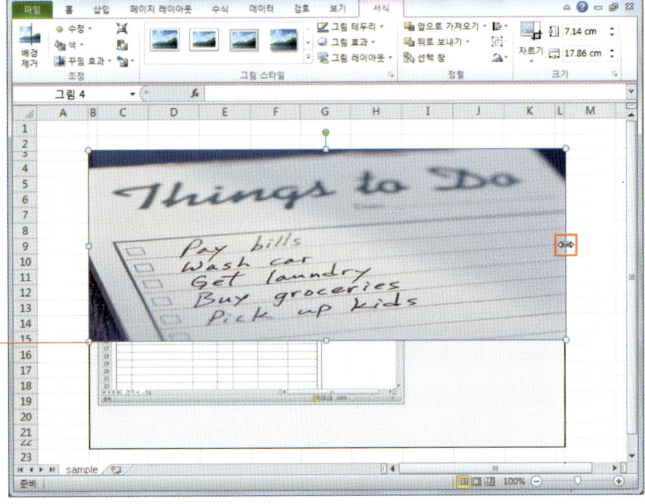

Alt 키를 누른 상태에서 드래그하면 셀 크기에 맞게 쉽게 조정할 수 있습니다.

13 **클립아트 이미지 크기 변경하기(2)** 이제 클립아트 이미지의 아래쪽 테두리의 가운데에 있는 크기 조정 핸들(ㅇ)을 22행 위치로 드래그하면 B3:L22 범위에 꽉 차게 크기가 조정됩니다.

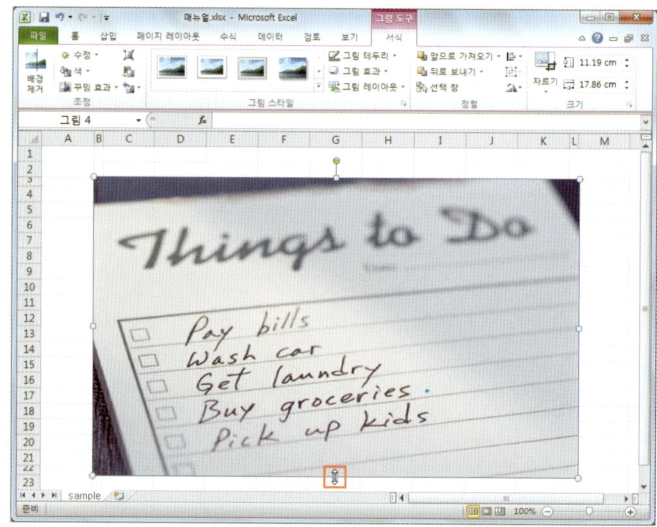

14 **이미지 개체 표시 순서 변경하기** 추가된 클립아트 이미지는 배경이 되어야 하므로 클립아트 이미지가 엑셀 창 이미지 뒤에 표시되도록 조정합니다. ❶ 클립아트 이미지가 선택된 상태에서 ❷ 리본의 **[그림 도구]-[서식]** 탭 → **정렬** 그룹 → ❸ **뒤로 보내기** 명령 아이콘을 클릭합니다.

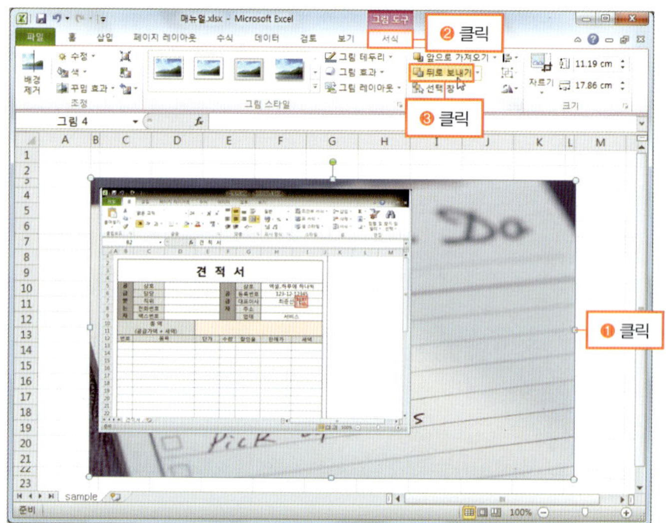

다른 위치의 그림 파일 참조하기

| 준비 파일 : 참조 – 그림.xlsx

그림 파일을 포함하고 있는 표에서 필요한 그림을 다른 위치에 참조하고 싶다면, 이름 정의와 연결 기능을 이용할 수 있어야 합니다. 다음 표에서 G6셀에 품명을 입력하면 H6셀에 D열에 있는 이미지가 참조되도록 작업할 수 있습니다.

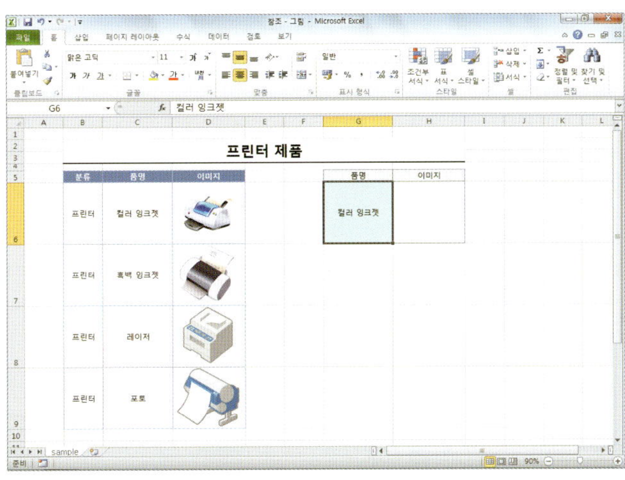

❶ 리본의 [수식] 탭 → 정의된 이름 그룹 → 이름 정의 명령 아이콘을 클릭합니다.

❷ '이름 정의' 대화상자가 표시되면 다음과 같이 '이름'과 '참조 대상'을 정의한 다음 〈확인〉 단추를 클릭합니다.

> 이름 : 제품이미지
> 참조 대상 : =INDEX($D$6:$D$9, MATCH($G$6, $C$6:$C$9, 0))

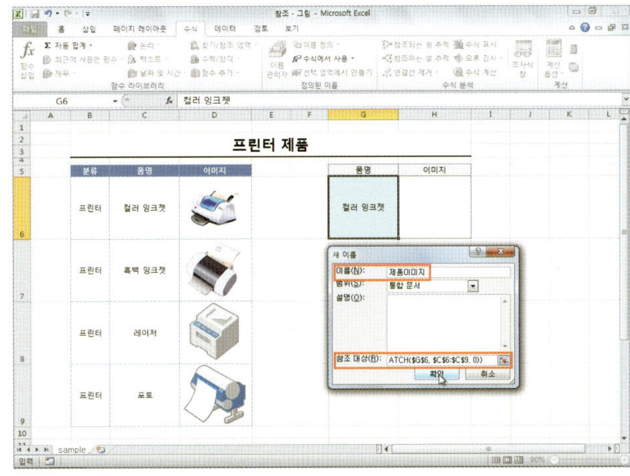

❸ 사용할 그림이 포함된 표에서 그림을 복사한 다음 H6셀에 붙여 넣습니다.

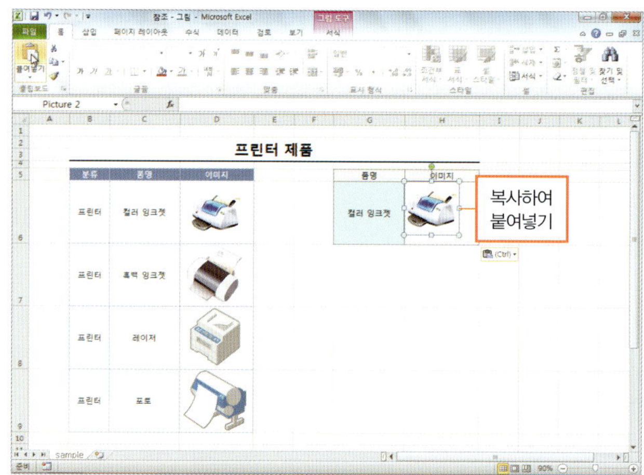

❹ 붙여 넣은 그림을 선택하고 수식 입력줄에 ②과정에서 정의한 이름을 다음과 같이 수식으로 입력한 다음 Enter 키를 누릅니다.

=제품이미지

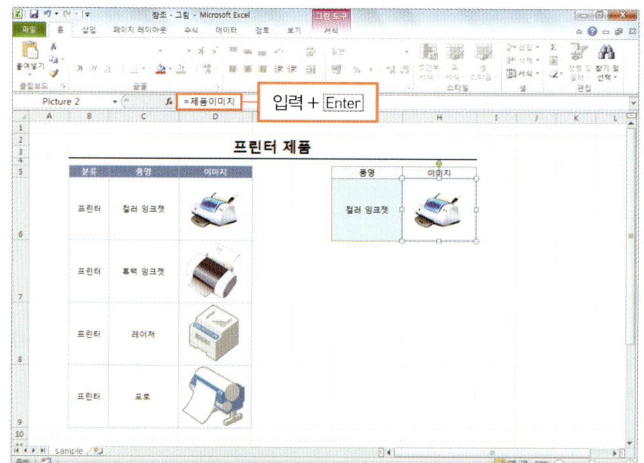

❺ 이제 G6셀의 값을 변경해 보면 H6셀의 그림이 자동으로 바뀌는 것을 확인할 수 있습니다.

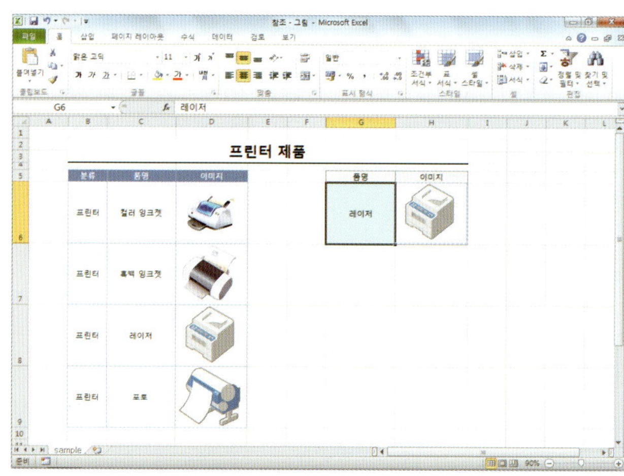

02 도형 삽입하기

도형을 삽입하기 위해서는 데이터의 특성과 종류에 따라 잘 강조될 수 있도록 도형의 종류와 크기, 위치 등을 잘 조절해서 삽입해야 합니다. 엑셀에서 제공되는 빠른 스타일을 이용해 쉽고 빠르게 도형을 삽입하고, 편집하는 다양한 기능을 알아봅니다.

엑셀은 선, 사각형, 기본 도형, 블록 화살표, 수식 도형, 순서도 등의 다양한 도형 개체를 지원합니다.

도형 개체를 이용하려면 리본의 **[삽입]** 탭 → **일러스트레이션** 그룹 → **도형** 명령 아이콘을 클릭합니다. 원하는 도형 개체를 클릭하고, 추가할 워크시트의 셀을 클릭하거나 워크시트에서 마우스를 드래그하면 드래그한 크기에 맞게 도형 개체가 추가됩니다.

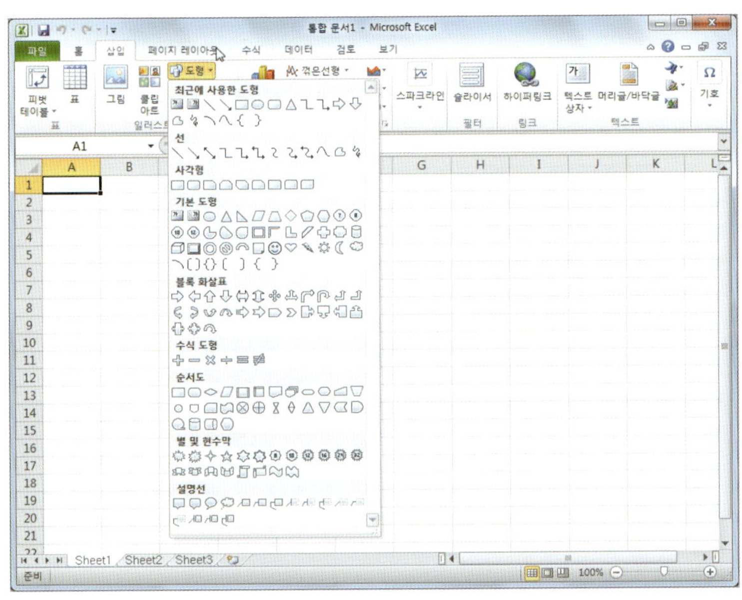

▲ 도형 개체

◑ 도형 삽입

도형을 삽입하면 도형을 편집할 수 있는 [그리기 도구]-[서식] 탭이 표시됩니다.

도형을 워크시트에 삽입한 다음에는 도형의 크기를 적절하게 변경하는 것이 중요한데, 이때 Shift, Ctrl, Alt 키를 적절하게 사용하면 좀 더 손쉽게 도형을 원하는 크기와 모양으로 추가할 수 있습니다.

도형을 추가하면 다음 화면과 같이 개체에 작은 도형들이 표시되는데, 이 표시점들은 각각 다음과 같은 역할을 합니다.

❶ **회전 핸들 :** 이 위치에서 마우스를 드래그하면 도형이 회전합니다.

❷ **크기 조정 핸들 :** 이 위치에서 마우스를 드래그하면 도형의 크기를 변경할 수 있습니다.

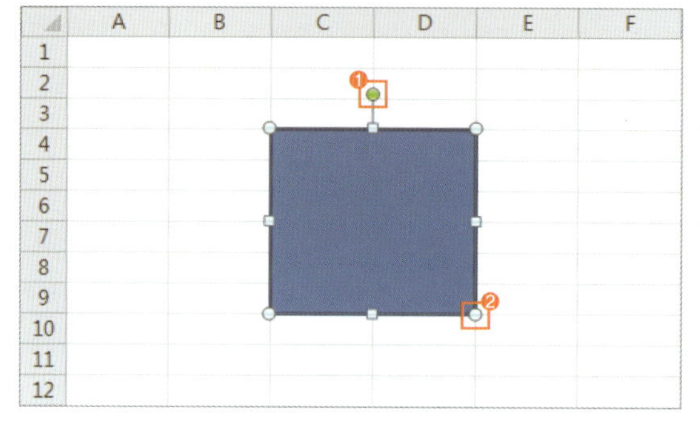

• **회전 핸들을 드래그한 경우 :** 도형이 해당 방향으로 회전합니다.

• **Shift 키와 함께 크기 조정 핸들을 드래그한 경우 :** 도형 개체의 크기를 변경하기 위해 Shift 키를 누르고 크기를 조정하면 도형의 가로, 세로 비율이 유지되면서 도형의 크기가 변경됩니다.

• **Ctrl 키와 함께 크기 조정 핸들을 드래그한 경우 :** 도형의 중앙을 중심축으로 상, 하, 좌, 우로 도형의 크기가 변경됩니다.

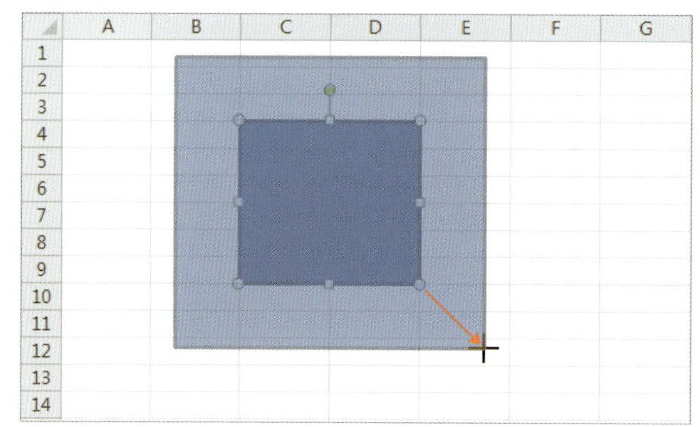

- Alt 키와 함께 크기 조정 핸들을 드래그
  한 경우 : 셀 크기에 맞게 도형의 크기
  가 변경됩니다.

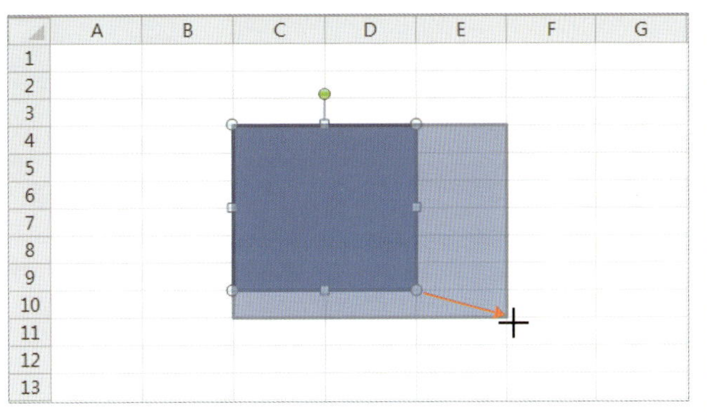

도형 개체를 이용해 업무 매뉴얼 작성 완성하기

📁 **준비 파일 :** 매뉴얼 2.xlsx

제공된 예제 파일을 열면 Before 화면과 같은 구성을 볼 수 있습니다. 현재 예제는 이전 따라하기 예제에서 이어
지는 것으로, 갈무리된 엑셀 화면의 견적서 작성 방법을 도형을 이용해 작성해 보겠습니다.

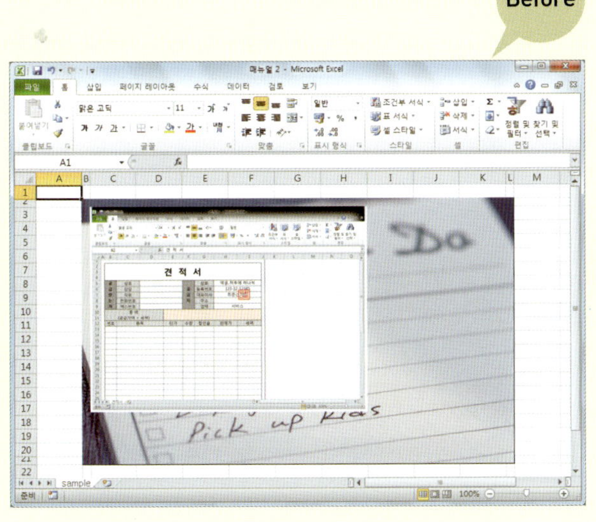

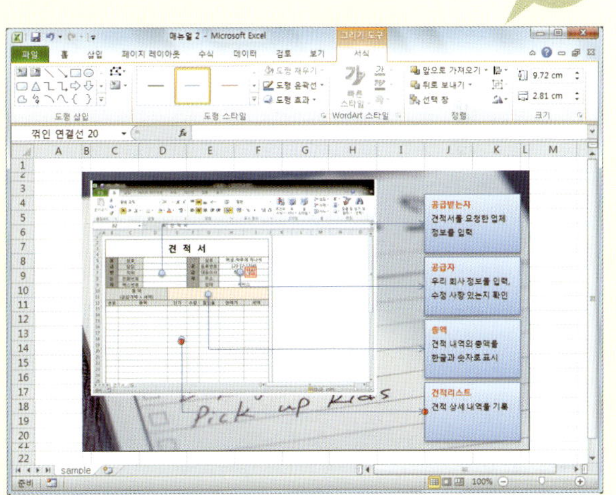

01 그림에서 설명할 부분 도형 추가하기(1) 먼저 엑셀 화면의 견적서에서 설명할 부분을 도형으로 표시해 보겠습니다. ❶ 리본의 **[삽입]** 탭 → **일러스트레이션** 그룹 → **도형** 명령 아이콘 → ❷ **기본 도형** – '**타원**' 도형을 클릭합니다.

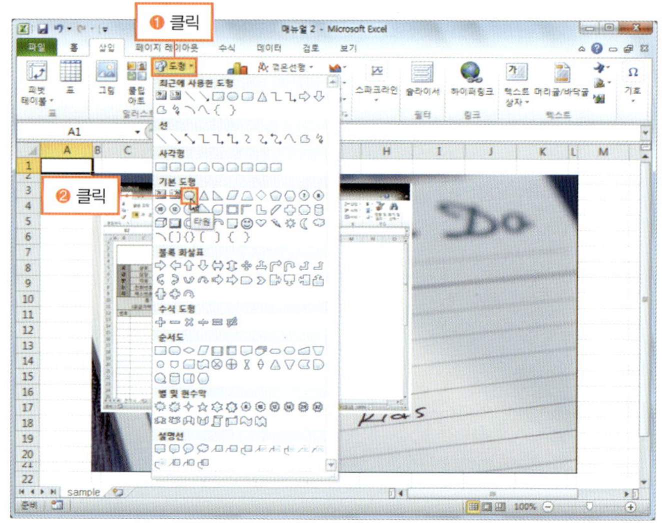

02 그림에서 설명할 부분 도형 표시하기(2) 그런 다음, ❶ 견적서 서식의 공급받는자 입력란 위치에 Shift 키를 누른 상태에서 드래그해 오른쪽 화면과 같은 작은 원형 도형을 삽입합니다. ❷ 도형의 스타일 변경을 위해 리본의 **[그리기 도구]** – **[서식]** 탭 → **도형 스타일** 그룹 → '**미세 효과 – 파랑, 강조 1**' 스타일을 선택합니다.

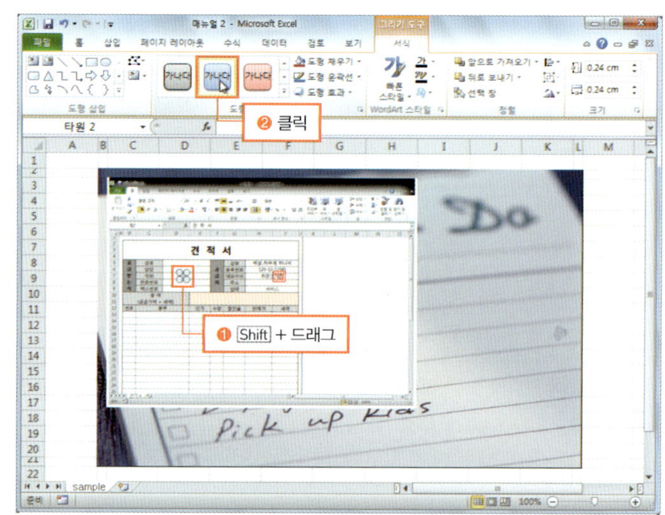

03 그림에서 설명할 부분 도형 표시하기(3) 견적서 서식 작성을 위해 설명할 부분이 4군데이므로, 02과정에서 추가한 도형을 복사하기 위해, 첫 번째 도형이 선택된 상태에서 ❶ 리본의 **[홈]** 탭 → **클립보드** 그룹 → **복사** 명령 아이콘 → ❷ **붙여넣기** 명령 아이콘을 3회 클릭합니다.

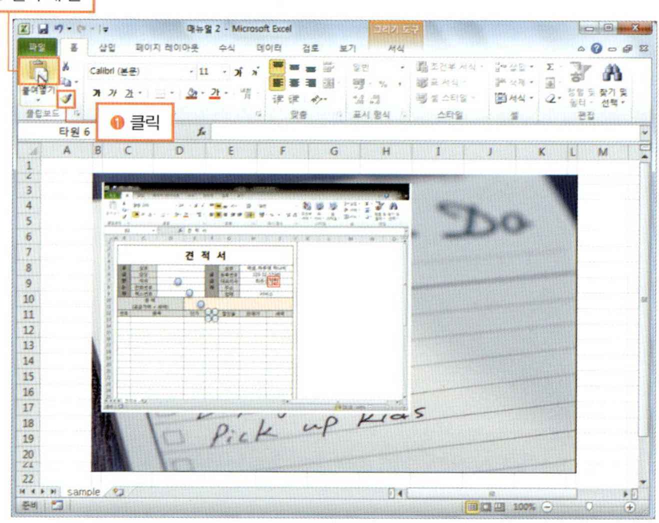

04 그림에서 설명할 부분 도형 표시하기(4) 추가된 3개의 도형 아이콘을 오른쪽 화면을 참고해 각각의 자리로 위치시킵니다.

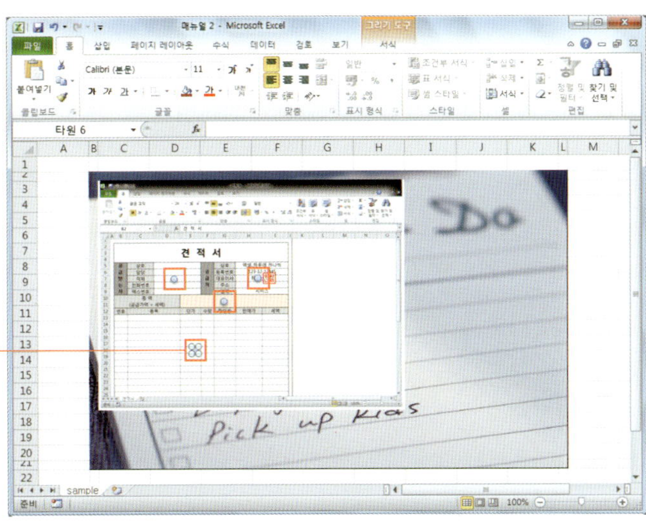

05 내용 입력할 도형 추가하기(1) 이제 각 위치의 설명 글을 입력할 도형을 추가합니다. 리본의 **[삽입]** 탭 → **일러스트레이션** 그룹 → **도형** 명령 아이콘 → **사각형 – '직사각형'** 도형을 클릭합니다.

06 내용 입력할 도형 추가하기(2) 오른쪽 화면과 같이 ❶ J4:K7 범위 사이에 위치하도록 직사각형 도형의 크기를 설정해 삽입한 다음, ❷ 리본의 **[그리기 도구] – [서식]** 탭 → **도형 스타일** 그룹 → ❸ **'미세 효과 – 파랑, 강조 1'** 스타일을 선택하여 적용합니다.

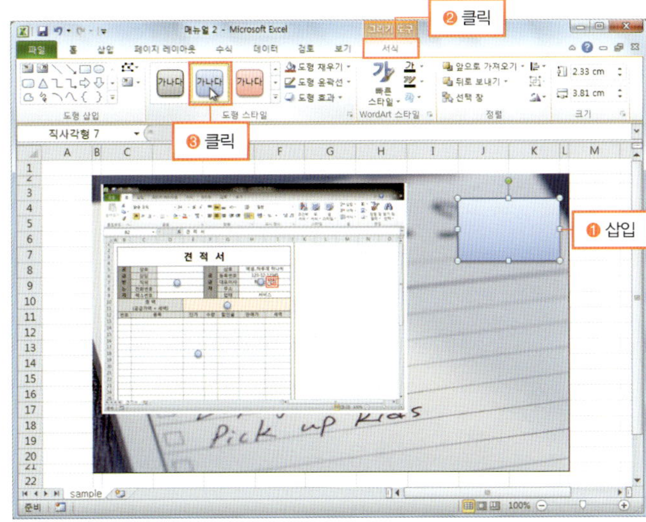

07 **도형에 설명 입력하기(1)** 추가된 도형에 텍스트를 추가하기 위해 ① 도형을 마우스 오른쪽 단추를 클릭한 다음 ② **텍스트 편집** 메뉴를 클릭합니다. 그러면 도형 안에 텍스트 입력 커서가 추가됩니다.

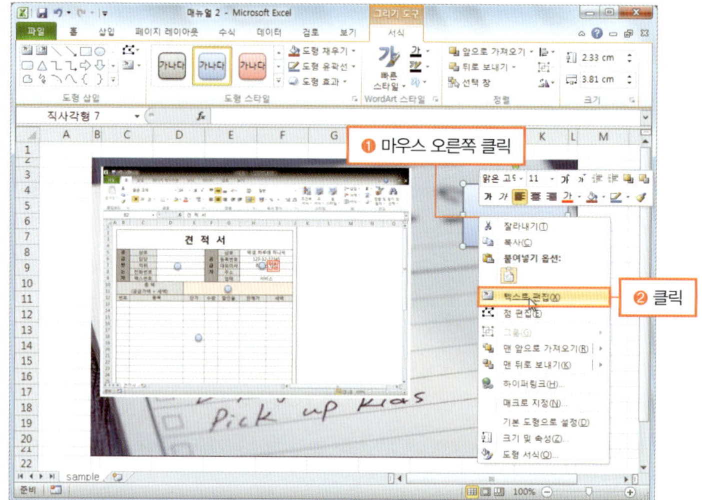

08 **도형에 설명 입력하기(2)** 글꼴 크기를 조정하기 위해 ① 리본의 [홈] 탭 → 글꼴 그룹 → ② **글꼴 크기 작게** 명령 아이콘을 두 번 눌러 글꼴 크기를 '9'로 조정합니다.

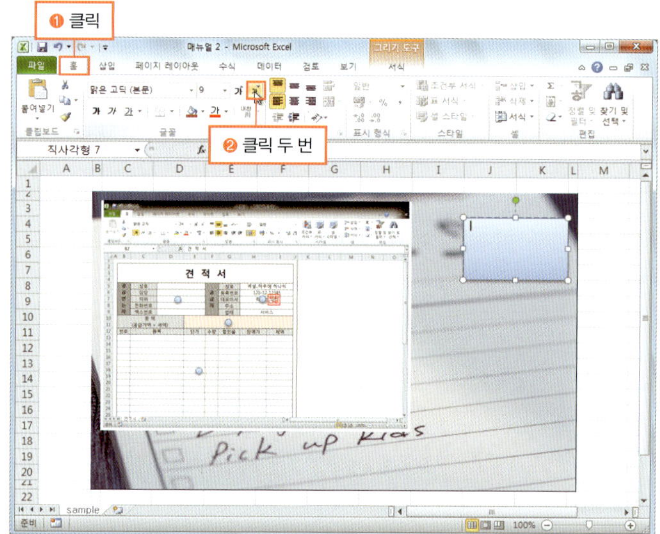

09 **도형에 설명 입력하기(3)** 오른쪽 화면과 같이 설명할 텍스트를 다음 내용으로 입력합니다.

> **공급받는자**
> 견적서를 요청한 업체 정보를 입력

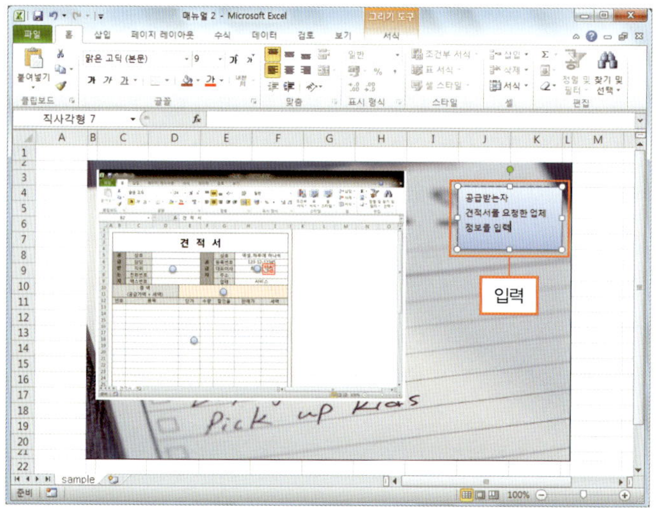

10 도형에 입력된 텍스트에 서식 지정하기 입력한 내용 중에서 첫 번째 줄의 내용은 제목이므로 서식을 다르게 지정해주는 것이 좋습니다. ❶ 마우스로 '공급받는자' 부분을 드래그해 선택한 다음, ❷ 리본의 [홈] 탭 → 글꼴 그룹 → 굵게 명령 아이콘과 ❸ 글꼴 색 명령 아이콘을 각각 클릭합니다.

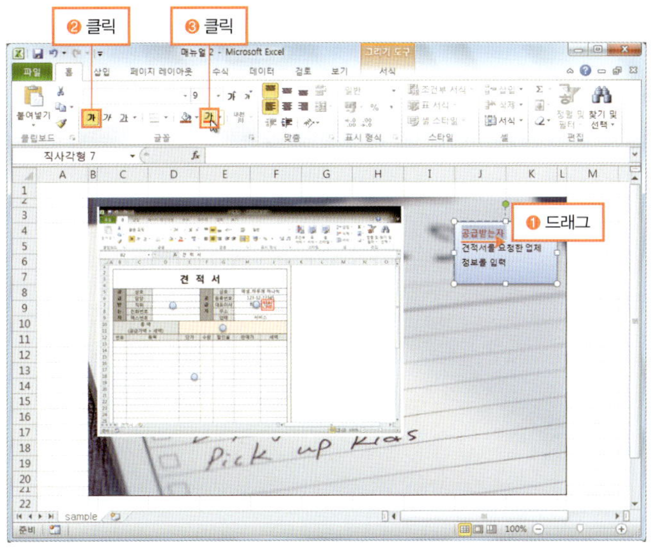

> **◉ 글꼴 색**
> 글꼴 색 명령 아이콘의 경우, 우측의 아래 화살표 영역을 클릭하여 색상표가 표시되면 원하는 색상을 선택할 수 있습니다.

11 도형 복사하고, 설명 추가하기 이제 완성된 도형을 복사하기 위해 첫 번째 도형의 테두리 부분을 클릭하여 도형 전체를 선택한 다음, Ctrl+C, Ctrl+V 키를 3회 눌러 도형을 복사하고 붙입니다. 그런 다음, 오른쪽 화면과 같이 위치를 지정하고, 각 도형의 텍스트는 다음과 같이 수정합니다.

도형	입력 값
두 번째	공급자 우리 회사 정보를 입력, 수정 사항 있는지 확인
세 번째	총액 견적 내역의 총액을 한글과 숫자로 표시
네 번째	견적리스트 견적 상세 내역을 기록

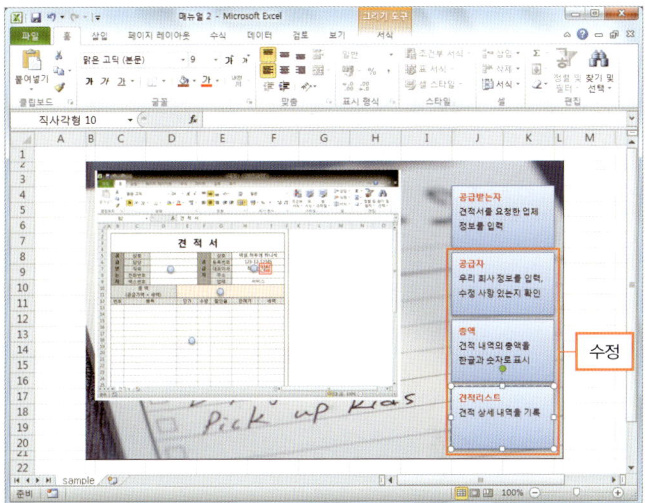

12 선 이용해 도형 연결하기(1) 마무리 작업으로 그림에 삽입된 도형과 설명을 위한 도형을 선으로 연결하겠습니다. ❶ 리본의 [삽입] 탭 → 일러스트레이션 그룹 → ❷ 도형 명령 아이콘 → ❸ 선 – '꺾인 화살표 연결선' 도형을 선택합니다.

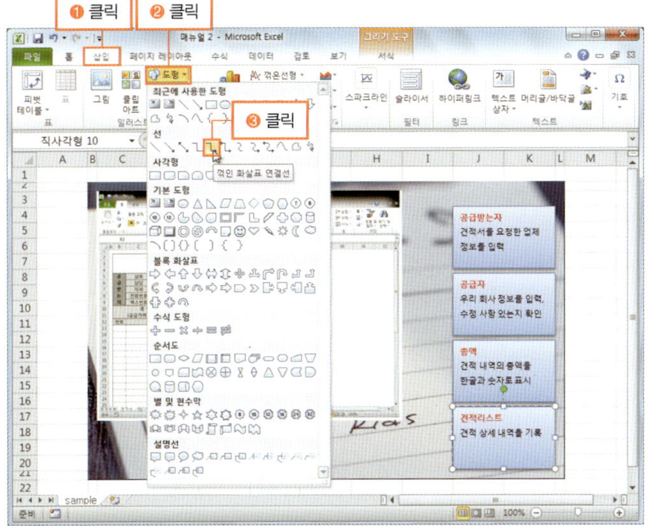

13 **선 이용해 도형 연결하기(2)** 그런 다음, 견적서 화면의 공급받는자 위치에 추가된 도형 위로 마우스 커서를 옮겨 놓으면, 도형 위에 빨강색 연결 핸들(■)이 나타납니다. 이 위치에서 마우스를 드래그합니다.

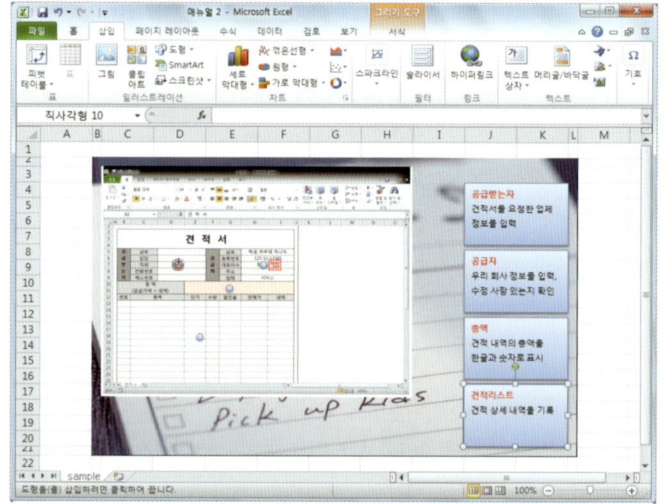

14 **선 이용해 도형 연결하기(3)** 화살표 선을 드래그해서 첫 번째 직사각형 도형으로 가져가면 직사각형 도형에도 빨강 연결 핸들(■)이 나타납니다. 그곳에서 손을 떼면 두 도형이 연결선에 의해 연결됩니다. 이제 두 도형은 연결선으로 연결되어, 도형의 위치를 옮겨도 연결선이 자동으로 옮겨진 위치에 표시됩니다.

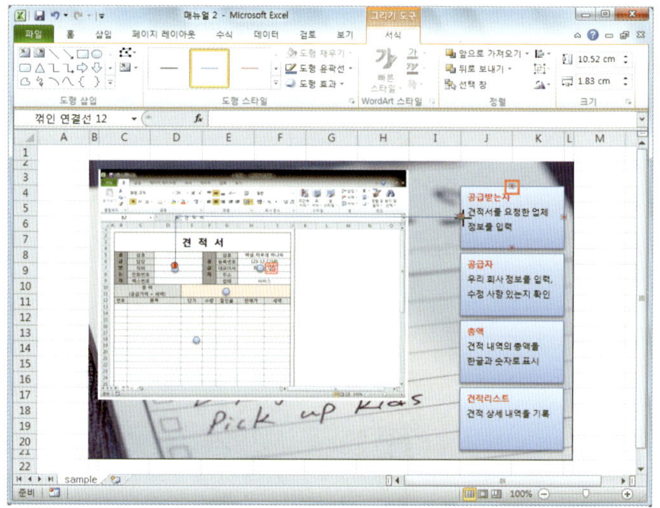

15 **선 이용해 도형 연결하기(4)** 13~14과정을 참고해 나머지 도형도 꺾인 화살표 연결선을 이용해 연결하면 모든 작업이 완료됩니다.

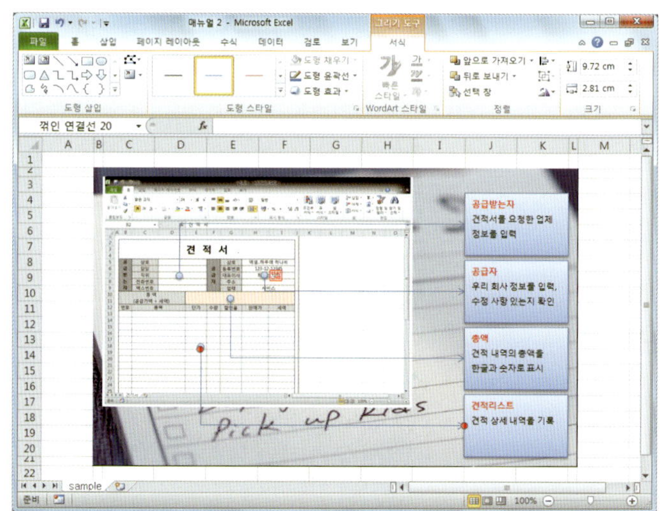

03 SmartArt 그래픽 이용하기

SmartArt 그래픽은 다이어그램을 매우 효과적으로 표현할 수 있으며, 종류 또한 다양합니다. 따라서 SmartArt 그래픽은 데이터의 종류와 특성에 따라 원하는 레이아웃을 선택하면 좀 더 시각적으로 설명될 수 있는 장점이 있습니다.

SmartArt 그래픽은 우리가 자주 사용하는 다이어그램을 손쉽게 만들 때 사용합니다. 다이어그램은 요약된 표나 설명만으로 전달하기 어려운 상황을 그래픽 개체를 이용해 설명하기 위한 것으로, 전체 프로세스나 조직도 등을 그릴 때 주로 사용합니다.

리본의 **[삽입]** 탭 → **일러스트레이션** 그룹 → **SmartArt** 명령 아이콘을 클릭하면 다음과 같은 'SmartArt 그래픽 선택' 대화상자가 나타납니다.

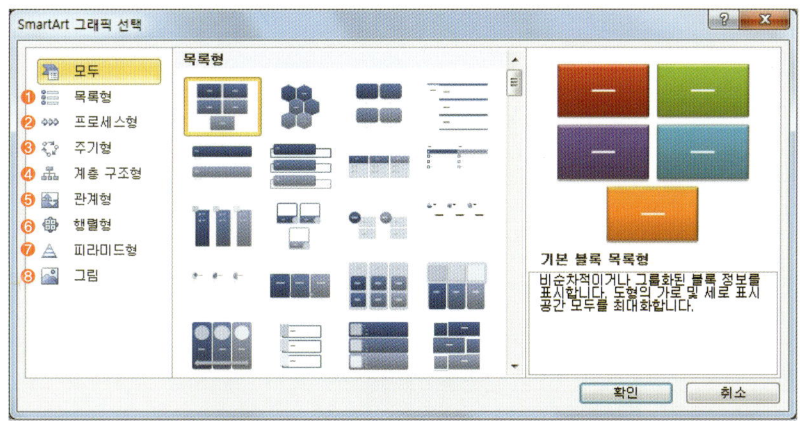

❶ **목록형** : 연관성 있는 항목을 나열해 설명하고자 할 때 선택합니다.

❷ **프로세스형** : 순차적인 항목간의 흐름을 설명하고자 할 때 선택합니다.

❸ **주기형** : 일정 주기로 반복되는 항목을 설명하고자 할 때 선택합니다.

❹ **계층 구조형** : 조직의 계층 구조를 설명하고자 할 때 선택합니다.

❺ **관계형** : 각 항목간의 관계를 설명하고자 할 때 선택합니다.

❻ **행렬형** : 전체에 대한 구성 요소를 설명하고자 할 때 선택합니다.

❼ **피라미드형** : 계층적 구조를 설명할 때 선택합니다.

❽ **그림** : 엑셀 2010 버전에서 새로 추가된 것으로, 그림을 이용한 다이어그램을 만들 때 선택합니다. `NEW 2010`

위 대화상자에서 원하는 다이어그램 개체를 선택한 다음, 원하는 스타일을 적용하면 다음과 같은 다양한 다이어그램 개체를 생성할 수 있습니다.

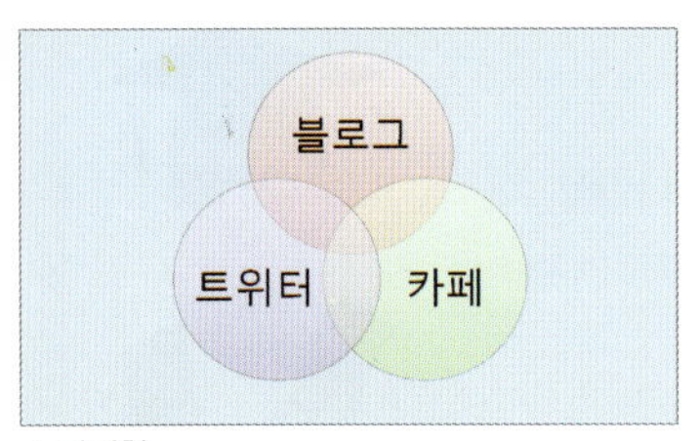

▲ 관계형

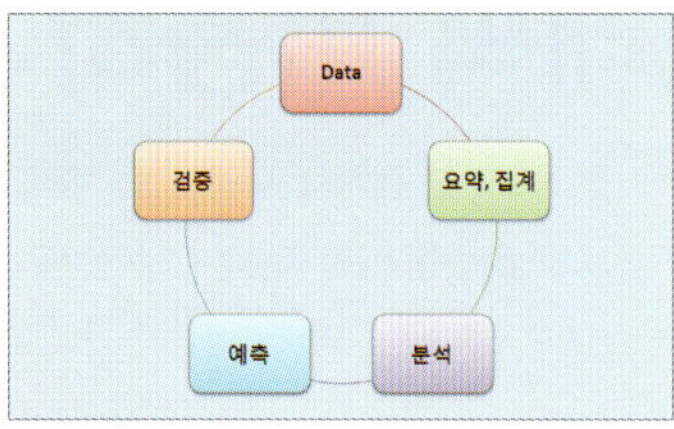

▲ 주기형

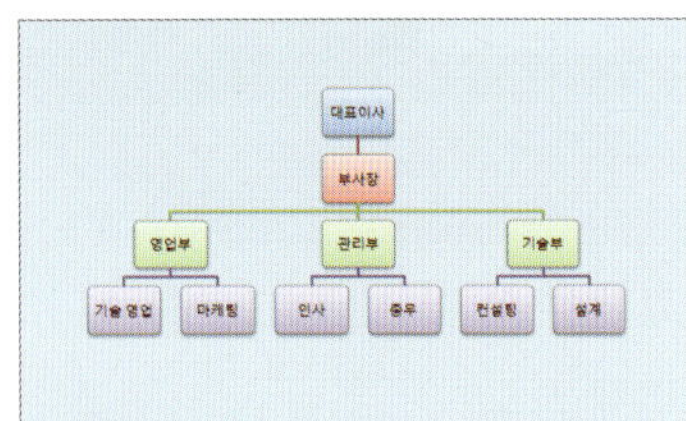

▲ 주기형

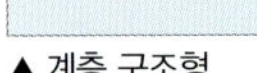

▲ 계층 구조형

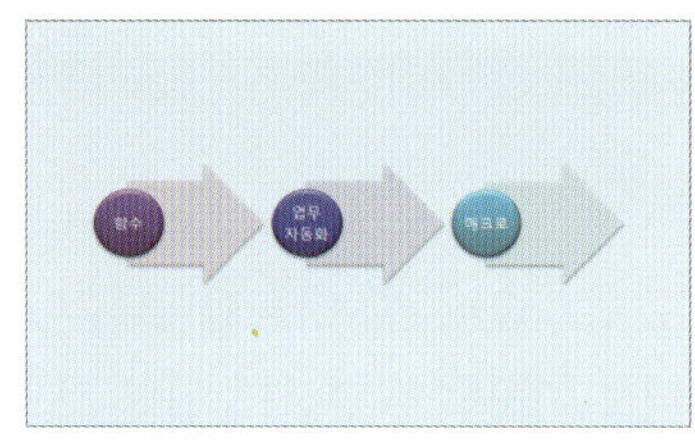

▲ 프로세스형

실무예제

SmartArt를 이용해 인덱스 페이지 만들기

📁 **준비 파일 :** 인덱스.xlsx

제공된 예제 파일을 열고, **Index** 시트를 선택하면 Before 화면과 같이 빈 워크시트를 확인할 수 있습니다. 이 워크시트를 시트 탭의 다른 워크시트로 빠르게 이동할 수 있는 인덱스 페이지의 역할을 하도록, SmartArt 개체와 하이퍼링크를 이용해 구성해 보도록 하겠습니다.

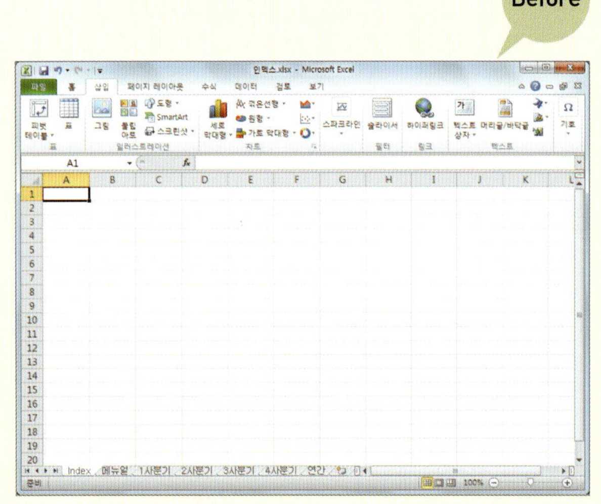

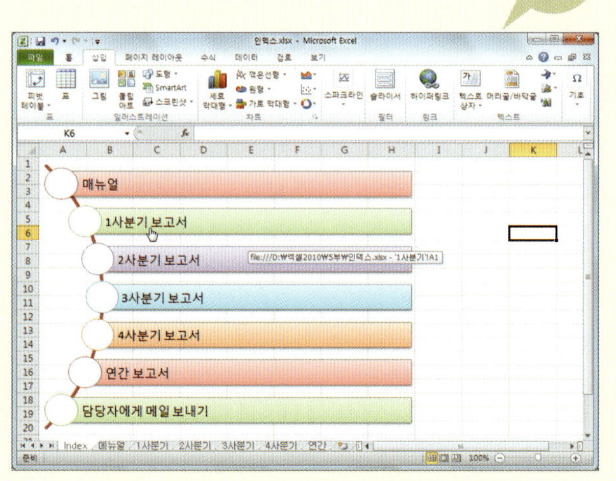

01 **SamrtArt 선택하기(1)** SmartArt 개체를 추가하기 위해 ❶ 리본의 **[삽입]** 탭 → **일러스트레이션** 그룹 → ❷ SmartArt 명령 아이콘을 클릭합니다.

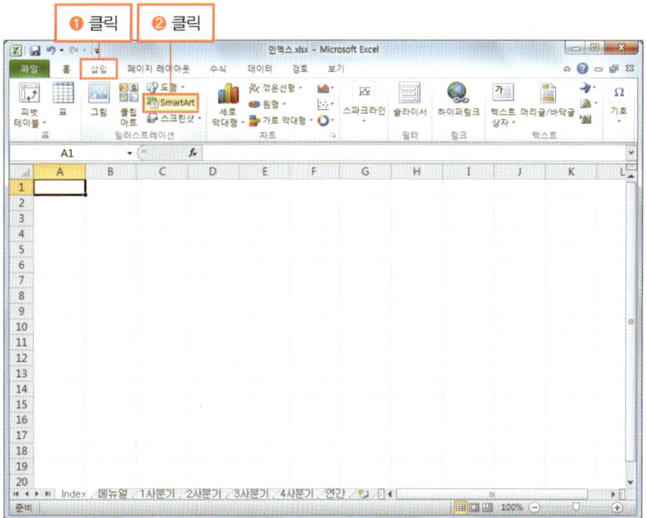

02 **SmartArt 선택하기(2)** 인덱스 페이지의 각 항목은 연관성은 있지만 순차적인 것은 아니므로 ❶ **목록형** 범주 → ❷ **세로 곡선 목록형**을 선택한 후 〈확인〉 단추를 클릭합니다.

'세로 곡선 목록형' 개체는 엑셀 2010 버전에서 추가된 것으로, 원하는 다른 개체를 선택해도 됩니다.

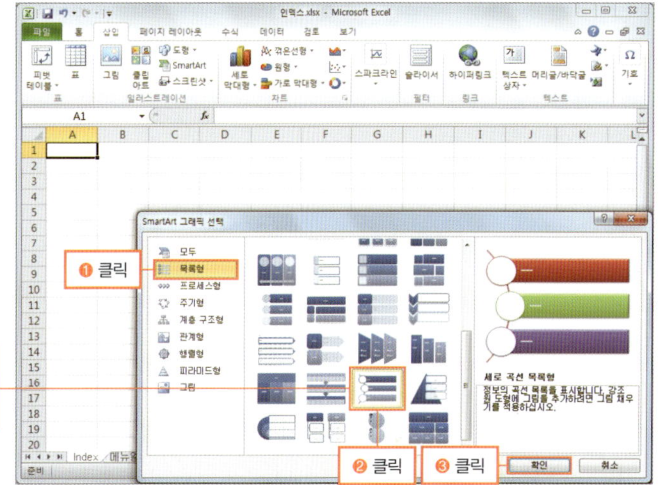

03 **SmartArt 확인하기** 그러면 화면과 같은 SmartArt 개체가 워크시트에 추가되며, '텍스트 창'과 'SamrtArt 개체 창' 이렇게 2개 창이 표시됩니다.

⊙ **SmartArt개체의 텍스트 입력 방법**

❶ **텍스트 창** : SmartArt 개체 내에 입력할 텍스트를 손쉽게 작성할 수 있도록 합니다. 만약 텍스트 창이 나타나지 않는다면 리본의 [SmartArt 도구] – [디자인] 탭 → 그래픽 만들기 그룹 → 텍스트 창 명령 아이콘을 클릭합니다.

❷ **SmartArt 개체 창** : 선택한 SmartArt가 표시됩니다.

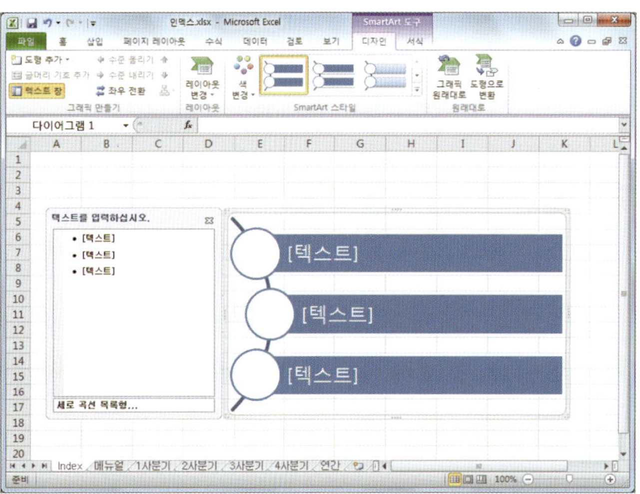

04 **SmartArt 스타일 변경하기(1)** SmartArt 개체의 색상을 변경하기 위해 ❶ 리본의 [SmartArt 도구] – [디자인] 탭 → SmartArt 스타일 그룹 → ❷ 색 변경 명령 아이콘 → ❸ 색상형 – '색상형 – 강조색' 스타일을 선택합니다.

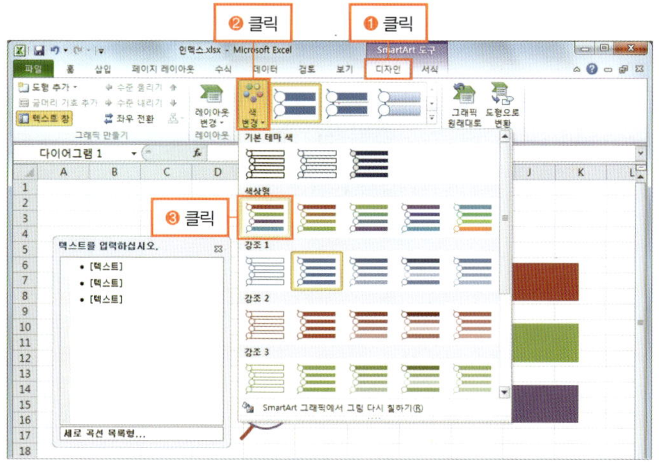

05 **SmartArt 스타일 변경하기(2)** ❶ 리본의 [SmartArt 도구] – [디자인] 탭 → SmartArt 스타일 그룹의 자세히 단추를 클릭해 ❷ '미세 효과' 스타일을 선택하면, 오른쪽 화면과 같이 SmartArt 개체에 적용된 색상을 좀 더 부드럽게 표현할 수 있습니다.

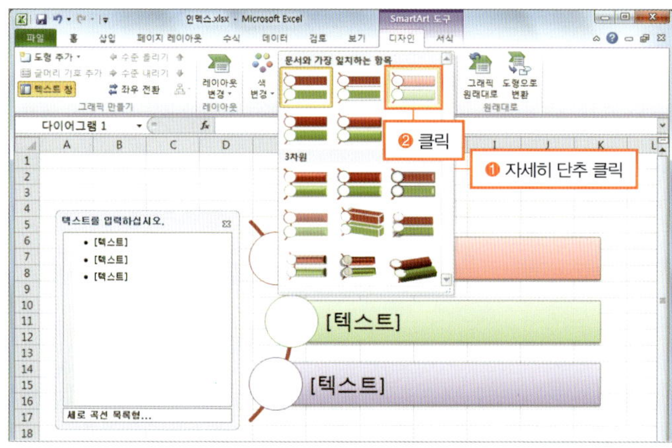

06 **SmartArt 값 입력하기** 각 SmartArt 개체에 각 워크시트의 인덱스를 만들기 위해 텍스트창에 다음 순서로 텍스트를 입력합니다.

> **매뉴얼**
> 1사분기 보고서
> 2사분기 보고서
> 3사분기 보고서
> 4사분기 보고서
> 연간 보고서
> 담당자에게 메일 보내기

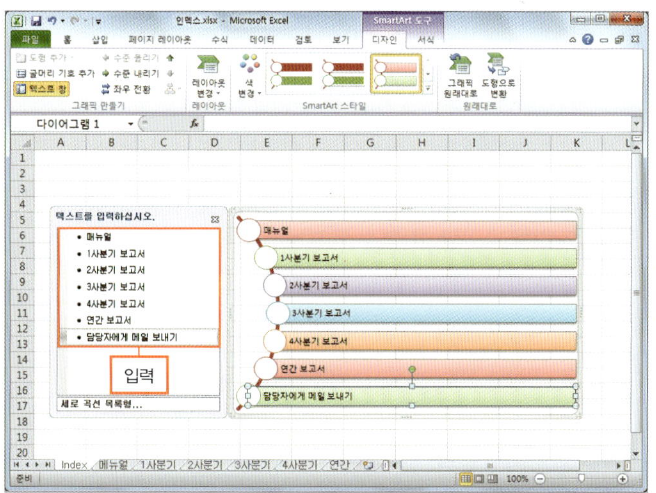

> ◎ **SamrtArt 개체 도형에 값 입력하기**
>
> 예제에서는 텍스트 창에서 텍스트를 입력하는 것을 설명했지만, 바로 SmartArt 개체의 도형을 선택하고 원하는 텍스트를 직접 입력해도 됩니다. 하지만, 텍스트 창에서 텍스트를 추가하면 추가한 텍스트 도형이 SmartArt 개체에 바로 적용되지만, SmartArt 개체에서 도형을 추가하려면 리본의 [SmartArt 도구] – [디자인] 탭 → 그래픽 만들기 그룹 → **도형 추가** 명령 아이콘을 클릭해야 합니다.

07 텍스트 창 닫기 이제 텍스트 값을 모두 입력했으므로 텍스트 창 우측 상단의 〈닫기〉 단추를 클릭해 닫습니다.(또는 리본의 [SmartArt 도구] – [디자인] 탭 → **그래픽 만들기** 그룹 → **텍스트 창** 명령 아이콘을 클릭해도 됩니다.)

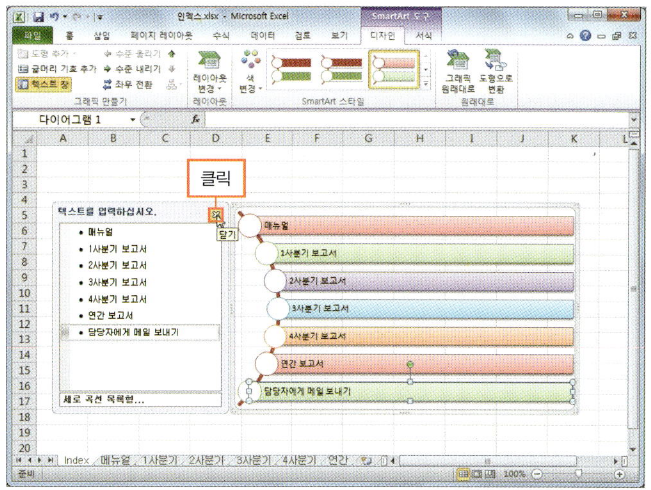

08 SmartArt 개체 위치 옮기기 이제 SmartArt 개체의 위치를 옮기기 위해 SmartArt 개체 테두리를 마우스로 클릭한 후 마우스 포인터 모양이 십자 화살표 모양으로 변경되면 마우스로 드래그해서 원하는 위치로 이동합니다. SmartArt 개체의 왼쪽 상단 모서리가 A1셀에 맞춰지도록 오른쪽 화면과 같이 옮겨 놓습니다.

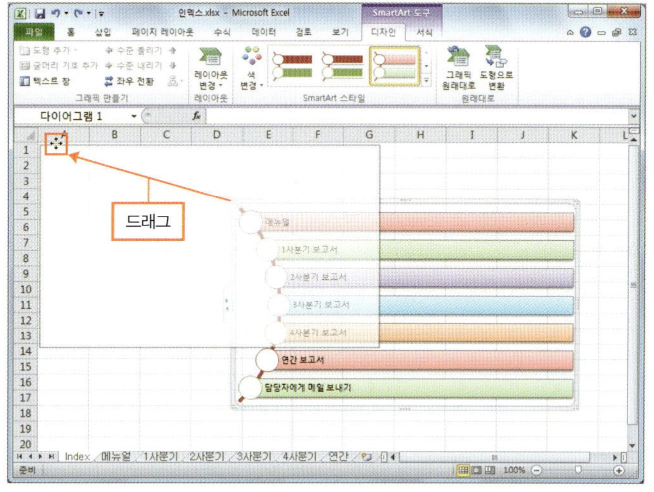

09 SmartArt 개체 크기 조정하기 크기를 키우기 위해 SmartArt 개체의 우측 하단 모서리 부분에 마우스 포인터를 옮긴 다음, 마우스 포인터가 사선 화살표 모양으로 변경되면 H20셀 위치에 맞게 드래그하여 크기를 변경합니다.

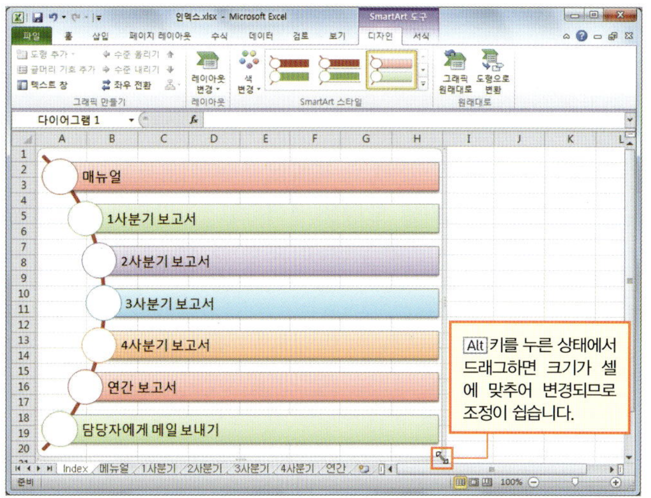

10 **하이퍼링크 이용해 워크시트 이동(1)** 이제 각 도형에 하이퍼링크를 이용해 원하는 워크시트 위치로 이동할 수 있게 설정합니다. ❶ 첫 번째 '매뉴얼' 도형을 선택한 다음, ❷ 리본의 **[삽입]** 탭 → **링크** 그룹 → ❸ **하이퍼링크** 명령 아이콘을 클릭합니다.

> ◉ **하이퍼링크**
>
> 하이퍼링크는 셀 또는 도형을 클릭했을 때 원하는 장소로 바로 이동시켜 주는 기능으로, 이 기능을 이용하면 엑셀 파일 내의 원하는 위치로 빠르게 이동할 수 있습니다.

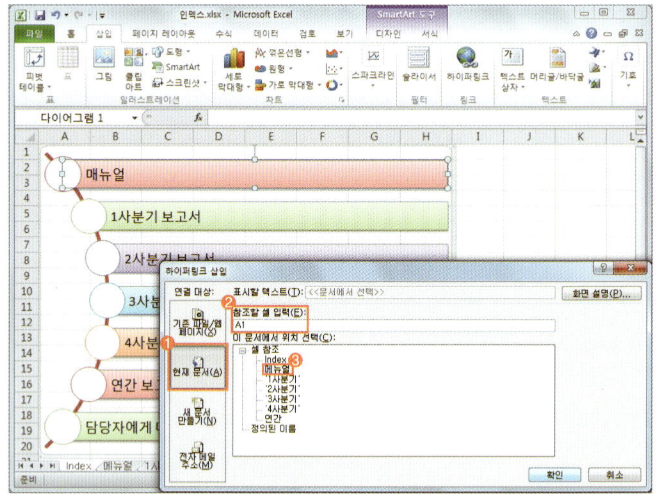

11 **하이퍼링크 이용해 워크시트 이동(2)** '하이퍼링크' 삽입 대화상자가 표시되면 다음 순서로 작업한 후 〈확인〉 단추를 클릭합니다.

❶ 연결 대상	현재 문서	
❷ 참조할 셀 입력	A1	
❸ 셀 참조	'매뉴얼'을 선택	

12 **하이퍼링크 이용해 이메일 보내기(1)** 08~09과정을 참고해 1사분기 보고서부터 연간보고서까지 순서대로 각 워크시트의 A1셀로 이동하도록 설정합니다. 마지막 '담당자에게 메일 보내기'는 이메일을 발송해야 하므로 설정을 조금 다르게 합니다. ❶ 마지막 도형을 선택하고 ❷ 리본의 **[삽입]** 탭 → **링크** 그룹 → **하이퍼링크** 명령 아이콘을 클릭합니다.

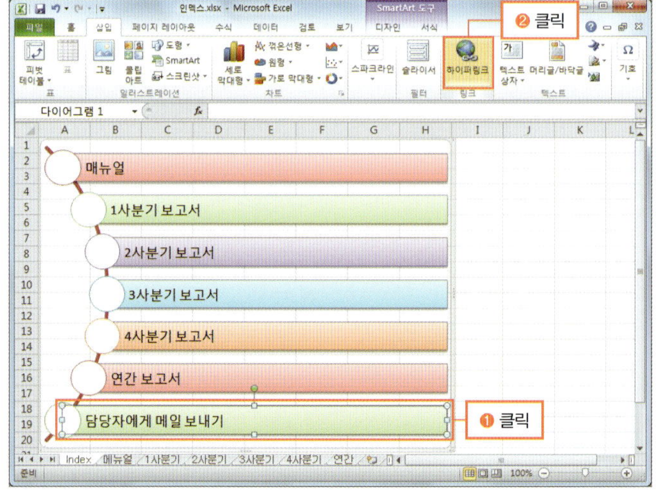

13 하이퍼링크 이용해 이메일 보내기(2) '하이퍼링크' 삽입 대화상자가 표시되면 다음 순서로 설정한 후 〈확인〉 단추를 클릭합니다.

❶ 연결 대상	'전자 메일 주소' 선택	
❷ 전자 메일 주소	mailto;이메일 주소	
❸ 제목	보고서 문의(기본 메일 제목을 입력)	

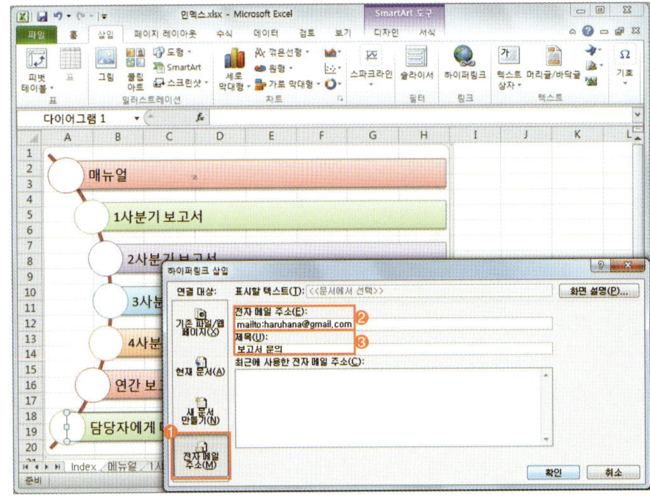

14 하이퍼링크 작동 확인하기 이제 빈 셀을 선택해 SmartArt 개체 도형이 비활성화되도록 한 다음, 각 도형 위로 마우스를 올리면 손가락 모양으로 마우스 포인터 모양이 변경됩니다. 마우스를 클릭하면 설정된 전자 메일 주소로 바로 이동합니다.

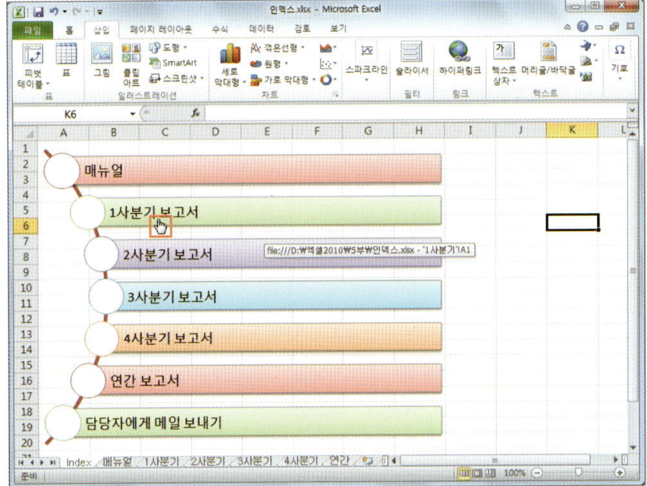

07

협업을 위한
엑셀 활용 방법

여러 명이 함께 작업해야 하는 경우 데이터의 입력 실수부터 작성된 수식의 보호까지, 신경 써야 할 일이 한 두 가지가 아닙니다. 그렇기 때문에 공동 작업이 잦은 경우라면, 잘못된 데이터 입력을 차단하는 유효성 검사나 시트 또는 파일 등에 암호를 지정하여 데이터를 보호하는 방법을 반드시 이해하고 활용할 수 있어야 합니다. 또한 네트워크상의 다른 사용자와 공동 작업을 할 때 자주 사용하게 되는 공유 통합 문서 파일에 대해서도 알아두기 바랍니다.

유효성 검사를 활용한 데이터 입력 보호

잘못된 데이터가 입력되는 것을 방지할 수 있는 유효성 검사 기능

수식을 이용해 잘못된 데이터 막기

파일 보호하기

셀 잠금 기능을 이용한 셀 보호

파일 및 워크시트를 보호하는 다양한 방법

공유 통합 문서 사용

네트워크상의 폴더 공유하기

다른 사용자와 파일을 공유해 함께 작업하는 방법

웹 앱스를 이용해 파일 공유하기 NEW 2010

Windows Live 계정 등록 방법

MS사의 무료 웹 메일인 핫메일(Hotmail) 서비스와
무료 웹 하드인 스카이 드라이브 서비스 사용하기

CHAPTER **01**

유효성 검사를 활용한 데이터 입력 보호

유효성 검사는 자신이 작성해 놓은 표에 여러 사람들이 접근해 데이터를 입력할 경우, 입력할 수 있는 데이터 조건을 지정해 잘못된 데이터가 입력되는 것을 근본적으로 차단할 수 있는 기능입니다. 이 기능을 이용하면 오타로 인한 계산 오류를 손쉽게 줄여 나갈 수 있으므로, 공동 작업뿐만이 아니라 개인적인 데이터 입력 작업을 할 때 매우 효율적으로 사용할 수 있습니다.

01 유효성 검사 이해하기

02 유효성 검사 편집하기

03 수식을 이용해 잘못된 데이터 입력 막기

01 유효성 검사 이해하기

데이터를 직접 입력하거나 또는 다른 사람과의 협업을 통해 데이터를 입력하다 보면 오타나 주관적 판단에 의해 잘못된 데이터가 입력되는 일이 종종 발생하게 됩니다. 그러므로 이런 입력 실수를 미연에 방지하려면 엑셀에서 제공하는 '유효성 검사' 기능을 이용하면 됩니다.

유효성 검사는 셀에 입력되는 값을 검사해 잘못된 값이 입력되지 않도록 설정하는 기능으로, 리본의 **[데이터] 탭 → 데이터 도구 그룹 → 데이터 유효성 검사** 명령 아이콘을 클릭해 실행합니다.

'데이터 유효성' 대화상자의 각 탭의 역할은 다음과 같습니다.

- **[설정] 탭 :** 선택된 셀에 입력 가능한 데이터 값의 조건을 다음과 같이 설정합니다.

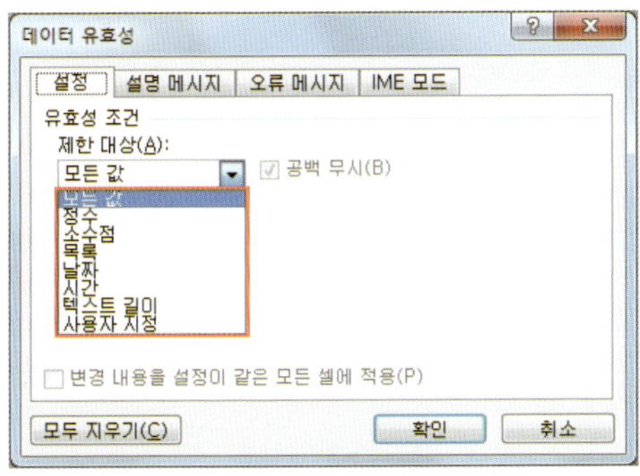

▲ '데이터 유효성' 대화상자 – [설정] 탭

❶ 정수 : 양수 또는 음수 값으로 조건을 지정

❷ 소수점 : 소수점 이해 값으로 조건을 지정

❸ 목록 : 드롭다운 목록에서 선택할 목록 값을 조건으로 지정

❹ 날짜 : 날짜 값으로 조건을 지정

❺ 시간 : 시간 값으로 조건을 지정

❻ 텍스트 길이 : 입력 문자 개수로 조건을 지정

❼ 사용자 지정 : 수식을 사용해 조건을 지정

❖ 제한 대상 '목록'

원본 범위의 데이터 값만 선택하거나 ',(구분 기호)'를 이용해 직접 입력할 수 있습니다.

- **[설명 메시지] 탭** : 유효성 검사가 설정된 셀을 선택할 때 화면에 표시할 내용을 작성합니다. 그러면 셀을 선택할 때 다음과 같은 메모가 표시됩니다.

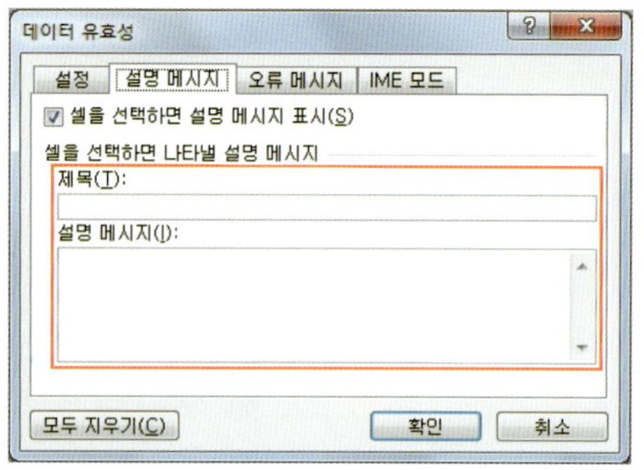

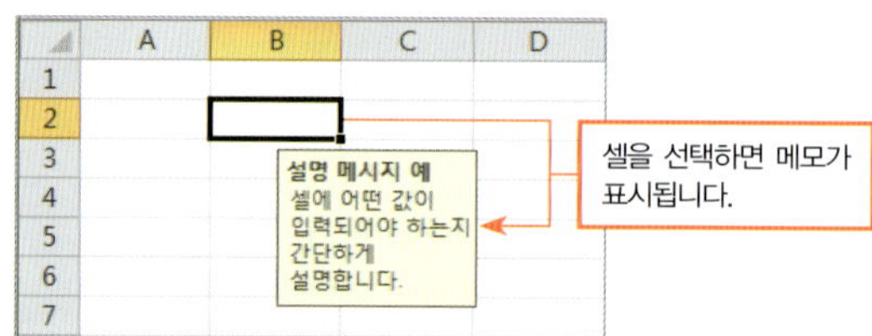

▲ [설명 메시지] 탭

- **[오류 메시지] 탭** : 잘못된 값이 입력될 때 경고 메시지 창의 내용을 직접 작성하며, 이 탭의 내용을 작성하지 않으면 기본 메시지 창이 나타납니다.

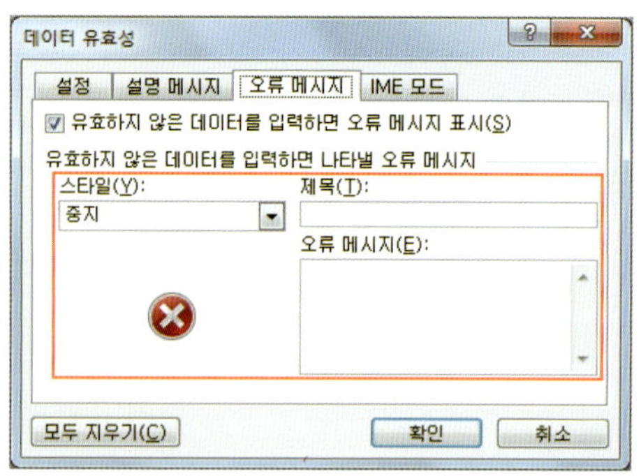

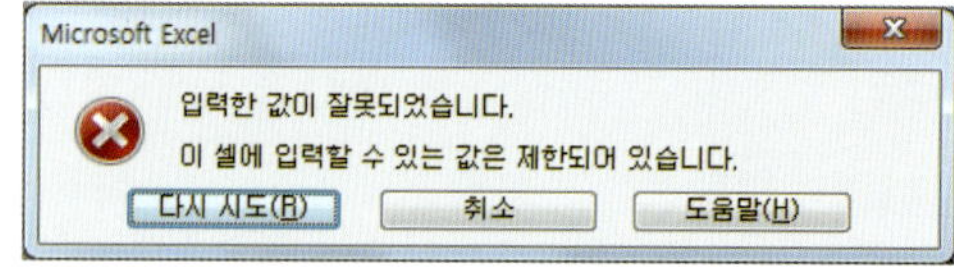

▲ [오류 메시지] 탭   ▲ 기본 메시지 창

- **[IME 모드] 탭** : 셀에 입력될 언어(영어 또는 한글)를 선택합니다.

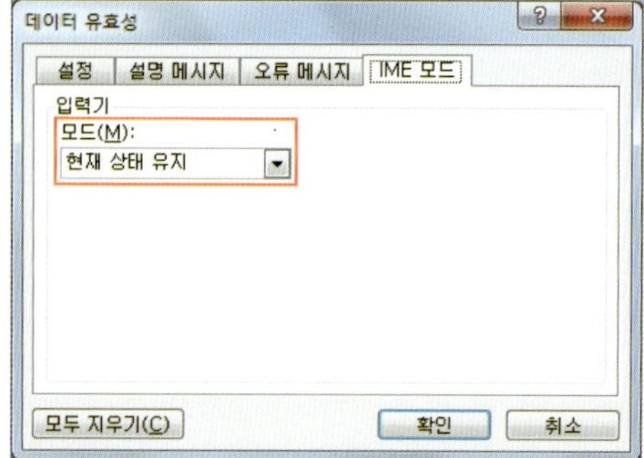

▲ [IME 모드] 탭

견적서에서 품명, 수량, 할인율에 입력할 조건 제한하기

📁 **준비 파일 :** 견적서.xlsx

제공된 예제 파일을 열면 Before 화면과 같은 견적서 파일을 확인할 수 있습니다. 견적서를 작성할 때 '품명', '수량', '할인율'에 다음과 같은 조건의 데이터만 입력되도록 설정해 보겠습니다.

열	조건
품명	오른쪽 표의 리스트가 목록으로 제공
수량	양수만 허용
할인율	0% ~ 30%만 허용

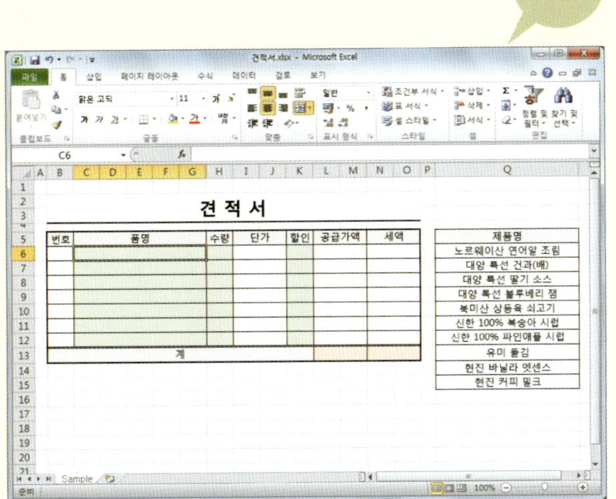

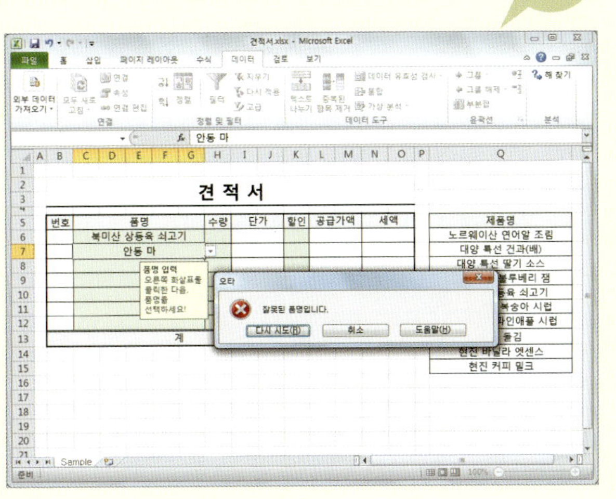

01 목록에서 품명 선택하기(1)

먼저 '품명'에 데이터를 직접 입력하지 않고, 오른쪽 표의 리스트가 목록으로 제공되도록 설정합니다. ❶ C6:G12 범위를 선택하고 ❷ 리본의 [데이터] 탭 → 데이터 도구 그룹 → ❸ 데이터 유효성 검사 명령 아이콘을 클릭합니다.

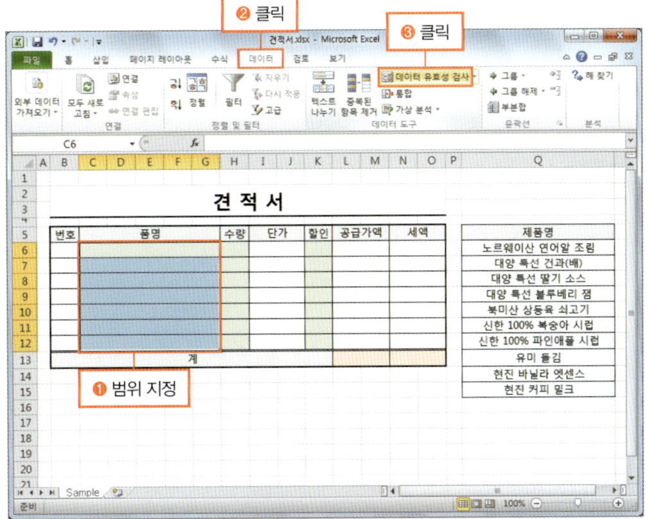

🟢 **유효성 검사 설정**

유효성 검사를 설정할 경우에는 가장 먼저 해당 조건이 적용될 범위를 선택해야 합니다. 유효성 검사는 셀에 적용되므로, 유효성 검사가 설정된 셀을 다른 위치로 복사(또는 이동)해도 해당 설정이 그대로 유지됩니다.

02 목록에서 품명 선택하기(2)

❶ '데이터 유효성' 대화상자가 표시되면 [설정] 탭을 선택하고 ❷ 다음과 같이 조건을 설정합니다.

제한 대상	목록
원본	=$Q$6:$Q$15

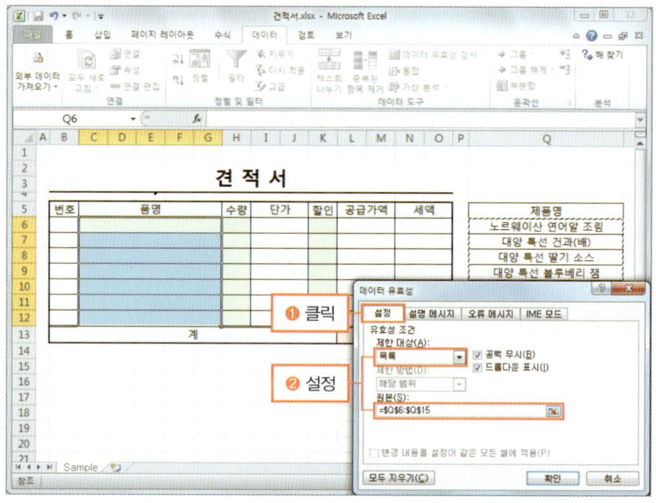

03 목록에서 품명 선택하기(3)

유효성 검사가 설정된 셀을 선택할 때 전달하고 싶은 메시지가 있다면 '데이터 유효성' 대화상자의 [설명 메시지] 탭에서 설정할 수 있습니다. ❶ [설명 메시지] 탭을 선택하고 ❷ 다음과 같이 설정합니다.

제목	품명 입력
설명 메시지	오른쪽 화살표를 클릭한 다음, 품명을 선택하세요!

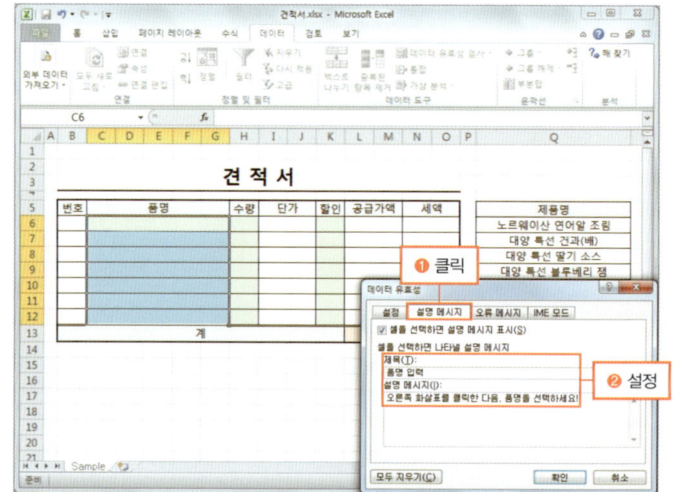

'데이터 유효성' 대화상자의 [설정] 탭은 선택된 범위에 입력을 허용할 조건을 선택하는 작업을 합니다. '제한 대상'을 '목록'으로 설정하게 되면 원본 범위의 값만 선택하거나 입력할 수 있습니다. 워크시트에 입력된 값이 없다면 원본 범위에 주소를 지정하지 않고, 직접 값을 입력할 수도 있습니다. 값을 직접 입력할 경우에는 ", · (콤마)" 구분 기호를 이용해 다음과 같이 값을 입력합니다.

사과, 배, 토마토

04

목록에서 품명 선택하기(4) [설정] 탭에서 지정해 놓은 조건에 맞지 않는 값이 입력될 때 표시되는 오류 메시지 창의 내용을 설정합니다. ❶ [오류 메시지] 탭을 선택하고 ❷ 다음과 같이 설정한 후 ❸ 〈확인〉 단추를 클릭합니다.

제목	오타
오류 메시지	잘못된 품명입니다.

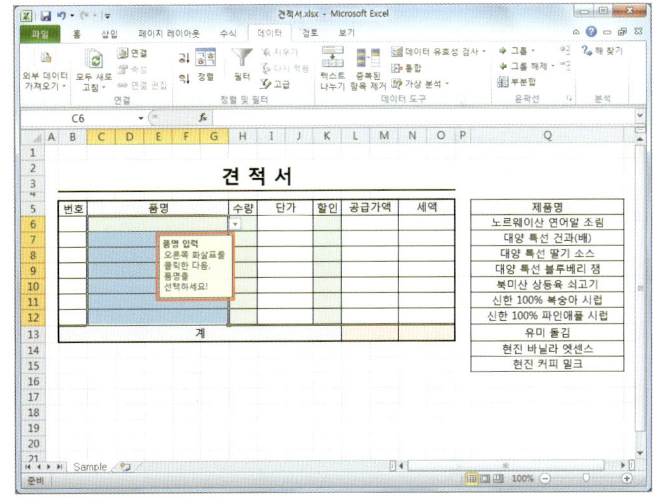

05

목록에서 품명 선택하기(5) 이제 C6:G6 범위를 선택하면 오른쪽 화면에서 확인할 수 있듯이 메모가 표시되며, 셀 우측에 아래 화살표 단추 아이콘이 나타나는 것을 확인할 수 있습니다.

06

목록에서 품명 선택하기(6) 이제 값을 입력하기 위해 ❶ 셀 우측의 아래 화살표 아이콘을 클릭한 다음 ❷ 목록에서 원하는 품명을 선택하면 셀에 값이 입력됩니다.

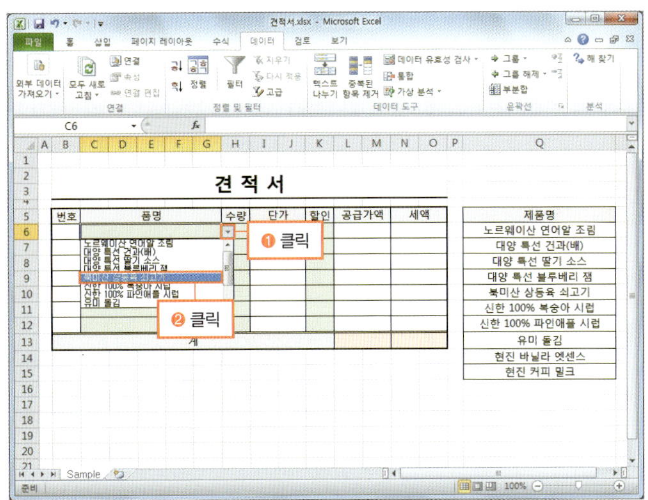

07 **목록에서 품명 선택하기(7)** 목록에서 선택하지 않고 바로 값을 입력할 수도 있지만 이때, 목록에 존재하지 않는 값을 입력하면 오른쪽 화면과 같은 오류 메시지가 나타납니다. C7:G7 병합 셀을 선택하고 〈취소〉 단추를 누르면 입력된 값을 삭제하고 다시 입력할 수 있습니다.

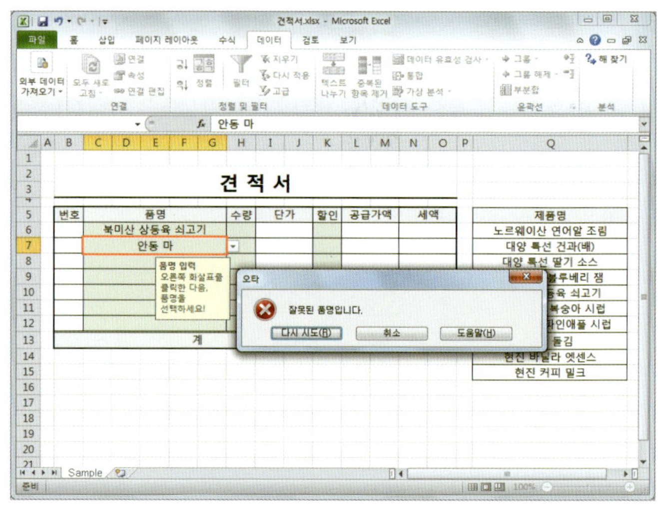

08 **음수가 입력되지 못하도록 제한하기(1)** 이번에는 수량을 입력할 때 음수가 입력되지 못하도록 유효성 검사를 설정합니다. ❶ H6:H12 범위를 선택하고 ❷ 리본의 [데이터] 탭 → 데이터 도구 그룹 → 데이터 유효성 검사 명령 아이콘을 클릭합니다.

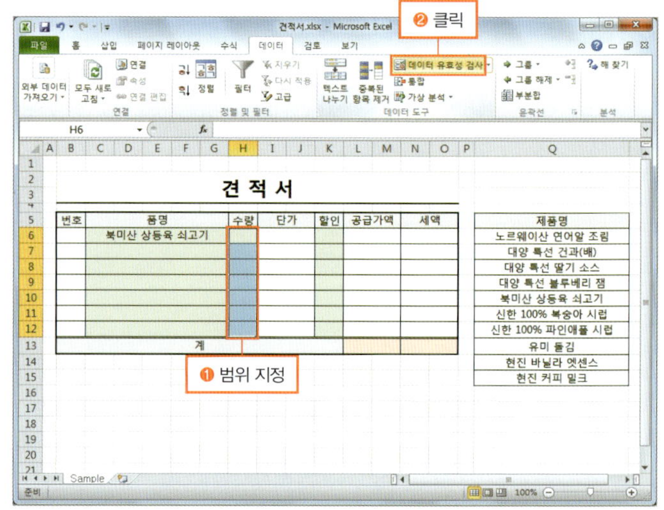

09 **음수가 입력되지 못하도록 제한하기(2)** '데이터 유효성' 대화상자가 표시되면 ❶ [설정] 탭을 선택하고 ❷ 다음과 같이 조건을 설정한 다음 ❸ 〈확인〉 단추를 클릭합니다.

제한 대상	정수
제한 방법	〉
최소값	0

양수만 입력되도록 하려면 0 이상의 값이 입력되어야 합니다. 그러므로 '제한 대상'은 '정수'를 선택하고 '제한 방법'은 크다는 의미를 갖는 비교 연산자 "〉"를 선택합니다. 그런 다음 '최소값' 옵션을 '0'으로 지정하면 원하는 조건에 맞게 설정할 수 있습니다.

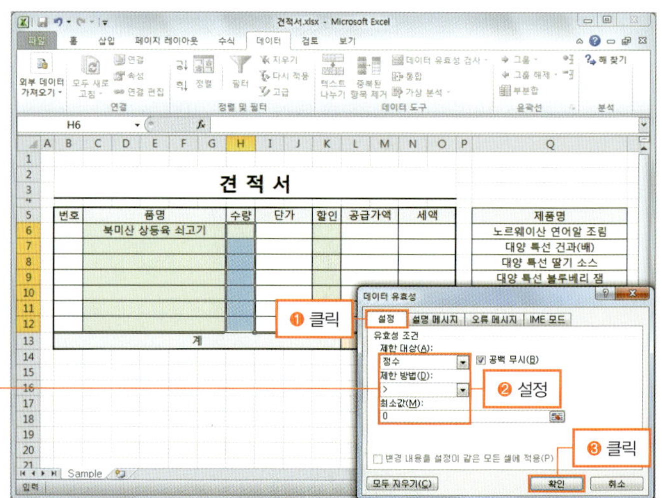

10 **음수가 입력되지 못하도록 제한하기(3)** H6셀을 선택하고 음수 값인 −1을 입력해 보면 화면과 같은 오류 메시지 창이 나타납니다.

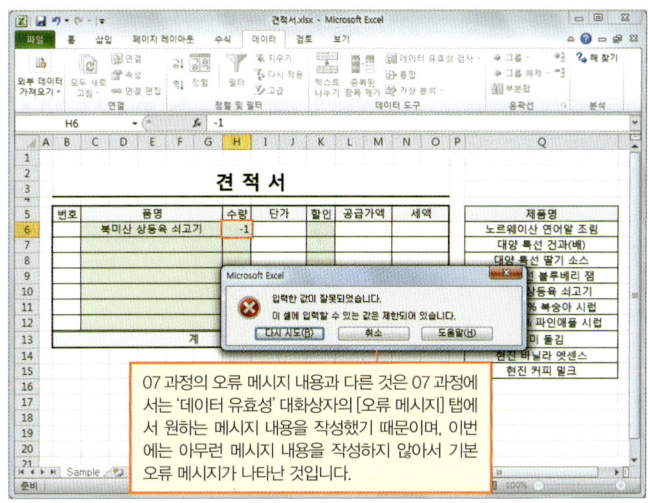

11 **할인율 제한하기** 마지막으로 할인율을 입력할 때 0% ~ 30% 사이 값만 입력하도록 조건을 설정합니다. ❶ K6:K12 범위를 선택한 다음 ❷ 리본의 **[데이터]** 탭 → **데이터 도구** 그룹 → **데이터 유효성 검사** 명령 아이콘을 클릭합니다. ❸ '데이터 유효성' 대화상자에서 [설정] 탭을 다음과 같이 구성하고 ❹ 〈확인〉 단추를 클릭합니다.

제한 대상	소수점
제한 방법	해당 범위
최소값	0
최대값	0.3

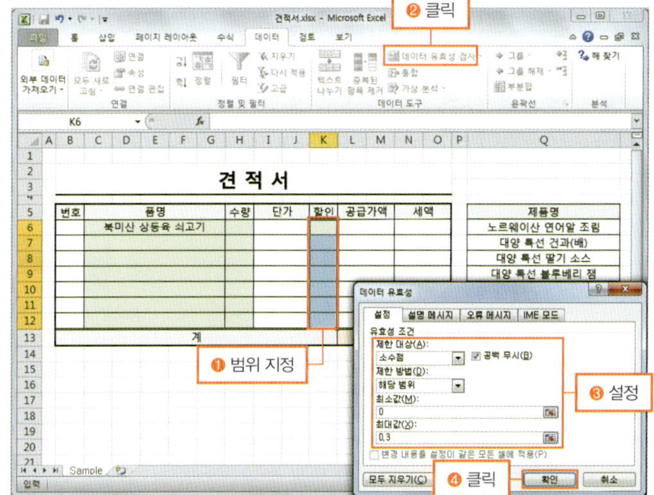

두 개의 목록을 연결해 사용하기

| 준비 파일 : 유효성 검사 – 연결목록.xlsx

유효성 검사의 목록 기능은 업무 자동화를 위해서는 꼭 이해해야 하는 기능 중의 하나입니다. 이 목록 기능을 두 셀에서 각각의 값이 연동되도록 구성하면 더욱 편리한데, 다음과 같은 가계부 표에서 대분류, 소분류 항목을 구분할 때 주로 사용합니다.(이렇게 2개의 목록을 연결해 사용하는 경우를 '연결목록' 또는 '이중 유효성 검사'라고 합니다.)

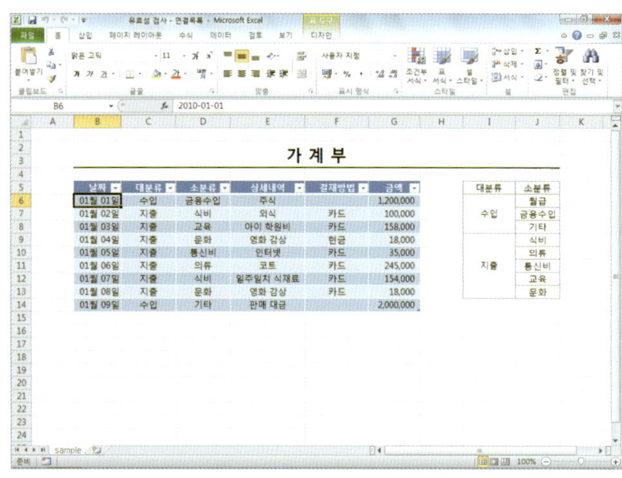

두 분류 항목이 연동되도록 하기 위해서는 다음과 같은 과정을 수행합니다.

❶ 먼저 소분류 항목을 대분류 항목 값을 사용한 이름으로 정의하기 위해 J6:J8 범위를 선택하고 '이름 상자'에 "수입" 이라고 대분류 값을 입력합니다.

❷ J9:J13 범위를 선택하고 이름 상자에 "지출" 이라고 입력해 이름을 정의합니다.

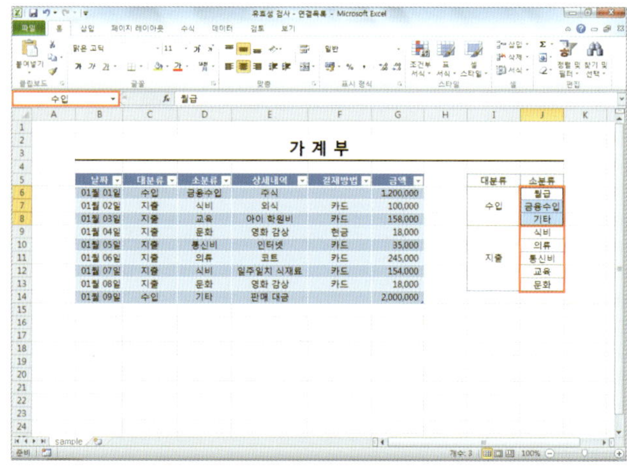

❸ 가계부에 대분류와 소분류 항목 값을 '목록'에서 선택하도록 유효성 검사 설정 작업을 수행합니다. C6:C14 범위를 선택하고 리본의 [데 이터] 탭 → 데이터 도구 그룹 → 데이터 유효성 검사 명령 아이콘 을 클릭합니다.

❹ '데이터 유효성' 대화상자가 표시되면 [설정] 탭을 선택하고 제한 대상 을 '목록'으로 지정한 다음 '원본' 참조 란에 다음과 같이 대분류 항목을 ' , (쉼표)' 구분자를 이용해 입력하고 〈확인〉 단추를 누릅니다.

수입, 지출

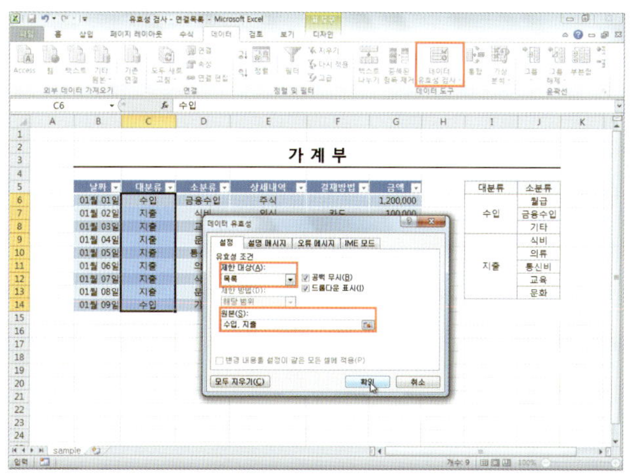

❺ 이번에는 '소분류' 항목을 설정하기 위해 D6:D14 범위를 선택하고, 리 본의 [데이터] 탭 → 데이터 그룹 → 데이터 유효성 검사 명령 아이 콘을 클릭합니다.

❻ 그런 다음, [설정] 탭의 제한 대상을 '목록'으로 지정하고 '원본' 참조 란에 다음과 같이 수식을 입력한 후 〈확인〉 단추를 클릭합니다.

=INDIRECT(C6)

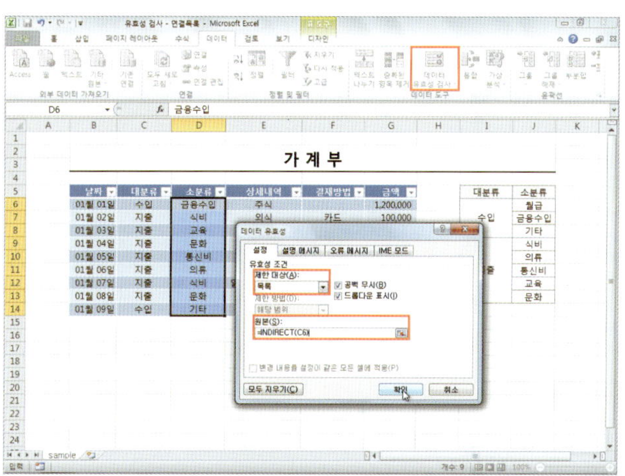

❼ ①~⑥ 과정을 수행하면 15행에 오른쪽 화면과 같이 데이터를 '대 분류', '소분류' 항목 모두 목록에서 선택할 수 있는데, '소분류' 항목 은 C열의 '대분류' 항목에 따라 다르게 나타나는 것을 확인할 수 있 습니다.

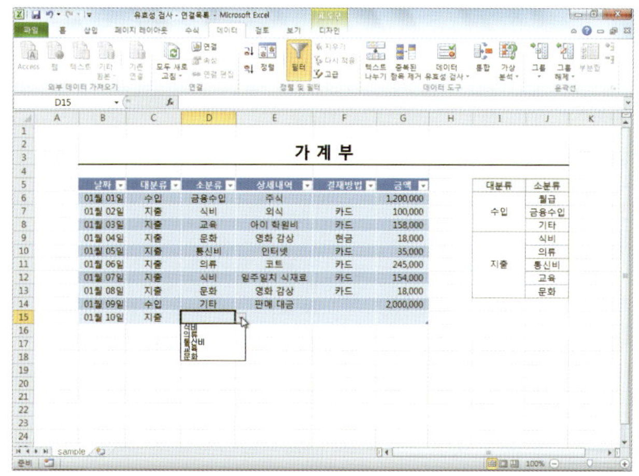

유효성 검사 편집하기

엑셀은 데이터 관리 업무를 효과적으로 진행할 수 있도록 유효성 검사가 설정된 범위 내의 잘못된 데이터 위치를 찾거나 설정된 유효성 검사의 조건을 변경하는 방법을 제공합니다. 이런 방법을 통해 보다 효과적인 데이터 입력 조건을 설정할 수 있습니다.

유효성 검사는 사용자가 셀에 값을 입력할 때 동작하므로 값이 이미 입력된 경우에는 값을 수정할 때까지는 유효성 검사가 동작하지 않게 됩니다. 그러므로 유효성 검사가 지정된 범위 내에도 잘못된 데이터가 존재할 수 있으므로 유효성 검사 명령을 이용할 경우에는 잘못된 데이터의 위치를 파악할 수 있어야 합니다.

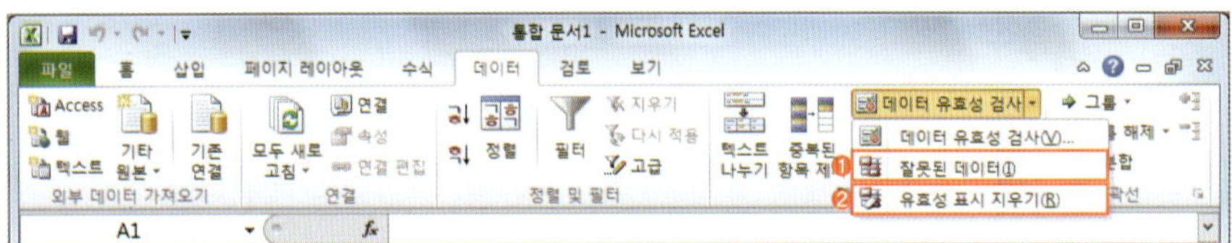

▲ 잘못된 데이터 위치를 찾을 때 사용하는 명령

❶ **잘못된 데이터** : 유효성 검사의 조건에 맞지 않는 값이 입력된 위치에 ◯(유효성 표시) 도형을 표시합니다.

❷ **유효성 표시 지우기** : 워크시트에 표시된 ◯(유효성 표시) 도형을 삭제합니다.

위 기능을 이용해 잘못된 데이터 위치를 찾았다면 셀 값을 수정하거나 또는 유효성 검사의 조건을 변경해야 합니다. 유효성 검사 조건을 변경하려면 유효성 검사가 설정된 전체 범위를 확인할 수 있어야 하며, 유효성 검사가 설정된 위치를 확인하려면 리본의 [홈] 탭 → **편집** 그룹 → **찾기 및 선택** 명령 아이콘 → **데이터 유효성 검사** 메뉴를 선택합니다.

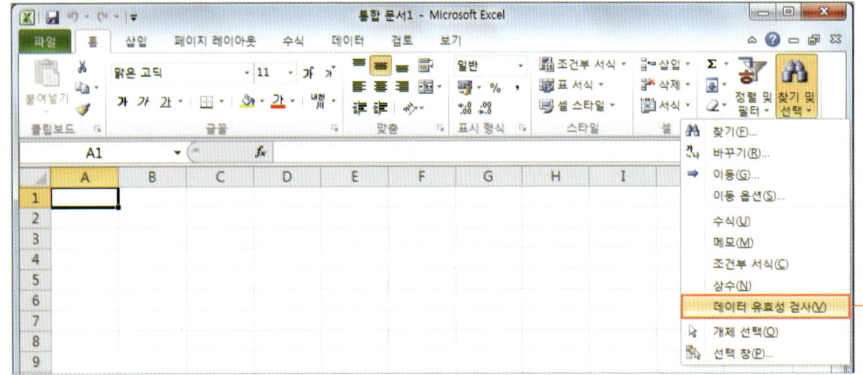

현재 워크시트 내의 유효성 검사가 설정된 모든 셀을 선택합니다.

판매대장에서 잘못된 할인율이 적용된 위치를 찾고, 해당 유효성 검사가 설정된 위치에서 조건 변경하기

📁 **준비 파일 :** 판매대장.xlsx

제공된 예제 파일을 열면 Before 화면과 같은 판매대장 표를 확인할 수 있습니다. H열에 있는 '할인율' 열은 0%~30% 사이의 값만 입력되도록 유효성 검사가 설정되어 있습니다. 이 조건에 맞지 않은 값의 위치를 유효성 표시 기능을 이용해 표시하고, 유효성 검사의 조건을 적절하게 변경해 보도록 하겠습니다.

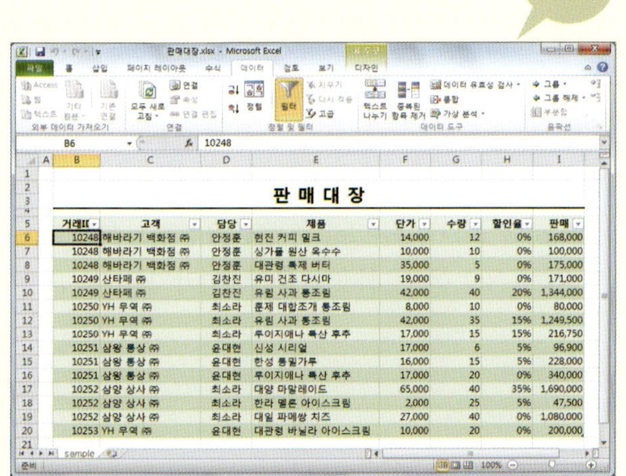

01 **잘못된 데이터 위치 표시하기** 유효성 검사의 조건에 맞지 않는 데이터를 표시하기 위해 ❶ 리본의 [데이터] 탭 → **데이터 도구** 그룹 → **데이터 유효성 검사** 명령 아이콘 → ❷ **잘못된 데이터** 메뉴를 클릭합니다.

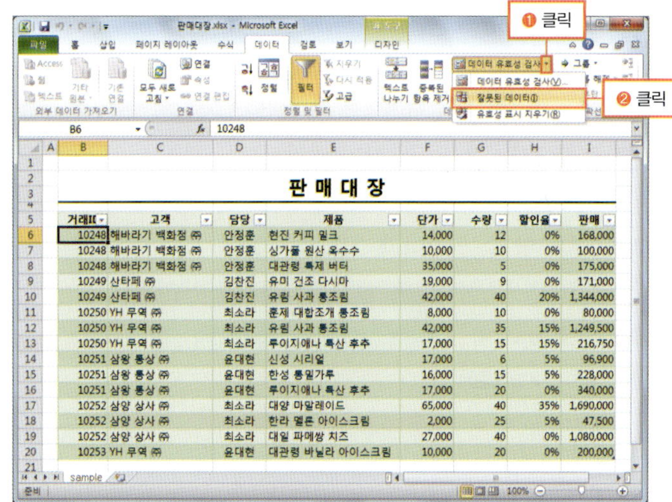

💡 **유효성 검사와 엑셀 표** ┄┄┄┄┄┄┄┄┄┄┄┄┄┄┄┄┄┄

유효성 검사는 지정된 범위에서만 동작하므로, 데이터를 계속해서 입력해야 하는 경우에는 열 전체에 유효성 검사를 적용하는 것은 불합리합니다. 이런 경우에는 데이터를 입력할 표를 엑셀 표로 변환한 다음, 원하는 열에 유효성 검사를 설정하는 것이 좋습니다. 이 과정은 데이터가 추가될 때, 엑셀 표가 자동으로 확장되면서 셀 서식과 함께 유효성 검사도 함께 복사되어 적용되므로 입력되는 모든 데이터에 유효성 검사 설정을 적용할 수 있습니다.

02 유효성 검사 적용된 범위 확인하기 그러면 H17셀에 유효성 표시 도형이 나타납니다. H17셀의 값이 지정해 놓은 조건과 맞지 않는다는 의미이므로 유효성 검사의 설정 조건을 확인해 보고, 해당 값을 허용할 수 있도록 조건을 수정합니다. 그러기 위해서는 먼저 유효성 검사가 설정된 전체 범위를 선택해야 합니다. ❶ 리본의 [홈] 탭 → 편집 그룹 → ❷ 찾기 및 선택 명령 아이콘 → ❸ 데이터 유효성 검사 메뉴를 클릭합니다.

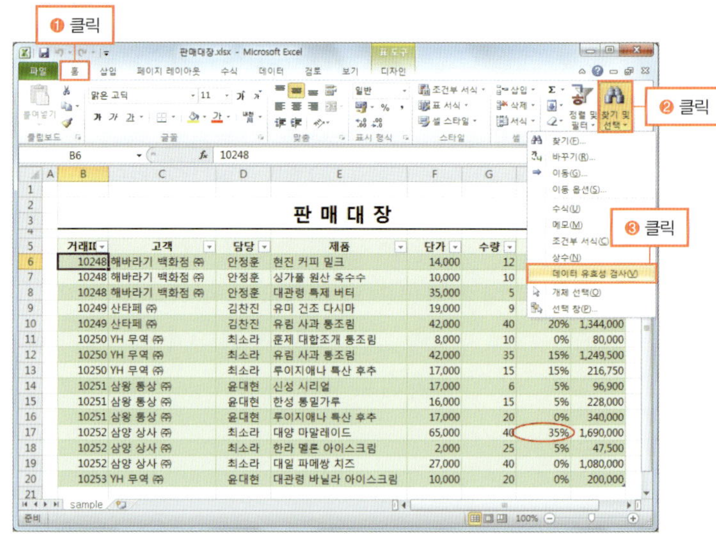

03 유효성 검사 설정 변경하기(1) 유효성 검사가 설정된 전체 범위가 표시되면 ❶ 리본의 [데이터] 탭 → 데이터 도구 그룹 → ❷ 데이터 유효성 검사 명령 아이콘을 클릭합니다.

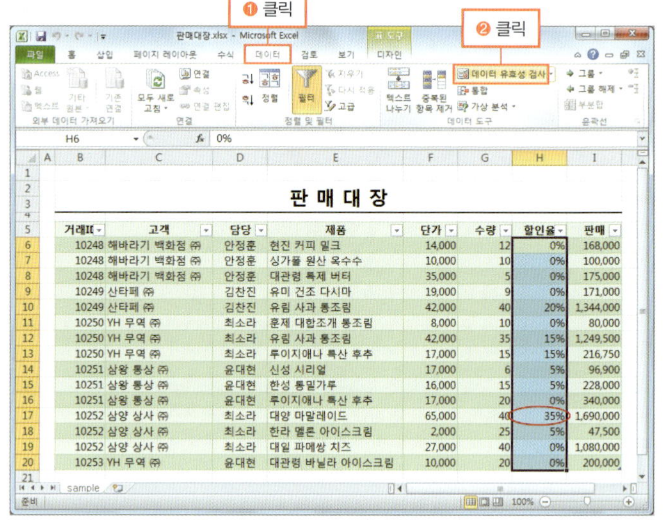

04 유효성 검사 설정 변경하기(2) '데이터 유효성' 대화상자가 표시되면 [설정] 탭에서 지정된 조건이 소수점으로 0에서 0.3사이의 값만 입력되도록 되어 있는 것을 확인할 수 있습니다. 따라서 H17셀의 35%는 지정된 조건을 초과한 것을 알 수 있습니다. H17셀의 값까지 수용하도록 조건을 고치려면 ❶ 최대값을 "0.35"로 변경한 다음 ❷ 〈확인〉 단추를 클릭합니다.

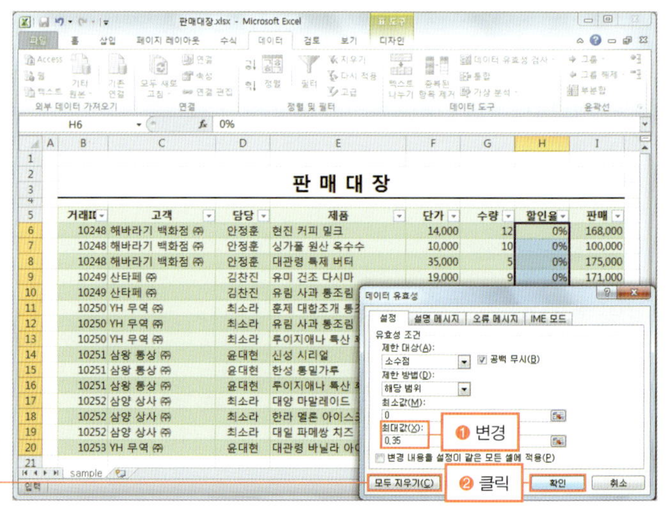

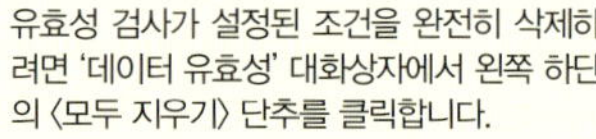
유효성 검사가 설정된 조건을 완전히 삭제하려면 '데이터 유효성' 대화상자에서 왼쪽 하단의 〈모두 지우기〉 단추를 클릭합니다.

05 **결과 확인하기** 그러면 조건이 변경되어 35%의 할인율 값도 입력이 허용된 값이 되므로 '유효성 표시' 도형이 자동으로 사라집니다.

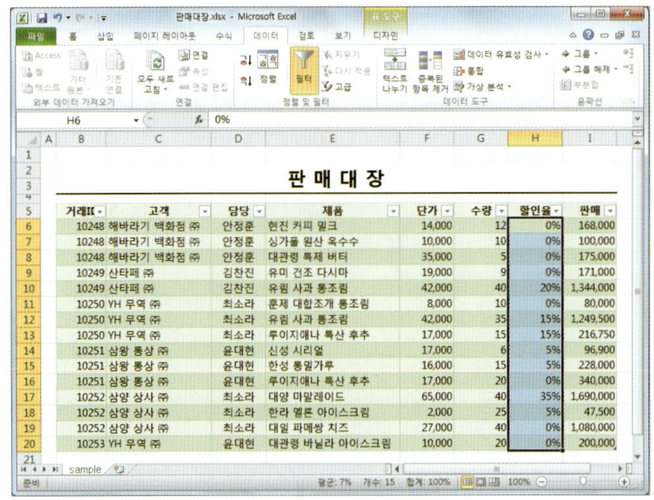

03 수식을 이용해 잘못된 데이터 입력 막기

유효성 검사는 다양한 기본 제한 조건을 설정할 수 있는 방법을 제공해 주기도 하지만, 그 외 다양한 조건은 수식을 이용해 처리할 수 있도록 하고 있습니다. 그러므로 사용자가 다양한 수식 조건을 구성할 수 있다면 사용자가 필요한 대부분의 입력 제한 조건을 '유효성 검사'를 이용해 설정할 수 있습니다.

유효성 검사의 조건은 미리 지정된 것 외에도 수식을 이용해 원하는 조건을 설정하는 것이 가능합니다. 수식을 조건으로 설정하려면 '데이터 유효성 검사' 대화상자의 [설정] 탭에서 제한 대상을 '사용자 지정'으로 선택한 다음, 선택된 범위의 첫 번째 셀을 기준으로 수식을 조건으로 입력합니다.

고객대장에서 같은 사업자 번호로 중복된 데이터가 입력되지 않도록 설정하기

📁 **준비 파일** : 고객대장.xlsx

제공된 예제 파일을 열면 Before 화면과 같은 고객대장 표를 볼 수 있습니다. 고객대장 표에 중복 데이터가 입력되지 않도록 조건을 설정하되, 중복 조건은 F열의 '사업자등록번호'에는 동일한 사업자등록번호가 입력될 수 없도록 설정해 보겠습니다.(고객대장 표는 범위가 자동으로 확장되도록 '엑셀 표'로 변환해 놓았으며, 이름은 '고객대장'으로 정의했습니다.)

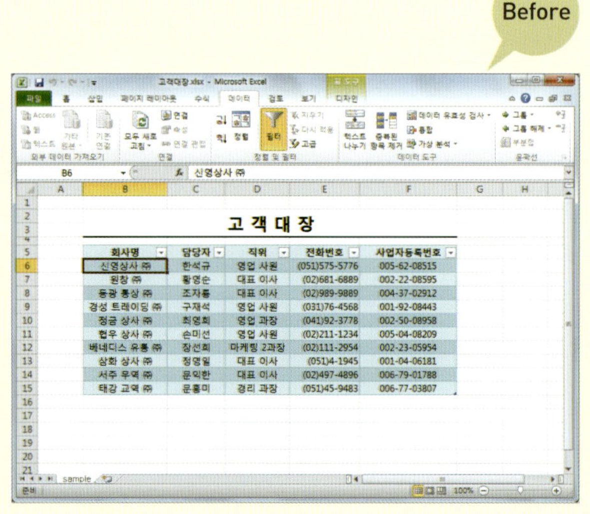

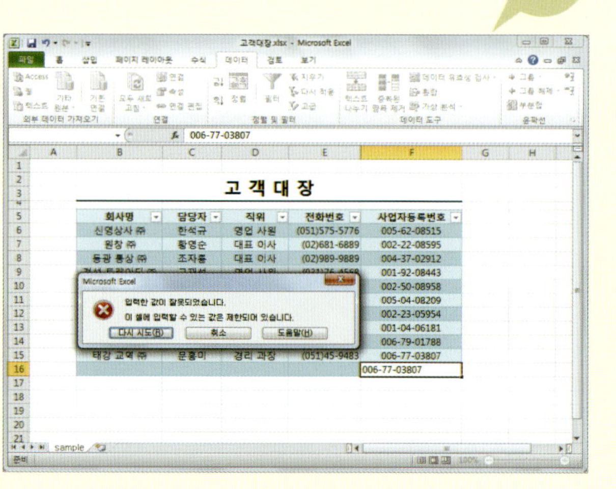

01 **엑셀표의 열 이름 정의하기** 중복 조건을 지정하려면 수식을 사용해야 하는데, 이 경우 데이터 범위가 자동으로 확장되도록 하기 위해서는 대상 범위를 이름으로 먼저 정의해야 합니다. ❶ F6:F15 범위를 선택하고 ❷ 이름 상자에 "사업자번호"를 입력합니다.

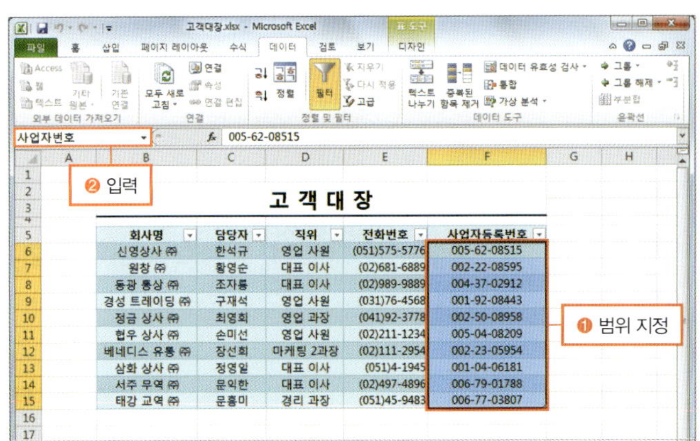

02 **수식을 이용해 중복 데이터 막기(1)** 이제 유효성 검사를 설정하기 위해 F6:F15 범위가 선택된 상태에서 리본의 [데이터] 탭 → **데이터 도구** 그룹 → **데이터 유효성 검사** 명령 아이콘을 클릭합니다.

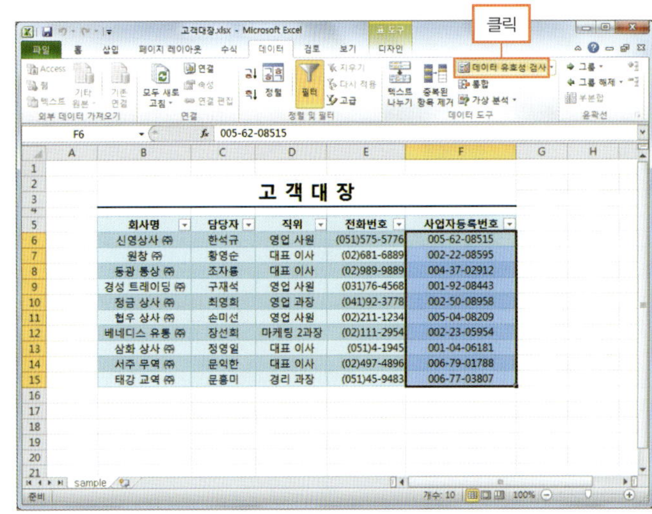

엑셀 표의 일부 열을 이름 상자 등에서 정의하면 셀 주소 대신 엑셀 표의 구조적 참조 주소가 들어가게 됩니다. 따라서 정의된 이름을 확인하려면 리본의 [수식] 탭 → **정의된 이름** 그룹 → **이름 관리자** 명령 아이콘을 클릭합니다.

'이름 관리자' 대화상자가 표시되면 사업자번호로 정의된 이름을 확인할 수 있는데, 아래 참조 대상 란의 주소를 보면 "=고객대장[사업자등록번호]"과 같습니다.

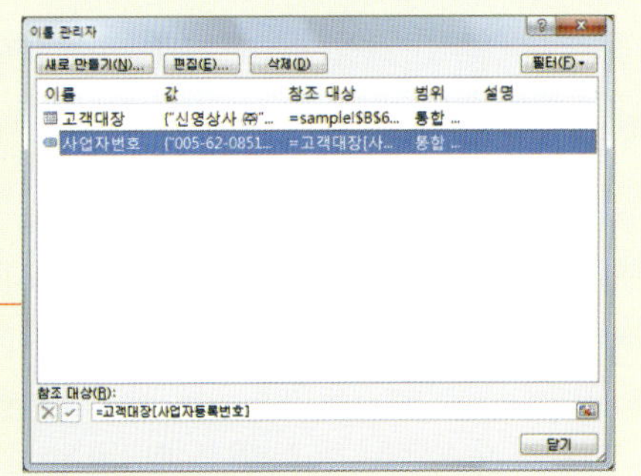

03 수식을 이용해 중복 데이터 막기(2)

'데이터 유효성' 대화상자가 표시되면 ❶ [설정] 탭에서 다음과 같이 조건을 설정한 후 ❷ 〈확인〉 단추를 클릭합니다.

제한 대상	사용자 지정
수식	=COUNTIF(사업자번호, F6)=1

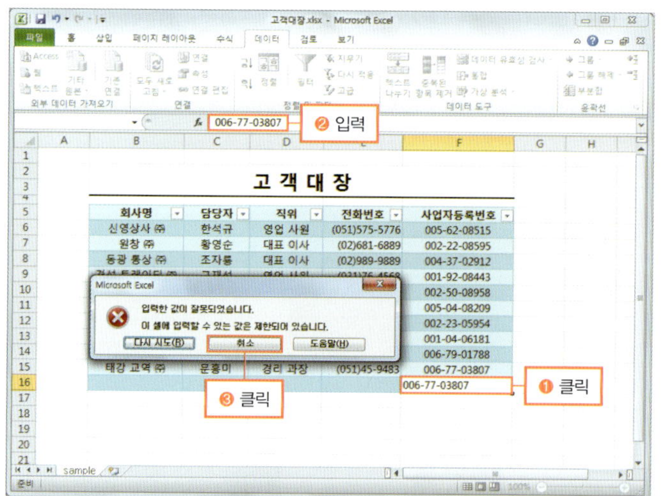

04 중복 데이터 입력하여 확인하기

이제 잘못된 데이터를 입력해 결과를 확인합니다. ❶ F16셀을 선택하고 ❷ 수식 입력줄에 F15셀과 동일한 사업자등록번호를 입력하면 오른쪽 화면과 같은 오류 메시지 창이 표시됩니다. ❸ 오류 메시지 창은 〈취소〉 단추를 클릭하여 닫습니다.

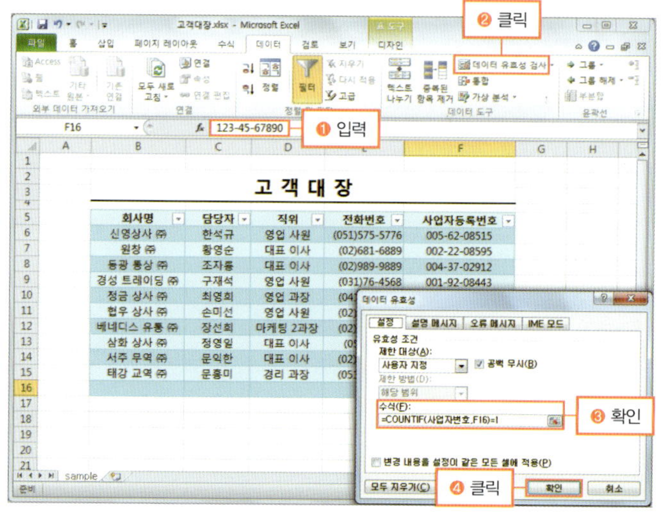

05 조건 확인하기

F16셀에 중복되지 않은 사업자등록번호를 입력한 다음 조건 수식을 확인합니다. ❶ F16셀에 "123-45-67890" 값을 입력한 후 ❷ 리본의 [데이터] 탭 → **데이터 도구** 그룹 → **데이터 유효성 검사** 명령 아이콘을 클릭합니다. ❸ [설정] 탭에서 수식 조건을 확인한 후 ❹ 〈확인〉 단추를 클릭합니다.

◉ 변경된 수식 조건

F16셀의 유효성 검사의 조건 수식을 확인하면 다음과 같습니다.

=COUNTIF(사업자번호, F16)=1

03 과정에서 작성한 수식과 비교하면 COUNTIF함수의 두 번째 인수가 변경된 것을 확인할 수 있습니다. 이것은 수식을 복사해 사용하는 것과 동일하다고 이해하면 됩니다.

여러 개의 중복 조건 확인하여 데이터 입력을 제한하는 방법

| 준비 파일 : 유효성 검사 – 다중 중복 조건.xlsx

'사업자등록번호'나 '주민등록번호'와 같이 중복을 확인하기 쉽다면 좋겠지만, '대표자명'이나 '전화번호' 등으로 중복을 확인해야 하는 경우가 있습니다. 이와 같은 경우에는 COUNTIF함수 대신 COUNTIFS함수를 사용해 중복 조건을 지정합니다.

예를 들어 다음과 같은 표에서 C열과 D열에 동일한 값이 입력되면 중복이라는 조건을 지정해 보겠습니다.

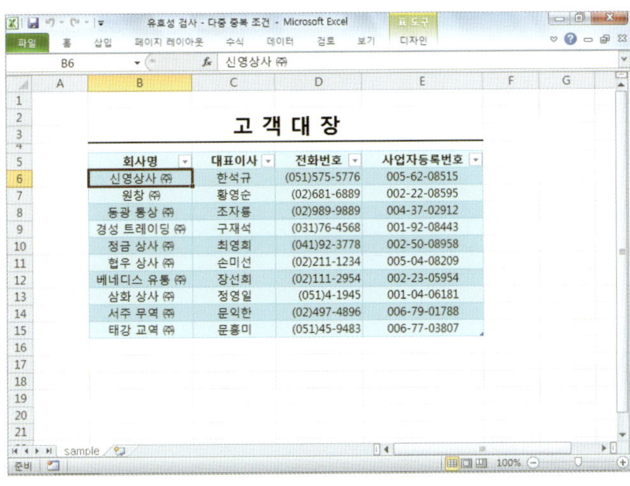

❶ 먼저 C열과 D열의 범위를 이름으로 정의하기 위해 표를 참고해 대상 범위를 선택하고 '이름 상자'에 다음과 같이 이름을 입력해 정의합니다.

범위	이름
C6:C15	대표이사
D6:D15	전화번호

❷ 유효성 검사를 적용할 대상 범위를 선택하기 위해 C6:D15 범위를 선택한 다음 리본의 [데이터] 탭 → 데이터 도구 그룹 → 데이터 유효성 검사 명령 아이콘을 클릭합니다.

❸ '데이터 유효성' 대화상자가 표시되면 [설정] 탭에서 제한 대상을 '사용자 지정'으로 설정한 다음 '수식' 란에 다음 수식을 입력하고 〈확인〉 단추를 클릭합니다.

> =COUNTIFS(대표이사, $C6, 전화번호, $D6)=1

❹ 16행에 6행과 같은 '대표이사' 이름과 '전화번호'를 입력하면 다음 화면과 같은 기본 오류 메시지 창이 표시되면서 입력을 제한합니다.

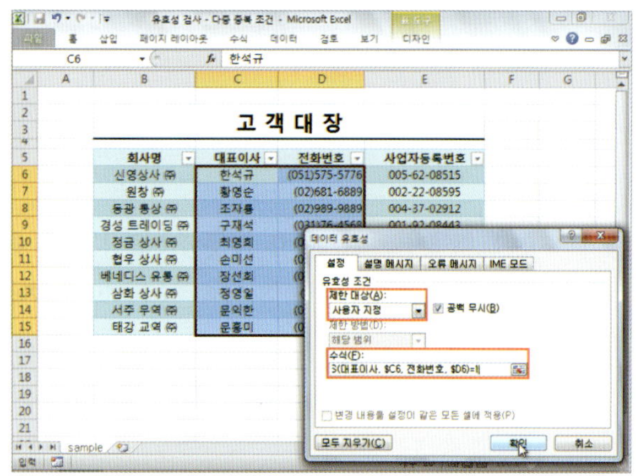 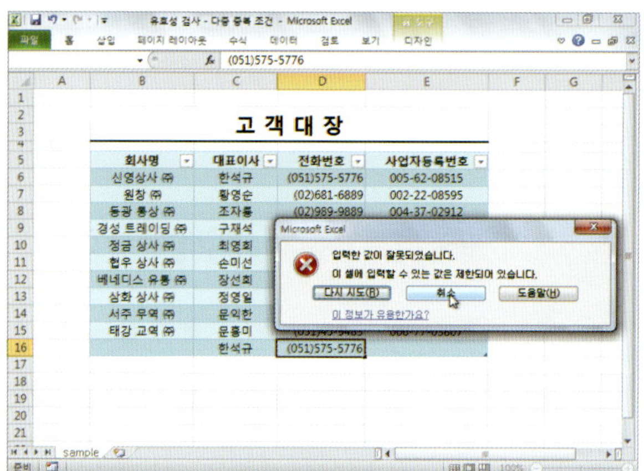

마지막으로 입력된 대분류 값을 인식해 소분류 선택하는 방법

| 준비 파일 : 유효성 검사 연결목록2.xlsx

앞에서 설명한 두 개의 목록을 사용하는 방법은 항상 소분류 항목을 입력하기 위해서는 대분류 항목이 입력되어 있어야 합니다. 하지만 표를 작성하다 보면 대분류 항목을 항상 입력하지 않고, 마지막에 입력된 대분류 항목을 인식해 소분류 항목을 선택해야 할 경우가 있습니다.

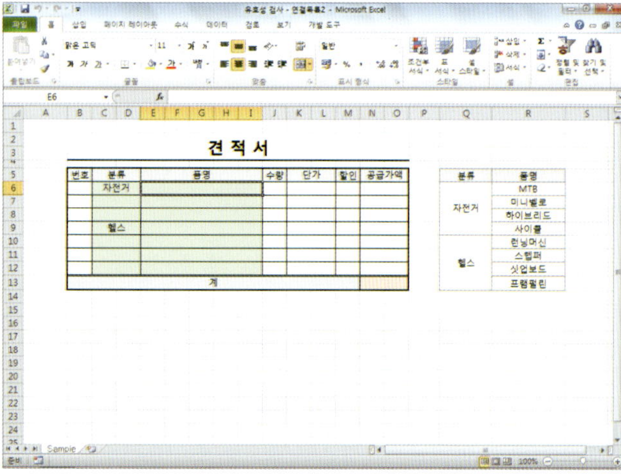

위와 같은 견적서에서 C:D열의 분류 값을 한 번만 입력하면 E:I열의 품명을 자동으로 입력할 수 있도록 하기 위해 다음과 같이 작업합니다.

❶ C6:D12 범위에는 '유효성 검사'의 목록 기능이 이미 적용되어 있으며, 확인이 필요한 사용자는 C6:D12 범위를 선택하고 리본의 **[데이터]** 탭 → **데이터 도구** 그룹 → **데이터 유효성 검사** 명령 아이콘을 클릭해 확인합니다.

❷ R열의 품명을 대분류(=분류) 항목 값을 사용해 이름을 정의합니다. 다음 표를 참고해 해당 범위를 선택해 '이름 상자'에 이름 값을 입력하여 이름을 정의합니다.

범위	이름
R6:R9	자전거
R10:R13	헬스

❸ 이제 두 번째 목록을 활성화시키기 위해 E6:I12 범위를 선택하고 리본의 [데이터] 탭 → **데이터 도구** 그룹 → **데이터 유효성 검사** 명령 아이콘을 클릭합니다.

❹ '데이터 유효성' 대화상자가 표시되면 [설정] 탭을 선택하고 '제한 대상'을 '목록'으로 지정한 다음, '원본' 란에 다음과 같은 수식을 입력하고 〈확인〉 단추를 클릭합니다.

> =INDIRECT(INDEX($C$6:C6, MATCH("*", $C$6:C6, −1)))

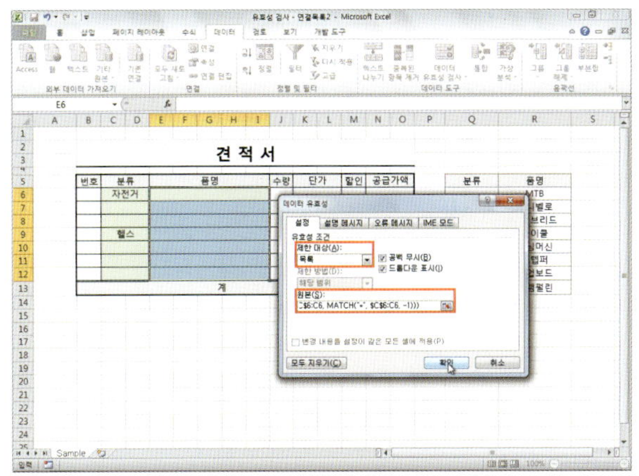

❺ 이제 E6:I12 범위를 각각 선택한 다음, 입력할 값을 선택하면 대분류 값인 '분류'가 입력되어 있지 않아도 상단의 대분류 항목을 자동으로 인식해서 목록 값이 나타나는 것을 확인할 수 있습니다.

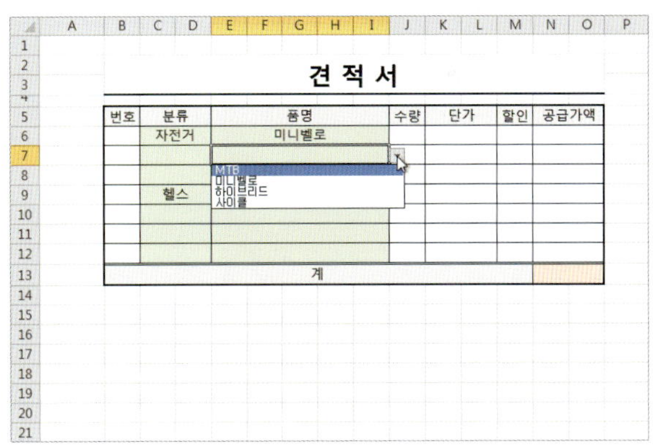

파일 보호하기

엑셀은 입력된 값(또는 수식)을 다른 사람으로부터 보호하거나, 워크시트의 구조 변경을 방지하며, 파일을 열고 닫을 때 암호를 사용해 해당 파일에 접근할 수 있는 사용자를 구분할 수 있도록 하는 기능을 제공합니다. 이와 같은 기능들을 이용하면 작업해 놓은 파일을 타인으로부터 안전하게 보호할 수 있습니다.

EXCEL 2010

01 셀 보호하기

앞에서 설명한 유효성 검사는 셀에 잘못된 값이 입력되지 못하도록 보호하는 것이었다면, 이번에 설명할 셀 보호는 셀에 입력된 값 또는 수식을 타인이 임의로 변경하지 못하도록 하는 방법으로, 자료를 안전하게 보호할 수 있습니다.

셀을 보호하기 위해서는 다음과 같이 2단계를 거쳐야 합니다.

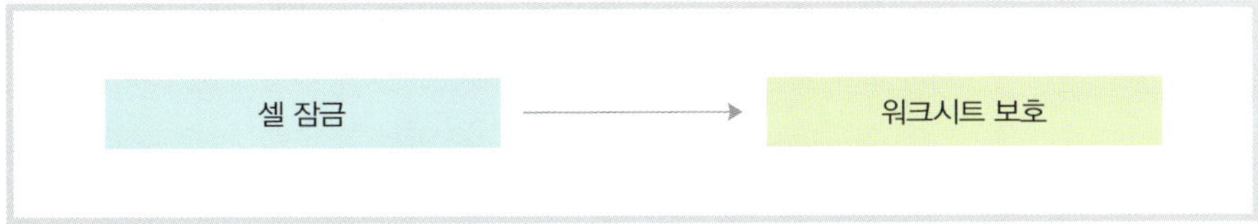

셀 잠금이란 셀 속성 값 중에서 잠금 설정을 지정하는 것으로 '셀 서식' 대화상자의 [보호] 탭에서 설정할 수 있으며, 모든 셀의 기본 속성은 '잠금'입니다.

❶ **잠금(기본 값 : 설정)** : 워크시트의 모든 셀은 '잠금' 속성이 기본적으로 설정되어 있어, 워크시트를 보호하게 되면 모든 셀의 값을 수정할 수 없도록 잠그게 됩니다. 그러므로 수정이 필요한 셀의 경우에는 셀의 '잠금' 속성을 먼저 해제한 다음 워크시트를 보호해야 합니다.

❷ **숨김(기본 값 : 해제)** : 수식 입력줄에서 셀 값의 표시 유무를 설정하는 옵션으로, 기본적으로는 해제되어 있습니다.

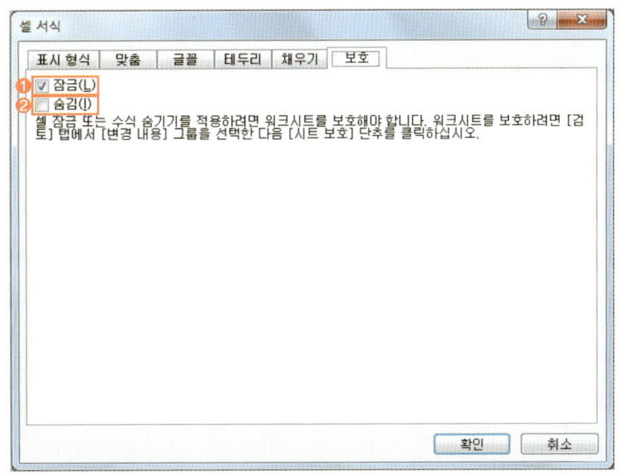

▲ '셀 서식' 대화상자

셀의 집합이 워크시트이므로 워크시트를 보호하게 되면, '잠금' 속성이 설정된 모든 셀을 보호할 수 있습니다. 워크시트 보호 기능은 리본의 **[홈]** 탭 → **셀** 그룹 → **서식** 명령 아이콘 → **시트 보호** 명령을 클릭하거나, 리본의 **[검토]** 탭 → **변경 내용** 그룹 → **시트 보호** 명령을 이용합니다.

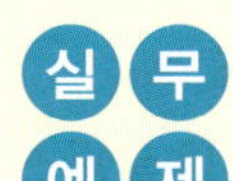

세금 계산서에서 공급받는자 정보를 수정하지 못하도록 설정하기

📁 **준비 파일** : 세금계산서.xlsx

제공된 예제 파일을 열면 Before 화면과 같은 세금 계산서 서식을 확인할 수 있습니다. 해당 서식에서 공급받는 자에 입력한 값과 서식의 각 항목 값은 수정할 수 없도록 설정하고, 나머지 부분은 자유롭게 입력할 수 있도록 설정해보겠습니다.(After 화면의 세금 계산서와 같이 엷은 파란색 영역만 데이터 입력을 허용하고, 나머지 범위는 모두 입력을 허용하지 않도록 합니다.)

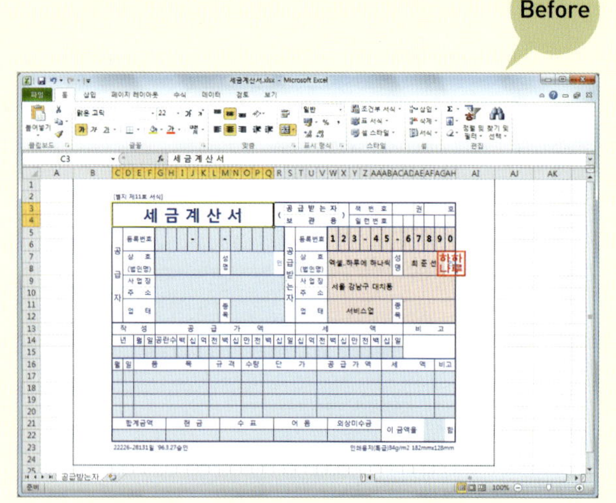

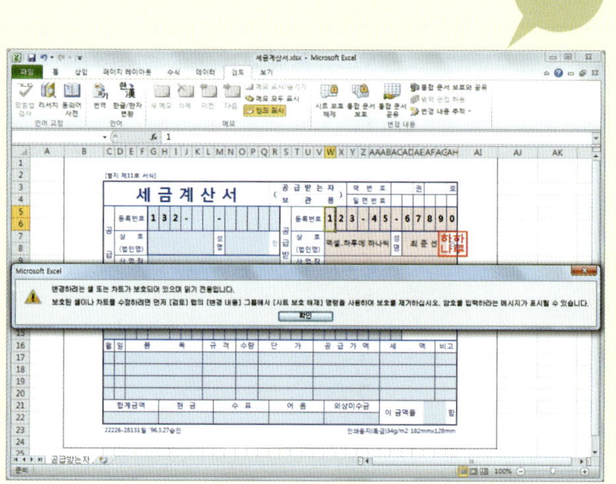

01 값을 입력할 범위 선택하기(1)

표의 일부 범위를 수정하지 못하게 하려면 값을 입력할 수 있는 범위의 '잠금' 속성을 해제한 다음 시트 보호를 설정하면 됩니다. 입력을 허용할 파란색 영역이 떨어져 있으므로 Ctrl 키를 눌러 범위를 선택합니다. ❶ 먼저, G5:R6 범위를 선택한 다음 ❷ Ctrl 키를 누르고 G7:L8 범위를 선택합니다.

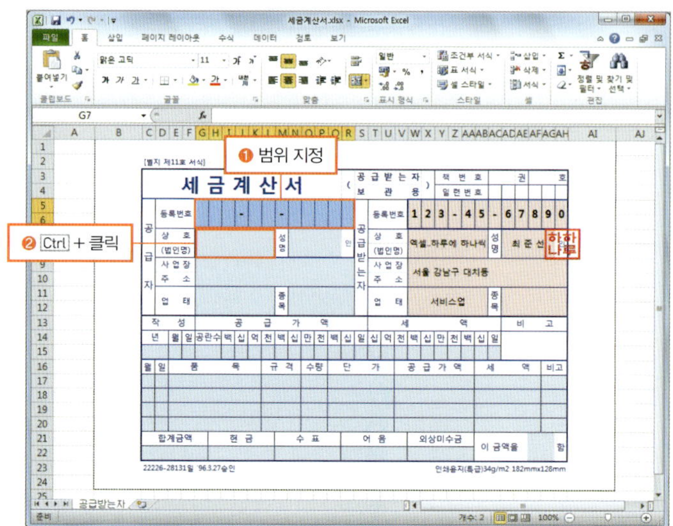

02 **값을 입력할 범위 선택하기(2)** ❶ Ctrl 키를 누른 상태에서 계속해서 N7:Q8, G9:R10, G11:L12, N11:R12, C15:AC15, C17:AH20, C22:AA22, AG21:AH22의 순서로 범위를 모두 선택한 후 ❷ 마우스 오른쪽 단추를 클릭하여 ❸ **셀 서식** 명령을 선택합니다.

> ◎ **'셀 서식' 대화상자 호출하기**
>
> 범위를 모두 선택하고 Ctrl + 1 키를 누르면 빠르게 '셀 서식' 대화상자를 호출할 수 있습니다.

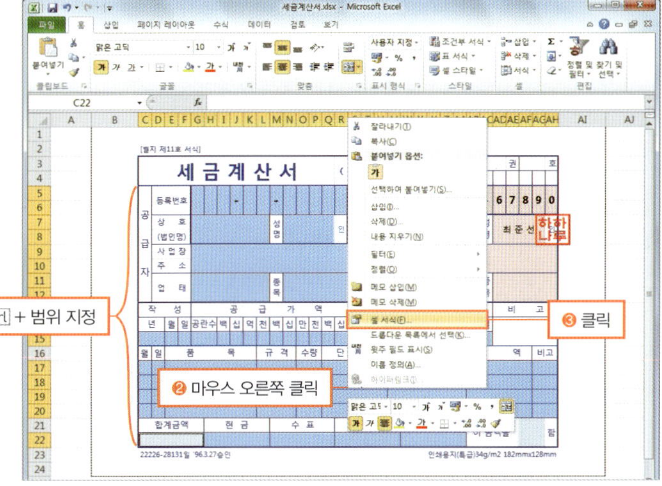

03 **잠금 속성 해제하기** '셀 서식' 대화상자가 표시되면 ❶ [보호] 탭을 선택하고 ❷ '잠금' 확인란을 체크 해제한 다음 ❸ 〈확인〉 단추를 클릭합니다. 이렇게 하면 선택된 범위는 워크시트를 보호해도 값을 입력하거나 편집할 수 있습니다.

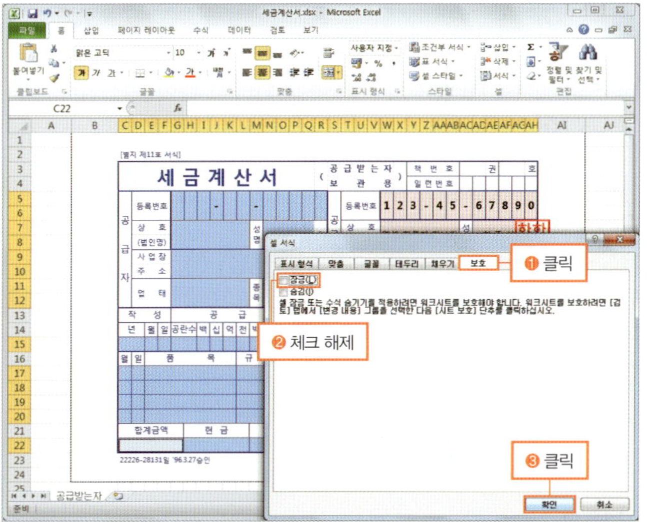

04 **시트 보호하기(1)** 이제 워크시트를 보호하기 위해 ❶ 리본의 [검토] 탭 → **변경 내용** 그룹 → ❷ **시트 보호** 명령 아이콘을 클릭합니다.

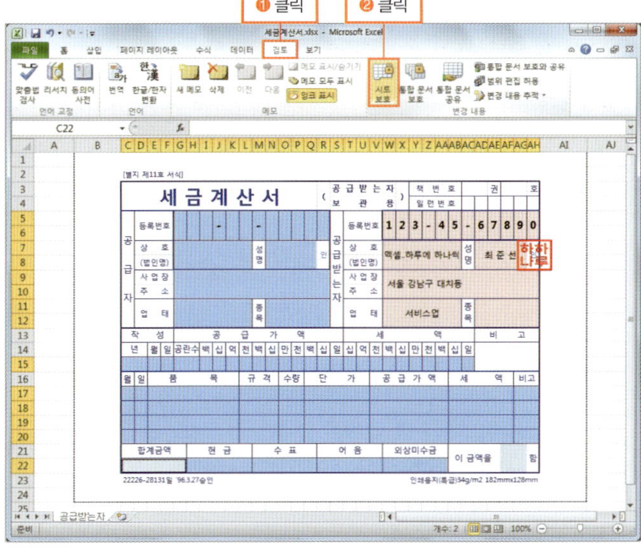

05 시트 보호하기(2) '시트 보호' 대화상자가 표시되면 ❶ 상단의 '시트 보호 해제 암호' 란에 원하는 패스워드를 입력하고 ❷ 〈확인〉 단추를 클릭합니다.

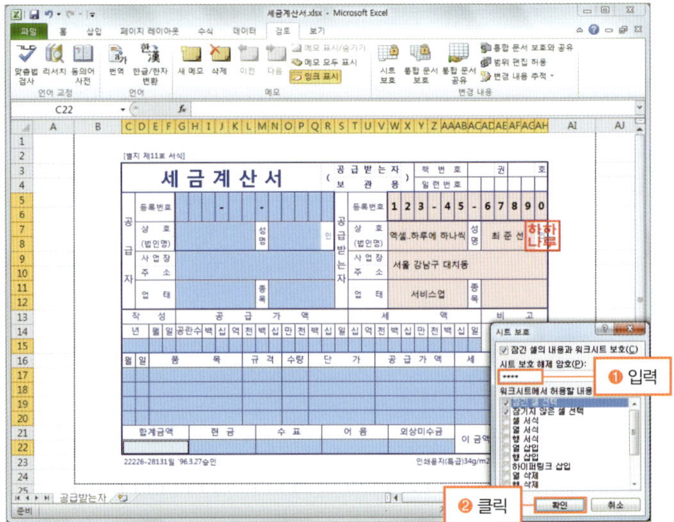

06 시트 보호하기(3) 그러면 '암호 확인' 대화상자가 열리는데, 이것은 입력한 암호를 다시 확인하기 위한 것으로 ❶ 05과정에서 입력한 암호를 다시 입력하고 ❷ 〈확인〉 단추를 클릭합니다.

만약 암호가 틀리면 다시 '시트 보호' 대화상자로 돌아가므로 정확하게 입력합니다.

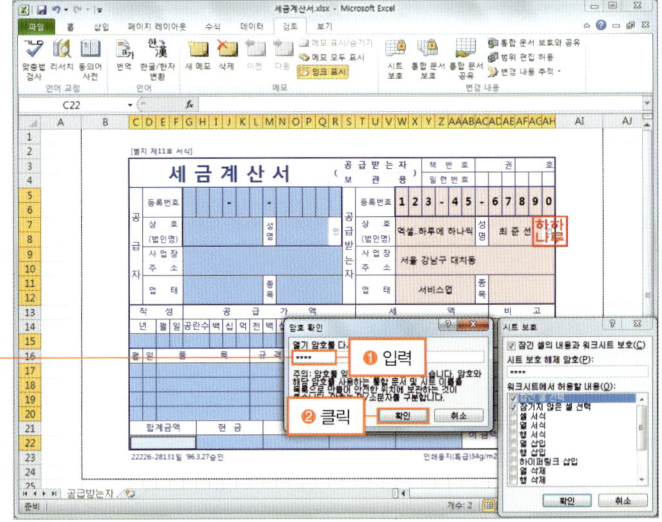

07 데이터 입력하여 확인하기(1) 이제 제대로 동작하는지 확인하기 위해 G5:I6 범위에 아무 숫자 값이나 입력해 봅니다. 그러면 아무 문제없이 값이 입력되는 것을 확인할 수 있습니다.(이것은 '잠금' 속성을 해제한 범위의 값을 문제없이 편집할 수 있다는 것을 의미합니다.)

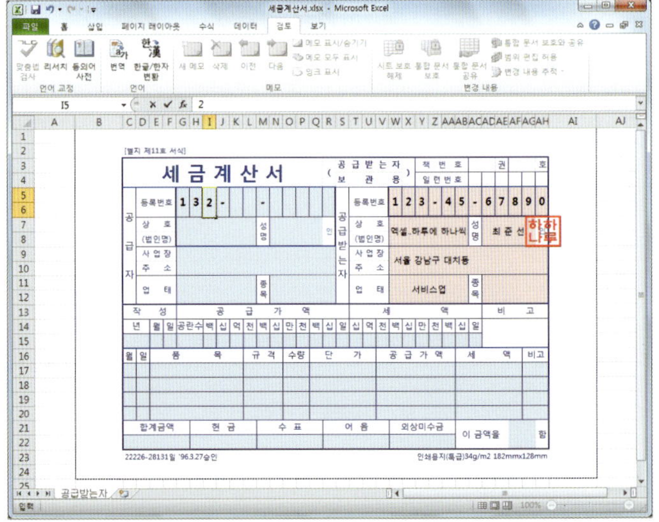

08 **데이터 입력하여 확인하기(2)** 이제 '잠금' 속성을 변경 하지 않은 셀(=엷은 빨강색 영역)은 W5:W6 병합 셀 을 선택하고 값을 다른 값으로 수정해 보면 값이 수정되지 않고 오른쪽 화면과 같은 오류 메시지 창이 표시됩니다.

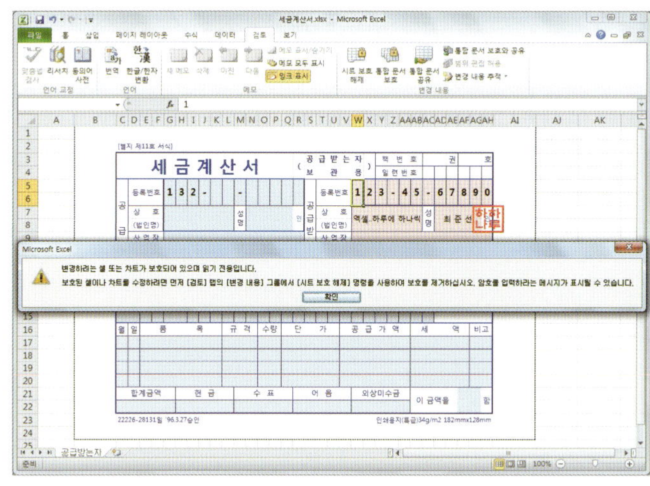

'시트 보호' 대화상자의 워크시트에서 허용할 내용 리스트에 보면 다양한 옵션들이 존재하며, 각 옵션을 체크하면 워크시트를 보호해도 해당 기능을 이용할 수 있습니다.

옵션	기본 값	설명
잠긴 셀 선택	선택	'셀 서식' 대화상자에서 '잠금' 속성이 체크된 셀을 선택할 수 있습니다.
잠기지 않은 셀 선택	선택	'셀 서식' 대화상자에서 '잠금' 속성이 체크 해제된 셀을 선택할 수 있습니다.
셀 서식	해제	셀 서식 또는 조건부 서식의 서식을 변경할 수 있습니다.
열(행) 서식	해제	열(행) 너비(높이)를 변경하거나 열을 숨길 수 있습니다.
열(행) 삽입	해제	열(행)을 삽입할 수 있습니다.
하이퍼링크 삽입	해제	하이퍼링크를 삽입할 수 있습니다.
열(행) 삭제	해제	열(행)을 삭제할 수 있습니다.
정렬	해제	'잠김' 속성을 해제한 데이터를 정렬할 수 있습니다.
자동 필터 사용	해제	자동 필터가 적용된 표에서 필터 조건을 변경한 결과를 확인할 수 있습니다.
피벗 테이블 보고서 사용	해제	피벗 테이블 보고서를 사용할 수 있습니다.
개체 편집	해제	차트, 도형, 메모, 이미지 등의 그래픽 개체를 변경할 수 있습니다.
시나리오 편집	해제	시나리오 기능으로 등록된 시나리오를 편집할 수 있습니다.

09 **시트 보호 해제하기** '잠금' 속성으로 보호된 영역의 값을 수정하려면 '시트 보호 해제' 명령을 이용합니다. 리본의 **[검토]** 탭 → **변경 내용** 그룹 → **시트 보호 해제** 명령 아이콘을 클릭한 다음 05과정에서 입력한 암호를 입력하면 다시 원래대로 모든 셀의 값을 편집할 수 있습니다.

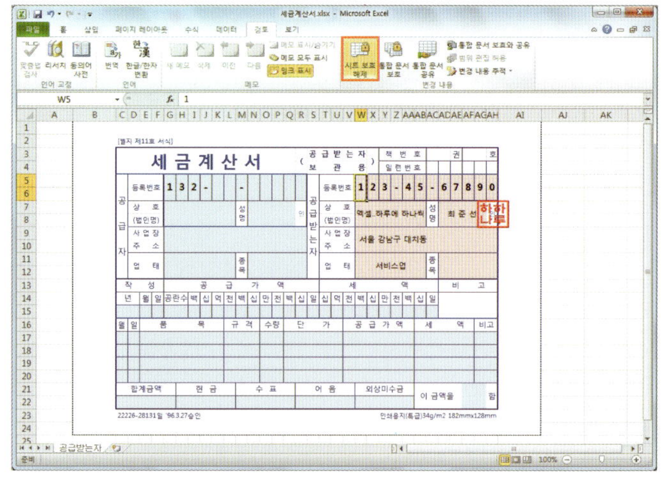

다른 사람에게 보이고 싶지 않은 수식이 있는 경우에는 '셀 서식' 대화상자의 숨김 속성을 이용하며, 다음 과정을 수행합니다.

1. 숨겨야 하는 수식을 사용하는 범위를 선택하고 Ctrl + 1 키를 누른 다음 [보호] 탭의 '숨김' 속성을 체크합니다.

2. 리본의 **[검토]** 탭 → **변경 내용** 그룹 → **시트 보호** 명령 아이콘을 클릭해 시트를 보호합니다.

이제 속성을 변경한 셀을 선택하면 아래 화면과 같이 수식이 감춰지는 것을 확인할 수 있습니다.

▲ 시트 보호 전

▲ 시트 보호 후

값을 입력할 특정 셀로만 이동하는 방법

표에서 데이터를 입력할 때 Enter 키를 누르면 바로 아래 셀로 이동합니다. 이 방법은 리스트 방식의 표를 입력할 때는 유용하지만, 서식과 같은 표에 값을 입력할 경우에는 다소 불편합니다. 이번에 진행한 세금계산서 서식에서 데이터 입력 시 Enter 키를 누르면 엷은 파란색 영역의 셀로만 이동하도록 설정해 보겠습니다.

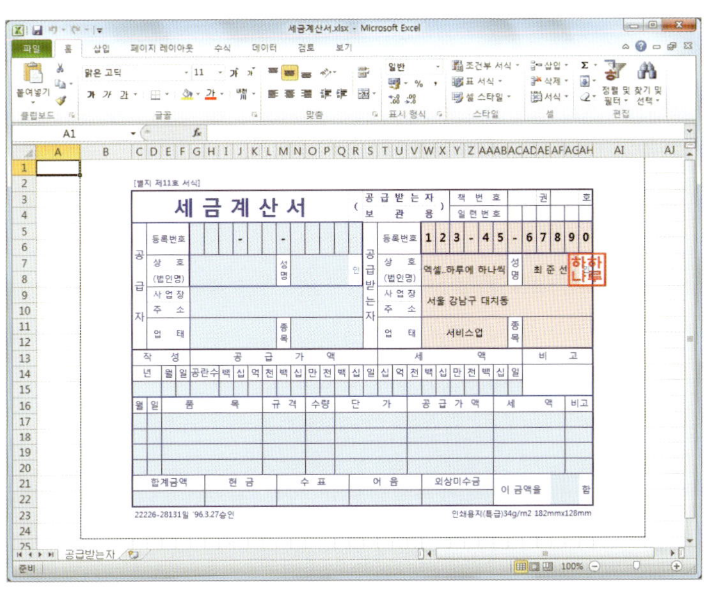

❶ 다음 범위를 Ctrl 키를 눌러 모두 선택합니다.
G5:R6, G7:L8, N7:Q8, G9:R10, G11:L12, N11:R12, C15:AC15, C17:AH20, C22:AA22, AG21:AH22

❷ Ctrl + 1 키를 눌러 '셀 서식' 대화상자를 호출한 다음 [보호] 탭에서 '잠금' 속성을 모두 해제하고 〈확인〉 단추를 클릭합니다.

❸ [검토] 탭 → 변경 내용 그룹 → 시트 보호 명령 아이콘을 클릭한 다음, '시트 보호' 대화상자의 '워크시트에서 허용할 내용' 옵션 중에서 '잠긴 셀 선택' 옵션을 체크 해제한 다음 〈확인〉 단추를 클릭합니다.

❹ 이제 Tab 키를 눌러 셀을 이동해 보면 엷은 파란색 영역의 셀로만 이동되는 것을 확인할 수 있습니다.

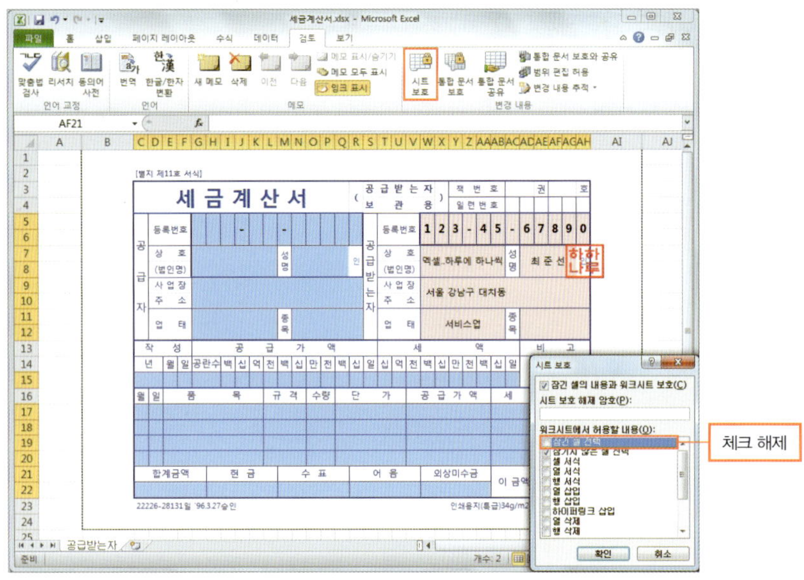

참고로 Enter 키를 눌러 이동하고 싶다면 Enter 키를 눌렀을 때 이동 방향을 변경해 주어야 합니다.

❶ 리본의 [파일] 탭 → 옵션 명령을 클릭합니다.

❷ 고급 범주를 선택하고 '편집 옵션' 그룹의 방향 값을 '아래쪽'에서 '오른쪽'으로 변경한 다음 〈확인〉 단추를 클릭합니다.

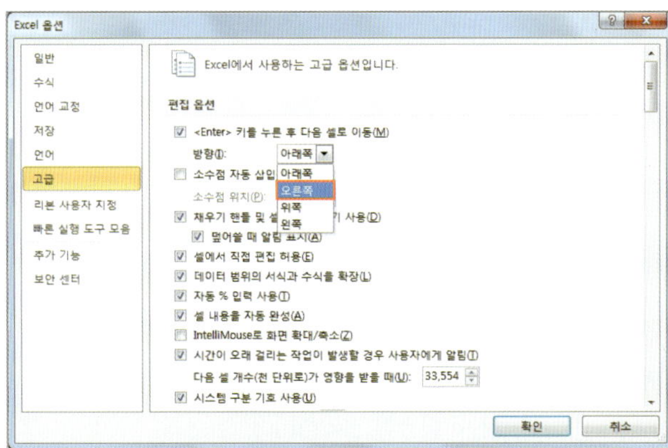

02 워크시트 구조 및 파일 보호하기

워크시트는 엑셀에서 다양한 정보를 담고 있는 중요한 개체로, 삭제되거나 이름을 변경하면 엑셀 파일에 문제가 발생할 수 있습니다. 그러므로 엑셀 파일을 보호하는 것만큼이나 워크시트를 보호하는 것은 아주 중요한 사항이며, 엑셀은 사용자의 실수나 타인의 무지로 인한 손실을 최소화할 수 있는 방법을 제공합니다.

⊙ 워크시트 구조 보호

다른 사람과 작업하다 보면 고의는 아니더라도 워크시트별로 다음과 같은 다양한 문제 상황을 발생시키는 경우가 종종 있습니다.

- 중요한 워크시트를 삭제합니다.
- 워크시트를 숨기거나 또는 숨겨진 워크시트를 표시합니다.
- 워크시트를 다른 워크시트로 복사(또는 이동)합니다.
- 워크시트의 이름을 변경합니다.

이런 문제가 발생되지 않도록 하려면 '통합 문서 보호' 기능을 이용합니다. 이 기능은 리본의 [검토] 탭 → **변경 내용** 그룹 → **통합 문서 보호** 명령 아이콘을 클릭하여 '구조 및 창 보호' 대화상자가 나타나면 다음과 같이 설정합니다.

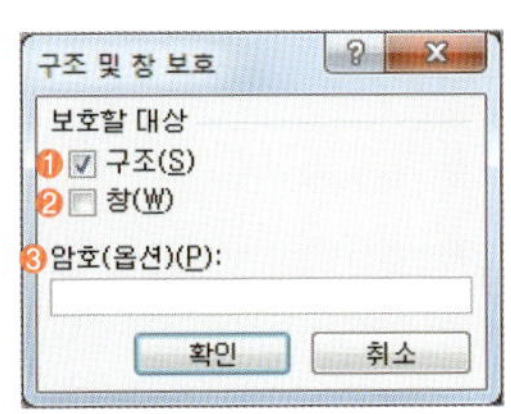
▲ '구조 및 창 보호' 대화상자

❶ **구조** : 이 옵션을 선택하면 다음과 같은 보호 효과를 얻을 수 있습니다.
- 새 시트를 추가할 수 없습니다.(피벗 테이블, 시나리오, 분석 도구 등에서 새 워크시트를 추가하는 기능을 사용하지 못합니다)
- 숨긴 워크시트를 보거나, 워크시트를 새로 숨길 수 없습니다.
- 워크시트 이름을 변경하거나, 위치를 이동하거나 삭제할 수 없습니다.
- 워크시트를 다른 파일로 복사 또는 이동할 수 없습니다.
- 새 매크로를 기록할 수 없습니다.

❷ **창** : 파일이 열려 있을 때 파일 창의 크기와 위치를 변경할 수 없습니다.

❸ **암호(옵션)** : 통합 문서 보호 명령을 해제할 때 필요한 암호를 설정합니다.

○ 파일 보호

작업한 파일을 볼 수 있는 대상자를 제한하려면 파일에 암호를 설정해 보호할 수 있습니다. 특히 엑셀은 암호를 설정할 때, '읽기 전용'과 '읽기/쓰기'를 구분해 설정할 수 있기 때문에 파일에 접근하는 사용자의 권한을 분배할 수 있는 특징을 갖습니다.

파일 열기 암호를 설정하기 위해서는 파일을 다른 이름으로 저장해야 하며, '다른 이름으로 저장' 대화상자에서 〈도구〉 단추 → **일반 옵션** 명령을 클릭해 지정합니다.

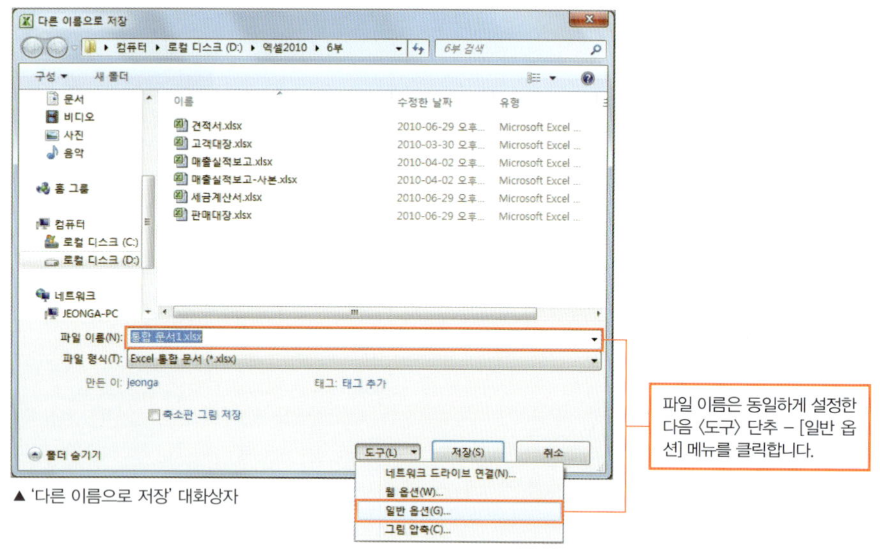

▲ '다른 이름으로 저장' 대화상자

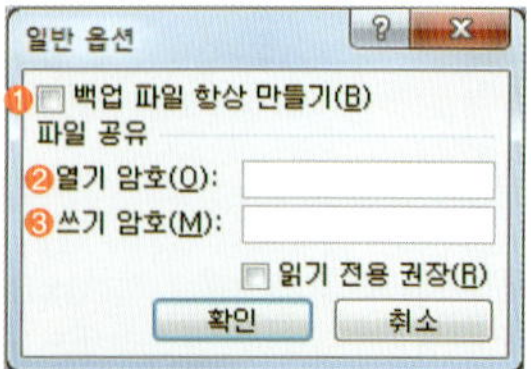

▲ '일반 옵션' 대화상자

❶ **백업 파일 항상 만들기** : 파일을 저장할 때마다 xlsx 확장자를 갖는 백업 파일을 생성합니다. 이렇게 백업 파일을 생성해 놓으면 파일이 손상된 경우라도 항상 이전 저장 시점으로 빠르게 이동할 수 있어 편리합니다.

❷ **열기 암호** : 파일을 열 때 사용할 암호를 입력하는 곳으로, 〈확인〉 단추를 클릭하면 열기 암호를 다시 확인합니다. 파일을 저장하고 다시 열면 다음과 같은 '암호' 대화상자가 나타납니다.

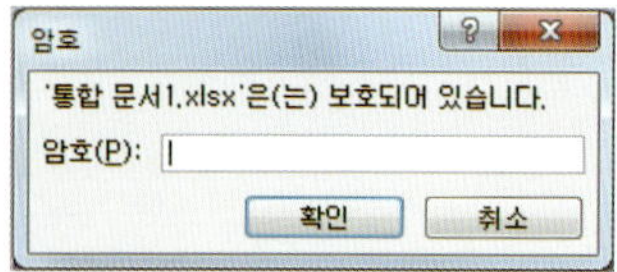

▲ '암호' 대화상자

○ **암호화**

암호화에는 AES 128비트 고급 암호화 기술이 사용되며, 파일을 안전하게 보호하는 표준 방법입니다.

○ **사용자 권한**

컴퓨터를 여러 사람이 사용하는 경우 작업한 파일을 다른 사람이 접근하지 못하도록 암호를 사용하여 보호할 수 있습니다.

❸ **쓰기 암호 :** 파일을 수정할 수 있는 권한을 확인할 암호를 입력하고 〈확인〉 단추를 누르면 쓰기 암호를 다시 확인합니다. '쓰기 암호'가 설정되어 있으면 아래와 같은 '암호' 확인 대화상자가 나타납니다.

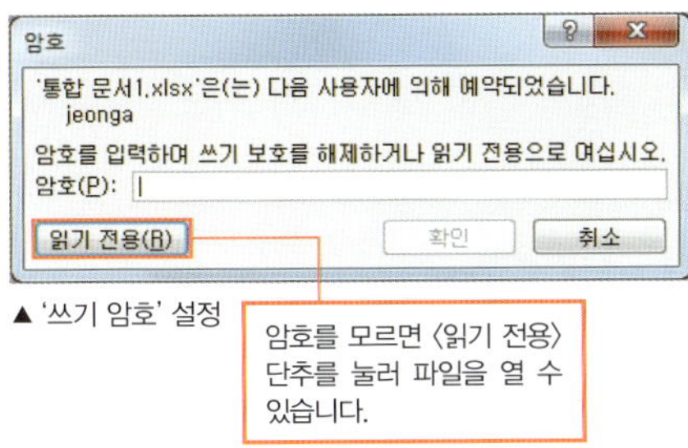

▲ '쓰기 암호' 설정

암호를 모르면 〈읽기 전용〉 단추를 눌러 파일을 열 수 있습니다.

사용자가 자신의 파일을 보호하기 위해 암호를 설정했다가 암호를 잊어 낭패를 겪는 상황은 누구나 겪을 수 있는 문제 중의 하나입니다. 이 경우 파일이 그리 중요하지 않은 것이라면 다행이지만, 중요한 파일이라면 누구나 혼란스러울 수 있습니다.

이 경우 암호가 복잡한 것을 사용했는지, 아니면 간결한 것을 사용했는지 여부에 따라 대응책이 달라지는데, 복잡한 암호를 사용한 경우라면 전문 복구업체에 맡기는 것이 좋으며, 간단한 경우라면 암호 해제용 툴을 사용하는 것이 좋습니다.

암호 해제용 툴은 엑셀 추가 기능 파일부터 별도의 유틸리티로 제공되는 것까지 다양합니다. 다만 국내 내용 툴은 거의 없고, 외국에서 만든 툴이 많으므로 Google 등의 포털 사이트에서 다음과 같은 키워드를 사용해 검색해 보면 원하는 프로그램을 손쉽게 발견할 수 있습니다.

Excel Password

Excel Password Recovery

Excel Password Remove

이 방법으로 파일 암호부터 워크시트 암호까지 다양한 암호를 해제할 수 있으므로 중요한 파일을 다른 사람에게서 보호하려면 다음과 같은 암호를 사용하길 권합니다.

영어대문자 + 소문자 + 특수문자 + 숫자 등이 결합된 12자리 암호

암호 예 : xki99_Uok^1i2K

다만 암호를 잊어버리면 안되므로 암호를 어딘가에 기록해 놓는 것이 안전합니다.

공유 통합 문서 사용

엑셀은 여러 사람이 하나의 파일에서 공동 작업을 할 수 있는 방법을 '통합 문서 공유' 기능을 통해 제공해 주고 있습니다. 이 기능을 이용하면 네트워크상의 여러 사람이 동시에 같은 파일을 열어, 파일을 검토할 수 있어 작업 능률을 높일 수 있습니다.

네트워크 폴더 공유하기

엑셀에서는 여러 사람이 같은 파일을 가지고 공동 작업을 할 수 있는 기능을 제공합니다. 특정 폴더 내 파일을 네트워크의 다른 사용자와 함께 사용해야 한다면 폴더를 공유해 작업할 수 있습니다.

폴더를 공유하는 방법은 사용자의 윈도 버전에 따라 약간씩 다르지만 현재 가장 많은 사용자가 사용하고 있는 XP와 윈도 7의 폴더 공유 방법을 각각 설명합니다.

● XP 버전에서 폴더 공유하는 방법

❶ 윈도 탐색기에서 공유할 폴더의 상위 폴더로 이동합니다.

❷ 공유할 폴더(=My Documents)를 선택하고 마우스 오른쪽 단추를 클릭한 다음 **공유 및 보안** 메뉴를 클릭합니다.

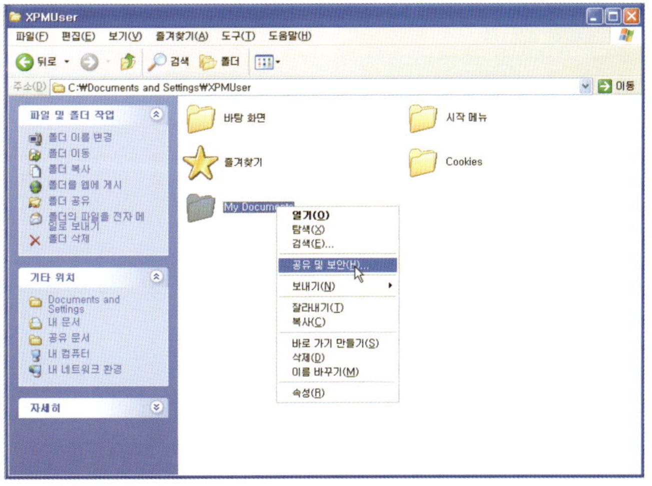

▲ XP 버전 – 폴더 공유

❸ [공유] 탭을 선택하고 **이 폴더를 공유** 옵션을 선택한 다음 '공유 이름'을 원하는 이름으로 설정하고 〈확인〉 단추를 클릭합니다.

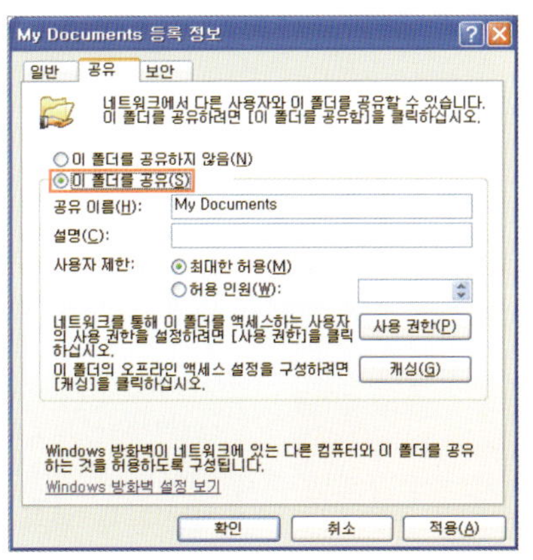

▲ [공유] 탭 – 폴더 공유

◎ 윈도 7 버전에서 폴더 공유하는 방법

❶ 윈도 탐색기에서 공유 폴더의 상위 폴더(D:/예제/7부 폴더를 공유하려면 예제 폴더)로 이동합니다.

❷ 공유할 폴더에서 마우스 오른쪽 단추를 클릭한 다음 **속성** 메뉴를 클릭합니다.

❸ '속성' 대화상자에서 [공유] 탭을 선택한 다음 〈공유〉 단추를 클릭합니다.

❹ '파일 공유' 대화상자가 표시되면 가운데 입력란 우측의 아래 화살표를 클릭해 'Everyone' 사용자를 선택하고 〈추가〉 단추를 클릭해 아래 리스트에 등록시킵니다.

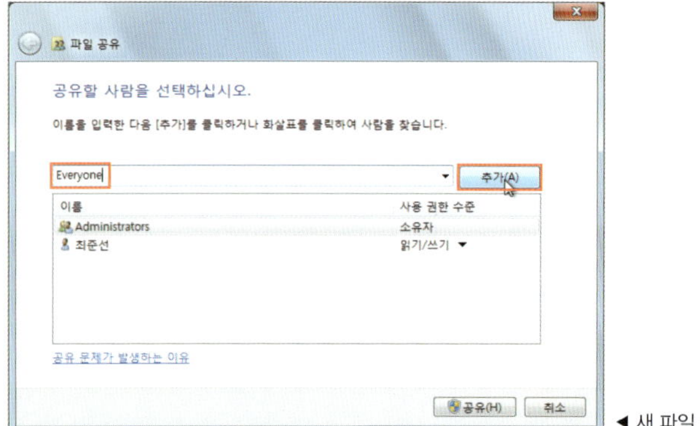

◀ 새 파일 공유

❺ 추가된 리스트의 권한을 '읽기'에서 '읽기/쓰기'로 변경한 다음 〈공유〉 단추를 클릭합니다.

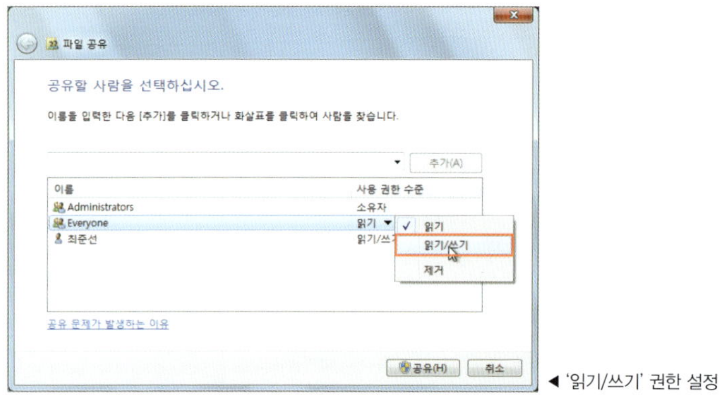

◀ '읽기/쓰기' 권한 설정

❻ 〈완료〉 단추를 클릭하여 '파일 공유' 대화상자를 닫습니다.

❼ 〈닫기〉 단추를 클릭하여 '속성' 대화상자를 닫습니다.

윈도 탐색기의 옵션을 변경해 주어야 합니다.
- 탐색기에서 **도구 → 옵션** 메뉴를 클릭합니다.
- [보기] 탭을 선택한 다음 '고급 설정' 옵션 중에서 **모든 사용자에게 동일한 폴더 공유 권한을 지정(권장)** 옵션의 체크를 해제한 다음 〈확인〉 단추를 클릭합니다.

파일을 공유해 함께 작업하기

엑셀 파일 중에서는 다른 사람과 함께 작업해야 하는 파일이 있습니다. 함께 작업해야 하는 사람이 같은 네트워크에 속해 있다면, 파일을 공유해 놓고 함께 작업할 수 있습니다. 단, 파일을 공유해서 작업하면 엑셀의 기능 중 일부가 제한될 수는 있습니다.

엑셀 파일은 기본적으로 한 번에 한 사람만 열어 작업할 수 있으나 공동 작업이 필요한 경우 공유 폴더에 파일을 위치시킨 후 같이 작업할 수 있습니다.

● 통합 문서 공유 기능을 이용하지 않고 작업

만약 통합 문서 공유 기능을 사용하지 않고 공유 폴더에 있는 파일을 함께 작업할 경우, 네트워크의 다른 PC에서 이미 연 파일을 다시 열 경우 다음과 같은 메시지 창이 표시됩니다.

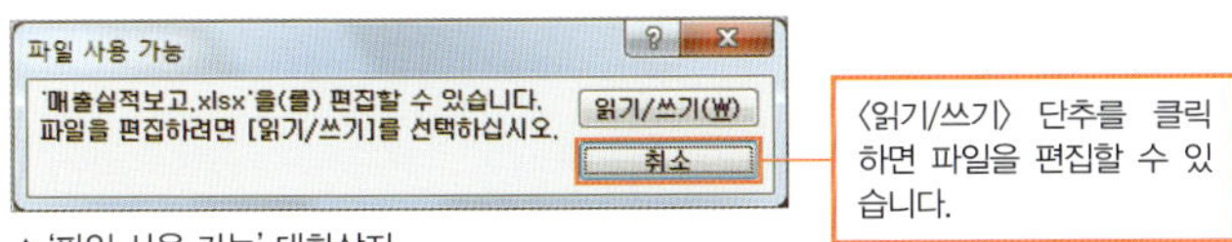

▲ '사용 중인 파일' 대화상자

❶ 〈읽기 전용〉 단추 : 파일을 읽기 전용 파일로 엽니다.

❷ 〈알림〉 단추 : 파일을 우선 읽기 전용 파일로 열지만, 사용 중인 사용자가 파일을 닫으면 아래와 같이 '파일 사용 가능' 대화상자가 표시 됩니다.

▲ '파일 사용 가능' 대화상자

● 통합 문서 공유 기능을 이용해 작업

하나의 파일을 함께 작업해야 한다면 '통합 문서 공유' 기능을 이용하는 것이 편리합니다. 리본의 [검토] 탭 → **변경 내용** 그룹 → **통합 문서 공유** 단추를 클릭하면 다음과 같은 '통합 문서 공유' 대화상자가 표시됩니다.

● 통합 문서 공유 기능

통합 문서 공유 기능을 이용할 때와 이용하지 않을 때 차이가 있으므로 주의합니다.

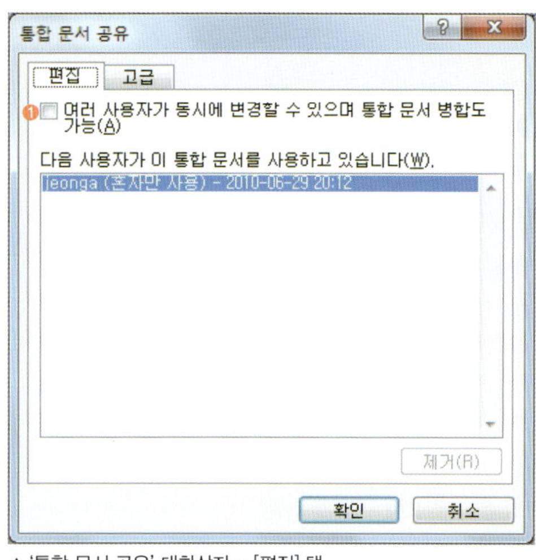

▲ '통합 문서 공유' 대화상자 – [편집] 탭

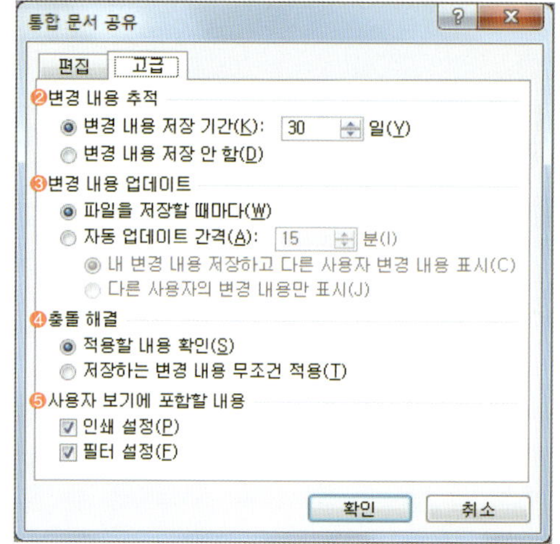

▲ [고급] 탭

❶ 여러 사용자가 동시에 변경할 수 있으며 통합 문서 병합도 가능 : 이 확인란을 체크하고 〈확인〉 단추를 클릭하면 파일을 공유할 수 있으며, 엑셀 창의 제목 표시줄에 '공유' 문구가 나타납니다. ❷~❺ 옵션은 ❶ 옵션을 체크한 경우에 사용할 수 있으며, [고급] 탭을 선택한 다음 설정할 수 있습니다.

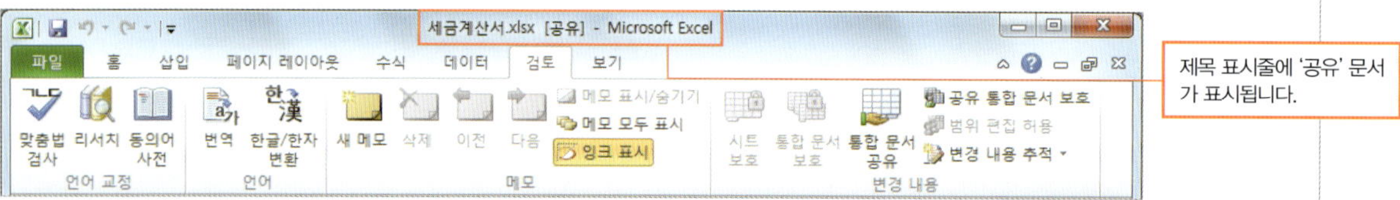

▲ 제목 표시줄에 '공유' 표시

❷ 변경 내용 추적 : 여러 사람이 작업 내용을 저장해 놓는 기간을 설정하며, 기본값은 '변경 내용 저장', '30일' 간의 변경 내역이 기록됩니다.

❸ 변경 내용 업데이트 : 다른 사람의 작업 내용을 언제 저장해 놓을지 설정할 수 있습니다. 기본값은 '파일을 저장할 때마다'이지만 이렇게 하면 파일을 저장하지 않은 상태에서는 어떻게 작업이 이뤄지고 있는지 확인하기 어렵기 때문에 작업 현황을 확인할 필요가 있는 경우라면 '자동 업데이트 간격' 옵션을 설정합니다. 해당 시간이 지나면 자동으로 다른 사람이 작업한 내용이 표시됩니다.

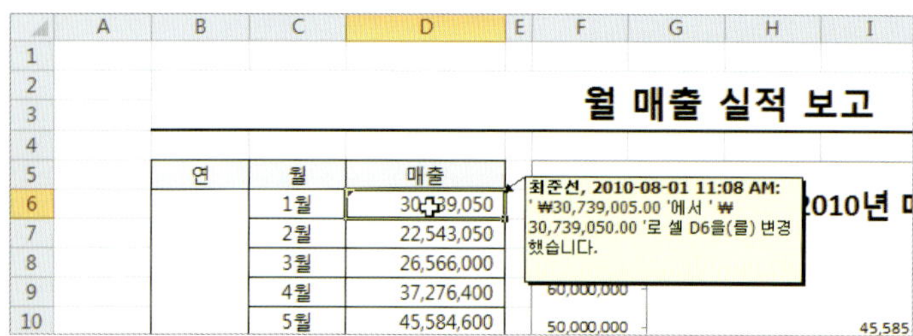

▲ 다른 사람이 작업한 내용 표시

❹ **충돌 해결** : 동시에 같은 위치의 데이터를 수정할 경우 처리할 옵션을 설정합니다.

- **적용할 내용을 확인** : 이 옵션을 선택하면 여러 사용자가 동시에 같은 셀의 값을 고친 다음 저장할 때 다음과 같은 충돌 대화상자가 나타납니다. 고친 내용을 확인하고 어느 쪽을 적용할 지 선택할 수 있습니다.

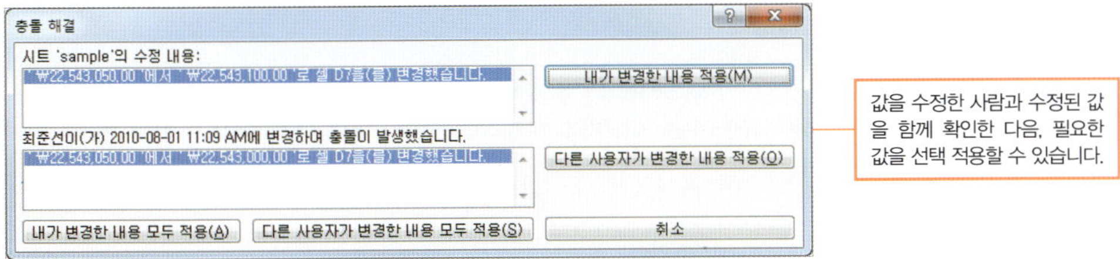

값을 수정한 사람과 수정된 값을 함께 확인한 다음, 필요한 값을 선택 적용할 수 있습니다.

▲ '충돌 해결' 대화상자

- **저장하는 변경 내역 무조건 적용** : 이 옵션을 선택하면 다른 사람이 수정한 값은 무시하고 공유한 사람이 저장한 내용이 우선해서 적용됩니다.

❺ **사용자 보기에 포함할 내용** : 이 옵션은 '인쇄 설정'과 '필터 설정' 두 가지 옵션을 사용할 수 있습니다.

- **인쇄 설정** : 옵션을 체크 해제하면 공유한 사람이 적용해 놓은 인쇄 관련 설정(용지 방향, 페이지 여백 등)을 다른 사람이 변경할 수 있습니다.
- **필터 설정** : 옵션을 체크 해제하면 자동 필터 등을 사용한 필터 결과를 파일을 닫고 다시 열 때 모든 사용자가 볼 수 있습니다.

다음과 같이 작업하면 저장된 변경 내용을 새 워크시트로 확인할 수 있습니다.

❶ 리본의 [검토] 탭 → 변경 내용 그룹 → **변경 내용 추적** 명령 아이콘 → **변경 내용 표시** 메뉴를 클릭합니다.

❷ '변경 내용 표시' 대화상자가 표시되면 모든 체크 옵션을 해제하고, '새 시트에 변경 내용 작성' 옵션을 선택한 후 〈확인〉 단추를 클릭합니다.

월 매출 실적 보고서 함께 공유해 완성하기

📁 **준비 파일** : 매출실적보고.xlsx

제공된 예제 파일을 열면 Before 화면과 같은 월별로 정리된 매출 실적 표와 차트를 확인할 수 있습니다. 이 파일은 내년도 목표를 입력해 완성하면 되는데, 네트워크상의 다른 위치에 존재하는 해당 부서 담당자에게 바로 입력시켜 작업하기 위해 파일을 공유해 보도록 하겠습니다.(현재 예제는 두 대의 PC에서 진행해야 하며, 편의상 현재 예제 파일을 작업하는 PC를 PC1이라고 하고, 네트워크 상의 다른 PC를 PC2라고 지칭합니다.)

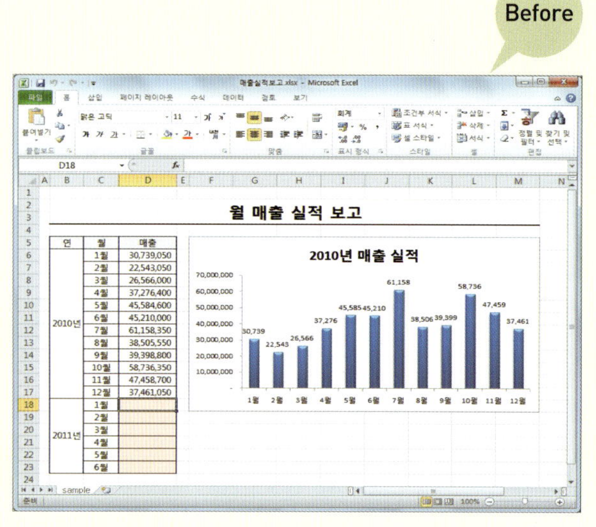

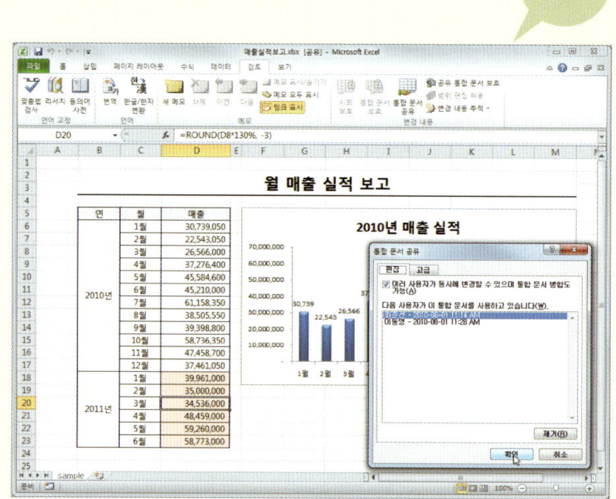

01 파일 공유하기(1)

파일을 공유하기 위해서는 현재 파일이 공유된 폴더 내에 존재해야 합니다. 따라서 예제 폴더에서 공유 폴더로 파일을 이동한 다음 다시 엽니다. ❶ 리본의 [검토] 탭 → 변경 내용 그룹 → ❷ 통합 문서 공유 명령 아이콘을 클릭합니다.

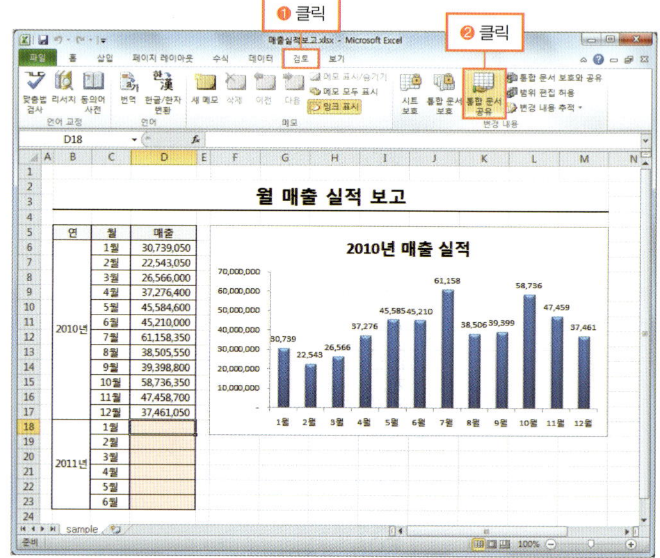

02

파일 공유하기(2) '통합 문서 공유' 대화상자가 열리면 [편집] 탭에서 '여러 사용자가 동시에 변경할 수 있으며 통합 문서 병합도 가능' 옵션을 체크합니다.

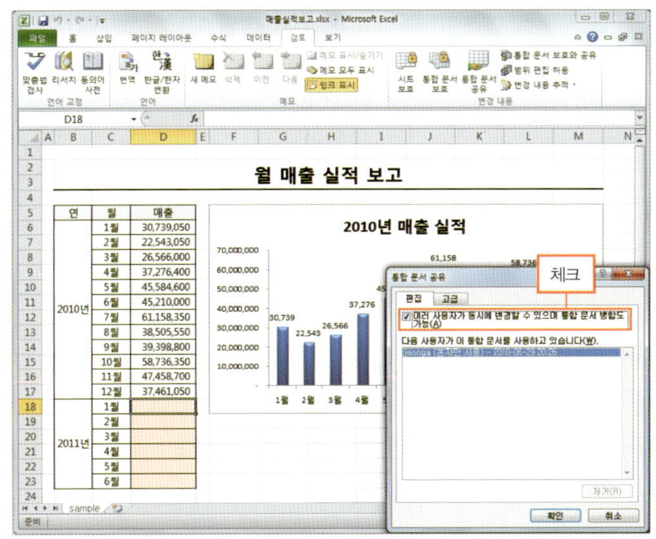

03

파일 공유하기(3) 그런 다음 ❶ [고급] 탭을 선택하고 ❷ 공유 옵션을 다음과 같이 설정한 다음 ❸ 〈확인〉 단추를 클릭합니다.

자동 업데이트 간격	선택, 간격 5분
다른 사용자의 변경 내용만 표시	선택

● **옵션 설명**

'자동 업데이트 간격'을 선택하면 지정한 시간(=5분)이 지나면 자동으로 파일을 저장합니다. 이때, '다른 사용자의 변경 내용만 표시' 옵션을 선택했으므로 저장되면서 다른 사용자의 변경 사항을 자동으로 반영하고 표시합니다.

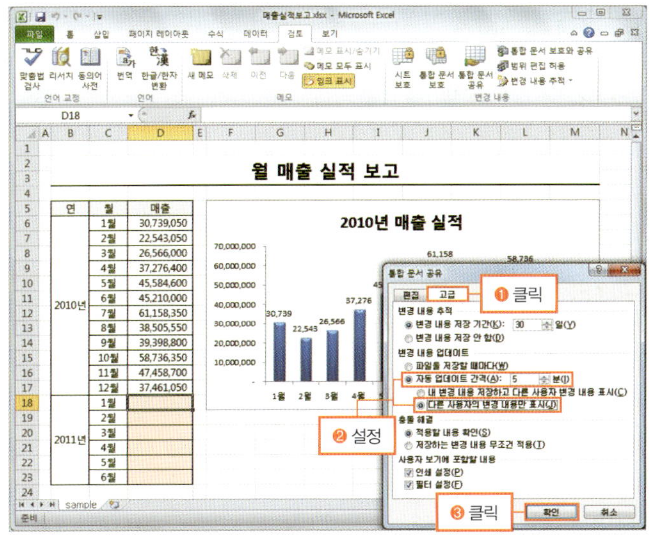

04

파일 공유하기(4) 그러면 오른쪽 화면과 같이 파일 저장 확인 메시지 창이 표시됩니다. 〈확인〉 단추를 클릭하여 저장하면 엑셀 창의 '제목 표시줄' 파일 명 뒤에 **공유** 문구가 표시됩니다.

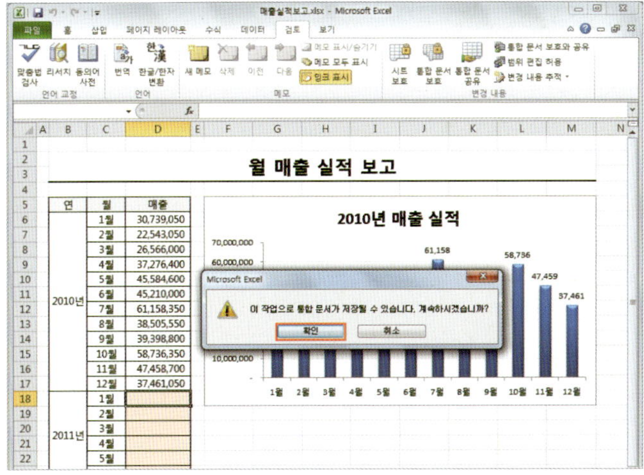

05 네트워크 PC에서 공유 파일 작업(1) 이제 PC2(오피스 2007을 사용)에서 공유 폴더에 있는 '매출실적보고.xlsx' 파일을 열면 오른쪽 화면(제목 표시줄 옆에 '공유' 문구가 나타남)과 같이 파일이 열립니다. 작년과 같이 매출 실적의 30% 증액된 값을 D18:D23 범위에 계산하고 저장해 보겠습니다.

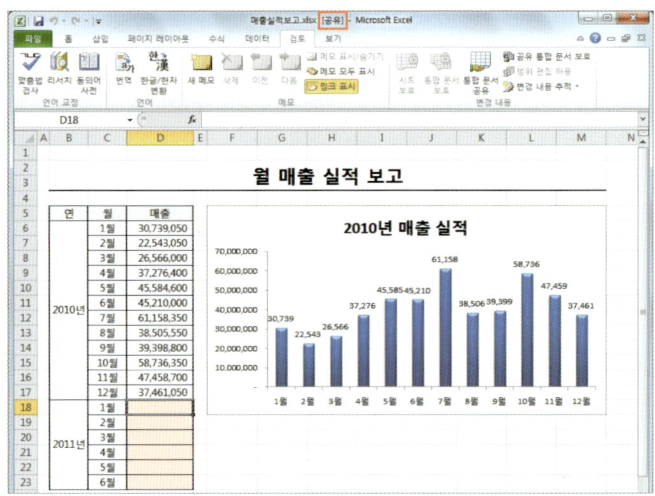

06 네트워크 PC에서 공유 파일 작업(2) ❶ D18셀을 선택하고 ❷ 수식 입력줄에 다음과 같이 수식을 입력한 다음 Enter 키를 누릅니다. ❸ D18셀의 채우기 핸들 ➕을 이용해 D23셀까지 드래그해 복사합니다.

D18	=ROUND(D6 * 130%, −3)

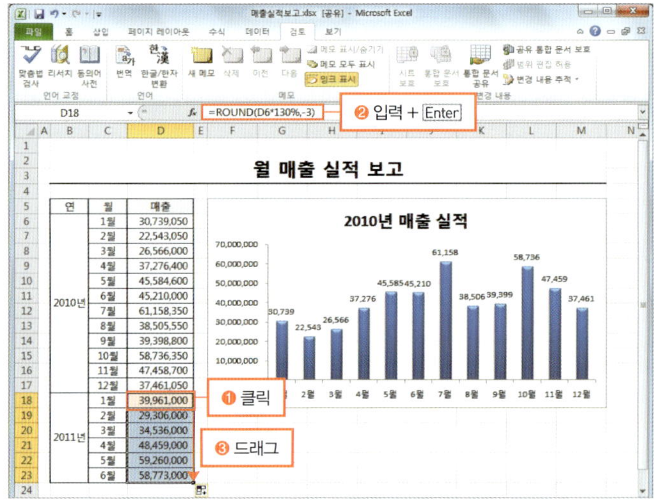

> **◎ ROUND함수의 사용**
>
> ROUND함수를 사용하면 숫자 값의 특정 위치에서 값을 반올림 할 수 있습니다. 이번 수식에서 ROUND함수의 두 번째 인수 값을 −3으로 지정했으므로 '천' 단위에서 반올림하고 하위 단위의 숫자 값은 모두 버립니다.

07 네트워크 PC에서 공유 파일 작업(3) 이제 파일을 저장하기 위해 빠른 실행 도구 모음에 있는 **저장** 명령 아이콘을 클릭해 파일을 저장합니다.

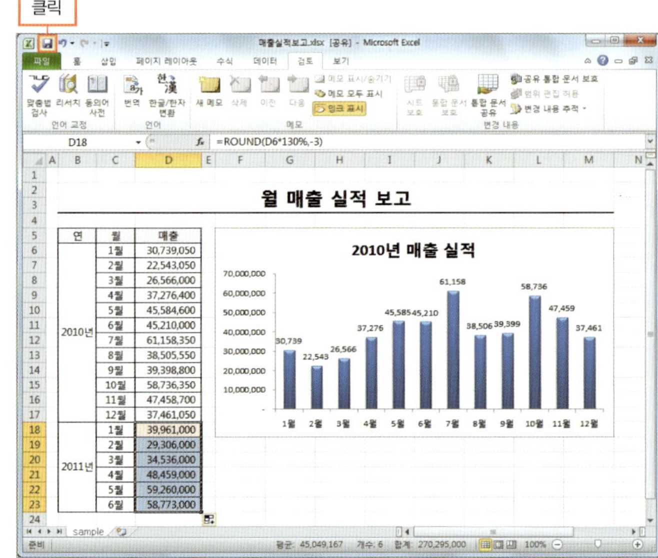

08 **수정된 사항 모니터링하기** 이제 PC1에 열려 있는 파일을 보고 있으면 5분이 지난 다음, 해당 위치로 마우스 커서를 움직이면 해당 값이 어떻게 변경되었는지 확인할 수 있습니다.

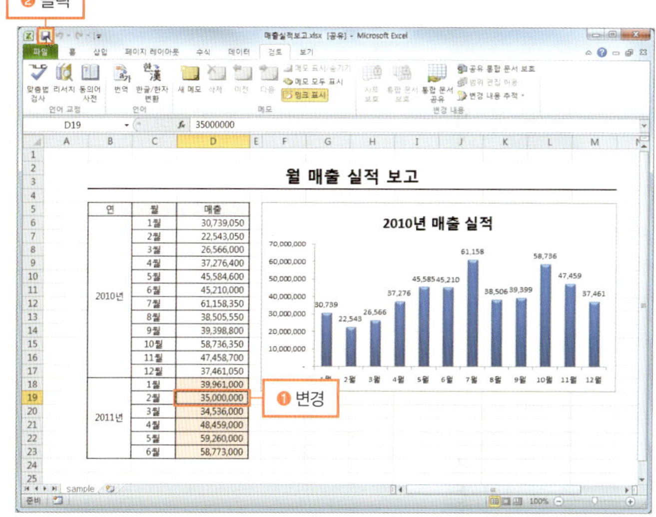

09 **값 다시 수정하고 저장하기** 계산된 목표 값 중에서 일부 값을 수정하고 저장해 보겠습니다. ❶ D19셀의 값을 "35,000,000"로 변경합니다. ❷ 그런 다음 빠른 실행 도구 모음의 **저장** 명령 아이콘을 클릭해 파일을 저장합니다.

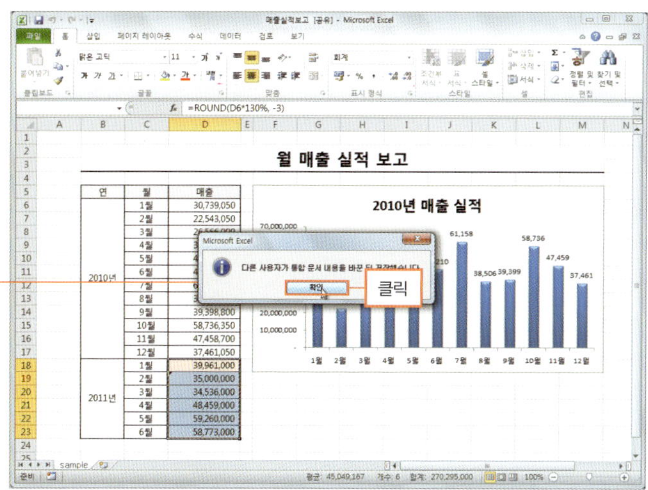

10 **네트워크 PC에서 수정된 사항 확인하기** 다시 PC2에서 파일을 저장하기 위해 빠른 실행 도구 모음의 **저장** 명령 아이콘을 클릭하면 오른쪽 화면과 같은 메시지 창이 나타납니다. 이것은 다른 사용자가 현재 문서의 일부 내용을 변경했다는 메시지이며, 〈확인〉 단추를 클릭합니다.

메세지 창에는 어디를 변경했는지는 표시되지 않습니다.

11 **현재 파일의 작업자 확인하기** 이제 누가 작업하고 있는지 확인하기 위해 PC1에서 리본의 **[검토]** 탭 → **변경 내용** 그룹 → **통합 문서 공유** 명령 아이콘을 다시 클릭합니다. 그러면 '통합 문서 공유' 대화상자에서 현재 파일에 연결된 사용자가 모두 표시됩니다.

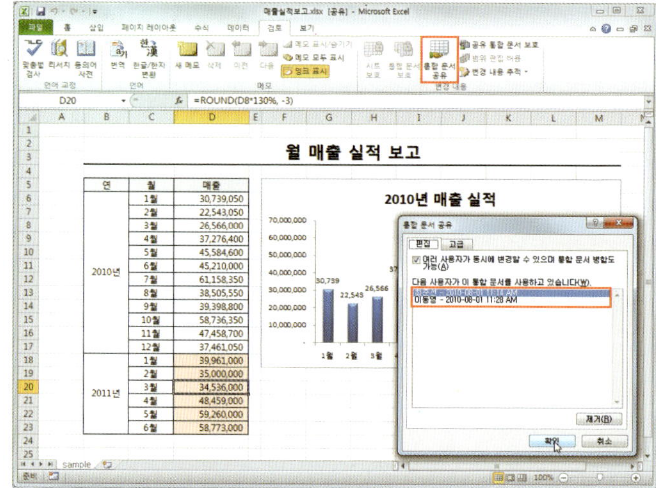

◐ 사용자의 연결 끊기

현재 문서에 연결된 사용자의 연결을 강제로 끊으려면 '통합 문서 공유' 대화상자의 [편집] 탭에서 해당 사용자를 선택한 다음 〈제거〉 단추를 클릭합니다.

파일을 공유하면 엑셀의 일부 기능을 사용할 수 없습니다. 확인하기 위해 파일을 공유한 다음 리본의 각 탭을 선택하면 회색으로 선택할 수 없는 명령 아이콘들이 보이게 되는데, 이 명령들이 모두 사용할 수 없는 명령들입니다.

분류	제한 기능	보충 설명
파일	통합 문서 보호 또는 보호 해제 불가	공유 전에 보호된 설정은 그대로 유지
워크시트	워크시트 보호 또는 보호 해제 불가	공유 전에 보호된 설정은 그대로 유지
	워크시트 삭제 불가	
차트, 그림(그래픽 개체)	새로 만들기 및 수정 불가	기존 그래픽 개체를 볼 수 있음
피벗 테이블	새로 만들기 및 변경 불가	기존 보고서는 볼 수 있음
셀 또는 범위	새로운 셀 삽입, 삭제 불가	전체 행(또는 열)은 삽입할 수 있음
	배열 수식을 변경하거나 삭제 불가	기존 수식은 제대로 계산됨
	조건부 서식(또는 유효성 검사) 추가 및 변경 불가	기존 조건부 서식(또는 유효성 검사)는 제대로 동작함
	하이퍼링크의 추가 및 변경 불가	기존 하이퍼링크는 동작함

만약 위에서 제한되는 기능을 다시 사용하려면 공유를 풀고 작업한 다음, 다시 통합 문서 공유 기능을 이용해 공유합니다.

POWER TIP

내 업무 반으로 줄이는

공유 파일을 네트워크 연결이 끊어진 상태에서 수정하고 수정된 내용을 다시 공유 파일에 적용하는 방법

| 준비 파일 : 매출실적보고.xlsx, 매출실적보고 – 사본.xlsx

연결된 공유 파일이 갑작스런 정전이나 불가피한 사정으로 연결이 끊어진 경우 공유 파일의 사본을 만들어 작업하고 다시 연결될 때 작업된 파일을 병합해 작업할 수 있습니다. 사본 파일은 반드시 공유 파일에서 **다른 이름으로 저장**으로 만든 파일이어야 하며, 원본 파일은 공유 상태이어야 합니다. 이 작업을 위해서는 먼저 **통합 문서 비교 및 병합** 명령을 빠른 실행 도구 모음에 먼저 등록해야 합니다.

❶ 리본의 **[파일]** 탭 → **옵션** 명령을 클릭합니다.

❷ 'Excel 옵션' 대화상자의 **빠른 실행 도구 모음** → '다음에서 명령 선택'의 '모든 명령'을 선택합니다.

❸ 하위 리스트에서 **통합 문서 비교 및 병합** 명령을 선택하고 〈추가〉 단추를 클릭한 후 〈확인〉 단추를 클릭합니다.

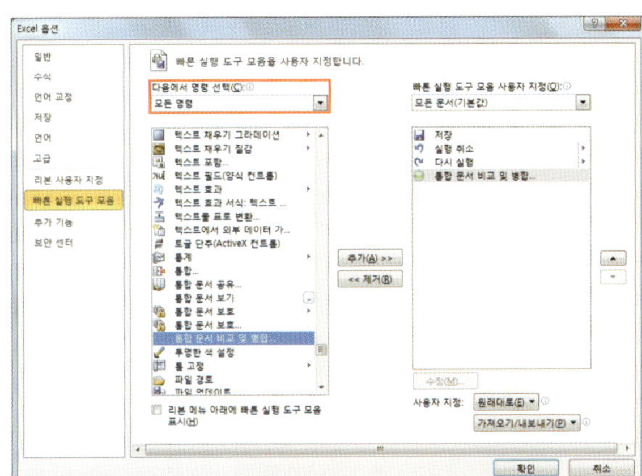

이제 파일을 병합할 수 있는데, '매출실적보고.xlsx' 파일이 원본이고, '매출실적보고–사본.xlsx' 파일이 연결이 끊긴 상태에서 추가로 작업한 파일이라고 가정합니다.

❶ '매출실적보고.xlsx' 파일을 연 다음, 빠른 실행 도구 모음에 등록된 **통합 문서 비교 및 병합** 명령 아이콘을 클릭합니다.

❷ '현재 통합 문서로 병합할 파일 선택' 대화상자에서 병합할 파일인 '매출실적보고–사본.xlsx'을 선택한 다음 〈확인〉 단추를 클릭합니다.

❸ 그러면 '매출실적보고–사본.xlsx' 파일에서 추가된 내용이 '매출실적보고.xlsx' 파일에 등록됩니다.

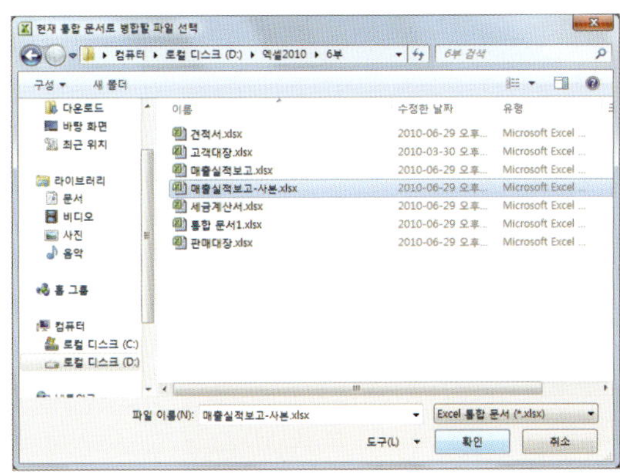

웹 앱스를 이용해 파일 공유하기 _{NEW 2010}

오피스 2010 버전부터는 웹에서 오피스 파일을 공유하고 편집할 수 있는 웹 앱스(Web Apps)를 제공해 줍니다. 웹 앱스는 한 마디로 웹용으로 제공되는 무료 오피스 프로그램으로, MS의 무료 웹 메일인 핫메일(Hotmail) 서비스(핫메일에서 받은 메일에 포함된 오피스 파일을 웹 앱스에서 바로 열 수 있습니다)와 무료 웹 하드인 스카이 드라이브(SkyDrive) 서비스(웹에 파일을 저장할 때 사용)와 연계되어 제공합니다.

01 Windows Live 계정 등록하기 [NEW 2010]

무료 오피스 프로그램이라고 좋아하는 분들이 많겠지만, 무료인 만큼 일부 제한된 기능만 제
공해 주고 있으므로 PC용 오피스를 대체하기 보다는 보조하는 역할을 수행하는데 사용한다
고 이해하는 것이 좋습니다.

웹 앱스를 이용하기 위해서는 Windows Live 계정이 있어야 합니다. 그러므로 기존 계정이 있는 경우에
는 해당 계정을 이용하면 되고, 그렇지 않은 분들은 새로운 계정을 등록해야 합니다.

실무예제

Windows Live 계정 등록하고 웹 앱스 활성화시키기

📁 **주소 :** http://office.live.com

IE 등의 웹 브라우저를 실행한 다음 아래 경로로 접속합니다.

Before

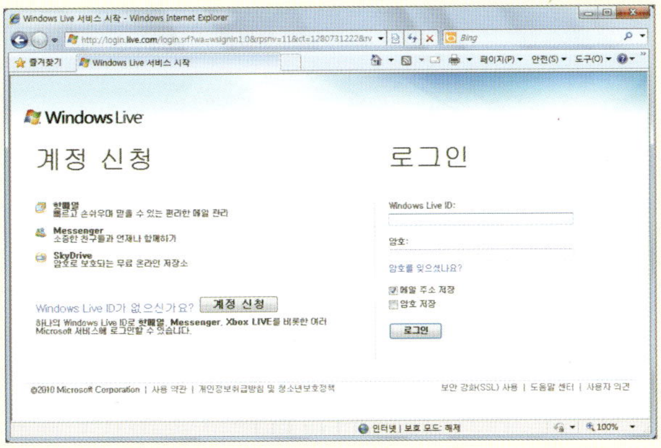

After

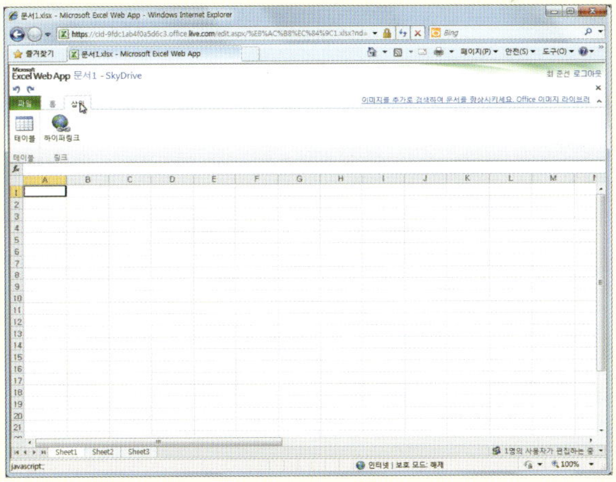

01 **Windows Live 계정 만들기(1)** Windows Live 계정이 있으면 03 과정으로 이동하고 그렇지 않으면 〈계정 신청〉 단추를 클릭합니다.

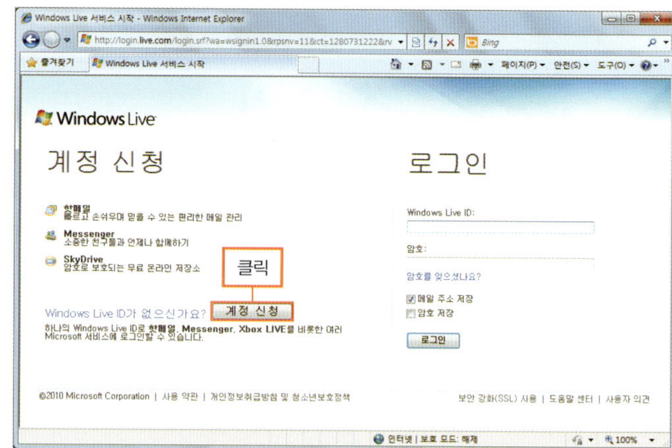

02 **Windows Live 계정 만들기(2)** 계정 신청 페이지로 이 동하면 ❶ 오른쪽 화면과 같이 빨강 텍스트 박스 위치 의 값들을 모두 입력한 다음 ❷ 〈동의함〉 단추를 클릭합니다.

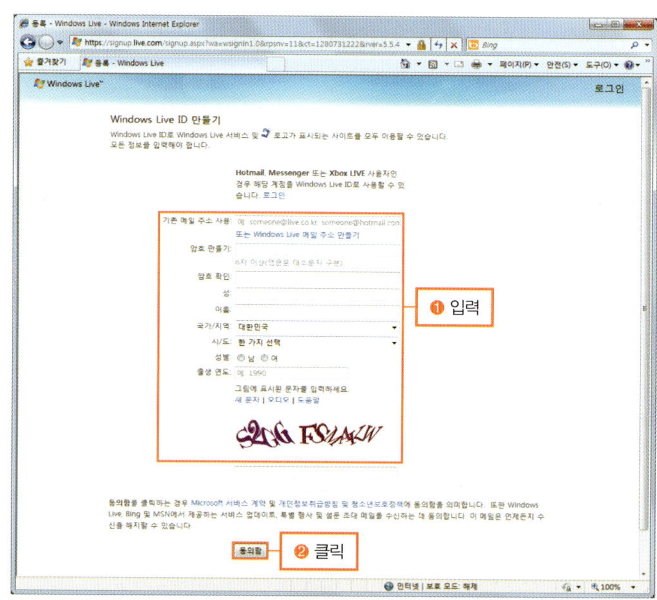

03 **오피스 웹 앱스 활성화시키기** 계정 등록이 끝나면 오 른쪽 화면과 같은 활성 창이 열리면서 Office 2010 사 용에 대한 메시지가 나타나게 됩니다. 〈시작하기〉 단추를 클 릭합니다.

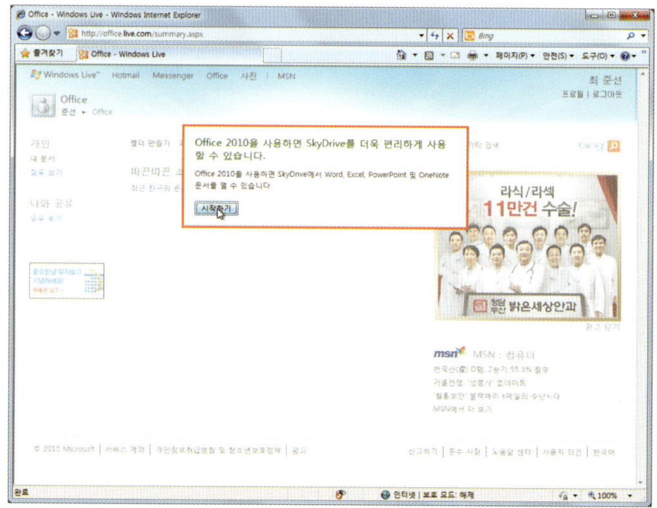

04 **웹 앱스내 엑셀 실행하기** 화면 우측 상단에 워드, 엑셀, 파워포인트, 원노트 아이콘이 나타나면 엑셀 아이콘을 클릭합니다.

05 **새 파일 만들기** 웹 앱스 내의 엑셀을 실행하기 위해서는 파일을 먼저 생성해야 하므로, ❶ 이름은 기본 이름(=문서1)을 사용하고 ❷ 〈저장〉 단추를 클릭합니다.

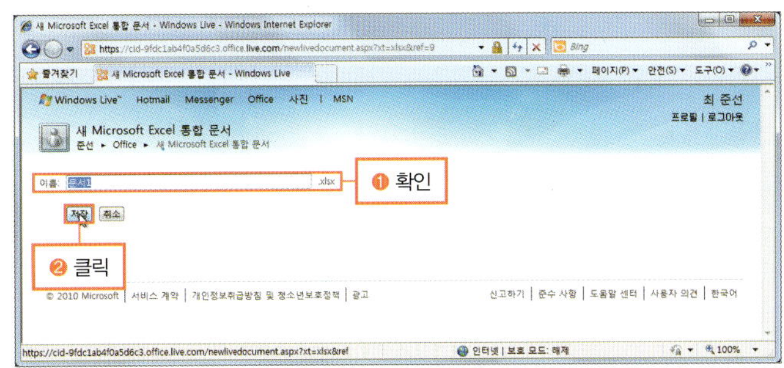

06 **웹 앱스 내의 엑셀 살펴보기(1)** 이제 엑셀이 실행된 화면을 살펴볼 수 있습니다. 인터페이스는 엑셀 2010과 동일하지만 PC용 버전에 비해 제공되는 명령은 제한적인 것을 한 눈에 파악할 수 있습니다.

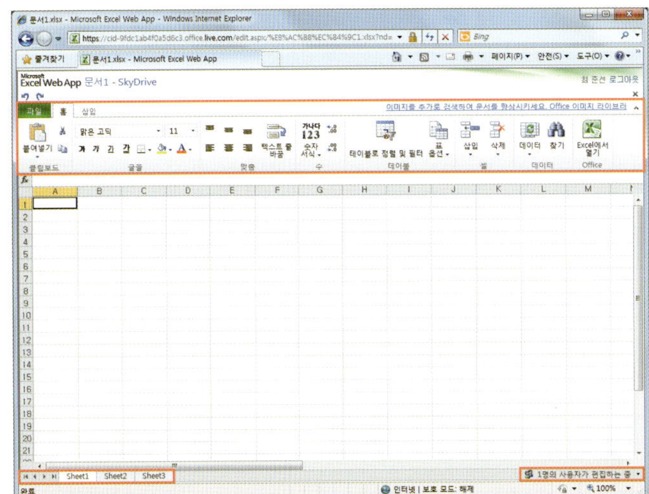

07 웹 앱스 내의 엑셀 살펴보기(2) 리본의 **[파일]** 탭을 클릭하면 화면과 같은 명령을 확인할 수 있으며, **[파일]** 탭은 PC용 버전의 백스테이지와는 다르게 메뉴 방식으로 제공됩니다.

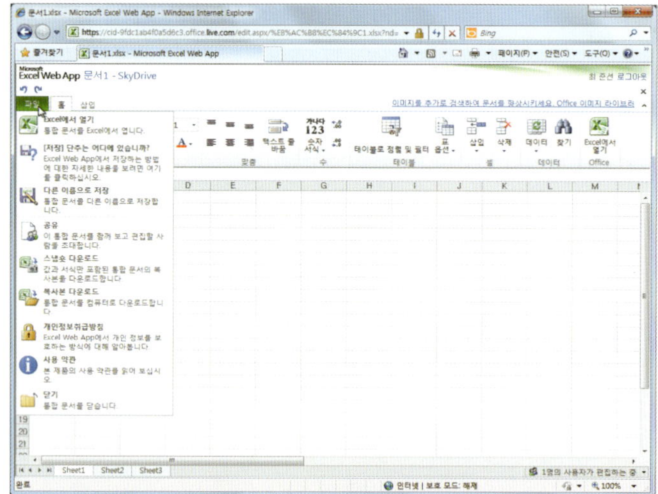

08 웹 앱스 내의 엑셀 살펴보기(2) 리본의 [삽입] 탭을 선택하면 '테이블'과 '하이퍼링크' 2개 명령만 볼 수 있습니다.

웹 앱스 내의 엑셀은 제공되는 기능이 취약하다 보니 PC용 엑셀을 대체하기는 많이 부족하지만 엑셀 프로그램이 설치되어 있지 않은 외부에서 엑셀 파일을 확인하고 간단한 수정 작업을 하는데는 문제가 없습니다.

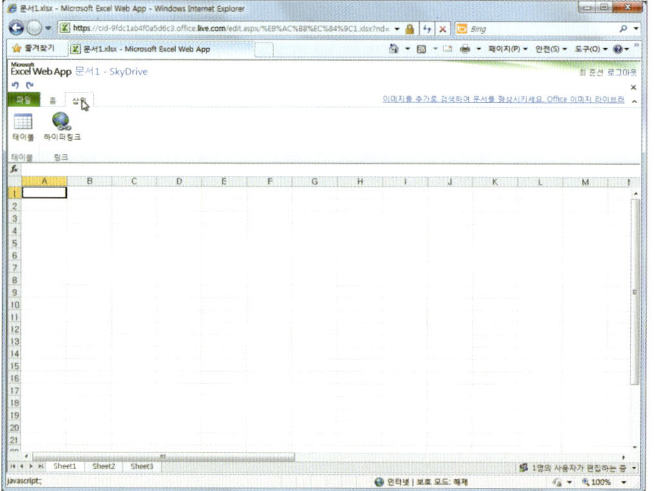

02 파일 공유하기 NEW 2010

웹 앱스를 이용해 파일을 공유하면 같은 네트워크에 위치하지 않아도 얼마든지 파일을 함께 공유해 편집할 수 있다는 장점이 있습니다. 이는 협업뿐만 아니라 외부에서 자신의 파일을 컨트롤하고자 할 때에도 유용한 방법이므로, 웹 앱스를 이용해 파일을 공유하는 방법을 잘 알아두기 바랍니다.

엑셀 2010 버전에서는 MS의 무료 웹 하드인 스카이 드라이브에 파일을 바로 업로드 할 수 있는데, 이 방법을 이용해 파일을 손쉽게 웹에 저장하고, 저장된 파일을 웹 앱스를 이용해 공동으로 작업할 수 있습니다.

실무예제 웹 앱스에 파일 업로드하고 협업하기

📁 **준비 파일 :** 직원명부.xlsx

제공된 예제 파일을 열면 화면과 같은 '직원명부' 표를 볼 수 있습니다. 이 파일을 Windows Live에 저장하고 웹 앱스를 이용해 다른 사용자와 함께 작업하도록 설정해 보도록 하겠습니다.

Before

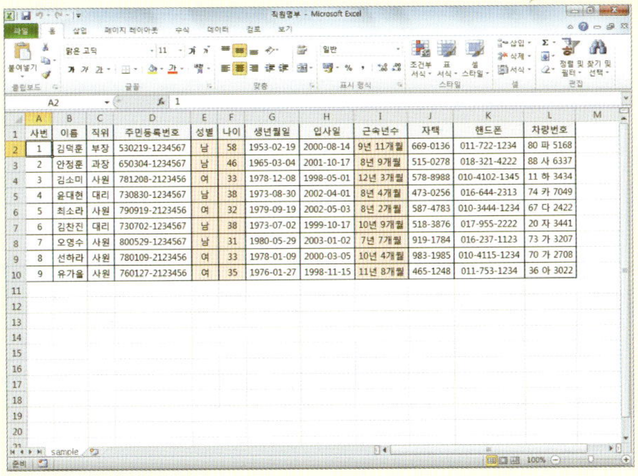

After

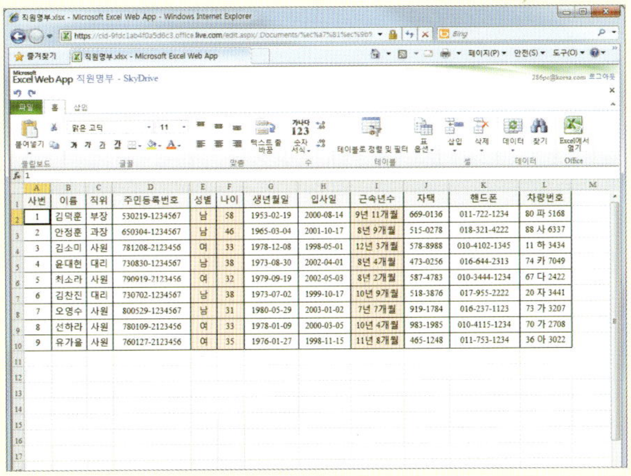

01 스카이 드라이브에 파일 저장하기(1) 파일을 Windows Live에 저장하기 위해 ❶ 리본의 **[파일]** 탭 → **저장/ 보내기** 명령을 클릭한 다음 ❷ **웹에 저장**을 선택하고 ❸ 〈로그 인〉 단추를 클릭합니다.

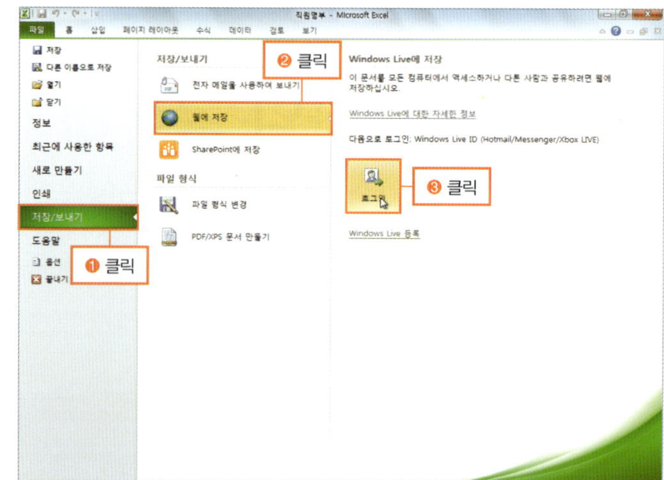

02 스카이 드라이브에 파일 저장하기(2) 앞에서 등록한 Windows Live 계정 정보를 참고해 ❶ '전자 메일 주 소'와 '암호'를 입력한 다음 ❷ 〈확인〉 단추를 클릭합니다.

03 스카이 드라이브에 파일 저장하기(3) 02 과정의 로그 인 과정이 끝나면 스카이 드라이브 서비스의 폴더가 화면과 같이 표시됩니다. 저장할 폴더를 선택하고 〈다른 이름으 로 저장〉 단추를 클릭하면 해당 웹 폴더에 파일이 저장됩니다.

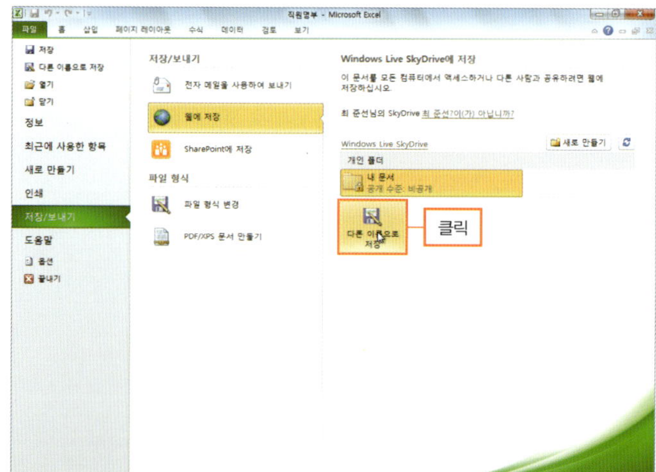

04 **스카이 드라이브에 파일 저장하기(4)** '다른 이름으로 저장' 대화상자가 표시되면 실제 웹 하드에 파일을 저장하기 위해 〈저장〉 단추를 클릭합니다.

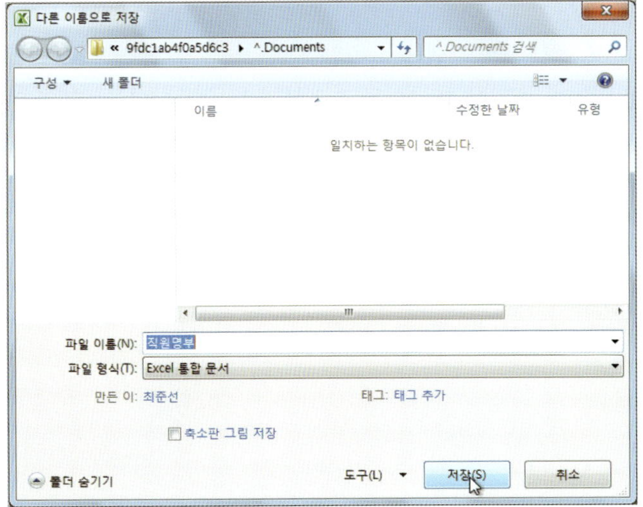

05 **업로드된 파일 확인하기(1)** 이제 저장된 파일을 공유하기 위해 웹 앱스에 접속합니다. 웹 브라우저에서 다음 경로를 입력하여 화면 우측에 로그인 정보가 표시되면 〈로그인〉 단추를 클릭해 접속합니다.

웹 주소	http://office.live.com

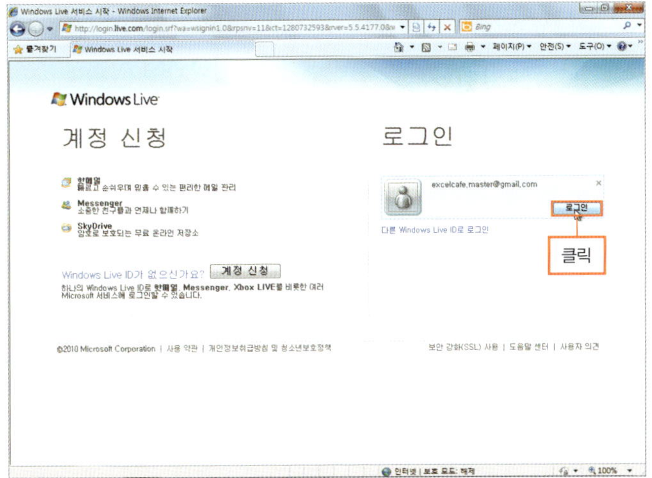

06 **업로드된 파일 확인하기(2)** 그러면 04 과정에서 저장한 파일을 확인할 수 있으며, '직원명부' 파일을 클릭하면 웹 앱스에서 파일을 열 수 있습니다.

07 **웹 앱스 내에서 파일 공유하기(1)** 그러면 웹 앱스 내 엑셀 프로그램에서 파일이 열리지만 편집 모드로 열리지 않았기 때문에 데이터를 수정할 수는 없습니다. 수정을 위해서는 **[파일]** 탭 → **브라우저에서 편집** 명령을 선택합니다. 파일을 공유하기 위해 리본의 **[파일]** 탭 우측의 **공유** 명령을 선택합니다.

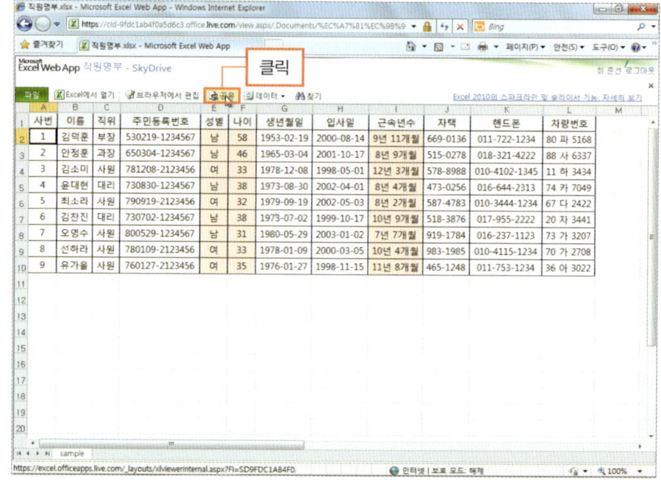

08 **웹 앱스 내에서 파일 공유하기(2)** 그러면 공유 권한 편집 화면으로 전환됩니다. ❶ 파일을 함께 작업할 사람의 이메일 주소를 '특정 친구 추가' 입력란에 입력하고 ❷ 〈저장〉 단추를 클릭합니다.

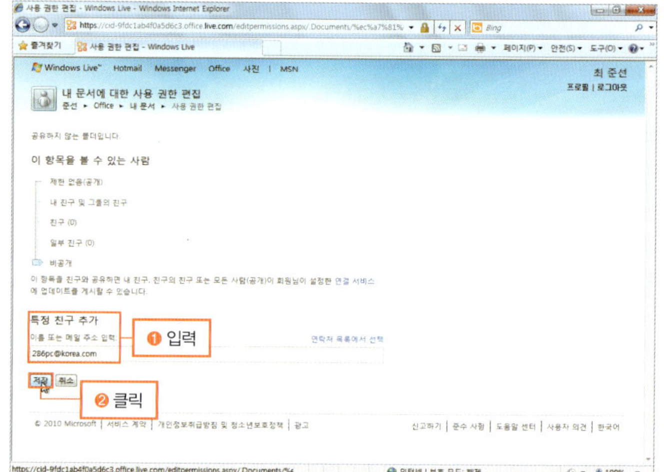

09 **웹 앱스 내에서 파일 공유하기(3)** 이제 친구로 등록된 이메일에 메일을 보내 파일 공유 사실을 알릴 수 있습니다. ❶ '메시지' 란에 간단한 내용을 입력한 다음 ❷ 〈보내기〉 단추를 클릭합니다.

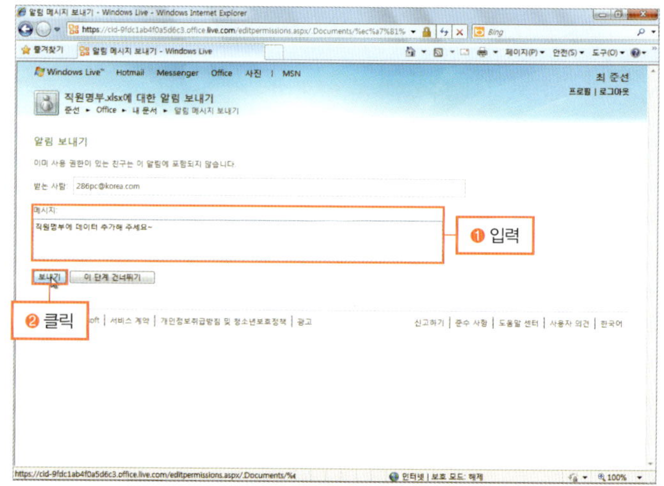

10 **공유된 파일 작업하기(1)** 09 과정에 발송된 이메일 주소로 문서를 공유한 안내 메일이 전달되며, 해당 메일을 열어 보면 작성한 메시지 내용을 확인할 수 있습니다. 만약 함께 작업하려면 〈폴더 보기〉 단추를 클릭합니다.

11 **공유된 파일 작업하기(2)** 그러면 Windows Live 계정에 로그인 할 수 있는 창이 열리며 〈로그인〉 단추를 클릭하고 비밀번호를 입력하면 공유된 파일에 접근할 수 있습니다.

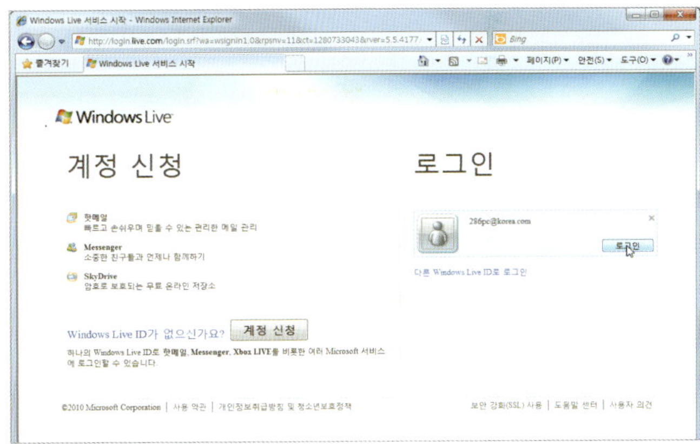

12 **공유된 파일 작업하기(2)** 이제 공유된 파일이 표시되면 파일을 편집하기 위해 파일에 마우스 포인터를 갖다 놓고 **브라우저에서 편집** 링크를 클릭합니다. 공유된 파일이 열리면 데이터를 추가하거나 편집한 후 브라우저를 닫습니다.

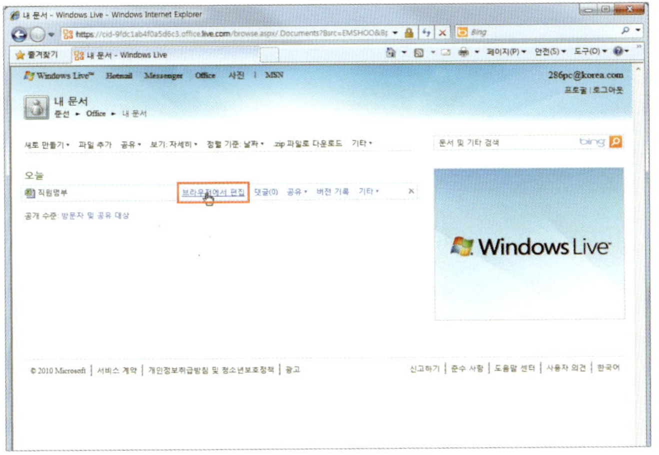

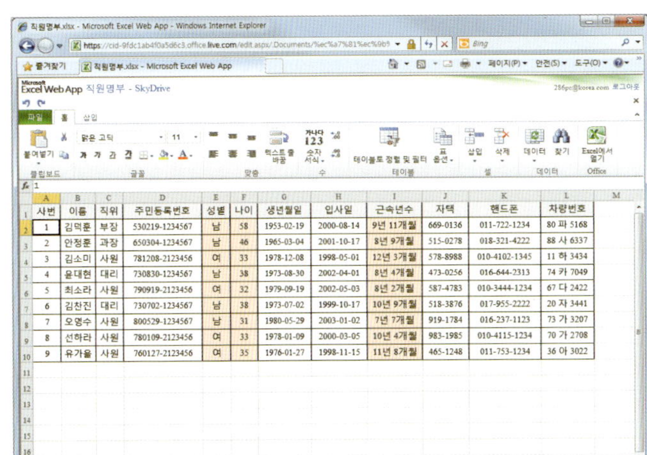

08

매크로를 활용한 업무 자동화

엑셀을 사용해 업무를 하다 보면 매일 반복해서 처리하는 업무가 생기게 됩니다. 엑셀은 반복적인 업무를 자동화할 수 있는 매크로(Macro)라고 하는 자동화 스크립트를 제공합니다. 매크로(Macro)는 사용자가 직접 VBA라는 프로그래밍 언어를 이용해 만들거나, 매크로 기록기를 이용해 사용자 동작을 기록하는 방법을 사용해 만들 수 있습니다. 한 번 기록된 매크로는 사용자가 원할 때 얼마든지 반복해서 실행이 가능하므로 반복적인 업무를 단순화시킬 수 있는 획기적인 도구입니다.

PART
08

매크로를 이용한 업무 자동화

매크로(Macro)는 사용자가 원하는 동작이 순서대로 기록된 하나의 실행 명령입니다. 매크로는 VBA라는 프로그래밍 언어를 이용해 직접 만들거나, 매크로 기록기를 이용해 사용자 동작을 기록하면 만들 수 있습니다. VBA는 사용자가 익히는데 많은 시간이 걸리므로 간단하게 사용자 동작을 기록해 주는 매크로 기록기를 이용해 만드는 것이 편리합니다. '매크로 기록기'는 MP3 플레이어의 '녹음' 기능과 유사한 기능으로, 이 기능을 이용하면 VBA를 알지 못하더라도 원하는 동작의 매크로를 생성할 수 있습니다.

01 매크로 사용 준비하기

엑셀에서 매크로를 사용하기 위해서는 사용자가 보안에 관련한 사항을 정확히 이해할 필요가 있으며, 리본의 [개발 도구] 탭을 새로 추가해야 합니다. 이번에는 매크로를 사용하기 위해 준비해야 하는 사항을 자세히 알아봅니다.

● [개발 도구] 탭 추가하기

엑셀 프로그램을 실행하면 상단의 리본은 8개의 명령 탭으로 구성되어 있습니다. 리본에는 매크로 작업에 필요한 다양한 명령이 제공되는 [개발 도구] 탭이 숨겨져 있는데, 매크로를 사용하려면 숨겨져 있는 [개발 도구] 탭을 표시하는 것이 좋습니다.

● 보안 수준 설정하기

엑셀에서 매크로를 제대로 사용하기 위해서는 엑셀의 보안 설정을 이해하고, 이를 필요에 따라 조정할 수 있어야 합니다. 보안 설정을 확인하려면 리본의 [개발 도구] 탭 → 코드 그룹 → 매크로 보안 명령 아이콘을 클릭한 다음 '보안 센터' 대화상자의 매크로 설정 범주를 선택해 확인할 수 있습니다.

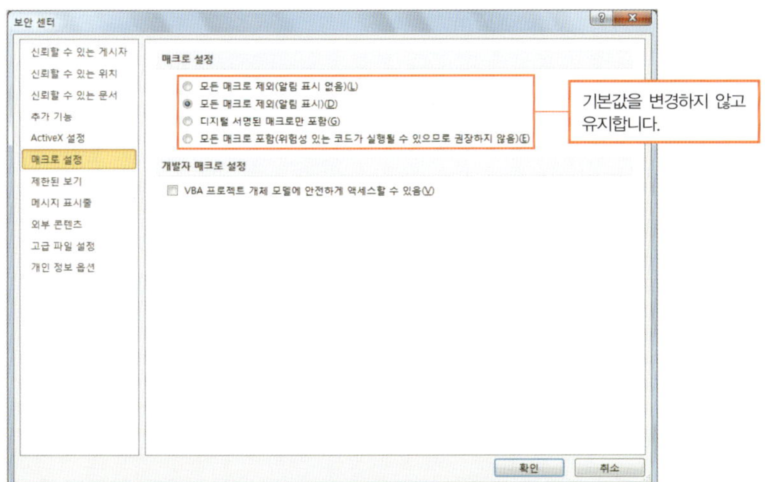

엑셀의 보안 수준은 다음과 같은 4가지 단계로 구성되어 있으며, 매크로를 사용하기 위해서는 '모든 매크로 제외(알림 표시)' 또는 '모든 매크로 포함' 과 같은 2가지 옵션 중에서 선택해야 합니다.

옵션	설명	엑셀 2003
모든 매크로 제외 (알림 표시 없음)	신뢰할 수 있는 위치에 있는 파일을 제외하고 모든 매크로를 실행할 수 없습니다.	매우 높음
모든 매크로 제외 (알림 표시)	기본 값으로 매크로가 포함된 파일을 열면 '보안 경고 메시지 줄'을 표시해 사용자가 매크로 사용 여부를 결정할 수 있도록 합니다.	보통
디지털 서명된 매크로만 포함	모든 매크로 제외(알림 표시) 설정과 동일하지만 디지털 서명된 매크로를 실행할 수 있습니다.	높음
모든 매크로 포함	모든 매크로를 '보안 경고 메시지'를 표시하지 않고 자유롭게 사용할 수 있습니다.(보안 관련 문제로 권장하지는 않습니다.)	낮음

위 옵션 중에서 마이크로소프트 사가 권장하는 방법은 기본 값인 '모든 매크로 제외(알림 표시)' 옵션을 사용하는 것입니다.

기본 보안 설정을 유지한 상태에서 매크로를 사용한 파일을 열면 화면과 같은 '보안 경고' 메시지 줄이 표시됩니다.

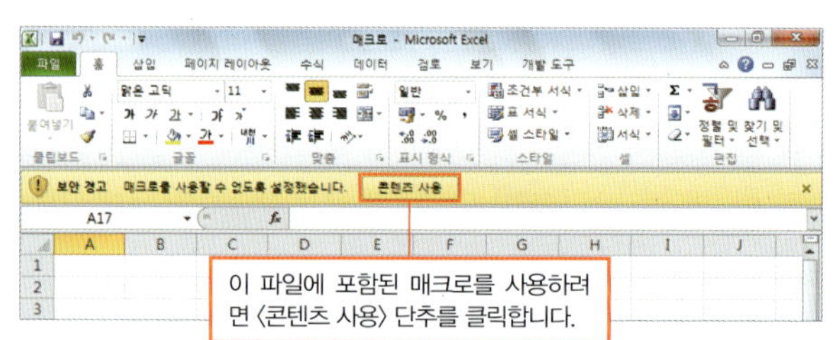

● 매크로 사용 통합 문서

엑셀 2007부터는 엑셀 2003 버전과는 달리 이진 파일(Binary File) 형식을 사용해 파일을 저장하지 않고 XML(Xetensible Markup Language)을 이용해 파일을 저장합니다. 이 과정에서 '매크로 포함' 유무에 따라 파일을 저장하는 방식이 달라졌습니다. 그러므로 매크로를 사용하려는 모든 사용자는 반드시 해당 파일을 '매크로 사용 가능' 형식인 XLSM 확장명을 가진 파일로 저장해야 합니다.

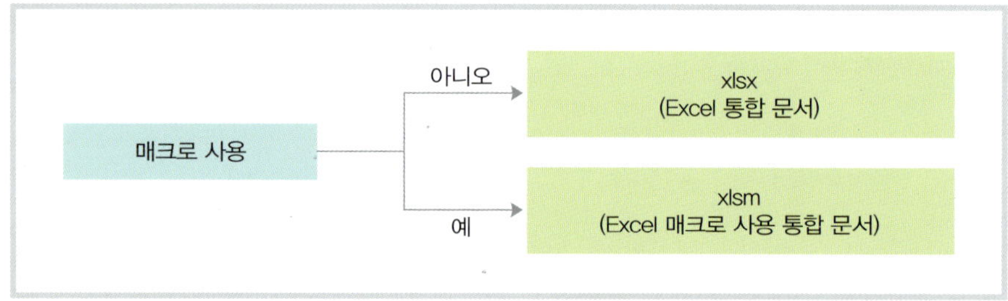

다음은 엑셀 2007-2010 버전의 파일 형식입니다.

확장명	설명
XLSX	기본 통합 문서
XLSM	매크로 사용 통합 문서
XLTX	서식 파일
XLTM	매크로 사용 서식 파일
XLSB	XML이 아닌 이진 통합 문서
XLAM	매크로 사용 추가 기능

리본에 [개발 도구] 탭 추가하기

📁 **준비 파일** : 빈 문서

엑셀 프로그램을 실행하면 Before 화면과 같이 상단의 리본 메뉴가 [파일], [홈], [삽입], [페이지 레이아웃], [수식], [데이터], [검토], [보기]와 같은 8개의 탭이 있습니다. 매크로 기능을 사용하기 위해 리본에 [개발 도구] 탭을 추가해 보도록 하겠습니다.

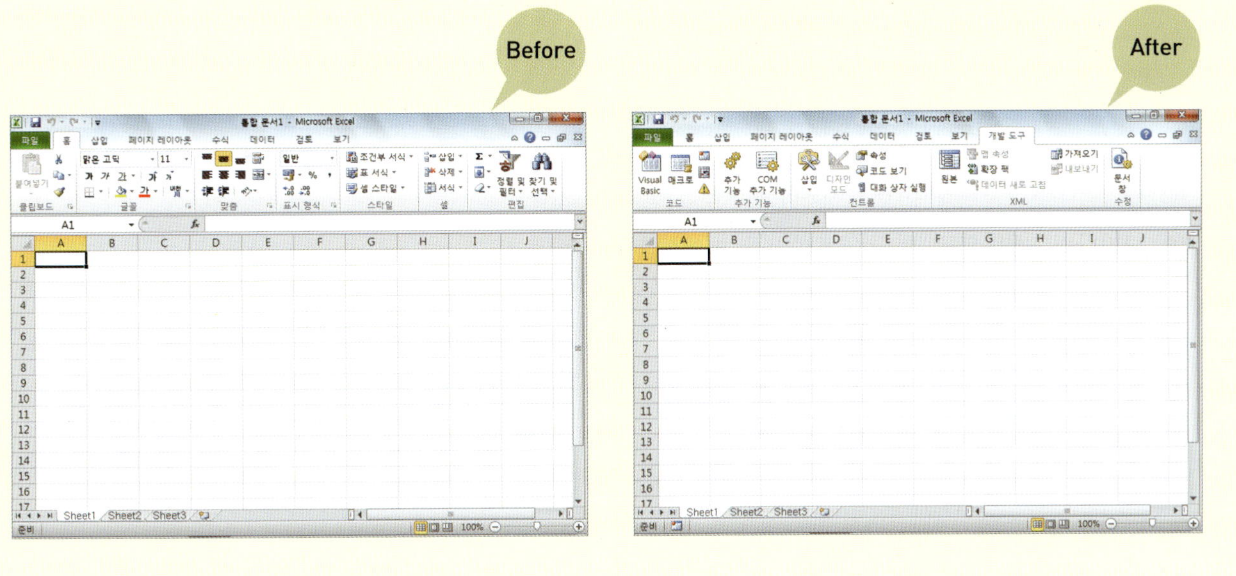

01 **[개발 도구] 탭 추가하기** [개발 도구] 탭을 추가하려면 ❶ 리본의 **[파일]** 탭 → ❷ **옵션** 명령을 클릭합니다.

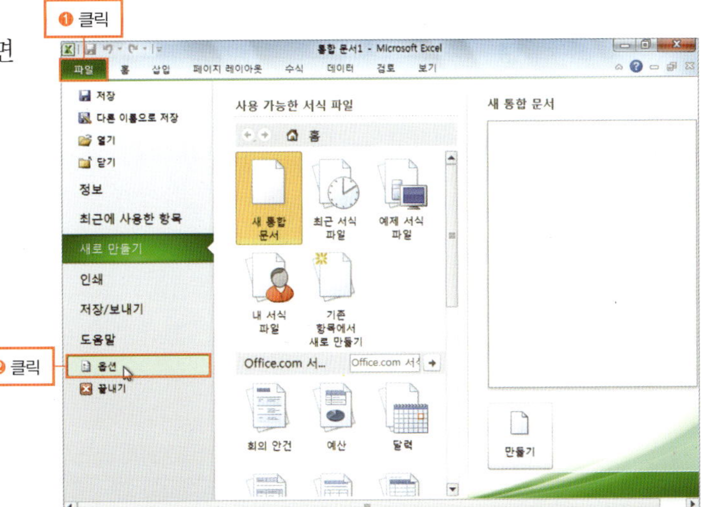

02 [개발 도구] 탭 추가하기(2) ❶ 'Excel 옵션' 대화상자

가 표시되면 **리본 사용자 지정** 범주를 선택하고 ❷ '**개발 도구**' 확인란을 체크한 다음 ❸ 〈확인〉 단추를 클릭합니다.

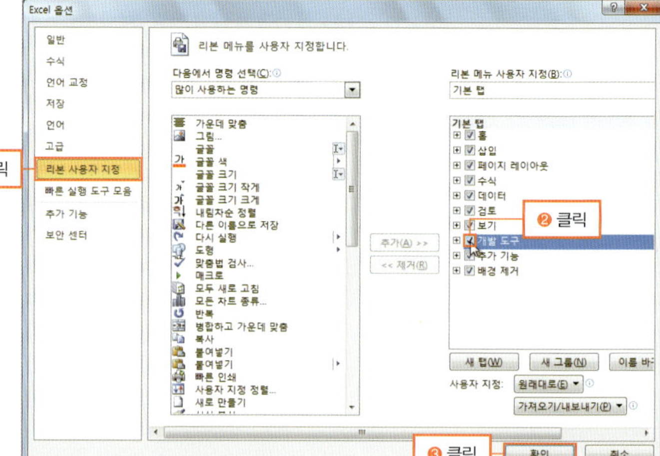

◉ **[개발 도구] 탭**

오피스 2007 버전에서는 [개발 도구] 탭을 표시하면 엑셀뿐만이 아니라 오피스 프로그램에서 리본을 사용하는 모든 프로그램에 표시되었지만, 오피스 2010 버전부터는 체크한 프로그램에만 [개발 도구] 탭이 나타납니다.

03 [개발 도구] 탭 확인하기 리본 메뉴에 [개발 도구] 탭

이 나타나면 [개발 도구] 탭을 선택해 명령 아이콘을 확인합니다.

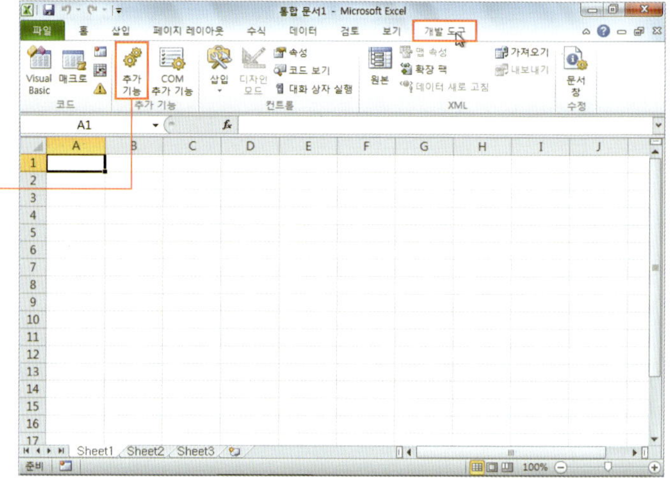

엑셀 2010 버전의 [개발 도구] 탭에는 **추가 기능** 그룹이 포함됩니다. '분석 도구', '레이블', '인쇄 마법사'와 같은 추가 기능을 사용하려면 [개발 도구] 탭 → **추가 기능** 그룹 → **추가 기능** 명령 아이콘을 클릭합니다.

엑셀 2010의 새 기능, 신뢰할 수 있는 문서 `NEW 2010`

엑셀 2010 버전에는 매크로가 포함된 파일에서 사용할 수 있는 신뢰할 수 있는 문서 기능이 새롭게 추가되었습니다. 이 기능을 간략하게 설명하면 매크로가 포함된 파일을 열 때 '보안 경고' 메시지 줄을 최초 1회만 표시하고 이후에는 표시하지 않을 때 사용되는 기능입니다.

예를 들어 다음과 같은 '보안 경고' 메시지 줄이 표시될 때 〈콘텐츠 사용〉 단추를 클릭하면 해당 문서는 '신뢰할 수 있는 문서'로 인식되어, 이후부터는 '보안 경고' 메시지 줄을 표시하지 않고 자유롭게 해당 파일 내의 매크로를 사용할 수 있습니다.

좀 더 정확한 정보를 보려면 리본의 **[파일]** 탭 → **정보** 명령을 선택합니다.

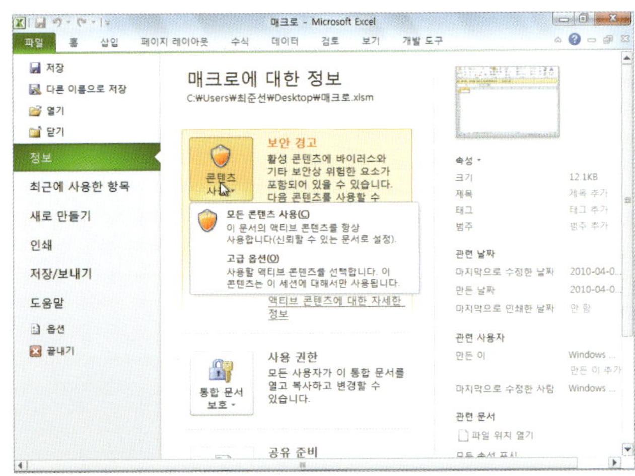

위 화면처럼 〈콘텐츠 사용〉 단추를 클릭하면 다음 두 가지 옵션을 사용할 수 있습니다.

- **모든 콘텐츠 사용** : 파일을 신뢰할 수 있는 문서로 만들어 '보안 경고' 메시지 줄을 다시 표시하지 않습니다.

- **고급 옵션** : 이 파일에서 실행할 콘텐츠를 선택할 수 있으며, 이 옵션은 엑셀 2007 버전의 '보안 경고' 메시지 줄의 〈옵션〉 단추를 클릭할 때 표시되는 대화상자가 나타납니다.

신뢰할 수 있는 문서로 지정하기 위해 '보안 경고' 메시지를 다시 표시하려면 다음과 같이 실행합니다.

❶ 리본의 [개발 도구] 탭 → 코드 그룹 → 매크로 보안 명령 아이콘을 클릭합니다.

❷ '보안 센터' 대화상자에서 신뢰할 수 있는 문서 범주를 선택하고
  '신뢰할 수 있는 문서 사용 안 함' 옵션을 체크하거나 〈지우기〉
  단추를 클릭합니다.

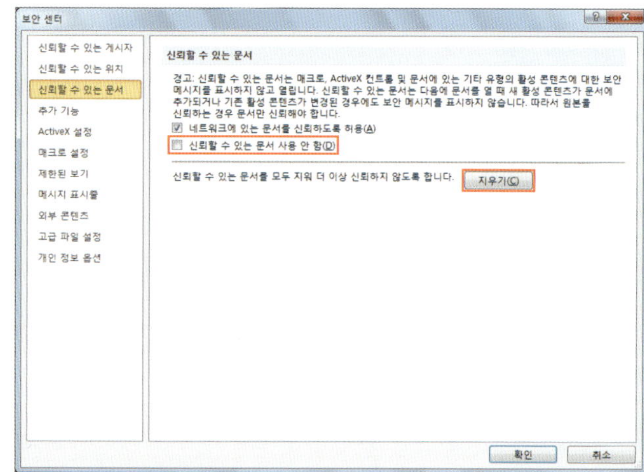

• 신뢰할 수 있는 문서 사용 안 함 : 계속해서 '보안 경고' 메시지 줄을 표시하도록 합니다.

• 〈지우기〉 단추 : 현재 신뢰할 수 있는 문서만 모두 지우고, 이후부터 신뢰할 수 있는 문서를 새롭게 지정합니다.

02 매크로 기록하기

매크로는 복잡한 작업 과정이나 반복적인 작업 과정을 프로그래밍하여 정해진 순서대로 해당 작업이 실행되도록 하는 기능입니다. 매크로로 기록해 둔 다음 필요할 때마다 필요한 매크로를 실행시켜 작업을 완료할 수 있습니다. 매크로 기록 기능을 실행하기 위한 작성 방법에 대해 살펴봅니다.

사용자 동작을 기록하기 위해서는 어떤 동작을 매크로로 기록할 지에 대한 세부적인 계획을 수립할 필요가 있습니다. 매크로 기록 중에 사용자의 불필요한 동작이 들어가면, 다음 매크로를 실행할 때 해당 동작이 그대로 반복되면서 사용자가 예기치 못한 결과를 얻을 수 있기 때문입니다.

사용자의 동작을 기록하는 매크로 기록기를 이용해 매크로를 생성하려면 기록할 동작에 대한 정확한 계획을 수립한 다음 동작을 기록해야 정확한 결과를 얻을 수 있습니다.

우선 계획을 수립하고 상태 표시줄에 있는 **매크로 기록** 명령 아이콘을 클릭하거나 [**개발 도구**] 탭 → **코드** 그룹 → **매크로 기록** 명령 아이콘을 클릭한 다음, 사용할 매크로 이름과 저장 위치를 지정합니다. 기록할 동작을 수행하고 상태 표시줄이나 리본의 [**개발 도구**] 탭 → **코드** 그룹 → **기록 중지** 명령 아이콘을 클릭합니다.

이것을 프로세스로 설명하면 다음과 같습니다.

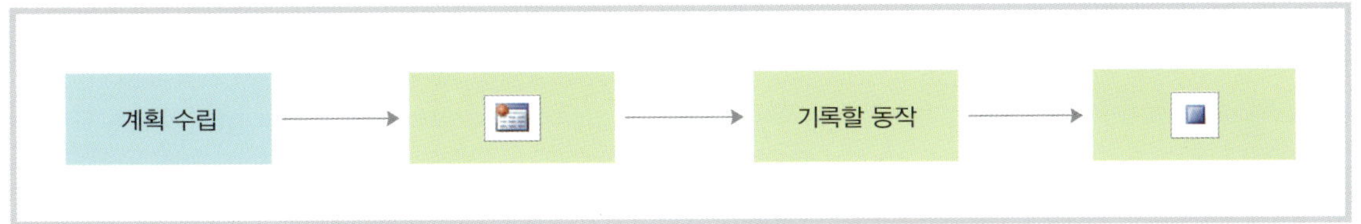

미수금 현황표에서 가장 많은 미수금 상위 3개 업체를 표시하는 업무 자동화하기(1)

📁 **준비 파일 :** 미수금 현황표.xlsx

제공된 예제 파일을 열고 **sample-1일** 시트를 선택하면 Before 화면과 같은 미수금 현황표를 확인할 수 있습니다. 매일 동일한 고객 수를 갖는 미수금 현황표에서 미수금이 높은 상위 3개 데이터의 배경색을 다르게 설정하고 해당 작업을 매크로 기록기로 기록한 후 필요할 때 재실행할 수 있도록 하겠습니다.

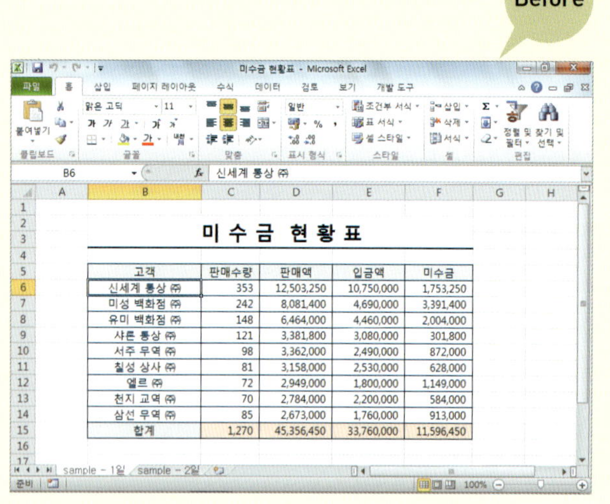

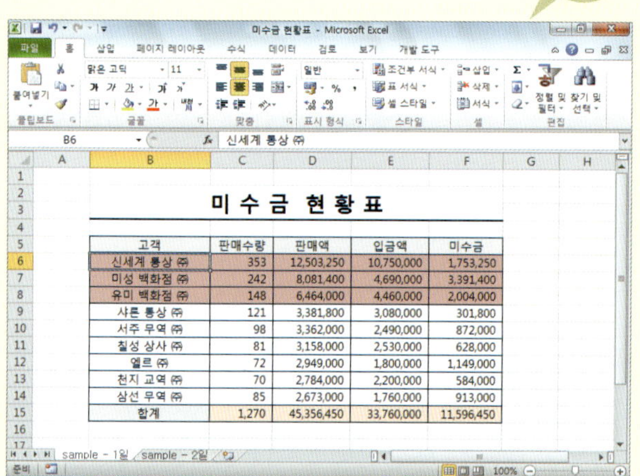

◉ 업무 자동화가 매크로 기록기

매일 눈으로 미수금이 많이 남은 업체를 보면서 배경색을 한 줄씩 표시해 시각적으로 눈에 띄게 작업했다면 매크로 기록기를 이용해 업무를 자동화할 수 없습니다. 이것은 매크로 기록기가 셀에 입력된 값을 판단할 수 없기 때문이며, 업무를 자동화하기 위해서는 엑셀의 기능을 이용해 이 작업을 처리하고 있었어야 합니다. 그러므로 이번 예제는 미수금 상위 3개 고객 업체를 표시하는 작업을 진행했다고 가정합니다.

01

매크로 기록하기(1) 새 매크로를 기록하기 위해 ❶ 리본의 [개발 도구] 탭 → 코드 그룹 → ❷ 매크로 기록 명령 아이콘을 클릭합니다.

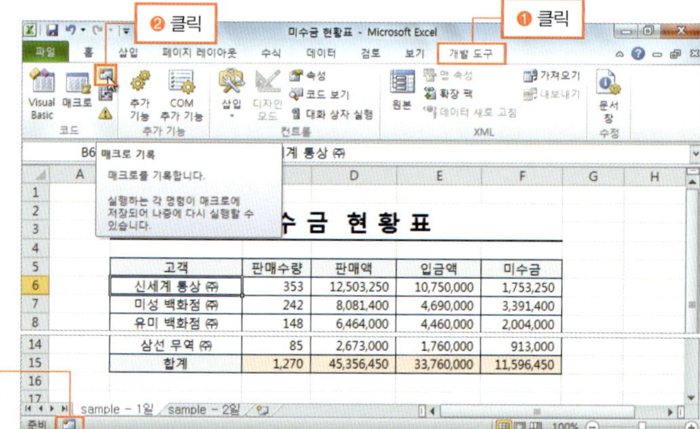

> 상태 표시줄에 보면 **매크로 기록** 명령 아이콘이 존재하는 것을 확인할 수 있습니다. 리본의 [개발 도구] 탭의 명령 아이콘 대신 상태 표시줄의 명령 아이콘을 클릭해도 됩니다.

02 **매크로 기록하기(2)** '매크로 기록' 대화상자가 표시되면 ❶ 매크로 이름을 "미수금상위3개"라고 입력한 다음 ❷ 〈확인〉 단추를 클릭합니다.

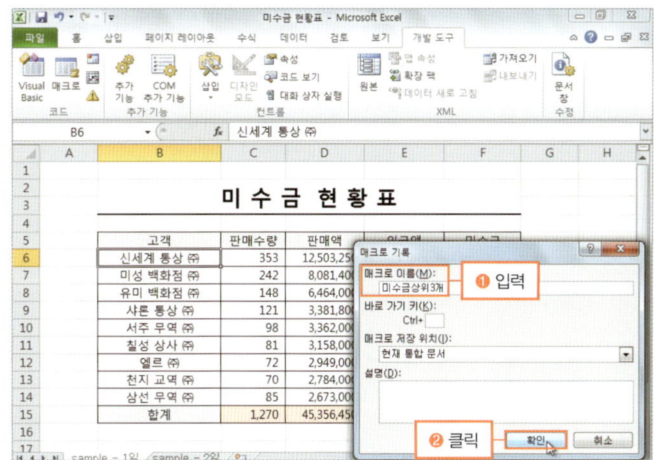

03 **매크로 기록하기(3)** '매크로 기록' 대화상자가 닫히면 리본의 [개발 도구] 탭과 상태 표시줄에 있는 **매크로 기록** 명령 아이콘 이 **기록 중지** 명령 아이콘 으로 변경됩니다. 이제부터 진행하는 동작은 매크로로 기록되기 때문에 정확하게 지정한 동작만 수행해야 합니다. 먼저 B6:F14 범위를 선택합니다.

◉ **조건부 서식의 조건**

F열의 '미수금'을 조건으로 B:F열에 서식을 지정하려면 전체 데이터 범위를 선택해야 하며, 조건부 서식의 조건을 수식으로 지정해야 합니다.

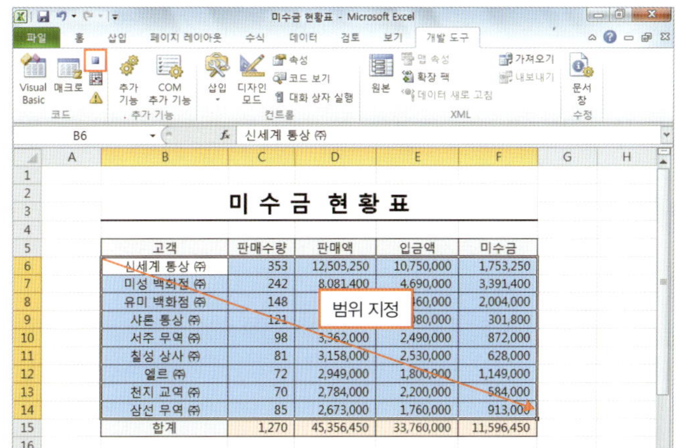

'매크로 기록' 대화상자는 다음과 같은 4개 설정 값이 존재합니다.

- **매크로 이름** : 기억하기 쉬운 매크로 이름을 입력합니다. 공백 문자(" ")는 사용할 수 없으며, 공백 문자는 "_" 또는 "."로 대체합니다.

- **바로 가기 키** : 단축키를 이용해 매크로를 실행하려고 할 때 '바로 가기 키'를 지정합니다. 단축키는 Ctrl + 영문자로 지정할 수 있는데, 엑셀 내부 단축키(예를 들면 Ctrl + S, Ctrl + P 등)와 동일한 단축키를 지정하면 엑셀 내부 단축키는 무시되고, 연결된 매크로가 우선 실행되므로 주의합니다.

- **매크로 저장 위치** : 매크로를 저장할 위치를 지정합니다.

구분	설명
현재 통합 문서	현재 파일에 매크로를 저장합니다.
새 통합 문서	새 파일을 열고 해당 파일에 매크로를 저장합니다.
개인용 매크로 통합 문서	모든 파일에서 사용하길 원하는 매크로를 저장합니다.

- **설명** : 저장될 매크로에 대한 간략한 설명을 추가할 수 있습니다. 입력된 내용은 '매크로' 대화상자에서 매크로를 실행할 때 확인할 수 있으며, VBA로 기록되는 코드 상단에서도 해당 내용을 확인할 수 있습니다.

04 **매크로 기록하기(4)** ❶ 리본의 [홈] 탭 → **스타일** 그룹 → ❷ **조건부 서식** 명령 아이콘 → ❸ **새 규칙** 명령을 클릭합니다.

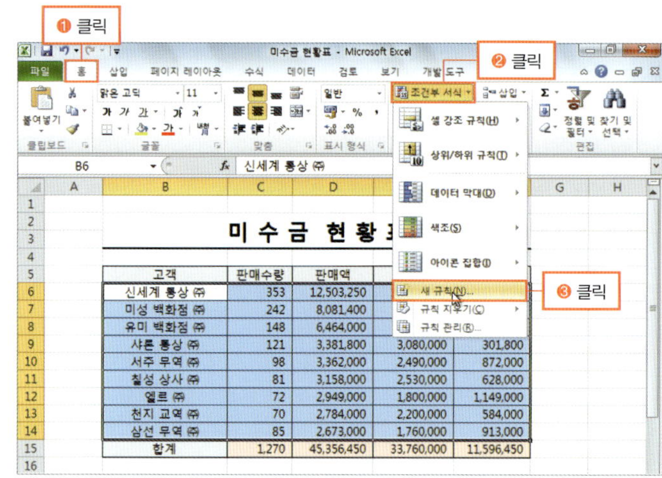

05 **매크로 기록하기(5)** '새 서식 규칙' 대화상자가 표시되면 ❶ '규칙 유형 선택' 리스트에서 **수식을 사용하여 서식을 지정할 셀 결정** 항목을 선택한 다음 ❷ 조건 수식을 다음과 같이 입력하고 ❸ 〈서식〉 단추를 클릭해 적용할 서식을 설정합니다.

규칙 수식	=$F6>=LARGE($F$6:$F$14, 3)

> ◐ **조건부 서식의 조건 이해하기**
>
> '조건부 서식'에서 조건을 수식으로 구성할 때는 선택된 범위의 첫 번째 행을 기준으로 작성하며, LARGE함수로 구한 세 번째 가장 큰 값보다 F6셀의 값이 큰지 확인하면 미수금 상위 3개 업체를 확인할 수 있습니다.
>
> =F6 >= LARGE(F6:F14, 3)
>
> 주소가 변경되지 않아야 하는 LARGE함수의 첫 번째 인수 범위인 F6:F14은 절대 참조 방식으로 참조하고, 조건은 F열의 값만 가지고 확인하므로 F6셀의 주소에서 열 주소인 F열은 고정해야 합니다.
>
> =$F6 >= LARGE($F$6:$F$14, 3)

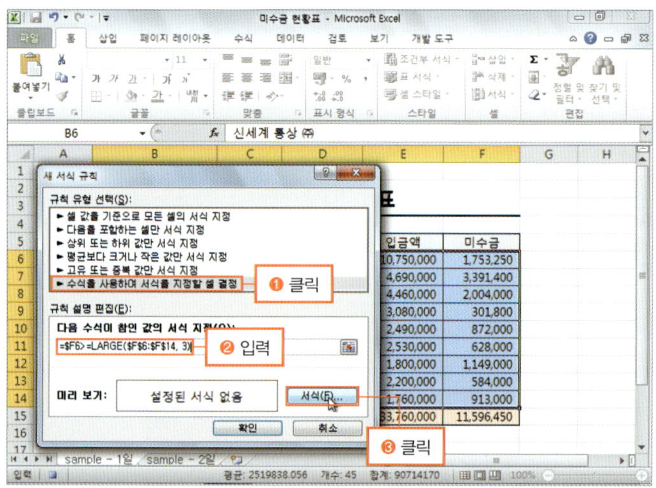

06 **매크로 기록하기(6)** '셀 서식' 대화상자가 표시되면 ❶ [채우기] 탭을 선택하고 원하는 배경색을 선택합니다. 그런 다음 ❷ '셀 서식' 대화상자를 닫기 위해 〈확인〉 단추를 클릭하고, '새 서식 규칙' 대화상자도 〈확인〉 단추를 클릭하여 닫습니다.

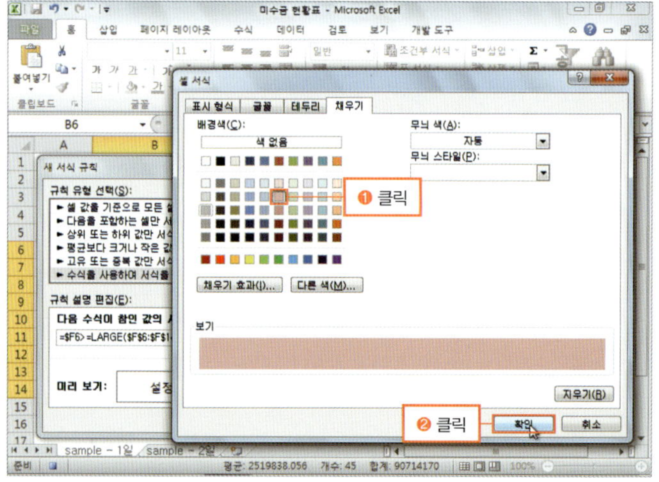

07 매크로 기록하기(7) 그러면 '조건부 서식'에서 지정한 서식이 미수금 상위 3개 업체에 표시됩니다. 이제 모든 작업을 마쳤으므로 ❶ 리본의 [개발 도구] 탭 → 코드 그룹 → ❷ 기록 중지 명령 아이콘을 클릭해 매크로 기록을 중단합니다.

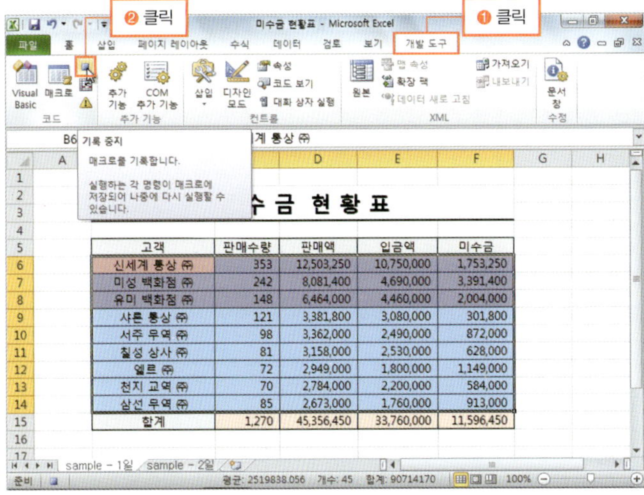

08 매크로 동작 확인하기(1) 이제 기록된 매크로를 동일한 양식의 표에서 실행해 보기 위해 ❶ 시트 탭에서 sample – 2일 시트를 클릭합니다. 미수금 현황표를 확인해 보면 sample – 1일과 동일한 열과 행 개수를 갖고 있는 것을 확인할 수 있습니다. 매크로를 실행하기 위해 ❷ 리본의 [개발 도구] 탭 → 코드 그룹 → 매크로 명령 아이콘을 클릭합니다.

> ◎ **기록된 매크로를 다른 워크시트에서 실행**
>
> 완전히 동일한 위치와 동일한 열과 행 개수를 갖는 표라면 기록된 매크로를 다른 워크시트에서 실행하는 것이 가능합니다. 만약 항상 특정 워크시트(예를 들어 A 시트)에서만 동작하도록 하려면 매크로를 기록하기 전 다른 워크시트(예를 들어 B 시트)로 이동한 다음 매크로를 기록해야 하며, 첫 번째 동작으로 작업할 A 워크시트로 이동합니다.

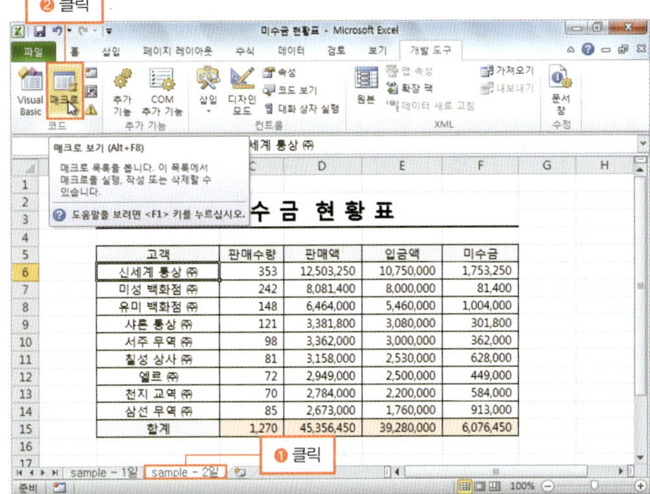

09 매크로 동작 확인하기(2) '매크로' 대화상자가 실행되면 앞에서 기록한 '미수금상위3개' 매크로를 확인할 수 있습니다. ❶ 해당 매크로를 선택하고 ❷ 〈실행〉 단추를 클릭합니다.

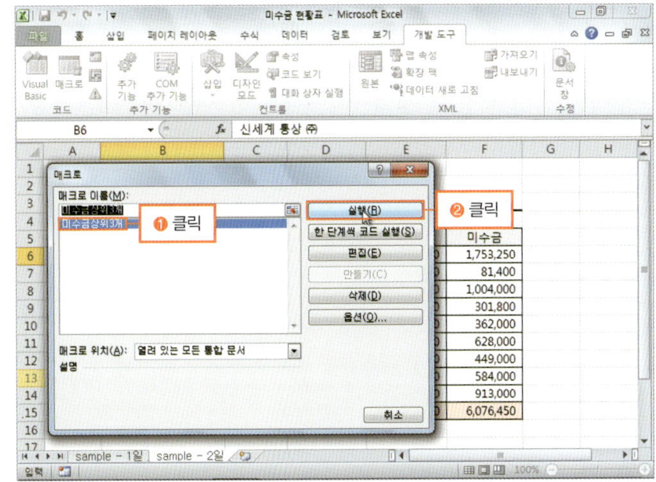

10 **매크로 동작 확인하기(3)** 그러면 오른쪽 화면과 같이 미수금 상위 3개 업체가 표시됩니다.

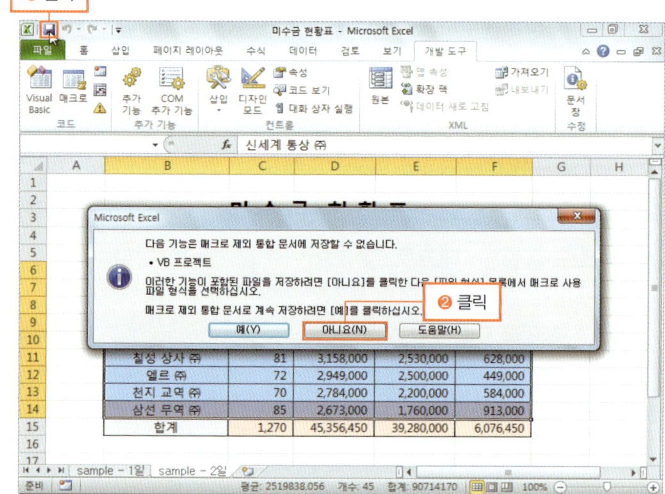

동일한 열과 행을 가진 워크시트라면 다른 워크시트에서 실행해도 미수금 상위 3개 업체가 제대로 표시됩니다.

11 **파일 저장하기(1)** 이제 파일을 저장해 놓기 위해 ❶ 빠른 실행 도구 모음의 **저장** 명령 아이콘을 클릭합니다. 그러면 오른쪽 화면과 같은 경고 메시지 창이 나타나는데, 이 것은 저장된 매크로가 있으므로 현재 파일 형식으로 저장하면 기록된 매크로를 사용할 수 없다는 내용입니다. ❷ 기록된 매크로를 파일에 저장하기 위해 〈아니요〉 단추를 클릭합니다.

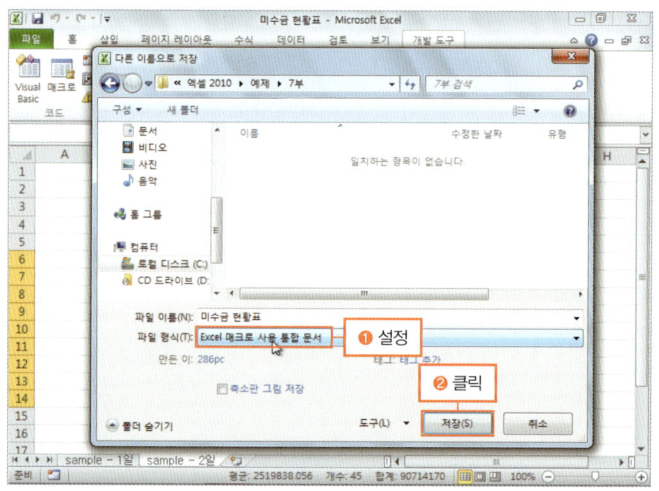

12 **파일 저장하기(2)** '다른 이름으로 저장' 대화상자가 표시되면 파일 이름은 변경하지 않고, ❶ 파일 형식에서 'Excel 매크로 사용 통합 문서' 형식을 선택한 다음 ❷ 〈저장〉 단추를 클릭합니다.

03 상대 참조로 매크로 기록하기

매크로 기록기는 일반적으로 항상 기록할 때 사용한 범위를 대상으로 동작하게 됩니다. 하지만 동일한 형식의 표가 서로 다른 위치에 존재할 경우, 매크로 기록을 '상대 참조' 방식으로 기록하면 선택한 위치를 기준으로 동작하는 매크로를 얻을 수 있습니다.

앞에서 배운 매크로 기록 방법은 설명에서도 언급했지만, 다른 표에도 적용하려면 항상 동일한 위치와 열과 행 개수가 같아야 합니다. 하지만, 표의 시작 위치가 다르다거나 행 또는 열 개수가 다른 경우가 실무에서는 더 많습니다.

이런 경우를 처리할 수 있는 매크로를 만들기 위해서는 매크로를 상대 참조 방식으로 기록해야 하며, 상대 참조 방식으로 매크로를 기록할 경우에는 이전과는 조금 다른 방법으로 매크로를 기록합니다.

가장 중요한 부분이 워크시트 내 작업 범위를 선택하는 방법인데, 일반적으로 매크로 기록이 시작된 다음, 작업 범위를 선택하고 매크로로 기록할 동작을 진행하지만, 상대 참조 방식으로 매크로를 기록할 경우에는 매크로 기록이 시작되기 전에 먼저 작업 범위를 선택한 다음 매크로를 기록하는 것이 좋습니다.

또한 리본의 **[개발 도구]** 탭 → **코드** 그룹 → **상대 참조로 기록** 명령 아이콘을 매크로 기록 전에 클릭하고, 작업이 끝난 다음 다시 클릭해야 합니다. 이와 같은 과정을 프로세스로 설명하면 다음과 같습니다.

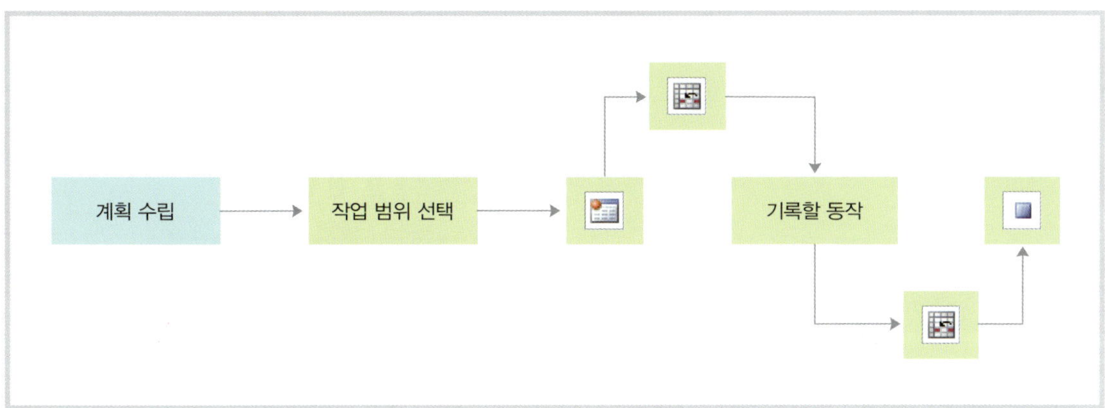

미수금 현황표에서 가장 많은 미수금 상위 3개 업체를 표시하는 업무 자동화하기(2)

📂 **준비 파일 :** 미수금 현황표−상대.xlsx

Before 화면의 **sample−2일** 시트를 선택하면 고객 업체 수(=행 개수)가 **sample−1일** 시트와 다른 것을 알 수 있습니다. 이번에는 상대 참조 방식으로 매크로를 기록해 두고 워크시트의 표에서 미수금 상위 3개 업체를 표시해 보도록 하겠습니다.

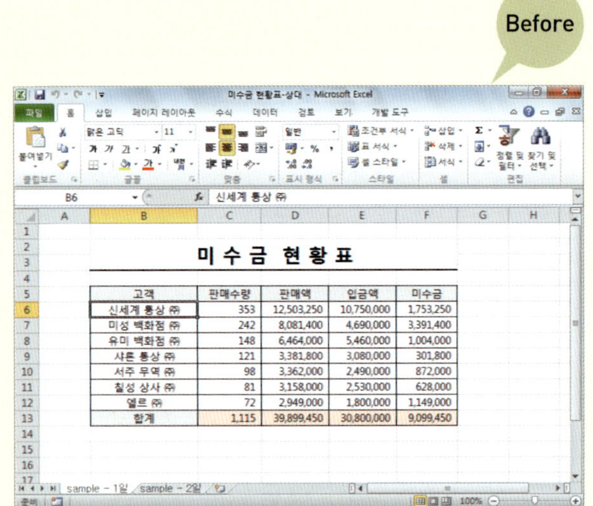

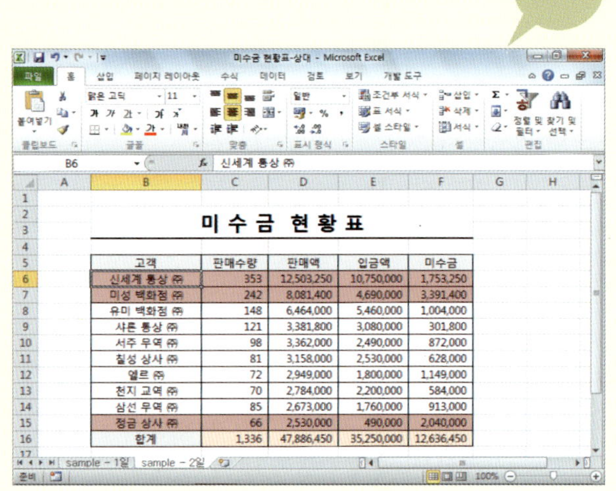

01 범위 선택하기

상대 참조 방식으로 매크로를 기록할 경우에는 작업 범위를 먼저 선택하고 작업하는 것이 좋습니다. 조건부 서식을 적용할 데이터 범위인 ❶ B6:F12 범위를 선택한 다음 ❷ 리본의 **[개발 도구]** 탭 → **코드** 그룹 → ❸ **매크로 기록** 명령 아이콘을 클릭합니다.

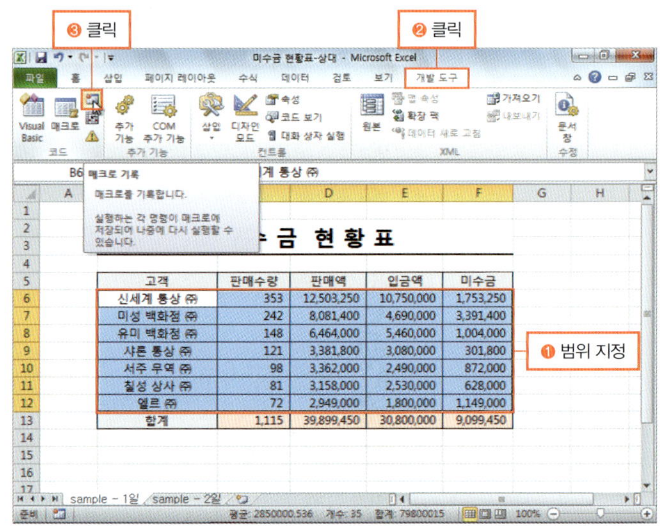

02 **상대 참조 방식으로 매크로 기록하기(1)** '매크로 기록' 대화상자가 표시되면 ❶ 매크로 이름을 "미수금상위 3개_상대"라고 입력한 다음 ❷ 〈확인〉 단추를 클릭합니다.

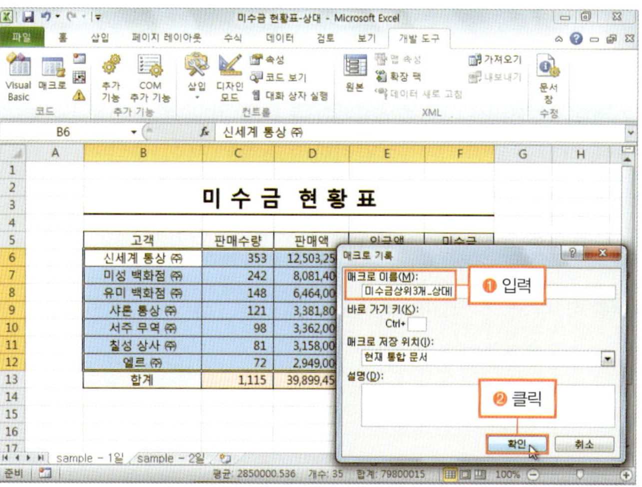

> **◉ 매크로 이름**
>
> 매크로 이름을 명명할 때 몇 가지 주의해야 할 점이 있습니다.
> - Space Bar 키를 눌러 입력하는 공백 문자를 사용할 수 없으며, 공백 문자 대신 밑줄(_)을 사용합니다.
> - 맨 앞 문자는 영어 또는 한글만 사용할 수 있습니다.

03 **상대 참조 방식으로 매크로 기록하기(2)** 상대 참조 매크로가 기록되도록 리본의 [개발 도구] 탭 → **코드** 그룹 → **상대 참조로 기록** 명령 아이콘을 클릭합니다.

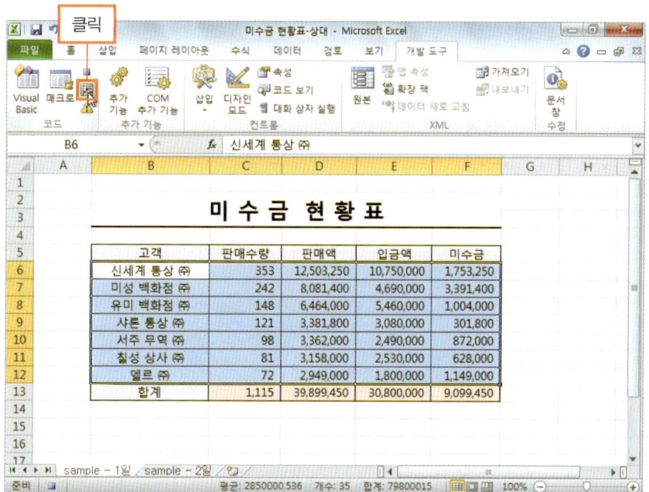

> **◉ '상대 참조로 기록' 명령**
>
> **상대 참조로 기록** 명령은 매크로를 상대 참조 방식으로 기록하라는 것을 지시하는 명령으로, **매크로 기록** 명령 아이콘을 클릭하기 전이나 후에 바로 눌러야 합니다. 그러므로 02와 03과정은 순서가 바뀌어도 됩니다. **상대 참조로 기록** 명령은 토글(Toggle) 명령으로, 한 번 클릭하면 다시 해제될 때까지 해당 기능을 수행합니다.

04 **상대 참조 방식으로 매크로 기록하기(3)** 선택 범위에 조건부 서식을 적용하기 위해 ❶ 리본의 [홈] 탭 → **스타일** 그룹 → ❷ **조건부 서식** 명령 아이콘 → ❸ **새 규칙** 명령을 클릭합니다.

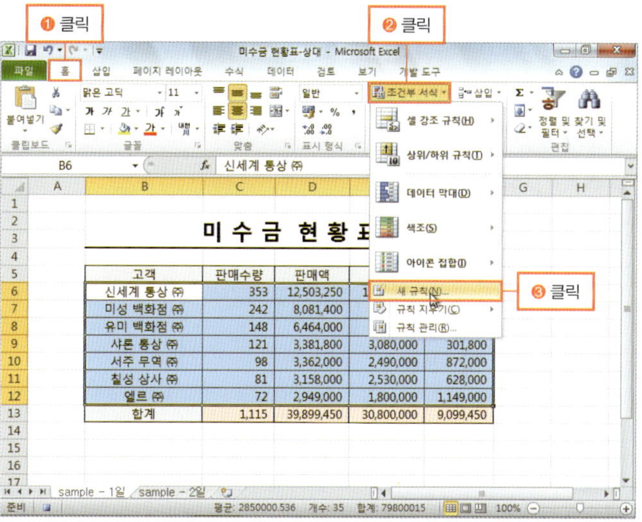

05 **상대 참조 방식으로 매크로 기록하기(4)** '새 서식 규칙' 대화상자가 표시되면 ❶ '규칙 유형 선택' 리스트에서 **수식을 사용하여 서식을 지정할 셀 결정** 유형을 선택하고 ❷ 조건에 다음과 같은 수식을 입력합니다. ❸ 〈서식〉 단추를 클릭하여 앞의 예제와 동일하게 배경색을 선택해 지정한 다음 ❹ 〈확인〉 단추를 클릭하여 모든 대화상자를 닫습니다.

규칙 수식	=$F6〉=LARGE($F:$F, 4)

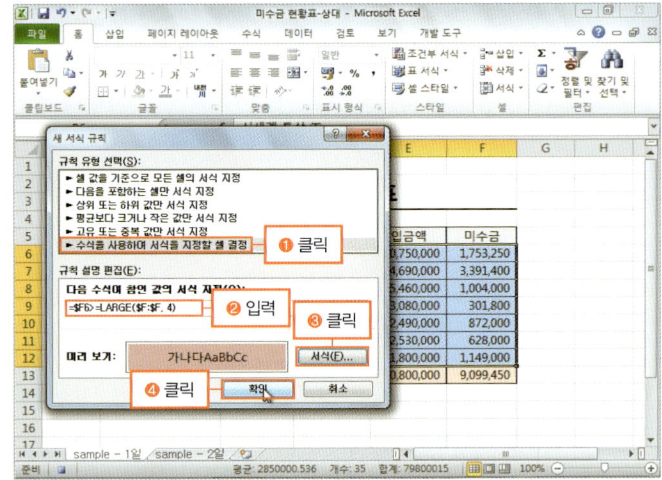

◐ **조건부 서식의 조건 수식**

선택된 범위의 행 개수가 몇 개가 될지 모르므로 미수금 상위 세 번째 값을 구하는 LARGE함수를 사용합니다.

앞의 Section 02 '매크로 기록하기'의 실무 예제의 수식은 다음과 같습니다.

=$F6〉=LARGE($F$6:$F$14, 3)

이번에 작성된 조건 수식은 다음과 같습니다.

=$F6〉=LARGE($F:$F, 4)

LARGE함수의 첫 번째 인수 범위가 F6:F14에서 F:F와 같이 F열 전체로 변경된 것은 행 개수가 몇 개가 될지 모르기 때문에 F열을 전체 범위로 지정한 것입니다. LARGE함수의 두 번째 인수가 '3'에서 '4'로 변경된 것은 미수금 현황표의 13행에 있는 '합계' 행이 있기 때문입니다. '합계' 값은 F열에서 가장 큰 값일 것이기 때문에 '합계' 값을 제외한 F열에서 상위 세 번째 값을 구하려면 네 번째(3+1) 값을 구해야 하므로 인수 값이 변경된 것입니다.

---

06 **상대 참조 방식으로 매크로 기록하기(5)** 그러면 미수금 상위 3개 업체에 조건부 서식에서 지정한 서식이 나타납니다. 이제 매크로 기록을 중단하기 위해 ❶ 리본의 **[개발 도구]** 탭 → **코드** 그룹 → **상대 참조로 기록** 명령 아이콘과 ❷ **기록 중지** 명령 아이콘을 순서대로 클릭합니다.

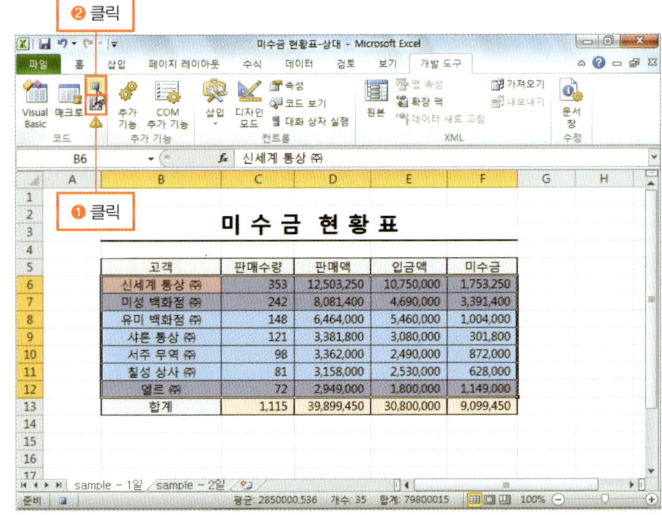

07 매크로 동작 확인하기(1) 기록된 매크로의 동작을 확인해 보기 위해 ❶ 시트 탭에서 **sample-2일** 시트를 선택합니다. 이제 미수금 상위 3개 업체를 기록된 매크로로 표시하기 위해 ❷ B6:F15 범위를 선택한 다음, ❸ 리본의 **[개발도구]** 탭 → **코드** 그룹 → **매크로** 명령 아이콘을 클릭합니다.

> ◐ **상대 참조로 기록된 매크로 실행**
> 상대 참조로 기록된 매크로가 범위를 선택하고 작업한 경우, 해당 매크로를 실행하려면 반드시 대상 범위를 먼저 선택하고 실행해야 합니다.

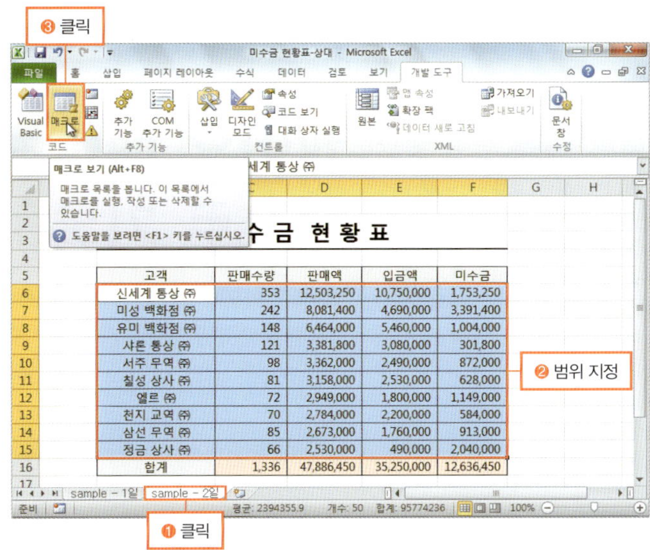

08 매크로 동작 확인하기(2) '매크로' 대화상자가 표시되면 ❶ **미수금상위3개_상대** 매크로를 선택한 다음 ❷ 〈실행〉 단추를 클릭하여 기록된 매크로를 다시 실행합니다.

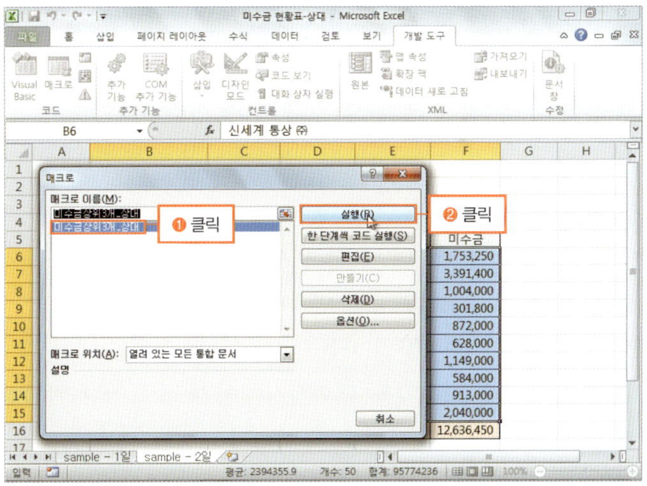

09 매크로 동작 확인하기(3) 그러면 오른쪽 화면과 같이 미수금 상위 3개 업체가 표시되는 것을 확인할 수 있습니다.

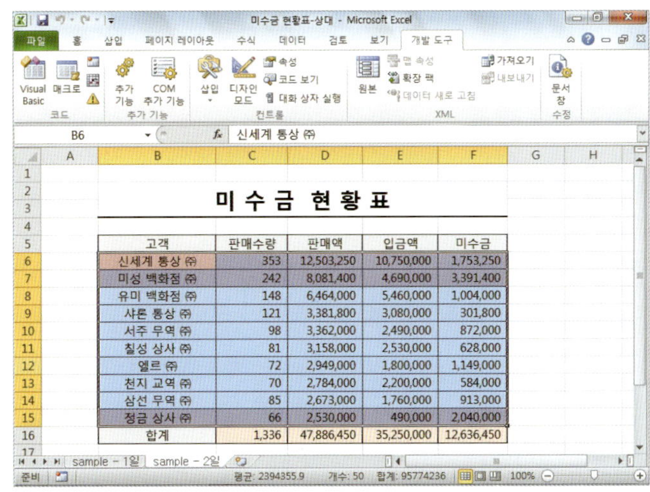

개인용 매크로 통합 문서에 매크로 기록하기

매크로 기록기로 기록한 매크로를 모든 파일에서 사용하려면, 매크로를 기록할 때 '개인용 매크로 통합 문서'에 기록해야 합니다. '개인용 매크로 통합 문서'에 기록하면 해당 파일이 생성되며, 엑셀을 실행할 때 항상 실행되어 모든 파일에서 기록된 매크로를 사용할 수 있습니다.

앞에서 설명한 매크로 생성 방법은 모두 매크로를 기록한 파일에서만 사용할 수 있기 때문에 다른 파일에서 해당 매크로를 사용하려면 다시 매크로를 기록해야 합니다. 이와 같은 문제를 해결하려면 매크로를 기록할 때 현재 통합 문서에 기록하지 않고 개인용 매크로 통합 문서에 매크로가 기록되도록 하면 모든 파일에서 기록된 매크로를 사용할 수 있습니다.

○ 매크로 기록

매크로를 개인용 매크로 통합 문서에 기록하려면 '매크로 기록' 대화상자에서 '매크로 저장 위치'를 변경한 다음 매크로를 기록합니다. 매크로 저장 위치는 한 번 바꾸면 다음 번 매크로를 기록할 때 바뀐 위치가 표시되므로 항상 '매크로 기록' 대화상자에서 매크로 저장 위치를 확인해 원하는 매크로가 기록되도록 해야 합니다.

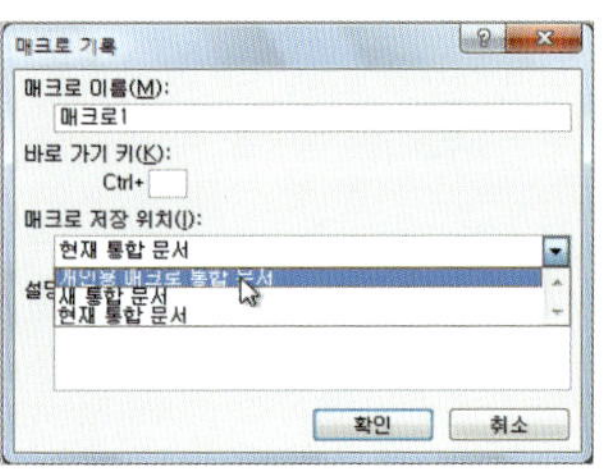

▲ '매크로 기록' 대화상자

매크로 기록을 마치고 엑셀을 종료하면 오른쪽 화면과 같은 개인용 매크로 통합 문서를 저장 여부를 묻는 메시지 창이 나타나는데 〈저장〉 단추를 클릭해야 다른 파일에서 기록된 매크로를 사용할 수 있습니다.

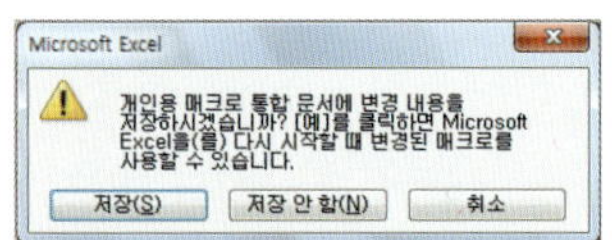

▲ 저장 확인 메시지 창

○ 매크로 실행

개인용 매크로 통합 문서를 생성하게 되면, 이후 엑셀 프로그램이 시작될 때 해당 파일이 백그라운드에서 함께 열리게 됩니다. 그런 다음, 리본의 [개발 도구] 탭 → 코드 그룹 → 매크로 명령 아이콘을 클릭하면 개인용 매크로 통합 문서의 매크로를 실행시킬 수 있습니다.

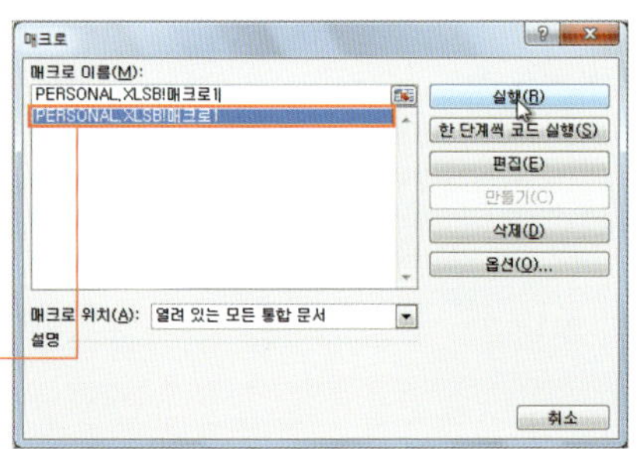

개인용 매크로 통합 문서는 파일 명이 Personal.xlsb이므로 Personal.xlsb로 시작하는 매크로 이름을 선택하고 〈실행〉 단추를 클릭합니다.

▲ '매크로' 대화상자

○ '매크로 실행' 단축키

매크로 통합 문서의 매크로 실행 단축키는 Alt + F8 입니다.

● 매크로 삭제

개인용 매크로 통합 문서를 더 이상 사용하지 않으려면 개인용 매크로 통합 문서 파일이 저장된 경로에서 Personal.xlsb 파일을 삭제합니다.

개인용 매크로 통합 문서 파일이 저장된 경로를 확인하려면 리본의 **[개발 도구]** 탭 → **코드** 그룹 → Visual Basic 명령 아이콘을 클릭합니다.

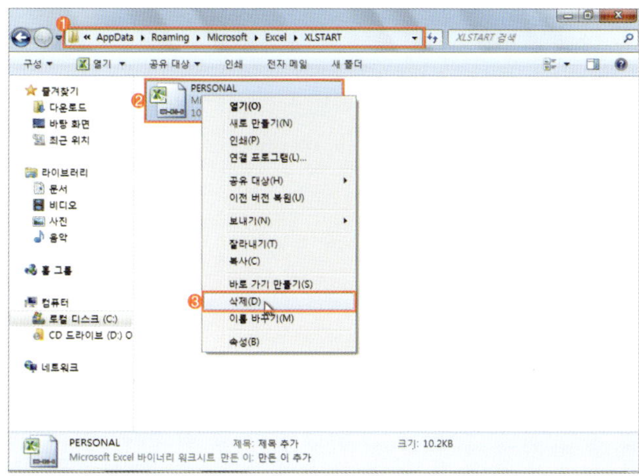

▲ Visual Basic 편집기 창

위 화면과 같이 경로를 확인했으면 해당 경로를 선택하고 Ctrl+C 키를 눌러 복사한 후 개인용 매크로 통합 문서 파일을 닫기 위해 엑셀을 모두 종료합니다. 그런 다음, 윈도 탐색기를 열고 상단의 주소란에 복사된 경로를 붙여 넣은 후 Enter 키를 누르면 해당 경로로 빠르게 이동합니다. 여기에서 Personal.xlsb 파일을 선택하고 마우스 오른쪽 단추를 클릭한 다음 **삭제** 명령을 클릭합니다.

▲ 윈도 탐색기를 이용한 삭제 명령

05 매크로 실행하기

기록되거나 사용자가 개발한 매크로는 다양한 방법으로 실행시킬 수 있습니다. 매크로는 '매크로' 대화상자를 이용해서 실행할 수도 있고, 버튼 컨트롤이나 도형을 이용해서 실행시킬 수 있습니다. 이번에는 매크로를 실행하는 다양한 방법에 대해 살펴봅니다.

○ '매크로' 대화상자

리본의 [개발 도구] 탭 → **코드** 그룹 → **매크로** 명령 아이콘을 클릭하여 나타나는 '매크로' 대화상자는 생성된 매크로를 사용하는 종합 관리 툴입니다. '매크로' 대화상자에는 매크로를 실행하는 기능 외에도 매크로를 수정 및 삭제하거나 매크로에 설정된 옵션을 변경할 수 있는데, 매크로를 실행하는 전자의 기능보다는 매크로를 관리하는 후자의 기능을 더 많이 사용합니다.

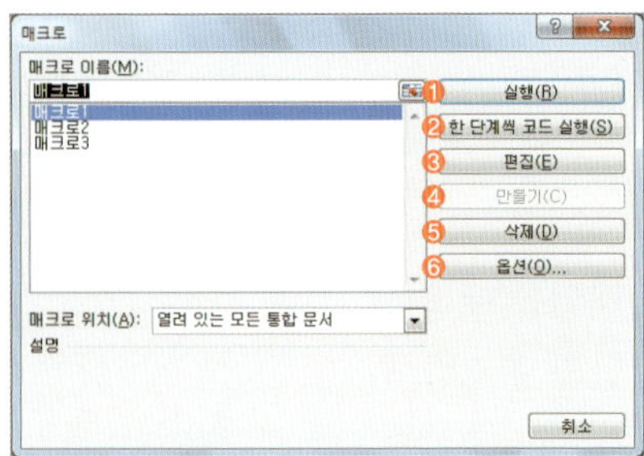

▲ '매크로' 대화상자

❶ **실행** : 선택한 매크로를 실행합니다.

❷ **한 단계씩 코드 실행** : 선택한 매크로에 기록된 명령을 하나씩 실행합니다.

❸ **편집** : 선택한 매크로의 VBA 코드를 확인합니다.

❹ **만들기** : 새 매크로를 기록합니다.

❺ **삭제** : 선택한 매크로를 삭제합니다.

❻ **옵션** : 선택한 매크로의 옵션을 수정합니다.

○ 바로 가기 키

매크로를 기록할 때 '매크로 기록' 대화상자에서 바로 가기 키를 설정한 경우에 해당 단축키를 이용해 매크로를 실행할 수 있습니다.

○ 매크로에 지정된 단축키 실행

매크로에 지정된 단축키는 엑셀의 내장 단축키보다 우선해 실행되므로 단축키를 설정할 때는 엑셀의 내부 단축키를 피하거나, 문제가 없는 단축키를 설정해야 합니다.

단축키	설명	단축키	설명
Ctrl + A	연속된 데이터 범위를 선택	Ctrl + P	'인쇄' 대화상자를 호출
Ctrl + B	굵은 글꼴 서식을 적용	Ctrl + R	오른쪽 채우기 명령 실행
Ctrl + C	복사	Ctrl + S	저장
Ctrl + D	아래로 채우기 명령 실행	Ctrl + T	'표 만들기' 대화상자 호출
Ctrl + F	'찾기' 대화상자 호출	Ctrl + U	밑줄 글꼴 서식을 적용
Ctrl + G	'이동' 대화상자 호출	Ctrl + V	붙여넣기
Ctrl + H	'바꾸기' 대화상자 호출	Ctrl + W	현재 파일 창을 닫습니다.
Ctrl + I	'기울임꼴' 글꼴 서식을 적용	Ctrl + X	잘라내기
Ctrl + K	'하이퍼링크' 대화상자 호출	Ctrl + Y	마지막 실행 명령 반복 실행
Ctrl + N	새 엑셀 파일 생성	Ctrl + Z	실행 취소
Ctrl + O	'열기' 대화상자 호출		

만약 '매크로 기록' 대화상자에서 '바로 가기 키'를 설정하거나 설정된 단축키를 수정해야 한다면 Alt + F8 키를 누릅니다. 또는 리본의 [개발 도구] 탭 → 코드 그룹 → 매크로 명령을 클릭해 '매크로' 대화상자를 호출한 후 원하는 매크로를 선택하고 〈옵션〉 단추를 클릭한 후 단축키를 설정하거나 수정하면 됩니다.

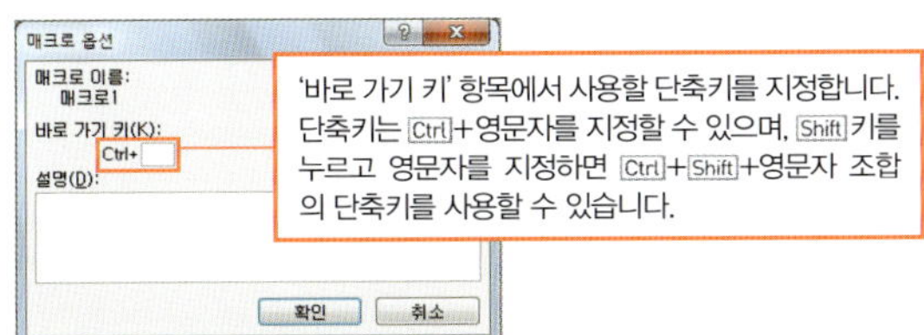

▲ '매크로 옵션' 대화상자

○ 양식 컨트롤 및 도형

매크로를 실행시키는 방법 중에서 가장 많이 사용되는 방법으로, 단추를 클릭하듯 간단한 클릭으로 매크로를 실행할 수 있습니다. 리본의 [개발 도구] 탭 → 컨트롤 그룹 → 삽입 명령 아이콘을 클릭하면 양식 컨트롤과 ActiveX 컨트롤을 확인할 수 있습니다.

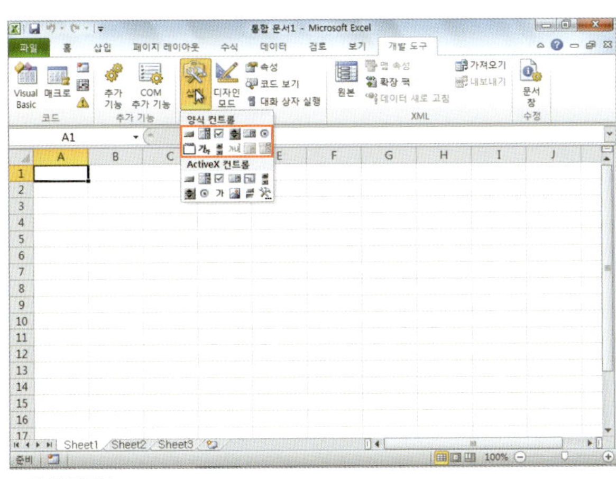

▲ 양식 컨트롤

❶ **양식 컨트롤** : 워크시트에서 사용하기 위해 제공되는 컨트롤로 엑셀 프로그램 자체에 내장된 컨트롤이며, 특정 셀과 연계해 작업할 수 있어 워크시트에 많이 사용합니다.

❷ **ActiveX 컨트롤** : 오피스 공용 프로그램(=폼) 및 외부 프로그램을 제어하기 위해 제공되는 컨트롤로 주로 사용자 정의 폼에서 사용되며, 사용자 동작에 반응하는 이벤트를 처리할 수 있는 장점이 있습니다.

양식 컨트롤 중 하나를 워크시트에 추가하면 아래 화면과 같이 '매크로 지정' 대화상자가 자동으로 열리는데, 컨트롤과 연결할 매크로를 선택한 다음 〈확인〉 단추를 클릭하면 해당 컨트롤을 누를 때마다 연결된 매크로가 실행됩니다.

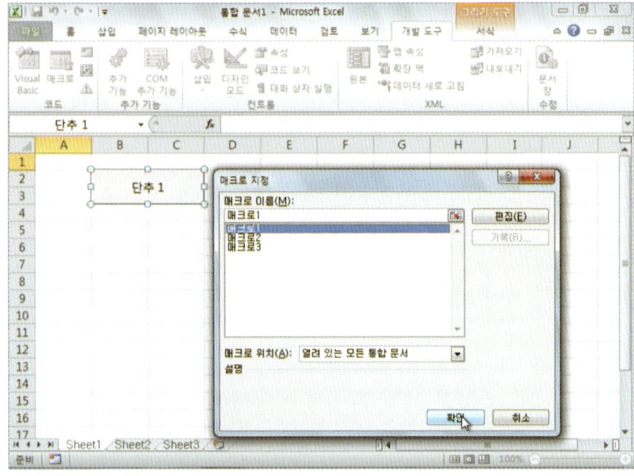

▲ '단추' 컨트롤을 워크시트에 추가

컨트롤을 이용해 매크로를 실행하는 것은 여러 가지 장점이 존재하지만, 단순하게 매크로만 실행할 목적이라면 도형을 이용해 서식을 보다 깔끔하게 꾸밀 수 있습니다. 도형을 매크로에 연결하려면 리본의 **[삽입]** 탭 → **일러스트레이션** 그룹 → **도형** 명령 아이콘을 클릭해 원하는 도형을 워크시트에 추가한 다음, 도형에서 마우스 오른쪽 단추를 클릭해 바로 가기 메뉴에서 **매크로 지정** 명령을 클릭하고 원하는 매크로를 선택합니다.

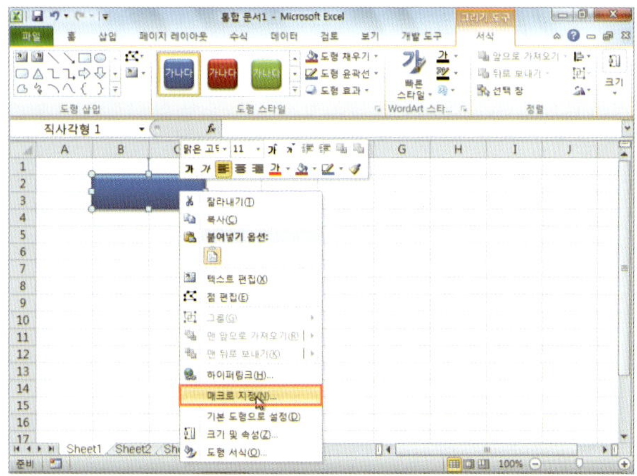

▲ 도형 개체에 매크로 연결하기

빠른 실행 도구 모음에 매크로 등록하고 실행하는 방법

엑셀 창 상단에 존재하는 빠른 실행 도구 모음에 자주 사용하는 매크로를 등록해 실행할 수 있습니다. 단 빠른 실행 도구 모음은 모든 파일에서 사용할 수 있으므로, 빠른 실행에 등록할 매크로는 개인용 매크로 통합 문서에 저장한 매크로를 등록해야 합니다. 빠른 실행 도구 모음에 등록하는 방법은 다음과 같습니다.

❶ 빠른 실행 도구 모음의 맨 우측 **자세히** 단추를 클릭한 다음 **기타 명령** 메뉴를 클릭합니다.

❷ 'Excel 옵션' 대화상자가 표시되면 '다음에서 명령 선택' 리스트에서 **매크로**를 선택한 다음 하위 리스트에서 등록할 매크로를 선택하고 〈추가〉 단추를 클릭합니다.

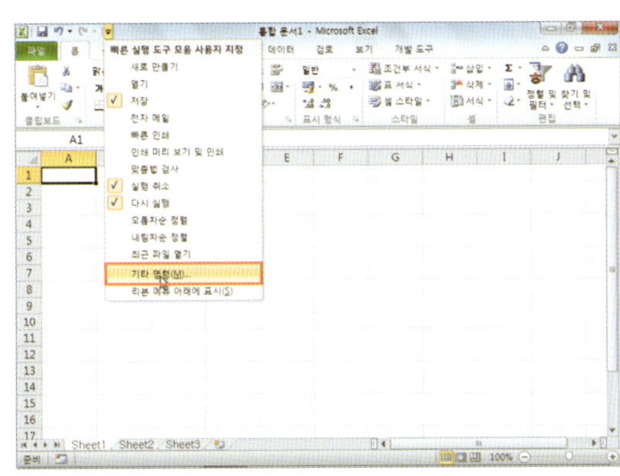 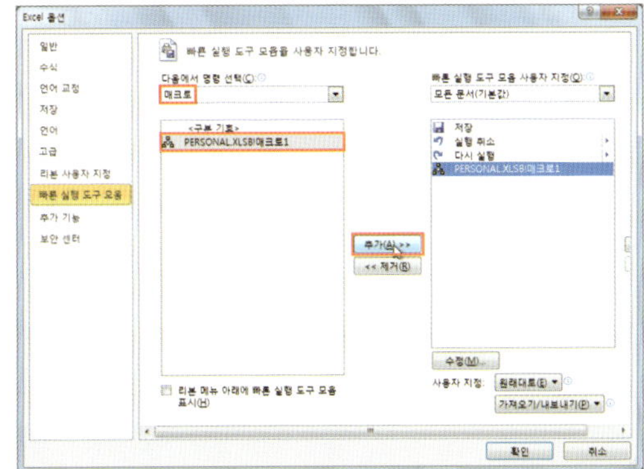

❸ 아래쪽의 〈수정〉 단추가 활성화되어 클릭하면 아이콘과 표시되는 이름을 변경할 수 있습니다. 원하는 아이콘을 선택하고 '표시 이름'을 수정한 다음 〈확인〉 단추를 클릭합니다. 'Excel 옵션' 대화상자도 〈확인〉 단추를 클릭하여 닫습니다.

❹ 이제 빠른 실행 도구 모음에 등록된 매크로가 표시되어 마우스 포인터를 가져가면 ❸과정에서 수정된 매크로 이름이 나타납니다.

 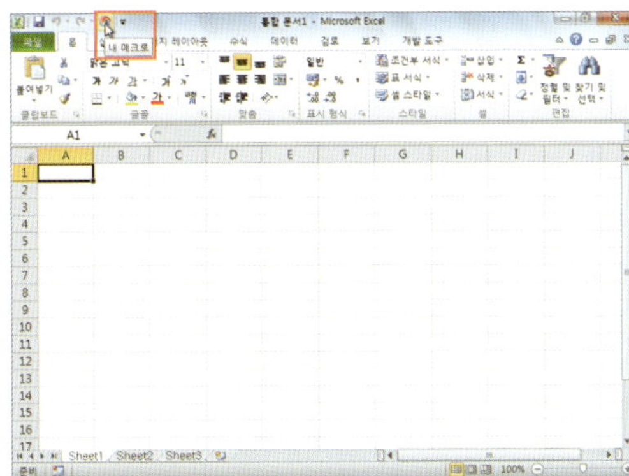

▲ 매크로 아이콘과 이름 설정　　　　　　　　　　　▲ 매크로 아이콘과 이름 표시

리본에 매크로 등록하고 실행하는 방법

리본이 처음 채택된 엑셀 2007 버전의 경우에는 리본을 사용자가 원하는 대로 변경하는 것이 불가능했지만, 엑셀 2010 버전의 경우에는 리본을 사용자가 얼마든지 수정하는 것이 가능합니다. 매크로 역시 리본에 등록하고 사용하는 것이 가능한데, 리본을 수정하면 전체 엑셀 파일에서 수정된 리본이 표시되므로 리본에 등록되는 매크로를 '개인용 매크로 통합 문서'에 저장된 매크로를 사용해야 합니다. 리본에 매크로를 등록하는 방법은 다음과 같습니다.

❶ 리본의 [**파일**] 탭 → **옵션** 메뉴를 클릭합니다.

❷ 'Excel 옵션' 대화상자에서 **리본 사용자 지정** 범주를 선택하고, 우측 리스트에서 매크로를 추가할 탭을 선택합니다. 여기에서 [**개발 도구**]를 선택한 후 〈새 그룹〉 단추를 클릭합니다.

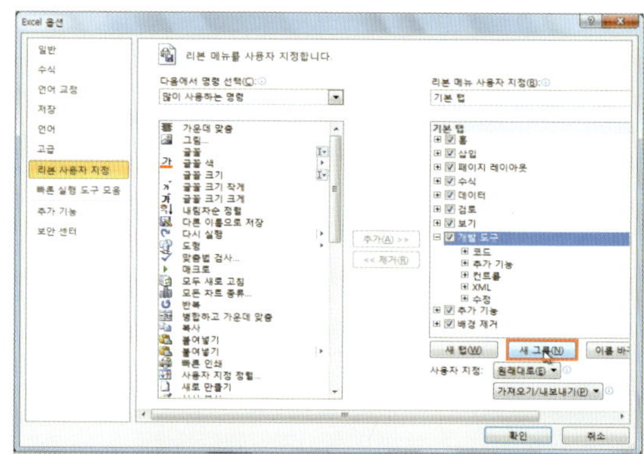

❸ [**개발 도구**] 탭 밑으로 **새 그룹**이 하나 추가되면 〈이름 바꾸기〉 단추를 클릭합니다.

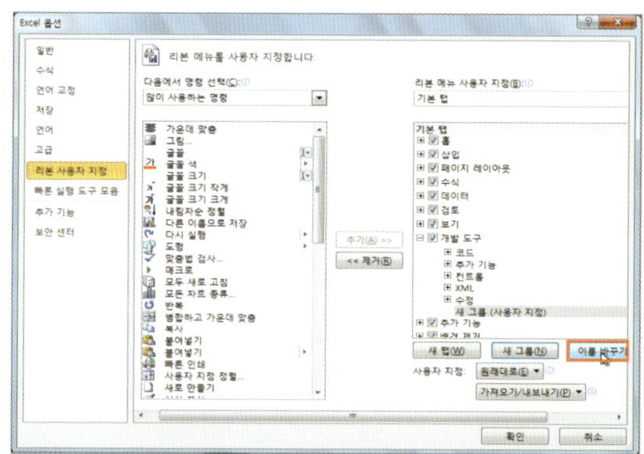

❹ '이름 바꾸기' 대화상자가 표시되면 '표시 이름' 항목에 그룹 명칭을 입력하고 〈확인〉 단추를 클릭합니다.

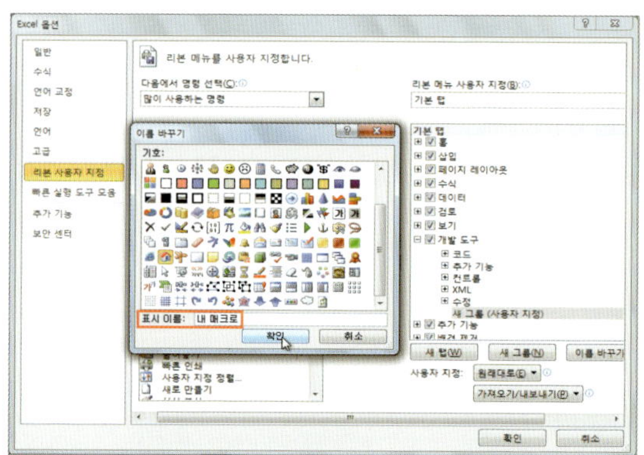

❺ 이제 등록할 매크로를 추가하기 위해 '다음에서 명령 선택' 리스트에서 **매크로**를 선택하고, 등록할 매크로를 선택한 후 〈추가〉 단추를 클릭합니다.

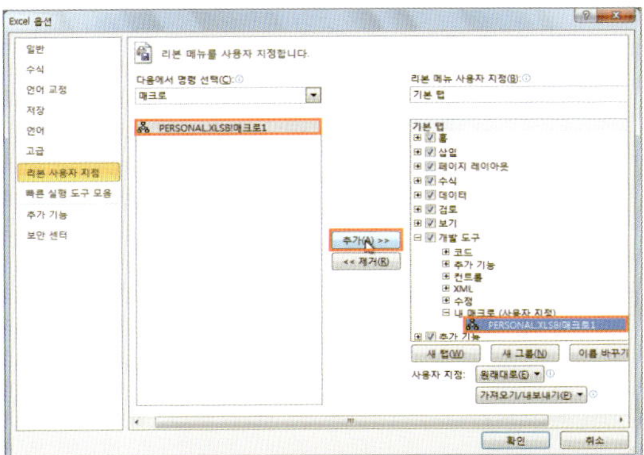

❻ 추가된 매크로를 선택하고 〈이름 바꾸기〉 단추를 클릭한 다음, 명령 아이콘과 '표시 이름'을 지정하고 〈확인〉 단추를 클릭합니다. 그런 다음 'Excel 옵션' 대화상자도 〈확인〉 단추를 클릭하여 닫습니다.

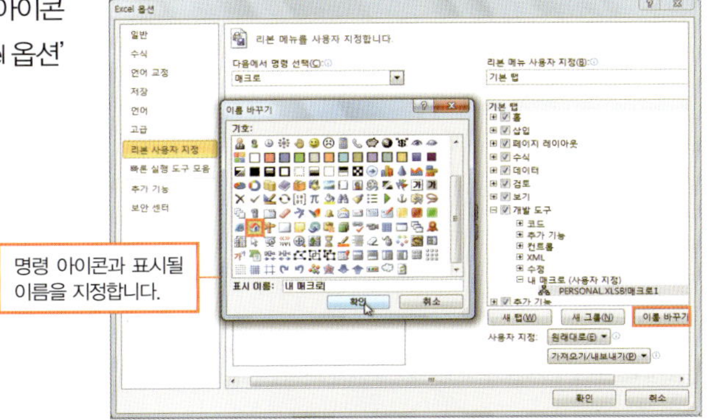

❼ 이제 엑셀 창에서 [개발 도구] 탭을 선택하면 등록된 매크로를 확인할 수 있습니다.

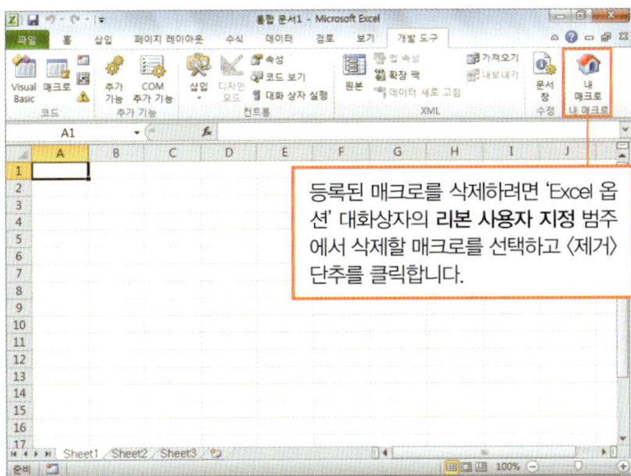

VBA를 이용한 업무 자동화

VBA는 Visual Basic for Applications의 약자로, 엑셀과 같은 어플리케이션의 기능을 돕는 비주얼베이직 프로그래밍이라고 이해하면 됩니다. VBA를 모두 익히기 위한 내용은 이 책의 범주를 넘어서므로 이번에는 기록된 매크로를 간단하게 수정해 유용한 결과를 얻을 수 있는 방법에 대해 설명하고자 합니다.

01 매크로 수정하기

02 자동 실행 매크로

03 매크로 등록하기

01 매크로 수정하기

기록된 매크로를 간단하게 수정해서 매크로가 원하는 방식으로 동작되도록 할 수 있습니다.
이때 VBA에 대한 지식이 있다면 더할 나위 없겠지만, 그렇지 않다고 해도 간단한 작업만으로
도 원하는 작업이 가능하므로 매우 편리합니다.

매크로는 워크시트에 기록되는 것은 아니기 때문에 매크로가 기록된 곳을 확인할 수 있어야 매크로를
수정할 수 있습니다. 기록된 매크로의 경우에는 리본의 **[개발 도구]** 탭 → **코드** 그룹 → **매크로** 명령 아
이콘을 누르고 수정할 매크로를 선택하고 〈편집〉 단추를 클릭하는 방법을 가장 많이 사용합니다. 또는
리본의 **[개발 도구]** 탭 → **코드** 그룹 → **Visual Basic** 명령 아이콘을 클릭해도 기록된 매크로를 확인할 수
있습니다.

○ VBA란?

VBA는 Visual Basic for
Application의 약자로, 응
용 프로그램을 위한 Vi-
sual Basic 언어라고 이
해하면 됩니다.

예를 들어 16행의 데이터 값을 인식하게 하기 위해 다음과 같이 수정합니다.

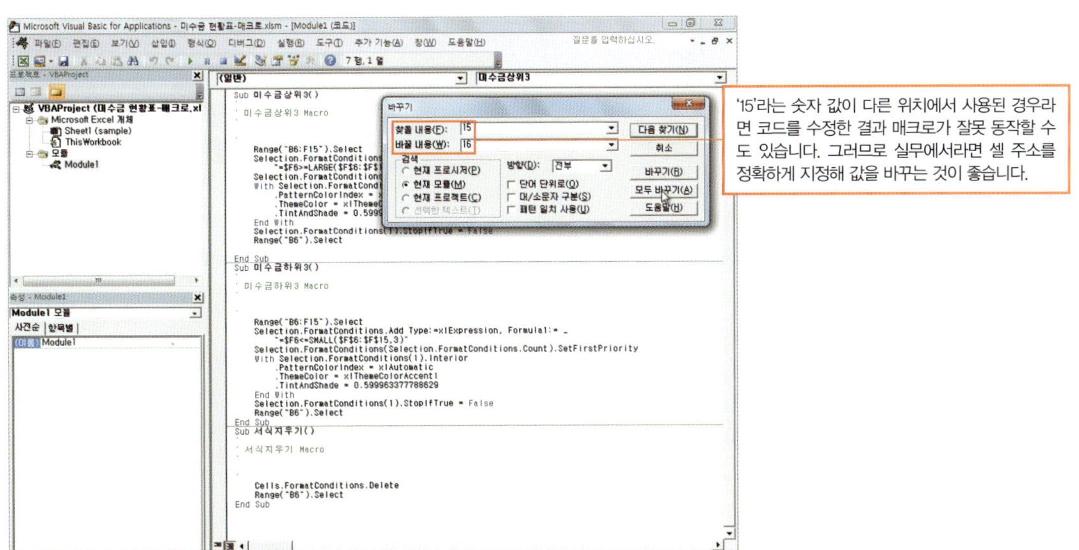

'15'라는 숫자 값이 다른 위치에서 사용된 경우라
면 코드를 수정한 결과 매크로가 잘못 동작할 수
도 있습니다. 그러므로 실무에서라면 셀 주소를
정확하게 지정해 값을 바꾸는 것이 좋습니다.

따라서, 찾을 내용에 'F15'를 바꿀 내용에 'F16'을 넣고 〈모두 바꾸기〉 단추를 클릭하여 값을 바꾼 다음,
찾을 내용에 다시 '$F$15'를 입력하고 바꿀 내용에 '$F$16'을 입력해 값을 바꾸는 것이 좋습니다.

미수금 현황표에 등록된 매크로를 수정하고, 여러 개 매크로를 한 번에 실행하는 새 매크로 생성하기

📁 **준비 파일** : 미수금 현황표-매크로.xlsx

제공된 예제 파일을 열면 파일에 매크로가 포함되어 있어 수식 입력줄 상단에 노란색 보안 경고 메시지 줄이 나타나는데, 매크로를 사용하기 위해 〈콘텐츠 사용〉 단추를 클릭합니다. 그런 다음, H:I열에 위치한 도형 중에서 〈모두〉 도형을 제외하고 한 번씩 누르면 어떤 동작이 실행되는지 확인해 보겠습니다.

도형 이름	연결된 매크로	설명
상위3	미수금상위3	미수금 현황표에서 미수금 상위 3개 업체에 엷은 빨간색 줄 서식을 지정합니다.
하위3	미수금하위3	미수금 현황표에서 미수금 하위 3개 업체에 엷은 파란색 줄 서식을 지정합니다.
모두	없음	
서식 x	서식 지우기	현재 워크시트의 모든 '조건부 서식'을 삭제합니다.

연결된 매크로는 앞에서 기록했었던 매크로와 이를 응용한 매크로를 기록한 다음 도형에 연결해 놓은 것입니다.

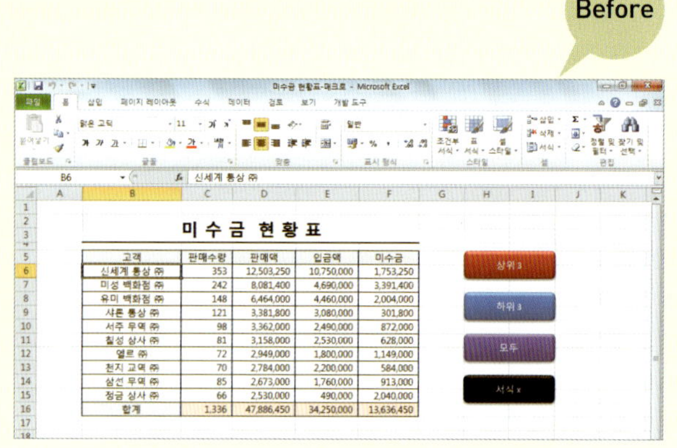
Before

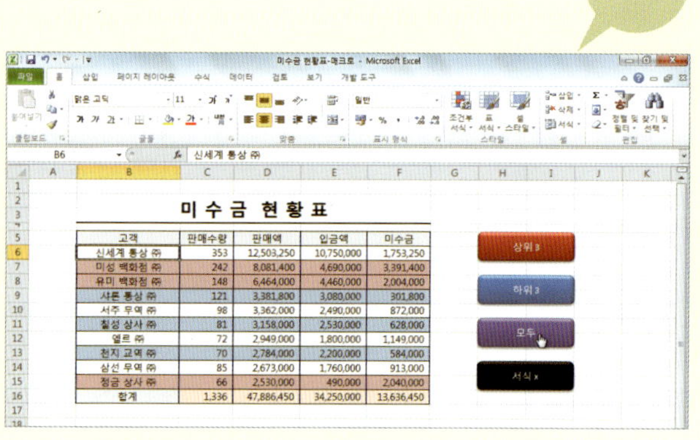
After

01 **빈 행 추가하기** 미수금 현황표에서 거래업체가 추가되는 경우를 가정하고 작업합니다. ❶ 새로운 업체를 추가하기 위해 16행을 선택하고 ❷ 리본의 **[홈]** 탭 → **셀** 그룹 → **삽입** 명령 아이콘을 클릭해 빈 행을 추가합니다.

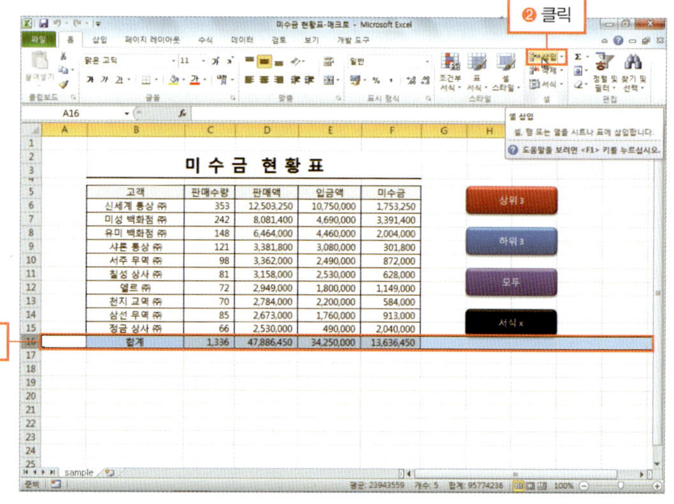

02 **새로운 데이터 추가하기** 새로운 데이터를 추가하기 위해 16행의 각 셀에 다음과 같은 데이터를 입력합니다.

셀 주소	입력
B16	엑셀..하루에 하나씩
C16	50
D16	3000000
E16	0
F16	=D16−E16

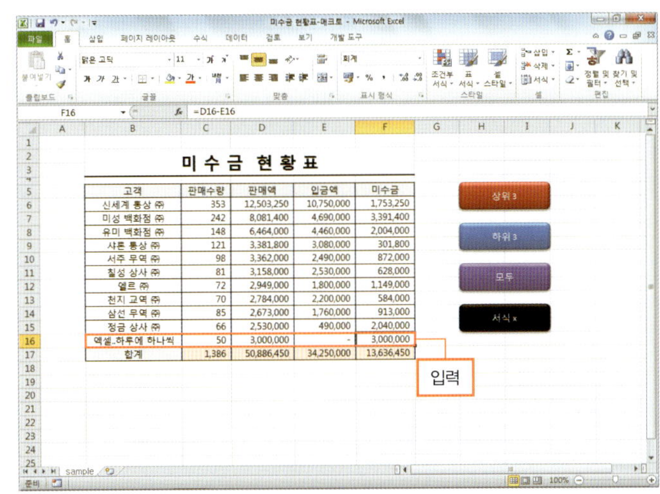

03 **매크로 동작 확인하기** 매크로 동작을 확인하기 위해 〈상위3〉 도형을 클릭해 보면 미수금 상위 3개 업체가 표시됩니다. 하지만 16행에 추가된 업체의 미수금보다 낮은 업체들이 표시되는 것을 확인할 수 있습니다.

> **⚙ 매크로 오동작 이유**
>
> 〈상위3〉 도형에 연결된 매크로가 제대로 동작하지 않는 것은 기존 데이터 범위 B6:F15 범위에서만 동작하도록 되어 있어서 새로 추가한 16행의 데이터 범위를 인식하지 못하기 때문입니다.

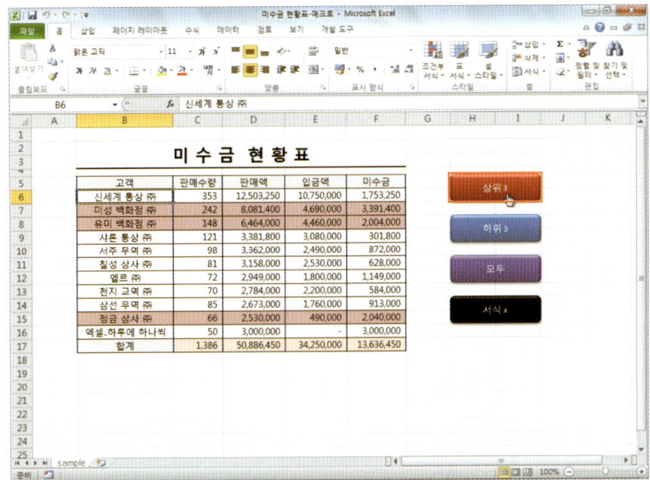

04 **매크로 수정하기(1)** 기존 매크로의 작업 범위를 수정하기 위해 ❶ 리본의 [개발 도구] 탭 → 코드 그룹 → ❷ 매크로 명령 아이콘을 클릭합니다. ❸ 그런 다음 '매크로' 대화상자에서 '미수금상위3' 매크로를 선택하고 ❹ 〈편집〉 단추를 클릭합니다.

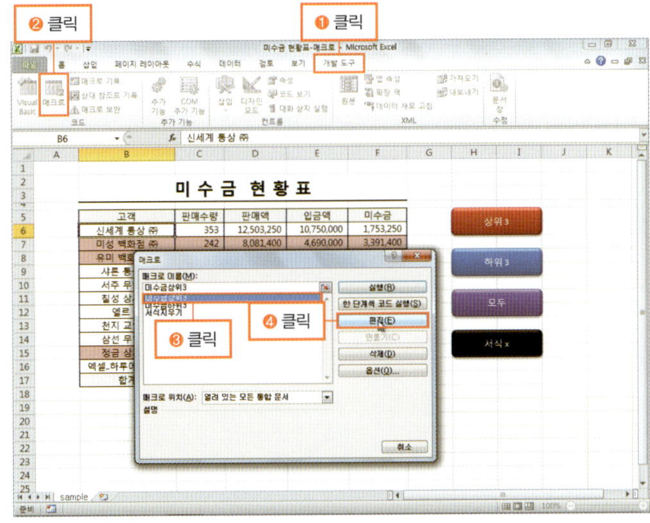

05 매크로 수정하기(2) 그러면 Visual Basic 편집기 창이 열리면서 VBA 코드를 확인할 수 있습니다. 코드를 살펴보면 다음과 같은 셀 주소를 중간 중간 확인할 수 있습니다.

셀 주소	설명
B6:F15	표 전체
$F$6:$F$15	미수금 범위

06 매크로 수정하기(3) 확인된 주소의 15행 주소를 16행으로 변경하면 새로 추가된 16행의 데이터를 인식해서 동작하도록 할 수 있습니다. ❶ Ctrl + H 키를 눌러 '바꾸기' 대화상자를 호출한 다음 ❷ 다음과 같이 설정하고 ❸ 〈모두 바꾸기〉 단추를 클릭합니다.

찾을 내용	15
바꿀 내용	16

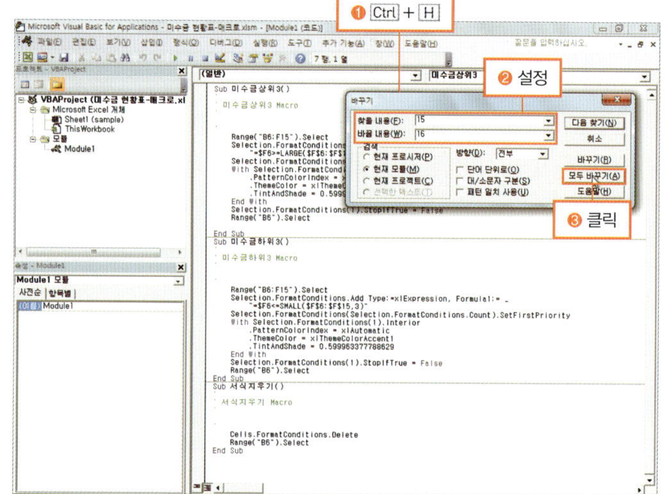

07 동작 확인하기 수정한 매크로가 제대로 동작하는지 확인하기 위해 ❶ 〈서식 x〉 도형을 눌러 기존 서식을 삭제한 다음 ❷ 다시 〈상위3〉 도형을 누릅니다. 그러면 16행의 데이터가 제대로 인식되어 동작하는 것을 확인할 수 있습니다.

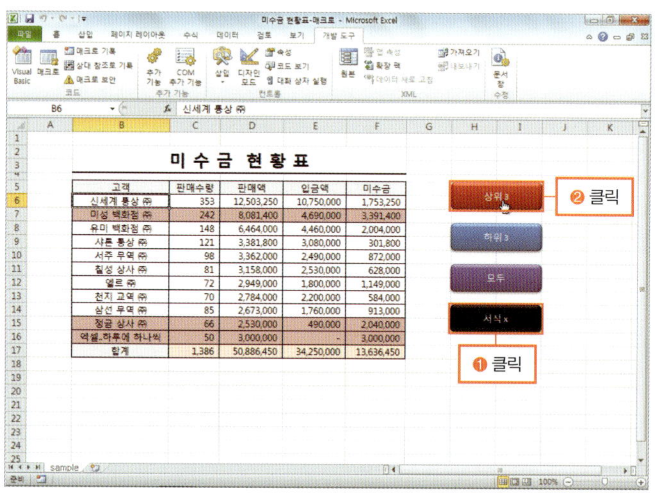

08 **새 매크로 추가하기(1)** 이번에는 미수금 상위 3개 업체와 하위 3개 업체를 한 번에 설정하는 매크로를 추가한 다음 〈모두〉 도형에 연결해 보겠습니다. 하지만 이런 동작을 하는 매크로가 이미 〈상위3〉과 〈하위3〉 도형에 모두 연결되어 있으므로 새로 매크로를 기록하지 않고 기존 매크로를 이용해 새 매크로를 추가할 수 있습니다. 리본의 **[개발 도구]** 탭 → **코드** 그룹 → **Visual Basic** 명령 아이콘을 클릭합니다.

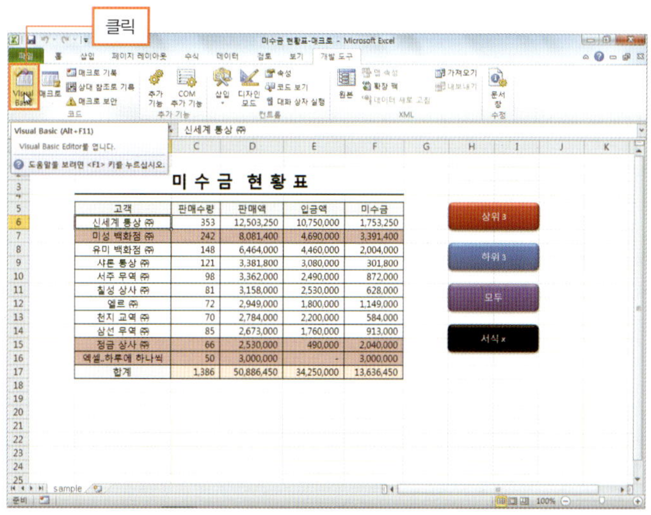

09 **새 매크로 추가하기(2)** Visual Basic 편집기 창이 열리면 우측에 코드가 입력된 편집기 창(=코드 창) 하단에 다음 코드를 입력합니다.

```
Sub 모두 ( )
```

그러면 오른쪽 화면에서 보듯이 다음과 같은 코드가 자동으로 완성됩니다.

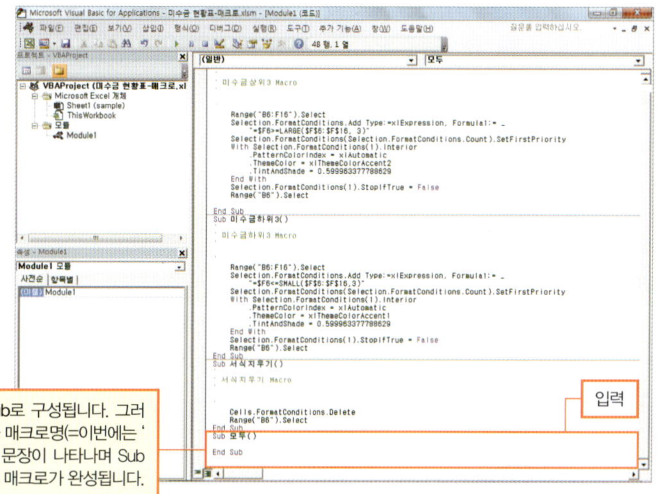

> 매크로는 **Sub 매크로명( ) …. End Sub**로 구성됩니다. 그러므로 새로 매크로를 작성하려면 Sub와 매크로명(=이번에는 '모두')을 입력하면 자동으로 End Sub 문장이 나타나며 Sub와 End Sub 사이에 명령어를 입력하면 매크로가 완성됩니다.

10 **새 매크로 추가하기(3)** 모두 매크로를 완성하기 위해 입력할 명령어는 앞에서 이미 기록된 매크로 명을 다음과 같이 입력하고 Visual Basic 편집기 창을 닫습니다.

```
Sub 모두()

  미수금상위3
  미수금하위3

End Sub
```

> **Sub … End Sub** 문 사이에 기존 매크로명을 입력하면 입력된 순서로 매크로가 실행됩니다. '모두' 매크로는 미수금 상위 3개 업체와 하위 3개 업체를 모두 표시하기 위한 것이므로 기존 매크로명을 순서대로 입력하면 됩니다.

11 **매크로 도형에 연결하기(1)** 이제 09~10과정에서 입력한 매크로를 〈모두〉 도형에 연결해 보겠습니다. ❶ 〈모두〉 도형에서 마우스 오른쪽 단추를 클릭한 다음 ❷ 바로 가기 메뉴에서 **매크로 지정** 메뉴를 클릭합니다.

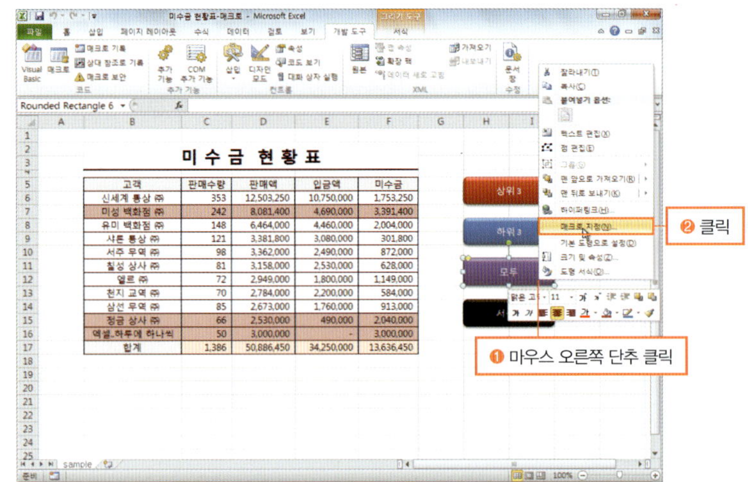

12 **매크로 도형에 연결하기(2)** '매크로 지정' 대화상자가 열리면 ❶ **모두** 매크로를 선택하고 ❷ 〈확인〉 단추를 클릭합니다.

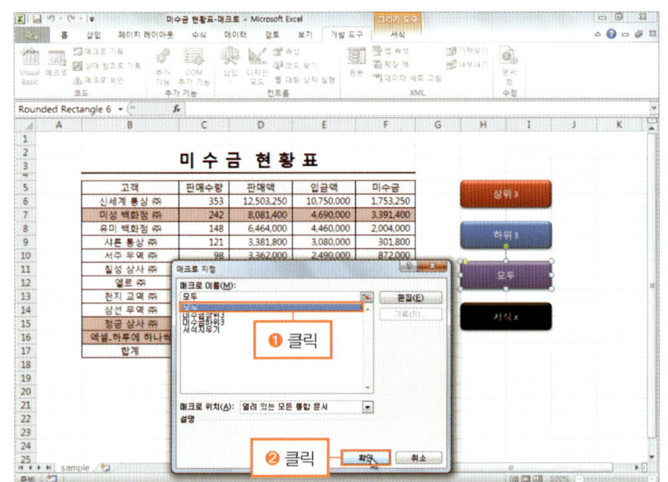

13 **새로 연결한 매크로 동작 확인하기** 이제 〈모두〉 도형에 연결된 매크로가 제대로 동작하는지 확인하기 위해 ❶ 〈서식 x〉 도형을 클릭해 기존 서식을 삭제한 다음 ❷ 〈모두〉 도형을 클릭합니다. 그러면 화면과 같이 미수금 상위 3개 업체와 하위 3개 업체가 모두 표시되는 것을 확인할 수 있습니다.

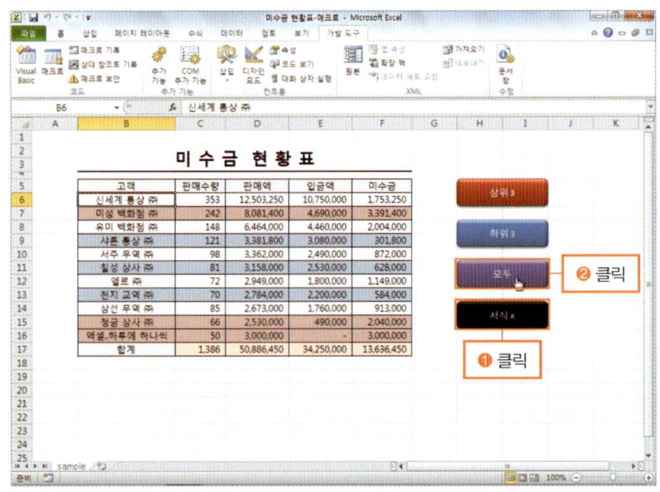

02 자동 실행 매크로

엑셀을 좀 더 편리하게 이용하기 위해서는 VBA를 사용합니다. 매크로를 사용하면 엑셀로 처리할 수 없는 명령이나 함수가 가능해지며, 사무 자동화를 위한 기반이 됩니다. 파일을 열고 닫을 때 자동으로 매크로가 실행되는 방법을 알아봅니다.

매크로 이름을 아래 이름으로 지정하거나 수정하면 해당 매크로가 파일을 열고 닫을 때 자동으로 실행됩니다. 자동 실행되는 매크로는 다음과 같은 이름을 갖습니다.

- **Auto_Open** : 파일이 열릴 때 매크로가 자동으로 실행됩니다.
- **Auto_Close** : 파일을 닫을 때 매크로가 자동으로 실행됩니다.

매크로 이름은 '매크로 기록' 대화상자에서 매크로명을 지정할 때 위의 매크로 이름을 사용하거나 또는 기록된 매크로 이름을 수정해도 됩니다. 단, 동일한 매크로 이름을 사용하면 안 되므로 둘 이상의 매크로를 자동으로 실행하려면 새로 자동 실행 매크로를 생성한 다음, 원하는 매크로 이름을 순서대로 작성합니다.

○ **기록된 매크로 이름 변경**

기록된 매크로의 이름 변경은 매크로가 기록된 Visual Basic 편집기에서 해야 합니다.

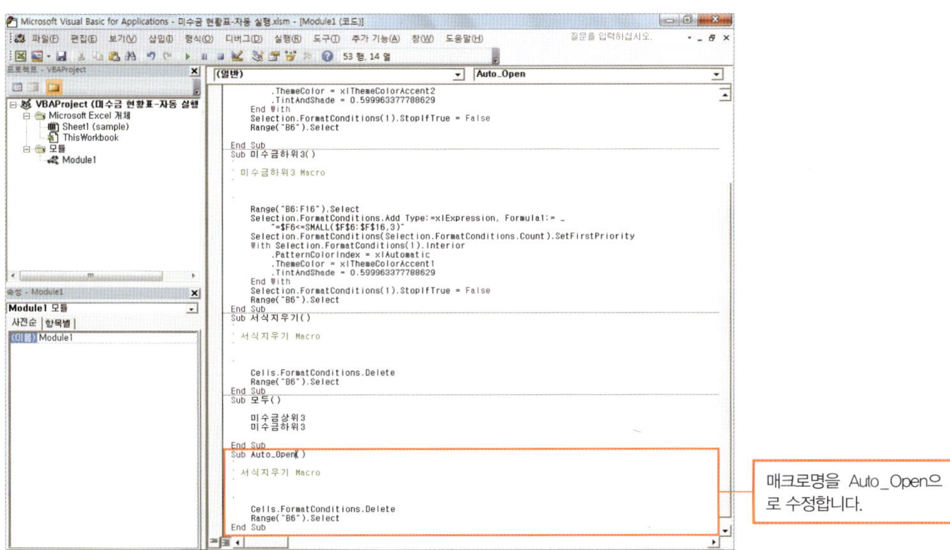

미수금 현황표에서 서식을 초기화하는 작업을 파일이 열릴 때 자동으로 이뤄지도록 하기

📁 **준비 파일 :** 미수금 현황표–자동 실행.xlsx

제공된 예제 파일을 열어 수식 입력줄 상단에 보안 경고 메시지 줄이 나타나면 포함된 매크로를 사용하기 위해 〈콘텐츠 사용〉 단추를 클릭합니다. 파일이 열릴 때 서식을 초기화하는 작업이 자동으로 이뤄지도록 매크로를 변경해 보겠습니다.(이 예제는 'Section 01. 매크로 수정' 예제에서 이어지므로 이 작업을 원활하게 수행하기 위해서는 앞의 예제를 반드시 따라해 보기 바랍니다.)

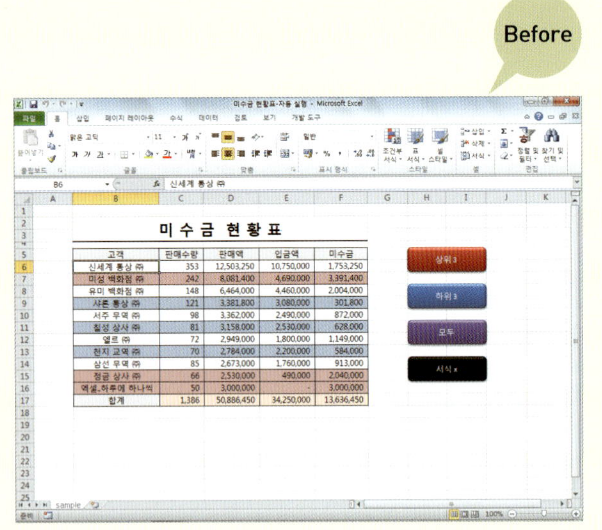

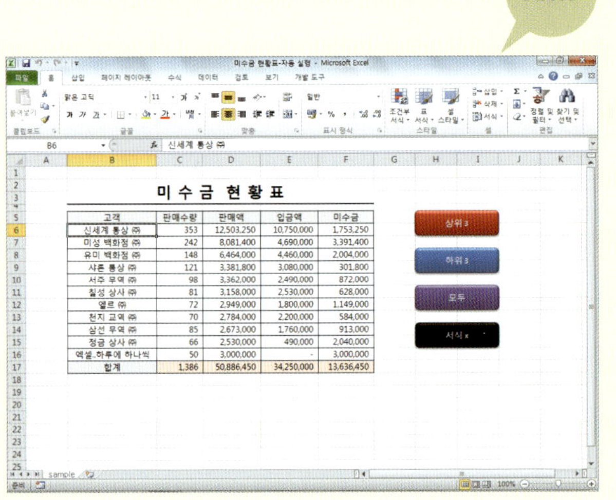

01 **자동 실행 매크로 만들기(1)** 파일을 열 때 항상 미수금 현황표에 적용된 서식을 초기화하기 위해, 이 파일에 기록된 매크로 중에서 서식 지우기 매크로가 자동 실행되도록 합니다. 매크로를 변경하기 위해 ❶ 리본의 **[개발 도구]** 탭 → **코드 그룹** → ❷ **매크로** 명령 아이콘을 선택합니다. ❸ '매크로' 대화상자가 표시되면 **서식 지우기** 매크로를 선택하고 ❹ 〈편집〉 단추를 클릭합니다.

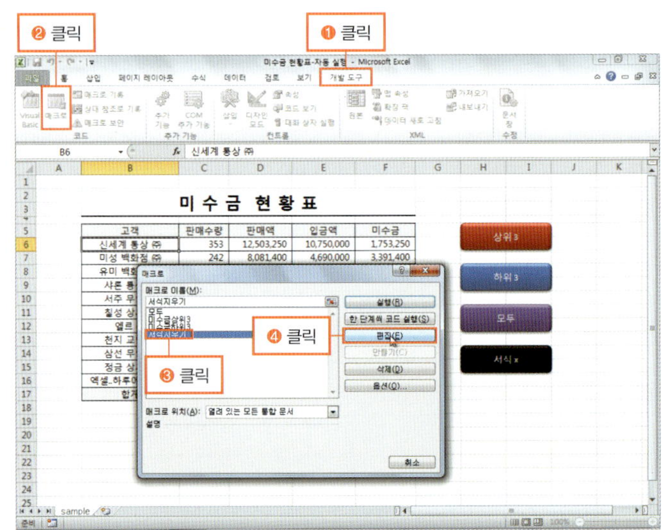

02 **자동 실행 매크로 만들기(2)** Visual Basic 편집기 창이 열리면 서식 지우기 매크로를 복사해, 매크로 명을 Auto_Open으로 수정하는 작업을 진행합니다. ❶ **서식 지우기** 매크로 영역을 마우스로 드래그해 선택한 다음 ❷ 표준 도구 모음에서 **복사** 명령 아이콘을 클릭합니다.

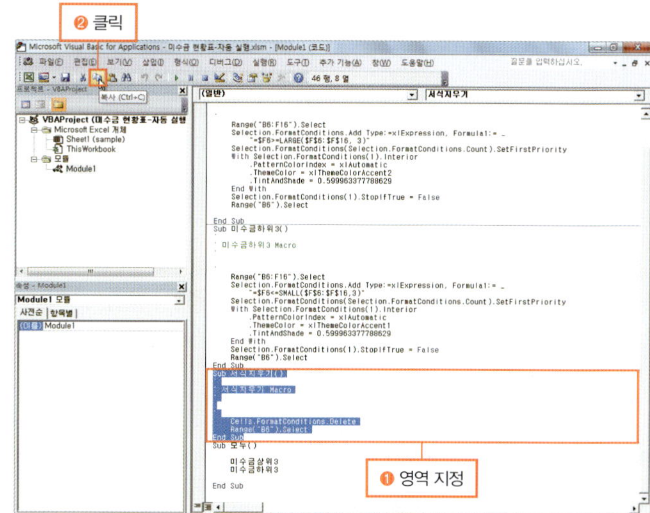

03 **자동 실행 매크로 만들기(3)** 코드 창 맨 하단을 선택하고 [표준] 도구 모음의 **붙여넣기** 명령 아이콘을 클릭하면 복사한 **서식 지우기** 매크로 코드가 하단에 붙여집니다.

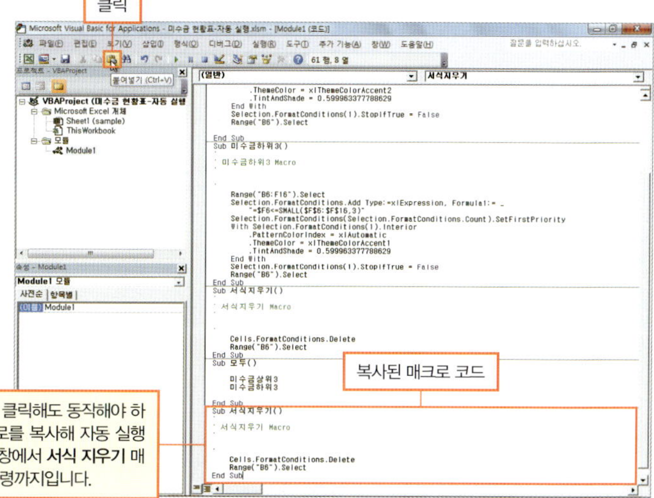

> 서식 지우기 매크로는 워크시트의 〈서식 x〉 도형을 클릭해도 동작해야 하고, 파일을 열 때도 자동 실행되어야 하므로 매크로를 복사해 자동 실행 매크로 명으로 수정하는 작업을 진행합니다. 코드 창에서 **서식 지우기** 매크로 영역은 Sub 서식지우기() 행부터 End Sub 명령까지입니다.

04 **자동 실행 매크로 만들기(4)** 이제 매크로 명을 수정하기 위해 복사된 매크로 코드의 첫 번째 줄 코드를 찾습니다.

```
Sub 서식지우기( )
```

아래와 같이 수정한 다음, [표준] 도구 모음의 **저장** 명령 아이콘🖫을 클릭합니다.

```
Sub Auto_Open( )
```

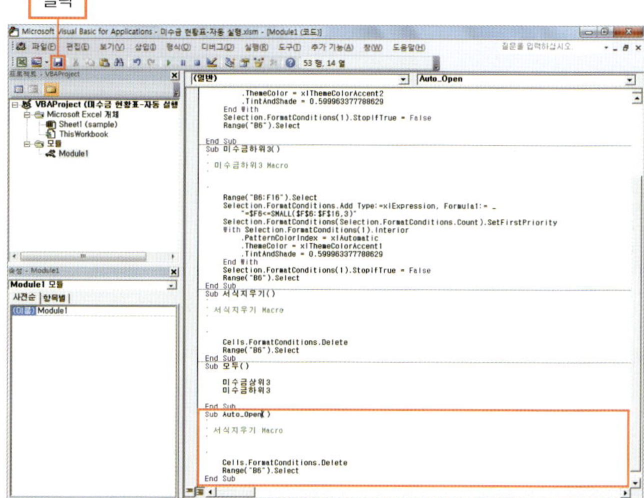

05 **파일 저장해 닫고 다시 열기** 이제 파일을 닫고, 다시 열면 보안 경고 메시지 줄이 나타납니다. 매크로를 사용하기 위해 〈콘텐츠 사용〉 단추를 클릭합니다. 그러면 미수금 현황표에 지정된 서식이 초기화되는 것을 확인할 수 있습니다.

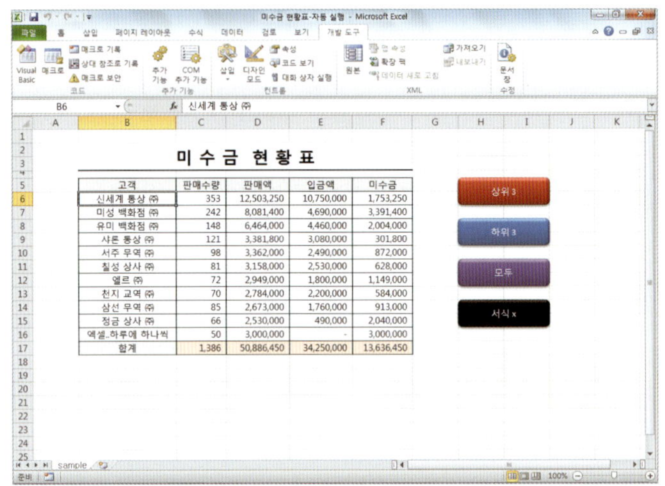

보안 경고 메시지를 표시하지 않고 매크로를 사용하는 방법에는 다음 두 가지 방법이 있습니다.

방법 ❶ : 엑셀의 보안 수준을 '모든 매크로 포함'으로 변경하는 것입니다. 이렇게 하면 모든 매크로 사용 통합 문서(xlsm) 파일이 보안 경고 메시지 줄을 표시하지 않고 열리게 되며, 파일에 포함된 모든 매크로를 사용할 수 있습니다. 하지만 이것은 결코 권장할 만한 옵션은 아니므로 비추천합니다.

방법 ❷ : 보안 경고 메시지 줄을 표시하고 싶지 않은 파일이 포함된 폴더를 신뢰할 수 있는 위치로 등록하는 것입니다. 이 방법은 특정 폴더 내 파일만 보안 경고 메시지 줄이 나타나지 않도록 해 주지만, 훨씬 안전하게 매크로를 사용할 수 있는 장점이 있습니다.

1. 리본의 [개발 도구] 탭 → **코드** 그룹 → **매크로 보안** 명령 아이콘을 클릭합니다.

2. 보안 센터에서 **신뢰할 수 있는 위치** 범주를 선택한 다음 〈새 위치 추가〉 단추를 클릭합니다.

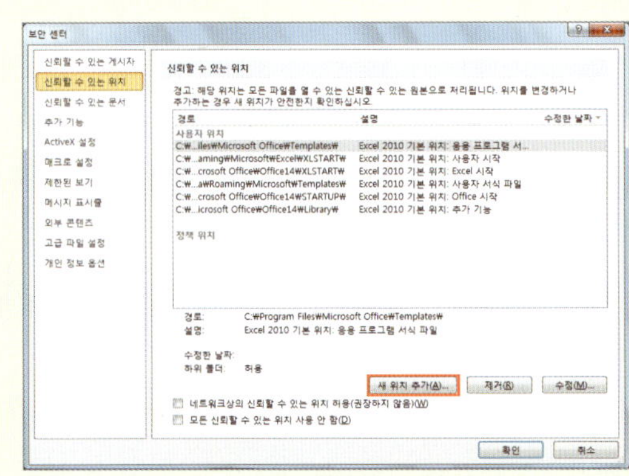

3. '신뢰할 수 있는 Microsoft Office 위치' 대화상자가 표시되면 〈찾아보기〉 단추를 클릭하고, 보안 경고 메시지 줄이 표시되지 않길 원하는 파일이 포함된 폴더를 선택하고 〈확인〉 단추를 클릭합니다.

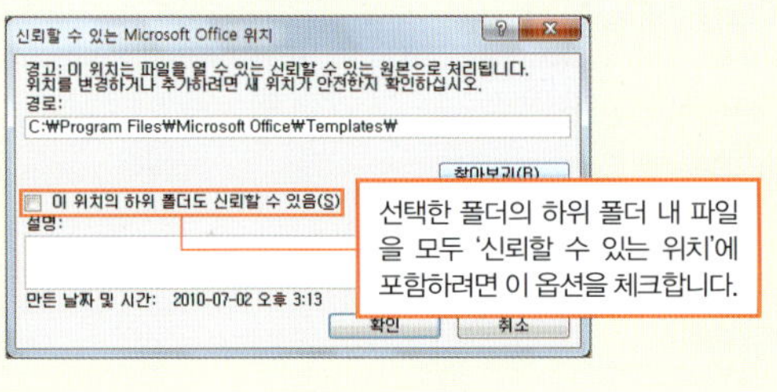

선택한 폴더의 하위 폴더 내 파일을 모두 '신뢰할 수 있는 위치'에 포함하려면 이 옵션을 체크합니다.

03 매크로 등록하기

VBA를 배우지 않아도 사용할 수 있는 매크로를 인터넷 등에서 많이 얻을 수 있습니다. 하지만 코드를 얻는다고 해도 어떻게 실행해야 하는지 모른다면 의미가 없습니다. 이번에는 매크로를 엑셀 파일에 등록하는 방법에 대해 설명합니다.

매크로를 기록하는 것이 아니라 다른 사람의 코드를 복사해서 새 매크로를 만들려면, 리본의 **[개발 도구]** 탭 → **코드** 그룹 → Visual Basic 명령 아이콘을 클릭한 다음, Visual Basic Editor 창에서 **[삽입]** 메뉴 – **[모듈]** 명령을 클릭한 후 오른쪽 코드 창에 코드를 추가합니다.

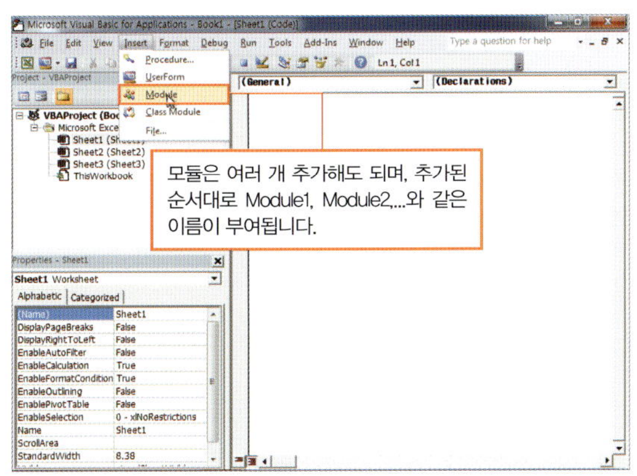

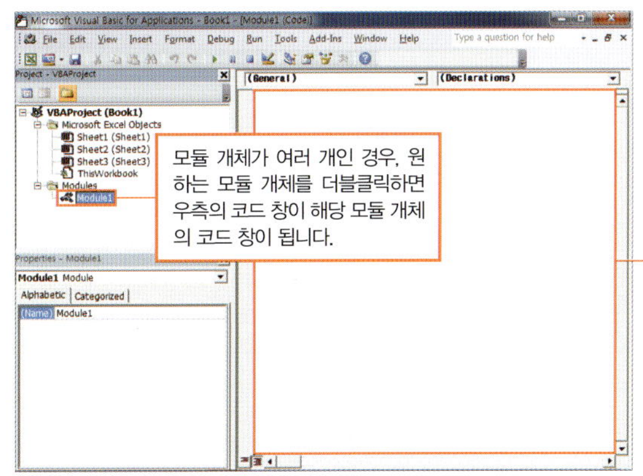

▲ 모듈 개체 삽입 방법

참고로 매크로는 다음과 같은 형식이어야 합니다.

```
Sub 매크로이름( )

End Sub
```

사용자가 직접 만든 함수의 경우에는 다음과 같은 형식입니다.

```
Function 함수명( ) As   Variant

End Function
```

TEXT 함수의 서식 코드

TEXT 함수에서 사용하는 '서식 코드'는 다양한 숫자, 날짜, 시간 값을 원하는 형식으로 변환하는데 사용하며, 기본적으로 '셀 서식' 대화상자에서 사용하는 '숫자 서식 코드'와 동일합니다.

숫자와 통화

서식 코드	설명	예제
0	일반 숫자 표시	1234
0.00	소수점 2자리까지 표시	1234.00
₩ 0	통화 표시	₩ 1234
#,##0	천 단위 구분기호 표시	1,234
#,	원 단위 수를 천 단위 수로 변환 표시	1234000 –〉1234
#,##0,	위와 동일, 천 단위 구분 기호를 추가로 표시	1234000 –〉1,234
#,,	원 단위 수를 백만 단위 수로 변환 표시	1234000000 –〉1234
#,##0,,	위와 동일, 천 단위 구분 기호를 추가로 표시	1234000000 –〉1,234
[DBNUM1]	숫자를 한자로 표시	1234 –〉一千二百三十四
[DBNUM2]	숫자를 금액(한자)으로 표시	1234 –〉壹阡貳百參拾四
[DBNUM3]	단위는 한자, 금액은 숫자로 표시	1234 –〉千2百3十4
[DBNUM4]	숫자를 한글로 표시	1234 –〉일천이백삼십사

분수

서식 코드	설명	예제
# ?/?	소수점 자리를 한 자릿수 분모로 표시	10.12 –〉10 1/8
# ?/??	소수점 자리를 두 자릿수 분모로 표시	10.12 –〉10 3/25
# ?/4	분모를 4로 표시	10.12 –〉10
# ?/16	분모를 16으로 표시	10.12 –〉10 2/16
# ?/100	분모를 100으로 표시	10.12 –〉10 12/100

날짜와 시간

서식 코드	설명	예제
2009–01–01 23:38:41		
yy	년(00–99)	09
yyyy	년(1900–9999)	2009
m	월(1–12)	1
mm	월(01–12)	01
mmm	월(Jan–Dec)	Jan
mmmm	월(January–December)	January
mmmmm	월(J–D)	J

d	일(1–31)	1
dd	일(01–31)	01
ddd	일(Sun–Sat)	Thu
dddd	일(Sunday–Saturday)	Thursday
aaa	일(일–토)	목
aaaa	일(일요일–토요일)	목요일
h	시(0–23)	23
hh	시(00–23)	23
m	분(0–59)	38
mm	분(00–59)	38
s	초(0–59)	41
ss	초(00–59)	41
AM/PM	12시간제 표시	PM
[]	시, 분, 초의 표시 제한 없앰 [h]는 시 제한(0–23) 초과 표시 가능 [m]는 분 제한(0–59)을 초과 표시 가능 [s]는 초 제한(0–59)을 초과 표시 가능	
hh:mm:ss.000	1/000 초 표시	

백분율

서식 코드	설명	예제
0%	숫자를 백분율로 표시	0.1 –〉 10%

위에서 설명한 서식 코드는 셀 서식과 TEXT 함수의 '서식 코드' 인수에 공통적으로 적용될 수 있는 서식 코드입니다. '셀 서식'에는 위 서식 코드 외에도 별도로 사용할 수 있는 '서식 코드'가 존재하는데, 해당 코드는 텍스트 값을 입력한 셀에 적용할 수 있는 '서식 코드'입니다.

텍스트

서식 코드	설명	예제
@	원문	
"■"@	원문 앞에 "■"와 같은 글 머리글을 표시	
*	뒤에 따라오는 문자를 셀 크기만큼 반복 표시	

ㄱ - ㄹ

ㄱ

ㄴ

ㄷ

ㄹ

ㅁ — ㅂ

ㅁ

막대형 차트	462
맞춤	107
매크로 기록	617, 628
매크로 등록	647
매크로 사용 통합 문서	612
매크로 삭제	629
매크로 수정	637
매크로 실행	628, 630
머리글과 바닥글 사용하기	129
메모	115
명령 아이콘	51
목표값 찾기	444

ㅂ

반올림	228
방사형 차트	459
배열 함수	291
백분율 스타일	100
백업 파일 항상 만들기	584
범례	455
변경 내용 업데이트	590
변경 내용 추적	590
병합하고 가운데 맞춤	107
보고서 필터	421
보안 수준 설정	611
부분합	389
분산형 차트	458
붙여넣기	117
비교 연산자	151
빠른 실행 도구 모음	58, 61, 62

ㅅ — ㅇ

ㅅ

산술 연산자	150
상대 참조로 매크로 기록	623
상수	115
상위/하위 규칙	511
색상별 정렬	346
색조	519
서식 없이 채우기	94
서식 코드	102
서식(Temple)	304
서식만 채우기	94
선택 영역에 맞춤	78
선택 영역에서 이름 만들기	170
선택 영역의 가운데로	108
세로 막대형 차트	457
셀 강조 규칙	510
셀 개수 세기	209
셀 보호	575
셀 참조	138
셀 참조 방식	143
수식	115
수식 계산	163
수식 오류 값	152
수식 입력줄	158
수식(Formula)	137
순위	224
숨기기/숨기기 취소	86
숫자 데이터 형식	89
숫자, 한글로 표시하기	105
쉼표 스타일	100
쉼표(,) 연산자	150
스크린샷	528
스파크라인	501
슬라이서 기능	436

Index